世界奶业发展报告

第 2 版

李胜利　魏宏阳　主编

中 国 农 业 大 学 出 版 社
・北京・

内 容 简 介

本书围绕中国、印度、以色列、韩国、日本、美国、加拿大、俄罗斯、荷兰、德国、法国、英国、意大利、丹麦、瑞典、挪威、爱尔兰、新西兰、澳大利亚、巴西、阿根廷、乌拉圭22个国家1961—2018年的奶业发展史展开，内容涵盖了各国奶牛养殖业发展概况、乳制品发展概况、原料奶计价体系、科技推广体系、奶业发展政策以及对于我国奶业发展的可借鉴经验。

本书为读者呈现了世界各国近60年的奶业发展史，内容丰富，涉及面广，信息量大，数据充实，资料新颖翔实，可作为业内了解世界奶业发展历史的重要参考资料。

图书在版编目(CIP)数据

世界奶业发展报告/李胜利，魏宏阳主编. --2版. --北京：中国农业大学出版社，2021.11
ISBN 978-7-5655-2651-0

Ⅰ.①世… Ⅱ.①李…②魏… Ⅲ.①乳品工业-经济发展-研究报告-世界-1961-2018 Ⅳ.①F416.82

中国版本图书馆CIP数据核字(2021)第225404号

书　名 世界奶业发展报告　第2版
作　者 李胜利　魏宏阳　主编

策划编辑 赵　艳　　**责任编辑** 赵　艳
封面设计 郑　川
出版发行 中国农业大学出版社
社　址 北京市海淀区圆明园西路2号　　**邮政编码** 100193
电　话 发行部 010-62733489，1190　　读者服务部 010-62732336
编辑部 010-62732617，2618　　出　版　部 010-62733440
网　址 http://www.caupress.cn　　**E-mail** cbsszs@cau.edu.cn
经　销 新华书店
印　刷 运河（唐山）印务有限公司
版　次 2021年11月第2版　　2021年11月第1次印刷
规　格 210 mm×285 mm　　16开本　　52印张　　1 570千字
定　价 398.00元

农业农村部和财政部现代农业（奶牛）产业技术体系建设项目
农业农村部畜牧兽医局奶业处农业行业发展战略和政策研究项目
联合资助出版

世界奶业发展报告

第 2 版编辑委员会

主　　任　刘成果　高鸿宾　于康震　李德发　张　沅

副 主 任　杨振海　魏宏阳　刘亚清

委　　员　（按姓氏笔画排序）

王　宏　王印魁　王红柳　王志华　巴特尔　冯京民　曲绪先　朱从余
刘永志　刘收选　齐新林　孙　力　李建颖　李流航　张绍存　张维银
陈东来　罗晓瑜　孟庆江　赵　玲　胡建宏　洪　龙　顾传学　高永革
郭　健　郭庆红　郭安国　唐建俊　谢　卓　虞景龙

第 2 版编写人员

主　　编　李胜利　魏宏阳

副 主 编　曹志军　姚　琨

编写人员　（按姓氏笔画排序）

卫　琳　马小艳　王　忆　王　欢　王　琳　王子微　王中华　王加启
王志亮　王迪铭　王封霞　王洪梅　王淑娟　王雅春　王雅晶　王斐然
亓　菲　亓宝华　叶　丰　田莉莉　付树芳　朱化彬　乔光华　仲跻峰
刘　伟　刘　波　刘　辉　刘　潇　刘长全　刘玉满　刘红云　刘建新
刘蒙达　闫奎友　许慧韬　孙永健　孙阳阳　孙淑芳　苏传友　杜　哲
杜富林　李　静　李亚君　李改英　李建国　李建斌　李胜利　李竞前
李翠宇　杨　雪　杨利国　杨宏军　肖鉴鑫　何洪彬　余　雄　辛杭书
沈宜钊　沈维政　宋玲玲　宋浩桐　迟　琳　张　亮　张　晨　张　超
张　毅　张书义　张立阳　张永根　张胜利　张养东　张皓博　陈　九
邵　伟　范伟兴　林　淼　林雪彦　周元清　庞云渭　郑　楠　赵国琦
赵善江　胡红莲　胡真真　俞　英　施正香　姚　琨　骆　琳　都　文
夏建民　高　民　高亚男　高艳霞　高腾云　郭　婷　郭凯军　黄光群
黄萌萌　萨日娜　曹志军　淡新刚　彭　容　韩鲁佳　詹　康　解晓莉
廉红霞　窦金焕　雒诚龙　樊晓旭　颜志辉　戴百生　魏宏阳

世界奶业发展报告

第 1 版编辑委员会

主　　任　刘成果　高鸿宾　于康震　冯仰廉　张　沅

副 主 任　王智才　杨振海　王俊勋　魏克佳　谷继承　马　莹　邓荣臻

委　　员　（按姓氏笔画排序）

王　宏　王印魁　王志华　巴特尔　冯京民　曲绪先　朱从余　齐新林
李建颖　张绍存　张维银　张毅力　苗玉涛　范学珊　罗晓瑜　孟庆江
赵　玲　胡建宏　柳焜耀　高永革　郭　健　郭庆红　郭安国　梅克义
虞景龙　魏立华

第 1 版编写人员

主　　编　李胜利　王　锋

副 主 编　曹志军　姚　琨

编写人员　（按姓氏笔画排序）

王　锋　王中华　王玉庭　王加启　王志亮　王志耕　王根林　王淑娟
王雅春　亓宝华　毛华明　申军士　毕研亮　朱化彬　乔光华　仲跻峰
刘　琳　刘书杰　刘玉满　刘建新　安永福　孙海洲　杜富林　李　红
李　栋　李　静　李建国　李建斌　李胜利　李竞前　杨志强　杨利国
杨秀文　杨敦启　豆　明　肖鉴鑫　何洪彬　余　雄　宋玲玲　张书义
张永根　张和平　张胜利　张晓明　陈绍祜　邵明君　林雪彦　金　龙
周振峰　郝海生　施正香　姚　琨　柴彤涛　徐硕烁　高　民　高艳霞
高腾云　郭利亚　郭凯军　萨日娜　曹志军　淡新刚　董常生　董雅娟
温　万　路永强　廉红霞

序

今年是中国共产党成立 100 周年。经过全党全国各族人民持续奋斗，我们实现了第一个百年奋斗目标，在中华大地上全面建成了小康社会。站在“两个一百年”奋斗目标的历史交汇点上，中国奶业也迎来新的历史时刻。

奶业惠及亿万人民身体健康，是关系国计民生的战略性产业。党中央、国务院高度重视奶业发展，习近平总书记、李克强总理多次对奶业振兴发展做出重要批示。国务院办公厅印发《关于推进奶业振兴保障乳品质量安全的意见》，为奶业发展指明了方向和路径。在全体奶业人不懈努力下，奶业振兴工作取得了显著成效。

一是奶类供应保障能力大幅度提升。2020 年我国奶类产量突破 3 500 万 t，位居世界第 4。奶牛养殖呈现龙头企业引领、集团化发展、专业化分工等发展态势，规模化养殖比重、泌乳牛年均单产水平跻身世界奶业第一梯队，“奶瓶子”稳定供应有了更好的基础。二是乳品质量安全水平大幅度提升。从牧场到餐桌，乳品质量安全全程可控。生鲜乳质量达到了奶业发达国家水平，乳制品抽检合格率连续多年位居食品行业前列，国产奶正用世界级的品质赢得消费者的信任。三是乳品消费达到新水平。随着居民收入水平和健康意识提升，乳品消费持续增加。2020 年，乳品人均消费量 38.3 kg，比 2015 年增长了 20%，低温鲜奶、奶酪等消费增速尤其明显。乳制品加工增速高于食品工业平均增速。四是奶业现代化建设取得新进展。养殖标准化、机械化、信息化管理水平显著提升，乳制品生产自动化和智能化水平不断提高，现代乳制品流通体系逐步完善，冷链配送能力不断增强，满足了城乡居民多元化需求。

当前，与国外发达奶业国家相比，中国奶业仍存在优质粗饲料不足、生产成本高、种养结合不紧密、对外依存度高等问题。“假人之长以补其短”，为了满足社会和读者的需求，农业农村部畜牧兽医局奶业处和国家奶牛产业技术体系，在《世界奶业发展报告》(第 1 版)的基础上，组织专家学者深入调研收集了 22 个奶业国家 1961—2018 年的奶业数据，使数据保持了延续性。本书对于行业人员了解各国奶业概况、技术、政策和基础数据提供了宝贵资料，对于行业管理部门制定我国奶业政策拓宽了思路。

站在新的历史起点，我们要深入贯彻新发展理念，博采众长，学习国外发达奶业国家先进经验，对于加快构建新发展格局，推进奶业高质量发展具有重要的意义。

李德发

2021 年 9 月

第 2 版前言

《世界奶业发展报告》(第 1 版)于 2014 年 5 月出版。书中详细描述了 1961—2011 年近 50 年 21 个国家的奶业发展历史,收录了从联合国粮食及农业组织(FAO)引证的各国 1961—2011 年的奶牛养殖业(单产、存栏、总产)、乳品业(加工、贸易、消费)等统计数据。第 1 版图书出版发行 7 年,成为政府、学协会、专家学者、牧场等了解各国奶业发展情况的重要案头工具书。

随着全球碳排放交易的设立以及欧盟牛奶配额放开,各国奶业发展出现新态势。从 2014 年开始,中国奶业转型升级步伐加快,2020 年存栏 100 头以上规模化牧场比例已经超过 67%,机械化挤奶率达到 100%,荷斯坦奶牛年单产已经达到 8.3 t,逐步接近发达奶业国家水平。为了更好地了解和学习发达奶业国家在奶牛养殖、乳品加工、奶业科技、原料奶质量控制体系以及促进奶业发展等方面的政策和经验,加快中国奶业的振兴步伐,我们在第 1 版基础上进行了再版修订和增补,增加了欧洲国家爱尔兰,收录国家扩展为 22 个,同时将奶业发展基础数据由 2011 年更新到 2018 年,旨在向读者呈现一个系统全面的世界主要奶业国家奶牛产业和技术发展历程。

本书在更新完善过程中,专家团队深入调研,多方查证,修订完善最新数据和内容,力求为读者客观呈现世界主要奶业国家在奶牛养殖、乳品加工、乳制品消费和市场方面的最新进展。在此我们谨向这些编写专家致以衷心的感谢!

由于语言以及资料获取途径受限,绝大多数国家的数据只能更新到 2018 年,少部分国家数据更新到 2019 年和 2020 年,内容也不能面面俱到。同时,本书内容涉及面广,编写时间仓促,疏漏错误之处,敬请读者谅解!

编 者

2021 年 9 月

第1版前言

奶业是我国的朝阳产业，是畜牧业中最具潜力和活力的产业，但也是发展转型过程中面临挑战最多的产业。新中国成立60多年来，中国奶业既经历了跨越式的快速发展，也经历了2008年三聚氰胺婴幼儿奶粉事件的重大挫折，此后中国奶业进行了结构调整，历经凤凰涅槃，浴火重生，逐步摆脱了婴幼儿奶粉事件的影响，正在恢复中稳步发展，当前我国奶业发展处于新中国成立以来最好的时期，2012年中国奶牛存栏1440万头，牛奶产量达到3774万t，已成为世界第三奶牛养殖大国，但仍面临着单产低、乳蛋白率低、饲料转化率低和营养素环境排放量高的“三低一高”产业问题，与奶业发达国家相比还有很大的差距，尤其是2014年1月1日开始施行的《畜禽规模养殖污染防治条例》对防治我国奶牛养殖业污染，推进奶牛养殖废弃物的综合利用和无害化处理，保护和改善环境，保障公众身体健康，促进奶业持续健康发展提出了更高的要求。中国奶业在摸索中不断前行，一方面需要结合我国实际情况，另一方面更需要学习并借鉴发达奶业国家的先进经验，洋为中用、取其精华、弃其糟粕，避免走弯路。但是目前国内缺乏系统研究发达国家奶业发展史的文献材料，虽然不乏一些奶业考察报告，但多数局限于考察者对该国某一关注点的描述，缺乏全产业链的横向比较与纵向剖析。基于以上原因，国家奶牛产业技术体系（以下简称“奶牛体系”）组织岗位专家和团队成员开展了《世界奶业发展报告》的撰写工作，旨在向读者呈现一个系统全面的世界主要奶业国家奶牛产业和技术发展历程。

本书力争全面性和典型性，选取了亚洲、欧洲、北美洲、南美洲、大洋洲等具有代表性的21个主要奶业国家，内容涵盖了各国从1961—2011年的奶牛养殖业发展（饲养方式、养殖规模、单产水平等）、乳制品业发展（加工、贸易、消费等）、奶业科技进展（育种与繁殖、饲料与营养、疫病控制、粪污处理与环境保护等）、原料奶质量控制与计价体系、科技推广体系、促进奶业发展的主要政策以及中国可借鉴学习的经验。本书内容全面、数据翔实，信息量大，是奶业行业主管部门、奶业协会、奶业科研工作者以及奶业养殖者了解各国奶业发展的重要案头材料，另外每章后附有从联合国粮食及农业组织（FAO）引证的各国1961—2011年的奶牛养殖业（单产、存栏、总产）、乳品业（加工、贸易、消费）等统计数据，便于读者查阅。囿于部分国家语言不通、数据无法查证、篇幅限制等原因，部分内容未能涉及；同时书中疏漏错误在所难免，敬请读者谅解！

本书由奶牛体系岗位专家及团队成员通过实地调研、查阅大量文献和数据记载，历时近3年编著而成。编著期间各位专家倾注了大量的精力，不厌其烦地反复推敲、修订，数易其稿，使书稿日臻完善。在此我们谨向这些专家致以衷心的感谢！书稿的编著过程中，奶牛体系其他专家以及部分企业专家提出了宝贵的修改建议和意见，在此一并表示感谢！

编　者

2014年4月

目　录

亚　洲

北 美 洲

欧　洲

大 洋 洲

南 美 洲

亚　洲

中国奶业发展报告

摘要：本文主要从奶牛养殖、加工、贸易、消费等方面阐述中国自新中国成立以来奶业70年的发展情况，并且介绍中国奶业的科研进展、原料奶质量控制与计价体系、科研推广体系及相关政策制度。

经过70年的发展，中国奶牛存栏量由新中国成立初期的12万头增至2019年的1 037.1万头，生鲜牛乳产量由20万t增至2020年的3 440万t。2020年奶业养殖和加工产值合计约5 500亿元，约占全国GDP的0.55%。牛奶产量占世界牛奶总产量的4.6%，居世界第5位。1978年以来，奶牛养殖业的发展大体经历了稳步增长期（CAGR 10.6%），1999—2006年的高速爆发期（CAGR 20.5%），2007—2017年的结构转型期（CAGR 0.6%），以及2018年以来的产业链整合和生产关系重构期4个典型阶段。

从地理区域看，中国原料奶生产的传统区域一直集中在内蒙古、黑龙江、河北、山东、河南、新疆、宁夏等“三北”地区（华北、东北、西北）。2019年新疆、内蒙古、河北、黑龙江、山东、宁夏和河南的奶牛存栏占全国奶牛存栏的71.3%，中国牛奶产量前10位的省份全部在中国“三北”地区，牛奶产量占全国牛奶产量的82.0%。2008年以后国家出台了一系列优惠政策推进奶牛标准化规模养殖，中国奶牛标准化规模养殖进程加快，2020年全国存栏百头以上的奶牛规模养殖比例为67.0%，比2008年提高了47.5个百分点；调研显示，2020年中国规模奶牛场4 600个左右，饲养奶牛500万头左右。

乳制品加工业在新中国成立初期处于萌芽状态，改革开放前处于缓慢发展阶段，干乳制品产量从0.1万t增至4.7万t。中国乳制品加工业真正兴起是在1978年，到1998年乳制品加工业处于稳定增长期，干乳制品产量增至54.9万t，年复合增长率13.1%。1999—2012年，在乳企竞争性宣传和创新性产品等因素推动下，居民收入水平提高使牛奶的需求快速增长，随着“一杯牛奶强壮一个民族”的口号深入人心，中国乳制品加工业进入了高速增长期，乳制品（折合液态奶）年复合增长率达到历史最高的18.3%。2013年以后受到进口乳制品冲击，乳制品加工业进入了充分竞争期，中国乳制品总产量（折合液态奶）开始出现下降，2020年干乳制品产量181.0万t，比2012年下降54.6%；液态奶产量2 599.4万t，比2016年下降5.0%。2017年液态奶结构中灭菌奶占比65%，发酵乳占比有所增加，从2012年的13.4%增长到2017年的28.0%；固体乳制品中高附加值的婴幼儿配方奶粉迅速增加，占比从1999年的19.8%增长到2017年的73.0%，反映了乳制品结构的优化和婴幼儿奶粉企业的做大做强，进一步说明了自由竞争的市场能够给民族工业带来活力。

1999年之前的十多年，中国乳制品进口量保持在每年4万～10万t。1999年以后进入温和增长阶段，1999—2008年中国乳制品进口量从16.34万t增长到35.07万t，年复合增长率为8.9%。2009—2020年，中国乳制品进口量进入快速增长阶段，进口量从59.69万t增长到328.1万t，年复合增长率达到17.3%，其中干乳制品220.9万t。2009年以后中国乳制品出口量几乎可以忽略不计，中国变成乳制品净进口国，贸易逆差从1999年的1.2亿美元扩大到2020年的114.9亿美元。2020年婴幼儿奶粉进口金额占比最高（43.2%），其次是大包奶粉和液态奶，分别是28.1%和11.2%。中国乳制品进口的集中度较高，从进口金额来看，2019 年排名前 5 位的国家依次是新西兰、荷兰、爱尔兰、德国和法国，进口额占总进口额的 79.5%。

近 30 年来，随着人们生活水平的提高和对乳制品营养认识的深入，中国乳制品消费量增长明显。中国居民乳制品表观消费量(折合液态奶)从 1990 年的 483.8 万 t 增长到 2020 年的 5 401.3 万 t，年复合增长率达到 8.4%；乳制品人均表观消费量(折合液态奶)从 4.23 kg 增长到 38.58 kg；其增长阶段划分与中国奶牛产业发展节奏互为联动，分为平稳、快速、温和增长 3 个阶段。中国人均乳制品消费量仍有较大增长空间，2020 年中国液态奶人均消费量为 19.3 kg，是文化和饮食习惯较为接近的日本和韩国的 60%左右；并且地区间消费水平不平衡，城镇消费水平比农村高出约 70%；日韩的乳制品消费水平应是中国乳制品消费水平的发展目标。

科学技术是奶业发展的推动力。在奶牛繁殖育种方面，奶牛发情控制、人工授精、早期妊娠诊断、胚胎移植、生产性能测定及选种选配等技术已在中国奶牛场广泛应用。奶牛育种前沿技术如遗传标记辅助育种技术、基因组选择技术、后裔测定技术、转基因克隆技术、性别控制技术等领域的研究也取得突破性进展。在饲养管理方面，奶牛场越来越重视奶牛饲料质量和日粮配方，95%以上的规模牛场采用全混合日粮(TMR)饲喂技术。在疾病防治方面，口蹄疫、结核病、布鲁氏菌病、乳房炎等得到了有效的控制和净化，营养代谢病、繁殖疾病、肢蹄病等由于饲养管理水平的提高，发病率也逐渐降低。奶牛场粪污处理与环境保护技术，在传统的堆肥发酵的基础上，也逐渐与世界接轨，固液分离技术、沼气处理技术等先进技术已经在中国的规模牛场应用。

近年来，中国原料奶质量有了明显提升，2008 年以后国家加强了乳制品质量管理和监管，相继出台和完善了一系列政策措施和法律法规及相应的实施细则，从饲料原料、奶牛养殖、贮存运输、乳品加工等各个环节保障原料奶质量，使中国奶牛养殖、乳品加工等走向了法制化管理的轨道。与此同时，中国原料奶的计价体系也不断完善，尤其上海地区的生鲜乳价格协商机制最为成熟，但全国范围内在合理的价格形成机制方面仍有很长的路要走。

在中国，高等院校、国家及地方性研究所、畜牧兽医技术服务和推广机构及协会组织是主要的科学技术研究和推广机构，这些机构从不同方面促进科学技术在奶业中的推广使用，为奶业的发展做出了巨大的贡献。为了促进奶业的生产、加工、消费及贸易，中国从新中国成立初期就开始实施各种规范和扶持政策，目前已经形成了相对成熟的奶业政策体系，规范和促进了奶业发展。

关键词：中国　奶业　发展　贸易

回顾中国奶业发展历程，的确很不平凡，既有大发展，又有大震荡。从发展看，1978 年改革开放以来，中国奶牛养殖业快速发展，经历了 4 个明显的发展阶段。第一个阶段是 1978—1998 年，中国牛奶产量稳步增长，20 年增长了 6.5 倍，1998 年达到 662.9 万 t，年复合增长率 10.6%。第二个阶段是 1999—2006 年，中国奶业通过数量扩张的粗放模式高速增长，8 年牛奶产量增长了 3.4 倍，2006 年牛奶产量接近 3 000 万 t，达到 2 944.6 万 t，年复合增长率达到 20.5%，远高于中国国内生产总值(GDP)的名义增速 12.2%。第三个阶段是 2007—2017 年，中国奶业开启了结构转型时代，散户养殖转型小区再升级为规模牛场，牛奶产量在 3 000 万 t 左右波动，12 年间复合增长率仅 0.6%，但该阶段迎来了进口乳制品的大爆发。2018 年以后，中国奶牛养殖业的结构调整和转型升级已经基本结束，第三阶段可能已经结束，第四阶段迎来了产业链整合和生产关系重构时代，2020 年牛奶产量比 2017 年增长 13.2%。

在发展的同时，中国奶业也经受了 2008 年婴幼儿奶粉事件的重大挫折，以及结构转型和养殖场普遍亏损的阵痛，政府部门相继出台了一系列政策措施，帮助奶农和企业渡过难关，促进奶业的恢复和振兴，使中国奶业浴火重生，凤凰涅槃。目前奶业发展形势良好，规模化养殖比例达到 67%以上，生鲜乳质量达到或接近欧盟标准，价格创 2015 年以来的高点，养殖处在新一轮景气周期，产能快速扩张并带来产能过剩的隐忧，乳制品企业进入世界 5 强，奶业在恢复中发展，在整顿中提高。

1　奶业发展概况

中国位于亚洲大陆的东部、太平洋西岸，陆地面积约 960 万 km^2，其中农业用地占全国土地总面积的比例不足 59%。中国是世界上人口最多的发展中国家。气候为显著的大陆性季风气候，冬季自南向北气温逐渐降低，南北温差较大，1 月平均气温为－28～16 ℃，夏季除青藏高原外，全国普遍高温，南北温差不大，7 月平均气温为 16～28 ℃。全国平均年降水量为 630 mm 左右，降水量空间分布不均，呈现自东南沿海向西北内陆递减的特点，东南沿海地区年降水量可达 1 500～2 000 mm，而新疆塔里木盆地、吐鲁番盆地和柴达木盆地却不足 50 mm，盆地中心不足 20 mm。

中国是世界上重要的农业大国也是畜产品生产大国，畜牧业在国民经济增长中发挥了重要作用。改革开放以后，随着中国农业农村经济结构的战略性调整，畜牧业快速发展，综合生产能力不断提高，产业素质稳步提升，畜牧业占农业产值的比例逐渐提高(附表 1)，但 2008 年以后由于数据修订而有所降低。据国家统计局数据显示，2020 年全年猪牛羊禽肉产量 7 639 万 t，占世界肉类总产量的 23%左右，连续 30 年居世界第一；禽蛋产量 3 468 万 t，占世界禽蛋总产量的 39%左右，连续 35 年居世界第一；牛奶产量 3 440 万 t，占世界牛奶总产量的 4.6%，居世界第 5 位。2019 年全年畜牧业总产值达 33 064.3 亿元，是 1978 年的 158 倍(图 1)。

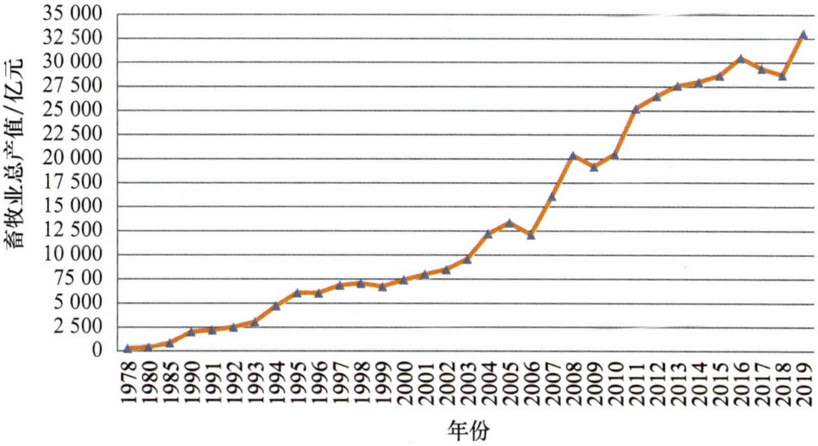

图 1　1978—2019 年中国畜牧业产值变化情况

(数据来源：国家统计局)

2019 年，畜牧业产值占农林牧渔业总产值的比例为 26.7%，比 1978 年的 15.0%显著提高，但自 2008 年以后有所降低，畜牧业加渔业占比为 36.8%，与农业成熟的标志 50%还有很大距离(图 2)。2020 年中国乳品加工业销售收入 4 195.6 亿元，加上原料奶产值 1 300 亿元左右，奶业养殖和加工产值约 5 500 亿元，约占 GDP 的 0.55%。

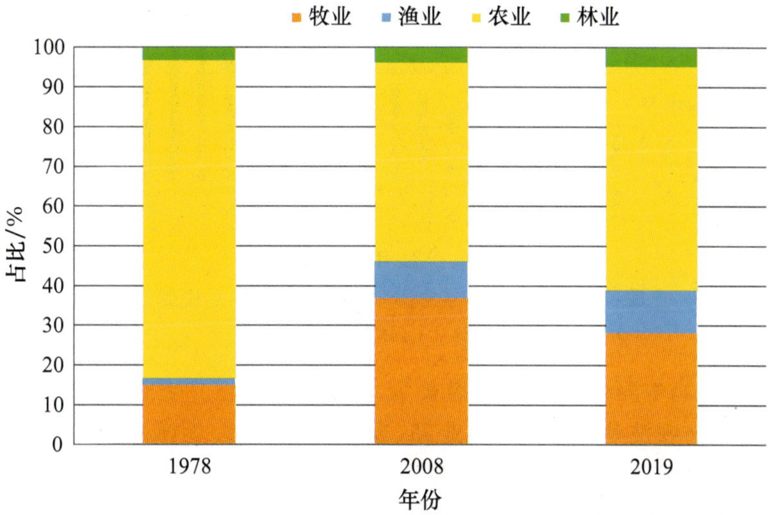

图 2　1978 年、2008 年和 2019 年畜牧业在农林牧渔业中占比

(数据来源：国家统计局；根据第三次全国农业普查结果，对 2007—2017 年农林牧渔业总产值进行了修订)

1.1　奶牛养殖业

中华民族饮用牛奶的历史悠久，早在 5 000 年以前，北部和西部牧民就有利用牛挤奶、食用乳制品的习惯。但是长期以来，除了以放牧为生的少数民族地区外，大多数城市和农村居民均缺乏消费乳制品的习惯。新中国成立以后，随着国民经济的发展、人们生活水平的提高、消费理念的进步和奶牛养殖技术的进步，奶牛养殖成为一项新的产业在全国各地逐渐发展起来。

1.1.1　奶牛存栏量及总产奶量变化

从牛奶产量和奶牛存栏(附表 2)来看，1949 年以后，奶牛养殖业的发展可大体分为 5 个发展阶段。

1949—1978 年，为中国奶牛养殖业的缓慢发展阶段。奶牛存栏由 12 万头增至 49.3 万头，增加了 37.3 万头，年平均增加 1.3 万头(图 3)。这段时期奶牛主要归国家和集体所有，1978 年末，国营奶牛场饲养 37 万头奶牛(农垦系统 27 万头)，占总存栏数的 75.1%；集体饲养 8 万头，占总存栏数的 16.2%；个体饲养 3 万头，仅占 6.1%。生鲜乳总产量由 20.0 万 t 增至 88.3 万 t，年平均增长 2.4 万 t(图 3)，年复合增长率(CAGR)为 5.3%。这段时期，牛奶被视为保健食品，供应十分紧张，小孩、老人等都要凭票限量供应。

1979—1998 年，为中国奶牛养殖业的稳步发展阶段。1979 年后，伴随着改革开放、国民经济的发展、人们生活水平的提高、市场需求的拉动，中国奶牛养殖业进入稳步发展时期。1979 年经济体制改革，奶业领域的单一公有制局面被打破，以国营奶牛场为主，适当发展集体奶牛场，鼓励奶农组织起来成立乳业合作组织，采取生产、加工、销售一体化的经营模式。国家、地方陆续出台了一系列鼓励奶业发展的政策，奶业投资主体多元化，要素投入全方位和急剧高速扩张，产出总量高速增长。奶牛饲养头数和生鲜乳产量稳步增长，奶牛饲养头数由 1978 年末的 49.5 万头增至 1998 年的 426.5 万头，增长了近 7.7 倍；生鲜乳总产量由 88.3 万 t 增至 662.9 万 t，增长了 6.5 倍，20 年间的年复合增长率为 10.6%(图 3)，增长速度翻倍。奶业基本完成了从卖方市场向买方市场转变的历史性跨越。

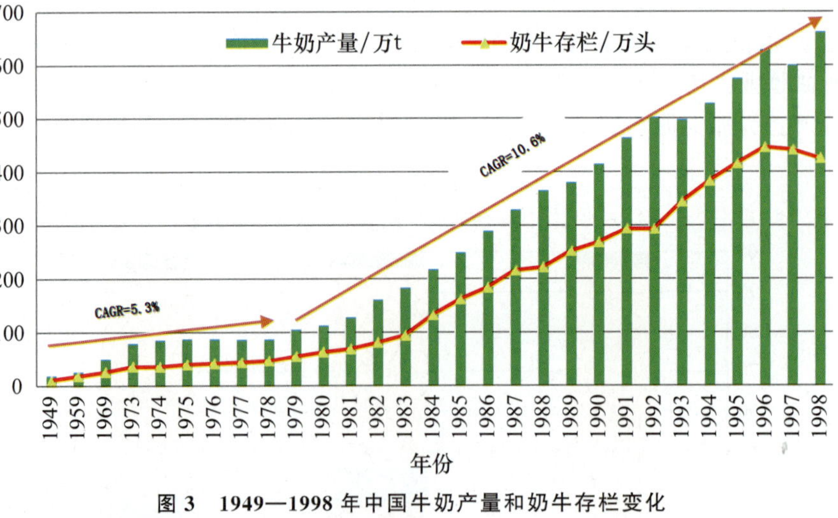

图 3　1949—1998 年中国牛奶产量和奶牛存栏变化

(数据来源：《中国奶业年鉴 2011》)

1999—2006 年，为中国奶牛养殖业以数量增长为主的爆发阶段。受到欧洲疯牛病的影响，1997 年和 1998 年中国奶业连续两年出现波动，1999 年农业部(现农业农村部)明确提出了“稳定发展生猪和禽蛋生产，加快发展牛羊肉和禽肉生产的同时，突出发展奶类和羊毛生产”的发展方针。特别是随着此阶段中国国民经济快速发展以及居民收入的大幅度提升，以及蒙牛等乳企的成立和乳制品营销模式创新，消费者对牛奶的认知和需求量增加，中国奶业进入了高速爆发阶段。由于乳制品市场空前繁荣，国内外投资者看好奶牛养殖业，纷纷从国外大量进口奶牛，同时得到各级政府的大力支持，奶业受到空前的重视和关注，牛场和奶牛养殖小区发展迅速，黄牛杂交诞生了部分杂交奶牛，奶牛存栏量和产奶量高速增长。奶牛存栏量从1998年的426.5万头增加到2006年的1 068.9万头，增长了1.5倍。牛奶产量实现历史最快速的增长，先后突破了1 000万t(2001年)和2 000万t(2004年)的大关，牛奶产量由1998年的662.9万t增加到2006年的2 944.6万t，增长了3.4倍(图4)，8年间的年复合增长率达到20.5%，增长速度比前一阶段再翻一番。成母牛年牛奶单产从1998年的2.39 t增加到2006年的3.90 t，提高了1.51 t。

2007—2017年，在中国奶牛养殖业高速发展之后生鲜乳供给进入结构转型阶段，再加上市场对乳制品品质提升的需求和养殖粗放扩张质量低下的矛盾，诱发了重大食品安全事件，奶业迎来了结构调整阶段。此阶段生鲜乳产量在3 000万t上下波动，整体变化不大，年复合增长率接近0，奶牛存栏呈下降趋势，2018年存栏量比2007年下降14.4%(图4)；此阶段质优价廉的进口乳制品弥补了消费增长的缺口。2006年国家统计局根据普查结果对中国奶牛存栏量进行了修订，奶牛存栏量大幅度下调，2006年中国奶牛存栏年增长率为−12%；2017年统计局对2006年以来的牛奶产量数据进行了下调，下调约500万t，2017年牛奶产量为3 038.6万t，下调506.7万t。

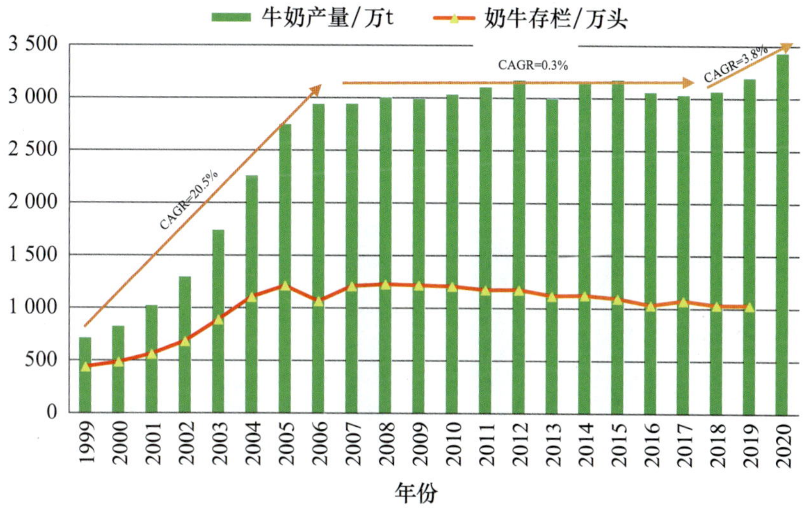

图4 1999—2020年中国牛奶产量和奶牛存栏变化

(数据来源:《中国奶业年鉴2019》《2020中国奶业统计资料》)

此阶段又可以分为前后2个阶段，2007—2013年奶牛散养户转型养殖小区或退出，规模化比例提升。由于生鲜乳供给逐渐饱和，媒体报道2007年上半年，山西、内蒙古个别地区出现贱卖奶牛、杀牛倒奶等现象，引起全社会的普遍关注，为此国家出台了一系列促进奶业健康发展的政策措施，2007年9月国务院下发《关于促进奶业持续健康发展的意见》(奶业界将其总结为“奶八条”)，稳定了奶业生产。2008年前三季度奶牛养殖总体效益较好，但在9月爆发了婴幼儿奶粉安全事件，中国奶业发生了“大地震”，奶业发展陷入严重的危机，不仅给行业带来严重的经济损失，更重要的是使民族奶业形象受损，消费者信心严重受挫，致使乳制品销量大幅度下滑，库存积压剧增，企业经营陷入困境，继而影响奶源生产环节，使养殖效益大幅度下滑，奶农养殖积极性受到沉重打击，倒奶、卖牛、杀牛现象频发。据农业部统计，仅2008年9月21日至10月22日中国13个奶牛优势产区共计倒奶11.4万t。面对严峻形势，各地坚决贯彻党中央、国务院的决策和农业部的部署，迅速行动、紧急应对，2008年年底婴幼儿奶粉事件造成的被动局面逐步扭转，倒奶、杀牛现象得到有效遏制，奶业生产力得到保护。

受2008年婴幼儿奶粉事件和金融危机的严重影响，2009年中国奶业处于空前困难的发展时期，饲料和生鲜乳质量安全受到国家、消费者和媒体的高度重视。国家开始实施了饲料行业违法添加整治和奶站清理整顿工作，2009年年底全国共有生鲜乳收购站13 503个，比清理整理前减少了6 890个，减幅达34%；生鲜乳收购站机械化挤奶率达到87%，比清理整顿前提高了36个百分点，奶站规范化建设和标准化管理水平迈上新台阶。同时为深入推进饲料和生鲜乳质量安全专项整治，2009 年国务院在全国开展为期 2 年的食品安全整顿工作，由农业部牵头组织农产品质量安全专项整治行动，饲料和生鲜乳生产经营秩序明显规范，质量安全水平显著提高。2010 年，中国奶业遇到了原料奶供应不足、饲料价格上涨、低温暴雪以及高温高湿极端天气等多种不利因素的影响，但逐渐走出"三聚氰胺"事件的影响，奶业仍然取得了恢复性的发展，实现了全面复苏。"三聚氰胺"事件对奶牛养殖业的重要意义是从政府到乳企纷纷推动奶牛散养进小区或走规模化道路，提高养殖的规模化和集约化水平，提高生鲜乳质量，不适应市场转变的养殖户纷纷退出行业，同时规模牛场加速发展。2009—2013 年中国奶牛养殖业处在恢复发展阶段，行业还产生了"散养户退出损失的产能与新建规模牛场增加的产能"是否平衡的讨论，牛奶产量整体有所增长，2012 年牛奶产量 3 174.9 万 t，比 2007 年增长了 7.7%，同时奶牛养殖结构快速优化，2013 年 100 头以上规模化养殖比例达到 41.4%，比 2007 年提高了 25 个百分点，养殖行业基本完成了"去散养化"。

2014—2017 年受进口乳制品冲击、环保风暴严格监管的影响，养殖行业整体效益低下，养殖主体优胜劣汰，奶牛存栏和牛奶产量均呈下降趋势；养殖效益低下的中小牛场和小区加速退出，2019 年调研显示退出行业的牛场中，养殖规模 500 头以下的占比达到 75%，50%的退出原因是环保压力大，40%的退出原因是亏损严重(图 5)。这一阶段奶牛养殖出现 2 个特点：一是乳品企业和行业推动了养殖小区转型规模牛场的"去小区化"的行业升级，无法升级的养殖户退出行业；二是受到"标准化规模养殖"等各级政府扶持政策、产业资本等的推动，规模牛场建设速度加快，典型代表是出现了一批"万头牧场"，规模化养殖比例进一步提升，2020 年达到 67%，比 2013 年进一步提高了约 26 个百分点。

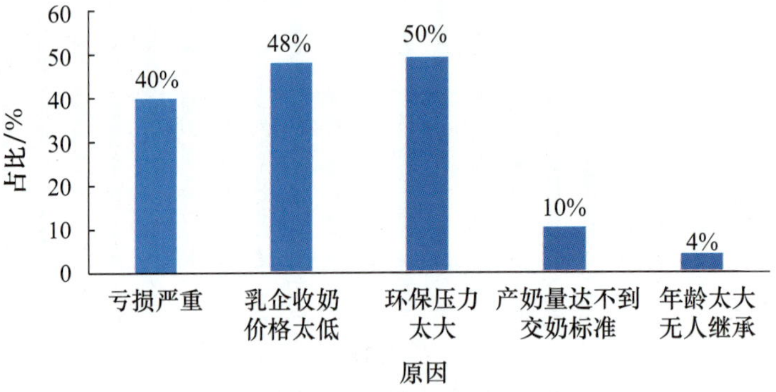

图 5　2019 年调研牛场退出原因分布($N=187$)

(数据来源：国家奶牛产业技术体系)

2018 年以来，规模牛场已经成为中国商品生鲜乳生产的主体，散养和牧区饲养奶牛基本属于"肉牛化"和家庭内部消费，历时 10 年中国奶牛养殖模式的结构转型已经完成，在消费升级的带动下国产生鲜乳启动新一轮增长，开启新一轮周期。奶牛养殖已经开启了新的产业链整合和生产关系重构阶段，此阶段仍面临着养殖和加工脱节、养殖效率偏低、种养结合不足、每千克奶成本高但竞争力低等深层次产业问题。随着中国奶业发展成熟度的不断提高，市场经济规律将推动产业链内部的资源重组和优化，减少产业链内耗，这是经济发展的客观规律。近年来，中国奶业一体化发展不断提速，包括大型乳企对赛科星、圣牧、现代牧业、恒天然牧场、中地乳业等的并购和入股，走出了中国特色的奶业一体化道路，龙头乳企和大牧业集团利益紧密化是此阶段奶业生产关系变革的最典型特征之一，也是下一步奶业转型升级的重大机遇，把握机遇将推动企业未来发展壮大。但中小型牛场尚无一体化的解决之道，在这轮奶业周期中面临较大风险。

1.1.2　奶业区域布局基本形成

在全国奶业快速发展的同时，2003 年农业部组织制定并实施奶牛产业优势区域发展规划(2003—2007 年)，经过几年的建设发展，中国奶牛养殖业的区域化格局基本形成。从地理区域看，中国原料奶生产主要集中在内蒙古、黑龙江、河北、山东、河南、新疆、宁夏等"三北"(华北、东北、西北)地区。根据《2020 中国奶业统计资料》的数据，2019 年新疆(154.0 万头)、内蒙古(122.5 万头)、河北(115.0 万头)、黑龙江(107.6 万头)、山东(89.9 万头)、四川(75.0 万头)、宁夏(43.7 万头)、河南(35.6 万头)和山西(31.9 万头)的奶牛存栏占全国存栏的 74.7%。2019 年中国牛奶产量前 10 位的省份全部在中国"三北"地区，牛奶产量占全国牛奶产量的 82.0%。

从地理分布的角度看，中国原料奶生产的典型特征是以北方为主，虽然 2000 年以后稍有转变，南方各省份奶牛饲养量开始上升，2007 年开始了结构转型，奶牛养殖在优势产区内向消费市场和资源市场靠拢，尤其是新建牛场重点布局在我国的人口分界线附近。根据国家奶牛产业技术体系调研，中国规模养殖奶牛(以荷斯坦奶牛为主)前 9 位省份包括河北、黑龙江、内蒙古、宁夏、山东、河南、山西、辽宁和甘肃，均在"三北"地区，存栏量占总存栏量的 77.6%，同时靠近消费市场的江苏保持了较高存栏量。由于气候环境、饲养条件和成本限制，中国奶牛(尤其是荷斯坦奶牛)分布区域将仍以北方为主的特点不会有大的改变。

中国牛奶总产量的这种区域分布不平衡性，与奶牛自身的生物特性及各地的自然资源和气候条件密切相关。一是奶牛是喜凉怕热的动物，中国北方的气候条件适宜奶牛生长，南方由于气候炎热、多雨，奶牛发病率高，成母牛产奶量远低于北方。二是由于奶牛是草食大牲畜，要满足如此庞大的粗饲料需求就必须有丰富的饲草饲料资源，这在以种植水稻为主、耕地面积狭小、人均耕地资源相对紧张的南方是很难满足的；南方满足粪肥消纳的土地资源有限，粪肥处理成本高，难以发展大规模牛场。而北方地域辽阔，有大面积的草原和草地，又是主要饲料作物玉米和大豆的主产区，因此有低成本生产牛奶的比较优势。南方饲养奶牛所需精饲料和优质牧草主要从国外和北方购入，饲养成本过高，从而导致南方饲养荷斯坦奶牛的成本过高。三是由于加工业生产技术进步，超高温灭菌奶的出现，实现了牛奶的长期保鲜和远距离运输，以北方为基地的牛奶加工企业，完全可以实现在全国范围内的全年均衡销售；梯次递进的生鲜乳"北奶南运"模式兴起，满足了部分南方加工企业对原料奶的需求。此外，在各生鲜乳主产区，生鲜乳的增长点又以农区为主。因为农区以舍饲奶牛为主，具有较高的生产管理水平和技术水平，奶农的组织化程度相对高一些，在地理位置上距离消费地近，运输成本小，因此农区生产者获得利润较大，扩大再生产的积极性也很高。而中国的牧区饲养多以放牧为主，生鲜乳品质得不到保障，增加原料奶生产的能力已受到限制。

1.1.3 奶牛养殖模式变化

奶牛养殖模式可以分为如下几种类型：散养户、养殖小区、家庭牧场和规模牛场。散养户是奶牛养殖的初级阶段，是传统的养殖模式，2008 年以前在中国占比最高，20 头以下规模的存栏奶牛达到 64%；养殖小区是在奶牛养殖过程中由传统生产方式向现代生产方式转变的一种过渡模式，在中国养殖结构转型过程中大量出现，结构转型结束后逐渐消失；家庭牧场是以家庭成员为养殖单元，规模化和机械化程度较高的现代养殖模式，在中国占比不高；规模牛场则在饲养技术和管理方面都发生了质的变化，是现代奶业发展的必经之路，是中国现代奶牛养殖业生产方式的最终形式。推进奶牛标准化规模养殖，有利于疫病防治、粪污处理、提高生产水平和效率，从源头上保障乳制品质量安全，增加奶农收入，实现奶业的可持续发展。

自 2008 年以后，中央一号文件多次提出加快畜禽水产养殖规模化，支持建设奶牛规模牧场和小区。2008 年《奶业整顿与振兴规划纲要》也明确要推进奶牛规模化和标准化养殖。农业部从 2008 年开始实施奶牛标准化规模养殖项目，每年投入 5 亿元，对存栏 300 头以上的养殖场给予补贴，按不同规模每个奶牛场分别补贴 80 万元、130 万元和 170 万元，用于建设水电路、粪污处理、防疫、挤奶设施及建设饲草饲料基地等，到 2018 年年底，中国规模牛场基本都得到了项目补贴，带动了全国奶牛标准化规模养殖水平的提高，2020 年全国存栏百头以上的奶牛规模养殖比例为 67.0%，比 2008 年提高 47.5 个百分点(图 6)。当前中国奶牛主要养殖模式已经完成从散养向规模饲养模式的转变。

根据调研，2020 年中国规模养殖的奶牛场 4 600 个左右，饲养奶牛存栏 500 万头左右。300 头以下中小规模牛场数量占比接近 50%，但其存栏占比仅为 14%左右(图 7)。调研显示随着养殖规模的增加，成母牛单产、饲料转化效率、人员的劳动效率逐渐增加(表 1)；虽然不同规模牛场每千克奶盈利空间相差不大，但大规模牛场由于单产较高而获得盈利优势，成母牛盈利能力较强，同时大规模牧场具有更高的信贷优势，因

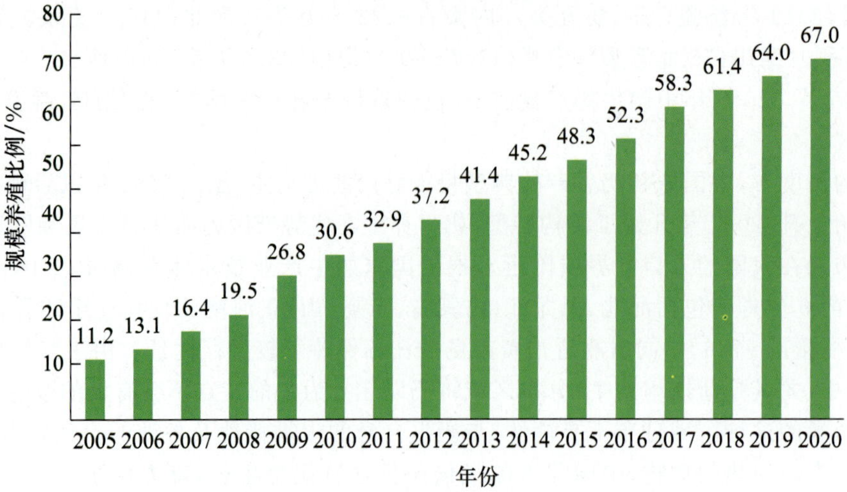

图 6　2005—2020 年中国奶牛规模养殖比例变化

（数据来源：《中国奶业年鉴 2008—2018》《2019 中国奶业统计资料》）

此，大规模牛场代表着更高的生产效率、生鲜乳质量水平和生存能力，中小型牛场在市场竞争中往往处于不利地位，新建牛场往往朝大型或超大型发展，可以预见牛场平均饲养规模将呈持续上升趋势。

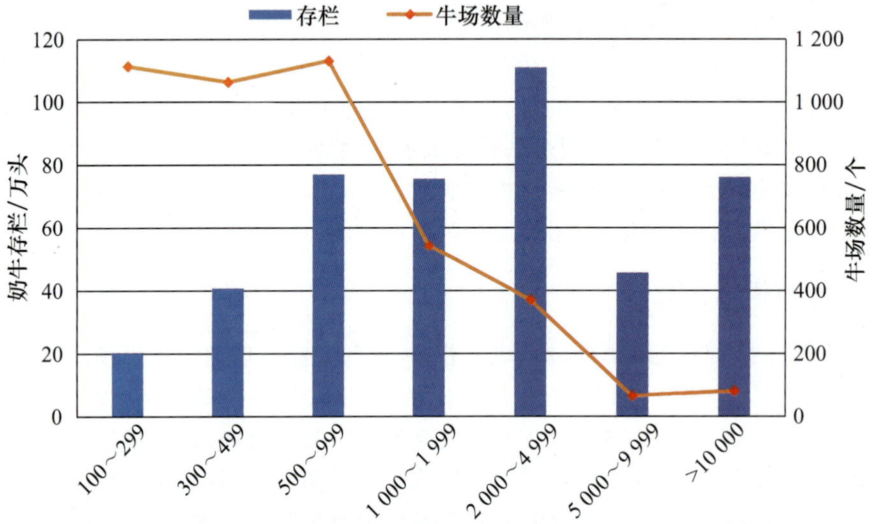

图 7　中国规模养殖奶牛存栏和牛场数量分布

（数据来源：2019 年国家奶牛产业技术体系调研）

表 1　2017 年中国规模牛场相关生产参数调研

存栏规模分布	平均规模	成母牛年单产/t	饲料转化效率	牛：人	牛：技术员	每千克奶成本/元
100～300	237	7.24±1.61	1.16±0.27	24.5±9.0	113±55	3.09±1.87
300～500	394	7.70±1.31	1.22±0.23	30.2±9.2	174±68	3.03±0.55
500～1 000	697	8.29±1.45	1.31±0.22	33.5±12.9	246±102	3.08±0.54
1 000～2 000	1 391	8.68±1.59	1.33±0.23	36.5±12.6	283±114	3.34±0.77
＞2 000	5 452	9.36±1.35	1.43±0.17	46.7±16.3	327±119	3.34±0.62
总体平均	1 152	8.08±1.58	1.27±0.24	32.6±12.8	213±112	3.15±1.12

数据来源：2017 年国家奶牛产业技术体系调研，N=1 200。

1.2 乳制品加工业

乳及乳制品加工在中国具有悠久的历史，据史料记载，2 000 多年前就有“奶子酒”的生产。北魏贾思勰著的《齐民要术》里已收集奶酪、干酪、马酪等的制作方法。而且以牧业为主要生产活动的少数民族，对乳制品的利用历史更为悠久。但在漫长的封建社会，中国的乳制品工业几乎没有发展。1949 年以前国内虽然有少数生产奶粉、炼乳等的小型乳制品加工厂，但受到发达国家的倾销，极少数的民族乳制品加工企业也处于奄奄一息的状态。因此，中国乳制品加工业的真正兴起是在 1949 年以后。1949 年以后到改革开放前，是中国乳制品加工业的起步阶段，发展比较缓慢；1978 年以后，中国的乳制品加工业进入稳定、快速发展时期，特别是 1999 年以来，随着学生奶计划的实施，“一杯牛奶强壮一个民族”的口号深入人心，乳品企业新型竞争性营销模式使牛奶家喻户晓，牛奶由于无过多添加剂而成为一种健康食品，挤占了部分饮料的市场份额，“饮奶利于健康”已逐渐成为人们的共识，同时随着生产技术水平的提高，乳制品加工业在整个食品加工业中的地位日益重要，逐渐成为国民经济发展中的热点之一。

1.2.1 乳制品加工发展情况

中国乳制品加工业伴随着奶牛养殖业的发展，并在特定阶段推动了养殖业发展壮大，中国乳制品加工业经历了如下 4 个发展阶段。

缓慢发展期（1949—1978 年）：1949 年新中国刚成立时，仅在京、津、沪、渝和部分沿海城市及东北中东铁路沿线草原地区有少数规模很小的奶牛养殖和手工操作的乳制品加工企业，此时中国的乳制品加工业处于萌芽状态。新中国成立后，国家开始有计划地建立乳制品加工厂，一直到 1978 年中国的乳制品加工规模和技术仍处于比较落后的状态。在此期间，生鲜乳产量由 1949 年的 20.0 万 t 增至 1978 年的 88.3 万 t，增长了 3.4 倍；干乳制品则从无到有，产量由 0.1 万 t 增至 4.7 万 t，增长了 46 倍（图 8 和附表 5），年复合增长率 14.2%；1978 年干乳制品产量折合液态奶约 38 万 t，占生鲜乳产量的 42%。

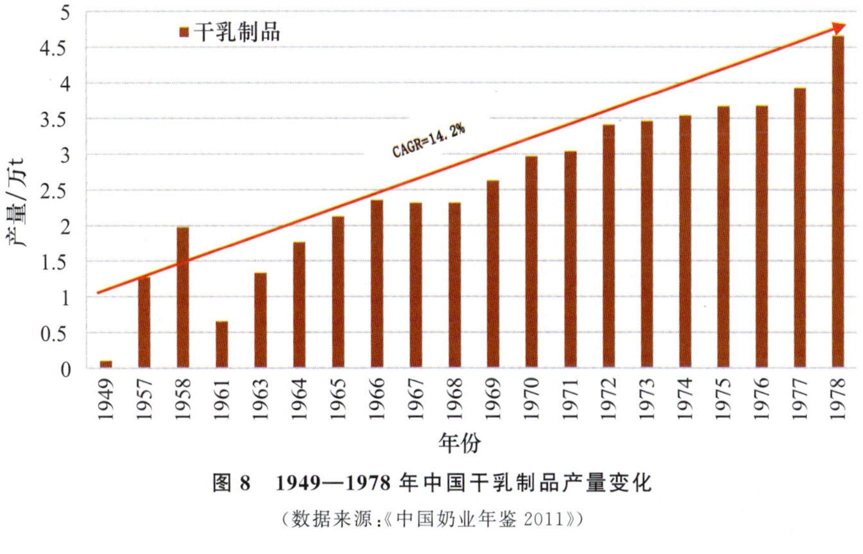

图 8 1949—1978 年中国干乳制品产量变化

（数据来源：《中国奶业年鉴 2011》）

稳步增长期（1979—1998 年）：1978 年以后，随着改革开放及城乡居民收入水平大幅度提高，对乳制品需求快速增长，中国乳制品加工业进入稳步发展时期。在此期间，生鲜乳总产量由 88.3 万 t 增至 662.9 万 t，增加了 6.5 倍；干乳制品由 4.7 万 t 增至 54.9 万 t，增加了 10.7 倍（图 9 和附表 5），年复合增长率 13.1%，增长速度明显快于生鲜乳的增长；1998 年以前中国乳制品以干乳制品为主，1998 年干乳制品折合液态奶占比达到 86.6%。此阶段 20 年内取得较快增长，主要有 3 个原因：一是国家一系列农村改革政策，使农村、牧区个体饲养奶牛数量迅猛增长；二是 1988 年开始实施“菜篮子工程”，明确指出“大中城市实现牛奶自给 70%，建立东北、河北东部、江苏北部等 10 片奶牛基地”的要求和部署。各地都加大了对“菜篮子工程”的投入和加强了基础设施建设，促进了奶业的发展；三是科学技术积极应用于奶牛养殖，使奶业逐步走向科学化生产。

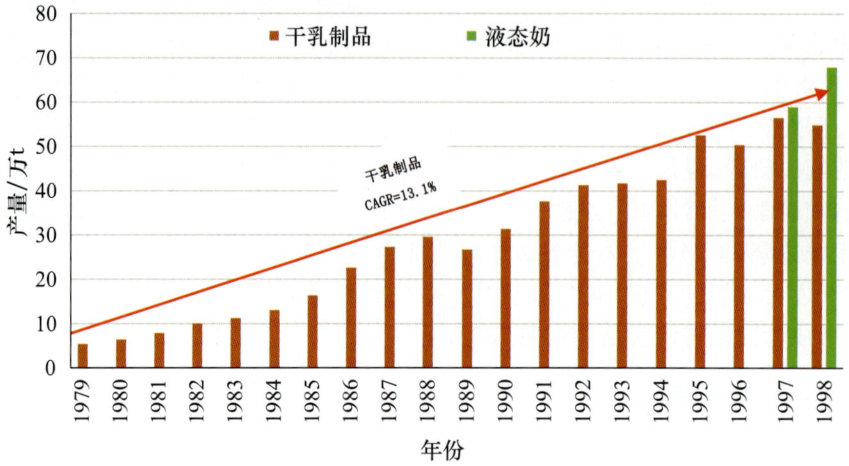

图 9　1979—1998 年中国干乳制品和液态奶产量

（数据来源：《中国奶业年鉴 2011》《2013 中国奶业统计资料》。注：1997 年前液态奶产量本文未列出）

1993—1997 年在计划经济向市场经济的转变中，相继取消了实行多年的供应奶平价精饲料和牛奶收购价格补贴的办法，以致生产成本过高，奶牛生产曾一度出现滑坡；同时改革开放使中外合资及外商独资乳制品企业快速发展，以瑞士雀巢公司为代表的实力雄厚的跨国公司纷纷涌入，外资和技术的引进，对提高中国乳制品技术与管理水平、丰富市场供应起到了积极作用，但对乳制品特别是奶粉市场造成了巨大冲击，一些资金不足、技术相对落后的乳制品企业被挤垮。这种影响对乳制品消费量大、供求关系反应敏感的东部经济发达地区和大中城市的奶牛养殖业尤为明显。此阶段 1993、1994 和 1996 年干乳制品增长速度放缓甚至下降，分别为 1.1%、1.7%和－4.1%，但产量总体上涨趋势不改。

高速增长期（1999—2012 年）：1999 年后在乳企竞争性和创新性宣传等推动下，在消费增长的拉动下，中国乳制品加工业进入了高速增长期。其特征是乳制品加工向一体化、集团化发展，乳制品加工业产业化进程在加速，一批集产前、产中、产后为一体的新型乳制品企业在发展中壮大，并创出自己的品牌，伊利、蒙牛、光明、三元、完达山等乳业集团及其品牌影响越来越大，市场占有率逐年提高，逐渐成为全国性品牌。雀巢、达能、帕玛拉特等国际知名品牌在中国影响也逐步扩大，乳制品加工市场竞争日趋激烈，这种激烈的竞争促进了中国乳制品加工业的发展和技术进步。在竞争中，一批中、小型企业开始分化和加盟大的乳业集团，中国乳制品加工业开始进入整合的新阶段。在整合中，一批老的企业集团发展迅速，同时蒙牛、长富、新希望、维维以及娃哈哈、乐百氏等新的乳制品企业，凭借雄厚的资金和灵活的机制介入乳制品加工业，加速了整合过程。

2008 年“三聚氰胺”事件给中国乳制品加工业造成重创，本土生鲜乳产量增长陷入停滞。随着政府出台的《奶业整顿和振兴规划纲要》《乳制品工业产业政策》《企业生产乳制品许可条件审查细则（2010 版）》等一系列新政策的实施，中国乳制品加工企业开始了一系列的资产重组、兼容收购。在此过程中，一些中小乳制品企业受到清理整顿，甚至被淘汰，中国乳制品加工企业从 2008 年的 815 家减少到 2020 年的 572 家。2008 年以后干乳制品的产量出现萎缩，直到 2012 年产量才超过 2007 年，但消费持续增长带动了液态奶的高速增长，乳制品总产量摆脱 2008 年食品安全事件影响后仍维持较快增长，充分说明偶然事件不改历史发展大趋势的客观规律。

在此期间，加工业带动了上游的发展，生鲜乳产量由 1998 年的 662.9 万 t 增至 2012 年的 3 174.9 万 t，增加了 3.8 倍；乳制品总产量（折合液态奶）由 507 万 t 增至 5 336 万 t，增加了 9.5 倍，年复合增长率达到历史最高的 18.3%，增长速度明显快于生鲜乳的增长率。2008 年以前中国本土生鲜乳高速增长支撑了乳制品的增长，2008 年开始本土生鲜乳产量陷入停滞，快速增长的进口乳制品支撑了乳制品的继续增长。此阶段液态奶产量由 1998 年的 68.0 万 t 增至 2012 年的 2 146.6 万 t，增长了 30.6 倍，年复合增长率达到 28%；干乳制品产量由 54.9 万 t 增至 398.6 万 t，增长了 6.3 倍，年复合增长率 15.6%，达到了历史最高产量(图 10)；奶粉产量由 42.0 万 t 增至 136.5 万 t，增加了 2.3 倍(附表 6)。

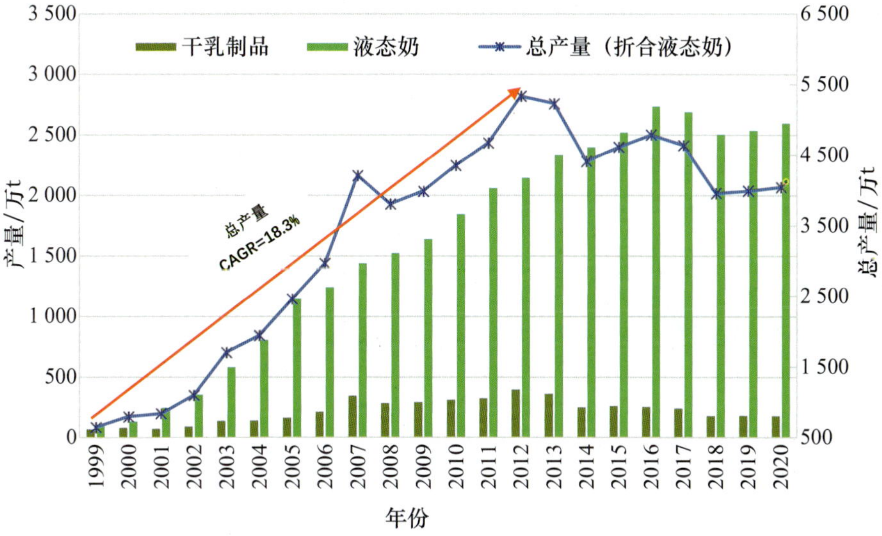

图 10　1999—2020 年中国干乳制品和液态奶产量

(数据来源：《中国奶业年鉴 2019》《2020 中国奶业统计资料》。
注：干乳制品折合液态奶比例按 1∶8 计算)

受 2008 年“三聚氰胺”事件的影响，国内婴幼儿奶粉市场空出了巨大的市场份额，国内外各大奶企纷纷争夺国内奶粉市场。国内奶企为了提高经营效率、降低产业链风险，加强了对整个奶业上下游的控制，在上游控制原料奶的供给，建设自己的奶源基地，在下游控制销售渠道，降低销售成本，并构建企业自己的原料奶生产到加工再到销售的完整产业链。国外奶企借“三聚氰胺”事件对国内奶粉企业的影响，大力扩展在中国的奶粉业务，美赞臣、雅培、惠氏、雀巢和多美滋等少数国外品牌的销售量曾占据整个中国婴幼儿配方奶粉市场的半壁江山。

充分竞争期(2013 年至今)，受到进口乳制品的冲击，尤其是从新西兰、荷兰、爱尔兰、德国和法国等国家进口的乳制品快速增长，中国乳制品总产量(折合液态奶)开始出现下降。干乳制品产量则一路下滑，2020 年干乳制品产量 181.0 万 t，比 2012 年下降 54.6%；液态奶仍维持了 4 年的稳定增长，2016 年产量2 737.2 万 t，比 2012 年增长 27.5%，随后呈现下降趋势，2020 年产量 2 599.4 万 t，比 2016 年下降 5.0%(图 10)。液态奶的持续增长很大比例是由于异军突起的酸奶市场，行业创新的常温酸奶在一定程度上推动了酸奶消费的上升，2017 年中国酸奶市场销售额在 1 200 亿元，比 2012 年增长约 750 亿，带动液态奶市场增量在 400 万～500 万 t；但同时进口液态奶快速增长对国产液态奶形成了一定的影响。2020 年上半年爆发了新冠肺炎疫情，初期消费受到抑制，然后随着饮用乳制品有助于提高免疫力等的宣传，液态奶全年实现增长约 2.4%。

1.2.2　乳制品结构分析

随着乳制品加工业的发展，中国乳制品结构也有较大变化。在新中国成立初期，由于技术力量和生产水平的限制，乳制品加工厂仅生产巴氏杀菌奶、奶粉和炼乳。20 世纪 80 年代，乳制品加工业有了一定发展，但远远不能满足人们的需要，不但产量低，产品品种单调，包装也很落后。1982 年干乳制品中普通奶粉占 58%，炼乳占 38%，而奶油、奶酪、干酪素和乳糖仅占 1%。《1990 年度全国乳制品工业部分企业经济技术指标资料汇编》的 198 家企业干乳制品产量 15.44 万 t，占全国的 49.2%，干乳制品产品构成为全脂加糖乳粉

67%、全脂奶粉 5.3%、婴幼儿配方奶粉 18.5%、炼乳 9.0%、奶油 0.26%；液态奶产量 23.59 万 t，产品构成为消毒牛奶 95.3%，发酵乳 4.7%。进入 20 世纪 90 年代后期，中国乳制品不但产量迅速增加，而且种类日益丰富，液态奶有巴氏杀菌奶、超高温灭菌奶、酸牛奶、乳酸饮料和各种强化乳。干乳制品有全脂奶粉、脱脂奶粉、婴幼儿配方奶粉系列、中老年奶粉和强化奶粉，还有干酪、奶油和炼乳等。

在乳制品发展中以液态奶增速最快，每年平均以两位数的增幅递增，特别是进入 21 世纪以来，液态奶的平均增长率在 30%以上，其产销量已经远远超过干乳制品中的奶粉，成为乳制品市场中的第一大种类，从 2014 年开始液态奶产量占乳制品总产量的(折合液态奶)比例超过 50%，2020 年达到 64.2%(图 11)。

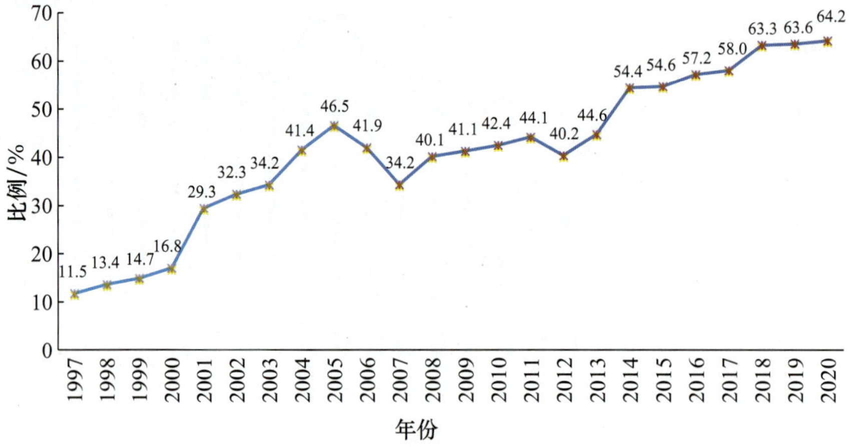

图 11　1997—2020 年中国液态奶产量占乳制品总产量(折合液态奶)的比例

(注：干乳制品折合液态奶比例按 1∶8 计算)

在 2000 年以前中国液态奶产品中，主要是以巴氏杀菌奶为主，1999 年占比达到 59.9%，之后则迅速降低，2017 年占比仅为 7%。进入 21 世纪后，液态奶中超高温灭菌奶发展速度超过了巴氏杀菌奶，其占比迅速上升，从 1999 年的 21.1%上升到 2011 年的 69.2%(包含 8.8%的调制乳)。2002 年液态奶产量 355.1 万 t，在产品结构上，超高温灭菌奶占主体，达 153.9 万 t，占液态奶产量的 43.3%，巴氏杀菌奶 104.8 万 t，占液态奶产量的 31.3%，发酵乳 44.7 万 t，占液态奶产量的 12.6%。2017 年液态奶产量 2 691.7 万 t，其中超高温灭菌奶占比 39%，调制乳占比 26%，发酵乳占比 28%，巴氏杀菌奶占比 7%(图 12)。

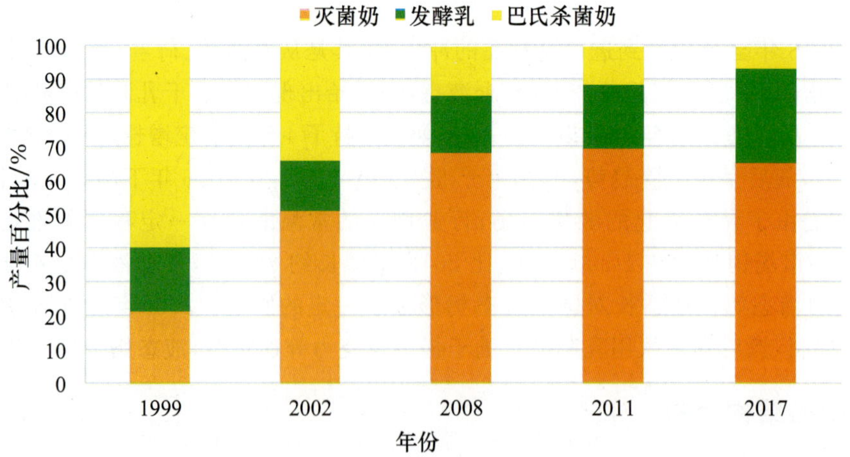

图 12　1999—2017 年中国液态奶产量结构变化

由于酸奶的特有风味，营养价值高，有利于肠道菌群的平衡和抑制腐败菌群，并可避免和减轻亚洲人群的乳糖不耐受症，加上研究证明酸奶可增强人体免疫功能等诸多效果，酸奶的消费量呈直线上升。酸奶商业化生产从 20 世纪 80 年代开始，1982 年发酵乳产量不足 2 000 t，到 1999 年产量已达 11.37 万 t，2002 年酸奶产量达 44.7 万 t,2011 年酸奶产量达 391.6 万 t,2017 年酸奶产量达到 753.7 万 t,占比达到 28%。2017 年酸奶销售额达到约 1 220 亿元,首次超过普通牛奶销售额,未来酸奶的占比将进一步提高,到 2022 年前后销售额将达到 2 000 亿元。

在干乳制品结构中,以奶粉为主导产品,占比呈先下降后上升的趋势,2002 年奶粉占干乳制品产量的 80%,2012 年则下降为 34.2%,此后逐渐上升,2019 年则上升为 57.9%;而其他的干酪、炼乳、奶油等产量均较低。2002 年全国干乳制品产量为 93.2 万 t,其中奶粉占 80%,在奶粉产品构成中全脂奶粉占 23.4%,加糖全脂奶粉占 16.4%,婴幼儿配方奶粉占 25.8%,其他奶粉占 25.4%。2011 年全国干乳制品产量为 326.7 万 t,其中奶粉产量 138.6 万 t,占干乳制品产量 42.4%,奶油产量 6 万 t,干酪产量 1.5 万 t,炼乳产量 17.8 万 t;在奶粉产品构成中全脂奶粉占 30.1%,加糖全脂奶粉占 4.2%,脱脂奶粉占 2.5%,婴幼儿配方奶粉占 45.3%,中老年奶粉占 5.8%,调味奶粉占 3.5%,其他奶粉占 8.7%。与 1999 年相比,奶粉中高附加值的婴幼儿配方奶粉的比例逐渐提高,从 1999 年的 20%提高到 2017 年的 73%(图 13),反映了中国奶粉产业结构逐渐优化,符合在自由竞争的市场上民族产业能够发展壮大的普遍事实,更进一步验证了自由竞争的市场能给民族工业带来活力;在市场上则表现为飞鹤、君乐宝等婴幼儿奶粉企业的迅速壮大。

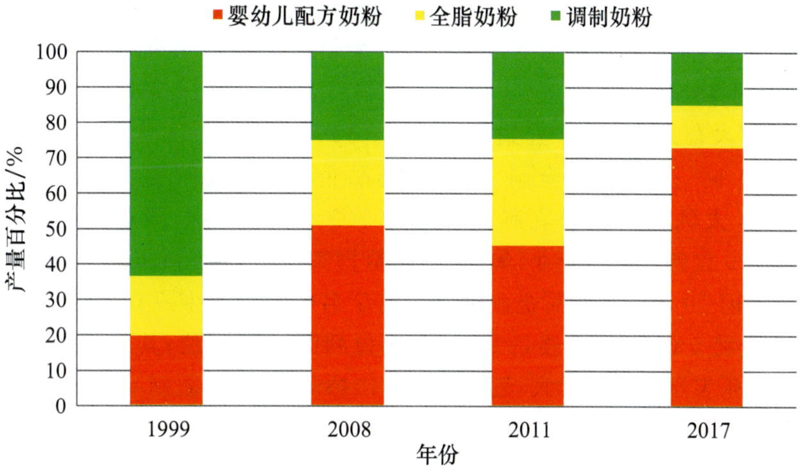

图 13 1999—2017 年中国奶粉产量结构变化

1.2.3 乳制品加工企业变化

从乳制品加工企业的数量和规模变化看,2000 年中国规模以上乳制品加工企业(统计口径是全国国有及年销售收入 500 万元以上的非国有企业)有 377 家,其中大型企业有 33 家,中型企业有 39 家,小型企业有 305 家。2000—2008 年中国乳制品加工企业的数量不断增加,2008 年达到 815 家,8 年时间增加了 1.2 倍,在这期间,中国大型乳制品企业数量不断减少,2008 年减少到只有 9 家;中型企业的数量有所增长,2008 年达到 137 家,增加了 98 家;小型企业的数量增长迅速,2008 年达到 669 家,增加了 364 家。由此可以看出,在此期间中小型企业数量的增加带动了整个行业企业数量的迅速攀升。2008 年以后,国家对奶业进行整顿,一部分生产水平较低的乳制品加工企业被取缔,一些资金不足、技术相对落后的乳制品企业被迫退出乳制品加工行业。2008—2019 年我国规模以上的乳制品加工企业逐年减少,从 2008 年的 815 家减少到 2011 年的 644 家,到 2019 年进一步减少到 565 家(图 14)。随着新建加工厂准入政策的放开,乳品企业有所增长,2020 年为 572 家。而大中型乳制品企业却呈增长的势头,大型企业从 9 家增长到 2011 年的 15 家,中型企业从 137 家增长到 145 家,小型企业数量逐年减少,从 2008 年的 669 家减少到 2011 年的 484 家;2012 年以后相关统计资料不再给出各类企业的分类数据。

从乳制品加工企业集中度上看,近年来,中国乳制品加工业中的大中型企业发展迅速,企业规模不断扩

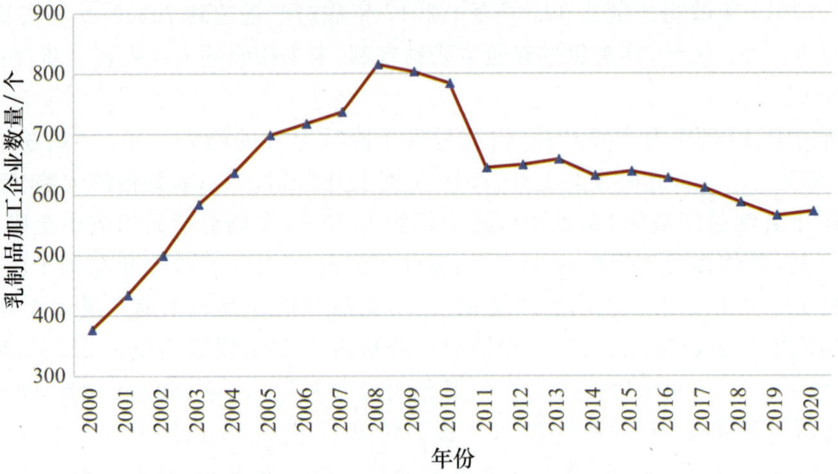

图 14　2000—2020 年中国乳制品加工企业的数量变化

（数据来源：《中国奶业年鉴》《2020 年中国奶业经济月报》）

大，集中度有所提高。首先，龙头乳制品企业规模迅速扩大，在 20 世纪 90 年代，日处理 200 t 生鲜乳的企业都比较少见，2007 年中国日处理能力 1 000 t 以上的乳制品企业就有 16 家，技术装备达到国际先进水平。其次，龙头企业规模的扩大有力提高了产业集中度水平。1995 年，全国 10 大乳制品企业乳制品产量为 5.6 万 t，占全国总产量的 10.6%；1998 年，全国 10 大乳制品企业乳制品产量为 14.9 万 t，占全国总产量的 24.9%；2006 年，全国 10 大乳制品企业乳制品产量为 709.9 万 t，占全国总产量的比重提高到 65.4%。2002—2011 年，排名前 10 位的乳制品企业（集团）市场销售额占有率在 44.8%～61.3%之间，到 2019 年达到 63.1%。中国销售额前 10 名的乳制品企业（集团）前 2 名伊利和蒙牛一直保持领先，呈现强者恒强的局面，并分别进入世界乳企前 5 强和前 10 强，2020 年分别位列第 5、第 8 位；其他的乳制品企业位次变动较大（表 2），近年来飞鹤和君乐宝迅速发展壮大，逐渐进入第二梯队。可见，乳制品市场竞争非常激烈，乳制品企业将面临更加严峻的生存竞争。

表 2　2002—2019 年中国销售额排名前 10 名的乳制品企业

排名	年份										
	2002	2004	2006	2008	2009	2010	2012	2014	2016	2018	2019
1	光明	伊利	伊利	蒙牛	蒙牛	蒙牛	伊利	伊利	伊利	伊利	伊利
2	伊利	蒙牛	蒙牛	伊利	伊利	伊利	蒙牛	蒙牛	蒙牛	蒙牛	蒙牛
3	三鹿	光明	三鹿	光明	光明	光明	光明	光明	光明	光明	光明
4	三元	三鹿	光明	完达山	完达山	贝因美	贝因美	完达山	君乐宝	君乐宝	君乐宝
5	完达山	雀巢	黑乳	圣元	三元	完达山	完达山	飞鹤	完达山	飞鹤	飞鹤
6	娃哈哈	娃哈哈	雀巢	佳宝	圣元	雅士利	雅士利	贝因美	新希望	三元	三元
7	黑乳	龙丹	银桥	三元	飞鹤	三元	三元	君乐宝	飞鹤	澳优	澳优
8	蒙牛	银桥	佳宝	飞鹤	银桥	银桥	君乐宝	三元	三元	完达山	新希望
9	维维	佳宝	完达山	银桥	新希望	飞鹤	合生元	合生元	天友	新希望	完达山
10	新希望	完达山	美赞臣	新希望	南京奶业	圣元	新希望	新希望	合生元	雅士利	银桥

数据来源：《中国奶业统计资料》。

从企业经营情况看（附表 8），2001 年中国规模以上乳制品加工企业销售收入是 271.9 亿元，其中排名前 10 的乳制品企业共完成销售收入 128.5 亿元，占全行业收入的 47.3%；排名前 10 位企业的液态奶市场份额约占全国产量的 62%，奶粉销售量约占全国总产量的 33%。2011 年中国规模以上乳制品加工企业销售收入是 2 315.6 亿元，是 2001 年的 8.5 倍，2011 年排名前 10 的乳制品企业共完成销售收入 1 419.9 亿元，占全行业收入的 61.3%。2001—2007 年，大企业销售收入均呈增长的势头，2008 年受“三聚氰胺”事件的影响销售收入暴跌 29.1%，2008 年后销售收入逐步回升，直到 2011 年销售收入才恢复到 2007 年的水平。中小型企业由于产量少，灵活性强，2001—2011 年销售收入均呈增长的态势。2020 年中国规模以上乳企主营业务收入 4 195.6 亿元，利润总额 394.9 亿元，销售利润率 9.4%，2000 年以来年复合增长率达到 16.6%（图 15）。

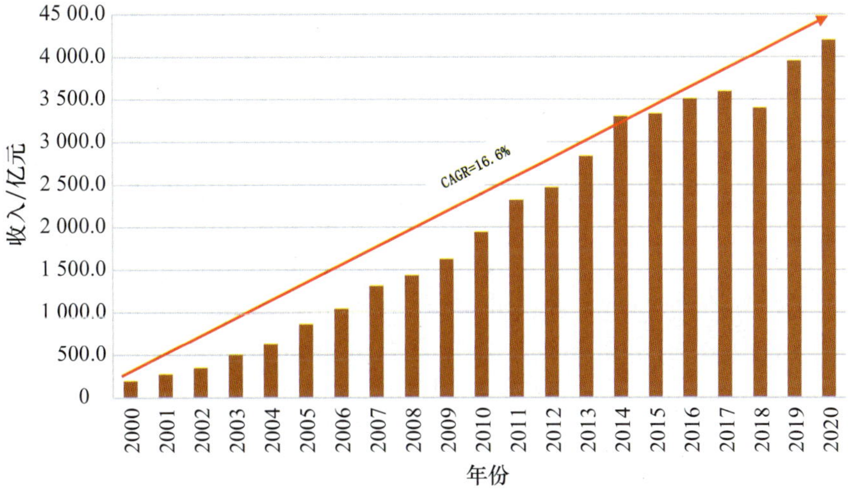

图 15　2000—2020 年中国乳制品加工企业销售收入

（数据来源：《中国奶业年鉴》《2020 年中国奶业经济月报》）

1.3　乳制品贸易

20 世纪 90 年代以前，由于中国对乳制品工业实行保护政策，乳制品进口量不大。20 世纪 90 年代以来，随着国内贸易政策逐渐放宽及乳制品消费量的增加，国内生产量不能完全满足消费需求，中国内地乳制品贸易迅速发展，每年从新西兰、美国、澳大利亚、法国等乳制品生产大国进口奶粉、乳清等乳制品，虽然中国（内地）每年也有乳制品供应港澳地区和出口到周边国家，但远远抵不上进口数量，尤其是 2008 年以后出口几乎可以忽略不计。从整体上看，中国乳制品贸易一直是进口贸易大于出口贸易，中国长期以来是乳制品的净进口国（附表 12～附表 14）。中国加入 WTO 以后和中新自由贸易协定的签订，乳制品关税持续下降，进口乳制品快速增长，在未来几年，中国乳制品进口量仍将持续上升。

1.3.1　乳制品进出口量和进出口额变化情况

1999 年以前，中国乳制品进口量不多，每年保持在 10 万 t 左右。1999 年以后进入温和增长阶段，1999—2008 年中国乳制品进口量从 16.34 万 t 增长到 35.07 万 t，增长了 1.2 倍，年复合增长率为 8.9%。2009—2019 年，中国乳制品进口量进入迅速增长阶段，2009 年乳制品进口量 59.69 万 t，2020 年乳制品进口量达到 328.1 万 t，比 2008 年增长了 8.3 倍，年复合增长率达到 17.3%（图 16）；其中干乳制品从 34.3 万 t 增长到 220.9 万 t，增加了 5.4 倍，液态奶从 0.82 万 t 增长到 107.2 万 t，增长了 129.7 倍。

同期，中国乳制品出口量却增长缓慢，有些年份甚至出现负增长。1995—2007 年，中国乳制品出口量大体上呈增长的趋势，乳制品出口量 2007 年达到最高，为 13.5 万 t，年均增长率为 13.2%。2008 年以后，中国乳制品出口量大幅度下降，2009 年乳制品出口量下降了 69.4%，此后一直维持在 4 万 t 左右，主要一直是以广东供应香港的鲜奶为主，2018 年向香港供应 2.86 万 t 液态奶，供应干乳制品 0.24 万 t；2018 年分别向朝鲜和菲律宾出口干乳制品 0.30 万和 0.17 万 t。2020 年我国共计出口各类乳制品 4.29 万 t，同比减少 21.1%，出口额 22 012.2 万美元，同比下降 49%。其中，出口婴幼儿配方奶粉 6 726.2 t，炼乳 2 618.2 t，大包奶粉 1 624.2 t；出口液态奶 3.0 万 t，供应香港的液态奶占比 91.3%。

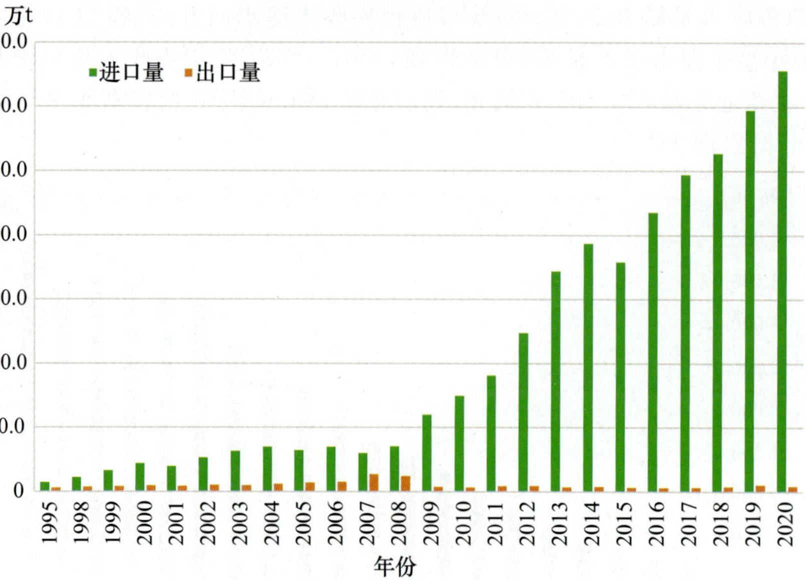

图 16 1995—2020 年中国乳制品进出口量变化

（数据来源：《中国奶业年鉴 2005》《中国奶业年鉴 2019》《2020 中国奶业统计资料》）

中国是乳制品纯进口国，进口的贸易逆差很大。1999—2020 年，中国乳制品进口额从 1.59 亿美元增长到 117.1 亿美元，年复合增长率为 22.7%；同期，出口额从 0.44 亿美元增长到 2008 年的 3.0 亿美元，随后下降到 2020 年的 2.2 亿美元，20 年间几乎零增长。乳制品贸易逆差不断扩大，从 1999 年的 1.2 亿美元扩大到 2020 年 114.9 亿美元（图 17）。

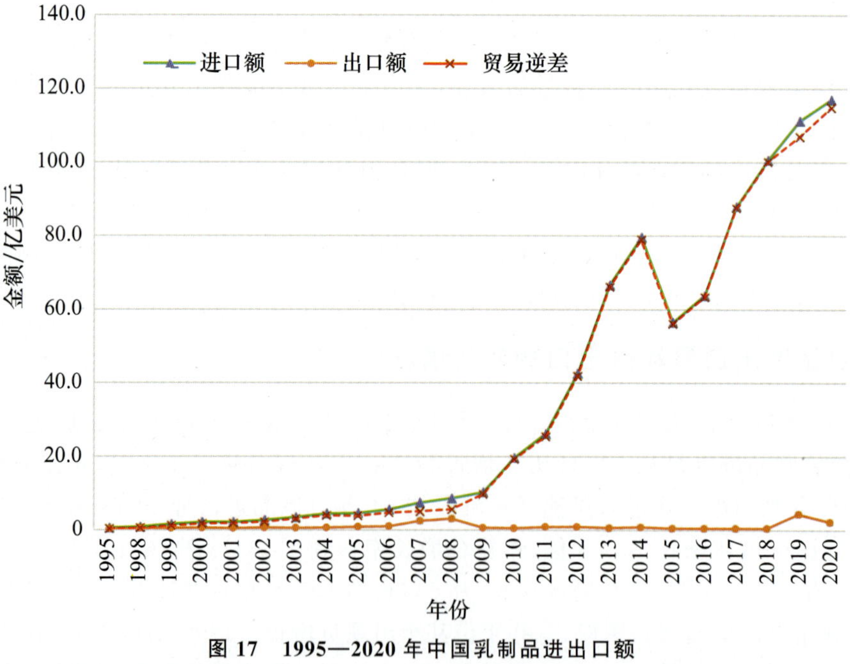

图 17 1995—2020 年中国乳制品进出口额

（数据来源：《中国奶业年鉴 2019》《2020 中国奶业统计资料》《2021 中国奶业贸易月报》）

从各类乳制品贸易竞争力相关指数看，中国的乳制品贸易竞争力很低，各项指标水平与日本相当，不及韩国，远远落后于行业内的主要竞争对手，并从 2008 年开始出现了显著的下降。例如，中国贸易竞争力指数（TC）较为接近－1，说明乳制品的进出口差额占进出口贸易总额的比重接近－1，2018 年为－0.98（图 18），而新西兰、美国、荷兰等国家均为正值，是纯出口国，尤其是新西兰 2018 年 TC 为＋0.96。

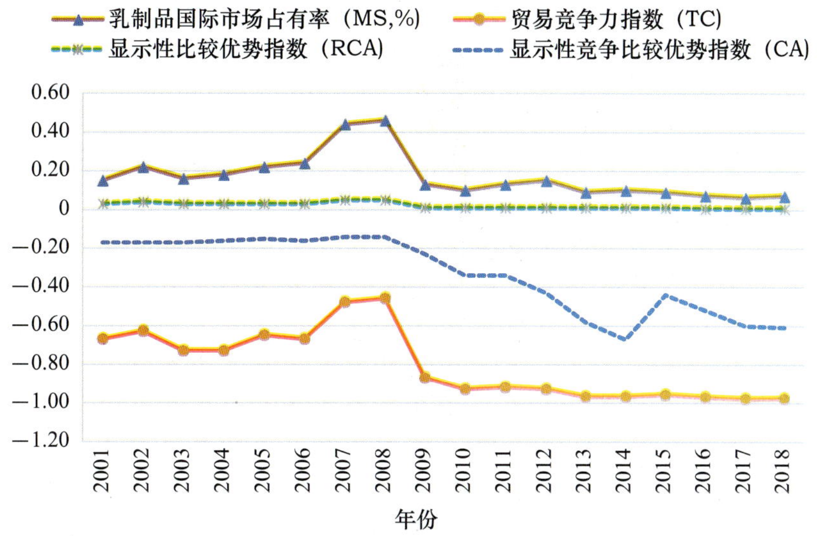

图 18　2001—2018 年中国乳制品国际贸易竞争力各类指数变化

（数据来源：FAO）

1.3.2　进口乳制品结构变化

中国乳制品进口种类主要分为液态奶和干乳制品两大类，其中液态奶包括包装牛奶和酸奶，干乳制品包括大包奶粉、婴幼儿配方奶粉、乳清粉、奶酪和奶油、炼乳，还有部分乳糖、酪蛋白等深加工产品。1999—2003 年中国干乳制品进口占比持续增加，进口量从 14.6 万 t 增加到 31.2 万 t，占比从 88%增加到 99%，一直持续到 2012 年均维持在 90%以上，到 2020 年进口量达到 220.9 万 t。2013—2020 年液态奶进口量迅速上升，进口量从 19.5 万 t 增长到 107.2 万 t，占比从 11.4%增加到 32.7%，其中又以包装牛奶为主，2020 年占比达到 31.7%；但由于液态奶价格较低，2020 年其进口额占比仅为 11.2%，中国进口乳制品从绝对量和价值来看仍以干乳制品为主（图 19，图 20）。

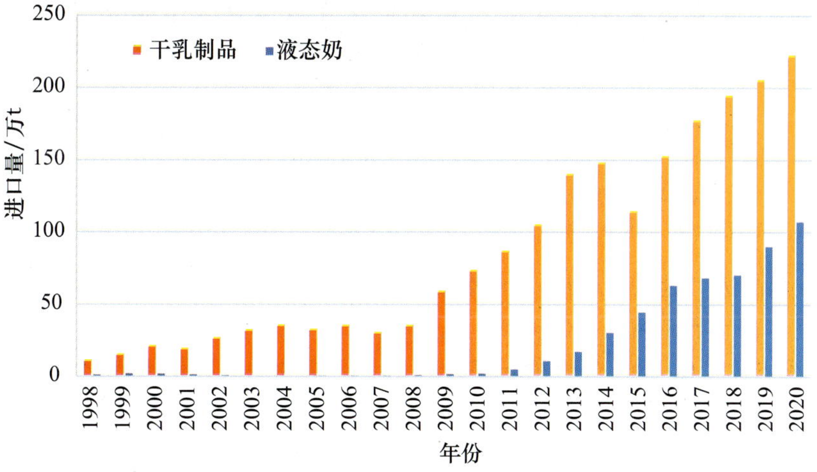

图 19　1998—2020 年中国干乳制品和液态奶进口量变化

（数据来源：《中国奶业年鉴 2019》《2020 中国奶业统计资料》《中国奶业贸易月报》）

在干乳制品进口中以大包奶粉和乳清粉为主。1995—2009 年，乳清粉一直是中国乳制品进口量最多的品种，每年进口量保持在 6.5 万～28.9 万 t，占总进口量的 47.9%～62.4%，此后乳清粉进口占比持续下降，2020 年进口 62.6 万 t，占干乳制品的 28.4%。1995—2009 年奶粉居于第 2 位，每年进口量在 2.5 万～24.7 万 t，占总进口量的 28.0%～42.5%。2010 年以来，大包奶粉进口量持续上升，2010 年进口 41.1 万 t，占干乳制品进口总量的 56.9%，同比增长 67.6%，首次超过乳清粉(2010 年进口 26.4 万 t)成为进口量最多的乳制品。2020 年中国进口大包奶粉 97.9 万 t，略有下降，占干乳制品进口总量的 44.3%(图 21)。

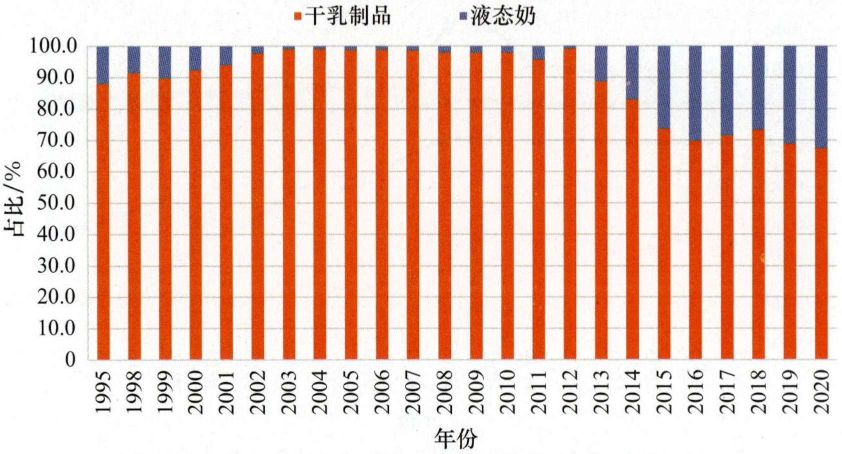

图 20　1995—2020 年中国进口干乳制品和液态奶占比变化

(数据来源:《中国奶业年鉴 2019》《2020 中国奶业统计资料》《中国奶业贸易月报》)

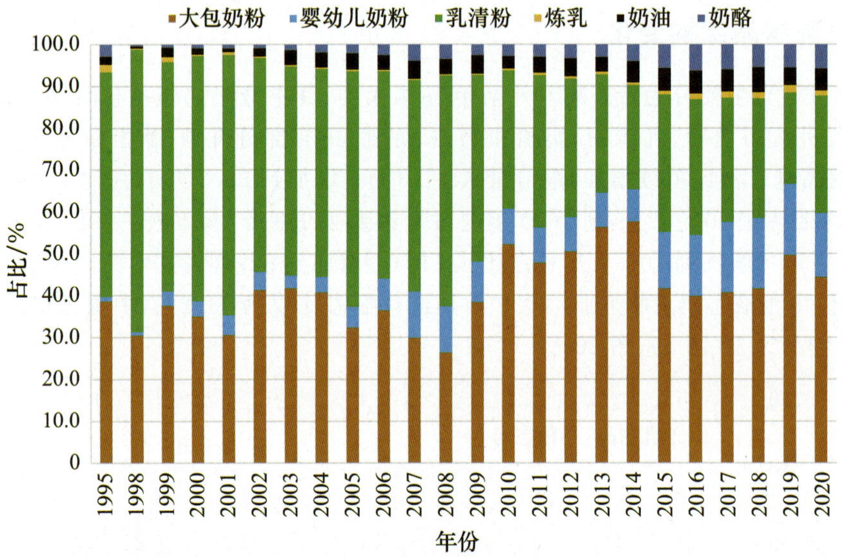

图 21　1995—2020 年中国进口干乳制品中的各品类占比

(数据来源:《中国奶业年鉴 2019》《2020 中国奶业统计资料》《中国奶业贸易月报》)

其他品种的干乳制品进口量温和增长，其中婴幼儿配方奶粉增长较为明显，从 2012 年的 9.2 万 t 增长到 2020 年的 33.5 万 t，占干乳制品的比例从 8.1%上升到 15.2%。奶酪 2007 年进口量突破 1 万 t，到 2020 年达到 12.9 万 t，尽管占比较低，但年复合增长率接近 20%。奶油的进口量也持续增长，2003 年进口量突破 1 万 t，2020 年进口量达到 11.6 万 t(附表 15)。从进口额来看，终端消费类的婴幼儿奶粉和液态奶占比在上升，原料类的乳清粉和大包奶粉占比下降明显。婴幼儿奶粉单价较高，其进口额占乳制品的比例 2012 年为 24.6%，2020 年达到 43.2%(图 22)，几乎占据一半，是进口额最高的品类，是名副其实的高附加值乳制品，反映了洋品牌奶粉充斥着国内市场的现状。

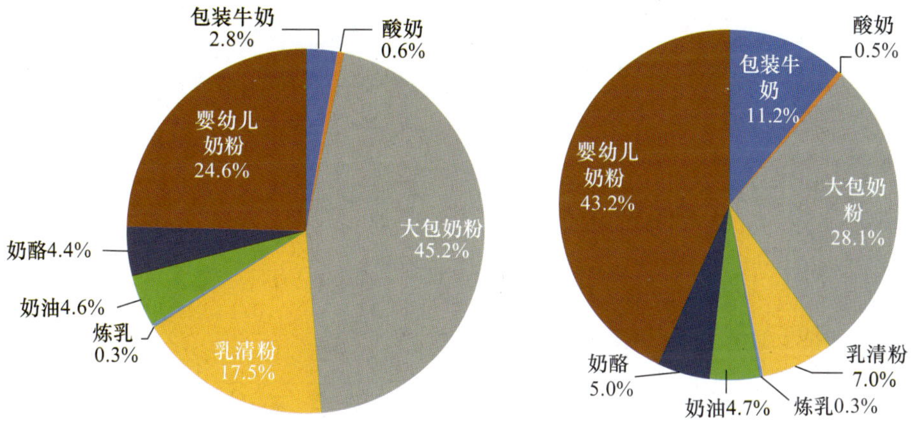

图 22　2012 年和 2020 年中国各品类乳制品进口金额占比

（数据来源：《中国奶业年鉴 2019》《2021 年中国奶业贸易月报》）

1.3.3　乳制品进口来源情况

长期以来，新西兰、欧盟、美国和澳大利亚是中国乳制品进口的主要来源国家和地区，目前新西兰已成为中国最主要的乳制品进口国。1998 年以前，美国和荷兰是中国最大的乳制品进口国，1998—2012 年（除 2008 年），新西兰成为中国最大的乳制品进口国，其次是美国，从 2003 年开始，法国超过澳大利亚成为中国第三大乳制品进口国。2012 年中国进口乳制品中有 59.0 万 t 来自新西兰，占乳制品进口总量的 51.5%，排在中国乳制品进口国的首位；其次是美国，从美国进口乳制品 20.4 万 t，占乳制品进口量的 17.8%；再次是法国，从法国进口乳制品 7.9 万 t，占乳制品进口量的 6.9%；从德国和澳大利亚分别进口乳制品 7.6 万 t 和 4.6 万 t，分别占乳制品进口量的 6.3%和 4.1%。2019 年从乳制品进口绝对量来看，排名前 5 位的国家依次是新西兰、德国、法国、美国和荷兰，依次进口 124.8 万、37.3 万、18.9 万、16.9 万和 16.1 万 t，进口量占进口总量的 65.2%。

但进口量并不能反映占用外汇的程度，从进口金额来看，2018 年排名前 5 位的国家依次是新西兰、荷兰、爱尔兰、德国和法国，进口额分别是 39.0 亿、18.0 亿、7.8 亿、7.7 亿和 7.5 亿美元，进口额占进口总金额的 79.5%，新西兰无论进口额还是进口绝对量都是中国第一贸易大国，澳大利亚进口额 5.95 亿美元排在第 6 位，来自美国的进口量虽然较大，但主要是价值较低的乳清粉，2018 年其进口额 3.61 亿美元，排在第 7 位。

进口额最高的婴幼儿配方奶粉，2019 年主要来自荷兰、新西兰、爱尔兰、法国和德国，进口量分别为 11.0 万、7.0 万、4.7 万、3.7 万和 2.5 万 t，各国占比如图 23 所示。

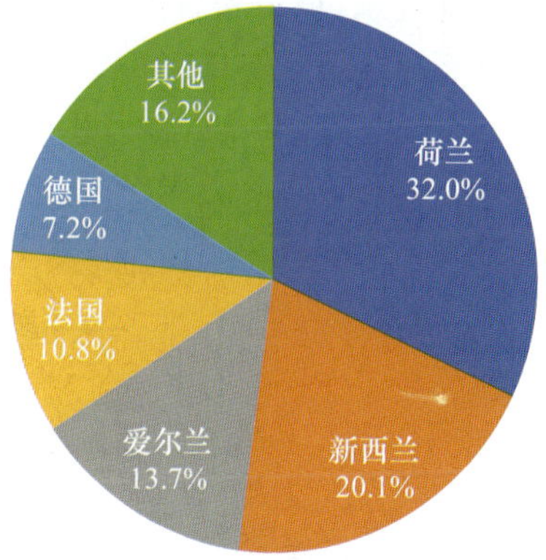

图 23　2019 年中国进口婴幼儿奶粉主要来源国及占比

（数据来源：《2020 中国奶业统计资料》）

大包奶粉在中国乳制品进口贸易中一直占有很高的比例，中国奶粉进口来源国家和地区比较集中，主要来自新西兰、澳大利亚、美国和欧盟等国家和地区，2000 年以后进口占比维持在 85%以上（图 24）。1995 年，荷兰是中国最大的大包奶粉进口国，从荷兰进口奶粉占全部进口量的 31.6%，从新西兰进口奶粉占全部进口量的 13.4%。2000—2020 年新西兰是中国最大的奶粉进口国（附表 16），2000 年中国从新西兰进口的大包奶粉为 5.0 万 t，占中国奶粉进口量的 68.0%；2008 年从新西兰进口大包奶粉占中国奶粉进口量比重最低，为 50.1%；2012 年中国从新西兰进口大包奶粉达到 49.5 万 t，占中国奶粉进口量的 86.5%；2020 年进口大包奶粉 69.5 万 t，占比 71.0%。澳大利亚一直以来是中国第二大大包奶粉进口来源国，其奶粉进口量在 2002 年达到最大值，为 3.4 万 t，

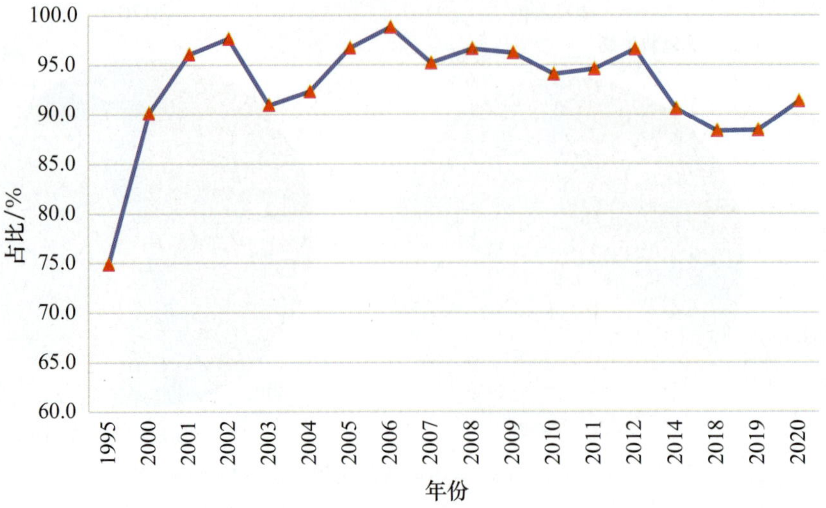

图 24　1995—2020 年中国大包奶粉进口量前 5 位的国家总计占比

（数据来源：《中国奶业年鉴》《2020 中国奶业统计资料》）

之后呈逐年下降的趋势，所占市场份额由 2002 年的 30.7%下降到 2012 年的 2.9%，2020 年从澳大利亚进口 7.73 万 t，占比 7.9%。中国从美国进口的大包奶粉份额在 2002 年最低，为 1.2%，在 2008 年最高达到 16.3%，之后逐渐下降，2012 年中国从美国进口大包奶粉的量为 1.7 万 t，占中国奶粉进口量的 3.3%，2020 年进口 2.37 万 t，占比 2.4%（图 25）。

1995—2009 年，中国液态奶主要进口国变化不大，新西兰和澳大利亚一直是中国液态奶进口的主要来源国（附表 17），但 2009 年之前液态奶进口量不大。2009 年之后液态奶进口开始迅速增长，德国和新西兰成为液态奶进口量最大的国家，分别从不足 1 万 t 增长到 2020 年的 33.9 万和 30.9 万 t，占比分别达到 32.6%和 29.7%，其次是波兰和澳大利亚，2020 年进口 10.7 万和 10.3 万 t，分别占比 10.3%和 9.9%，法国 5.6 万 t 占比 5.4%（图 26）。

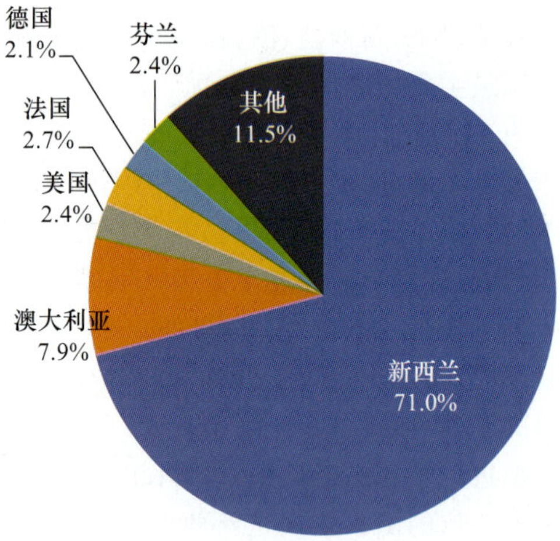

图 25　2020 年中国进口大包奶粉主要来源国及占比

（数据来源：《2021 中国奶业贸易月报》）

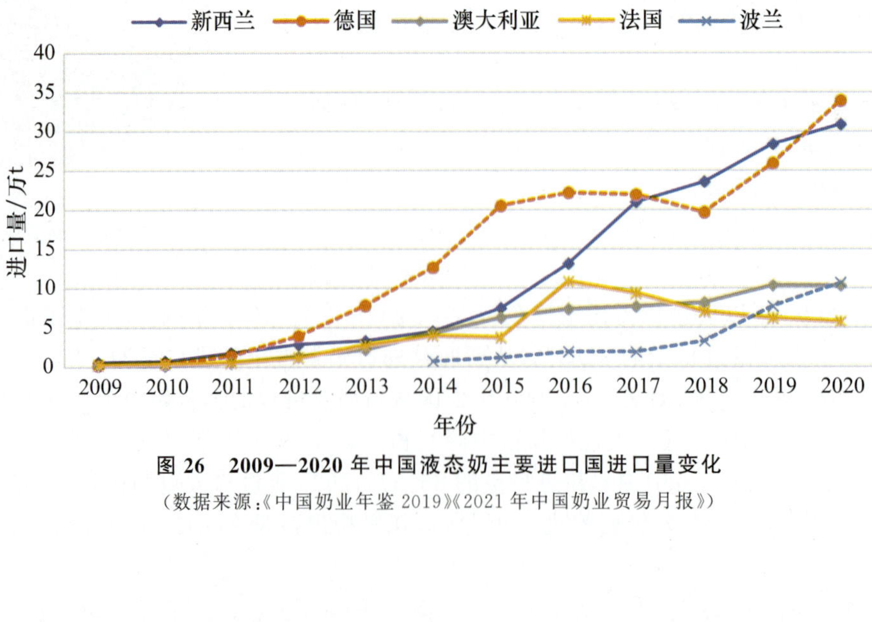

图 26　2009—2020 年中国液态奶主要进口国进口量变化

（数据来源：《中国奶业年鉴 2019》《2021 年中国奶业贸易月报》）

1.4 乳制品消费

中国饮奶历史虽然悠久，但乳制品消费量却一直处于相对滞后的局面。历史上，除了牧区一些少数民族有食用乳制品的习惯外，汉族的大部分人口都没有这一习惯。近几十年来，随着人们生活水平的提高和对乳制品营养的深入认识，乳制品消费量逐渐增长。

1.4.1 乳制品表观消费量的变化

中国居民乳制品表观消费量（折合液态奶）从 1990 年的 483.8 万 t 增长到 2020 年的 5 401.3 万 t，30 年间增长了 10.2 倍，年复合增长率达到 8.4%，期间除了 1993 年、2007 年和 2015 年出现阶段调整和下降外，其他年份均正增长，并有 10 年的增长速度均在 10%以上（图 27，图 28，附表 10）。这种快速增长的原因有 4 个：一是随着居民收入的持续增加促进了乳制品消费及潜在消费者的购买能力，使乳制品的消费量增加，同时随着收入水平的提高，人们受教育程度也会提高，将使人们接受更多的营养知识，转变消费观念与习惯，从而把乳制品作为一种必不可少的食品来源；二是从 1998 年以来，政府部门、乳制品加工行业、营养专家、医学工作者通过各种宣传媒体，采取多种形式开展了乳制品对改善人们营养健康、提高国民体质的作用和乳制品科学知识的宣传，积极引导消费，产生了明显的效果；三是乳制品加工业的发展和产品创新，为市场提供了更营养、更美味、更卫生、更方便的乳制品，并针对不同的消费群体，提供了更多的品种；四是乳制品企业的大规模营销活动和逐步完善的城市营销配送系统，也使购买乳制品更为方便，进一步刺激了消费者的购买欲望。

与中国奶牛产业发展节奏互为联动，1990 年以来乳制品消费的增长明显分为 3 个阶段：第一阶段为 1990—1998 年平稳增长阶段，年复合增长率为 6.8%，略低于牛奶的增长率 10.6%（图 27），期间主要依靠国产生鲜乳满足消费需求，进口依存度在 10%以下；第二阶段为 1999—2006 年快速增长阶段，年复合增长率达到 19.1%，与生鲜乳的增速 20.5%接近，进口依存度在 15%以下；第三阶段为 2007 年至今的温和增长阶段，年复合增长率为 4.1%（图 28），远高于生鲜乳的增速 0.6%，期间主要依靠进口的增长满足消费需求的增长，进口依存度从 2007 年的 7.3%持续上升到 2020 年的 34.7%，可以说 2007 年以后中国乳制品消费市场的增量完全被进口乳制品挤占，国产生鲜乳只在结构和质量方面完成了优化升级，从产能方面没有实现大的增长。

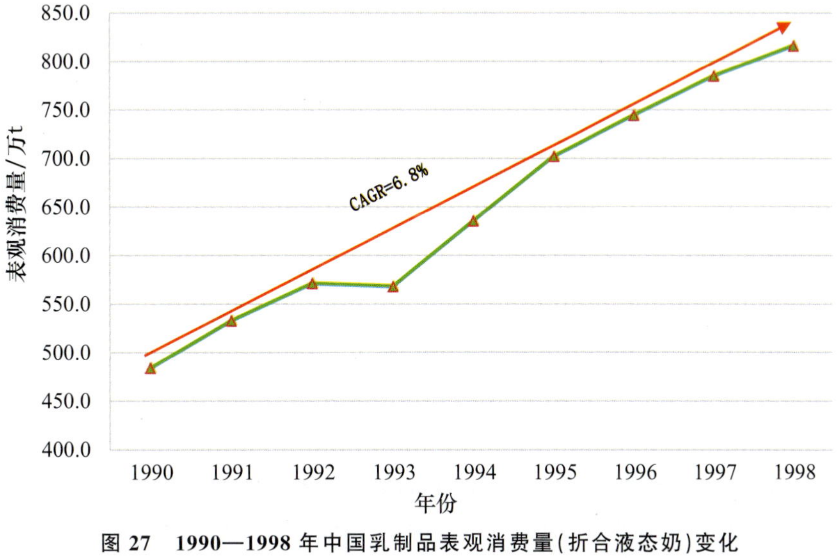

图 27 1990—1998 年中国乳制品表观消费量（折合液态奶）变化

（数据来源：历年《中国奶业年鉴》，国家统计局。总供给量＝国内奶类产量＋净进口，其中净进口的干乳制品按 1∶8 折算成液态奶；未考虑库存变动）

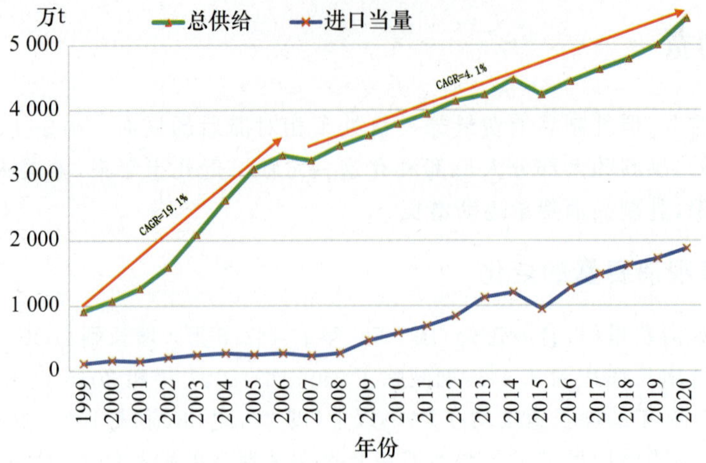

图 28　1999—2020 年中国乳制品表观消费量(折合液态奶)变化

(数据来源:《中国奶业年鉴》《2020 中国奶业统计资料》)

1.4.2　乳制品人均表观消费量的变化

乳制品消费水平受到国家经济发展阶段和产业发展的影响。中国人均乳制品消费取得了明显的增长，1990 年中国居民乳制品人均表观消费量(折合液态奶)只有 4.23 kg，到 2020 年达到 38.58 kg(图 29)，增长了 8.2 倍，增长特点与乳制品总供给类似。

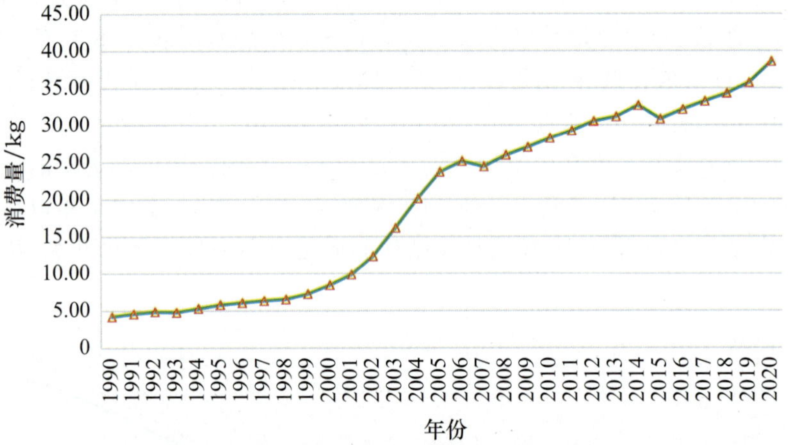

图 29　1990—2020 年中国乳制品人均表观消费量(折合液态奶)变化

(数据来源:《中国奶业年鉴》《2020 中国奶业统计资料》)

中国人均消费水平与世界乳制品消费平均水平的差距仍十分明显。2018 年中国液态奶人均消费量为 18.4 kg，与文化和饮食习惯较为接近的日本和韩国相比，为日韩的 60%左右；奶酪人均消费量仅有 0.15 kg，更远低于日韩的 2～3 kg(图 30)。短时期内，中国乳制品的消费水平可能达不到欧美国家的水平，日韩的消费水平可作为中国的增长目标。消费水平的提升依赖经济的增长，2019 年日韩的人均 GDP 在 3 万～4 万美元，而 2019 年中国人均 GDP 刚超过 1 万美元，依托经济的稳步增长，中国的乳制品消费水平仍会实现温和增长。

中国城乡居民乳制品消费不平衡，农村居民乳制品消费量低于城镇居民乳制品的消费量，且增长速度较慢。2007 年以来城镇居民乳制品消费量有所下降(图 31)，从 24.87 kg 下降到 2018 年的 16.5 kg，分析其有两方面的原因：一是乳制品结构发生变化，导致液态奶消费水平有所下降；二是中国城镇化迅速提升，城镇人口占比持续增加，拉低了平均消费水平(附表 11)。不同地区的乳制品消费水平也有较大差异，根据

2016 年的调研数据显示，北京市区牛奶和酸奶人均消费量达到 82.4 kg/年，比河北和天津分别高出 20.5% 和 81.8%；北京、河北和天津的城镇消费水平相应比农村消费水平高出 64.6%～86.3%(表 3)。未来，中国城镇居民数量的提升仍然是乳制品消费增长的重要动力。

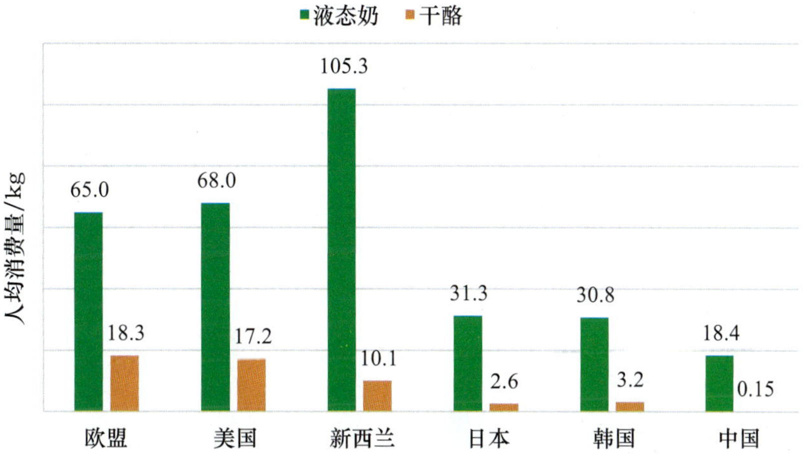

图 30　2018 年部分国家和地区人均液态奶和干酪消费量

（数据来源：《2019 中国奶业统计资料》）

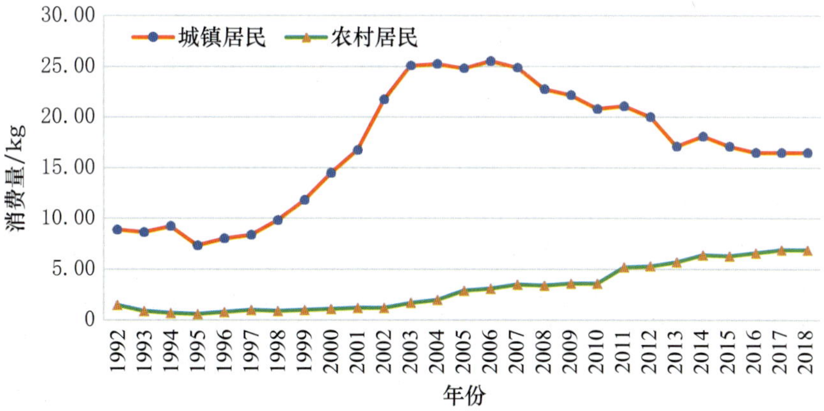

图 31　中国城镇居民和农村居民人均奶类消费量

（数据来源：《中国奶业年鉴 2019》）

表 3　2016 年部分地区人均乳制品消费量　　kg/年

省(直辖市)	城乡	包装牛奶	酸奶	成人奶粉
北京	城镇	53.3	29.1	0.47
	农村	30.1	14.1	0.22
河北	城镇	38.4	30.0	0.93
	农村	24.2	15.0	0.38
天津	城镇	28.2	17.1	0.96
	农村	17.6	9.9	1.25

来源：中荷奶业发展中心研究项目调研。

1.4.3　消费群体和消费行为的变化

随着人们收入水平、生活质量和受教育程度的提高及营养知识的普及推广，消费观念也逐渐改变，无论是从年龄结构还是从职业结构上看，乳制品消费群体都在扩大，并且不同群体间的消费差异也日益缩小。

从消费群体的年龄结构来看,20 世纪 80 年代以前,乳制品主要是供给婴儿和老人消费(3 岁以下婴儿占 60%,老人占 20%)。2000 年对北京市的抽样调查表明,经常消费乳制品的人群中,20 岁以下的只占 27%,60 岁以上的只占 14%,其他年龄段的占 59%;天津市调查的 1 000 户消费乳制品的比例为 2 岁以下占 7%,2~10 岁占 18%,11~60 岁占 55%,60 岁以上占 20%。因此,从年龄结构上看,消费群体的"断层"现象已经消失。另外,从职业结构上看,以前除老、幼、弱、病、孕外,乳制品主要为高级知识分子和外宾所消费,现在各种文化程度和职业的群体都食用乳制品。根据中荷奶业发展中心的调研,中国居民乳制品食用率逐渐提高,2016 年常温牛奶、常温酸奶和成人奶粉食用率分别为 52.1%、43.4%和 5.0%,2018 年分别达到 80.9%、63.9%、14.8%;奶酪的食用率偏低,仅有 15.8%(图 32);几乎每天食用牛奶、酸奶和成人奶粉的消费者分别占 44.4%、37.9%和 24.5%,受教育程度越高、女性、青少年和儿童对牛奶和酸奶的食用率高于其他群体。

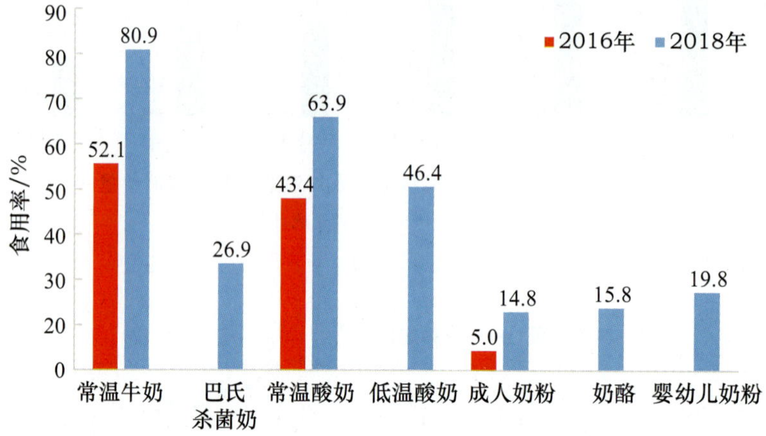

图 32　中国居民不同乳制品的食用率

(数据来源:中荷奶业发展中心研究项目调研)

随着乳制品加工技术的进步,乳制品加工企业针对不同群体的需要开发了不同饮用方式的乳制品,促进了居民乳制品消费行为的变化。以前,乳制品种类以鲜奶和奶粉为主,居民主要是购买牛奶煮沸后饮用或是用开水冲奶粉饮用,消费时间大多是在清晨和晚上。现在,乳制品加工业为广大消费者开发了各种即买即饮或直接食用的乳制品,乳制品的消费更加便利,时间限制已不成问题。据哈尔滨工业大学对哈尔滨居民的乳制品消费调查显示,在受访者中,56%的人在早餐时食用乳制品,多为食用鲜奶、巴氏杀菌奶和保鲜奶等乳制品;19%的人晚上食用乳制品,且多为奶粉;33%的人随时都可能消费乳制品,且多消费那些购买便利且可即买即饮或直接食用的乳制品,主要是冰淇淋、活性乳、酸奶和风味乳等产品。此前人们把乳制品当作补品来消费,现在则把它当作促进健康的大众营养食品来看待,主要关心乳制品的营养成分、口味和食用方便性。北京市的调查显示,把乳制品营养价值放在首要位置的消费者占受访人群的 72%,把消费便利性(购买、饮用、贮存)放在其次的消费者占 35%。

2　奶业科技进展概况

2.1　奶牛育种与繁殖技术进展

2.1.1　奶牛品种培育

中国荷斯坦奶牛品种的培育可追溯到 19 世纪 60 年代。自 20 世纪 50 年代开始有计划地杂交和横交固定,对当时长期处于品种混杂的黑白花杂种牛群进行整顿,有计划地使用经过选育的杂种公牛在牛群中配种，以期达到横交固定的目的。有的地区为迅速扩大奶牛群的规模，也直接引进和使用纯种荷斯坦公牛与当地黄牛进行级进杂交，逐渐开展有计划的奶牛选育和品种培育工作。

20 世纪 70 年代开始了选育提高和品种育成阶段。1972 年和 1974 年先后成立了北方奶牛育种协作组和南方奶牛育种协作组，1984 年在两个育种协作组的基础上成立了中国奶牛协会(1999 年更名为"中国奶业协会")。这一时期制定了切实可行的育种措施和规程，重点在高代黑白花杂种牛群中开展较系统的选育工作，有计划地培育和选择种公牛，建立种公牛站，推广冷冻精液人工授精技术，开展品种登记工作，开展对产奶量、乳脂率、体高、体重等性状遗传参数估计的研究，并根据需要有计划地引入国外优秀荷斯坦公牛和冷冻精液，对牛群进行改良杂交，以提高产奶性能和体型结构。经过多年的系统育种工作，牛群的遗传性能稳定、适应性强，各项生产性能显著提高，显著改良了牛群中斜尻、乳房下垂、肢蹄不良等缺陷。据 1985 年统计的 96 499 头中国黑白花奶牛，每头牛年平均产奶量为 6 027 kg，其中 21 095 头良种登记成年母牛，305 d 平均产奶量达到 7 152 kg，乳脂率为 3.56%，体型结构明显改善，特征一致性良好，达到了品种标准要求，经审定，1985 年被农业部正式命名为"中国黑白花奶牛"，这是新中国成立以来，中国培育的第一个奶牛品种，于 1988 年获得国家科技进步一等奖。为了与国际接轨，1992 年经农业部批准更名为"中国荷斯坦牛"。目前中国饲养的奶牛 80%以上为中国荷斯坦牛及其杂交改良牛。

经过多年的培育，中国育成了多个乳肉兼用牛品种。1983 年，新疆褐牛及其改良牛存栏约 24 万头，通过鉴定，命名为"新疆褐牛"。1985 年，农牧渔业部组织验收并正式命名了"中国草原红牛"。1986 年三河牛通过农业部专家组的验收鉴定，内蒙古自治区人民政府将该新品种命名为"内蒙古三河牛"，验收时存栏 8.5 万头。经过多年的改良，西门塔尔牛经过国家畜禽品种资源审定委员会牛品种审定委员会的审定，于 2002 年正式命名为"中国西门塔尔牛"，据 2011 年统计，中国西门塔尔牛杂交后代存栏约 602 万头。

2.1.2 奶牛群体遗传改良技术

中国荷斯坦牛品种育成后，中国持续地开展了系统的奶牛群体遗传改良工作，尤其在开展后裔测定选择优秀种公牛、改进种牛遗传评定方法、选育高产核心母牛群、推广应用人工授精技术等方面进行了大量的工作。特别是近 20 年来，新的奶牛育种技术在遗传改良中不断应用，使中国荷斯坦牛在群体数量和生产性能上都有了很大提高，对中国奶业的发展起到了决定性作用。

(1)种公牛站建设。20 世纪 70 年代中期，各省(自治区、直辖市)纷纷建立种公牛站或家畜冷冻精液站，种公牛站是奶牛良种繁育体系的重要组成部分，是推广应用优秀种公牛冷冻精液人工授精技术、加快奶牛遗传改良和提高奶牛生产水平的有效措施。种公牛站的建设，使制备冷冻精液的工艺水平不断成熟和完善，冷冻精液质量不断提高。截至 2018 年年底，全国有 42 家种公牛站获得《种畜禽生产经营许可证》，存栏种公牛 4 252 头，涉及 35 个品种，采精种公牛存栏 3 155 头，其中荷斯坦奶牛 791 头，西门塔尔牛 263 头，奶水牛 160 头；年生产优质冻精 3 240.6 万支，同比下降 6.4%，其中荷斯坦奶牛生产冻精 614 万支，同比下降 29.7%。种公牛站建设和人工授精技术的应用，为中国奶牛业快速发展做出了积极贡献。

(2)开展青年公牛后裔测定。中国自 1983 年由中国奶牛协会组织开展了青年种公牛联合后裔测定工作，经过 20 多年的发展，为中国培育了许多优秀验证公牛。1998 年，中国奶牛协会对从已获结果的前 7 批后裔测定公牛中选出的优秀种公牛在全国的使用效果进行抽样调查分析，说明通过实施后裔测定评定出的优秀公牛是可靠的。

为了进一步加快中国独立自主培育中国荷斯坦优秀种公牛的进程及规范，建立全国联合后裔测定操作流程，中国奶业协会于 2007 年制定并发布了《中国荷斯坦青年公牛联合后裔测定规程》。该规程规定，全国青年公牛联合后裔测定工作是在农业部畜牧行政主管部门领导下，由中国奶业协会育种专业委员会负责组织相关单位实施。2007 年《农业部关于加强种公牛站生产经营管理的意见》中，明确要求自 2012 年没有后裔测定成绩的奶用种公牛冻精不得上市销售。近几年，每年参加测定的青年公牛头数不断增加。截至 2012 年 4 月，共组织了 47 批(从 1994 年开始每年进行 2 次测定)，累计参加测定的公牛 1 566 头，2007 年以前出生的共 705 头，有 551 头得到验证成绩，占参加测定公牛的 78%。近年来由各种公牛站和自发成立的 2 个后裔测定联盟(北方、香山)组织开展后裔测定工作,并于2018年颁布实施了国家标准《中国荷斯坦牛公牛后裔测定技术规程》,2019年选留后裔测定公牛164头。开展全国乳用青年公牛联合后裔测定,对全国牛群的遗传改良起到一定作用。

(3)奶牛遗传评定方法进展。随着奶牛育种方法和计算技术的发展,中国奶牛育种中使用的育种值估计方法也经历了一个发展过程。20世纪50～60年代,由于受苏联米丘林学派影响,中国种牛的选择主要依据体型外貌的主观印象;到了70年代,中国科技工作者开始应用欧美国家的遗传评定方法对种牛进行遗传评定。到80年代中期,最佳线性无偏预测(BLUP)法在中国奶牛遗传评定中得到应用,1988年开始用公畜模型BLUP对全国联合后裔测定的青年公牛进行遗传评定,1996年北京奶牛中心在国内首先使用动物模型BLUP法,充分利用多年的历史数据对所有有关的公牛和母牛进行统一遗传评定,为中国荷斯坦牛应用动物模型BLUP进行遗传评定开展了十分有意义的尝试。2006年开始,中国奶业协会的中国奶牛数据中心开始利用从加拿大引进奶牛测定日模型遗传评估系统软件,对中国荷斯坦牛进行统一的遗传评定,进一步提高了中国奶牛遗传评定的技术水平和准确性。仅就奶牛遗传评定方法和计算技术而言,目前中国与国际先进水平基本同步。

(4)生产性能测定和体型线性评定。奶牛生产性能测定是对奶牛产奶性能和乳成分测定的一项技术,是奶牛群体遗传改良中最基础最重要的工作。中国开展奶牛牛群改良(DHI)工作起步较晚,1992年的“中日技术合作天津奶业发展项目”和1994年的“中国-加拿大奶牛育种综合项目”,分别在天津、西安、上海、杭州等项目参加单位逐步开展奶牛生产性能测定工作,建立了较完备的DHI实验室,制定了相关操作技术规程。1996年中加项目实施第二期计划时,又将北京等13个省(自治区、直辖市)纳入合作计划,重点推行DHI测定工作。1999年5月,中国奶业协会成立了“中国荷斯坦奶牛全国生产性能测定工作委员会”,进一步健全了推广DHI的体制和机制。

到2018年年底,全国已建立了32个经过农业农村部认定的“DHI测定中心或实验室”,2008—2018年,参测牛场由592个增加到1 454个,参测牛头数由24.5万头增加到123.8万头,累计测定3 123个奶牛场的332万头奶牛,收集DHI数据4 356万条,连续进行了全国公牛联合后裔测定的育种值估计和遗传评定,支持了种公牛的选育,为国家奶牛良种冻精补贴计划顺利实施做出了贡献。与此同时,各地DHI测定中心通过“DHI报告解读”,为牛群的科学、健康饲养管理进行咨询和建议,为提高奶牛养殖效益发挥了积极作用,使养殖者从中得到实惠。

中国自20世纪80年代中期开展奶牛体型外貌线性评定法的研究和推广工作。奶牛育种科技工作者依据欧美国家现行的评分系统,建立了中国奶牛的体型线性评分体系,在各地培训了一批体型鉴定员。2000年以后,逐步采用加拿大的9分制体型线性评定体系,并开展了一系列的科研工作。2006年制定了《中国荷斯坦牛体型外貌线性鉴定规程》,并于2018年开始实施国家标准《中国荷斯坦牛体型鉴定技术规程》(GB/T 35569—2017),该标准规定了中国荷斯坦牛的体型鉴定主要方法、鉴定性状和评分标准。目前中国种牛遗传评定中使用的体型外貌资料均是来自线性评定方法的结果,线性评分系统的应用与推广促进了奶牛群体整体的改进与提高。

(5)品种登记与高产奶牛核心群的选育。为了建立健全和完善中国荷斯坦牛品种登记制度,农业部授权中国奶业协会的中国奶牛数据中心负责实施中国奶牛品种登记工作,重新制定了全国统一的牛只登记编号系统,并制定了《中国荷斯坦母牛品种登记实施方案》,该实施方案是根据国际上现行的登记办法,结合中国当前实际而制定的。为了具体实施奶牛品种登记工作,中国奶牛数据处理中心从荷兰引进了IRIS(国际牲畜信息系统)奶牛信息化管理平台,包括了奶牛品种登记、良种登记和生产性能测定三大功能,覆盖了从奶牛饲养管理到良种选育的各个方面;中国奶牛数据中心也开发了奶牛数据信息的收集和上报软件,正在落实确定各省(自治区、直辖市)相关的奶牛品种登记和数据收集机构,逐步开展工作,推动中国奶牛品种登记工作逐步走向规范和成熟。

中国黑白花奶牛品种育成后,1986—1990年期间,全国13个省(自治区、直辖市)和多个教学、科研和奶牛育种组织参加,执行了国家“七五”科技攻关专题“中国黑白花奶牛核心群的选育”,使得项目区牛群的数量和质量均有了较大程度提高。特别是到1990年年底，全国纯种黑白花奶牛总数达150万头，据统计，全国有627个集约化奶牛场年平均产奶量超过5 000 kg，攻关专题选育的高产核心群13 950头母牛，在牧区平均产奶量超过7 000 kg、乳脂率高于3.6%，在农区产奶量超过8 000 kg、乳脂率高于3.5%，项目选育的这一批高产核心母牛群，为培育优秀种公牛和开展奶牛全群的遗传改进工作打下了良好的基础。"十五"和"十一五"期间，我国科技部实施了奶业科技重大专项，对奶牛选育和高产奶牛核心群建立给予了大力支持，使中国奶牛遗传改良工作取得了显著成效和进展。

2.1.3 育种新技术的应用

当前国外奶牛育种前沿技术的研究热点领域主要包括：基因组选择技术、遗传标记辅助育种技术、转基因克隆技术、性别控制技术等，各个领域的研究都已经取得突破性进展。

中国农业大学奶牛全基因组课题组（张胜利教授、张沅教授等）在广泛分析美国、加拿大、德国等奶牛育种发达国家近年来在全基因组选择应用的育种实践经验，在大力开展奶牛生产性能测定，推行后裔测定技术规范和全国奶牛群体遗传改良的计算机网络技术的基础上，结合中国奶牛育种的实际现状，为青年公牛选择制定了包括产奶量性状（GEBVMilk）、乳脂率性状（GEBVFatpct）、乳蛋白率性状（GEBVPropct）、体细胞评分性状（GEBVSCS），以及体型总分（GEBVType）、乳房性状（GEBVMS）、肢蹄性状（GEBVFL）的中国奶牛基因组性能指数（GCPI）；2010年构建了较完善的中国荷斯坦牛基因组选择技术平台。2012—2019年，对全国所有公牛站的3 031头青年公牛进行了基因组检测遗传评估，1 600多头公牛完成后裔测定，获得其子代的40万头以上泌乳数据，技术效果显著，头胎产奶量可以提高1 t左右，该技术缩短了育种的世代间隔，增加遗传进展，并降低了公牛站经营成本。

目前，中国在奶牛遗传标记辅助育种领域的研究正处于追赶国外先进水平的阶段，就血清中代谢物浓度与产奶量的关系、有关激素与产奶量的关系、血液和乳中蛋白质多态性与产奶性能的关系，以及血液白细胞与产奶性能和抗病力间的关系等进行的研究已取得了有价值的结果。中国从20世纪80年代末开始了哺乳动物胚胎细胞克隆和转基因研究。可以预见，转基因技术与常规育种方法的紧密结合，将大大加快家畜新品种的培育过程，提高育种效率。中国农业大学利用基因标记和数量性状基因座（QTL）定位进行辅助选择的研究也取得了较大进展；2005年开始，中国农业大学、北京奶牛中心等单位开展了对种公牛携带一些隐性有害基因的分子检测技术研究，已经应用于种公牛的选择和奶牛育种中，大大降低了种公牛携带和扩散隐性有害基因的风险。

奶牛XY精子分离和性别控制技术可以按照生产需要控制出生后代的性别，快速繁育良种高产奶牛，提高奶牛养殖经济效益，加速奶牛育种进展，该技术目前在生产上已经普遍应用。奶牛产业技术体系繁殖育种功能研究室在对奶牛生殖生理机制充分研究基础上提出了动物"授精推流理论"，完善奶牛XY精子分离技术体系，进行了分离精子回收和技术流程两项改进，提高了精子分离效果、速度及分离准确率，提高了生产效率。

2.1.4 奶牛人工授精技术应用

中国奶牛繁殖技术经历了由自然交配向人工授精、胚胎移植、胚胎工程发展的4个时期。中国奶牛在繁殖上应用人工授精技术始于1952年，北京市双桥农场首先应用人工授精技术给奶牛配种成功。1952年10月至1953年9月，王丕建等用奶用种公牛新鲜精液改良黄牛361头，受胎率达74.05%。此时采用的是开膣器阴道输精法。1954年北京市双桥农场最先用直肠把握子宫颈深部输精法获得成功。1963年在北京举办了直肠把握深部输精法培训班，1966年后在全国推广，结果表明此法比阴道输精法受胎率提高10%～15%，促进了人工授精技术向深度、广度发展。

1963年北京市北郊农场在原中央畜牧所（现中国农科院北京畜牧兽医研究所）的协助下，用干冰为冷源研制颗粒冻精成功。1965年上海市成立种公牛站并开展以干冰为冷源的冻精生产和人工授精。1965年原农垦部从荷兰引进第一台液氮发生器，在北京市北郊农场建立了奶用种公牛试验点，开展以液氮为冷源的颗粒冻精的研究，1966 年研制成功，用于人工授精取得了比较满意的效果。1972 年用液氮为冷源生产的颗粒冻精情期受胎率达 55.6%，与同期常温新鲜精液相当。1974 年全国已有 14 个省(自治区、直辖市)开展牛冷冻精液的试制和推广工作，建立输精点 139 处。到 1981 年中国奶牛颗粒冻精的普及率已达 85%。根据当年对 33 万头奶牛的统计，用颗粒冻精配种的母牛情期受胎率，南方为 47.6%，北方为 54.2%。1981 年北京市种公牛站从法国引进了细管冻精的全套设备，细管冻精得到广泛推广。1982 年全国约 64 万头奶牛，几乎全部实行了人工授精。为了保证冻精质量，促进这项技术的推广应用，中国于 1984 年颁布了牛冷冻精液标准(GB/T 4143—1984)。据 1996 年对中国北方 25 个种公牛站统计，细管冻精的生产量和推广量分别占到 55.17%和 55.04%，目前 100%为细管冻精。

中国奶牛性控精液的试验研究工作起步较晚，但近年来发展迅速。目前国内年生产性控精液的能力可达 100 万个剂量，中国奶牛性控精液生产能力居世界第一。近年来，内蒙古、河北、黑龙江、新疆等大部分省(自治区)在奶牛上推广使用性控精液人工授精技术。目前全国每年用性控精液人工授精母牛 10 万头以上。性控精液人工授精情期受胎率青年牛 55%左右，与常规精液相当，经产牛情期受胎率比常规精液低约 10%，母犊率均在 90%以上。

奶牛发情鉴定技术随养牛规模的扩大而不断发展，早期和饲养规模较小的牛场，发情鉴定常采用外部观察法、试情法、阴道检查法和直肠检查法。21 世纪初期开始，饲养规模较大的牛场，则开始采用超声波诊断法和计步器法。

诱导发情和同期发情是人工授精的辅助技术之一，20 世纪 60 年代开始受到重视，但在生产中应用很少。同期发情的研究始于 1976 年，原北京农业大学畜牧系董伟教授等，开始研究进口和国产激素控制母牛同期发情技术，此后各地的畜牧科学工作者对同期发情的方法和效果进行了大量的试验研究。80 年代开始，国产激素种类增多，进口激素相对便宜，诱导发情和同期发情技术开始用于生产实践。进入 21 世纪，这项技术更加成熟，一些程序化的诱导发情、排卵的方法开始出现，并很快被制药厂家开发成商业化产品。目前同期发情主要有以下 3 种方法：延长黄体期的孕激素法、缩短黄体期的前列腺素(PG)法、孕激素+PG 法。利用诱导发情和同期发情技术，能够规模化组织人工授精并实现定时输精，节约了发情揭发鉴定的工作强度，在大规模的万头牧场得到普遍使用。同时，同期发情也是胚胎移植中供体与受体实现同期化的一项必不可少的技术。

妊娠诊断是奶牛人工授精的辅助技术之一。妊娠诊断技术可以及早检查出空怀牛和妊娠母牛，以提高繁殖力。国内多数牛场特别是小牛场一直沿用直肠检查法，该法的主观性较强，需要操作者长期学习才能掌握。进入 21 世纪，大型牛场开始采用 B 型超声波(B 超)诊断技术进行妊娠诊断，该法科学、客观、可靠，受精后诊断时间早于直肠检查法，但需要熟练操作和借助经验判断。1996 年，中国从加拿大批量引进了兽用 B 超仪，以后又引进和生产了便携式兽用 B 超仪。血液孕检是通过检测怀孕早期存在于牛血清或 EDTA 血浆中的妊娠相关蛋白(PAG)确定牛只是否怀孕的一种检测方法，因其实现了标准化、客观性和易操作性，并且能够在受精后 30 d 左右判断妊娠结果，比直肠检查法提前 1 个月，在技术人才缺乏的今天得到了越来越广泛的应用，但存在着成本偏高的问题。

2.1.5 胚胎移植技术

中国的牛胚胎移植始于 20 世纪 70 年代，与发达国家相比虽然起步较晚，但进展较快。40 年来，中国牛胚胎移植经过试验研究、发展提高、推广应用 3 个阶段，缩小了与发达国家的差距，目前牛的胚胎移植已经成为一项常规技术。

中国奶牛胚胎移植，首先由中国科学院遗传所和上海市牛奶公司于 1978 年研究成功，此后有 10 多个单位开展了牛胚胎移植的试验研究工作。根据中国奶牛少、黄牛多的特点，自 20 世纪 80 年代，开始把奶牛胚胎移植给黄牛，让黄牛借腹怀胎生产奶牛的研究工作。目前该技术已经向胚胎工程延伸。农业部于 2002 年在北京、河北、内蒙古、黑龙江、山西、陕西、宁夏、山东和新疆 9 个省(自治区、直辖市)组织实施了“万枚高产奶牛胚胎移植富民工程”项目，带动全国完成胚胎移植 25 000 枚，获得 5 000 头左右的高产母牛。“十五”期间，利用胚胎移植技术培育高产核心奶牛数万头。随着超数排卵(MO)、胚胎移植(ET)水平的提高，20世纪90年代中国开始应用超数排卵胚胎移植技术(MOET)育种体系培育高产奶牛。目前MOET选育作为主配公牛在北京市乃至全国的奶牛育种中发挥了一定作用。

2.1.6 其他繁殖技术

20世纪70年代，在动物胚胎移植技术迅速发展的同时，人们把注意力又转到对胚胎进行加工改造，以期进一步提高胚胎的利用价值，因而兴起了胚胎生物技术——胚胎工程。主要包括胚胎冷冻、体外受精、胚胎性别鉴定、核移植、克隆、胎干细胞、转基因技术等。

近年来，中国在此方面取得的进展有：成功进行奶牛胚胎(常规)冷冻和玻璃化冷冻；牛体外受精胚胎玻璃化冷冻保存移植产犊；对牛胚胎性别鉴定后移植产犊，准确率达到100%；分割牛胚胎产犊；胚胎细胞核和体细胞核移植克隆牛成功，2004年中国农业大学对由加拿大政府赠送给中国人民的世界顶尖种公牛——“龙”进行体细胞克隆成功，产下“大隆”和“二隆”；将牛原始生殖细胞的类胚胎干细胞最高传至15代。

将有重要育种和经济价值的基因(如表达重要人乳成分基因、人乳铁蛋白、人α-乳清白蛋白)构建表达载体。通过转基因技术，转移进入稳定的体细胞系(胎儿成纤维细胞、颗粒细胞为主)，筛选稳定表达的转基因体细胞系。结合体细胞克隆技术，生产转基因克隆奶牛，然后通过再克隆及常规繁育技术扩大转基因牛群体。

2.2 奶牛饲料与营养技术进展

2.2.1 奶牛饲养标准、管理规范的建立与修订

1949—1978年，中国奶牛营养需要主要是借鉴苏联等国家的标准，还没有形成自己的奶牛饲养标准。1979年以后中国奶牛饲养标准共发布了3版。第1版于1986年作为国家标准发布(ZB B 43007—1986)，其主要起草人是冯仰廉教授和李永禄教授，研究提出了中国奶牛以产奶净能为基础的奶牛能量单位(NND)体系。为便于应用，于1989年出版了《奶牛饲养标准和典型日粮配方》。2000年发布《奶牛营养需要与饲养标准》(第2版)，重点修订的内容是小肠蛋白质体系，新蛋白质体系考虑了日粮蛋白质在瘤胃中降解和非降解部分，补充了日粮降解蛋白质转化为瘤胃微生物蛋白质的效率以及微生物蛋白质的合成量等重要参数，从而能反映出进入小肠的日粮非降解蛋白质和微生物蛋白质的量。自2000年以来，中国对瘤胃微生物氨基酸、饲料氨基酸瘤胃降解率和小肠消化率进行了一系列研究，提出了以小肠可消化粗蛋白质为基础的赖氨酸和蛋氨酸营养平衡的建议。《奶牛饲养标准》于2004年作为行业标准(NY/T 34—2004)发布。为便于应用，在2007年出版了《奶牛营养需要和饲料成分》，在饲料营养价值表中，除常规成分外，还列出了中国实测的瘤胃降解蛋白质、瘤胃可发酵有机物、瘤胃微生物蛋白质产生量、瘤胃能氮平衡、小肠可消化粗蛋白质及赖氨酸和蛋氨酸含量等参数。1985年《高产奶牛饲养管理规范》作为行业标准正式发布，2014年发布了行业标准《标准化养殖场 奶牛》，2018年发布了国家标准《后备奶牛饲养技术规范》。奶牛饲养标准和规范经过多年在全国各地养殖企业和科研部门的应用，已取得了显著的经济效益和社会效益。

为了适应中国奶牛养殖业快速发展的需要，在国家奶牛产业技术体系首席科学家李胜利教授的带领下，联合奶牛体系营养与饲料研究室其他9位岗位科学家，又开展了奶牛饲养标准和规范的修订工作。主要增加小肠可消化粗蛋白质的赖氨酸和蛋氨酸平衡，以及后备牛、高产奶牛和干奶牛营养需要量研究，补充完善奶牛饲养标准中粗饲料的中性洗涤纤维(NDF)、酸性洗涤纤维(ADF)含量以及降解率缺失的不足，同时还将增加奶牛常用饲料营养价值和生物学效价评定。

2.2.2 奶牛营养需要研究进展

多年以来，中国的科研工作者在奶牛的营养需要方面进行着持续不断的研究，在各个领域取得显著进展，推动了中国研究水平的提高，对生产的发展具有极大的促进作用。

能量需要研究确定了维持、泌乳、生长发育、行走运动、环境温度影响等能量需要量。采用相当于 1 kg 含脂 4%的标准乳能量，即 3 138 kJ(750 kcal)产奶净能作为一个奶牛能量单位，建立了奶牛能量单位 NND 体系。中国农业大学李胜利团队确定了奶牛围产期日粮适宜能量水平，产前低能饲喂奶牛产后食欲恢复快，产奶量高，体重损失少；而产前中能饲喂奶牛产后脂肪动员少，能量平衡状况较好。

蛋白质营养方面，冯仰廉等根据多年的研究，建立了小肠可消化粗蛋白质及赖氨酸和蛋氨酸平衡体系的总体模式，并给出小肠可消化氨基酸、赖氨酸和蛋氨酸的需要。提出了瘤胃能氮平衡(RENB)的原理和应用方法，并提出了尿素有效用量(ESU)的计算模式。近年来，在奶牛过瘤胃氨基酸和保护性小肽的机制和应用方面的研究，发现过瘤胃氨基酸和保护性小肽对提高饲料利用率、提高生产性能和降低营养素排泄具有积极意义。

脂肪需要的研究给出了日粮中油脂不宜超过的推荐剂量，日粮中的脂类超过 5%～7%干物质(DM)就会抑制瘤胃微生物特别是纤维素分解菌和甲烷合成菌的活动。研究发现高饱和度脂肪酸、低饱和度脂肪酸的应用可以提高产奶性能，添加复合脂肪酸使奶牛甲烷释放量减少，粪尿中 N 和 P 的排泄量降低，乳脂率提高，添加过瘤胃脂肪可以提高产奶量和乳脂率的作用。

矿物质元素的研究主要集中在降低磷的供给量和锌、硒、铜、碘等微量元素方面。根据李胜利、李建国和刘建新的研究结论得出 0.32%～0.37% DM 的日粮磷水平可以满足日产 25～30 kg 泌乳奶牛的营养需要，比生产中的使用量低 50%左右。在奶牛基础日粮中添加锌，日均产奶量显著提高，血清锌和乳锌含量明显升高，对降低体细胞数也有明显作用。添加有机锌比无机锌效果更好，且认为蛋白锌是生产高锌牛奶的理想添加剂。黄玉德等(1995)推荐蛋氨酸锌的添加量为 20 mg/kg 日粮干物质。

奶牛饲料添加有机硒的生物学效应明显高于无机硒，富硒酵母改善奶牛的抗氧化能力和免疫功能的效果比无机硒好，添加有机硒比无机硒显著提高了谷胱甘肽过氧化物酶和超氧化物歧化酶的活性，有机硒较无机硒显著提高奶牛繁殖性能。张馨心等(2009)认为在奶牛日粮中添加硒，当全血中谷胱甘肽过氧化物酶活力最高时为硒的最适添加量。研究表明添加碘能显著提高产奶量和乳碘含量。富铜酵母较硫酸铜显著提高奶牛产奶量、乳脂、乳蛋白和乳干物质含量。

赵国琦等(2008)的研究表明荷斯坦泌乳期奶牛维生素 A 的适宜添加量是 125 万 IU/d。维生素 D 能预防及治疗高产奶牛产后 24～48 h 内产生的乳热症。在围产期奶牛日粮中添加维生素 D_3 10 万 IU/(d · 头)，缓解了围产期奶牛免疫球蛋白和免疫细胞下降的现象。给奶牛注射维生素 D 提高了情期受胎率。1985 年，中国开始进行应用亚硒酸钠和维生素 E 预防奶牛胎衣不下，研究认为亚硒酸钠加维生素 E 预防奶牛胎衣不下效果明显，硒 E 粉对奶牛隐性乳房炎治疗有较好的效果。采用肌内注射维生素 E 对一系列的繁殖障碍疾病都有一定的治疗作用。

有研究在奶牛日粮中添加烟酸、保护胆碱和生物素，提高了奶产量，同时降低了奶牛蹄病的发生率。在夏季热应激条件下，添加烟酸和烟酸铬使奶牛的粗饲料采食量和产奶量都有所增加。给产后 5 d 内诊断为脂肪肝的奶牛投服烟酸、胆碱和纤维素酶，奶牛血浆孕酮含量在产后 20 d 明显提高，子宫复旧时间、产后首次排卵时间、产后首次发情时间和分娩至受孕的间隔时间都明显提早了。在高产奶牛产犊前 2 周及犊牛阶段添加适量的烟酸可补充其对烟酸的需要。

2.2.3　营养价值评定方法研究

在饲料瘤胃降解率的评定方面，冯仰廉等(1984)建议使用 35～50 μm 的尼龙布或涤纶布制作尼龙袋，冯仰廉(1989)提出了瘤胃尼龙袋法评定饲料蛋白质降解率的建议方案，粗饲料测定的时间点为 6、12、24、36、48、72 h，精饲料为 2、6、12、24、36、48 h。常用的测定小肠消化率的方法有体内法、半体内法和体外法，中国科研工作者对运动尼龙袋法、小肠冻干粉法等进行了一系列研究，取得了很多有意义的结论。卢德勋(2001)根据中国粗饲料的利用现状，在广泛吸取相对饲喂价值(RFV)等粗饲料评定指数优点的基础上，结合中国粗饲料品种较多、品质参差不齐的实际情况，提出了评定粗饲料品质的粗饲料分级指数(简称 GI 或 G 指数)。GI 不仅可以用于粗饲料的品质分级，还可用于指导粗饲料在配制日粮中的合理搭配。以上饲料营养价值评定方法的研究和应用，丰富了奶牛营养研究的方法，促进了奶牛营养研究的发展。

2.2.4 青贮饲料和氨化秸秆技术应用

1949 年以前，中国科研工作者便开始了青贮饲料的研究。中国在 20 世纪 50 年代就开始推广应用青贮饲料，1951 年，上海第一牧场首次制作玉米秸秆青贮成功，1953 年，华北农业科学研究所将收获后的玉米秸秆青贮技术列为科研规划，但当时仅有少数国有奶牛场加以应用。青贮真正开始推广是在 20 世纪 70～80 年代，一些国营、集体、个体牛场开始大量使用，农村奶牛专业户也开始制作青贮。进入 21 世纪后，在继续改善玉米青贮饲料的基础上，重点推广了全株玉米青贮饲料的种植、制作和应用。

2002 年，除一些新兴奶牛产区开始试验和推广玉米青贮饲料外，全国其他绝大多数奶牛主产区已全面开始了青贮玉米的种植和应用。通过推广玉米青贮饲料，有效地提高了奶牛的生产性能。1999—2001 年，黑龙江省奶牛单产一直徘徊在 3.5～4 t，使用几年青贮之后，单产提高到 4.5 t；山东省饲喂全株玉米青贮的奶牛产奶量提高了 5%～8%；石家庄地区饲喂全株玉米青贮奶牛产奶量提高了 10%～15%；在一些条件比较差的地区，奶牛产奶量甚至提高了 15%～20%。2002 年山东省全株青贮占青贮的 38%，河北省全株玉米的种植只占青贮玉米种植面积的 12.5%。2012 年中国存栏 300 头以上规模牛场 95%都使用了全株玉米青贮，2013 年开始，苜蓿青贮也开始在宁夏、北京、河北、山东、安徽、内蒙古等地开始推广使用。近年来在生产中推广玉米青贮的“双 30”标准，即干物质和淀粉均达到 30%以上，更进一步推广“335520”技术标准，玉米青贮的品质逐年提高(图 33)。

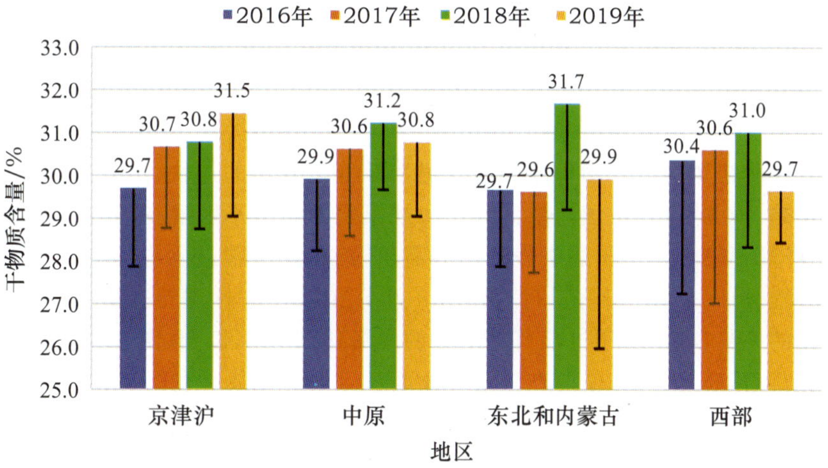

图 33 中国不同地区玉米青贮干物质含量

(数据来源：国家奶牛产业技术体系调研)

20 世纪 50 年代中国便开始了粗饲料氨化技术的研究。1986 年中国成功研制出第一套秸秆氨化设备。1985 年年底，全国累计氨化秸秆 3 150 t，1986 年，据统计共氨化秸秆 4.3 万 t。秸秆氨化后可提高消化率 10～15 个单位，含氮量增加 1～2 倍，并明显降低饲料成本。进入 20 世纪 90 年代后，由于青贮技术的推广和普及以及微生物青贮(简称微贮)的推广，氨化秸秆在全国的推广面积下降，国内的规模牛场和养殖小区基本上不使用氨化秸秆，只有个别肉牛饲养场使用氨化技术。

2.2.5 全混合日粮(TMR)技术应用

TMR 饲养技术始于 20 世纪 60 年代，首先在英国、美国、以色列等国推广应用。20 世纪 80 年代 TMR 饲喂技术被引入中国。中国最早使用 TMR 的是在广州的香满楼牛场，20 世纪 80 年代中期从美国引进骑士 TMR 饲喂设备，以及 80 年代中加项目时加方赠送的 4 台。从 90 年代中后期到 2000 年初的 10 年是中国奶业快速发展的阶段，这段时间，TMR 饲喂设备在国内开始得到推广与普及，到 2003 年年底，北京三元绿荷已在中国-以色列示范牛场、金银岛牧场、永乐店新牛场等 17 个牛场率先实施了 TMR 饲养工艺，均收到良好效果。北京、上海、辽宁、福建、内蒙古等地的许多大型现代化奶牛场中也得到了广泛应用，并都取得了良好的效果。2007 年以后，随着中国奶业主产省份和国家农机补贴政策的实施，TMR 饲喂设备在中国的普及大大加快。截至 2012 年年底，全国共有 TMR 饲喂设备 4 800 多台，4 400 多个牛场和 400 多个小区在使用，约 300 万头奶牛（按每个牛场存栏 800 头牛计算）采食 TMR 饲料，尤其是黑龙江、内蒙古、北京、上海、山东、河北等省（自治区、直辖市）都加大了对 TMR 饲喂设备的补贴力度。2016 年发布了行业标准《奶牛全混合日粮生产技术规程》，并于 2017 年开始实施，调研结果显示，2020 年中国规模牛场 95％以上使用了 TMR 饲喂技术，奶牛的机械化饲喂技术升级已经完成。

TMR 饲喂模式可以减少奶牛挑食行为，奶牛瘤胃 pH 也更稳定，TMR 饲喂方式可降低饲喂成本，提高工作效率，提高饲料利用率，提高产奶性能。有研究表明可降低体细胞数，提高采食量。周吉清（2008）的试验结果表明：泌乳牛应用 TMR 饲喂技术后，奶牛产奶量较对照组提高了 30.5％；乳脂率、乳蛋白率和乳干物质率分别提高了 0.05、0.02 和 0.01 个百分点。

2.2.6　苜蓿饲料应用

给奶牛饲喂优质苜蓿干草，不但可以明显改善奶牛的瘤胃环境，提高奶牛的产奶量和牛奶中的乳蛋白等各项营养指标，而且可以改善牛奶的风味和口感，提高奶牛的繁殖能力和使用寿命，减少了奶牛疾病和兽药投入。

中国奶牛养殖业使用苜蓿饲料的时间较晚，1999 年光明集团开始在 11 600 头成母牛中推广饲喂苜蓿，2000 年每头成母牛苜蓿干草日喂量 2.33 kg，成母牛头年单产 8 027 kg，比 1998 年提高了 861 kg。北京市从 2001 年开始推广苜蓿饲喂奶牛，三元集团的 16 900 头成母牛，2001 年头牛单产 7 556 kg，比 1998 年提高了 402 kg。苜蓿的使用是奶牛单产提高的重要因素之一。

中国苜蓿产业作为支撑奶业发展的基础，经过 10 多年的运行和实践，种植面积的逐年减少，导致产量不断下降。随着中国对优质粗饲料认识的普遍提高和奶牛标准化养殖的加快，优质苜蓿在奶牛养殖中得到更加广泛的使用。特别是 2008 年后，中国奶牛集约化和规模化养殖水平明显提高，对优质粗饲料的需求日益增加，国内苜蓿草的产量不能满足中国奶牛养殖业的需求，给美国苜蓿进入中国市场带来了商机。近几年，中国进口苜蓿量不断增加，2010 年中国进口苜蓿 21.8 万 t，2020 年中国进口苜蓿干草达到 135.8 万 t，占据国内商品苜蓿草供应的一半以上，使用进口苜蓿干草的牛场达到 70％以上（图 34）。进入中国的美国苜蓿主要是一级苜蓿和特级苜蓿，质好价高，使国产苜蓿产业面临巨大的挑战和发展机遇。

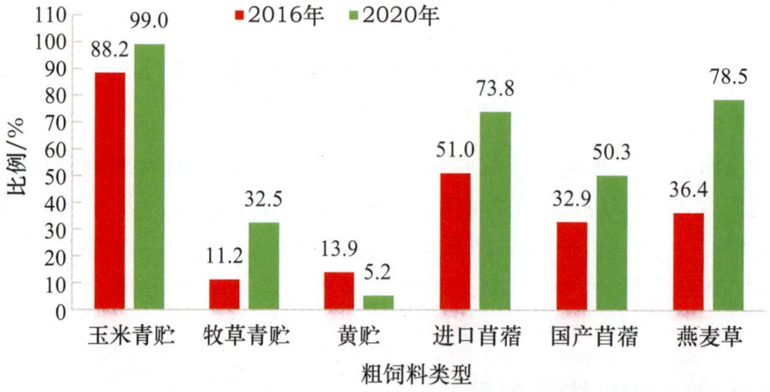

图 34　2016 年和 2020 年调研使用不同粗饲料的牛场比例

2012 年，中国苜蓿草种植面积 2 400 万亩（1 亩≈667 m^2），干草产量 1 000 万 t，加工苜蓿草产品 140 万 t，流通商品草 60 万 t。从 2012 年起，农业部和财政部启动实施“振兴奶业苜蓿发展行动”，中央财政每年安排 5.25 亿元，在苜蓿优势产区和奶牛主产区，每年支持建设 50 万亩高产优质苜蓿示范生产基地，对苜蓿良种、标准化生产技术以及收获加工设施给予扶持。“十二五”和“十三五”期间，已经连续支持 7 年；《全国苜蓿产业发展规划(2016—2020年)》提出争取到2020年全国优质苜蓿产量达到540万t，提高苜蓿生产专业化、规模化、标准化和集约化水平，促进草畜配套和奶牛生产效率。

2.2.7 工业配合饲料等应用

2001年以来，反刍动物生产的快速发展和饲料业结构的优化，双向拉动了反刍动物用工业饲料的生产，奶牛养殖有了真正意义上的工业配合饲料。2001年反刍动物配合饲料产量123.0万t，经过几年的发展，2011年反刍动物配合饲料总产量达到776.3万t，比2001年增长了5.3倍，2019年反刍动物饲料产量1108.9万t。配合饲料的应用，对奶牛的生产水平特别是小规模养殖户的生产水平有很大提高作用。

在"七五"和"八五"期间，中国农业大学通过承担农业部科技攻关项目，冯仰廉教授与上海理工大学合作成功开发出尿素缓释剂，把它加入玉米、尿素中，显著降低了尿素在瘤胃中的释放速率，成功研制出糊化淀粉尿素。目前很多饲料公司把它作为一种高蛋白质补充饲料原料添加到奶牛、肉牛、肉羊饲料中。添加量一般占精饲料量的3%～5%，可以提高精饲料蛋白质含量2.3～3.8个百分点。

同时，对添加剂在奶牛饲料中的应用效果有了明确的认识，饲料添加剂使用也越来越普遍，主要有矿物质添加剂、维生素添加剂、过瘤胃氨基酸、过瘤胃脂肪、过瘤胃胆碱、阴离子盐、生物活性物质、抗应激添加剂等。对新型饲料添加剂如青贮添加剂、酶制剂、酵母菌培养物、瘤胃素(莫能菌素)等的应用效果进行了研究，取得了较明显的研究成果，这些添加剂具有改善饲料品质，提高饲料利用率，改善奶牛适应性，提高奶牛生产性能的作用，对奶牛生产起到很大的促进作用。

中国生产燃料乙醇的时间较短，但是产量上升速度却很快。玉米酒精糟营养价值高，特别是蛋白质含量较高。其他饲料如甜菜颗粒粕、全棉籽、苹果渣、花生秧、桑叶、银合欢、甜高粱、柿子皮、枣渣和甘薯秧等，这些饲料原料不但在一定程度上降低了中国人畜争粮的压力，而且在生产上取得了不错的饲喂效果。

2.3 奶牛疫病控制技术进展

2.3.1 奶牛疫病的净化

新中国成立初期，中国奶牛养殖业疫病蔓延，牛群健康状况极差，其中以牛瘟、牛肺疫、结核病和布鲁氏菌病在牛群中的流行十分严重。据不完全统计，奶牛牛肺疫发病率约73%，死亡率为50%～60%，结核病阳性率占80%，布鲁氏菌病阳性率占80%。1949—1980年，中国对奶牛牛瘟、牛肺疫、结核病、布鲁氏菌病进行净化，取得了巨大的成果。

(1)牛瘟。牛瘟是家畜中古老的传染病之一，曾给世界养牛业带来毁灭性的打击。1949年陈凌风从华北农业科学所家畜防疫系取得中村Ⅲ系牛瘟兔化弱毒种毒，交给哈尔滨家畜防疫所进行继代研究并试验。1950年东北地区和内蒙古消灭了牛瘟。1952年牛瘟绵羊化兔化弱毒疫苗研制成功，成为中国防治和消灭牛瘟的有力武器。通过全面连续接种牛瘟兔化弱毒疫苗(如广东自1950年连续使用3年，牛瘟疫苗注射密度高达95%以上)，使牛群获得免疫力，对控制消灭牛瘟起到关键性作用。1949—1952年，全国累计注射牛瘟疫苗的牛约有1 807万头。1955年消灭了青藏高原地区牛瘟疫情，完成了中国消灭牛瘟的最后一场战役。到1956年，用了8年时间消灭了全国范围内牛瘟疫情，在中国近代兽医史上写下了光辉的一页。之后仍坚持注射疫苗数年，部分边境地区坚持注射的时间更长，对巩固扑灭牛瘟的成果起到关键性保证作用。

(2)牛肺疫。牛肺疫也称牛传染性胸肺膜炎。20世纪50年代，牛肺疫在内蒙古、辽宁、新疆等12个省(自治区、直辖市)377个县流行，累计发病27万多头，死亡9.3万多头；60年代在内蒙古、山西、西藏等11个省(自治区、直辖市)36个县发生，累计病牛17万多头，死亡6.2万多头。该病的不断传播，致使生产蒙受巨大损失。1953—1959年，哈尔滨兽医研究所研制出3种菌苗：牛肺疫培养物弱毒菌苗、牛肺疫兔化弱毒菌苗、牛肺疫兔化-绵羊适应菌苗，在疫区进行普遍预防接种。1958年以前，对牛肺疫采用血清学检验作为分群的方法，扑杀病牛，对部分阴性牛进行预防接种，但收获不大，1958年以后采用对临床型病牛屠宰，其余牛一律用牛肺疫兔化疫苗预防接种，这样使隐性感染牛症状明显而及时屠杀，未感染牛得到免疫，加速了该病的净化过程。20 世纪 70 年代发病牛仅有 5 516 头，此后，在全国范围内再未见有本病的发生。

(3)布鲁氏菌病。布鲁氏菌病是一种危害极大的慢性人畜共患病，20 世纪 50～70 年代，流行呈上升趋势，70 年代为高峰期，以陕西、吉林、四川、新疆、西藏等 5 个省(自治区)较严重。80 年代，基本查清了中国奶牛布鲁氏菌的分布、流行规律和特点，制定预防措施，大力开展防治工作，取得了显著成绩。但 90 年代中后期，奶牛布鲁氏菌病又有一定程度的增加，这与世界疫情相似。

1957 年根据布鲁氏菌病流行状况，农业部成立了布鲁氏菌病研究调查组，开始了系统的调查和防治工作，对布鲁氏菌病采取以菌苗免疫为主的综合防治措施。具体做法是：定期地对牛群进行血清试管凝集试验，及时将阳性病牛隔离、集中，定为布鲁氏菌病牛场；加强饲养管理和兽医防疫消毒，减少感染机会；对临床流产牛隔离饲养，取胎儿真胃内容物进行细菌培养，阳性者一律屠杀；犊牛隔离饲养，用消毒乳人工哺养；在布鲁氏菌病流行区进行免疫接种，常用的菌苗有牛种布鲁氏菌 19 号菌苗，猪种布鲁氏菌 2 号菌苗和羊种布鲁氏菌 5 号菌苗。根据以上措施，极大地降低了布鲁氏菌病发病率。目前，酶联免疫、荧光偏振、补体结合酶联免疫等抗体检测技术、聚合酶链式反应(PCR)等病原检测技术都已进入临床应用阶段，标记疫苗的研究也在广泛展开。

(4)结核病。家畜结核病在中国流行已久，与人的结核病呈平行关系。20 世纪 50～60 年代，结核病呈蔓延趋势。70 年代，随着养牛业的不断发展，结核病的流行也达到了历史高峰期。根据农业部 1957 年公布的结核菌素检疫办法，开始了对结核病牛的防治与净化工作。采用结核菌素皮内试验诊断和综合防治相结合的措施：坚持防疫消毒，定期检疫；培育无结核病健康牛群；建立结核病阳性、阴性牛中间站；健康牛场坚持每年 2 次结核病检疫等。1982 年，中国奶牛协会成立后，开展了对全国奶牛结核病普查，继续进行结核病的净化工作。2011 年奶牛体系疾病防控岗位科学家王志亮研究员引进牛结核病 γ-干扰素酶联免疫吸附测定(ELISA)诊断试剂盒，更准确地进行结核病检测，加快了结核病净化，减少疫病损失。目前，中国不少地区如北京、上海等，基本消灭了结核病，其他地区结核病也得到了控制。

(5)口蹄疫。2009 年 1 月 21 日，武汉市首先发生奶牛 A 型口蹄疫疫情，随后启动了突发重大动物疫情Ⅱ级应急响应，严密封锁疫区，扑杀了 9 858 头牛，并进行了无害化处理。同年 2 月 3 日，上海市奉贤区一奶牛场发生疑似口蹄疫疫情，41 头奶牛发病，未出现死亡病例，经国家口蹄疫参考实验室确诊为 A 型口蹄疫，对感染病牲畜和同群牲畜实行了封锁、扑杀。

2015 年以前，口蹄疫疫情在中国呈阶段性、地区性多发趋势，防疫形势严峻，之后基本呈零星散发状态，生鲜乳生产稳定性增强。中国第一个口蹄疫灭活疫苗由中国科学院兰州兽医研究所于 1987 年研制成功，在此基础上，1997 年中国科学院兰州兽医研究所又发明了不增加工艺环节的疫苗抗原浓缩技术，大幅度提高了疫苗的免疫效力。中国口蹄疫灭活疫苗的生产工艺已十分成熟，产品符合国际标准。针对中国多发的血清型，目前已研制出 O 型、亚洲 I 型、A 型的疫苗。口蹄疫诊断检测试剂于 2005 年全面完成了技术换代，实现了与国际接轨，达到世界动物卫生组织标准。2011 年国家奶牛产业技术体系岗位科学家何洪彬团队采用转基因体细胞克隆技术在国内外率先培育出了第一头抗口蹄疫病毒(FMDV)的 RNA 干扰(RNAi)转基因克隆奶牛，在奶牛抗病转基因研究道路上迈出了坚实的一步，为口蹄疫的防控提供了新的模式。

2.3.2 乳房炎防治技术

自有资料记载以来，中国奶牛乳房炎的发病情况就一直很严重。20 世纪 70 年代中期，中国奶牛亚临床乳房炎的发病率为 20%以上，80 年代，有 60%以上的奶牛都感染有亚临床型乳房炎，机械挤奶的奶牛场可高达 79.7%。进入 21 世纪，中国奶牛乳房炎发病率持续走高，每年造成的直接经济损失约为 30 亿元，是中国奶牛的第一大疾病。其中每头奶牛每年由乳房炎引起的产奶量下降所造成的损失为 1 200～3 600 元。

中国对乳房炎的大规模调查开始于 1982 年，一些学者率先对乳房炎进行研究，开发了诊断液。20 世纪 80 年代初，北京、上海、浙江等地开展了奶牛乳房炎的综合防治研究。在乳房炎的防治上总结出了乳房卫生保健措施，加强挤奶卫生，推行标准化“前后药浴、纸巾擦干”的挤奶流程，对于乳房炎的预防起到很大作用。

奶牛隐性乳房炎诊断方法有BMT法、LMT法、ZMT法等,中国对隐性乳房炎不采用抗生素治疗,而是提倡综合防治,降低其阳性率。国家奶牛产业技术体系岗位科学家杨志强团队结合中国传统中兽医药学在疾病防治中的有效性以及合理使用原则指导下无抗、无残留和不产生耐药性等优点,开展了奶牛乳房炎预防结合治疗性中兽药的研发。2010年农业部印发《奶牛乳房炎防治技术指南(试行)》(农医发〔2010〕29号),规定了奶牛乳房炎的诊断、检测、报告、预防、治疗和应急处置的操作规程、技术标准和保障措施,进一步规范了乳房炎的防治工作。

2.3.3 蹄病的防治技术

蹄病是奶牛的主要疾病之一,1981年报道了“北京黑白花奶牛蹄变形的发生及其对生产的影响”后,又对北京成年母牛进行了3年(1984年、1989年、1990年)统计,蹄病占总发病率分别为9.9%、6%、8.4%。据资料显示,中国一些奶牛场的奶牛蹄病发病率居高不下,例如:唐山市奶牛养殖小区蹄病占全部患病牛的29.1%;武汉地区各养殖场奶牛蹄病发病率均在25%左右;乌鲁木齐地区的调查显示奶牛蹄病发病率为38.4%;湖北宜昌地区的奶牛蹄病调查显示该地区奶牛蹄病发病率为40%;哈尔滨市奶牛蹄病调查显示,随着奶牛集约化饲养程度的提高,奶牛蹄病的发病率在5%~10%,其中主要以蹄叶炎、腐蹄病病例居多。

在奶牛蹄病频发的态势下,奶牛蹄病防治技术也得到了相应的提高和发展。二磷酸组胺诱发奶牛蹄叶炎病态的病理学等研究,对蹄病致病机理进行了探索,用硫酸铜、甲醛浴蹄,改善饲养环境,定期检查蹄部、修蹄,控制精饲料比例,保证瘤胃内环境稳定等蹄病防治技术逐步完善,同时,火烙法、喷雾治疗法、饲料添加锌制剂法等新方法在奶牛蹄病防治上也取得了一定的效果。

2.3.4 营养代谢病防治技术

(1)酮血症。又称酮病,在中国高产奶牛中,临床酮病的发病率一般占产后母牛的2%~20%,而亚临床型酮病的发病率一般占产后母牛的10%~30%,且酮病的发病率有逐年升高的趋势。中国在奶牛酮病发病机理、检测方法等方面进行了大量的研究和应用,取得了良好的效果。

酮病不仅是奶牛泌乳期常见的一种代谢性疾病,同时也属于一种管理性疾病。疾病的发生与否取决于干奶后期和泌乳早期为追求高的奶产量而向高营养日粮过渡时奶牛的饲养和管理。加强饲养管理,供应平衡日粮,重视饲料质量,根据奶牛不同生理阶段将奶牛分群管理,饲养奶牛既不要过肥也不要过瘦;调整日粮结构,增加饲料中的生糖物质,如产后灌服丙二醇,使用过瘤胃胆碱、烟酸等;建立奶牛群的酮病监测制度,定期检测酮病,及时发现患酮病牛。对于奶牛酮病的治疗,主要原则是提高血糖和饲料中的生糖物质浓度,减少体脂动员。

(2)瘤胃酸中毒。瘤胃酸中毒是反刍动物短时间内采食大量富含可溶性糖类物质的饲料,导致瘤胃内急剧产生、积聚并吸收大量有机酸物质所致的一种急性消化性酸中毒。加强饲养管理,合理搭配日粮,提高日粮中优质粗饲料的比例以及日粮中添加缓冲剂可以达到预防瘤胃酸中毒的目的。本病的治疗原则是调制日粮结构,防止乳酸产生,解除酸中毒和脱水。牛场为追求高产量而采用高精饲料日粮,导致亚临床瘤胃酸中毒较为普遍。

2.3.5 繁殖疾病防治技术

据统计,中国奶牛繁殖障碍发生率可达15%~25%,是以妊娠母牛发生流产、死胎、木乃伊胎、无活力的弱仔、畸形胎和公母牛不育症的一类疾病。

随着中国奶牛业的发展,奶牛繁殖障碍类传染病严重制约繁殖牛群的数量和质量。此外,子宫颈炎、卵巢炎等均是引起奶牛不孕的直接原因。为此,国家加大了科研投入,通过技术集成或创新,建立了繁殖障碍类传染病诊断检测技术手段,研制相关疫苗制品和治疗药物,利用技术推广应用体系摸清流行规模,提高了奶牛繁殖障碍相关疾病的防控能力。在药物治疗方面,1986年首次报道了催产素对持久黄体和黄体囊肿的治疗效果。2011年研发了聚维酮碘泡腾片,主要用于治疗奶牛阴道炎和预防子宫内膜炎等生殖道疾病,并能促进子宫复原,提高产后母牛受配率。中兽医疗法也丰富了奶牛繁殖障碍的防治手段。21 世纪,现代科技不断应用到奶牛繁殖障碍防治工作中。诊断方法除了采用通常的临床症状诊断法以外,还可采用血浆或乳中孕酮测定诊断法、免疫性不孕症诊断法、超生影像技术诊断法。临床上治疗方法主要有生物疗法、激素疗法、子宫冲洗灌注法、针灸疗法、中药疗法、手术疗法,加强饲养管理和产后牛的监控,对繁殖疾病的预防起到了关键作用。

2.3.6 寄生虫病的防治技术

目前奶牛场寄生虫病防控存在 3 个问题:一是忽视寄生虫病对奶牛生产性能和经济效益的影响;二是担心药物残留而不驱虫;三是滥用或不规范使用驱虫药物,不按药物使用规定执行弃奶期。国家奶牛产业技术体系岗位科学家汪明团队开展了大量关于奶牛寄生虫病防控的研究,在实验室进行了乙酰氨基阿维菌素口服膏剂的制备,并进行了口服膏剂组分筛选、急性毒性试验、奶牛耐受性试验,经过了长期的研制,制备完成了乙酰氨基阿维菌素注射剂和乙酰氨基阿维菌素浇泼剂,可有效地预防牛场寄生虫病。

2.3.7 奶牛保健的实施

在研究奶牛疾病的过程中,人们逐渐掌握了奶牛发病的原因与防治办法;同时也认识到只习惯于个体治疗,已远远不能适应当今规模化、集约化和高产的发展需求。因此,保证奶牛健康,减少隐性、临床型疾病的发生及其所造成的经济损失,加强奶牛疾病的早期监测,做到预防为主,提早预报,及时控制,则是现代养牛的重要工作。于是传染病预防、蹄保健、乳房保健及营养代谢病监控等防治措施相继出现。1995 年中国奶牛协会疾病防治组召开了《全国奶牛乳腺炎防制规范》实施总结会;1998 年农业部农垦局颁发了农垦系统《奶牛场技术管理规范(草案)》,先后在北京、上海等奶牛场使用,收到了明显效果,充分显示出预防医学在疾病防治中的重要性。

2000 年以后,中国奶牛饲养又出现了前所未有的发展形势。奶牛村、奶牛小区不断涌现,奶牛饲养数量、养殖区域不断增加。为了促进奶业持续健康发展,2003 年 7 月,国家学生饮用奶计划部际协调小组办公室启动了“学生奶源示范基地升级计划”,2005 年农业部启动“奶牛科技入户”项目,2007 年中国奶业协会启动了“奶农培训计划”,2007 年农业部启动了“现代奶牛产业技术体系”和奶牛“金钥匙”技术培训,中国奶业协会、全国畜牧总站启动“国家奶牛生产性能测定补贴项目”,全国畜牧总站启动“全国奶牛标准化规模养殖技术师资培训班”。通过上述一系列举措的实施和深入现场调查研究,解决实际问题,及开展奶牛实用技术培训,加速了饲养管理的科学化和奶牛保健技术的推广。

2.4 奶牛场粪污处理与环境保护技术进展

2.4.1 堆肥发酵技术

堆肥发酵是传统的处理技术,实用性很强,投入少,可靠性强,效果好。在新中国成立初期(1949—1957 年),即开始利用清扫消除养殖现场粪污,采用高温堆肥降低粪污的危害,最后通过还田实现了粪污的资源再利用。这种方式在计划经济和改革开放时期都较实用和常见,随着大规模牛场的建立,牛场在设计中必须考虑粪污的排放、清理、收集和处理,主要的措施有牛舍、挤奶厅、运动场等设计了污道,实施了污水与雨水的分离,污水设置暗道,避免不良气味污染周围空气等。有的牛场在牛场内或牛场周边设计了粪污沉淀池和固态粪污堆积发酵池等。

堆肥技术是将含水量 65%左右的牛粪堆肥发酵,该发酵为有氧过程,本身产生大量热量,使温度达到 49～60 ℃,经过 42 d 进行 6 次翻抛,固体含水率可以降至 30%以下,有机物分解为植物能吸收利用的无机物和腐殖质,灭菌率达到 90%以上,可以作为有机肥或牛床垫料。常用的堆肥方法有垛式堆肥系统、槽式堆肥系统、发酵仓堆肥系统和动态好氧堆肥系统。此技术比较成熟,国内应用较多。传统的堆肥为自然堆肥法，不需要设备和耗能，但占地面积大、腐熟慢、效率低；现代堆肥法是根据堆肥原理，利用发酵设备为微生物发酵提供必要条件，可提高效率 10 倍以上，时间最快可缩短到 6 d。

中国有机固体废弃物处理率总体上较低，因此通过堆肥处理有机固体废弃物存在很大的发展空间。2011 年中国有机肥料生产企业有 1 600 多家，实际生产能力为 1 000 多万 t，按照农业部发展规划，有机肥施用比例占 40%～50%，年产有机肥能力将达到 5 000 万 t。目前中国的堆肥工艺和设备水平比较低，因此堆肥工艺有很大的产业发展空间。

2.4.2 粪污固液分离技术

固液分离是利用固液分离机将粪便与废水分开处理和处置，方便后续处理，分离后的污水间歇性的进入沼气池，最大限度地回收可以加工成有机肥的固体物质。20 世纪 80 年代，中国从国外引进了几种分离设备，如斜板筛、转动筛、挤出式分离机和带式压滤机。固液分离通常采用机械、格栅以及重力的方式。机械分离采用的固液分离设备大部分是从国外引进的，每小时处理量可以达到 200 t 以上，且功率较低，分离后的粪便含水率可以降至 70%以下，随着环保政策的严格，固液分离等粪肥处理设备配套比例逐渐增多（图 35）。如果奶牛场场地足够大，可以考虑建设固液分离池对粪污进行分离，目前该项技术已经在国内规模牛场得到应用，现代牧业大型牛场、天津海林奶牛养殖场以及嘉立荷集团等牛场使用了该处理方式。固液分离池体积较大，一般设计 3 个月以上的粪污储存量，是集分离和存储于一体的构筑物，该系统简单实用，维修率低，同时可以节省处理粪污的劳动成本。分离后的固体经发酵后回垫牛床，实现了资源的循环利用。

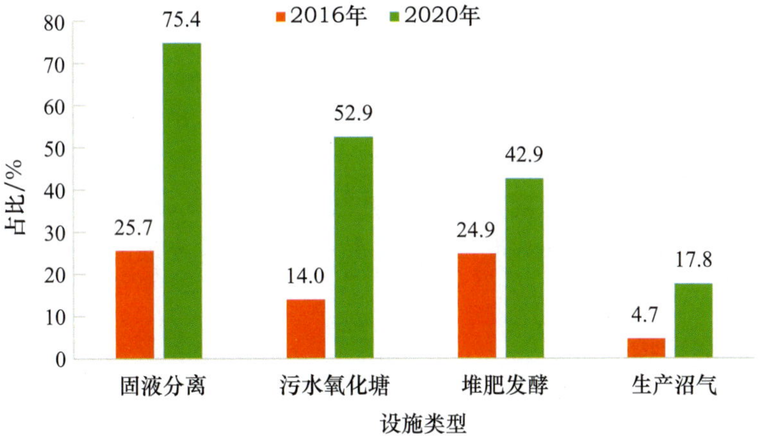

图 35 2016 年和 2020 年调研牛场粪污处理设施占比

2.4.3 沼气处理技术

沼气处理是用固液分离技术把粪渣和污水分开，粪液用于发酵沼气。奶牛场沼气工程的核心部分沼气池主要有 3 种形式：全混式罐体式、地下或半地下推流式以及覆膜式沼气池。全混式罐体式占地少、不易渗漏，比较适合土地紧张和地下水位较高的地区，需要周期性地混合搅拌，运行成本较高，投资相对较高。地下或半地下推流式维护较少，物料发酵完全，在各种气候条件下均可利用，池内设加热保温管，使发酵池受外界温度的影响较小，大型奶牛场配套发酵池体积较大，发酵池造价较高。

中国早期的中小型奶牛场沼气工程是在户用水压式沼气池技术的基础上发展的，地埋式、50～200 m^3，由数个单池组合而成，无单独的储气柜。如绵阳市农业科学所农场沼气工程（1980 年），以牛粪为原料，12 个单池总容积 1 519 m^3，常温发酵，沼气以集中供气方式，解决了近百户职工的生活燃料。1982 年建成的成都凤凰山畜牧园艺场沼气工程是中国最早的农场大型沼气工程，该工程可以说是中国畜牧粪便处理工程的开端，工程的综合技术水平较高。由农业部沼气科学研究所设计，采用射流搅拌的全混合发酵工艺。20 世纪 80 年代中期开始，上海农垦系统建设了一批中国数量最多的牛场沼气工程，多数采用全混合发酵工艺。

由于上海工业微生物研究所和上海交通大学等单位的介入，也研发了一些新的发酵工艺和设备。1991 年建成的上海星火农场大型奶牛场沼气工程是 20 世纪 90 年代国内最大的畜禽场沼气工程，由上海市工业微生物研究所和上海城乡建筑设计院共同设计。2005 年建立的黑龙江农垦牡丹江管理局海林农场绿源沼气站容积1 900 m^3，日处理牛粪 80 m^3，日产沼气 2 000 m^3。2007 年海林农场新建沼气站 1 处，年产沼气 21.9 万 m^3，沼渣肥 400 t，沼液肥 7 000 t，沼气用于燃气和发电，所产肥料用于蔬菜和有机水稻的种植，目前已初步形成循环经济发展新模式的雏形，以清洁能源沼气工程为纽带，连接了畜牧业、种植业、职工生活用气的循环经济链条。

近年来在国家的大力支持下，中国的沼气工程发展迅速。据农业部 2009 年统计，自 2003 年起，中央累计投入 190 亿元资金用于 1.3 万处养殖小区和 1 776 处大中型养殖场沼气工程等的建设。牛场沼气处理技术的应用，可以较好地解决粪污无害化处理问题，实现牛场粪污资源多元化利用。

3 原料奶质量控制与计价体系

3.1 提高原料奶质量的主要技术措施

中国奶业的发展，是应用科学技术逐步改造和装备奶业，使传统奶业走向现代奶业的过程。1949 年以前，中国实际上没有真正意义上的奶业。20 世纪 50 年代以来，随着农垦事业和集体农牧业的发展以及国有乳品工业的建立，奠定了现代奶业的基础。但受科技水平低下和资本短缺的约束，无论是奶牛养殖业还是加工运销业，科学研究及其成果推广应用和技术改造工作进展都很缓慢。近 20 年来，中国奶业进行了包括育种繁殖、饲养管理、疾病防治、新设备应用等各领域的革命性变革，将中国奶业提升到一个较高的水平，奶牛产奶量和原料奶质量大幅度提升。原料奶质量是提高乳品质量和市场竞争力的关键之一，是保障奶业健康发展的首要环节。因此，扩大奶牛养殖规模，推广应用奶牛育种繁殖和饲养新技术，广泛使用机械作业，提高奶牛生产率和劳动生产率，加强奶牛标准化规模养殖，是所有奶业先进国家和地区所走过的道路，也是中国的奶业必须走的道路。

3.1.1 奶牛场的环境控制

奶牛饲养环境直接影响牛奶质量，若奶牛运动场、挤奶车间、圈舍场地地面及走道长期潮湿，圈舍通风不良，特别是粪便清理不充分、牛只拥挤时，奶牛牛体由于起卧其后部、腹部和乳房容易粘上泥土和粪便，再加上乳房未剪毛，这样牛体和牛舍卫生就很难保持清洁，同时也会增加奶牛乳房炎、肢蹄病、不孕症、难产等疾病的发生而影响奶牛利用年限，进一步使原料奶中细菌数和体细胞数升高而影响原料奶的卫生指标。

给奶牛提供一个清洁、舒适的环境是生产优质原料奶的重要环境保证，也是控制病原体生长、繁殖的主要途径之一，经常刷拭牛体，保持牛舍、挤奶厅空气流通及地面清洁均可大大降低病原微生物对牛奶的污染。在进出场区的门口设置消毒池、消毒间，严防细菌、病毒从外界传入。及时清除牛体的粪污，经常清扫饲养奶牛的牛舍，保持空气流通，定期对牛舍喷洒消毒药液和灭杀蚊蝇的药物，做好卫生防疫工作。奶牛所饮用的水质也要达到国家的相关卫生标准，每天都要对水槽进行清洗。畜粪要进行无害化处理，处理后的牛粪应符合国家环保总局（现生态环境部）、国家质量监督检验检疫总局（现市场监督管理总局）联合颁布的《畜禽养殖业污染物排放标准》的规定。

3.1.2 奶牛繁殖育种技术

俗话说“抓奶先抓配”，只有做好繁殖工作才能保证牛场的正常运转；只有重视育种工作才能实现“好种出好牛，好牛出好奶”。中国奶牛繁殖育种工作，如奶牛品种改良、牛场选种选配、后裔测定、后备牛培育、奶牛生产性能测定等工作，已成为今后奶牛场繁育工作的核心，这些工作对提高原料奶质量起到重要作用。

(1)奶牛品种改良。不同品种的奶牛,因遗传基因的差异,在产奶量和奶品质上有较大的不同。荷斯坦奶牛产奶量高,但乳脂率、干物质含量、乳蛋白及乳糖含量较低。乳肉兼用牛产奶量低,但乳脂率、乳蛋白、干物质含量及乳糖含量较高。同一品种的奶牛,在相同的饲养管理条件下,个体间的乳成分也有差异。

现在中国普遍养殖的荷斯坦奶牛,适应性强,饲料利用率高,产奶量高,但乳脂率、乳蛋白率较低。在商品牛奶生产场,考虑中低产荷斯坦奶牛与乳肉兼用品种的杂交,以期利用杂交优势,在不降低产量的同时提高奶牛的环境适应性、健康长寿性和原料奶质量,提高奶牛的生产效益。乳肉兼用杂交牛除具有良好的泌乳性能外,在肉用方面也具有优良特性,对于奶牛养殖业者通过提高综合养殖效益抵御行业波动起到了良好的作用。

(2)DHI 生产性能测定。DHI 是一套完整的奶牛生产性能记录和管理体系,是一个通过度量和分析解决奶牛生产实际问题的方法,其目的是提高牛群的整体素质和生产水平,使用方法是从群体着眼,针对个体解决存在的问题,数据分析人员可以根据测定报告所显示的信息,与正常范围数据进行比较分析,针对牛场实际情况,做出相应的问题诊断,分析异常现象,找出导致问题发生的原因。

DHI 报告测定的乳脂率和乳蛋白率直接反映了牛奶所含营养物质的多少和价值,特别是乳品加工企业关注的原料奶收购中乳蛋白率的高低。另一个重要指标就是体细胞数(SCC),SCC 能反映原料奶的卫生状况,它关系到牛奶的质量,并影响乳制品的货架期,体细胞数超过标准不仅影响原料奶的质量,还影响原料奶的风味,所以 SCC 作为生鲜乳卫生质量标准也被牛场管理者和乳品加工企业重视。

3.1.3 奶牛饲养管理技术

奶牛饲养管理的好坏影响优质原料奶的质量,只有优质的饲料才能养好奶牛,并生产出优质的原料奶。科学的饲养方式包括饲喂优质饲料,日粮结构的合理搭配,全混合日粮(TMR)饲养和控制等。奶牛的饲养管理和日粮结构直接影响了原料奶质量。如果奶牛日粮结构不合理,缺乏优质的饲草饲料,奶牛的生产潜力得不到充分发挥,牛奶中的蛋白质、脂肪等理化指标就会偏低。低质粗饲料无法提供足够的蛋白质和可消化碳水化合物,精料中的优质蛋白质原料不足,无法保证奶牛的营养需要,这是 2010 年以前牛奶乳蛋白含量偏低的重要原因。

在奶牛饲养过程中,严格按照饲养标准调配日粮,饲喂优质干草和青贮,适当搭配精料,给予足够的能量和蛋白质饲料,并注意矿物质、微量元素和维生素的补充,保证奶牛生产出优质的原料奶。奶牛应按照不同生理阶段和泌乳阶段实行分群饲养,严禁饲喂发霉变质或冰冻的饲料,需给予充足清洁的饮水,冬季供应温水。因此,保证饲料原料的安全,大力提倡 TMR 饲喂技术、全株玉米青贮技术、牛场信息化管理技术等科学合理的奶牛饲养管理方法才是保证原料奶质量的基础。

(1)饲草饲料的质量安全。饲草饲料是奶牛获得营养的主要来源,也是影响原料奶质量的最主要因素之一。饲料饲草保存不当而发生霉变,会影响饲喂质量和原料奶安全。奶牛长期食用发霉、变质的饲料很容易患病,影响奶牛健康和原料奶质量,而且发霉、变质的饲料和饲草中的有害微生物也会污染牛场环境,直接影响奶牛生活和牛奶卫生质量。

水对原料奶的污染是原料奶中微生物污染的重要来源,但往往容易被忽视。目前,许多农场使用未经处理的井水、湖水、溪水、河水等,这些水中常常含有大肠杆菌、粪链球菌和梭状芽孢杆菌。用这种水清洗挤奶设备,则残留水中的微生物,如革兰氏阴性嗜冷菌会大量繁殖,造成污染。清洗乳房用的温水,易被自来水中或其他途径的大肠杆菌和假单胞菌属污染,这些细菌不仅污染原料奶,还可以引起乳房炎。保证生产用水符合饮用水标准,不使用未经处理的井水、湖水、溪水、河水等,避免因生产用水造成微生物污染及农药物残留。水处理的方法很多,首先要进行除砂净化,然后进行除菌,如采用紫外线杀菌、臭氧杀菌及膜过滤等。水经过处理后,细菌总数应低于每毫升 100 CFU,大肠杆菌不得检出。

(2)全混合日粮(TMR)饲喂技术。合理搭配日粮是提高产奶量和原料奶质量的重要一环。奶牛全混合日粮(TMR)饲喂技术就是以全混合日粮为核心的奶牛日粮调控技术,使精粗饲料搭配均匀,确保奶牛生长和泌乳期间对粗蛋白质、能量、纤维以及钙、磷、维生素和微量元素的营养需要,保证奶牛的瘤胃健康,提高产奶量和原料奶质量。将奶牛按照不同的生理和泌乳阶段合理分群，如高产群、中产群、低产群、干奶群和后备群等。在分群的基础上，再依据奶牛泌乳阶段、产奶量、胎次、体况、季节以及饲料原料的特点，配制相适应的 TMR。TMR 饲喂技术的应用增加了奶牛的采食量，特别是保证了有效的干物质进食量，一定程度上缓解了泌乳高峰期奶牛营养负平衡问题；降低了奶牛由于分别采食粗饲料和精饲料而造成的精料吃得过多，粗饲料采食不足而导致的瘤胃 pH 大幅度波动、产奶量、乳脂率下降和各种消化道疾病的发生。TMR 饲喂技术是目前奶牛标准化规模养殖场普遍采用的一种饲喂技术，规模牛场使用率已经达到了 95%以上。

(3)全株玉米青贮技术。众所周知，奶牛饲养的关键之一是优质粗饲料的供应。奶业发达国家的实践证明，全株玉米青贮和苜蓿及禾本科优质干草是奶牛增产增质的重要物质基础。美国的奶牛场一般都拥有一定数量的土地，其中 80%的土地用于种植青贮玉米和牧草（主要是苜蓿），所有牛场都把青贮作为主要饲料。中国从 1949 年起就在推广青贮饲料的制作和使用，规模场使用率已经达到了 95%以上。

全株玉米青贮就是将带穗的全株玉米在玉米乳熟后期或蜡熟期收割，切碎装入专用青贮窖（壕、塔）内，压实封埋、封严，造成缺氧条件，利用微生物的发酵作用，降低 pH，达到长期保存青饲料的一种技术措施。全株玉米青贮适口性好，营养价值高，消化率高，贮存时间长，是优良青绿多汁饲料和性价比最高的粗饲料。饲喂全株玉米青贮的奶牛产奶量可提高 10%以上，饲喂全株玉米青贮增加了能量摄入，提高了乳蛋白含量，既减少精饲料喂量，又降低生产成本。目前该技术的关键是收获机械、铡切程度、水分淀粉含量和压窖密度等的控制。理想的青贮品质应该是干物质含量达到 30%以上、长度 1～1.5 cm、淀粉含量 30%左右。

(4)牛场信息化管理技术。数据分析是牛场管理决策的重要依据和管理手段。随着规模牛场的快速发展，牛场存栏规模越来越大以及养殖技术向标准化、现代化的方向发展，传统的管理方式已经不能满足现代奶业的需求。以牛场管理软件数据分析为基础的数字化管理越来越得到人们的重视，奶牛养殖业也因此成为信息化、数字化技术应用最密集、程度最高、最为广泛的畜牧业。牛场使用信息化管理技术，及时分析牛场的产犊、配种、产奶、疾病等数据，对牛群的繁殖、健康管理、乳房炎的防治以及产奶量的实际情况做出客观、准确、科学的判断，进行精细化管理，可以有效地提升原料奶质量。

3.1.4 提高奶牛健康技术

奶牛的健康是生产优质原料奶的基础。目前，奶牛饲养中普遍存在重治疗、轻预防的饲养误区，防疫问题突出，发病率高。患病或亚健康状态的牛抵抗力弱，生产的牛奶也难以达到质量要求，而且对原料奶的质量安全构成风险。

在奶牛疫病防治中，注重从预防抓起，抓好隔离消毒工作，防止病原体的传入和繁殖，进出生产区的入口设立防疫专用的消毒池、消毒室以及消毒通道，对出入牛舍的人员和车辆必须消毒。保持牛舍干净，及时清除粪尿，并进行无害化处理，定期对牛场周围的环境及道路、牛舍、运动场、牛体、饲喂用具等进行消毒，为奶牛创造良好的生活环境，以减少疫病发生。

严格做好奶牛场的防疫工作，根据当地疫病的种类、发生季节、流行规律制定合理的免疫程序，做好牛群免疫和检疫工作。定期对结核病、布鲁氏菌病等进行检疫，检测呈阳性的牛应及时进行无害化处理。定期对奶牛进行隐性乳房炎、肢蹄病、繁殖障碍疾病、代谢性疾病的检测和诊疗，对病牛实施隔离饲养、治疗。疾病治疗期间及停药一定时间内应注意将原料奶单独处理，并注意病牛的隔离和消毒，以保证牛奶的安全。尽量采用无污染、无残留、无毒副作用的生物制剂及药品，严格遵守停药期规定，把药物残留量控制在最低水平。坚持"自繁自养"原则。引进奶牛必须从非疫区购入，并做好产地检疫，入群前应隔离观察，确认健康方可混群饲养。

乳房炎是影响原料奶质量最常见的奶牛疾病，是由病原菌感染或物理、化学原因引起的一种最常见的乳腺炎症，其最明显的特征是乳腺组织出现病理变化，乳汁中体细胞数升高。患有乳房炎的奶牛所产的乳汁中，其脂肪、蛋白质、乳糖等主要营养成分都低于健康奶牛所产奶的正常水平。患乳房炎的奶牛所生产的牛奶一旦用于加工，其味道及稠度也不理想，因此必须对奶牛乳房炎进行监控。如采用 CMT（加州乳房炎试验）对奶牛头把奶体细胞数进行检测，也可通过间接测定乳中体细胞数（SCC）来诊断隐性乳房炎。干奶期和临产前奶牛隐性乳房炎的检测和防治工作十分重要，治疗效果和治疗价值明显好于泌乳期，因此应抓住这一时机。奶牛进入干奶期时，要给乳房注射干奶药，如长效抗生素，这是牛场控制乳房炎的重要环节。

人畜共患病如结核病、布鲁氏菌病等，会通过携带病原的乳制品传播给人类，对消费者的健康造成威胁。结核病是人畜共患的一种慢性传染病。该病还会诱发奶牛内源性乳房炎，乳汁明显变稀，甚至停止泌乳。结核病还通过牛奶传播，危害人体健康。结核病病人不得饲养、管理牛群，以防相互感染。布鲁氏菌病是由布鲁氏菌引起的人畜共患传染病，主要侵害生殖系统和关节，引起流产或不育，给畜牧业和人类健康造成严重危害，应定期开展检疫和净化。

3.1.5 挤奶操作、挤奶设备清洗保养以及原料奶贮存运输技术

原料奶生产时，在挤奶、贮存、运输等管理过程中很容易被污染，导致原料奶卫生质量下降，乳品加工企业无法生产出优质安全的乳制品。健康奶牛的乳汁基本是无菌的。在挤奶过程及挤奶后的贮存、运输过程中，操作不当或挤奶机、贮奶罐、运奶车清洗消毒不严格，挤奶员不注意卫生操作等因素，会使大量细菌进入原料奶，对原料奶造成不同程度的污染，严重的导致原料奶酸败、变质。

(1)正确的挤奶操作。良好的挤奶操作程序可以有效提高奶牛的排乳速度和产奶量，保护奶牛乳房健康，是生产安全、优质原料奶的关键环节。挤奶操作有三要素，即人、牛和挤奶机。挤奶过程就是这三者有机配合的过程。

挤奶员要定期进行健康检查，养成良好的卫生习惯，经常修剪指甲，穿清洁的工作服，戴工作帽、高筒靴和手套等，手套最好戴乳胶手套。挤奶前清洗双手并用适宜的消毒液进行消毒。挤奶期间要经常洗手，手套上的粪便必须及时清洗。挤奶人员的工作服等也应该经常清洗、消毒，保持干净卫生。

奶牛乳头表面很容易被粪便、土壤、青贮饲料、粗饲料、草垫等污染，使得乳头表面附着大量细菌及芽孢，若挤奶前没有清洗掉乳头表面的污染物或未彻底清洗干净，则污染物上附着的细菌及芽孢就会随挤出的牛奶进入挤奶机最后到达贮奶罐，奶中的芽孢主要就是从这里进入的，同时通过奶衬进行交叉感染。受污染的乳头细菌总数可达每毫升 10 万 CFU。乳头是原料奶被污染的第一环节，乳头清洗方式不同会直接影响奶中的细菌及芽孢数量。清洗乳房杜绝“用一桶水、一块布擦洗一群牛”的做法。如果牛体不干净，可先用软水管直接清洗乳房，然后按照“一牛一毛巾”的原则或使用一次性纸巾擦干乳房。如果乳房不是特别脏，应尽量避免水洗乳房，可把前几把奶弃掉。应经常剪短奶牛尾尖、乳房等部位的牛毛，可减少粘到乳房上的污物。挤奶前观察或触摸乳房外表是否有红、肿、热、痛症状或创伤。

挤奶前要检查奶槽、制冷罐等收奶设备是否清洗干净，保证收奶设备的清洁和无水残留。确保挤奶间地面、墙壁干净卫生，通风良好。奶站人员对刚进站的奶牛进行确认检查，对于正在使用抗菌药物治疗和不到停药期的、产犊 7 d 及干乳期前 14 d 的、患有结核病等传染病的、检出有乳房炎的奶牛禁止进站挤奶。赶牛要小心，尽量减少对奶牛的应激。每天的挤奶时间确定后，必须严格遵守，不可随意改变。挤奶间隔合理分配有利于获得最高产奶量。

在挤奶过程中，要杜绝过度挤奶，并严格执行“两次药浴，纸巾干擦”。具体过程是：挤奶员戴上手套，首先进行预药浴，浸泡乳头，反应 20～30 s，然后用一次性纸巾擦干；然后挤掉前 3 把奶，检查原料奶中是否有凝块或水样奶，及时发现临床乳房炎和异常乳。套上奶杯挤奶，距离药浴的时间控制在“黄金 90 s”左右。挤奶后迅速进行后药浴，有一滴药浴液在乳头上似滴未滴，效果最为理想。为进一步控制乳房炎通过挤奶设备传播，转盘式挤奶可增加泡杯和 3 把奶操作员洗手操作。

(2)挤奶设备清洗与保养。为了保持挤奶设备的干净卫生，减少挤奶过程中的污染，提高原料奶卫生质量，每次挤奶结束后，都应立刻清洗挤奶设备。

清洗程序包括预清洗、碱洗、酸洗与后冲洗等过程。清洗的具体步骤是：首先用 35～40 ℃的温水预冲洗，直到冲出的水澄清为止，再分别用 pH 为 11～12 的碱性溶液、pH 为 3～5 的酸性溶液清洗，循环清洗，起始温度为 60～85 ℃，回水温度为 40 ℃，循环 5～15 min，最后再用清水清洗 5 min。挤奶设备的清洗要严格控制时间、温度、流速、清洗液浓度，防止温度过低，时间过短，流速过慢。同时要保证使用合适浓度的清洗

液，浓度过高易导致设备使用寿命降低，过低则导致清洗效果不佳。

贮奶罐的清洗也十分重要，清洗程度不佳时，细菌在低温条件下也可生长，牛奶会在这个环节严重污染。清洁方法依奶罐的类型而定，一般分人工刷洗、半自动和全自动清洗 3 种。奶罐及奶车表面光滑，虽比挤奶机易清洗，但手工清洗效果不佳，建议采用如下程序：用温水冲洗 3 min；0.5%～1.5%碱液在 75 ℃条件下循环 10 min；用温水冲洗 3 min；用热水(90～95 ℃)清毒 5 min；每星期用 70 ℃，0.8%～1.0%的酸液循环 10 min。

挤奶设备的检修以及挤奶设备部件的更换对原料奶的质量有着重要的作用，挤奶设备必须进行良好的维护保养才能保证正常挤奶。不正确操作或不正常运转就会影响挤奶，损伤奶牛的乳房和乳头，影响原料奶的质量。挤奶设备除了日常保养外，每年都应当由专业工程师全面维护保养 1～2 次，这对确保设备正常运转十分重要。

(3)原料奶贮存运输。保证原料奶在低温下贮存及运输并尽量缩短贮存时间，避免温度过高及在低温下长时间贮存。刚挤出的原料奶为 36 ℃左右，原料奶挤出后要进行过滤并迅速冷却，对大规模牛场，最好的方法就是瞬间冷排降温，即牛奶挤出后立即经过冷排，把牛奶温度迅速降至 1～4 ℃，再输送到直冷式奶缸内进行贮存，在挤奶一开始就必须打开制冷机，在挤奶结束后 1～2 h 内原料奶必须冷却到 4 ℃以下。

原料奶在挤奶结束后 1～2 h 内冷却到 4 ℃以下是抑制乳中微生物生长的一个必要手段。原料奶在加工之前，需在低温下贮存一段时间。一般情况下，原料奶在奶缸中贮藏不能超过 24 h，必须运输到乳品厂进行加工处理，否则就会影响到产品的风味。如果时间过长或原料奶微生物指标不是很好，嗜冷菌在此条件下仍可生长繁殖，繁殖代谢产生了脂肪酶及蛋白酶，在生产过程的杀菌过程中，嗜冷菌可以被杀死，但其产生的脂肪酶及蛋白酶可耐受较高温度，在产品贮存期间复活，分解蛋白质和脂肪而产生一系列非微生物性的质量缺陷，如凝块、脂肪上浮、味苦等。

贮存的温度是影响原料奶微生物数量增殖的最主要因素之一。冷却后的原料奶应尽可能保持低温，以防止温度升高保存性降低。因此，贮存原料奶的设备要有良好的绝热保温措施并配有适当的搅拌机械，定时搅拌乳液以防止乳脂肪上浮而造成分布不均匀。贮奶设备一般采用不锈钢材料制成，配有不同容量的贮奶缸，保证贮奶时每一缸都能尽量装满，如果装半罐，会加快奶温上升，不利于原料奶的贮存。贮奶罐使用前应彻底清洗、杀菌，待冷却后贮入原料奶。贮奶罐外面有绝缘层(保温层)或冷却夹层，以防止罐内温度上升。贮奶罐要求保温性能良好，一般原料奶经过 24 h 贮存后，奶温上升不得超过 2～3 ℃。

原料奶的运输是乳品生产上重要的一环，运输不妥，往往造成很大的损失。原料奶运输过程中的温度一定要适度，使用有隔热或制冷设施的奶罐车进行运输，防止原料奶在途中升温，特别是在夏季，运输最好在夜间或早晨，或用隔热材料盖好，这样可以使温度保持在允许的范围内，基本保持原料奶在运输中不升温或升温慢。为保证到达加工厂的原料奶质量，把原料奶的温度维持在<10 ℃的条件是关键因素之一。运输原料奶必须及时装卸，防止奶温升高，避免将微生物数量级不同的原料奶混合。夏季必须装满盖严，以防震荡；冬季不得装得太满，避免因冻结而使容器破裂。奶槽车运输途中应尽可能避免剧烈颠簸震荡，牛奶的震荡就相当于通气和搅拌的作用，会加速微生物的繁殖，剧烈颠簸震荡也会加速脂肪球膜破损，解脂酶分解脂肪。

运输时奶罐车如果消毒不彻底，易造成原料奶的二次污染，奶罐车或运输容器应实行“一拉一洗一消毒”的原则，保证清洁卫生。贮奶罐内无奶后必须及时清洗消毒后才可再次贮奶，并注意贮奶罐各个管道死角的清洗。未能打入车罐的残留原料奶不得与新打入贮奶罐原料奶混合。避免多次挤奶混合，原则上要求每次挤奶后及时运输，避免混合。防止交奶时污染，对奶泵及输奶管进行消毒后使用，可与贮奶罐一并清洗消毒。

3.2 提高原料奶质量的主要政策措施

3.2.1 推进“四化”建设，加快奶牛养殖方式转变

在奶牛养殖环节上，必须推进奶牛养殖业的“四化”建设，即规模化、集约化、标准化、一体化。这是奶牛

养殖业发展的主要方向，国内外实践证明，推进“四化”是发展现代奶业的必由之路。规模化是基础，只有推行奶牛养殖规模化，才能广泛运用先进技术，实际上规模化奶牛场是推广先进技术的载体。集约化是核心，其本质就是提高科技含量，在规模化的基础上，集成各项先进实用技术，开展集约化经营。标准化是关键，通过标准化生产，把集成的科学技术落在实处。一体化是根本举措，其实质是奶业产、加、销的利益联结，形成风险共担、利益共享的经济联合体，实现各方利益的均衡化。

2007 年 9 月，《国务院关于促进奶业持续健康发展的意见》(国发〔2007〕31 号)文件指出：“通过发展规模化养殖小区(场)等方式，加快推进养殖环节的规模化、集约化、标准化，逐步解决奶牛养殖规模小而散问题。农业部门要抓紧制定奶牛规模化养殖标准和规范，到 2012 年，奶牛规模养殖的比重要有较大幅度提高。”2008 年 11 月，《奶业整顿和振兴规划纲要》发布，要求推进规模化、标准化养殖：“中央在现有奶牛规模化养殖建设投资规模的基础上，进一步加大中央预算内投资支持力度，支持奶牛主产区加快现有养殖场(小区)标准化改造和新建标准化规模养殖场(小区)。”《纲要》明确要求：到 2011 年 10 月底前，100 头以上规模化养殖场(小区)奶牛比重由不足 20%提高到 30%左右。中国从 2008 年开始实施奶牛标准化规模养殖项目，每年安排 5 亿元，对存栏 300 头以上的养殖场给予补贴，按不同规模每个奶牛场分别补贴 80 万元、130 万元和 170 万元，用于建设水电路、粪污处理、防疫、挤奶设施及饲草饲料基地等。

2009 年 7 月，国家发展改革委员会、工业和信息化部联合发布《乳制品工业产业政策(2009 年修订)》以及相关的政策，明确支持乳制品加工企业加强自有奶源基地建设，鼓励自建、参股建设规模化奶牛场、奶牛养殖小区。

在国家相关扶持政策的推动下，中国奶牛养殖的规模化程度逐步提升。2019 年末，全国存栏百头以上的奶牛规模养殖比例为 64%，比 2008 年提高了 44.5 个百分点。把握国家扶持政策，积极配套相关政策，各地也都加快发展规模化养殖的进程，奶牛规模养殖比重不断提高。

3.2.2 实施“振兴奶业苜蓿发展行动”

随着奶牛养殖规模化、集约化、标准化的不断推进，对优质牧草，特别是对为奶牛提供优质蛋白质的苜蓿需求更加迫切，用苜蓿饲喂奶牛，是保证瘤胃健康和植物蛋白质转化为牛奶蛋白质的合理技术途径，不仅蛋白质转化效率高、质量好，而且从源头上保证牛奶的质量和数量安全，大力发展苜蓿产业已成为奶牛养殖业安全高效的必由之路。

在实施“振兴奶业苜蓿发展行动”之前，中国苜蓿种植面积少，产量不高，满足不了奶牛养殖业的需要，近几年，国外苜蓿进口量快速增长，据统计，2007—2019 年，中国从国外进口苜蓿量从 0.21 万 t 增长到 135.6 万 t，对中国奶牛养殖业发展起到了积极作用，同时也为国内苜蓿产业的发展提供了可以参考的先进标准。

2011 年，中国农业方面 14 位专家联合献言上策，建议加大对中国苜蓿产业的支持力度，得到温家宝总理的高度重视。从 2012 年起，农业部和财政部启动实施“振兴奶业苜蓿发展行动”，中央财政每年安排 5.25 亿元，在苜蓿优势产区和奶牛主产区，建设高产优质苜蓿示范生产基地，对苜蓿良种、标准化生产技术以及收获加工设施给予扶持。10 年来，中国苜蓿商品草生产量由 10 万 t/年增加到近 400 万 t/年。

3.2.3 提出扶持奶牛养殖的八项措施

2007 年 9 月，《国务院关于促进奶业持续健康发展的意见》(国发〔2007〕31 号)(以下简称《意见》)发布。《意见》明确了促进奶业持续健康发展应遵循的 4 条原则，并提出扶持奶业发展的“八条”政策，用一句话概括为“五补贴两支持一准入”。《意见》在中国奶业发展的关键时期出台，对中国奶业的发展起到了积极地稳定、鼓舞和促进作用，具有里程碑的意义。

《意见》的主要扶持政策包括以下几点：一是加大奶牛良种补贴力度。从 2005 年开始，国家实施奶牛良种补贴，2005 年安排资金 1 500 万元，2009 年及以后每年安排 2.6 亿元，直到 2017 年补贴政策取消。重点对荷斯坦奶牛、娟姗牛、奶水牛、乳用西门塔尔牛等品种进行冻精补贴。二是实施后备母牛补贴政策。对享受奶牛良种补贴改良后的优质后备母牛每头一次性补贴 500 元，中央财政对中西部地区给予补助，其中中央财政负担 60%，地方财政负担 40%，东部地区补贴由地方财政负担。2007 年全国后备牛补贴资金共 4.302 亿元。三是实施牧业机械购置补贴。将牧业机械和挤奶机械购置纳入财政农机具购置补贴范围，国家对奶牛养殖农户购置牧业机械和挤奶机械给予补贴。根据各地具体情况，中央财政补贴购机款的比例在 30% 以内，购机者负担 70% 以上。四是完善奶牛重大疫病防治和扑杀政策。五是建立奶牛政策保险制度。2008 年开始，政府对参保奶农给予一定的保费补贴。财政部提供保费补贴的地区为中西部地区、新疆生产建设兵团和中央直属垦区。六是支持奶牛标准化规模养殖。从 2008 年开始，国家对奶牛养殖场（小区）水电路、粪污处理、防疫、挤奶设施及饲草饲料基地建设等给予适当投资补助。七是加强对奶牛养殖农户的信贷支持。要求金融机构对奶牛养殖户、奶农合作社等提供信贷支持，开发适应奶业的金融产品，搞好金融服务，地方人民政府要给予适当贴息补助。八是完善奶业产业政策。

3.2.4 2008 年以后出台的提高原料奶质量的政策

(1)《奶业整顿和振兴规划纲要》。2008 年 11 月，国务院办公厅转发发展改革委、农业部、工业和信息化部、商务部、卫生部、质检总局、工商总局、财政部、人民银行、银监会、保监会、中央宣传部、监察部等部门制定的《奶业整顿和振兴规划纲要》(国办发〔2008〕122 号)(以下简称《纲要》)。

《纲要》是针对三鹿婴幼儿奶粉事件所造成的负面影响而出台的。这起事件的发生，暴露了中国乳品质量管理和监管方面存在的突出问题，深入分析了中国奶业发展中长期积累的矛盾和问题：一是在奶业快速发展过程中，存在只求数量、忽视质量的倾向；二是对生鲜乳及乳制品（以下统称乳品）质量监管存在严重缺失，标准体系不完善，监测和管理制度不健全，对生产全过程的质量控制存在漏洞；三是乳制品生产企业盲目发展，产能过剩，争抢奶源，无序竞争，缺乏社会责任感；四是对奶站的监管缺失，对掺杂使假、压级压价等行为打击不力，致使奶站运营管理混乱；五是奶牛养殖方式落后，规模化、标准化水平低，奶农与乳制品生产企业的利益关系不合理；六是法制建设滞后，行业指导不适应形势发展需要。

《纲要》制定了后续的工作目标：一是到 2008 年年底前，以处置婴幼儿奶粉事件为契机，对乳品生产、收购、加工、销售等各环节进行全面整改，加大扶持力度，使各环节基本恢复到正常状态。二是到 2009 年 10 月底前，健全相关法律法规，完善乳品质量标准，推广生鲜乳生产技术规程，加强奶站规范化建设和管理，推进乳制品生产企业建立良好生产规范，使奶业发展在制度化、规范化建设上迈出重要步伐。三是到 2011 年 10 月底前，在推进养殖规模化、产销一体化，加工布局优化、全行业标准化，以及规范市场竞争、完善质量标准体系等方面取得实质进展。奶业的质量标准体系、检测监管体系、质量管理体系基本建立，乳制品质量安全水平显著提升，奶业的整体素质和效益达到新水平，现代奶业基础格局初步形成。

奶业整顿和振兴的任务与措施中涉及原料奶质量的有以下几方面：一是全国加强质量监管，完善标准体系，强化检测能力建设，健全质量管理制度，完善乳制品检验制度，建立产品质量可追溯制度、乳制品生产企业质量管理制度、生鲜乳质量监管制度。二是强化生鲜乳收购管理。由农业部牵头整顿和规范奶站，逐步建立生鲜乳收购管理的长效机制。提高并明确奶站准入门槛，实行奶站生鲜乳收购许可证管理制度。三是提高养殖水平。继续落实相关扶持政策，对重点地区特别是困难奶农实施临时救助政策，保护奶农积极性。推进规模化、标准化养殖，所有奶牛养殖小区（场）要限期执行《奶牛场卫生规范》，力争 3 年内达标，达不到标准的必须停产整顿。四是加强行业指导和法制建设。

(2)《全国奶业发展规划》。2010 年和 2016 年，为促进奶业恢复和振兴，推进现代奶业建设，农业部、国家发展改革委、工业和信息化部、商务部等共同研究制定并印发了《全国奶业发展规划(2009—2013 年)》和《全国奶业发展规划(2016—2020 年)》(以下简称《规划》)。

《规划》制定了保障奶业持续健康发展的主要任务：一是优化奶业区域布局。二是发展奶牛标准化规模养殖，创建 300 家标准化示范场。三是提升婴幼儿配方乳粉竞争力，适时修订《粉状婴幼儿配方食品良好生产规范》和《婴幼儿配方乳粉生产许可审查细则(2013 版)》。四是推动乳制品加工业发展，修订完善《乳制品工业产业政策》。五是加强乳制品质量安全监管。六是加快推进产业一体化。七是打造国产乳品品牌。八是加强良种繁育及推广,深入实施《中国奶牛群体遗传改良计划(2008—2020年)》。九是促进优质饲草饲料生产,改造优质苜蓿种植基地600万亩,扩大粮改饲试点。十是推进奶牛粪污综合利用。十一是加强奶牛疫病防控。

(3)《国务院办公厅关于推进奶业振兴保障乳品质量安全的意见》。为推进奶业振兴,保障乳品质量安全,提振广大群众对国产乳制品信心,进一步提升奶业竞争力,2018年国务院办公厅发布了《国务院办公厅关于推进奶业振兴保障乳品质量安全的意见》(国办发〔2018〕43号)。提出强化乳品质量安全监管,即健全法规标准体系、加强乳品生产全程管控、加大婴幼儿配方乳粉监管力度、推进行业诚信体系建设。各省份纷纷出台了配套的奶业振兴扶持政策。

2018年农业农村部、发展改革委等9部委为配套国办发〔2018〕43号文件,出台了《关于进一步促进奶业振兴的若干意见》,提出了积极推行第三方检测、加强乳品质量安全监管等保障乳品质量安全的措施。

3.3 监控原料奶质量的主要方法

新中国成立以后,特别是改革开放以来,中国奶业取得了巨大成就,奶业作为一个产业已经形成。但是,在中国奶业快速发展的同时,也积累了诸多深层次的矛盾和问题,特别是在奶牛养殖环节。随着中国法制化建设的不断推进,为规范和调整奶业养殖行为,国家相继出台和完善了一系列政策措施和法律法规及其相应的实施细则,使中国奶牛养殖、乳品加工等走向了法制化管理的轨道。

《中华人民共和国农产品质量安全法》的出台,体现了全过程控制的理念,坚持了源头管理、过程控制、市场准入相结合的原则,规定了农产品质量安全检测、救济、事故报告、责任追溯等制度,同时《中华人民共和国畜牧法》《中华人民共和国动物防疫法》《国务院关于加强食品等产品安全监督管理的特别规定》《中华人民共和国食品安全法》的出台也为原料奶全程质量控制的实施提供了法律支持。2007年9月,国务院出台了《国务院关于促进奶业持续健康发展的意见》,加大了对奶业发展的政策扶持力度,并要求推进养殖方式转变,提高原料奶质量。

为保证乳品质量安全,更好地保障人民身体健康和生命安全,国务院颁布了《乳品质量安全监督管理条例》,它是中国第一部奶业法规。2008年10月6日,《乳品质量安全监督管理条例》(以下简称《条例》)经国务院第28次常务会议通过。2008年10月9日予以公布,自公布之日起施行(中华人民共和国国务院令 第536号)。《条例》主要内容:明确责任,协调管理;严格限制开办主体;强化许可制度;规范生产、收购行为;强化监督管理手段;扶持奶业健康发展。

《条例》是在中国处理三鹿婴幼儿奶粉重大食品安全事故、国务院启动重大食品安全事故应急预案1级响应的重要时刻发布实施的,也是在借鉴和吸取以往食品安全经验教训的基础上形成的,充分体现了国家对食品安全工作的重视和对广大人民群众健康安全的关心,体系了党和国家做好食品安全工作的决心。《条例》明确了乳品质量安全监管部门的职责分工,对各监管部门的监督检查职责提出严格要求,赋予了县级以上人民政府卫生行政部门依照职权负责乳品质量安全监督管理的综合协调、组织查处食品安全重大事故的职责。

《条例》明确了各部门监督管理职责,规定县级以上人民政府畜牧兽医部门负责奶畜饲养以及生鲜乳生产环节、收购环节的监督管理,县级以上工商行政管理部门负责乳制品销售环节的监督管理,县级以上食品药品监督部门负责乳制品餐饮服务环节的监督管理,监督检查部门之间,监督检查部门与其他有关部门之间,应当及时通报乳品质量安全监督管理信息。同时,还将发挥社会监督、舆论监督、群众监督的作用,从而实现对奶业全过程、全方位的监督管理。这将有利于中国奶业走上健康持续发展之路。

在加强监管方面,2008年11月,国务院办公厅发布了《奶业整顿和振兴规划纲要》(以下简称《纲要》),下发了《关于进一步加强乳品质量安全工作的通知》,对乳品生产经营许可、检验检测、质量追溯、打击非法经营行为、落实质量安全责任等方面做了明确的规定和要求。《纲要》对部门监管职责进行了分工。农业部要加强对奶畜饲养以及生鲜乳生产环节、收购环节的监督管理;质检总局要加强对乳制品生产环节和乳制品进出口环节的监管；工商行政部门负责乳制品销售环节的监管；卫生部负责乳制品质量安全监管的综合协调，统一发布乳品质量安全重大事故信息；工业和信息化部要加强行业整顿和规范工作，会同有关部分协调促进奶业发展的各项支持政策；人民银行、银监会要及时做好奶业贷款发放情况的监测、分析和指导工作；保监会要监督保险公司开展奶牛保险业务。监察部要按照有关法律法规和问责制的要求，加强对部分落实职责情况的协调、监督和检查，对因责任不到位、渎职、失职等造成严重后果的，要依法依纪追究相关人员的责任。

三鹿婴幼儿奶粉事件以后，农业部门根据国务院的要求，全面开展奶站清理整顿，依法加强奶站监管，连续 4 年开展生鲜乳专项治理，通过自查、省间互查、重点抽查等方法，不断强化奶站监管，坚决取缔不合格奶站，清理非法收购营运黑窝点，规范生鲜乳生产、收购、运输的市场秩序。同时，大力推进奶站标准化建设和管理。2012 年，全国有 1.3 万多个奶站，比 2008 年减少 6 890 个，减幅达 34%。奶站由乳制品生产企业、奶畜养殖场和奶农合作社三类合法主体开办，全部持证经营，纳入监管。全国近 8 000 辆生鲜乳运输车也全部持证运输，规范运营。与 2008 年以前相比，奶站的设施设备、卫生条件、检测手段等明显改善。

从 2009 年开始，农业部门连续 12 年实施生鲜乳质量安全监测计划，通过专项监测、飞行检查、异地抽检、隐患排查等手段，以奶站和运输车为重点，逐年扩大抽检范围，提高抽检频次，坚决打击各种违法添加行为。全国已实现奶站监管和生鲜乳监测两个全覆盖，即监测计划覆盖全国所有奶站，覆盖国家公布的所有违禁添加物。截至 2019 年年底，累计抽检生鲜乳样品 23 万批次，三聚氰胺监测值全部符合国家管理限量值规定，未检出皮革水解蛋白、碱类物质等违禁添加物，全国生鲜乳质量安全水平比 2008 年以前有了大幅度提高。

在标准建设方面，公布了《食品安全国家标准　生乳》等 66 项新标准，基本解决了乳制品标准重复、交叉、矛盾和指标设置不科学等问题，完善了中国乳品质量标准体系。农业部印发了《全国奶业发展规划》，出台了《生鲜乳生产收购管理办法》和《生鲜乳收购站质量安全"黑名单"制度》等 5 项新制度。这些法规规章的陆续出台，使中国奶业发展逐步走上有法可依和规范化管理的轨道。

3.4 原料奶计价体系

3.4.1 改革开放前牛奶实行购销价格的"单一行政定价"

从新中国成立到 20 世纪 50 年代中期，奶业经济是市场经济，牛奶的购销价格"完全由市场决定"。新中国成立初期，粮食市场上多种经济成分并存，实行自由贸易，私营粮食流通组织占绝大多数，这为奶业私有经济提供了生存条件。当时的中国奶业经济是以私营奶牛场、个体养殖户及乳品加工作坊为主的市场经济，国家当时无力顾及奶业这个对社会经济生活影响不大的领域，对牛奶的购销价格和流通渠道没有控制，通过市场形成的自由市场价格成为奶价的主要表现形式。

20 世纪 50 年代后期，国家对牛奶的购销价格实行"单一行政定价"。1953 年起，中国实施第一个五年计划，开始了大规模的经济建设，对商品粮需求日益增长，国家在全国范围内对粮食等主要农产品实行统购统销。由于奶业生产滞后，且居民收入水平不高，奶在当时是作为特殊营养食品，对鲜奶的消费需求相当有限，牛奶不在第一批统购统销农产品之列。50 年代后期，为了促进消费，国家从宏观经济考虑，对奶价实行了严格控制，统一由各级政府物价部门制定价格，并长期以固定价格形式冻结。

政府对奶价实行统一管理之后的一段时期内，为了照顾消费者利益，不少城市实行了"购销奶价低价政策"。由于当时城郊奶牛场绝大多数为国营，盈亏统一报账，且政府采取了供应饲料、给予基建投资拨款、免征税收等一系列政策以维持再生产，50 年代初至 60 年代末的近 20 年里，北京、天津、西安、武汉等不少城市为了照顾消费者利益，适应婴儿和特殊供应的需要，先后多次调低原料奶收购价格和鲜奶销售价格。1950 年北京市原料奶收购价格为 0.57 元/kg，1951—1963 年为 0.48 元/kg，1964—1966 年为 0.40 元/kg，1967—1969 年降至最低点 0.35 元/kg。

20 世纪 70 年代，政府对奶价的管理延续了 20 世纪 50 年代后期至 60 年代末的低价政策。70 年代中期，随着人们生活水平的提高，牛奶消费需求逐渐增加，但国家对奶价在较长时间内没有做相应调整，仍然实行较低的原料奶收购价格和鲜奶销售价格。低奶价制度的长期实施，虽然很大程度上维护了当时消费者的利益，减少了消费者支出，但奶牛场盈利少、效益低，不仅给国家财政造成了巨大的负担，也导致了该时期的奶业发展缓慢。

3.4.2 20 世纪 80 年代牛奶实行政府统一定价和市场自由价格

1978 年以来，中国政府实行改革开放政策，重视人民生活的改善，提倡农业经营的多样化。首先允许和积极支持私人饲养奶牛，因而个体饲养奶牛的头数快速增长。奶业生产实行“国营、集体、个体一起上”的发展方针，有力地激活了劳动要素，解放了生产力。

奶价政策在 20 世纪 80 年代初发生了新变化，商品奶购销价格突破了过去 30 年的固定价格形式，政府定价、市场自由价格及两种价格并存的情况同时存在。北京、上海、天津等大城市，奶的价格仍由地方政府统一定价，政府以多种形式实行价格补贴，从而保证生产者、消费者的利益；一些中小城市，奶农小量生产，自由上市，根据市场情况，实行浮动价格。成都、西安、福州等由国家提供平价饲料或以奶换料的城市，奶价按国家统一价格；饲料由市场购买，鲜奶直接卖给消费者，实行自由价格。就全国范围而言，牛奶的价格基本实行以国家控制价格为主，国家控制价格与市场价格相结合的价格体系。

1980 年以后，国家实行“逐渐上调奶价政策”。随着经济的发展和经济结构的调整，20 世纪 80 年代中后期，各地方政府逐渐上调原料奶收购价格和鲜奶销售价格。1988 年全国原料奶平均收购价格 0.702 元/kg，消毒奶的平均售价 1.081 元/kg，与 1980 年相比，分别增长了 51.0%和 81.1%。由于工业发展速度过快、通货膨胀，以及粮食生产徘徊、饲料供应紧张，市场价格变化加剧，奶的价格调控变得更为复杂。各地政府对奶价加强宏观调控，继续适度提高奶的购销价格。价格的适度调整对奶业发展起了积极的促进作用，1980—1987 年全国奶类总产量从 136.7 万 t 增加到 378.8 万 t，增长了 177.1%。

1988 年 5 月，中央确定了价格改革的总方向：保留少数重要商品和劳务价格由国家管理，绝大多数商品价格放开，由市场调节。提出用 5 年左右的时间，初步理顺价格关系。同年 8 月中旬，中共中央政治局会议通过了价格、工资改革方案。当时中国的物价指数已出现通胀态势，在 1987 年消费价格指数上涨 7.3%的基础上，1988 年又连月上涨，7 月达到 19.3%。1988 年消费价格指数上涨了 18.8%，1989 年又继续上涨 18%。在当时，饲料价格放开，取消了“以奶换料”的平价饲料供应政策，而乳品属于需要保留价格管制的“少数重要商品”，因此其价格没有完全放开。结果是饲料价格上升，而牛奶销售价格由于受国家管制而基本原地不动，这种情况对于奶农和奶业造成了沉重打击，致使牛奶生产成本提高，养牛效益开始下降，奶类总产量第一次出现负增长。从经济角度看，中国在 20 世纪 80 年代末至 90 年代初出现的奶业负增长，究其根源就是来自奶业产业链上各个环节的价格改革不同步。饲料和涉奶物资的价格都放开，只管制牛奶的价格，导致出现了“一头活一头死”的情况。

3.4.3 20 世纪 90 年代实行“以市场调节为主，国家指导价为辅”的奶价政策

20 世纪 90 年代初，中国实行更加开放的政策，国内的奶业政策也发生了重大变化，奶业进行了市场化改革，彻底放开牛奶购销价格，取消牛奶政策性补贴，实行市场竞争，原料奶价格由市场决定。实行了“以市场调节为主，国家指导价为辅”的奶价政策，牛奶的价格与市场供求关系日益紧密。放开奶价后，各地奶业下滑情况得到一定程度的控制，奶业生产逐步走出低谷。表面上看，奶业已经完全实行了市场竞争，并且产生了积极效果。但是，原料奶价格由乳品加工企业单方面确定的定价方式，并没有形成合理的原料奶价格形成机制，奶农很少甚至没有发言权，奶农利益得不到合理保护，不利于整个产业的持续健康发展。

目前，中国的生鲜乳收购价格体系的定价基础是 2010 年 6 月施行的新版《生鲜乳收购标准》，在计价体系上考虑了乳脂率、乳蛋白率、体细胞数和总细菌数等指标。同时，实行优质优价，如上海对体细胞数低于 40 万个/mL 的原料奶实行奖励，每千克奖励 0.1 元；同时对乳蛋白率和乳脂率实行不同的加权系数，乳蛋白

率每提高 0.1 个百分点，价格提升 0.55 元，而乳脂率每提高 0.1 个百分点，价格提升 0.45 元，体现出对提高乳蛋白率的价格倾斜。

针对乳品企业对生鲜乳定价的话语权过重，出现行业波动往往向奶农和牛场转嫁风险的现象，部分省份如上海、河北、黑龙江等创新和试点了生鲜乳价格协商机制，尤其上海地区最为成熟，其他省份对双方的约束力仍需观察。上海市实行生鲜乳价格协商机制始于 20 世纪 80 年代，当时按质论价还只是单纯的脂肪论价，而且还没有第三方检测机构，计价检测机构隶属于牛奶公司。2000 年由上海市市农委同市技监局、物价局、卫生局联合发布了“上海市生鲜牛乳质量管理暂行办法”，正式在上海市实施生鲜乳第三方按质论价检测。2008 年开始，由市发改委、农委、奶协、奶农代表、乳企代表共同参与价格协商，建立了《原料奶价格形成机制和实施方案》，选举产生奶农代表和乳企代表，每年协商 2 次价格并通过市奶协发布，特殊时期制定补充协商机制。2015 年起，由市奶协组织奶农和乳企代表一起协商，多年来运行秩序良好。

上海市生鲜乳收购价格是在生鲜乳全成本的基础上加 7%作为收购基础价，自 2011 年起实施在基础价格上下 6%的浮动，计价指标也在逐步上调。2015 年之后，在上海市生鲜乳生产成本调查的基础上，根据国内外奶业走势和牛奶消费市场情况，奶农与乳企双方充分讨论、协商确定基础价。继续实行优质优价、分级奖励、两病检测和奶价挂钩等方案。计价因素涵盖：生鲜乳实际结算价＝基础价＋按质论价（乳脂肪、乳蛋白、体细胞、微生物、冰点等）＋规模分级奖励＋季节差价＋两病净化奖惩。其定价机制值得国内其他乳品企业学习参考。

4　科技推广体系

中国奶业的发展，是应用科学技术逐步改造和装备奶业，使传统奶业走向现代奶业的过程。

4.1　研究机构

新中国成立后，为了更好地促进奶业发展，奶业科研机构从无到有、从小到大、从弱到强。经过 70 年的发展，中国奶业科研工作涉及了奶业产业发展的各个环节，科研力量得到空前壮大。

（1）高等院校。高校是中国奶业研究的主力军，承担着培养奶业人才以及科研和技术推广工作。

中国农业大学动物科学技术学院成立于 1993 年，它的前身是北京农业大学畜牧学系，至今已有 90 多年的历史。从 20 世纪 70 年代开始，以冯仰廉教授、张沅教授为带头人的研究团队，围绕奶牛饲料、营养以及中国奶牛饲养标准的制定，种公牛培育、MOET 育种体系、全基因组选择开展了卓有成效的研究工作，取得了丰富的科研成果，他们成为国内奶牛养殖的领军专家。1987 年中国农业大学成立了农业生物技术国家重点实验室，主要在转基因克隆动物新品种培育及生物反应器展开探索。在奶牛克隆、转基因奶牛、无过敏原基因敲除等方面的研究水平达到了国际先进水平。2007 年农业部和财政部建立了现代奶牛产业技术体系，李胜利教授作为首席科学家，带领全国奶业科研力量，围绕制约中国奶业发展的重大技术瓶颈开展研究。

西北农林科技大学在 1936 年即设有畜牧科，1939 年设置畜牧兽医系，1998 年初合并成立动物科学与动物医学学院，以邱怀教授为代表的老一代专家围绕秦川牛的培育做了大量的基础科研工作，年轻一代专家围绕肉牛育种与新品系选育、奶牛养殖和饲料资源开发的科研工作取得了显著进展。南京农业大学、内蒙古农业大学、山东农业大学、河北农业大学、河南农业大学、华南农业大学、东北农业大学、新疆农业大学也是中国在反刍动物营养和奶牛养殖科研与人才培养的重要省部级农业高校。

2004 年 2 月，在原东北农业大学乳品科学重点实验室的基础上建立的“乳品科学教育部重点实验室”，是中国建立的第一个乳品科学重点实验室。实验室重点开展泌乳生物学及乳腺微生物功能调控、乳成分功能特性、乳业生物技术与乳品微生物、乳品工艺及新产品开发、乳品安全质量控制与快速检测技术等方面的研究。这些都是成立较早的从事奶业技术研发的高校科研机构。

(2)国家级研究所及地方性研究所。主要的国家级研究所包括中国农业科学院北京畜牧兽医研究所、哈尔滨兽医研究所、兰州兽医研究所和上海兽医研究所等。中国农业科学院北京畜牧兽医研究所成立于1957年,隶属于农业农村部,是全国综合性畜牧科学研究机构。中国农业科学院哈尔滨兽医研究所始建于1948年6月,隶属于中国农业科学院,是新中国建立最早的兽医科研单位。中国农业科学院兰州兽医研究所成立于1957年,是中国著名的以从事动物传染病、寄生虫病研究为主的国家级专业科研机构。中国农业科学院上海兽医研究所的前身为中国农业科学院家畜血吸虫病研究室,成立于1964年10月,2004年在研究所的基础上组建了国家防治动物血吸虫病专业实验室和动物传染病防治研究室。

1973年成立的北京种公牛站,是国内第一个种公牛性能测定中心,并首批被农业部命名为"国家级重点种公牛站"。1976年与1980年分别成立北京市奶牛研究所、上海市奶牛研究所。广西水牛研究所于1958年成立,作为全国唯一专门对水牛进行研究的单位,在水牛饲养、繁殖,尤其是试管繁殖等方面的研究工作走在了世界前列。2005年1月科技部批准依托北京奶牛中心组建国家奶牛胚胎工程技术研究中心,该中心在良种奶牛胚胎生产、冷冻、分割、鉴定、性别控制、活体采卵和体外受精、干细胞克隆、分子标记和遗传标记辅助选择、繁育体系建设等领域科研水平居国内领先,部分技术达到国际先进。经过几十年的发展,这些科研机构在奶牛品种选育、冷冻精液控制技术等方面取得了突破性进展,极大地推动了优秀奶牛品种培育工作。

乳制品加工与质量控制方面的研究主体以地方性科研机构为主。呼和浩特市在1956年成立了"内蒙古自治区轻工研究所乳品研究室",这是中国较早的牛奶科研单位之一。1966年黑龙江省乳品工业研究所宣告成立。1982年北京市牛奶公司组建乳品研究所。1984年天津市乳品监测中心成立,后在1990年被农业部命名为"农业部乳品质量监督检验测试中心",现名为"天津市乳品食品监测中心"。1984年国家科技委批准成立黑龙江省乳品工业技术开发中心,后在1996年以此为依托组建了国家乳品工程技术研究中心,这是当时国内乳品行业唯一的国家级工程技术研究中心。1985年内蒙古轻工业科学研究所建立了全国乳酸菌发酵剂研究中心,该中心利用从比利时引进的先进技术,生产干粉状的乳酸菌发酵剂。这些科研机构自建立以来积极开展工作,对中国乳制品工业的发展提供了重要的技术支持。

随着政府和人们对乳品质量关注的不断增加,对检验检测技术需求更加迫切,一些国家级质量检测、质量标准控制方面的科研机构应运而生。1983年,全国乳品行业唯一的乳制品标准化中心——全国乳品标准化中心成立,主要负责承担乳制品国家标准和行业标准的制修订及标准化相关工作。国家乳制品质量监督检验中心也于1991年成立,它是当时国家质量监督检验检疫总局授权的,经中国实验室国家认可委员会认证认可的国家级质量监督检验机构,是具有第三方公正地位的国家乳制品质量监督检验机构。

(3)企业自建或合建的科研机构。以企业为主体,大专院校和科研机构为技术依托,针对产业发展开展科学研究与新产品开发,增强企业的自主创新能力是国家科研发展的重要战略举措。

2000年7月上海真元乳业与上海生物工程科研单位合作组建了奶牛胚胎生物中心,2005年6月伊利实业集团联手内蒙古自治区科技厅合作发起成立"内蒙古乳业研究院",2006年5月蒙牛集团与中国农业大学联手建立"功能乳品实验室",同年,蒙牛集团公司投资2亿元,建立了蒙牛高科技乳品研究院,2005年中国农业大学与美国威斯康星大学成立了中美奶业研究与发展中心,2013年中国农业大学与荷兰瓦赫宁根大学和菲仕兰公司成立了中荷奶业发展中心,这些校企共建的科研平台,进一步促进了科研与生产的结合,促进了科学技术的转化,促进了国际奶业科技的交流与合作,为中国奶业的科技进步和创新,服务产业发展有着重要的推动作用。

4.2 技术服务与推广机构

长期以来,畜牧兽医机构等技术服务和推广机构根据奶业发展的需要,广泛开展了饲养、配种、疾病防治等技术支持和推广工作。全国畜牧总站及下属的各级畜牧兽医工作站组织开展了奶畜养殖技术服务工作,中国兽医药品监察所承担兽药的评审和监察工作,中国动物卫生与流行病学中心承担了全国重大动物疫病的调查、诊断和监测工作，给奶业发展提供了有力的支持。

(1)全国畜牧总站及下属的各级畜牧兽医工作站。1956 年，中共中央发布了《全国农业发展纲要》，提出了建立各级畜牧兽医工作站的要求，农业部也发出了《关于建立畜牧兽医工作站的通知》，要求建立县(区)级畜牧兽医工作站，各级畜牧兽医工作站开始广泛建立。

1982 年 4 月 23 日，经国务院批准，农业部设立了全国畜牧兽医总站，负责指导全国各级畜牧兽医站、配种站、改良站、冻精站、防疫站、草原站的业务和经营管理。全国畜牧兽医总站成立后，为了适应畜牧业的快速发展，管理职责逐渐扩展到协助农业部畜牧兽医机构开展动物疫病防治、畜产品质量标准和检测检验、技术服务与推广、信息宣传等方面。

2006 年，根据《农业部关于调整部属畜牧兽医单位机构编制的决定》，在全国畜牧兽医总站的基础上，农业部设立了全国畜牧总站和中国动物疾病预防控制中心，分别为农业部畜牧业司和兽医局的工作提供辅助和技术支持。2006 年全国畜牧总站在全国畜牧兽医总站基础上设立，主要承担畜牧技术推广，家禽、牧草品种资源保护和利用管理，畜牧业质量管理与认证等技术服务工作，业务归畜牧业司管理。其主要职能是协助畜牧行政主管部门，受委托承担全国畜牧业管理的具体工作，指导全国畜牧业技术推广体系建设及推广机构、饲料工业协会的业务工作。组织实施奶畜相关品种的审定、登记、引进、繁育、推广工作。开展畜牧业产品质量安全管理和认证及相关标准和技术规范的拟订，开展养殖环境监测与监督管理工作，开展畜牧业市场体系建设和畜产品加工业务指导工作。

(2)中国动物疫病预防控制中心。中国动物疫病预防控制中心 2006 年在全国畜牧兽医总站的基础上设立，中国动物疫病预防控制中心继承了原全国畜牧兽医总站疾病预防控制方面的主要职责，主要提供奶畜疾病预防控制服务，业务归农业部兽医局管理。其主要职责是协助兽医行政主管部门拟定有关法律、法规和政策建议，协助开展重大动物卫生违法案件的调查，研究提出重大动物疫病预防控制规划、扑灭计划、应急预案建议，指导、监督重大动物疫病预防、控制和扑灭工作；负责全国动物疫情收集、汇总、分析及重大动物疫情预报预警工作，研究提出动物疫病防治技术规范建议，指导全国动物疫情监测体系建设；承担全国动物卫生监督的业务指导工作，组织实施动物及动物产品检疫等。

(3)中国兽医药品监察所。中国兽医药品监察所是中国负责兽药监督的机构，其前身是建立于 1952 年的中央人民政府农业部兽医生物药品监察所。2006 年，中国兽医药品监察所加挂农业部兽药评审中心的牌子，为农业部直属事业单位，承担兽药评审，兽药、兽医器械质量监督、检验和兽药残留监控，兽用菌(毒、虫)种保藏，兽药国家标准的制修订，标准物质制备与标定等工作的国家级兽药评审检验监督机构。

(4)中国动物卫生与流行病学中心。中国动物卫生与流行病学中心是中国动物卫生行业管理的技术依托单位，其前身是成立于 1979 年农业部动物检疫所。2005 年，根据《国务院关于加快推进兽医体制改革若干意见》，农业部对部属畜牧兽医单位的机构编制进行了调整，农业部动物检疫所更名为中国动物卫生与流行病学中心，同时在中国农业科学院北京畜牧兽医研究所、哈尔滨兽医研究所、兰州兽医研究所和上海兽医研究所，分别加挂中国动物卫生与流行病学中心的牌子。中国动物卫生与流行病学中心为承担重大动物疫病流行病学调查、诊断、检测，动物和动物产品兽医卫生评估，动物卫生法规标准和重大外来动物疫病防控技术措施研究等工作的国家级动物卫生机构。

(5)国家奶牛产业技术体系和奶牛“金钥匙”。2007 年经农业部批准，国家奶牛产业技术体系成立，建设依托单位为中国农业大学等，中国农业大学李胜利教授任首席科学家，体系下设首席科学家办公室、6 个功能研究室和试验站，包括 31 名岗位科学家和 21 名综合试验站站长。

国家奶牛产业技术体系自成立以来有效整合了国家和地方大专院校、科研单位、奶牛养殖企业、协会和农民合作组织的各种优势资源，以产业为主线、产品为单元，紧紧围绕制约中国奶业发展的重大技术瓶颈，以奶业生产急需的技术为突破口，不断提升中国奶业科技创新能力，加快奶业技术示范与推广。国家奶牛产业技术体系紧紧围绕奶牛体系重点工作任务、基础性工作、前瞻性研究及应急性工作开展，在奶牛良种扩繁、奶牛饲料营养价值评定与营养需要量研究、奶牛饲料资源高效利用与健康养殖关键技术、奶牛场标准化规模饲养关键技术、奶牛疫病防控和净化关键技术、乳成分前体物理想平衡模式研究、奶业相关数据库建设等方面取得了重大进展，为中国奶业的可持续稳定发展提供了技术支撑。

依托于奶牛产业技术体系和奶业管理办公室成立的奶牛“金钥匙”技术示范培训于2009年启动，累计举办了12年，开展了近130期技术示范培训，现场诊断指导牛场360个，培训奶牛养殖管理和技术人员2.6万人次（表4）。奶牛“金钥匙”在组织模式上整合了“政—产—学（研）—推”各方优势资源，培训模式上由课堂授课为主转向以牛场工具化、数据化诊断为主，服务模式上建立“现场诊断—问题分析—跟踪反馈—整改提升”的模块化流程，成为促进奶业科技研发、成果转化、提升奶牛养殖企业和奶农科学养牛水平的重要平台。

表4　2009—2019年奶牛“金钥匙”培训开展情况

省份	举办技术培训/期	参与牧场数/个	覆盖奶牛数量/万头
河北	20	1 769	70.3
黑龙江	14	1 199	49.2
内蒙古	13	1 151	46.4
新疆	9	851	25.0
山东	7	610	21.7
河南	6	523	16.9
山西	5	426	15.0
辽宁	4	374	13.3
湖北	4	342	10.8
甘肃	4	328	12.3
北京	3	309	8.5
天津	3	274	7.3
宁夏	3	284	14.2
安徽	2	126	9.2
上海	2	195	5.7
陕西	2	175	5.5
江苏	1	93	3.7
广东	1	87	2.5
青海	1	70	2.6
西藏	1	75	2.5
四川	1	106	2.3

4.3　协会组织

协会组织主要是指与奶牛养殖、乳制品加工、销售有关的行业协会组织。20世纪60年代以后，为适应奶业的发展需求，中国先后成立了相关奶业协会组织，经过不断整合与沿革，目前，全国性奶业协会组织以中国奶业协会、中国乳制品工业协会最具有代表性，地方性组织主要是地方奶业协会。

（1）中国奶业协会。中国奶业协会是全国奶牛养殖和乳制品加工以及为其服务的相关企业、事业单位和个体经营者自愿组成的非营利性的行业组织，是具有独立法人地位的民间社会团体。前身是1982年成立的中国奶牛协会，在1999年将中国乳业协会注销后与中国奶牛协会合并更名为中国奶业协会。

20世纪70年代，由原农垦部牵头，中国先后成立了中国黑白花奶牛育种科研协作组北方组和南方组，重点在奶牛育种方面展开联合攻关。后来为更好地解决当时奶牛饲养发展过程中出现的问题，在王震同志的关怀下，于1982年12月10日以南北协作组为基础，成立跨地区跨部门的经济技术协作组织——中国奶牛协会。协会成立初期重点在中国奶牛选育方案、奶牛饲养等方面做了大量工作，特别是在中国黑白花奶牛的培育方面做出了突出贡献，该成果获得1988年国家科技进步奖一等奖。

1990年5月，在全国大中城市重点垦区奶业经济技术发展研讨会上，成立了“全国大中城市乳业协会”，并于1992年4月3日正式更名为“中国乳业协会”。中国乳业协会成立后开展了富有成效的工作，力促中国乳制品加工业发展。同期，中国奶牛协会除继续在奶牛后裔测定、良种登记、性能测定等奶牛培育与奶牛疾病防疫、国际合作方面外，积极在奶牛养殖区域合理布局、资源合理配置、奶样检测等方面开展工作，努力突破政府部门在组织、调配资源方面的局限，直接参与到行业内的科研、生产、行政等各类资源的整合中，为政府当好参谋。中国乳业协会在促进中国乳制品加工工艺水平提高及乳制品供需区域均衡方面也做出了积极贡献。两个协会共同推进了中国奶业健康发展与奶业现代化水平的提高，并积极加强自身建设，为日后中国奶业协会的成立打下了坚实基础。

1999年，农业部根据中国奶业产业化发展需要，将中国奶牛协会和中国乳业协会合并，成立“中国奶业协会”。协会成立后不断加强自身机构建设，充分发挥协会在协调、服务和管理方面的作用，在加快奶业增长方式转变、危机事件处理等方面显示了重要作用。中国奶业协会围绕现代奶业建设，为支持行业应对挑战、振兴民族乳业开展了多方面的实际工作。

(2)中国乳制品工业协会。中国乳制品工业协会是经原轻工业部批准，在乳品工业技术协作组的基础上，于1995年6月6日正式成立的行业性社会团体，业务上接受国家发展和改革委员会、中国轻工业联合会的指导。协会以推动中国乳制品工业发展为宗旨，在政府与企业之间发挥桥梁纽带作用，接受政府委托做好行业管理工作。协会每年召开一次年会和不定期的专业会议，为企业提供新技术、新产品和信息交流机会。

在20世纪60年代初，为进一步促进行业技术进步和企业间技术合作，轻工业部组建了中国乳制品工业协会前身——全国乳品工业技术协作组，该协作组由乳制品生产企业以及科研、教育、机械制造、工程设计等单位参加，通过技术合作，技术交流促进行业技术进步，加强政府部门与企业的联系。

1988年，轻工业部根据国务院要求，提出行业管理新模式，组建若干行业协会的要求。乳品行业提出了在全国乳品工业技术协作组基础上组建中国乳制品工业协会的方案，并于1992年成立中国乳制品工业协会筹备组。1994年获准成立中国乳制品工业协会。1995年6月6日，中国乳制品工业协会在北京正式宣布成立。作为跨地区、跨部门、不含经济性质的全国性行业组织，中国乳制品工业协会成立后积极开展工作，重点放在组织行业内新技术、新工艺、新设备、新产品的推广和应用，开展工程技术咨询服务，组织国内外乳品行业经济、技术、管理等方面的交流、培训等。协会在自身发展的同时，为中国乳制品工业的健康、快速发展起到了积极的推动作用。

5 促进奶业发展的主要政策

5.1 促进奶业生产的政策

新中国成立初期，畜牧业生产方针以恢复为主。1949年10月，奶业生产力水平极其低下，奶牛仅有12.0万头，奶类总产量21.7万t。1949年12月，农业部在北京召开了第一次全国农业生产会议，会议根据《共同纲领》和中央人民政府恢复工农业生产的总方针，确定1950年的农业生产方针：以恢复为主，对奶牛等畜牧业经济实行保护现有、奖励繁殖的政策。各地人民政府通过发放巨额的畜牧贷款和救济款，对保护和奖励繁殖牲畜起了极大推动作用。

20世纪50年代初期，为了加快生产恢复，政府对奶牛养殖主体实行“支持并引导私营养殖发展，同时鼓励建立国营养殖场”的政策。该时期，各大城市的私营奶牛场和个体养牛户不断增加，这段时期被个体养殖户称为养牛业的“黄金时代”。与此同时，各地区的国营农场奶牛养殖也同步发展。整个奶业随着国民经济的恢复而重新发展，呈现百废待兴的良好势头。

1956年，由于农产品实行统购统销制度，国家对奶牛业实行“公私合营”的政策。私营奶牛加入国营农场后，集中饲养，科学管理。同时国家为扶持奶牛生产，保证市场鲜奶和奶制品的计划供应，对城镇、郊区饲养奶牛所需的饲料粮、糠麸、豆粕等纳入计划供应，并组织发挥国营奶牛场的优势，指导社、队奶牛场采用优良种公牛配种，提高奶牛质量，使社、队集体奶牛的饲养条件得到完善，全国奶牛数量不断壮大，1957 年中国奶牛发展到 15.98 万头。

20 世纪 50 年代中后期开始，“发展城市郊区畜牧业，解决大中城市肉、奶等副食品需要”逐渐列入中央部委议事日程。1955 年 12 月，全国农业工作会议上指出：“城市郊区的农业生产应该以蔬菜、奶、肉、鸡、鸭、蛋等副食品生产为主”。1957 年 5 月，农业部召开城市、工矿区副食品生产供应座谈会，刘瑞龙副部长作了《关于城市副食品生产问题》的报告，对城市肉、奶、禽、蛋的生产供应做了具体安排。1959 年 11 月，国务院副总理兼财政部部长李先念在第二次全国大中城市副食品生产会议上对大中城市的副食品生产做了具体部署，指出大中城市的副食品生产应当继续贯彻执行“自力更生为主，力争外援为辅”的方针。1975 年，邓小平副总理主持国务院工作时，要求在大中城市、工矿区建设一批机械化养猪场、养鸡场和养牛场。这些决议和指示，促进了城市郊区畜牧业的兴起，一批城郊国营牛场应运而生。

从 1958 年“大跃进”时期到 1978 年改革开放的 20 年间，中国的奶牛饲养数量增长缓慢，年均增速仅为 4.9%，到 1978 年奶牛仅为 47.5 万头。

党的十一届三中全会后，中国政府对奶业生产提出了“以国营为依托，国营、集体、个体一齐上”的发展方针。1978 年实行的改革开放政策带动了奶业发展，取消了禁止私营养牛的禁令，实行以国营农场为基础，集体和个体牛场共同发展，并实行免税政策，极大地调动了农户养牛的积极性，奶牛、奶羊个体饲养户迅速增加，在许多大中城市和农牧区占据重要份额。为了鼓励个体奶牛饲养，一些地方还出台了购买奶牛的优惠贷款政策，并为集体和个体牛场提供牛源和技术服务。

与“国营、集体、个体一齐上”的宏观政策配套，1979 年 10 月起，全国实行“以奶换料”的奶牛生产微观发展政策，进一步刺激了养牛的积极性。为了鼓励奶牛饲养，在北京、上海、天津、武汉、广州等大多数城市，对国营、集体奶牛场和个体奶牛户，一视同仁实施“平价料、平价奶”，即个体养殖户和集体奶牛场以议价购买精饲料，但生产鲜奶全部或大部分都以平价交售给国营乳品厂。当时奶类援助项目的城市中，进入这两种奶价体系的鲜奶占上市量的 80%～85%。20 世纪 80 年代，“平价料、平价奶”和“议价料、平价奶”这两种保护性的补贴政策一直在全国范围内推广实施。同期，奶业加工利润返还、减免税收、低息或无息贷款等一系列奶业生产相关政策不断发展。在这些政策的激励下，这一时期奶业生产快速发展，1990 年全国奶牛存栏 269.1 万头，是 1980 年的 4.2 倍。

进入 90 年代，各项生产优惠政策取消，农业部要求促进奶业产业结构调整。1993 年，随着饲料价格的放开，原来养奶牛享受的饲料价格补贴、以奶换平价饲料的优惠政策取消，而奶价仍受监控，导致养奶牛严重亏损，奶牛生产出现小幅度滑坡。同时，由于一些奶农购牛优惠贷款措施不存在，建牛舍给予贷款或建筑材料上的优惠、农户养奶牛划给饲料地等优惠政策的逐渐取消，1997—1999 年全国奶牛生产出现停滞徘徊，1998 年奶牛存栏 426.5 万头，比 1996 年减少了 20.5 万头。1999 年农业部印发《关于加快调整畜牧业生产结构的意见》，明确将加快奶业发展作为畜牧业结构调整的重要内容，并组织实施了一系列促进牛羊等草食家畜发展的项目，这些项目的实施有力地促进了奶业产业结构的优化。

2003 年 1 月，农业部印发了《优势农产品区域布局规划（2003—2007 年）》（农计发〔2003〕1 号）。牛奶的优势区域是：重点发展东北、华北及京津沪 3 个牛奶优势产区。2008 年 9 月，农业部发布了《全国优势农产品区域布局规划（2008—2015 年）》（农计发〔2008〕20 号）。奶牛是新规划确定的 16 个优势产品与优势区域之一。奶牛的区域布局是：着力建设京津沪郊区、东北内蒙古、中原、西北 4 个奶牛优势区。

2005 年，农业部发布了《全国奶业“十一五”发展规划和 2020 年远景目标规划》（以下简称《规划》）。《规划》包括奶业发展现状，“十一五”发展成就、主要经验、主要问题，“十一五”至 2020 年中国奶业发展的有利条件和不利因素，奶业发展的指导思想、原则和目标，奶业发展的主攻方向，奶业发展的区域布局和重大项目，奶业发展的保障措施等主要内容。2009 年 1 月，在第一轮《奶牛优势区域发展规划》的基础上，农业部印发《全国优势区域布局规划（2008—2015 年）》（农牧发〔2009〕2 号）（以下简称《规划》）。本规划包括优势区域发展成效、主要制约因素和发展前景、发展思路、区域布局、建设重点和主推技术和保障措施等主要内容。

2007年9月，国务院发布《国务院关于促进奶业持续健康发展的意见》(国发〔2007〕31号)(以下简称《意见》)。进入21世纪后，中国奶业发展进入了高速增长阶段。2006年以后，受多种因素影响，奶牛养殖效益大幅度下降，部分奶牛养殖户亏损，个别地区出现宰杀母牛犊现象，已严重影响奶业的正常发展及奶业基础。2007年9月，温家宝总理主持召开国务院第192次常务会议讨论通过了国家发展改革委上报的《国务院关于促进奶业持续健康发展的意见》(国发〔2007〕31号，也简称31号文件)。

《意见》的主要扶持政策包括以下几点：一是加大奶牛良种补贴力度；二是实施后备母牛补贴政策；三是实施牧业机械购置补贴；四是完善奶牛重大疫病防治和扑杀政策；五是建立奶牛政策保险制度；六是支持奶牛标准化规模养殖；七是加强对奶牛养殖农户的信贷支持；八是完善奶业产业政策。2007年中央财政资金安排了奶牛冻精补贴1亿元。2008年奶牛冻精补贴覆盖全部荷斯坦奶牛，补贴金额增至2.4亿元，此后，维持在每年2.4亿～2.6亿元的水平。2008年，31号文件提出的各项扶持政策均得到落实。一是国家实施奶牛保险保费补贴政策，补贴比例为60%，中央、地方各补贴30%，当年中央财政补贴11.7亿元。二是中央启动奶牛规模化养殖小区建设项目，当年安排中央投资2亿元。自2009年起，中央投资规模提高至每年5亿元。截至2012年，共安排中央补助资金22亿元，扶持奶牛规模化养殖小区(场)2 999个，其中年存栏规模在1 000头以上的158个。2012年，中国年存栏200头以上的奶牛养殖小区(场)的奶牛饲养数量已达到全国奶牛存栏量的26%以上。三是由农业部牵头，会同有关部门编制《全国奶业发展规划(2009—2013年)》，并于2010年6月由农业部、国家发改委、工业和信息化部、商务部联合印发。

2008年11月，国务院办公厅转发发展改革委等部门制定的《奶业整顿和振兴规划纲要》(国办发〔2008〕122号)(以下简称《纲要》)。《纲要》制定了2008年以后的工作目标。一是到2008年年底前，对乳品生产、收购、加工、销售等各环节进行全面整改，加大扶持力度，使各环节基本恢复到正常状态。二是到2009年10月底前，健全相关法律法规，完善乳品质量标准，推广生鲜乳生产技术规程，加强奶站规范化建设和管理，推进乳制品生产企业建立良好生产规范，使奶业发展在制度化、规范化建设上迈出重要步伐。三是到2011年10月底前，在推进养殖规模化、产销一体化，加工布局优化、全行业标准化，以及规范市场竞争、完善质量标准体系等方面取得实质进展。力争奶牛良种覆盖率提高到60%，奶牛平均单产水平接近5.5 t，100头以上规模化养殖场(小区)奶牛比重达到30%左右；乳制品生产企业完成良好生产规范改造，基地自产生鲜乳与加工能力的比例达到70%以上；乳制品加工行业的集中度进一步提高。

《纲要》制定了具体扶持政策。一是对乳制品生产企业的金融和财政支持政策。对诚信守法经营的乳制品生产企业符合信贷条件的贷款要求，金融机构要给予足额贷款支持；对因受婴幼儿奶粉事件影响、资金暂时周转困难的企业，金融机构要按规定给予流动资金贷款支持，对经金融机构同意展期的逾期贷款，免收罚息。中央财政对企业生鲜乳收购贷款，按照半年期银行贷款基准利率的一半，给予3个月贴息，地方财政也可给予贴息支持。拓宽奶业直接融资渠道，对符合条件的企业发行债券和通过股票市场融资给予积极支持。二是国家对重点地区，特别是困难奶农实施临时救助政策。中央财政补贴资金采取一次性下达，由地方根据实际情况，结合地方财政补贴资金统筹安排使用。地方政府也要安排资金，加强对困难奶农的扶持。

2010年和2017年，为促进奶业恢复和振兴，推进现代奶业建设，农业部、国家发展改革委、工业和信息化部、商务部等共同研究制定并印发了《全国奶业发展规划(2009—2013年)》和《全国奶业发展规划(2016—2020年)》(以下简称《规划》)。

《规划》确定了2020年奶业发展的基本目标。一是生鲜乳生产能力稳定增长。全国奶类产量达到4 100万t，奶源自给率控制在70%以上。二是乳品质量安全水平显著提高，生鲜乳和乳制品抽检合格率控制在99%以上。三是乳制品产量达到3 550万t。四是产业素质大幅度提升，100头以上奶牛规模养殖比例达到70%，机械化挤奶率达到99%以上，成母牛单产提高到7.5 t，粪便综合利用率达到75%。五是婴幼儿配方奶粉产业发展壮大，培育50亿元营收的企业3～5家。

2018年国务院办公厅发布了《关于推进奶业振兴保障乳品质量安全的意见》(国办发〔2018〕43号)，各省份纷纷出台了配套的奶业振兴扶持政策。2018年农业农村部、发展改革委等9部委为配套国办发〔2018〕43号文件，出台了《关于进一步促进奶业振兴的若干意见》。提出了支持和指导奶农发展乳制品加工、探索开展生鲜乳目标价格保险试点、启动牧场主和业务骨干培训计划、建立生鲜乳价格协商机制等创新型产业扶持政策。

5.2 促进奶业加工的政策

新中国成立后，党和国家为解决民生问题，立即实施三年国民经济恢复建设，国家对资本主义工商业实行利用和限制并重的政策，旨在保护民族工商业，制定了扶持奶业发展的一系列方针，鼓励与恢复乳品生产，竭力维持城市居民和日常饮奶需要。因此，中国乳制品加工业与其他经济部门一样得到了较快恢复。按当时的政策，无论是外国人投资经营的乳品企业，还是民族资本投资管理的乳品厂，政策上均允许合法运营，维持了乳品企业多元化，全国乳品生产得以恢复，乳品开始供应市场。截至 1952 年，经过三年国民经济恢复，中国奶业得到了发展，乳品生产得到了初步恢复，全国乳制品总产量达到 624 t。

1953—1958 年，中国实施发展国民经济第一个五年计划，乳制品工业是轻工业建设的重点之一。1956 年 9 月召开中国共产党第八次全国代表大会，进一步确立了全国人民主要任务是集中力量发展社会生产力，实现国家工业化，极大地促进了全国乳制品加工业的迅速发展。1958 年全国乳制品产量达到近 2 万 t，比 1952 年的 624 t 增长了 30.6 倍，平均年递增率 99.5%。

1978 年改革开放以来，党和国家领导人非常关心中国乳制品工业，1978 年中央和国务院领导同志多次作出重要指示，要求加快发展乳制品生产，政府有关部门多次对乳制品生产做出部署和要求。长期关心中国奶业的王震将军指出“牛乳制品加工极为重要，是婴儿及特军兵种、重工业工人极需的”。党中央在农业方面制定和贯彻了一系列正确方针，不仅全面发展了国营、集体和个体的奶牛生产，而且随着农村家庭承包制的推广，发展了大批奶牛饲养专业户和专业村，奶源生产进入了一个快速发展期，使中国商品奶的产量大幅度增加。1979—1990 年，乳制品产量成倍增加。

20 世纪最后 10 年，中国改革开放事业经历了初始、探索、试验等阶段，经济体制已基本转轨，市场对资源配置发挥了基础性作用。这一阶段，中国实行更加开放的政策，鼓励和吸引外资到中国以独资或合资方式经营乳业，奶业市场完全放开。国家相继取消了对原料奶和消毒牛奶的价格管制，也取消了其他优惠政策。这一时期，国有奶业改革的任务主要是以建立现代企业制度为重点，实行规范的公司制改革，转化企业经营机制，探索公有制的多种有效实现形式。同时，新的加工企业继续增加，国外有实力的乳品大企业纷纷进入中国市场，市场竞争加剧。这标志着中国奶业开始全面走向市场化。

2002 年 3 月，国家计委、国家经贸委、农业部联合颁布实施《全国食品工业“十五”发展规划》(2001—2005 年)。该《规划》第四部分“食品工业发展的重点及主要方向”中的“食品工业发展关键”，第四条为“乳品加工业”。

乳品加工业“十五”期间的重点是：调整企业结构，优化产品结构，提高产品质量，从总体上降低奶粉生产百分比，增加液体奶产量。城市型的乳品企业要着重发展杀菌奶、酸奶、花色奶、含乳饮料等液体奶生产。基地型乳品企业仍以奶粉生产为主，适当调整产品结构，重点发展配方奶粉、功能性奶粉，以及作为食品工业配料的全脂奶粉、脱脂奶粉等，适当发展灭菌奶、干酪、奶油等。“十五”期间要重点抓好东北、华北、西北乳品加工业的发展，到“十五”末，乳制品产量年递增速度争取达到 10%左右，达到 130 万 t；液体奶产量力争递增速度在 20%左右，达到 450 万 t。

为确保中国奶业持续健康发展，2007 年 9 月国务院下发了《国务院关于促进奶业持续健康发展的意见》(以下简称《意见》)。《意见》对建设现代乳制品工业明确了基本原则。建设现代乳制品工业应规范企业行为，维护市场秩序。引导乳制品加工企业合理布局，壮大实力，有序发展。规范企业收购、加工、经营行为，防止恶性竞争。建立健全质量标准，完善检验检测手段，落实产品标识制度，加强市场监管，确保质量安全。加强乳制品进口调控与管理，对乳品进口设立符合国际惯例的特别保障措施。

2008 年 6 月，国家发展和改革委员会发布《乳制品加工业产业政策》(以下简称《政策》)。这是新中国成立以来中国发布的第一部系统的乳制品工业产业政策。本《政策》是针对中国乳制品工业在快速发展中出现的一些新情况、新问题而制定的，如重复建设严重、产业布局不合理、加工能力严重过剩，市场竞争失序；企业与奶农关系不协调，行业整体效益下降，亏损面增加等，影响了乳制品工业的健康发展。同时，也是为贯彻《国务院关于促进奶业持续健康发展的意见》，促进乳制品工业合理布局、有序发展，建设有中国特色的现代乳制品工业，保障国家食物安全而制定的。

2008 年 3 月，国家发展和改革委员会发布 2008 年第 26 号公告，《乳制品加工行业准入条件》自 2008 年 4 月 1 日起实施。2009 年 6 月，工业和信息化部、国家发展和改革委员会发布工联产业〔2009〕第 48 号公告。对原《乳制品工业产业政策》《乳制品加工行业准入条件》进行整合修订，并发布《乳制品工业产业政策(2009 年修订)》(以下简称《政策》)。这是自 2008 年后，中国首次就乳业的发展规范等问题做出重大调整。《政策》着眼于全面构建竞争有序、发展协调、增长持续、循环节约的现代乳制品工业，保障中国乳制品安全，提升中国乳制品工业在国际市场的地位和竞争力。

《政策》在产业布局方面，将全国分为五大产业区，力求形成以市场为导向、特色鲜明、布局合理、协调发展的乳制品工业新格局。在准入门槛方面，严格控制乳制品加工项目的盲目投资和重复建设，提高乳制品加工能力利用率。在产业发展方面，鼓励重组融资以提升水平。在质量安全方面，乳制品生产加工企业须具备先进的生产设备及完善的检测设备，对乳制品生产实施从原料进厂到成品出厂全过程的标准化管理和质量控制。乳制品生产企业应当符合良好生产规范要求。2019 年鉴于中国奶业发展的新形势，工信部着手推动对产业政策的修订，可能对准入条件进行放宽，以支持奶农办加工产业政策的实施。

2010 年《全国奶业发展规划(2009—2013 年)》(以下简称《规划》)在 2013 年奶业发展的基本目标中提出乳制品企业稳定可控奶源达到 70%以上，初步建立生鲜乳质量第三方检测体系。生产经营低温产品的乳制品企业拥有完善冷链体系比例达 90%以上，配送网络覆盖全部中小城市和 90%以上乡村。不断壮大乳品消费群体，提高消费信心，扩大乳品消费等。《规划》在保障奶业持续健康发展的主要任务和建设重点中提出完善乳品质量安全监管体系，提高乳制品企业质量安全管理水平，完善乳制品质量安全监管制度。提升乳制品加工与流通能力，有序发展乳制品工业，提升技术与装备水平，优化乳制品产品结构，改善乳制品冷链流通条件。

2013 年国家食品药品监督管理总局制定发布了《婴幼儿配方乳粉生产许可审查细则(2013 版)》，对婴幼儿配方乳粉生产企业的原辅料把关、产品配方管理、生产工艺和过程控制等方面做了重新规定。2016 年《婴幼儿配方乳粉产品配方注册管理办法》发布施行，明确规定了每个企业原则上不得超过 3 个配方系列 9 种产品配方。2019 年国家发改委、工信部等国家七部委发布《国产婴幼儿配方乳粉提升行动方案》，明确大力实施国产婴幼儿配方乳粉“品质提升、产业升级、品牌培育”三大行动计划，实现国产婴幼儿配方乳粉产量稳步增加，力争婴幼儿配方乳粉自给水平稳定在 60%以上；通过建立全国统一的婴幼儿配方乳粉质量安全追溯平台，力争 3 年内实现质量安全追溯体系覆盖 60%以上婴幼儿配方乳粉企业。

5.3 促进奶业贸易的政策

1949 年前，国产乳制品寥寥无几，生产落后，国内乳制品供应基本被外国品牌所垄断。据当时海关统计，1946—1948 年间，中国从 23 个国家进口乳粉、炼乳、奶油共计 1.26 万 t，耗费外汇 740 多万美元。

1949 年后的相当一段时间内，受大环境的影响，国内的乳制品贸易量很少。1978 年经济体制改革，国家实行“开放”的对外改革政策，包括开放奶业的国际合作，开放乳品进出口经营，开放奶业的外资外企的经营权等。在推进奶业改革开放过程中，奶业系统通过开放国际合作，借助外资、外援和引进先进技术，提升了中国奶业的整体素质，改善了城乡鲜奶供应。国外的资金、资源、技术、人才进入奶业系统，开通了奶业现代化建设的国际通道，第一次以全方位开放的姿态，引领中国奶业与国际先进技术接轨，使世界奶业的先进文明成果能够为对外开放的社会主义中国利用。最早向中国提供奶业项目援助的有世界粮食计划署(WFP)以及欧盟(EU)的“奶类援助项目”等。作为改革开放后第一批国际合作项目，国际接受世界粮食计划署和欧盟的无偿援助，这样大规模的资金投入在中国奶业史上是前所未有的，它为项目地区奶业的发展奠定了物质基础和技术及管理基础。这也是中国农业领域内援助规模最大、地区最广泛、时间最长的开发性项目。通过项目地区各级人民政府的共同努力和中外双方密切配合，项目取得了成功，为项目地区以及全国奶业的发展做出了应有的贡献。

20 世纪 90 年代以前，由于政策上对乳品工业的保护，乳制品的进口量不多且增长缓慢。进入 20 世纪 90 年代以来，国外乳制品的大量进口，对于中国乳业发展是一把双刃剑。同时，这一时期中国鼓励和吸引外资到中国以独资或合资方式经营乳业，新的加工企业继续增加，国外有实力的乳品大企业纷纷进军中国市场，市场竞争加剧。据 90 年代中期对京、津、沪等 7 个城市及广东、黑龙江两省的不完全统计，合资、独资乳制品企业 42 家，其中，独资企业 6 家。另据 1994 年对北京大商场的抽样调查，在其所经销的 100 种乳制品中，国产的有 42 种，进口的达 40 种，中外合资或外商独资品牌大约有 18 种，国产与进口乳制品几乎平分秋色。这标志着中国奶业开始全面走向市场化。

2001 年 12 月 11 日，中国正式成为世界贸易组织(WTO)成员，这标志着中国经济与世界经济体系正式接轨，中国汇入了经济全球化的发展洪流中。加入 WTO 对中国奶业的影响是显而易见的。在加入 WTO 之前，中国在奶业生产和贸易领域，基本上不存在政府补贴保护和国家垄断贸易，此外，中国是乳制品贸易的净进口国，不存在出口补贴，因此“入世”对奶业的影响，集中体现在乳制品进口关税降低这一点上。21 世纪之初，中国乳制品行业尚属于幼稚型行业，其规模、技术和产品质量同发达国家相比差距甚远。随着关税的降低，国内乳制品价格优势不复存在。根据中国同新西兰、美国、欧盟达成的 WTO 双边及多边协议，所有乳制品类关税自 2001 年开始逐年递减，5 年内降到 10%～15%，这对中国乳品行业形成强大冲击。

2008 年 10 月 1 日，《中国-新西兰自由贸易协定》开始生效，规定中国对原产新西兰的乳制品进口关税逐年递减，至 2019 年全部为零；同时对鲜奶、大包粉、奶油和奶酪四大类乳制品实施特殊保障措施，进口数量超过触发水平时(年递增 5%)，特殊保障措施就启动，关税恢复至最惠国关税即 15%、10%、10%和 12%，到 2023 年“特保”措施将陆续取消。中国-新西兰自贸区是中国与发达国家建成的第一个自由贸易区。该协定的签署对中国农业主要是乳制品市场开放和奶业未来发展产生了重大影响。新西兰是世界上乳制品第一出口强国，其奶业生产规模大、增产潜力大、国际竞争优势明显，通过自贸区建设扩大了对中国的乳制品出口，中国已是新西兰乳制品第一大出口市场。中国和新西兰乳制品贸易通过自贸区的建立实现了零关税，使新西兰乳制品对中国出口成本平均降低 13.4%，这进一步促使新西兰扩大出口，加剧对中国乳制品市场供需平衡的影响。

2015 年 6 月中国和澳大利亚签约了《中澳自由贸易协议》，对澳大利亚包括乳制品在内的约 95%的进口产品取消关税。按照协定关税减让表，2017 年婴幼儿配方乳粉关税为 6%，在 2019 年降为零；鲜奶的进口关税为 10.5%，在 2024 年降为零；原料奶粉和炼乳关税为 7.5%，在 2026 年降为零；奶酪的关税为 8.4%，在 2024 年降为零。另外，进口挤奶机的关税为 4%，并在 2019 年降为零。澳大利亚奶业产业规模小，部分地区干旱严重，对中国乳制品市场的影响小于新西兰。

2020 年 1 月中美签署了《中美贸易协定》，并且协定未来存在较大的变数。该《协定》规定 2021 年要增加 195 亿美元的农产品进口，接近翻 1 倍；基本明确满足美国 FDA 或者农业部安全标准的奶产品和肉类产品，中国要允许进口。分析认为影响比较大的是中国的奶产品和肉类产品，对奶牛以及猪牛养殖业长期影响可能比较大，需继续密切观察。《协定》规定允许进口产自美国的延长货架期乳(ESL)并在中国作为巴氏杀菌奶销售，该项政策可能造成美国进口 ESL 乳对中国快速增长的低温奶市场产生一定的竞争。

中国奶业在加入 WTO 后受到的最大冲击不是某类乳产品，而是来自外资乳品企业对本土企业的综合竞争压力。加入 WTO 后，随着关税壁垒消除，中国市场开放程度加大，更多的外国乳业集团抢占中国市场，国外金融等服务业的进入，使他们更容易得到来自国际金融、物流等方面的支持，从而形成更完整的现代产业体系和竞争价值链。第二，随着三资乳业度过了“水土不服”的困难时期，他们逐渐开始推进“驻在地本土化”的进程，大量雇用中国本地员工，人力成本逐渐下降，更加适应了中国本土以及企业所在地区的人文环境。第三，随着国际零售巨头不断进入中国，市场乳品流通逐渐向外企擅长的连锁商场超市、大卖场等方面过渡，不少人将更习惯于一次性从市场购回整箱的牛奶，对本土企业以送奶到户，网络垄断液态奶市场形成了营销方式的挑战。第四，本土乳品企业更习惯于靠价格、口味和广告来抢夺市场份额，而随着市场的逐步规范和消费者的不断成熟，三资乳品的品牌和质量优势日益凸显。

加入 WTO 虽然对中国乳品业造成了一定的冲击，但也有其有利的一面。如促进乳品行业的技术、装备、质量、生产效率的提高；加快行业改造，促进大企业集团和知名品牌的形成；关税降低，减少了乳品走私，规范了进口乳制品市场；大幅度提高消费者的福利和降低消费成本，丰富了产品多样性等。实践证明，中国加入世界贸易组织对中国奶业的发展，确实利大于弊。

5.4 促进奶业消费的政策

1949 年至 20 世纪 50 年代中期，牛奶消费基本上不受政府干预。新中国成立初期，中国居民乳品消费区域性差异明显，除边疆牧区和一些少数民族地区具有食用鲜奶及乳制品的历史和习惯外，多数地区的居民基本没有消费乳制品的习惯，相当一部分中国人没有喝过牛奶，人均乳制品消费量非常低。1949 年，中国年人均奶类占有量仅 0.40 kg，其中牛奶占有量 0.37 kg。乳制品消费群体也相对单一，主要是老人、婴幼儿和病人等。

1958 年后，全国普遍出现乳粉脱销，毛泽东主席要求增加乳制品供应。“大跃进”时期，越来越多的妇女参加社会主义生产建设和农业劳作，中国乳品工业发展速度远不及急骤增长的社会需求，特别是婴儿食品的需要，这种情况导致在全国普遍发生了乳粉严重脱销的情况。1958 年秋，毛泽东主席收到 20 多封人民来信，反映“吃奶难”问题，毛泽东主席把信转批给当时的农垦部部长王震，要求国有农场重视发展奶牛生产，增加奶品供应。但是受国有农场受土地少、投资大、资金不足、饲草饲料紧张、管理费用高等因素制约，加之鲜奶价格低，经营鲜奶无利可图，奶和奶制品的供应仍十分不足。1959 年中国乳品人均消费量 1.8 kg，人均年奶类占有量仅 0.44 kg，供需矛盾突出。

1960 年开始直至 1978 年改革开放，国家对牛奶实行“凭票限量供应”。1960 年开始，全国除奶农自食外，商品奶几乎全部采用票证供应方式供给，婴儿凭出生证、户口本，重症病人凭医院证明，保证牛奶消费。最初，一般消费者持奶票到居委会领取，一些特殊人群由牛奶公司送奶上户。随着城市和奶业的发展，牛奶公司逐步建立供奶点，由居民凭奶票（奶证）到供奶点取奶。

20 世纪 70 年代末至 80 年代初，牛奶的供应再次趋于紧张，部分城市恢复“凭票供应”。随着人们生活水平不断提高，加之这一时期新生婴儿进入高峰期，鲜奶需求量成倍增长，而全国人均占有奶量仅为 1.5 kg，供给和需求矛盾突出，市场上再次出现了“吃奶难”的局面。大中城市不得不又采取严格的定时、定量、定人的供应办法，优先满足婴幼儿、病人、儿童、老人和特种劳动者的需求。

1979 年开始，北京、上海等地对牛奶销售采取“保证重点和限量供应”政策。北京市对 2 周岁以下婴儿每日供奶 0.75 kg；2 周岁以上的每日供奶 0.5 kg；病人和老人每日供奶 250 g。新生婴儿凭出生证、病人凭医院证明订奶；停止供应生产冷饮和糕点的牛奶；为解决排长队，采取定点取奶和部分恢复送奶到户的办法。根据当时订奶户的实际情况，1980 年北京市政府办公会决定牛奶供应实行“三保一代”办法，即鲜牛奶订户只保证 3 周岁以下婴儿、重病人、外宾及特殊用户，一般订户用强化奶粉代替，并试用部分豆奶代替鲜奶。

1987 年和 1988 年两年中城市肉、蛋、奶供应趋于紧张，为缓解供需矛盾，1988 年农业部向国务院提出《关于发展副食品生产保障城市供应（简称“菜篮子工程”）的建议》。建议总目标之一是到 1992 年奶类产量增加 240 万 t，人均奶占有量由 1987 年的 3 kg 增加到 1992 年的 4.9 kg；大中城市 70%的牛奶实现自给，建立东北、河北东部、江苏北部等 10 片奶牛基地。该工程的实施极大地促进了中国奶业发展，1992 年全国奶类总产量达到 563.9 万 t，基本保证了奶的城乡供应。

进入 90 年代，快速提升居民奶类消费水平的政策相继出台。随着乳品供应逐渐充足，凭证供应鲜奶的限量消费政策成为历史，乳业基本实现了由卖方市场向买方市场的转变，政府开始把更多的注意力放在如何提高居民消费水平，改善居民营养膳食结构等方面。为了促进中国在 20 世纪末实现小康目标的基本要求，1993 年 2 月，国务院第 220 次总理办公室会议审议通过了《九十年代中国食物结构改革与发展纲要》，纲要提出要加快发展耗粮少、转化率高的畜禽和蛋奶生产，加快发展肉牛、奶牛和羊等草食动物生产，并提出到 2000 年奶类产量达到 910 万 t，人均消费奶类 6 kg 的目标。1997 年 12 月，国务院批准在全国实施《中国营养改善行动计划》，提出进一步加强奶的生产和加工，完善国家对奶业价格的宏观调控，稳定市场，保证低收入人群的基本供给。这些文件的出台，在一定程度上促进了中国乳品消费的增长。

2001 年 11 月，国务院办公厅印发了《中国食物与营养发展纲要(2001—2010 年)》(国办发〔2001〕86 号)(以下简称《纲要》)。根据《纲要》，2001—2010 年是中国居民食物结构迅速变化和营养水平不断提高的重要时期。《纲要》制定了 2010 年食物与营养发展总体目标：保障合理的食物摄入量，其中人均每年奶类摄入量为 16 kg；保障充足的食物供给，其中全国奶类生产总量的安全保障目标为 2 600 万 t。2010 年，城市、农村居民人均每年奶类摄入量目标分别是 32 kg 和 7 kg。《纲要》颁布以后，中国农产品综合生产能力稳步提高，食物总量供需实现了基本平衡，全民营养健康状况得到了改善。

为改善中国中小学生的营养状况，保证青少年的健康成长，经国务院领导批准，决定在全国分步实施"学生饮用奶计划"。采取政府引导、政策扶持的方式，通过专项计划向在校中小学生提供由定点企业按照国家标准生产的学生饮用奶。国家"学生饮用奶计划"于 2000 年 8 月 29 日由农业部、国家发展计划委员会、教育部、财政部、卫生部、国家质检总局、国家轻工业局等七部委局共同倡议开始实施的。七部委局对"学生饮用奶计划"提出了具体要求，并制定了国家"学生饮用奶计划"实施方案，对改善学生营养状况，宣传饮奶知识发挥了重要作用。

党和国家领导人非常关注"学生饮用奶计划"。2003 年 1 月 2 日，胡锦涛总书记在内蒙古视察时强调："牛奶本身就是温饱之后小康来临时的健康食品，不仅小孩喝，老人喝，最重要的是中小学生都要喝上牛奶，提升整个中华民族的身体素质。实施学生奶饮用计划，是世界上许多国家为改善学生营养和健康状况而采取的一项通用有效的措施。"2006 年 4 月 23 日，温家宝总理在重庆视察时留言："我有一个梦，让每个中国人，首先是孩子，每天都能喝上一斤奶，希望你们能让我梦想成真。"2011 年，《国家学生饮用奶计划运行模式与扶植政策调研总报告》显示，国家"学生饮用奶计划"自 2000 年启动以来，已在全国 170 多个城市和地区、1 万多所中小学及幼儿园中展开，受惠学生达 500 多万人。

2018 年《关于推进奶业振兴保障乳品质量安全的意见》强调，要积极宣传奶牛养殖、乳制品加工和质量安全监管等方面的成效，定期发布乳品质量安全抽检监测信息，展示国产乳制品良好品质，提升广大群众对中国奶业的认可度。推介休闲观光牧场，组织开展乳品企业公众开放日活动，让消费者切身感受牛奶安全生产的全过程，激发消费活力。着力加强品牌建设，通过行业协会等第三方组织，推介产品优质、美誉度高的品牌，扩大消费市场。大力推广国家学生饮用奶计划，增加产品种类，保障质量安全，扩大覆盖范围。开展公益宣传，加大公益广告投放力度，强化乳制品消费正面引导。加强舆情监测，及时回应社会关切，营造良好舆论氛围。普及灭菌奶、巴氏杀菌奶、奶酪等乳制品营养知识，倡导科学饮奶，培育国民食用乳制品的习惯。

参考文献

[1]李胜利，王锋. 世界奶业发展报告. 北京：中国农业大学出版社，2014：1-72.
[2]刘成果. 中国奶业史. 北京：中国农业出版社，2013.
[3]中国奶业年鉴编辑委员会. 中国奶业年鉴 2019. 北京：中国农业出版社，2020.
[4]农业农村部畜牧兽医局，中国奶业协会. 2021 中国奶业统计摘要. 北京：[出版者不详]，2021.
[5]荷斯坦杂志，东方戴瑞咨询. 2021 中国奶业统计资料. 北京：[出版者不详]，2021.
[6]高鸿宾. 转变奶业发展方式 保障乳品质量安全. 中国奶牛，2011，6：4-11.
[7]李胜利. 中国学生饮用奶奶源基地建设探索与实践. 北京：中国农业大学出版社，2011.

[8]李胜利,范学珊.奶牛饲料与全混合日粮饲养技术.北京:中国农业出版社,2011.

[9]中国奶业协会.中国奶业发展战略研究.北京:中国农业出版社,2005.

[10]王怀宝.中国乳业指南.北京:中国农业出版社,2002.

[11]齐长明.奶牛疾病学.北京:中国农业科学技术出版社,2006.

[12]何玉成.中国乳品产业发展研究.北京:科学出版社,2010.

[13]贺燕丽.我国乳制品工业发展与展望.北京:经济科学出版社,2011.

[14]张莉侠.中国乳制品业的效率与绩效研究.北京:中国农业出版社,2010.

[15]李胜利,杨苗萌,黄文明,等.苜蓿产业如何满足我国奶牛养殖业发展的需求.中国畜牧杂志,2010,46(8):43-46.

[16]卢欣石.关于建立苜蓿—奶业安全体系的思考:第四届(2011)中国苜蓿发展大会论文集[C/OL].2011[2011-06-05]. https://kns.cnki.net/kcms/detail/detail.aspx?dbcode=CPFD&dbname=CPFD0914&filename=ZXMY201106001007&uniplatform=NZKPT&v=H8h07A33XSyeivKLWL%25mmd2F%25mmd2BMnFWgW5WjI5cutVJwQrKzcRefpO75PBdduCSw8jD%25mmd2Bk3jGHXFyOJFLdA%3d.

[17]刘成果.乳品质量安全是奶业发展的生命线.中国奶牛,2004(6):3-6.

[18]刘成果.推进奶牛养殖标准化 发展现代奶牛养殖业.中国乳业,2008(4):11-14.

[19]李胜利.我国原料奶质量现状、影响因素及其控制措施.中国畜牧杂志,2008,44(16):32-37.

[20]李胜利.从美国奶业发展看中国奶业.中国畜牧杂志,2007,43(4):2-9.

[21]昝林森,付小波,李胜利.中国奶业生产现状、问题及发展趋势与对策.中国农学通报,2005,21(8):19-22.

[22]马燕芬.保障原料奶质量安全的对策与措施.乳业科学与技术,2009(4):195-198.

[23]乔绿.奶牛乳房健康与原料奶质量控制要点.中国乳业,2012(122):44-47.

[24]张永根.奶牛饲养过程中的物理性投入品对奶牛健康和原料奶质量的风险.中国乳业,2011(110):32-35.

[25]王加启,赵圣国.我国牛奶质量安全的现状、问题和对策.中国奶牛,2009(11):3-7.

[26]李胜利,黄文明,张书义,等.中国60年奶牛营养与饲料研究进展及饲养工艺的改进.中国奶牛,2009(S1):30-42.

[27]张胜利.中国奶牛遗传改良与技术发展.中国奶牛,2009(S1):16-24.

[28]桑润滋.我国奶牛繁殖技术研究进展 我国奶牛繁殖60年回顾.中国奶牛,2009(S1):25-29.

[29]肖定汉.我国奶牛保健的历程.中国奶牛,2009(S1):44-48.

[30]张东.畜禽粪便沼气工程处理技术.浙江农业科学,2012(2):223-226.

[31]程璜鑫,张国臣,王莹,等.我国畜禽养殖污染防治现状与对策:2012中国环境科学学会学术年会论文集(第四卷).2012[2012-06-01]. https://kns.cnki.net/kcms/detail/detail.aspx?dbcode=CPFD&dbname=CPFD0914&filename=HJKP201206004130&uniplatform=NZKPT&v=3ufqh0m2Q%25mmd2Bk2qvZnhFVovqu5JRp34Y0e%25mmd2F0%25mmd2Brkd0KZyNf%25mmd2FB%25mmd2BR1mLps1tAo39TQtxIp3L9Sns83hY%3d.

[32]宋昆冈.中国乳制品工业史.北京:中国乳制品工业协会,2019:132-133.

[撰稿:中国农业大学 李胜利 夏建民]

附 表

附表 1 1952—2019 年中国农林牧渔业总产值及各产业比重

年份	农林牧渔业	农业		林业		牧业		渔业	
	产值/亿元	产值/亿元	比重/%	产值/亿元	比重/%	产值/亿元	比重/%	产值/亿元	比重/%
1952	461	396	85.9	7	1.6	52	11.2	6	0.01
1957	537	444	82.7	18	3.3	65	12.2	10	1.9
1962	584	495	84.7	13	2.2	64	10.9	13	2.2
1965	833	684	82.1	22	2.7	112	13.4	15	1.8
1970	1 021	838	82.1	29	2.8	137	13.4	17	1.7
1975	1 260	1 021	81.0	39	3.1	178	14.2	22	1.7
1978	1 397	1 118	80.0	48	3.4	209	15.0	22	1.6
1980	1 923	1 454	75.6	81	4.2	354	18.4	33	1.7
1985	3 620	2 506	69.2	189	5.2	798	22.1	126	3.5
1990	7 662	4 954	64.7	330	4.3	1 967	25.7	411	5.4
1991	8 157	5 146	63.1	368	4.5	2 159	26.5	484	5.9
1992	9 085	5 588	61.5	423	4.7	2 461	27.1	614	6.8
1993	10 996	6 605	60.1	494	4.5	3014	27.4	882	8.0
1994	15 751	9 169	58.2	611	3.9	4 672	29.7	1 298	8.2
1995	20 341	11 885	58.4	710	3.5	6 045	29.7	1701	8.4
1996	22 354	13 540	60.6	778	3.5	6 016	26.9	2 020	9.0
1997	23 788	13 853	58.2	818	3.4	6 835	28.7	2 283	9.6
1998	24 542	14 242	58.0	851	3.5	7 026	28.6	2 423	9.9
1999	24 519	14 106	57.5	886	3.6	6 698	28.5	2 529	10.3
2000	24 916	13 874	55.7	937	3.8	7 393	29.7	2713	10.9
2001	26 180	14 463	55.2	939	3.6	7 963	30.4	2 815	10.8
2002	27 391	14 932	54.5	1 034	3.8	8 455	30.9	2 971	10.8
2003	29 692	14 870	50.1	1 240	4.2	9 539	32.1	3 138	10.6
2004	36 239	18 138	50.1	1 327	3.7	12 174	33.6	3 606	9.9
2005	39 451	19 613	49.7	1 426	3.6	13 311	33.7	4 016	10.2
2006	40 811	21 522	52.7	1 611	3.9	12 084	29.6	3 971	9.7
2007	48 652	24 445	50.2	1 890	3.9	16 069	33.0	4 428	9.1
2008	57 421	27 680	48.2	2 180	3.8	20 354	35.4	5 138	8.9
2009	59 311	29 984	50.6	2 324	3.9	19 185	32.3	5 515	9.3
2010	67 763	35 909	53.0	2 575	3.8	20 461	30.2	6 263	9.2
2011	78 837	40 340	51.2	3 092	3.9	25 194	32.0	7 337	9.3
2012	86 342	44 846	51.9	3 407	3.9	26 491	30.7	8 404	9.7
2013	93 174	48 944	52.5	3 847	4.1	27 572	29.6	9 254	9.9
2014	97 823	51 851	53.0	4 190	4.3	27 963	28.6	9 878	10.1
2015	101 894	54 205	53.2	4 358	4.3	28 649	28.1	10 339	10.1
2016	106 479	55 660	52.3	4 636	4.4	30 461	28.6	10 893	10.2
2017	109 332	58 060	53.1	4 981	4.6	29 361	26.9	11 577	10.6
2018	113 580	61 453	54.1	5 433	4.8	28 697	25.3	12 132	10.7
2019	123 968	66 066	53.3	5 776	4.7	33 064	26.7	12 572	10.1

数据来源：国家统计局。

附表 2　1949—2020 年中国奶牛存栏、牛奶产量和单产

年份	奶牛存栏/万头	牛奶产量/万 t	成母牛单产/(kg/头)	年份	奶牛存栏/万头	牛奶产量/万 t	成母牛单产/(kg/头)
1949	12	20	2 564	1996	447	629	2 166
1959	19	27	2 368	1997	443	601	2 090
1969	27	51	3 172	1998	427	663	2 391
1973	37	81	3 374	1999	443	718	2 491
1974	37	87	3 640	2000	489	827	2 605
1975	41	89	3 369	2001	566	1 026	2 786
1976	43	89	3 204	2002	688	1 300	2 909
1977	45	88	3 018	2003	893	1 746	3 008
1978	49.3	88	2 860	2004	1 108	2 261	3 437
1979	56	107	2 942	2005	1 216	2 753	3 891
1980	64	114	2 739	2006	1 069	2 945	3 903
1981	70	129	2 845	2007	1 213	2 947	4 140
1982	82	162	3 047	2008	1 231	3 011	4 575
1983	95	185	2 985	2009	1 221	2 995	4 800
1984	134	219	2 517	2010	1 211	3 039	4 760
1985	163	250	2 363	2011	1 178	3 110	5 400
1986	185	290	2 416	2012	1 179	3 175	5 500
1987	216	330	2 347	2013	1 123	3 001	5 500
1988	222	366	2 534	2014	1 128	3 160	6 000
1989	253	381	2 322	2015	1 099	3 180	6 000
1990	269	416	2 377	2016	1 037	3 064	6 400
1991	295	465	2 426	2017	1 080	3 039	7 000
1992	294	503	2 631	2018	1 038	3 075	7 400
1993	345	499	2 223	2019	1 037	3 201	7 800
1994	384	529	2 117	2020		3 440	8 300
1995	417	576	2 126				

数据来源:《中国奶业年鉴 2011》《中国奶业年鉴 2019》《2020 中国奶业统计资料》。

附表 3　2019 年中国各省份牛奶产量和奶牛存栏

序号	省份	牛奶产量/万 t	奶牛存栏/万头
1	内蒙古	577.2	122.5
2	黑龙江	465.2	107.6
3	河北	428.7	115.0
4	山东	228.0	89.9
5	新疆	204.4	154.0
6	河南	204.1	35.6
7	宁夏	183.4	43.7
8	辽宁	133.9	27.4
9	陕西	107.8	27.4
10	山西	91.8	31.9
11	四川	66.7	75.0
12	江苏	62.4	12.5
13	云南	59.9	16.0
14	天津	47.4	11.0
15	甘肃	44.1	31.0

续附表 3

序号	省份	牛奶产量/万 t	奶牛存栏/万头
16	西藏	42.4	43.0
17	吉林	39.9	15.0
18	青海	34.9	19.1
19	安徽	33.8	14.5
20	上海	29.7	5.1
21	北京	26.4	5.6
22	浙江	15.5	3.1
23	福建	14.5	4.3
24	广东	13.9	4.9
25	湖北	13.1	5.0
26	广西	8.7	5.9
27	江西	7.3	2.6
28	湖南	6.3	5.5
29	贵州	5.3	1.9
30	重庆	4.2	1.0
31	海南	0.2	0.1
	合计	3 201.1	1 037.1

数据来源:《2019 中国奶业统计资料》。

附表 4　2002—2020 年中国奶牛养殖规模化情况　　%

年份	规模分布(存栏比重)						
	1～4	>5	>20	>100	>200	>500	>1 000
2002	44.8	55.2	25.9	11.9	8.3	5.5	2.9
2003	46.7	53.3	27.4	12.5	8.8	5.6	2.7
2004	47.1	53.0	25.2	11.2	7.7	4.9	2.7
2005	45.6	54.4	27.7	11.2	7.9	4.8	2.3
2006	42.8	57.2	28.8	13.1	9.3	5.6	3.0
2007	39.7	60.3	26.1	16.4	12.1	7.5	3.9
2008	32.4	67.6	36.1	19.5	15.5	10.1	5.5
2009	28.1	71.9	42.6	26.8	22.8	16.0	8.3
2010	26.4	73.6	46.5	30.6	26.5	19.4	10.4
2011	24.0	76.0	51.1	32.9	28.4	20.8	12.1
2012	22.6	77.4	55.6	37.2	32.3	25.0	15.4
2013	21.8	78.2	57.0	41.4	35.3	27.7	17.8
2014	20.8	79.2	59.9	45.2	38.8	30.7	20.2
2015	20.3	79.7	62.5	48.3	42.3	34.0	23.6
2016	19.0	80.8	65.6	52.3	46.6	38.5	28.1
2017				58.3	53.8	45.2	34.0
2018				61.4			
2019				64.0			
2020				67.0			

数据来源:《中国奶业年鉴 2019》、农业农村部;2017 年开始不再统计百头以下规模的数据。

附表 5　1949—2020 年中国干乳制品和液态奶产量

万 t

年度	干乳制品	液态奶	年度	干乳制品	液态奶
1949	0.1		1990	31.4	
1957	1.3		1991	37.7	
1958	2.0		1992	41.3	
1961	0.7		1993	41.7	
1963	1.3		1994	42.5	
1964	1.8		1995	52.6	
1965	2.1		1996	50.4	
1966	2.4		1997	56.5	59.0
1967	2.3		1998	54.9	68.0
1968	2.3		1999	69.1	95.0
1969	2.6		2000	82.9	134.1
1970	3.0		2001	74.3	246.1
1971	3.0		2002	93.2	355.1
1972	3.4		2003	140.5	582.9
1973	3.5		2004	142.4	806.7
1974	3.5		2005	164.6	1 145.8
1975	3.7		2006	215.5	1 244.0
1976	3.7		2007	346.5	1 441.0
1977	3.9		2008	285.3	1 525.2
1978	4.7		2009	293.5	1 641.6
1979	5.4		2010	313.8	1 845.6
1980	6.3		2011	326.7	2 060.8
1981	7.9		2012	398.6	2 146.6
1982	10.0		2013	362.1	2 336.0
1983	11.2		2014	251.7	2 400.1
1984	13.0		2015	261.5	2 521.0
1985	16.4		2016	256.1	2 737.2
1986	22.6		2017	243.4	2 691.7
1987	27.2		2018	181.5	2 505.6
1988	29.5		2019	181.7	2 537.7
1989	26.7		2020	181.0	2 599.4

数据来源:《中国奶业年鉴 2019》《2020 中国奶业统计资料》《2021 年中国奶业经济月报》。

附表 6　1990—2020 年中国乳制品产量

年份	乳制品		液态奶		干乳制品		奶粉	
	产量/万 t	同比/%	产量/万 t	同比/%	产量/万 t	同比/%	产量/万 t	同比/%
1990	—	—	—	—	31.4	17.6	24.2	—
1991	—	—	—	—	37.7	20.1	29.4	21.5
1992	—	—	—	—	41.3	9.5	33.7	14.6
1993	—	—	—	—	41.7	1.0	29.4	−12.8
1994	—	—	—	—	42.5	1.9	29.9	1.7
1995	—	—	—	—	52.6	23.8	31.4	5.0
1996	—	—	—	—	50.4	−4.2	35	11.5
1997	115.5	—	59.0	—	56.5	12.1	39.1	11.7

续附表 6

年份	乳制品		液态奶		干乳制品		奶粉	
	产量/万 t	同比/%	产量/万 t	同比/%	产量/万 t	同比/%	产量/万 t	同比/%
1998	128.6	11.3	68.0	15.3	60.6	7.3	42	7.4
1999	164.1	27.6	95.0	39.7	69.1	14.0	50	19.0
2000	217.0	32.2	134.1	41.2	82.9	20.0	54.3	8.6
2001	320.4	47.6	246.1	83.5	74.3	−10.4	57.5	5.9
2002	448.5	40.0	355.1	44.3	93.2	25.4	74.6	29.7
2003	723.5	61.3	582.9	64.2	140.6	50.9	—	—
2004	949.1	31.2	806.7	38.4	142.4	1.3	—	—
2005	1 310.4	38.1	1 145.8	42.0	164.6	15.6	—	—
2006	1 459.5	11.4	1 244.0	8.6	215.5	30.9	—	—
2007	1 787.5	22.5	1 441.0	15.8	346.5	60.8	—	—
2008	1 810.5	1.3	1 525.2	5.8	285.3	−17.7	100.5	—
2009	1 935.1	6.9	1 641.6	7.6	293.5	2.9	111.7	11.1
2010	2 159.4	11.6	1 845.6	12.4	313.8	6.9	140.3	25.6
2011	2 387.5	10.6	2 060.8	11.7	326.7	4.1	138.6	−1.2
2012	2 545.2	6.6	2 146.6	8.1	398.6	22.0	136.5	−1.5
2013	2 698.0	6.0	2 336.0	8.1	362.1	−9.2	158.9	16.4
2014	2 651.8	−1.7	2 400.1	8.1	251.7	−30.5	150.9	−5.1
2015	2 782.5	4.9	2 521.0	8.1	261.5	3.9	142.0	−5.9
2016	2 993.2	7.6	2 737.2	8.1	256.1	−2.1	139.0	−2.1
2017	2 935.0	−1.9	2 691.7	8.1	243.4	−5.0	120.7	−13.2
2018	2 687.1	−8.4	2 505.6	8.1	181.5	−25.4	96.8	−19.8
2019	2 719.4	1.2	2 537.7	8.1	181.7	0.1	105.2	8.7
2020	2 780.4	2.2	2 599.4	2.4	181.0	−0.4	101.2	−3.8

数据来源:《中国奶业年鉴 2019》《2020 中国奶业统计资料》《2021 年中国奶业经济月报》。

附表 7　1961—2018 年中国部分种类乳制品产量　　万 t

年份	奶油	脱脂奶酪	全脂奶酪	奶酪总计	脱脂牛奶	全脂炼乳	全脂奶粉	乳清粉
1961	1.3	1.2		5.4	25.2		1.0	0.4
1962	1.4	1.3		5.5	26.6		1.0	0.4
1963	1.5	1.3		5.6	28.0		1.2	0.5
1964	1.5	1.4		5.7	28.5		1.3	0.5
1965	1.5	1.4		5.8	29.5		1.3	0.5
1966	1.5	1.4		6.1	29.6		1.2	0.5
1967	1.5	1.4		6.1	28.5		1.2	0.5
1968	1.5	1.4		4.8	28.2		1.1	0.4
1969	1.5	1.4		4.9	29.1		1.1	0.4
1970	1.7	1.6		5.2	32.3		1.3	0.4
1971	1.8	1.7		5.5	36.1		1.3	0.4
1972	2.0	1.9		5.7	39.0		1.5	0.5
1973	2.0	2.0		5.7	40.9		1.7	0.5
1974	2.2	2.2		6.2	44.7		1.7	0.5
1975	2.4	2.3		6.5	48.7		1.9	0.5
1976	2.6	2.6		7.0	53.0		2.1	0.6

续附表 7　　万 t

年份	奶油	脱脂奶酪	全脂奶酪	奶酪总计	脱脂牛奶	全脂炼乳	全脂奶粉	乳清粉
1977	2.7	2.7		7.2	55.6		2.2	0.6
1978	2.8	2.8		7.5	58.1		2.2	0.6
1979	2.9	2.9		7.8	59.9		2.3	0.6
1980	3.3	3.2		7.3	67.3		2.6	0.6
1981	3.5	3.5		8.5	72.8		2.8	0.7
1982	4.0	4.0		9.2	84.3		3.3	0.8
1983	4.1	4.3		10.5	85.5		3.3	0.9
1984	4.8	4.9		11.7	102.6		4.0	1.0
1985	4.9	5.1		11.7	104.5		4.3	1.0
1986	5.3	5.3		12.4	114.0		4.6	1.0
1987	5.7	5.6		13.6	123.5		5.0	1.1
1988	6.0	5.8		14.4	128.3		5.0	1.2
1989	6.3	6.2		15.0	136.8		5.3	1.2
1990	6.4	6.4		16.0	137.8		5.6	1.3
1991	6.7	6.6		16.2	145.4		5.9	1.3
1992	7.0	6.8	0.1	16.7	152.0	0.1	6.1	1.4
1993	7.3	7.1	0.1	17.7	158.7	0.1	6.3	1.5
1994	7.4	7.4	0.1	20.0	161.5	0.2	6.6	1.6
1995	7.5	7.4	0.2	18.5	161.5	0.2	6.6	1.5
1996	7.5	7.4	0.1	18.5	161.5	0.3	6.6	1.5
1997	7.7	7.4	0.2	19.1	166.3	0.5	6.8	1.6
1998	7.9	7.6	0.2	17.4	169.1	0.4	7.1	1.4
1999	8.0	7.7	0.3	18.6	171.0	0.5	7.3	1.5
2000	8.2	9.0	0.4	20.6	175.8	0.6	7.6	1.7
2001	8.4	9.6	0.4	21.7	180.4	0.6	7.9	1.8
2002	8.8	9.9	0.4	22.5	189.9	0.8	8.3	1.8
2003	9.2	9.8	0.5	22.5	199.4	1.0	8.6	2.0
2004	9.9	13.6	0.5	26.8	208.8	1.3	8.8	2.2
2005	10.0	14.4	0.5	27.5	218.2	1.5	8.9	2.3
2006	10.3	14.4	0.5	27.5	223.0	1.5	8.9	2.3
2007	10.5	13.0	0.5	26.1	227.7	1.5	8.9	2.4
2008	10.7	14.4	0.5	27.6	232.5	1.5	9.2	2.3
2009	10.5	14.3	0.5	27.6	227.8	1.5	9.6	2.2
2010	10.7	14.6	0.5	27.9	232.5	1.5	9.7	2.2
2011	10.7	13.3	0.5	26.6	232.5	1.5	9.7	2.2
2012	10.5	13.3	0.08	26.6	227.8	1.5	9.6	2.1
2013	9.7	13.3	0.08	26.2	208.8	1.5	9.6	2.1
2014	9.7	12.2	0.08	25.3	208.8	1.5	9.6	2.2
2015	10.6	12.2	0.2	22.0	229.2	1.6	9.8	2.2
2016	9.1	10.7	0.1	19.8	193.8	1.4	8.4	0.9
2017	8.8	10.5	0.1	19.7	187.0	1.3	8.2	0.9
2018	8.7	10.4	0.1	19.5	186.5	1.3	8.1	0.9

数据来源:FAO;乳制品种类不全。

附表 8　2000—2020 年全国规模乳制品企业经营情况

年份	企业数量/个	销售总额/亿元	同比增加/%	利税总额/亿元	销售利税率/%
2000	377	193.5	30.1	18.8	9.73
2001	434	271.9	40.5	32.0	11.76
2002	499	347.5	27.8	40.9	11.77
2003	584	498.1	43.3	53.2	10.68
2004	636	625.2	25.5	59.5	9.52
2005	698	861.8	37.9	84.7	9.83
2006	717	1 041.4	20.8	95.1	9.13
2007	736	1 309.7	25.8	132.5	10.12
2008	815	1 431.0	9.3	103.9	7.26
2009	803	1 623.2	13.4	177.0	10.91
2010	784	1 939.8	19.5	261.1	13.46
2011	644	2 315.6	19.4	177.7*	7.68
2012	649	2 465.4	6.5	159.6	6.47
2013	658	2 831.6	14.9	180.1	6.36
2014	631	3 297.7	16.5	225.3	6.83
2015	638	3 328.5	0.9	241.7	7.26
2016	627	3 503.9	5.3	259.9	7.42
2017	611	3 590.4	2.5	244.9	6.82
2018	587	3 398.9	−5.3	230.4	6.78
2019	565	3 947.0	16.1	379.3	9.61
2020	572	4 195.6	6.3	394.9	9.41

数据来源:《中国奶业年鉴》《2020 中国奶业统计资料》。* 2011 年以后的利税为利润总额。

附表 9　2002—2019 年中国销售额排名前 10 名的乳品企业(集团)

年份	销售额前 10 名的乳品企业										销售总额/亿元	全行业销售总额/亿元	所占市场份额/%
	1	2	3	4	5	6	7	8	9	10			
2002	光明	伊利	三鹿	三元	完达山	娃哈哈	黑龙江	蒙牛	维维	新希望	210.7	347.5	60.6
2003	伊利	三鹿	蒙牛	光明	完达山	三元	古城	黑龙江	银桥	佳宝		498.1	
2004	伊利	蒙牛	光明	三鹿	雀巢	娃哈哈	龙丹	银桥	佳宝	完达山	398.7	625.2	63.8
2005	伊利	蒙牛	三鹿	光明	雀巢	佳宝	银桥	古城	完达山	美赞臣		861.8	
2006	伊利	蒙牛	三鹿	光明	黑龙江	雀巢	银桥	佳宝	完达山	美赞臣	590.1	1 041.4	56.7
2007	伊利	蒙牛	三鹿	光明	完达山	圣元	黑龙江	雅士利	银桥	佳宝	720.6	1 309.7	55.0
2008	蒙牛	伊利	光明	完达山	圣元	佳宝	三元	飞鹤	银桥	新希望	654.0	1 431.0	45.7
2009	蒙牛	伊利	光明	完达山	三元	圣元	飞鹤	银桥	新希望	南京奶业	719.3	1 623.2	44.3
2010	蒙牛	伊利	光明	贝因美	完达山	雅士利	三元	银桥	飞鹤	圣元	868.1	1 939.8	44.7
2011	伊利	蒙牛	娃哈哈	光明	雀巢	美赞臣	完达山	多美滋	贝因美	新希望	1 419.9	2 315.6	61.3
2012	伊利	蒙牛	光明	贝因美	完达山	雅士利	三元	君乐宝	合生元	新希望	1 174.2	2 465.4	47.6
2014	伊利	蒙牛	光明	完达山	飞鹤	贝因美	君乐宝	三元	合生元	新希望	1 577.2	3 297.7	47.8
2016	伊利	蒙牛	光明	君乐宝	完达山	新希望	飞鹤	三元	天友	合生元	1 768.6	3 503.9	50.5
2018	伊利	蒙牛	光明	君乐宝	飞鹤	三元	澳优	完达山	新希望	雅士利	2 179.2	3 398.9	64.1
2019	伊利	蒙牛	光明	君乐宝	飞鹤	三元	澳优	新希望	完达山	银桥	2 490.6	3 947.0	63.1

附表 10　1990—2020 年中国乳制品表观消费量(折合液态奶)

年份	奶类产量/万 t	表观消费量/万 t	人口/万人	人均表观消费量/(kg/年)	表观消费量增长率/%	人均表观消费量增长率/%	进口依存度/%
1990	475.1	483.8	114 333	4.23			
1991	524.3	532.8	115 823	4.60	10.13	8.71	
1992	563.9	571.1	117 171	4.87	7.19	5.96	
1993	563.7	568.0	118 517	4.79	−0.54	−1.67	
1994	608.9	635.3	119 850	5.30	11.85	10.60	
1995	672.8	702.1	121 121	5.80	10.51	9.35	
1996	735.8	744.4	122 389	6.08	6.03	4.93	
1997	681.1	784.8	123 626	6.35	5.43	4.37	
1998	745.0	816.2	124 761	6.54	4.00	3.06	10.1
1999	806.7	912.5	125 786	7.25	11.80	10.89	12.9
2000	918.9	1 069.2	126 743	8.44	17.17	16.29	15.2
2001	1 126.6	1 258.5	127 627	9.86	17.71	16.89	11.7
2002	1 400.4	1 585.8	128 453	12.35	26.00	25.19	13.0
2003	1 848.6	2 087.4	129 227	16.15	31.63	30.84	12.0
2004	2 368.4	2 617.6	129 988	20.14	25.40	24.67	10.5
2005	2 864.8	3 096.6	130 756	23.68	18.30	17.60	8.1
2006	3 051.6	3 303.3	131 448	25.13	6.68	6.11	8.3
2007	3 055.2	3 225.8	132 129	24.41	−2.34	−2.85	7.3
2008	3 236.2	3 447.2	132 802	25.96	6.86	6.32	8.0
2009	3 153.9	3 608.2	133 450	27.04	4.67	4.16	12.9
2010	3 211.3	3 785.2	134 091	28.23	4.91	4.40	15.4
2011	3 262.8	3 939.8	134 735	29.24	4.08	3.59	17.5
2012	3 306.7	4 134.3	135 404	30.53	4.94	4.42	20.4
2013	3 118.9	4 237.6	136 072	31.14	2.50	2.00	26.6
2014	3 276.5	4 469.3	136 782	32.67	5.47	4.92	27.0
2015	3 295.5	4 237.0	137 462	30.82	−5.20	−5.67	22.4
2016	3 173.9	4 441.0	138 271	32.12	4.82	4.20	28.7
2017	3 148.6	4 620.7	139 008	33.24	4.05	3.49	32.0
2018	3 177.0	4 783.1	139 538	34.28	3.51	3.12	33.8
2019	3 300.0	4 998.8	140 005	35.70	4.51	4.16	34.4
2020	3 540.0	5 401.3		38.58	8.05	8.05	34.5

数据来源:《中国奶业年鉴》,国家统计局。

表观消费量＝国内奶类产量＋净进口量,其中净进口的干乳制品按 1∶8 折算成液态奶。人均表观消费量计算公式为:表观消费量÷年底人口,2020 年人口按 2019 年计算。

附表 11　1992—2018 年中国城镇居民和农村居民人均乳制品消费量　　kg

年份	城镇居民	农村居民	年份	城镇居民	农村居民
1992	8.90	1.5	2006	25.54	3.1
1993	8.64	0.9	2007	24.87	3.5
1994	9.23	0.7	2008	22.72	3.4
1995	7.33	0.6	2009	22.15	3.6
1996	8.02	0.8	2010	20.80	3.6
1997	8.38	1.0	2011	21.08	5.2
1998	9.83	0.9	2012	17.92	5.3

续附表 11　　kg

年份	城镇居民	农村居民	年份	城镇居民	农村居民
1999	11.83	1.0	2013	17.1	5.7
2000	14.49	1.1	2014	18.1	6.4
2001	16.76	1.2	2015	17.1	6.3
2002	21.72	1.2	2016	16.5	6.6
2003	25.07	1.7	2017	16.5	6.9
2004	25.25	2.0	2018	16.5	6.9
2005	24.79	2.9			

数据来源:《中国奶业年鉴 2012》《中国奶业年鉴 2019》。

附表 12　1995—2020 年中国乳制品进口情况

项目		乳制品	包装牛奶	酸奶	大包奶粉	乳清粉	炼乳	奶油	奶酪	婴幼儿奶粉
1995	进口量/万 t	7.22	0.74	0.13	2.47	3.46	0.11	0.12	0.19	
	进口额/万美元	5 805	545	92	2 809	1 936	92	126	205	
1998	进口量/万 t	11.11	0.89	0.06	3.11	6.93	0.02	0.05	0.05	
	进口额/万美元	8 484	327	47	3 909	3 970	13	94	124	
1999	进口量/万 t	16.34	1.49	0.24	5.66	8.32	0.18	0.33	0.12	
	进口额/万美元	15 893	850	117	8 008	5 807	231	568	312	
2000	进口量/万 t	21.89	1.49	0.26	7.28	12.29	0.06	0.31	0.20	
	进口额/万美元	21 470	887	152	11 532	7 996	36	475	392	
2001	进口量/万 t	19.56	0.96	0.29	5.85	11.98	0.13	0.15	0.20	
	进口额/万美元	21 611	488	170	11 440	8 807	106	202	398	
2002	进口量/万 t	26.39	0.48	0.17	11.08	13.80	0.09	0.52	0.25	
	进口额/万美元	26 818	267	116	16 066	9 036	87	674	573	
2003	进口量/万 t	31.50	0.30	0.03	13.37	16.12	0.10	1.12	0.46	
	进口额/万美元	34 650	240	60	21 587	9 955	149	1 638	975	
2004	进口量/万 t	34.71	0.30	0.05	14.49	17.80	0.11	1.24	0.72	
	进口额/万美元	44 436	384	115	27 114	11 985	238	2 438	2 164	
2005	进口量/万 t	32.00	0.38	0.05	10.69	18.76	0.12	1.28	0.72	
	进口额/万美元	45 877	578	144	23 275	15 764	299	3 176	2 642	
2006	进口量/万 t	34.79	0.38	0.08	13.49	18.46	0.11	1.28	0.99	
	进口额/万美元	55 820	517	172	28 942	19 455	205	2 716	3 813	

续附表 12

项目		乳制品	包装牛奶	酸奶	大包奶粉	乳清粉	炼乳	奶油	奶酪	婴幼儿奶粉
2007	进口量/万 t	29.85	0.41	0.07	9.82	16.74	0.09	1.40	1.32	
	进口额/万美元	74 401	666	210	32 384	31 884	193	3 680	5 385	
2008	进口量/万 t	35.07	0.74	0.08	10.10	21.31	0.09	1.36	1.39	
	进口额/万美元	86 165	1 253	287	39 812	31 213	313	5 904	7 383	
2009	进口量/万 t	59.69	1.27	0.15	24.68	28.88	0.17	2.84	1.70	
	进口额/万美元	102 799	1 970	436	58 041	28 422	398	6 567	6 966	
2010	进口量/万 t	74.52	1.59	0.12	41.40	26.45	0.33	2.34	2.29	
	进口额/万美元	196 952	2 819	419	138 810	34 481	739	9 141	10 543	
2011	进口量/万 t	90.59	4.05	0.25	44.95	34.42	0.49	3.57	2.86	
	进口额/万美元	262 019	6 049	893	164 545	57 102	1 155	18 368	13 908	
2012	进口量/万 t	123.71	9.38	0.79	57.29	37.84	0.55	4.83	3.88	9.15
	进口额/万美元	426 173	11 875	2 488	192 739	74 724	1 260	19 566	18 655	104 867
2013	进口量/万 t	171.50	18.46	1.02	85.44	43.41	0.93	5.23	4.73	12.28
	进口额/万美元	666 574	23 440	4 015	358 473	85 045	2 088	22 612	23 106	147 795
2014	进口量/万 t	193.39	32.02	0.87	92.34	40.47	0.92	8.04	6.60	12.14
	进口额/万美元	796 162	40 824	3 651	443 761	78 866	2 146	37 801	34 243	154 870
2015	进口量/万 t	178.71	46.01	1.03	54.72	43.58	1.09	7.13	7.56	17.60
	进口额/万美元	565 264	48 560	2 776	150 690	52 534	2 240	26 548	34 796	247 120
2016	进口量/万 t	217.70	63.41	2.09	60.42	49.73	2.00	8.19	9.72	22.13
	进口额/万美元	637 958	63 971	4 028	147 843	45 206	3 645	30 315	41 936	301 014
2017	进口量/万 t	247.00	66.76	3.42	71.74	52.96	2.56	9.16	10.80	29.60
	进口额/万美元	879 864	87 935	6 688	216 175	66 635	4 635	50 016	49 772	398 008
2018	进口量/万 t	263.64	67.3	3.1	80.1	55.72	2.75	11.33	10.83	32.4
	进口额/万美元	1 006 306	91 259	6 073	242 851	63 332	4 866	69 676	51 316	476 933

续附表 12

项目		乳制品	包装牛奶	酸奶	大包奶粉	乳清粉	炼乳	奶油	奶酪	婴幼儿奶粉
2019	进口量/万 t	297.31	89.06	3.38	101.5	45.34	3.47	8.55	11.49	34.55
	进口额/万美元	1 112 500	110 100	5 900	312 400	60 700	5 600	46 600	52 200	515 900
2020	进口量/万 t	328.1	103.98	3.21	97.93	62.64	2.38	11.56	12.93	33.5
	进口额/万美元	1 170 600	130 900	5 800	329 100	81 800	4 000	54 600	59 000	505 300

数据来源:《中国奶业年鉴 2005》《中国奶业年鉴 2019》《2021 年中国奶业贸易月报》;2011 年以前婴幼儿奶粉数据可参考附表 19 的 FAO 数据。

附表 13　1995—2020 年中国乳制品出口情况

项目		乳制品	包装牛奶	酸奶	奶粉	乳清	炼乳	奶油	奶酪
1995	出口量/万 t	3.04	2.53	0.02	0.45	0.01	0.01	0.01	0.01
	出口额/万美元	2 728	1 710	38	899	19	16	19	27
1998	出口量/万 t	3.75	2.45	0.02	0.84	0.08	0.25	0.02	0.08
	出口额/万美元	3 932.8	1 820.4	31.0	1 364.7	127.2	360.5	34.0	195.1
1999	出口量/万 t	4.04	2.52	0.03	1.00	0.04	0.42	0.00	0.03
	出口额/万美元	4 388.8	1 816.2	38.2	1 948.3	38.4	445.5	0.0	102.1
2000	出口量/万 t	4.80	2.94	0.02	1.02	0.03	0.73	0.02	0.04
	出口额/万美元	5 007.4	2 012.0	20.0	2 088.0	30.0	704.6	35.3	117.5
2001	出口量/万 t	4.34	2.64	0.01	0.50	0.03	1.03	0.08	0.05
	出口额/万美元	3 961.7	1 906.7	6.2	1 036.1	23.4	858.7	0.0	130.7
2002	出口量/万 t	5.10	2.78	0.02	1.03	0.03	1.13	0.05	0.06
	出口额/万美元	5 524.4	2 076.0	11.1	2 373.3	22.3	822.6	58.6	160.4
2003	出口量/万 t	4.88	2.72	0.02	0.77	0.02	1.30	0.00	0.05
	出口额/万美元	4 620.2	1 835.0	37.9	1 706.7	16.8	873.4	0.8	149.5
2004	出口量/万 t	6.01	3.06	0.08	0.93	0.14	1.74	0.00	0.06
	出口额/万美元	5 627.9	2 012.4	65.1	2 087.4	128.1	1 180.9	2.8	151.2
2005	出口量/万 t	6.98	3.35	0.10	1.78	0.06	1.61	0.01	0.07
	出口额/万美元	8 177.1	2 261.9	73.8	4 392.4	52.3	1 198.1	9.7	189.0

续附表 13

项目		乳制品	包装牛奶	酸奶	奶粉	乳清	炼乳	奶油	奶酪
2006	出口量/万 t	7.48	3.86	0.11	2.06	0.05	1.34	0.01	0.05
	出口额/万美元	9 416.3	2 386.5	81.6	5 278.5	46.8	1 440.5	19.7	162.7
2007	出口量/万 t	13.46	4.56	0.17	6.20	0.41	1.48	0.59	0.05
	出口额/万美元	24 225.9	2 949.5	182.2	17 391.2	394.0	1 823.4	1 334.7	150.9
2008	出口量/万 t	12.07	3.84	0.11	6.38	0.43	0.81	0.50	0.00
	出口额/万美元	30 170.3	2 958.5	172.5	23 669.3	483.9	1 171.0	1 715.2	0.0
2009	出口量/万 t	3.66	2.00	0.08	0.97	0.03	0.37	0.20	0.01
	出口额/万美元	5 689.0	1 334.3	115.0	3 086.0	33.9	571.1	501.0	47.7
2010	出口量/万 t	3.37	2.25	0.12	0.30	0.04	0.34	0.30	0.02
	出口额/万美元	4 394.2	1 599.6	114.4	942.9	80.1	590.3	972.3	94.7
2011	出口量/万 t	4.33	2.52	0.09	0.93	0.11	0.31	0.34	0.03
	出口额/万美元	7 966	2 061	79	3711	146	599	1 193	177
2012	出口量/万 t	4.49	2.73	0.05	0.97	0.07	0.37	0.26	0.04
	出口额/万美元	8 236	2 312	50	3 984	143	720	801	226
2013	出口量/万 t	3.61	2.60	0.05	0.33	0.08	0.45	0.08	0.01
	出口额/万美元	5 702	2 365	50	1 622	355	947	277	85
2014	出口量/万 t	3.99	2.57	0.06	0.81	0.01	0.24	0.28	0.01
	出口额/万美元	7 511	2 589	61	3 224	6	622	900	109
2015	出口量/万 t	3.33	2.46	0.05	0.49	0.003	0.18	0.14	0.01
	出口额/万美元	4 508	2 406	57	1 098	6	443	400	99
2016	出口量/万 t	3.08	2.28	0.08	0.35	0.01	0.23	0.11	0.01
	出口额/万美元	4 735	2 020	135	1 605	19	512	358	86
2017	出口量/万 t	3.26	2.32	0.22	0.28	0.02	0.23	0.17	0.02
	出口额/万美元	4 784	2 065	371	948	38	478	761	124
2018	出口量/万 t	3.88	2.71	0.29	0.31	0.059	0.28	0.21	0.02

续附表 13

项目		乳制品	包装牛奶	酸奶	奶粉	乳清	炼乳	奶油	奶酪
	出口额/万美元	3 475	2 504	604	983	142	471	846	120
2019	出口量/万 t	5. 44							1. 81
	出口额/万美元	43 100							37 900
2020	出口量/万 t	4. 29							0. 68
	出口额/万美元	22 012. 2							16 800

数据来源:《中国奶业年鉴 2005》《中国奶业年鉴 2019》《2020 年中国奶业贸易月报》《2021 年中国奶业贸易月报》。

附表 14　1995—2020 年中国乳制品进出口价格　　美元/t

项目		包装牛奶	酸奶	大包奶粉	乳清粉	炼乳	奶油	奶酪	婴幼儿奶粉
1995	进口价格	736	708	1 137	560	837	1 047	1 080	
	出口价格	675	1 644	1 989	2 329	1 442	1 512	4 162	
1998	进口价格	367	780	1257	573	672	1 881	2 490	
	出口价格	743	1 552	1 625	1 590	1 442	1 702	2 438	
1999	进口价格	571	487	1 415	698	1 286	1 720	2 600	
	出口价格	721	1 275	1 948	961	1 061	1 938	3 404	
2000	进口价格	595	595	1 585	651	557	1 538	1 990	
	出口价格	684	1 234	2 055	898	971	1 584	2 883	
2001	进口价格	508	596	1 955	735	789	1 393	1 959	
	出口价格	721	840	2 055	693	833	181	2 544	
2002	进口价格	552	694	1 450	655	983	1 307	2 264	
	出口价格	747	732	2 304	650	725	1 160	2 648	
2003	进口价格	794	1 873	1 615	618	1 545	1 499	2 114	
	出口价格	675	1 540	2 223	738	674	2 222	2 735	
2004	进口价格	1 278	2 330	1 871	673	2 121	1 969	2 987	
	出口价格	657	833	2 254	889	677	1 193	2 740	
2005	进口价格	1 529	2 890	2 178	840	2 436	2 475	3 681	
	出口价格	675	715	2 473	824	743	1 508	2 871	
2006	进口价格	1 372	2 200	2 145	1 054	1 900	2 117	3 855	
	出口价格	618	769	2 565	898	1 077	1 417	3 011	
2007	进口价格	1 614	2 872	3 298	1 904	2 086	2 631	4 083	
	出口价格	647	1 094	2 803	969	1 229	2 251	3 199	
2008	进口价格	1 685	3 657	3 941	1 465	3 671	4 356	5 310	
	出口价格	770	1 562	3 712	1 123	1 454	3 453	—	
2009	进口价格	1 542	2 858	2 352	984	2 295	2 309	4 103	
	出口价格	666	1 363	3 169	1 072	1 547	2 449	4 161	
2010	进口价格	1 774	3 412	3 353	1 304	2 263	3 898	4 600	
	出口价格	711	974	3 175	1 797	1 714	3 200	4 820	
2011	进口价格	1 492	3 505	3 660	1 659	2 352	5 149	4 862	
	出口价格	819	931	3 979	1 269	1 915	3 551	5 224	
2012	进口价格	1 266	3 150	3 364	1 975	2 290	4 051	4 808	
	出口价格	847	994	4 107	2 045	1 946	3 081	5 648	
2013	进口价格	1 270	3 921	4 196	1 595	2 254	4 323	4 883	12 036
	出口价格	911	974	4 889	4 230	2 116	3 354	7 211	

续附表 14　　美元/t

项目		包装牛奶	酸奶	大包奶粉	乳清粉	炼乳	奶油	奶酪	婴幼儿奶粉
2014	进口价格	1 275	4 200	4 806	1 949	2 338	4 701	5 190	12 761
	出口价格	1 006	1 035	3 968	1 129	2 608	3 168	7 791	
2015	进口价格	1 055	22 691	2 754	1 206	2 053	3 726	4 604	14 043
	出口价格	979	1 102	2 255	2 086	2 453	2 899	6 788	
2016	进口价格	1 009	2 010	2 447	909	1 821	3 703	4 315	13 600
	出口价格	885	1 597	4 547	2 099	2 188	3 408	6 480	15 277
2017	进口价格	1 317	1 958	3 013	1 258	1 807	5 462	4 607	13 446
	出口价格	892	1 716	3 333	2 063	2 042	4 423	7 894	16 095
2 018	进口价格	1 355	1 971	3 030	1 137	1 782	6 148	4 739	14 699
	出口价格	923	1 301	3 133	643	1 734	3 558	6 425	19 801
2019	进口价格	1 236	1 742	3 078	1 338	1 614	5 455	4 545	15 027
	出口价格								20 913
2020	进口价格	1 275	1 807	3 361	1 306	1 681	4 723	4 563	15 084
	出口价格	1087							25 017

数据来源:《中国奶业年鉴 2005》《中国奶业年鉴 2019》《2020 年中国奶业贸易月报》《2021 年中国奶业贸易月报》。

附表 15　1995—2020 年中国不同乳制品进口量和占比

年份	乳制品/万 t	包装牛奶/万 t	酸奶/万 t	液态奶占比/%	大包奶粉/万 t	大包奶粉占比/%	婴幼儿奶粉/万 t	婴幼儿奶粉占比/%	乳清粉/万 t	乳清粉占比/%	炼乳/万 t	炼乳占比/%	奶油/万 t	奶油占比/%	奶酪/万 t	奶酪占比/%	干乳制品占比/%
1995	7.3	0.74	0.13	11.9	2.47	33.9	0.1	0.9	3.46	47.5	0.11	1.5	0.12	1.6	0.19	2.6	88.1
1998	11.2	0.89	0.06	8.5	3.11	27.8	0.1	0.7	6.93	62.0	0.02	0.2	0.05	0.4	0.05	0.4	91.5
1999	16.8	1.49	0.24	10.3	5.66	33.6	0.5	3.0	8.32	49.4	0.18	1.1	0.33	2.0	0.12	0.7	89.7
2000	22.6	1.49	0.26	7.7	7.28	32.2	0.8	3.3	12.29	54.3	0.06	0.3	0.31	1.4	0.20	0.9	92.3
2001	20.4	0.96	0.29	6.1	5.85	28.6	0.9	4.3	11.98	58.6	0.13	0.6	0.15	0.7	0.20	1.0	93.9
2002	27.6	0.48	0.17	2.4	11.08	40.2	1.2	4.3	13.80	50.1	0.09	0.3	0.52	1.9	0.25	0.9	97.6
2003	32.5	0.30	0.03	1.0	13.37	41.1	1.0	3.1	16.12	49.6	0.10	0.3	1.12	3.4	0.46	1.4	99.0
2004	36.0	0.30	0.05	1.0	14.49	40.2	1.3	3.7	17.80	49.4	0.11	0.3	1.24	3.4	0.72	2.0	99.0
2005	33.6	0.38	0.05	1.3	10.69	31.8	1.6	4.8	18.76	55.8	0.12	0.4	1.28	3.8	0.72	2.1	98.7
2006	37.6	0.38	0.08	1.2	13.49	35.9	2.8	7.4	18.46	49.1	0.11	0.3	1.28	3.4	0.99	2.6	98.8
2007	33.4	0.41	0.07	1.4	9.82	29.4	3.6	10.7	16.74	50.1	0.09	0.3	1.40	4.2	1.32	3.9	98.6
2008	39.3	0.74	0.08	2.1	10.10	25.7	4.2	10.7	21.31	54.2	0.09	0.2	1.36	3.5	1.39	3.5	97.9
2009	65.9	1.27	0.15	2.2	24.68	37.4	6.2	9.5	28.88	43.8	0.17	0.3	2.84	4.3	1.70	2.6	97.8
2010	81.2	1.59	0.12	2.1	41.40	51.0	6.6	8.2	26.45	32.6	0.33	0.4	2.34	2.9	2.29	2.8	97.9
2011	98.4	4.05	0.25	4.4	44.95	45.7	7.8	8.0	34.42	35.0	0.49	0.5	3.57	3.6	2.86	2.9	95.6
2012	114.6	9.38	0.79	8.9	57.29	50.0	9.2	8.1	37.84	33.0	0.55	0.5	4.83	4.2	3.88	3.4	99.1
2013	171.5	18.46	1.02	11.4	85.44	49.8	12.3	7.2	43.41	25.3	0.93	0.5	5.23	3.0	4.73	2.8	88.6
2014	193.4	32.02	0.87	17.0	92.34	47.7	12.1	6.3	40.47	20.9	0.92	0.5	8.04	4.2	6.60	3.4	83.0
2015	178.7	46.01	1.03	26.3	54.72	30.6	17.6	9.8	43.58	24.4	1.09	0.6	7.13	4.0	7.56	4.2	73.7
2016	217.7	63.41	2.09	30.1	60.42	27.8	22.1	10.2	49.73	22.8	2.00	0.9	8.19	3.8	9.72	4.5	69.9
2017	247.0	66.76	3.42	28.4	71.74	29.0	29.6	12.0	52.96	21.4	2.56	1.0	9.16	3.7	10.80	4.4	71.6
2018	263.6	67.3	3.08	26.7	80.1	30.4	32.4	12.3	55.72	21.1	2.75	1.0	11.33	4.3	10.83	4.1	73.3
2019	297.3	89.1	3.38	31.1	101.5	34.1	34.6	11.6	45.34	15.3	3.47	1.2	8.55	2.9	11.49	3.9	68.9
2020	328.1	103.98	3.21	32.7	97.93	29.8	33.5	15.2	62.64	19.1	2.38	0.7	11.56	3.5	12.93	3.9	67.3

数据来源:《中国奶业年鉴 2005》《中国奶业年鉴 2019》《2020 中国奶业统计资料》《2020 年中国奶业贸易月报》《2021 年中国奶业贸易月报》;1995—2011 年婴幼儿奶粉数据来自 FAO。

附表 16　1995—2020 年中国大包奶粉进口量前 5 位国家进口情况

万 t

国家	1995	2000	2002	2003	2004	2005	2006	2007	2008	2009	2010	2011	2012	2014	2018	2019	2020
新西兰	0.33	4.95	7.01	9.32	10.86	8.23	10.41	7.15	5.06	20.39	33.65	36.7	49.53	72.8	58.8	75.5	69.51
澳大利亚		0.76	3.40	1.93	1.55	1.22	1.12	1.25	2.45	1.81	2.48	2.14	1.65	2.3	5.3	6.82	7.73
美国	0.37		0.13	0.26	0.47	0.59	1.39	0.65	1.65	0.61	1.45	2.14	1.86	5.0	2.8		2.37
法国	0.16	0.25	0.17	0.33				0.18	0.33	0.70	0.52	0.73	1.11	1.80	1.9	2.63	2.62
德国												0.81	1.19	1.74	2.1	2.97	2.03
丹麦										0.24	0.85					1.1	
加拿大								0.12									
乌克兰							0.29										
印度						0.17	0.12		0.27								
荷兰	0.78																1.07
英国		0.3														1.8	
爱尔兰		0.3				0.13											1.78
捷克																	
芬兰			0.11	0.32	0.25											1.8	2.35
比利时					0.25												
马来西亚	0.21																
前 5 位进口量	1.85	6.56	10.82	12.16	13.38	10.34	13.33	9.35	9.76	23.75	38.95	42.52	55.34	83.63	70.81	89.72	86.06
总进口量	2.47	7.28	11.08	13.37	14.49	10.69	13.49	9.82	10.1	24.68	41.4	44.95	57.29	92.33	80.1	101.48	97.93
占总进口量/%	74.90	90.11	97.65	90.95	92.34	96.73	98.81	95.21	96.63	96.23	94.08	94.59	96.60	90.58	88.35	88.41	87.88

数据来源:《中国奶业年鉴》《2020 中国奶业统计资料》《2021 年中国奶业贸易月报》。

附表 17　1995—2020 年中国液态奶进口量前 6 位的国家进口量

万 t

国家	1995	2000	2002	2003	2004	2005	2006	2007	2008	2009	2010	2011	2012	2013	2014	2015	2016	2017	2018	2019	2020
新西兰	0.05	0.15	0.08	0.09	0.11	0.18	1.45	0.23	0.36	0.62	0.75	1.78	2.89	3.32	4.52	7.47	13.18	21.0	23.6	28.4	30.9
德国	0.003	0.02	0.003	0.003	0.005	0.01	0.01	0.02	0.05	0.18	0.32	1.37	3.89	7.74	12.57	20.46	22.11	21.9	19.6	25.8	33.9
澳大利亚	0.32	1.08	0.36	0.2	0.12	0.11	0.12	0.08	0.18	0.18	0.16	0.48	1.32	2.17	4.25	6.24	7.32	7.7	8.2	10.3	10.3
法国	0.003	0.02	0.04	0.01	0.04	0.06	0.08	0.08	0.14	0.22	0.36	0.47	1.07	2.67	3.85	3.62	10.72	9.3	6.9	6.1	5.6
波兰															0.75	1.17	1.94	1.93	3.31	7.72	10.7
英国																		1.61	1.62	1.66	
总进口量	0.87	1.75	0.65	0.33	0.35	0.43	0.46	0.48	0.82	1.42	1.71	4.3	10.17	18.45	32.02	46.01	63.41	70.2	70.4	89.1	104.0

数据来源:《中国奶业年鉴》《2020 中国奶业统计资料》《2021 年中国奶业贸易月报》。

附表 18 1961—2019 年中国主要乳制品出口情况

年份	婴儿配方奶粉		全脂牛奶		全脂奶粉		脱脂奶粉		黄油		奶酪		炼乳		鲜奶油		酪乳		脱脂牛奶	
	出口量/t	出口额/万美元	出口量/t	出口额/万美元	出口量/t	出口额/万美元	出口量/t	出口额/万美元	出口量/t	出口额/万美元	出口量/t	出口额/万美元	出口量/t	出口额/万美元	出口量/t	出口额/万美元	出口量/t	出口额/万美元	出口量/t	出口额/万美元
1961	0	0	0	0	0	0	0	0	11	1	0	0	30	1	0	0	0	0	0	0
1962	0	0	0	0	0	0	0	0	0	0	0	0	0	0	0	0	0	0	0	0
1963	0	0	0	0	0	0	0	0	190	22	0	0	0	0	0	0	0	0	0	0
1964	0	0	0	0	0	0	0	0	0	0	0	0	20	1	0	0	0	0	0	0
1965	0	0	0	0	0	0	234	26	440	46	0	0	430	20	0	0	0	0	0	0
1966	0	0	0	0	0	0	1 245	126	570	65	0	0	1 900	79	0	0	0	0	0	0
1967	0	0	0	0	0	0	920	93	330	36	0	0	842	37	0	0	0	0	0	0
1968	0	0	0	0	0	0	930	94	300	28	0	0	713	32	0	0	0	0	0	0
1969	0	0	0	0	0	0	900	90	200	19	0	0	520	22	0	0	0	0	0	0
1970	0	0	0	0	0	0	900	90	0	0	0	0	550	22	0	0	0	0	0	0
1971	0	0	0	0	0	0	1 000	104	0	0	0	0	600	25	0	0	0	0	0	0
1972	0	0	800	30	0	0	1 000	108	0	0	0	0	600	28	0	0	0	0	0	0
1973	0	0	1 500	58	0	0	1 000	125	0	0	0	0	900	40	0	0	0	0	0	0
1974	0	0	1 500	60	0	0	1 000	130	0	0	0	0	800	40	0	0	0	0	0	0
1975	0	0	1 000	45	0	0	800	100	0	0	0	0	400	25	0	0	0	0	0	0
1976	0	0	1 200	58	0	0	600	70	0	0	0	0	400	23	0	0	0	0	0	0
1977	0	0	540	30	0	0	0	0	0	0	0	0	450	27	0	0	0	0	0	0
1978	0	0	1 000	65	0	0	100	10	0	0	0	0	550	39	0	0	0	0	0	0
1979	0	0	1 000	70	0	0	200	21	0	0	0	0	700	56	0	0	0	0	0	0
1980	0	0	2 000	150	0	0	300	34	0	0	0	0	1 100	100	0	0	0	0	0	0
1981	0	0	3 200	230	0	0	200	25	0	0	0	0	2 000	200	0	0	0	0	0	0
1982	0	0	6 000	420	0	0	0	0	0	0	0	0	1 100	110	0	0	0	0	0	0
1983	0	0	5 000	340	0	0	0	0	0	0	0	0	1 100	100	0	0	0	0	0	0
1984	0	0	9 000	600	0	0	0	0	0	0	0	0	600	50	0	0	0	0	0	0
1985	0	0	12 000	750	0	0	0	0	0	0	0	0	500	40	0	0	0	0	0	0
1986	0	0	15 146	754	1 044	298	84	49	10	1	5	2	459	38	0	0	0	0	0	0
1987	1 000	135	18 914	961	982	248	208	80	0	0	6	2	604	42	0	0	0	0	0	0
1988	156	30	18 840	977	1 371	377	28	10	0	0	5	2	626	47	0	0	0	0	0	0
1989	190	38	22 114	1 219	1 504	316	254	55	0	0	5	2	646	64	8	0	0	0	0	0

续附表18

年份	婴儿配方奶粉		全脂牛奶		全脂奶粉		脱脂奶粉		黄油		奶酪		炼乳		鲜奶油		酪乳		脱脂牛奶	
	出口量/t	出口额/万美元	出口量/t	出口额/万美元	出口量/t	出口额/万美元	出口量/t	出口额/万美元	出口量/t	出口额/万美元	出口量/t	出口额/万美元	出口量/t	出口额/万美元	出口量/t	出口额/万美元	出口量/t	出口额/万美元	出口量/t	出口额/万美元
1990	215	46	19 290	1 063	913	186	75	14	51	16	5	2	459	38	0	0	0	0	0	0
1991	85	15	21 885	1 284	688	162	54	19	136	40	6	2	401	54	0	0	0	0	0	0
1992	15	1	24 880	1 569	2 400	487	213	69	57	13	22	6	603	32		0	34	4	21	1
1993	91	12	26 698	1 702	4 770	797	519	80		0	15	4	1 036	71		0	55	4	7	1
1994	215	33	25 755	1 671	3 090	454	46	9	2	0	92	24	366	49	9	1	16	1	88	5
1995	212	31	24 925	1 681	4 077	793	442	105	124	19	66	28	108	16	275	21	9	4	122	8
1996	368	24	24 980	1 889	4 139	708	257	41	170	34	21	3	755	127	7	1	12	2	210	14
1997	95	14	25 695	1 897	6 749	1 275	1 095	219	1	0	827	73	3 354	488	249	9	146	16	184	9
1998	89	14	23 729	1 762	5 151	872	3 257	494	218	37	826	201	2 544	367	625	48	139	23	142	11
1999	300	59	25 162	1 814	9 358	1 831	650	119	47	9	309	105	4 152	440	27	2	253	35	6	0
2000	878	135	29 396	2 010	10 029	2 058	132	30	223	35	407	118	7 254	705	21	2	136	18	0	0
2001	663	115	26 432	1 906	4 537	846	506	191	0	0	514	131	10 303	859	11	1	36	3	0	0
2002	901	150	27 786	2 037	9 976	2 279	324	94	505	59	606	160	11 340	823	0	0	58	4	0	0
2003	796	118	27 169	1 829	7 195	1 542	483	164	4	1	547	150	12 955	873	36	6	201	34	1	0
2004	25	5	30 583	2 008	7 709	1 665	1 529	419	24	3	552	151	17 493	1 186	18	2	733	60	0	0
2005	47	15	33 216	2 199	16 244	3 957	1 520	436	65	10	659	189	16 136	1 198	318	63	971	63	0	0
2006	56	18	38 219	2 302	19 608	4 976	968	302	139	20	540	163	13 380	1 441	423	84	914	61	0	0
2007	118	52	45 181	2 855	57 573	15 878	4 409	1 508	5 929	1 335	472	151	14 925	1 835	378	88	1 453	143	0	0
2008	115	49	38 135	2 904	62 387	23 072	1 384	598	4 967	1 715	0	0	8 053	1 171	293	54	932	135	0	0
2009	152	88	19 801	1 304	9 737	3 086	0	0	2 046	501	114	48	3 692	571	230	31	814	113	0	0
2010	177	99	22 015	1 485	2 780	874	189	69	3 000	955	196	95	3 443	590	477	115	977	99	0	0
2011	303	207	24 542	1 844	9 128	3 620	199	91	3 261	1 149	339	177	3 131	599	628	217	573	57	0	0
2012	388	361	27 243	2 300	9 357	3 817	345	166	2 550	793	400	226	3 723	720	30	13	327	26	2	0
2 013	438	299	25 960	2 365	2 959	1 473	359	149	426	125	119	85	4 477	947	0	0	475	43	0	0
2014	664	692	25 731	2 589	5 768	2 397	2 356	826	1 734	490	140	109	2 384	622	0	0	571	57	0	0
2015	750	812	24 564	2 398	3 690	852	1 178	246	917	245	146	99	1 805	443	18	8	497	49	0	0
2016	2 242	3 240	22 825	2 020	2 875	1 409	655	196	673	222	133	86	2 342	512	0	0	760	118		0
2017	4 755	7 597	23 074	2 052	1 796	715	1 047	233	894	385	156	123	2 341	478	1	0.4	2 126	366	86	13
2018	15 366	29 666	27 065	2 497	1 760	649	1 375	334	1 380	523	190	120	2 588	437.6	34	3	2 569	526	23	3
2019	18 841	39 177	24 782	2 126	1 071	507	713	187	1 907	671	120	91	2 774	435.8	7	1	2 523	520	7	1

数据来源:FAO。本表为中国大陆地区的数据。

附表 19　1961—2019 年中国主要乳制品进口量　　t

年份	脱脂奶粉	全脂奶粉	婴幼儿奶粉	全脂牛奶	脱脂牛奶	黄油	鲜奶油	奶酪	乳清粉	炼乳	酪乳	乳糖
1961	30	0	0	0	0	0	0	0	0	0	0	0
1962	230	0	0	0	0	0	0	0	0	1	0	0
1963	780	0	0	0	0	0	0	0	0	190	0	0
1964	80	0	0	0	0	0	0	0	0	30	0	0
1965	30	0	0	0	0	0	0	0	0	160	0	0
1966	50	0	0	0	0	0	0	0	0	20	0	0
1967	78	0	0	0	0	0	0	0	0	0	0	0
1968	25	0	0	0	0	0	0	0	0	0	0	0
1969	30	0	0	0	0	0	0	0	0	0	0	0
1970	30	0	0	0	0	0	0	0	0	0	0	0
1971	30	0	0	0	0	0	0	0	0	0	0	0
1972	30	0	0	0	0	0	0	0	0	0	0	0
1973	0	0	0	0	0	0	0	0	0	0	0	0
1974	0	0	0	0	0	0	0	0	0	0	0	0
1975	0	0	0	0	0	0	0	0	0	0	0	0
1976	0	0	0	0	0	0	0	0	0	0	0	0
1977	0	0	0	0	0	1 400	0	0	0	0	0	0
1978	6 000	0	0	0	0	4 500	0	0	0	0	0	0
1979	11 500	0	0	0	0	3 700	0	0	0	0	0	0
1980	3 500	0	0	0	0	3 000	0	0	0	0	0	0
1981	5 000	0	0	0	0	2 000	0	0	0	0	0	0
1982	21 000	0	0	50	0	3 700	0	0	0	0	0	0
1983	6 500	0	0	30	0	3 100	0	0	600	0	0	0
1984	6 000	0	0	110	0	4 200	0	0	1 200	500	0	0
1985	20 000	0	0	120	0	5 500	0	0	3 000	700	0	0
1986	20 760	9 864	222	1 651	0	3 354	0	85	3 646	3 230	0	0
1987	11 427	17 867	169	346	0	2 439	493	126	5 321	1 374	0	0
1988	19 215	10 456	194	598	0	8 025	422	134	4 499	2141	0	0
1989	13 330	5 595	195	524	0	9 100	141	139	5 726	1 511	0	0
1990	15 207	11 523	124	1 719	0	4 960	118	177	12 464	1 759	0	0
1991	15 823	10 099	141	451	0	3 424	286	222	18 113	2 760	0	0
1992	6 263	9 268	898	1 865	1 865	1 548	273	445	20 766	1 324	218	513
1993	6 444	9 300	171	2 399	1 585	1 736	896	471	15 391	1 930	429	1 253
1994	20 377	22 420	692	1 753	1 900	2 195	1 705	1 581	28 925	1 579	1 196	889
1995	9 490	15 236	641	2 467	2 299	1 181	2 674	1 859	34 245	1 125	1 062	943
1996	5 556	13 751	93	2 112	2 405	781	2 759	345	48 091	915	290	1 150
1997	7 759	20 150	319	5 052	902	354	4 130	235	74 386	286	196	1 680
1998	10 916	20 137	737	4 868	869	485	3 147	460	69 037	233	369	2 485
1999	16 096	40 520	5 096	5 683	1 911	3 275	7 349	1 182	83 201	1 784	301	5 329
2000	21 879	50 890	7 501	4 741	1 889	3 088	8 280	1 968	122 795	647	200	10 829
2001	17 941	40 566	8 855	4 311	456	1 452	4 832	2 030	119 727	1 347	227	11 192
2002	35 022	75 774	11 787	2 843	464	5 155	1 529	2 533	137 927	888	108	11 776
2003	44 585	89 104	9 941	1 993	223	11 228	807	4 614	161 051	962	98	15 047

续附表 19 t

年份	脱脂奶粉	全脂奶粉	婴幼儿奶粉	全脂牛奶	脱脂牛奶	黄油	鲜奶油	奶酪	乳清粉	炼乳	酪乳	乳糖
2004	55 387	89 514	13 233	1 484	240	12 379	1 282	7 244	177 963	1 120	191	23 837
2005	42 646	64 229	16 063	1 328	141	12 835	2 314	7 178	187 497	1 225	171	44 487
2006	62 386	72 532	27 913	1 784	287	12 832	1 696	9 892	184 548	1 084	48	28 635
2007	40 476	57 679	35 844	1 704	283	13 984	2 141	13 190	166 576	925	155	29 781
2008	54 965	46 076	42 219	3 674	606	13 597	3 122	13 894	211 322	853	203	55 649
2009	70 443	176 345	62 442	6 346	965	28 444	5 469	16 977	287 539	1 732	776	59 592
2010	88 544	325 496	66 386	7 145	1 525	14 902	7 220	22 920	263 021	3 266	287	49 799
2011	129 780	319 751	78 257	25 815	4 220	18 366	10 504	28 602	341 818	4 906	1 143	55 142
2012	167 809	405 283	91 282	69 497	10 236	24 257	14 048	38 806	375 993	5 514	5 188	79 811
2013	235 019	619 397	121 816	167 148	17 254	33 204	—	47 331	430 622	9 254	6 794	83 539
2014	252 588	670 828	123 074	260 795	26 085	51 040	33 325	65 973	401 579	9 145	4 765	84 857
2015	200 212	347 024	179 897	363 685	37 718	54 332	58 152	75 584	433 377	10 909	3 484	89 530
2016	184 444	419 765	225 278	496 178	52 392	63 018	85 525	97 177	495 151	20 013	5 748	87 110
2017	247 317	470 798	302 509	466 559	62 328	65 895	138 655	108 002	527 003	25 479	5 961	87 871
2018	280 459	521 001	333 117	464 238	80 289	87 191	128 818	108 278	554 845	27 646	3 682	117 239
2019	343 656	671 187	356 382	607 877	121 545	61 631	161 262	114 862	451 188	34 724	2 101	92 857

数据来源:FAO。本表为中国大陆地区的数据。

附表 20 1961—2019 年中国主要乳制品进口额 万美元

年份	脱脂奶粉	全脂奶粉	婴幼儿奶粉	全脂牛奶	脱脂牛奶	黄油	鲜奶油	奶酪	乳清粉	炼乳	酪乳	乳糖
1961	2	0	0	0	0	0	0	0	0	0	0	0
1962	16.6	0	0	0	0	0	0	0	0	0.1	0	0
1963	53	0	0	0	0	0	0	0	0	5.5	0	0
1964	6.9	0	0	0	0	0	0	0	0	1.3	0	0
1965	2.3	0	0	0	0	0	0	0	0	6.2	0	0
1966	3.8	0	0	0	0	0	0	0	0	0.6	0	0
1967	5.5	0	0	0	0	0	0	0	0	0	0	0
1968	2	0	0	0	0	0	0	0	0	0	0	0
1969	2.5	0	0	0	0	0	0	0	0	0	0	0
1970	2.5	0	0	0	0	0	0	0	0	0	0	0
1971	2.5	0	0	0	0	0	0	0	0	0	0	0
1972	2.5	0	0	0	0	0	0	0	0	0	0	0
1973	0	0	0	0	0	0	0	0	0	0	0	0
1974	0	0	0	0	0	0	0	0	0	0	0	0
1975	0	0	0	0	0	0	0	0	0	0	0	0
1976	0	0	0	0	0	0	0	0	0	0	0	0
1977	0	0	0	0	0	195	0	0	0	0	0	0
1978	720	0	0	0	0	680	0	0	0	0	0	0
1979	1 500	0	0	0	0	600	0	0	0	0	0	0
1980	520	0	0	0	0	650	0	0	0	0	0	0
1981	800	0	0	0	0	480	0	0	0	0	0	0
1982	3 200	0	0	3.5	0	700	0	0	0	0	0	0
1983	900	0	0	2	0	550	0	0	35	0	0	0

续附表 20　　万美元

年份	脱脂奶粉	全脂奶粉	婴幼儿奶粉	全脂牛奶	脱脂牛奶	黄油	鲜奶油	奶酪	乳清粉	炼乳	酪乳	乳糖
1984	800	0	0	7	0	650	0	0	78	35	0	0
1985	2 500	0	0	7	0	770	0	0	210	50	0	0
1986	1 822	1 382	62	267	0	860	0	41	236	235	0	0
1987	1 094	2 435	45	27	0	565	76	68	348	161	0	0
1988	2 385	1 990	53	53	0	1 793	67	71	392	230	0	0
1989	2 266	1 480	59	52	0	2 125	32	65	616	163	0	0
1990	2 941	2 581	40	82	0	968	28	80	1 027	167	0	0
1991	2 579	1 739	40	41	0	602	49	102	1 353	237	0	0
1992	1 048	2 229	209	287	345	299	26	153	1 568	136	22	71
1993	922	1 874	37	168	149	198	71	136	1 059	154	45	141
1994	2 007	2 579	86	171	110	206	116	254	1 966	155	78	71
1995	1 378	1 431	52	105	273	126	167	205	1 912	92	75	101
1996	584	1 276	28	87	146	163	131	84	2 741	69	31	122
1 997	643	1 272	121	199	48	101	145	62	3 817	21	26	156
1998	1 522	2 382	157	159	56	91	112	114	3 937	16	37	185
1999	2 544	5 466	2 632	251	211	563	391	307	5 797	229	30	346
2000	3 387	8 145	3 890	175	295	475	418	392	7 981	36	41	617
2001	3 685	7 755	5 174	197	63	202	227	398	8 803	106	49	662
2002	5 134	1 0931	7 387	149	39	674	121	573	9 027	87	22	725
2003	7 138	14 449	6 220	98	13	1 683	130	975	9 944	149	19	867
2004	10 562	16 551	8 883	114	21	2 438	250	2 164	11 971	238	44	1 493
2005	9 456	13 783	10 305	86	9	3 176	484	2 639	15 721	299	48	2 377
2006	13 467	15 474	18 239	123	20	2 713	373	3 822	19 454	205	22	2 315
2007	14 260	18 102	24 752	135	21	3 680	510	5 385	31 624	193	66	5 556
2008	21 501	18 330	39 617	331	67	5 922	839	7 380	30 658	313	97	4 377
2009	15 601	42 440	60 452	566	85	6 567	1 320	6 966	27 944	398	181	3 441
2010	27 402	111 440	68 825	659	131	5 755	2 029	10 545	33 862	739	102	4 682
2011	45 555	118 988	86 099	2 451	359	8 778	3 240	13 908	55 962	1 151	377	6 950
2012	55 473	137 342	104 477	6 804	892	10 188	4 180	18 655	73 422	1 260	1 635	15 585
2013	95 850	262 623	147 035	21 894	1 545	14 612	—	23 109	83 441	2 087	2 773	14 480
2014	112 439	331 394	156 587	27 878	2 333	22 918	10 645	34 240	77 340	2 139	2 271	12 562
2015	51 698	98 973	251 627	30 742	2 543	20 074	15 225	34 809	50 981	2 240	853	8 357
2016	39 629	108 215	307 048	37 363	3 228	23 014	23 382	41 933	43 895	3 645	1 088	7 029
2017	60 065	156 770	407 140	39 151	4 162	34 422	44 626	49 752	65 507	4 607	1 367	9 348
2018	60 912	181 935	488 849	42 117	5 781	52 504	43 363	51 319	62 215	4 866	816	9 858
2019	87 155	225 278	533 079	51 327	8 224	32 729	50 595	52 201	59 816	5 559	612	10 220

数据来源：FAO。本表为中国大陆地区的数据。

印度奶业发展报告

摘要:印度是传统的畜牧大国,反刍动物养殖业尤为发达,截至2019年,牛存栏量为1.93亿头,水牛约为1.10亿头,牛奶总产量9 000万t,是世界排名第一的牛奶及奶产品生产大国。受宗教原因的影响,印度民众不吃牛肉,其动物蛋白质摄入来源主要是鲜奶及奶制品。因此,消费者对牛奶及奶制品有着十分旺盛而稳定的需求。在印度奶牛养殖中,水牛的养殖占50%,养殖规模多为小型农户(养殖1~2头奶牛),数量约有7 000万,80%以上的奶牛为舍饲养殖,年均产奶量为1 698 kg(奶牛)和2 044 kg(水牛)。虽然,印度是世界牛奶生产大国,但动物产奶性能仍然很低。印度民众用于购买鲜奶及奶制品的支出占全部消费支出的10%,甚至超过肉蛋和鱼的消费总和,人均牛奶占有量为394 g/d,超过世界平均水平。随着经济发展,鲜奶和奶制品的消费在广大农村地区和城市都出现了几何式增长。民众的消费方向也由鲜奶逐渐多元化,酥油、黄油、凝乳以及脱水炼乳的消费也逐渐增加。

随着世界经济发展的影响以及产品逐渐出现剩余,印度的乳品贸易在近10年才开始逐渐得到发展,截至2019年,鲜奶的进口量为569 t,出口量为13 091 t,乳脂奶粉的进口量为783 t,出口量为8 442 t。除了上述两种产品外,出口产品还包括奶酪、再制干酪和炼乳等,进口奶制品有乳糖、乳清制品、奶酪及干酪制品,其主要的进口国家和地区有欧盟、澳大利亚和新西兰等。

印度政府加强牛/水牛的育种繁育,启动"全国奶牛育种及改进项目",尤其是水牛的良种优化,改良地方水牛来发展水奶牛事业。建立良种水牛冷冻精液制作中心和良种水牛纯种繁育场,不断开发水奶牛饲料资源,通过利用营养调控技术,提高水奶牛生产性能,最大限度地充分发挥水奶牛泌乳能力。作为典型的发展中国家,印度处理粪便的方式还极为有限,最主要的处理方式包括直接用作有机肥料或者晒干后农户用作燃料。印度全境牛粪便产生的甲烷气体为52.7万t,水牛粪便产生的甲烷气体为57.1万t。牛粪便处理量不到总排放量的25%。

印度对提高原料奶质量的主要政策体现在对奶业合作社的支持上,同时政府给予合作社最大的市场自由度。除了监督作用,政府还通过向交通部门制定奶业运输政策,增加奶业铁路和公路对奶业发展的支持。由于广大奶农本身就是合作社的主人,全部的利益也需要合作社来实现。印度政府平均每年用于发展乳业方面资金为3 200万美元,尤其是2012年,投资额达到1亿美元。截至2019年3月,政府用于乳业发展的预算资金为108.7亿卢比,已经发放56.8亿卢比,各邦政府也颁布了各项举措促进乳业发展,并取得了明显的效果。

现阶段,中国可以借鉴印度的经验,引导和扶持奶农组建奶牛生产合作社来提高奶农的组织化程度,鼓励奶农参与市场活动,增强供应链稳定性,从而形成一体化供应链结构,建立紧密型利益联结机制,同时,加大政府支持和投入,健全法制保障制度,加大质量监管力度,建立健全奶制品质量安全管理体系。

关键词:印度　水牛　奶牛　乳业　合作社　现状

1　奶业发展概况

印度是位于南亚次大陆上的国家，截至2021年8月，人口仅次于中国，位居世界第2。印度北部高山区海拔在5 500 m以上，中部是平原区，西部是印度沙漠，南部是高原区，大部分地区属于热带季风气候，森林覆盖率约为20%。农业是印度经济的基础产业，畜牧业在印度国民经济中占有重要的地位，畜牧资源丰富，2019年牛存栏量为1.93亿头，水牛约为1.10亿头，绵羊约为7 462万只，山羊约为1.49亿只，猪约为905万头，鸡约为8.08亿只(FAOSTAT，2021)。

印度人视牛为神，因而印度奶业有着神秘而深厚的宗教背景和历史背景，受宗教原因的影响，印度人吃牛肉较少，其主要的动物蛋白质摄入来源为牛奶。所以，印度民众对牛奶及奶制品有着十分旺盛而稳定的需求，是印度奶业迅速发展的一个不可忽视的客观原因。20世纪40年代，印度乳业被乳业公司和中间商控制，奶农投入大量的资金和劳动，却只能得到非常少的利润，因此，奶农生产的积极性大大降低。为了生计，古吉拉特邦凯拉区的奶农在1946年建立奶业合作社，以合作社的形式向大城市供应牛奶。此后，相似的奶业合作社逐渐在印度各邦建立。1964年，印度总理夏斯特里在古吉拉特邦参观完奶业合作社后做出决定，鼓励奶业的发展以合作社经营模式为主。它以村为单位，将单个的奶农组织起来成立了协会，再以协会为单位建立地区联盟，联盟设有乳品加工厂，并得以不断壮大，在此模式下，奶农拥有股份，经营由专业经理负责(王金梅等，2018)。为此印度政府还特地成立了国家乳业发展委员会(National Dairy Development Board，NDDB)，通过国家发展委员会，印度政府积极筹措资金，开展了著名的“洪流计划综合乳业发展项目”。自此之后，奶农改变了被动局面，印度的奶产量进入了一个新的台阶。以此模式发展起来的印度奶业，总产奶量从1961年的1 984万t，发展到2019年的9 000万t(图1，图2，图3)，增长了354%，并且已经成为世界奶产品的第一生产大国(表1)。

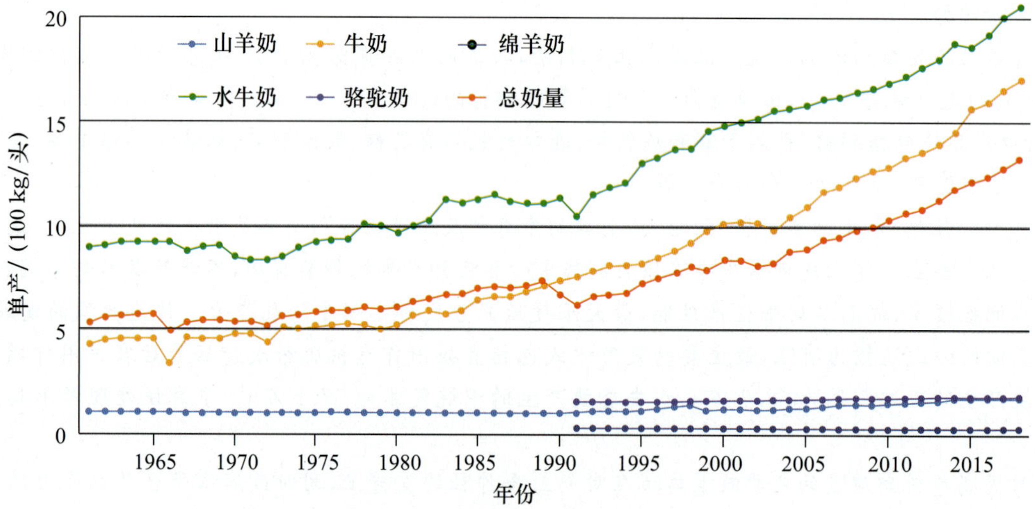

图1　印度泌乳动物产奶量水平变化

(数据来源：FAOSTAT，2021)

表1　2019年产奶量(牛奶和水牛奶)排名前10位的国家

排名	牛奶产量		水牛奶产量	
	国家	产量/t	国家	产量/t
1	美国	99 056 527	印度	91 817 140
2	印度	90 000 000	巴基斯坦	34 371 000
3	巴西	35 890 280	中国	2 928 369

续表 1

排名	牛奶产量		水牛奶产量	
	国家	产量/t	国家	产量/t
4	德国	33 080 180	埃及	2 109 253
5	中国	32 012 400	尼泊尔	1 372 905
6	俄罗斯	31 091 155	意大利	249 450
7	法国	24 930 810	缅甸	204 750
8	新西兰	21 872 000	伊朗	128 000
9	哥伦比亚	21 847 085	印度尼西亚	85 474
10	土耳其	20 782 374	土耳其	79 341

数据来源:FAOSTAT ,2021。

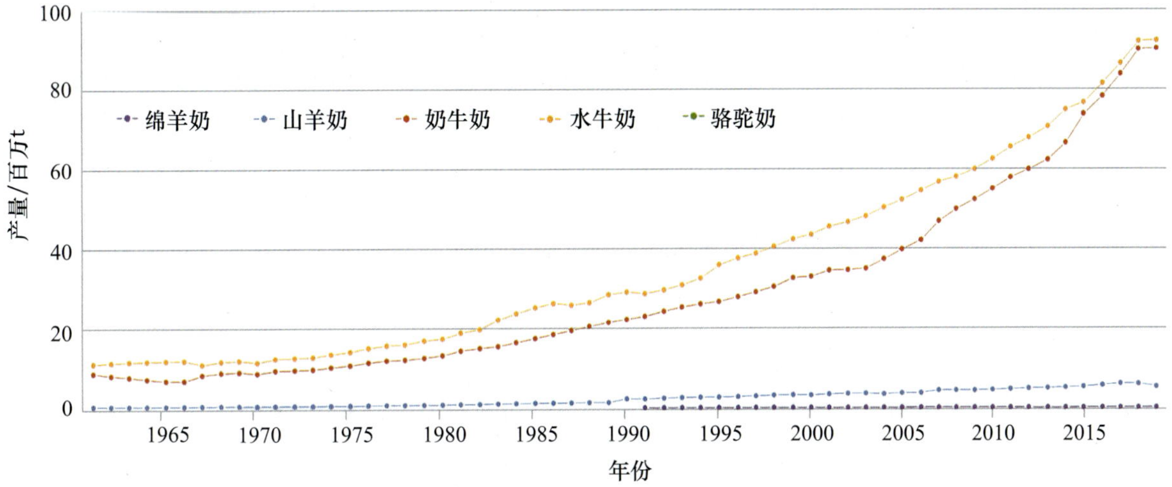

图 2 印度奶产量变化

(数据来源:FAOSTAT ,2021)

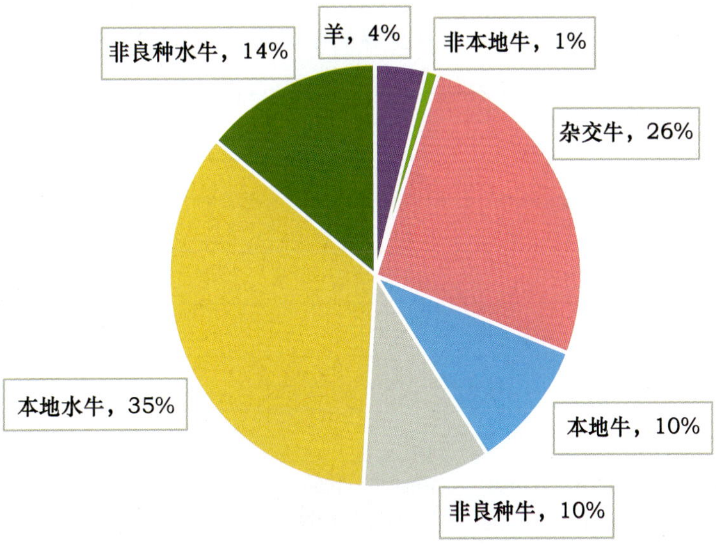

图 3 印度奶源分布

(数据来源:Annual Report,2018—2019)

1.1　奶牛养殖业

边际农户成为印度奶业的核心力量。在印度,无地或少地的边际农户是印度奶业的核心力量。统计发现,一些奶产区,57%的农户缺少耕地,生活在贫困线以下。所以,在单个农户手中进行牛奶的收集、储藏、运输和销售是非常困难的。而且在印度,大多的奶牛养殖是以散户形式存在的,散户数量虽多,但可提供的是单一同质的产品,乳业市场竞争中,奶农只能是价格的被动接受者,而且同质的产品无法获得产品质量差异化所带来的收益,也就是说,奶农个体和市场整体之间本身就存在着很大的矛盾。分散的奶农在面对牛奶加工和销售企业,甚至还有一些中间商时,显得势单力薄。奶农的消极生产,导致印度的奶业发展处于非常落后的状态,甚至个别年代,奶产量出现倒退。这种状态一直持续至 20 世纪 60 年代。

20 世纪 70 年代,印度政府发起"白色革命",采取了一系列以政府为主导,以市场为依托,并整合自身特点的政策和法令的发展措施,该计划在 1970—1996 年分步实施。并在此 20 多年间,建立了完整的乳业发展机构,包括牛奶采集、加工与销售环节,设立了 10 万多个村级合作社,成员涉及 1 100 万农户,还设有 170 多个地区(副邦级)合作社联盟与 17 个邦级合作联盟(简保权等,2015)。在这种运营机制下,奶农的收益不断增加,一方面,奶农在合作社就可以得到比较有保障的稳定价格,合作社的专业管理人员通过各种措施来保证获得最大效益,再将这些收益分配给奶农作为一种辅助性收入。另一方面,合作社还向奶农提供各种服务,如奶牛疾病的防治、饲料科学供给与配制等。

印度畜牧业占农业生产总值的 20%,仅次于种植业。但是印度各邦地势与气候条件各异,所以,各邦的产奶量也差异较大,总体而言,北方的产奶量要高于南方,中部沙漠地区的产奶量大大低于全国平均水平(附表 2)。

2019 年,印度牛存栏量达到 1.93 亿头,水牛的存栏量达到 1.10 亿头,总存栏头数达到 3.03 亿头(图 4),饲养方式以散户为主,养殖规模多为小型农户,数量约有 7 000 万头(Dairy Global, 2020),饲养品种以水奶牛为主。2019 年印度水牛的存栏量,已占世界的 53.4%,远多于排名第 2 的巴基斯坦(4 000.0 万头)和第 3 的中国(2 733.6万头),是名副其实的水牛大国(FAOSTAT ,2021)。众多品种中,摩拉水牛被公为是产奶性能最好的水奶牛品种之一。如附表 1 所示,近 50%的牛奶是由水奶牛提供的,这与其他奶业发达国家以荷斯坦奶牛为主要奶源的情况完全不同,可以说印度奶业的发展离不开水奶牛的培育和饲养。其中,80%以上的水奶牛或奶牛为舍饲,2019 年均产奶量为 2 044 kg(水牛)及 1 698 kg(奶牛),虽然印度是世界牛奶生产大国,但饲养管理粗放,所以奶牛生产性能非常低(附表 3),使得印度在世界奶业贸易的市场份额不到 1%。

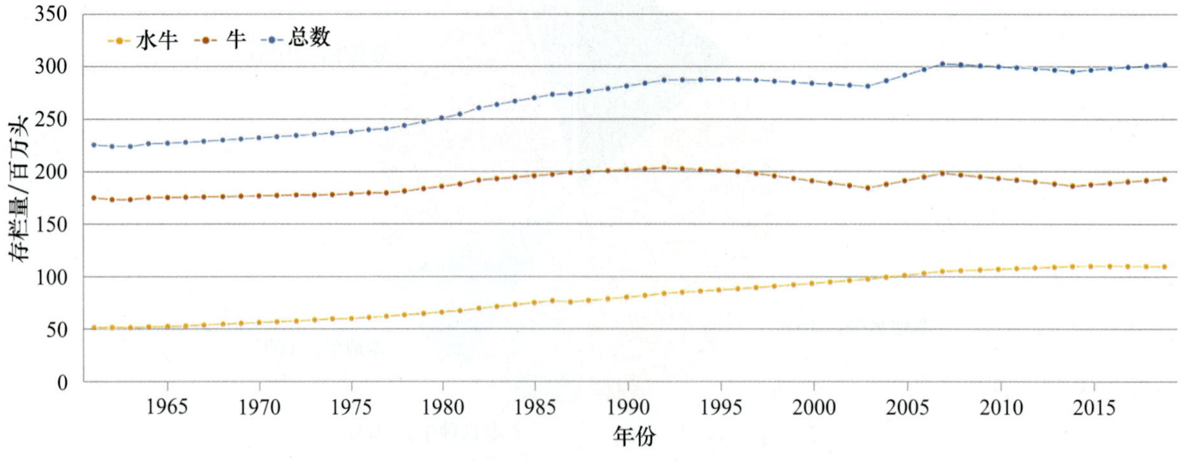

图 4　印度水牛和奶牛的存栏量变化

(数据来源:FAOSTAT,2021)

与发达国家不同,印度的奶牛和水牛的养殖主要以无土地和广大农民为主。养殖 1～2 头奶牛的农户养殖场约占全印度养殖场数量的 90%,家庭牧场占整个奶业市场的主导地位,以家庭劳动力为主,奶农在牛舍和设备上几乎没有投资。尽管印度政府一直提倡集约化和标准化饲养,但大型标准化的奶牛场数量依然很少。虽然产能较高,但总产量远不及所有散户的总产量。目前,虽然印度的奶牛场规模仍然以养殖 10 头以内的奶牛为主,但 10~50 头规模的奶牛场数量也在不断增加(图 5)。

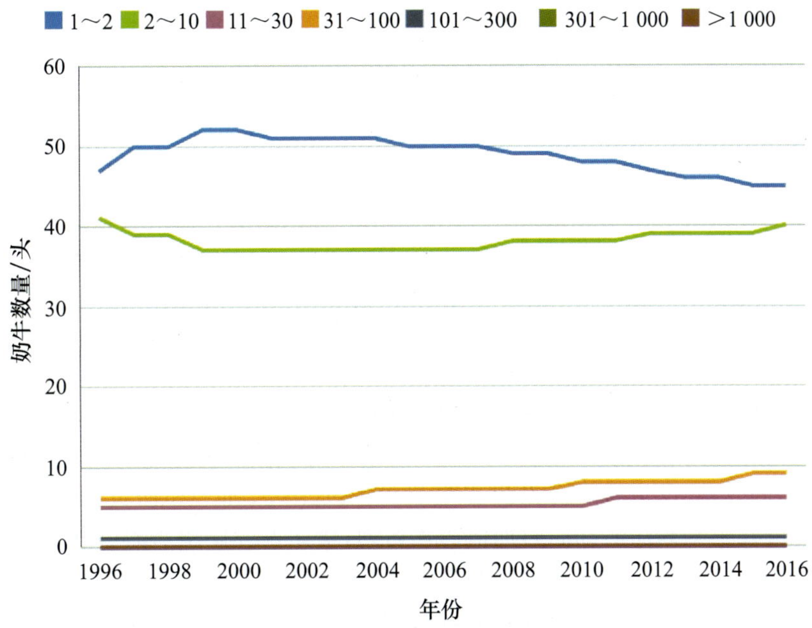

图 5　印度奶牛场规模情况

(数据来源:Dairy Global, 2017)

1.2　乳制品加工业

印度乳制品的生产能力在近几十年不断提升,脱脂牛奶的产量从 1985 年的 0.27 万 t 增长到 2019 年的 342.1 万 t,脱脂奶粉由 1990 年的 3 万 t 增长到 2019 年的 28.1 万 t(图 6)。随着"白色革命"影响不断扩散,人们的需求不断提升,使印度牛奶加工技术逐步完善,奶制品也趋于多样性。其中,酸乳黄油、水牛酪脂、黄油以及酥油的产量大幅度增加,截至 2019 年,黄油和酥油的总产量达到 456 万 t(图 7)。水牛奶营养价值丰

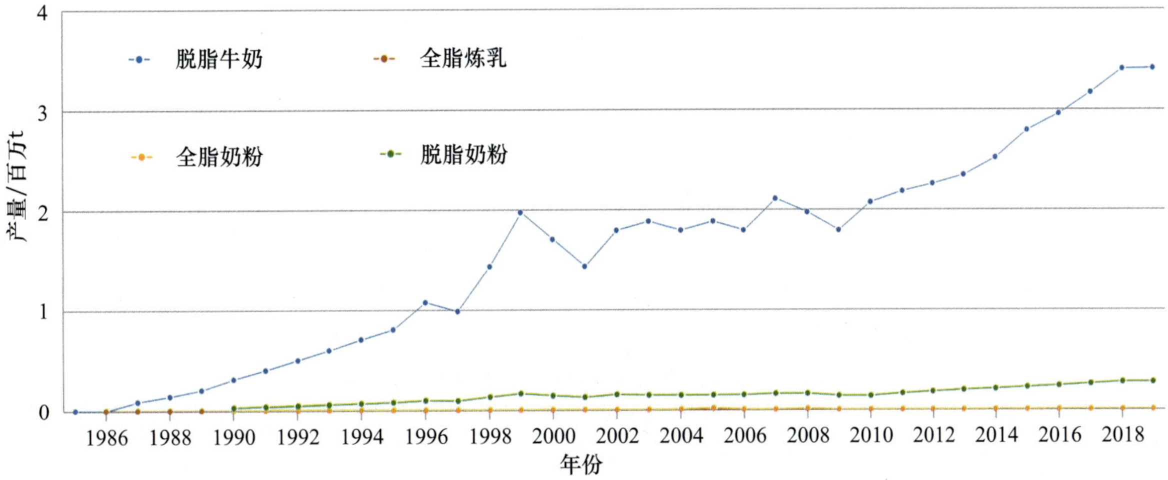

图 6　印度乳制品产量变化

(数据来源:FAOSTAT,2021)

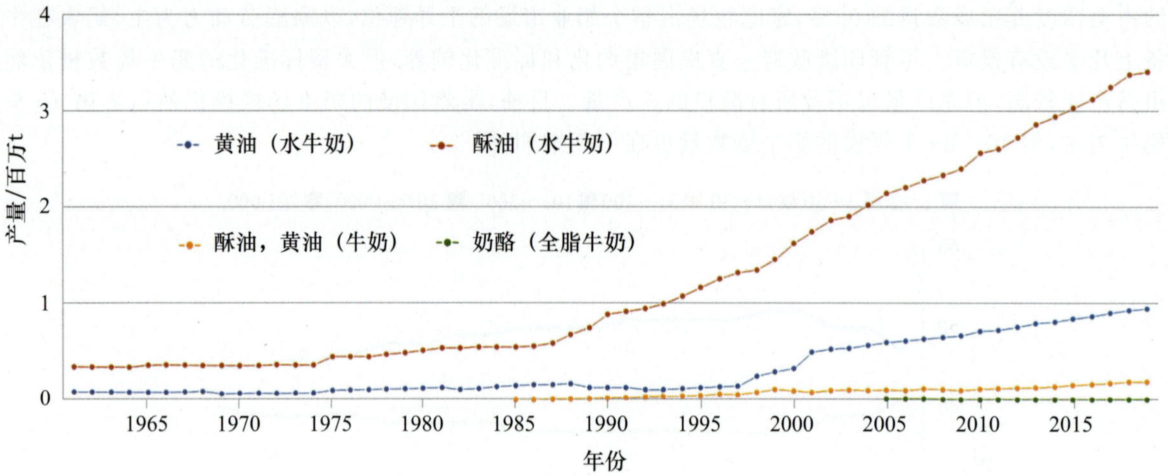

图 7　印度乳制品产量变化

（数据来源：FAOSTAT，2021）

富，乳脂含量极高，且其中的锌、铁、钙的含量分别是荷斯坦牛奶的 12.3 倍、79 倍、1.3 倍，且易于人体吸收利用。水牛养殖量增加，水牛奶产量随之增加，使得印度的乳业结构发生明显变化，水牛奶的鲜奶以及加工产品逐渐超过传统牛奶，同时，印度也成为全世界水牛奶最大的生产、加工和消费基地。经过数年的努力，奶业合作组织创造的品牌几乎是高品质和高附加值的代名词，诸如古吉拉特邦的 Amul、旁遮普邦的 Verka、拉贾斯坦邦的 Saras、卡纳塔克邦的 Nandini、喀拉拉邦的 Milma 和戈尔哈布尔的 Gokul 等品牌颇受消费者青睐。据统计，印度已经建立了 22 个邦级销售联盟，183 个县级合作联合会，156 000 个村级奶业合作社，吸收了 1 510 万个奶农会员。有 263 个合作社加工厂，产能达到 4 300 万 L/d。

印度牛奶的销售渠道主要有以下 2 种：正式渠道和非正式渠道。正式渠道一般被认为是通过合作社或其他有资质的私人或政府部门销售的渠道。非正式渠道则是通过中间商贩，或者直接销售到终端的销售渠道。正式渠道销售有 3 种方式：有资质的政府、私人或奶业合作社。其中，通过奶业合作社销售是最重要的方式。由于合作社的运行效率高，牛奶质量有保障，并且有明显的品牌优势，所以在正常情况下，通过合作社出售的原料奶价格略高。通过非正式的渠道销售牛奶通常也有 3 种方式：城市郊区中养殖具有一定规模的养殖户，会直接将原料奶销售给城市里的终端；而偏远农村里的贫穷农户往往会选择把牛奶卖给中间商贩；部分经销商在市场需求比较大的时候，为了抢到奶源，也会私自到村里收奶。所有销售渠道中，通过合作社销售的奶占所有销售渠道的 42%，其次是私人占 31%。通过非正式渠道销售的牛奶量虽然不大（占 20%左右），但对乳品市场的影响不容小觑，这也是印度乳品市场需要完善的地方。

1.3　乳品消费

在印度，48%的牛奶为自用，其他通过合作社，私营企业和中间商贩渠道进行交易（Landes 等，2017），人均牛奶占有量由 2001—2002 年的 220 g/d，增长到了 2018—2019 年的 394 g/d（表 2）。印度民众在鲜奶及奶制品的消费支出占总消费支出的 10%左右，甚至会超过肉蛋鱼的消费总和，且未来需求也呈线性增长（图 8）。随着经济发展，鲜奶和奶制品的消费在广大农村地区和城市都出现了几何式增长。民众的消费方向也由鲜奶逐渐多元化、酥油、黄油，凝乳以及脱水炼乳的消费也逐渐增加。

表 2　印度奶产量及人均奶占有量（2001—2019 年）

年份	奶产量/10^6 t*	人均奶占有量/(g/d)
2001—2002	79.9	220
2002—2003	81.1	224

续表 2

年份	奶产量/10^6 t*	人均奶占有量/(g/d)
2003—2004	82.9	225
2004—2005	87.5	233
2005—2006	91.8	241
2006—2007	96.4	251
2007—2008	103.4	260
2008—2009	106.9	266
2009—2010	111.4	273
2010—2011	117.2	281
2011—2012	122.5	291
2012—2013	132.4	299
2013—2014	137.7	307
2014—2015	146.3	322
2015—2016	155.5	337
2016—2017	165.4	355
2017—2018	176.3	375
2018—2019	187.7	394

数据来源:印度国家乳业发展委员会(NDDB)。

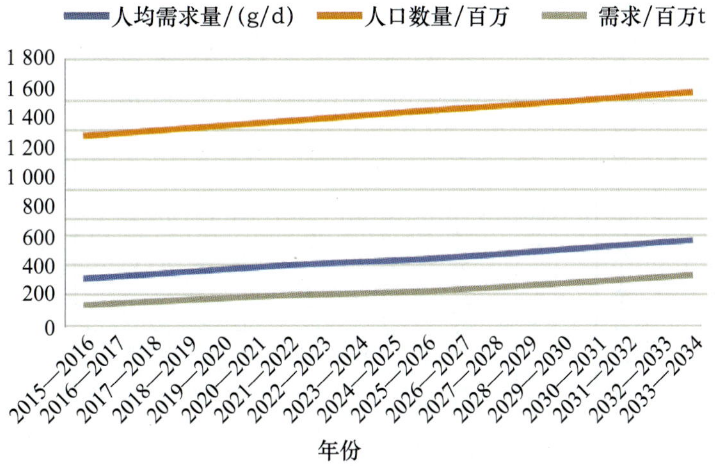

图 8 牛奶需求增长趋势

(数据来源:DoAHDFS,2017)

1.4 乳品贸易

印度是目前世界排名第一的牛奶生产大国,然而,由于乳品的消费一直以自产自销为主,所以,在乳品贸易方面,印度处于比较滞后的状态。而脱脂奶粉,在 1986 年之前,一直以进口为主,出口极少,直至 2000 年之后,才逐渐打开出口市场。而对于鲜奶,2004 年之前,既不进口也不出口。随着世界经济发展的影响以及产品出现逐渐出现剩余,印度的乳品贸易在近 10 年才开始逐渐得到发展,截至 2019 年,鲜奶的进口量为 569 t,出口量为 13 091 t,全脂奶粉的进口量为 21 t,出口量为 2 681 t,脱脂奶粉的进口量为 783 t,出口量为 8 442 t。除了上述两种产品外,出口产品还包括奶酪、再制干酪及炼乳等,进口产品还包括乳清粉、乳糖及冰淇淋等。

1.4.1 出口情况

表 3 为 2000—2019 年印度主要的乳产品出口情况。其中,2009—2012 年,这段时期乳品的出口显著下降,

表 3　2000—2019 年印度奶产品出口情况

项目	年份																			
	2000	2001	2002	2003	2004	2005	2006	2007	2008	2009	2010	2011	2012	2013	2014	2015	2016	2017	2018	2019
出口量/t																				
全脂奶粉	1 321	3 006	612	671	4 527	14 733	3 237	2 707	8 349	1 401	2 561	640	43	6 451	3 682	1 101	1 015	2 136	2 618	2 681
脱脂奶粉	7 665	17 628	13 083	5 700	30 628	47 334	29 660	38 515	30 580	18 735	18 092	3 005	34 431	145 395	60 539	17 158	18 550	9 490	42 582	8 442
奶酪	58	143	389	373	200	956	753	866	1 569	1 620	1 740	1 586	2 427	2 455	3 618	3 503	4 830	4 799	4 702	4 781
再制干酪	5	31	7	9	51	72	123	978	1 269	1 053	1 009	665	933	1 016	1 076	874	987	1 642	3 072	2 614
炼乳	411	357	307	396	268	408	250	241	469	151	157	124	83	228	855	234	902	1 062	304	218
出口额/千美元																				
全脂奶粉	2 276	5 477	909	1 562	11 194	31 410	7 652	9 413	32 044	5 257	9 472	1 987	141	26 900	15 111	4 666	2 175	7 773	10 983	11 764
脱脂奶粉	13 360	29 574	17 793	10 332	52 514	94 915	67 756	131 305	108 432	43 625	50 814	9 152	100 729	484 656	217 064	48 921	50 856	28 978	80 638	17 265
奶酪	158	417	745	551	452	2 161	1 990	2 844	5 666	4 879	5 444	5 993	10 286	10 457	14 658	14 432	19 918	20 686	19 639	20 354
再制干酪	9	52	22	17	125	180	361	4 659	5 418	3 047	3 241	2 368	3 128	3 920	4 723	4 068	4 475	8 940	16 539	13 602
炼乳	754	640	823	973	849	989	456	819	1 465	490	303	344	203	640	2 635	839	3 597	4 573	737	369

数据来源：FAOSTAT，2021。

这是因为此时期，印度国内食品价格出现通货膨胀，政府限制了乳品的出口。2012—2014 年，政策恢复，乳品出口也随之恢复到较高水平。但 2015 年，世界范围的需求下降，使得乳品出口量再一次跌落。2018 年，脱脂奶粉的出口额再创新高，但其他乳品的出口情况比较稳定。

全脂奶粉的五大出口国为新西兰、沙特阿拉伯、荷兰、乌拉圭和阿根廷，脱脂奶粉的主要出口国为美国、德国、新西兰、法国和比利时，奶酪的主要出口国为德国、荷兰、法国、意大利和丹麦，再制干酪的主要出口国为德国、法国、比利时、波兰和奥地利，炼乳的主要出口国为沙特阿拉伯、马来西亚、荷兰、比利时和白俄罗斯(表 4)。

表 4　2019 年印度不同奶制品的出口国情况

全脂奶粉		脱脂奶粉		奶酪		再制干酪		炼乳	
国家	出口量/t	国家	出口量/t	国家	出口量/t	国家	出口量/t	国家	出口量/t
新西兰	1 539 211	美国	704 441	德国	1 167 202	德国	107 807	沙特阿拉伯	223 029
沙特阿拉伯	160 731	德国	405 487	荷兰	891 712	法国	64 174	马来西亚	66 956
荷兰	155 636	新西兰	373 503	法国	615 935	比利时	46 270	荷兰	62 914
乌拉圭	131 589	法国	272 425	意大利	448 203	波兰	44 959	比利时	45 338
阿根廷	92 986	比利时	260 084	丹麦	384 947	奥地利	39 443	白俄罗斯	42 710

数据来源：FAOSTAT，2021。

1.4.2　进口情况

20 世纪七八十年代，印度进口大量的乳脂奶粉和黄油作为国内对食品的刚需，但随着奶业逐渐发展，至 2000 年，印度进口脱脂奶粉和黄油量已经非常少。2009—2012 年，通货膨胀爆发，政府鼓励进口，所以在这 3 年中，进口量有了增加。截至 2019 年，乳糖的进口出现急剧增长，其他乳品的进口量比较稳定(表 5)。

乳糖的主要进口国有新西兰、中国、荷兰、日本和爱尔兰，乳清制品的主要进口国有中国大陆、荷兰、印度尼西亚、马来西亚和德国，奶酪的主要进口国有德国、意大利、大不列颠及北爱尔兰、荷兰和法国，再制干酪的主要进口国有沙特阿拉伯、大不列颠及北爱尔兰、意大利、法国和德国(表 6)。

表 5　2000—2019 年印度奶产品进口情况

项目	2000	2001	2002	2003	2004	2005	2006	2007	2008	2009	2010	2011	2012	2013	2014	2015	2016	2017	2018	2019
进口量/t																				
全脂奶粉	151	197	168	4 970	153	88	93	144	429	98	10 086	4 582	140	359	363	358	111	124	97	21
脱脂奶粉	547	50	32	4 313	234	244	198	405	370	3 754	19 164	32 445	14 275	443	1 149	212	198	1 294	392	783
奶酪	244	391	407	413	264	497	443	581	404	737	771	922	758	760	753	793	1 008	944	1 092	1 156
奶酪制品	58	11	127	135	118	109	107	177	308	322	205	259	466	498	465	473	527	530	659	642
炼乳	35	107	230	220	92	297	415	222	118	313	324	876	111	30	21	175	156	16	44	6
乳清粉	221	772	608	1 608	1 540	905	1 471	460	544	2 136	4 930	9 392	4 350	4 617	6 896	6 678	9 683	15 561	7 484	8 704
乳糖	6 948	8 215	7 300	16 694	12 144	9 464	11 362	8 953	12 942	21 913	17 000	25 347	19 991	21 626	24 650	28 880	36 161	42 911	50 101	46 352
冰淇淋	119	161	21	14	13	9	28	89	52	83	128	266	388	761	1 017	1 346	1 031	1 027	2 189	1 420
进口额/千美元																				
全脂奶粉	420	518	303	8 997	286	247	332	523	1 772	473	33 070	20 445	453	1 582	2 133	2 709	496	920	468	149
脱脂奶粉	813	50	60	7 700	432	476	588	1 434	1 632	8 418	55 359	123 683	50 017	2 200	4 191	365	539	3 248	995	2 011
奶酪	475	1 230	1 292	1 236	1 349	2 259	2 434	3 719	2 971	3 842	4 081	5 904	5 476	4 985	5 435	4 455	4 989	5 232	5 655	6 106
奶酪制品	159	59	500	631	541	549	483	955	1 628	1 309	1 115	1 543	2 540	3 080	3 233	2 747	2 570	3 037	4 318	3 853
炼乳	72	218	539	423	165	686	845	480	176	550	1 283	3 643	251	111	158	949	291	37	151	22
乳清粉	271	976	721	1 615	1 665	1 652	2 352	1 213	547	1 958	9 686	12 533	8 636	8 974	13 548	14 184	14 746	17 230	12 506	14 163
乳糖	4 127	6 401	5 063	11 019	9 693	9 257	13 992	24 940	21 276	23 792	25 024	49 141	50 680	55 708	55 815	48 102	49 398	67 622	67 713	70 400
冰淇淋	381	522	60	86	47	78	180	416	382	527	607	922	1 469	2 826	3 649	4 922	4 010	4 098	4 434	5 686

数据来源：FAOSTAT，2021。

表 6　2019 年印度不同奶制品的进口国情况

乳糖		乳清制品		奶酪		再制干酪	
国家	进口量/t	国家	进口量/t	国家	进口量/t	国家	进口量/t
新西兰	118 385	中国	451 188	德国	834 779	沙特阿拉伯	59 589
中国	92 857	荷兰	407 522	意大利	496 928	大不列颠及北爱尔兰	45 779
荷兰	89 383	印度尼西亚	134 509	大不列颠及北爱尔兰	478 679	意大利	38 698
日本	75 070	马来西亚	84 144	荷兰	383 050	法国	36 978
爱尔兰	62 190	德国	83 871	法国	342 807	德国	31 374

数据来源：FAOSTAT，2021。

2 奶业科技进展概况

2.1 现代奶牛育种与繁殖技术进展

繁殖生物技术是加快良种牛扩繁速度的有效途径之一。因此，印度在加强牛繁殖机理研究的基础上，应用繁殖生物技术集成（如超数排卵、活体采卵、体外生产胚胎、克隆等）加快良种扩繁的速度，以提高供种能力，特别是良种水牛的繁育，以促进印度水牛杂交的改良，快速增加水奶牛的数量。

在过去的 10 年中，印度启动了全国牛/水牛育种项目（National Project on Cattle and Buffalo Breeding，NPCBB），主要通过人工授精（artificial insemination，AI）的方式，提高动物的生产性能，该计划预算经费为 2.55 亿美元（2000—2010 年）。目前新的项目又开始进入启动，在 2012—2018 年，重点为奶牛育种及改进（National Program for Bovine Breeding and Dairy Development，NPBBDD），主要是提供育种技术服务，采取措施以提高牛奶品质，加强奶制品加工和市场销售，同时为农户提供培训。主要在保护本地牛种和水牛种的基础上，采取可持续的育种计划，以提高产奶量为中心任务，同时提供经费，改善动物的日粮配制，使它们的生产性能及福利同步提高。同时，政府开始允许高质量的牛冻精及胚胎的进口，2014 年，从法国，美国和澳大利亚进口的冻精支出额为 20 万美元。目前，AI 的使用率为 30%（Annual Report，2018—2019），2017—2018 年用于 AI 的资金投入为 756 万卢比（图 9）。印度各邦的 AI 中心数量以及用于 AI 技术的资金支出见表 7，其中，喀拉拉邦最高，为 100%。印度 AI 机构覆盖情况见表 8。

然而，AI 技术的应用，使得种公牛的发展受到了抑制，虽然本地品种的某些个体生产水平较高，并且具有非常好的遗传力，但是技术的限制以及政府部门的消极态度，使得国内好的牛种并没有真正发挥其应有的遗传性能。

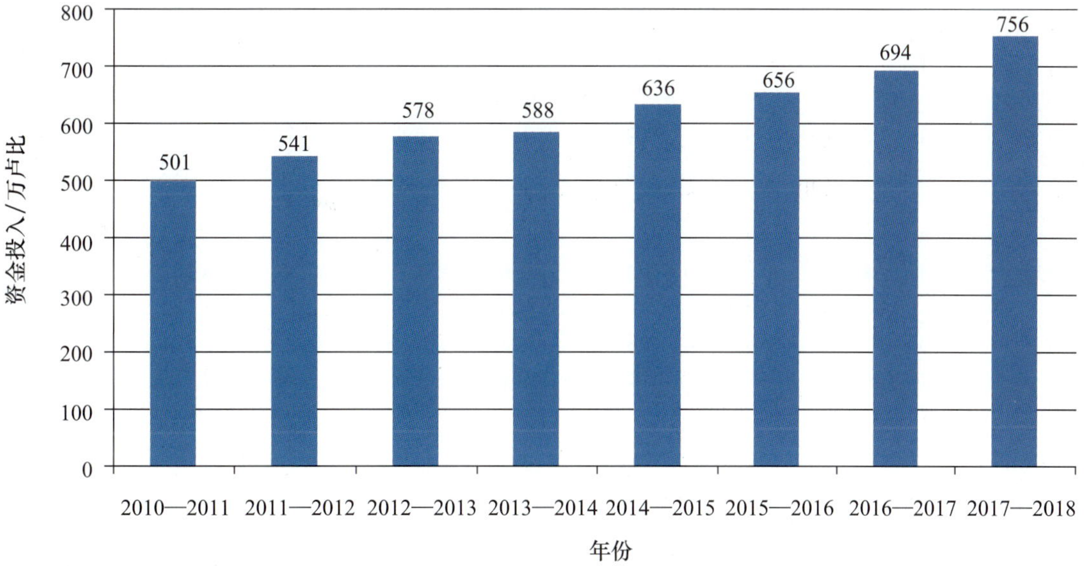

图 9 印度政府用于 AI 的资金投入

（数据来源：Annual Report，2018—2019）

目前，印度对奶牛和水牛产奶性能的改良已经取得成效。一方面通过改良国产品种进行繁育，另一方面引进了如荷斯坦牛、娟姗牛、瑞士褐牛、丹麦红牛等优秀品种；同时通过遴选种牛提高本地奶牛（如沙希华牛、吉尔牛和古吉拉特牛）和水牛（如摩拉水牛、MehsarIa 水牛和 Jaffarbadi 水牛）的产奶量。为确保达到奶农的需求，国家乳业发展委员会已经制定并启动一些先进的项目，如奶牛后裔测试、胚胎移植和开放式集中饲养等方案，并为印度全国的奶牛饲养提供技术支持。但总体来讲，印度对奶牛的后裔测定和饲养技术整体落后于欧洲等奶业发达国家。印度通过改良地方水牛来发展水奶牛事业。地方水牛的良种繁育及推广体系组织机构比较健全，全国设有国家水牛育种协会和国家水牛精液质量监测中心，在印度北部地区还建有良种水牛冷冻精液制作中心和良种水牛纯种繁育场。印度水牛饲养户所用的种公牛及人工授精的精液必须是经过全国水牛育种协会登记注册的，这些精液由冷冻精液制作中心生产后，由水牛冻精技术服务公司或销售商直接向农户推广和销售，其价格根据公牛测定的等级分为不同档次。

表 7　印度各邦的 AI 中心及用于 AI 技术的资金支出情况

行政区划	可繁母牛/十万卢比	畜牧系统		其他机构		合作社		总计		AI 覆盖率/%
		AI 中心数量/个	用于 AI 的支出/十万卢比	AI 中心数量/个	用于 AI 的支出/十万卢比	AI 中心数量/个	用于 AI 的支出/十万卢比	AI 中心数量/个	用于 AI 的支出/十万卢比	
安得拉邦	60	3 021	19.7	2 703	21.02	753	3.26	6 477	43.98	37.59
阿萨姆邦	36.19	1 275	2.35	0	0	110	0.39	1 385	2.74	3.88
比哈尔邦	95.54	804	3.7	250	2.95	3 785	23.35	4 839	29.99	16.1
昌迪加尔	36.35	1 209	4.85	856	2.51	30	0.23	2 095	7.59	10.71
果阿邦	0.4	82	0.19	0	0	21	0.14	103	0.33	42.59
古吉拉特邦	95.99	1 542	15.76	5 471	3.98	6 541	58.5	1 355	78.23	41.8
喜马偕尔邦	13.64	3 090	10.09	1	0.003	0	0	3 091	10.09	37.94
哈里亚纳邦	37.05	2 796	30.44	1 000	9.43	115	0.45	3 911	40.31	55.8
贾坎德邦	29.58	720	2.76	1 010	6.77	7	0.01	1 737	9.54	16.54
卡纳塔克邦	63.7	4 318	31.32	151	1.23	3 115	36	7 584	67	53.94
喀拉拉邦	6.64	2 506	12.08	224	0.94	210	1.38	2 940	14.41	100
中央邦	109.9	2 820	17.43	2 240	3.69	1 180	6.22	6 240	27.34	12.76
马哈拉施特拉邦	86.75	4 847	23.06	1 344	16.61	821	6.65	7 012	46.32	27.38
曼尼普尔邦	1.14	54	0.13	2	0.004	0	0	56	0.13	6.04
梅加拉亚邦	3.35	65	0.21	0	0	0	0	65	0.21	3.26
米佐拉姆邦	0.17	58	0.05	12	0.007	0	0	70	0.06	17.78
那加兰邦	0.94	52	0.08	41	0.16	4	0.1	97	0.33	18.1
奥里萨邦	36.42	3 007	8.59	1 077	3.9	1 093	1.75	5 177	14.24	20.05
旁遮普省	40.7	3 527	31.73	1 260	7.71	1 223	7.45	6 010	46.89	59.09
拉贾斯坦邦	132.75	5 409	24.05	1 392	15.25	900	5.41	7 701	44.71	17.27
锡金邦	0.6	147	0.12	0	0	0	0	147	0.12	9.89
泰米尔纳德邦	47.8	3 579	44.96	1 973	5.07	2 792	20.27	8 344	70.3	75.42
特伦甘纳邦	35	3 342	13.89	65	0.65	75	2.25	3 482	16.72	24.5
特里普拉邦	3.37	436	0.7	168	0.83	0	0	604	1.53	23.24
北方邦	240.11	5 049	32.27	6 651	91.88	728	4.39	12 428	128.46	27.44
北阿坎德邦	13.78	680	2.98	22	0.1	22	3.42	724	6.5	24.19
孟加拉邦	64.21	1 610	3.59	4 010	31.87	465	3.1	6 085	38.57	30.8
总计	1 292.07	56 045	337.08	31 923	226.56	23 990	184.72	99 759	746.64	30.15

数据来源：Annual Report，2018—2019。

表 8　印度 AI 机构覆盖情况

部门	AI 实验师数量/人	AI 支出/十万卢比	支出/实验师
畜牧部门	57 351	346.7	605
合作社	23 990	184.7	770
其他机构	31 923	226.6	710
合计	113 264	758	

数据来源：Annual Report，2018—2019。

2.2 饲草饲料资源的利用

印度作为产奶大国，预计到 2024 年，产奶总量将达到 3 亿 t，达到此目标，需要奶牛遗传改良、更好的疾病防控以及饲草饲料的平衡供给 3 方面共同协作，其中，饲草饲料对家畜生产性能的贡献率高于 50%。但是印度境内由于气候条件和地理条件的不同，经常遭受干旱和洪涝等灾害，严重制约了家畜生产性能的发挥及乳业的可持续发展，同时印度土地资源稀少，对于 13 亿多居民来说养殖生产能力较高的牲畜始终是个挑战。经政府慎重考虑，尽量将畜牧业的发展与国民口粮发生矛盾最小化，决定把粮食残渣和副产品作为饲养牲畜主要的营养来源（图 10），其中谷物秸秆（如麦秸、稻秸等）占据总饲料资源的 64%，青绿饲草占 18%，而精饲料仅占 6%，动物日粮组成如表 9 所示。即使这样，饲草饲料的需求仍然存在巨大缺口（表 10）。

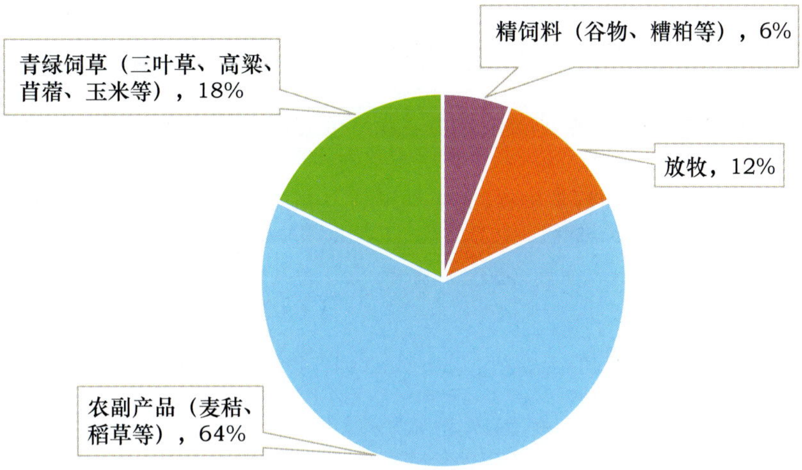

图 10 印度饲料原料供给情况

表 9 印度家畜日粮组成 kg/(头·d)

项目		青饲草	干饲草	精饲料
牛	泌乳牛	4.75	5.50	0.64
	干奶牛	3.40	4.02	0.40
	成年牛	4.06	6.03	0.33
	青年牛	2.18	2.13	0.18
水牛	泌乳牛	5.69	6.34	1.05
	干奶牛	5.44	4.95	0.52
	成年牛	4.04	7.47	0.36
	青年牛	2.29	2.22	0.19
山羊		1.04	0.20	0.06
绵羊		1.01	0.20	0.04

数据来源：Mutturaj 等，2017。

表 10 饲草饲料供应情况（2015—2025 年） 干物质基础，10^6 t

类型	供需情况	2015 年	2020 年	2025 年
干饲草	需求	491	530	550
	供应	387	408	433
	缺口/%	104(21%)	122(23%)	117(21%)

续表 10　干物质基础，10^6 t

类型	供需情况	2015 年	2020 年	2025 年
青饲草	需求	840	880	1 000
	供应	619	596	600
	缺口/%	221(26%)	284(32%)	400(40%)
精饲料	需求	87	96	105
	供应	58	61	65
	缺口/%	29(33%)	35(36%)	40(38%)

数据来源：GOI，2020。

在这种情况下，印度政府采取了一系列措施（GOI，2020），以缩小饲草饲料的供求缺口。

（1）根据作物生长特点，在不同条件的土地进行耕作（表 11）。

表 11　印度境内不同耕作区饲草饲料的种植

项目	旱作区	灌溉区
旱区	高粱，蛾豆，珍珠粟，瓜尔豆，蝶豆，黑眼豆，柱花草	苜蓿，埃及车轴草，燕麦，玉米，高粱，珍珠粟，大麦，饲用豇豆
半干旱区	珍珠粟，高粱，黑眼豆，蛾豆，瓜尔豆，蚕豆，几内亚草，绒毛豆，狗尾草，无芒虎尾草	高粱，玉米，黑眼豆，蜀黍，苜蓿，埃及车轴草，野油菜，大头菜，马草，燕麦，苏丹草，几内亚草
半湿润区	迪纳纳特草，高粱，黑眼豆，赤豆，绒毛豆，蜀黍，太阳麻	埃及车轴草，燕麦，苏丹草，马草，瓜尔豆，高粱，玉米，巴拉草，无芒虎尾草，狗尾草，几内亚草
湿润区	高粱，迪纳纳特草，赤豆，薏苡	埃及车轴草，燕麦，马草，几内亚草，苜蓿，野油菜，大头菜，高粱，狗尾草
山丘区	高粱，黑眼豆，珍珠粟，绒毛豆，蚕豆，赤豆，瓜尔豆，多年生高粱，饲用玉米	玉米，高粱，燕麦，埃及车轴草，苜蓿，马草，苏丹草，狗尾草，无芒虎尾草

数据来源：GOI，2020。

（2）使用产量高的饲草饲料品种（表 12）。

表 12　印度饲草饲料品种

饲草饲料名称	品种
玉米	African tall，J-1006，Vijay composite
高粱	SSG 59-3，PC-23，PC-9，PC-6，HC-136，MPChari，CO-FS-29，SSV 74，SSV 84
马草	IGFRI-6，IGFRI-10，CO-4，Yashwant，NB-21，PNB-4，DHN6，CoBN5
珍珠粟	Giantbajra，L-74，GFB-1，Raj，Bajra chari-2，HC 20，AVKB-19
豇豆	BL-1，BL-2，UPC-622，UPC-5286，UPC-4200，EC-4216，NP-3，MFC 08-14，MFC09-1
瓜尔豆	BG-1，BG-2，BG-3，Bundel-2，HG 365，HG563，RG-1003
埃及车轴草	Wardan，Bundel berseem-2，BL-1，BL-10
燕麦	JHO-851，JHO-822，UPO-212，Kent，OS-6

数据来源：GOI，2020。

（3）充分利用混播技术，增加饲草饲料产量。如马草＋豇豆，玉米＋豇豆，饲用甜菜＋燕麦＋大头菜，高粱＋豇豆，埃及车轴草＋日本油菜等。

（4）保护和高效利用秸秆资源/农副产品。印度政府限制秸秆及农副产品用于工业，并且防止农户对农副产品进行焚烧，优先考虑给每一个养殖户安装切草机，使他们更加方便地利用农副产品饲喂家畜，可节省30%的开支。虽然缺乏青绿饲草，但在季风期，会有大量的青绿饲草，为了便于保存，政府设立技术培训，对农户进行青贮技术的培训。

（5）设立饲料存储银行。乳业合作社把一部分饲料进行存储，以备不时之需，通过青贮及打成秸秆草块等方式，根据存储量将多余的饲料输送到饲料缺乏地区。

2.3 兽医系统及对传染病的防控

近些年，印度在提升动物健康福利方面给予很大的重视，1997—2010 年间，兽医人员增加了 36%，但是兽医服务集中在比较发达的地区，如旁遮普和哈里亚纳（Birthal 和 Negi，2012）。尽管如此，由于药品设备以及先进技术的匮乏，兽医服务水平还不尽如人意。在 2012 年，印度政府实施了第 12 个五年计划（2012—2017 年），预算为 5.02 亿美元，用于动物健康与疾病控制。在该计划下，采用疫苗防治，提升实验室检测手段，对口蹄疫、牛瘟、小反刍兽疫和布鲁氏菌病进行有效防控。

印度政府通过“家畜健康及疾病控制计划”开展一系列措施，控制各邦的家畜疾病发病率。2015—2016 年，该计划已经融入邦级计划中。该计划包括：①邦级动物疾病防控（ASCAD）；②职业效能发展计划（PED）；③国家牛瘟监控计划（NPRSM）；④口蹄疫的防控（FMD-CP）；⑤国家动物疾病上报系统（NADRS）；⑥小反刍兽疫防控计划（PPR-CP）；⑦布鲁氏菌病防控计划（Brucellosis-CP）；⑧动物医院的建设和加强计划（ESVHD）；⑨猪瘟防控计划（CSF-CP）。上述计划中，大多数都与奶牛疾病防控有关，各项计划具体职能如下（Annual Report，2018—2019）。

（1）邦级动物疾病防控（ASCAD）。该计划主要是协助各邦及地区政府对家畜疾病的防控，包括发放疫苗，加强现有邦级兽医院的设施，加强实验室诊断技术以及兽医师培训，还包括发放疫苗以消除牛/水牛体内的寄生虫。截至 2019 年 3 月，政府已经发放 2.2 亿卢比用于该计划。

（2）职业效能发展计划（PED）。该计划主要是协助各邦/地区建立兽医协会，所有项目基金将用于健全及完善印度兽医协会（VCI）职能，其中，50%的基金用于各邦兽医协会中的兽医继续教育（CVE）。

（3）国家牛瘟监控计划（NPRSM）。该计划主要是加强兽医服务，监控牛瘟及牛肺疫的发生。包括监控一些典型的疾病综合征，重点是全国范围内消除牛肺疫（CBPP）和疯牛病（BSE）的发生。截至 2019 年 3 月，政府已经发放 1 530 万卢比用于该计划。

（4）口蹄疫的防控（FMD-CP）。口蹄疫是高度传染性的病毒疾病，主要发生在牛和水牛上，另外山羊、绵羊和其他偶蹄兽也较易感。FMC-CP 计划的目的就是降低口蹄疫的发生，提高群体免疫机能，减少由口蹄疫带来的经济损失，该计划自“十五”计划（2003—2004 年）开始实施，覆盖 8 个邦，6 个联合地区共 54 个地区，在“十一五”和“十二五”计划中，该计划会扩大覆盖区域，直至全国所有地区。

该计划主要是所有牛/水牛每 6 个月注射一次口蹄疫疫苗，并且不断验证疫苗的有效性，如从 10 个乡村地区 10 头牛和 10 头水牛（共计 400 份样本），在疫苗注射前和注射后 21～30 d，采集血清样本，并检测其中的抗体水平。截至 2019 年 3 月，政府已经发放 30.8 亿卢比用于该计划，并在 2018—2019 年间，完成了 3.7 亿次疫苗注射。

（5）国家动物疾病上报系统（NADRS）。该上报系统主要用于记录和监控家畜疾病，并提供预防措施和及时的治疗方法，该系统覆盖所有社区，地区以及邦级互联网系统，并随时公布任何地点的疾病发生。目前，已经有 APP 软件（NADRS 2.0）可以通过手机安卓系统进行下载安装，随时查看疫情报告（FIR），每日发病情况（DI）以及疫苗使用情况。目前，政府已经发放 7 620 万卢比用于该项目。

（6）小反刍兽疫防控计划（PPR-CP）。小反刍兽疫由病毒引起，症状为发热、消化道炎症、炭疽、黏膜溃疡及腹泻。山羊和绵羊易感此疾病，其发病率和死亡率均会在乡村地区发生巨大经济损失。截至 2019 年 3 月，政府已经发放 3.4 亿卢比用于该计划，已完成了 4.65 亿次疫苗注射。

（7）布鲁氏菌疾病防控计划（Brucellosis-CP）。布鲁氏菌病是人畜共患病，常常引起动物流产和不育。该计划启动于 2010 年，主要是为各邦/联合地区 6～8 月龄的母畜进行疫苗接种。截至 2019 年 3 月，政府已经发放 686.4 万卢比用于该计划。

（8）动物医院的建设和加强计划（ESVHD）。该计划主要是帮助各邦为新成立的动物医院建立基础设施以及加强现有诊所/医院的设备改进。目前，政府已经发放 3 亿卢比用于该计划，其中 7 198 万卢比已经分发至 7 个邦/联合地区。

(9)猪瘟防控计划(CSF-CP)。该计划主要是防控猪瘟的发生,目前,政府已经发放 760 万卢比用于该计划。

除上述疾病外,印度地处热带潮湿环境,使得印度畜牧业也一直饱受细菌、病毒、真菌及寄生虫的困扰。特别是扁虱(tick)及扁虱传染病(tick-borne disease)的危害尤甚(Bansal,2005)。该病不仅严重降低了动物奶产量(扁虱传染病能够降低泌乳奶牛 14%的产奶量),同时大量杀虫剂的使用也对环境造成了破坏(Jongejan 和 Uilenberg,2004)。因此,印度国内多名科学家致力于研究控制扁虱及扁虱传染病的有效方法。由于扁虱的种类多样,发明出单一治疗扁虱传染病的疫苗较为困难。目前,印度兽医研究中心成功利用毕赤酵母表达系统(*Pichia pastoris* system)提取、克隆并表达了抑制扁虱传染病的 Bm86 蛋白。疫苗应正在试验阶段,通过不断的资金和科技投入,印度对扁虱及扁虱传染病的研究已经达到了世界先进水平。

在印度,较严重的扁虱传染病多发生在雨季。无论是本地品种或杂交品种的牛都有可能被传染,但相对来讲,水牛对该传染病的抵抗能力要强得多。印度政府很早就开展了培育水奶牛的工作,一方面水牛比较适合印度的环境,另一方面水奶牛对多种疾病包括对扁虱传染病的抵抗能力比较强。利用另外一种对扁虱传染病抵抗能力强的内洛尔(Nellore)与水牛杂交产生的后代对扁虱传染病的抵抗能力较强,产奶量却不受影响。通过疫苗和抗扁虱牛品种的改良,印度在有效控制扁虱传染病方面,已经取得比较大的进展。

印度兽医研究中心未来可能制定的策略包括:①利用扁虱疫苗同时辅助以植物类杀虫剂并尽量减少化学杀虫剂的使用。由于混合感染的情况较常见,未来扁虱疫苗的开发应具有多重效果以避免反复传染的发生;②利用印度本土品种如印度瘤牛(*B. indicus*)杂交以改善宿主对扁虱传染病的抵抗能力。同时,利用分子技术对印度本土牛抗扁虱传染病的基因进行筛选,找到抗性基因后利用转基因技术生产出高抵抗能力的动物种群(Ghosh 等,2006)。

2.4 奶牛粪便处理对环境造成的影响

2018 年,印度全境的总产奶量达到了 1.8 亿 t,已成为世界上最大的乳品生产基地。但作为典型的发展中国家,印度对于处理奶牛和水牛粪便的方式还极为有限,虽然多数规模化乳产品加工厂已经安装了污水处理设备,并全部能够达到中心污染处理委员会的标准(Central Pollution Control Board, CPCB),但是印度的奶牛饲养方式多以散养为主,粪便最主要的处理方式包括直接用作有机肥料或者晒干后农户用作燃料。2018 年,印度全境牛粪便产生的甲烷气体 52.7 万 t,水牛粪便产生的甲烷气体为 57.1 万 t(图 11)。牛粪便处理量不到总排放量的 25%(图 12)。

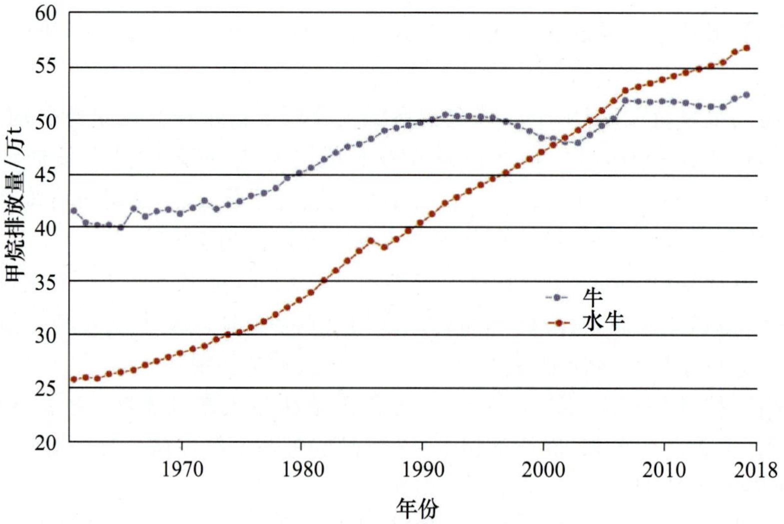

图 11 印度甲烷排放情况

(数据来源:FAOSTAT,2021)

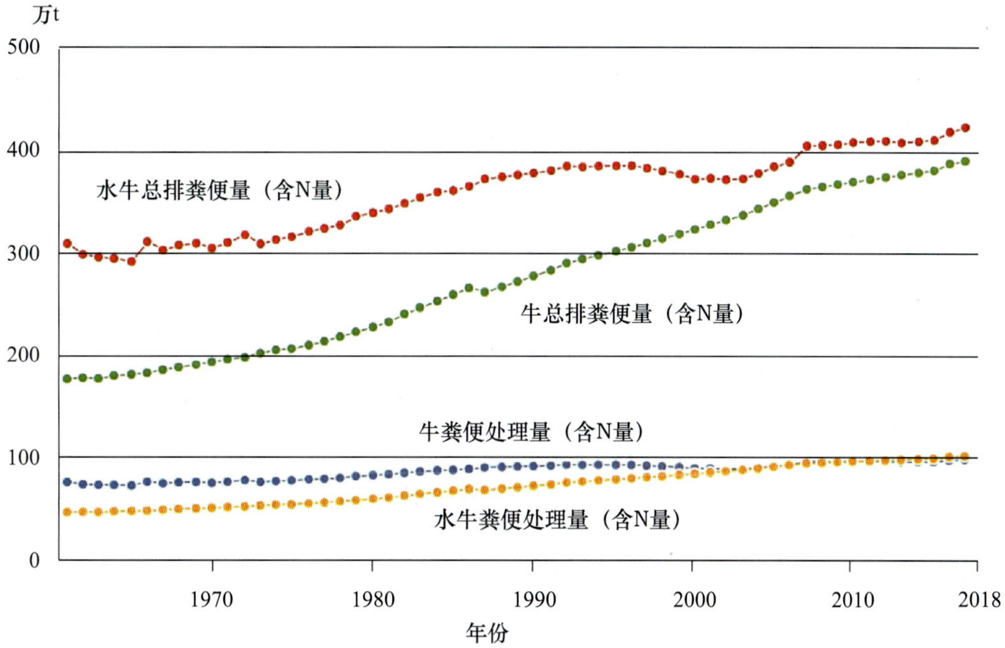

图 12 印度牛粪便处理情况

（数据来源：FAOSTAT，2021）

印度小型农户处理动物粪便主要还是用作燃料和直接还原大田的方式，中型或大型农场能够把较多的牛粪便用作有机肥料，特别是在一些商业农场，他们会把多数粪便集中处理并转化为有机肥料。北部和西部地区小型农户对粪便的处理差异较大，西部地区更倾向于把动物粪便还原成有机肥进一步利用。印度全境处理粪便的地点主要以开放式大田为主，集中处理的程度很低。但总体看来，印度全境对处理动物粪便的方式较为单一，这与其以小型农户作为原料奶生产单位密不可分。由于缺少发酵粪便的地点和设备，把粪便转化成甲烷并加以利用的机构不多，并且由于印度奶牛单产的水平不高，所以单位奶产量对环境造成的影响要高于发达国家。

3 原料奶质量控制体系

3.1 提高原料奶质量的主要技术措施

印度奶制品的生产主要集中在农村地区，多数为拥有 1～2 头奶牛的农户，而非大型奶牛饲养场（何璠，2014），而多数奶农参与村、乡、邦等奶业合作社，由合作社提供奶牛的饲料及日粮供给，所以，原料奶质量的好坏，与合作社的运营和管理是密不可分的。在印度，广大奶农分散进行牛奶生产，村级合作社每天早、晚各一次用卡车到各个村社收集牛奶，每个村社配备一台测量牛奶质量的电子设备及称量牛奶的设备。牛奶的收集、脂肪含量的检测、饲料的销售等都由合作社的专业雇员来完成。原料奶要进行脂肪测定，并根据乳脂的含量，设定的收奶价格不同。各个地区合作社联合会将其加工处理，注明品牌后进行销售。这样，在牛奶收集和处理阶段所产生的附加值便通过销售而得到实现。印度国家乳业发展委员会（NDDB）采用系统的方法对生鲜乳的生产、处理和加工进行质量控制，推动奶农合作社组织通过 ISO 9000 和 HACCP 认证，并使合作社所属加工企业保持认证标准所要求的生产条件。为了构建乳品质量安全保障体系，国家乳业发展委员会制定了牛奶清洁生产计划，对奶牛的健康卫生、牛舍管理、合作社管理、村级散装牛奶冷藏、鲜奶运输和售奶站的售奶速度等方面进行了重点关注。

3.2 提高原料奶质量的主要政策措施

国家乳业发展委员会把阿兰德合作社作为印度奶业发展的首选形式，通过民主方式，使奶农们可以控制牛奶生产、加工和销售的全过程。国家乳业发展委员会通过提供各种服务和措施把奶农的小生产与大市场连接起来，形成一个生产、加工、消费的链条。奶农既是整个链条的原料提供者，又是合作社的成员，也是整个过程的主人。小农的利益通过牛奶收购价得到保护，并通过年底分红与合作社结成十分紧密的利益共同体。印度的奶业合作社实行三级组织体系，把牛奶生产产前、产后和产后的各个环节联系在一起，即奶农控制着牛奶生产、加工和销售 3 个层次的所有环节。这是印度奶业合作社最大的特点。全印度一半以上的奶制品是在奶业合作社的基础上实现的，因此印度对提高原料奶质量的主要政策体现在对奶业合作社的支持上，同时政府给予合作社最大的市场自由度，政府除提供监督和服务外，不参与任何合作社的经营和规划，充分发挥市场调节作用。除了监督作用，政府还通过向交通部门制定奶业运输政策，增加奶业铁路和公路对奶业发展的支持，通过减税或免税，减少合作社在奶产品运输上的费用。同时政府允许奶业合作社建立自主品牌，通过与国内外大品牌乳品企业竞争，提升自身的经营模式。

为了减少政府对奶业服务系统的支出，政府允许合作社向奶农提供各种服务，如奶牛疾病的预防和治疗，提高奶农技术和相关知识，从而保证奶牛的健康，提高奶牛的产奶量和牛奶质量。政府节省的开支多用于科研和检测。在饲料供给上，合作社也提供重要的服务。政府支持合作社兴建和拥有饲料企业的自主经营权，这样，饲料原料在质量和价格上有了双重保证，饲料污染奶源的事件较少。由于广大奶农本身就是合作社的主人，全部的利益也需要合作社来实现，另外，广大农户手中的鲜奶有一定比例留为自用，所以出于对经济利益和自身食品安全考虑，极少有故意添加违规饲料添加剂或化学制剂的情况发生，因此印度牛奶的质量有一定保证。

3.3 监控原料奶质量的主要方法及惩罚措施

3.3.1 组织构成

为了加强对乳品质量安全的监管，印度政府于 2006 年 8 月 24 日正式颁布实施了新的食品安全法，即《食品安全和标准法》。依据该法案，印度政府组建了印度食品安全与标准局（FSSAI），负责制定科学的食品标准，管理食品生产、储存、批发和销售，保障人类消费食品的安全和健康，以及处理其他与食品相关的突发事件。根据法律规定，FSSAI 包括 1 名主席和 22 名成员。其中 7 名成员的职务不得低于印度政府联合秘书，由中央政府任命，分别代表农业、商业、消费者事务、食品加工、卫生、司法、小规模企业的中央政府部门；另外 15 名成员中 2 名成员来自食品企业，2 名成员来自消费者组织，3 名成员为杰出的食品技术专家或科学家，5 名成员来自各州和联邦政府，2 名成员来自农民组织，1 名成员来自零售商组织。

3.3.2 监管原则

（1）公开透明的原则。法律明确指出，政策制定必须建立在维护人类生命安全和身体健康、保护消费者利益、设定适合的安全水平、促进公平贸易的基础上制定食品质量安全政策。FSSAI 的机构设置和成员组成均充分考虑到各利益的攸关方，具有广泛的代表性。

（2）权责分明的原则。法律明确规定，政府食品安全官员在行使法律赋予的职权时，若发生数次在没有任何理由的情况下查封食品或掺杂物，以及无正当理由行使职权，造成他人伤害并按本法案规定构成犯罪的，或对食品安全官员执法的投诉证明属实的，都将得到相应的法律惩罚。

（3）量刑惩罚的原则。乳品安全涉及的范围广，不法行为千差万别，违法情形错综复杂。印度政府为加大对食品违法行为的处罚，采用了量刑惩罚的方式，规定了法庭起诉的刑事犯罪和进行行政罚款的不同情形(钟真和郑力文,2013)。

印度乳品质量安全管理体系大体可以分为3个部分。如图13所示,奶农生产合作社组织负责生鲜乳的生产、检测、加工和销售,是保障乳品质量安全的第一道关口。在政府层面,指导和扶持各级奶农生产合作社组织发展的是国家乳业发展委员会(NDDB)。NDDB负责制定和实施国家乳业发展规划,推动合作社组织及其所属企业通过ISO 9000质量控制体系和安全管理体系(HACCP)认证,不断提高印度乳业质量安全水平,增强其在国际市场中的竞争力。此外,印度政府还成立了食品安全与标准局(FSSAI),负责按照《食品安全与标准法》(FSSA,2006)、《反食品掺假法》(PFA,1954)等法律标准的要求,加强对乳品质量安全的监督和检测。根据2010年的食品安全保障计划,奶业合作社的生产到加工,直到消费者的整个过程都会受到监督。

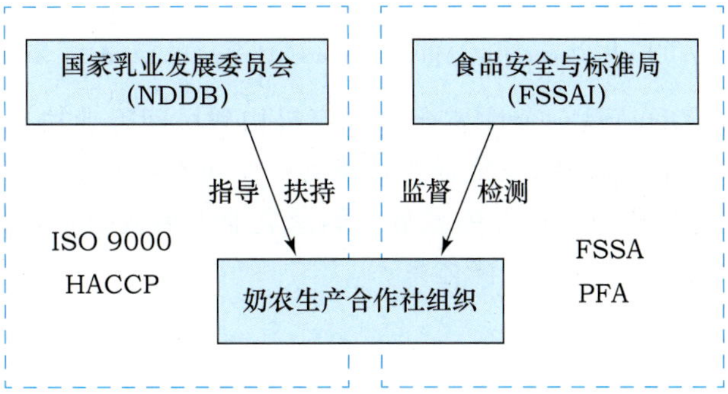

图13 印度乳品质量安全管理体系

3.4 原料奶计价体系

印度原料奶定价的核心思想是"按质论价",原料奶的质量,特别是乳脂率越高价格越高。这就意味着对于原料奶的品质,不仅有严格的底线要求(基本的参数),更有品质提高的激励(直接反映在奶农的收益上)。在印度,乳品价格受合作社控制。一方面,奶农在加入合作社后就可得到有保障的稳定的价格,尤其是在牛奶生产的旺季。另一方面,合作社的专业管理人员通过各种措施来保证获得最大效益,合作社将这些收益再分配给奶农作为一种辅助性收入。在合作社的运营机制下,奶农在合作社的帮助下收益不断增加,而奶牛饲养的成本却逐渐下降。

4 科技推广体系

4.1 主要研究与推广机构

印度政府在全国各地区设立了国家奶业研究所、兽医研究院等各种形式的科研机构,从科学研究和技术推广方面对奶业发展进行扶持。全国有奶业教学和科研单位267个,分布于全国28个地区。国家奶业研究院(National Dairy Research Institution, NDRI)是印度奶业科研教育中心机构,其主校区位于哈里亚纳邦的卡尔纳尔,自1966年开始,归属于印度农业研究委员会管理。农业研究委员会又分支建立了"印度水牛研究所"和"印度奶业研究中心"等科研机构。同时,印度政府设立了国家奶业研究院、农村管理学院等研究和教育机构,为从业人员提供技术培训,范围包括兽医科学、动物的科学饲养管理、奶业技术和农业科学。各级政府经常组织技术人员下乡,普及养牛技术,规范挤奶操作程序,保证牛奶质量。印度政府还拥有一个庞大的兽医服务和动物健康护理机构网络,向奶农传递奶牛疫病的治疗和预防知识。

为了改良遗传潜力,印度联合60个冻精站和约63 000家授精中心一起设立了人工授精服务站,主要由政府部门和机构进行管理。并且在2005—2018年间，冻精站在数量上的变化不大，但是A级冻精站由2005年的2家，增加到2018年的28家，提升了冻精站的等级，使得人工授精服务得到质的提升(表13)。

表13 2005—2018年印度冻精站发展情况

等级	2005年	2009年	2011年	2013年	2016年	2018年
A	2	12	20	30	37	28
B	12	15	17	15	14	8
C	12	7	3	—	—	—
无等级(NG)	33	13	7	5	2	6
无认证(NE)	—	2	2	2	5	11
总计	59	49	49	52	58	53

数据来源：Annual Reports of Kaira District Cooperative Milk Producers' Union Ltd. AMUL, Anand。

国家乳业发展委员会(NDDB)是一个性质介于政府机构和民间行业协会之间的团体组织。1987年，NDDB经国会议案通过上升为法定团体，正式成为国家的一个重要机构，并被赋予了在全国范围内制定和实施乳业发展计划，以促进乳业及相关产业的发展。国家乳业发展委员会涉及原料奶生产加工的各个环节，并制定良种繁育、疾病防治、质量安全保障体系。

4.2 运作模式

印度科技成果的推广主要通过印度奶业科研机构，印度奶业发展委员会以及合作社来完成。合作社向奶农提供各种服务，如奶牛疾病的预防和治疗，提高奶农技术和相关知识，因此，印度水牛研究所和印度奶业研究中心等科研机构的成果通常需要奶业合作社检验，从而推广到广大奶农。合作社与印度奶业研究中心有较好的合作方式，合作社为奶业研究中心提供实际生产中遇到的各类问题，而奶业研究中心通过与大学和研究所合作来解决农户在实际生产中遇到的营养、繁殖、疾病等各类问题。国家乳业发展委员会在科技推广上的作用包括以下几点。

(1)构建良种繁育体系。为了推进地方水牛的良种繁育及技术推广工作，国家乳业发展委员会组建了国家水牛育种协会和水牛精液质量检测中心，并在印度北部地区建立良种水牛冷冻精液制作中心和良种水牛繁育场。除引进世界优秀品种对本国奶牛和水牛进行改良外，国家乳业发展委员会还制定一些先进项目，如良种推广、奶牛后裔测定、胚胎移植和集中饲养等方案。

(2)构建疫病防治体系。1979年，国家乳业发展委员会在阿兰德建立了动物疾病诊断实验室，用于开展家畜疫病方面的科研工作，并建立奶牛乳房炎和布鲁氏菌病的防控体系。建立了全国性的奶牛生产性能和健康信息系统，在全国范围内建立奶牛无疾病区。

(3)构建质量安全保障体系。

5 促进奶业发展的主要政策

1970年，“白色革命”开始后，印度政府出台一系列微观和宏观的政策引导奶牛养殖业健康发展。其中，“洪流计划”是公认的世界上最大的奶业发展计划，执行于1970—1995年。该计划主要针对3种不同的层次：①农民层次，组织奶农加入合作社，政府向合作社提供先进的技术，如产奶性能高的动物品种；②地区层次，合作社之间成立联盟，并拥有和经营牛奶加工，以及仓储和运输设备等，合作社联盟同时提供动物健康服务；③国家层次，国家联合会指导并协调全国范围内的牛奶销售。该计划分3阶段进行：第一阶段(1970—1980年)，计划覆盖100万奶农，重点是服务于国家的城市市场；第二阶段(1981—1985年)，计划覆盖该项目范围内的 1 000 万奶农，服务范围扩大到全国主要城市；第三阶段（1986—1995 年），计划覆盖剩余的 700 万奶农（OECD-FAO，2014）。1996 年以后，乳业综合发展计划并未因“洪流行动”的结束而告终。印度政府一如既往，继续对乳业发展予以扶持。迄今为止，印度已经成为世界第一产奶大国，并由乳制品纯进口国一跃而成乳制品出口国，相关产业也得到了长足发展。印度的乳品产值占畜牧业总产值的近 2/3，并成为国内生产总值中比重最大的农产品。2018 年，印度奶产量达到 1.8 亿 t，牛奶人均日消费量从 1951 年的 124 g 上升到了 394 g，位居发展中国家前列。

印度政府平均每年用于发展乳业方面资金为 3 200 万美元，尤其是 2012 年，投资额约达到 1 亿美元（图 14）。截至 2019 年 3 月，政府用于乳业发展的预算资金为 108.7 亿卢比，已经发放 56.8 亿卢比（表 14）。

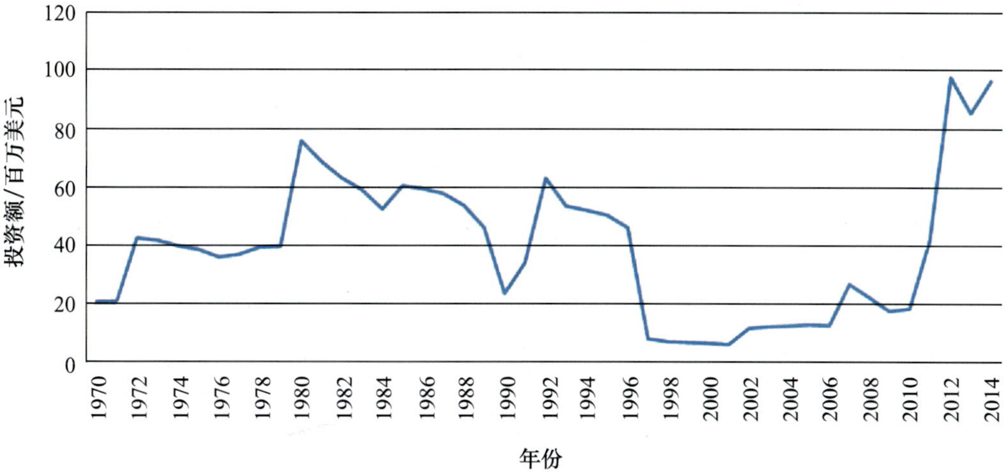

图 14 印度政府用于发展乳业的投资额

表 14 政府用于发展乳业的资金发放及使用情况（截至 2019 年 3 月） 十万卢比

地区	预算资金	总发放资金	使用资金	未应用资金
安得拉邦	1 899.03	1 333.21	1 333.21	0
比哈尔	16 443.87	7 360.06	4 210.12	3 149.94
昌迪加尔	1 086.28	398.53	288.33	110.2
果阿	1 604.97	791.5	43.48	748.02
古吉拉特邦	9 763.75	5 416.06	947.16	4 468.9
哈里亚纳邦	1 291.8	813.29	274.8	538.49
喜马偕尔邦	3 311.16	1 312.89	49.98	1 262.91
贾坎德邦	1 272.4	308.12	160.87	147.25
卡纳塔克邦	3 073.6	1 666.8	635.8	1 031
喀拉拉邦	10 944.39	5 081.23	3 303.56	1 777.67
中央邦	4 557.75	2 904.05	2 056.76	847.29
马哈拉施特拉邦	427.75	184.12	0	184.12
曼尼普尔邦	1 017.96	348.63	343.65	4.98
梅加拉亚邦	1 103.46	814.36	653.4	160.96
米佐拉姆邦	774.63	310.3	310.3	0
那加兰邦	482.08	453.32	453.32	0
奥里萨邦	3 212.92	2 695.49	2 278.51	416.98
本地治里	256.75	240.15	0	240.15
旁遮普邦	8 746.3	4 783.36	4 614.53	168.83
拉贾斯坦邦	12 703.15	7 075.28	4 866.13	2 208.86
锡金邦	1 404.36	969.32	863.68	105.64

续表 14 十万卢比

地区	预算资金	总发放资金	使用资金	未应用资金
泰米尔纳德邦	8 161.44	3 693.26	1 752.84	1 940.42
特伦甘纳邦	1 899.04	811.75	811.75	0
特里普拉邦	2 201.58	1 337.14	0	1 337.14
特里普拉邦	6 981.75	3 957.54	581.18	3 376.36
北阿坎德邦	3 815.81	1 525.55	1 223.52	302.03
孟加拉邦	199.9	189.9	183.12	0
总计	108 637.88	56 775.21	32 240.00	24 528.14

数据来源：Annual Report，2018—2019。

另外，各邦政府也颁布了各项举措促进乳业发展，如喀拉拉邦，在“十二五”规划中，该邦拨出专门的经费用于发展乳业，总计为 10.9 亿卢比（2019—2020 年）。其中 2.1 亿用于邦级乳业合作社采购更先进的冷链设备以扩大生产规模，5.8 亿卢比用于奶站和饲料供应，1.4 亿卢比用于提升奶牛生产性能的饲料补贴。具体政策包括如下。

（1）乡村乳业推广和农场咨询服务（经费 1.05 亿卢比）。乳业发展部通过其乳业推广服务单位，质量控制单位，五大奶业培训中心，副部长办公室，卫星培训中心及饲料厂建立全国乳业推广和咨询服务。将先进的科技理念和技术直接传输给奶农，还有论坛、展览、实习以及培训等形式。

（2）奶业合作社帮扶（经费 2.05 亿卢比）。奶业合作社帮扶奶农出售牛奶，即时发布市场信息，使更多的奶农加入合作社，不断改进设备，检测牛奶组分及微生物指标，符合现代乳业质量标准。具体措施有：对新注册的奶农进行经营指导，重振经营失败的合作社，建立实验设施使牛奶符合 FAAS2006 标准，设立文件及数据库，帮助合作社建立和加强乳品加工、包装、冷却以及奶牛的饲喂技术，建立奶农信息中心，建立地区网络体系，分配饲料补助，雨水及太阳能资源保护以及管理方面的帮助。

（3）加强质量控制实验室的管理（经费 0.4 亿卢比）。目标是使生产和出售的牛奶及奶制品保质保量，加强质量控制实验室的管理，尤其是对某些特殊指标的监测，设立地区实验室，改善农场的消毒设施及牛奶检测设备（表 15）。

表 15 加强质量控制实验室的管理经费的具体分配

项目	经费/十万卢比
特殊指标测定	60.90
特定监测点的检测设备更新	25.00
质量控制/食品安全培训/合作社日常	15.00
农场消毒设备更新	37.50
邦级乳业实验室设备更新，地区实验室的设立建立先进乳检测设备等	261.60
总计	400

数据来源：Kerala State Planning Board.

（4）商业奶站发展（经费 5.09 亿卢比）。主要用于吸引更多的奶农/奶企以及自助组织加入乳业发展，保证奶牛维持正常的生产性能，使奶农意识到科学饲养管理奶牛的重要性，使奶业从维持经营状态过渡到具有市场竞争力的商品乳业。经费将用于商业牧场的扩建，购置挤奶设备，改进牛舍，发放妇女劳动力补贴等，有 20％的受益者是女性生产者（表 16）。

表 16 商业奶站发展经费的具体分配

项目	经费/十万卢比
帮扶母牛养殖	983.31
帮扶后备母牛养殖	82.656
女性养殖工支持计划	58.32

续表 16

项目	经费/十万卢比
帮扶进步奶农	420.00
改善牛舍和购置挤奶设备	468.75
建立奶牛区域	2 200.00
Ksheera Grama 计划	500.00
文档管理	2.704
建立后备母牛场	77.50
犊牛领养计划	289.76
经营成本	10.00
总计	5 093.00

数据来源：Kerala State Planning Board.

(5)奶牛饲料补贴(经费 1.4 亿卢比)。促进牛奶生产，吸引更多的奶农进入合作社的保护伞下，使乳业发展进入可持续阶段，尤其是吸引年轻的企业家加入乳品行业，提供更多的就业岗位。此项计划给予合作社用于购买奶牛的饲料，保证牛奶产量，据推测，35%的受益者将是女性生产者。

(6)饲料的生产和保存(经费 0.76 亿卢比)。限制乳业发展的第一因素就是饲料的匮乏，该计划用于支持青绿饲料的栽培，引进低成本饲养技术，保证饲料供给，提供就业岗位，增加奶农收入等。

(7)用于保险的福利基金(经费 250 万卢比)。保障奶农的福利，用于他们支付非正常死亡、意外致残以及疾病的医疗费用。

虽然上述政策来自印度境内的喀拉拉邦，此邦乳业发展并不十分突出，但是发展乳业的政策却十分详尽，由此可推断，印度政府对于乳业发展是给予充分支持的，并且，各邦/地区乳业的发展也呈现积极的趋势(表 17)。总体来说，政府对乳业的发展是以农民增收为目标，建立健全适合国情的奶业发展模式和体制。政府通过合作社形式发展乳业，这是一种最有益于奶农的机制。印度的生产实践证明，没有哪个更好的经济组织形式能比得上它带给生产者的回报大。实际上印度实行的是市场经济，建立一种重视小生产者发展的体制结构就变得尤其必要，否则经济增长就建立在了一个日益脆弱的基础上。有发展潜力的合作社组织形式在响应全球经济发展的议程中发挥了关键的作用。合作社能够使小生产者参与到市场中，用他们的投资赢得公平的回报，为印度经济的持续发展贡献了力量。印度政府认识到许多合作社已经发展为大型的商业企业，他们需要一个公平竞争的环境，在市场中与数量不断增长的个体经营者竞争。

表 17 “国家乳业发展“计划下各邦的发展进程(截至 2019 年 3 月)

项目	乳品厂生产力		奶业合作社数量		奶农会员数量	
	目标	完成	目标	完成	目标	完成
安得拉邦	0	0	350	350	10 500	8 500
比哈尔	201	0	3 494	2 210	229 200	112 640
昌迪加尔	0	0	180	113	4 500	3 430
果阿邦	90		70		9 970	
古吉拉特邦	100	400	477		27 880	
哈里亚纳邦	0		297		13 060	
喜马偕尔邦	100		152		8 997	
贾坎德邦	0		260		7 000	
卡纳塔克邦	0	0	2 669	347	422 200	12 000
喀拉拉邦	1 255	755	273	125	98 325	21 300
中央邦	15	15	423	273	19 746	6 842
马哈拉施特拉邦			90		22 220	
曼尼普尔邦	0	0	0	0	2 063	263

续表 17

项目	乳品厂生产力		奶业合作社数量		奶农会员数量	
	目标	完成	目标	完成	目标	完成
梅加拉亚邦	40		11	6	330	169
米佐拉姆邦	0	0	15	3	408	60
那加兰邦	0	0	0	0	7 000	2 800
奥里萨邦	30	90	305	330	19 030	20 144
本地治里	0		3		237	
旁遮普省	60	60	484	60	27 418	7 581
拉贾斯坦邦	440	19	1 226	337	42 726	24 605
锡金邦	25	15	53	53	6 918	1 574
泰米尔纳德邦	100	100	477	360	31 760	100
特伦甘纳邦	0	0	350	150	34 426	8 000
特里普拉邦	16		55		4 800	
特里普拉邦	10	0	517	288	23 580	11 520
北阿坎德邦	55	50	1 126	120	46 320	4 645
孟加拉邦	0		95	70	5 170	3 532
总计	2 537	1 504	13 452	5 195	1 125 784	249 705

数据来源：Annual Report，2018—2019。

6 启示与建议

6.1 对我国奶业发展的启示

我国和印度同属亚洲农业大国，在资源环境和乳业生产模式等方面有相似的地方。印度自从“洪流计划”以来，奶业得到了迅猛的发展，并已经成为牛奶生产第一大国，成为发展中国家发展奶业的成功范例。印度奶业发展比较成功的原因如下（何璠，2014）。

（1）受印度宗教的影响，印度民众喜爱素食，所以牛奶及奶制品成了消费者摄取动物蛋白质的主要途径，尤其是鲜奶，在将来很长一段时间内都会成为主要消费对象，且消费市场非常稳定。相比之下，中国的牛奶及奶制品的消费，远不及印度（图 15，图 16）。

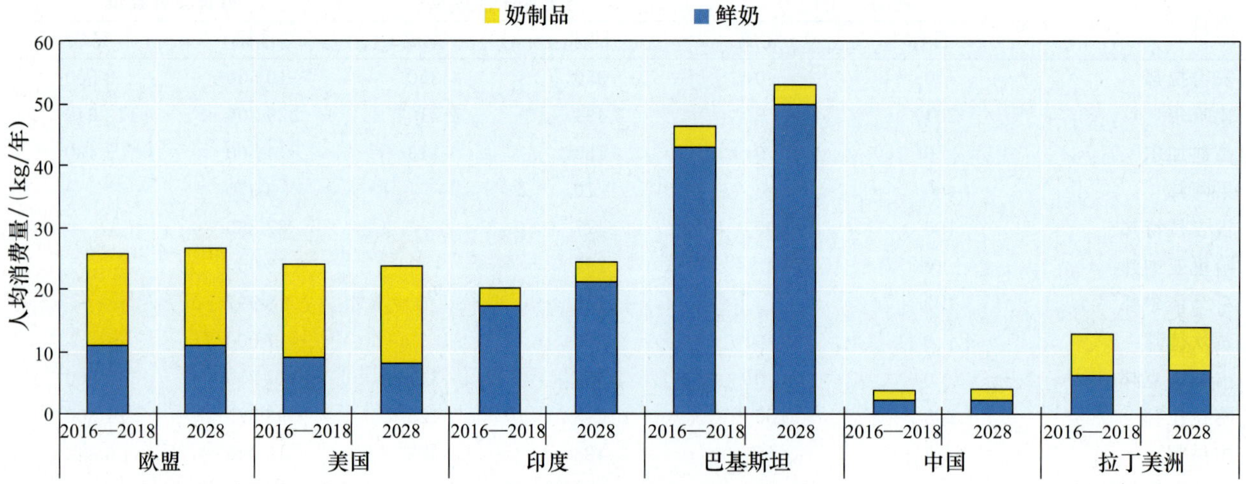

图 15 牛奶及奶制品的人均消费量

（数据来源：OECD/FAO，2019）

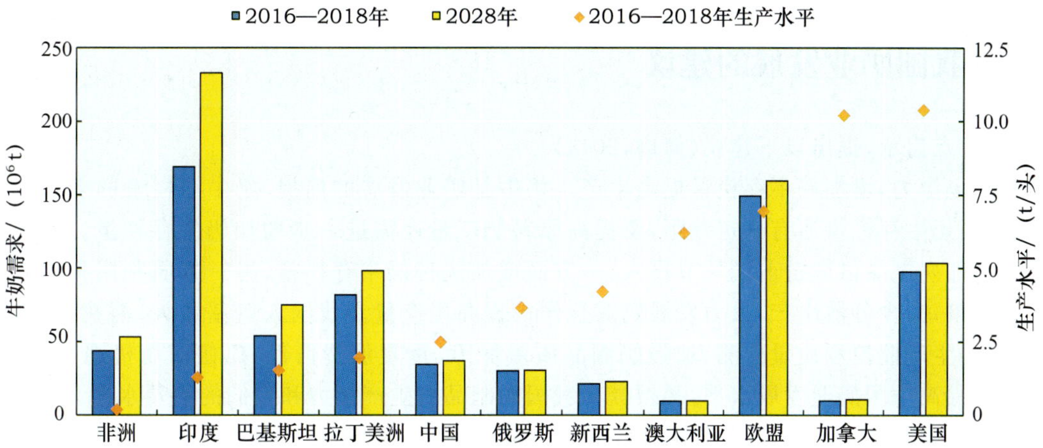

图 16　牛奶需求以及动物生产水平

（数据来源：OECD/FAO，2019）

(2)印度原料奶生产很大一部分来自水牛，水牛存栏量大，产奶量占总产奶量的 50%，水牛奶营养丰富，得到消费者的青睐，所以水牛的育种及饲养方面，印度具有非常丰富的经验，使得水奶牛的发展处于世界前列。

(3)印度奶业发展过程中，合作社是主要发展模式，该模式更加关注奶农的基本利益。大多数分散奶农并没有农田可以耕种，生活贫困。所以政府鼓励奶农自给自足，鼓励他们加入奶业合作社，参与奶业的生产与销售，奶农是商品市场的利益主体，所以印度奶业的发展的中坚力量是数量最多的散户奶农，力量大，发展快。

(4)形成了一体化供应链结构，建立紧密型利益联结机制。奶制品供应链中的生产、加工和销售一体化，才能保证真正的利益最大化。奶业合作社成员经过层层选举，选出代表和管理者，奶农作为体系的主人，扮演多重角色参与各个环节中，与合作社形成利益共同体，大家利益共享，风险共担。相比之下，我国的奶业仍是加工企业占主导地位，与分散的奶农只是短期合同的买卖关系，仍然存在利益冲突和矛盾，在一定程度上阻碍了奶业的发展。

(5)具有完善的服务体系和法治保障制度。合作社体系不但完成原料奶生产、产品加工和销售工作，为了变相促进生产，合作社还重视会员的技术培训，提供育种、人工授精等技术支持，组织还为奶农提供信贷和保险服务，让分散的农户感受到组织的力量，也推动了印度奶业发展。印度奶业合作社模式的发展离不开政府的支持，印度政府借助外援力量建立奶业发展基金，促进合作社发展；专门设立国家奶业研究院等机构，向基层提供技术支持。政府不但根据实际情况制定一系列发展计划，制定适合合作社发展的优惠政策，还建立健全相关法律法规给合作社提供保障。不仅为奶农提高技术支持和教育培训，还给予资金支持。我国虽然以农业为主，但远远低于工业和第三产业的生产总值，我国奶业合作社发展的主要瓶颈就是资金短缺，缺少专业技术和管理人才，还需要有关部门加大对农业投入的力度。

(6)具有健全的奶制品质量安全管理体系。印度的奶制品质量安全监管体系主要包括 3 部分：一是政府建立国家乳业发展委员会(NDDB)，主要负责根据本国国情制定奶业发展规划，指导和扶持奶业合作社组织发展，推动合作社组织通过质量控制体系(如 ISO 9000)和安全管理体系(如 HACCP)认证，提高奶制品质量。二是 2006 年颁布实施《食品安全和标准法》并组建印度食品安全与标准局(FSSAI)负责制定质量标准和监督实施。三是奶业合作社监理奶制品检测体系，在生产—加工—销售过程中把好质量的第一关。这样的质量安全监管体系在各个层面上对奶制品质量严把关，不断提高印度奶制品质量水平。而我国奶业发展缺乏完善的奶制品质量安全管理体系，不具备整体性和系统性。各种检验标准滞后，还有个别标准之间存在矛盾。

6.2 对我国奶业发展的建议

针对以上几点启示，提出以下建议(何璠，2014)。

(1)抓住市场潜力，增加奶牛存栏量提高生产。奶牛是奶业发展的前提，奶牛存栏量的多少直接影响原料奶产量。我国奶牛存栏量还有一定差距，要提高原料奶产量还需进一步增加奶牛存栏量。我国应加大奶业扶持力度，增加奶制品供应链前端环节投入，一方面增加优种奶牛存栏量，另一方面利用我国农户多的优势，出台鼓励政策，减少分散生产，大力发展奶业合作社提高生产量。我国人口基数大，消费市场潜力大，国家应增加原料奶生产监控和质量监测，加强奶制品质量保障，重塑消费信任，抓住市场机遇，拓宽国内消费市场。因此，要提高中国奶业发展水平，必须提高我国奶制品的生产能力和人们的消费水平。

(2)鼓励奶农参与市场活动，增强供应链稳定性。我国在规模化生产转型期间，大量散户奶农退出市场引发原料奶不足，政府应借鉴印度经验依照我国国情，通过发展合作社一方面集中散户奶农的生产力量，保证原料奶供应，另一方面也解决了散户奶农力量薄弱、技术投入水平低导致的原料奶质量不高的问题。应更将利益关注点转移到基层生产者身上，制定更多倾向基层生产者的政策，集中生产，生产利润与加工挂钩或是扶持合作社，增强生产者的实力及与市场接轨，参与市场活动。

(3)形成一体化供应链结构，建立紧密型利益联结机制。我国应鼓励扶持奶业合作社发展，集聚分散奶农力量，集中生产减少原料奶分散性的弊端和其他环节，从而降低交易成本。我国应逐渐建立完善以奶农为主体的奶业合作社，将小农生产与市场经济有机结合在一起。逐渐使奶农参与供应链活动，逐渐建立起与加工企业利益共享，风险共担的紧密型联结机制。

(4)引进新的技术力量，完善奶业服务体系。我国农民普遍素质较低，合作社生产效率低、组织化程度不高。我国应加大资金投入，引进先进技术，鼓励技术人才投身基础生产，并不断完善奶业服务，以便为奶业发展打下坚实服务基础。面对日渐加剧的市场竞争，更应加大对合作社成员的知识教育和技术培训，不断引进新技术新力量，增强自身竞争力。

(5)加大政府支持和投入，健全法制保障制度。我国奶业合作社发展的主要瓶颈就是资金短缺，缺少专业技术和管理人才。政府应加大奶业发展财政投入，并制定优惠政策鼓励高素质技术人员投身农村合作社的发展大潮，促进高新养殖及抗病技术推广，让更好的技术为基层生产者共享，同时修订相关法律为奶业发展提供法制保障。

(6)加大质量监管力度，建立健全奶制品质量安全管理体系。我国在奶制品质量安全管理体系的建立方面发展完善的空间大，政府应考虑建立系统性的奶业安全监管体系，加大政策支持，在大力提高奶业生产效率和加工水平的同时，还应构建和完善相关质量安全管理法规及关注奶业标准的时效性，及时更新。2008年我国发生的奶制品质量安全事件极大影响我国奶业发展。从长远发展角度，我国应尽快建立健全奶制品质量安全管理体系，加强奶制品质量监管，不断提升奶制品的质量安全水平。

参考文献

[1]简保权，秦学敏，龚芳. 世界水牛奶业发展现状和典型模式分析. 世界农业，2015(3)：115.

[2]王金梅，杨远，苗永旺. 印度、意大利水牛奶业发展对我国的启示. 中国乳品工业，2018，46(10)：32.

[3]钟真，郑力文. 印度乳品质量安全管理体系的经验. 世界农业，2013(4)：109.

[4]Bansal G C. Bovinetheileriosis in India：an overview. The Proceedings of the National Academy of Sciences，India. 2005，75(B)：134-143.

[5]Birthal P S，Negi D S. Livestock for higher，sustainable and inclusive agricultural growth. Economic and Political Weekly (India)，2012：89-99.

[6]Jongejan F, Uilenberg G. The global importance of ticks. Parasitology, 2004, 129:S1-S12.

[7]Landes M, Cessna J, Kuberka L, et al. India's dairy sector: structure, performance, and prospects. United States Department of Agriculture, 2017.

[8]Mutturaj Y E, Jagadeeswary V, Satyanarayan K, et al. Fodder resource management in India-a critical analysis. Int. J. Livestock Res, 2017, 7(7): 14-22.

[9]Annual Report 2018—2019, Department of Animal Husbandry, Dairying and Fisheries Ministry of Agriculture & Farmers Welfare, Government of India. http://www.dahd.nic.in/documents/reports.

[10]Dairy Global, 2020. https://www.dairyglobal.net/Market-trends/Articles/2019/10/Indias-demand-for-dairy-products-increasing-479014E/.

[11]DoAHDFS, 2017, http://www.dahd.nic.in/rti.

[12]GOI,2020. http://www.dadf.gov.in/.

[13]Kerala State Planning Board (KSPB). Thirteenth Five-Year Plan 2017—2022 Approach Paper. Kerala State Planning Board, Government of Kerala. Accessed September 12, 2017: http://spb.kerala.gov.in/images/pdf/whats_new/13th%20Plan%20AP.pdf

[14]OECD FAO, 2014. OECD-FAO Agricultural Outlook 2014 (Chinese version).

[15]OECD/FAO,2019. OECD-FAO Agricultural Outlook. OECD Agriculture statistics (database), http://dx.doi.org/10.1787/agr-outl-data-en.

[撰稿:东北农业大学 辛杭书 张永根]

附 表

附表 1 1961—2019 年印度奶牛和水牛的数量、平均产奶量及总产量

年份	奶牛			水牛			奶牛+水牛总产量/kt
	数量/千头	平均奶产量/kg	产量/kt	数量/千头	平均奶产量/kg	产量/kt	
1961	20 667	423.5	8 753	12 463	889.6	11 087	19 840
1962	18 200	450.5	8 200	12 600	900.8	11 350	19 550
1963	17 350	449.6	7 800	12 700	913.4	11 600	19 400
1964	16 200	450.6	7 300	12 750	917.6	11 700	19 000
1965	15 300	451.0	6 900	12 850	918.3	11 800	18 700
1966	20 974	329.8	6 918	12 924	919.1	11 879	18 797
1967	18 444	452.5	8 345	12 446	878.1	10 929	19 274
1968	19 787	450.0	8 904	13 000	896.9	11 660	20 564
1969	20 150	450.2	9 072	13 200	900.0	11 880	20 952
1970	18 575	470.3	8 736	13 500	847.4	11 440	20 176
1971	20 106	470.0	9 450	14 900	830.5	12 375	21 825
1972	22 034	434.6	9 576	15 070	832.1	12 540	22 116
1973	19 490	499.9	9 744	15 100	845.0	12 760	22 504
1974	20 600	499.5	10 290	15 200	886.5	13 475	23 765
1975	21 100	509.6	10 752	15 300	920.3	14 080	24 832

续附表 1

年份	奶牛			水牛			奶牛+水牛总产量/kt
	数量/千头	平均奶产量/kg	产量/kt	数量/千头	平均奶产量/kg	产量/kt	
1976	22 300	514.2	11 466	16 200	926.9	15 015	26 481
1977	23 188	516.2	11 970	16 959	924.3	15 675	27 645
1978	23 500	518.3	12 180	16 000	996.9	15 950	28 130
1979	25 200	500.0	12 600	17 000	994.1	16 900	29 500
1980	25 300	523.9	13 255	18 000	964.3	17 358	30 613
1981	25 500	564.9	14 406	18 900	998.1	18 865	33 271
1982	25 600	587.3	15 036	19 260	1 022.3	19 690	34 726
1983	26 800	578.4	15 500	19 750	1 120.8	22 135	37 635
1984	27 800	593.5	16 500	21 500	1 103.5	23 725	40 225
1985	27 700	631.8	17 500	22 500	1 120.0	25 200	42 700
1986	28 400	651.4	18 500	23 000	1 140.5	26 232	44 732
1987	29 818	654.0	19 500	23 150	1 115.5	25 823	45 323
1988	30 000	683.3	20 500	24 000	1 101.6	26 439	46 939
1989	30 200	711.9	21 500	25 800	1 101.6	28 420	49 920
1990	30 400	731.6	22 240	25 900	1 121.9	29 057	51 297
1991	30 700	750.4	23 038	27 458	1 044.3	28 675	51 713
1992	31 562	769.6	24 291	25 892	1 143.2	29 600	53 891
1993	31 700	799.7	25 351	26 100	1 181.8	30 846	56 197
1994	32 354	807.4	26 122	27 049	1 202.5	32 527	58 649
1995	32 789	814.8	26 715	27 658	1 296.9	35 870	62 585
1996	33 246	839.7	27 916	28 280	1 327.5	37 541	65 457
1997	33 291	875.0	29 128	28 410	1 362.5	38 708	67 836
1998	33 410	911.5	30 454	29 600	1 365.3	40 413	70 867
1999	33 424	976.4	32 636	29 159	1 449.6	42 268	74 904
2000	32 883	1 002.6	32 967	29 371	1 478.6	43 428	76 395
2001	34 108	1 012.0	34 516	30 386	1 494.2	45 402	79 918
2002	34 640	999.2	34 612	30 886	1 505.9	46 512	81 124
2003	35 803	976.8	34 973	30 998	1 547.8	47 979	82 952
2004	36 027	1 036.6	37 344	32 179	1 559.3	50 178	87 522
2005	36 586	1 086.7	39 759	33 173	1 569.7	52 070	91 829
2006	36 478	1 153.2	42 066	33 907	1 603.9	54 382	96 448
2007	39 729	1 178.5	46 822	35 108	1 613.0	56 630	103 452
2008	40 522	1 229.2	49 810	35 380	1 636.4	57 895	107 705
2009	41 461	1 259.0	52 200	36 166	1 652.3	59 758	111 958
2010	42 755	1 284.1	54 903	37 131	1 679.2	62 350	117 253
2011	43 717	1 321.5	57 770	38 193	1 711.1	65 352	123 122
2012	44 513	1 343.5	59 805	38 639	1 751.5	67 675	127 481
2013	44 791	1 388.5	62 195	39 286	1 793.1	70 443	132 637
2014	45 949	1 445.6	66 423	39 725	1 880.7	74 710	141 133
2015	47 168	1 561.3	73 645	41 190	1 856.2	76 459	150 104
2016	49 128	1 589.7	78 099	42 569	1 909.0	81 266	159 365
2017	50 905	1 642.9	83 634	43 188	1 997.4	86 262	169 895
2018	52 842	1 700.0	89 834	44 767	2 051.0	91 817	181 651
2019	53 000	1 698.1	90 000	45 000	2 044.4	92 000	187 633

数据来源:FAOSTAT, 2021。

附表 2 2001—2019 年印度各邦及地区牛奶产量

千 t

	2001—2002	2002—2003	2003—2004	2004—2005	2005—2006	2006—2007	2007—2008	2008—2009	2009—2010	2010—2011	2011—2012	2012—2013	2013—2014	2014—2015	2015—2016	2016—2017	2017—2018	2018—2019
印度全境	83 004	84 724	86 622	91 017	95 618	101 130	106 383	110 591	114 806	120 207	126 266	130 779	136 028	144 315	153 164	162 974	173 835	185 154
安得拉邦	5 814	6 584	6 959	7 257	7 624	7 938	8 925	9 570	10 429	11 203	12 088	12 762	13 007	9 656	10 817	12 178	13 725	15 044
阿萨姆邦	682	705	727	739	747	750	752	753	756	790	796	800	815	829	843	861	872	882
比哈尔	2 664	2 869	3 180	4 743	5 060	5 451	5 783	5 934	6 124	6 517	6 643	6 845	7 197	7 775	8 288	8 711	9 242	9 818
昌迪加尔	795	804	812	831	839	849	866	908	956	1 029	1 119	1 164	1 209	1 232	1 277	1 374	1 469	1 567
果阿	45	46	48	57	56	57	58	59	59	60	60	61	68	67	54	51	55	57
古吉拉特邦	5 862	6 089	6 421	6 745	6 960	7 533	7 911	8 386	8 844	9 321	9 817	10 315	11 112	11 691	12 262	12 784	13 569	14 493
哈里亚纳邦	4 978	5 124	5 221	5 222	5 299	5 366	5 442	5 745	6 006	6 267	6 661	7 040	7 442	7 901	8 381	8 975	9 809	10 726
喜马偕尔邦	756	773	786	870	869	933	1 007	1 026	971	1 102	1 120	1 139	1 151	1 172	1 283	1 329	1 392	1 460
贾坎德邦	940	952	954	1 330	1 335	1 401	1 442	1 466	1 463	1 555	1 745	1 679	1 700	1 734	1 812	1 894	2 016	2 183
卡纳塔克邦	4 797	4 539	3 857	3 917	4 022	4 124	4 244	4 538	4 822	5 114	5 447	5 718	5 997	6 121	6 344	6 562	7 137	7 901
喀拉拉邦	2 718	2 419	2 111	2 025	2 063	2 119	2 253	2 441	2 509	2 645	2 716	2 791	2 655	2 711	2 650	2 520	2 576	2 548
中央邦	5 283	5 343	5 388	5 506	6 283	6 374	6 572	6 855	7 167	7 514	8 149	8 838	9 599	10 779	12 148	13 445	14 713	15 911
马哈拉施特拉邦	6 094	6 238	6 379	6 567	6 769	6 978	7 210	7 455	7 679	8 044	8 469	8 734	9 089	9 542	10 153	10 402	11 102	11 655
曼尼普尔邦	68	69	71	75	77	77	78	78	78	78	79	80	82	82	79	79	82	86
梅加拉亚邦	66	68	69	71	73	74	77	77	78	79	80	81	82	83	84	84	85	87
米佐拉姆邦	14	15	15	16	15	16	17	17	11	11	14	14	15	20	22	24	25	26
那加兰邦	57	58	63	69	74	67	45	53	78	76	78	79	81	76	77	79	74	73
奥里萨邦	929	941	997	1 283	1 342	1 431	1 625	1 598	1 651	1 671	1 721	1 724	1 861	1 903	1 930	2 003	2 088	2 311
旁遮普省	7 932	8 173	8 391	8 554	8 909	9 168	9 282	9 387	9 389	9 423	9 551	9 724	10 011	10 351	10 774	11 282	11 855	12 599
拉贾斯坦邦	7 758	7 789	8 054	8 310	8 713	10 309	11 377	11 931	12 330	13 234	13 512	13 946	14 573	16 934	18 500	20 850	22 427	23 668
锡金邦	37	45	48	46	48	49	42	42	44	43	45	42	46	50	67	54	59	61
泰米尔纳德邦	4 988	4 622	4 752	4 784	5 474	6 277	6 540	6 651	6 787	6 831	6 968	7 005	7 049	7 132	7 244	7 556	7 742	8 362
特伦甘纳邦	Na	Na	Na	Na	Na	Na	Na	Na	Na	Na	Na	Na	Na	4 207	4 442	4 681	4 965	5 416
特里普拉邦	90	79	84	86	87	89	91	96	100	104	111	118	130	141	152	160	174	185
北方邦	14 648	15 288	15 943	16 512	17 356	18 094	18 861	19 537	20 203	21 031	22 556	23 330	24 194	25 198	26 387	27 770	29 052	30 519
北阿坎德邦	1 066	1 079	1 188	1 195	1 206	1 213	1 221	1 230	1 377	1 383	1 417	1 478	1 550	1 565	1 656	1 692	1 742	1 792
孟加拉邦	3 515	3 600	3 686	3 790	3 891	3 983	4 087	4 176	4 300	4 471	4 672	4 859	4 906	4 961	5 038	5 183	5 389	5 607
安达曼-尼科巴群岛	23	26	25	24	20	23	24	26	24	25	26	21	14	16	15	16	17	18
昌迪加尔	43	43	44	43	46	46	47	47	46	45	45	44	44	44	43	36	42	45
哈维里	8	8	8	4	5	5	10	10	10	11	11	11	11	9	9	8	8	Na
达曼一第乌	1	1	1	1	1	1	1	1	1	1	1	1	1	1	1	1	1	1
德里	294	296	299	303	310	288	445	450	466	480	502	287	284	280	281	279	279	Na
拉克沙群岛	2	2	1	1	2	2	2	2	2	2	2	2	6	4	3	3	3	4
本地治里	37	37	40	41	43	45	46	46	46	47	45	47	47	48	48	48	49	49

数据来源：GOI，Basic Animal Husbandry Statistics 2019，Department of Animal Husbandry and Dairying，Ministry of Agriculture，Government of India。

Na 数据为缺失值。

附表 3　2001—2019 年印度各邦及地区奶牛生产水平

g/d

	2001—2002	2002—2003	2003—2004	2004—2005	2005—2006	2006—2007	2007—2008	2008—2009	2009—2010	2010—2011	2011—2012	2012—2013	2013—2014	2014—2015	2015—2016	2016—2017	2017—2018	2018—2019
印度全境	225	230	231	233	241	251	260	266	273	281	290	299	307	322	337	355	375	394
安得拉邦	209	231	238	250	260	268	298	316	342	364	391	409	413	436	475	522	574	623
阿萨姆邦	70	71	71	72	72	71	70	70	69	71	70	69	69	70	70	71	71	71
比哈尔	88	92	100	147	154	163	170	172	175	184	175	188	195	208	219	228	239	251
昌迪加尔	105	103	102	103	103	102	103	106	110	117	120	127	130	130	133	141	149	157
果阿	91	91	93	110	105	104	102	99	96	93	113	92	98	94	74	68	70	71
古吉拉特邦	317	321	330	344	349	372	385	402	418	435	445	476	506	527	545	563	592	626
哈里亚纳邦	645	647	643	631	628	624	621	644	662	679	720	767	800	839	877	930	1 005	1 087
喜马偕尔邦	341	339	337	378	373	393	420	424	397	446	447	460	461	466	505	521	542	565
贾坎德邦	96	94	92	127	126	130	132	132	130	136	145	146	146	147	152	157	165	177
卡纳塔克邦	249	229	190	194	197	199	203	215	226	237	244	262	272	276	282	291	313	344
喀拉拉邦	234	203	173	169	171	174	183	197	201	210	223	216	203	206	200	189	192	189
中央邦	240	236	233	233	262	260	264	271	278	287	308	327	349	386	428	468	505	538
马哈拉施特拉邦	172	172	172	176	178	181	184	188	190	197	206	213	219	228	239	243	256	266
曼尼普尔邦	86	85	85	90	92	91	91	90	88	88	80	80	80	80	76	75	77	80
梅加拉亚邦	78	78	78	81	82	81	83	83	83	83	74	83	84	84	83	83	83	84
米佐拉姆邦	43	45	44	46	43	46	47	47	29	31	35	36	40	53	57	62	63	64
那加兰邦	78	78	83	90	96	86	58	67	96	93	108	94	95	88	89	91	84	81
奥里萨邦	69	68	71	92	95	100	113	110	112	113	112	114	122	124	124	128	132	145
旁遮普省	892	895	898	917	943	957	956	955	944	937	945	961	980	1 003	1 032	1 075	1 120	1 181
拉贾斯坦邦	376	368	371	376	387	449	486	501	509	538	539	555	572	655	704	785	834	870
锡金邦	187	222	231	221	232	231	195	194	200	194	202	186	200	215	282	228	244	251
泰米尔纳德邦	219	198	198	204	231	263	272	274	278	278	265	541	280	282	283	294	300	322
特伦甘纳邦	77	66	68	70	70	71	72	74	77	80	83	88	95	103	109	114	123	129
特里普拉邦	241	245	250	254	262	267	274	278	283	289	310	312	318	326	335	348	359	371
北方邦	344	339	365	364	361	357	354	351	387	383	384	403	418	416	434	440	447	455
北阿坎德邦	120	120	120	124	126	127	129	131	133	137	140	145	145	145	145	148	153	158
孟加拉邦	177	195	183	165	135	148	146	154	137	142	187	131	84	90	87	89	92	96
安达曼-尼科巴群岛	131	127	127	115	116	112	106	101	95	87	117	103	101	97	93	76	86	90
昌迪加尔哈维里	100	97	95	45	53	50	94	91	86	83	89	101	98	74	72	62	62	62
达曼一第乌	17	17	16	10	11	12	15	15	15	14	11	13	10	10	10	5	9	11
德里	58	57	56	54	54	48	73	72	72	72	82	41	39	37	36	35	35	35
拉克沙群岛	90	87	43	45	64	79	79	84	84	71	9	82	219	147	113	110	120	119
本地治里	104	101	107	108	108	110	108	101	96	94	99	113	111	110	108	107	106	106

数据来源：GOI，Basic Animal Husbandry Statistics 2019，Department of Animal Husbandry and Dairying，Ministry of Agriculture，Government of India。

附表 4　1985—2019 年印度主要奶制品生产情况

年份	脱脂牛奶/kt	全脂炼乳/t	全脂奶粉/t	脱脂奶粉/kt
1985	2.7	Na	Na	Na
1986	2.7	400	Na	Na
1987	90	400	Na	Na
1988	144	400	Na	Na
1989	207	400	Na	Na
1990	315	400	65	30
1991	405	400	1 040	40
1992	504	400	13	50
1993	603	400	312	60
1994	711	400	1 560	70
1995	810	400	13	80
1996	1 080	400	130	98
1997	990	400	156	94
1998	1 440	400	13	133
1999	1 980	400	403	166
2000	1 710	400	1 170	144
2001	1 440	400	2 860	129
2002	1 800	400	494	155
2003	1 890	400	13	147
2004	1 800	400	4 420	147
2005	1 890	400	14 950	148
2006	1 800	400	3 250	151
2007	2 115	400	2 600	162
2008	1 800	400	8 450	163
2009	1 800	400	1 365	142
2010	1 800	400	13	140
2011	1 800	400	13	166
2012	2 250	400	13	183
2013	2 475	400	6 500	200
2014	2 454	461	2 126	207
2015	2 854	504	3 296	234
2016	3 045	535	4 695	251
2017	3 197	576	3 795	265
2018	3 473	616	4 495	286
2019	3 421	604	4 429	281

数据来源：FAOSTAT，2021。
Na 数据为缺失值。

附表 5　1961—2019 年印度主要奶制品生产总量

kt

年份	黄油（水牛奶）	奶酪（全脂牛奶）	酥油，黄油（牛奶）	酥油（水牛奶）
1961	86.0	Na	Na	347.0
1962	85.5	Na	Na	345.6
1963	83.5	Na	Na	344.0
1964	81.5	Na	Na	342.4
1965	80.9	Na	Na	363.1

续附表 5 kt

年份	黄油(水牛奶)	奶酪(全脂牛奶)	酥油,黄油(牛奶)	酥油(水牛奶)
1966	80.4	Na	Na	366.6
1967	85.0	Na	Na	364.0
1968	90.0	Na	Na	360.0
1969	65.0	Na	Na	360.0
1970	70.0	Na	Na	358.0
1971	72.0	Na	Na	360.0
1972	70.0	Na	Na	368.0
1973	73.0	Na	Na	365.0
1974	74.0	Na	Na	365.0
1975	101.0	Na	Na	450.0
1976	105.0	Na	Na	450.0
1977	108.3	Na	Na	449.6
1978	114.2	Na	Na	474.2
1979	118.1	Na	Na	490.5
1980	124.1	Na	Na	515.5
1981	130.1	Na	Na	540.2
1982	110.0	Na	Na	540.0
1983	120.0	Na	Na	550.0
1984	140.0	Na	Na	550.0
1985	150.0	Na	0.2	550.0
1986	160.0	Na	0.2	560.0
1987	160.0	Na	5.1	590.0
1988	170.0	Na	8.1	680.0
1989	130.0	Na	11.6	750.0
1990	130.0	Na	17.6	890.0
1991	130.0	Na	22.6	920.0
1992	110.0	Na	28.1	950.0
1993	110.0	Na	33.6	1 000.0
1994	120.0	Na	39.6	1 080.0
1995	130.0	Na	45.1	1 170.0
1996	140.0	Na	60.1	1 260.0
1997	147.0	Na	55.1	1 323.0
1998	250.0	Na	80.1	1 350.0
1999	296.0	Na	110.1	1 464.0
2000	330.0	Na	95.1	1 630.0
2001	500.0	Na	80.1	1 750.0
2002	530.0	Na	100.1	1 870.0
2003	540.0	Na	105.1	1 910.0
2004	570.0	Na	100.1	2 030.0
2005	600.0	12.0	105.1	2 150.0
2006	615.0	12.0	100.1	2 210.0
2007	636.0	12.0	117.6	2 283.0
2008	652.0	6.0	110.1	2 338.0
2009	670.0	1.5	100.1	2 405.0
2010	715.0	1.5	100.1	2 568.0

续附表 5 kt

年份	黄油(水牛奶)	奶酪(全脂牛奶)	酥油,黄油(牛奶)	酥油(水牛奶)
2011	727.0	1.5	100.1	2 610.0
2012	759.0	2.3	125.1	2 727.0
2013	797.0	2.3	137.6	2 863.0
2014	814.0	3.1	135.8	2 949.0
2015	846.0	3.6	157.9	3 038.0
2016	871.0	3.8	168.5	3 129.0
2017	906.0	4.0	176.9	3 254.0
2018	933.0	4.4	192.2	3 384.0
2019	950.0	4.3	189.4	3 412.5

数据来源:FAOSTAT，2021。
Na 数据为缺失值。

附表 6 1961—2019 年印度鲜奶及脱脂奶粉进出口总量及产值

年份	鲜奶				脱脂奶粉			
	进口		出口		进口		出口	
	进口量/t	进口产值/千美元	出口量/t	出口产值/千美元	进口量/t	进口产值/千美元	出口量/t	出口产值/千美元
1961	0	0	0	0	41 890	13 644	0	0
1962	0	0	0	0	55 960	18 283	0	0
1963	0	0	0	0	46 820	16 926	0	0
1964	0	0	0	0	42 540	13 643	0	0
1965	0	0	0	0	36 510	12 680	5	3
1966	0	0	0	0	49 805	20 198	0	0
1967	0	0	0	0	37 820	17 323	0	0
1968	0	0	0	0	35 266	12 217	0	0
1969	0	0	0	0	36 477	12 330	0	0
1970	0	0	0	0	25 866	7 836	0	0
1971	0	0	0	0	37 515	14 595	0	0
1972	0	0	0	0	39 882	22 080	0	0
1973	0	0	0	0	28 607	15 843	0	0
1974	0	0	0	0	32 472	26 083	0	0
1975	0	0	0	0	29 290	10 440	23	16
1976	0	0	0	0	17 623	17 347	52	39
1977	191	34	1	1	28 525	28 566	408	465
1978	0	0	0	0	27 140	32 445	263	283
1979	1	1	51	87	25 553	31 993	0	0
1980	0	0	0	0	23 293	43 234	27	70
1981	0	0	0	0	46 251	71 100	0	0
1982	0	0	0	0	63 512	111 520	0	0
1983	15	16	0	0	11 726	18 561	0	0
1984	297	389	0	0	38 001	53 369	0	0
1985	0	0	0	0	31 000	40 000	0	0
1986	8	5	0	0	10 997	18 120	0	0
1987	4 369	4 577	0	0	26 639	40 012	431	1 138
1988	48	56	0	0	32 913	51 971	95	229

续附表 6

年份	鲜奶				脱脂奶粉			
	进口		出口		进口		出口	
	进口量/t	进口产值/千美元	出口量/t	出口产值/千美元	进口量/t	进口产值/千美元	出口量/t	出口产值/千美元
1989	0	0	0	0	17 974	28 779	177	218
1990	0	0	0	0	522	1 206	195	267
1991	88	10	0	0	310	525	809	1 264
1992	1 438	180	0	0	6 557	14 352	461	1 094
1993	0	0	0	0	2 254	4 629	902	1 375
1994	0	0	0	0	575	1 205	6 533	8 110
1995	0	0	0	0	1 131	2 605	3 011	5 154
1996	0	0	0	0	267	550	536	1 008
1997	0	0	0	0	675	1 132	1 390	2 202
1998	0	0	0	0	1 634	2 201	793	1 211
1999	410	73	0	0	16 884	22 985	3 386	4 979
2000	0	0	0	0	547	813	7 665	13 360
2001	6	2	0	0	50	50	17 628	29 574
2002	0	0	0	0	32	60	13 083	17 793
2003	0	0	0	0	4 313	7 700	5 700	10 332
2004	0	0	49	21	234	432	30 628	52 514
2005	0	0	2 215	1 064	244	476	47 334	94 915
2006	0	0	4 728	2 082	198	588	29 660	67 756
2007	0	0	7 089	3 791	405	1 434	38 515	131 305
2008	958	327	8 138	4 987	370	1 632	30 580	108 432
2009	21	15	5 176	3 120	3 754	8 418	18 735	43 625
2010	0	0	3 011	2 006	19 164	55 359	18 092	50 814
2011	21	34	9 118	4 854	32 445	123 683	3 005	9 152
2012	0	0	9 544	5 791	14 275	50 017	34 431	100 729
2013	135	174	5 105	4 245	443	2 200	145 395	484 656
2014	182	662	16 784	9 735	1 149	4 191	60 539	217 064
2015	144	431	4 742	3 693	212	365	17 158	48 921
2016	156	459	4 499	3 085	198	539	18 550	50 856
2017	700	884	7 058	6 011	1 294	3 248	9 490	28 978
2018	1 467	1 661	6 436	5 638	392	995	42 582	80 638
2019	569	1 449	13 091	9 860	783	2 011	8 442	17 265

数据来源：FAOSTAT，2021。

附表 7　2001—2017 年印度各邦奶牛冻精使用情况

千支

	2001—2002	2002—2003	2003—2004	2004—2005	2005—2006	2006—2007	2007—2008	2008—2009	2009—2010	2010—2011	2011—2012	2012—2013	2013—2014	2014—2015	2015—2016	2016—2017
印度全境	19 608	21 341	23 629	27 815	30 484	32 440	35 921	40 706	43 119	47 288	51 314	54 968	55 974	60 683	62 386	67 039
安得拉邦	2 670	2 962	3 104	3 358	3 408	3 595	3 982	4 780	5 003	3 896	4 074	4 198	3 905	4 047	4 073	3 998
阿萨姆邦	91	88	109	92	109	128	144	134	211	211	273	260	330	322	217	211
比哈尔	26	45	59	74	89	238	251	514	950	1 948	2 116	2 473	2 414	2 624	2 633	2 796
果阿	9	9	11	2	10	10	24	23	24	23	24	24	31	33	35	33
古吉拉特邦	645	776	717	2 856	3 207	3 695	4 057	4 371	5 167	5 390	5 547	5 897	6 147	6 609	7 054	7 376
哈里亚纳邦	802	899	935	1 212	1 422	1 739	1 897	2 011	2 171	2 301	2 866	2 975	3 268	3 210	3 271	3 138
喜马偕尔邦	394	416	419	453	498	525	572	628	687	714	801	890	928	976	990	999
卡纳塔克邦	1 867	2 046	2 108	3 055	4 005	4 154	4 673	4 958	5 268	5 579	5 893	5 339	5 246	5 673	5 630	6 120
喀拉拉邦	1 249	1 369	1 231	1 176	1 097	1 154	1 081	1 217	1 328	1 414	1 545	1 340	1 225	1 277	1 300	1 211
中央邦	292	345	398	473	597	661	748	782	849	909	1 141	1 205	1 277	2 388	2 725	2 823
马哈拉施特拉邦	1 960	1 960	3 425	2 312	2 347	2 488	2 412	3 153	1 890	1 934	1 940	2 184	2 327	2 443	2 225	2 185
曼尼普尔邦	15	10	40	14	15	16	13	12	13	11	12	14	14	14	12	12
梅加拉亚邦	29	24	26	28	26	22	24	27	28	28	27	27	27	27	29	28
米佐拉姆邦	6	5	5	5	5	5	4	4	4	4	3	3	5	5	5	5
那加兰邦	5	5	30	24	26	26	24	20	50	50				32	31	30
奥里萨邦	334	449	497	594	654	812	894	1 023	1 166	1 238	1 223	1 296	1 435	1 518	1 633	1 544
旁遮普省	2 229	2 743	3 012	2 773	2 834	2 286	3 303	3 077	3 445	3 576	4 007	4 227	3 643	3 831	4 175	3 986
拉贾斯坦邦	638	702	877	968	1 057	1 228	1 491	1 726	1 851	1 913	2 002	2 957	3 156	3 386	3 100	3 861
锡金邦	—	—	—	5	5	6	7	8	10	10	11	12	13	13	13	13
泰米尔纳德邦	3 235	3 228	3 102	4 186	4 582	4 638	4 849	4 975	5 285	5 966	6 035	6 442	6 577	7 355	7 723	7 920
特伦甘纳邦	63	64	66	67	78	89	86	94	106	120	125	129	144	155	152	167
特里普拉邦	1 703	1 736	1 784	2 194	2 334	2 433	2 617	3 013	3 710	4 342	5 433	6 435	7 134	7 475	8 395	11 360
北阿坎德邦	1 006	1 076	1 183	1 424	1 558	1 826	1 937	2 201	2 776	3 289	3 541	3 821	3 827	4 109	3 663	3 812
孟加拉邦	7	8	9	8	7	7	7	8	8	8	8	8	9	8	10	8
安达曼-尼科巴群岛	10	9	8	9	9	—	12	11	11	11	12	8	9	9	8	8
哈维里	—	—	—	—	—	—	—	—	—	—	—	—	—	—	—	—
达曼-第乌	—	—	—	—	—	—	—	—	—	—	—	—	—	—	—	—
德里	12	13	14	17	16	19	15	8	7	6	2	13	15	13	—	—
拉克沙群岛	1	1	1	1	1	—	1	1	1	1	1	1	1	1	1	1
本地治里	96	105	80	100	96	94	118	114	104	98	90	88	75	76	77	77
昌迪加尔	122	151	270	203	232	350	357	422	512	471	461	477	498	502	527	571
北阿坎德邦	92	97	109	132	160	196	233	278	334	301	421	401	403	567	591	614
贾坎德邦	—	—	—	—	—	—	88	123	150	238	254	327	445	498	642	714
特伦甘纳邦										1 288	1 426	1 497	1 446	1 487	1 446	1 418

数据来源：GOI，Basic Animal Husbandry Statistics 2019，Department of Animal Husbandry and Dairying，Ministry of Agriculture，Government of India。

以色列奶业发展报告

摘要:以色列国(The State of Israel),简称以色列,位于亚洲西部,属地中海型气候。其土地资源、淡水资源、耕地面积稀少、粗饲料资源严重匮乏,夏季漫长、高温炎热、干旱少雨,客观条件不适宜奶牛养殖。但以色列却是当今世界奶业最发达国家之一。这不仅是现代奶牛科技水平的体现,更是以色列奶业发展政策、路径、体制、服务、科技完美结合的结晶。以色列全国饲养产奶母牛绝大部分为荷斯坦奶牛品种,近年来奶牛存栏数量有所下降,但产奶量却稳步上升,表现出了良种与良法的完美结合,单产水平与饲养技术名列世界第一,并且所产牛奶含脂肪高、含蛋白质高。2018 年,以色列拥有 1 023 家奶牛场,11.87 万头以色列荷斯坦泌乳奶牛,年产奶量为 159.3 万 t,平均年单产 13.41 t,平均乳蛋白率 3.3%、乳脂肪率 3.7%。而且,细菌总数低和体细胞数低,99.5%以上的牛奶细菌总数在 5 万 CFU/mL 以下,93.7%的牛奶体细胞数在 22.5 万个/mL 以下。而截至2021 年 2 月,以色列拥有 715 家奶牛场,111.76 万头奶牛,平均乳蛋白率 3.43%、乳脂肪率 3.83%。

以色列养牛生产模式大体可以分为 3 类。第一类称基布兹(Kibbutz)即合作社,是一个集体所有制生产单位,组织内实行民主管理,社员各尽所能按需分配。基布兹奶牛场一般规模较大,机械化程度比较高,生产条件比较完善,成母牛存栏量在 200 头以上,一般配套建有乳品加工厂。第二类称莫沙夫(Moshav)即私人牧场,这种生产形式近年来发展很快,但一般规模较小,成母牛存栏量在 10~100 头,牛群规模占全国奶牛的 30%。一般没有配套的生产条件,饲料供给等生产条件靠社会化服务解决。第三类为农校农场。以色列奶牛业无论是集体牛场,还是个体牛场,管理相当精细,全部实行计算机联网管理,80%以上的奶牛场采用了阿菲金(Afimilk)和 SCR 等公司生产的数字化养殖系统,100%的牧场配备了现代挤奶设备。

以色列奶牛生产实行配额制,其奶牛生产体系由以色列奶牛场、以色列奶牛育种协会(Israel Cattle Breeders Association,ICBA)、Hachaklait 兽医服务组织、国家乳房健康与牛奶质量检测服务中心和牛奶加工厂组成,形成了完备的奶业社会化服务和保障体系,各组织各司其职,又相互协调,为以色列农场主提供从生产到销售各环节的服务,包括种源、饲养技术、产品销售、计算机管理和经营指导等。国家农业科研机构的作用则承担农业科研工作(现 70%~75%的技术研究由其承担)。

以色列现代奶牛育种工作始于 1926 年,主要由以色列奶牛育种协会负责全国奶牛改良、选育和提高。由于独特的气候地理条件,以色列非常重视引进遗传资源与本地牛杂交,培育具有高生产性能和适应能力强的生产群。经过不懈努力,最终培育出质量居世界首位的以色列荷斯坦奶牛品种。总体上看,1996 年前育种改良工作着重于提高奶牛单产和脂肪、蛋白质含量,1996 年后又进一步提高牛群的健康程度和利用年限。此外,以色列严格的奶牛生产性能测定(DHI)工作,有力保证了育种工作的准确性和奶牛群体生产水平的提高。

以色列奶牛饲喂采用全混合日粮(TMR)技术起始于 20 世纪 70 年代,现已全面普及。针对以色列耕地面积很少且自然条件不利于农作物生长、缺乏粗饲料而依赖进口的国情,以色列的奶牛营养专家充分利用多种工业原料辅料配制奶牛的TMR，取得了不错的效果。另外，以色列奶牛业有专门的饲料加工中心，负责加工和配送。不仅保证了奶牛饲料的适口性和营养全价水平，也可以多方利用饲料资源，降低饲料成本和奶牛场的运营成本。

在疫病控制方面，以色列有专门的兽医服务组织以及国家乳房健康与牛奶质量检测服务中心。它们都是非营利组织，95%的奶牛群疾控工作由兽医服务组织承担，与各农场长期合作，制定工作计划，承担疾病预防、控制以及兽药的经营管理。后者的主要目的是控制乳房炎的发生率，检测和改善奶牛、绵羊、山羊的乳房健康和奶质量。

以色列实行奶价定额化。以色列奶牛协会委托权威中介机构，每2年开展一次对不同规模奶牛场的全成本核算，提出成本分析报告，经协会与政府协商先定出一个价格，再加上适当的利润，制定出标准牛奶的收购价，全国统一实行，并在每个季度根据饲料价格的变化情况对牛奶收购价格进行适当调整。这样既保护了广大养殖者的利益，也有利于加工企业获得合理的利润，防止奶牛业剧烈波动，大起大落。以色列还实行奶牛养殖协会实验室承担原料奶第三方检测制度。以色列制定了原料奶收购标准，主要按照牛奶中体细胞和细菌总数的级别来划分牛奶品质的好坏，并给予不同的奶价，对于劣质奶还有适当的惩罚措施。而且在防止原料奶的药物残留、掺假等方面，积极引进高灵敏度的检测设备，做到了上下一致的高度重视。

以色列奶业的成功也得益于国家对奶业进行的宏观调控。2008年以色列议会通过了一项法律草案——《乳业规划法—2008》，通过法律来精细规范奶业生产的各个环节，有利于奶业的持续、稳定、健康发展，高产增效、节本增效、优质增效、环保控制有效。

总之，以色列奶业生产的成功在于技术体系的宏观稳定、牛场生产的定额、牛奶价格的稳定（乳制品消费价格稳定）、质量标准稳定、保护关税稳定等。这些不仅得益于科技的支撑，也离不开国家政策的宏观调控。确保了以色列奶业产业在经营模式、科技创新、产业政策等方面的完美演绎，这些内涵式的产业理念可为我国的奶业生产提供重要的借鉴和指导。

关键词：以色列　奶业　发展

以色列国（The State of Israel），简称以色列，位于亚洲西部，东接约旦，东北部与叙利亚为邻，南连亚喀巴湾，西南部与埃及为邻，西濒地中海，北与黎巴嫩接壤，是亚洲、非洲和欧洲的结合处。沿海为狭长平原，东部有山地和高原。属地中海型气候，夏季炎热干燥，最高气温39 ℃；冬季温和湿润，最低气温4 ℃左右。国土面积约为2.5万km^2，人口约为926万（截至2020年10月）。以色列可以分为4个不同的区域：海岸平原、中部丘陵、约旦大裂谷以及内盖夫沙漠。其中，内盖夫沙漠约12 000 km^2，占以色列约一半土地面积。人均淡水占有量不足世界水平的1/3。地中海沿岸的海岸平原从北部的黎巴嫩边界一直延伸至南部的加沙，该地区土壤肥沃而潮湿，是农业和水果栽种的重要地带。以色列交通主要以公路为主，从东部的耶路撒冷驱车到西海岸的特拉维夫仅需1个多小时。

自1947年联合国发布巴勒斯坦分治决议后的50多年来，土地贫瘠、资源短缺的以色列，坚持走科技强国之路，重视教育和人才的培养，经济得以较快发展。2020年，以色列国内生产总值约4 033亿美元，人均国内生产总值约4.4万美元。以色列高新技术产业发展举世瞩目，在电子、通信、计算机软件、医疗器械、生物技术工程、农业以及航空等方面拥有先进的技术和优势。以色列地处沙漠地带边缘，水资源匮乏（水面积不足1%），农业方面发展了特有的节水滴灌技术，将大片沙漠变成了绿洲。占总劳动力不足5%的农民创造了10%的国内生产总值，农民年均收入1.8万美元，大量出口优质水果、蔬菜、花卉和棉花等。以色列国在西伯来语中是“流着奶和蜜的地方”的意思，是当今世界奶业最发达国家之一。奶业是以色列农业的主要产业之一，其产值占农业总产值的16.5%。

1　奶业发展概况

以色列奶牛业在农业中占有领先地位。以色列气候炎热干旱，缺乏水源和饲料资源，饲养奶牛条件比较差，但是他们依靠自主创新、科技进步和奶业行业的有效协调，使以色列成为世界著名的袖珍奶业国，奶牛产奶性能世界最高。

以色列土地资源、淡水资源、耕地面积稀少，粗饲料资源严重匮乏，夏季漫长、高温炎热、干旱少雨，客观条件不适宜奶牛养殖。但恰恰相反，以色列的奶业却创造了奶牛单产、乳脂、乳蛋白单产为世界之最，这不仅是现代奶牛科技水平的体现，更是以色列奶业发展政策、路径、体制、服务、科技完美结合的结晶。

以色列奶牛生产可用“三高”“两低”和“四效”描述。“三高”即奶牛单产高、含脂肪高、含蛋白质高。2018 年，以色列拥有 1 000 多家奶牛场，11.87 万头以色列荷斯坦泌乳奶牛，平均年单产 13.41 t，年产奶量为 159.3 万 t，其中，乳蛋白占 3.3%(5.26 万 t)、乳脂肪占 3.7%(5.89 万 t)。但不同的季节，乳蛋白率和乳脂率也呈现出不同程度的波动(图 1)。“两低”是细菌总数低和体细胞数低，99.5%以上的牛奶细菌总数在 5 万 CFU/mL 以下，93.7%的牛奶体细胞数从 2001 年的 29 万个/mL 降低到 2016 年的 21 万个/mL。“四效”是高产增效、节本增效、优质增效、环保控制有效。

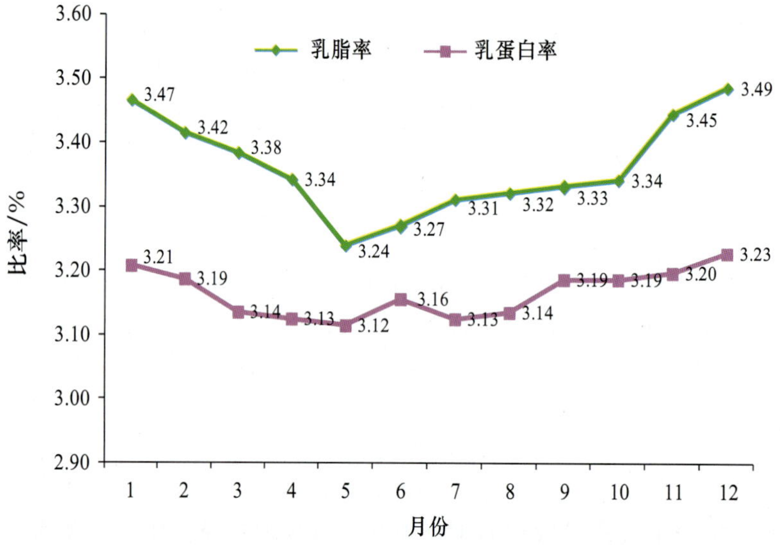

图 1　以色列奶牛随季节变化而呈现波动的乳蛋白率和乳脂率

以色列奶牛生产实行配额制，其奶牛生产体系由以色列奶牛场、以色列奶牛育种协会、Hachaklait 兽医服务组织、国家乳房健康与牛奶质量检测服务中心和牛奶加工厂组成，各组织各司其职，又相互协调，为以色列农场主提供从生产到销售各环节的服务，包括种源、饲养技术、产品销售、计算机管理和经营指导等。国家农业科研机构则承担农业科研工作(现 70%～75%的技术研究由其承担)，牛奶的销售价格也由政府根据市场行情每年制定一次，各奶牛场场主每年为每头奶牛缴纳 1.5 谢尔克(约 0.34 美元)就可得到政府科研机构和各组织提供的各项服务。

1.1　奶牛养殖业

以色列奶牛养殖的规模化、现代化程度都很高，奶牛场平均每人可饲养 100 头奶牛。而且采用了高强度选择和高淘汰率，全部采用数字化管理监测、全自动挤奶设备，生产效率比较高。以色列的牧场有集体和私有两种养殖生产模式。截至 2018 年,以色列拥有 1 000 多个奶牛场。

以色列第一个奶牛场建于 1880 年。现代奶牛业起始于 20 世纪 20 年代,当时全国奶牛存栏量只有 1 000 多头,奶牛平均单产 2.5 t。随着以色列人们对奶业消费量的增加,奶牛业也逐步发展起来,1948 年以色列建国之初,仅有奶牛场 88 个,奶牛存栏量 8 700 头,奶牛平均单产 4 t。建国后,政府高度重视奶业生产,加大了对奶牛业良种繁育、基础设施和科技推广等方面的投入,奶牛业获得了快速发展。2006 年奶牛存栏量达到 12 万头,平均单产 11 t。到 2018 年,以色列拥有 11.87 万头以色列荷斯坦泌乳奶牛(图 2),年产奶量为 159.3 万 t(图 3),平均年单产 13.41 t,其中乳蛋白占比 3.3%、乳脂肪比占 3.7%。从乳品进口国发展成为出口国。

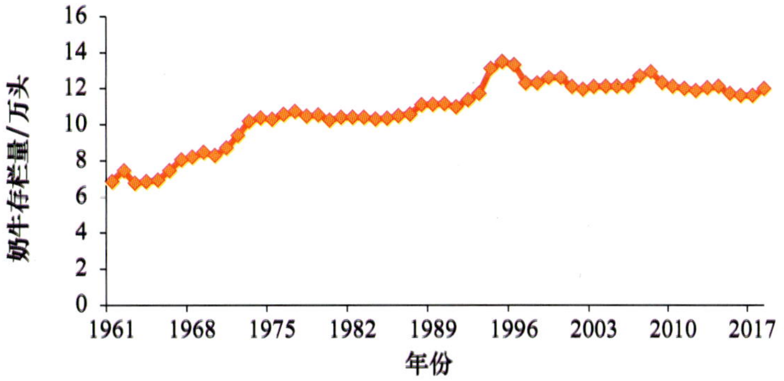

图 2 近 60 年以色列奶牛存栏数量变化

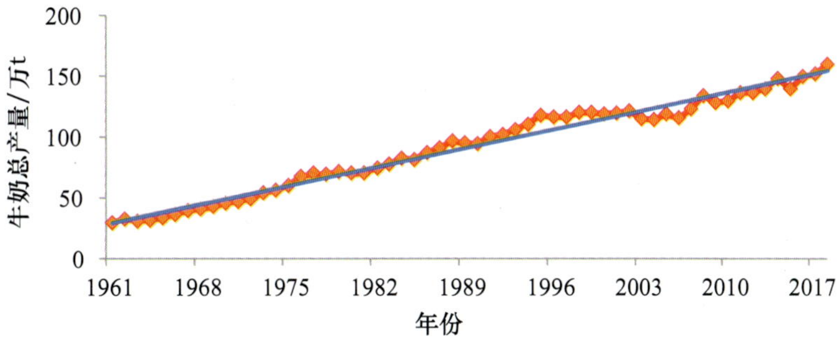

图 3 近 60 年以色列牛奶总产量变化

以色列养牛生产模式大体可以分为 3 类:第一类称基布兹(Kibbutz)即合作社,基布兹是一个集体所有制生产单位,组织内实行民主管理,社员各尽所能按需分配。基布兹奶牛场一般规模较大,机械化程度比较高,生产条件比较完善,奶牛牛群规模较大,成母牛存栏量在 200 头以上,一般配套建有乳品加工厂。第二类称莫沙夫(Moshav)即私人牧场,这种生产形式近年来发展很快,但一般规模较小,成母牛存栏量在 10~100 头,牛群规模占全国奶牛的 30%。规模较小的奶牛场一般没有配套的生产条件,饲料供给等生产条件靠社会化服务解决,以色列有完备的奶牛生产服务保障体系。第三类为农校农场(Agric. School Farms)。表 1 中概述了以色列 2000 年时养牛生产的模式统计情况。2006 年统计资料显示:全国共有奶牛场 1 025 家,其中 Moshav 经营的奶牛场 845 家,Kibbutz 经营的奶牛场 167 家,农校农场经营的奶牛场 15 家。Moshav 经营奶牛场平均年生产原料奶 56.4 万 L/个,Kibbutz 经营奶牛场平均 385.1 万 L/个,农校农场经营奶牛场平均 78.4 万 L/个。表 2 显示了 2010—2019 年以色列三种不同生产模式下牛场数量情况。

表 1 2000 年以色列两种不同生产模式下奶牛的生产概况

指标	Kibbutz	Moshav
农场数	220	1 000
平均存栏量	280	45
占全国存栏量百分比	62%	37%

续表 1

指标	Kibbutz	Moshav
占全国产奶量百分比	57%	41%
奶牛单产/t	12 475	10 510
单产乳脂量/kg	366	306
单产乳蛋白量/kg	344	290
日挤奶次数/次	3～4	2～3

表 2 2010—2019 年以色列三种不同生产模式下牛场数量情况

农场名	2010 年	2011 年	2012 年	2013 年	2014 年	2015 年	2016 年	2017 年	2018 年	2019 年
Moshav	774	776	762	756	657	625	598	583	573	547
Kibbutz	163	163	163	164	163	162	162	163	164	163
农校农场	15	15	15	15	14	14	14	13	13	13
合计	952	954	940	935	834	801	774	759	750	723

以色列奶牛淘汰率很高，这主要由于以色列饲草饲料资源缺乏，饲料成本高，奶牛单产的盈亏平衡点在 6 t 左右，提高单产是增加奶牛养殖效益的主要措施。近年来以色列奶牛存栏量是稳中有降，每年出生的后备牛中仅有一半成为后备生产群体。牛场对老龄牛、病牛及时淘汰，奶牛利用年限一般仅为 3～5 个产奶胎次。正是高强度选择和高淘汰率，才保证了高质量生产牛群。

1.2 乳品加工业

以色列奶业由国家统一调控，采取配额生产的办法，鲜奶价格由国家统一规定，饲养环节与加工环节均等利润。以色列乳产品加工以中小规模为主，几乎看不到像我国的伊利、蒙牛这样跨地区的大型乳品加工企业。乳制品主要为巴氏杀菌奶和奶酪、奶油等，除满足国内需求之外，还大量出口周边国家及欧洲和美国。

以色列最大的乳品加工企业 Tnuva 成立于 1926 年，Tnuva 每年可收购和加工 8.5 亿 L 鲜奶，2006 年最大处理鲜奶量达到 11.3 亿 L。冬季里过剩的原料奶就加工成奶粉和奶油，其中 2006 年生产的奶粉量为 4 550 t。此外，Tara 和 Strauss 公司每年分别收购和加工 1 200 万 L 和 115 万 L 原料奶。除此之外，54 个小型乳品厂每年还可以加工 400 万 L 原料奶。

2001—2006 年，以色列乳品加工行业也进行了广泛的改革。乳品厂对加工车间进行了专业化改革，利用世界上最先进的 Alon Tavor 设备，提高自动化程度。Tnuva 公司关闭了 Tel-Aviv 和 Haifa 加工车间，引进了 Rehovot 装置生产乳和乳饮料，同时也调整了硬奶酪和咸奶酪的专业化生产线，以作为犹太教规食物。Strauss 公司在 Ashdod 和 Netivot 的等地建立了乳品加工设备，撤掉了 Yotveta 车间。Tara 被可口可乐公司收购，建立了新的乳品车间。很多小型乳品加工企业也进行了加工设备的革新。另外所有的加工厂都是实行了污水循环利用，注重生态的友好发展，并且在牛奶精细加工方面取得较大经济效益。例如，一家叫 Ba'emek 的加工厂，专门收集所有加工厂的乳清转而加工成各种乳蛋白和乳糖。由于质量控制严格，以色列加工厂消除了任何不利于健康的因素。加工的全脂牛奶符合国际质量标准，牛奶运输标准是根据国际最高标准来制定的，以保证牛奶运输过程中的质量。车间生产线利用清洗工艺保持牛奶质量，并扩大储存时间。最后，采用具有完全制冷功能的运输车辆配送乳产品。以色列乳品行业在乳品贮藏和销售方面有许多先进经验，从小的贮藏间转运到大的自动化中心，各种商品调配有条理地发往全国各地。

以色列各乳品加工企业之间存在极大的竞争，不断革新的包装、不断多样化的乳产品，都极大地保护了消费者的利益。“消费者的满意才是以色列乳品加工企业的最终目的”。近年来，有限的以色列消费市场促使一些大的乳品加工企业把目标指向了国际市场，主要销往美国市场，尤其是犹太教徒消费群体。

1.3 乳品消费

2019 年以色列共生产牛奶约 154.3 万 t，绵羊奶约 1.67 万 t，山羊奶约 2.42 万 t。尽管饲料、人口增长、乳制品价格有所变化，但以色列的乳制品人均消费水平这几年变化不大，还略有增长。以色列市场上的乳制品品种丰富，并不仅有液态奶（高温消毒奶）。例如，2006 年以色列的乳制品消费结构中，鲜牛奶和软奶酪分别占 33％和 32％，其他的硬奶酪、发酵乳、黄油的比例各占 21％、13％、1％。近年来以色列对于液态奶的消费比例大大降低，而人们对于固态乳制品的需求量增加。但 2011 年软奶酪和鲜奶制品的消费比例降低，仅占 28％和 25％；硬奶酪消费比例上升，占 30％；发酵乳和点心占 15％，黄油占 2％（图 4）。近年来可涂抹奶牛乳酪日益受到以色列人的喜爱，年消费量达 5.3 万 t。2017 年以色列人均消费各种乳品 179 L/年，包括：饮用牛奶和乳饮料 52 L，液态乳制品 22 L，白奶酪约 13 kg（相当于 57 L）和硬奶酪约 5 kg（相当于 48 L）。

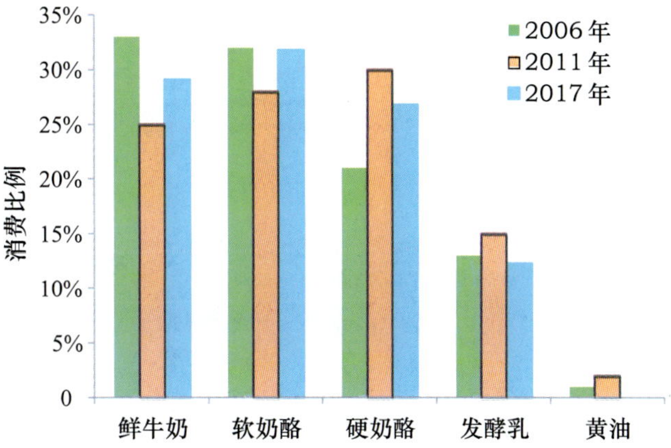

图 4　以色列近年来乳品消费结构变化

1.4 乳制品贸易

以色列乳制品的进口贸易没有平稳态势，尤其在近十几年来时有起伏。出口贸易额总体呈现一定的增长趋势，但仅限于部分乳制品，如干奶酪、奶油等。

2000 年，以色列进口农产品 19.6 亿美元，占进口总额的 6.1％，其中乳制品主要从美国、德国和荷兰进口，达 0.225 亿美元，其中干奶酪、脱脂奶粉的进口比重较大。农产品的出口额约为 9.4 亿美元，占总出口额的 3.7％，但乳制品的出口额很少，不足 1 亿美元，主要出口的乳产品是干奶酪。2009—2018 年，以色列乳制品贸易出现上升的趋势，包括奶酪、全脂奶粉、脱脂奶粉的进口量有上升的趋势（图 5）。这主要归因于 2008 年世界粮食价格上涨的影响，以色列牛奶等乳制品的价格平均上调 3.8％。以色列《国土报》报道，从 2006 年 1 月至 2007 年 6 月，全球小麦价格上涨了 75％，玉米价格上涨了 55％。这直接导致以色列奶业的饲料成本增加，因此鲜奶价格每升增加了 0.69 谢克尔（1 美元约合 4.3 谢克尔），即涨幅为 4％。黄油价格上涨了 33％，而奶粉价格上涨了 150％。近年来，美国对以色列乳制品需求持续增加，且对以色列乳酪、发酵乳及奶油需求高，2007 年以色列对美国出口乳制品金额约 600 万美元。

受宗教的影响，以色列的一些乳品贸易需要符合 Kosher 认证，（又称犹太洁食认证，Kosher Certificate），表明食品符合犹太教教规。进入犹太地区的食品应取得 Kosher 认证。认证机构主要有 AKO（Kosher 组织协会）成员，所颁发证书为全球犹太组织认可。非 AKO 成员的机构，所颁发证书国际认可程度不高。SKS Kosher 认证是比较著名的认证公司，在中国设有分支机构。Kosher 认证的基本程序为：向认证机构提交 Kosher 认证申请表；犹太 Rabbi（拉比，犹太教教长）审查申请表；通过审查后，犹太 Rabbi 检查工厂；检查合格，Kosher 总部颁发 Kosher 证书。证书有效期 1 年，续证程序同认证程序。

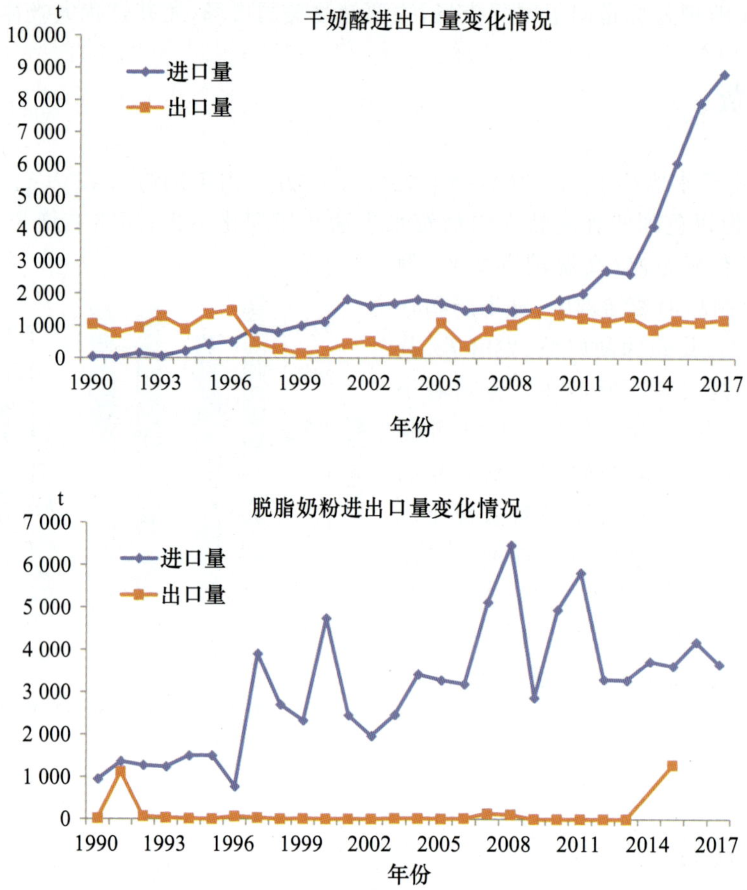

图 5　以色列干奶酪和脱脂奶粉的进出口量变化情况

2　奶业科技发展概况

2.1　奶牛育种与繁殖技术进展

以色列全国饲养产奶母牛绝大部分为荷斯坦奶牛品种，奶牛饲养主要集中在中北部气候较好的地区，南部沙漠地区很少从事养牛及其他农业生产。2007 年，因奶牛总产超过国家下达的配额数量，以政府开始淘汰年产 8 t 以下的低产奶牛，因此，近两年奶牛存栏数量有所下降，但产奶量却稳步上升，到 2018 年，奶牛平均单产达到 13.42 t，表现出了良种与良法的完美结合，单产水平与饲养技术名列世界第一。

以色列现代奶牛育种工作始于 1926 年，当时部分饲养奶牛牧场主发起成立了“奶牛饲养者联盟(Dairymens Union)”，该组织后来发展成为以色列奶牛育种协会(Israel Cattle Breeders Association，ICBA)，负责全国奶牛改良、选育和提高。由于独特的气候地理条件，以色列非常重视引进遗传资源与本地牛杂交，培育具有高生产性能和适应能力强的生产群。

在 1930—1940 年间，引进了部分荷兰种公牛与本地 Ballad 牛和 Syrian 牛杂交。以色列奶牛改良主要方式是级进改良，运用引进公牛与当地母牛杂交，产生的一代杂交母牛继续用引进公牛杂交，杂交三代母牛转入奶牛群，5 代以后形成典型的以色列荷斯坦奶牛。

早期改良数量有限，真正大范围改良是 20 世纪 40 年代，奶牛人工授精技术引进后，对奶牛进行广泛而大面积改良。以色列建有北部和南部两个公牛站，这两个公牛站最初从北美引进种公牛，制定严格的选种选育计划，育种目标明确，而且不断加以完善。1947 年，从加拿大进口 10 头荷斯坦公牛。其后这 10 头公牛及其后代通过人工授精技术而得以大量使用。1950 年第一次计算当地公牛奶产量的评定值。1963 年以来，几乎所有的以色列乳用母牛都与当地培育的公牛交配。1965 年使用“同龄比较法”计算公牛育种值，并第一次实现了计算机化，公牛选择是根据经济校正脂肪奶(ECM)。1965 年开始记录难产和犊牛死亡率。1980 年开始记录个体牛的受精结果。1987 年第一次计算繁殖力的育种值。1983 年，使用“最佳线性无偏预测法(BLUP)”代替“同龄比较法”估测公牛的奶和脂肪产量及难产和犊牛死亡率的育种值。1991 年，选择指数由 ECM 改为 PD91＝－0.274(千克奶)＋6.41(千克脂肪)＋34.85(千克蛋白质)。1992 年首次计算个体牛动物模型评定值，1993 年用这种方法代替了 BLUP 法对所有奶牛的奶、脂肪和蛋白质产量的常规性遗传评定。1991 年按照欧洲荷斯坦-绅里森协会推荐的方法，开始对 17 项结构性状进行评分。1992 年开始计算体细胞浓度和母牛繁殖力动物模型评定值。1996 年开始将体细胞加入选择指数中，进一步关注牛的健康状况。2002 年增加了奶牛繁殖率、持续力、长寿性和产犊难易性指标，以进一步提高荷斯坦牛的质量。总体上看，1996 年前育种改良工作着重于提高奶牛单产和脂肪、蛋白质含量为主，1996 年后又进一步提高牛群的健康程度和利用年限。经过不懈努力，最终培育出质量居世界首位的以色列荷斯坦奶牛品种。

在以色列，国家奶牛育种中心承担牛群的配种工作(图 6)。2018 年全国共有 50 多名人工授精员，每人担负 2 000～3 000 头牛的人工授精配种工作。不过，牧场主按在群成母牛及应配头数每年向繁殖育种中心缴纳一定的费用。

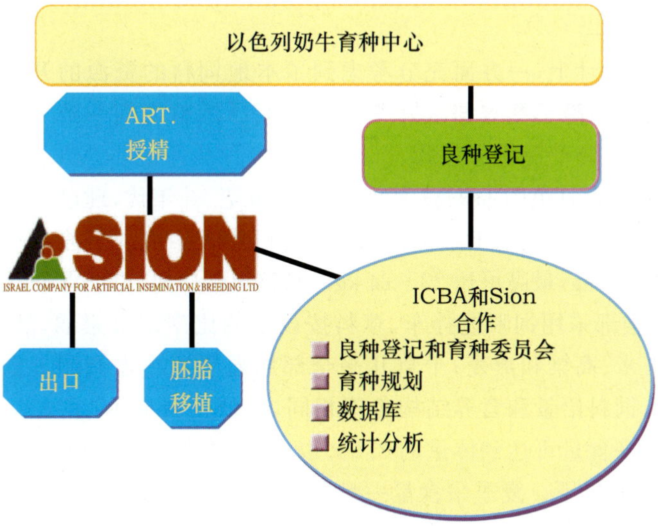

图 6　以色列奶牛育种中心组织机构

2016 年以色列奶牛的单产产量、乳脂肪率、乳蛋白率分别从 1990 年的 9 t、3.15%、2.9%提高到 12 t、3.7%、3.3%；体细胞数降低到 21 万个/mL 以下；1 kg 牛奶所需干物质从 2007 年的 0.78 kg 降低到 2016 年的0.74 kg(这一数据来自 Sion 育种公司)。可以说，这些数据的变化基本归功于奶牛遗传基因的改良工作。而这一工作的主要承担者就是 Sion 育种公司和 ICBA。ICBA 的 DHI 服务，奶牛、公牛的遗传评估工作以及 Herd Book 的建设为以色列的奶牛育种提供了准确的数据。Sion 育种公司承担以色列 95%牧场的配种服务以及负责全国奶牛的遗传改良工作。Sion 育种公司有明确的育种方向性，即抗高温、抗高湿、高产。同时 Sion 育种公司针对每头牛设计了具体的育种目标，育种值计算公式中提高乳蛋白率的比例为 41%，提高乳脂肪率的比例为 15%，提高怀孕率的比例为 16%，降低体细胞数的比例为 13%，延长使用寿命的比例为 8%，增强奶牛泌乳持续力的比例为 4%，降低难产率的比例为 3%。

优秀的品系培育和以色列奶牛生产性能测定(DHI)工作是分不开的。以色列自 1985 年起就建立了产奶记录中心实验室，配置了最先进的红外检测设备，对以色列母牛进行逐月测定脂肪、蛋白质、乳糖和体细胞数。2017年90%的牧场参与了全国的奶牛统一DHI测定。奶牛生产性能测定工作，有力保证了奶牛场数据的共享，为奶牛品种的选育、选种、选配工作提供了科学的支撑，保证了育种的准确性和奶牛群体生产水平的持续改良与提高。

以色列奶牛业生产有健全的数据管理分析体系，从20世纪30年代起奶牛的生产数据采集管理就没有间断过。每头牛都建立完整的谱系档案，记录生产繁殖详细数据。全部数据由ICBA分析管理并在网上公布。奶牛每月进行一次生产性能测定分析，依据测定结果指导生产。最值得借鉴的是，以色列按质论价的测试线也是在DHI测试中心，标样的校准是统一的，所以可以真正做到"按质论价"。

此外，近年来以色列将生物技术方法纳入育种计划中已经取得了初步成效。超数排卵和胚胎移植技术正在被用来增加来自优良母牛的公犊潜在数量。在瑞荷渥特的农业研究机构已经建立了一个遗传标记物实验室。使用遗传标记能验证所有年青公牛的父系，并能确定所有公牛的乳蛋白基因位点和与遗传疾病有关的基因位点。在胚胎移植之前确定胚胎的基因型和性别的技术也得到发展。一项发现和绘制影响经济性状的个别基因，并将它们"连锁"到根据其女儿表现水平设计的DNA遗传标记物上的计划已经启动。影响奶和蛋白质产量，影响脂肪和蛋白质浓度的特殊基因位点，在以色列和美国的奶牛群体中时有发现，以色列正在开发把个别数量性状位点的信息并入全国育种计划的方法。使用这些新技术，有可能将遗传进展率提高到25%。

2.2 饲料与营养技术进展

以色列在奶牛饲料配方设计上，一方面充分考虑到了本地饲料的资源的开发和充分利用，另一方面饲料配制、配送中心的供给模式保障了配方与实际生产中的成品饲料之间一致。总之，合理的饲料配方设计和科学的饲喂管理模式为奶牛高产提供了保障。

以色列奶牛饲喂采用全混合日粮(TMR)技术起始于20世纪70年代，现已全面普及。各奶牛场奶牛饲喂的精饲料以配合颗粒饲料为主，同时饲喂玉米粉、小麦麸皮和全棉籽。精饲料全部由饲料厂提供。泌乳牛日采食量干物质水平一般不低于21 kg，最高可达23～24 kg。日粮粗蛋白质、粗纤维分别占干物质的17%和42%，含水量一般在50%以下。全部采用饲喂搅拌车，草料按设定的比率定量索取，然后直接送到饲喂棚。各牛场自备青贮饲料，种类有玉米、高粱和燕麦；干草几乎全部用灌浆期小麦调制。依据奶牛年龄、泌乳量和妊娠阶段不同进行分群饲养，饲料给量和营养结构各不相同，降低饲料成本(表3)，以更好发挥生产潜力。泌乳期奶牛自由采食，干物质采食量可达到体重的3.5%以上，高产奶牛甚至达到体重的4%。干奶期奶牛干物质采食量控制在体重的2%以下。夏季采食量一般下降10%～15%，在此期间主要通过增加饲喂次数提高能量含量加以弥补。目前以色列1 L牛奶的饲料成本为0.56谢克尔(约折合人民币1.08元)。

表3 不同产量奶牛的每千克奶饲养成本、生存成本

产奶量/(L/d)	每千克全日粮		干物质采食量/kg	饲料成本/[元/(头·d)]	每千克奶饲料成本/元
	蛋白质/%	能量/Mcal			
18	14.5	1.55	17.6	30.1	1.67
25	15.0	1.66	20.0	37.6	1.50
35	16.0	1.70	23.5	47.3	1.35
45	16.5	1.75	26.5	54.1	1.20

针对以色列耕地面积很少且自然条件不利于农作物生长、牧场普遍使用的青贮饲料、小麦青贮、玉米青贮、苜蓿干草等粗饲料则需要进口的国情，以色列的奶牛营养专家充分利用多种工业原料辅料配制奶牛的TMR，取得了不错的效果。粗饲料资源主要有两大类：一类是青贮饲料、小麦青贮和玉米青贮，由于小麦种植范围广泛，小麦青贮成本又比玉米青贮低，所以在以色列小麦青贮被广泛应用；另一类是干草，有带穗小麦、大麦等禾本科牧草，也有三叶草、全株花生、豌豆蔓等豆科牧草，苜蓿使用得很少(只在犊牛培育阶段和

泌乳牛少量饲喂)。精饲料种类很多,有小麦、玉米、麦麸、DDGS、大麦麦糠、全棉籽、豆粕、玉米蛋白粉、菜籽粕、葵花籽粕。在以色列,橘渣、过期面包、鸡粪(70 ℃灭菌)也被广泛应用。以色列奶牛日粮中粗饲料和精饲料的比例为 35∶65(中国大多数为 50∶50),在饲料配方设计上所用的饲料品种主要考虑 3 个因素:一是生长生产需要;二是价格成本因素;三是来源稳定性,以达到技术、经济、效果最优化。

表 4 是干物质日粮为 20 kg 的泌乳牛 TMR(数值是湿物质)的一种配方示例:粗饲料占日粮的 30%~50%、饼粕 1~3 kg、含水副产品 3~8 kg 和干燥的玉米工业副产品 1.5~2.5 kg。

表 4 添加工、农业副产品配备泌乳牛日粮(日干物质量为 20 kg)的配方示例

项目	湿物质/%	项目	湿物质/%
粗饲料占日粮的 30%~50%(6~10 kg)		谷物占日粮的 30%~40%(6~8 kg)	
小麦青贮	8~10	玉米	3~4
玉米/高粱青贮	3~5	大麦	2~3
麦秸	1~2	黑麦/小麦/燕麦	1~1.5
高粱秸	1~2	高粱	0~0.5
饼粕(1~3 kg)		高纤维副产品/kg	
豆粕	1~2.5	全棉籽	0.5~1.5
葵花籽、油菜籽	0~1	麦麸	1~2
含水副产品(3~8 kg)		矿物质、纤维素和其他微量饲料/kg	
橘子皮	5~8	石灰	0~0.250
含水玉米蛋白粉	2~4	盐	0.1
啤酒糟	2~3	尿素	0~0.1
大豆皮+糖蜜混合;含水大豆纤维	2~3	缓冲剂	0~0.2
干燥的玉米工业副产品(1.5~2.5 kg)		维生素和微量元素混合物	0.01~0.05
玉米蛋白粉	1~1.5	其他/kg	
干酒糟	1~1.5	脂肪酸钙盐(过瘤胃脂肪)	0~0.35
胚芽粕	0~0.5	饲料添加剂(酵母、有机矿物质等)	0~0.1

以色列奶牛业生产专业化程度很高,有专门的饲料加工中心,把干草、青贮和精料混合加工后,用专用车辆配送到每个奶牛场和农户,饲养场及农户不用自己生产加工饲料。饲喂饲料提高了适口性和营养全价水平。由于饲料统一加工配送,饲料成本也相对较低。奶牛场饲料供应也有其组织体系,现主要分为 2 种形式:规模较大的奶牛场如 Kibbutz,一般场内配备饲料供应中心,而小规模的奶牛场如 Moshav,根据其饲养规模大小一般每 10~15 个场附近设立饲料配送中心,负责各场 TMR 的供应;距离较近的牛场,一般自己用小型饲料运输车到饲料配送中心购买,对那些距离较远的牛场,则由配送中心用大型运输车负责运输,以节约成本。目前以色列 60%的奶牛饲料来自区域性的饲料配送中心,共有 TMR 配送中心 24 家,配送半径 50~100 km,根据奶牛场的分布进行合理布局。

饲料中心的工作主要有:按市价收购并及时收获全株小麦、玉米青贮作物,采取大窖方式青贮;统一购买玉米、糠麸、棉籽饼和饲料添加原料;发掘和收购可作饲料的其他饲料资源;根据奶牛场的要求,设计奶牛全混合日粮配方;利用饲料搅拌机制作奶牛全混合日粮;利用运料车将全混合日粮送往奶牛场,或者奶牛场直接到饲料中心取料自己饲喂。这样做的好处有:一是保证奶牛饲料质量;二是多方利用饲料资源,降低饲料成本(表 3);三是减少了小规模农户购置设备和加工调制的困难;四是饲料中心实行微利经营,利润率控制在 2%,奶牛场得到了实惠。

2.3 奶牛疫病控制技术进展

Hachaklait(哈克雷兽医服务有限责任公司)是一个专业化的兽医服务机构,成立于 1919 年,是一个非营利组织。该组织与各农场长期合作，制定工作计划，承担疾病预防、控制与兽药经营管理，以色列 95%的奶牛群疾控工作由其承担，其利益与奶牛场直接相连，为奶牛场具体做的工作是：兽医每周为牛场定期服务1～2 次，负责牛场的 90%兽医服务，以及食品安全、动物福利、流行病的检疫等项目。每隔 6～12 d 对所有牛群进行定期健康循环检查和体况测定，发现病牛给予重点治疗，对干奶牛每隔 50 d 进行体况检查，60～80 d 受孕前干奶牛检查健康状况并完成疫苗注射工作，人工授精 42 d 后检查受胎情况。

国家乳房健康与牛奶质量检测服务中心成立于 1997 年，是个非营利组织，其运作费用来源于奶业协会，作用是检测、改善奶牛、绵羊、山羊的乳房健康和奶质量，乳房炎测控主要由乳房炎控制实验室（由北部 Caeseria、南部 Masmya 组成）和 Kimron 兽医学院乳房炎分析中心负责，实验室具有 ISO 17025 的质量管理证书。每个奶牛场每隔 10 d 抽样，有专人将样品送到实验室检测，主要测定奶牛体细胞和乳房炎奶，实验室根据检测情况，提供临床兽医检测报告，及时告知奶牛场，并提出应对措施和治疗方案，而且进行跟踪服务。并向社会提供针对实验室设备的使用和检查、乳品厂或是奶牛场的小型培训，出版技术文章，研发课题，牛场现场培训学习。

2008 年至今，绝大多数的以色列牧场使用了一种新型设备——乳成分在线分析仪（“魔盒”，图 7）。在挤奶的同时，能在线检测每头牛原料奶的各种成分，包含乳脂、乳蛋白、乳糖、总固形物、尿素、血、体细胞。其中体细胞又可分成 4 个类别：①体细胞＜20 万个/mL；②体细胞在 20 万～40 万个/mL；③体细胞在 40 万～80 万个/mL；④体细胞＞80 万个/mL。它能够每天 3 次检测每头牛产奶的乳成分，通过软件分析，找出存在健康问题的牛。

图 7　安装在鱼骨挤奶机上的“魔盒”（蓝色小盒）

2.4　奶牛场粪污处理与环境保护技术进展

以色列将奶牛场粪便污染处理作为产业化可持续发展的重要一环。以色列的奶业也有专门的粪污处理机构提供服务。通常，牛场运动场的牛粪不进行处理，主要通过翻耕、晾晒直接用于铺垫运动场。而牛舍、挤奶厅和待挤间的粪污，采用自动刮板机清理，非常方便、快捷，不需要人工。该系统将粪污推到粪污管道后输送到处理中心进行固液分离。固体部分烘干后作为肥料出售，液体部分净化后，供牛场循环使用，很好地节约了水资源，减少了对地下水资源的污染。

以色列发达的奶业社会化服务体系包括政府机构，如农业和农村推广部（MOAG）和以色列奶业协会（IDB），还包括 DHI 测定机构、育种公司及兽医服务公司、饲料配送中心、粪污处理机构等，这个完备的社会化服务体系，不仅为奶业生产提供保障，还提高了各机构的服务效率，使牧场内部劳动力的资源得到了合理配置。

2.5 机械化、设施化、信息化、数据化技术进展

以色列人口少，劳动力成本高，加之机械化、设施化程度较高，因此生产效率比较高，奶牛场平均每人可饲养 100 头奶牛。主要体现在以下几个方面。

(1)牛舍。以色列特别重视高科技的应用，奶牛场建设在基础设施方面投资很少，牛舍、通道等条件设施都比较简单，但科学、合理，现代化程度高。以色列奶牛全部采用钟楼式敞篷式牛舍，棚顶为石棉瓦或复合铁皮瓦。舍饲散栏饲养，对头或单列式布置。为给奶牛营造舒适的生产环境，防止热应激，奶牛舍和休息区全部配有喷淋-风机降温设施。每年 4—10 月使用，每天喷淋 3～5 次，然后用大功率风机加速水分蒸发。牛舍环境由计算机自动调控，可以让奶牛"住"得舒服(图 8)。值得一提的是，以色列奶业协会设有专项，对牛舍的改造予以补贴，大大提高了奶牛的舒适度，保证了奶产量的均衡性。

戈兰高地Aortl牛场新型太阳能牛舍

戈兰高地Aortl无颈枷的横杠式自由采食位

谢飞因（Shefayim）牧场开放式牛舍

谢飞因（Shefayim）移动式犊牛饲喂便携车

图 8　以色列牛场"以牛为本"的饲养模式

(2)牛场规划布局。大型牛场主要分为四大区，即母牛分娩区、小牛饲养和成长区、奶牛生活和产奶区，以及牛奶加工处理车间。在牛场中央建有中央控制室，专门负责本区牛群监管工作。工作人员通过计算机监控器，及时发现问题，并加以解决。

(3)运动场管理。为了更好地监测奶牛运动场的舒适性，以色列牧场开始使用一种新型计步器，以监测奶牛卧地的次数、每次卧地的时间、全天卧地总时间和站立总时间。正常情况下，奶牛每天卧地时间为 8.2～14.1 h，每次卧地时长为 0.9～1.4 h。基于这些数据就能轻松地找到卧地时间不足的奶牛，进一步监测其是否出现了健康问题。如果全群所有牛的卧地时间都很短，说明运动场环境出现了问题。

(4)饲喂。全部采用饲喂搅拌车，该车装有自动取草料设备，可以按设定的比率定量索取，混合搅拌后，直接送到饲喂棚。牛场没有专职管理人员和一切后勤服务人员，只有饲养工和挤奶工两个工种。

(5)牛场粪污收集处理。粪污处理全程是自动刮板机清理牛场粪便，方便、快捷地切断污染环节，而且通过分级处理实现了水资源的重复利用。

(6)挤奶。全部为计算机控制自动化挤奶台挤奶,挤奶台分并列式挤奶台和转盘式挤奶台两种,在挤奶台的牛位上装有个体计算设施,挤奶杯为自动脱落式。当奶牛挤奶时,如果发现牛正在生病,从它身上挤出的奶,将立即被机器倒掉,这头牛也将被安排接受治疗。另外,计算机可以监控每头牛的出奶情况,如果发现那些挤奶时间不长又回到挤奶机前,企图以挤奶之名寻找食物的牛,就会立即将其赶出挤奶位置。根据这些数据,可以科学、合理地选择出哪头牛可以接受人工授精,哪头牛因为年龄等影响,产奶量减少需要淘汰等。以色列奶牛场多数为每天 3 次挤奶,奶牛挤奶前在待挤间用水冲洗乳房,待挤间设有低位喷头,并有风干设备。挤奶机自动计量个体产奶,挤完后自动脱落,进行乳头药浴。采用翻转牛栏,不是排队走出,加快了挤奶速度。每天 24 h 3 次挤奶,间隔 8 h,分别是早上 4:00、中午 12:00 和晚上 8:00。每次挤奶时间大约 150 min。这也是奶牛场工作人员所承担的主要工作。

(7)运奶。牛场只要挤完奶,加工厂的大型运奶槽车会及时将奶集运回厂,每个槽车有自动计量装置和采样设施,功能非常齐全和先进。运奶人员现场采集两份奶样,一份供加工厂化验确定价格,另一份留给养殖场。工厂根据奶样测定出各个奶场蛋白质的含量输入计算机,各个养殖场可通过计算机网络查询生鲜乳质量和应得款项。如果没有异议,加工厂会在第一时间将奶款直接存入各养殖场账户。以色列牛奶运输采用国际最高标准来制定,以保证牛奶运输过程中的质量,车间生产线利用清洗工艺保持牛奶质量,而且乳产品配送车辆也具有完全制冷功能。

(8)数字化管理。以色列奶牛业无论是集体牛场,还是个体牛场,管理相当精细,全部实行计算机联网管理,70%以上的奶牛场采用了阿菲金(Afimilk)等公司生产的数字化养殖系统,该系统软件设计的针对性强,是奶牛场管理和分析的强大工具,不但可以用于日常管理,还能进行牧场长期生产规划。系统自动在线收集各种实时数据适时传输到系统软件进行记录和分析,生成各种实用的总结性报表。系统自动在线收集的数据包括奶牛的产奶量、乳成分(乳脂、乳蛋白、乳糖、体细胞数、血液含量、乳尿素氮等)、电导率、运动量、体重等,分析这些数据的变化可以发现多种问题,如电导率、体细胞数可用于乳房炎的在线检测,牛只运动量的变化可用于发情诊断,乳成分的异常变化可用于代谢病(如酮血病)诊断、饲养问题的及时发现等。对于诊断发情、出现健康问题的牛只,系统软件可以自动生成列表,用户向系统输入指令后,系统可以自动控制分群装置将特定列表中的牛只从牛群中分离出来,轻松进行牛只调动,节省劳动力,减少奶牛应激,提高工作效率。在系统的支持下可以实现真正意义上的精细饲养,系统通过对奶牛产奶量、乳成分、体重等数据的分析得出每头牛营养需要的变化,计算出补料量,实现因牛而异的定量补料。系统可以在计算机屏幕上直观显示每头牛的运动量曲线、产奶量曲线、体细胞含量曲线、乳脂肪曲线、乳蛋白曲线、乳糖曲线、体重变化曲线等。通过多方面的数据分析,系统可以及时地显示每头牛生产状态及健康状况,对生产监督、指导、评价、提高等起到了不可估量的作用。

这些庞大的数据,在奶牛挤奶时通过腿部个体身份识别装置,由阿菲金(Afimilk)软件自动传输到计算机数据库,不需要人为输入,极大地减少了劳动量,确保了数据的真实性、准确性。

3 原料奶质量控制与计价体系

为控制牛奶质量,以色列对于整个产业链的各个环节,如奶牛的品种、饲喂(饲料)、挤奶以及药物使用(抗生素)等整个生产过程都加以严格的监管。以色列在奶业生产中实行标准化后,原料奶脂肪和蛋白质含量分别为 3.52%~3.66%和 3.14%~3.24%,89%以上的原料奶细菌总数在 5 万 CFU/mL 以下。

3.1 提高原料奶质量的主要技术措施

牛奶中药物残留日益受到国际社会的关注,其中最重要的部分是兽药残留。兽药残留主要有抗生素、磺胺药类、呋喃药类、抗球虫药、激素药类和驱虫药类。β-内酰胺类(β-lactam)抗生素作为发现最早、用量最多的一类抗生素，在以色列原料奶质量检测中依然占有重要的位置。从每一家奶牛场送去加工的奶样第一步首先通过免疫学方法检测是否有 β-内酰胺类抗生素，然后接着利用其他的生物学进一步筛查其他的抗生素。目前，他们可以检测出其他特异的兽药残留成分以及一些非抗生素的化学成分，并且整个检测过程以及对于检测数据的显著性分析都有严格的监管和督查程序。

2012 年 6 月，在以色列 Tel Aviv 的 IDF/ISO（国际乳业联盟和国际标准组织）关于保障奶产品安全的研讨会后，启用了更新的傅里叶变换红外质谱仪（FTIR）的系统来进行监测原料奶的掺假问题。这一系统不仅可以检测已知掺假成分的牛奶（例如，对于三聚氰胺，可以灵敏到 75～100 μg/g 的浓度），而且可以通过分析和计算掺假奶与已有的正常奶成分之间的差异鉴别出掺假奶。这一红外技术不仅可以更快捷地将原料奶的质量问题做出反馈，而且也是在预防原料奶掺假问题上迈出的真正一步。

以色列的牛奶运输标准根据国际最高标准来制定，以保证运输过程中的牛奶质量。

3.2 提高原料奶质量的主要政策措施

以色列在国家层面上对于原料奶质量安全问题给予高度重视以及经济支持。奶业协会不仅要负责乳品配额生产中原料奶的供应，而且负责配额生产系统保障消费者享有安全的乳产品。原料奶收购标准是促进奶业健康发展的重中之重。以色列除了制定出良种繁育标准、饲料营养标准和饲养管理标准外，还制定了备受关注的牛奶收购标准。将牛奶的细菌总数和体细胞数作为重要指标，还包括抗生素、色泽和感观的评价参数，设置不同级别，定出不同的奶价。此外，以色列奶业协会大多数的研究都指向奶的质量和安全问题。

3.3 监控原料奶质量的主要方法及惩罚措施

目前，以色列收购原料奶的标准是检测牛奶的细菌总数和体细胞数含量，按照体细胞和细菌总数的级别来划分牛奶品质的好坏，标准的 1 L 牛奶包含：3.67％的乳脂、3.23％的乳蛋白，其中 1 kg 乳蛋白的价格是1 kg 乳脂价格的 2.6 倍。

体细胞数分为优质＋、优质、A、B、C 和 D 级共 6 级。“A 级”是正常收购价格；对优质＋、优质牛奶按质加价；“B 级”“C 级”“D 级”则按原料奶价格分别给予不同比例的罚款（表 5），体细胞数高于 70 万个/mL 则予以拒收。细菌总数分为优质、A 级、B 级、C 级共 4 级（表 6）。以色列实行以质论价、优质优价。体细胞数每毫升在 22.5 万～30 万个，细菌总数每毫升在 3.1 万～10 万 CFU 的 1 L 牛奶可以获得基础奶价（2018 年，每升2 谢克尔约合每升 3.6 元人民币）。如果有更高的乳脂肪率和乳蛋白率可以获得更高的奶价。

表 5 以色列按体细胞数确定牛奶的等级并给予奶农的奖惩标准

等级	体细胞数/(个/mL)	奖惩政策
优质＋	小于 14 万	奖励 1.6%
优质	14 万～22 万	奖励 0.6%
A 级	22.1 万～28 万	正常价格
B 级	28.1 万～32.5 万	惩罚 2%
C 级	32.6 万～37.5 万	惩罚 7%
D 级	＞37.5 万	惩罚 8%

表 6 以色列按细菌总数确定牛奶的等级并给予奶农的奖惩标准

等级	细菌总数含量/(CFU/mL)	奖惩政策
优质	小于 1 万	奖励 0.5%
A 级	1.1 万～5 万	正常价格

续表 6

等级	细菌总数含量/(CFU/mL)	奖惩政策
B 级	＞5 万	惩罚 3%
C 级	＞10 万	第一次惩罚 6% 第二次惩罚 8% 第三次惩罚 10%

3.4 原料奶计价体系

以色列实行奶价定额化。以色列奶牛协会委托权威中介机构，每 2 年开展一次对不同规模奶牛场的全成本核算，核算奶牛场有 150 家，约占总奶牛场数的 15%。中介机构定期提出成本分析报告，经协会和政府先定出一个价格，再加上适当的利润，制定出标准牛奶的收购价，全国统一实行。这样既保护了广大养殖者的利益，也有利于加工企业获得合理的利润，防止奶牛业剧烈波动，大起大落。为了保证城乡居民对奶的基本消费，政府和乳品加工企业制定鲜牛奶（占 33%）和稀奶酪（占 32%）销售价格，这部分乳制品约占全国乳制品的 65%，其他乳制品（发酵乳 13%、硬奶酪 21%、黄油 1%）采取市场价格。

以色列还实行原料奶第三方检测制度，以保证牛奶按质论价。奶牛养殖协会实验室承担第三方检测工作，每年进行 150 万份奶样测定，其中 70%为生产性能测定，25%为原料奶计价测定，5%为其他。奶样计价测定结果每天上午送达乳品加工企业，并保留检测奶样。乳品加工企业依据检验结果计价，向奶牛场支付奶款，如有争议则对留样进行复检，并做出仲裁。

4　科技推广体系

以色列建有完备的奶业社会化服务和保障体系，主要由奶牛育种协会、Hachaklait 兽医服务组织、国家乳房健康与牛奶质量检测服务中心、牛奶加工厂等组成，各组织各司其职，相互协调，为以色列农场主提供从生产到销售各环节的服务，包括种源、饲养技术、产品销售、计算机管理和经营指导等。国家农业科研机构承担农业科研工作（现 70%～75%的技术研究由其承担），牛奶的销售价格由政府根据市场行情每年制定一次，牛场场主每年每头奶牛缴纳 1.5 谢克尔（约 0.34 美元）即可得到政府科研机构和各组织提供的各项服务。

奶牛育种协会负责对各奶牛场的奶牛自出生到产奶各生产环节生产性能的记录和检测分析，包括犊牛生长发育情况、后备母牛体况评分、母牛人工授精受胎率、305 d 奶产量、乳脂率、乳蛋白等，具体由 Sion 建立种公牛站，负责冷冻精液供应和人工授精，并将从各场后裔测定来的数据分析后对每头种公牛基因进行评估，以及对每头奶牛产奶量与经济效益进行详细的分析与评估，并将结果通过网络实时告知各奶牛场场主。

Hachaklait 兽医服务组织成立于 1919 年，是一个非营利组织，每年必须收支平衡。全部农场主都参与该组织，农民为每头奶牛每月缴纳 2.5 美元，可以享受免费兽医服务和奶牛保险服务。兽医服务采取按区域包干的方式，有 38 名兽医分别负责各个地区的兽医服务工作，另有 8 名兽医作为这些地区的临时代理兽医。服务的领域包括关注奶牛群体健康和疫病防治，同时还关注饲料安全、动物福利和临床试验。兽医每周到每个奶牛场检查和就诊 2～3 次，为每个奶牛场出具周期报告，向奶牛场主提供关于如何改善奶牛健康状况以及如何提高生产和繁殖性能的建议。兽医服务有效地克服了周围国家疫情复杂困难局面，控制了奶牛疫病发生，最大限度降低了奶牛饲养风险，促进了奶牛业生产高效发展。在以色列，每头奶牛从出生后第一次免疫接种之日起，就获得了一个在全国唯一的注册登记号码。国家注册兽医将特定电子号牌加固在奶牛耳部和右后肢上，并在奶牛场及时将注册信息输入全国奶牛管理系统内。此后，兽医对每头奶牛免疫接种、治疗、产奶进行跟踪管理和品质检测，并分析奶质和判断奶牛健康状况，确定牛奶等级和收购价格。奶牛死亡后统一焚化，其注册号被注销。

国家乳房健康与牛奶质量检测服务中心成立于1997年，是一个非营利组织，其作用是检测、改善奶牛乳房健康和牛奶质量，乳房炎测控主要由乳房炎控制实验室（由北部Caeseria、南部Masmya组成）和Kimron兽医学院乳房炎分析中心负责，每个奶牛场每隔10 d抽样一次，有专人将样品送到实验室检测，主要测定奶牛体细胞数和乳房炎奶，实验室根据检测情况及时告知奶牛场，并提出应对措施。

5 促进奶业发展的主要政策

以色列奶业的成功也得益于国家对奶业进行的宏观调控，有利于奶业的持续、稳定、健康发展。2008年以色列议会还通过了一项法律草案——《乳业规划法—2008》。1992年正式写入《牛奶计划法》，2011年又一次对该法进一步修订，通过法律来精细规范奶业生产的各个环节。

5.1 促进原料奶生产的政策

以色列的牛奶生产采取配额限量生产的办法，牛奶生产由奶农、乳制品企业和政府协议组织进行，配额按年分配给奶农，下一年再协商分配，这有利于将奶业控制于社会需求的框架下合理发展，兼顾各方面的利益。

以色列奶业协会设立专项对牛舍的改造予以补贴，补贴的比例达40%，对缓解奶牛的热应激反应，取得了良好的效果（表7），基本保证了牛奶的均衡生产。

表7 有效避免热应激可以明显提高奶牛日产奶量 kg/d

季节	高产奶牛		低产奶牛	
	加强降温	日常降温	加强降温	日常降温
冬季	42.0	39.1	37.1	35.3
春季	42.3	39.2	39.1	36.2
夏季	42.0	35.7	38.0	32.0
秋季	42.1	36.9	38.1	34.1

5.2 促进乳品加工的政策

根据以色列法律，无论是集体奶牛场还是家庭奶牛场只可养牛，不允许生产和销售未经加工的牛奶，牛奶由乳品加工厂统一收购，这种做法有助于在保持供应与需求平衡的同时，使本行业得以持续发展并获得合理的经济效益。

5.3 促进原料奶收购的政策

以色列的牛奶价格由国家统一规定，具体是由政府、奶业协会（IDB）、牛奶加工企业和奶农协议确定，每2年成立一个特别委员会，通过对奶农的随机核查确定牛奶的生产成本，再加上适当的利润制定出标准牛奶的收购价，全国统一实行，并在每个季度根据饲料价格的变化情况对牛奶收购价格进行适当调整，牛奶按不同的质量等级定价，每个级别价格差为2美分。

5.4 促进乳品消费的政策

为了保证城乡居民对奶的基本消费，以色列政府有关部门协同乳品加工企业制定鲜牛奶和稀奶酪销售价格，其他乳制品采取市场价格。

2008年以色列议会还通过了一项法律草案——《乳业规划法—2008》，这一法案是以色列政府首次将组织乳品行业的各个角色（原料奶生产方、乳品加工企业以及消费者）全面纳入法制化轨道，进一步做好配额生产的严密计划，最根本的是针对奶价制定过程中以往自愿协商的模式和奶价制定相对滞后于市场运作进行调整，这也为以色列乳业协会提供了法律支持。这样做的目的是增强乳业生产效率，进一步巩固整个乳品行业，确保乳用产品的质量和安全，保证原料奶和乳用产品之间的稳定的供需关系，并制定更合理和规范的价格以保证生产者和消费者之间的效益。

5.5 关税保护政策

受宏观政策调控的影响，以色列对牛奶的关税保护水平非常高，在1999年甚至高达60%以上。随着以色列农业政策的改革和WTO规则的约束，牛奶的关税保护水平也在逐年降低，2012年已降低到35%左右，比1999年下降了一半。但与经济合作与发展组织成员国平均水平相比还是高出3倍左右。以色列的乳制品高关税政策对保护本国奶业发展，保护奶农利益起到了至关重要的作用。

6 值得借鉴的主要经验

不论从理论上还是实际上，以色列不是一个适宜饲养奶牛的地区，高温、缺水、缺草、劳动力昂贵等限制因素突出，而在这种环境条件下，以色列人却创造了世界奶业的奇迹，成为世界奶牛产业界的一面亮丽的旗帜。

以色列是WTO成员，市场化程度高，而在这种经济状态下，奶业的发展却具有高度的计划性，主要形式是“六定”，即技术体系宏观稳定、牛场生产定额、牛奶价格确定、质量标准稳定、保护关税稳定、部分乳制品消费价格稳定。而且这些国家层面的宏观调控措施得到了强有力的实施保障。这是我国奶牛养殖体系非常值得借鉴的地方。

6.1 经营模式方面的经验

实施科学化、信息化管理。科技，永远会在关键的时候真正为生产服务。以色列奶牛业之所以雄踞世界顶端，除了有优良品种作为基础外，另一个重要原因就是管理的科学化、信息化、精细化。以色列奶牛饲养全部实行计算机化管理，70%以上的奶牛场应用阿菲金（Afimilk）软件。

中国多数奶牛养殖场依然固守传统养殖观念，沿用落后养殖方式，管理粗放、效率低下，不断提高奶牛饲养的信息化、科学化水平是奶业发展的必由之路。尤其是在经过乳业震荡后，很多问题呈现在我们面前，很多环节需要控制。中国80%的奶源控制在散户手中，20%的奶源才来源于各个规模场，加上乳业的超速发展，难免会出现问题。关键是问题出现后，如何避免问题的重现，如何有条不紊地利用科技、利用现代化的管理模式来让中国乳业健康有序地发展，让越来越多现代化规模场的盈利能力逐步提升。这就需要现代化的牧场管理系统。“魔盒”（乳成分在线测试仪）就是现代化牧场管理系统的一个元素。牛只在挤奶的同时进行奶成分的检测，测出的数据将自动显示并保存在计算机中，系统不允许任何修改，保证了数据的真实性。这也对于奶牛的育种改良、奶牛体况监测以及奶源的控制等方面都极具有重要的保障价值。

推进奶牛精细化、设施化管理。当前，我国奶牛业亟须加强的是管理设施建设和养殖理念的转变。首先要用先进的数字化管理手段武装畜牧业，大力推行计算机应用，实现奶牛生产在线管理与质量控制。其次是提高挤奶机械化、自动化程度，以色列奶牛机械化挤奶接近100%。机械挤奶不但提高生产效率，而且减少奶的污染，提高乳制品质量。最后是牛的饲喂机械化，包括饲料投给、青贮收割机械化、秸秆和垫草粉碎等，积极推广全混合日粮饲喂。

在以色列，奶牛场的牛群修蹄、设备维修和灭蝇工作也是由专业的公司来完成的。

6.2 科技创新方面的经验

精准高效，现代适用的科学技术。信息化，数据化技术在奶业生产中发挥的至关重要的作用。以色列有一个全国奶牛信息系统，所有奶牛场实行计算机联网，牛场主的主要工作就是每天打开手机查看牛群各项报表。以色列在奶牛生产中所使用的机械设备全靠自己研发制造，阿菲金的智能信息化管理系统、牛群饲喂系统、牛舍冷却系统、挤奶系统、牛奶加工设备等不仅满足国内，还不断出口国外，阿菲金、SCR产品就是很好的例证。

加快奶牛良种繁育体系建设。良种是现代奶业的基础，良种改良是一项长期工作，高产牛群来源于长期不懈的育种工作，非一朝一夕所为。以色列优良奶牛品种是经过80多年、几代畜牧人与社会各界共同努力的结果。建立奶牛良种繁育体系是政府、行业协会、相关企业共同的责任，仅靠市场机制或单个企业是做不好、也做不到。长期以来，我国存在着重引进、轻培育，重使用、轻管理，重硬件、轻软件的现象，奶牛主要依靠进口，包括引进种母牛、公牛和冻精，进口母牛经过几年的使用就被淘汰，所繁殖后代没有经过细致选育，优良性能不是梯次上升，而是逐步退化。建立奶牛良种繁育体系，培育适合中国生产环境、具有自主知识产权的奶牛品种十分紧迫。

大力推行奶牛标准化饲养。促进奶牛业生产主体向企业化转变，引导小规模饲养户运用市场规则转让、联合、兼并，形成有一定规模的生产场，以规模保证效益，增大规模，降低管理成本，提高科技含量，降低单位产品资源消耗量。

开发因地制宜的饲料资源。以色列是世界上公认的资源贫乏的国家，包括其饲料资源，除依靠进口解决奶牛饲料供应外，充分利用农副产品下脚料是以色列奶牛业的一大特点，如橘子皮、棉花秸秆等经青贮发酵后均用作奶牛饲料，还有啤酒糟、干酒糟等经过奶牛营养专家充分利用多种工业原料辅料配制成奶牛的TMR(表4)，也取得了不错的效果。我国各地都有一些各具特色的企业，有大量农产品及其下脚料至今还未被开发利用，充分利用现有的资源，因地制宜也是发展之路。

6.3 产业政策方面的经验

继续实施奶牛良种补贴政策。改善奶牛品质，提高奶牛质量，公牛是关键，公牛对女儿牛的遗传贡献是母牛的9倍，优秀公牛培育对生产的影响是决定性的。公牛引进培育的核心是增加投入，引进培育种公牛，生产冷冻精液，利用人工授精技术仍是我国奶牛业应用良种的主要技术手段。以色列这样的发达国家也每年从国外引进活牛和遗传产品，丰富自己的遗传资源。奶牛良种补贴政策是现阶段我国加快奶牛改良步伐、提高奶牛单产的有效方式，要不断加大补贴力度，认真抓好落实。同时，要加强良种繁育体系建设，有计划、分步骤地做好重点种奶牛场的改扩建，不断完善基础设施和防疫设施。加快奶牛DHI测定站建设，建立专业化的奶牛登记、鉴定机构，搞好奶牛品种质量鉴定。允许引进世界上最优秀的种公牛和细管冻精，对现有奶牛进行改良。

以色列奶业协会对于牛舍的建设和改造，设有专项资金用以补贴，而且补贴力度达到40%，这不仅仅是一个政策支持，这对于以色列奶业整体水平上稳定奶产量，保证均衡生产、牛群健康，提高奶源质量等都有重要的意义。

6.4 其他方面的经验

切实发挥合作组织的作用。以色列ICBA相当于中国的奶牛协会，其主要职能为：①为政府部门管理奶业和制定政策提供咨询；②受政府的委托管理牛奶生产配额，收集、整理原料奶生产、加工、销售信息，检查禁止原料奶上市的执行情况；③制定原料奶收购价格，检查原料奶按质论价的情况，协调牛奶生产者、乳品加工者的利益；④管理牛奶生产的顺差、逆差和乳品的库存，拟定奶业标准；⑤开展培训和推广服务，提高奶业的专业化标准化水平；⑥促进乳品消费和出口；⑦发展国际交流与合作。业务范围包括育种、生产性能测定、饲料兽医服务和生产配额等方面，该协会对以色列奶牛业发展发挥了重要作用。大力加强宏观调控，对奶牛生产的各个环节具有战略性的指导作用，培育优良品种，协调各方资源，制定和完善生存标准或模式，调配各地的生存水平，稳定奶价，保护各方利益。

建立健全社会化服务体系。以色列所有牧场都能享受到专业机构的全面服务。专家技术队伍强大，让奶农在生产实践中获益匪浅。他们生产的高效率更多的是依靠社会化、专业化体系的支持。在以色列全国平均泌乳牛单产达到13 t，也不是每个牧场主的水平都很高，也存在不称职的牧场主，他们的最低单产也达到了8.5 t。原因很简单，每个牧场都能享受到专业的技术服务，TMR饲料都是饲料中心统一配料送货，配种也是使用优质冻精，疾病有专门的兽医来提供服务，配种根据数据系统的发情记录由种公牛站的配种员完成。奶牛的生产性能由DHI生产中心提供在线报告。以色列牧场场长更多的是在牧场解决实际生产中各方面的问题，他们可以迅速地做出判断，找到应该求助的部门，不存在盲目性，更不会找不到可以依赖的技术服务支持。

积极创新组织形式。以色列的基布兹即合作社模式值得我们认真学习。我国奶牛业养殖模式多种，有加工企业自办的养殖场，有养殖小区，还有大量散养。目前，我国已有一部分养殖场，还经营自己的产业（如鲜奶吧），并形成连锁的经营模式，这样养殖场与加工企业的利益合并，形成有效的牵制和联结机制，确保各自的利益。

另一个值得提的方面是牧场管理者的职责问题。以色列的牧场管理者都在牧场第一线指挥生产，并直接参与生产的各个环节，自己干活，衣着很脏。每天在牧场每个时间段里都知道自己要做哪些工作；特别是以色列的牧场都有数字化的管理系统，根据数据就会告诉管理者存在什么问题以及如何去处理，并且在第一时间亲自去解决。其次以色列牧场管理者都具备专业背景和牧场工作经验，态度很谦和，业务知识专业到位。他们在牧场的核心工作主要是时刻关心奶牛的健康，同时，牧场主要教育牧场的每位工作人员都要热爱奶牛，尊重奶牛，只有这样才能让奶牛发挥它的最大产奶性能。以色列牧场主管理的目标是围绕提高奶牛的舒适度，在牧场实行牛性化管理，“以牛为本”。

以色列成为当今世界奶业的强国不是偶然的。以色列的奶业强国之路值得我国奶业借鉴，给我国奶业发展之路以启迪。我国奶业的发展需要突出重点，加速推进实用技术的推广，如粗饲料资源开发利用、良种奶牛繁育技术及其社会化服务体系、养殖信息化和奶业数据的应用、国家层面的宏观调控政策体系等都有值得借鉴的宝贵经验。此外，乳品加工设备、因地制宜的饲喂原料研发、国产器械的研发、计算机管理技术等也要加大科研技术的研发，国家政策的调控，树立民族奶牛业独立自主的发展理念。

参考文献

[1]周俊玲. 以色列奶业发展的经验与启示. 世界农业，2009(8)：49-51.
[2]中国奶业协会代表团. 以色列、奥地利奶业生产考察报告. 中国乳业，2008(4)：72-76.
[3]刘焕营. 以色列奶牛养殖经验介绍. 中国乳业，2010 (3)：68-69.
[4]孙健，刘光磊. 以色列奶业的发展现状. 中国奶牛，2009 (4)：52-53.

[5]娄立华，柴国群. 以色列奶牛饲养业的考察. 中国乳业，2002 (3)：36-38.

[6]李胜利，王锋. 世界奶业发展报告. 北京：中国农业大学出版社，2014.

[7]谷继承,张朔望. 以色列高端牧场管理考察报告. 中国奶牛，2013 (20)：58-63.

[8]张志民. 奶业强国的发展之路——以色列奶业考察报告. 中国奶业，2018，196(4)：9-16.

[9]王礞礞,冯秋艳,王玉庭. 以色列奶业发展经验及对中国的启示. 世界农业，2018，470(6)：158-162.

[10]中国荷斯坦网. 以色列乳制品市场消费结构情况. (2011-04-20). http://www. hesitan. com/nnyw_gjny/2011-04-20/28985. chtml.

[11]中国荷斯坦网. 以色列的现代化奶业. (2009-11-09). http://www. hesitan. com/kxyn_ncjy/2009-11-09/2877. chtml.

[12]IDF/ISO Analytical Week 2012 documents. (2012-5-5). http://izbamleka. pl/wp-content/uploads/2012/07/Workshop-PG-S03-5-June-2012-announcement-2. pdf http://www. idf-iso-analytical-week. org/AgendaEvent. php? siteID=995&ID=1082.

[13]Mirsky Moshe. The dairy industry in Israel 2006. Israel cattle breeders association and Israel dairy board, 2006.

[14]Hlachmi I. Designing the automatic milking farm in a hot climate. Journal of Dairy Science. 2004, 87: 764-775.

[15]Knight C H. Editorial: Next generation dairying. Journal of Dairy Research. 2019, 86(1):1-2.

[16]Lokhorst C, de Mol R M, Kamphuis C. Invited review: Big data in precision dairy farming. Animal 2019, 13(7): 1519-1528.

参考资料

[1]http://ccn. mofcom. gov. cn/spbg/show. php? id=7089

[2]https://www. moag. gov. il/en/Ministrys%20Units/Spokesmanship%20and%20Publicity%20 Department/publications/Publications_18/Pages/Shavuot_eng. aspx

[3]https://www. dairyglobal. net/Market-trends/Articles/2021/2/Israeli-farmers-at-peace-with-govt-over-dairy-imports-708490E

[撰稿:山东农业大学　王中华　林雪彦　刘伟]

附　表

附表 1　1961—2018 年以色列奶牛头数、总产奶量和单产水平

年份	奶牛头数/头	总产奶量/万 t	平均单产/(kg/头)
1961	68 000	29.200	42 941
1962	73 500	32.550	44 286
1963	66 700	30.590	45 862
1964	67 500	31.390	46 504
1965	68 300	33.230	48 653
1966	73 600	35.910	48 791
1967	79 600	39.160	49 196

续附表 1

年份	奶牛头数/头	总产奶量/万 t	平均单产/(kg/头)
1968	80 700	40.560	50 260
1969	83 500	42.050	50 359
1970	82 000	45.370	55 329
1971	86 000	46.560	54 140
1972	93 000	49.030	52 720
1973	101 000	53.920	53 386
1974	102 800	56.150	54 621
1975	101 900	59.970	58 852
1976	104 400	67.540	64 693
1977	106 200	69.150	65 113
1978	103 700	69.000	66 538
1979	104 300	71.210	68 274
1980	101 500	69.040	68 020
1981	103 000	70.250	68 204
1982	103 000	74.250	72 087
1983	103 000	77.590	75 330
1984	102 000	82.130	80 520
1985	102 500	81.170	79 190
1986	103 850	87.040	83 813
1987	105 000	90.640	86 324
1988	110 000	96.410	87 645
1989	110 000	94.190	85 627
1990	110 550	94.160	86 079
1991	108 750	99.810	91 779
1992	112 700	101.670	90 213
1993	116 300	105.505	90 718
1994	129 814	110.660	85 245
1995	134 047	117.150	87 395
1996	132 224	116.000	87 730
1997	122 000	115.860	94 967
1998	122 000	119.712	98 125
1999	125 000	119.400	95 520
2000	125 000	118.520	94 816
2001	120 000	119.170	99 308
2002	118 537	121.260	102 297
2003	120 000	114.256	95 213
2004	120 000	113.809	97 341
2005	120 000	117.867	98 223
2006	120 000	115.000	95 833
2007	126 000	122.292	97 057
2008	128 000	133.518	104 311
2009	122 000	127.672	104 649
2010	120 000	129.206	103 365
2011	119 000	135.577	113 931
2012	118 000	136.352	115 553

续附表 1

年份	奶牛头数/头	总产奶量/万 t	平均单产/(kg/头)
2013	119 000	139.078	116 872
2014	120 000	147.539	122 949
2015	116 000	138.985	119 815
2016	115 200	149.220	129 531
2017	114 816	151.347	131 817
2018	118 737	159.251	134 121

附表 2　1961—2018 年以色列主要乳制品产量 t

年份	液态奶	奶油和奶酪	奶酪(所有种类)	炼乳	全脂奶粉	脱脂奶粉和干乳酪
1961	292 000	8 170	15 618	7 585	—	—
1962	325 500	10 110	17 646	8 197	—	—
1963	305 900	9 600	16 574	8 721	—	—
1964	313 900	13 300	20 135	9 600	—	—
1965	332 300	15 013	21 870	10 127	—	—
1966	359 100	15 878	22 608	10 088	—	683
1967	391 600	17 481	24 084	9 602	—	1 507
1968	405 600	18 724	25 618	10 247	—	1 060
1969	420 500	19 939	26 775	10 660	—	775
1970	453 700	21 994	29 740	10 716	—	783
1971	465 600	23 495	31 783	10 689	—	412
1972	490 300	26 496	35 607	11 174	—	233
1973	539 200	29 567	39 602	12 341	—	341
1974	561 500	32 330	41 937	11 684	—	470
1975	599 700	33 299	42 334	10 385	—	1 392
1976	675 400	37 148	46 216	10 800	—	2 870
1977	691 500	39 733	48 734	10 852	—	2 300
1978	690 000	43 370	53 726	12 051	—	1 650
1979	712 100	45 000	56 524	13 037	—	1 950
1980	690 400	39 447	51 626	10 208	—	4 660
1981	702 500	42 331	56 151	12 299	—	2 880
1982	742 500	44 775	60 131	14 200	—	2 260
1983	775 900	46 566	62 842	15 388	—	2 075
1984	821 300	47 866	63 429	15 468	—	2 735
1985	811 700	50 031	65 239	16 426	—	2 400
1986	870 400	51 774	66 949	17 764	—	5 025
1987	906 400	55 671	71 115	18 280	—	6 125
1988	964 100	58 649	73 998	18 720	—	6 950
1989	941 900	60 174	74 177	16 636	—	8 600
1990	951 600	60 209	75 582	16 672	—	7 175
1991	998 100	60 890	76 664	18 536	—	11 300
1992	1 016 700	64 771	81 681	21 464	—	8 550
1993	1 055 050	66 454	84 827	23 162	—	11 100
1994	1 106 600	69 535	88 963	25 120	—	11 616
1995	1 171 500	72 289	91 987	26 040	—	14 039
1996	1 160 000	74 186	94 286	25 520	—	12 800

续附表 2　　t

年份	液态奶	奶油和奶酪	奶酪(所有种类)	炼乳	全脂奶粉	脱脂奶粉和干乳酪
1997	1 158 600	74 918	94 822	25 520	—	10 720
1998	1 197 120	74 400	95 080	26 320	—	11 100
1999	1 194 000	75 800	96 680	26 320	—	10 600
2000	1 185 200	78 100	99 600	26 000	—	9 200
2001	1 191 700	80 000	99 000	27 000	—	3 500
2002	1 212 600	82 000	101 200	27 000	—	4 000
2003	1 142 560	82 302	104 502	27 000	—	4 000
2004	1 168 090	102 000	124 200	27 000	—	5 200
2005	1 178 670	104 000	126 200	27 000	—	5 450
2006	1 150 000	106 000	128 200	27 000	—	5 450
2007	1 222 920	108 260	130 460	27 000	—	5 450
2008	1 335 180	109 660	131 830	27 000	—	5 450
2009	1 276 720	104 252	126 422	27 000	—	5 450
2010	1 292 060	104 300	126 470	27 000	—	5 450
2011	113 931	104 300	126 470	27 000	—	5 450
2012	115 553	105 000	127 170	27 000	—	5 450
2013	116 872	104 500	132 420	27 000	—	4 470
2014	122 949	104 500	132 420	27 000	—	4 470
2015	119 815	—	—	—	—	—
2016	129 531	—	—	—	—	—
2017	131 817	—	—	—	—	—
2018	134 121	—	—	—	—	—

注：“—”表示 FAO 没有统计数据。

附表 3　1961—2018 年以色列主要乳制品进出口贸易额　　千美元

年份	进口额					出口额				
	奶油	干酪乳	鲜乳	脱脂奶粉	全脂奶粉	奶油	干酪乳	鲜乳	脱脂奶粉	全脂奶粉
1961	0	6	0	1 514	0	—	13	0	0	0
1962	0	12	5	1 375	0	—	0	0	0	0
1963	0	4	6	1 477	0	—	1	0	0	0
1964	0	255	9	2 163	0	—	1	0	0	0
1965	0	423	0	3 925	0	—	21	0	0	0
1966	0	0	0	1 990	0	—	0	0	0	0
1967	0	0	0	1 918	0	—	0	0	0	0
1968	0	86	0	1 923	0	—	71	0	4	0
1969	0	109	0	2 893	0	—	125	0	16	0
1970	0	55	1	4 059	0	—	173	0	14	0
1971	0	330	73	6 087	0	—	353	0	15	0
1972	0	173	46	9 440	0	—	207	0	27	0
1973	0	311	98	8 575	0	—	105	0	96	0
1974	0	398	192	12 562	0	—	325	0	29	0
1975	0	80	0	10 640	0	—	185	0	22	0
1976	0	171	0	5 399	0	—	699	0	0	0

续附表 3 千美元

年份	进口额					出口额				
	奶油	干酪乳	鲜乳	脱脂奶粉	全脂奶粉	奶油	干酪乳	鲜乳	脱脂奶粉	全脂奶粉
1977	0	10	25	5 903	158	—	963	0	32	0
1978	0	87	4	7 215	180	—	1 421	0	0	0
1979	0	55	34	8 587	156	—	2 015	0	0	0
1980	0	66	134	4 461	167	—	1 948	0	423	0
1981	0	156	66	8 678	149	—	2 249	39	216	0
1982	0	506	2	10 178	194	—	1 877	54	6	0
1983	0	350	0	9 048	155	—	1 006	149	3	0
1984		922	0	4 909	107	—	1 732	231	430	0
1985	0	818	0	7 502	71	—	1 489	115	564	0
1986	0	841	0	5 513	115	—	1 831	49	531	0
1987	0	557	0	6 740	220	—	1 602	124	458	0
1988	0	473	0	8 307	212	—	259	204	208	0
1989	176	68	0	5 404	48	—	2 973	227	13	0
1990	158	102	23	1 695	68	—	2 630	565	24	14
1991	248	90	0	2 061	97	—	1 832	396	1 347	13
1992	342	684	0	2 307	210	—	2 285	494	79	1
1993	391	233	0	2 234	238	—	3 291	520	34	92
1994	75	829	0	2 518	365	—	2 334	398	14	0
1995	31	1 859	0	2 260	280	—	4 028	625	0	24
1996	0	2 175	0	1 744	421	—	4 340	542	73	0
1997	0	4 060	0	7 679	515	—	1 284	347	42	56
1998	0	3 159	0	5 675	317	—	969	384	0	21
1999	0	3 190	0	5 606	327	—	405	313	12	69
2000	0	3 925	1	10 993	281	—	656	370	1	1
2001	0	5 581	2	6 304	1 100	—	1 625	36	15	1 390
2002	0	5 320	4	5 091	3 000	—	1 553	1	0	3 437
2003	0	5 353	0	5 720	700	—	608	1	18	960
2004	0	6 776	0	7 856	383	—	697	0	24	14
2005	0	7 766	0	8 962	2 400	—	4 301	11	15	2 759
2006	0	8 076	0	8 753	259	—	1 906	3	46	2 752
2007	0	8 860	0	23 927	390	4	3 158	5	516	159
2008	0	10 620	0	28 006	485	0	5 783	0	545	71
2009	0	9 480	0	9 645	358	0	7 346	0	0	84
2010	0	12 786	0	18 703	12 430	0	6 975	—	—	—
2011	0	15 025	0	26 767	14 386	0	8 182	0	0	4
2012	0	17 721	0	12 843	13 922	0	8 053	0	0	2 587
2013	0	19 246	0	14 838	13 636	0	7 755	2	2	0
2014	—	31 086	—	17 367	13 806	—	7 830	2	—	7 835
2015	—	33 693	102	11 065	11 846	—	7 713	2	2 242	2 857
2016	—	43 125	135	11 464	11 825	—	7 232	15	—	—
2017	—	51 583	178	12 379	16 914	—	7 694	1	—	1
2018	—	—	—	—	—	—	—	—	—	—

注:“—”表示 FAO 没有统计数据。

附表 4　1961—2018 年以色列主要乳制品进出口贸易量

t

年份	进口量					出口量				
	奶油	干酪乳	鲜乳	脱脂奶粉	全脂奶粉	奶油	干酪乳	鲜乳	脱脂奶粉	全脂奶粉
1961	0	20	0	6 360	0	—	12	0	0	0
1962	0	21	25	5 630	0	—	0	0	0	0
1963	0	12	10	6 150	0	—	1	0	0	0
1964	0	324	15	7 540	0	—	1	0	0	0
1965	0	568	0	10 833	0	—	126	0	0	0
1966	0	0	0	5 688	0	—	0	0	0	0
1967	0	0	0	4 587	0	—	0	0	0	0
1968	0	141	0	7 258	0	—	75	0	8	0
1969	0	110	0	10 929	0	—	90	0	42	0
1970	0	164	2	12 110	0	—	154	0	49	0
1971	0	444	176	11 619	0	—	281	0	32	0
1972	0	158	40	8 251	0	—	152	0	60	0
1973	0	281	93	8 329	0	—	69	0	141	0
1974	0	350	59	10 000	0	—	175	0	23	0
1975	0	65	0	11 000	0	—	113	0	25	0
1976	0	106	0	4 500	0	—	420	0	0	0
1977	0	6	20	6 814	0	—	542	0	23	0
1978	0	92	3	11 902	0	—	896	0	0	0
1979	0	31	42	12 395	0	—	1 024	0	0	0
1980	0	37	176	2 730	0	—	957	0	504	0
1981	0	75	0	7 689	0	—	1 094	55	240	0
1982	0	240	2	9 850	0	—	1 042	80	6	0
1983	0	175	0	6 581	0	—	522	220	0	0
1984	0	600	0	6 394	0	—	979	360	400	0
1985	0	480	0	9 224	0	—	807	180	500	0
1986	0	430	0	5 740	0	—	1 032	70	450	0
1987	0	330	0	5 987	0	—	852	170	400	0
1988	0	253	0	5 062	0	—	203	270	170	0
1989	64	35	0	2 800	0	—	1 340	250	10	0
1990	60	50	15	947	2 757	—	1 065	600	20	30
1991	89	30	0	1 362	2 300	—	775	484	1 122	1 500
1992	330	150	0	1 271	2 100	—	950	550	65	840
1993	120	55	0	1 239	2 600	—	1 300	570	30	820
1994	25	220	0	1 500	3 450	—	900	430	12	1 450
1995	10	430	0	1 500	2 000	—	1 370	630	0	1 470
1996	0	510	0	770	2 478	—	1 475	550	63	2 450
1997	0	900	0	3 900	2 600	—	500	350	30	550
1998	0	800	0	2 700	2 700	—	290	400	0	800
1999	0	1 000	0	2 325	2 126	—	140	400	10	590
2000	0	1 127	2	4 739	1 527	—	220	473	1	120

续附表 4 t

年份	进口量					出口量				
	奶油	干酪乳	鲜乳	脱脂奶粉	全脂奶粉	奶油	干酪乳	鲜乳	脱脂奶粉	全脂奶粉
2001	0	1 819	4	2 448	2 351	—	445	57	4	98
2002	0	1 614	8	1 959	3 017	—	519	1	0	56
2003	0	1 691	0	2 459	2 687	—	231	1	18	0
2004	0	1 814	0	3 416	2 374	—	204	0	20	1
2005	0	1 710	0	3 277	3 187	—	1 094	15	8	9
2006	0	1 480	0	3 185	2 748	—	383	2	16	4
2007	0	1 536	0	5 123	2 638	—	851	4	132	15
2008	0	1 461	0	6 462	1 838	—	1 042	0	109	556
2009	0	1 481	0	2 864	2 476	—	1 411	0	0	3 296
2010	0	1 810	0	4 944	2 741	—	1 350	0	0	0
2011	0	2 016	0	5 814	2 616	—	1 249	0	0	1
2012	0	2 716	0	3 296	2 941	—	1 126	0	0	1 225
2013	0	2 627	0	3 276	2 426	—	1 287	2	0	0
2014	—	4 102	—	3 725	2 685	—	891	2	—	2 212
2015	—	6 058	45	3 614	3 399	—	1 172	1	1 288	1 341
2016	—	7 920	50	4 187	3 701	—	1 121	5	—	—
2017	—	8 821	92	3 658	4 139	—	1 190	0	—	0
2018	—	—	—	—	—	—	—	—	—	—

注:“—”表示 FAO 没有统计数据。

韩国奶业发展报告

摘要：本文主要从韩国奶业生产、加工、消费及贸易等4个方面阐述韩国奶业近60年的变化情况，并且介绍了韩国奶业的主要机构体系、技术措施及相关政策制度，在此基础上结合我国奶业的发展现状及不足之处，提出我国应当如何借鉴韩国奶业发展的经验。

朝鲜半岛地处亚洲大陆的东北部，冬季漫长寒冷，夏季炎热潮湿，春秋两季相当短。韩国的经济比较发达，虽山多地少，饲料缺乏，但奶业与日本一样获得成功发展。韩国奶业发展从无到有，逐渐壮大，现已经进入了规模化、高质化阶段。由于奶业的发展空间受土地和饲料的制约，近2年的发展速度出现减缓态势，奶牛数量和奶产量下降，对国外乳制品表现出更强的依赖性，已显现奶业发展的巨大局限性。近60年来，韩国生产的脱脂奶粉、全脂奶粉、炼乳、奶油和奶酪等主要乳制品产量逐年递增，牛奶消费呈现快速增长的趋势。同一些发达国家相比，韩国的奶牛业发展条件较差，而且允许进口价格便宜的产品，所以前景不容乐观。

韩国的奶业发展得到了政府的大力支持，为解决奶农资金上的困难，实施了由政府和银行向农民借款的做法。政府还非常注重对奶农的技术培训，并在全国奶牛养殖业推广人工授精技术，开展品种改良。同时，政府还根据各个时期牛奶生产的状况及时扩建乳品加工厂，以解决生鲜乳产能过剩问题。一直以来，对乳制品的进出口贸易实施严格的管理，关税高，配额少，保护国内乳业。通过以上措施，韩国奶业得到了快速稳定的发展，为其国民提供了丰富的奶制品。

韩国的奶牛饲养业从1962年才开始起步，并成立韩国家畜人工授精中心。在奶业发展的初期，主要依靠从国外引进优良奶牛繁育。在引进的同时，韩国的育种改良协会即开始进行谱系登记、生产性能测定、人工授精技术的推广、配种计划的制定、引进奶牛遗传资源的确认和后裔测定等工作，除了这些基础工作外，育种改良协会还和有关院校与科研机构进行合作，进行胚胎移植等多项研究工作。

近60年来，韩国奶牛饲养业进行了经营方式和饲养管理的革新；现代化奶业发展更加科学化、系统化；重视科学研究，推广TMR饲喂技术；掌握了精确估计干物质采食量的方法；重视生产粗饲料，对粗饲料进行适度氨化加工处理，可以提高奶牛对粗饲料的消化利用率；注重科学研究，提高奶牛产奶量，改善乳品质量；犊牛饲养技术日趋完善。

奶牛养殖过程中所产生的环境污染问题引起社会的广泛关注。奶牛场面临的主要环境问题是水、空气污染和生物多样性。奶牛场是温室气体排放的主要来源，而温室气体的产生主要来自肠道发酵（甲烷）和粪尿的排放（甲烷和一氧化二氮）。在韩国，部分粪便已经成为可再生能源之一。从粪便产生沼气具有很大优势。韩国非常重视沼气生产，尽管一些沼气厂管理非常成功，但缺乏操作技能的局限性仍然存在。韩国由于国土面积较小，土地紧张，缺乏足够农田消纳粪便污水或进行自然处理，一般采用工业化处理模式处理畜禽粪便，工业化处理模式包括厌氧处理、好氧处理以及厌氧-好氧处理等不同处理组合系统。目前普遍采用的粪污处理模式还有“还田模式”和“自然处理模式”。韩国十分注重畜牧业环保问题，所有的畜禽养殖场绝对不能向周围环境排放任何废渣和废水，韩国《饲料管理法》和《畜产品卫生处理法》对废弃物和污物的处理都有严格的限定，随意排放即可视为违法，将受到法律的制裁。为此，韩国政府和私营部门共同携手合作，把沼气项目作为公共事业。

在生鲜乳产量提高方面，推广 TMR 饲喂技术；开发新型添加剂，提高饲料利用率，提高生鲜乳质量；注重奶牛的育种和改良；严格执行“零排放”政策，保持奶业可持续发展；提高牛奶品质检测水平。韩国为了提高生鲜乳的质量，还提出了一系列主要政策措施，并采取一些监控生鲜乳质量的主要方法及惩罚措施。目前韩国乳品协会制定的生鲜乳价格评价体系如下：牛奶价格影响因素、根据季节和配额调整价格、卫生因素、牛奶质量等，而未来需要考虑的因素是根据消费者的口感，非脂固形物需要作为价格的因素，从目前的乳脂率为核心的价格体系中进行调整。

在科技推广体系方面，本文介绍了韩国主要的研究与推广机构及其运作模式以及韩国促进奶业发展的主要政策，包括促进奶业生产的政策、促进奶业加工的政策、促进奶业贸易的政策和促进奶业消费的政策等。本文介绍了韩国一些值得借鉴的主要经验：包括养殖规模适度，注重提高单产，降低生产成本等经营模式方面的经验；注重奶牛的育种和改良，增加良种奶牛数量，提高奶牛的总体效益，并注重饲料的开发和研究等科技创新方面的经验；通过“学生奶计划”的发展和推广，提高鲜奶消费量；严格实行养殖场建设审批制度，使奶牛养殖数量相对稳定；实施资金支持和生产补贴；严格执行“零排放”政策，保证畜牧业持续健康发展。此外，韩国奶业还有其他方面的经验，包括成立奶农协会，对农户和乳品加工商进行管理，并提供切实有效的技术指导；招募年轻的农场主，提升专业化水平；增强政府和企业的国家使命感等，很多经验都值得我们学习和借鉴。

关键词：韩国　奶业　发展

1　奶业发展概况

1.1　奶牛养殖业

韩国位于朝鲜半岛南部，北部与朝鲜接壤。韩国的总面积为 10.329 万 km^2。韩国的领海与太平洋最西部的海域交汇。韩国地形具多样性，低山、丘陵和平原交错分布。低山和丘陵主要分布在中部和东部，海拔多在 500 m 以下。太白山脉纵贯东海岸，构成半岛南部地形的脊梁；其向黄海侧伸出的几条平行山脉组成低山丘陵地带。平原主要分布于南部和西部，海拔多在 200 m 以下。北部属温带季风气候，南部属亚热带气候，海洋性特征显著。冬季漫长寒冷，夏季炎热潮湿，春秋两季相当短。韩国的经济比较发达，虽山多地少，饲料缺乏，但奶业与日本一样获得成功发展。韩国的奶业，起步于 20 世纪 60 年代初，1962 年韩国在开展新农村运动的旗帜下制定了“综合奶业开发计划”。该计划通过给农民一定的经济补助来鼓励农民养牛，同时允许从美国等国引进奶牛。在奶业发展的初始阶段，韩国就从美国等国多批引进了共 68 473 头优良奶牛。

1.1.1　韩国奶牛养殖规模及产奶量变化

韩国奶牛业发展从无到有，逐渐壮大，现已经进入了规模化、高质化阶段，这些与实施奶牛群体改良有很大的关系。1968—1985 年期间，每年都引进奶牛千头以上。1985 年以后，每年引进奶牛的数量大幅度减少，仅为了遗传、改良需要每年引进十几头。在引进奶牛的同时，韩国的育种改良协会即开始进行谱系登记、生产性能测定、人工授精技术的推广、配种计划的制定、引进奶牛遗传资源的确认和后裔测定等奶牛群体遗传改良工作。除此之外，育种改良协会还和有关院校与科研机构进行合作，进行有关胚胎移植等多项研究工作。牛群数量得到快速提高。奶牛群体遗传改良的实施对韩国奶牛的质量、产量的提高做出了贡献。20 世纪 90 年代韩国泌乳奶牛存栏量在 25 万头左右，总产奶量在 194 万 t 左右(图 1)，奶牛饲养头数和饲养农户保持增加，但 90 年代之后，农户的数量呈现逐渐减少，而每个牧场的存栏头数有增加的趋势(图

1)。韩国的奶业经过了 2 个快速发展时期，但由于它的发展空间受土地和饲料的制约，近几年其发展速度已缓慢下来，甚至已出现了饱和的迹象；再加上来自政府对环境污染管控压力，2010 年后总产奶量和存栏数呈下降的趋势。现在韩国奶牛单产经过不断进行良种选育，改善饲养方法，已达到世界级的水平。尤其是进入 21 世纪之后，韩国基本上不再从国外引进奶牛，发展奶牛业完全是建立在自己本国自繁自育的基础上。截至 2020 年，每户的平均存栏头数约为 67 头，每户一天产奶量平均达 929 kg(图 2)。2020 年韩国日平均产奶量 5 722 t，仍然供不应求，无法满足乳制品加工的需求，以进口鲜乳和奶酪充当其需求量。经过近 60 年的发展，奶牛的平均单产从 1961 年的 1 714 kg，提高至 2009 年的 10 675 kg(历史最高)，此后奶牛单产一直稳定在年产 10 t 左右(图 3)。韩国奶牛单产的提升得益于科技的进步和养殖场的改善，而相对稳定的单产水平意味着韩国奶牛养殖处于相对成熟阶段，但也是属于瓶颈期。韩国奶牛饲养中奶农户数在减少，而农户饲养规模有波动上升的趋势，奶农户数由 1986 年的 42 728 户下降到 2010 年的 6 347 户，并一直稳定在6 000 户左右，截至 2020 年年底为 6 160 户，每户存栏头数 1986 年 10 头逐渐上升，到 2010 年提高到 68 头，然后先上升后下降，2014—2020 年一直稳定在每户 70 头左右，这得益于奶牛养殖技术的不断进步。但受土地等资源的限制，韩国的奶业已显示出很大的局限性。

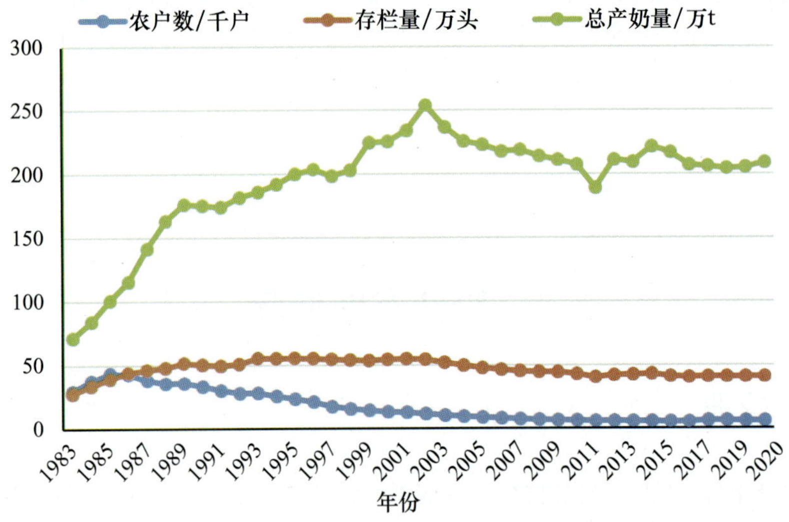

图 1　1983—2020 年韩国全国奶牛饲养规模和牛奶产量

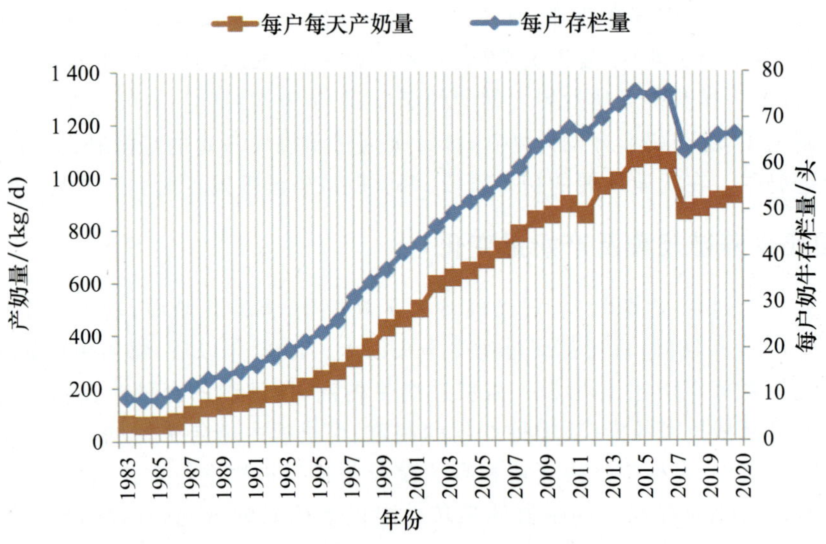

图 2　1983—2020 年韩国奶牛每户饲养规模和牛奶产量

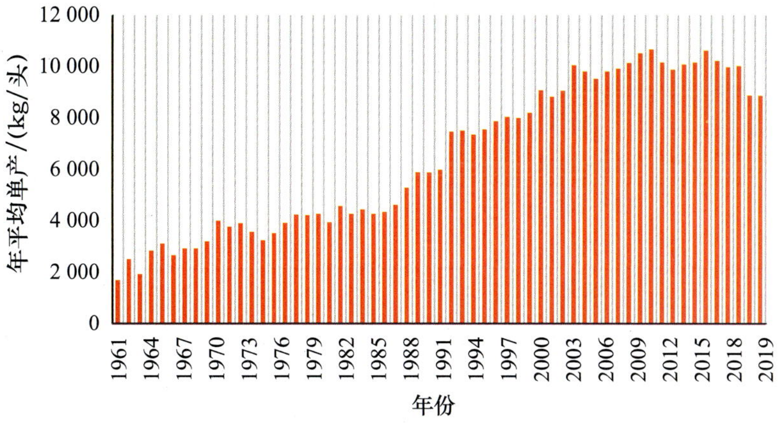

图 3　1961—2019 年韩国奶牛年平均单产变化

1.1.2　韩国奶牛养殖地区和养殖结构变化

韩国的农业原本也是以种植业为中心，畜牧业规模小以副业的身份存在，为种植业提供畜力和厩肥。随着 20 世纪 60 年代经济开发计划的实施，国民收入增长，食品消费结构发生了变化，畜牧业从量到质出现了巨变。韩国的奶牛饲养业一开始就呈现了城郊型的特点，将近一半的饲养户和奶牛集中在以首尔和仁川为中心的京畿道地区。为此，政府于 1969 年制定了“草地法”，加快草地建设，将奶牛适当向丘陵、半山区分散，把山地奶牛生产基地与都市消费相结合。随着奶业的进一步发展，韩国的奶牛养殖向全国扩散，奶牛存栏主要集中在京畿道、江原道、忠清北道、忠清南道、全罗北道、全罗南道、庆尚北道和庆尚南道，其中京畿道、忠清南道奶牛存栏分别占全国存栏的 38.8%和 16.3%(图 4，表 1)。

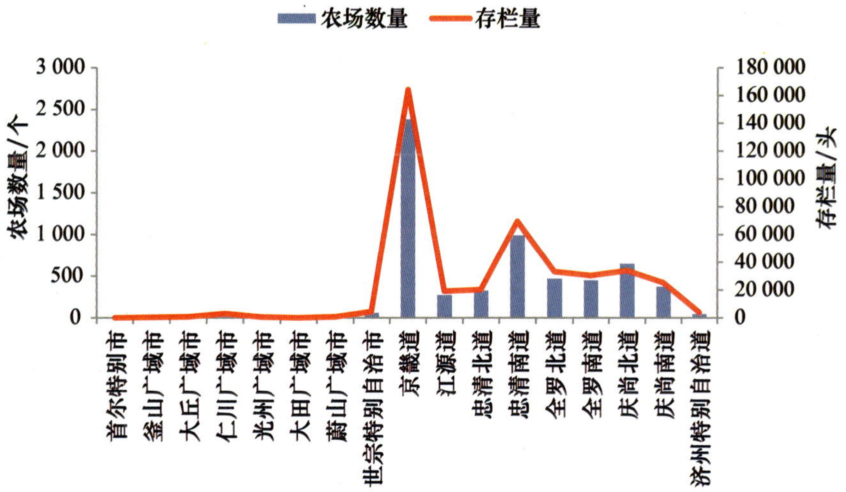

图 4　2020 年韩国奶牛养殖场及奶牛存栏区域分布

表 1　韩国各省市的牛群规模和牛场数量（截至 2020 年）

行政区划	饲养规模	农场数量/个	奶牛头数
全国	总计	6 160	409 805
	<20 头	1 468	8 409
	20～50 头	1 089	39 025
	50～100 头	2 196	159 662
	≥100 头	1 407	202 709

续表 1

行政区划	饲养规模	农场数量/个	奶牛头数
首尔特别市	总计	1	13
	＜20 头	1	13
	20～50 头	0	0
	50～100 头	0	0
	≥100 头	0	0
釜山广域市	总计	7	349
	＜20 头	1	7
	20～50 头	4	170
	50～100 头	1	65
	≥100 头	1	107
大丘广域市	总计	17	725
	＜20 头	6	21
	20～50 头	4	162
	50～100 头	6	418
	≥100 头	1	124
仁川广域市	总计	72	3 000
	＜20 头	25	151
	20～50 头	23	812
	50～100 头	21	1 560
	≥100 头	3	477
光州广域市	总计	9	598
	＜20 头	3	20
	20～50 头	1	32
	50～100 头	1	72
	≥100 头	4	474
大田广域市	总计	1	18
	＜20 头	1	18
	20～50 头	0	0
	50～100 头	0	0
	≥100 头	0	0
蔚山广域市	总计	23	783
	＜20 头	9	42
	20～50 头	7	212
	50～100 头	6	426
	≥100 头	1	103
世宗特别自治市	总计	61	4 478
	＜20 头	15	150
	20～50 头	6	224
	50～100 头	23	1 631
	≥100 头	17	2 473

续表 1

行政区划	饲养规模	农场数量/个	奶牛头数
京畿道	总计	2 380	164 072
	<20 头	465	2 894
	20～50 头	455	16 336
	50～100 头	897	65 268
	≥100 头	563	79 574
江原道	总计	276	19 142
	<20 头	53	229
	20～50 头	55	1 959
	50～100 头	102	7 272
	≥100 头	66	9 682
忠清北道	总计	327	20 279
	<20 头	80	547
	20～50 头	56	2 011
	50～100 头	125	8 878
	≥100 头	66	8 843
忠清南道	总计	991	69 446
	<20 头	220	1 333
	20～50 头	169	6 104
	50～100 头	366	26 855
	≥100 头	236	35 154
全罗北道	总计	471	33 253
	<20 头	132	738
	20～50 头	62	2 228
	50～100 头	146	10 788
	≥100 头	131	19 499
全罗南道	总计	451	30 408
	<20 头	126	570
	20～50 头	59	2 029
	50～100 头	144	10 444
	≥100 头	122	17 365
庆尚北道	总计	651	33 975
	<20 头	222	1 185
	20～50 头	117	4 105
	50～100 头	222	15 895
	≥100 头	90	12 790
庆尚南道	总计	374	25 320
	<20 头	94	428
	20～50 头	66	2 468
	50～100 头	122	9 048
	≥100 头	92	13 376

续表 1

行政区划	饲养规模	农场数量/个	奶牛头数
济州特别自治道	总计	48	3 946
	＜20 头	15	63
	20～50 头	5	173
	50～100 头	14	1 042
	≥100 头	14	2 668

数据来源：http://kosis.kr/eng/。

目前，韩国奶牛养殖规模以 50～100 头为主，占养殖场数的 37%，其次为＜20 头的养殖场，占 24%左右，养殖规模在 100 头以上的占 22%左右，存栏数在 20～50 头的占 17%左右（图 5）。

韩国奶牛存栏的 48%集中在 100 头以上规模的养殖场中，存栏 50～100 头的奶牛场饲养的奶牛头数约占总量的 41%，存栏 20～50 头养殖场饲养奶牛约占总量的 9%，存栏低于 20 头的养殖场饲养的奶牛头数约占总量的 2%。因此，韩国的奶牛养殖规模有扩大的趋势（图 6）。

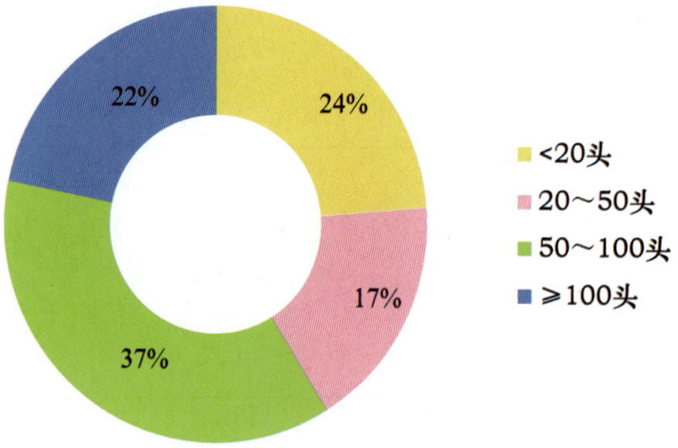

图 5　2020 年韩国奶牛养殖场养殖规模

（数据来源：http://kosis.kr/eng/）

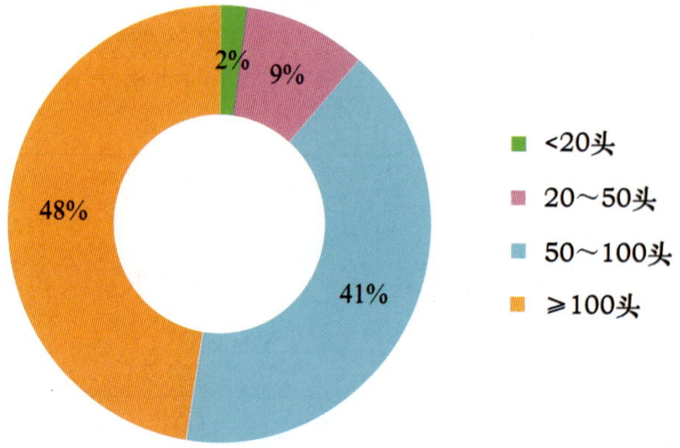

图 6　2020 年韩国不同规模养殖场奶牛存栏分布

（数据来源：http://kosis.kr/eng/）

1.1.3　韩国奶牛饲养费用

由于韩国饲料基础薄弱，超过 75%饲料资源依赖进口，其牛奶生产成本较高，2008 年的每千克牛奶成本在 3.36 元左右，而到 2010 年上涨到 3.68 元，2011 年由于饲料价格的上涨，每千克奶成本上涨到 4.12 元，并正式进入 4 元时代，而在 2012 年人工成本也开始大幅增加，相对于 2011 年提高了 65%，这也导致其每千克奶成本提高到了 4.51 元，2019 年每千克奶的生产费用上升到 4.58 元。每千克奶成本的升高与韩国奶牛养殖规模的降低是基本一致的，这可能是 2010 年前后奶牛养殖量下降的一个重要因素。从牧场规模来看，低于 40 头牛规模的牧场生产成本较高，相对于 40～60 头规模的牧场每千克奶成本要高 0.5 元左右，而40～60 头规模的牧场相较于 60～80 头以及 80 头以上的牧场，每千克奶成本又有 0.5 元左右的提高，而 60～80 头奶牛的牧场与 80 头以上规模的牧场近两年生产成本差异不大，这也与韩国奶牛养殖规模主要集中在50～100 头的结果一致。经过近 60 年的发展，韩国奶业已经相对成熟，对各部分成本的把控能力较强，近 10 年来，饲料成本一般占到 58%～62%，人工成本为 14%左右。

针对韩国特殊的地理形势和生产特点，当地人把泌乳牛饲养和育成牛饲养分离，寻找各生产阶段的比较优势，策划奶牛饲养业的专门化，建设出具有韩国特色的奶牛饲养经营模式：在地价低、有粗饲料资源的半山区建设育成牛专业牛场，建成以饲养优良育成牛为主业的家庭奶牛场，向城市近郊的以挤奶为专业的奶牛场提供育成牛。专业化生产既提高了生产技术水平，又降低了生产费用。他们已认识到，适当扩大饲养规模，采用科技提高单产，奶牛向生产费用较低、饲草丰富的山地转移，以提高竞争力，才是奶业健康发展的出路。此外，韩国的奶牛饲养与管理的技术和经验都比较成熟和到位，讲究奶牛营养的合理和均衡供给。

1.1.4 韩国原料奶质量及价格

韩国原料奶的品质已提升到世界最高水平。生鲜乳的细菌数与品质有密切的关系，原料奶从挤奶到冷却储藏的过程当中为了避免二次污染，应该彻底谨慎处理。就 1970 年一般牧场牛奶的品质而言，当时根本没有细菌管理的概念，因而其细菌数是远超过我们想象的。但从 1980 年后半期开始各牛奶企业和牧场纷纷出现提高原料奶质量的要求，随后原料奶的品质逐渐提高，细菌数也急剧降低。控制细菌数卫生分级制度，从 1993 年开始施行，迄今仍在坚持努力，目前维持细菌数 3 万 CFU/mL 以下的农户占全国的 89%，此水平是在世界任何国家也被认可的最高品质。

现行的体细胞分级制度是从 2002 年开始施行的，韩国一等级指标 20 万/mL 是比世界各国平均 30 万个/mL 还要严格的标准。将体细胞数控制在 20 万个/mL 以下，确实不容易达成，其前提是从奶牛的饲养到挤奶整个过程，包括对奶牛、工作人员、设备等各环节不断施行严格的卫生管理。一般而言，维持体细胞数 35 万个/mL 以下，仍属于良好等级，目前韩国牛奶体细胞数在 35 万个/mL 以下的农户占全国的 89%，已属于优秀的群体。

1.2 乳品加工业

近 60 年来，韩国生产的脱脂奶粉、全脂奶粉、炼乳、奶油和奶酪等主要乳制品产量总体呈上升趋势。20 世纪 60 年代，主要是从牛奶市场中扩大开发出加糖炼乳、无糖炼乳、加盐奶油、调制粉、天然干酪、全脂奶粉等。70 年代开始推出脱脂奶粉、液态酸奶、再制干酪、布丁产品等。80 年代开发出了糊状酸奶、饮用酸奶、有糖分解乳、低脂肪乳等，开发并试销片状干酪、混合果汁饮料等。到了 90 年代，开始出现功能性的高质量产品，以满足不同消费者的需求；通过加速产品的差异化，扩大乳制品的消费并促进企业的发展，以开发产品为基础，推出了健康性新产品。进入 21 世纪，考虑到消费者的安全和健康，大规模推出了环境友好、有机无污染的产品。目前，具有减肥功能和保健功能的乳制品在韩国市场上很受欢迎。如图 7 所示，截至 2019 年 3 月，韩国市场占有率最高的 3 个牛奶品牌分别是首尔牛奶、南阳好味牛奶和每日原味牛奶，占有率分别为 23.47%、15.44%和 4.80%。

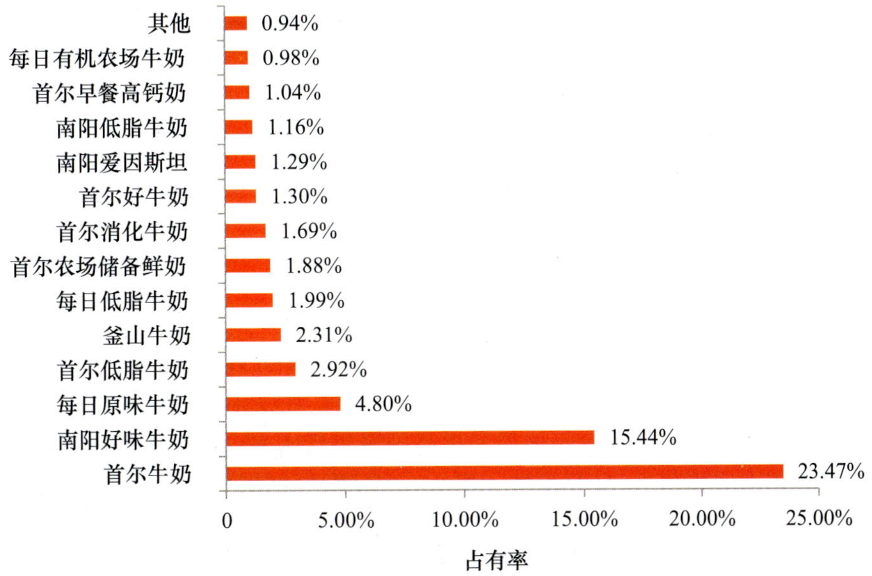

图 7 韩国不同牛奶品牌的市场占有率(截至 2019 年 3 月)

(数据来源：https://www.statista.com/statistics/783003/south-korea-milk-most-used-brands/)

韩国奶类总产量由 1983 年的 712 206 t 上升为 2020 年的 2 088 786 t。从图 8 我们可明显看出，各类奶制品加工量在这 60 年间总体呈上升趋势。2002 年后，受韩国地域和政府原因影响，国内牛存栏数目减少导致的牛奶产量减产，从而呈现下降趋势，但是较 20 世纪仍呈上升趋势。虽然国内生产量有所增加，但是我们从图 8 中了解到，韩国国内的需求量与此同时也在增加，国内奶制品产量还未能自给自足，仍需要从国外进口。截至 2020 年，韩国每日原料奶总产量约 5 722 t，从附表 3 中，我们可以知道，白色牛奶和加工牛奶能够实现自给自足，发酵乳的产量高于消费量，可用于出口。

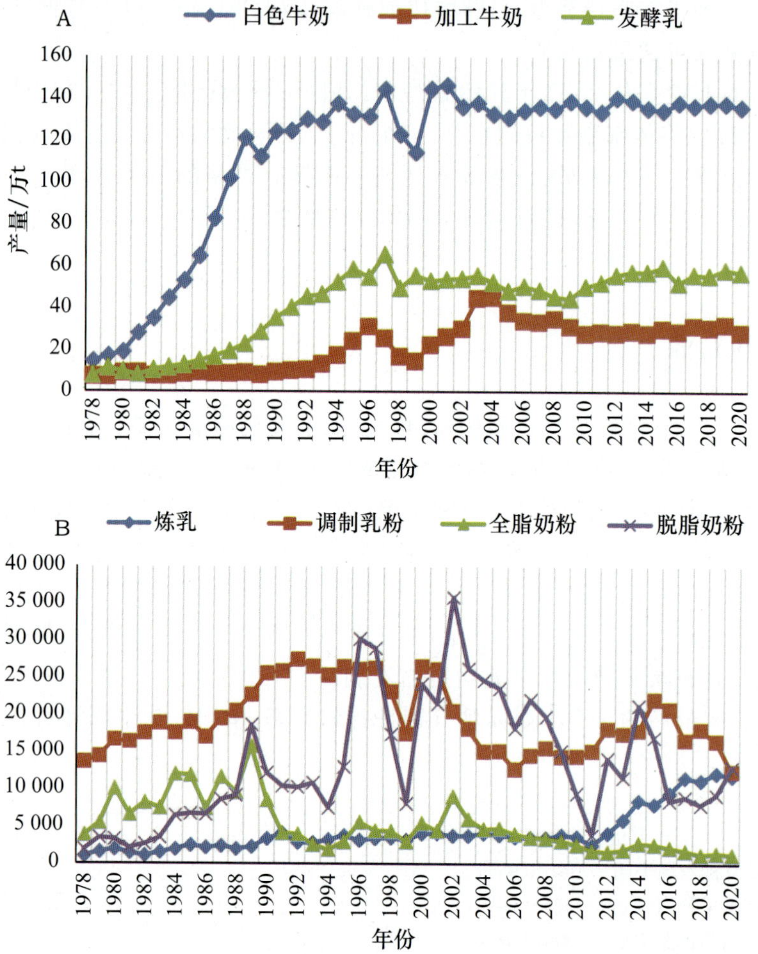

图 8　1978—2020 年韩国主要奶制品产量

1.3　乳品消费

以促进奶业发展为目的，1970 年韩国开始发展学生饮用奶，最初只在首都周边的初级学校供应，1977 年，由于和牛奶一起供应的面包出了问题，学生奶供应于同年 10 月停止。1980 年，为了确保奶业的稳定发展，解决牛奶过剩问题，同时为了增强青少年体质和提高国民生活水平，在全国又开始实施了初级学校的学生奶供应，并于 1986 年扩大实施到中、高等学校。据 2003 年统计，韩国中小学生总数为 779.2 万人，饮奶人数占 50.09%：其中小学生 416.4 万人，饮用牛奶人数 329.4 万人，占 79.1%；中学生 185.9 万人，饮奶人数 39.5 万人，占 21.2%；高等学校 174.6 万人，饮奶人数 26.4 万人，占 15.1%，韩国的学生奶全部都是纯牛奶，没有其他调味奶，每份容量为 180～200 mL。20 世纪 90 年代，液态奶的生产和消费增长迅速，到 2006 年后稍有下降，但是由于消费者从液态奶转到其他奶制品消费，如酸奶和风味乳饮料，牛奶消费整体上维持在相当稳定的水平。

牛奶消费在韩国呈现快速增长的趋势(图 9)。1980—2013 年间,虽然奶制品产量增加了 5.8 倍,但国内乳制品生产并不能满足国民的需要。20 世纪 80～90 年代,人均消费量也由 16.9 kg 上升到 31.4 kg,其中 65%以上为脱脂牛奶。其后,非液态奶快速增长,到 2003 年,两种奶的消费量大致相当。液态奶大多来自国内,非液态奶有一半左右来自进口。由于西方食品在韩国已经很流行,尤其是对奶酪的需求增长迅速,奶酪大多数是在饭店和速食销售店消费的。经过快速增长期后,到达了人均年奶酪消费 1.7 kg(2013 年)。近几年韩国居民乳及乳制品生产消费情况见附表 3。如图 9 所示,脱脂奶粉在 2000 年以后,人均消费量均超过全脂奶粉和调制乳粉,但其产量远远无法满足需求量,需要大量进口。

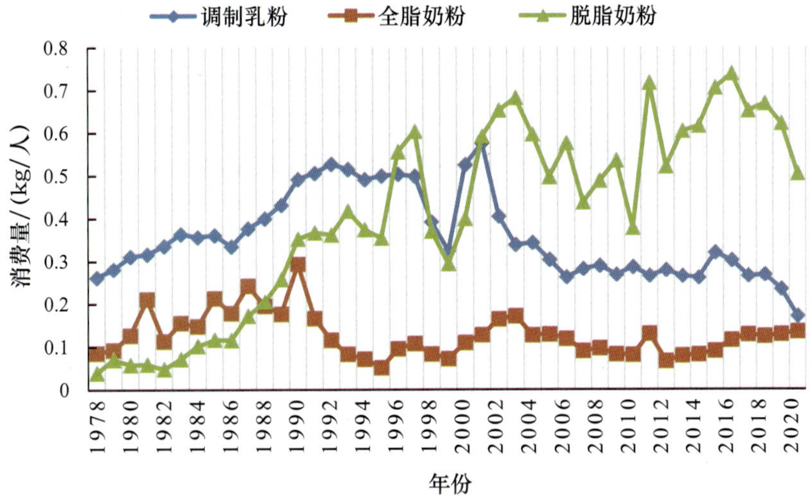

图 9 1978—2020 年韩国人均奶制品日消费量

1.4 乳制品贸易

同一些发达国家相比,韩国的奶牛业生产条件较差,而且允许进口价格便宜的产品,所以前景不容乐观。韩国的奶农习惯于靠出售犊牛、母牛和售奶获得收入。据统计,2000 年韩国牛奶及乳制品的生产成本和价格均高于美国、意大利、英国等国家,韩国奶生产的总成本是美国的 1.73 倍。随着市场开放,2001 年税率降至 40%,国外低价的乳品大量进入韩国市场。在韩国国内,尽管价格同国外鲜奶竞争有劣势,但如果市场上销售的乳制品中 70%是鲜饮用奶,韩国人仍会选择国产鲜奶。所以韩国奶业虽然条件简陋,但仍需保持一定量的数量,以满足鲜奶的供应。

1961—1978 年,韩国的乳制品进口较多是脱脂奶粉,1994—2019 年奶油、干酪乳和脱脂奶粉的进口量持续增加。1978 年,韩国开始向国外出口少量的乳制品,主要包括脱脂奶粉和全脂奶粉,但出口量远低于进口量。尤其是 20 世纪 90 年代,随着韩国国内乳制品需要量增加,进口的数量迅速增长,尤其是干酪乳、脱脂奶粉(图 10,图 11)进口量。2008 年后,干酪乳、全脂奶粉等乳制品出口量显著提高(图 12),韩国主要乳制品进出口贸易量和进出口贸易额分别见附表 4 和附表 5。

近年来,韩国奶牛数量和奶产量呈现下降趋势,因此,对国外乳制品表现出更强的依赖性。2010 年,新西兰是韩国奶酪的主要出口商,其次为美国、澳大利亚和欧盟。随着人们对奶酪的接受,其在市场上越来越受到消费者的欢迎,其需求量会在短期或中期内出现需求增加的现象。

2011 年开始,韩国和美国的 FTA 开始实施,韩国从美国进口奶酪、乳清粉等将降低关税。如进口奶酪的关税降低 36% ,并且自 2011 年每年降低 2.5%,消费者对价格低廉的美国奶酪更加钟爱,因此,美国乳制品会大量涌入韩国市场。

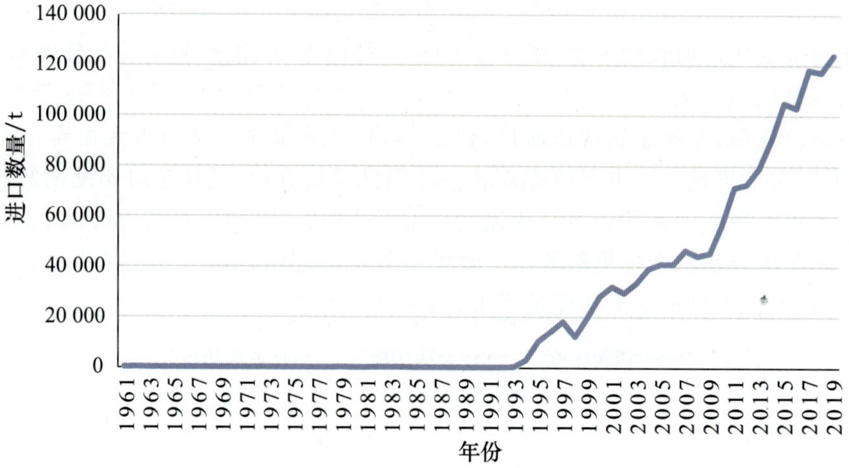

图 10　1961—2019 年韩国干酪乳进口数量

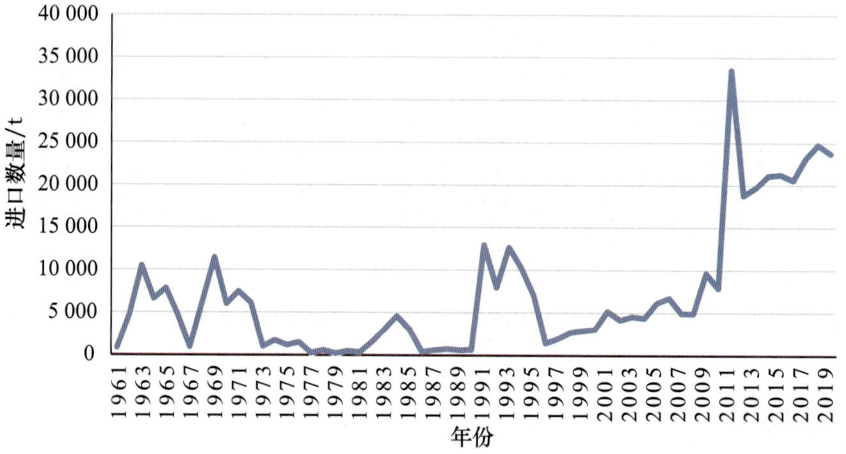

图 11　1961—2019 年韩国脱脂奶粉进口数量

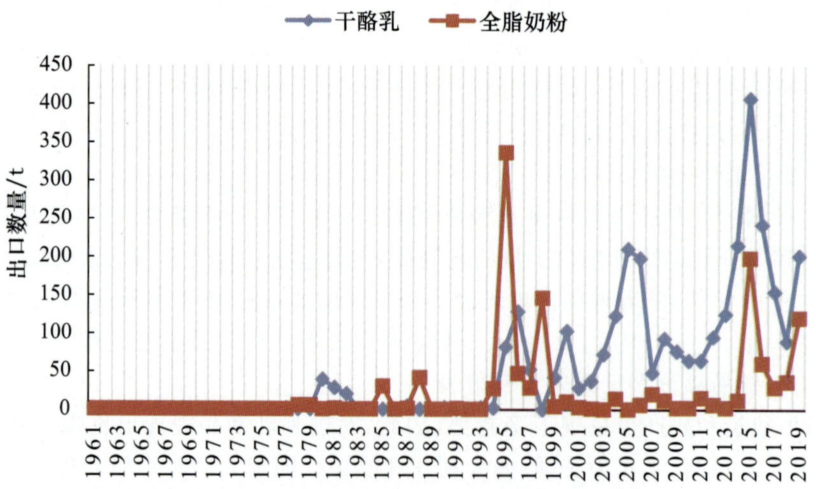

图 12　1961—2019 年韩国主要乳制品出口数量

1985 年，韩国全脂奶粉的出口量创历史最高。20 世纪 90 年代前，韩国出口的乳制品以脱脂奶粉为主，90 年代后，出口产品种类和数量都有大幅度增加。2006 年后，脱脂奶粉出口量呈先上升后下降的趋势，鲜奶出口量自 2013 年后急剧增加，到 2020 年，稳定在 23 000 t/年。

2 奶业科技进展概况

2.1 奶牛育种与繁殖技术进展

2.1.1 奶牛育种发展历程

韩国的奶牛饲养业从1962年才开始起步，由于缺乏优良的奶牛品种，主要依靠从国外引进优良奶牛繁育。1968—1985年间，每年引进奶牛都在千头以上。1985年以后，韩国每年引进奶牛的数量大幅度减少，基本上是为改良需要而引进奶牛，在引进的同时，韩国的育种改良协会即开始进行谱系登记、生产性能测定、人工授精技术的推广、配种计划的制定、引进奶牛遗传资源的确认和后裔测定等工作，除了这些基础工作外，育种改良协会还和有关院校与科研机构进行合作，进行胚胎移植等多项研究工作。

1962年，韩国成立了奶牛改良中心(Dairy Cattle Improvement Center，DCIC)，是国家农业合作协会联盟(National Agricultural Cooperative Federation，NACF)下设单位。DCIC成为韩国唯一的人工授精中心，主要是生产和分发牛精液，同时也进行小公牛的选择和后裔测定计划以满足农场主的需要。1965年有1 275头奶牛接受了人工授精。1975年达到106 000头，1996年增至1 436 000头牛。目前，韩国牛精液具有较高的受精率，基于200 000头次人工授精数据分析，DCIC精液受精率高于其他国外奶牛精液，包括北美进口的牛精液。1979年9月，国家奶牛群改良计划(National Dairy Herd Improvement Program，NDHI)开始实施。NDHI是NACF控制的有效的奶牛场管理计划。从4 000多个奶牛场定期收集准确的奶牛个体记录，如牛奶生产量、乳脂和乳蛋白构成、乳中尿素氮水平(MUN)、采食量和育种数据等。1995年3月，DCIC选择了第一头韩国已经测定的公牛(Proven Bulls)。2000年5月，发起互联网DHI服务。2004年，开始了手机DHI服务，农场主通过手机就可以获得实时育种和繁殖信息。2008年3月，开展HACCP认证。2011年9月，开始生产性控精液。2012年12月，3头奶牛的产奶量超过16 t。2013年2月参加INTERBULL评估。2014年7月将韩国荷斯坦牛精液出口到非洲乌干达。2017年12月，向马来西亚出口第一批韩国荷斯坦牛精液。

1969年，韩国动物改良协会成立，主要工作是奶牛的登记、注册、管理。1969年初，农业部举办年度家畜质量竞赛(Korean Rural Economics Institute and Korea Animal Improvement Association，1989)，通过精液测试和外貌测试，选择和奖励优质公牛，以激励农场主饲养优质家畜。同年，韩国举办第一个牛展销会(Korean Cattle Fair)，第二年实行牛登记制度。1970年有379头韩国牛登记用于收集基础数据，1972年在Koryungji试验站进行了第一次性能测试和后裔测定，成为目前性能和后裔测定的基础。1984年，提供精液的公牛共有198头，1998年降至49头。公牛分2类：登记注册公牛和已经测定的公牛。登记的公牛是通过外貌和精液测试选择的，已经测定的公牛是通过性能测试和后裔测定选择的。已有100 843头牛进行了登记注册。从1994年开始，人工授精的精液只保存已经测定的公牛，而且数量逐渐减少。2010年，协会开发了线上的奶牛注册和计划繁殖系统。2011年，进行种畜信息谱系移动网络的开发和推广，2013年开始提供精英牛信息，并在同年通过了INTERBULL的评估。在此基础上，2016年，协会进行了奶牛改良信息服务APP的开发和推广。现如今，该协会主要提供牛奶成分分析服务、精液咨询服务，同时还是韩国的荷斯坦认证中心。

1995年国家家畜研究所(National Livestock Research Institute，NLRI)开始实行国家遗传评定(National Genetic Evaluation System)，主要目标是选择优秀的公牛和母牛。每年进行4次，3月和9月由官方公布选择的优良公牛和母牛。结果和用于评价的数据来自DCIC、DHI及其27个分支机构、KAIA和育种协会等。1995年之前，韩国所用的精液全部从国外进口，到2000年，市场上的精液大部分是韩国生产的。公牛选择的后裔测定开始于1987年。1997年4月至1998年9月，ABIS System(Animal Breeding Information and Service System)建立，包括动物育种信息的完整数据库和网络系统，该网络把国家机构、大学、家畜协会、民间协会、家畜养殖场联为一体。其中韩国动物改良协会是韩国国内成立较早的协会。该协会成立于20世纪60年代，由荷斯坦登记协会、种猪注册协会等在1969年合并成立。在1977年，该协会成为农业和渔业部的育种者注册和指定检验机构，1986年开始进行精液谱系验证项目，进入21世纪，该协会研发了多种线上服务项目，方便奶农选择合适精液。截至2021年3月，该协会能提供141头优质种公牛的详细精液信息。

2.1.2　奶牛群改良计划(DHI)的实施

自1979年，全国家畜合作社联合会的分支机构——奶牛改良中心(DCIC)率先提出全国奶牛群改良计划(DHI)，并在一些奶牛场实施，以促进奶牛的生产性能。该项目后来被多次更新，以改善农场管理系统，旨在提供关于奶牛产奶力、饲料条件和遗传育种方面的重要信息。应用DHI测定技术，准确记录了奶牛场奶牛个体产奶量、脂肪和蛋白质成分、营养水平、体细胞数和繁殖等方面的数据，全国家畜合作社联合会对这些数据进行搜集和分析后，每月利用网络技术向使用该项技术的奶牛场提供重要信息。通过加入共有的奶业管理咨询服务机构，拥有会员资格的奶农就能够获得新技能和新技术的支撑，并对奶牛场的经营管理进行合理改进，以达到提高经济效益的目的。在2000年，DHI(Dairy Herd Improvement)计划开始实施，大约110 000头荷斯坦奶牛参加，所有的奶牛场都要记录单产、乳脂率和乳蛋白率、营养水平、体细胞数和繁殖数据等，国家网络系统对数据进行收集和分析，用于动物记录和育种以及农场管理和动物健康监测。产奶记录按照政府明确规定的严格的DHI规定进行，所有的DHI监察人员每月对记录调查一次。2003年，全国60%以上的奶牛场加入了这个项目。DCIC乳制品网络系统已与韩国多个乳品相关行业所办的网络系统进行链接，如国家家畜研究所(NLRI)、国家兽医研究与检疫服务机构(NVRQS)、农业院校、畜牧协会、私营机构和奶牛场等。韩国DCIC与其他组织如32所DHI中心和饲养协会(KAIA)对牛场普通奶牛进行了终身的ID登记，独特的ID系统能与奶业相关组织利用网络技术达到有效共享，这对提高奶牛场的饲养管理水平和牛群生产水平具有重要意义。奶业振兴会认为：体细胞数的改善，可以使过早被淘汰的奶牛延长饲养时间，这样会降低饲养费用，增加产奶量。推迟奶牛的淘汰周期可以缓解生鲜乳供给的紧缺状况，还可以支持农场与乳品公司之间的经营安全。现在韩国有多家组织在进行DHI测定工作，其中国家DHI项目在2020年为超过3 000个牧场提供服务。奶农可以定期精确记录牛奶产量、乳脂肪、乳蛋白质、奶尿素氮、投料量甚至繁殖日期等。使用这些DHI数据，每位农民都可以了解自己农场的现状，从而做出正确的决定，为奶牛养殖业盈利。此外，由于高速互联网服务的便捷，奶农可以通过DCIC的网站(www.dcic.co.kr)实时查询自己牧场的DHI信息。每月汇总，全年24 h提供个体和群体的平均性能数据以及寿命测试汇总和各种图形信息。其他重要的数据，如实时繁殖信息，可以通过移动电话DHI服务系统发送到农民的移动电话。

2.1.3　奶牛育种和繁殖技术成就

Choi首次报道了韩国的胚胎移植，他对67枚奶牛和679枚肉牛冲洗的胚胎进行移植。2010年，韩国大约有9 000枚体内获得的(*in vivo* derived，IVD)胚胎进行了移植，体外生产(*in vitro* produced，IVP)了48 000多枚牛的胚胎。

韩国科技部于1999年2月19日宣布：汉城国立大学以黄禹锡教授为带头人的研究组应用了克隆绵羊"多莉"的方法，将一头优良母奶牛的体细胞移植到另一母牛去除掉细胞核的卵细胞中，已成功地克隆出一头雌性小牛。这头小牛名叫"YOUNG-LONG"，2月12日出生在京畿道的一个农场。

2011年6月，新华网报道，采用新的冷冻技术韩国成功地克隆了一头黑牛。济州国立大学的研究小组，从一头死亡的奶牛获得体细胞核并移植到卵细胞中，通过体外受精获得胚胎。胚胎在−196 ℃冷冻3年后，解冻胚胎移植到受体牛子宫内，并于2010年10月成功地自然生产了一头克隆奶牛。

韩国岭南大学Kim课题组于2019年对293 855头奶牛进行基因组测序，并通过基因组估测育种值。研究发现基因组估测育种值的方法相对于传统方法，其可靠性提高9%，因此认为基因组估测育种值是一种可以预期获得比现有育种值更多的遗传增益。

2.2 奶牛饲料与营养技术进展

2.2.1 经营方式和饲养管理的革新

韩国的奶业，起步于20世纪60年代初，1962年在开展新农村运动的旗帜下制定了“综合奶业开发计划”，通过给农民一定的经济补助来鼓励农民养牛，同时允许从美国等国引进奶牛。每户饲养头数从7.6头大大增加到49.3头，而且几乎都是专业化。这是因为提高了每头奶牛的产奶量，生鲜乳的价格相对下降，养牛户若不饲养高经济价值的奶牛，则会被市场淘汰，因此开始提出养奶牛必须达到规模化的要求。并且政府开始采取了对规模化、专业化奶牛养殖的支持政策。该政策实施后，韩国饲养奶牛户数逐渐减少，总饲养头数增加，专业性的奶牛户养殖户数增加，导致奶牛的饲养水平得以迅速提升。20世纪90年代以前，韩国奶牛饲养头数和饲养场数继续增加，但90年代之后，养殖户的数量逐渐减少，但每牧场的存栏头数增加，到2020年，每户平均存栏头数稳定在70头左右。饲养规模的变化和奶牛养殖户数的变化给牧场的运营和牧场相关的许多方面带来了变化，使养殖者从副业型经营方法向专业型经营方法、企业型向经营型的专业形式的转变，出现了挤奶设备的自动化、饲养管理的机械化、饲料作物栽培的委托化、挤奶的专业化、犊牛培育的专业化等多种形态的牧场运营方法。

2.2.2 新技术开发与TMR饲喂技术的推广

为了提高奶牛的饲养技术，提高生产性能，改善经济效益，韩国从事奶牛行业的相关专家开展的科研项目，对科学高效奶牛养殖起着重要作用。奶牛研究中心旨在提高牛奶质量，减少牛奶生产成本，增加奶农的收入，为消费者生产安全和功能牛奶及其奶制品，并为了动物福利制定更好的奶牛管理系统。13个研究小组（育种与繁殖，营养管理及饲养和动物卫生等）的研究人员正在从事基础和应用研究，营养管理和饲养研究小组侧重于饲养管理设备的开发和饲料添加剂研制，以提高奶牛的健康和生产性能，减少奶牛代谢异常和体细胞数。自动化奶业管理和饲养设施也已开发，以减少蹄病和乳房疾病，提高奶牛的生产力。这些技术已实施应用和产业化。该奶牛研究中心所涉及的工作主要包括：各种饲料添加剂和精确的营养调控，以提高奶牛的生产力；韩国奶牛饲养标准修订研究；建立一个关于有机奶牛的标准模型，筛选和利用有益的微生物；为提高牛奶质量而开发先进的设备等。

由于韩国国内多山和丘陵，饲料资源比较缺乏，多数依靠进口，所以在饲料技术推广和研究方面特别重视。饲养技术中主要推广全混合日粮（TMR）饲喂技术，该技术自1986年开始推广。目前这项技术在韩国养牛业已得到普及。此外，韩国还非常注重奶牛饲料添加剂方面的研究和开发，同时诞生了一些著名的饲料公司，如大韩饲料公司、INNOBID公司、韩国农协饲料公司等。INNOBID公司生产的奶牛用饲料添加剂，已在中国进行试验，并着手进行注册。INNOBID公司研究开发的有机肽添加剂，能够平衡和中和饲料中的微量元素，减少生鲜乳中的体细胞数，对于降低和预防蹄叶炎、乳房炎有良好的效果，这种添加剂已在韩国奶牛业全面进行推广。

2.2.3 科学饲养，提高奶牛产奶量，改善乳品质量

为了提高奶牛产奶量，改善乳品质量，提高奶牛场经济效益，Choi提出可以在传统饲粮基础上添加一定比例的乙醇发酵饲料。Myung（1990）给自由采食TMR泌乳中期荷斯坦奶牛皮下注射牛重组生长激素（25 mg/d），显著提高4%脂肪校正乳产量，对主要的乳成分和采食量无显著影响。Lee等（2004）给奶牛添加非离子表面活性剂能够显著促进蛋白酶、淀粉酶、CMCase和木聚糖酶的活性，稻草秸秆在瘤胃的降解率、瘤胃液挥发性脂肪酸（VFA）和NH_3-N的浓度以及瘤胃厌氧微生物的生长速率也得到明显改善。Yoon研究了产奶量、胎次、泌乳阶段、泌乳季节和乳成分对乳尿素氮的浓度和其他乳成分的影响，结果证实，产奶量与乳中脂肪、蛋白质含量和体细胞数（SCC）显著负相关；Lee（2019）等研究了在奶牛日粮中添加溶血磷脂

(LPL)对泌乳奶牛短期生产、氮素利用、瘤胃发酵的影响,研究表明,日粮中添加 LPL 线性增加了产奶量,从而提高了饲料效率(产奶量/干物质采食量)以及乳蛋白和乳脂产量;随着饲料中 LPL 的增加,乳氮排泄量呈线性增加,尿氮排泄量呈下降趋势;因此,LPL 是一种潜在的饲料添加剂,可以提高产奶量、乳成分,改善乳品质,而且能够提高日粮中氮的利用率,从而减少环境污染。乳尿素氮(MUN)的浓度与产奶量和脂肪含量呈正相关关系。体细胞数增加,产奶量降低,乳尿素氮水平升高。MUN 的浓度与生产效率和产奶量密切相关。然而,也存在一些非营养因素(如胎次、健康状况、泌乳阶段和泌乳季节)也是一些重要因素调节着乳尿素氮和产奶量。因此,测定 MUN 值对于营养管理和奶牛的生产性能或繁殖性能非常实用,但是非营养因素也应该被考虑在内。

(1)干物质采食量的预测。要想使奶牛达到最佳的生产性能,必须根据其营养需要进行饲喂。然而,由于许多复杂因素,给奶牛提供适宜的能量和蛋白质水平是一项艰巨的任务。精确估计干物质采食量(DMI)是改善奶牛生产性能的重要指标,尤其是可以提高营养物质的利用率,减少环境污染。过去,大多数的采食量预测方程主要依赖动物的活体重及其生产水平,这些方法令人担忧,因其未考虑所饲喂粗料的组成或精料的性质。后来的研究中考虑到环境和饲料成分等因素。随着计算机模型的发展,对采食量预测的精确度逐渐提高,诸如所提供饲料的类型、饲喂水平、日粮构成、饲料质量、机体状况、泌乳阶段、繁殖性能和气候等因素(Mazumder 和 Kumagai,2006)也都考虑在内。韩国奶牛饲养标准(农业和林业部,2002)指出,为了提高经济生产力的整体效率,60%以上的奶牛日粮组成依赖于进口精料和农业副产品。为此,Rim(2008)对已经存在的模型进行了评估,对饲喂包含农副产品的高精料基础日粮的泌乳奶牛的采食量进行预测。通过对商业奶牛场的调查表明,测定实际平均采食量,Fuentes-Pila 等(2003)提出了较为精确的预测公式,该模型不仅考虑了动物因素、产奶性能及乳成分的影响,而且考虑了日粮因素,尤其是纤维,这些因素在其他模型中未加考虑,该模型还适用于 NRC 不适宜的情况。而康奈尔净碳水化合物和蛋白质系统(CNCPS)的预测公式中平均预测值和平均观测值之间的差异较大。Moon 等(2004)研究了日粮中性洗涤纤维(NDF)浓度和粒度对奶牛咀嚼能力的影响,发现咀嚼能力与 NDF 的浓度呈正相关,但不受日粮粒度的影响。与 NDF 的浓度相比,日粮粒度对单位 DM 或 NDF 的采食时间影响显著。韩国忠南大学的 Lee 等(2020)对采食量预测公式进行了重新评估,认为该公式对乳脂校正乳最为敏感,然后是代谢体重和 NDF 浓度,并最终确定该公式能够有效预测韩国泌乳奶牛的采食量。

(2)粗饲料的生产与加工。韩国奶牛的大部分精饲料主要依赖从国外进口(如玉米、高粱、小麦、木薯和大豆等)。奶牛日粮中的精饲料比例高达 60%。奶牛场使用的粗饲料主要是稻草(占总数的 66%),其次是收割的绿色牧草约占 25%,而青贮料约占 9%(以干物质基础计算)。用于生产奶牛粗饲料的土地,包括饲料作物和草地,仅为 0.1 hm^2/头。奶牛对粗饲料摄入量较低,导致生理功能紊乱,不孕不育,经济年限缩短等问题。为了解决这些问题,许多奶牛场尽一切努力,以获得更多的粗饲料。韩国的饲料作物主要是青贮玉米、高粱、黑麦、燕麦和油菜等,这些饲料作物被青刈或用来做青贮饲料。韩国人口密集,耕地面积小,很难做到利用有限的土地种植饲料作物而非粮食作物。因此,韩国奶牛场主要依赖于精饲料而非粗饲料。使用的粗饲料主要是稻草而非饲料作物。通过对奶牛场的研究调查表明,提高粗饲料的生产是有利可图的,韩国奶牛饲养成功与否主要取决于优质粗饲料的供应量是否充分。通过改善奶牛日粮可以提高生产力,如产奶量、乳脂含量和繁殖率等,但提高粗饲料的供给量是非常关键的。对于没有足够土地生产粗饲料的奶农,租用冬闲土地,联合使用昂贵的农具用来播种、收割和制作青贮饲料,效率很高。对粗饲料进行适度加工处理,可以提高奶牛对粗饲料的消化利用率。如 Kim 博士指出,经过氨化处理的秸秆能值比未氨化秸秆提高 9~13 个百分点。氨化处理有 2 个优点:增加奶牛采食量和增加秸秆的能量。此外,把奶牛粪便应用到种植饲料作物的农田中可以减少化肥用量,改善土壤质量,并减少因饲养奶牛导致的环境污染。

(3)新型饲料添加剂的开发利用。近些年,韩国学者进行了大量新型饲料添加剂的开发研究。韩国建国大学的 Cheng 等(2020)的研究发现,用辣木提取物能够有效降低大肠杆菌在乳腺细胞的吸附能力,从而认为其具有抗乳房炎的作用。Lee 等(2019)对溶血卵磷脂(LPL)的添加效果进行探索,发现饲粮中添加 LPL 不影响干物质采食量,但线性增加产奶量,从而提高饲料效率(产奶量/干物质采食量)和乳蛋白和脂肪产量。虽然LPL组的干物质和有机质全肠道消化率有降低趋势(分别为60.9% vs. 62.2%和61.8% vs. 63.1%)。饲粮中LPL的增加使乳氮分泌呈线性增加,尿氮排泄呈下降趋势。LPL组瘤胃中乙酸含量略有下降。相对于莫能菌素,LPL增加对瘤胃细菌的影响很小,因此,LPL是一种有潜力的饲料添加剂,可提高奶牛的产奶量、营养成分和饲粮氮利用率。

2.2.4 犊牛饲养技术日趋完善

韩国奶农及学者对犊牛的饲养技术非常重视。使犊牛从简单的肠胃消化尽早过渡到瘤胃消化对犊牛的健康和生长意义重大,这种转变包括瘤胃的一些解剖和生理变化。而断奶前这些变化和瘤胃发育状况受犊牛对固体饲料的摄入量及饲料组成的影响显著,特别是谷物或碳水化合物刺激瘤胃微生物的增殖和VFA的产量及瘤胃的发育。谷物是奶牛最主要的淀粉来源。在所有动物饲料来源,特别是犊牛开食料中,玉米、水稻、大麦、小麦、燕麦和高粱是各国常用的淀粉来源。淀粉来源不同,淀粉含量各异。事实上,淀粉的物理形式、与蛋白质的关系以及所富含淀粉的细胞完整性直接影响着瘤胃微生物对谷物的利用率和对营养物质的消化。谷物的质地和结构在奶牛对淀粉的消化速度和位置中发挥了重要作用。小麦、大麦或燕麦等粒度小的谷物比玉米和高粱更易发酵。淀粉颗粒结构和谷物种类之间的差异可能是造成消化模式不同的原因。较慢的消化率可以提高过瘤胃淀粉数量。在小肠消化的淀粉能产生高达42%以上的发酵能,因为消化终产物(葡萄糖与VFA)能够得到更有效的利用。因此,淀粉在胃肠道的消化位点对奶牛的生产性能和饲料转化效率有重要影响。而这些变化可能又会影响到固体饲料消耗、VFA的数量和比例,进而影响断奶前和早期断奶时期犊牛的生长和发育。

近年来,许多试验研究了犊牛开食料的物理形态、类型和干草水平及谷物加工对奶犊牛采食量、生长性能、瘤胃发育的影响。然而,评价开食料中不同淀粉来源对固体饲料消耗量、犊牛骨骼生长、代谢反应的影响研究有限。韩国乳品科学部门国家动物科学研究所还就荷斯坦奶犊牛饲喂不同来源的淀粉对瘤胃参数、瘤胃发育、营养消化率和氮利用率的影响进行了具体研究。

饲喂犊牛牛奶的数量和喂养方法对犊牛的生理、免疫、行为和经济性状等也都有重要影响。在断奶前给奶犊牛饲喂牛奶是否适宜,不仅影响其干物质采食量、生长发育和健康状况,还影响其肠道发育、乳腺增长和产奶潜力。在传统饲喂方法中,奶犊牛出生后与母牛分开饲养,对犊牛饲喂初乳时使用水桶或奶瓶乳头进行限制饲喂,推荐饲喂奶量一般为体重的10%。这种方法因供应的养分含量较低而使犊牛生长较慢,同时还会造成犊牛精神沉郁、体况下降和生产性能降低。Khan等(2007)提出犊牛分段饲喂法,犊牛饲喂初乳后的前25 d,牛奶饲喂量为体重的20%,在26~30 d随后的15 d内牛奶饲喂量为体重的10%。两种饲喂方法的犊牛均在46~50 d逐步断奶。避免了因自由吮奶造成的固体饲料采食量降低问题,同时也避免因传统饲喂造成的体重减轻现象,使犊牛消耗的牛奶量和干物质采食量显著增加,饲料效率和日增重显著提高。近年来,犊牛饲料添加剂的开发不断完善,饲料添加剂在犊牛上的应用也越来越广泛。Kim等(2018)研究了不同饲料添加剂对犊牛生长性能及血液生化指标的影响,研究表明,在日粮中添加Ampbio饲料添加剂,与对照组、Barodon、活性微生物组相比,不仅其日增重显著增加,提高犊牛的生长性能,而且降低总胆固醇和甘油三酯的水平及血尿素氮的水平,提高其健康状况。

2.3 奶牛疫病控制技术进展

疫病防治工作事关畜牧业发展的全局和安危,发展畜牧业有许多制约因素,但疫病是一个最大的危险因素。在畜牧业中,疫病风险大于市场风险。如果一些严重的疫病暴发流行,不但会造成畜牧的覆没,而且会失去已有的市场。所以韩国奶牛业的高速发展也必定离不开疫病的防治,尤其是人畜共患病更引起了一定的重视。

口蹄疫是致偶蹄动物的一种急性、高度接触性、发热性传染病,世界动物卫生组织(OIE)将其列为A类传染病。韩国近年多次发现口蹄疫疫情,最近一次疫情发生在2019年1月。针对口蹄疫传播迅速、感染率高、危害性大的特点,韩国针对疫情采用计算机模拟评估技术控制疫情并接种疫苗以便减少受感染牧场数量。近期韩国进行并且配合对口蹄疫 A～O 7 种口蹄疫病毒进行基因序列和基因相关性测定,这对此疾病的预防和治疗起到推进作用。

1913 年牛结核病首次在韩国报道,在 20 世纪 40 年代,其发病率已经减少至 0.15%～15%。在 2005 年,使用结核菌素皮肤试验已将牛结核病消灭,到了 2007 年结核病发病率又上升至 0.25%。尽管每年都进行全国性的检查,但每年仍有 1 000 头牛死于结核病。有效的诊断和消灭结核病变得更加迫切,2007 年提出可使用 MPB70 血清学诊断对结核分枝杆菌进行诊断,并被广泛应用。不久又发现将 MPB70 ELISA 用于牛奶样本比 MPB70 ELISA 作用血清样本更方便。所以,韩国在未来将使用牛奶或血清样本的 ELISA 和 IFN-γ 化验结核分枝杆菌抗原,并根据细菌培养以及结核菌素皮肤试验作为参考测试。这样的组合会更有利于检测和消除牛结核病。

另一种和人密切相关,并且发病率高的疾病——牛白血病,韩国也做过相关研究。2011 年首次建立牛白血病牛群,在此基础上得出在自然状态下,牛体之间的感染概率很少,所以提出监视昆虫等传播媒介,进行注射时要注意避免注射器之间的混用问题,这样便可有效减少牛白血病的传播概率。

在 1955 年韩国首次检测到布鲁氏菌病。此病不但是影响韩国奶业发展的一个主要问题,还容易在人之间传染,所以为了清除布鲁氏菌病,2004 年韩国监视新发病、控制病畜、定量分析制定屠宰计划。随着计划的实施,即进行集中的测试和屠宰,2006 年检测出的受感染农场和动物比 2003 年高出 61 倍。自 2006 年以后,再对受感染的农场和动物进行检测时,其发病率一直呈下降趋势。

在寄生虫方面,如泰勒虫、日本血吸虫、弓形虫,还有一些营养代谢病、肠道疾病等韩国都进行了较为深入的研究。2020 年,韩国庆北大学的 Kwak 等对韩国的 737 头牛的血内原生动物进行检测,发现有 1.2%的牛黑氏菌 mRNA 检测呈阳性。进而通过 MPSP 鉴定,发现其主要分为 1、2、3、7 和 N3 型。

韩国庆北大学的 Yun 等(2020)对 396 个牛场采集的 1 588 批次大罐奶进行检测,主要对乳腺炎病原体的不同流行情况和特点进行研究。研究发现,大罐奶的细菌数平均值为 3.7×10^4 CFU/mL,体细胞数(SCC)平均值为 1.1×10^5 个/mL。病原菌以葡萄球菌(60.1%)、粪肠球菌(53.8%)、大肠杆菌(37.6%)和链球菌(22.5%)居多。肠球菌对四环素类药物(51.1%～73.9%)和大环内酯类药物(46.5%)的耐药性最高。金黄色葡萄球菌和凝固酶阴性葡萄球菌(CNS)对青霉素的耐药率最高(分别为 28.4%和 40.2%),3 株(3.2%)金黄色葡萄球菌和 7 株(3.3%)耐甲氧西林。这些数据为乳企运营中乳腺炎病原体监测和预防提供了数据支撑。

2.4 奶牛场粪污处理与环境保护技术进展

在城市近郊,奶牛养殖过程中所产生的环境污染问题引起社会的广泛关注。因为粪便和废水的处理设施所需的高昂费用给生产经营者带来很大的困难,政府向奶牛饲养户提供低息贷款,以支援奶农设置粪便和废水净化设施,加快治理环境污染,使奶业能正常地经营。

奶牛养殖专业化与规模化集中饲养方式有利于提高饲养技术、防疫能力和管理水平。与传统方式即农户分散饲养相比,规模化饲养可大大提高生产效率和饲料转换率,降低生产成本,增加经济效益。但奶牛规模化饲养也造成粪尿过度集中和冲洗水大量增加,给生态环境带来极大压力。

奶牛场面临的主要环境问题是水、空气污染和生物多样性。水的污染来源于粪便的不恰当处理和饲料生产中用于肥料的化肥。氮和磷是污染表面水、地下水和尿的主要污染物,通过减少其再利用和富营养化而破坏生态系统。水体还会被尿中的有机废水和病原菌污染。

奥地利、波兰、葡萄牙和瑞典,整体养分平衡低,但来自奶牛业的氮污染所占比例超过 10%。在韩国整体养分平衡很高,但来自奶牛业的氮污染所占比例小于 10%。在 1985—1987 年和 1995—1997 年期间氮平衡指标的变化揭示了不同国家来自奶牛业潜在的废水污染的风险趋势,其中韩国随着奶牛产奶量的提高,粪尿中排泄的氮含量也明显升高。通常认为韩国的氮(N)平衡是经合组织国家中最高的。N 平衡是进入边界的 N 的量减去流出特定边界的 N 的量后的剩余值。氮平衡的边界分为农田预算、土壤预算和土地预算。经合组织使用土地预算进行 N 平衡计算。氮的输入包括无机肥料、有机肥、畜禽粪便、作物残留物、种子和种植材料、生物固氮和大气沉降。所生产的作物的氮含量与氮产量相对应。经合组织提出的氮平衡方法是基于放牧农业系统的。这种方法源自农业环境，牲畜粪便直接沉积到农田。Lee 等(2020)研究认为，在韩国，大多数家畜粪便并没有直接用于农田，而是被转化为堆肥和液体肥料。氮的损失发生在堆肥和液态肥料生产过程中，这意味着氮在实际土壤中的含量可以显著减少。另一个与家畜粪便中的氮有关的问题是作物中氮含量的来源。作物吸收的氮与畜禽粪氮、化肥氮或土壤氮没有区别。Lee 等(2020)研究了家畜粪便中氮的两个不确定因素(氮损失率和作物氮吸收)，并提出通过堆肥和液肥改善氮平衡的策略。

奶牛场也是一个温室气体(GHG)排放的来源，而温室气体的产生主要来自肠道发酵(甲烷)和粪尿的排放(甲烷和一氧化二氮)。甲烷在周围环境中无处不在。据估计，每年由农业资源中释放的甲烷为 20 500 万～24 500 万 t(Duxbury 和 Mosier，1993)。在全球范围内，畜牧业可能造成 18%的总温室气体排放(FAOSTAT，2006)。虽然在导致全球变暖的所有因素中，甲烷的贡献低于 2%(Johnson 和 Johnson，1995)，但它起着重要作用，因为甲烷的排放量约是二氧化碳的 21 倍(Johnson 等，1996)。甲烷由瘤胃微生物发酵产生，尤其是产甲烷菌对氢的利用而促使甲烷的产生。甲烷排放到大气造成摄入总能量 2%～15%的能量损失(van Nevel 和 Demeyer，1996)，因此，减少甲烷的排放，既有利于奶牛生产又能减缓环境污染(Moss 等，2000)，从而获得环境和经济的双重收益。

因此，如何降低奶牛甲烷的生成和排放，一直是韩国学者研究的重点。牲畜粪便一直被视为废弃物，使环境恶化，现已被用来做土壤肥料，在韩国，部分粪便已经成为可再生能源之一。利用粪便产生沼气具有很大优势，因为既可以缓解环境危机，又可以解决能源短缺问题。动物粪便中的有机固体部分如蛋白质、碳水化合物和脂肪是厌氧微生物生长的营养和能量来源。最大的收益是产生沼气可以获得能源。Fulhage(1993)等估计，奶牛(545 kg)和肉牛(450 kg)粪便产生的沼气分别为 692 和 946 m^3/d，由此产生的能量效率分别为 143 和 195 kJ/(h · 头)。进一步推测每天 2 h 用于厨房的能源大致需要 14 头奶牛排出的粪便。Song(2010，未发表)利用体外试验，评估了牛粪便所生产的沼气量。4 头牛每天饲喂 8 kg 饲料(6 kg 精饲料和 2 kg 黑麦草干草，DM 基础)。日粮的化学成分 CP、EE 和 NDF 分别为 13.2%、3.8%和 45.1% (DM)。全消化道 DM 的消化率是 65.3%。牛粪包含 CP 15.5%、EE 2.8%、NDF 61.5% (DM)。牛粪 48 h DM、CP 和 NDF 的体外降解率分别为 48.4%、61.4%和 36.1%。CO_2 和 CH_4 的 48 h 产量分别为 29.2 和13.7 mL (图 13)。2003—2008 年的 6 年中，韩国饲养牲畜所产生的年粪便产量为4 000 万～4 200 万 t(以鲜样基础计)(NIAS，2008)。因此，利用体外法可以间接估计每头动物的粪便产量。

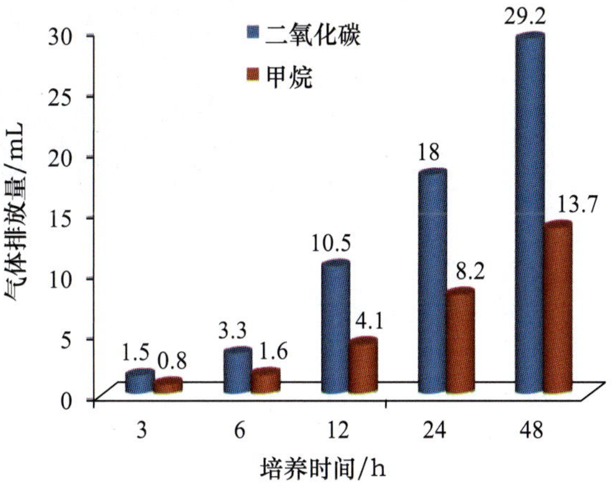

图 13　奶牛粪便 48 h 体外产气量

韩国由于国土面积较小，土地紧张没有足够农田消纳粪便污水或进行自然处理，一般采用工业化处理模式处理畜禽粪便，工业化处理模式包括厌氧处理、好氧处理以及厌氧-好氧处理等不同处理组合系统。该模式主要优点是：①占地少；②适应性广，不受地理位置限制；③季节性温度变化的影响较小。主要缺点有：①投资大，每万头牛场粪便污水处理投资为 120 万～150 万元；②能耗高，每处理 1 m^3 污水耗电为 2～4 kW · h；③运转费用高，每处理 1 m^3 污水需运转费 2.0 元左右；④机械设备多，维护管理量大，需专门技术人员。

目前普遍采用的粪污处理模式还有“还田模式”和“自然处理模式”，还田模式是一种传统而经济有效的处置方法，可使奶牛粪尿不排往外界环境达到污染物零排放。既可有效处置污染物，又能将其中有用的营养成分循环于土壤-植物生态系统中，家庭分散户养牛粪便污水处理均采用该法。该模式适用于远离城市、土地宽广且有足够农田消纳粪便污水的经济落后地区，特别是种植常年需施肥作物的地区，要求养殖场规模较小；自然处理模式主要采用氧化塘、土地处理系统或人工湿地等自然处理系统对养殖场粪便污水进行处理，该模式适用于距城市较远、气温较高且土地宽广有滩涂、荒地、林地或低洼地可作污水自然处理系统、经济欠发达的地区，要求养殖场规模中等。

韩国十分注重畜牧业环保问题，所有的畜禽养殖场绝对不能向周围环境排放任何废渣和废水，韩国《饲料管理法》和《畜产品卫生处理法》对废弃物和污物的处理都有严格的限定，随意排放即可视为违法，将受到法律的制裁。韩国政府宣布，低碳绿色是一种新的动态增长的引擎，京都议定书有望从 2013 开始在韩国实施，以降低温室气体的排放。畜禽粪便和食物废弃物将作为肥料或沼气能源的来源。尤其是通过粪尿产生的环保能量为减少温室气体的排放提供了一个解决方案。为此，韩国政府和私营部门共同携手合作，把沼气项目作为公共事业。

在韩国，沼气工程自 1979 年起已开始发展，但 13 个沼气厂中大部分容量较小(10～20 t/厂)。这部分沼气厂由于经济价值较低、操作技能的缺乏或电流量低而被关张或停工。政府支持沼气厂的建设而不是发展技术。可再生能源生产的电力仅占韩国总电量的 1%。进行商业运作的沼气厂不是很多。韩国政府和当地企业越来越关注这个项目(Hyun，2010)。政府资金将支持一些试点工厂，这将会导致粪尿生产的沼气量逐步增加。然而，粪便的经济价值较低的现象仍然存在，主要是由于与其他能源相比，沼气能源生产的电价格不高所致。在韩国一个典型的沼气厂位于 Chang Nyung，成立于 2008 年，由便利生物系统——一家私营公司运行(图 14)。

图 14　韩国 Chang Nyung 沼气厂(Easy Bio System)

2008 年 10 月该沼气厂已经开始运作，从粪便和食物废弃物中生产电力。日生产电量计划从 4 800 m^3 的沼气中生产 9 600 kW・h 电量(表 2)。2009 年 2 月，该公司已经生产出 785 970 kW・h 的电量，然后把电力出售给韩国的 KEPCO，在此期间获利 98 582 美元。该公司对每日的产气量做了评估，发现沼气中甲烷的浓度为 60%～70%，效率相当高。尽管韩国一些少数沼气厂管理非常成功，但缺乏操作技能，技术的局限性仍然存在。而且，因气味问题，人们对粪便处理设施包括沼气厂还抱有错误的偏见。因此，为了减少温室气体和从牲畜肥料中生产能源，人们对生产沼气设施的正面理解以及政府和企业的合作关系是非常必要的。

根据 HC 能源公司 2021 年 2 月 24 日的报道，该公司将与澳大利亚的 Biogast 公司和 DoBangYukJong 牧场合作，在韩国南部大邱地区建立一座超大型的沼气场，其处理粪便的能力将到达 13 000 t。根据国际可再生能源署(International Renewable Energy Agency)的数据，韩国 2010 的沼气产量为 95×10^6 m^3，到 2019 年提高到 136×10^6 m^3。

表 2　韩国 Chang Nyung 沼气厂的产气量和产电量

产量	日产量	月产量	年产量
沼气/m^3	4 800	144 000	1 728 000
产电量/(kW・h)	9 600	288 000	3 504 000

数据来源：Easy Bio System，Korea，2010。

3 原料奶质量控制与计价体系

3.1 提高原料奶质量的主要技术措施

3.1.1 推广 TMR 技术

注重饲料的开发与研究。由于饲料资源贫乏，多数依靠进口，所以韩国特别重视饲料技术推广和研究。饲养技术主要推广 TMR 饲喂技术，即全混合日粮，根据奶牛饲料配方，将切短的粗饲料与精饲料以及矿物质、维生素等各种添加剂在饲料搅拌设备内充分混合，制定能够满足牛群需要的营养平衡日粮。从 1986 年开始推广。目前这项技术在韩国养牛业已得到普及。

3.1.2 开发新型添加剂，提高饲料利用率

由于山多地少，韩国饲草饲料的自给率很低，20 世纪 90 年代自给率只有 24%～26%，特别是谷物类饲料的自给率不到 3%。因此，其奶业的发展是建立在大量进口国外饲料的基础上，约 65%需要进口，这给牛奶的生产成本带来很大的压力。如西海交易株式会社的饲料厂，主要以生产奶牛饲料为主，每天的产量都在 4 070 多 t，共 4 名工作人员，机械化程度很高，所用的饲料原料几乎全部从国外进口，玉米秸秆颗粒饲料和甜菜颗粒饲料全部从中国进口，苜蓿和豆粕从美国进口，干草从加拿大进口，其他原料有的从澳大利亚进口。为了减少饲料进口所需的外汇，韩国逐步减少肉牛和奶牛饲养量，将重点转移到改善牛的品质和提高牛只单产上。注重奶牛饲料添加剂方面的研究和开发。

3.1.3 注重奶牛的育种和改良

20 世纪 60 年代，在引进奶牛的同时，韩国的育种改良协会即开始进行谱系登记、生产性能测定、后裔测定等育种工作，全面掌握奶牛的生产性能。同时育种协会还在全国范围内开展人工授精和胚胎移植技术的推广，这些工作对培育韩国荷斯坦奶牛、提高奶牛单产及其品质发挥了特别重要的作用。由于基础工作好，进入 20 世纪 90 年代，主要依靠本国的黑白花奶牛进行自繁自育。进入 21 世纪，由于韩国奶业市场已基本饱和，而牛肉市场行情不断上涨，所以韩国育种改良协会把工作重点已转移到肉牛的胚胎移植方面，目前正在尝试用肉牛作为供体，奶牛作为受体，进行胚胎移植，增加肉牛数量。

3.1.4 严格执行“零排放”政策，保持奶业可持续发展

在韩国，所有的畜禽养殖场绝对不能向周围环境排放任何废渣和废水，十分注重畜牧业环保问题。韩国《饲料管理法》和《畜产品卫生处理法》中，对废弃物和污物的处理都有严格的限定，随意排放即可视为违法，受到法律的制裁。

3.1.5 提高牛奶品质检测水平

韩国全国有 12 家政府性的检测机构对奶农上交的原料奶进行检测，其原料奶卫生品质按细菌总数和体细胞数分为 5 个等级，第 1 等级要求接近欧盟标准。原料奶收购按质定价，以细菌总数和体细胞数为标准进行分级定价。原料奶每日必须检测的项目，抗生素残留也列在其中。

韩国还成功研发出“牛奶品质即时分析装置”，此装置能在 5～7 s 内分析出原料奶的脂肪、蛋白质、糖分等成分，同时也能检测体细胞数和抗生素。它是由现有的牛奶成分分析仪器、体细胞分析仪器、抗生素分析仪器等结合而成的，该装置放弃过去常用的管状试验管测验方式，采用了注射近红外线，以光线检测仪器进行分析的方式。

3.1.6 智慧牧场建设初见成效

近年来，韩国的智慧牧场建设初见成效，从最初第一代仿照猪舍建造的连续观测装置开始，到智能电风扇的应用，再到第二代、第三代的智能投料和挤奶设备的普及，韩国的奶牛养殖过程中，实现了从犊牛饲喂到成母牛配料、挤奶、清粪等一系列过程的智能化，在减少人工成本的基础上，也提高了生产效率和乳品品质。

3.2 原料奶质量标准

韩国奶业现有的原料奶质量标准主要以乳营养指标和卫生指标两部分来进行评估，其中营养指标主要考虑原料奶的乳脂肪和乳蛋白。乳脂肪的分级较细，从不足 3.0%到超过 4.1%共分为 12 级，其中乳脂含量为 3.5%为基准乳脂含量。而基于乳蛋白的分级较少，分为不足 2.9%、3.0%、3.1%和高于 3.2%共 4 级，其中乳蛋白含量不足 2.9%的级别为基准级别。卫生指标主要考虑乳中的细菌数和体细胞数。根据细菌数，原料奶可以分为 4 级，其中第一级又分为 A 和 B 两级：第一级 A 原料奶细菌数小于 30 000 CFU/mL；第一级 B 原料奶细菌数为 30 000～100 000 CFU/mL；第二级原料奶的细菌数为 100 000～250 000 CFU/mL；第三级原料奶的细菌数为 250 000～500 000 CFU/mL；第四级原料奶的细菌数为大于 500 000 CFU/mL。根据原料奶中体细胞数可以将原料奶分为 5 级，其中第一级原料奶中体细胞数为小于 200 000 个/mL；第二级原料奶中体细胞数为 200 000～350 000 个/mL；第三级原料奶中体细胞数为 350 000～500 000 个/mL；第四级原料奶中体细胞数为 500 000～750 000 个/mL；第五级原料奶中体细胞数为大于 750 000 个/mL。详见表 3 和表 4。

表 3 乳中营养指标评价原料奶等级

等级	1	2	3	4	5	6	7	8	9	10	11	12
乳脂率/%	≤3.0	3.1	3.2	3.3	3.4	3.5	3.6	3.7	3.8	3.9	4.0	≥4.1
等级	1	2	3	4								
乳蛋白/%	≤2.9	3.0	3.1	≥3.2								

表 4 乳中卫生指标评价原料奶等级

等级	总细菌数/(CFU/mL)	等级	体细胞数/(个/mL)
1A	小于 30 000	1	小于 200 000
1B	30 000～100 000	2	200 000～350 000
2	100 000～250 000	3	350 000～500 000
3	250 000～500 000	4	500 000～750 000
4	大于 500 000	5	大于 750 000

3.3 监控原料奶质量的主要方法及惩罚措施

对农户的管理主要是对农户的饲养管理进行指导，并对生鲜乳的乙醇含量、温度、比重等进行检测。对生鲜乳的运输管理主要是对冷链系统进行管理，包括对奶罐车自动温度、原位清洗（CIP）及记录管理等。对生鲜乳的质量的检测还包括乳脂含量、细菌总数、体细胞数、抗生素含量等的检测。所有的生鲜乳要达到最高等级才可以使用。

1990 年开始，采用私人制定的牛奶价格体系，根据牛奶生产成本，变化在 5%左右。基础价格咨询韩国乳品协会。2002 年，根据牛奶生产的供需变化，制定了现行的牛奶收购价格体系。总产奶量超过生产者允许的量，采用半价收购。2011 年，约 90%的生鲜乳按照正常价格收购，10%的按照差价收购。

3.4 原料奶计价体系

韩国乳品企业的运行按照正在运行的以 GMP、SSOP 为基础的 HACCP 和 ISO 基本品质管理程序，生产出的产品不仅符合国内相关法规，更符合国外法规，如 FAO/WHO(CODEX Alimentariux)、AOAC、JAS、PMO 等。目前韩国乳品协会制定的生鲜乳价格评价体系中包括以下 5 个因素。

3.4.1 牛奶价格影响因素

牛奶的价格在基础价格上下浮动，受体细胞数(卫生因素)、总细菌数及乳脂率等乳成分指标的影响。实际价格根据乳脂分类等级底价，在此基础上有增有减。由政府指定的第三方检测机构进行乳品质检测和管理。

3.4.2 根据季节和配额调整价格

季节因素不影响生鲜乳价格。不像欧盟或澳大利亚的生产者，韩国奶牛生产者养殖规模较小，因此，生鲜乳产量的季节性弱。但是，友好的配额系统，也称作分化的价格体系，是必须要执行的。根据此系统，根据生鲜乳测定结果制定配额内牛奶的单位收购价格。超过配额的限制，实行低价收购。

3.4.3 卫生因素

卫生等级评定根据总细菌数和体细胞数分为 5 级。第一级的质量和欧盟国家的无差异。具体定价详见表 5。

表 5　卫生因素影响原料奶价格

等级	总细菌数/(CFU/mL)	价格/(韩元/L)	等级	体细胞数/(个/mL)	价格/(韩元/L)
1A	小于 30 000	+52.53	1	小于 200 000	+52.69
1B	30 000～100 000	+36.05	2	200 000～350 000	+39.25
2	100 000～250 000	+3.09	3	350 000～500 000	0
3	250 000～500 000	−15.45	4	500 000～750 000	基础价格
4	大于 500 000	基础价格	5	大于 750 000	

3.4.4 牛奶质量

根据乳脂率将牛奶分为 12 级，根据乳蛋白率将牛奶分为 4 级，其中分别以乳脂率 3.5%和乳蛋白 2.9%为基准进行定价。详见表 6。

表 6　营养因素影响原料奶价格

等级	1	2	3	4	5	6	7	8	9	10	11	12
乳脂率/ %	≤3.0	3.1	3.2	3.3	3.4	3.5	3.6	3.7	3.8	3.9	4.0	≥4.1
价格/(韩元/L)	−103	−41.2	−30.9	−20.6	−10.3	0	+10.3	+20.6	+30.9	+41.2	+51.5	+56.65
等级	1	2	3	4								
乳蛋白/ %	≤2.9	3.0	3.1	≥3.2								
价格/(韩元/L)	0	+4	+11.65	+19.41								

3.4.5 未来需要考虑的方面

根据消费者的口感，非脂固形物需要作为价格的因素，从目前的以乳脂率为核心的价格体系中进行调整。

韩国奶业协会于2002年制定了差价的生鲜乳价格收购体系，鼓励提高奶牛的单产水平，降低奶牛饲养头数，优质优价鼓励措施，降低养殖成本，进一步促进了生鲜乳的质量，而奶价的确定是由政府和奶农每两三年进行一次谈判从而设定官方奶价。而在2013年8月，韩国政府又出台了一个新的奶价定价系统，称为“原料奶价格联动系统”。该系统下，奶价是通过奶农的生产成本和全国通货膨胀率每年进行确定的。但是有时候该系统无法准确反映市场的供求关系。例如，即使牛奶和奶粉产量均较高的情况下，奶农也能保证较高的奶价，这也就降低了奶农创新增效的动力，削弱了当地乳品的竞争力。为了减少原料奶的产量，韩国政府正试图引入配额制度。但是这并不是根本的解决方案，韩国奶价依然居高不下。

4　科技推广体系

4.1　主要研究与推广机构

韩国于1948年11月4日成立农林部，于1973年3月28日更名为农渔业部，2008年2月29日，成立了粮食、农业、林业和渔业部以及卫生福利部，2011年6月15日，成立了农业和渔业食品研究所。2018年6月7日，成立畜牧环境资源司和动物福利政策小组，针对农业生产过程中的环境问题和动物福利进行相应管理，并于2020年2月成立了专门的动物福利政策科。韩国农业技术研究和推广工作由农村振兴厅具体负责，设有计划和管理办公室、研究管理局、技术支援局、农场管理信息办公室、审计检查办公室、通信与媒体中心、日常事务科，在各地设有6个国家级粮食、园艺、畜牧、农业机械研究试验场。其中，科研管理局具体负责农业科研工作，下设农业科学技术院、作物科学院、农业工学研究所和园艺研究所等部门。技术支援局具体负责农业技术推广普及工作，下设支援企划科、生活改善科、亲环境技术科和园艺畜产科，9个道政府均设有农业技术院，实行院长负责制，一般下设试验研究部、技术普及部和多个区域作物试验场，试验研究部由作物研究科、园艺研究科、农业环境科组成；技术普及部由农业振兴科、环境技术科和生活技术科组成。各道根据当地农作物种植情况，分别设有相应的作物试验场，如忠清北道设有沃川葡萄试验场、丹阳大蒜试验场和阴城设施农业试验场等，9个道共有各种农业实验场所35个。157个市、郡均设有农业技术中心，技术普及科分为粮食作物组和经济作物组，负责当地的农业技术普及和推广工作。

韩国的农业技术研究推广体系全部为政府公职人员。中央和各级地方政府亲农思想十分浓厚，从韩国农村振兴厅到各道农业技术院及大多市郡农技中心均设有农业生产宣传陈列馆，向国民宣传农业生产的历史、现状和未来，灌输以农为本的思想。为保证农业科研和推广工作的正常运转与持续发展，在确保公职人员工资、津贴的前提下，中央和地方政府对农业技术研究和推广实行项目管理，经费较为充足。

4.2　运作模式

韩国的农业推广与农业科研、农民教育紧密结合，三位一体，自下而上形成完整的国家、道、市郡农业科研、推广、教育体系，以科技报国、农业指导、发展生产力和提高农民生活水平为宗旨，实现了农业技术快速普及和应用，推动了农业生产的健康、持续发展。

韩国是一个新兴工业化强国，农业产值在整个国民经济总产值中比重仅占7.7%，但由于政府重视，通过国家政策保护和财政扶持，加强农业科学技术研究和推广，以农民教育为基础服务，以高投入为保障，以高新科技为引导，立足本国、面向世界，大力发展高效设施农业、环保农业、信息农业和质量品牌农业，不断提升农产品的品质和国际竞争力。

在乳品加工方面，韩国以其雄厚的经济实力作为支撑，在加工设备、检测设备、生产工艺、新产品研发、质量保证、产品国际市场竞争力等方面，都具有一定的优势和扎实的基础。特别在发酵乳、添加DHA和胆碱的高端婴幼儿奶粉、可食性纤维减肥牛奶等具备提高免疫力和保健功能的产品开发方面，已走在世界的前列并达到了先进国家的标准。

韩国奶业在近些年的发展中,形成了一套较为完善的奶制品质量管理体系。首先,对农户的饲养管理进行指导,并对生鲜乳的酒精含量、温度、比重等进行检测。对冷链系统进行管理,包括对奶罐车自动温度、CIP 及记录管理等。对生鲜乳的乳脂含量、细菌总数、体细胞数、抗生素含量等进行检测,所有的生鲜乳要达标才可以使用。其次,从工厂生产到入库过程进行全程管理,确保所供应原材料的品质。对生产中使用的产品工艺及检查重点进行选择和管理,从而构建完善的品质管理体系。工程管理由自主检查和循环抽查两部分组成。再次,对最终产品进行抽样调查,利用最新的分析设备对产品的微量成分、危害成分等进行综合品质监察,从而确保其质量。分析的项目包括残留农药、GMO 等 100 多个项目。加工过程的质量控制,从杀菌到包装到出货全部采用自动化的技术,并采用最高水平的安全管理系统,以确保其安全性。

韩国乳业在 1961 年至今的 60 多年中,克服了自然条件的不足,取得了长足的发展,为本国人民提供了丰富的奶制品。随着韩国国内市场的开放,奶制品进口政策的放宽,其也面临着来自国际乳业巨头的竞争。同为亚洲国家,我国的乳业发展与韩国乳业的发展,有着许多相似之处,韩国乳业发展为我们提供了许多可借鉴的经验和教训。

5 促进奶业发展的主要政策

5.1 促进奶业生产的政策

韩国的奶业,起步于 20 世纪 60 年代初,并得到了政府强有力的支持。

1962 年韩国制定了“综合奶业开发计划”。从 1971 年至 80 年代中期,韩国政府贯彻执行综合奶业发展计划。该计划旨在通过给予农场主资金的支持扩大生产和建立奶业加工系统。政府的支持也包括各种高关税、税率配额和国内的支持措施。以高于竞争的市场价从农场主购买生鲜乳,以保证奶牛生产商净盈利。从 90 年代末期开始,基于价格保护的措施有了一些变化,政府在管理国内奶业政策、引进正式的市场配额、降低高于配额产品的价格等方面的作用有所转变,但政府制定价格体系在本质上没有明显的改变。综合乳业发展计划的总事业期是 12 年,共投入资金 3 300 万美元,引进约 2 万头奶牛,该计划的执行建立了韩国乳业发展的基础,提高了产品的质量,增加了农户的收入。

除了高关税和高关税配额外,政府也提供了各种家畜支持措施,最重要的是,政府规定:以特殊的价格定量配给各种饲料;从农场主购买的原料奶价格高于市场竞争价,收购价参考生产成本制定,保证了农场主的净盈利。1999 年成立奶业行业委员会,政府给予奶业委员会财政补贴政策,奶业委员会代表生产者把剩余的液态奶通过招标或签订合同以低于保护价出售给乳品加工商以生产黄油和奶粉等。在实行定额制度的第一年,政府财政补贴高达 1.18 亿美元,随后逐渐降低。随着财政负担的加重,2002 年年底奶业委员会开始试实行双重价格政策,超过政府规定生产量(根据前一年度规定)的原料奶,以低于政府制定的基准价收购。2008 年原料奶成本价是每升 585 韩元,基准收购价是每升 722 韩元,超过定额的原料奶价格仅为基准价的 50%。目前 2002 年制定的原料奶收购政策仍在实行,90%的原料奶以正常价收购,只有 10%的奶区别计价。

为了应对与欧盟的自由贸易协定,繁荣韩国的奶业,农业部发行了一系列支持措施以保证生鲜乳的生产每年超过 200 万 t。政府从每年预算中拿出 2 645 万美元(300 亿韩元)从农场主购买牛奶以稳定价格,其中一部分奶将用于扩大免费的学生奶计划。韩国的学生奶计划始于 1981 年,主要为低收入家庭的学生提供牛奶,并对食品服务提供者进行补偿。截至 2020 年,项目容量为 57.4 万人,每年提供天数为 250 d,项目支出为 616.93 亿韩元。政府还将计划年预算的 1 113 万美元(126 亿韩元)帮助农场主设施现代化。新的生鲜乳价格将每升提高 130 韩元,即从现在的 704 韩元提高至 834 韩元。除了价格支持机制外,政府正致力于改革分配牛奶生产的定额方法,这将有助于防止过量生产。

为了防止自然灾害对农场收入造成的影响，继 2001 年政府对苹果和梨推行作物保险机制后，2002 年对牛、猪、鸡、马 4 种家畜也实行了家畜保险机制以避免疾病暴发和自然灾害对农场主收入造成的影响，2006 年保险范围扩大到 9 种畜禽（鹿、鸭、雉、鹌鹑和火鸡）。个人承担的保险费由 2002 年的 41%降至 2006 年的 31%。

为了维持饲料生产，韩国政府从牧草生产、牧草加工和牧草用地 3 个方面进行支持粗饲料生产，仅用于青贮生产的资助就达到每吨 344.7 元。同时，为了保证饲料原料的供应，韩国政府从政策和经济 2 个层面提供支持。韩国政府还提供青贮牧草种子、设备、技术等方式，扩大和建立牧草生产专业区。

5.2　促进奶业加工的政策

1997 年引入危害分析和关键控制点（hazard analysis and critical control point）系统，目前已广泛应用于家畜和奶业，以保证食品安全。目前有 12 家政府原料奶检测机构，每日检测抗生素，每月检测 2 次体细胞数并对乳脂进行分类。

韩国主要的乳品企业有 8 家，分别是首尔乳业、每日乳业、南阳乳业、宾格瑞公司、养乐多韩国、乐天食品、东远 F&B 和普米尔（Purmil）公司，主要产品有鲜奶、发酵奶、风味奶、奶酪和奶粉、黄油和婴儿配方奶粉等，主要公司的营业额和产品见表 7。目前，76%的原料奶饮用，仅 24%的原料奶用于加工市场，政府对奶业加工的支持较少。

表 7　韩国主要乳制品公司的营业额和主要产品

公司	营业额/亿韩元	主要产品
首尔乳业	11 180	鲜奶、风味奶、酸奶、黄油、奶酪
每日乳业	6 510	鲜奶、风味奶、酸奶、奶酪、婴儿配方奶粉
南阳乳业	6 470	鲜奶、风味奶、酸奶、奶酪、婴儿配方奶粉
宾格瑞	5 600	鲜奶、风味奶、酸奶
养乐多韩国	4 130	鲜奶、酸奶
乐天食品	3 500	鲜奶、风味奶、酸奶、黄油、婴儿配方奶粉
东远 F&B	2 660	鲜奶、风味奶、酸奶、奶酪
普米尔（Purmil）	2 26	鲜奶、风味奶、酸奶

5.3　促进奶业贸易的政策

韩国的贸易政策集中在加工的奶产品上。直到 1994 年，韩国仍然对大多数奶制品保持着严格的进口配额。随着乌拉圭一轮世贸组织协议（With the Uruguay Round WTO Agreement）的签订，韩国逐渐开放了奶业市场，在最低限度存取配额下，实行相对低的配额关税率（tariff rate quotas，TRQ）和很高的超配额关税率。进出口由加入世贸组织前的国内总消费的 4%～9%急剧增加到 1996 年的 19%。当时进口增长较慢（到 2002 年达到国内总消费的 21%）。快速增长的进口产品有奶酪和配方婴儿奶粉。从 1995 年，奶酪进口年增长率为 19%。到 2004 年奶酪进口占总乳品进口值的 40%。2020 年，乳酪进口量占总乳品进口量的 69.7%。

所有进口奶制品实行单一关税税率或双重关税税率配额系统。在第一个乌拉圭一轮世贸组织协议 10 年执行期（1994—2005 年），超配额关税税率逐年降低，但是较低的配额关税没有降低。不同产品税率变化很大，例如，全脂奶粉配额紧张，税率为 40%，而超配额关税适用 176%（2004 年），但是黄油的超配额关税为 89%。另外，配方黄油（大约 70%乳脂）为 8%单一税率，进口奶酪为 36%的单一税率。

韩国在发展多边和双边自由贸易协定方面并不像其他国家一样积极。韩国的第一个双边自由贸易协定是和智利签订的，于 2004 年 4 月 1 日生效。

5.4 促进奶业消费的政策

在韩国,传统的饮食中并不包括奶制品。随着人们收入的增加和西方文化的影响,更加偏爱西方风格食品的年轻人越来越多。1980 年,政府在学校开始实施财政支持以刺激消费,1982 年在军队中推行。学生奶计划占年度液态奶总消费量的 13%,直至 2003 年的这 20 年中,这种需求对牛奶的生产和消费起到重要的作用。从 1975—2002 年,牛奶的消费得到了快速增长,奶制品的总消费量增加了将近 20 倍,从 16.2 万 t 增至 306 万 t(生鲜乳量)。由于人们对健康和肥胖的关注,更加偏爱低脂奶产品如脱脂乳。同时政府也大力鼓励宣传,奶制品是有益健康的日常饮食。

2006 年初,奶农合作社成立了奶业自我发展基金协会(Association of Self-Dependence Fund for Dairy, ASDFD),旨在通过电视、电台和其他广告媒体促进牛奶消费。生产者每生产 1 L 奶缴纳 2 韩元,作为基金来源,同时政府匹配相同金额。

6 值得借鉴的主要经验

6.1 经营模式方面的经验

在经营模式上,韩国注重发展适度规模养殖,通过提高单产,保障乳品供给。韩国奶业自 1970 年进入了一个快速发展时期,奶牛数量快速增长至 20 世纪 90 年代初,之后奶牛的单产以每年 2%的速度增加。在这个过程中,奶牛总头数在 2000 年达到高峰后因牛奶生产过剩压缩稳定到目前的 20 万~30 万头;饲养户数在 1990 年达到高峰后由于推行规模化养殖由 3.3 万户逐年下降,到 2018 年仅 6 453 户,几乎比 2000 年减少了 50%;养殖户减少的同时,规模较大养殖户的数量有所增加。每个饲养户的平均奶牛头数由 1970 年户均 7.6 头增至 2012 年的 70 头,然后稳定在 30~40 头。每头牛的年产奶量直线上升,从 1970 年的 4 024 kg 攀升到 2011 年的 10 048 kg,然后近 10 年长期稳定在 10 000 kg。总体呈现养殖规模适度发展,单产水平不断提高。

6.2 科技创新方面的经验

注重奶牛的育种和改良,增加良种奶牛数量,提高奶牛的总体效益。在 20 世纪 60 年代引进奶牛的同时,韩国的育种改良协会即开始进行谱系登记、生产性能测定、人工授精技术的推广,制定配种计划、引进奶牛遗传资源的确认和后裔测定等工作,全面掌握引进奶牛的生产性能。从 90 年代开始,除奶牛育种工作的需要外,不再从国外大批进口奶牛,主要依靠本国的黑白花奶牛进行自繁自育。

注重饲料的开发和研究。由于饲料资源的匮乏,韩国非常注重饲料技术推广和研究。从 1986 年开始即推广全混合日粮(TMR)饲喂技术。韩国还非常注重奶牛饲料添加剂的研究和开发。

6.3 产业政策方面的经验

通过"学生奶计划"的发展和推广,提高鲜奶消费量。韩国发展学生奶始于 1970 年,当时以促进奶业发展、解决牛奶过剩问题为目的,后来发展到促进奶业发展和提高青少年营养健康水平为目的。最初只在首都周边的初级学校供应,于 1986 年扩大实施到中、高等学校。现在的学生奶计划主要面向低收入家庭,2020 年的规模为 57.4 万人,每年提供天数为 250 d,项目支出为 616.93 亿韩元。

严格实行养殖场建设审批制度,使奶牛养殖数量相对稳定。20 世纪 90 年代,韩国奶牛业已经逐渐步入规模化发展阶段,全国奶牛饲养户平均饲养头数达 46 头,多数饲养规模在 100 头以下。韩国政府鼓励中小型畜禽养殖场的发展，限制养殖规模的扩大。鼓励在远离城市、人口密度低的农村发展规模化养殖，并给予一定的经济补助。

资金支持和生产补贴。政府对奶牛场扩大生产提供贷款和鲜奶销售的补贴，政府和养殖户共同投入，促进了奶业稳定持续发展。

严格执行"零排放"政策，保证畜牧业持续健康发展。为了构建粪便处理系统的设施及设备，1991—2005 年间，提供给畜禽农场主 1 万亿多韩元(10 亿美元)。在政府的资助下，到 2002 年，98%的畜禽农场主都配备了粪便处理系统。在韩国，所有畜禽养殖场绝对不可以向周围环境排放废水和废渣，十分注重畜牧业环保问题，对废弃物和污物的处理有严格的规定。2004 年，制定了有效管理和利用粪便的综合计划。2019 年，韩国的沼气产量为 136×10^{6} m^{3}。

6.4　其他方面的经验

成立奶农协会，对农户和乳品加工商进行管理，并提供切实有效的技术指导。韩国的奶农协会作为原料奶供应商和乳品加工商的纽带，负责以合理的价格收购原料奶并向奶农发放补贴，然后将原料奶出售给乳品加工商，保证了乳品市场的有序稳定发展，能更有效地代替政府监管乳品市场。

招募年轻的农场主，提升专业化水平。从 1984 年开始，政府每年给经过挑选的低于 35 岁以下的年轻人提供特殊的贷款，对牛场规模的扩大和新设备购买给予经济支持，并指定有经验的农场主、专家和教授为其监护人。通过提高从业人员准入门槛，给予技术指导和资金使用监管，使新技术在奶牛业中得到广泛推广应用，从而更快地提升奶牛养殖效益。

增强政府和企业的国家使命感。政府和企业之间相互信任，共同努力，互惠互利，促进奶业发展(图 15)。

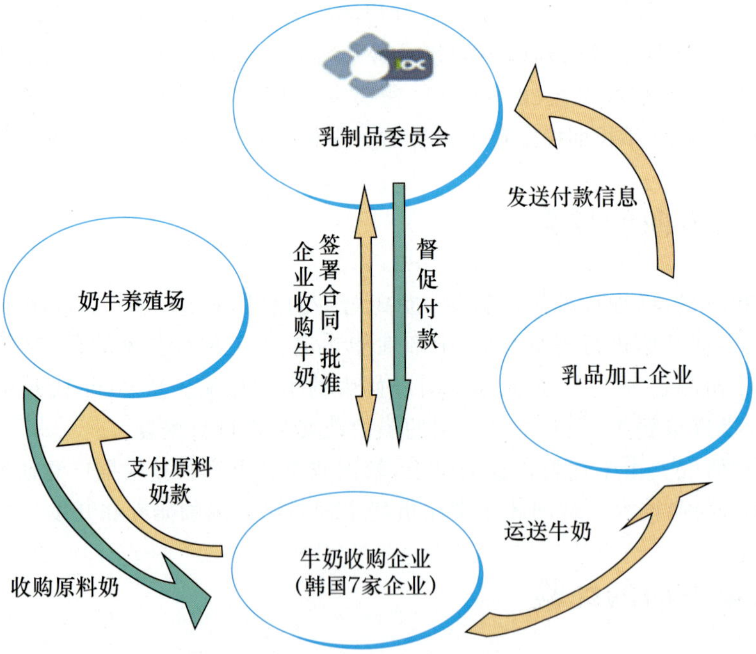

图 15　政府、企业、牧场组织关系图

参考文献

[1]刘太宇,史素荣,殷国良. 韩国的奶牛业. 中国奶牛,2000(1):51-53.

[2]殷成文. 韩国奶业进入稳定期. 中国牧业通讯,2004(12):18-19.

[3]王建强,孔丽萍. 韩国农技推广体系的现状及启示. 世界农业,2005(2):33-35.

[4]林永俊. 韩国乳制品的发展现状. 中国乳业,2006(7):6-7.

[5] Cheng W N, Jeong C H, Kim D H, et al. Effects of Moringa extract on adhesion and invasion of *Escherichia coli* O55 in bovine mammary epithelial cells. J Dairy Sci. 2020, 103: 7416-7424.

[6]Choi S H, Lee S H, Kim M G, et al. Effect of different feed additives on growth performance and blood profiles of Korean Hanwoo calves. J Dairy Sci. 2019, 102: 6718-6725.

[7] Fuentes-Pila J, Ibanez M, De Miguel J M, et al. Predicting average feed intake of lactating Holstein cows fed totally mixed rations. J Dairy Sci, 2003, 86:309-323.

[8] Khan M A, Lee H J, Lee W S,et al. Pre-and postweaning performance of Holstein female calves fed milk through step-down and conventional methods. J Dairy Sci, 2007, 90:876-885.

[9]Khan M A, Lee H J, Lee W S, et al. Structural growth, rumen development, and metabolic and immune responses of Holstein male calves fed milk through step-down and conventional methods. J Dairy Sci, 2007, 90:3376-3387.

[10]Khan M A, Lee H J, Lee W S, et al. Starch source evaluation in calf starter: I. Feed consumption, body weight gain, structural growth, and blood metabolites in Holstein calves. J Dairy Sci, 2007, 90:5259-5268.

[11]Kwak D, Seo M G. Genetic diversity of bovine hemoprotozoa in South Korea. Pathogens, 2020, 9: 768-777.

[12] Lee Y M, Dang C G,Alam M Z, et al. The effectiveness of genomic selection for milk production traits of Holstein dairy cattle. Asian-Australa J Anim Sci, 2020, 33(3): 382-389.

[13] Lee J H,Febrisiantosa A. Improvement of nitrogen balance (land budget) in South Korea in terms of livestock manure: a review. IOP Conference Series: Earth and Environmental Science, 2020, 462: 012011.

[14] Lee M, Lee J, Jeon S, et al. Evaluation of the equation for predicting dry matter intake of lactating dairy cows in the Korean feeding standards for dairy cattle. Asian-Australa. J Anim Sci, 2021, 34: 1623-1631.

[15] Livestock in Korea, National Livestock Cooperative Federation (NLCF): World Association for Animal Production (WAAP). 1998: 22-55.

[16] Song M K, Li X Z, Oh Y K, et al. Control of methane emission in ruminants and industrial application of biogas from livestock manure inKorea. Asian-Aust J Anim Sci, 2011, 24: 130-136.

[17] Moon Y H, Lee S C, Lee S S. Effects of neutral detergent fiber concentration and particle size of the diet on chewing activities of dairy cows. Asian-Aust J Anim Sci, 2004, 17: 1535-1540.

[18]Myung K H. Effect of recombinant bovine somatotropin on milk production and milk composition in dairy cows. Asian-Aust J Anim Sci, 1990, 3: 247-252.

[19] Rim J S, Lee S R, Cho Y S, et al. Prediction of dry matter intake in lactating Holstein dairy cows offered high levels of concentrate. Asian-Aust J Anim Sci, 2008, 21: 677-684.

[20] Yoon S H, Lee K N, Park J H, et al. Molecular epidemiology of foot-and-mouth disease virus

serotypes A and O with emphasis on Korean isolates: temporal and spatial dynamics. Arch Virol, 2011, 156: 817-826.

[21] Yoon J T, Lee J H, Kim C K, et al. Effects of milk production, season, parity and lactation period on variations of milk urea nitrogen concentration and milk components of Holstein dairy cows. Asian-Aust J Anim Sci, 2004, 17: 479-484.

[22] Lee C, Morris D L, Copelin J E, et al. Effects of lysophospholipids on short-term production, nitrogen utilization, and rumen fermentation and bacterial population in lactating dairy cows. J Dairy Sci, 2019, 102: 3110-3120.

[23] Kim T I, Lim D H, Jang S S, et al. Effects of supplementing Barodon, *Bacillus subtilis*, and Ampbio on growth performance, biochemical metabolites, and hormone levels in Korean native heifers. Trop Anim Health Prod, 2018, 50: 1637-1643.

[24] Yun M J, Yoon S, Lee Y J. Monitoring and characteristics of major mastitis pathogens from bulk tank milk in Korea. Animals, 2020, 10(9): 1562.

[撰稿：河北农业大学　高艳霞　李建国　沈宜钊]

附　表

附表 1　1961—2019 年韩国泌乳奶牛头数、总产奶量和单产水平

年份	泌乳奶牛头数/头	总产奶量/万 t	平均单产/(kg/头)
1961	900	0.154 3	1 714.4
1962	1 300	0.328 4	2 526.2
1963	2 400	0.468 2	1 950.8
1964	3 000	0.857 7	2 859.0
1965	3 433	1.074 0	3 128.5
1966	5 457	1.460 0	2 675.5
1967	6 515	1.918 8	2 945.2
1968	8 272	2.436 0	2 944.9
1969	11 032	3.547 0	3 215.2
1970	12 892	5.188 5	4 024.6
1971	17 257	6.530 7	3 784.4
1972	20 342	7.985 2	3 925.5
1973	28 977	10.408 2	3 591.9
1974	38 886	12.690 1	3 263.4
1975	45 402	16.033 8	3 531.5
1976	50 166	19.733 4	3 933.6
1977	61 329	26.057 4	4 248.8
1978	75 843	32.086 7	4 230.7
1979	88 905	38.073 0	4 282.4
1980	114 337	45.232 8	3 956.1
1981	111 821	51.287 7	4 586.6

续附表 1

年份	泌乳奶牛头数/头	总产奶量/万 t	平均单产/(kg/头)
1982	134 365	57.623 8	4 288.6
1983	159 818	71.220 7	4 456.4
1984	196 205	84.054 4	4 284.0
1985	230 620	100.610 3	4 362.6
1986	248 930	115.446 0	4 637.7
1987	266 546	141.312 6	5 301.6
1988	276 183	163.189 6	5 908.7
1989	298 417	176.179 6	5 903.8
1990	291 603	175.175 8	6 007.3
1991	232 577	174.099 5	7 485.7
1992	241 247	181.612 0	7 528.1
1993	252 169	185.787 3	7 367.6
1994	253 328	191.739 8	7 568.8
1995	253 492	199.844 5	7 883.7
1996	252 409	203.373 8	8 057.3
1997	247 764	198.402 3	8 007.7
1998	246 920	202.700 0	8 209.1
1999	246 948	224.394 1	9 086.7
2000	255 053	225.280 4	8 832.7
2001	258 040	233.886 0	9 063.9
2002	252 253	253.700 0	1 0057.4
2003	241 053	236.600 0	9 815.3
2004	236 511	225.500 0	9 534.4
2005	227 111	222.882 1	9 813.8
2006	220 170	218.400 0	9 919.6
2007	215 666	218.800 0	10 145.3
2008	209 124	220.000 0	10 520.1
2009	208 136	222.200 0	10 675.7
2010	203 923	207.300 0	10 165.6
2011	190 901	188.900 0	9 895.2
2012	209 106	211.100 0	10 095.4
2013	205 812	209.300 0	10 169.5
2014	208 205	221.403 9	10 633.9
2015	212 046	216.815 7	10 224.9
2016	207 195	206.958 1	9 988.6
2017	205 143	205.823 0	10 033.1
2018	205 292	182.458 6	8 887.8
2019	203 551	180.677 4	8 876.3

数据来源：http://faostat.fao.org。

附表 2　1983—2020 年韩国奶牛饲养规模和牛奶产量

年份	农户数/户	存栏量/头(泌乳牛和非泌乳牛)	总产奶量/t	每户存栏量/头	每户每天产奶量/(kg/d)
1983	29 537	274 783	712 206	9.30	66.06
1984	37 646	334 352	840 543	8.88	61.17
1985	43 760	390 135	1 005 811	8.92	62.97
1986	42 728	437 333	1 154 460	10.24	74.02
1987	38 131	463 330	1 413 126	12.15	101.53
1988	35 713	480 239	1 631 896	13.45	125.19
1989	36 040	515 178	1 761 796	14.29	133.93
1990	33 277	503 947	1 751 758	15.14	144.22
1991	30 150	495 772	1 740 995	16.44	158.20
1992	27 965	508 241	1 816 121	18.17	177.93
1993	28 219	553 343	1 857 873	19.61	180.38
1994	25 667	552 139	1 917 398	21.51	204.67
1995	23 519	553 467	1 998 445	23.53	232.80
1996	21 129	551 493	2 033 738	26.10	263.71
1997	17 419	544 417	1 984 023	31.25	312.05
1998	15 671	538 913	2 027 210	34.39	354.41
1999	14 392	534 506	2 243 941	37.14	427.17
2000	13 348	543 708	2 252 804	40.73	462.40
2001	12 827	548 176	2 338 875	42.74	499.56
2002	11 716	543 587	2 536 648	46.40	593.18
2003	10 514	518 645	2 366 214	49.33	616.59
2004	9 612	497 261	2 255 450	51.73	642.88
2005	8 923	478 865	2 228 821	53.67	684.34
2006	8 260	464 056	2 176 340	56.18	721.86
2007	7 657	453 403	2 187 824	59.21	782.82
2008	7 000	445 754	2 138 802	63.68	837.10
2009	6 767	444 648	2 109 732	65.71	854.16
2010	6 347	429 547	2 072 696	67.68	894.69
2011	6 068	403 689	1 889 150	66.53	852.96
2012	6 007	420 113	2 110 698	69.94	962.67
2013	5 830	424 202	2 093 072	72.76	983.61
2014	5 693	430 678	2 214 039	75.65	1 065.49
2015	5 498	411 342	2 168 157	74.82	1 080.42
2016	5 354	404 293	2 069 581	75.51	1 059.04
2017	6 503	408 830	2 058 230	62.87	867.14
2018	6 360	407 894	2 040 751	64.13	879.10
2019	6 168	408 135	2 049 434	66.17	910.33
2020	6 160	409 805	2 088 786	66.53	929.01

数据来源：https://kosis.kr/eng/statisticsList/。

附表 3　1978—2020 年韩国主要乳制品产量和消费量

年份	项目	白色牛奶/万 t	加工牛奶/万 t	发酵乳/万 t	炼乳/t	奶酪/t	调制乳粉/t	黄油/t	全脂奶粉/t	脱脂奶粉/t
1978	产量	14.59	7.44	8.00	1 117	83	13 730	646	3 863	1 982
	消费量	14.59	7.44		1 075	90	13 593	773	4 376	2 044
1979	产量	17.09	7.23	11.45	1 655	70	14 470	710	5 507	3 533
	消费量	17.09	7.23		1 241	68	14 571	627	4 767	3 628
1980	产量	18.84	9.07	9.81	2 002	135	16 747	1 123	10 105	3 377
	消费量	18.84	9.07		1 183	123	16 146	740	6 532	3 018
1981	产量	27.99	9.25	8.27	1 551	129	16 465	790	6 615	2 205
	消费量	27.99	9.25		2 422	128	16 428	1 241	10 925	3 066
1982	产量	35.03	7.65	10.44	1 137	146	17 643	1 423	8 239	2 710
	消费量	35.03	7.65		1 174	144	17 439	1 287	5 809	2 495
1983	产量	44.82	7.74	11.62	1 605	181	18 980	1 571	7 500	3 569
	消费量	44.82	7.74		1 332	183	18 881	1 635	8 034	3 715
1984	产量	53.10	8.54	12.70	2 002	301	17 685	2 401	12 050	6 523
	消费量	53.10	8.54		1 882	295	18 525	1 990	7 629	5 287
1985	产量	64.77	9.28	14.69	2 555	504	19 096	3 238	11 889	6 803
	消费量	64.77	9.28		2 438	478	18 750	2 844	11 030	6 046
1986	产量	82.67	8.84	16.81	2 201	707	17 119	2 874	7 423	6 681
	消费量	82.67	8.84		2 338	679	17 377	3 688	9 223	5 996
1987	产量	102.02	8.73	19.26	2 441	2 292	19 592	3 780	11 636	8 680
	消费量	102.02	8.73		2 806	1 432	19 534	3 793	12 537	8 939
1988	产量	121.28	9.16	22.62	2 048	5 558	20 596	4 123	9 583	9 221
	消费量	121.28	9.16		2 035	3 410	20 758	3 893	10 086	10 591
1989	产量	112.26	8.15	28.40	2 325	4 768	22 790	6 870	15 816	18 763
	消费量	112.26	8.15		2 317	3 188	22 412	4 905	9 125	13 371
1990	产量	124.21	9.43	35.29	3 391	6 815	25 692	5 095	8 551	12 261
	消费量	124.21	9.43	35.29	3 448	6 713	25 535	7 254	15 177	18 302
1991	产量	124.73	10.27	40.24	4 145	8 536	25 968	4 266	4 137	10 514
	消费量	124.73	10.27	40.24	3 982	8 503	26 276	4 805	8 578	19 091
1992	产量	130.17	10.75	45.53	2 902	9 175	27 559	3 364	3 988	10 339
	消费量	130.17	10.75	45.52	3 069	9 320	27 373	4 580	5 948	18 811
1993	产量	128.84	13.36	46.50	2 871	12 157	26 622	3 837	2 571	10 918
	消费量	128.84	13.36	46.50	2 855	11 938	26 737	4 067	4 245	21 686
1994	产量	137.72	17.60	52.41	3 283	12 668	25 411	2 928	1 914	7 582
	消费量	137.72	17.60	52.46	3 295	13 182	25 472	3 034	3 644	19 433
1995	产量	132.61	24.21	58.48	3 843	12 056	26 587	3 349	2 937	13 081
	消费量	132.61	24.21	58.44	3 791	12 417	25 932	2 755	2 619	18 410
1996	产量	131.65	31.28	54.82	3 208	20 835	26 201	4 200	5 582	30 334
	消费量	131.65	31.28	54.82	3 146	20 546	26 109	4 324	4 875	28 880
1997	产量	144.59	25.69	65.51	3 481	25 331	26 369	3 332	4 459	29 042
	消费量	144.59	25.69	65.47	3 599	25 078	25 886	3 737	5 533	31 359
1998	产量	123.07	17.01	49.46	3 534	10 148	23 215	3 494	4 408	17 522
	消费量	123.07	17.01	49.34	3 429	24 904	20 327	3 795	4 240	19 261
1999	产量	114.55	14.69	55.53	3 228	14 018	17 528	1 125	2 987	8 164
	消费量	114.55	14.69	55.29	3 331	34 048	16 828	2 194	3 680	15 274

续附表 3

年份	项目	白色牛奶/万 t	加工牛奶/万 t	发酵乳/万 t	炼乳/t	奶酪/t	调制乳粉/t	黄油/t	全脂奶粉/t	脱脂奶粉/t
2000	产量	144.74	22.41	52.96	4 130	14 980	26 612	4 310	5 491	24 257
	消费量	144.74	22.41	52.61	4 067	44 189	27 282	4 760	5 630	20 746
2001	产量	146.58	26.35	53.78	4 122	20 060	26 204	4 688	4 444	21 625
	消费量	146.58	26.35	53.40	4 134	53 089	29 855	5 973	6 571	30 765
2002	产量	136.21	30.22	54.02	3 836	20 706	20 595	5 943	9 074	35 946
	消费量	136.21	30.22	53.54	3 751	52 356	21 013	6 569	8 463	33 928
2003	产量	138.02	44.84	55.49	3 837	22 637	18 251	5 210	6 007	26 319
	消费量	138.02	44.84	54.80	3 835	57 934	17 566	7 195	8 859	35 450
2004	产量	132.83	45.29	52.45	4 127	24 296	15 139	4 038	4 673	24 770
	消费量	132.83	45.29	51.79	4 098	63 595	17 800	7 777	6 547	30 985
2005	产量	131.09	38.03	48.24	3 948	23 724	15 204	4 013	4 762	23 677
	消费量	131.09	38.03	47.65	3 940	68 290	15 742	8 812	6 645	25 805
2006	产量	134.37	33.99	50.43	3 659	27 929	12 766	3 863	4 020	18 318
	消费量	134.37	33.99	49.74	3 662	72 153	13 600	7 282	6 095	29 920
2007	产量	136.19	33.46	48.52	3 567	24 366	14 642	3 948	3 565	22 158
	消费量	136.19	33.46	47.96	3 458	74 384	14 629	8 124	4 627	22 740
2008	产量	135.15	35.08	45.49	3 546	25 016	15 632	3 512	3 430	19 885
	消费量	135.15	35.08	44.99	3 427	71 951	15 034	6 956	4 941	25 342
2009	产量	138.96	31.23	44.57	3 949	23 199	14 453	3 493	3 124	15 193
	消费量	138.96	31.23	43.96	3 382	71 444	13 913	8 396	4 209	27 795
2010	产量	136.20	27.92	50.26	3 744	27 404	14 513	2 636	2 569	9 542
	消费量	136.20	27.92	49.67	3 294	88 608	14 860	9 121	4 157	19 601
2011	产量	133.81	28.63	52.20	2 620	24 708	15 191	1 152	1 802	3 959
	消费量	133.81	28.63	51.67	1 611	99 520	13 786	9 800	6 685	37 278
2012	产量	140.51	28.02	55.76	4 214	22 522	18 236	3 371	1 632	14 223
	消费量	140.51	28.02	55.16	1 728	99 243	14 475	10 446	3 384	27 079
2013	产量	139.22	29.13	57.37	6 012	22 389	17 541	2 003	1 912	11 670
	消费量	139.22	29.13	56.69	1 069	107 558	13 737	7 951	4 031	31 422
2014	产量	135.63	28.07	57.24	8 535	23 779	17 991	4 311	2 784	21 395
	消费量	135.63	28.07	56.71	2 731	117 827	13 553	9 182	4 178	32 028
2015	产量	134.54	30.20	59.69	8 079	23 188	22 183	3 587	2 615	17 076
	消费量	134.54	30.20	58.98	4 593	132 593	16 583	10 206	4 630	36 645
2016	产量	138.37	28.96	52.02	9 578	28 842	20 896	2 367	2 213	8 540
	消费量	138.37	28.96	51.48	5 958	140 427	15 650	11 581	5 940	38 371
2017	产量	136.88	31.78	56.10	11 655	35 214	16 727	2 420	1 798	9 041
	消费量	136.88	31.78	55.51	7 497	158 612	13 771	11 469	6 581	33 890
2018	产量	137.83	30.92	55.62	11 278	37 322	18 163	1 958	1 284	8 018
	消费量	137.83	30.92	55.13	7 522	154 679	13 908	13 093	6 382	34 745
2019	产量	137.84	32.36	58.37	12 262	41 491	16 565	2 757	1 478	9 356
	消费量	137.84	32.36	57.84	6 338	166 150	12 117	16 949	6 616	32 320
2020	产量	136.25	28.53	57.16	11 872	44 671	12 501	3 574	1 289	12 974
	消费量	136.25	28.53	56.47	4 410	188 231	8 831	17 832	6 937	26 190

数据来源：https://kosis.kr/eng/statisticsList/。

附表 4　1961—2019 年韩国主要乳制品进出口贸易量 t

年份	进口量					出口量				
	奶油	干酪乳	脱脂奶粉	全脂奶粉	鲜乳	奶油	干酪乳	脱脂奶粉	全脂奶粉	鲜乳
1961	0	0	800	0	1	0	0	0	0	0
1962	0	65	4 730	0	9	0	0	0	0	0
1963	3	3	10 480	0	34	0	0	0	0	0
1964	88	7	6 585	0	312	0	0	0	0	0
1965	109	5	7 820	0	0	0	0	0	0	0
1966	5	6	4 644	0	0	0	0	0	0	0
1967	16	26	888	0	0	0	0	0	0	0
1968	106	17	6 130	2 915	2	0	0	0	0	0
1969	161	15	11 442	341	1	0	0	0	0	0
1970	29	14	5 993	335	1	0	0	0	0	0
1971	7	15	7 445	663	1	0	0	0	0	0
1972	10	17	6 107	439	653	0	0	0	0	0
1973	0	25	971	39	23	0	0	0	0	0
1974	0	25	1 688	55	21	0	0	0	0	0
1975	6	29	1 129	92	0	50	0	0	0	0
1976	8	19	1 456	150	0	0	0	0	0	0
1977	26	34	211	145	0	0	1	0	0	0
1978	34	40	542	497	0	0	0	28	5	0
1979	50	59	178	2 190	0	0	0	1	5	0
1980	32	51	416	888	0	0	39	3	0	0
1981	26	49	305	859	0	0	28	84	1	0
1982	66	62	1 563	2 104	0	0	20	53	0	0
1983	39	65	3 024	1 512	0	0	0	84	0	0
1984	33	67	4 562	3 018	0	1	0	70	0	0
1985	34	13	3 027	207	0	3	0	71	2 030	0
1986	32	7	376	121	0	14	0	19	0	0
1987	44	21	547	205	0	25	4	80	1	4
1988	155	27	702	304	0	15	0	8	41	0
1989	486	4	566	227	0	44	0	38	0	0
1990	110	8	595	84	0	0	2	1	0	0
1991	2 508	18	12 944	4 156	0	1	0	1	1	0
1992	371	48	7 950	880	0	0	0	0	0	0
1993	514	55	12 660	2 183	0	0	2	0	0	0
1994	515	2 886	10 254	1 327	18	0	2	7	27	30
1995	498	10 304	7 044	532	180	18	82	92	336	62
1996	535	14 185	1 397	221	381	10	128	63	47	584
1997	1 153	18 201	1 927	441	0	2	52	74	28	16
1998	499	12 108	2 648	194	0	7	0	217	146	59
1999	896	19 809	2 842	461	0	6	42	12	4	0
2000	947	28 163	3 004	692	0	0	103	371	10	0

续附表 4 t

年份	进口量					出口量				
	奶油	干酪乳	脱脂奶粉	全脂奶粉	鲜乳	奶油	干酪乳	脱脂奶粉	全脂奶粉	鲜乳
2001	1 094	32 116	5 156	1 642	0	28	28	31	3	0
2002	1 081	29 612	4 150	1 074	0	13	37	28	1	4
2003	1 380	33 500	4 552	1 660	2	4	72	2	0	1
2004	4 055	39 240	4 388	1 512	175	0	123	1	14	0
2005	5 047	41 065	6 147	1 743	34	0	210	69	0	0
2006	3 206	41 001	6 711	1 992	1	21	198	114	6	0
2007	4 096	46 561	4 928	1 136	13	4	48	140	20	5
2008	3 092	44 187	4 915	1 261	3	0	93	269	12	48
2009	5 092	45 413	9 638	1 159	3	0	76	469	2	754
2010	6 396	56 798	7 875	1 357	1	0	64	1 043	2	122
2011	8 579	71 543	33 503	5 284	152	1	64	5	15	44
2012	7 392	72 737	18 782	1 631	930	1	95	41	6	542
2013	5 643	79 217	19 710	2 006	733	6	125	23	2	690
2014	5 328	90 543	21 129	2 083	275	44	215	17	12	285
2015	6 189	104 948	21 260	2 036	1 137	5	407	3	198	1 292
2016	9 303	103 050	20 610	3 501	1 214	12	242	23	60	4 658
2017	9 432	118 112	23 187	4 625	3 433	15	154	115	29	6 383
2018	10 737	117 167	24 775	5 282	4 275	47	89	99	36	7 395
2019	14 292	123 919	23 765	5 207	10 392	71	201	266	120	8 021

数据来源：http://faostat.fao.org。

附表 5 1961—2019 年韩国主要乳制品进出口贸易额 千美元

年份	进口额					出口额				
	奶油	干酪乳	鲜乳	脱脂奶粉	全脂奶粉	奶油	干酪乳	鲜乳	脱脂奶粉	全脂奶粉
1961	0	0	1	724	0	0	0	0	0	0
1962	0	18	7	2 011	0	0	0	0	0	0
1963	4	2	104	2 765	0	0	0	0	0	0
1964	68	8	85	1 605	0	0	0	0	0	0
1965	53	6	0	3 048	0	0	0	0	0	0
1966	7	8	0	2 095	0	0	0	0	0	0
1967	25	18	0	462	0	0	0	0	0	0
1968	156	22	1	2 518	4 117	0	0	0	0	0
1969	214	26	4	3 202	196	0	0	0	0	0
1970	41	24	1	6 417	228	0	0	0	0	0
1971	12	34	0	7 972	379	0	0	0	0	0
1972	17	32	215	3 250	251	0	0	0	0	0
1973	0	57	45	572	60	0	0	0	0	0
1974	0	57	34	1 222	116	0	0	0	0	0
1975	11	80	0	1 306	131	31	0	0	0	0
1976	14	57	0	1 316	140	0	0	0	0	0
1977	60	110	0	209	267	0	5	0	0	2
1978	90	139	0	406	929	0	0	0	174	39

续附表 5　　千美元

年份	进口额					出口额				
	奶油	干酪乳	鲜乳	脱脂奶粉	全脂奶粉	奶油	干酪乳	鲜乳	脱脂奶粉	全脂奶粉
1979	117	207	0	186	2 026	0	0	0	10	35
1980	86	209	0	425	1 888	0	46	0	13	1
1981	131	217	0	491	2 123	0	38	0	200	7
1982	268	309	0	1 725	4 000	0	10	0	128	0
1983	162	295	0	2 757	2 480	0	0	0	457	0
1984	107	315	0	3 460	3 716	2	0	0	342	0
1985	121	63	0	2 205	463	10	0	0	315	1 584
1986	86	43	0	286	221	40	0	0	112	0
1987	107	124	0	507	306	71	28	4	356	7
1988	352	190	0	1 074	531	25	0	0	51	69
1989	1 008	28	0	1 224	415	59	0	0	90	0
1990	314	102	0	1 077	156	0	27	0	3	0
1991	4 266	129	0	17 452	5 967	2	0	0	2	4
1992	795	183	0	13 256	1 492	0	0	0	0	0
1993	1 050	233	0	22 016	3 621	0	9	0	0	0
1994	1 079	7 274	23	15 482	2 224	0	7	34	23	94
1995	1 146	30 290	149	14 860	1 194	42	279	109	127	483
1996	1 487	46 076	258	2 896	521	20	420	798	136	81
1997	2 297	55 226	0	3 897	850	10	282	11	132	47
1998	1 213	31 243	0	4 243	369	38	0	36	395	260
1999	1 965	49 112	0	4 247	728	8	162	0	22	42
2000	1 997	62 425	0	4 939	1 309	0	236	0	523	52
2001	2 196	79 799	0	11 291	3 478	22	67	0	53	9
2002	2 230	76 157	1	6 926	1 749	69	111	24	84	2
2003	3 003	85 929	2	7 845	2 972	3	199	1	3	0
2004	8 774	111 689	234	8 720	3 190	0	359	0	3	16
2005	12 807	131 537	65	14 568	4 342	0	524	0	143	0
2006	8 346	133 141	27	15 374	4 784	48	553	0	454	12
2007	11 298	165 011	49	17 334	3 366	20	208	14	773	70
2008	13 390	219 931	17	19 629	5 955	0	417	62	1 886	44
2009	13 271	164 290	11	23 187	3 533	1	458	864	3 323	10
2010	24 402	234 030	4	24 344	4 409	0	420	494	7 715	7
2011	37 487	294 552	123	111 081	20 610	14	404	96	26	174
2012	30 723	327 537	706	61 185	6 201	21	694	802	154	118
2013	23 981	364 233	615	76 431	8 514	55	1 008	1 089	97	15
2014	26 871	451 055	260	91 074	10 213	260	1 289	577	208	235
2015	26 912	460 332	775	55 064	6 391	36	2 064	2 479	132	604
2016	39 284	388 089	800	42 713	10 303	126	1 549	8 578	365	597
2017	51 219	496 835	2 503	53 138	15 818	77	1 515	11 658	479	241
2018	71 489	494 538	3 099	49 340	20 194	94	609	13 539	568	158
2019	86 111	511 599	7 424	55 960	19 506	267	1 414	14 634	1 318	416

数据来源：http://faostat.fao.org。

日本奶业发展报告

摘要:20 世纪 60 年代后，随着日本经济快速增长和人民生活水平的不断提高，加之饮食习惯的西方化及多样化，日本国内对牛奶和乳制品需求量不断扩大。在市场需求拉动下，奶牛产业逐步得到发展壮大。奶牛单产水平以及乳品质量在不断提高，这体现了日本奶牛养殖在各个环节上科技水平的不断提高。经过半个多世纪的努力，日本的奶业已经进入了发达国家的行列。

本报告共分 6 个部分，分别阐述了日本奶业的发展历程及各主要环节。第一部分介绍了日本地理位置、气候、水文、社会经济等概况。在此基础上，阐述和分析近 60 年来日本奶业发生的具体变化情况，包括奶牛饲养方式、养殖规模、养殖模式等变化情况;乳品加工企业数量、经营规模、产品结构、产业组织等变化情况;人均乳品消费量及消费结构变化情况;乳品贸易量、贸易额、贸易结构、贸易伙伴、贸易政策等变化情况;奶牛养殖、乳品加工业、乳品消费、乳品贸易等方面的政策法规及演变情况。第二部分阐述和分析了近 60 年来日本奶业科技进展概况，概述了奶牛育种与繁殖技术、奶牛饲料与营养技术、奶牛疫病控制技术、粪污治理技术等方面近 60 年来取得的创新及重大突破，以及对奶业生产带来的巨大影响。第三部分简要介绍了日本近 60 年来为提高原料奶质量所采取的主要政策、监控原料奶质量的主要方法及惩罚措施以及原料奶计价体系。第四部分简要介绍了日本的科技推广体系，包括主要研究机构、奶农农协机构及其运作模式等。第五部分简要介绍了日本促进奶业发展的生产、加工、贸易、消费等各个环节的主要政策。第六部分概述了日本奶业近 60 年来在经营模式、科技创新、产业政策的特点以及目前日本奶业发展的趋势。通过回顾日本奶业发展历史，提出我国奶业发展在经营模式、科技创新、产业政策等方面可借鉴的经验及政策建议。

关键词:日本　奶业　发展

1　奶业发展概况

日本是位于亚洲大陆东岸外的太平洋岛国。西、北隔东海、日本海、鄂霍次克海与中国、朝鲜、韩国、俄罗斯相望，东濒太平洋。其国土狭长，自东北向西南呈弧状延伸，纵贯热带、温带和寒带 3 个气候带。气候由于受大陆性气候和海洋性气候的双重影响，变化较大，四季分明，南北差异较大，年平均气温 10～20 ℃，降雨量 1 000～2 500 mm。

第二次世界大战后日本经济从 20 世纪 60 年代，年均以 10%的速度迅猛发展，进入高速增长时期。20 世纪 70～80 年代，以年均 5%增长速度进入稳定增长期，迅速发展并跨入世界先进国家行列，一跃成为世界第二大经济强国。20 世纪 80 年代末至 90 年代初，日本经济由于出现“泡沫经济”而开始进入持续衰退期。1999 年后日本经济以 0.5%的速度增长，近年来日本经济正处在缓慢恢复过程当中，日本平均每年的 GDP 约为 10 万亿美元，居世界第 3 位。在日本的 GDP 中，农业比重为 1%；在农业中，畜牧业占 31%；在畜牧业中，奶业占 9.5%。奶牛生产主要分布：按 2011 年前 5 位的养殖户数为北海道、岩手县、栃木县、千叶县、宫城县。养殖头数前 5 位的是北海道、栃木县、岩手县、熊本县、群马县，如表 1 所示。

表 1　2011 年都道府县中养殖户数及头数前 5 位地区

顺序	地区	养殖户数	顺序	地区	养殖头数
1	北海道	7 500	1	北海道	827 900
2	岩手县	1 310	2	栃木县	53 000
3	栃木县	949	3	岩手县	46 900
4	千叶县	895	4	熊本县	43 600
5	宫城县	708	5	群马县	39 200

2019 年日本全国奶牛饲养户数为 1.5 万户，排列前 4 位的养殖区域为北海道(5 970 户)、关东东山(2 880户)、东北(2 220户)、九州(1 470 户)。

1.1　奶牛养殖业

日本的奶牛养殖最早可追溯到明治时期，前田留吉在横滨开始养牛。1945 年以前，奶牛养殖是以城市及其近郊的一般家庭为单位发展起来的，以家庭为单位经营奶业，这种方式至今还延续着，即所谓的家庭经营为主的奶业生产模式。起初，奶牛饲养规模和技术水准都比较低。直到 20 世纪 60 年代初，随着日本经济高速增长和人民生活水平不断提高，日本国内对牛奶和乳制品需求量也不断扩大，在市场需求的拉动下，奶牛饲养头数与饲养户数不断增加，直到 1963 年饲养头数还在增加。

以 1961 年制定的《农业基本法》为基础，日本奶业开始规模化饲养。1965 年制定的加工原料奶生产者补给金等暂定措施法，即《不足支付法》对振兴日本的奶业生产起到了重要作用。在 20 世纪 70 年代投入了大型机械，使奶牛饲养经营管理程序化、系统化和规模化。因此，日本的奶牛存栏头数由 1961 年的 48.6 万头增到 2011 年的 148.4 万头，增加了约 2 倍。2010 年起，存栏头数逐年减少，最新数据表明 2019 年日本的奶牛存栏头数为 133.2 万头(图 1)。按饲养奶牛的均数来计算，每户饲养奶牛头数从 1961 年的 2.1 头增到 2019 年的 88.8 头，增加了约 42 倍。饲养户数却从 1961 年的 41 万户减到 2019 年的 1.5 万户，约减少了 96%。

图 1　2010—2019 年日本奶牛饲养户数和头数

(数据来源：农林水产省统计信息部)

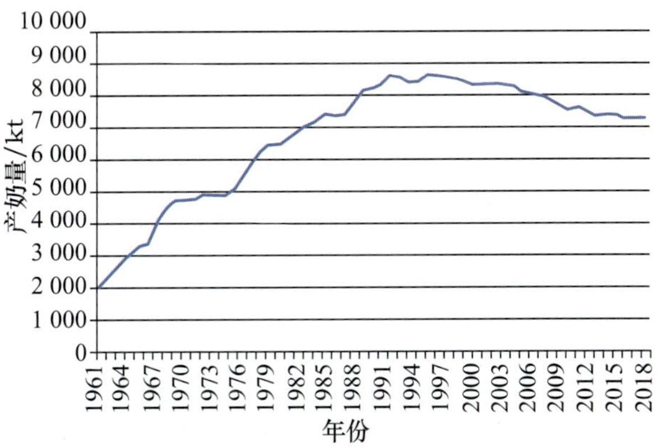

图 2　1961—2018 年日本奶牛总产奶量

(数据来源：农林水产省统计信息部)

日本奶牛头数在1984年达到132万头，而后开始放慢了增长速度。增加头数已不再是日本奶牛产业瞄准的方向，开始由追求数量转型提高生产性能。由于这一转型，日本奶牛的单产迅速上升，到2018年奶牛单产水平为8.6 t，达到了近60年的峰值。因此，牛奶总产量从1961年的211.0万t增加到2010年的763.1万t，2018年牛奶总产量为729.9万t(图2)，2020年牛奶总产量达到743.8万t。在此期间，日本奶牛产业的饲养管理自动化程度得到显著提高，计算机应用进入农户，并开始重视畜牧业环境整治。

1.2 乳品加工业

第二次世界大战后的两年间(1945—1947年)，日本奶业处于极度混乱状态。由于粮食形势的恶化、饲料缺乏、通货膨胀等，相继出现出售、屠宰奶牛的现象，一时间出现了种畜难以存留的状况。奶牛饲养头数和牛奶产量分别减少到第二次世界大战前的60%和40%的水平。更为严重的是，在混乱时期政府没有能力制定和实施具体的政策。此时的日本奶业被视为是空白时期。

战乱平息后，1947年政府宣布了“振兴畜产五年计划”。这项计划的目的是大幅度增加奶牛饲养头数，为发展奶业奠定基础。1947—1950年，日本对乳品企业(乳业资本)进行了重新调整，其中最主要的措施是1947年实行了《过度经济力集中消除法(收集排除法)》。执行此法之后，乳品企业(如明治、森永、雪印、北海道黄油4个主要乳品企业)之间自然形成平均分割市场局面，可享受独自垄断自控自属社区的奶业。政府发布的《收集排除法》为乳品企业(乳业资本)垄断市场和奶业生产创造了稳定和平发展的环境。此后，全国各个地区迅速建立起很多小规模的乳品加工厂。随着20世纪50年代初开始的技术与设备的创新，这些小规模乳品企业进行了现代化、合理化的改造，并扩大了经营规模。直到现在，日本全国有274个40 t以上规模的乳品企业，占全国乳品企业总数的54%(图3)。但是，总体来看，在发展过程中有很多乳品企业被淘汰，乳品企业总数从1965年的2 358个减少到2019年的507个(图4)。

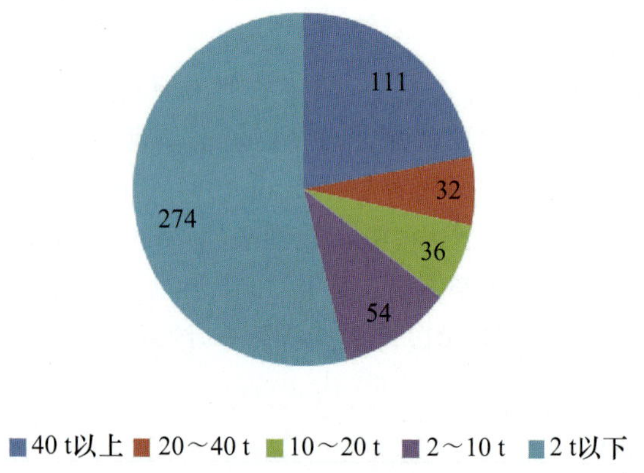

图3　2019年乳品企业规模比例

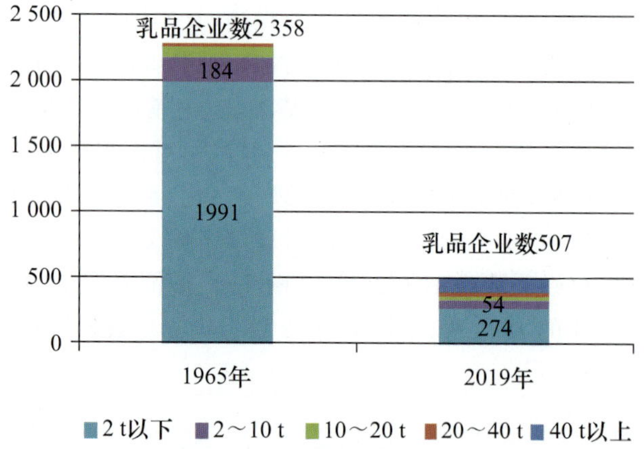

图4　乳品企业及生鲜乳处理规模

(数据来源：农林水产省“牛乳制品统计”，农林水产省统计信息部及日本乳业年鉴)

1949年日本废除了对饮用奶和乳制品的战时管制，乳业开始自由竞争，给乳业发展创造了条件。这时的乳品企业规模小，但是需求量在增加。各个乳品企业为了满足原料奶需求，各自引进奶牛、种牛或者请兽医到农家指导奶牛饲养，进行人工授精及治疗服务来扩大原料奶生产。日本此时的乳业在《奶农白书》中称为摇篮期。伴随行业竞争步伐的加快，日本开始从国外引进技术和设备。1952年，明治乳业建立高温短时杀菌(HTST)方式的新式乳品工厂，被称为乳业迈向现代化的第一步。

1954—1963年在《奶农白书》中被称为不稳定成长期。这一时期发生了两件重要事件：一是1954年制定了《奶农振兴法》，二是1963年奶农户数达到顶峰。《奶农振兴法》规范了乳业设备，为奶农的未来发展奠定了基础。在此期间，日本发生了原料奶产量与需求量间的不平衡，造成原料奶供给过剩与不足现象交替发生。因此，乳制品价格波动剧烈，难以控制，影响了奶价，奶农与乳品企业之间常常发生纠纷。为了稳定牛奶价格,日本于1961年制定了《畜产品价格稳定法》。此法力图稳定牛奶、乳制品的价格,把1958年设定的奶农振兴基金改组成农畜产振兴事业团,实行乳制品的买入、保管、销售一体化的管制。从而乳品企业得到急速发展,继而实现大型化、机械化、合理化、自动化。1964—1971年在《奶农白书》中被称为稳定成长期。在此期间,奶农户数开始减少,但每户的饲养头数增加。1965年,日本制定了加工原料奶生产者补给金暂行措施法,即《不足支付法》,此法已成为现今政府对奶农管理的行政基础。

日本的原料奶由约2万多户的奶农生产。奶农或者参加以地区为单位的综合农协(全国农业协同组合联合会)或者参加专门农协(全国奶农业协同组合联合会)。日本农协在县级(相当于我国的省级)单位设立基层组织,被称为××县经联(××经济农业协同组合联合会)或××县酪联(××县奶农业协同组合联合会)。每户奶农生产的原料奶一般由所属的农协单位出售到乳品企业。过去,乳品企业在各地设立收乳所,直接从奶农处收集原料奶。后来奶农参加了组织(团体),原料奶的收集逐渐被奶农团体接管。1965年以前,日本的原料奶买卖是代生乳交易,即由生产者团体(农协、奶农协、经济联、任意的组合、个人等)和乳品企业之间直接按契约交易。1966年以后,由于实行《不足支付法》,原则上各都、道、府、县要接受知事(都、道、府、县的行政长官,相当于省长)的认可,并由知事指定生乳生产者团体与乳品企业直接进行原料奶交易,但是同时也允许没有加入指定团体的奶农与乳品企业进行直接契约交易。

在乳制品制造业中,乳制品产品种类繁多,消费的档次也较高,乳制品监管非常严格。这与日本在20世纪60年代开始的饮食西方化的运动有很大关系。产品有黄油、脱脂奶粉、全脂奶粉、调制乳粉、炼乳、乳酪、乳油和冰淇淋。其中炼乳又分为加糖炼乳、无糖炼乳和脱脂加糖炼乳等。饮用奶所占份额最大,约占总销售额的60%,奶油类占20%,剩余的20%为冰淇淋类。大约60%的乳制品是由生鲜乳制成的,而其余的40%则是由其他乳制品加工而成的,如奶酪、奶油、奶粉等。北海道生产的生鲜乳有75%被加工成乳制品,而其他地区超过80%的生鲜乳直接以液态奶的形式供应给消费者,只有不到20%用于加工。1966年日本乳制品生产量合计约为273万t,之后逐年增长,2003年达到730万t。全国的乳品加工业以明治、雪印、森永三大龙头企业为主,另有一批各具特色的中小加工厂,生产、加工和经营具有一定特点的乳制品,满足市场和消费者的需求。在日本,小型的乳品加工厂居多,约占总数的2/3。日本奶业生产自2007年受到饲料价格上涨等影响,成本上升,生产数量减少,近年来虽然价格有所恢复,但是奶农增产积极性不高,市场整体供给数量下降了100万t。消费需求呈现鲜奶、奶酪、黄油需求减少、奶油需求快速上涨的发展趋势。2020年,日本乳制品生产量下降至426万t。

1.3 乳品消费

日本的牛奶消费始于公元645年的孝德天皇时代,由高丽归国的善那(人名)把牛奶等奶制品献给孝德天皇。第二次世界大战后,因国内粮食供给不足,日本不得不从美国进口乳制品来改善饮食,并开启了多元化的饮食模式。此时,劳动力短缺,经济实力下降,城市的损毁以及日本农业生产的荒废等因素导致粮食供应不足,蛋白质摄入量急剧减少。1950—1955年间,日本政府通过政策调节食品分配,增加食品供应,扩大粮食储备。同时,接受外国食品援助,以达到维持身体所需的最低热量水平。随着经济高速发展,日本人的饮食也趋于多元化和西方化,牛奶、奶油、奶酪、肉类等消费迅速提高。1958年,日本政府开始实施学生奶计划,国家对学童喝牛奶给予补助金(即每1盒奶补助4日元),同时开展上门服务。因此,小学生无论在学校还是在家牛奶饮用量都大大增加。随着饮食结构发生变化,1970年的统计数字显示大米的消费量从二战时的60%下降到34%。1970—1990年的20年间,快餐店、饭店等餐饮服务业蓬勃发展,食品多样性和人们的饮食习惯变化尤为突出。20世纪80年代后期自由贸易的发展和日元的升值,促使食品进口量快速增长。同时,饮食消费的比重也越来越高,家庭开支预算中在外饮食比例从1963年的7%增长到2003年的17%。在日本居民饮食中,牛奶和其他乳制品消费也迅速增加,如居民对于奶酪等产品需求不断提高。到1973年,牛奶和乳制品消费达到饱和状态。为了刺激牛奶和乳制品消费,日本实施学校午餐工程、集团工厂供给配送、农村实地消费等措施。1965年开始兴起超市,1975年起又出现了便利店,给牛奶销售提供了更加便捷的条件。到 1999 年各销售场所销售的牛奶量比例为:超市和便利店 70.2%,学校 9%,小型商店 2%。

为了满足消费者需求开发出种类繁多的饮用奶和乳制品,牛奶生产者开发有针对性的生产乳制品。绝大多数家庭对于牛奶的消费非常积极,无论男女老少,都热衷于食用乳制品。从幼儿园到小学,牛奶是午餐的必需品。70 岁以上老人也是日本乳制品消费的主要人群,老年人普遍意识到牛奶对于健康的重要性。据有关资料统计,日本的乳制品人均消费量已达 90 kg 以上。日本的人均乳制品消费量如图 5 所示,2018 年人均消费量高达 95.7 kg,与 1960 年的 22 kg 相比增长了 3 倍多。

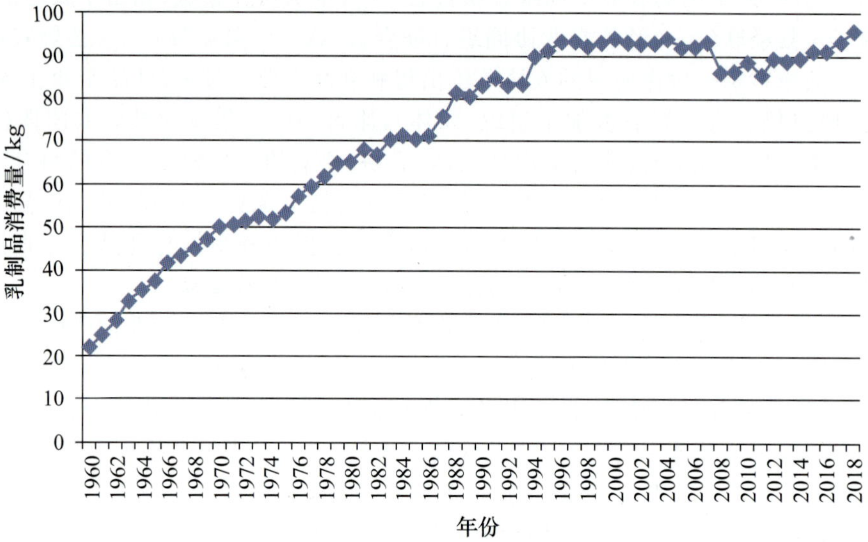

图 5　日本人均乳制品消费量

(数据来源:农林水产省统计信息部及日本统计年鉴)

1.4　乳制品贸易

20 世纪 50 年代是日本经济高速发展时期。日本于 1955 年加入关税及贸易总协定(GATT)。从此,日本贸易、资本开始自由化。乳制品交易也不例外,随着乳制品的需求量增加,进口关税税率下降,以及 20 世纪 70 年代中期以后日元汇率居高等原因,乳制品进口量也增大。主要是进口奶油、奶酪、奶粉等乳制品。乳制品进口量按原料奶换算,1960 年为 24 万 t、1970 年 56 万 t、1980 年 141 万 t、1990 年 224 万 t、2019 年达到了 570 万 t。在此期间,日本的乳制品自给率从 1960 年的 89%下降到 2007 年的 66%,约下降了 30%。受 1995 年的 WTO 体制影响,所有的乳制品都要实行新的关税政策。在 1995—2001 年的 6 年间,日本实行了减少关税措施,平均减少幅度为 36%,最少也减少 15%。农畜产振兴事业团在 1995—2001 年的 6 年间,每年要完成进口 13.7 万 t 的任务,主要是脱脂奶粉、乳清、奶油、奶酪等指定乳制品。日本的乳制品贸易伙伴较为广泛,主要有澳大利亚、新西兰、欧盟、美国等,因为这些国家和地区的奶业规模比较大,乳制品成本低。另外,乳制品的出口量一直极少,其中大多是(90%以上)婴儿奶粉。不过,现今大多数的乳品企业着手直接在海外建厂生产。

日本乳制品的供给途径有 2 个,即国内生产和进口。40%为饮用奶由国产原料奶供给,剩余的 60%为乳制品供给。这 60%由中国和其他国家进口各占一半。进口奶酪的主要国家是澳大利亚,2005 年进口量占据进口份额的 30%,其次是新西兰和欧盟各占 23%。

1961—2019 年近 60 年来,日本进口乳制品量一直处于上升趋势。在进口的乳制品当中,脱脂奶粉、奶酪和奶油的进口量比例相对较大;进口乳制品的金额逐年上扬,2008 年达到 134 512.2 万英镑。而乳制品出口的金额近年来也迅速攀升,2009 年达到了 4 051.2 万英镑。这是由世界贸易的经济危机和通货膨胀以及贸易的边境政策等造成的。1961—2009 年,日本进口乳制品量远远大于出口量(图 6),说明日本是一个乳制品消费量较大的国家。

近些年来，随着日本饮用奶市场由奶粉转向鲜奶，新鲜液态奶的需求量逐年增大。日本奶粉的使用量和黄油的使用量出现了持续下降，脱脂奶粉出现供过于求，导致脱脂奶粉的进口急剧下降。

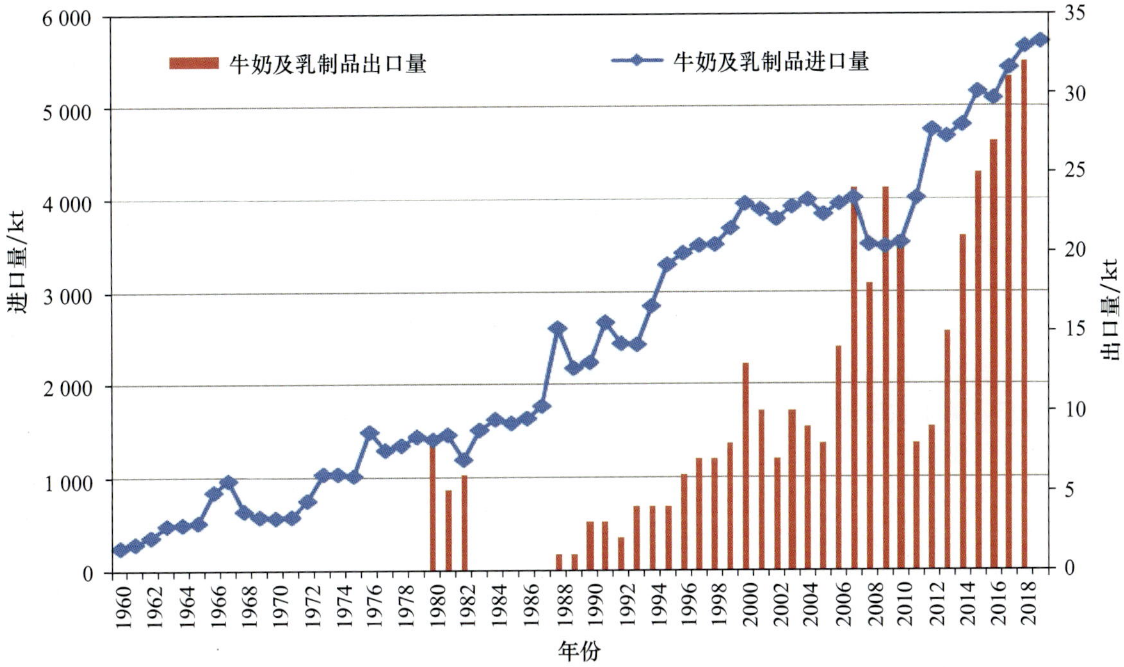

图 6　乳制品进出口贸易量

（数据来源：农林水产省统计信息部）

2　奶业科技进展概况

2.1　奶牛育种与繁殖技术进展

日本奶业从 20 世纪 70 年代开始由数量型转变为生产力型，即从规模化养殖转变为追求单产水平的提高，由增加繁殖转向了培育良种。1974 年开始对牛群进行检测作业，择优育种成为日本奶牛产业的新目标。

日本的《家畜改良增殖法》颁布之后，对奶牛进行了一系列的技术改良。1950 年人工授精、1961 年冻精、1982 年体外受精、1983 年胚胎移植等繁殖技术逐渐应用，这些技术一直沿用至今。目前，日本约 99%的母牛利用冻精进行人工授精，约 1%的母牛实施了胚胎移植。现在，在日本通过自然交配而生产的乳牛极其稀少。《家畜改良增殖法》是 1951 年制定的法律，其总体改良目标：一是在一定时期内提高家畜的生产力、改良体型和增加头数；二是保持和普及优良种畜的遗传性能；三是提高饲养农户的经济收益。根据上述总体改良目标，对不同畜种又制定出具体的目标。《家畜改良增殖法》于 1951 年 5 月颁布实施到 2011 年 8 月，几十年期间根据家畜改良工作的实际需要，先后进行了多达 20 次的修改、补充和完善，如人工授精、冻精、体外受精、胚胎移植等改良技术。日本于 1928 年开始奶牛的人工授精技术，1945 年以后普及。1954 年开始开发冻精的相关技术，1965 年设置了“家畜改良事业团”，调整了牛冻精的生产、分配体制，在日本国内迅速普及了冻精技术。1984 年开始利用牛的进口精液，使奶牛的头数与奶产量急速增加。

体外受精技术是从 1985 年开始的，花田章等从屠宰母牛的卵巢获取体外受精胚胎，在国家畜牧研究所成功地产下 1 头试管牛犊。自从利用这项技术之后受胎率稳步上升，当时日本的体外受精技术处于世界领先水平。现已普及体外受精胚胎移植。利用这项技术的优点是成本低、效率高。胚胎移植技术于 1964 年在日本国家畜牧研究所首例牛获得成功。从此，在国家家畜改良育种站(国家家畜改良育种中心)一直进行着旨在简化该项技术的一系列研究工作，并得到稳步成果。基于这一研究成果，日本政府从 1982 年开始实施一项全国范围的“加速胚胎移植技术在农民中推广普及计划”。采用这一技术产下的牛数量在各地逐年增加。1992 年以来产下的胚胎移植犊牛数全国每年都超过 10 000 头。此项技术的实施，除了改良牛群之外，更重要的是在于生产出更优秀的种公牛，奶牛的质量也不断得到提高。在日本，胚胎移植作为肉牛繁殖手段也得到了普及。但是，由于日本农户饲养规模一般较小，新鲜胚胎的移植有一定的局限性。随着移植头数的增加，冷冻胚胎的比例快速增长，冷冻胚胎占总移植头数很大的比重。性别鉴定在牛性别预测中可实现最有效的生产管理。对奶牛而言，性别预测能确保高产奶牛生产母犊牛。在日本已建立起性别鉴定技术规范，即可以在胚胎移植前从胚胎上吸取小部分细胞，检测雄性特异 DNA，以此鉴定该胚胎的性别。性别控制技术的基础是采用流式细胞仪分离“X”与“Y”染色体的精子，再利用显微授精技术将分离的精子注入卵子中。性别鉴定技术大大提高了奶牛的生产效率。性别鉴定对日本奶牛产业有十分重要的意义，因为只有母犊牛才有产奶的潜能。

1974 年日本畜禽改进协会开始进行畜群性能测试(DHI)。其中，北海道地区参加 DHI 的奶牛牧场数量最多，为 52.2%；关东东海地区次之，为 15.8%；九州冲绳地区为 12.9%。数据统计表明参加 DHI 泌乳牛牛群的早期产奶量要高于未参加 DHI 的牛群。近些年，日本全国奶牛平均产奶量为 8 145 kg，平均乳脂率为 3.8%，参加测定农家数为 15 248 户，测定奶牛为 549 456 头，每户平均饲养奶牛 36 头，其普及率为 44.1%。经过多年的努力，所有未经 DHI 评价的种公牛全部被中止使用，取而代之的 135 头新的种公牛成为优秀种源的基因库。经过多年的发展，伴随乳脂率标准的提高，管理水平也相应提高，然而在奶量、奶质增加的背后，奶牛改良事业的巨资投入与奶牛经济回报率是正相关的。

2020 年 3 月日本农林水产省发布了“家畜改良育种目标”，提出 10 年的发展方向是满足多样化的消费需求，从农场到餐桌都能提供具有优势的畜产品。该目标对乳用牛的改良育种目标为延长乳用牛的繁殖寿命，从而提高终生产奶量；培育适合于挤奶机器人的较高体型泌乳牛。在 10 年后，育种目标是产奶量由现在的 8 636 kg 提升到 9 000～9 500 kg(全国牛群平均值)或 10 000～10 500 kg(参加审定的牛群平均值)，乳脂肪率(3.90%)、无脂固形物含量(8.76%)和乳蛋白率(3.28%)不变。

2.2 奶牛饲料与营养技术进展

奶牛饲料配制最早可追溯至 1924 年，当时神户市“日本家畜饲料株式会社”正式成立，并配制各种配合饲料(精料补充饲料)。尽管如此，当时主要还是依靠进口饲料。1947 年，日本制定了第一个“畜产振兴五年计划”。1942—1949 年间，停止了饲料进口，1950 年重新恢复了饲料进口。1951 年设立日本科学饲料协会，来讨论抗生素、维生素发酵残渣的饲料化。1954 年，日本又开始了“畜产振兴十年计划”。此时，开始使用饲料添加剂。1961 年颁布农业基本法之后，正式开始生产精饲料，1964 年开始了饲料的散装运送，1966 年开始使用饲料添加剂的标识，1973 年开始了精饲料的原料标识。1976 年饲料安全法施行，对饲料开始进行安全性检查。同时，开始了饲料添加剂的指定制度和抗生素的检定。1977 年日本制定了饲料添加剂的评价标准，并明确了饲料添加剂种类。1984 年开始对饲料中的铜、锌含量做出规定。1990 年指定酶为饲料添加剂之一，1995 年指定活菌制剂为饲料添加剂等。

随着日本奶牛的规模化饲养与单产水平的提高，尤为注重奶牛的干物质采食量(DMI)。DMI 对于高产奶牛来说，尤其是对泌乳初期的高产奶牛是一项重要指标。提高分娩前的能量和蛋白质的给饲量和分娩后干物质的给饲量与奶产量的提高有很大关系，即便此时的饲料成本有所上升，但获得的经济效益也可观。为提高牛奶乳脂肪含量，饲喂优质粗饲料，最大限度提高粗饲料的摄取量和消化率。

日本奶牛养殖的精饲料 90%靠进口。然而，近年随着世界饲料价格的上涨，奶农的养殖成本也大幅度增加，其结果是收入不断减少。这在日本被认为是平成年间的畜产危机。由于日本奶牛饲料主要依赖于进口，饲料的自给率由 1970 年的 49.3%下降到 2007 年的 32.8%，严重制约了日本奶业的可持续发展。

2.3 奶牛疫病控制技术进展

在日本明治以前宽永年间就出现牛疫(宽永牛疫),导致了日本50多万头牛死亡。1871年制定了《家畜传染病预防法》,是日本最早的传染病预防法。此法陆续修改,直到1922年才得以定型。到2004年受疯牛病(BSE)暴发的影响,又对大部分内容进行了修改。

1904年初,东京大学的教授从德国学习牛疫的预防法,使用免疫血清来预防传染病。1918年蛎崎千晴博士研发了在牛疫感染牛的脾脏乳剂里加甘油制作病毒的灭活疫苗,也是世界上最早使用的疫苗。1950年中村博士又研发了用细胞培养小儿麻痹、麻疹等的疫苗,此后由英国根据此疫苗原理在牛身上进行培养,研发出了弱毒牛疫苗,同年由山内一也教授研发了耐热性牛疫疫苗。从此进入了近代牛疫疫苗的时代。

养殖奶牛应该注重疫病预防工作,加强牛群健康管理,做好牛群健康试验,防止奶牛发病和死亡。牛群健康试验主要有以下4个方面的内容:一是代谢抽样检测,即对牛群进行血液检查,争取在奶牛发病前采取预防措施,防止奶牛代谢疾病的发生;二是奶牛繁殖障碍疾病的防治,在奶牛的繁殖技术方面,要想做到同期发情、同期排卵,就要定时实施人工授精或胚胎移植,并且要早期发现有繁殖障碍的奶牛,及早治疗或淘汰;三是牛群鉴定,在日本大约有35%的农户进行了牛群鉴定,经过牛群鉴定的奶牛平均产奶量为8 776 kg,达到加拿大的水平,比没有经过鉴定的奶牛多产2 000 kg。根据牛群鉴定的结果,对饲料进行配方设计;四是生产风味好且安全的牛奶,奶牛乳房炎与繁殖障碍同样是一个长期困扰奶农的问题。在日本,有的奶农把产过一胎的、产奶量高的奶牛集中在一起,到第二胎挤奶时如果发现挤出的牛奶有问题,就把这种奶牛处理掉。花费高额成本养殖的奶牛,两三岁就被处理掉,这种损失是非常大的。

根据日本北海道奶牛年报资料统计,2004年度奶牛运动器官疾病约5.6万头,其中60%为蹄病。在日本如何降低奶牛肢蹄病的发生对于奶牛养殖也是一个十分重要的问题。有研究表明跛行评分与肢蹄的健康有关,根据跛行评分可以早期发现奶牛的肢蹄疾病,尤其是把干奶期跛行评分为2分以上的牛分出来进行单独管理和治疗,可以防止分娩后产奶量和繁殖性能的降低。

目前关于动物健康可遵循的法律和标准主要有《家畜传染病预防法》《家畜传染病预防法条例》《家畜传染病防治措施纲要》《生物安全标准(牛)》《生物安全标准检查列表(牛)》《家畜传染病检疫指南》《确保药品和医疗器械等产品的质量、有效性和安全性(农林水产省第70号令)》。

2.4 奶牛场粪污处理与环境保护技术进展

1965年以后,日本畜牧业随着经济发展逐步进入规模化、集约化和现代化。也就是说,把奶牛等家畜高密度的饲养到建筑物内。其结果,一方面是造成对奶牛等家畜本身的伤害,另一方面是产生大量粪便,引起环境污染问题。为了解决环境污染问题,1976年日本设立"财团法人畜产环境整备租约协会",1996年改名为"财团法人畜产环境整备机构"。同时为了促进家畜粪尿处理技术的开发和普及,日本又设立了"畜产环境技术研究所"。

1999年,日本制定了《关于促进家畜排泄物管理适当化及利用的法律》,也称《家畜排除法》。2004年,奶牛粪尿量达2 405万t。按照《家畜排除法》要求,日本进行了家畜排泄物处理,其中90%(约8 000万t)施肥化、液肥化处理,8%(约700万t)为净化、炭化、燃烧处理。从根本上解决了家畜粪尿乱堆乱扔污染环境问题。《家畜排除法》是国家制定的管理基准及基本方针,其中也包含惩罚及补助金等多项规定。

日本的奶牛粪尿作为资源分为3种:一是作为耕地肥料还原干燥处理;二是作为肥料堆积化处理;三是作为能源,发电利用、发酵变沼气利用、燃烧炭化利用。目前,日本奶牛养殖中尿污的处理方法主要采用尿污水净化槽活性污泥法。日本在粪尿处理方面更注重采用一些微生物发酵的方法,达到处理的同时也兼顾了环境的保护。

2020年3月16日,农林水产省公布了"环境政策基本方针",目标是在降低农林水产对环境造成负荷的同时提高环境和经济的进化和发展；通过从生产到废弃、再生利用的供应链，大力推进农林水产、食品产业政策的绿色化及研究开发。

3 原料奶质量控制与计价体系

3.1 提高原料奶质量的主要技术措施

原料奶即使是干净挤出，也会有细菌残留。这是因为微生物由从乳头侵入乳房内。因此牛舍内的清扫及消毒，挤奶器的清洗及消毒尤为重要。

1955 年在日本首次发生，森永砒霜奶粉中毒事件。开始对牛奶的质量进行管理。1980 年由全国乳质改善协会牵头负责，开始对原料奶进行检查、严格管理，随后于 2006 年由日本奶农乳业协会接管该项工作。2010 年制定了《生乳检查指引书》来管理原料奶检查的每个环节。原料奶在生产和运输过程中必须经过 2 次的强制质量检查：一次是在牧场送达原料奶贮藏罐时，另一次是在工厂接收奶时。值得注意的是，原料奶质量的检查测试，除了感官、理化、卫生、微生物等检测之外，政府还下达了专门的条令强调抗生素残留的检测标准。目前日本乳制品行业使用最广泛的一种快速简便的检测、筛选方法是酶联免疫快速测试法（SNAP）。酶联免疫快速测试法（SNAP）是由美国爱德士生物科技公司研发的抗生素快速测试系统，其灵敏度和检测项目完全达到日本政府要求的条件。其原理是将酶化学反应和抗原抗体免疫反应结合检测，优点是灵敏度和精确度高、检测速度快、操作简便、仪器稳定性良好，可以快速检出定性结果，也可了解所检测的结果。

3.2 提高原料奶质量的主要政策措施

现在日本流通的奶类的定义、成分、表示、制造、保存方法是 1951 年由厚生劳动省发布的《乳与乳制品成分标准部级法令》（简称为《乳等省令》）规定的。该法令的最后一次修订时间为 2007 年。该法令对奶牛健康要求，原料奶及乳制品的质量成分和微生物要求及配套检验方法，乳品生产、加工、贮存、经营过程中的卫生控制要求，乳品及乳制品加工设备的设计与材料性能要求，乳制品用包装材料与容器的物理性能、卫生要求及配套检验方法等内容进行了详细、具体和系统的规定，基本涵盖乳与乳制品的各个方面。

其具体内容如下：1951 年，《乳等省令》是在多次修改《食品卫生法》的基础上发布的，其中规定杀菌标准为低温杀菌（62～65 ℃加热 30 min）和高温杀菌（75 ℃以上加热 15 min），但是操作此项技术时须得到当地知事的认可方能进行。1958 年又修订为低温杀菌与高温保持杀菌、短时间加热杀菌等，必须得到厚生大臣的认可。1968 年又修订为 62～65 ℃加热 30 min 或使用同等以上杀菌方法加热杀菌（此时废除了厚生大臣认可制度）销售，星期标示取代为制造年月日表示。1979 年禁止牛奶中含有抗生素及抗菌性物质，并且修改了半脱脂乳、脱脂乳、脱脂乳加工乳的定义和成分规格。1985 年通过了 LL 牛乳类的常温保存规定。1995 年把制造年月日改为期限表示（品质保持期限或消费期限），并设定了乳成分规格、土霉素残留基准。1996 年给牛奶、加工乳、半脱脂乳、乳饮料等乳制品依据 HACCP 系统导入了卫生管理制度。2002 年采用了保持 63 ℃加热 30 min 和同等以上有杀菌效果的方法进行加热杀菌。2003 年新修订了成分标准，调整了牛奶、低脂肪牛奶、无脂肪牛奶的定义和成分规格，以取代原先的半脱脂乳和脱脂乳，并把保持期改为保鲜期来标示。2007 年发布了牛奶类的容器使用（PET）许可。

另外，《乳等省令》出台之前也有很多有关政策规定。如 1873 年东京都知事发布的《牛奶挤奶工的心得规则》；1878 年东京警视总署制定了《牛奶营业取缔规则》；1885 年东京警视总署制定了《牛奶营业取缔规则》修改马口铁锅炉的使用禁止；1900 年内务省发布了《牛奶营业取缔规则》修改挤奶场所构造；1927 年警视厅《牛奶营业取缔规则》修改着色瓶的禁止，杀菌的义务化；1933 年内务省发布的《牛奶营业取缔规则》修改制定了低温杀菌（62～65 ℃加热 30 min）、高温杀菌（95 ℃以上加热 20 min）；1947 年厚生省发布《食品卫生法》等。

乳制品的质量管理必须贯穿原料奶生产、原料奶贮藏、原料奶运输、加工过程到消费者的每个环节。原料奶是质量的根本，所以在生产和运输过程中，必须经过 2 次强制质量检查，一次是在牧场原料奶送达原料奶贮藏罐时，另一次是在工厂收奶前。值得注意的是，原料奶质量的检查测试，除了感官、理化、卫生、微生物等，政府的条令更加入了抗生素残留的检测项目。

3.3 监控原料奶质量的主要方法及惩罚措施

日本厚生劳动省在 2006 年实施了“肯定列表制度”(positive list system)。此制度是对 799 种食品(含多种乳制品)中农业化学品(农药、兽药及饲料添加剂等)残留强化管理制度。此制度修改了 2003 年《食品卫生法》，作为依据在农业化学品残留管理中引入“肯定列表制度”。该制度的要求是，食品中农业化学品含量不得超过规定的最大残留量标准；对于未包括在此 799 种食品之内的其他食品中农业化学品残留限量，采取统一标准为 0.01 mg/kg 以内。同时该制度还规定有 19 种禁用使用物质和 65 种无潜在危害的使用物质。

日本也相继发生过农药残留问题。政府在奶农会议上，当场使用了推进卫生安全供给原料奶，此会议上还决定了给农家制作发放“生鲜奶生产管理记录手册(日记)”，以此来加强农药管理，提高原料奶的品质。

3.4 原料奶计价体系

原料奶价格是奶业经济的重要问题，关系到奶业发展的走向和大局。奶价只有符合奶业发展的经济规律才能促进奶业发展。1961 年前实行的是自由化价格。其结果是乳制品价格高低不稳，影响了原料奶价格，进而影响了乳业生产。1954—1961 年间发生了原料奶生产量与需求不平衡，造成原料奶供给时而过剩时而不足的不正常现象。同时，奶农与乳企之间也常发生纠纷。为了解决这种问题，日本于 1961 年发布了《畜产物价格稳定法》，试图稳定牛奶乳制品价格。但生产者与乳企之间还是纠纷不断，并日趋加深。于是，1965 年发布《加工原料奶生产者补给金等暂定措施法》，也称《不足支付法》。

《不足支付法》政策的目的是在生产者与乳品企业之间形成公平合理的价格。因此，可以说政府直接或间接参与乳制品市场价格调控。原料奶的价格也受《不足支付法》的直接调控。到 2000 年为止，把加工原料奶生产地的奶农经营能维持生产的价格(生产费)设定为保护价格，把乳品企业能支付的价格设定为基准收购价格。当然，维持奶农生产者价格与乳品企业稳定收购原料奶价格会产生差额。两者间的差额政府作为补助金支付给奶农生产者。也就是说，奶农生产者价格(保护价格)＝乳品企业能支付的价格(基准收购价格)＋政府支付的价格(补助金)。因此，奶农生产者及乳品企业是受政府价格政策的支持发展起来的。

另外，饮用原料奶价格是由奶农生产者组织和原料奶生产者指定团体(指定团体提出生产者最有利的条件)与乳品企业之间进行交涉而决定的。饮用原料奶的价格是加工原料奶的保护价格加上原料奶运输费的价格。因此，也可以说加工原料奶的补助金支付也影响到了饮用原料奶的价格形成。2000 年以后，保护价格与基准收购价格政策被取消，作为补助金支付极少的金额转变成固定支付。从此，加工原料奶与饮用原料奶一样由指定团体与乳品企业直接交涉来决定。但是，由于近年饲料价格上涨的影响，又引发了奶农生产者及乳品企业之间价格差额问题。所以又有采用补助金支付的政策趋向。

日本奶价《不足支付法》发布之前，奶价是由 2 个途径来决定的。一是评价法：即乳品企业代表、消费者、有经验的学者根据当时物价和牛奶消费量、牛奶生产费等各种因素来综合研究决定的。二是营养价值法：1959 年日本的乳脂率基准为 3.2％～3.3％(规定乳脂率 3.2％时 1 L 乳价为 40～50 日元)，以此推理每增减乳脂率 0.1％时相应地增减 1.2～1.5 日元。1962 年乳脂率的基准改为 3.2％～3.5％，随之加工原料奶保证价格也降低了 4.82 日元(5.5％)。《不足支付法》发布之后的计算公式如下：加工原料奶价格＝上年乳价×基础数据的变化率信息(乳品企业能支付的乳价)±次要的数据信息(需求供给情况、原料奶生产费、内外价格差等要素)±地区性的情况等。其中，乳品企业能支付的乳价＝Σ{(乳制品的销售价格－批发商的保证金－

制造业者的收益－制造销售经费)÷每单位制造必要奶量×原料奶换算重量}。2000 年 5 月修正了《不足支付法》,并于 2001 年开始实施,国家规定的保证价格和基准交易价格被废止,不足支付的补助金制度消失了。新的补给金单价的计算方法是将过去 3 年的平均生产费、奶产量等计算出的变化率作为上一年度的补给金。在新制度中,委托给指定生乳生产者团体和乳业者自由交易的加工原料奶价格,由于供需变动等,有可能大幅度下降。为采取应对措施,以生产者自筹的资金和国家补助金(以生产自筹金的 3 倍为限)相结合为资金来源,加工原料奶价格(以脱脂奶粉、黄油等为生产对象的生奶价格和以奶酪为生产对象的生奶价格)作为补贴基准价格(＝过去 3 年间的平均交易价格为基础)。

4　科技推广体系

4.1　主要研究与推广机构

日本在农业研究方面,以 1999 年颁布的《粮食,农业、农村基本计划(基本计划)》为基础,制定了《粮食、农业、农村基本法(新基本法)》,提倡、研究、提高自给率。如在粮食方面提倡、研究、提高粮食自给率,牛奶乳制品方面提倡、研究、提高牛奶乳制品自给率,奶农经营管理方面提倡、研究、提高饲料自给率。

日本奶牛养殖业在规模化发展道路上,按照国际上的通行做法,采用家庭牧场的经营方式,家庭牧场在继承传统精细管理养殖方式的同时,又融入了许多现代科技元素。牧场大多引进、应用新技术,采用机械化养殖方式,应用计算机对个体奶牛的产奶量、繁殖能力、年龄、疾病等进行管理,同时家庭牧场的专业化程度较高,绝大多数经营户主不参加现场工作,依靠雇工来完成,经营户主主要负责饲料采购、奶牛购买、生鲜乳销售等工作。在采用家庭牧场经营方式的同时,日本大多家庭牧场实行种养结合的养殖方式,即将种植业和养殖业相结合。粪污处理问题是大规模养殖场面临的棘手问题,而种养结合的养殖方式在提供奶牛所需的饲草饲料的同时,又可以消耗牧场产生的粪污,不仅可以实现养殖业和种植业的良性循环,解决粪污问题,还可以降低饲草饲料的成本。

推广机构有如上述所述的生产者组织(奶农组织),也称团体(奶农农协)。日本的生产者组织在乳业发展中发挥着极其重要的作用。奶农组织的团体以地区为单位的专门农协(全国奶农业协同组合联合会)的形式存在。这种农协在县(省)单位也组织了××县奶农业协同组合联合会(县酪联)。各个奶农生产的原料奶一般由所属的农协单位出售到乳企工厂。原先是乳品企业在各地设立收乳所,直接从奶农收集原料奶。后来,由于奶农成立了团体,原料奶逐渐被奶农团体移管。1965 年以前是代原料奶交易,委托生产者团体(农协、奶农协、经济联、任意的组合、个人等)和乳品企业之间契约交易。如今的团体给成员提供从生产到流通一系列(产前、产中、产后)的服务。他们相互依赖、相互配合、相互信任。奶农团体向奶农提供饲料供应、鲜奶交售、检疫与治疗、农机具的维修与购置、奶牛交易市场、科学信息,提供日常生活服务等项服务工作。另外,政府还设立了奶牛管理中心来管理奶牛有关业务,如负责办理奶农户口手续,给农户提供生产技术,组织农户进行生产培训,举办优质高产奶牛比赛大会等。

4.2　运作模式

日本的农协分为综合农协和专门农协(奶农农协)。综合农协是进行信用、保险、采购、销售等各种各样的综合业务,而专门农协(奶农农协)是进行饲料的共同购买、生产经营指导、奶牛改良、诊治、共同销售等业务。关于奶农农协运作模式,如同“公司＋农户”的推广模式。例如,政府奶农会议(生产者指定团体及奶农有关全国机关指定的奶农指导团体)由成员出资,每年收取会员费,同时受农林水产省及独立行政法人农畜产业振兴机构补助金(2010 年)来运转组织业务。每年度必须进行事业计划(营业计划及工作计划)及收支预算业务。协会有 1 名干部和 10 多名职员。这种团体的目的是日本奶农的健全发展而做出贡献,根据原料奶生产者的协同组合推进生鲜乳委托稳定销售及生鲜乳供给、流通合理化以及品质改善等。

在日本，除了服务于奶农生产、经营、销售的专业性的奶农农协和综合性农协以外，还有一个专门从事政策性指导的奶业机构——中央奶农会议（日本称“中央酪农会议”）。中央奶农会议是由一个生产者组织而成的民间组织，也是行业自律组织。其所制定的规则、标准不像政府所制定的标准和规则那样具有强制力，但其自律规则或标准往往高于国家标准。如牛奶乳脂率的国家标准是3.0，而中央奶农会议制定的行业标准是3.5。

5 促进奶业发展的主要政策

5.1 促进奶业生产的政策

如上所述，促进日本奶业发展生产方面的政策主要有：1961年制定的《农业基本法》和1965年制定的《加工原料奶生产者补给金等暂定措施法》（即《不足支付法》）。1950年《家畜改良增殖法》颁布之后，施行了人工授精。1961年冻结精液、1982年体外受精、1983年胚胎移植等良种改良繁殖技术，振兴了日本的奶牛业生产。1996年前后日本奶牛养殖业生产出现拐点，标志着日本奶牛养殖业结束了粗放型增长的养殖模式，向集约型增长方式转变。2011年日本户均饲养数已达到69.9头。

5.2 促进奶业加工的政策

促进奶业加工方面采取的主要政策有：1947年政府颁布的“振兴畜产五年计划”与同年实行的《过度经济力集中消除法（收集排除法）》，使乳品行业之间形成平均分割市场及可享受独自垄断自控、自属社区域的稳定和平发展环境。另外，1961年颁布的《畜产物价格稳定法》和1965年制定的《加工原料奶生产者补给金等暂定措施法》（《不足支付法》），作为补助政策对推动给乳品企业的发展起到了不可估量的作用。政府对奶农通过农协销售的鲜奶中用于奶酪、黄油等用于加工部分的，进行直接补贴，并对通过农协购买饲料以及参加价格保险基金的奶农提供保费补贴。由于农协的参与使农民团体对市场形成了独家垄断，极大地提升了小规模家庭经营的奶农在谈判中的不利地位，增加了奶农收入，保障了奶业生产和市场供给的稳定。2000年日本雪印牛奶中毒事件引起政府对乳制品质量安全的高度重视，2002年日本新的法规出台，禁止乳品企业将含有乳粉的乳制品简单标明为“牛奶（milk）”，把市面上的饮用奶划分为6类。2003年颁布《食品安全基本法》，重点强调包括乳制品在内的食品安全问题。2009年《食品、食品添加剂的规格和标准》颁布，全方位监测乳品安全，针对兽药残留制定了418项指标。2020年6月1日，日本厚生劳动省又发布了关于“生水牛乳”的加工要求。

5.3 促进奶业贸易的政策

1955年加盟关税及贸易总协定（GATT）之后，日本奶业贸易进入了自由化阶段。1961年颁布《农业基本法》后，进口乳制品得到控制。1964—1979年间关税率逐渐减少。从1984年开始到1987年为止，日本陆续扩大进口范围。鉴于此情况，政府于1988年废除了乳制品的限量进口。1995年加入WTO之后，对乳制品实行了新的课关税政策。乌拉圭回合谈判后，1996—2001年的6年间，日本实行了“关税配额的限制”。官方机构的农畜产业振兴事业团（ALIC）获得了脱脂奶粉的数量大、产品多样的关税配额。而私人企业相对于整个日本大市场来说，价格相对较便宜，脱脂奶粉市场中的能力也受到严重制约。在此年间进行了关税减少措施，减少幅度平均为36%，最少的也减少到15%。2020年3月农林水产省出台了《促进农业、林业和渔业产品及食品出口》的法令，并于4月1日生效。该法令提出了农林水产及食品出口扩大实施战略。

5.4 促进奶业消费的政策

日本的促进牛奶扩大消费政策是从1955年实行学校午餐提供纯牛奶开始的。1970年初，由奶农生产者、乳品企业、牛奶销售店捐助成立了全国牛奶普及协会和都、道、府、县的普及协会，利用各种媒体以及研究者的广泛途径，开始宣传普及牛奶利用价值和好处。到1999年，牛奶消费达到饱和停滞状态，针对这种现象又采取了如"牛奶好喝，快乐地喝；好喝的咖啡和红茶也得添加牛奶"等多种宣传方式来扩大消费。

受新冠疫情导致学校停课，取消午餐牛奶和商业设施等的压力，2020年4月21日农林水产省启动拯救日本牛奶的"加一项目"，为了促进消费者在购物时比平时多消费一瓶牛奶和酸奶。以此希望能够度过2020年6月前的产奶高峰，避免丢弃生鲜乳的危机。

5.5 日本奶业补贴的政策

早在20世纪50～60年代，日本的奶业还处于起步阶段，政府就已经开始对奶农提供不同数额、不同种类的补贴，如供给限额补贴、生产补贴、价格补贴等。其中，供给限额补贴是专为牛奶领域设立的，参加的奶农在限额内按牛奶体积得到直接补贴，由奶农自愿加入。一方面鼓励奶农对原料奶进行深加工，添置先进设备，给奶农投保以降低风险；另一方面通过学生奶计划等鼓励消费者对乳制品的消费，加速国内奶业的发展。到20世纪70年代后期，日本奶业已得到蓬勃发展。但随着原料奶收购价格在政府政策保障下稳步上涨，牛奶供给出现了长期过剩的现象。为保证奶制品价格稳定，日本政府从1979年开始，采取了用限额来减少亏损的补贴方法，各地区生产者协会自己制定定额方案，对超过标准的部分进行处罚，这促使奶农将超出量自行转化为奶制品，以避免处罚。加入世界贸易组织（WTO）后，日本政府遵照WTO的相关要求，不再对奶业采取直接的价格补贴，并对总体补贴政策进行了相应调整。例如，设立一个应补贴的原料奶总量，并对这一总量进行价格补贴，来代替原来根据标准成本进行的补贴。此外，日本政府还为奶农增设了经营补贴，由日本农畜产业振兴机构设定，其所需资金由日本政府和乳制品加工企业以3∶1的比例共同提供。总之，日本奶业的发展与政府适时的补贴政策是密不可分的。

1995年，日本颁布《综合卫生管理制造过程》对包括奶牛养殖场在内的畜禽养殖场粪便综合处理设施做了相关规定。1999年颁布的《家畜排泄物法》则明确规定了因家畜饲养而造成的环境污染处理问题。同时，为减轻奶牛养殖场经济负担，1999年启动"减少奶牛场环境负担支持项目"，对奶农因采取控制养殖场牛粪污染而产生的额外成本流失提供补贴，补贴数目与养殖场的牧场或草场规模有关，鼓励对环境不造成威胁的情况下对粪便进行深加工。2002年，该项目补贴额为96亿日元。总体来讲，该阶段的奶业发展政策在奶业补贴政策的基础上更加关注乳制品质量控制和奶业环境污染防治方面。

6 值得借鉴的主要经验

6.1 经营模式方面的经验

从20世纪70年代开始，日本奶农为了提高经营效益而开始采用机械化的生产经营方式。如挤奶用自动真空吸奶器，将牛奶直接输入设有衡定温度的密闭贮奶罐中，每头牛槽间装有自动饮水器，使用自动添料机添料。清粪采用电动刮粪机，将粪便刮入搅拌机，发酵之后分装成袋，作为肥料使用。大规模奶农经营户采用机械化经营模式，其设备的购入由政府给予一定的补助。

日本的奶农经营是以高投入来实现高产量发展起来的，所谓的高投入是指依靠进口精饲料来扩大再生产。目前，进口饲料价格高涨和奶价低迷等因素影响了乳业的发展。因此，日本开始提倡、强化自给饲料基础经营模式，以此来降低经营成本。开展多途径多元化经营模式（6 次产业化），如集约型放牧经营、农场制 TMR 中心经营等。

我国可借鉴日本的奶业经营模式有 2 项。第一，如上所述，对于大规模养殖的奶农采用机械化经营模式。机械化设备的投入费用比较大，因此我国政府还必须增大补贴金额。第二，日本已开始提倡降低经营成本，强化自给饲料基础经营模式。此模式是在粗饲料上下功夫，培育良种营养价值高的草种，来代替精饲料的比例，降低经营成本。现阶段我国奶业经营还没发展到此阶段，但是这个模式值得借鉴。

6.2 科技创新方面的经验

首先注重对优良品种的选育选配，并根据牛群发情情况随时进行输精，实行人工授精。现在还有部分奶牛户实行了牛胚胎移植技术。为了提高技术水平，奶农都有一名人员到国内外大专院校或科研单位进行研修，并获得人工授精师证书等。

在科技传播方面，农协起着重要作用，如科学信息的提供。农协组织定期召开奶牛会议，召集所管辖区域的奶农通报奶牛生产情况和存在的问题，研究解决办法。并组织他们到先进的奶牛场、户进行参观考察，交流经验。还聘请有经验的专业技术人员举办培训班，传授奶牛饲养管理知识和国内外先进技术、经验，以提高农民的专业素质。为使奶农在工作之余了解信息，农协还组织编写了农业快报，农业经验杂谈和种植、养殖技术小册子，定期送到农民家中。日本从 20 世纪 90 年代末已开发及使用挤奶机器人。

我国可借鉴日本奶农的人工授精及牛胚胎移植技术。我国的奶农多数尚未掌握胚胎移植这项技术。日本为了提高技术水平，奶农都有一名人员到国内外大专院校或科研单位进行研修，并获得人工授精师证书等。但我国的奶农还未达到此阶段。

另外，如上所述，日本的农协在科技传播起着不可估量的作用。应该借鉴此方法，在我国可以利用合作社来传播科技。

6.3 产业政策方面的经验

现在，日本正提倡 6 次产业化。所谓的 6 次产业化是指多角化经营，也就是从生产到加工销售一体化经营，例如，把刚刚挤出的鲜奶进行加工转换成商品来增加附加值。也就是说，生产（第 1 次产业）＋食品加工（第 2 次产业）＋流通/销售（第 3 次产业）＝高附加价值（第 6 次产业）。这就是由东京大学名义教授今村奈良臣提倡的 1＋2＋3＝6，其目的是让农民用活自己的资源创造品牌来增加收入。同时，也使农村区域得到活性化。例如，在日本兵库县有一家奶农把自家的原料奶加工成自家品牌的冰淇淋销售获得利益，从而逐年增加收入。在仅仅 5 年内，这家奶农收入达到上千万日元，将来的目标是 1 亿日元。6 次产业化不仅使大规模的奶农得到更快的发展，同时让小规模的奶农也能得到更多的生存机遇。

我国可借鉴日本学者所提倡的 6 次产业化（多角化经营），不仅使大规模的奶农得到更快的发展，同时让小规模零散的奶农也能得到更多的生存机遇。可以说，我国注重于大规模奶业发展，却忽视了小规模的以家庭单位经营的奶农。

参考文献

[1]堀江美纪，陆兵兵. 日本乳业发展及质量管理. 中国奶业，2004(6)：52-53.
[2]聂迎利译. 日本的奶业政策. 农业展望，2005(2)33-37.
[3]聂迎利译. 日本的奶业政策. 农业展望，2005(3)：32-26.
[4]王慧玲，冯存平，丁维华，等. 合理、稳定的原料奶价是奶业发展的保证. 首届中国奶业大会论文集，

2010:87-88.

[5]王秀东. 日本乳业补贴对中国的借鉴研究. 经济研究导刊,2011 (3):193-194.

[6]云振宇,刘文,蔡晓湛,等. 日本乳制品质量安全监管及相关法规标准概述. 食品工业技术,2011(1):345-348.

[7]西山太平. 奶农经济经营. 明德印刷出版社,1959.

[8]樱井豊. 奶农政策论. 农山渔村文化协会,1971.

[9]樱井豊. 奶农经济的基本视角. 农业信用保险协会,1979.

[10]鹰尾亨. 牛奶·乳制品的实际知识. 东洋经济印刷,2001.

[11]矢坂雅充. 围绕乳价形成的诸问题及改革方向性. 都市问题,2009(1):72-83.

[12]日本乳业协会. 日本乳业年鉴,2010.

[13]日本农林水产省网页. https://www.maff.go.jp/

[14]丁凡琳,董晓霞,杨宇泽. 日本奶业定价机制及补贴政策研究. 黑龙江畜牧兽医,2015,(20):1-4.

[15]袁希平,王安奎,黄必志,等. 日本北海道的养牛业和补贴政策. 中国现代肉牛经济高层论坛,2008.

[16]李国江. 日本奶牛的改良事业. 中国奶牛,2009(1):56-57.

[17]丁可为. 日本奶牛改良的历史现状和展望. 中国畜牧杂志, 2001,37(3): 41-42.

[撰稿:扬州大学 王琳 赵国琦 林森 詹康;中国社会科学院农村发展研究所 萨日娜 刘玉满]

附 表

附表 1 1961—2019 年日本奶牛头数、总产奶量、单产水平、饲养户数及每户饲养头数

年份	奶牛头数/千头	总产奶量/kt	经产牛单产/(kg/头)	饲养户数/千户	每户饲养头数/头
1961	885	2 110		413.0	2.1
1962	1 002	2 437		415.7	2.4
1963	1 145	2 761		417.6	2.7
1964	1 238	3 020		402.5	3.1
1965	1 289	3 271	4 250	381.6	3.4
1966	1 310	3 408		360.7	3.6
1967	1 376	4 015		346.9	4.0
1968	1 489	4 508		336.7	4.4
1969	1 663	4 761		324.4	5.1
1970	1 804	4 789	4 424	307.6	5.9
1971	1 856	4 819		279.3	6.6
1972	1 819	4 938		242.9	7.5
1973	1 780	4 908		212.3	8.4
1974	1 752	4 868		178.6	9.8
1975	1 787	5 006	4 464	160.1	11.2
1976	1 811	5 369	4 652	147.1	12.3
1977	1 888	5 841	4 859	136.5	13.8

续附表 1

年份	奶牛头数/千头	总产奶量/kt	经产牛单产/(kg/头)	饲养户数/千户	每户饲养头数/头
1978	1 979	6 256	4 965	129.4	15.3
1979	2 067	6 464	5 005	123.3	16.8
1980	2 091	6 498	5 006	115.4	18.1
1981	2 104	6 611	5 053	106.0	19.8
1982	2 103	6 848	5 200	98.9	21.3
1983	2 098	7 086	5 356	92.6	22.7
1984	2 110	7 200	5 442	87.4	24.1
1985	2 111	7 436	5 640	82.4	25.6
1986	2 103	7 361	5 677	78.5	26.8
1987	2 049	7 427	5 869	74.5	27.5
1988	2 017	7 717	6 130	70.6	28.6
1989	2 031	8 134	6 380	66.7	30.4
1990	2 058	8 203	6 384	63.3	32.5
1991	2 068	8 343	6 500	59.8	34.6
1992	2 082	8 617	6 724	55.1	37.8
1993	2 068	8 551	6 765	50.9	40.6
1994	2 018	8 388	6 819	47.6	42.4
1995	1 951	8 467	6 986	44.3	44.0
1996	1 927	8 659	7 168	41.6	46.3
1997	1 899	8 629	7 206	39.4	48.2
1998	1 860	8 549	7 242	37.4	49.7
1999	1 816	8 513	7 336	35.4	51.3
2000	1 764	8 415	7 401	33.6	52.5
2001	1 725	8 312	7 388	32.2	53.6
2002	1 726	8 380	7 459	31.0	55.7
2003	1 719	8 405	7 610	29.8	57.7
2004	1 690	8 285	7 732	28.8	58.7
2005	1 655	8 293	7 894	27.7	59.7
2006	1 636	8 091	7 867	26.6	61.5
2007	1 592	8 020	7 988	25	62.7
2008	1 533	7 944	8 011	24.4	62.8
2009	1 500	7 881	8 088	23.1	64.9
2010	1 484	7 631	8 046	21.9	67.8
2011	1 484	7 534	8 034	21.0	69.9
2012	1 449	7 630	8 154	20.1	72.1
2013	1 423	7 447	8 198	19.4	73.4
2014	1 395	7 331	8 316	18.6	75.0
2015	1 371	7 379	8 478	17.7	77.5
2016	1 345	7 394	8 582	17.0	79.1
2017	1 323	7 277	8 565	16.4	80.7
2018	1 328	7 289	8 644	15.7	84.6
2019	1 332	7 299	—	15.0	88.8

数据来源：日本农林水产省统计信息部。

附表 2 2019 年都道府县养殖户数及头数

养殖户数			养殖头数		
顺序	地区	户数	顺序	地区	头数
1	北海道	5 970	1	北海道	801 900
2	东北地区	2 220	2	东北地区	98 900
3	北陆地区	305	3	北陆地区	12 600
4	关东东山地区	2 880	4	关东东山地区	173 600
5	东海地区	651	5	东海地区	49 000
6	近畿地区	456	6	近畿地区	24 400
7	中国地区	678	7	中国地区	45 400
8	四国地区	341	8	四国地区	17 100
9	九州地区	1 470	9	九州地区	105 300
10	冲绳	64	10	冲绳	4 200
	合计	15 035		合计	1 332 400

数据来源:日本农林水产省统计信息部。

附表 3 日本乳品企业及生乳处理规模

年份	乳品企业	日生乳处理规模					
		2 t 以下	2 t 以上				
			2～10	10～20	20～40	40 t 以上	小计
1965	2 358	1 991	184	76	57	50	367
1970	1 714	1 248	215	101	68	82	466
1975	1 282	825	208	78	84	87	457
1980	1 118	632	192	85	103	106	486
1985	985	515	175	84	88	123	470
1990	930	473	159	81	68	149	457
1995	836	405	136	69	87	139	431
2000	766	400	105	56	67	138	366
2004	692	378	80	43	59	132	314
2005	688	385	77	42	60	124	303
2006	691	386	79	44	63	119	305
2007	655	367	69	43	54	122	288
2008	622	341	64	38	56	123	281
2009	612	330	70	42	54	116	282
2010	599	324	66	45	47	117	275
2011	628	362	72	30	46	118	266
2012	619	304	69	30	43	11	153
2013	606	303	68	32	36	117	253
2014	596	293	66	30	37	114	247
2015	590	287	64	33	32	116	245
2016	578	283	64	29	33	115	241
2017	578	288	59	31	33	114	237
2018	571	283	61	29	35	111	236
2019	563	274	54	36	32	111	233
2020	559	270	52	35	32	110	229

数据来源:日本农林水产省统计信息部,《日本乳业年鉴》。

附表 4　日本主要乳制品生产量及比例

年份	液态奶合计/t	比例/%	黄油/t	脱脂奶粉/t	炼乳/t	全脂奶粉/t	奶酪/t	调制奶粉/t	奶油/t	奶油类合计/t	比例/%	冰淇淋/kL	比例/%	合计
1966	2 516 600.0	92.2	24 595	26 140	58 856	27 937	28 855	47 688	—	214 071	8	—	0	2 730 671.0
1970	3 216 200.0	90.8	42 137	70 117	76 212	36 294	40 429	61 487	—	326 676	9	—	0	3 542 876.0
1975	4 002 500.0	91.3	39 075	74 129	52 692	24 701	54 268	68 732	—	313 597	7	69 800.0	2	4 385 897.0
1980	4 860 300.0	90.2	65 172	127 432	75 145	32 704	66 088	64 887	—	431 428	8	97 100.0	2	5 388 828.0
1985	5 353 600.0	88.9	90 777	186 418	65 061	34 859	69 623	57 345	25 977	530 060	9	138 200.0	2	6 021 860.0
1990	6 302 100.0	90.3	74 722	177 062	63 618	33 692	84 058	55 719	44 718	533 589	8	145 200.0	2	6 980 889.0
1991	6 326 000.0	89.8	79 193	185 842	65 015	35 310	88 199	56 734	49 985	560 278	8	156 400.0	2	7 042 678.0
1992	6 362 500.0	89.4	99 804	213 220	62 176	33 701	95 836	56 045	44 566	605 348	9	151 800.0	2	7 119 648.0
1993	6 385 900.0	89.5	105 300	216 754	57 034	29 294	99 810	58 294	44 016	610 502	9	137 400.0	2	7 133 802.0
1994	6 808 700.0	90.6	76 199	181 165	58 666	29 888	103 035	48 617	51 157	548 727	7	157 000.0	2	7 514 427.0
1995	6 690 200.0	90.4	83 026	194 641	55 781	29 097	106 427	39 063	54 128	562 163	8	151 000.0	2	7 403 363.0
1996	6 836 000.0	90.5	85 958	200 357	51 446	21 808	109 377	37 752	65 061	571 759	8	149 700.0	2	7 557 459.0
1997	6 862 700.0	90.9	87 618	201 997	45 113	18 378	117 081	37 146	69 306	576 639	8	111 900.0	1	7 551 239.0
1998	6 810 500.0	90.8	88 111	198 088	43 288	18 524	123 729	34 615	72 928	579 283	8	109 400.0	1	7 499 183.0
1999	6 824 900.0	90.8	89 562	196 556	42 456	18 215	124 941	34 859	72 396	578 985	8	116 200.0	2	7 520 085.0
2000	6 621 700.0	91.0	79 929	184 650	40 868	17 989	120 557	34 625	79 961	558 579	8	98 400.0	1	7 278 679.0
2001	6 500 700.0	90.8	83 172	177 855	39 483	17 456	116 362	34 006	85 695	554 029	8	105 900.0	1	7 160 629.0
2002	6 587 800.0	90.8	79 598	178 905	39 879	17 021	118 779	36 876	92 100	563 158	8	102 400.0	1	7 253 358.0
2003	6 627 200.0	90.8	81 566	184 372	40 797	15 010	119 342	36 427	91 915	569 429	8	103 900.0	1	7 300 529.0
2004	6 544 400.0	90.6	80 555	182 656	42 714	14 659	119 496	35 269	91 273	566 622	8	112 600.0	2	7 223 622.0
2005	6 443 800.0	90.2	85 467	189 737	40 274	14 523	123 170	31 225	92 053	576 449	8	119 800.0	2	7 140 049.0
2006	6 404 900.0	90.2	78 001	177 036	43 271	13 882	124 186	29 740	97 928	564 044	8	132 300.0	2	7 101 244.0
2007	6 354 200.0	90.1	75 058	171 441	43 598	13 825	125 763	30 561	104 156	564 402	8	132 100.0	2	7 050 702.0
2008	6 117 600.0	90.2	71 898	155 282	45 475	13 573	116 877	30 591	107 521	541 217	8	123 600.0	2	6 782 417.0
2009	5 974 300.0	89.5	81 972	170 179	43 587	12 010	122 997	35 829	103 663	570 237	9	127 600.0	2	6 672 137.0
2010	5 945 588.0	89.8	70 119	148 786	41 761	14 242	127 029	32 015	107 965	541 916	8	131 875	2	6 619 379.4
2011	3 653 095.0	84.6	62 845	137 141	42 074	14 302	131 329	27 559	111 681	526 931	12	137 072	3	4 317 098.0
2012	3 585 876.0	84.2	68 984	138 598	43 359	12 451	135 715	23 914	112 995	536 016	13	138 046	3	4 259 938.0
2013	3 506 587.0	84.0	68 303	136 354	39 213	10 765	135 093	22 915	113 502	526 145	13	143 433	3	4 176 165.0
2014	3 456 269.0	84.1	60 762	119 844	39 167	12 007	134 713	26 659	116 911	510 063	12	144 724	4	4 111 056.0
2015	3 456 311.0	83.9	64 810	128 610	39 759	11 862	145 338	26 309	113 796	530 484	13	134 093	3	4 120 888.0
2016	3 488 163.0	83.8	66 210	127 568	40 041	11 505	148 611	27 657	111 029	532 621	13	141 767	3	4 162 551.0
2017	3 538 986.0	84.1	59 808	121 063	39 090	9 415	149 586	26 728	115 848	521 538	12	147 708	4	4 208 232.0
2018	3 556 019.0	84.0	59 499	120 004	36 718	9 795	156 998	27 771	116 190	526 975	12	148 253	4	4 231 247.0
2019	3 567 993	100.3	65 495	130 497	33 265	10 297	156 789	27 541	115 838	539 722	12	146 125	4	4 253 840.0
2020	3 573 400	100.2	71 513	139 959	30 329	9 067	159 740	28 232	110 124	548 964	12	134 352	3	4 256 716.0

数据来源：日本农林水产省统计信息部。

附表 5　1960—2018 年日本人均乳制品消费量

年份	总人口/千人	牛奶及乳制品国内生产量/kt	牛奶及乳制品进口量/kt	人均乳制品消费量/kg
1960	93 419	1 939	237	22.2
1961	94 287	2 180	276	24.9
1962	95 181	2 526	357	28.4
1963	96 156	2 837	481	32.8
1964	97 182	3 053	486	35.4
1965	98 275	3 271	506	37.5
1966	99 036	3 431	841	41.7
1967	100 196	3 663	964	43.3
1968	101 331	4 140	629	45.1
1969	102 536	4 575	568	47.3
1970	103 720	4 789	561	50.1
1971	105 145	4 841	569	50.7
1972	107 595	4 944	746	51.7
1973	109 104	4 898	1 032	52.6
1974	110 573	4 876	1 038	51.8
1975	111 940	5 008	1 016	53.6
1976	113 094	5 369	1 491	57.3
1977	114 165	5 846	1 295	59.4
1978	115 190	6 256	1 343	61.8
1979	116 155	6 464	1 439	64.7
1980	117 060	6 498	1 411	65.3
1981	117 902	6 612	1 455	68.0
1982	118 728	6 848	1 186	66.9
1983	119 536	7 086	1 508	70.4
1984	120 305	7 200	1 627	71.3
1985	121 049	7 436	1 579	70.6
1986	121 660	7 360	1 637	71.3
1987	122 239	7 428	1 767	75.8
1988	122 745	7 717	2 613	81.3
1989	123 205	8 134	2 175	80.6
1990	123 611	8 203	2 237	83.2
1991	124 101	8 343	2 675	84.8
1992	124 567	8 617	2 444	83.5
1993	124 938	8 550	2 434	83.5
1994	125 265	8 388	2 841	89.8
1995	125 570	8 467	3 286	91.2
1996	125 859	8 659	3 418	93.3
1997	126 157	8 629	3 498	93.2
1998	126 472	8 549	3 507	92.4
1999	126 667	8 513	3 683	93.0
2000	126 926	8 414	3 952	94.2
2001	127 316	8 312	3 896	93.0
2002	127 486	8 380	3 783	92.9
2003	127 694	8 405	3 925	93.0
2004	127 787	8 284	3 995	93.9
2005	127 768	8 293	3 836	91.8
2006	127 770	8 091	3 958	92.2
2007	127 771	8 024	4 020	93.3
2008	127 692	7 946	3 503	86.3
2009	127 510	7 881	3 491	86.4
2010	128 057	7 631	3 528	88.6

续附表 5

年份	总人口/千人	牛奶及乳制品国内生产量/kt	牛奶及乳制品进口量/kt	人均乳制品消费量/kg
2011	127 799	7 534	4 017	85.8
2012	127 629	7 608	4 194	89.4
2013	127 445	7 448	4 058	88.9
2014	127 276	7 331	4 425	89.5
2015	127 141	7 407	4 634	91.1
2016	126 995	7 342	4 554	91.3
2017	126 786	7 291	5 000	93.4
2018	126 529	7 282	5 164	95.7

数据来源：日本农林水产省统计信息部，《日本统计年鉴》。

附表 6 1960—2019 年日本牛奶及乳制品进口贸易量 kt

年份	牛奶及乳制品国进口量	乳制品						
			全脂炼乳	脱脂炼乳	全脂奶粉	脱脂奶粉	婴儿奶粉	黄油	奶油奶酪
1960	237	237	0	0	0	31	0	1	1
1961	276	276	0	0	0	33	0	4	0
1962	357	357	0	0	0	42	0	5	0
1963	481	481	0	0	0	57	0	7	0
1964	486	486	0	0	0	56	0	8	0
1965	506	506	0	0	0	52	0	11	1
1966	841	841	0	0	2	62	0	21	9
1967	964	964	0	0	7	60	0	23	14
1968	629	629	0	0	0	40	0	27	0
1969	568	568	0	0	0	23	0	31	0
1970	561	561	0	0	0	14	0	35	0
1971	569	569	0	0	0	0	0	35	2
1972	746	746	1	0	0	16	0	35	11
1973	1 032	1 032	1	0	0	20	0	42	25
1974	1 038	1 038	1	0	0	31	0	48	15
1975	1 016	1 016	0	0	0	28	0	48	14
1976	1 491	1 491	0	0	0	28	0	58	17
1977	1 295	1 295	0	0	0	14	0	66	3
1978	1 343	1 343	1	0	0	14	0	71	1
1979	1 439	1 439	0	0	0	12	0	76	1
1980	1 411	1 411	0	0	0	12	0	71	0
1981	1 455	1 455	0	0	0	13	0	74	1
1982	1 186	1 186	0	0	0	16	0	72	4
1983	1 508	1 508	0	0	0	12	0	75	1
1984	1 627	1 627	0	0	0	20	0	81	1
1985	1 579	1 579	0	0	0	11	0	80	1
1986	1 637	1 637	0	0	0	10	0	85	0
1987	1 767	1 767	0	0	0	8	0	97	1
1988	2 613	2 613	0	0	0	32	0	117	22
1989	2 175	2 175	0	0	0	15	0	110	8
1990	2 237	2 237	0	0	0	15	0	114	8
1991	2 675	2 675	0	0	0	43	0	124	16

续附表 6　kt

年份	牛奶及乳制品国进口量	乳制品							
			全脂炼乳	脱脂炼乳	全脂奶粉	脱脂奶粉	婴儿奶粉	黄油	奶油奶酪
1992	2 444	2 444	0	0	0	21	0	131	1
1993	2 434	2 434	0	0	0	6	0	138	0
1994	2 841	2 841	0	0	0	23	0	145	0
1995	3 286	3 286	1	0	0	41	0	159	1
1996	3 418	3 418	1	0	0	38	0	168	1
1997	3 498	3 498	1	0	0	34	0	173	1
1998	3 507	3 507	1	0	0	22	0	183	1
1999	3 683	3 683	1	0	0	21	0	190	0
2000	3 952	3 952	1	0	0	21	0	209	0
2001	3 896	3 896	1	0	0	14	0	206	0
2002	3 783	3 783	1	1	0	3	0	196	7
2003	3 925	3 925	1	0	0	3	0	204	11
2004	3 995	3 995	1	0	0	3	0	216	8
2005	3 836	3 836	1	0	0	3	0	207	5
2006	3 958	3 958	1	0	0	6	0	214	4
2007	4 020	4 020	1	1	0	2	0	220	13
2008	3 503	3 503	1	0	0	3	0	180	15
2009	3 491	3 491	1	0	0	9	0	192	0
2010	3 528	3 528	1	0	0	3	0	199	2
2011	4 017	4 017	1	0	0	2	0	222	14
2012	4 754	4 754	4.2	0	0.51	12.8	0	131	23
2013	4 675	4 675	3.9	0	0.49	12.5	0	57	21
2014	4 797	4 797	3.9	0	0.51	12.2	0	142	22
2015	5 164	5 164	3.7	0	0.84	11.7	0	204	21
2016	5 092	5 092	4.7	0	1.3	11.4	0	158	18
2017	5 420	5 420	3.5	0	0.96	11.0	0	102	17
2018	5 648	5 648	4.4	0	1.0	12.0	0	196	16
2019	5 699	5 699	5.5	0	7.4	10.8	0	304	14

附表 7　1960—2018 年日本牛奶及乳制品出口贸易量　kt

年份	牛奶及乳制品国出口量	乳制品							
			全脂炼乳	脱脂炼乳	全脂奶粉	脱脂奶粉	婴儿奶粉	黄油	奶油奶酪
1960	0	0	0	0	0	0	0	0	0
1961	0	0	0	0	0	0	0	0	0
1962	0	0	0	0	0	0	0	0	0
1963	0	0	0	0	0	0	0	0	0
1964	0	0	0	0	0	0	0	0	0
1965	0	0	0	0	0	0	0	0	0
1966	0	0	0	0	0	0	0	0	0
1967	0	0	0	0	0	0	0	0	0
1968	0	0	0	0	0	0	0	0	0
1969	0	0	0	0	0	0	0	0	0

续附表 7 kt

年份	牛奶及乳制品国出口量	乳制品	全脂炼乳	脱脂炼乳	全脂奶粉	脱脂奶粉	婴儿奶粉	黄油	奶油奶酪
1970	0	0	0	0	0	0	0	0	0
1971	0	0	0	0	0	0	0	0	0
1972	0	0	0	0	0	0	0	0	0
1973	0	0	0	0	0	0	8	0	0
1974	0	0	0	0	0	0	0	0	0
1975	0	0	0	0	0	0	0	0	0
1976	0	0	0	0	0	0	0	0	0
1977	0	0	0	0	0	0	0	0	0
1978	0	0	0	0	0	0	0	0	0
1979	0	0	0	0	0	0	0	0	0
1980	8	8	0	0	0	1	0	0	0
1981	5	5	0	0	0	1	0	0	0
1982	6	6	0	0	0	1	0	0	0
1983	0	0	0	0	0	0	0	0	0
1984	0	0	0	0	0	0	0	0	0
1985	0	0	0	0	0	0	0	0	0
1986	0	0	0	0	0	0	0	0	0
1987	0	0	0	0	0	0	0	0	0
1988	1	1	0	0	0	0	0	0	0
1989	1	1	0	0	0	0	0	0	0
1990	3	3	0	0	0	0	0	0	0
1991	3	3	0	0	0	0	0	0	0
1992	2	2	0	0	0	0	0	0	0
1993	4	4	0	0	0	0	0	0	0
1994	4	4	0	0	0	0	0	0	0
1995	4	4	0	0	0	0	0	0	0
1996	6	6	0	0	0	0	0	0	0
1997	7	7	0	0	0	0	0	0	0
1998	7	7	0	0	0	0	0	0	0
1999	8	8	0	0	0	0	0	0	0
2000	13	13	0	0	0	0	0	0	0
2001	10	10	0	0	0	0	0	0	0
2002	7	7	0	0	0	0	0	0	0
2003	10	10	0	0	0	0	0	0	0
2004	9	9	0	0	0	0	0	0	0
2005	8	8	0	0	0	0	0	0	0
2006	14	14	0	0	0	0	0	0	0
2007	24	24	0	0	0	2	0	0	0
2008	18	18	0	0	0	0	0	0	0
2009	24	24	0	0	0	0	0	0	0
2010	21	21	0	0	0	0	0	0	0
2011	8	6	0	0	0	0	0	0	0
2012	9	9	0	0	0	1.2	0	0.23	
2013	15	15	0	0	0	1.4	0	0.34	
2014	21	21	0	0	0	2.6	0	0.40	
2015	25	25	0	0	0	3.4	0	0.55	
2016	27	27	0	0	0	5.0	0	0.63	
2017	31	31	0	0	0	5.4	0	0.75	
2018	32	32	0	0	0	6.0	0	0.83	

数据来源：日本农林水产省统计信息部。

附表 8　1951—2018 年日本每千克原料奶的生产成本

日元

年份	物资成本														人工成本	成本合计	生产成本(减去副产物收益)	支付的利息及地租费	全部加算的生产成本
	合计	防疫费	饲料费	牛床垫料费	水电费	其他资费	兽医及医药费	租赁费	税金	奶牛摊销费	建筑费	自动车费	农器具费	生产管理费					
1951	—	—	16.63	—	—	—	—	0.89	1.37	4.92	0.53	—	0.33	—	6.67	30.79	22.41	—	25.01
1952	—	—	18.25	—	—	—	—	1.02	1.36	6.56	0.5	—	0.41	—	6.99	34.74	27.83	—	30.32
1953	—	—	16.87	—	—	—	—	1	1.2	6.95	0.5	—	0.41	—	6.19	32.83	24.56	—	27.32
1954	—	—	17.08	—	—	—	—	1.07	1.17	6.37	0.53	—	0.43	—	6.68	33.04	259	—	28.49
1955	—	—	18.15	—	—	—	—	1.1	1.28	4.43	0.57	—	0.55	—	7.06	32.54	26.63	—	29.23
1956	—	—	18.44	—	—	—	—	1.19	1.43	4.05	0.59	—	0.5	—	7.07	32.45	26.05	—	28.64
1957	—	—	18.43	—	—	—	—	1.17	1.34	4.11	0.61	—	—	—	6.66	32.09	25.81	—	28.62
1958	—	—	18.93	—	—	—	—	1.21	1.28	3.99	0.61	—	—	—	7.84	33.79	28.04	—	30.76
1959	—	—	18.09	—	—	—	—	1.19	1.16	3.77	0.58	—	0.58	—	7.52	32.31	26.79	—	29.46
1960	—	—	18.26	—	—	—	—	1.22	1.2	3.85	0.59	—	0.61	—	7.35	32.41	26.62	—	29.31
1961	—	—	19.79	—	—	—	—	1.35	1.24	4.39	0.67	—	0.73	—	7.88	35.34	29.02	—	31.88
1962	—	—	20.28	—	—	—	—	1.28	1.3	4.88	0.58	—	0.79	—	8.14	36.39	30.41	—	33.33
1964	—	—	21.28	—	—	—	—	1.49	—	4.02	0.69	—	0.88	—	9.38	38.19	32.87	—	35.85
1965	—	—	21.29	—	—	—	—	1.57	—	3.4	0.78	—	0.99	—	9.78	38.23	33.05	—	36.11
1966	—	—	21.92	—	—	—	—	1.65	—	3.24	0.74	—	1.01	—	9.46	38.44	32.61	—	35.7
1967	—	—	23.18	—	—	—	—	1.8	—	3.7	0.82	—	1.06	—	9.56	40.55	34.12	—	37.65
1968	—	0.48	15.37	0.61	0.43	—	0.66	0.5	0.52	4.03	0.89	—	1.08	—	9.6	40.28	34.08	—	38
1969	—	0.52	15.31	0.63	0.44	—	0.71	0.49	0.61	4.25	0.93	—	1.13	—	9.76	41.15	35.02	—	38.98
1970	—	0.53	15.76	0.58	0.44	—	0.75	0.54	0.67	4.07	0.92	—	1.21	—	9.93	41.99	36.57	—	40.56
1971	—	0.55	24.25	0.6	0.47	—	0.74	0.57	0.67	3.89	1.02	—	1.23	—	10.45	43.8	38.67	—	42.96
1972	—	0.57	24.63	0.59	0.48	—	0.77	0.63	0.69	3.75	0.95	—	1.28	—	10.45	44.13	38.68	—	43.04
1973	—	0.61	25.89	0.6	0.52	—	0.83	0.69	0.73	3.92	0.94	—	1.38	—	10.99	46.38	36.32	—	40.96
1974	—	0.72	33.29	0.67	0.67	—	1.01	0.84	0.88	4.82	1.45	—	1.5	—	14.13	59.11	49.62	—	55.28
1975	—	0.84	40.77	0.77	0.9	—	1.25	1.08	1	5.43	1.61	—	1.92	—	17.38	71.96	64.87	—	71.16
1976	—	0.95	43.29	0.82	0.96	—	1.41	1.23	1.13	5.53	1.55	—	2.15	—	24.28	82.19	75.49	—	82.34
1977	—	1.01	45.8	0.88	1.07	—	1.48	1.38	1.08	6.01	1.52	—	2.34	—	23.99	85.48	78.84	—	85.8
1978	—	1.11	44.74	0.92	1.12	—	1.45	1.34	1.14	6.16	1.65	—	2.63	—	24.11	85.23	78.12	—	85.35
1979	—	1.18	42.69	0.89	1.2	—	1.65	1.41	—	6.3	1.66	—	2.83	—	24.28	84.09	74.2	—	81.8
1980	—	1.27	46.51	0.87	1.43	—	1.72	1.41	—	6.31	1.8	—	3.13	—	24.96	89.41	75.45	—	83.81
1981	—	1.26	50.19	0.89	1.69	—	1.8	1.15	—	6.64	1.81	—	3.24	—	25.84	94.51	83.28	—	91.77
1982	—	1.21	51.26	0.93	1.84	—	1.81	0.96	—	6.38	1.77	—	3.31	—	26.09	95.56	85.39	—	93.79
1983	—	1.15	49.49	0.89	1.85	—	1.78	0.79	—	6.17	1.67	—	3.28	—	25.12	92.19	82.48	—	90.49
1984	67.22	1.15	49.82	0.83	1.83	—	1.78	0.75	—	6.15	1.67	—	3.24	—	24.33	91.55	82.39	—	90.23
1985	65.4	1.12	48.03	0.79	1.81	—	1.83	0.68	—	6.19	1.68	—	3.27	—	23.6	89	79.95	—	87.61

续附表 8

日元

年份	物资成本														人工成本	成本合计	生产成本（减去副产物收益）	支付的利息及地租费	全部加算的生产成本
	合计	防疫费	饲料费	牛床垫料费	水电费	其他资费	兽医及医药费	租赁费	税金	奶牛摊销费	建筑费	自动车费	农器具费	生产管理费					
1986	60.59	1.08	43.86	0.78	1.77	—	1.77	0.65	—	5.8	1.66	—	3.22	—	22.64	83.23	73.72	—	80.97
1987	62.07	1.12	44.05	0.87	1.85	—	1.93	0.71	—	6	1.86	—	3.68	—	23.56	85.63	71.67	—	79.75
1988	59.54	1.15	41.83	0.88	1.78	—	2.02	0.67	—	5.78	1.8	—	3.63	—	22.85	82.39	65.88	—	73.67
1989	58.19	1.15	41.14	0.79	1.7	—	2.04	0.66	—	5.64	1.7	—	3.37	—	22.19	80.38	63.27	—	70.66
1990	58.47	1.15	41.79	0.75	1.66	—	2.07	0.68	—	5.56	1.68	—	3.13	—	21.61	80.08	62.59	—	69.85
1991	58.08	1.19	41.06	0.77	1.76	—	2	0.76	—	5.92	1.63	—	2.99	—	22.14	80.22	69.32	—	76.17
1992	57.01	1.18	37.04	0.72	1.7	—	1.94	0.81	1.27	8.66	1.47	—	2.1	0.12	24.08	81.09	73.56	75.16	79.99
1993	56.19	1.18	34.94	0.64	1.7	—	1.93	0.89	1.1	10.06	1.44	—	2.16	0.15	23.02	79.21	72.5	74.06	78.77
1994	56.04	1.15	33.78	0.66	1.74	—	1.91	0.94	1.09	11.03	1.44	—	2.15	0.15	22.69	78.73	72.33	73.83	78.39
1995	51.36	1.23	29.86	0.63	1.57	0.2	2	1.03	1.1	9.77	1.45	—	2.35	0.17	23.87	75.23	68.6	70.09	74.13
1996	51.54	1.19	30.92	0.59	1.54	0.17	1.94	1.06	1.12	9.03	1.5	—	2.29	0.19	23.38	74.92	68.46	69.93	73.84
1997	52.44	1.2	32.39	0.59	1.57	0.17	1.96	1.08	1.12	8.43	1.39	—	2.34	0.2	23.49	75.93	69.45	70.72	74.53
1998	52.87	1.22	32.34	0.61	1.59	0.17	1.98	1.08	1.12	8.74	1.4	—	2.41	0.21	25.07	77.94	72.11	73.45	77.15
1999	52.37	1.21	30.94	0.63	1.62	0.18	2.19	1.07	1.15	9.24	1.44	—	2.5	0.2	24.43	76.8	71.57	72.98	76.72
2000	51.62	1.22	30.15	0.63	1.59	0.16	2.22	1.09	1.15	9.22	1.5	—	2.49	0.2	23.3	74.92	69.81	71.18	74.92
2001	51.22	1.21	29.93	0.67	1.68	0.16	2.26	1.14	1.14	8.62	1.55	—	2.65	0.21	22.78	74	67.76	69.08	72.8
2002	52.14	1.2	30.9	0.66	1.66	0.15	2.25	1.14	1.12	8.63	1.58	—	2.63	0.22	22.36	74.5	68.78	70.11	73.78
2003	53.58	1.2	31.36	0.65	1.68	0.15	2.2	1.23	1.12	9.55	1.57	—	2.65	0.22	21.11	74.69	67.95	69.3	72.86
2004	54.25	1.2	31.7	0.66	1.72	0.15	2.27	1.32	1.12	9.65	1.67	—	2.57	0.22	20.18	74.43	67.6	68.9	72.49
2005	55.16	1.17	32.34	0.68	1.85	0.18	2.37	1.43	1.14	9.24	1.78	0.39	2.39	0.2	19.75	74.91	67.84	69.07	72.9
2006	63.81	1.37	36.68	0.79	2.33	0.2	2.78	1.61	1.32	11.21	2.01	0.45	2.81	0.25	22.13	85.94	77.46	78.89	83.16
2007	70.7	1.48	41.14	0.86	2.67	0.22	2.83	1.72	1.34	11.97	2.33	0.51	3.34	0.29	21.08	91.78	83.09	84.52	88.81
2008	74.09	1.44	43.91	0.91	2.78	0.22	2.87	1.75	1.33	12.13	2.4	0.53	3.56	0.26	20.71	94.8	87.16	88.58	92.62
2009	71.31	1.39	40.89	0.94	2.52	0.2	2.94	1.8	1.27	12.8	2.44	0.49	3.36	0.27	20.06	91.37	83.75	85.16	89.01
2010	72.47	1.4	40.86	1.02	2.69	0.19	3.08	1.85	1.26	13.36	2.51	0.5	3.48	0.27	20.04	92.51	83.67	85.05	88.82
2011	74.59	1.42	42.64	1.08	2.82	0.19	3	1.88	1.29	13.53	2.52	0.49	3.46	0.27	19.86	94.45	85.78	87	90.62
2012	74.73	1.45	43.36	1.09	2.95	0.2	2.97	1.84	1.23	13.48	2.11	0.45	3.33	0.27	19.64	94.37	85.54	86.75	90.36
2013	77.49	1.47	46.24	1.14	3.16	0.18	2.98	1.86	1.21	13.11	2.23	0.49	3.14	0.28	19.45	96.94	86.9	88.09	91.7
2014	78.4	1.47	47.37	1.16	3.23	0.19	3.1	1.95	1.25	12.51	2.26	0.47	3.18	0.26	19.37	97.77	87.18	88.34	91.91
2015	76.94	1.52	46	1.15	2.97	0.19	3.22	1.9	1.19	12.49	2.23	0.48	3.35	0.25	19.09	96.03	82.26	83.38	86.94
2016	79.45	1.57	45.47	1.13	2.92	0.2	3.36	2.01	1.22	14.5	2.4	0.53	3.86	0.28	19.75	99.2	81.89	82.93	86.76
2017	83.05	1.67	46	1.15	3.08	0.22	3.31	1.94	1.24	16.85	2.35	0.54	4.44	0.26	19.86	102.91	83.53	84.51	88.81
2018	86.27	1.72	46.29	1.31	3.26	0.18	3.4	2.02	1.28	18.92	2.44	0.6	4.57	0.28	19.45	105.72	84.8	85.66	90.1

数据来源：日本农林水产省统计信息部。

附表 9　2018 年度按头数规模每 100 kg 原料奶的生产成本　　日元

项目			合计	1～20 头以下	20～30	30～50	50～80	80～100	100 头以上
物资成本	合计		8 627	9 436	9 220	8 648	8 346	9 030	8 525
	防疫费		172	172	183	196	188	192	147
	饲料费	小计	4 629	5 772	5 532	4 902	4 562	5 030	4 229
		流通饲料费	3 794	4 976	4 807	4 015	3 500	4 061	3 551
		牧草、放牧及采草费	835	796	725	887	1 062	969	678
	牛床垫料费		131	99	85	84	115	159	163
	水电费		326	349	368	328	319	360	314
	其他资费		18	38	23	22	19	22	14
	兽医费		340	414	393	356	297	352	339
	租金费		202	180	275	176	187	194	217
	税金		128	179	153	125	128	128	120
	奶牛摊销费		1 892	1 573	1 574	1 740	1 775	1 831	2 107
	建筑费		244	152	162	209	233	252	283
		摊销	160	91	103	118	149	178	194
	自动车费		60	109	77	75	54	49	54
		摊销	22	26	17	36	20	25	17
	农器具费		457	357	360	396	441	440	516
		摊销	180	95	109	147	162	169	223
	生产管理费		28	42	35	39	28	21	22
		摊销	0	1	2	0	0	0	0
人工成本	合计		1 945	4 260	3 170	2 629	2 091	1 708	1 254
	家族		1 606	4 008	2 902	2 353	1 804	1 405	836
	直接劳动费		1 817	3 958	2 96	2 450	1 941	1 592	1 184
	间接劳动费		128	302	210	179	150	116	70
		自给牧草相关劳动费	92	218	159	136	111	85	43
成本合计	合计		10 572	13 696	12 390	11 277	10 437	10 738	9 779
	购入		5 836	7 043	6 919	5 959	5 413	6 110	5 690
	自给		2 482	4 867	3 666	3 277	2 918	2 425	1 548
	摊销		2 254	1 786	1 805	2 041	2 106	2 203	2 541
副产物收益			2 092	2 241	2 128	2 075	2 114	2 213	2 038
	犊牛		1 889	1 811	1 882	1 835	1 890	2 007	1 891
减去副产物收益的生产成本			8 480	11 455	10 262	9 202	8 323	8 525	7 741
支付利息			34	18	21	25	36	39	38
支付地租			52	114	99	71	52	39	36
加算支付利息及地租的生产成本			8 566	11 587	10 382	9 298	8 411	8 603	7 815
自有资本利息			293	249	260	268	288	299	312
自有地租			151	151	151	161	192	193	115
加算资本利息及地租全额的生产成本			9 010	11 987	10 793	9 727	8 891	9 095	8 242

数据来源：日本农林水产省统计信息部。

注：1."减去副产物收益的生产成本"也称"第一次生产成本"。

2."加算资本利息及地租全额的生产成本"也称"第二次生产成本"。

北 美 洲

美国奶业发展报告

摘要:本文主要从奶牛养殖、乳品加工、消费、贸易等方面介绍美国近60年奶业的发展情况,并阐述美国奶业的科研进展、典型成果、计价体系、科研推广体系和相关政策制度,在此基础上结合我国奶业的发展现状及不足之处,提出美国奶业值得我国奶业借鉴和学习的经验。

美国位于北美洲中部,地处温带和亚热带,三面临海,土地肥沃,气候温和,地形以平原为主,适合农业发展。美国是世界上最大的农产品出口国。美国农业用地363万km^2,约占国土面积的37%。

2019年全美共有3.4万座奶牛场,奶牛存栏933万头,全年牛奶产量9 903万t,平均年单产约10.6 t。原料奶平均乳脂率3.87%,乳蛋白率3.1%。近10年,美国奶牛存栏量变化不大,但美国的奶牛场数量正在减少,2019年威斯康星州一年就关闭了780家奶牛场。虽然奶牛场数量不断减少,但是全美总奶产量不断上升,近10年间全美总奶产量上涨15.7%,2020年总奶产量达到10 118万t,奶牛平均单产10 784 kg,较10年前提高了9.5%。

在美国,大部分牛奶被用来生产乳制品,其中奶酪生产占最大比例。自1961年以来,全脂奶酪产量从74.1万t提高到2019年的595.8万t,产量提高8倍。近年来,美国人均乳品消费量呈逐年下降的趋势,但是以乳脂为基础来计算,人均消费量是在不断提升的。2019年,美国人均乳制品消费296 kg,其中消费液态奶64 kg(21.6%),奶酪18 kg(6.1%),酸奶6.1 kg(2.1%),冰淇淋8.5 kg(2.9%),黄油2.8 kg(0.9%)。与1975年相比,2019年液态奶消费量下降43%,部分原因是消费者转向植物性乳制品。

美国是世界排名第五的乳制品出口国家,最大的乳制品出口市场是墨西哥,出口的乳制品主要有脱脂奶粉、乳清制品等。2019年美国出口脱脂奶粉70.4万t,连续两年超过70万t。出口乳清制品43.9万t,同比下降18%,这主要是关税、非洲猪瘟以及出口到中国的乳清减少导致的。

科学技术是奶业发展的推动力,先进科学技术的应用极大地推动着奶业的发展。在奶牛繁殖育种方面,美国农业部建立了非常完善的奶牛育种体系,通过个体牛DHI测定、公牛后裔测定、全基因组选择、性别控制、同期发情、胚胎移植等技术不断提高和改善奶牛生产、健康、繁殖水平。在奶牛饲养管理方面,美国通过初乳饲喂管理、犊牛行为监测、后备牛生长发育监测、饲料质量检测、TMR制作饲喂评估、分群管理、健康监测、大数据管理、粪污处理等技术更好地实现规模化牧场的管理。

美国对牛奶质量控制比较严格,形成了一套完整的质量保证体系。在原料奶定价上,美国有着复杂的原料奶质量标准系统,是通过供应和需求以及联邦政府的乳制品政策相结合制定的,将原料奶分为不同的等级,与不同地区乳制品销售价格和消费量挂钩,再结合牧场乳质量进行定价。在美国,高等院校、联邦政府研究机构、社会民间非营利组织、企业研究机构是主要的科学技术研究和推广机构,这些机构从不同方面促进科学技术在奶业中的推广使用,为奶业的发展做出了巨大的贡献。为了促进奶业的生产、加工、贸易及消费,美国实施各种扶持和补贴政策,值得一提的是,美国近年来出台过多个政策来保护奶农的利益。2018

年出台的牛奶利润覆盖计划(DMC)形式上类似于收入保险,当牛奶价格与平均饲料成本的差额低于某一特定金额时,政府向奶农选定的利润率发放补偿,以稳定奶农收入水平。目前美国已经形成了相对成熟的奶业政策,来保护和促进奶业发展。

关键词:美国　奶业　奶牛

1　美国奶业发展概况

1.1　奶牛养殖业

美国位于北美洲中部,地处温带和亚热带,三面临海,土地肥沃,气候温和,地形以平原为主,适合农业发展。美国是世界上最大的农产品出口国。2020 美国农业用地 363 万 km^2,约占国土面积的 37%。根据美国农业部 2017 年发布的农业普查报告(Census of Agriculture),农业总产值 3 885 亿美元,占当年国内生产总值(GDP)的 2%,其中畜牧业总产值 1 950 亿美元,占农业总产值的 50.2%。奶业总产值 397 亿美元,占畜牧业总产值的 20.4%。

2019 年全美共有 3.4 万座奶牛场,奶牛存栏 933 万头,品种主要为荷斯坦奶牛、娟姗牛,还有少量的瑞士褐牛、更赛牛、爱尔夏牛等。2020 年全年牛奶产量 10 118 万 t,平均年单产约 10.8 t。原料奶平均乳脂率 3.87%,乳蛋白 3.1%。

1.1.1　奶牛存栏量

近 10 年里,美国奶牛存栏量变化不大,2010 年存栏 920 万头,2020 年存栏 938 万头,上涨 2%(图 1)。

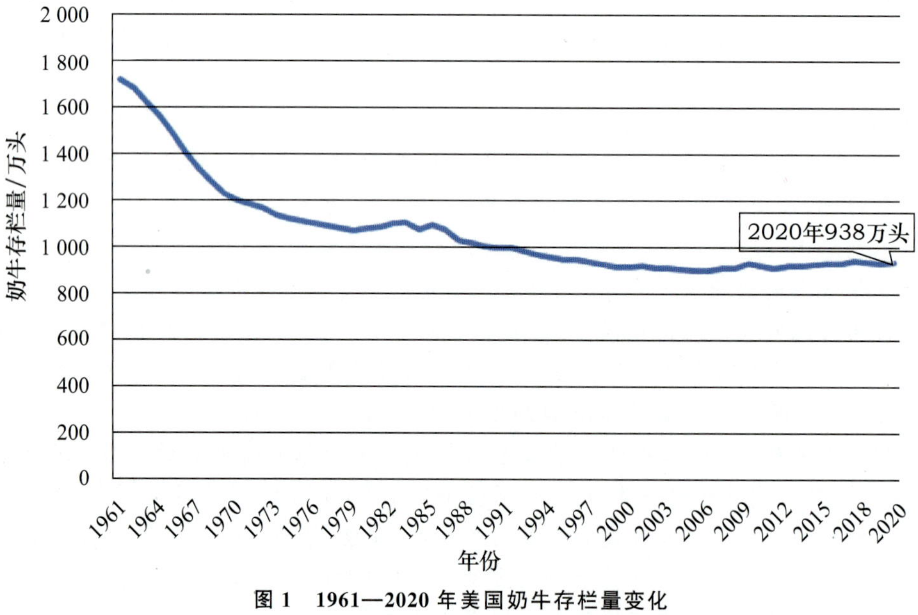

图 1　1961—2020 年美国奶牛存栏量变化

(数据来源:USDA/ERS, Dairy Data)

美国 50 个州都生产牛奶,但奶牛养殖主要集中在加利福尼亚州、威斯康星州、纽约州、爱达荷州、得克萨斯州、宾夕法尼亚州、明尼苏达州、密歇根州。这 8 个州的奶牛存栏量占全美的 66%。其中加利福尼亚州是全美最大奶业州,2020 年奶牛存栏 172.1 万头,占全美奶牛数量的 18.3%(图 2)。

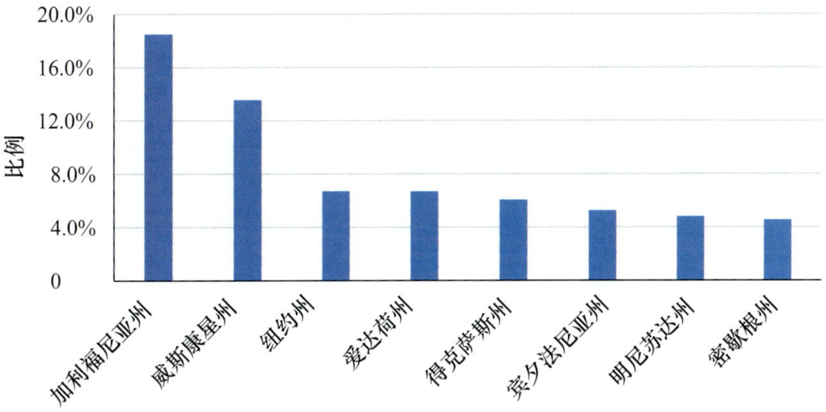

图 2　2020 年美国奶牛存栏量前 8 州占全美存栏比例

（数据来源：USDA，Economics Statistics and Market Information System）

与此同时，美国的奶牛场数量正在减少。美国农业部报告，2019 年美国有 34 187 座注册奶牛场，相比前一年的 37 468 座，下降了 8.8%。牧场数量降幅大的州主要是东北部、玉米带和中西部的传统奶业州。许多州的奶牛场的数量减少了 10%以上。西弗吉尼亚州、阿肯色州、田纳西州和南卡罗来纳州的奶牛场数量减少 20%以上。威斯康星州是奶牛场数量最多的州，也是关闭奶牛场数量最多的州，2019 年一年关闭了 780 家奶牛场。没有任何一个州的奶牛场数量有所增加。

1.1.2　养殖规模

越来越多的牛奶由规模化的牧场生产。根据美国农业部发布的农业普查报告 2017 年，超过一半的奶牛被饲养在规模 1 000 头以上的牧场里，34.9%的奶牛被饲养在 2 500 头以上规模的牧场，这一数字十年间增长近四成（图 3）。

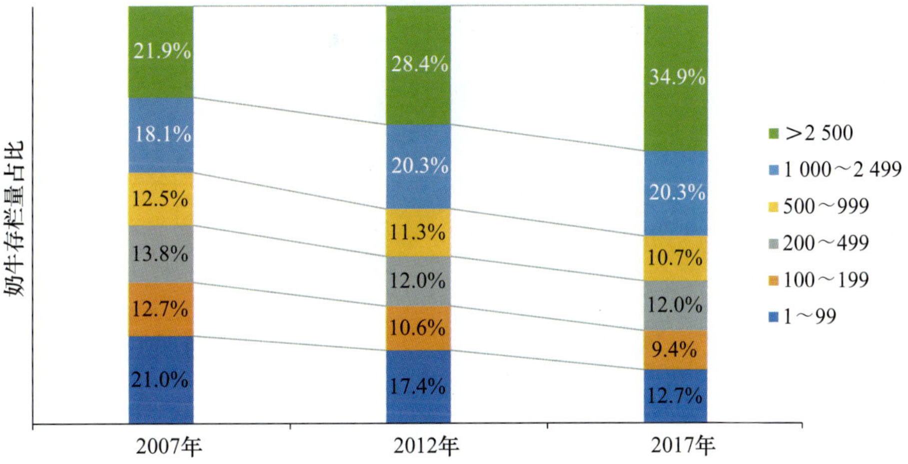

图 3　不同规模的奶牛场奶牛存栏量

（数据来源：USDA，Census of Agriculture）

2020 年，8 个州的平均养殖规模超过 1 000 头（图 4），分别是新墨西哥州（2 357 头）、亚利桑那州（2 211 头）、得克萨斯州（1 653 头）、科罗拉多州（1 642 头）、内华达州（1 550 头）、爱达荷州（1 466 头）、加利福尼亚州（1 416 头）和佛罗里达州（1 329 头）。除佛罗里达州外，其余各州均在密西西比河以西。东北部和中西部部分州平均养殖规模仍然低于 200 头。

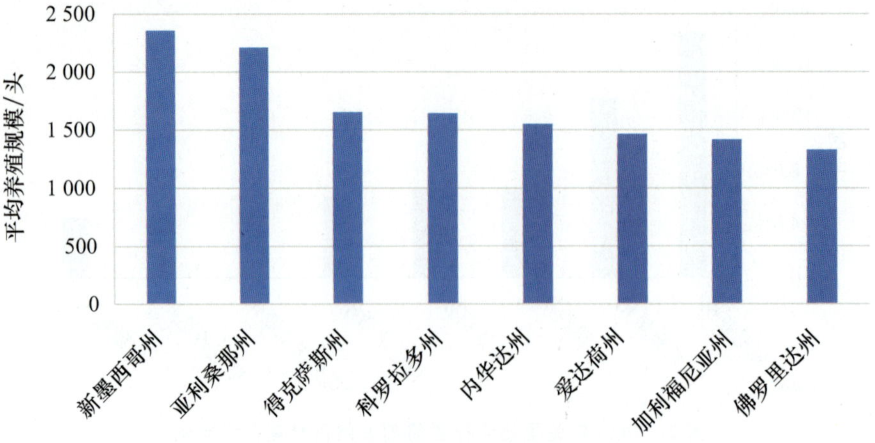

图 4 2020 年美国平均养殖规模最大的 8 个州

（数据来源：USDA，Economics Statistics and Market Information System）

1.1.3 总产奶量和单产

奶牛场数量不断减少，但是全美总产奶量不断上升，近 10 年间全美总产奶量上涨 15.7%，2020 年总产奶量达到 10 118 万 t。奶产量排名前五的州是加利福尼亚州、威斯康星州、爱达荷州、纽约州和得克萨斯州。超过 50%的牛奶由这 5 个州生产。74%的牛奶由排名前 10 的州生产（图 5）。加利福尼亚州同时是奶牛存栏数最多和产奶量最大的州。

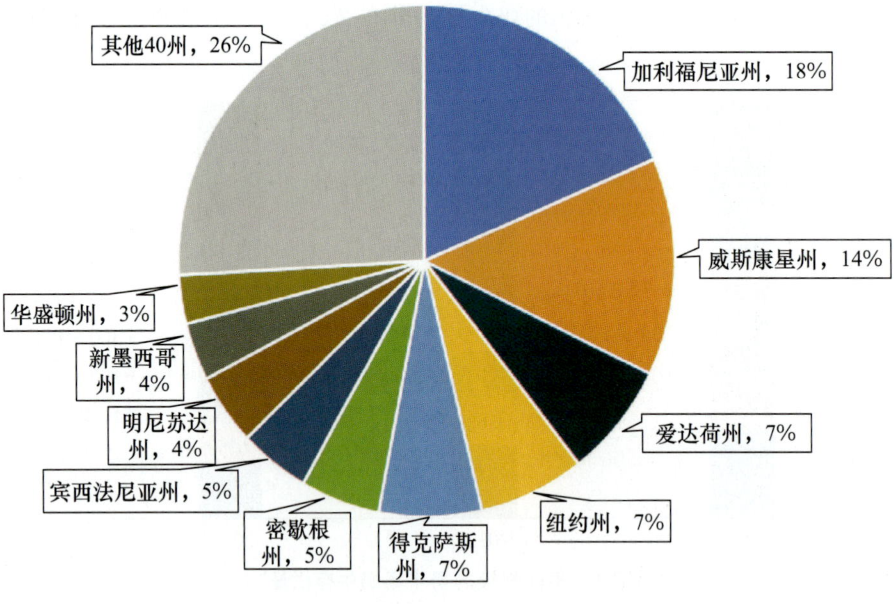

图 5 美国产奶量排名前 10 的州及产奶量占比（2020 年）

（数据来源：USDA，Economics Statistics and Market Information System）

奶牛存栏量变化不大的前提下，总产奶量的提高主要是奶牛单产提高的结果（图 6）。最近十几年（2002—2020 年），奶牛单产持续增长，平均年增长率 1.44%。2020 年美国奶牛平均单产 10 784 kg，相较 10 年前（2010 年，9 599 kg）提高 12.3%。

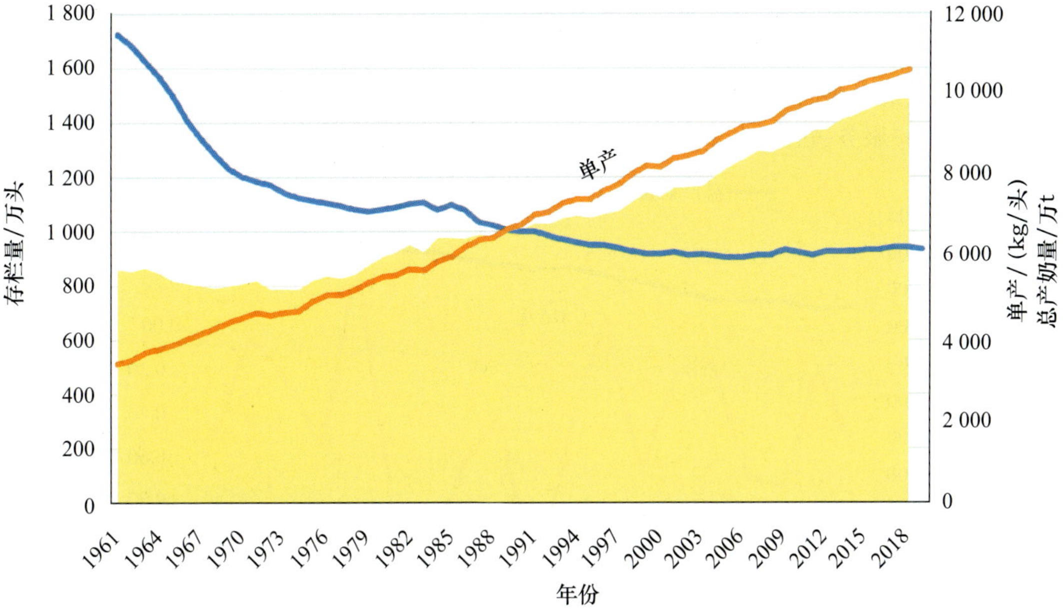

图 6　1961—2020 年美国奶牛存栏量、单产和总产奶量变化情况

（数据来源：USDA/ERS，Dairy Data）

1.1.4　原料奶价格

近 10 年间，美国原料奶收购价格峰值出现在 2014 年 9 月，平均 25.7 美元/百磅（约 3.97 元/kg），主要是美国国内经济复苏以及奶粉、黄油、奶酪出口需求的扩大导致的。最低收购价出现在 2016 年 5 月，平均 14.5 美元/百磅（约 2.24 元/kg）。由于牛奶总产量增长幅度较小，总销量提升，2019 年底奶价开始回升并持续上涨，全年平均收购价 18.59 美元/百磅（约 2.87 元/kg）（图 7）。

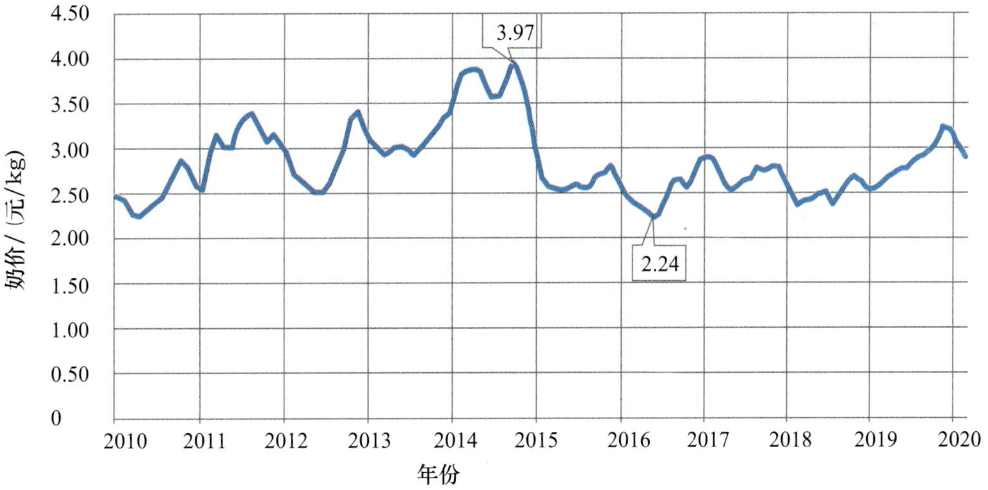

图 7　美国原料奶价格变化

（数据来源：USDA/AMS，Dairy Market News）

1.1.5　奶牛场盈利能力

过去 20 年里，除 2007 年和 2014 年每生产 1 kg 牛奶净收入 0.04 元和 0.29 元（按 1 美元＝7 元人民币计算，下同）外，其他年份奶牛场平均净收入均为负数（全美平均值）。最低时甚至生产 1 kg 牛奶亏损 1.16 元（7.5 美元/百磅）（图 8）。从地区来看，美国西部和西南部的奶牛场经营状况要好于东北部、玉米带、中西部等传统奶业州(图 9)。

奶牛场盈利能力不强,可能是促使奶牛场整合、扩大养殖规模的原因。根据美国农业部 2020 统计的数据,与饲养少于 200 头成母牛的牧场相比,饲养 1 000 头以上成母牛的牧场,总饲料成本低 19%,总其他成本(兽医、卧床、粪污、客户服务、燃油、电力、维修等)低 24%。

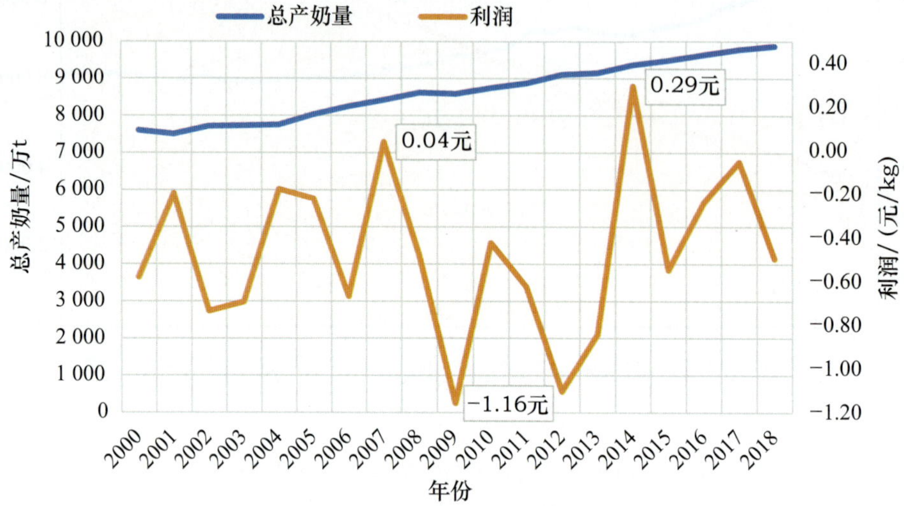

图 8　奶牛场平均净收入状况

(数据来源:USDA/ERS, Commodity Costs and Returns)

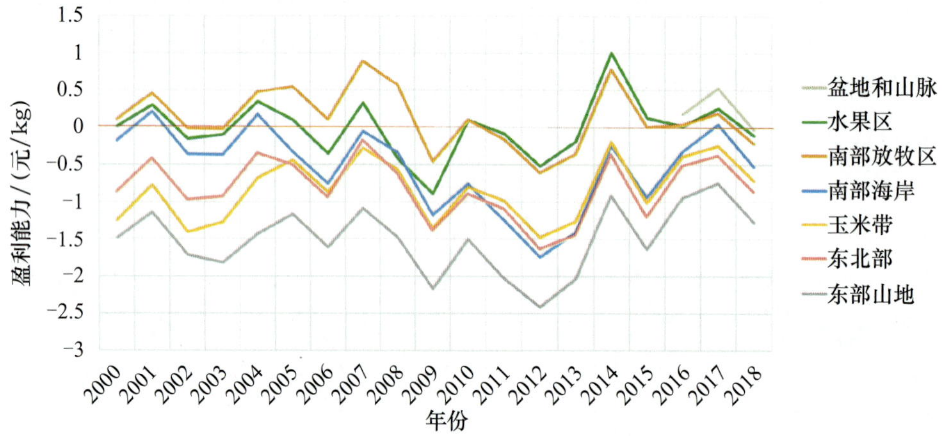

图 9　美国各地区奶牛场经营状况

(数据来源:USDA/ERS, Commodity Costs and Returns)

1.2　乳品加工业

1.2.1　液态奶生产

1977—2019 年间,美国液态奶饮品生产量减少 42.7%,全脂牛奶生产量减少 68.4%。含 2%乳脂的牛奶的年人均生产量从 1977 年的 20.8 L 上升到 1989 年 34.2 L 的最高水平,然后在 2019 年回落至 21.1 L。2005 年,乳脂 2%的牛奶取代了全脂牛奶,成为最受欢迎的牛奶类型(图 10)。人口老龄化以及消费者对乳脂的态度和偏好影响了美国的牛奶生产。

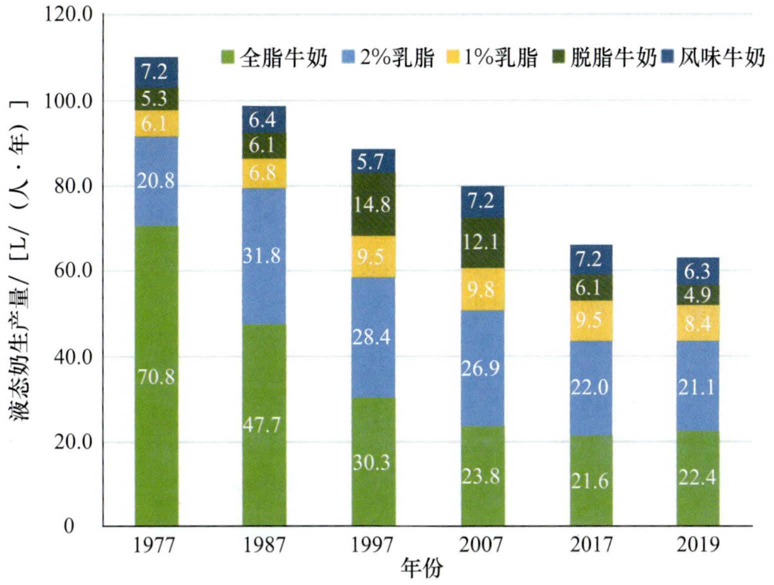

图 10 液态奶生产量

(数据来源:USDA/ERS, Food Availability Data)

1.2.2 乳制品生产

在美国,大部分牛奶被用来生产乳制品,美国生产的主要乳制品有奶酪、冰淇淋、炼乳、奶粉及乳清粉等。其中奶酪生产占最大比例(图 11)。自 1961 年以来,全脂奶酪产量从 74.1 万 t 提高到 2019 年的 595.8 万 t,增幅 704%,近 20 年平均年增速 2.5%(0.03%~4.1%)。乳清粉产量从 12.3 万 t 提高到 44.2 万 t,增幅 259%,近 20 年平均年增速−0.8%(−12.0%~12.2%)。黄油产量从 69.9 万 t 提高到 86.4 万 t,增幅 24%,近 20 年平均年增速 2.2%(−8.3%~15.7%)。全脂奶粉产量从 37.1 万 t 提高到 45.5 万 t,增幅 22.8%,近 20 年平均年增速 2.8%(−62.8%~57.9%)。脱脂奶粉产量从 91.6 万 t 降至 83.7 万 t,增幅−8.6%,近 20 年平均年增速 1.7%(−11.1%~23.0%)。

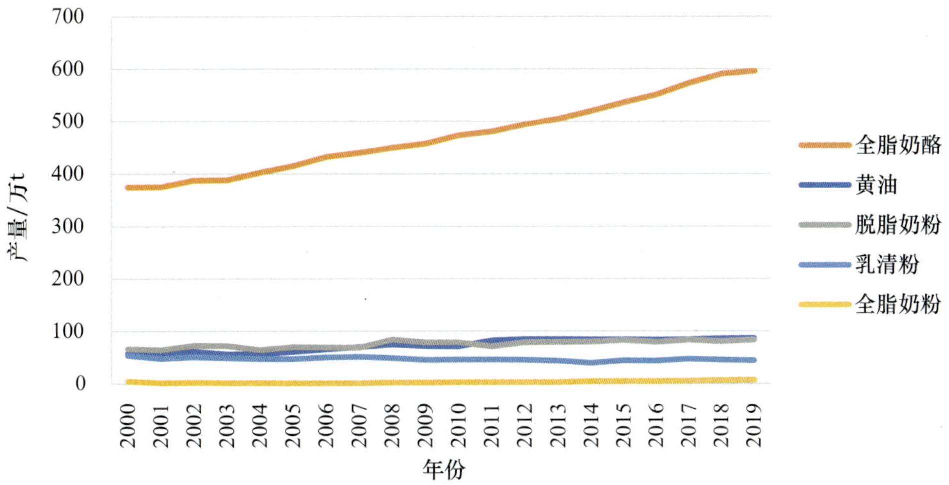

图 11 部分乳制品生产量

[数据来源:USDA/ERS, Food Availability (Per Capita) Data System]

1.3 乳品消费

美国人均乳品消费量呈逐年下降的趋势，但是如换算成牛奶当量(乳脂 3.6％为基础)来计算，人均消费量是在不断提升的(图 12)。2019，美国人均乳制品消费 296 kg 牛奶当量。按实际重量来看，液态奶消费量最大，人均年消费 64 kg，奶酪 18 kg，酸奶 6.1 kg，冻乳制品 8.5 kg，黄油 2.8 kg。

与 1975 年相比，2019 年液态奶消费量下降 43％，冰淇淋消费下降 28％。酸奶消费上升 573％，奶酪消费上升 114％，黄油消费上升 30％，奶粉消费上升 6％。

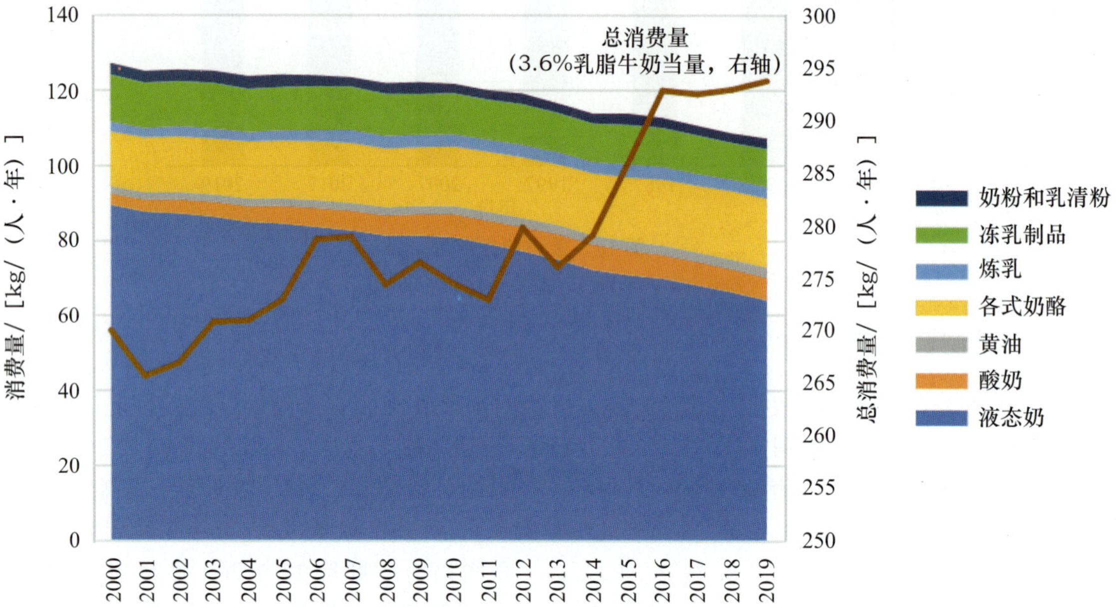

图 12 主要乳制品消费量

(数据来源：USDA/ERS，Dairy Data)

1.4 乳制品贸易

1.4.1 乳制品出口

按出口额计算，美国是世界排名第五的乳制品出口国家。2019 年，美国乳制品出口总额达到 60 亿美元，比上一年增长 8％。2019 年，乳制品产量的 14.5％都用于出口(按固形物计算)，与过去 8 年平均水平相当。

美国最大的乳制品出口市场是墨西哥，全年出口额达到 15.5 亿美元，第二大出口地区是东南亚地区(9.34 亿美元)，其次是加拿大(6.66 亿美元)、中国(3.74 亿美元)、南美地区(3.68 亿美元)等。这五大市场占据美国乳制品出口的 2/3。

美国出口的乳制品主要有脱脂奶粉、乳清制品、奶酪、乳糖、脂肪填充奶粉(向脱脂奶粉中添加植物油制成，脂肪含量与全脂奶粉相当，但价格更低廉)等。2019 年美国出口脱脂奶粉 70.4 万 t，连续两年超过 70 万 t。出口乳清制品 43.9 万 t，同比下降 18％，这主要是关税、非洲猪瘟以及出口到中国的乳清减少导致的。出口奶酪 36.3 万 t，连续三年增长，乳糖 29.4 万 t，全脂奶粉和黄油出口量较少(图 13)。

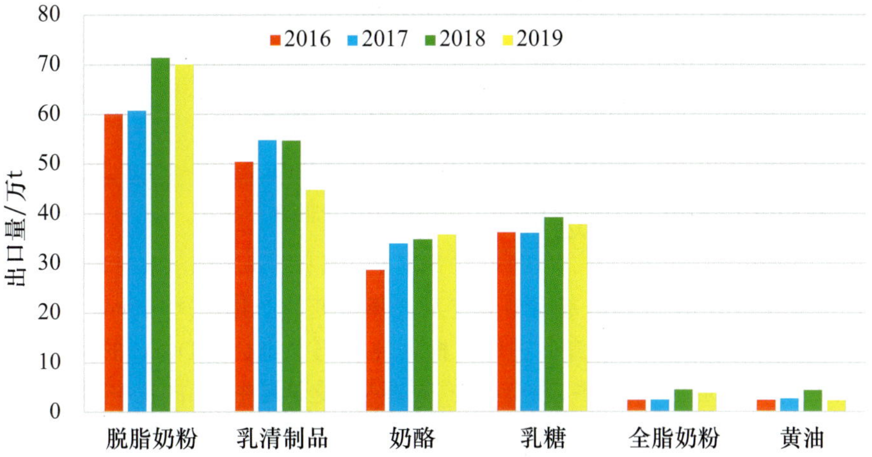

图 13 美国主要乳制品出口量

（数据来源：U. S. Dairy Export Council）

1.4.2 乳制品进口

美国乳制品进口量相对较少，其中脂肪填充奶粉和奶酪进口量最大，2019 年全年进口脂肪填充奶粉 18.3 万 t，主要来自加拿大。进口奶酪 18 万 t，主要来自意大利和法国。此外美国还进口乳清粉、黄油、酪蛋白等，脱脂奶粉几乎无进口。2019 年美国进口乳清粉 9.1 万 t、黄油 6.8 万 t、酪蛋白 4.9 万 t，全脂奶粉 1.4 万 t、脱脂奶粉 0.05 万 t。

1.5 美国的学生奶计划

美国政府推广学生奶，既有专门的计划，同时又与学生餐计划密切结合。这是美国实施这两大计划的一个重要特点。1943 年前，美国联邦政府依靠过剩农产品对学生餐、学生奶计划给予支持。1943 年通过立法，政府决定不论农产品是否出现过剩都将专门拨款用来开展这两项计划。1946 年，又对国家学生午餐计划（National School Lunch Program，NSLP）立法。1954 年，为增加学生液体奶的消费量，政府又拨出专款。1961 年，美国国会通过的农业法规定，继续给予补助。1966 年学生餐计划有了进一步发展，除学生午餐外，还根据儿童营养法实施早餐计划并与学生奶计划相配合。1975 年，美国联邦政府制定了长期营养计划。从上述的简要历史回顾看，美国推广学生餐、学生奶均有专门的计划，由政府来大力推动与支持，并通过立法给予保障，这是学生餐、学生奶计划顺利实施的关键。

随着美国学生午餐计划和学生早餐计划的扩展，1981 年以来液体奶消费总量中大约 7%是通过学校渠道消费的。美国奶业通过改进产品和印发营养教育材料来支持这些计划。1998 年，奶业管理公司以小学生为主向儿童销售乳制品的人数约达 1 000 万人。据该公司的报告，1997 年通过学校消费的牛奶达 122.65 万 t，比 1989年增加 24.9%，其中通过学生午餐计划学生奶消费比重占 76.9%，通过学生早餐计划消费比重占 20.4%，通过专门学生奶计划消费比重占 2.7%。由此可见，学生午餐与早餐计划供奶是美国推广学生奶的主要途径。为了实施学生午餐计划，美国政府拨出大量经费，如 1998 年美国国会批准拨款 42 亿美元（1997 年度拨款 52 亿美元），在 9.5 万所公立学校、非营利私立学校和住校儿童关怀机构中实行，每个学习日约有 2 600 万人参加午餐计划，供应的食品达 60 多种。据美国农业部的学生营养与膳食评价研究，参加学生午餐计划的学生所消费的奶及乳制品数量比未参加者增加 1 倍。学生早餐计划的实施亦达到相当规模，目前在 7 万所公立学校、非营利私立学校和儿童关怀机构中实行，共有 700 万人参加。1998 年度美国政府为此项计划拨款 13 亿美元（1997 年度为 12 亿美元）。值得指出的是，学生午餐与早餐计划是美国儿童营养计划的重要内容，除这两项计划外，还包括儿童与成年人食品关怀计划，每个月参加的儿童为 260 万人，成年人为5.8万人。

2 奶业科技进展概况

2.1 奶牛育种与繁殖技术进展

奶牛育种的进展是遗传变异、准确的基因型测定及选择强度的产物。这三种要素都存在遗传进展就可以实现，其中任何一种不存在时，就没有育种进展。根据纯种奶牛协会（PDCA）的调研报告可知，美国主要有7个奶牛品种，分别为荷斯坦牛、娟姗牛、瑞士褐牛、更赛牛、爱尔夏牛、红白花牛和乳用短角牛。但长期以来，荷斯坦牛一直占据最主要的位置。1935年的农业普查数据显示，娟姗牛是最常见的奶牛品种，占比42%，其次为荷斯坦牛占比40%，更赛牛占比16%。而1970年，荷斯坦牛的占比就上升至84%，1996年约达到94%。随后，荷斯坦牛的比例开始逐步下降，娟姗牛和杂交牛的比例逐渐上升（表1）。

表1 美国不同品种奶牛的占比情况 %

品种	1996年	2006年	2016年	2020年
荷斯坦牛	93.38	91.11	81.66	79.9
娟姗牛	3.24	4.39	7.31	7.93
瑞士褐牛	0.42	0.35	0.23	0.22
更赛牛	0.4	0.18	0.09	0.09
爱尔夏牛	0.23	0.13	0.07	0.04
红白花牛	0.07	0.03	0.007	—
乳用短角牛	0.07	0.06	0.03	0.02
杂交牛	2.19	3.77	10.61	11.82

数据来源：The Council of Dairy Cattle Breeding(CDCB)。

1885年美国育种者联合成立美国荷斯坦-弗里生牛协会（Holstein-Friesian Association of America），1994年更名为美国荷斯坦协会（Holstein Association USA, Inc.），提出了用他们自己的基础牛群改良和培育美国荷斯坦奶牛的目标。

美国荷斯坦牛的登记群体可分为如下3类。

（1）注册的荷斯坦牛：是荷斯坦协会封闭式种畜簿注册过的纯种祖先的后代。经过验证，确认其祖先纯正之后，协会方给公牛和母牛签发官方证件。

（2）确认的荷斯坦牛：是注册过的荷斯坦公牛同已知为美国荷斯坦牛后代的母牛配种所生的母牛。这是纯的美国荷斯坦品种，由荷斯坦协会签发给官方确认报告。

（3）未注册的荷斯坦牛：在美国几乎所有荷斯坦牛都是纯种的，虽然还有许多荷斯坦牛，既未在荷斯坦协会注册也未被确认，但是它们的毛色同具有纯种祖先的荷斯坦牛相同。

2.1.1 DHI育种技术发展及应用情况

众所周知，科学技术在奶业发展过程中的起到重要作用。美国奶业科技和现代化水平位居世界前列，特别在育种方面。美国农业部建立了非常完善的奶牛育种体系，在1953启动了"奶牛群体改良计划（Dairy Herd Improvement Program，DHIP），经过多年的理论与实践探讨，形成了一套奶牛群体的遗传改良技术体系，其主要内容包括4个方面：一是规范的奶牛个体生产性能测定和体型外貌线性评定；二是通过定期的良种登记，培育和选育高产奶牛育种核心群；三是通过公牛的后裔测定和相应的遗传评定技术选育优秀种公牛；四是利用人工授精技术，将优秀种公牛的优良遗传物质推广到整个牛群，高效地改进全群的生产性能。

（1）在生产性能监测方面的应用。奶牛群体改良（dairy herd improvement，DHI，国内翻译为生产性能测定)是国际上通常用于代表奶牛生产性能测定的体系。奶牛群体遗传改良的基础工作是对个体牛进行生产性能测定,建立完善的牛奶记录体系。DHI 测试每月一次统一采集每头泌乳牛的牛奶样,检测产奶量、乳脂率、乳蛋白率、体细胞和牛奶尿素氮等指标。随着科技的发展,DHI 检测也由传统指标扩展至乳房炎致病菌、副结核和白血病等疾病的诊断以及奶牛的妊娠检测。参与检测的奶牛比例从 1960 年的 13.60%增加至 2019 年的 44.18%。

根据个体牛的 DHI 数据,牧场可以了解牛群的生产和饲养管理水平,作为改善饲养管理工作的依据。若奶牛的产奶量下降量过大或泌乳持续力较差,需排查原因,是疾病、发情还是管理应激。若脂蛋比偏低的比例过高,牛群可能存在酸中毒风险,需结合奶牛的采食行为和粪便情况综合判断。据群体大数据可以了解奶牛的遗传进展情况。与 20 世纪 80 年代相比,2019 年,美国荷斯坦牛的年单产增加了 4.55 t,乳脂率增加了 0.29%,乳蛋白率增加了 0.18%。娟姗牛、瑞士褐牛、更赛牛、爱尔夏牛和乳用短角牛的年单产分别增加了 4.19、3.85、2.64、2.88 和 3.65 t。从图 14 可以看出,2000 年是奶牛单产增速的转折点。在此之前,所有奶牛的单产都几乎处于线性增加。这也从侧面反映了新技术的应用效果的快速和稳定增长规律。

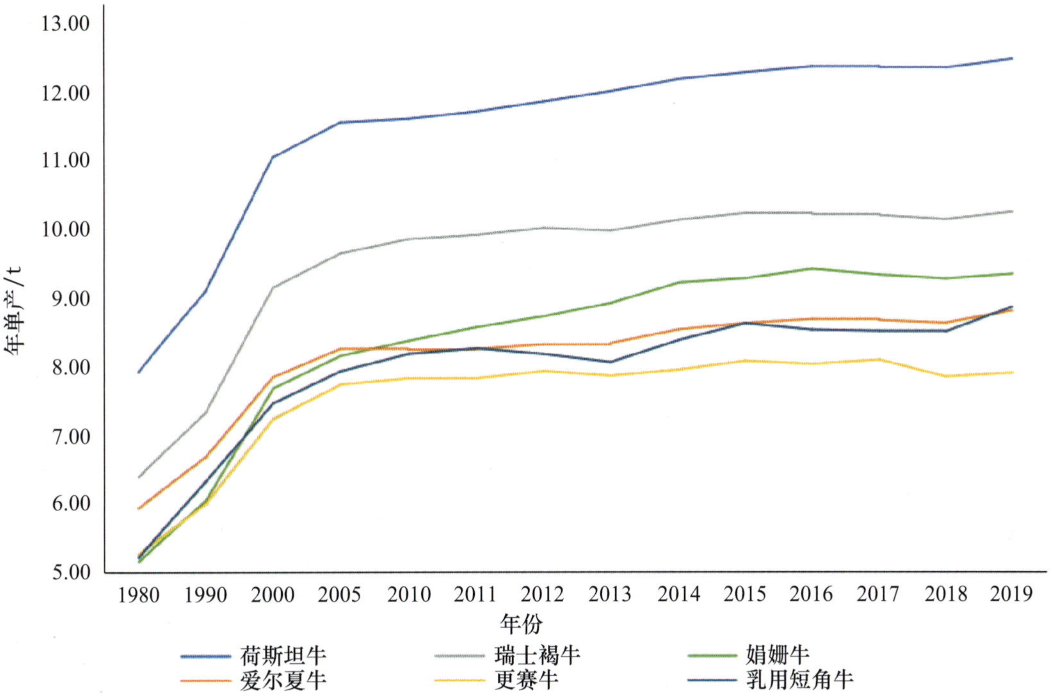

图 14 美国主要奶牛品种单产变化情况

(数据来源:The Council of Dairy Cattle Breeding)

根据每头奶牛的体细胞数,可以了解牛群的体细胞数分布情况。若体细胞数大于 20 万个/mL 的比例过高,则说明牧场管理中有诱导体细胞升高的因素存在。结合致病菌检测结果,可以明确体细胞数过高的致病菌类型,以针对性采取治疗方案。对于多次复发和传染性乳房炎病例,可采取淘汰措施。随着抗生素残留和耐药菌等问题的出现,相关法规对抗生素使用的限制,禁抗、减抗和替抗成为畜牧养殖业的新模式。因此,对于奶牛养殖而言,选择性干奶治疗是未来的趋势。然而,该方法的执行需要每一头奶牛的体细胞数、临床乳房炎发病记录和细菌学数据。若牧场的乳房炎发病率和体细胞高,在选择改变前,需要先解决乳房炎问题。刚开始执行时,可以将体细胞阈值设置在较低水平,并监测干奶牛新感染风险、产后乳房炎发病率和首次检测体细胞数等指标,以评估相关效果。随着效果的提升,可以逐步增加体细胞筛选阈值。该方法对于未感染牛只,只需采用乳头封闭剂,从而降低抗生素的使用量、产后过抗弃奶量和大罐奶抗生素残留的风险与成本。从图 15 可知,美国奶牛体细胞数和高体细胞比例在逐年下降。其中,体细胞数从 1995 年的 30.4 万个/mL 下降至 2020 年的 17.8 万个/mL,体细胞(SCC)大于 40 万个/mL 的比例也从 1995 年的 27.2%下降至 2020 年的 8.3%。

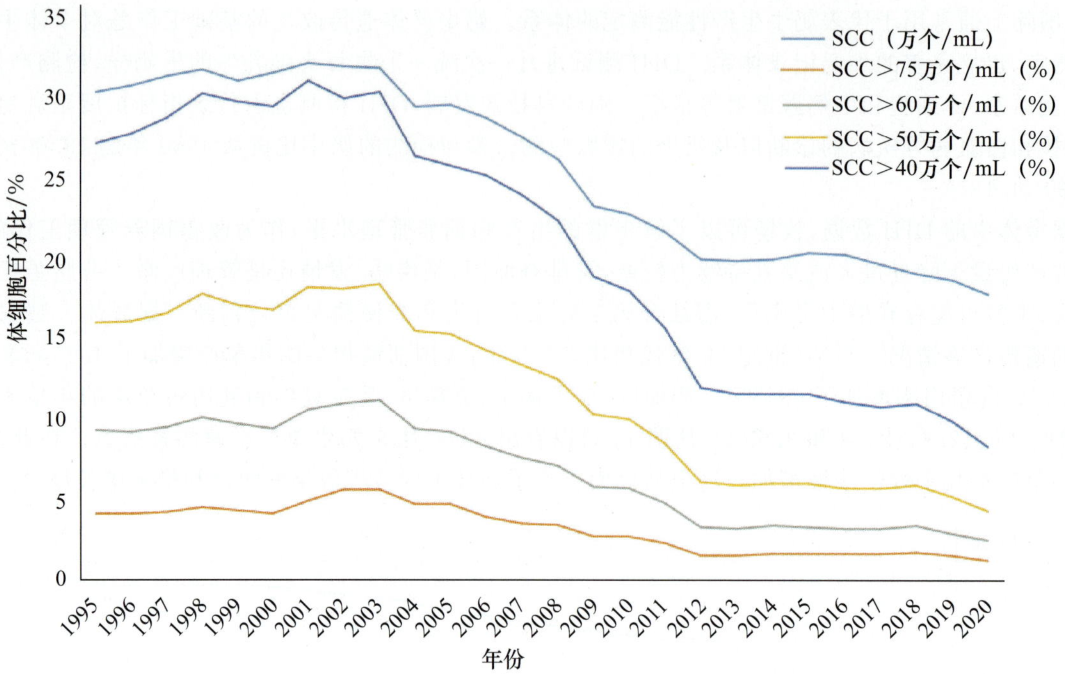

图 15　美国奶牛体细胞数变化情况

（数据来源：The Council of Dairy Cattle Breeding）

(2)在繁殖性能监测方面的应用。根据 DHI 数据可知，美国荷斯坦奶牛的繁殖性能在逐年改善。与 2007 年相比，2018 年荷斯坦奶牛的怀孕参配次数减少了 0.4，首次参配天数减少了 5 d，首次参配怀孕率增加了 6%，空怀天数减少了 27 d，产犊间隔减少了 22 d(表 2)。

表 2　美国荷斯坦奶牛繁殖性能变化情况(DHI 数据)

繁殖性能	2007 年	2008 年	2009 年	2010 年	2011 年	2012 年	2013 年	2014 年	2015 年	2016 年	2017 年	2018 年	平均
怀孕参配次数	2.5	2.5	2.5	2.5	2.5	2.5	2.5	2.4	2.4	2.3	2.2	2.1	2.4
首次参配天数/d	85	83	81	81	79	78	78	78	78	78	78	80	79.8
空怀天数/d	141	136	133	132	130	126	126	124	122	120	117	114	126.8
首次参配怀孕率/%	32	32	32	32	32	33	33	34	34	36	37	38	33.8
产犊间隔/d	418	417	412	409	408	404	403	401	399	398	398	396	405.3

数据来源：The Council of Dairy Cattle Breeding(CDCB)。

几十年前，美国奶农要求奶牛群体改良协会(DHIA)记录奶牛死淘的原因。根据奶牛的归宿情况分为 4 类，分别为留在本群、出售给其他牧场、出售给屠宰场和死亡。对于离群的奶牛，设置了原因代码记录系统，并纳入奶牛数据处理中心(DRPC)。这些代码分析了主动和被动淘汰奶牛的原因，以为奶农提供决策依据，改善牧场管理和经济效益。根据近 10 年来的相关记录数据可知，美国荷斯坦奶牛因肢蹄问题、产奶量低、繁殖问题、乳房炎或高 SCC 和死亡导致奶牛淘汰的比例平均分别为 1.5%、5.9%、4.9%、4.1%和 5.5%。其中，主动淘汰产奶量低的比例逐年增加，从 2008 年的 4.1%增加至 2019 年的 6.9%，增加了 2.8%(表 3)。主动淘汰率的增加，有益于加快群体遗传进程。

表 3　美国荷斯坦奶牛死淘率原因分析(DHI 数据)　　%

原因	2008 年	2009 年	2010 年	2011 年	2012 年	2013 年	2014 年	2015 年	2016 年	2017 年	2018 年	2019 年	平均
肢蹄问题	0.9	1.4	1.7	1.7	1.6	1.7	1.6	1.5	1.5	1.5	1.5	1.5	1.5
产奶量低	4.1	4.9	4.7	5.5	6.6	6.8	6.4	6.5	6.1	6.1	6.7	6.9	5.9
繁殖问题	4.5	4.7	4.8	5.1	5.2	5.3	5.0	5.0	4.8	4.8	4.9	4.8	4.9
乳房炎或高 SCC	3.6	3.5	3.9	4.0	4.1	4.3	4.2	4.5	4.6	4.4	4.2	4.2	4.1

续表 3 %

原因	2008 年	2009 年	2010 年	2011 年	2012 年	2013 年	2014 年	2015 年	2016 年	2017 年	2018 年	2019 年	平均
死亡	5.9	5.9	5.7	5.7	5.1	5.4	5.6	5.4	5.5	5.4	5.3	5.3	5.5
其他原因	9.4	9.5	9.2	9.6	10.0	10.2	10.1	10.4	9.9	9.7	9.5	9.7	9.8
死淘率	28.4	29.9	30.0	31.6	32.6	33.7	32.9	33.3	32.4	31.9	32.1	32.4	31.8

数据来源：The Council of Dairy Cattle Breeding(CDCB)。

(3)在选育核心育种群方面的应用。遗传信息代代相传，可以通过数据分析加以评估预测运用，从而培育出更优秀的奶牛。根据 DHI 对奶牛生产性能和繁殖性能监测的数据，不断地帮助牧场筛选优质母牛进行优育，同时逐渐淘汰劣质牛只，对牛群进行优中选优，从而选育高效率奶牛育种核心群。针对该核心群的生产特性，选用匹配的优质冻精，以培育大量优秀的后备牛，实现优秀遗传物质的叠加效应，牛群质量的同步提升。以美国荷斯坦协会评分超过 90 分的奶牛为例，如 Durham Seattle(评分 93)10 岁时的产奶量还能达到 14.45 t，且其第 7 个女儿的终生产奶量高达 155.33 t。精心培育优质奶牛产生的后代犊牛，就能发挥优质遗传基因的高生产力。

(4)在种公牛后裔测定方面的应用。遗传对牧场经营管理至关重要，公牛的遗传水平对牛群表现有很大影响。DHI 是奶牛育种工作的基础。DHI 测试的数据，可以作为评估公牛遗传素质的依据，以确定哪些公牛具有遗传优势。最简单的形式就是记录公牛女儿的生产性能数据，取其平均值，然后计算一个指数来预测公牛后代的表现性能，称为后裔测定。主要有 3 个目的，一是为种公牛的选择提供依据，二是为有效的遗传评估提供所需的临界量数据，三是为正确的评估和广泛推广优质种公牛提供数据支撑。供后裔测定的公牛女儿一般需要先经谱系鉴定和个体发育鉴定，测定时主要以后代平均表型值为依据，测定方法有女儿平均值法、母女对比法、同期同龄比较法和最优线性无偏预估法。20 世纪 60 年代初期至中期，美国农业部开始根据公牛女儿与同期同群其他母牛在生产性能上的差异来计算该公牛的预期差(PD)，以表示其遗传性能。70 年代初期，PD 法已被广泛应用。但随着遗传进展，种公牛的 PD 值会逐渐下降。1974 年，美国农业部开始应用改进的同龄比较法(MCC)来计算种公牛的遗传指数。根据该数值对种公牛进行排序，选取前 20%～30%的种公牛作为优质种质。美国公牛的后裔测定主要是人工授精行业利用独立的组织，包括美国农业部的动物改良计划实验室(USDA-AIPL)、大学、奶牛群体改良协会(DHIA)、牛奶记录协会、DRPC 记录处理中心、奶牛品种协会和全国家畜育种协会(NAAB)，为全世界的奶牛养殖者提供准确的遗传评估值。长期以来，验证公牛一直作为精液的提供者。但其花费的时间较长，通常需要 5 年以上，成本比较高，限制了验证公牛的数量。

2.1.2 遗传评估技术的发展与应用情况

目前，美国有两种遗传评估的来源：美国国内的评估和由国际公牛组织核准的“多性状国家间交叉评估”(Multiple-Trait Across Country Evaluations，MACE)。美国国内验证结果只来源于美国本土的资料信息。其中，生产性能方面的数据由全国奶牛群信息协会 (National Dairy Herd Information Association，NDHIA)产奶记录系统提供，而体型外貌的信息由荷斯坦协会体型鉴定计划组织提供，用于体型方面的遗传评估。国际公牛组织 MACE 是把全世界的遗传评估结合在一起，提供给 MACE 评估的数据既有来自单一国家的，也有多国的(这可能包括美国)。因此，种公牛可能有一种以上的遗传评估来源。为避免混乱，美国奶牛业已经建立了下述政策(已出台)，以确定种公牛的正式验证结果。如果国际公牛组织的 MACE 验证结果，既包括了美国也包括外国的女儿，那将是正式的评估。如果国际公牛组织的 MACE 验证结果只含有外国的女儿，而且其可靠性比美国国内的评估结果高，那么国际公牛组织的 MACE 验证结果将是正式的。除此之外的其他所有情况下，美国国内的评估将是正式的验证结果。

预测传递力(predicted transmitting ability，PTA)是母牛或公牛能传递给女儿的遗传优势值，包括生产性能、健康与繁殖指标。其中，生产性能指标有产奶量、乳脂产量和乳蛋白产量等，健康与繁殖指标有体细胞评分、生产寿命、女儿易产性和产犊死胎率等，由美国农业部和育种协会根据动物模型程序进行计算。

奶牛体型外貌属于线性体型性状，遗传评估是多性状分析的组合。考虑到已知线性性状与其他全部线性性状的遗传相关，多性状分析提高了评估的准确性。线性体型性状的遗传评估以标准传递力(standard transmitting abilities，STAs)表示。与常用评估 PTA 略有不同，PTA 是基于性状单位比如产奶量增加量或乳脂含量增加百分率，而 STAs 是基于标准差。STAs 为＋1 表示公牛的女儿某个性状比平均值高一个标准差，而－1 则意味着其比平均值低一个标准差。需要说明的是，STAs 值的高低并不意味着更好或更差，因为其取决于性状特性，甚至取决于牧场所需。对线性性状采用标准数值，是因为每个性状的平均 PTA 有差异，并且各个性状的 PTA 范围也不同。STAs 简化解释了线性性状的遗传评估，其结果是全部线性性状都有其平均数“0”值。STAs 值的范围通常是±3 标准差(图 16)，中间点或平均值为“0”。对于奶牛的体型性状，68%的 STAs 值在±1 标准差之间，95%的 STAs 值在±2 标准差之间，99%的 STAs 值在±3 标准差之间。如图 16 表示一个线性性状的 STAs 值的分布，这个曲线称为正态分布或钟形曲线，奶牛中许多生物重要性性状都呈现这样的分布。

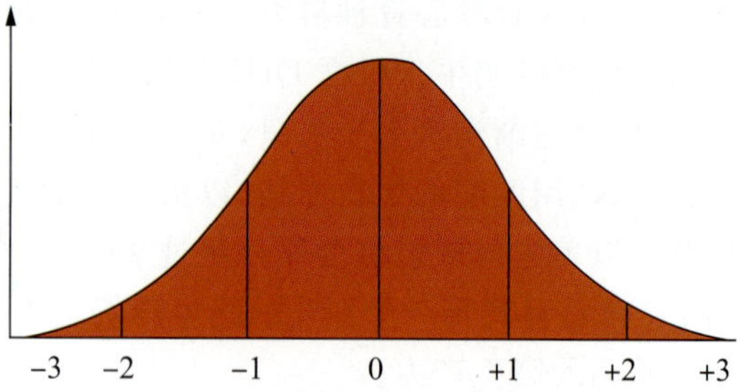

图 16　标准传递力(STAs)的分布

STAs 可用来制定牛群的改良目标。育种家可列出其库存精液公牛必须满足的一个条件限度，或列出某一线性性状的平均 STA 作为其牛群育种计划的目标。美国荷斯坦奶牛协会将几个相关的线性性状信息组合成线性综合指数，分别为乳房综合指数、肢蹄综合指数和体重综合指数，用作育种计划的选择工具。线性性状的遗传力也存在明显差异，如体高的遗传力最高，达到了 0.42(表 4)。因此，该性状在后代的表现上范围波动也较大。乳房深度的遗传力高于蹄角度，这意味着在特定的选择水平下，乳房深度的选择效果要高于蹄角度。因此，在决定将哪些性状纳入育种计划时，既要考虑性状的遗传力，也要考虑性状与总体收益的相对经济关系。

表 4　美国荷斯坦种公牛群体的平均 STAs 的变化情况

性状	STAs		方向	遗传力	性状	STAs		方向	遗传力
	2008 年	2019 年				2008 年	2019 年		
体高	0.88	1.11	高	0.42	前乳房附着	1.13	2.25	强	0.29
强壮度	0.48	0.47	强	0.31	后乳房高度	1.38	2.85	高	0.28
体深	0.60	0.38	深	0.37	后乳房宽度	1.31	2.62	宽	0.23
乳用特征	0.87	1.14	开	0.29	乳房韧带	0.91	1.01	强	0.24
尻角度	0.12	0.09	斜	0.33	乳房深度	0.81	1.70	浅	0.28
髋宽度	0.65	0.77	宽	0.26	前乳头分布	0.89	0.98	近	0.26
后肢侧视	0.38	0.22	弯	0.21	后乳头分布	0.77	0.93	近	0.32
后肢后视	1.20	0.95	直	0.11	乳头长度	0.10	0.59	长	0.26
蹄角度	0.87	1.09	陡	0.15	乳房综合指数	1.05	1.98	高	—
肢蹄评分	1.03	1.11	高	0.17	肢蹄综合指数	0.97	0.95	高	—

数据来源：Holstein Association USA。

2.1.3　育种选择综合指数的发展与应用情况

美国奶牛育种选择的参考指数主要有 2 个，一个是美国荷斯坦奶牛协会提出的总性能指数(total performance index ，TPI)，另一个是美国农业部提出的净价值指数(net merit，$ NM)。1976 年，美国荷斯坦奶牛协会首次将 TPI 用于对荷斯坦奶牛进行排名。最初，TPI 主要考虑奶牛产奶量和体型性状，占比分别为 60%和 40%。由于乳脂率和产奶量具有一定的相关性，所以 1980 年更新的 TPI 纳入了乳脂率性状，即产奶量、乳脂率和体型性状占比分别为 60%、20%和 20%。之后，1987 年修订的 TPI 用乳蛋白量和乳脂产量替代了产奶量和乳脂率,此时乳蛋白量、乳脂产量和体型性状占比分别为 40%、40%和 20%。1989 年,修订的 TPI 纳入了乳房综合指数。2001 年,修订的 TPI 纳入了肢蹄综合指数、生产寿命和体细胞评分指标。2004 年,修订的 TPI 纳入了乳用特征指标。2007 年,修订的 TPI 纳入了女儿怀孕率、女儿产犊易产性和女儿产犊死胎率。多年来,为了满足生产要求,TPI 在不断更新。2020 年,TPI 修订又纳入了健康性状指数,繁殖力指数中增加首次产犊日龄,生产、健康与繁殖以及体型综合性状的权重分别为 46%、28%和 26%。在 $NM 中,以上三种综合性状的占比分别为 43%、47%和 10%。从图 17 可知,美国荷斯坦或红白花奶牛的育种 $NM 的 PTA(预测传递力)在逐渐增加。

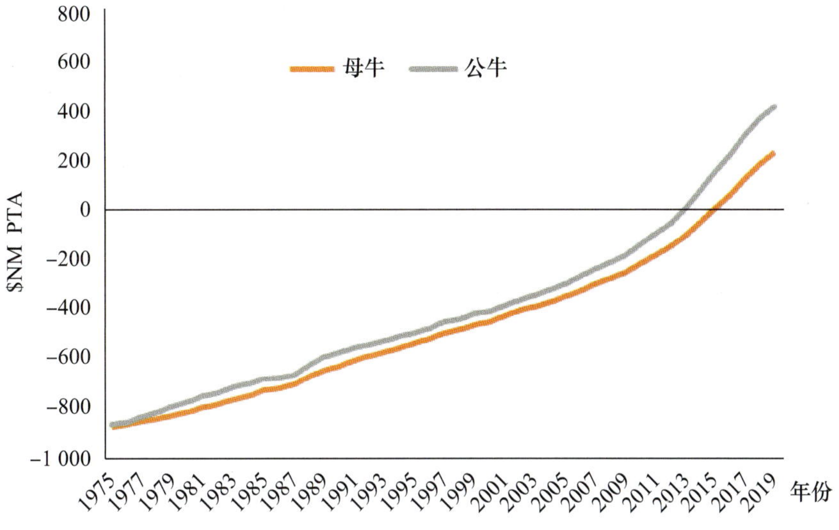

图 17　美国荷斯坦奶牛或红白花牛净价值指数($NM)PTA 变化情况

(数据来源:The Council of Dairy Cattle Breeding)

2.1.4　全基因组检测技术的发展与应用情况

全基因组选择(genomic selection, GS),即全体基因组范围的标记辅助选择(marker assisted selection, MAS),指通过检测覆盖全基因组的分子标记,利用基因组水平的遗传信息对个体进行遗传评估。2009 年,全基因组检测技术在奶业开始商业化应用。在过去的 10 年里,全基因组选择技术对奶牛育种领域产生了重大的影响。2009—2017 年,美国有超过 200 万头奶牛参与基因组检测,约占基因组市场的 20%。2019 年 3 月,基因组测定已达到 300 多万次。在市场上可利用的公牛遗传物质方面,基因组检测公牛的占比从 2009 年的 20%增加至 2019 年的近 75%(图 18)。该技术改善育种值估计准确度,缩短世代间隔,加速遗传进展,且能鉴定选择特定功能基因。

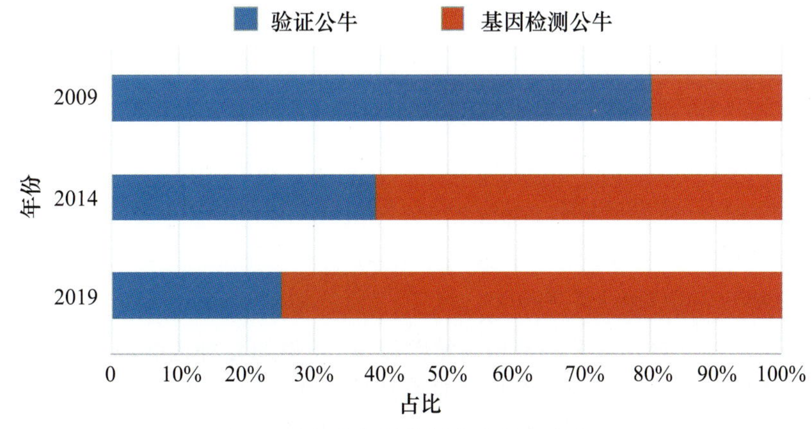

图 18　验证和基因检测公牛的变化情况

(数据来源:National Association of Animal Breeders)

与传统后裔测定相比，荷斯坦验证公牛的基因组检测在各种性状的可信度都有所提高，分别提高了7%～26%。在各种性状PTA(预测传递力)预测方面，基因组检测可信度都达到70%以上。其中，产奶量、乳脂产量和乳蛋白产量PTA可信度达到了91%(表5)。而对于没有后裔后代的青年牛来说，基因组检测比父母平均预测PTA分别提高了32%～51%。在数据量方面，DNA样品得到的数据量等同于后裔数量的几十倍甚至上百倍。例如，DNA样品得到的数据量，产奶量性状相当于35.2头奶牛数量，乳蛋白产量性状相当于35.3头奶牛数量，体细胞评分性状相当于82.4头奶牛数量，女儿怀孕率性状上相当于224.3头奶牛数据(表6)。

表5　2019年12月，荷斯坦验证公牛基因组和传统评估的比较(40 652头)

性状	PTA				可信度/%		
	基因组	传统	差异	标准差	基因组	传统	差异
净价值/美元	46	42	4	56	87	75	12
产奶量/磅	52	43	9	171	91	84	7
乳脂产量/磅	7.4	7	0.4	6.4	91	84	8
乳蛋白产量/磅	5.2	4.9	0.3	4.6	91	83	8
体细胞评分(SCS)	2.97	2.98	0	0.06	89	79	10
生产寿命/月	0.3	0.2	0.1	0.8	85	69	16
存活率/%	−0.2	−0.3	0.1	1	76	50	26
女儿怀孕率/%	−0.3	−0.3	0	0.8	84	67	17
成母牛怀孕率/%	−0.4	−0.3	−0.1	1	82	61	21
青年牛怀孕率/%	−0.1	0	−0.1	0.9	75	49	26
配种产犊难易度/%	7.9	7.8	0	0.6	80	70	10
女儿产犊难易度/%	8.2	8.1	0	0.7	73	59	14
体型总分	−0.09	−0.06	−0.04	0.3	86	68	18

数据来源：The Council of Dairy Cattle Breeding(CDCB)。

表6　2019年12月，荷斯坦青年牛基因组和传统评估的比较(1 713 850头)

性状	PTA				可信度/%			等同后裔测定女儿数量
	基因组	传统	差异	标准差	基因组	传统	差异	
净价值/美元	365	364	2	99	74	26	47	46
产奶量/磅	669	654	15	360	76	29	48	35.2
乳脂产量/磅	34.3	33.4	0.9	13.5	76	28	48	35
乳蛋白产量/磅	25.9	25.3	0.7	8.5	77	29	48	35.3
体细胞评分(SCS)	2.89	2.91	−0.02	0.11	74	26	48	82.4
生产寿命/月	3	2.4	0.6	1.2	73	23	49	114.9
存活率/%	1.1	0.7	0.4	1.4	67	18	48	175.2
女儿怀孕率/%	−0.1	0.3	−0.4	1.2	72	24	48	224.3
成母牛怀孕率/%	−0.1	0.5	−0.6	1.3	72	24	48	553.5
青年牛怀孕率/%	0.5	0.6	−0.1	1	68	24	44	712.2
配种产犊难易度/%	7.1	7.3	−0.2	0.8	59	27	32	49.2
女儿产犊难易度/%	5.7	5.4	0.4	0.9	56	23	33	59.3
体型总分	0.64	1.03	−0.39	0.57	75	23	51	33.7

数据来源：The Council of Dairy Cattle Breeding(CDCB)。

从图19可以看出，自2009年开始采用基因组检测以来，奶牛的育种进程得以加速。在公牛育种方面，父系选育时间从7～8年减少至2～3年，母系选育时间从约5年减少至2～3年。在母牛育种方面，父系选育时间从7～8年减少至约5年，母系选育时间从4年多减少至约3年。

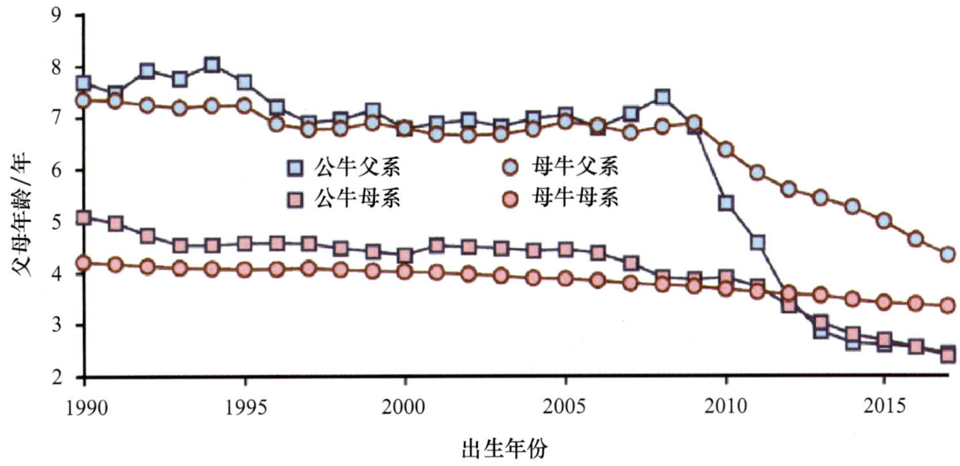

图 19 基因组检测对荷斯坦奶牛世代间隔的影响

(数据来源:The Council of Dairy Cattle Breeding)

随着奶牛育种选择技术的发展,越来越多的遗传物质来源于少数优秀的公牛,从而使奶牛之间的近交率增加。自 2009 年基因组检测应用以来,美国荷斯坦奶牛的近交率从 5.54%增加至 8.09%(图 20)。近交率的增加可能会使某些性状的表型值下降,出现近交退化现象,还可能降低奶牛的繁殖和生产性能,增加遗传缺陷和疾病风险,造成家族间遗传变异的损失。然而,近交率的增加会使优质的遗传物质更趋于一致性,固定最理想的等位基因,清除不受欢迎的等位基因,具有更大的杂交优势潜力。因此,近交率增加总会带来麻烦吗?需辩证看待。

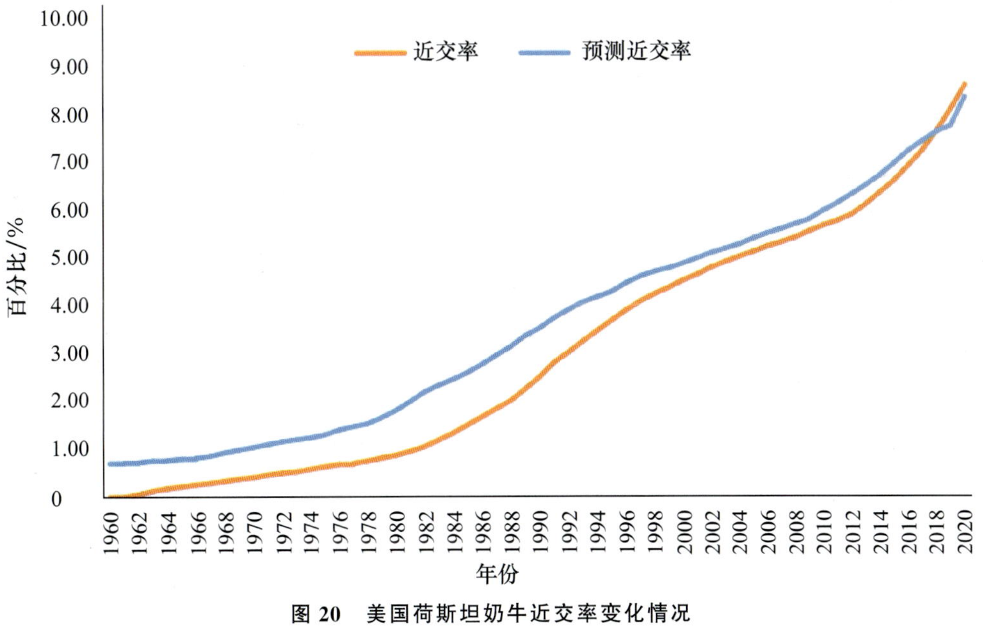

图 20 美国荷斯坦奶牛近交率变化情况

(数据来源:The Council of Dairy Cattle Breeding)

未来,全基因组检测会完全取代后裔测定吗?尽管从冻精销售数据可知,来源于未经后裔测定公牛的冻精比例在增加,从 2008 年的 10%增加至 2018 年的 60%。但是与年轻公牛相比,经后裔测定的精液仍然深受欢迎。此外,通过后裔测定产生的性状选择的临界数据量,促进了继续广泛使用所必需的准确评估。例如产奶量性状,新生犊牛若仅依据父母遗产信息来进行预测的可信度只有 42%,仅依据基因组检测进行预测的可信度为 65%,但依据经基因组检测加后裔测定公牛的信息进行预测的可信度高达 96%(表 7)。

表 7　产奶量性状 PTA 可信度情况

产奶量 PTA	可信度/%
新生犊牛仅依据父母信息	42
犊牛基因组检测	65
公牛基因组检测且包括 300 个以上女儿的信息	96

数据来源：Holstein Foundation。

2.1.5　奶牛繁殖技术的发展与应用情况

在奶牛繁殖方面，人工授精技术起源于 20 世纪 30 年代。当时，精液都是鲜精加工，寿命短，需要在 1～2 d 内使用，增加了长距离运输困难。20 世纪 50 年代，在液冷冻和储存技术发展基础上，人工授精数量得以快速增长。美国精液的出口最早可追溯于 20 世纪 60 年代。20 世纪 70 年代的精液总销售量为 1 431 万支，其中出口 184 万支。20 世纪 80 年代精液销售总量为 1 708 万支，其中出口 431 万支。20 世纪 90 年代精液销售总量为 2 094 万支，其中出口 815 万支。虽然 2020 美国的精液销售总量达到了 1 838 万支，但与往年相比有所下降。荷斯坦奶牛和娟姗牛同期的冻精销售量分别下降了 6.3%（100 万支）和 5.3%（15.8 万支）。这可能与奶肉牛杂交育种的兴起有关，2019—2020 年，肉牛冻精的销量增长了 23.5%，达到了 720 万支（图 21）。虽然没有精确的统计数据用于说明有多少增长份额是源于奶牛场，但可以推测大部分新增销售量是由奶牛场带动的。2018 年，爱荷华州立大学调查了威斯康星州、密歇根州和爱荷华州共 69 个奶牛场，结果发现近 80%的牧场都会采用肉牛冻精，其中 80%的牧场成母牛使用肉牛冻精参配的比例超过 10%。奶业贡献牛肉的比例也从 2002 年的 18%增加至 2018 年的 24%。在肉牛冻精新增销售份额方面，安格斯牛、西门塔尔牛和利木赞牛是主要的受益群体，占比分别为 45%、13%和 16%。

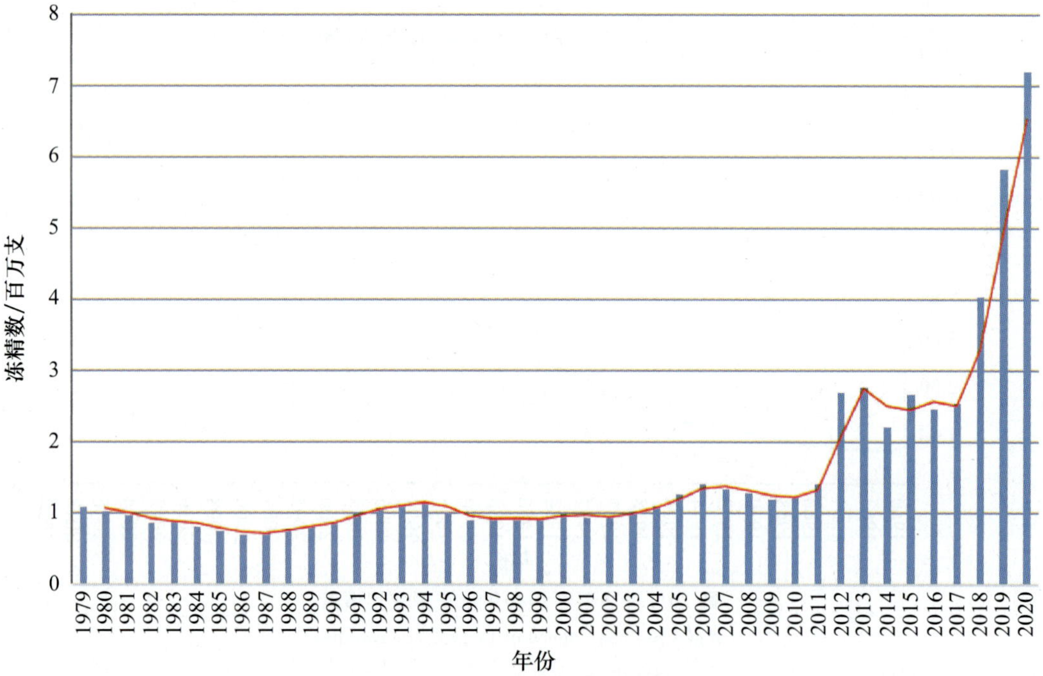

图 21　美国肉牛冻精销售情况和趋势

（数据来源：National Association of Animal Breeders）

关于性控技术的研究可追溯至 20 世纪 70 年代中期，流式细胞术是商用分离方法。精子之所以能按照性别分离，是因为 X 染色体的遗传物质 DNA 含量比 Y 染色体高了约 3.8%。用 DNA 特异性染料与其结合，使用激光使其发出荧光。因携带 X 染色体的精子具有更强的荧光，从而被识别，且在电场力的引导下分离。该技术的分离精子准确率约为 90%，意味着人工授精母犊的概率为 90%。但性控精液的受孕率低，且成本高。为了优化分离流程，超级性控(SexedULTRA)技术应用而生。该技术移除了一些应激源，可将精子保持在危害较小的培养基中，从而提高其受孕率。过去，性控冻精多用于青年牛。如今，很多牧场也越来越普遍地在优质成母牛上采用性控冻精，以获取足量的优质后备牛。

同期发情技术起源于20世纪70年代，同期排卵技术起源于20世纪90年代。同期发情技术的理论基础是基于典型卵泡发育模式。在奶牛为期21 d的发情周期内，一般会出现2～3个卵泡发育波。每个卵泡波都会形成一个优势卵泡，其会抑制其他卵泡的发育，并持续到下一次卵泡波。卵泡波从出现至第4天生长比较缓慢，之后会有短期的线性增长阶段，然后会出现闭锁。通常情况下，第二次卵泡波会在发情周期的10 d左右出现。根据该规律，结合促性腺激素释放激素(GnRH)和前列腺素(PGF2α)，统一奶牛的发情、排卵和参配，实现高效的繁殖管理。

20世纪70年代以来，家畜胚胎移植技术在畜牧业中得到了迅速的发展和广泛的应用，现在奶牛的体外胚胎生产已经是一个相当成熟而且效率极高的技术，大大提高了美国种公牛的培育效率。胚胎生产主要有超数排卵胚胎移植(MOET)和活体采卵体外生产胚胎(OPU-IVP)两种方式。其中，MOET是通过促进奶牛超数排卵和人工授精来生产胚胎，曾是主流的生产方式。但如今，OPU-IVP是主导方式，其使用超声波引导针管直接从供体卵巢中吸取卵子，然后在试管中受精，灵活性更强。国际胚胎移植学会报告中显示，2013年有近34万枚牛胚胎被移植。

2.2 奶牛饲养管理技术进展

2.2.1 后备牛群饲养管理技术的发展与应用情况

(1)初乳饲喂管理技术。对于新生犊牛而言，初乳是重要的第一餐。众多研究表明初乳巴氏杀菌可以在不严重影响免疫球蛋白水平的情况下减少支原体、大肠杆菌和沙门氏菌等细菌的污染，提高犊牛对初乳中免疫球蛋白的吸收率。随着恒温水浴巴氏杀菌设备技术的发展，初乳巴氏杀菌技术得以在牧场快速发展应用。巴氏杀菌温度和时间非常关键，通常为60 ℃处理60 min。此外，初乳的挤出和饲喂时间以及饲喂量对于犊牛被动免疫的成功也非常重要。后备奶牛黄金标准建议，新生犊牛产后1 h内饲喂体重10%的初乳。按照新生犊牛的体重计算，首次初乳的饲喂量在3～4 L。若采用奶瓶饲喂让犊牛自然吮吸，其采食量通常无法达到标准。因此，初乳灌服技术就应用而生。尽管胃导管灌服在便捷上和速度上有优势，但灌服操作流程非常关键。若操作不当，易引起犊牛吸入性肺炎。

(2)牛奶和开食料饲喂管理技术。人们对于哺乳期犊牛的牛奶或代乳粉的饲喂量看法不一，有研究表明哺乳期犊牛液态饲料饲喂过高，会限制犊牛对颗粒料的采食，从而降低挥发性脂肪酸的产生，不益于瘤胃乳头的发育。但也有研究表明，哺乳期不限制牛奶或代乳粉的摄入，不仅有益于犊牛的生长发育，还会对乳腺的发育和特征产生影响。多年来，关于哺乳期犊牛的营养一直围绕着是限制奶量以促进开食料采食还是积极地饲喂更多牛奶或代乳粉而展开的。但如今，奶农们越来越趋于选择饲喂高水平液体饲料。伴随着犊牛自动饲喂技术的发展，为哺乳期犊牛加强饲喂牛奶带来了便捷，可实现监测和调控每头犊牛的饮奶量。同时，采用自动饲喂技术，哺乳期犊牛的饲养方式也由犊牛岛或单栏改为小群体饲养，因此需要加强饲养环境的卫生和健康监测。随着人们对奶牛饲养管理福利的关注，越来越多的奶农也开始探索哺乳期犊牛群养效应。加拿大不列颠哥伦比亚大学动物福利项目的研究表明，哺乳期犊牛成对饲养可以改善学习、适应和社交能力，提高采食量，改善生长发育，也便于后期的饲养管理。

哺乳期犊牛需不需要饲喂干草，一直以来就争议不断。有研究表明哺乳期犊牛饲喂干草会降低开食料和整个哺乳期干物质的采食量，这可能是因为犊牛的瘤胃功能不健全，再加上干草的消化速率慢，延长了纤维在瘤胃停留的时间。但也有研究表明，哺乳期犊牛饲喂干草可以提高开食料采食量，这可能是因为干草可以提高瘤胃pH，改善瘤胃环境，减缓瘤胃的角化过度和乳头聚集结块。这些研究的不同结果可能与干草的种类和开食料的类型有关。有研究者使用荟萃分析方法分析了发表于1998—2016年的27篇研究结果，发现哺乳期犊牛饲喂苜蓿干草的开食料采食量高于其他类型的干草，口感化开食料的增加量低于粉末状和颗粒状。现在，越来越多的奶农倾向于饲喂添加整粒玉米、压片玉米或压片大麦的结构合理的口感化开食料，不饲喂干草，以实现促进犊牛咀嚼和反刍同时不影响营养物质摄入。

(3)犊牛健康监测技术。通过犊牛活动监测系统，可以提前预警有疾病迹象的犊牛。有研究表明，平均而言，犊牛每天的躺卧时间为 16.3 h，站立时间为 4.7 h，起卧次数为 19.3 次，步数为 1 468 步，采食次数为 10.4 次，平均每次采食时间为 17.3 min，总的采食时间为 3 h。与健康的犊牛相比，患病犊牛(样本量为 24 头，其中 80%为呼吸道疾病)在确诊前 3～4 d 的躺卧时间增加 5%，采食时间减少 5%，步数减少 5%，且疾病确诊前 3 d 的行为变化作为预测指标的准确率为 73%。断奶使犊牛的采食时间增加了 15%，采食次数增加了 13%，步数增加了 7%。预防性治疗使采食时间降低了 20%，采食次数减少了 5%，步数减少了 11%，起卧次数增加了 9%。

(4)后备牛生长发育监测技术。后备牛的主要培育目标是通过合理的饲养使其按时达到理想的体高和体重标准，按时配种受胎，且其不同阶段体重和体高取决于成母牛的体重和体高。青年牛参配时的体重应约占成母牛的 55%，分娩前体重约占成母牛的 95%，分娩后的体重约占成母牛的 85%。后备牛活泼易动，增加了体重和体高的测量难度。人工测量费时费力，且会产生较大的应激。因此，目前很多大型牧场都缺乏相关的数据监测，通常只会监测犊牛的出生重、断奶重和 6 月龄重。随着基于图像处理技术和 3D 摄像机技术的发展，可以最小化测量困难，实现实时监测不同生长阶段后备牛发育情况，以实现追查后备牛的生长发育是否达到了预期。在结果不理想的情况下，对饲养管理及时做出相应的调整。

2.2.2 成母牛饲养管理技术的发展与应用情况

(1)饲料质量检测技术。在过去的 10 年里，近红外光谱仪(NIRS)检测技术已经从实验室研发走向市场应用。NIRS 的工作原理是基于不同营养成分对近红外波长进行选择性吸收和反射从而形成不同的光谱。如果样品的组成成分相同，则其光谱也相同，反之亦然。与实验室检测相比，NIRS 确实有一些优势，检测结果迅速，便于应用于管理策略。还可以增加检测的样品数，以取得更有代表性的数据，也可以评估饲料质量的变异程度，以及根据历史结果趋势变化做出相关决策。但该方式检测的结果可能不如实验室检测的结果准确，且以实验室检测数据库为较正标准。现在，市场上相关的几种设备根据检测饲料原料的不同，设置了不同的独立较正程序，以改善检测结果的准确性。

(2)TMR 制作管理技术。20 世纪 60 年代，美国、英国和以色列等国最早开始应用全混合日粮(total mixed ration，TMR)饲养技术。TMR 将各种饲料原料切割混合，为奶牛提供均衡营养。TMR 的制作及饲喂需要保障配方执行精准、搅拌均匀和饲喂及时，以尽量减小营养师制定的配方、TMR 制作的配方和奶牛采食的配方之间的差异。无论自走式还是固定式 TMR 搅拌设备，基本上都配有称重仪表和车载监控系统。开启监控器，会自动接收上位计算机本班次 TMR 制作有关的各种原料的加载量。根据系统设置的投料误差，每当一种原料加载完成，系统会自动跳转下一种物料。整个过程，系统都会记录每种物料的实际添加量。该数据可以用于计算物料的使用量，还可以用于评估员工的加料准确率。一个班次作业完成后，监测系统会自动将数据传给上位计算机。此外，为了快速评估 TMR 各层之间比例分布情况，以及长干草切割的长度和均匀度，宾州筛是牧场常采用的工具。采用该工具，饲料样品的取样非常关键。在 TMR 撒在采食槽后，根据撒料长度等距采样，然后混合再按照四分法采集 450～550 g 样品。

(3)TMR 饲喂管理技术。TMR 自动饲喂技术包括了 TMR 制作、撒料和推料整个管理流程。小型的激光设备在自动推料时测量剩料情况，当发现牛舍需要添加日粮时，饲喂车会返回到搅料中心，并根据计算机系统中的配方来制作 TMR。搅料中心配有各种饲料原料的储存仓，当需要搅拌日粮时，储存仓中的开关启动，根据称重系统中的数据将各原料添加入自动饲喂系统中。其中，青贮饲料会通过传送带添加。一旦系统完成搅料工作，就会关闭相关功能，开始撒料。放眼全球，2015 年有 150 个牧场安装了 TMR 自动饲喂系统，其中有 5 个在加拿大。虽然该系统还没有普及应用，但随着劳动力成本的增加，其在未来会大有作为。

(4)TMR 饲喂效果评估技术。奶牛日粮的消化评估情况主要依据粪便情况来判断，常用工具是粪筛。采样时使用配备的长柄勺随机采集至少 10%牛只的新鲜粪样(去除表层干粪)，若粪样过多则混合选取约 2 L。然后，将标准喷头与自来水连接并将喷头设为淋浴出水模式，取样杯以 30°角方向放置，将约 25%的样品冲洗到顶层筛上，继续冲洗使粪便流过筛孔。之后，再将 25%的粪样冲洗到顶层筛上，重复以上步骤直至所有的粪样被冲洗干净。顶层筛、中层筛和底层筛比例推荐值分别为<20%、<30%和>50%。此外，还可采用体外发酵方式根据其产气情况，来评估日粮中营养物质之间的平衡情况。其中，快速部分(淀粉)的适宜降解速率 18%～20%/h，慢速部分(NDF)的适宜降解速率 5%～6%/h，快速和慢速之间的时间差小于 10 h。

(5)奶牛体况评分技术。奶牛的体况会随着产奶量和泌乳阶段的不同而变化，可用于衡量体组织储存状况和监控能量平衡，其变化也能反映泌乳早期组织损失、健康、繁殖和产奶量情况，有助于了解奶牛的营养状况和管理中存在的问题，以便及时采取有效措施优化饲喂管理、改善牛群健康、增加产奶量和提高繁殖性能。奶牛体况评分(BCS)采用 1～5 分制，每级 0.25 分。而在生产实践中，绝大数奶牛 BCS 都在 2.5～3.5 分之间。但是传统的体况评分主要通过感官来判断，主观性比较强，易导致数据的不准确，且时间段和数据量有限。而 3D 技术可以简化奶牛体况评分的操作过程，消除奶农主观估测而造成的误差。通过该新型系统，奶农可以方便、快捷、准确地获取奶牛的体况分数，了解每天的体况变化情况。

(6)奶牛分群管理技术。在牧场管理中，需要对部分奶牛进行配种、治疗和修蹄等工作。在进行相关工作时，需要从牛群中找出这些需要处理的牛只。人工分群方式效率低，劳动强度大，对奶牛产生的应激也大，影响牧场的管理效率。而奶牛分群门可以高效完成以上工作，其通常安装在奶厅出口位置。奶牛挤完奶经过时，分群门识别系统会根据分群决策软件中输入的牛号识别奶牛，根据分群目的将其从牛群中分离进入不同的通道或区域。此外，奶牛面部识别技术也在研发推广阶段。该技术使用机器学习和成像技术来识别奶牛，应用数码相机监测活动，奶牛无须穿戴任何设备。该技术的研发，也会为未来的牧场管理带来重大变革。

(7)奶牛健康监测技术。疾病会降低奶牛的生存和生产性能，影响奶牛的福利和牧场的盈利能力。牧场需要花费大量的财力和人力来识别、治疗和照顾这些患病奶牛。随着劳动力的缺乏和牧场饲养规模的扩大，每个员工平均饲养奶牛头数在不断增加，牧场的运营管理压力也与日俱增。而自动健康监测系统能通过监测奶牛的反刍和活动量数据，根据其异常情况来识别有疾病迹象的奶牛，并发出预警。虽然该系统监测疾病的灵敏度和准确性会因疾病的不同而异，但只需对发出预警的牛只加以关注，也会节省很大的劳动量，提高员工的工作效率。

(8)奶牛挤奶管理技术。在美国，机器人挤奶系统越来越受奶农的关注和使用。该系统可以减少劳动力成本、增加挤奶频次和改善产奶量。但使用该系统，需要针对性地制定补饲日粮和设计牛舍。在“自由交通”式机器人挤奶系统中，奶牛可以在饲槽处随时采食，补饲料旨在吸引奶牛进入系统挤奶。而在“强制交通”式(也称为“引导流动式”)机器人挤奶系统中，奶牛必须通过该系统才能到饲槽处采食。Vita Plus Loyal 乳业公司在 2018 年夏季对中西部 32 家奶牛场进行了相关调研，发现平均挤奶次数对饲料成本外收益(income over feed costs，IOFC)没有影响。相反，从某种逻辑上讲，每次挤奶产量却与该指标具有最强的正相关关系。相比之下，本调研还发现，访问被拒挤奶次数和补饲料成本对 IOFC 具有负面影响。机器人挤奶系统的补饲料成本较低，例如玉米纤维或玉米粉和豆粕的简单组合，有益于增加 IOFC。同样的，对于补饲量而言，也是如此。除了产奶量、挤奶时间和挤奶次数等常规数据外，机器人挤奶系统还能记录每天每个乳区的挤奶量、奶牛是否踢杯和奶牛乳头空间坐标位置等数据。

(9)奶牛大数据管理技术。美国奶牛场已基本实现信息化管理，尤其是大规模牧场。通过以上各种自动监测管理软件，如机器人挤奶系统、TMR 监控设备、饲料配方软件和牛场管理软件等，牧场每天都会收集到大量的数据信息。但这些数据没有真正转化为决策者所需的有效信息，那么它们只能是一堆无用的数字，毫无价值。美国威斯康星大学麦迪逊分校 Victor E. Cabrera 教授团队正在建设“奶业大脑”数据的集成，已开发了 40 多个决策支持工具，旨在帮助牧场提高盈利能力。但还有很多其他的数据信息来源被束之高阁，无法有效地进行分享利用。也许最大的问题是确定谁是数据的拥有者，是牧场、提供记录数据的设备公司，还是收集和编辑数据的第三方大数据时代已经到来，其将缓慢但肯定会改变奶牛的饲养管理方式。

2.3　奶牛疫病控制技术进展

奶牛疫苗免疫接种计划是保障整个牛群健康的重要组成部分，美国牧场一般和兽医签订服务合同，兽医负责奶牛场疾病诊断与治疗，并指导牛场用药（兽医处方制度，我国于 2014 年开始执行），根据各牛场环境、牛群管理特点和疾病情况制定免疫程序。在美国，奶牛免疫接种通常有 3 个原因：一是预防疾病，二是通过初乳保护新生犊牛，三是预防流产。其中，有些奶牛接种疫苗是为了产生抗体用于自身免疫，而有些奶牛接种疫苗是为了增加初乳中的抗体，通过初乳增强新生犊牛的抵抗力，例如轮状病毒、冠状病毒或大肠杆菌以及腹泻等疾病。第三种疫苗接种就是预防可能导致流产的疾病，这些疾病可能会导致母牛或未出生的犊牛生病，如牛病毒性腹泻（BVD）、细菌性疾病和传染性牛鼻气管炎（IBR）等（表 8）。

表 8　疫苗接种推荐表

阶段	疾病	接种时间
后备牛 （出生～6 月龄）		0～6 h 初乳免疫
	IBR-PI_3-BVD-BRSV 梭菌属	6 周
	布鲁氏菌病（根据规定和市场，奶农自行决定）	4～6 月龄
	IBR-PI_3-BVD-BRSV 梭菌属 钩端螺旋体病	6 月龄
后备牛 （参配前～产犊前）	IBR-PI_3-BVD-BRSV 钩端螺旋体病 梭菌属 弧菌病（可选）	参配前（10～12 月龄）
	IBR-PI_3-BVD-BRSV 钩端螺旋体病 犊牛腹泻 轮状病毒和冠状病毒 大肠杆菌＋产气荚膜梭菌 C 和 D 型	产前 40～60 d
	犊牛腹泻 轮状病毒和冠状病毒 大肠杆菌＋产气荚膜梭菌 C 和 D 型	产前 3 周
	大肠杆菌乳房炎	根据使用说明
成母牛	IBR-PI_3-BVD-BRSV（每年加强一次） 钩端螺旋体病（某些地区建议每 6 个月接种一次） 弧菌病（可选） 犊牛腹泻 轮状病毒和冠状病毒 大肠杆菌＋产气荚膜梭菌 C 和 D 型	产前 40～60 d
	犊牛腹泻 轮状病毒和冠状病毒 大肠杆菌＋产气荚膜梭菌 C 和 D 型	产前 3 周
	大肠杆菌乳房炎	根据使用说明
公牛	IBR-PI_3-BVD（每年加强一次） 钩端螺旋体病（每年加强一次） 弧菌病（每年加强一次）	育种检查

来源：美国俄克拉荷马州立大学。

美国农业部国家动物健康监测系统(USDA-NAHMS)2014 年的报告指出,断奶前犊牛免疫接种比例随着牧场规模的增加而增加,从小型牧场的 37%增加至大型牧场的 81.3%。平均而言,断奶前犊牛进行免疫接种的牧场比例达到了 49.3%。最常见的接种疫苗是 IBR(34%),其次为副流感病毒 3 型(PI_3,32.8%)和牛呼吸道合胞体病毒(BRSV,28.2%)。在断奶后疫苗免疫方面,小型牧场免疫比例 65.2%低于中型牧场的 85%和大型牧场的 89.9%。其中,排名前四位的免疫疾病分别为 IBR(64.1%)、BVD(63.8%)、PI_3(58.4%)和 BRSV(56.8%)。总的来说,61.1%的牧场会对怀孕青年牛进行免疫接种,其中 IBR(47%)、BVD(46.9%)、PI_3(44.7%)、BRSV(44.1%)和钩端螺旋体病(41.5%)接种比例超过 40%。随着牧场饲养规模的增加,成母牛接种疫苗的牧场比例增加。平均而言,BVD(68.0%)、IBR(60.2%)、PI_3(55.8%)、BRSV(54.8%)和钩端螺旋体病(51.5%)的接种比例超过 50%(表 9)。

表 9 不同牧场免疫接种种类的占比情况(2014 年) %

阶段	疾病	小型(30~99)	中型(100~499)	大型(≥500)	平均
断奶前	IBR	24.8	45.0	64.0	34.0
	PI_3	23.7	44.2	59.8	32.8
	BRSV	19.7	39.4	52.3	28.2
	BVD	15.9	23.8	38.2	20.1
	轮状病毒	9.1	19.1	24.6	13.4
	梭状芽孢杆菌	8.3	18.5	26.7	12.8
	钩端螺旋体病	9.1	17.0	20.8	12.4
	大肠杆菌	8.3	16.5	12.0	11.0
	沙门氏菌	0.7	5.0	6.7	2.5
	布鲁氏菌	0.5	0.2	0.2	0.4
断奶后	IBR	55.0	77.2	81.8	64.1
	BVD	55.4	76.1	80.1	63.8
	PI_3	50.1	70.4	74.8	58.4
	BRSV	49.0	68.5	70.6	56.8
	钩端螺旋体病	39.1	50.2	49.1	43.3
	梭状芽孢杆菌	10.6	23.4	55.0	18.7
	布鲁氏菌	5.6	8.3	5.7	6.4
	沙门氏菌	1.2	2.5	7.4	2.2
	大肠杆菌	1.5	2.0	5.6	2.0
	轮状病毒	0.2	1.3	2.9	0.8
怀孕青年牛	IBR	40.6	56.7	57.4	47.0
	BVD	41.3	55.3	56.2	46.9
	PI_3	38.9	53.5	54.2	44.7
	BRSV	38.8	52.5	52.0	44.1
	钩端螺旋体病	36.5	48.0	52.6	41.5
	梭状芽孢杆菌	6.3	21.3	52.1	15.4
	大肠杆菌	6.1	18.3	46.5	13.9
	轮状病毒	2.2	10.2	28.1	7.3
	沙门氏菌	1.7	8.8	24.3	6.1
成母牛	BVD	66.4	83.2	90.1	68.0
	IBR	58.6	74.9	78.6	60.2
	PI_3	54.9	70.0	73.6	55.8
	BRSV	53.1	69.6	71.7	54.8
	钩端螺旋体病	50.7	62.0	65.7	51.5
	大肠杆菌	15.5	39.2	67.9	24.4
	梭状芽孢杆菌	8.6	31.3	61.2	18.5
	轮状病毒	4.1	18.3	36.3	10.3
	沙门氏菌	3.6	13.4	33.3	8.6

数据来源:USDA-NAHMS。

2.4　奶牛场粪污处理技术进展

奶牛饲养管理中的粪污处理，是一个世界性的环境保护难题。美国联邦政府十分重视这一问题的解决，出台了动物饲养环境保护法。政府根据当地气候、土壤和农作物种植情况，提出消纳每头牛粪污的最低土地面积指标。牧场通常会跟周边的土地相结合，用大量的土地直接消纳粪肥。粪肥的处理很简单，将粪污收集到集粪池，通过曝气处理，加速有机物的分解，从而使得它的臭味、固体部分快速降解，然后变成液态，经过 3～5 个月后基本可以通过大型的喷灌系统施肥于田地。此外，粪污进行固液分离，可以分别利用。固体部分经过晾晒或烘干可作为卧床垫料或有机肥，液体部分可进行沼气发电。

美国农业部国家动物健康监测系统(USDA-NAHMS)2014 年的报告指出，超过一半的牧场采用施肥和堆肥系统，分别为 61.3%和 57.6%。尽管有 25%牧场的粪污储存时间少于 7 d，但超过 60%牧场的储存时间可达 90 d 或以上。在粪污应用方面，还田比例超过 90%。随着牧场规模的增加，粪污赠送、出售和用作垫料的比例增加，分别平均达到了 11.9%、7.4%和 4.7%(表 10)。

表 10　不同牧场粪污应用情况　%

应用	小型(30～99)	中型(100～499)	大型(≥500)	西部	东部	平均
还田	98.9	98.6	94.4	91.5	99.0	98.3
赠送	9.3	9.1	33.3	30.0	10.1	11.9
出售或其他补偿	2.6	7.1	34.1	29.5	5.3	7.4
堆肥垫料	1.4	3.1	26.5	26.0	2.6	4.7
其他	0.5	1.0	1.9	3.6	0.5	0.8

数据来源：USDA-NAHMS。

在美国，集中型动物饲养场(CAFO)规定了牧场粪污还田需要遵循专业的营养管理方案(NMP)。该方案规定了如何根据土壤肥力、粪肥养分、饲料作物种类和营养需求以及环境条件来进行粪污还田管理，在保障充分利用粪肥营养成分的情况下，减少相关的流失和污染。通常情况下，粪肥的施用会根据作物对氮或磷的需求来调整。粪肥的氮磷比通常为 2∶1 或 3∶1，而作物氮磷的需求一般为(4～9)∶1。这意味着当以满足氮需求而施用粪肥时，磷的施用量达到了需求量的 2～3 倍，从而导致土壤中磷的累积。因此，CAFO 规定牧场粪肥还田需要结合土壤肥力和作物养分需求。当用于风险评估的变量发生变化时，CAFO 必须根据 NMP 需求重新规划粪肥的还田计划(图 22)。

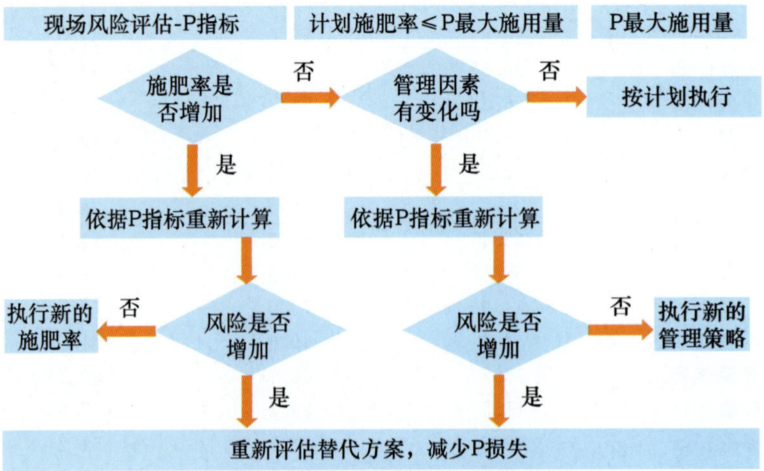

图 22　粪肥还田规划流程图

(数据来源：Concentrated Animal Feeding Operation)

施肥时机是影响养分利用有效性的重要因素。在作物吸收利用前，养分在土壤中滞留的时间越长，越有可能通过挥发、反硝化、浸出和地表径流流失。春季是作物开始复苏生长的季节，此阶段粪肥的施用若能匹配作物需求，土壤可以保存养分以备快速生长期利用。但早春例外，因为此阶段土壤解冻，会增加养分流失风险，除非该阶段恰是作物养分吸收时期。初夏是作物吸收养分的高峰期，是施肥的好时机。但需要注意的是，不适宜的施肥量和方法会损害作物的生长。秋季施用粪肥通常会造成较大的养分损失，尤其是施用在没有作物覆盖的裸露土壤上。因此，该时期应该降低粪肥的施用量。若冬季不种植作物，CAFO 规定有植被或作物残留覆盖的土地仍可以施用粪肥。冬季由于土壤结冻和积雪，最容易导致养分损失，所以也是最不适宜施用粪肥的时期。此外，施肥还分为地下和地面应用两种方法。其中，固体、半固体和液体粪肥都可以采用地下方法。若条件允许，其是首选方法。

3 原料奶质量控制与计价体系

3.1 提高原料奶质量的主要技术措施

美国对牛奶质量控制比较严格，形成了一套完整的质量保证体系，主要包括饲料原料质量控制、日粮组成、日粮配方控制与分群管理等。管理方面主要包括：异常乳分类管理，如高体细胞乳、乳房炎乳直接废弃不进入奶罐或处理后饲喂犊牛；100%牛场使用机械挤奶，并严格执行挤奶 SOPs，牛奶通过管道集中于制冷奶罐，低温贮存（4 ℃左右）；乳品厂当日或隔日到牛场收奶，由制冷贮罐直接泵入制冷的奶槽车。回厂后泵入总贮奶罐。整个过程都是低温、密封，不与外界接触。除了规范的挤奶和适当的保存方法外，及时的清洗及维护挤奶设备，规范抗生素的使用和加强从业人员的培训和监管也是重要的管理措施。

值得一提的是，挤奶过程细节管控是帮助牧场获得高质量牛奶的关键，有 7 点是特别值得注意的：①每次挤奶确保奶牛干净、无应激地进入奶厅。②每次挤奶严格执行挤奶准备工作，进行预刺激时需要有 10～12 s 的乳头接触时间，并在预刺激后 90～120 s 上杯，挤奶准备工作充分可以减少挤奶的时间，从而使奶牛拥有更好的乳头和乳房状况，因此在挤奶时可以减少细菌附着在乳头上，这是减少乳房炎的关键。③后药浴要在挤奶后及时全面地覆盖 4 个乳头。④拥有一套监督系统来保证每次挤奶时，挤奶员的操作都是正确且一致的。⑤保持泌乳牛和干奶牛卧床洁净度和舒适程度。⑥新产牛在转入泌乳群时需要确保健康无感染。⑦定期更换挤奶设备的零部件，如奶衬、橡胶等物品不能过度使用，并在挤奶过程中定期对设备进行评估，以确保其性能正常。

3.2 原料奶质量标准

美国有着复杂的原料奶质量标准系统，首先原料奶分为 A 级和 B 级，A 级原料奶也称液体牛奶，指的是在足够卫生的条件下生产的牛奶，符合液态奶（饮料）的消费标准。只有 A 级牛奶受到联邦牛奶销售订单系统（Federal Milk Marketing Orders，FFMOs）的监管。B 级牛奶（也称制造级牛奶）不符合液体奶标准，只能用于奶酪、黄油和脱脂奶粉等制造性乳品的原料奶，与 A 级奶的主要差别在于达不到挤奶条件和操作要求。全国生产的牛奶中有 97%属于 A 级，而且 A 级牛奶的大部分都用于制造乳制品（表 11）。

表 11 美国对 A 级原料奶的要求

标准		定义
		能用作生产巴氏杀菌产品的原料奶
质量	总菌数	个体牧场原料奶总菌数≤100 000 CFU/mL 加工厂混合奶，巴氏杀菌处理前原料奶总菌数≤300 000 CFU/mL
	体细胞数	个体牧场原料奶体细胞数≤750 000 个/mL

续表 11

标准	定义 能用作生产巴氏杀菌产品的原料奶
药物	无药物残留
温度	挤奶开始后的 4 h 内冷却到 10 ℃；挤奶操作完成后 2 h 内冷却到 7 ℃；后挤的奶与前挤的奶混合后的温度≤10 ℃
挤奶条件和操作	良好的机械化挤奶设备、设施、环境和操作

数据来源：美国食品药品管理局，“Grade A Pasterurized Milk Ordinance 2019 revision”。

对于受到“联邦牛奶销售订单系统”监管的 A 类奶，又具体分为 4 个级别：Ⅰ级奶主要用于生产保质期短的液态奶和乳饮料，是直接供人食用的，也是最贵的。Ⅱ级奶主要用于生产保质期比Ⅰ级奶生产的产品长，但比Ⅲ/Ⅳ级奶生产的产品短的“软”乳制品，如奶酪、意大利乳清干酪、罐装干酪、克里奥尔奶酪、奶昔、冷冻甜品、稀奶油、冷冻奶油、酸奶油、酸奶、奶油冻、布丁、松饼粉、婴儿或饮食配方、糖果等产品，包括用于制造上述产品的甜炼乳，以及乳霜或任何含有人造脂肪或类似乳霜的脂肪替代品的产品。Ⅲ级奶主要用于生产奶油奶酪和其他可涂抹的奶酪，以及可切碎、磨碎或压碎的硬质奶酪。还包括高脂肪奶油、无水乳脂和酪油。Ⅳ级奶主要用于生产黄油和干乳制品，如脱脂奶粉以及浓缩或加糖的炼乳等。对于不同用途的原料奶等级分类，牛奶的定价又有所不同（详见 3.4 原料奶计价体系）。

3.3　监控原料奶质量的主要方法及惩罚措施

美国有专门的检察人员不定期对牛场进行检查，检查之前不通知，如果牛场在检查中不合格或者所生产的牛奶未能达到标准要求，牛奶将被拒收；如果有掺杂使假行为，一旦检出，该农场主将可能会被禁止向乳品加工企业提供牛奶。奶农对原料奶质量负全责，一旦出现超过美国原料奶收购最低标准，该部分原料奶不能进入销售渠道，即不能出售给乳品厂。不合格原料奶（如抗生素残留）如在进入乳品厂奶仓前发现，该批次原料奶将被废弃或退还给牛场，但该牛场需承担运费，一旦该批次原料奶进入乳品厂奶仓，该牛场将赔付奶仓所有原料奶。

牛奶常规检测指标主要包括常规成分、体细胞数、冰点、细菌数、抗生素等。除此之外，牛奶经常检测的项目还包括大量的有害物质，如多氯联苯（PCBs）、黄曲霉毒素、重金属及兽药残留。

3.4　原料奶计价体系

美国所采用原料奶定价决策系统是经济学公示系统，是通过供应和需求以及联邦政府的乳制品政策相结合制定的，是一个特别复杂的调节系统，因为它将产品的本地化和预期用途交织在一起。美国乳制品行业由联邦牛奶销售订单系统监管，该系统包括 11 个不同的地理区域的订单。在这些区域中，制造商根据牛奶的预期用途获得统一的平均价格，而牛奶的具体用途又由生产地点决定。例如，在威斯康星州，大多数牛奶属于第Ⅲ级，即用于生产奶酪的牛奶。然而，在佛罗里达州，生产的大多数牛奶属于第Ⅰ级，即供饮用的牛奶。因此，这种牛奶被认为更有价值，其价格高于平均水平。产奶量已经过剩的地区的牛奶通常被制成黄油和奶粉，储存起来以备将来使用。加利福尼亚州的牛奶产量约占美国全部牛奶产量的 20%，它有自己的联邦牛奶订单系统，不属于联邦计划的一部分。在加利福尼亚的这个体系中有 5 个等级和进一步的分类。具体影响美国奶价的因素包括以下 5 个方面。

（1）按使用情况对原料奶进行分级定价。对收购的 A 级标准原料奶按使用情况分成 4 个级别，不同级别原料奶给予不同的价格（表 12）。其中，用于制造液体奶的Ⅰ级原料奶价格最高，以补偿质量标准高、供应时间紧等成本的付出。

表 12 不同级别原料奶最低价格

Ⅰ级奶	• Ⅰ级奶最低价格＝Ⅰ级脱脂奶基本价格×0.96 ＋ 优质乳脂定价因子 × 3.5 • Ⅰ级脱脂奶最低价格 ＝（优质Ⅲ级脱脂奶定价因子 ＋ 优质Ⅳ级脱脂奶定价因子）/ 2 ＋ 0.74 • 优质Ⅲ级脱脂奶定价因子 ＝ 优质蛋白价格 × 3.1 ＋ 优质其他乳固形物价格× 5.9 • 优质蛋白价格 ＝（优质奶酪价格 － 0.200 3）× 1.383＋[（优质奶酪价格 － 0.200 3）× 1.572 － 优质乳脂定价因子 × 0.9]× 1.17 • 优质其他乳固形物价格 ＝（优质干乳清价格 － 0.199 1）× 1.03 • 优质Ⅳ级脱脂奶定价因子 ＝ 优质非脂固形物价格× 9 • 优质非脂固形物价格 ＝（优质脱脂奶粉价格 － 0.167 8）× 0.99 • 优质乳脂定价因子 ＝（优质黄油价格 － 0.171 5）× 1.211 • Ⅱ级脱脂牛奶价格 ＝ 优质Ⅳ级脱脂奶定价因子 ＋ 0.70 • Ⅱ级非脂固形物价格 ＝Ⅱ级脱脂牛奶价格 / 9
Ⅱ级奶	• Ⅱ级奶价＝Ⅱ级脱脂牛奶价格 × 0.965＋Ⅱ级乳脂价格 ×3.5 • Ⅱ级脱脂牛奶价格 ＝ 优质Ⅳ级脱脂牛奶定价因子 ＋ 0.70 • Ⅱ级乳脂价格 ＝ 乳脂价格 ＋ 0.007 乳脂价格 ＝（黄油价格－0.171 5）× 1.211
Ⅲ级奶	• Ⅲ级奶价 ＝ Ⅲ级脱脂奶价 × 0.965 ＋ 乳脂价格 ×3.5 • Ⅲ级脱脂奶价 ＝ 蛋白价格 × 3.1＋ 其他固形物价格 ×5.9 蛋白价格 ＝（奶酪价格－0.200 3）× 1.383 ＋[（奶酪价格－0.200 3）× 1.572－ 乳脂价格 × 0.9]× 1.17 其他固形物价格 ＝（干乳清价格 － 0.199 1）× 1.03
Ⅳ级奶	• Ⅳ级奶价＝Ⅳ级脱脂奶价格 × 0.965 ＋ 乳脂价格 ×3.5 • Ⅳ级脱脂奶价格 ＝ 非脂固形物价格 × 9 非脂固形物价格 ＝（脱脂奶粉价格 － 0.167 8）×0.99
体细胞调整率＝ 奶酪价格 × 0.000 5，四舍五入到小数点后第 5 位（每 1 000 个体细胞）	

数据来源：美国农业部，Marketing Order Statistics Price Formulas 2019。

美国农业部通过与 4 种可储存乳制品（切达奶酪、干乳清、脱脂奶粉和黄油）的价值挂钩的公式来确定不同乳成分的价值，例如，由奶酪价格来计算乳蛋白的价格；由黄油的价格来计算乳脂的价格；由干乳清的价格来计算其他固形物的价格；由脱脂奶粉的价格来计算非脂固形物的价格。根据乳成分的价格再来进一步确认不同等级原料奶的最低价格。通过一层层的计算，第Ⅳ级奶价最终由脱脂奶粉和黄油价格决定。第Ⅲ级奶由奶酪、干乳清和黄油价格决定。第Ⅱ级奶类似于第Ⅳ级奶，但有每百磅 70 美分的额外奖励。第Ⅰ级奶使用第Ⅲ级奶和第Ⅳ级奶的平均值，加上每百磅 74 美分的额外奖励。

（2）加工制造企业按法定报告程序报告原料奶使用情况和乳品销售情况。加工制造企业每月向所在经销区的市场管理员（market administrator）报告所采购原料奶用于各级乳品的用量；每周向美国农业统计服务局（The National Agricultural Statistics Services，NASS）报告各种乳品销售量和大宗销售的批发价，经过整理后，NASS 将企业报告的数据变成全国的数据（加权平均值）进行发布。

（3）农业部农产品经销服务局计算发布各类别原料奶价格。农业部农产品经销服务局（The Agricultural Marketing Services，AMS）根据 NASS 发布的全国乳制品销售价格报告（National Dairy Products Sales Report，NDPSR）所得的乳制品价格带入经济学公式得到各种乳成分和各级原料奶的价格，每月 6 日前发布上个月的Ⅱ、Ⅲ和Ⅳ级原料奶最低价格，23 日前发布当月Ⅰ级原料奶最低价格。

（4）经销区市场管理员计算本区域的原料奶混合价和奶农的邮箱价。农业部发布的各级奶的最低奶价，由全美 11 个乳品经销区的市场管理员按本区域使用情况计算出所在区域原料奶的混合价，作为本区域奶农共同的奶价（加利福尼亚州采用同样的系统，自主管辖）。在混合价上加上或减去相关项目，成为奶农最终得到的原料奶净价，也称为原料奶的邮箱价。

（5）设立奶农结算基金，每月 27 日前结清上月奶款（Ⅰ级原料奶当月结清）。乳品加工企业在农业部发布最低奶价的 2 d 内，将需要支付的奶款（金额为各类别奶量乘以对应奶价后相加的和）支付到经销区奶农结算基金(The Producer Settlement Fund)账户上,由经销区市场监管员开具发票;市场监管员在每月 26 日前从奶农结算基金账户向奶农支付奶款(金额为奶农卖奶量乘以邮箱价的积)。

牛奶定价规则源于 2000 年的定价改革,根据最终产品进行原料奶定价在当时开始施行,根据定价公式,受监管的牛奶加工企业必须根据对牛奶的使用情况向奶农支付费用。近 10 年来,关于乳制品的定价公式几乎没有改变,乳蛋白和乳脂随着市场奶酪和黄油价格的波动也在发生着变化,2014 年,美国乳制品出口量位于高位,此外,随着美国乳制品出口的锐减,乳蛋白的价格受到影响,首次低于乳脂的价格,截至 2019 年的 9 月,乳蛋白的价格再次回升超过了乳脂的价格。可见乳蛋白的价格波动相对较大,而乳脂的价格一直较为平稳(图 23),由于原料奶价格与乳脂乳蛋白价格紧密相关,奶农在生产选择上需考虑两者所能带来的经济效益。

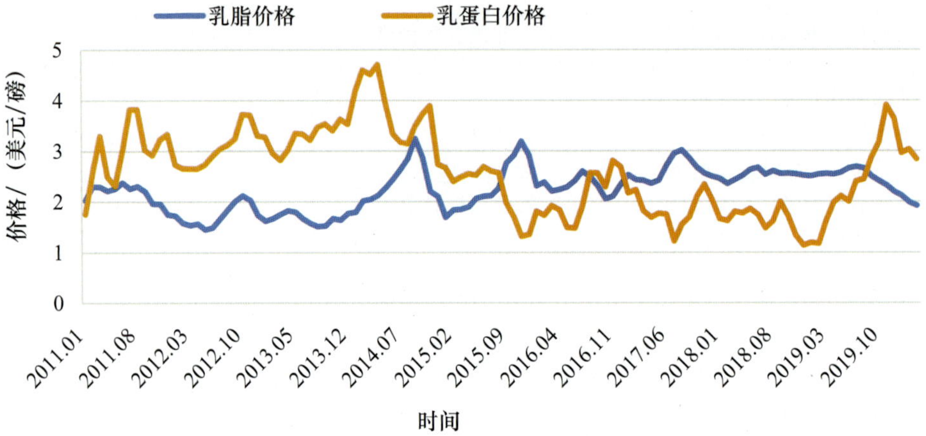

图 23　美国近 10 年乳脂乳蛋白价格变化

(数据来源:USDA, AMS, Announcement of Class and Component Prices)

4　科技推广体系

4.1　主要研究与推广机构

4.1.1　美国的科研机构

从历史和现状来看,美国的科研机构可以概括为 4 种类型:联邦政府研究机构、工业企业研究机构、高等院校和社会民间非营利组织。而美国科研经费的 3 个主要来源为政府(主要是联邦政府)、企业和社会民间团体。

美国联邦政府尚无一个对科研活动进行统一决策的管理机构,这是因为美国的分权体制将这种集中管理的职能下放到各级部门和社会各界,联邦政府下属的各个部门大都有涉及科技的管理机构,作为立法机构的国会两院(参议院和众议院)也有相应的科技决策、咨询机构,来影响有关科技的立法工作。与此同时,美国科学界又具有强烈的自治传统。上述局面的形成,一方面可以归因于美国强大的市场经济传统,形成了多方竞争的长期格局;另一方面可以归因于美国分权的政治传统和民主机制。在这种环境下,美国科学界和国家权力部门逐渐认识到两个不可避免又同时存在的问题:即官方对科技活动必须进行有力的介入和干预,但与此同时美国社会和个人的自由自治传统也必须得到维护。美国的科技决策管理体系正是在美国这种科研体制下才具有明显区别于其他国家的特征。本文简要将其归纳为如下 5 个主要特征:产权化、自由化、多元化、规范化和民主化。

(1)所谓产权化,是指美国是市场经济高度发达的国家,科研体制相应地具有产权明晰的特征。在美国，产权化的具体表现是以私有化传统为代表，私有企业是美国科技活动最重要的投资者、承担者和成果占有者。

(2)所谓自由化，是指在美国的科研活动中非常注意维护研究人员的学术自由，强调学术界的独立自治和学术研究的独立自主，不轻易受外界因素干扰。

(3)所谓多元化，是指在美国科研体制中存在多元化的资源配置方式、多元化的科技管理手段，也经常存在多股不同力量间的竞争。同时美国又有一个非常多元化的社会，科研力量也很多元化。联邦政府、产业界、大学和民间非政府组织都有一定的实力和资源开展科研工作，并在很大程度上是相互补充的。

(4)所谓规范化，是指在经过相当长的时期后，美国科研体制已形成相当透明、公开的规范和制度。无论是对科研活动进行管理，还是在开展研究活动的过程中，美国都已经具有相当成熟的规则可循。

(5)所谓民主化，是指美国科研课题的设立和批准比较民主，来自政府、产业界、大学等机构都可以参与课题评选，避免了课题重复设置、研究内容脱离生产实践等问题。

4.1.2 美国的推广机构

美国联邦政府设有农业部，各州设有州农业厅，主要职责是制定政策，进行宏观调控。县一级设有农业技术推广委员会，一般由5～7人组成，主要负责大学、研究所、企业和各咨询服务机构技术推广的协调工作。美国的农业技术推广是无偿的，主要任务是把大学、研究部门的成果和企业的新技术、新产品及时快速地推广到生产中去。推广经费主要来自税收，一般联邦政府占50%，州政府占25%，县政府占25%。大学中一般都设立推广教授岗位，他们的工作不是在讲台上和实验室里，而是在生产单位中，把研究成果向生产中推广。他们都有一定的服务项目和服务区域，经常到生产单位进行现场咨询和技术指导。企业和各种咨询服务机构主要是针对企业的特点，推广特定技术，而大学和推委会则负责综合技术的推广。

(1)大学。美国各州一般大学都设有动物科学或奶业科学专业，其中在奶业研究方面影响较大的高校有康奈尔大学、威斯康星大学麦迪逊分校、加利福尼亚大学戴维斯分校、俄亥俄州立大学、密歇根州立大学、普渡大学、宾夕法尼亚州州立大学和伊利诺伊香槟分校等。

(2)学会。美国奶业科学学会(American Dairy Science Association，ADSA)是美国最具影响的学会之一。自1906年举办首届奶业科学年会，世界影响逐步扩大。每年吸引参会人员达到3 000多人，成为世界奶业盛会之一，其主办的《奶业科学杂志》(*Journal of Dairy Science*)是行业内最具影响力的杂志之一，每年发表超过500篇高水平论文。

(3)展览会。每年9月底在美国威斯康星州麦迪逊市举办的世界奶业博览会(World Dairy Expo.)是影响最大的奶业盛会之一，每年来自世界各国的参会人数达6万以上。该博览会的组织注重实效，以技术、设备、产品展示和奶牛选美为主体，小型贸易洽谈为核心，研讨、培训和考察为辅助。博览会的目的在于对外通过专业培训和技术交流等活动，权威展示美国奶业的国家竞争力，全方位推广美国奶业的发展模式、技术、设备、产品和服务；对内展示科研机构、大学院校的新成果，解决奶牛生产前沿遇到的难题，特别是一些应用技术的推广。

(4)企业。服务于奶业上下游的企业，在技术推广上也发挥着重要的作用，多个公司结合自身特点，对技术进行推广。例如，创刊于1885年的Hoard's Dairyman杂志社，百年以来，始终以“为世界各地奶农提供切实可行的信息技术”为宗旨，通过技术信息的传递，能够协助牧场更好地运行，并为奶农提供技术应用的参考，给予奶农最有力的支持。

4.2 运作模式

技术推广的形式，主要是通过电视、技术讲座、报刊等宣传到农户。如果农户有问题，可以打电话进行咨询。美国有许多畜牧兽医方面的咨询机构都是私立的，由颇有名望、技术水平高的人员组成，有偿为有关部门、企业提供经营、技术、产品销售等方面的服务。美国90%以上的奶牛场使用计算机进行牛场管理，

50%的牛场实现了计算机联网。在美国，一种新技术、新产品的问世，需要经过严格的检测，大学是技术权威部门，未经大学认可的新技术、新产品是很难找到市场的。科研成果得以快速推广、转化，主要通过4种形式：一是以广告宣传把科研成果、技术信息传递各方；二是信息公司买断新技术的专利，通过付费咨询服务传播新技术；三是由大学设在县技术推广站的技术顾问，直接向农户推广；四是各类协会优先把新技术成果传播推广给广大会员。

在美国的奶业生产中，各种不同的民间协会起着非常重要的作用，较大的协会有美国管理协会、美国饲料谷物协会、美国饲料行业协会、全美养牛人协会、全国奶牛群体改良协会、美国后备牛协会等。这些协会是由从事奶业生产的企业、农场主等自愿组成的非营利性组织，在本行业的生产服务、科研课题、项目设计、技术培训、制定生产计划、协调各环节关系及产品加工销售等方面起着重要的桥梁和纽带作用。它们通过先进的计算机技术网络随时为各生产农场提供技术、市场信息和产品加工销售等服务，对本行业产品实行统一保护制度，保证本行业产品有一个合理的出售价格，避免发生恶性竞争，同时还负责向政府反映本行业农场主的要求等。

5　促进奶业发展的主要政策

5.1　促进奶业生产的政策

美国政府出台过一系列政策来保护奶农的利益以促进奶业发展。牛奶收入损失合约计划(Milk Income Loss Contract Program, MILC)属于早前美国农业法案中已授权实施的政策，与2002年农场法同时出台，其基本内容是：为稳定奶农收入，减少牛奶价格波动的市场风险，联邦政府对液体消费牛奶设立目标价。一旦牛奶市场价格低于目标价，联邦政府则向参与该项目的农场主提供部分收入补偿。2014年牛奶收入损失合约计划MILC被牛奶利润保护计划(Margin Protection Program for Dairy, MPP)所替代。牛奶利润保护计划(MPP)是在牛奶价格与平均饲料成本的差额低于某一特定金额时，按奶农选定的产量比例和补贴标准向奶农发放补偿，以稳定奶农收入水平，形式上类似于收入保险。此政策的执行期截至2018年12月31日。在2018年，根据《2018年农业改进法案》(Agricultural Improvement Act of 2018)，牛奶利润覆盖计划(Dairy Margin Coverage program, DMC)取代了牛奶利润保护计划(MPP)。与牛奶利润保护计划(MPP)一样，牛奶利润覆盖计划(DMC)也是一个自愿参与的项目，当美国全脂牛奶价格与全国平均饲料成本之间的差额低于奶农选定的一定金额时，牛奶利润覆盖计划(DMC)为牛奶生产商提供保护。牛奶利润覆盖计划(DMC)与牛奶利润保护计划(MPP)的基本框架类似，只是做了一些改动，DMC和MPP都规定，当全国“全脂牛奶”价格与全国饲料平均成本之差低于生产者选择利润率时，将根据生产者选择利润率计算出的利润支付给乳品企业。二者的不同在于，牛奶利润覆盖计划(DMC)将利润保护的最高值从8美元/担(0.176美元/kg)上调到9.5美元/担(0.209美元/kg)，利润保险可选择的范围为4～9.5美元/担(0.088～0.209美元/kg)，增加了保险级别供奶农选择；将保险购买覆盖率从最少包含25%的牛奶生产量下调至5%；增加了保险折扣选项以锁定5年内用户的保险级别；允许奶农在已参与畜牧乳制品毛利率保险(Livestock Gross Margin Insurance for Dairy, LGM-dairy)的情况下，参与到DMC项目中，同时参与这两个保险计划在之前是禁止的。这些改变都将增加参与到牛奶利润覆盖计划(DMC)的牧场数目。根据2018年农业法案，牛奶利润覆盖计划(DMC)项目将于2023年12月31日结束。

“全脂牛奶”价格是指牛奶企业向加工厂和中间商销售的全部牛奶的价格折合到每担牛奶的平均价格，由美国农业部负责测算并公布。平均饲料成本是指产出每担牛奶所投入的饲料成本，由玉米、豆粕和苜蓿3种饲料原料的价格按指定的系数折合得来。玉米价格是指美国农民在美国销售玉米的价格，豆粕价格是指中部伊利诺伊豆粕价格，干苜蓿价格是指美国国内苜蓿价格，此三项价格由美国农业部在相应价格公报上按月度公布。

除了牛奶利润覆盖计划(DMC)外,美国农业部风险管理局(Risk Management Agency,RMA)同时还执行着畜牧乳制品毛利率保险计划(LGM-dairy)和乳制品收入保护计划(Dairy Revenue Protection,DRP)。畜牧乳制品毛利率保险计划(LGM-dairy)使奶农能够根据Ⅲ级牛奶、玉米和豆粕的期货价格购买一种保险费补贴的利润保险。该计划的特点在于奶农选择参与覆盖的牛奶量灵活。参与该计划的奶农将根据其投保期间的保险差额变化获得赔偿。乳制品收入保护计划(DRP)主要设计来防止牛奶销售季度收入非预期的下降,使奶农的收入达到一个保障的水平。这个保障收入水平是根据牛奶和乳制品的期货价格以及奶农选择的保障量来决定的,具体还与奶农所处于的州和区域相关。这些不同的利润保护计划都在一定程度上保障着奶农的利益,促进着美国奶业的发展。

5.2 促进奶业加工的政策

乳制品支持项目首次出台于1933年农业法案,1949年农场法中获得永久性授权。在该项目授权下,美国农业部通过农产品信贷公司购买奶油、脱脂奶粉以及奶酪等乳制品来维持乳制品的价格稳定在一定水平之上,间接地保护奶农的利益。如在2002年农场法中,为保证奶农销售的A级原料奶价格不低于0.195美元/kg,乳制品价格支持项目中奶油、脱脂奶粉、切达干酪的支持价格分别是:2.31美元/kg、1.76美元/kg、2.486美元/kg。一旦上述乳制品的市场价格低于支持价格,乳制品的加工商可将相关乳制品按照支持价格水平出售给农产品信贷公司。因此,联邦乳制品支持价格充当了该类商品的地板价。

乳制品价格支持项目支出规模取决于乳制品市场状况和乳制品支持价格水平等因素,时间差异较大。20世纪80年代初,由于乳制品市场不景气以及较高的乳制品支持价格水平,该项目的开支曾达到创纪录的26亿美元。联邦政府的收购量占到当年生产量的12%,而在乳制品行业较景气的2007—2008年,该项目几乎没有开支,甚至小有盈余。

全国液态奶加工推广计划(Fluid Milk Processor Promotion Program)和资金通用广告计划(Finances Generic Advertising Programs)是两项维持和扩大美国液态乳生产的项目,首次出台于1990年的液态奶促进法案,由美国液态奶加工推广委员会(Fluid Milk Processors Promotion Board)管理,项目的资金来源于较大型的液态奶生产商,针对每月市场销售超过300万磅(1 361 t)液态奶生产商,需向美国液态奶加工推广委员会支付0.2美元/担(0.004 4美元/kg)的费用,用于刊登一些利于行业的发展的非商业性的广告来增加牛奶的消费减少牛奶的剩余。美国液态奶加工推广委员会每年收入约1.1亿美元。

5.3 促进奶业贸易的政策

5.3.1 乳制品出口激励项目

乳制品出口激励项目出台于1985年,在该项目授权下,美国农业部对销往国外的乳制品,如脱脂干奶、乳脂、奶酪的贸易商提供补贴。

5.3.2 乳制品进口分摊项目

乳制品进口分摊项目是指从进口乳制品中收取一定比例税收,作为促进国内乳制品消费、研究与营养教育的资金来源。

5.4 促进奶业消费的政策

5.4.1 联邦牛奶销售法令

联邦牛奶销售法令(FFMOs)是美国奶业支持政策重要的组成部分,出台于1937年,由农业部农产品经销服务局(AMS)管理,已修改过多次,其基本内容是:为实现牛奶及相关乳制品有秩序的销售,美国农业部在该项目的授权下将全国化分为若干销售区域,并在不同区域内实施差别性的销售价格,从而保护消费者、牛奶加工商以及奶农等相关主体的合理利益。

5.4.2 乳制品研究和推广项目

乳制品研究和推广项目(The Dairy Research and Promotion Program),又称为乳制品扣费项目(Dairy Checkoff Program),由农业部农产品经销服务局(AMS)管理,首次出台于1983年的乳制品生产稳定法案(Dairy Production Stabilization Act)。该项目资金来源于奶农,通过所有奶农强制性交付0.15美元/担(0.003 3美元/kg)来资助这个项目,项目资金由乳制品管理有限公司(Dairy Management Inc.)监管。奶农可以直接决定其中0.10美元/担(0.002 2美元/kg)费用的在当地推广乳制品工作中的使用方式。该项目主要目的是进一步进行乳制品推广、研发和营养教育,来增加人类对牛奶和乳制品的消费并减少乳制品过剩。

5.4.3 食品与营养援助项目

食品与营养援助项目(USDA Nutrition Assistance Programs)是美国联邦政府救助美国低收入家庭的重要政策工具,也是缓解农产品(包括乳制品在内)过剩的不可或缺的制度安排。当前美国食品与营养援助政策网络15个营养项目,其中大多数项目主要针对孩童,2018年该类项目支出961亿美元,约占美国农业部总支出的68%。

6 值得借鉴的主要经验

奶业在美国是备受关注的产业,从牛奶生产、乳品加工、质量监督、市场管理价格制定、利润保护,都有一套完整的体系和制度。根据我国国情,可以借鉴美国奶业发展的有关经验。

6.1 经营模式方面的经验

发达国家的奶业一般是产业化程度最高的产业,美国奶业生产的产业化程度高达90%以上。一般来说,奶农都是奶牛生产者协会或奶农生产合作社的会员,协会会长必须是饲养奶牛的农户,充分代表奶农的利益。另外,乳品加工企业与奶农还签订购买合同,将牛奶的生产、加工和销售环节紧密连接起来。

美国的奶业是以家庭农场为基础、以协会或合作社为支架,以公司化生产为枢纽,广泛吸收其他相关企业或组织来构建与运转的。各种合作组织的发展为美国奶业的发展提供了有力的保障,合作组织把分散的农场主集中起来,为他们提供一系列专业化服务,提高他们在市场中的抗风险能力,为他们争取最大的利益。农场主几乎全都参加或入股特定的生产合作社或行业协会。农场主是合作社股东,合作社又是公司股东,同时享受公司提供的服务,三者之间利益对接十分紧密,一方面维护自身权益,另一方面约束自身行为。有些合作社则直接创办加工企业,实行产加销一体化,奶农的利益得到了更好保障。多数合作社为非上市公司,以做好产业,并将利益回馈所有股东。

6.2 科技创新方面的经验

近年来,我国大量资金涌入奶牛养殖业,在设施设备等硬件方面,我国大型牧业集团已逐步追赶上了美国奶业的步伐,部分牧场的硬件水平甚至不逊于美国的大多数牧场,但是从整体水平而言我国奶业与美国奶业在遗传、繁殖、营养、管理、粪污等方面还存在一定差距,特别是在自主科技研发和技术创新上仍需进一步追赶。

美国政府十分重视奶业实用技术研究和推广,各类科研机构和大学将研究成果直接用于生产中。如明尼苏达大学和威斯康星大学-麦迪逊分校的教授就直接深入生产第一线服务于奶牛场，把最新的科研成果用于实践中。同时在上课和培训奶农时采用奶农直接提出问题，专家、技术人员现场解答的互动式培训方式，这是美国进行培训的主要方式和特点，既能有效地解决生产实践中的问题，又能使专家和技术人员更好地开发和研究新课题。我国要实现奶业由大变强的战略目标，必须依靠科学养牛，走现代化发展之路。加强技术培训是一项关键措施。在培训奶农时，要由奶农提出问题，技术人员现场解答形成互动，解决生产中的实际难题，让更多的奶农掌握实用技术，这对推动我国奶业发展具有重要意义。

奶业科技进展上的差距使我国奶牛养殖大量使用着进口产品，如粪污处理设备，少数牛场投入大量资金建设了粪污处理系统，但不够有效运转。我们可以借鉴美国奶牛场粪污处理投入不高，却非常实用的经验。另外，牛场建设要多从牛的角度去思考，把钱花在刀刃上，在饲料品质、奶牛舒适度、奶牛品种改良等方面要舍得投入资金，购买优质冻精，认真扎实做好奶牛品种登记、生产性能测定、体型鉴定等基础工作，同时可结合市场行情，对部分遗传水平低的奶牛使用肉用冻精，进行奶肉牛杂交，来提升牧场的盈利能力。在精准营养和奶业信息化管理上要下足功夫，让养牛更加科学，提高饲养和管理的效率。

6.3 产业政策方面的经验

美国政府出台的多个利润保护政策，形成了一整套的奶农利益保护网络，对于市场形势波动导致的利润波动，通过这些利润保护政策，能够实现牛奶生产利润相对稳定和波动幅度下降的效果，美国从单一的政府补贴转化为利润保险，实现了奶农从过去向政府伸手要钱转变为自己花钱投保责任共担的良性转变。参加利润保护计划的奶农需要自行斟酌选择投保的利润门槛和产量比例，同时承担与投保产量成正比的保费，奶农就必须审慎选择，会将更大的努力放在质量提升上，避免了在政府补贴资助下盲目扩大生产的局面。

关于原料奶收购，近年来，乳制品加工企业开始自建奶源，但是不能完全满足加工的需求，仍未能从根本上得解决加工企业与奶农的问题，我国需要制定完整的保护“原料奶生产者”的政策措施和管理制度来进一步提升奶农的利益保护。

美国的一系列乳制品推广项目，如全国液态奶加工推广计划、资金通用广告计划和乳制品扣费项目，从奶农和加工厂收取一定的费用，用于乳制品公益推广、研发和营养教育，这为乳制品行业的消费扩增奠定了基础，有利于整个行业的良性发展。

中国应更加重视和推行以乳制品为主的膳食革命，重视对奶业生产和消费的宣传，把增加国民牛奶的摄入量作为我国切实改善国民营养、增强国民体质、优化产业结构、增加农民收入、促进国民经济发展、彻底治理生态环境恶化的重大战略措施来抓。

参考资料

[1]FAO. http://www.fao.org/faostat/en/#data.

[2]USDA，National Agricultural Statistics Service (NASS). https://www.nass.usda.gov/index.php.

[3]USDA，Economic Research Service (ERS). https://www.ers.usda.gov/.

[4]USDA，Economics Statistics and Market Information System. https://usda.library.cornell.edu/.

[5]USDA，Census of Agriculture. https://www.nass.usda.gov/AgCensus/.

[6]USDA，Agricultural Marketing Service (AMS). https://www.ams.usda.gov/market-news/dairy.

[7]U.S Dairy Export Council.[DB/OL]. 2020[2020-01-24]. https://www.usdec.org/.

[撰稿：中国农业大学　肖鉴鑫　王封霞　宋浩桐　姚琨　曹志军]

附 表

附表 1 1961—2020 年美国奶牛存栏量、单产水平和总产奶量

年份	奶牛存栏量/千头	平均单产/(kg/头)	总产奶量/万 t	年份	奶牛存栏量/千头	平均单产/(kg/头)	总产奶量/万 t
1961	17 243	3 306	5 701	1991	9 993	6 818	6 699
1962	16 842	3 400	5 726	1992	9 826	7 062	6 842
1963	16 260	3 492	5 679	1993	9 688	7 131	6 832
1964	15 677	3 673	5 759	1994	9 581	7 338	6 967
1965	14 954	3 766	5 632	1995	9 494	7 441	7 043
1966	14 071	3 865	5 439	1996	9 466	7 453	6 985
1967	13 415	4 014	5 385	1997	9 372	7 652	7 080
1968	12 832	4 143	5 317	1998	9 252	7 797	7 141
1969	12 307	4 279	5 266	1999	9 158	8 060	7 380
1970	12 000	4 422	5 307	2000	9 156	8 254	7 602
1971	11 839	4 542	5 378	2001	9 210	8 227	7 499
1972	11 700	4 653	5 444	2002	9 115	8 438	7 714
1973	11 413	4 589	5 238	2003	9 141	8 508	7 728
1974	11 230	4 668	5 242	2004	9 084	8 605	7 753
1975	11 139	4 699	5 234	2005	9 010	8 876	8 025
1976	11 032	4 941	5 451	2006	9 041	9 049	8 246
1977	10 945	5 083	5 563	2007	9 112	9 219	8 418
1978	10 803	5 099	5 509	2008	9 132	9 249	8 615
1979	10 734	5 212	5 590	2009	9 315	9 331	8 585
1980	10 799	5 393	5 824	2010	9 201	9 599	8 745
1981	10 898	5 526	6 022	2011	9 110	9 719	8 869
1982	11 011	5 582	6 146	2012	9 233	9 862	9 106
1983	11 059	5 725	6 331	2013	9 224	9 916	9 147
1984	10 793	5 692	6 143	2014	9 256	10 118	9 366
1985	10 981	5 912	6 493	2015	9 316	10 179	9 483
1986	10 773	6 026	6 492	2016	9 334	10 324	9 637
1987	10 327	6 268	6 473	2017	9 406	10 394	9 776
1988	10 224	6 434	6 578	2018	9 399	10 500	9 869
1989	10 046	6 497	6 526	2019	9 332	10 612	9 903
1990	9 993	6 705	6 700	2020	9 382	10 784	10 118

数据来源：FAO (1961—2011)；USDA/ERS, Dairy Data (2012—2020)。

附表 2 1961—2019 年美国主要乳制品产量 t

年份	产量								
	黄油	脱脂牛奶	脱脂奶酪	全脂奶酪	脱脂炼乳	全脂炼乳	脱脂奶粉	全脂奶粉	乳清粉
1961	696 629	13 524 300	364 663	741 393	391 035	1 193 760	916 183	37 056	123 143
1962	716 063	14 633 300	368 424	722 115	398 754	1 092 540	1 011 510	39 062	129 203
1963	659 087	13 963 600	375 435	740 173	381 465	1 074 530	955 287	41 283	143 753
1964	665 704	14 454 900	390 923	781 808	405 759	1 086 270	987 551	39 744	168 711
1965	610 525	13 610 000	391 979	796 261	434 951	987 819	901 967	40 198	183 386

续附表 2 t

年份	产量								
	黄油	脱脂牛奶	脱脂奶酪	全脂奶酪	脱脂炼乳	全脂炼乳	脱脂奶粉	全脂奶粉	乳清粉
1966	511 776	11 615 000	390 547	840 960	466 953	996 299	716 600	42 796	213 611
1967	561 621	12 040 000	393 714	870 362	425 235	855 356	759 686	33 724	223 536
1968	532 968	11 679 000	408 708	881 779	420 769	816 302	741 294	36 206	224 606
1969	510 955	10 959 000	433 035	902 457	437 649	805 546	665 277	31 860	234 268
1970	518 470	11 053 000	471 100	998 550	452 306	686 808	660 442	31 157	281 695
1971	520 268	10 978 000	493 916	1 076 970	465 624	676 933	648 200	32 729	308 192
1972	499 818	10 077 000	505 800	1 181 430	444 080	650 930	560 777	34 130	345 646
1973	416 678	8 274 000	492 691	1 218 050	403 751	607 149	420 170	35 364	350 371
1974	436 228	8 316 120	443 431	1 332 360	331 496	582 734	465 174	30 718	386 164
1975	446 238	8 350 590	449 509	1 275 230	351 796	552 283	457 848	28 615	270 154
1976	443 897	8 037 520	458 128	1 506 030	360 982	545 556	422 790	35 420	300 168
1977	492 600	8 970 780	461 303	1 523 400	397 638	471 282	505 530	31 470	284 765
1978	451 000	7 918 770	464 342	1 596 490	363 483	459 616	420 450	33 846	322 725
1979	446 609	7 689 710	452 730	1 686 100	352 265	469 574	414 963	38 700	332 455
1980	519 480	8 947 600	455 451	1 806 720	349 982	428 567	529 630	37 520	312 850
1981	557 095	9 639 800	445 291	1 940 260	338 745	464 426	599 700	42 059	353 220
1982	570 146	9 961 750	438 351	2 060 100	332 096	466 494	639 650	46 370	358 560
1983	589 325	10 519 400	434 722	2 186 100	361 165	436 461	685 023	50 440	404 680
1984	500 453	8 937 300	437 897	2 120 000	405 003	431 816	529 950	54 260	407 290
1985	566 000	10 166 800	435 448	2 304 650	421 036	443 159	634 635	53 912	447 616
1986	545 400	9 880 850	440 120	2 362 850	478 086	423 544	586 900	55 504	467 666
1987	500 800	8 689 900	428 800	2 424 000	482 680	431 214	488 350	65 660	475 800
1988	547 500	8 264 500	425 900	2 527 000	501 075	421 466	452 900	78 170	515 726
1989	587 600	7 724 660	396 000	2 547 000	538 202	361 093	405 230	79 726	485 100
1990	590 700	7 777 920	377 600	2 748 500	550 330	386 900	409 330	79 437	518 600
1991	606 000	7 741 020	371 500	2 746 500	565 229	246 343	401 310	48 434	529 500
1992	619 200	7 938 800	356 900	2 943 000	599 871	264 043	400 100	76 350	561 228
1993	596 560	8 177 830	340 000	2 961 000	620 172	242 448	433 000	69 780	542 668
1994	587 810	9 672 220	331 600	3 054 000	630 444	243 979	558 000	76 000	549 657
1995	573 555	9 365 730	356 000	3 137 450	530 538	216 207	563 610	78 000	532 190
1996	532 732	8 285 380	353 000	3 273 820	478 296	210 291	484 460	61 000	506 442
1997	522 000	9 078 670	320 000	3 325 000	476 700	249 080	554 680	55 380	515 650
1998	529 800	8 731 920	330 500	3 398 000	495 128	209 343	517 000	64 650	528 000
1999	578 350	10 124 500	327 450	3 603 500	545 150	213 198	627 300	53 520	534 450
2000	569 727	10 302 400	333 450	3 745 770	479 200	200 500	661 000	50 500	539 000
2001	558 752	9 931 860	336 800	3 746 960	440 000	205 400	645 000	18 800	474 400
2002	614 685	10 950 600	339 490	3 876 980	478 900	260 000	727 340	21 500	505 900
2003	563 524	10 786 600	349 052	3 881 500	427 262	262 100	723 317	17 500	492 223
2004	565 484	9 908 600	353 300	4 024 800	423 900	240 363	643 000	18 900	469 422
2005	611 153	10 750 100	355 900	4 150 060	490 800	239 163	695 400	14 700	472 000
2006	656 995	11 565 000	352 895	4 320 270	563 279	220 280	689 403	13 845	503 313
2007	695 307	12 238 000	354 709	4 400 070	756 590	225 482	683 025	14 400	514 310
2008	745 613	13 200 000	354 709	4 495 610	697 796	242 394	840 000	22 740	490 754
2009	713 269	13 200 000	354 709	4 569 800	687 067	237 840	785 000	27 016	454 126

续附表 2

t

年份	产量								
	黄油	脱脂牛奶	脱脂奶酪	全脂奶酪	脱脂炼乳	全脂炼乳	脱脂奶粉	全脂奶粉	乳清粉
2010	709 425	13 200 000	354 709	4 733 660	723 953	228 009	785 000	31 732	459 503
2011	820 891	14 843 500	356 000	4 806 731	731 850	224 462	708 746	29 840	459 144
2012	845 244	15 126 450	360 000	4 938 922	725 000	228 000	790 000	31 000	454 044
2013	846 598	15 360 450	363 000	5 046 213	726 000	232 000	792 000	32 000	433 173
2014	843 786	16 356 087	365 000	5 204 598	753 619	204 775	800 423	46 775	395 300
2015	838 928	15 738 294	308 670	5 366 630	758 659	317 862	826 603	48 611	443 417
2016	834 217	15 197 159	316 290	5 514 638	748 947	319 396	795 377	39 635	433 156
2017	838 000	14 517 677	306 129	5 733 390	712 511	283 758	832 467	50 508	469 656
2018	857 746	13 781 452	315 187	5 907 853	726 622	281 751	804 464	51 361	453 345
2019	864 000	13 190 239	310 946	5 958 000	715 172	283 089	837 000	45 510	442 000

数据来源：FAO (1961—2013)；USDA/ERS, Food Availability (Per Capita) Data System (2014—2019)。

附表 3　1975—2019 年美国主要乳制品消费量

kg/(人·年)

年份	消费量						
	液态奶	酸奶	黄油	奶酪	冰淇淋	奶粉	所有乳制品*
1975	112.30	0.90	2.15	8.57	11.78	2.62	245.06
1976	111.89	0.97	1.96	9.16	11.34	2.87	245.33
1977	110.85	1.07	1.95	9.37	11.36	2.82	245.55
1978	109.43	1.12	1.98	9.74	11.33	2.73	247.39
1979	108.15	1.11	2.04	9.82	11.02	2.95	249.18
1980	106.03	1.14	2.03	9.97	11.01	2.82	246.92
1981	104.39	1.11	1.93	10.20	10.92	2.47	245.72
1982	101.60	1.18	1.98	10.94	10.84	2.55	252.07
1983	101.32	1.44	2.23	11.21	11.17	2.70	260.39
1984	101.75	1.62	2.26	11.62	11.27	2.87	264.49
1985	103.05	1.80	2.21	12.08	11.21	2.89	269.85
1986	102.64	1.89	2.20	12.34	11.47	3.11	268.84
1987	101.15	2.01	2.02	12.72	11.53	3.08	273.29
1988	101.02	2.14	2.04	12.52	11.33	3.13	264.78
1989	101.04	1.67	2.01	12.42	11.00	2.88	256.29
1990	99.73	1.77	1.96	12.70	9.92	3.37	258.16
1991	98.92	1.87	1.99	12.80	10.03	3.09	256.23
1992	97.50	2.01	1.97	13.14	9.82	3.34	255.65
1993	95.09	2.22	2.12	13.14	9.67	3.10	258.76
1994	94.45	2.37	2.15	13.33	9.89	3.56	263.62
1995	93.17	2.79	2.10	13.34	10.12	3.75	259.22
1996	92.85	2.67	1.95	13.47	10.19	3.74	255.39
1997	91.33	2.61	1.90	13.58	10.49	3.57	256.45
1998	89.83	2.70	1.97	13.75	10.71	3.56	259.15
1999	89.44	2.79	2.10	14.30	10.66	3.36	264.84
2000	89.29	2.96	2.03	14.61	10.48	3.16	268.16
2001	87.62	3.20	1.97	14.72	10.29	3.15	266.47
2002	87.02	3.65	2.00	14.93	10.14	3.22	267.59
2003	85.89	3.93	2.02	14.95	10.37	3.21	270.88

续附表 3 kg/(人·年)

年份	消费量						
	液态奶	酸奶	黄油	奶酪	冰淇淋	奶粉	所有乳制品*
2004	84.63	4.20	2.04	15.28	9.68	3.66	270.33
2005	84.06	4.71	2.05	15.44	9.67	3.32	274.26
2006	83.47	5.04	2.12	15.80	9.82	2.77	278.11
2007	82.36	5.27	2.13	16.02	9.57	2.47	278.23
2008	81.41	5.34	2.26	15.68	9.32	2.85	275.83
2009	81.12	5.67	2.25	15.74	9.27	3.16	276.04
2010	80.64	6.12	2.24	15.93	9.38	2.52	274.11
2011	79.03	6.21	2.44	16.02	9.04	2.55	274.18
2012	77.23	6.38	2.50	16.14	9.30	2.88	278.65
2013	75.02	6.79	2.49	16.15	8.85	2.57	275.13
2014	72.22	6.75	2.50	16.37	8.72	2.65	279.26
2015	70.76	6.53	2.55	16.87	8.80	3.04	285.76
2016	69.85	6.21	2.59	17.51	8.75	2.68	293.02
2017	68.04	6.21	2.59	17.69	8.62	2.59	292.58
2018	66.22	6.17	2.63	18.14	8.30	2.54	293.02
2019	63.96	6.06	2.79	18.35	8.47	2.79	296.06

数据来源：USDA/ERS，Dairy Data (1975—2019)。
注：* 按含乳脂 3.6%换算成牛奶质量。

附表 4　1961—2019 年美国主要乳制品进出口贸易量 t

年份	进口量				出口量			
	黄油	奶酪	脱脂奶粉	全脂奶粉	黄油	奶酪	脱脂奶粉	全脂奶粉
1961	390	34 390	1 200	0	2 597	4 000	331 297	7 926
1962	358	35 205	800	0	5 026	7 661	395 659	6 053
1963	338	37 662	1 180	0	7 609	15 237	507 661	13 522
1964	309	35 692	803	0	70 700	4 122	594 620	6 304
1965	361	35 069	662	0	28 031	3 101	391 483	9 088
1966	303	62 093	1 289	0	5 505	2 834	175 856	7 492
1967	429	69 070	492	0	1 907	3 272	185 528	5 811
1968	423	79 175	1 111	0	12 687	3 258	180 019	8 456
1969	424	61 598	2 067	0	8 263	3 406	150 175	7 086
1970	572	73 525	3 734	0	1 022	3 298	190 106	6 337
1971	320	61 683	3 188	0	43 006	3 193	163 860	11 332
1972	340	82 362	1 062	0	19 698	3 099	128 399	17 749
1973	20 500	109 327	125 175	0	1 621	3 491	8 405	22 931
1974	3 474	139 059	79 744	0	1 168	4 212	4 705	20 795
1975	306	81 981	285	0	405	4 141	51 262	16 191
1976	344	94 565	2 061	0	856	4 222	45 606	14 370
1977	484	94 059	2 531	0	1 315	5 212	57 458	10 903
1978	533	112 184	2 875	0	402	4 972	103 264	5 943
1979	526	112 648	1 210	0	431	5 582	68 216	4 435
1980	440	105 511	1 721	0	396	6 171	102 107	35 757
1981	938	111 692	7 314	0	54 207	6 106	93 855	36 430
1982	903	115 144	1 461	0	67 343	18 159	126 721	24 818

续附表 4 t

年份	进口量				出口量			
	黄油	奶酪	脱脂奶粉	全脂奶粉	黄油	奶酪	脱脂奶粉	全脂奶粉
1983	813	114 250	0	1 789	32 974	18 004	234 251	24 947
1984	933	122 840	0	2 861	49 952	17 422	264 517	6 394
1985	1 323	118 502	0	3 550	44 366	16 013	304 885	40 683
1986	1 549	113 155	0	3 746	16 429	13 986	347 155	20 525
1987	1 557	110 563	0	4 559	14 185	20 075	298 821	3 966
1988	1 645	97 470	0	4 253	9 083	24 959	218 978	8 705
1989	1 792	106 292	5 693	497	20 818	10 766	117 203	40 213
1990	1 563	116 151	4 131	531	52 465	13 048	7 177	6 505
1991	1 818	102 492	3 948	1 646	16 157	13 856	43 502	8 805
1992	1 715	107 881	5 990	2 096	66 926	17 467	74 696	28 396
1993	1 658	115 521	5 418	2 591	92 329	18 522	76 273	37 640
1994	1 278	123 996	4 645	3 159	45 872	24 761	49 436	29 349
1995	1 237	122 542	2 217	1 275	27 308	31 990	59 634	64 954
1996	2 811	125 000	4 028	2 358	15 402	35 845	18 534	17 741
1997	7 217	112 642	5 829	4 111	11 598	40 157	62 470	48 675
1998	26 153	142 292	6 791	6 718	5 441	40 592	72 946	51 389
1999	18 655	170 537	9 597	6 506	2 426	43 121	120 858	17 790
2000	15 140	160 545	12 203	4 938	2 198	49 865	101 496	29 404
2001	36 016	142 177	3 520	4 573	2 392	45 070	96 215	51 600
2002	25 339	187 728	9 546	6 085	3 458	55 620	74 246	41 716
2003	22 630	184 663	2 808	7 480	5 273	53 700	115 695	29 342
2004	40 206	181 982	1 028	8 277	7 661	62 371	231 696	47 103
2005	40 988	177 536	1 383	13 994	7 293	58 367	280 482	19 104
2006	25 378	171 375	842	15 559	9 021	71 089	286 512	15 205
2007	25 444	166 523	1 714	21 974	35 183	101 190	258 594	24 881
2008	7 965	141 120	962	19 635	81 756	133 489	391 381	40 461
2009	12 754	135 318	336	21 733	23 802	109 963	248 832	23 167
2010	12 042	114 118	231	7 746	46 213	175 216	384 017	53 149
2011	7 077	116 955	472	8 286	53 517	225 933	436 233	21 835
2012	9 098	148 268	1 780	10 102	46 337	243 982	445 143	21 008
2013	8 258	141 623	525	8 148	83 985	299 120	554 773	39 767
2014	10 886	127 459	2 268	7 000	59 052	368 728	545 956	54 651
2015	18 597	156 489	907	9 000	21 567	316 708	559 735	33 786
2016	23 587	164 654	454	15 000	24 336	286 228	601 006	24 397
2017	26 308	137 438	907	21 000	27 627	340 267	607 766	25 317
2018	35 833	138 345	1 360	7 000	44 628	348 653	714 281	45 716
2019	66 000	145 000	1 000	8 000	24 241	357 910	700 930	39 179

数据来源：FAO (1961—2013)；U. S. Dairy Export Council (2014—2019)。

附表 5 1961—2019 年美国主要乳制品进出口贸易额 千美元

年份	进口额				出口额			
	黄油	奶酪	脱脂奶粉	全脂奶粉	黄油	奶酪	脱脂奶粉	全脂奶粉
1961	391	35 599	213	0	4 492	4 615	72 371	9 806
1962	368	36 345	133	0	6 280	6 282	75 080	7 556

续附表 5 千美元

年份	进口额				出口额			
	黄油	奶酪	脱脂奶粉	全脂奶粉	黄油	奶酪	脱脂奶粉	全脂奶粉
1963	361	37 255	217	0	8 809	10 626	94 116	12 809
1964	368	39 873	150	0	63 691	4 043	112 679	5 654
1965	405	43 018	184	0	29 738	3 498	117 652	8 212
1966	361	60 632	371	0	8 120	3 735	63 274	4 870
1967	442	64 827	163	0	2 297	4 356	80 419	2 811
1968	452	70 373	291	0	23 299	4 640	78 743	3 204
1969	422	67 037	518	0	14 879	4 565	70 980	5 568
1970	685	84 026	1 015	0	684	5 392	102 496	4 200
1971	425	75 865	1 305	0	47 892	5 126	97 497	5 118
1972	473	111 461	568	0	23 045	5 511	78 354	6 295
1973	25 966	156 218	91 132	0	1 981	6 689	5 815	9 224
1974	4 104	235 894	76 686	0	1 631	9 420	4 540	11 498
1975	407	168 041	63	0	779	10 422	63 731	8 988
1976	527	208 428	1 281	0	1 396	11 764	50 252	9 395
1977	687	215 204	1 090	0	1 644	14 892	84 110	8 160
1978	898	270 050	1 658	0	829	14 839	73 063	6 888
1979	1 002	294 608	815	0	1 058	17 581	26 357	5 066
1980	1 136	307 373	1 610	0	981	21 264	46 656	37 290
1981	2 431	331 538	8 410	0	90 722	22 423	44 371	46 233
1982	2 590	352 373	1 614	0	116 881	32 660	72 692	28 297
1983	2 447	360 234	0	1 843	50 959	32 686	171 705	27 248
1984	2 532	370 214	0	2 768	74 129	34 624	163 414	6 160
1985	2 880	359 675	0	3 014	71 018	29 422	185 617	13 719
1986	3 347	361 795	0	3 350	26 766	31 147	216 670	14 978
1987	3 297	375 269	0	4 253	15 800	37 533	198 764	4 681
1988	3 507	331 230	0	5 686	10 601	48 152	241 905	12 798
1989	4 382	342 215	11 207	989	36 216	26 755	102 420	70 872
1990	3 851	390 156	7 125	1 126	83 216	44 258	11 679	12 003
1991	4 022	334 853	6 794	2 191	24 297	44 510	65 742	9 936
1992	3 802	369 380	7 945	2 875	109 125	59 697	118 435	45 346
1993	3 569	384 394	8 691	4 133	126 283	66 916	133 776	69 549
1994	2 482	411 142	8 230	4 885	61 343	81 853	83 963	48 905
1995	2 799	451 131	4 619	1 980	45 678	101 386	115 870	103 282
1996	5 837	485 170	8 637	4 930	31 154	120 599	35 111	21 756
1997	14 501	445 313	13 022	8 697	21 989	136 995	109 999	76 239
1998	56 637	542 290	13 467	12 561	10 936	130 581	120 666	72 414
1999	34 127	606 750	14 847	11 231	3 999	147 795	167 709	21 606
2000	25 768	585 619	13 667	9 691	3 784	148 291	158 380	42 847
2001	65 299	548 433	7 234	10 381	4 216	141 053	189 663	59 789
2002	39 383	643 398	12 679	9 859	5 960	167 325	114 848	47 676
2003	39 635	756 943	4 200	16 759	9 682	157 501	184 275	37 390
2004	91 356	839 367	2 748	19 420	15 593	201 410	445 509	78 642
2005	94 451	866 516	3 841	34 954	15 439	204 417	564 274	24 342
2006	56 105	866 358	2 519	35 760	15 270	244 875	588 571	24 145

续附表 5　　千美元

年份	进口额				出口额			
	黄油	奶酪	脱脂奶粉	全脂奶粉	黄油	奶酪	脱脂奶粉	全脂奶粉
2007	62 287	926 878	2 174	31 272	99 997	395 121	837 826	49 914
2008	32 490	960 538	2 558	30 432	241 959	578 452	1 380 360	105 037
2009	33 937	817 876	1 147	36 800	64 970	436 989	519 985	47 290
2010	39 301	809 918	962	24 637	161 667	701 854	1 036 354	127 865
2011	37 413	906 326	2 593	35 573	234 167	965 955	1 451 942	58 619
2012	38 629	1 065 770	4 981	43 291	164 332	1 043 608	1 347 360	50 106
2013	43 693	1 157 352	1 879	41 600	317 667	1 280 359	2 050 095	128 728
2014	59 622	1 274 747	6 842	39 752	235 810	1 704 949	2 106 613	188 934
2015	90 976	1 290 785	2 775	42 945	64 737	1 386 343	1 459 872	81 929
2016	113 376	1 262 798	2 292	39 534	69 547	1 195 541	1 249 979	74 586
2017	145 835	1 179 031	3 331	38 788	103 199	1 442 388	1 326 010	72 037
2018	224 256	1 279 283	3 447	33 599	136 189	1 460 181	1 451 739	125 061
2019	257 329	1 308 758	1 795	43 231	89 305	1 545 478	1 759 738	115 860

数据来源：FAO（1961—2013）；FAS（2014—2019）。

加拿大奶业发展报告

摘要:加拿大是一个农业高度发达的国家,奶牛场和加工厂实行严格的质量安全标准,牛奶和乳制品因其卓越的品质而享誉世界。乳制品产业也成为仅次于红肉的第二大农业产业部门。2019 年,加拿大全国奶牛基础母牛存栏 141 万头,其中后备牛 43.2 万头,成母牛 97.8 万头;有 10 371 个奶牛场,平均饲养规模为 93.4 头泌乳牛,饲养模式目前仍以拴系式为主。2018 年参加 DHI 测定头数(32.6 万头)占加拿大总泌乳牛数的 33.6%;2018 年根据 32.6 万头奶牛牛群改良(DHI)测定结果,奶牛平均产奶量达 10 519 kg(305 d 泌乳量),平均乳脂率 4.02%,乳蛋白率 3.27%。2019 年 523 个乳制品加工厂的总销售额达到 148 亿美元,占加拿大食品和饮料业销售额的 12.6%。人均消费乳品达 107 kg(液态奶 65.85 L、奶酪 14.51 kg、奶油 10.7 L、酸奶10.22 L、黄油 3.33 kg)。荷斯坦牛是加拿大最主要的奶牛品种,占奶牛群的 93%。完善的奶牛育种体系培育的优良遗传物质世界闻名,种畜出口到世界各地。因此加拿大奶牛生产环节在过去的60 年中呈牛头数不断下降、总产奶量维持稳定、单产逐年提高的状态。

加拿大的奶业实施供应管理体系有 50 年的历史,是目前世界上唯一实行奶业配额制管理的国家。以加拿大乳品局(CDC)为核心,以消定产,牛奶生产、加工实行严格的配额管理制度,配额以乳脂量为计算标准,每千克乳脂的配额价格目前为 25 000 加元。奶农必须获得配额才能进行牛奶生产,在配额范围内,原料奶收购价参照平均生产成本但与牛奶零售价格无关,可确保市场的稳定及奶农获得平均利润。牛奶供应体系以本地消费为基准,不鼓励国际贸易,加拿大 2000 年以后一直是乳制品的净进口国,但贸易总量不大,其产品的国际竞争能力有限,出口贸易伙伴主要是亚洲国家,进口贸易伙伴主要是欧洲国家。

加拿大奶业在食品安全和质量控制的管理方面有上百年的历史,法律法规完善。加拿大的原料奶、乳制品价格是全世界较高的,奶农家庭收入高于其他农业生产家庭,甚至高于加拿大平均家庭收入,具有良好的可持续性。

关键词:加拿大奶业　荷斯坦牛　配额管理体系　育种完善　奶农收入高

1　奶业发展概况

加拿大国土面积 998 万多 km^2,居世界第二位,位于北美洲北部。加拿大是世界上湖泊最多的国家之一。因受西风影响,加大部分地区属大陆性温带针叶林气候。东部气温稍低,南部气候适中,西部气候温和湿润,北部为寒带苔原气候。中西部最高气温达 40 ℃以上,北部最低气温低至－60 ℃。1 月气温－22～5.7 ℃;7 月气温 10.5～26.8 ℃。年平均气温最高 10.9 ℃,最低 7.7 ℃。年降水(雨＋雪)量为 364～1 485 mm。

加拿大是一个农业高度发达的国家,农业产值占国内生产总值的 8.4%。主要农作物有小麦、大麦、燕麦、玉米、油菜籽等，粮食产量仅次于美国、中国和印度，居世界第4位，是世界上最大的粮食生产国之一。按人口平均粮食产量计算，名列世界各国之首。加拿大人少地多，机械化程度高，农业劳动力人均粮食年产量达80 t，国内仅消费农产品的1/2，其余全部用于出口，加拿大是仅次于美国的世界第二大小麦出口国。加拿大的畜牧业依靠高效的管理制度（部分畜产品实行供给式管理）、廉价的饲料、先进的冷藏技术、严格的检验制度和优良的种畜，在国际市场上具有相当强的竞争力，畜牧业产值占农业生产总值的38%，奶农经济效益仅次于葡萄种植与酿酒农户。

加拿大的牛奶和乳制品因其卓越的品质而享誉世界。奶牛场和加工厂实行严格的质量安全标准。乳制品产业是加拿大仅次于红肉的第二大农业产业部门。全国共有523个乳品加工厂，为国内提供近23 000个工作机会。2018年523个乳制品加工厂的销售额达到148亿美元，占加拿大食品和饮料业销售额的12.6%。2019人均消费乳品达107 kg（液态奶65.85 L、奶酪14.51 kg、奶油10.7 L、酸奶10.22 L、黄油3.33 kg）。用于生产液态奶（饮用奶和奶油）的原料奶占牛奶总产量的30.6%，用于加工乳制品（黄油、干酪、酸奶、冰淇淋等）的原料奶占牛奶总产量的69.4%。2019年全国共有10 371家奶牛场，牛奶生产收入66.4亿加元，从业人员4.2万人。

1.1 奶牛养殖业

据加拿大乳业信息中心（Canada Dairy Information Centre，CDIC）统计，2019年加拿大全国奶牛基础母牛存栏141万头，其中后备牛43.2万头，成母牛97.8万头；奶牛场饲养规模为平均93.4头泌乳牛。2018年根据32.6万头奶牛DHI测定结果，平均产奶量达10 519 kg（305 d泌乳量），平均乳脂率4.02%，乳蛋白率3.27%。大约有70%的奶牛场分布于安大略省（32.7%）和魁北克省（37.4%），23.86%位于西部省份，其中不列颠哥伦比亚省7.26%、阿尔伯塔省9.14%、萨斯喀彻温省2.94%和曼尼托巴省4.52%，以及6%位于大西洋省。

加拿大对全国奶牛场实行严格的配额管理制度，配额以乳脂量为计算标准，每千克乳脂量配额价格为25 000加元。奶农的牛奶只能卖给各省牛奶销售委员会（Provincial Milk Marketing Board，PMMB），PMMB再将原料奶卖给乳品加工企业。生产不同产品（液态奶、酸奶、奶酪、奶粉等）的原料奶价格不一样，生产液态奶的原料奶价格最高，生产奶粉的价格最低。奶农必须获得配额才能进行牛奶生产，将奶农的牛奶生产量控制在配额范围内，可确保市场的稳定及奶农获得平均利润。荷斯坦牛是最常见的奶牛品种（占奶牛群的93%），另外加拿大的奶牛品种还有爱尔夏牛（Ayrshire）、瑞士褐牛（Brown Swiss）、法加奶牛、更赛牛（Guernsey）、娟姗牛（Jersey）和乳用短角牛（Milking Shorthorn）。

1.1.1 加拿大奶牛养殖规模和产奶性能变化

过去50年内加拿大奶牛养殖情况的变化如图1所示，在过去的50年中泌乳牛数量从248.9万头降低到97.0万头，减少了61.0%；奶牛单产，从1968年的3.28 t提升到2018年9.80 t，提高了199%；同期内牛奶总产量一直维持在800万t左右，浮动较小，2015年开始升高，2018年达到949.7万t。

在过去的20年中加拿大奶牛场数下降了42%。2002年加拿大有奶牛场17 931个，2019年仅有10 371个。同期内加拿大总产奶量小幅度上升，主要原因在于遗传改良方面的研究成果的应用、饲料营养，疾病控制以及管理技术的进步。1980年加拿大总产奶量为719万t，2018年为950万t（乳脂率4.02%），伴随这些调整奶牛场的结构发生变化，农场数减少，但农场平均规模增加，从35年前的31头泌乳牛上升到2019年的93.4头。最大存栏规模牧场为成母牛1 500头。

2009—2018年加拿大奶牛单产、乳脂率和蛋白率的变化趋势如图2所示。除持续10年的上升趋势外，随着奶牛单产的不断提高，由于加拿大奶牛选育重视平衡育种，其综合选择指数（LPI）既强调产奶量，又强调乳成分、健康和繁殖，图2显示乳成分产量指标一直维持正增长。

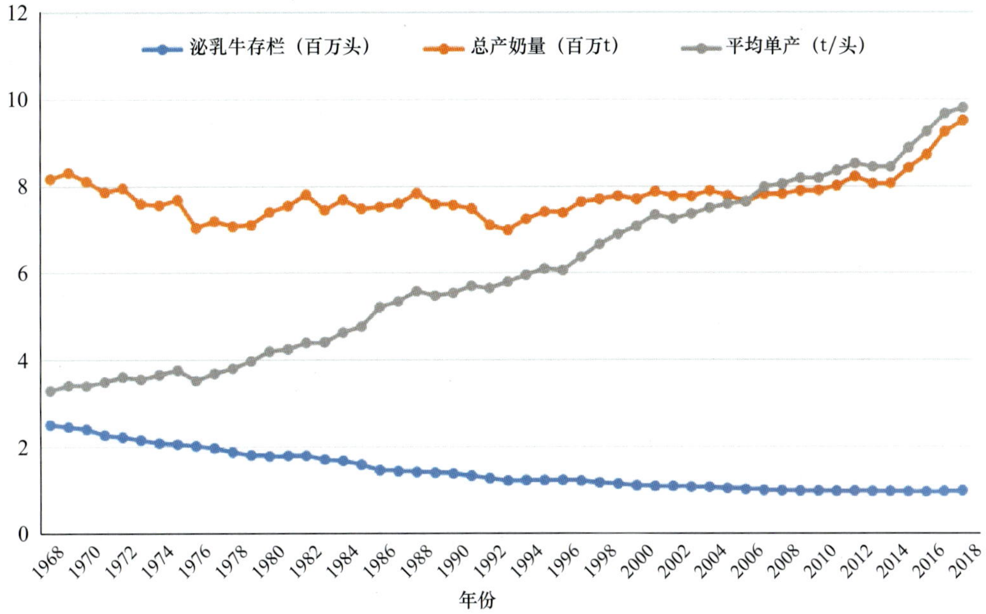

图 1　加拿大 1968—2018 年间泌乳牛存栏、单产及总产奶量变化情况

（数据来源：CDIC）

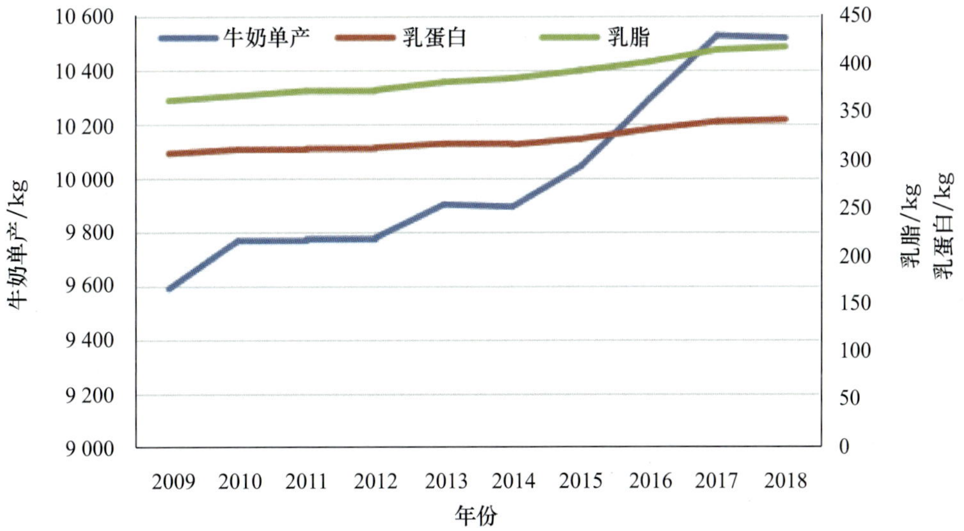

图 2　2009—2018 年加拿大奶牛单产性能变化趋势

（数据来源：CDIC）

加拿大奶牛养殖主要分布于安大略省和魁北克省，详见附表 5。如表 1 所示，2020 年其奶牛养殖量分别占全国总存栏的 33.5%和 35.7%，第三大奶牛省是阿尔伯塔省，第四是不列颠哥伦比亚省。

表 1　2020 年加拿大奶牛养殖在各省份的分布情况

省份	奶牛场数量	成母牛（二胎及以上）数量	青年牛（包括头胎牛）数量
纽芬兰与拉布拉多省	24	5 800	2 200
爱德华王子岛	157	13 900	6 400
新斯科舍省	201	21 700	8 900
新不伦瑞克省	175	18 200	8 300
魁北克省	4 766	356 600	146 700

续表 1

省份	奶牛场数量	成母牛(二胎及以上)数量	青年牛(包括头胎牛)数量
安大略省	3 367	319 700	151 600
曼尼托巴省	263	36 300	22 800
萨斯喀彻温省	171	28 400	11 300
阿尔伯塔省	503	84 000	42 900
不列颠哥伦比亚省	468	82 200	39 700

数据来源:Holstein Canada。

根据调查,加拿大奶牛群体规模逐年增加,且分布具有地区性特点。2019 年全国平均牛群规模为 93.4 头泌乳牛;西部省份以大规模为主,平均群体母牛存栏为 167.8 头,如萨斯喀彻温省、不列颠哥伦比亚省等;东部以小规模为主,平均群体规模为 91.0 头,如魁北克省、爱德华王子岛,最小规模为 72.3 头泌乳牛(魁北克省)(图 3)。

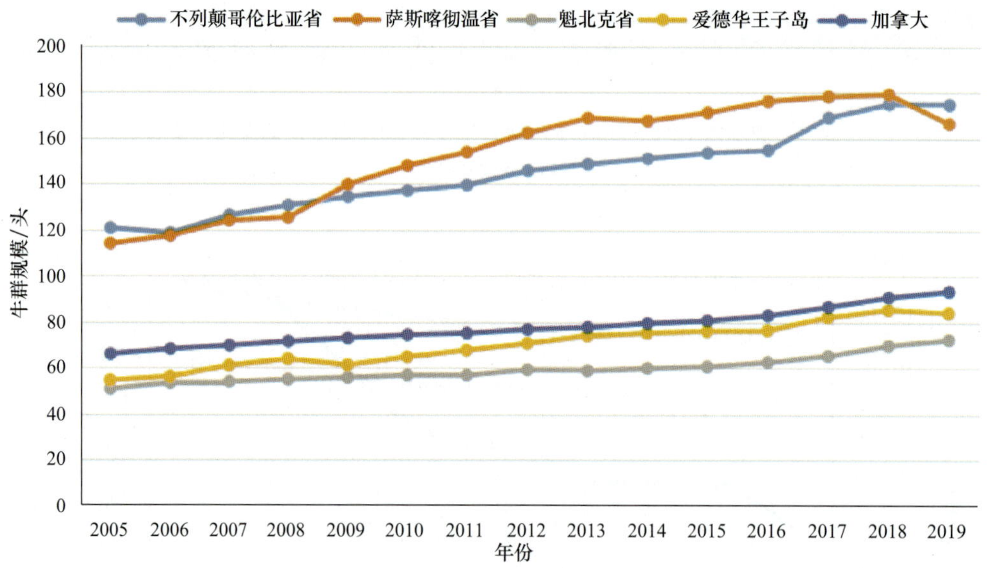

图 3　2005—2019 年加拿大及主要奶牛省份奶牛场规模变化趋势

(数据来源:加拿大统计局)

总体上世界各国奶牛群体规模逐年增加,虽然加拿大奶牛群体规模也是逐年增加,2005—2019 年增长率为 2.6%;但是与新西兰和美国相比,平均规模仍然小,且美国的平均增长速度高于加拿大 50%。这种情况与加拿大奶业的供需管理配额制及原料奶价格较高(由于生产成本上涨,近年来加拿大奶业委员会多次提高黄油支持价格)有关,允许小规模牛场的利润空间并生存。然而,随着养殖技术发展、新一代奶农纷纷采取散栏养殖模式,这种养殖规模分布可能发生变化。2019 年官方报道加拿大平均奶牛群体规模为 93.4 头,较 2011 年(75.1 头)的水平有较大幅度上升,预示着加拿大奶牛群体规模发展的趋势。

1.1.2　奶牛养殖模式变化

2018 年根据两大 DHI 测定中心 Canwest DHI 和 Valacta 的数据,统计 7 161 家奶牛场,74.4%的奶牛场(5 326 家)为拴系式饲养,25.6%的奶牛场(1 835 家)为散栏式饲养(图 4),这与加拿大平均养殖规模为 93.4 头母牛相对应。目前越来越多的新建牛舍为散栏式饲养。2018 年,加拿大奶牛养殖模式差异较大,养殖历史长、牛群数量大的魁北克省(QC)拴系式比例较高,占 91.4%;类似情况的安大略省拴系式饲养占67.3%;而不列颠哥伦比亚省(BC)散栏式比例达 95.9%(图 5)。考虑到投资的问题,散栏式和拴系式两种模式在新建牛舍中比例高,将成为以后的发展模式。

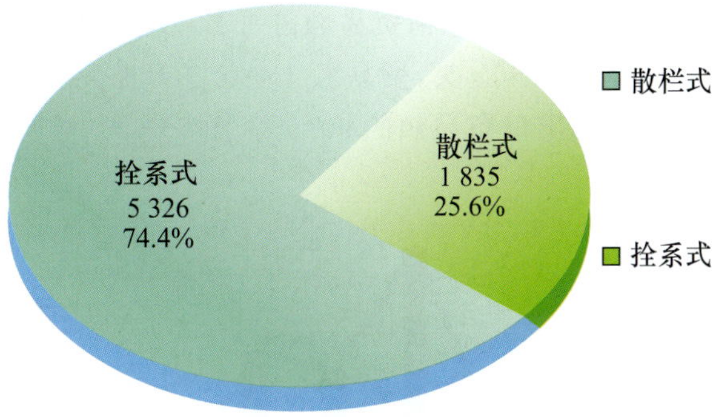

图 4　2018 年加拿大奶牛养殖模式统计

（数据来源：CDIC）

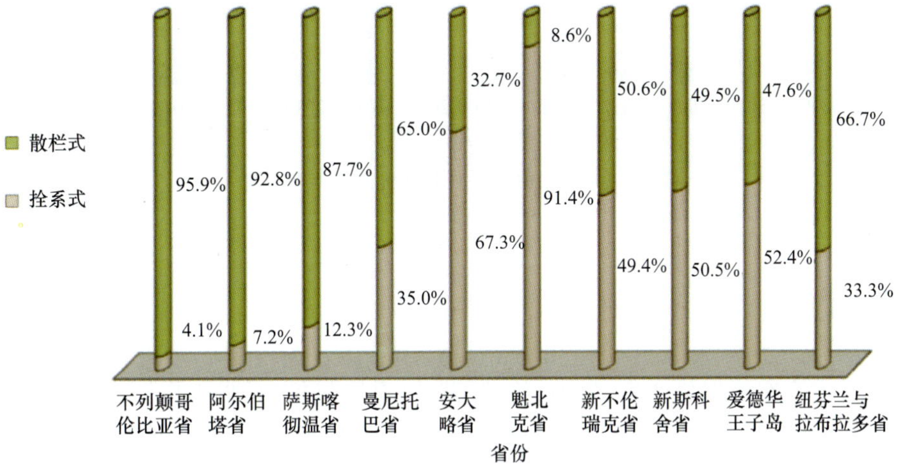

图 5　2018 年加拿大各省的奶牛养殖模式统计

（数据来源：CDIC）

1.1.3　加拿大奶牛遗传物质出口情况及变化

加拿大是一个奶牛遗传物质（胚胎、冻精和活牛）净出口国家，2019 年，其奶牛遗传物质以不同形式共出口到 100 个国家和地区，出口总额 1.86 亿加元。近 10 年来冻精出口贸易额逐渐递增。出口额最高达到 1.26 亿加元（图 6），冻精出口量占据了全世界出口量的 20%，美国是其最主要的出口国，占 29.4%，其余出口

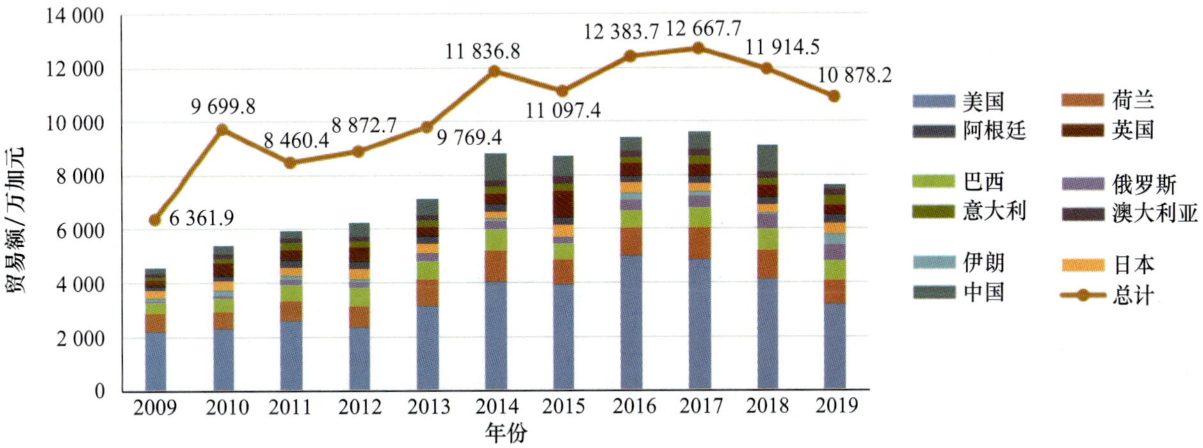

图 6　2009—2019 年加拿大出口冻精贸易额

（数据来源：CDIC）

到荷兰、巴西、西班牙、英国等地，出口到中国的冻精贸易额占 1.2%；加拿大奶牛的活牛主要出口到俄罗斯、哈萨克斯坦、美国等地，2019 年出口活牛 7 601 头，贸易额 1 480.5 万加元，出口到美国的活牛头数最多，贸易也最高，分别占总出口量的 96.5%、总出口贸易额的 90.5%（图 7）。

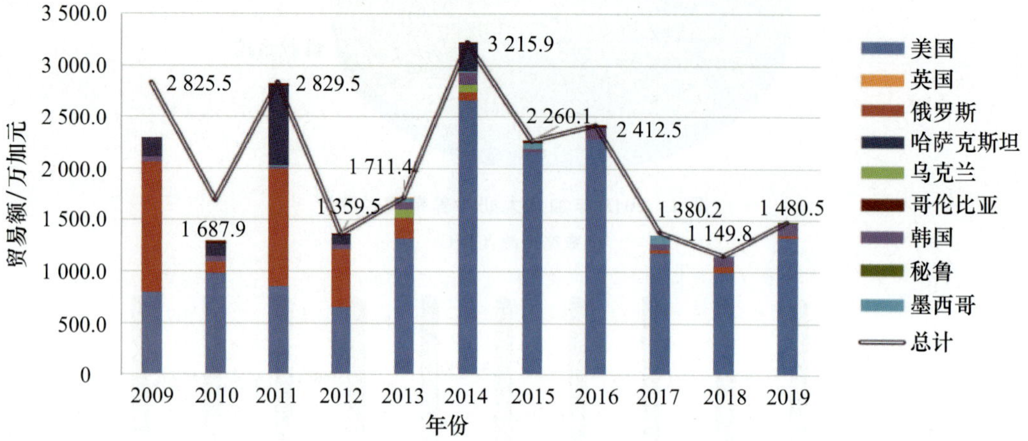

图 7　2009—2019 年加拿大出口活牛贸易额

（数据来源：CDIC）

1.2　乳品加工业

加拿大的乳制品主要有液态奶产品、奶油、奶酪、黄油、全脂奶粉、脱脂奶粉、干乳酪及炼乳。在过去 50 年间，加拿大的各种乳制品（除奶酪外）产量总体来讲为缓速下降趋势。有舆论认为目前加拿大人口对于乳制品的消费量下降，原因很多。例如目前液态奶对于青少年已经不像 50 年前几乎是唯一的选择，目前盛行的碳酸饮料，甚至是大量的运动饮料、能量饮料都与乳品争夺消费者。据 FAO 统计资料（图 8，附表 2），炼乳

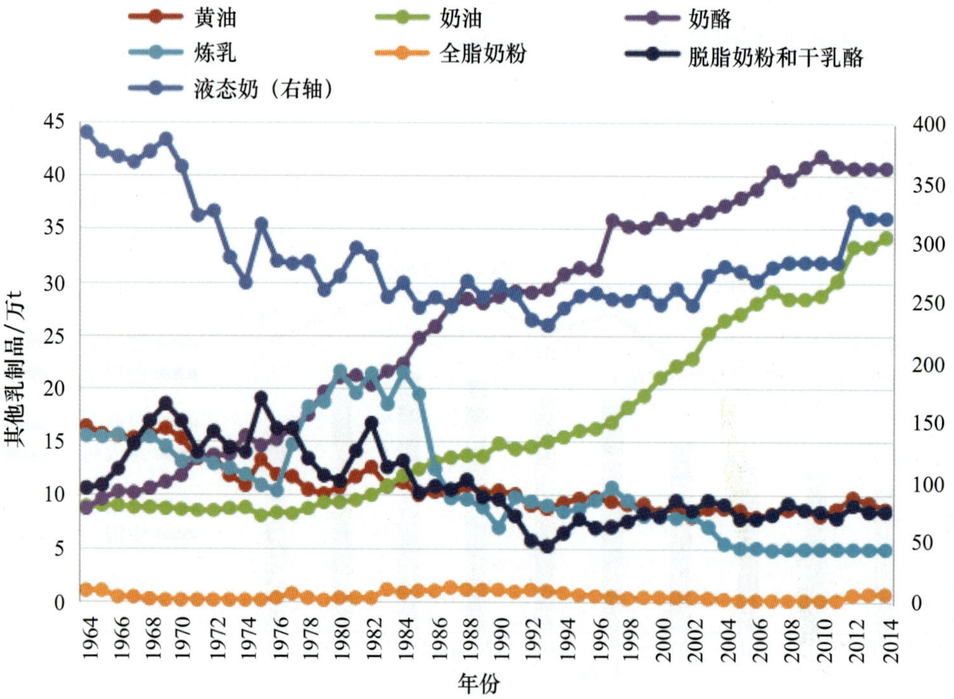

图 8　1964—2014 年加拿大各种乳制品生产量变化趋势

（数据来源：FAO）

是起伏变化最激烈的乳制品，在 20 世纪 80 年代，炼乳产量曾有大幅度上升，在 80 年代末又回归到其他几种乳制品的变化趋势中。全脂奶粉是产量最低的产品类别，且也呈递减趋势。液态奶（包括各种乳脂浓度的巴氏杀菌奶、酸奶等）产量从 1961 年到 1976 年的 15 年呈快速下降趋势，由年产近 400 万 t 降至 250 万 t 左右，以后年产量在 250 万～300 万 t 之间徘徊。从 20 世纪 90 年代起，奶油和奶酪、炼乳、脱脂奶粉和干乳酪三类产品几乎处于同数量级的产量，变化趋势一致，缓慢下降。近 10 年内，炼乳产品保持稳定。奶油指各种浓度的鲜奶油，用于餐饮，在 50 年中产量逐步增加，尤其是在近 15 年增加速度较快，1996 年产量为 16.2 万 t，2014 年达到 34.2 万 t，增幅较大。奶酪产量中包括各种形式的产品，在过去 50 年以基本匀速上升，年递增速度 6 400 t 左右，这种增长未受到任何因素的影响，甚至是疯牛病暴发。

2019 年加拿大共生产 1 450 种奶酪产品，可分 6 大类，如图 9 所示。硬质奶酪（firm cheese）所占比例最大（35%），软奶酪（soft cheese）和半软奶酪（semi-soft cheese），共占了 48%。

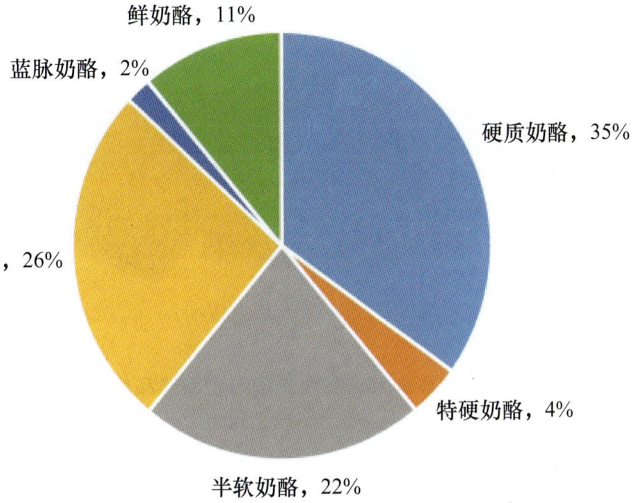

图 9　2019 年加拿大各种奶酪产品的比例

（数据来源：CDIC）

2018 年加拿大共有 523 家乳制品加工厂，其中 293 家是在联邦政府注册的，230 家是在各省级政府注册的。加工厂主要集中在魁北克省和安大略省，共 352 家，占全加拿大的 67.3%。加拿大的乳品加工业相对集中，15%的加工厂属于加拿大 3 个最大的加工企业（Saputo，Agropur，Parmalat），生产接近全国 80%的原料奶。2017 年液体牛奶市场（饮用牛奶和鲜奶油）的销售量为 232 万 t，占乳制品产量的 32.8%，而如黄油、奶酪、酸奶、冰淇淋等产品的销售量为 477 万 t，占乳制品产量的 67.2%。2019 年牛奶和乳制品的产值约为 148 亿加元。与加拿大丰富的土地资源和多姿多彩的民俗一样，乳制品的种类也十分丰富，从传统的切干奶酪到特质奶酪，冰淇淋以及乳饮料，为消费者提供了多种选择。尽管是一个相对较新的产业，但是加拿大的奶酪加工业已进入成熟期，全国各地区可以生产出超过 1 450 种在传统工艺上加以改进的奶酪，包括山羊奶酪、母羊奶酪、水牛奶酪、原料奶奶酪，这些奶酪因其口感和品质而得到世界认可。加拿大奶业革新建立在研究和开发行业专业技术上，科学家是科技进步的领导者。功能性乳制品的开发是加拿大奶业革新一个强有力的例子，有一些产品已经开发出来，如益生菌酸奶和含 omega-3 脂肪酸的产品。有机奶产品，虽然只占总产奶量的一小部分，2017—2018 年度生产 13.4 万 t，但产量呈逐年递增趋势。

从 2000 年开始，加拿大就是一个乳品净进口国家。美国、新西兰和欧盟分别是其第一、第二、第三进口国家和地区，主要进口奶酪和乳蛋白，乳品进口量约占 5%。加拿大乳制品在地区上有较大的差异。从老熟的切达奶酪到特殊品种的其他奶酪、冰淇淋和乳饮品，种类繁多。其中魁北克省生产 477 种乳制品，占 71.7%；安大略省生产 125 种乳制品，占 18.8%；其他省份生产 63 种。一家名为 Agropur Cooperative 的加拿大乳制品销售联合体（Dairy Marketing Cooperatives），以加拿大为中心，业务涉及北美，仅乳制品的年销售额为26亿美元，在美国的乳制品销售联合体中排名第二，年处理鲜奶18.9亿L，在美国前100名乳品企业中乳制品销售占总销售3.2%（CGGC，based on company annual reports，Dairy Field，2006；Dairy Foods，2008）。

2019年乳品生产额占食品饮品生产总额的12.6%（图10），总价值达约212亿加元。加拿大乳品生产额在2007—2011年期间不断上升，然而其增长幅度小于其食品饮品生产总额，因此乳品生产额占食品饮品生产总额的比例基本保持在15%左右。2011年后食品饮品行业生产总额持续攀升，2019年达到1 174亿加元，乳品生产额148亿加元，占12.6%。

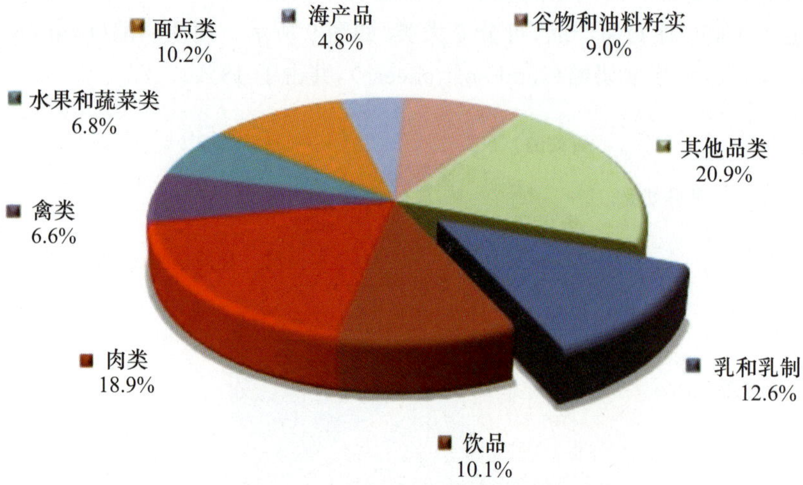

图10　2019年加拿大乳品生产额占食品饮品生产总额比例

（数据来源：CDIC）

1.3　乳品消费

随着社会和人口结构的变化，加拿大消费者对于乳品的需求、口感、喜好有很大改变。21世纪以来，二战期间出生的人口占目前消费者的比例很大，他们的对乳品的喜好对加拿大的乳品消费有很大影响。他们更愿意食用含有对健康有益的营养元素的乳制品。同时，加拿大的乳品消费也受移民人群的影响，在过去的10年里，移民量超过原有人口的自然增长量，因此多样化的人群对于乳品消费更有多样的需求。亚特兰大省受到影响较小，因为该省的移民主要来源于欧洲和美国；而安大略省、魁北克省和西部省份的今年变化较大。例如一种原产于东欧的名为Kefir的发酵乳饮料，从1990年起在加拿大的各大城市，尤其是在魁北克省进行销售。

2018年加拿大人均消费液态奶65.85 L、奶油11.70 L、黄油3.33 kg、奶酪14.51 kg、酸奶10.22 L（附表10）。与2017年相比，分别变化−1.2%、1.2%、2.8%、4.5%、−1.4%。除冰淇淋及炼乳消费情况不详之外，其他各乳制品消费变化不大。如图11，在过去的20年中，奶酪、奶油、酸奶的消费呈上升趋势，冰淇淋、液态奶、炼乳消费呈较明显下降趋势，尤其是冰淇淋，2005年后呈大幅度下降趋势（2005年消费量9.85 L，而2011年消费量仅为4.64 L，下降了52.9%），冰淇淋消费在四季中呈明显的季节性分布。液态奶消费包括不同含脂率牛奶（乳脂含量分别为3.25%、2%、1%）、脱脂、巧克力奶和白脱牛奶，其中2%含脂率的牛奶消费量占液态奶消费的50%左右。在1992—2018年之间，液态奶消费从92.59 L下降到65.85 L，年均下降近1 L，四季消费均衡，目前消费水平居世界第16位。这主要由于各种新式能量饮料、运动饮料和碳酸饮料的市场竞争，消费人口下降。黄油消费量在过去的20年中基本持平。加拿大目前是成熟的奶酪生产国，其奶酪消费水平也逐年提高，2017年消费水平比1992年高3.19 kg，每年递增约0.13 kg，2018年比2017年增加0.63 kg。消费量中切达奶酪占1/3。奶油和酸奶是消费量增长最快的两种产品，消费没有季节性变化规律，过去的15年中增长速度达到每年0.2 L和0.35 L，在2017年酸奶消费量接近奶油消费量。

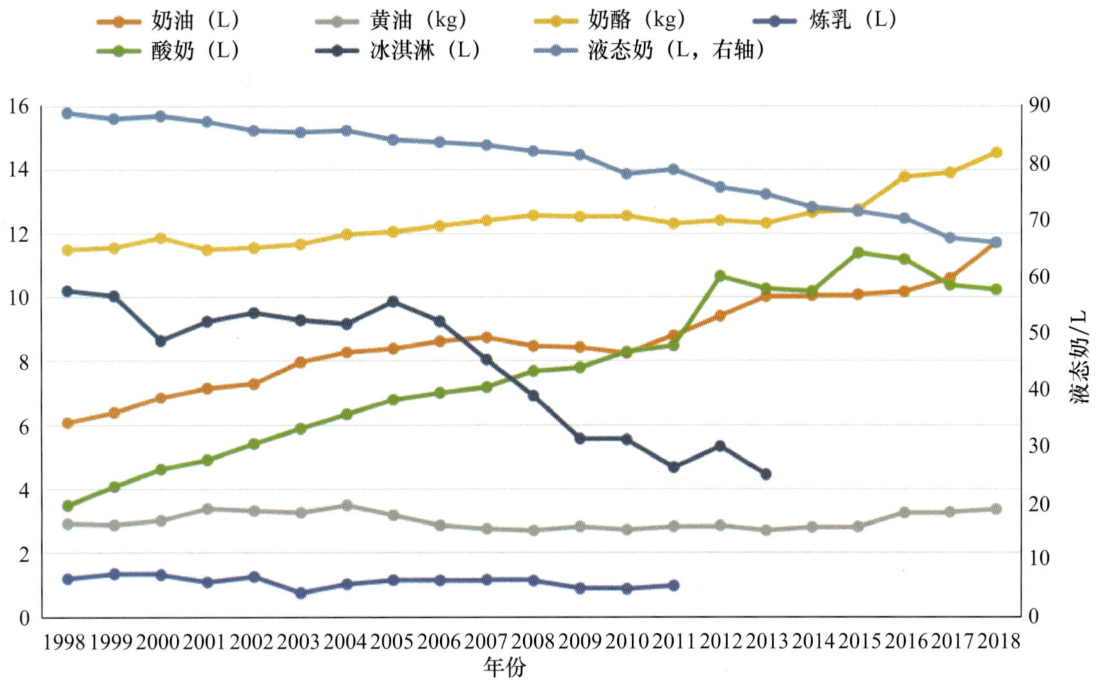

图 11　1998—2018 年加拿大人均乳制品消费变化趋势

（数据来源：CDIC）

另外，消费者中单独一人的家庭、小家庭比例增加，而且劳动力市场女性增加，消费者对半成品和高附加值食品的需求逐渐增加。同时，乳品业也热衷于为消费者提供创新性食品，如过滤牛奶、各种类型的包装、现存食品标识健康食品等。从消费者角度，有各种乳制品可以选择，在过去的 20 年中，无数种特殊奶酪、含乳甜点、酸奶和酸奶饮料、美食冰淇淋和冰淇淋新花样充实了牛奶、奶油、黄油和切达奶酪这些传统乳品货架。如图 12(详见附表 13)所示，加拿大人消费的液态奶中含脂率 2%的产品占比例最高，但呈下降趋势，1995 年人均年消费近 49 L，而 2018 年仅 33 L 左右，下降了 32.6%。另外，含脂率 1%的产品消费量在 2011 年后出现明显的下降趋势，其他几种液态奶产品消费量在过去的 20 年中较稳定。

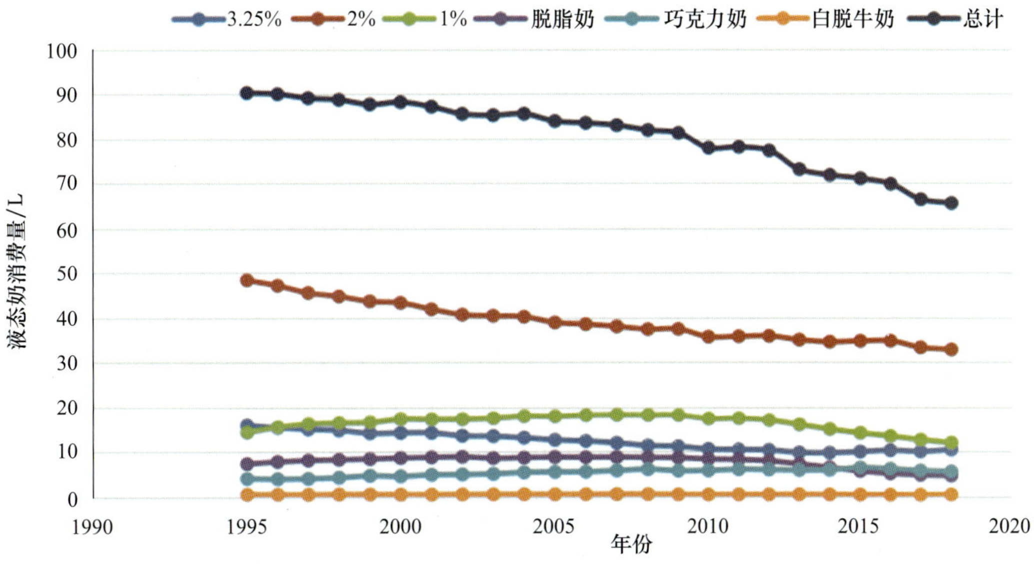

图 12　1995—2018 年加拿大人均年消费各种液态奶量变化趋势

（数据来源：CDIC）

图 13(附表 13)显示加拿大人均消费奶油量在过去的 20 年中呈递增趋势,从 1995 年人均年消费奶油 5.46 L,增长到 2018 年人均年消费 10.07 L,提高了 84.4%。奶油消费中主要是 10%奶油,然而从 2000 年左右,18%奶油的消费也逐年快速递增,在 2007 年就超过 10%奶油成为最主要的奶油类消费产品。

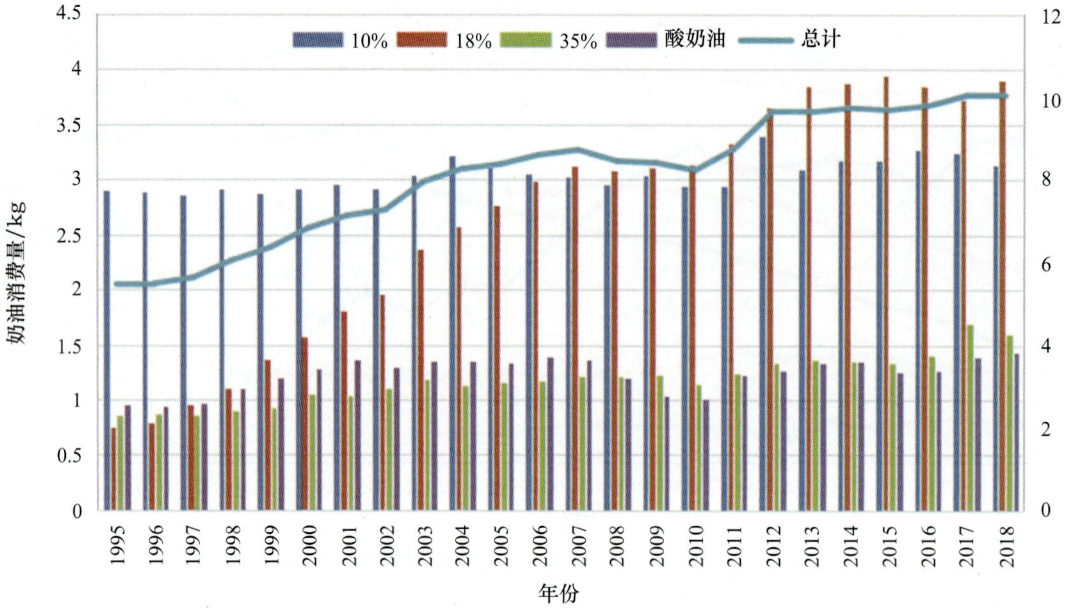

图 13 1995—2018 年加拿大人均年消费各种奶油量变化趋势

(数据来源:CDIC)

图 14(附表 14)显示过去 20 多年中加拿大人均消费奶酪的情况,可以说是小幅度增长的过程,在过去 20 年间,人均消费量增长 3.03 kg。奶酪总消费量只计算了切达奶酪、特制奶酪和乡村奶酪,切达奶酪中包含用于融化再制奶酪的部分。其中主要的且不断小幅度增长的品种就是特制奶酪。切达奶酪和乡村奶酪的消费量几乎没有发生变化。

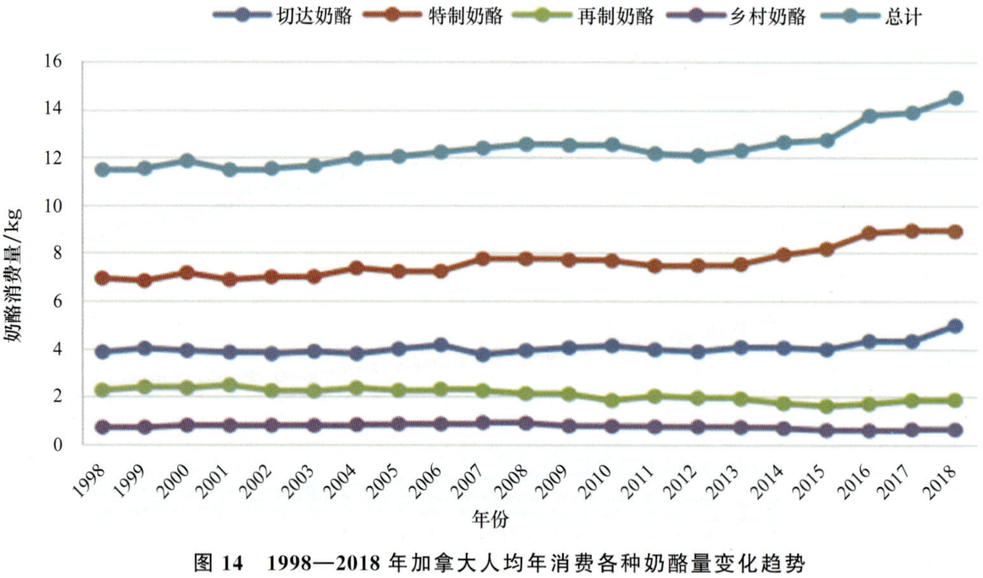

图 14 1998—2018 年加拿大人均年消费各种奶酪量变化趋势

(数据来源:CDIC)

1.4 乳制品贸易

加拿大自2000年以来一直是乳制品的净进口国，在乳制品贸易方面较弱。2019年，加拿大主要向美国、巴哈马和菲律宾等国家出口乳清产品、脱脂奶粉和酸奶等产品，出口额达到4.31亿加元；从欧盟、美国和新西兰等进口乳清产品、奶酪等，进口额为9.48亿加元，贸易逆差为5.17亿加元。图15可见(附表15和附表16)，近10年来，乳品进口额呈间歇性上升，而乳品出口额有较小的波动，总体呈趋势上升，造成贸易逆差间歇性增加，在2011—2019年间，形成2个下降波。与2010年相比，贸易逆差增加1.34亿加元，增加35%。

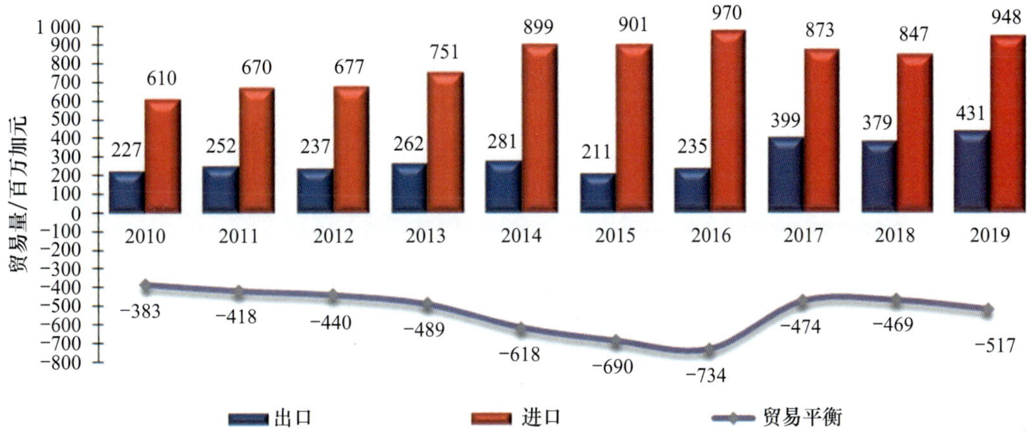

图15 加拿大近10年乳产品贸易情况

(数据来源：CDIC)

1.4.1 进口贸易变化趋势

图16和图17(附表3和附表4)显示了过去50年中加拿大进口乳制品变化趋势，从整个50年中的情况看，主要进口产品为奶酪，在过去的10年中除奶酪外，鲜奶、黄油是进口的主要产品。2005年起，黄油进口量大幅度下降，2008年达到新低，与最高进口量(2004年，约2.76万t)相比，下降了73.4%，在经过5年的

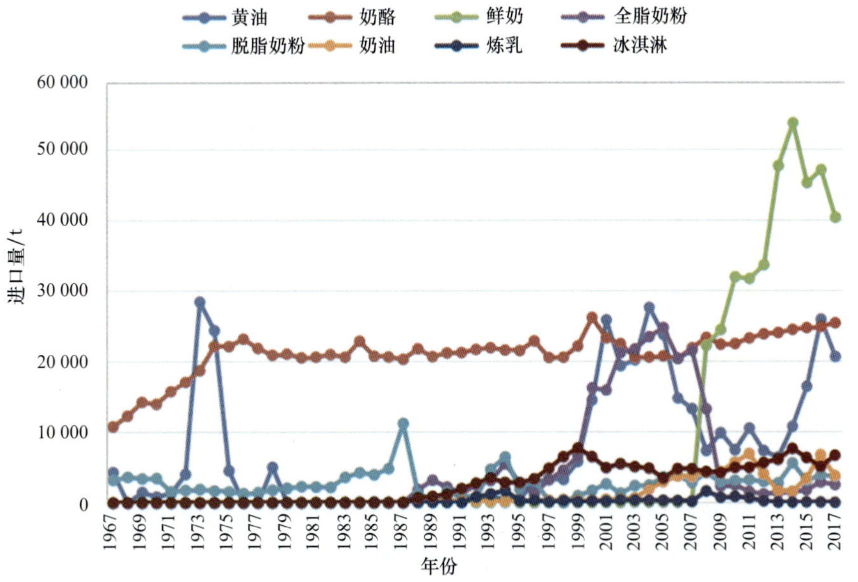

图16 1967—2017年加拿大乳制进口贸易量变化趋势

(数据来源：FAO)

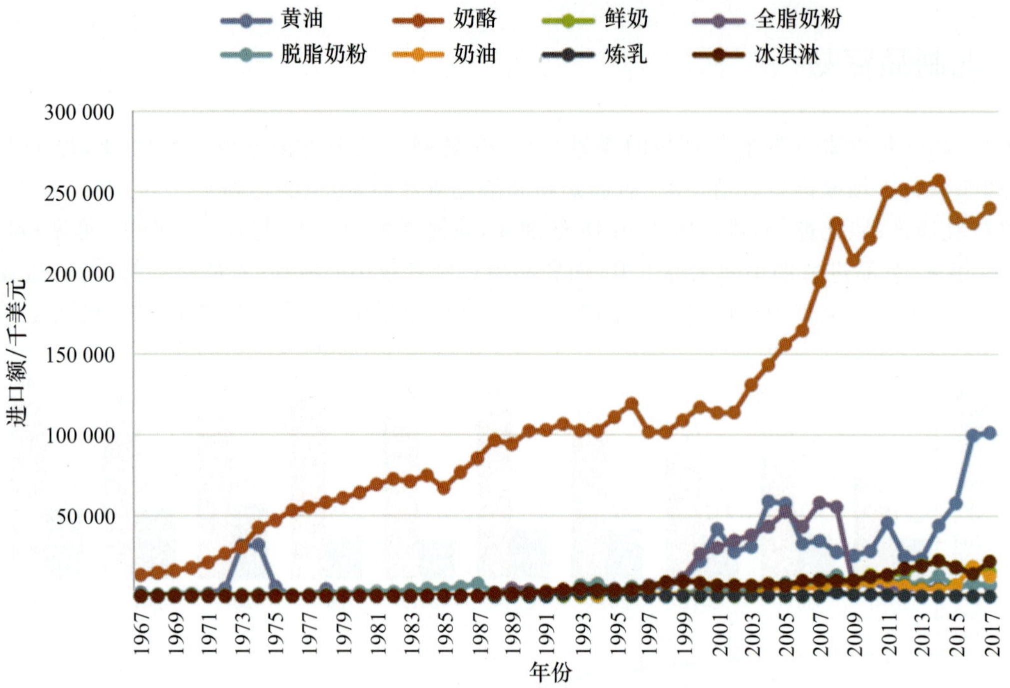

图 17　1967—2017 年加拿大乳制进口贸易额变化趋势

（数据来源：FAO）

波动后迅速上升，并在 2016 年接近历史最高进口量。全脂奶粉进口量从 2000 年开始上升，2005 年达到了最高 24 722 t，之后开始下降，2009 年进口量仅为 2 332 t，与最高进口量相比，下降 90.6%，之后一直保持平稳，2019 年只进口了 2 517 t；另外从 2002 年后的近 10 多年来，鲜奶进口量呈大幅度上升趋势。在统计中，鲜奶包括全脂和脱脂鲜奶，而呈剧烈上升趋势的是脱脂鲜奶，2010 年进口量达 2.5 万 t。炼乳和脱脂奶粉曾经在 20 世纪 80～90 年代也是进口的主要产品，但从 1988 年后几乎停止进口，近 10 年有再度上升的趋势。冰淇淋是 1988 年开始进口到加拿大的，近 10 年进口量稳定，2010 年进口量达到 4 181 t。

与进口贸易量相比，进口贸易额的趋势简单得多(图 17)，近 50 年总进口额呈上升趋势。其中奶酪由于其单价高、进口量大，进口额显著高于其他乳制品，在过去的 50 年中呈快速上升阶段，在 2014 年达到历史最高(2.5 亿美元)，1967—2017 年平均年增长近 454 万美元。2017 年，黄油、奶酪和鲜奶的进口额分别占总进口额的 27.2%、64.7%和 4.1%。在 2008 年与 2009 年，加拿大乳制品进口贸易额有巨大变化，贸易总额下降 0.86 亿加元，下降幅度 23.8%，可能与当时北美和欧洲正在经历的经济危机有关。与进口量对照，主要是脱脂奶粉(31.7%)、全脂奶粉(82.4%)和炼乳(67.4%)3 种产品进口量大幅度下降。2010 年进口贸易额有所恢复，但幅度不大(与 2009 年相比上升 9.8%)，主要表现在除炼乳外的各乳制品进口额上，但结合进口量，同时增长幅度较大的是鲜奶和奶油，增幅 30%以上。2009 年后，黄油进口额总体呈上升趋势，2017 年黄油进口额几乎是 2009 的 4 倍，奶酪的进口额从 2009 年开始稳步上升，2017 年比 2009 年增长 15.6%，但是进口量有一定波动，总体保持不变。

1.4.2　出口贸易变化趋势

图 18 和图 19(附表 3 和附表 4)显示近 50 年来加拿大乳制品出口量变化趋势。可见，近 20 年来，乳制品总出口量与 20 世纪 70～80 年代相比大幅度下降。近 10 年内，出口量较稳定，主要出口产品为冰淇淋、脱脂奶粉和奶酪等，但 2015 年起脱脂奶粉出口量迅速上升，到 2017 年涨幅超过 465%(与 2014 年相比)。黄油出口量从 2000 年开始大幅度下降，2005 年为近 20 年黄油出口量最高(约 2.0 万 t)的年份，到 2011 年出口量仅为 298 t，2013 年有所回升，达到 4 312 t，之后又开始下降，2017 年仅出口 1 183 t。图 19 显示了出口额的变化趋势，可见总出口额虽总体上升，但一直起伏跌宕，而且各产品在最近 20 年内变化趋势非常复杂。

奶酪、脱脂奶粉和冰淇淋有主导趋势，2017 年脱脂奶粉出口额占总出口额的 79.1%。奶酪一直是出口额稳定的产品(图 19)，占出口额的 30%左右，随着脱脂奶粉出口额的上升有所下降；2007—2010 年的新一轮出口额下降受脱脂奶粉、炼乳等产品出口量大幅度下降的影响；2011 年后冰淇淋出口额开始大幅度下降。鲜奶、全脂奶粉和炼乳一直是出口产品中的小部分。

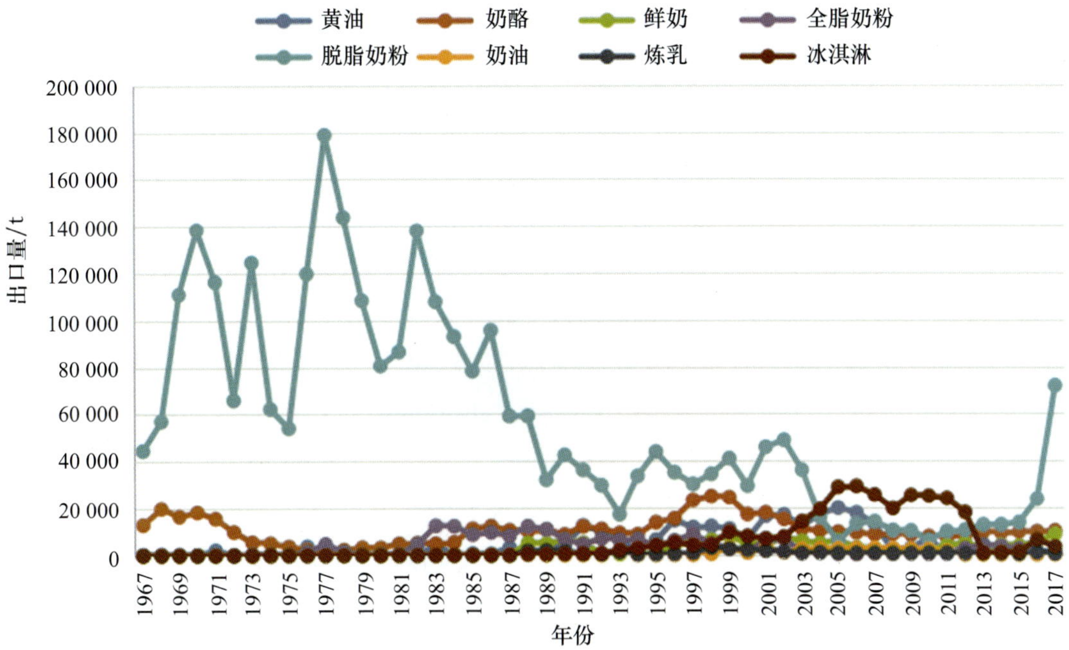

图 18 1967—2017 年加拿大乳制出口贸易量变化趋势

(数据来源：FAO)

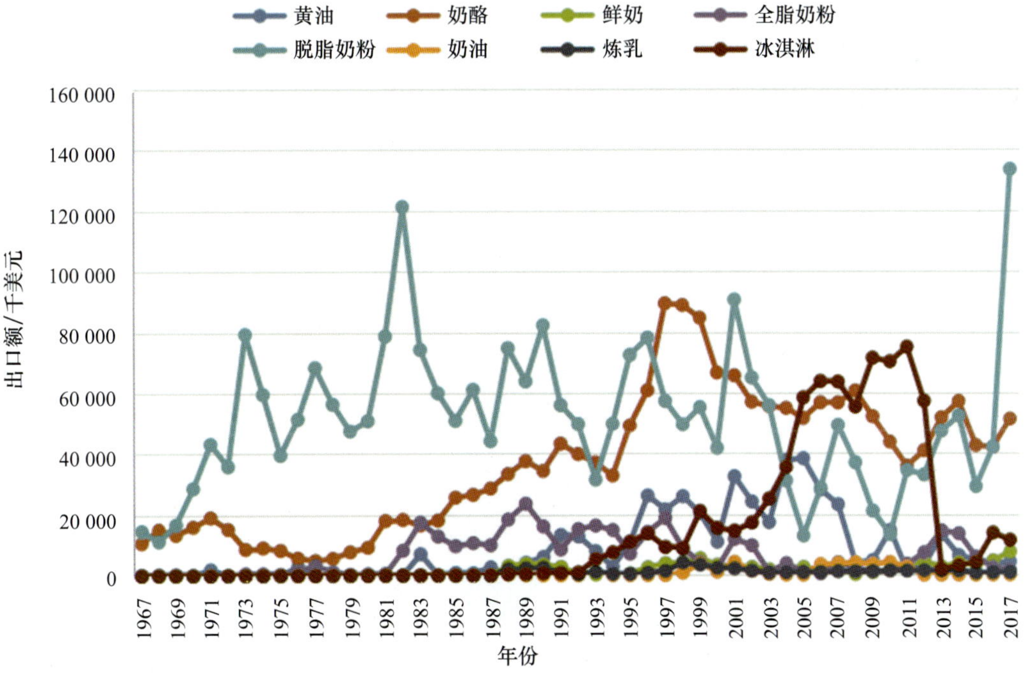

图 19 1967—2017 年加拿大乳制出口贸易额变化趋势

(数据来源：FAO)

1.4.3　加拿大的乳制品贸易伙伴

据加拿大国家统计局统计，由 AAFC-AID，Dairy Section 计划出版的《加拿大奶业统计资料》(Statistics of Canadian Dairy Industry)分析了乳制品的进出口贸易额和贸易量数据，不论出口还是进口，美国都是加拿大重要的贸易伙伴，除美国外，加拿大乳制品的出口和进口情况表现出很大差异。2017—2019 年，进口贸易额和贸易量都逐年增加，但是关于乳制品出口，2018 年的出口贸易额和贸易量较 2017 年都有所下降，到 2019 年出口贸易额和贸易量升高，且高于 2017 年(附表 15 和附表 16)。2019 年加拿大乳制品的出口总额约为 1 969 万加元，出口国按 2019 年贸易额排名前 10 位，见图 20(附表 15)，美国占 38%居首位，巴哈马占 14%位居第二，菲律宾占 13%居第三。据 UNCOMTRADE 数据，2019 年出口贸易伙伴群体较 2017 年和 2018 年发生了一些变化。

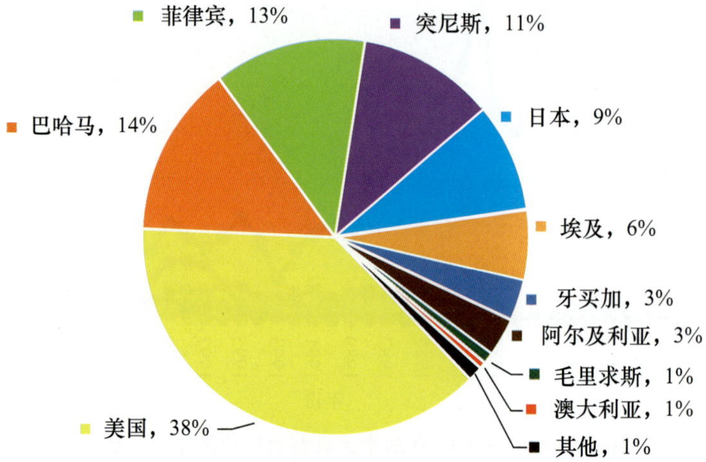

图 20　2019 年加拿大乳制品主要出口国贸易额比例

(数据来源：CDIC)

据加拿大国家统计局统计，2019 年加拿大乳制品的进口总额约为 4 994 万加元，进口国按 2019 年贸易额前 10 位国家比例见图 21(附表 16)，英国占 38.0%居首位，美国占 35.5%位居第二，爱尔兰占 8.1%居第三。前 10 位国家中欧洲国家 7 个，总进口额 2 829 万加元，占总进口额的 56.7%，是加拿大乳制品进口的重要贸易伙伴群。

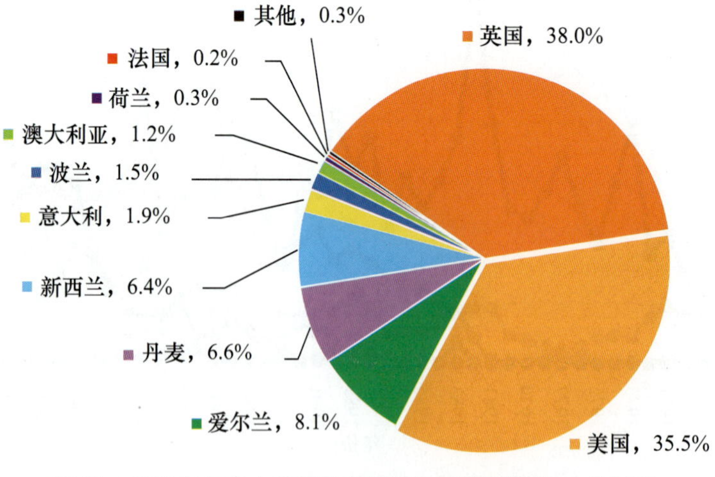

图 21　2019 年加拿大乳制品主要进口国贸易额前 10 位国家

(数据来源：CDIC)

1.4.4 加拿大贸易政策对其乳制品贸易的影响

据 UNCOMTRADE 数据，2019 年加拿大乳制品出口总计 16.33 万 t，出口总额为 4.31 亿美元，对于其发达的奶业来说是相对低水平的，这与其奶业实施配额体制有关。乳制品业在加拿大农业食品制造业排行第二，仅次于红肉加工业，其中液态奶占乳制品的 32.8%；自 20 个世纪 90 年代以来，食品和饮料生产加工业利润空间一直徘徊在 4.8%左右，而食品和饮料零售业利润空间大约是 2.8%。

牛奶的供应管理由加拿大乳品委员会负责，它确定全国的牛奶生产配额，并将配额通过农民组成的乳品加工合作社分配给奶牛生产者。加拿大的奶业配额制全面考虑本国消费，原料奶收购以牛奶生产成本为基础确保农民收益，因此其原料奶价格是世界上较高的，不利于出口，故各类乳制品出口额都不高(图 18)，主要面向亚洲国家。同时，由于本国原料奶成本高，为防止外来乳制品冲击本地市场，对于进口乳制品的种类和数量有严格的控制，奶酪是加拿大进口量最大的产品，乳制品进口国多为欧洲国家。

2 奶业科技进展概况

2.1 奶牛育种与繁殖技术进展

自 1955 年起加拿大全国实施牛奶记录系统，并在随后将线性体型外貌评分作为奶牛育种中的一个重要的技术手段来评估奶牛的健康和长寿与否。加拿大共有 7 个较大的种公牛站，生产的冻精或胚胎主要出口到美国、墨西哥、日本和欧盟。2019 年加拿大奶牛遗传物质出口总额超过 1.29 亿美元，其中冻精出口占总额的 84.2%。加拿大是奶牛遗传物质的净出口国(胚胎、冻精和奶牛)，种公牛冻精出口约占世界出口市场的 20%。2019 年，加拿大优良品种奶牛出口的最大市场是美国，占加拿大奶牛出口的 29.4%。经过 50 多年来育种与繁育技术的不断完善，加拿大牛群的遗传素质不断提高。从图 1 和图 2 中可以看出，从 1968—2018 年，加拿大泌乳牛存栏数呈现逐年下降的趋势，但实际上奶牛单产却是逐年上升的，这代表牛群生产性能有了很大的提高。目前加拿大奶牛场使用的主要数据管理软件有 Dairy Comp305，Afifarm，和 Dairy plan C21。

加拿大处于奶牛遗传育种研究的前沿。通过对牛群基因型的研究，育种专家能够描绘出奶牛的遗传图谱，目前正在对 60 种不同性状进行基因组遗传评估。2010 年 10 月以后，加拿大乳品网络(Canadian Dairy Network，CDN)发表的基因组遗传评估值是利用基因型填充(3K 和 50K)的方法计算的。奶牛经典的育种体系包括 4 个技术体系：品种登记、性能测定、遗传评估和后裔测定。在上述 4 个方面，加拿大奶牛育种体系是世界上较早成熟起来并成为楷模的。

2.1.1 个体登记及青年公牛后裔测定

图 22 个体强制性佩戴电子耳标及可视耳标

(图片来源：Holstein Canada)

奶牛登记在加拿大有 100 年以上的历史，不同的是原来登记要求纯种，而 2005 年起，法律规定任何一头奶牛(不论公母)在交易之前必须具有耳标，并且耳标号在国家数据库登记；从 2008 年起，强制执行电子耳标制度(图 22)，这有利于个体信息的准确登记和方便查阅。个体登记的强制执行不是起始于育种要求，而是考虑疫病暴发和监控的安全性，同时也为收集个体的信息奠定了基础，因为个体具有终身唯一个体号，是任何性能测定以至于评估的基本条件。个体标识与品种登记还是两个技术层次，有了个体标识为品种登记提供了方便，而品种登记除要求个体标识外，还要记录其亲本信息和基本特征。品种登记的工作一般由品种协会负责。登记牛数量和比例直接反映其奶牛育种水平。

过去的20年中加拿大每年登记牛数量不断增加(图23,附表11),即使在2003—2005年,由于疯牛病造成产业大萧条的时候,登记牛群数量都未见减少,可见加拿大奶农对于品种登记重要性的认识,以及整个行业对波动的耐受能力。登记牛占总头数(青年牛与泌乳牛之和)的比例逐步增加,且登记牛的主体是荷斯坦牛,2018年荷斯坦登记牛29.5万头,占登记奶牛的93.9%。安大略省和魁北克省的登记牛群占全国的72.8%。

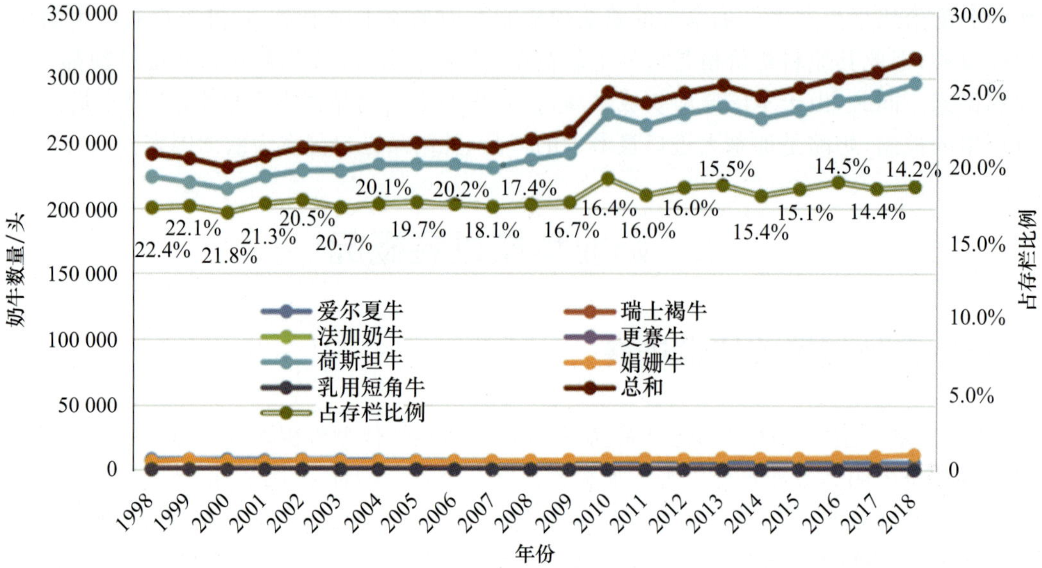

图23　1998—2018年加拿大各品种奶牛登记头数变化趋势

(数据来源:CDIC)

人工授精技术自20世纪60年代应用于牛的繁殖后,一直长兴不衰。1935年加拿大完成首例利用人工授精技术使母牛受孕,1935年人工授精的犊牛出生,1940年建立了利用人工授精技术产生的犊牛的品种登记办法。1954年在安大略省建立第一座人工授精中心,开始使用冷冻精液。目前,人工授精被视为奶牛繁育体系中性价比最高、最成熟的繁殖技术,在广大农户中使用,纯种个体90%以上使用人工授精。随着技术进步,与人工授精技术相关的其他辅助技术逐步投入使用,例如计算机软件制作选配计划、适时输精、性控冻精、使用激素或栓剂(CIDR)同期发情、预同期发情、发情检测手段(计步器、尾根笔、尾根胶囊)都在目前的奶牛养殖中受到好评。同时加拿大的奶牛专业技术服务人员,例如兽医在为奶牛场提供技术和技术咨询服务时,重点从繁殖角度提高奶牛生产效益,实施个体选配、人工授精和繁殖信息解读方法,使其成为牛场最受欢迎的技术人员。性控冻精在奶牛场的应用在目前依然很有限,鉴于成本高、受胎率低、最好的种公牛性控冻精有限等各种因素,只有意在扩群、提高后备母牛选留强度或者销售后备牛的农户采用性控冻精。然而根据加拿大奶牛活牛市场价格,饲养后备母牛出售利润不高(12月龄后备牛售价1 000～2 000加元)。

如图24所示(附表12),2012年登记奶牛中属于人工授精(AI)的后代比例为90.1%。过去20年中这个比例一直很稳定。由于登记牛中荷斯坦牛占绝大多数,荷斯坦牛为AI后代比例与总比例类似(2012年荷斯坦该比例为90.6%)。2011年登记奶牛中属于胚胎移植的后代1.46万头,比例为5.3%。过去20年中这个比例稳中有升,但幅度有限。1973年在魁北克省第一头胚胎移植犊牛出生,当年只有2头采用胚胎移植技术出生的犊牛获得品种登记,截至目前共登记了11 000多头胚胎移植个体。这个发展趋势说明,在奶牛商品生产中人工授精仍将是最重要的繁育技术,而胚胎移植除用于种畜培育外,很少用于商品生产。

1993—2011年间奶牛青年公牛完成后裔测定数量的变化趋势,见附表8。在1998—2009年间青年公牛完成后裔测定数量属较高水平,各品种总和在600头左右,占世界后裔测定公牛比例10%左右,显示出加拿大奶牛遗传物质需求旺盛。而从2006年起显示出明显的下降趋势。2011年总测定头数为520头,比2006

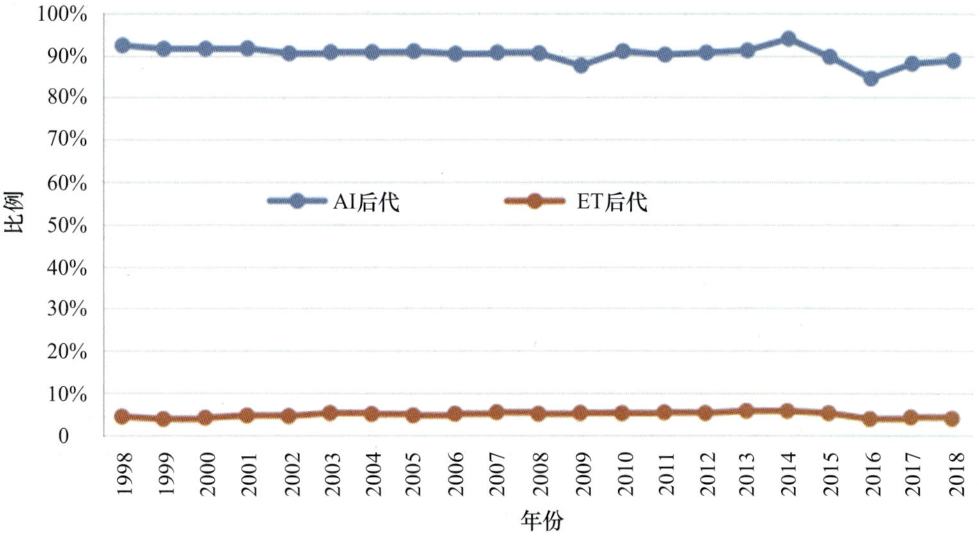

图 24 1998—2018 年加拿大登记牛中人工授精公牛后代以及胚胎移植后代头数变化趋势

（数据来源：CDIC）

年下降了 32.5%，主体是荷斯坦青年公牛（430 头，82.7%），其次是娟姗牛（22 头，4.2%），这与新技术——基因组选择的应用有关。2009 年加拿大正式公布基因组育种值估计结果，3 年以来，各种研究结果显示基因组选择技术可提高青年公牛选择准确性（从谱系信息可靠性的 30%提高基因组估计可靠性的 60%左右），因此可以通过减少后裔测定规模降低成本，但获得同样的遗传进展。

2.1.2 产奶性能测定

奶牛生产性能测定在加拿大起始于 1905 年的政府工作计划 ROP（records of performance），由政府补贴，主要用于测定纯种登记牛的性能，协助优秀个体体现其生产性能。20 世纪 60 年代，加拿大的两大奶牛聚集省份，安大略省和魁北克省开始了省级的生产性能测定。从 1962 年起测定计划改名为 DHAS（Dairy Herd Analysis Service），由政府部分补贴，但允许非纯种个体参与测定，并开始有技术咨询人员到场指导测定结果如何应用；1970 年左右，DHI 测定数据开始用于遗传评估。1978 年 DHI 测定由政府资助转向私营、非营利组织，政府只支付少量补贴以及技术研发费用。20 世纪 90 奶牛初，加拿大政府决定不再补贴用户 DHI 测定的任何费用，在 3 年内行业重新整顿。到目前，原来几十家 DHI 测定机构合并为由加拿大 DHI 协会（Canadian DHI）合作的两家 DHI 测定、数据分析机构，Valacta 和 Canwest DHI。由于有将测定结果用于改善管理的技术服务体系，并且管理水平直接与经济效益相关，DHI 测定在加拿大奶业中的推广效果很好，尽管政府不再为测定提供任何补贴，测定比例还在不断提高。

2011 年参加 DHI 测定头数（71.5 万头）占加拿大总泌乳牛数的 72.6%，在过去的 20 年中，测定总头数呈小幅度下降的趋势，但占牛群总存栏泌乳牛比例呈小幅度上升趋势（图 24），与 1992 年的测定比例 59.3%相比，提高了 13.3%。这一测定比例居世界前列，同时说明淘汰牛中不参加测定的较多。DHI 测定在加拿大有多种形式，其中一个大的区别就是正式 DHI 测定（有 DHI 测定专门技术人员到现场采样、测定头日产奶量）和管理用 DHI 测定（农场主自行记录头日产奶量并自行采样），其中只有正式 DHI 测定的数据用于计算品种平均产奶量和遗传评估，当然这两种测定方法因涉及是否需要技术人员的参与而价格有区别。从图 25 可见，管理用 DHI 测定的牛头数在 20 世纪末与正式 DHI 测定头数相近，但从 1998 年起，两种测定牛群总数逐渐拉开差距，参与正式 DHI 测定牛头数越来越多，2007 年起差距超过 10 万头，2011 年正式 DHI 测定头数 41.5 万头，与管理用 DHI 测定头数差距达到 11.3 万头。2011 年参与 DHI 测定牛场数为 9 594 个，占全国奶牛场数的 75.3%，这个比例比 1992 年的 56.5%上升了 18.8%。比较测定牛头数占全国 72.6%和测定场数占全国 75.3%可知，大规模奶牛场未参加 DHI 测定，主要原因在于大型奶牛场采样工作繁重、新建的大型奶牛场采用在线测定的设备、原有 DHI 测定服务于大规模奶牛场管理匹配性差，新的趋势为利用在线测定数据，奶牛场自己利用软件进行分析并将结果用于管理。

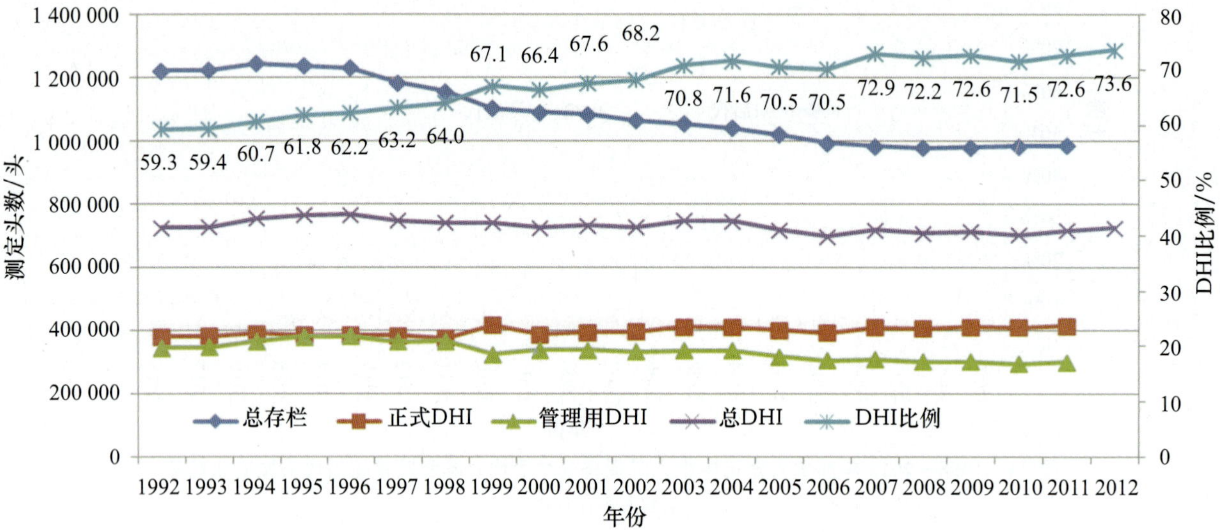

图 25　1992—2012 年加拿大奶牛参加 DHI 测定头数及比例的变化趋势

（数据来源：CDIC）

2011 年参加正式 DHI 测定牛群平均规模为 82.3 头，这一数字在过去的 20 年中一直不断提高，比 1992 年的 48.8 头增加 33.5 头，提高 68.6%。说明大规模牛场参加正式 DHI 测定比例逐年增加，同时已经参与正式 DHI 的牛群获利状况好、不断扩群。安大略省和魁北克省不仅是奶牛存栏的大省，也是参加 DHI 测定头数最多、比例最高的省，2011 年参加测定头数分别达到 24.1 万头和 29.6 万头，参测比例分别达到 74.6% 和 80.3%，高于全国平均水平（73.6%）。

利用正式 DHI 的信息，可以准确估计各品种的产奶水平。如图 26 所示，据 2012 年 31 万头牛正式 DHI 信息估计，2018 年加拿大奶牛胎次产奶量达 10 519 kg，乳脂率 4.02%、乳蛋白率 3.27%，其中荷斯坦牛胎次产奶量达 10 753 kg，乳脂率 3.96%、乳蛋白率 3.24%。可见在平衡育种理论支持下，奶牛单产水平不断提高，同时保持了乳成分水平基本不变。20 年间，单产水平提高近 2 t。

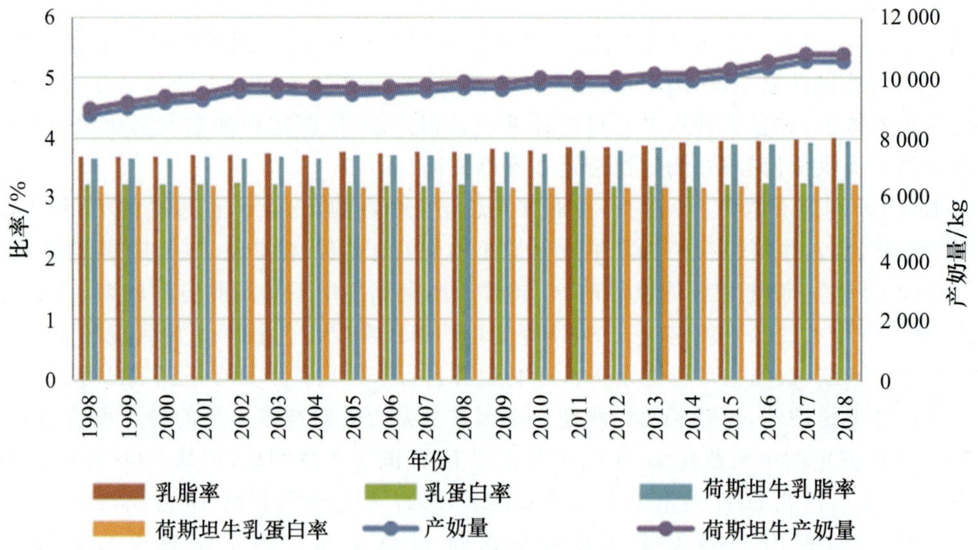

图 26　1998—2018 年加拿大正式 DHI 测定数据估计奶牛生产性能变化趋势

（数据来源：CDIC）

2.1.3 奶牛遗传评估与后裔测定体系

加拿大的奶牛品种质量和牛群遗传水平，一直处于国际一流水平和领先地位，已成为世界优质奶牛的育种基地之一，为加拿大本国，同时也为世界奶牛业品种改良做出了巨大贡献。在加拿大奶牛育种遗传评估体系中采用“平衡育种”的原则，不仅考虑了生产性能，同时还考虑了奶牛的长寿性及工作性能等性状，包括：生产、体型、寿命、产犊难易性、排乳速度、泌乳性情和繁殖性能等性状。参加遗传评估的奶牛品种包括荷斯坦牛（占奶牛群的 93%）、爱尔夏牛（Ayrshire）、瑞士褐牛、加拿大牛、更赛牛（Guernsey）、娟姗牛（Jersey）和乳用短角牛（Milking Shorthorn）。在选种过程中，1991 年建立闻名世界的 LPI（Lifetime Profit Index），之后不定期对于 LPI 指数中性状、性状的权重进行调整。LPI 包含 3 个部分的性状：生产性状、耐久力性状、健康及繁殖性状，每部分性状需要以其经济重要性（2012 年 4 月最新公布的荷斯坦牛 LPI 三部分权重分别为 51%、34% 和 15%）以及校正因子（2012 年 4 月最新公布的荷斯坦牛 LPI 三部分校正因子分别为 1.522 9、1.464 8 和 1.482 4）。这三部分又由多个有经济重要性的性状组成。

20 世纪 70 年代，加拿大的遗传育种科学家开发了利用计算机进行动物模型 BLUP 的遗传评估平台，为奶牛遗传评估奠定了坚实的基础。20 世纪 90 年代，加拿大的奶牛遗传育种科学家又一次刷新纪录，创造了适应于奶牛测定日记录方式的随机回归测定日模型遗传评估方法，并在世界上率先将这一学术思想用于奶牛遗传评估。2009 年与美国科学家一道，将基因组选择的评估方法用于奶牛遗传评估，在奶牛育种理论和实践中再次领先。

自 1905 年加拿大政府负责对奶牛纯种登记个体性能进行测定起，加拿大政府同时也负责对纯种登记的公、母牛进行遗传评估，20 世纪 40 年代引入的理念为群内比较，用于区别不同种公牛的遗传水平；20 世纪 50 年代提出校正的比较公式 BCA（Breed Class Average），对各品种的场、年龄效应进行校正；20 世纪 90 年代初，加拿大政府决定结束对奶牛行业生产性能测定和遗传评估的资助，给行业 3 年时间以及约 300 万加元的经费，重新建立经营式的行业服务机构——私有化。1995 年专门负责加拿大各品种奶牛的所有性状遗传评估的组织加拿大奶业网（Canadian Dairy Network，CDN）成立了，是加拿大政府将遗传评估这一工作完全转入行业自我运行的举措。CDN 同时代表加拿大参与国际联合遗传评估（Interbull，20 世纪 70 年成立的家畜遗传水平国际比较机构，1993 年采用的 MACE 系统用于比较各国公牛育种值是由加拿大科学家建立的）的工作。CDN 每年的工作经费约需要 100 万加元，全部来自行业内部。在此之后，加拿大政府不再对行业性的遗传评估进行补贴，只提供少许遗传评估研发经费。

奶牛遗传评估对于促进种公牛后裔测定体系的不断完善起到了重要作用。

2.1.4 奶牛体型线性评定

体型线性评定是加拿大奶牛育种中的重要技术手段，也是加拿大奶牛育种中平衡育种的具体指标，在过去的 80 年内，加拿大奶牛体型评定系统趋于完善，是世界上体型性状遗传进展最快、目前遗传水平最高的国家。

2005 年由加拿大荷斯坦协会研制了可适用于所有 6 个奶牛品种的体型评定计算机系统，为每位鉴定员配备手持掌上计算机终端，与全国数据库相联系。目前加拿大 60% 以上的奶牛群体参加体型鉴定计划。荷斯坦牛协会共有 17 名专业体型鉴定员，每 7 个月巡回鉴定一次，鉴定时不挑选个体，以群为单位，所有上次巡回以来的新产牛参加鉴定，不预算不分组，使体型鉴定保持客观性和公正性。荷斯坦母牛评分达到最高的前提之一是完成 3 个泌乳期，达到完全体成熟。目前荷斯坦牛鉴定牛群 8 000 多个，鉴定头数 22 万头左右，占泌乳牛群的 25% 左右。各品种奶牛使用相同的数据收集设备、软件，系统内部对于各品种的信息以及品种内泌乳阶段、挤奶状态和年龄进行校正。

体型线性评定数据由品种协会收集、CDN 负责遗传评估。目前采用 9 分制评估 24 个性状，其中少数可以通过度量评定，另外 39 个缺陷性状用于扣分。评分归纳到 5 个大类，体躯容量、肢蹄、泌乳系统、前乳房、后乳房和乳用性，最后汇总为总评分，并根据总评分定出等级（优秀 E、非常好 VG、好加 G+、好 G、一般 F 和差 P）。

体型线性鉴定数据对于牛群管理，尤其是淘汰和选配起重要作用。另外体型数据是遗传评估体系中健康、长寿和繁殖的重要指示性状，是加拿大奶牛育种的平衡理念的实践基础。

1922 年美国开发了“理想型”牛的概念，直至 20 世纪 30 年代，加拿大一直使用美国的理想型模型。之后，由加拿大的艺术家，从二维和三维两个角度，开发加拿大自己的理想型模型。1973 年，理想型模型生产了 30 cm 的公母牛模型，1984 年生产了 46 cm 模型。1988 年，开始在 30 cm 母牛和公牛模型上画画片；1993 年 46 cm 模型母牛也获得其画片。期间模型的制作材料一再发展。2003 年加拿大荷斯坦协会的委员会组织奶牛育种专家、体型鉴定员、牛赛裁判员共同研究，将线性体型评定的概念与模型结合起来，更好地将体型外貌标尺可视化，2004 年开发了公牛的理想型，之后又建立了青年牛模型(图 27)。理想型模型的各部位角度、尺寸都是根据品种的理想标准制定的，源于群体并高于群体。

图 27　加拿大荷斯坦理想型母牛、公牛和青年牛(2 岁)模型

2.2　奶牛饲料与营养技术进展

加拿大的奶牛饲养多采用家庭牧场为主的专业化、集约化生产经营管理模式。牧场一般占地面积 1 000～4 000 亩(1 亩≈667 m^2)，奶牛头数一般为 50～300 头，由家庭经营管理，机械化程度高，不仅有各种机械化的挤奶设备，还有成套的农业机械如牧草播种机、收割机等。由加拿大 NFACC 制定的《奶牛保健与管理操作规范》，是加拿大政府主管部门向全国推广实施的。在所有奶牛场的生产中必须执行，目的是为农场动物提供较好的畜舍环境条件和饲养管理技术，保证奶牛养殖业的健康持续的发展。加拿大的奶牛饲养真正实现了种养结合，有农场才有牧场。田长饲料，粪肥还田，循环利用，永续发展。同时，为了保护环境，政府还对奶牛的氮、磷排放指标做出了明确规定。加拿大奶牛养殖中常见的饲料原料包括：全株玉米青贮(干物质含量 35%)，干玉米秸秆，啤酒糟、榨汁后的玉米颗粒青贮(汁液用于酿造啤酒，粗蛋白质含量 45%)、提炼玉米糖浆后的玉米渣(粗蛋白质含量 16%)。这种模式有利于农业、奶牛业的发展。

2.2.1　软件管理

TMR 技术在奶牛场的应用已经普及，随之而来的是 TMR 设备和日粮的管理。FeedWatch 是 Canwest DHI 机构根据目前农场普遍采用 TMR 技术饲喂制作的一款管理软件，可以与奶牛场管理软件，例如 Dairy Comp305，结合并获取动态群体信息。除输入常规的日粮原料及其营养成分外，自动结合群体数据计算不同牛群 TMR 饲料各原料应添加量，减少错误和损失。如图 28 所示，对于每一种日粮显示应添加的量，随着添加量增加屏幕上的数据逐渐递减至零，然后显示下一个饲料原料的需求量。

图 28　Canwest DHI 设计的 TMR 日粮管理软件

2.2.2 饲养管理和营养调控

(1)在饲槽和槽位空间管理方面,保证全天候随时可采食优质饲料,在散栏饲养中,强调提供至少每头60 cm以上宽度。

(2)分群饲养。加拿大奶牛养殖中仍有一大部分是拴系式饲养,虽然这种方式需要劳动力强度大,尤其是必须采用管道式挤奶,但是也避免了分群饲养的麻烦,适用于100头挤奶母牛以下规模。对于散栏式牛群,尤其是千头挤奶牛以下的饲养场,必须分群,但分群原则可以不同。最新理念为以尽量保证青年牛、头胎牛的采食、休息和正常泌乳;对于超过1 000头母牛的大型牛场可以泌乳阶段分群。

(3)在围产期牛的营养管理和健康方面,通过在饲料中增加谷物成分或添加脂肪提高饲料的营养密度;利用体况评分检测牛群健康状况调整饲料;对接近干奶期的牛只应用低钾饲草或饲喂阴离子盐。

(4)预防瘤胃酸中毒的营养管理方面,注重优质粗饲料的供应,饲料转化缓慢过渡,添加缓冲剂或碱化剂对防止瘤胃酸中毒。

2.2.3 牛舍设施设计

(1)牛栏设计和管理。拴系式牛舍的牛床重点是垫料干燥、柔软,不伤关节,而散栏式饲喂方式中牛栏的重要性和灵活性增加。在不同年龄牛群牛栏尺寸设计、垫料等方面不断进展,满足奶牛舒适性。牛床垫料常见有沙土和干粪两种,沙土花费取决于原材料成本,对于刮粪系统和固液分离系统伤害大;干粪系统需要投资粪尿分离设备和发酵设备。

(2)地面设置。拴系式牛舍地面重要性稍差,牛只很少移动,且移动时有人照管。在散栏式牛舍,地面对于牛的肢蹄健康尤为重要,而且牛舍的不同区域地面要求不同,因此在牛群频繁到访区域的地面都有0.5 cm直径的凹槽,同时漏缝地板最容易保持牛舍地面清洁,有利于保持牛蹄的干燥和降低蹄病的发生率,虽然地下粪窖的一次性投资大,但省去了舍外的粪污贮存设施。

(3)牛群密度管理。目前70%左右的牛场采用拴系式牛舍,不存在牛群密度过大的问题,但近年来新建的散栏式牛舍,受成本等各种因素影响,多数牛场以超过牛床10%~25%的密度养牛,虽然成本降低,但存在诸多负面因素,尤其是对弱势牛的生存有很大的影响,应及时进行调整和管理。

(4)根据加拿大气候条件强调牛舍的通风、保暖。加拿大的冷凉气候非常适合于奶牛生产,但夏天、冬天的极端气候仍然给牛舍设计中兼顾通风和保暖带来难度。2018年加拿大74%的农场依然使用拴系式饲喂,这种类型的奶牛场存栏规模小,且牛舍老旧,目前几乎所有新建的牛舍都采用卧床设计。

图29 加拿大卧床式牛舍侧壁为卷帘式

①牛舍设计以通风为第一原则。

②新建牛舍普遍采用卷帘式侧壁(图 29),不再有墙。通过温控自动或手动操作卷帘,在不同情况下允许不同量的空气流通,最有利于解决牛舍通风问题。寒冷地区采用充气式卷帘材料增加保暖性。

③新建牛舍的屋顶(图 30)采用不同级别的隔离层,防止日光强度过分影响舍内温度,同时防止冬季屋顶滴水。

④新建牛舍屋顶(图 30)夹层并增加空气循环装置,有利于屋顶隔热以及冬季冷空气进入牛舍前形成缓冲。

⑤与常规牛舍箱式风扇相比,吊扇(图 29)是比较安静、空气流通量大的一种选择,近年来受到农户好评。

图 30 加拿大牛舍屋顶设计

2.2.4 犊牛饲喂管理

2010 年,据魁北克省 115 个农场[牛群大小(52.5±20.9)头泌乳牛,产奶量(8 697±1 153 kg)]的 1 h 调查显示,在牧场中犊牛饲养程序存在潜在危险,其中严重违反犊牛健康福利的要点为:①51.3%的牛群没有分娩圈;分娩时无人照看,尤其是夜间,可长达 12 h。②36.8%牛群新生犊牛脐带不消毒,不及时佩戴耳标,常常是 3 d 后检测犊牛。③15.6%的牛场要靠母牛自行哺乳提供初乳,并不对初乳质量进行检测,被动免疫效果未知。④去角和去除多余乳头的时间晚(6.4 周和 6.7 月龄),并且操作时没有采取适当措施止痛。⑤48.2%的牛群采用传统的限制饲喂牛奶的方式喂犊牛,同时将未经处理的废奶饲喂犊牛。⑥16.5%的牛群断奶操作不当。⑦87.9%的牛群犊牛单独饲养,但是大多数犊牛舍不合适(箱式犊牛岛 27%,拴系式 13.9%,靠墙边拴系 5.7%)。

上述调查结果与加拿大奶牛养殖中规模偏小、拴系式牛舍占一定比例有关。新建的散栏饲养牛场,进行了改善。①人工饲喂犊牛:增加劳动力成本,但可提高对单个隔离犊牛的个体照顾,及时发现病弱犊牛并给予帮助或治疗,最高水平可以达到无意外死伤的境界。②机器人哺乳:在加拿大实施 2 年有余,部分用户认为节省人力,自动控制犊牛采食量,但计算机管理程序初学者或教育水平低的农户难以掌握,且犊牛群居,增加了犊牛间疾病传染机会,对于牛群疾病控制要求极高。③半自动饲喂:采用自动饲喂的圈舍设计,中心供奶,结合牛奶酸化技术,不限量供应犊牛采食,节省了设备投资和人力,饲喂犊牛牛奶质量要求低,犊牛能自由采食但不能产生个体记录,但对于牛群疾病控制要求极高。

2.3 奶牛疫病控制技术进展

加拿大奶业的疫病控制体系中,以提高奶牛生产效益为宗旨,始终奉行以防为主的原则,在生产良好规范中,建立了各个关键控制点的操作规范。不仅建立起全国联网的个体追溯体系,同时在预防手段的研发方面,将遗传、营养和管理综合考虑。兽医临床实践,更多地从"治病"中解脱出来,培训农场主能够进行简单的诊断甚至简单治疗，定期到场访问，监督、检查疾病预防状况，学会利用农场的健康、繁殖数据协助管理，充分关注奶牛群体繁殖效率，协助奶牛场实现利润最大化。

2.3.1 建立了全国的个体追溯体系

这个计划实施时间为 2001 年 1 月 1 日，从这一日期开始，每一头犊牛在过户时都要打上加拿大食品检疫局批准使用的耳标。此项计划采取推广和通告的方式逐步扩大实施范围，到 2002 年 7 月 1 日，将形成法律条文，此时违反者将受到经济处罚。2003 年 SARS 暴发、2005 年疯牛病暴发，给加拿大奶牛的活牛出口带来巨大灾难，也直接导致了强制性个体标识体系的完善。

从 2001 年 7 月 1 日起，所有的屠宰加工企业需要识读标识并把相应的信息转传到胴体上，同时将识别情况保留到胴体检疫时。法规的执行机构为加拿大食品检疫局，此机构负责对确认的违规情况进行处罚。但需要进行处罚的评估情况数量很小，因为整个产业对规定的执行较好。现在食品检疫局正在与地方机构进行协商；拟由地方机构承包法律条文的执行，检查、处罚。批准使用的标识要求在试行情况下达到 95%的保有率，标签的丢失是允许的，但丢失率不能超过 5%，否则将受到经济处罚。

2008 年建立电子个体标识体系。目前，任何牛只，在出场之前，必须已佩戴耳标，信息在全国奶业信息网(Canadian Dairy Information Center)注册。利用电子耳标信息，牛只才能够交易，同时如果一旦疫情暴发，患病个体的历史、过去曾经接触过的所有个体的信息能在 48 h 内获得，可用于及时隔离，将疫病风险降至最低。

2.3.2 利用 DHI 测定体系，检测群体/个体健康或常见病状况

加拿大的 DHI 系统起始于 1905 年，发展至今，其业务范围、服务模式不断演化，从专门从事品种登记的纯种个体性能测定，到扩展为一般群体的管理服务，再分化为允许正式 DHI 测定增加服务以及管理用 DHI 测定提供有限量服务等多种形式，到目前已经涉及加拿大 72%的母牛和 75%的牛群，是世界上较为发达的测定系统。在此之上，逐渐推出了各项健康相关检测项目(图 31)，包括牛奶尿素氮(milk urea nitrogen，MUN)、副结核病(Johne's disease)、白血病(leukosis)等。对于常规疾病能更准确检测病原体，例如利用 PCR 手段检测 3 种常见的传染性的乳房炎致病菌、金黄色葡萄球菌、无乳链球菌和牛支原体，使乳房炎治疗更有针对性。在新项目启动时，有部分政府项目资助，之后则转向农户自付。每次研发一项检测，附带一个与该检测相关的技术介绍、检测结果解读以及简单的处理策略，并同时向非 DHI 用户提供服务。检测结果一般在 2～3 d 内可以得到。检测结果一般有定性和定量两个特性，例如阳性个体结果可分为+，++，+++等 3 种。有的检测可以针对群体混合监测，还可以个体检测，灵活性强，允许农户制定自己的检测和监测计划。

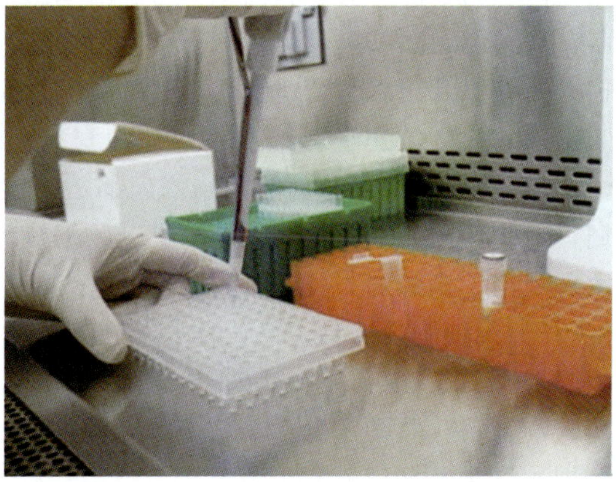

图 31 利用 DHI 奶样可检测几种疾病情况

2011 年 12 月 1 日新推出牛病毒性腹泻(BVD)技术服务。使用 DHI 样品检测主要针对持续感染的个体。这些个体可能终生带毒并通过粪便向环境、牛群传播。由于感染途径主要是孕期母牛垂直传播，胎儿期犊牛即带毒，出生后带毒犊牛多早亡，即使能成活也为终生带毒个体，危害全群。目前通过疫苗以及常规群体防疫措施可根除此病。DHI 检测可协助农场及时了解群体状况。

2.3.3 隐性遗传缺陷症检测和监测

在品种登记体系中，要求对于登记个体的遗传疾病隐性基因携带情况进行检测，加拿大目前主要检测牛白细胞黏附缺陷症(bovine leukocyte adhesion deficiency，BLAD)、脊椎畸形综合征(complex vertebral malformation，CVM）、单蹄（mulefoot，syndactylism）和尿苷酸合酶缺乏症（deficiency of uridine monophosphate shynthase，DUMPS）等 4 种可造成重大经济损失的隐性遗传缺陷症，致病基因可进行准确的基因型检测。

短脊椎症（brachyspina）是 2011 年新发现并确定的隐性遗传缺陷症，目前荷斯坦牛群基因频率约为 6%。检测结果将在所有谱系中标识，以 BYC 代表 brachyspina 携带者，以 BYF 代表 brachyspina 非携带者。

2.3.4 其他常见繁殖、消化代谢病

在奶牛生产中，除上述提及的可经过奶样检测的疾病外，由于管理不善会常见一些与繁殖、消化代谢相关的疾病，如子宫炎、蹄病、酮症、真胃移位等。除蹄病、真胃移位等必须专业技术人员（包括兽医）现场处理，主要靠平时累计生产、繁殖等信息，通过数据分析预防疾病，或经过简单培训掌握基本的早期诊断措施，以便兽医等专业技术人员能够及时安排到场处置，降低损失。

2.3.5 疫病区域化管理

现阶段加拿大动物疫病防控工作重点：一是采用区域化管理措施，控制局限在局部地区和野生动物群体的疫病，如局限在不列颠哥伦比亚省一个山谷存在的蓝舌病，局限在温尼伯格附近瑞丁山国家公园野生动物的肺结核，加拿大对这两个地区进行区域化管理，维持全国无疫状况，并逐步在区域内净化。二是建立以区域化管理为主要内容的突发外来重大动物疫病应急防控计划，如加拿大为应对可能传入的口蹄疫等重大外来动物疫病，制定并实施了将加拿大区划成东、西两个部分的区域化管理计划，降低外来重大动物疫病传入造成的损失。

加拿大多学科专家研究认为，区域化管理在最终扑灭动物疫病、控制外来动物疫病、保障国际贸易方面具有极为重要的作用。对于区域化管理的原理，加方认为，从微观的角度，一个动物在检测某种疫病呈阴性，同其未经检测、疫病状况不明的同群动物区分开，就是区域化管理；从宏观角度，通过持续的全国性监测，将疫病状况不同的动物群体区分开，对易感动物的移动进行控制，建立可追溯管理和疫病应急防控机制，也是区域化管理。因此，区域化管理是涉及风险分析、监测、诊断、预防、检疫、隔离、可追溯管理、应急防控等措施以及兽医科研、能力建设和管理体制的系统工程。

加拿大区域化管理具体做法如下。

（1）实施区域化管理的动物疫病都是法定报告疫病。加拿大法定报告动物疫病条例规定了 32 种动物疫病，包括全部 OIE 原来规定的 A 类动物疫病和加拿大有控制计划的 B 类疫病（结核病、蓝舌病）。另外，加拿大还规定了紧急通报疫病和年度通报疫病名单，紧急通报疫病包括 41 种疫病（如禽传染性喉气管炎、禽霍乱、马传染性脑炎），为贸易伙伴要求在出口时进行检疫的疫病，其中有些疫病在加拿大存在，但加拿大食品检验署（CFIA）没有控制计划，接到报告后，CFIA 只进行调查；年度报告疫病包括 60 种动物疫病（禽白血病、沙门氏菌病、马病毒性动脉炎等），大部分是在加拿大存在的疫病，CFIA 不采取防控措施（部分省有控制计划），只是掌握每年发生情况。

（2）对区域化管理疫病进行持续性监测。加拿大对动物疫病的监测分为主动监测和被动监测。主动监测由 CFIA 根据疫病防控情况每年制定监测计划，并由本系统雇员直接将抽检样品送至系统内实验室进行检测。被动监测由各地、各类兽医实验室或执业兽医、农场主等发现报告病疑似病例时报告当地 CFIA 区域办公室，并由 CFIA 所属实验室进行诊断。其中主动监测所需的全部费用，以及执业兽医或农场主主动报告疫情而发生的相关费用都由联邦政府承担。联邦政府每年用于监测的财政资金大约为 5 亿加元。

目前，加拿大开展的监测计划有：①牛和猪的三年调查计划。主要是对布鲁氏菌病、牛的布鲁氏菌病、蓝舌病和结核病等疫病，按照 0.02%的流行率，95%的置信区间，采集 15 000 份样品，进行监测。②特定疫病的监测。如疯牛病的国家主动监测，禽流感调查，2004 年、2005 年和 2007 年对禽流感发病后的动物卫生状况及野禽进行了调查，2008 年对家禽进行了调查。

（3）结核病的区域化管理。1923 年，加拿大开始执行全国性牛结核病扑灭计划。一是对 CFIA 监管的

屠宰场屠宰牛的90%进行采样检测，对有结核病接触风险或是屠宰场采样数量不够的（如鹿科动物）在饲养场进行采样检测。二是一旦确诊发现结核病阳性病例，对所有接触过阳性病例的易感动物进行销毁，对阳性病例所在设施被污染的区域进行彻底清洗和消毒，连续4年内对该养殖场后续补栏的畜群进行检测，通过流行病学调查发现其他可能存在风险的畜群。经过几十年的努力，加拿大牛结核病逐年下降。2001年以来，仅在曼尼托巴省发生7例结核病例，最后一例发生在2004年。目前，结核病只局限在曼尼托巴省温尼伯格附近瑞丁山国家公园的野生动物中，国际社会普遍认可加拿大全国已扑灭结核病。为维持无结核病国家的状况，防止家养动物发生结核病，从2002年起，CFIA对瑞丁山国家公园野生动物结核病实施了区域化管理。

（4）口蹄疫等重大外来动物疫病的区域化管理。CFIA针对口蹄疫制定了一项区域化管理方案。该方案通过在位于曼尼托巴省和安大略省交界处（西鹰湖）连接东部和西部的唯一一条公路上设卡，将加拿大分成西部（不列颠哥伦比亚省、阿尔伯塔省、曼尼托巴省）和东部（安大略省、魁北克省等）两个部分。目前，CFIA要求从西部（或东部）所有经西鹰湖地区向东部（或西部）运输活牛，都必须填写一份表格，列明牛的标识编码、原产地和目的地，并通过网络上传牛标识数据库。CFIA将在西鹰湖检查站对运输的活牛进行检查，对于没有填写上报表格的，补填数据并上传。如此，一旦口蹄疫传入加拿大东部（或西部），CFIA可以追踪到发生口蹄疫地区运往西部（或是东部）的活牛去向，进行追踪处理，从而达到维持西部（或是东部）无口蹄疫状况、保障西部（或东部）地区出口贸易的目的。该计划自2001年开始设计。2005—2006年，在西鹰湖地区设置检查站，健全相应信息填报、上传、管理制度。2007年初，要求填写活牛移动数据。2007年7月，对该计划进行了测试。下一步，CFIA计划逐步研究对猪、羊等口蹄疫易感动物跨区移动采集信息，并根据区域隔离条件等情况，逐步细化区域化管理方案，将加拿大区分成更多区域。

2.4 奶牛场粪污处理与环境保护技术进展

加拿大畜禽养殖业高度发达，然而该行业也产生了大量废料污染物（如温室气体、粪污等）。针对这些废料的处理问题及其可能造成的环境污染（水体、土壤、空气等），政府非常重视。加拿大政府的环保原则概括起来为：各级政府共同负责，环保方针政策完全透明，实行全国环境监督，动员公民积极参与，积极进行综合治理，生物环境资源共享，坚持走可持续发展之路，严格防止产生污染，谁造成污染谁负责清除。根据这些原则，各级政府和部门制定和明确了各自的环保职责和分工，避免了工作中发生职责不清、推诿扯皮、形式主义等问题。

一方面支持和鼓励高校、研究机构和企业开展大量的研究，开发出许多有效的废料处理技术。这些技术不仅有效地解决各种养殖模式的废料处理问题，并且由废物处理派生出一系列有用的产品，变废为宝，形成了一套完善的工业处理流程。另一方面加拿大主要通过立法对畜禽养殖业的污染进行防治和管理。虽然联邦政府还未出台专门的法律，各省分别制定了畜禽养殖业环境管理的技术规范，主要针对水源（包括地表水和地下水）的污染，臭气的散发，土壤中富磷、富氮的污染。畜禽养殖场必须按畜禽养殖业技术规范的要求对养殖场的环境进行管理。畜禽养殖业环境管理技术规范对畜禽养殖场的选址及建设、畜禽粪便的贮存与土地使用进行了严格细致的规定。各地政府都有一套健全的废料处理标准和法规，以及相应的监督管理机制，敦促按法行事，采用适当的处理技术，有效地保护了资源和环境。

2.4.1 奶业相关的环境管理法规及规范

加拿大近年来畜禽养殖业环境管理技术规范已成为各畜禽养殖场必须强制执行的技术性文件。畜禽养殖业环境管理技术规范对奶牛场的污染技术指导极为重要，如果奶牛场违反规范要求造成环境污染事故，将由地方环境保护部门依据《联邦渔业法》及本省的有关法规（如安大略省《环境保护法》《水资源法》）的有关条款对产生的污染事故进行处罚。

（1）奶牛场的选址及建设。奶牛场与周围居民建筑之间必须符合最少间隔距离（MDS）。最少间隔距离与奶牛场规模有关，养殖规模越大，最小间隔距离越远；另外还与奶牛场所周围环境的人口密度、环境功能类型等因素有关。

(2)牛场粪便的贮存。主要从以下3方面提出技术要求:一是粪便贮存场址,其地下水埋深、洪水发生可能、土壤渗透性等应符合规定的要求;二是肥料贮存池,主要是防渗要求,以防止粪肥贮存过程中对地下水污染的影响;三是粪便贮存容积。贮存池的设计容量必须达到能够容纳240 d的粪便的贮存量。

(3)畜禽粪便的土地使用。为了安全使用奶牛粪污,在技术规范中,规定应根据当地土壤性质、肥力状况、水文条件,制定该地区具体的粪便使用方法、使用量、使用次数和使用时期。

2.4.2 奶牛场建设的环境管理

由于加拿大对养殖业污染的治理以畜禽粪便的土地消化利用为主,禁止将畜禽养殖场污水排放到河流中,所以无须花费大量的资金投入到污水处理中。政府和企业还建立了许多先进的农业废料处理设施。这些技术和设备已被用于许多发展中国家,以解决类似问题。作为一项国策,加拿大政府长期鼓励本国先进实用的环保技术向发展中国家的输出。

在奶牛场建设的管理中,关键是畜禽养殖场距邻近建筑的最小间隔距离以及奶牛场必须编制营养管理计划(NMP)。

拟建或扩建奶牛场场主必须向市政主管部门提出申请,由主管部门根据牛场建设规模和养殖场周围的环境状况,确定最少间隔距离,审核是否符合最小间隔距离。如果新建或扩建的奶牛场符合最少间隔距离,农场主还必须制定营养管理计划。其内容主要包括牛场对粪污的贮存、使用所采取措施的计划。肥料贮存池的建设应符合环境管理技术规范要求,必须有充足的土地对产生的粪便在规定的面积范围内消化,并要求在直径10 km的土地范围内使用完,如果本农场没有充足的土地消化产生的粪便,必须与其他农场签订使用畜禽粪便合同,以确保奶牛场产生的粪污能得到全部使用。

农场主编制的营养管理计划提交市政主管部门或由第三方进行评审,如果营养管理计划符合规定要求,将同意建设或扩建养殖场,发放生产许可证。

2.4.3 奶牛场污染处理技术

加拿大对奶牛生产污染的治理以奶牛场产生的粪污利用为主。加拿大由于禁止将畜禽养殖场污水排放到河流中,而是必须将液体肥料还田使用,无须花费大量的资金投入到污水处理上。对畜禽粪便环境污染的管理主要从畜牧业与农业的高度结合,由充足的土地进行消化作为解决畜禽污染的出发点。主要粪污处理技术包括如下。

(1)牧场及粪池设计要求为防止污染和臭气散发,要求牧场必须远离城镇和村庄,一般要求在800 m以上。贮粪池容积要根据牛场规模而定,一般要求能贮存排粪量400 d左右。若黏土层上建粪池,可直接建造土坑,也有用一层不渗水的塑胶膜填在坑内。对沙土建粪池,要求用水泥或玻璃钢做成不渗流的贮粪池。贮粪池一般都为露天,上面无雨篷,这与当地降雨量少有关。

(2)牧场排粪量与农田配套要求农田是消化粪便的最终去路,也是最直接、最经济的一条途径。加拿大政府已采用计算机管理,要求土地面积与粪便总量相平衡,如果自己无足够土地,可用邻居的土地进行调节。

(3)堆肥技术堆肥是为了消化粪便,减少臭味,形成商品肥。目前加拿大牧场使用较多的形式有:①用农作物秸秆作为吸收粪便载体的混合堆肥。选择混凝土沟槽,一般长70～80 m、宽2～4 m、高1.5～2 m,沟槽边上设有通气孔,可用鼓风机通入空气,以调节温度,保持有氧发酵。在沟槽内先填上秸秆(麦草、玉米秸秆等),然后用机器在沟槽上一边喷射粪尿,一边翻腾秸秆,使其充分拌和,粪尿液体与秸秆的比例为(3～6):1,堆肥温度控制在55～60 ℃;一般经40 d可发酵腐熟,变成商品肥。有氧发酵的优点是可减少臭气散发,防止养分损失。②用木屑作为载体堆肥。用木屑作为牛床垫料,当木屑吸收粪尿后,就可出栏用作堆肥。③用干牛粪作为堆肥。牛粪经堆积发酵腐熟后可作为商品肥销售。

(4)固液分离方法,加拿大奶牛散栏饲养中多采用粪尿混合的清粪方法,粪尿冲洗到贮粪池后用机械分离干湿粪,干粪作为商品肥原料,尿液用作堆肥。

(5)防止臭气散发,大多数牧场为防止臭气散发污染环境,主要采用2种方法:一是在贮粪池上喷撒干麦秸,以遮挡臭气,在当地干燥少雨的气候条件下,每季喷撒1次,即可达到良好效果;二是在贮粪池内加入适当添加剂,以减少臭味散发。

(6)施肥方法:一般用大型粪便罐装车装运,用犁钩刨开小沟,灌入粪液,这种深施肥法的优点是可减少臭气散发。

(7)粪便及堆肥处理机械主要有堆肥翻滚机、抽粪尿泵、粪尿运载罐、施肥机等。

在加拿大新增奶牛养殖形式中散栏式较普遍。将粪尿收集,发酵后干湿分离,然后干粪用作垫料,节省散栏式饲养中需要购买垫料的成本,同时发酵过程可以产气、发电,如果能够并入国家电网,将有希望进一步减低环保的成本,是较理想的粪污处理程序,但投资较大。传统的拴系式牛舍使用排粪沟,自动链式刮粪板可便捷、定期地将牛粪刮出牛舍后集中,一般经化粪池发酵;而目前新建牛舍越来越多采用散栏饲养,其中一个主要的问题就是垫料,根据垫料不同,粪污后处理都不同。如采用沙卧床,多结合刮粪板,集中在室外的化粪池。经发酵的粪污在最方便的季节(秋天或春秋两次)直接用罐车喷洒于土地。使用锯末或刨花垫料,不利于发酵、粪污污染垫料容易造成乳房炎感染;使用干粪回收作为垫料,除成本投入大外,是较理想的整体循环。

2009年加拿大奶农协会,又进一步推荐农户改进农场日常生产活动,减少奶牛生产给环境带来的影响,包括:在生产中限制使用能源和水,保护土地,鼓励在农场生产和试验可再生能源,减少奶牛和农场释放的温室气体。

3 原料奶质量控制与计价体系

加拿大奶业以奶牛体型完美、群体遗传水平高而著称,同时也以实施牛奶供需管理体系(supply management system)经常招来各种讨论。由于实行了牛奶供需管理体系,比起近邻美国,加拿大的奶农从出售牛奶中获得了更多而且更稳定的收益。尽管如此,加拿大的消费者并没有为此支付更多金钱。由于实行了有效的协调磋商机制,加拿大奶业的效率很高,而且市场稳定带来的成本降低也体现在奶制品价格上,最终消费者会从中获益。消费者获益并不单指经济获益,这个牛奶供需管理体系也通过在生产者、加工厂及消费者之间建立第三方质量检测监督体系,保证了加拿大原料奶以质论价,以保优质来间接保证效益。

牛奶供需管理体系使牛奶生产者有机会探讨原料奶定价(详见3.4原料奶计价体系),根据消费者需求调整牛奶生产。原料奶的价格根据法律规律的生产加工配额体系,由奶农协会根据生产成本制定,与市场上商品牛奶零售价无关。执行半个世纪来的结果是加拿大牛群遗传素质不断提高,牛奶供应非常稳定,牛奶质量稳定,世界牛奶市场的波动对于加拿大国内市场的影响微乎其微。

加拿大等国在原料乳质量控制领域中进行了深入而实用的研究工作,制定了一套以HACCP为基础的有效的质量安全操作规范,极大地促进了原料乳的发展和提高了原料乳的质量。

3.1 提高原料奶质量的主要技术措施

保障原料奶质量,加拿大奶业主要采取的预防性措施,即用科学的手段,鉴别原料奶生产中的关键环节,用HACCP的理念,设计了有预防作用的操作规程。立意在于从预防入手(图32),而不从检测产品质量惩罚生产源头的概念出发,降低保证原料奶及乳制品质量的投入,向消费者展示产品质量安全的保障。

原料奶生产过程中主要的危害性污染源主要来源于化学污染、生物污染和物理污染,其质量控制通过最佳管理实践(best management practices,BMPs)、危害分析和关键控制途径[hazard analysis critical control point(HACCP) approach]、在HACCP之内的关键控制点[critical control points (CCPs) within HACCP]和标准化操作程序 (standard operating procedures,SOPs)的实施。

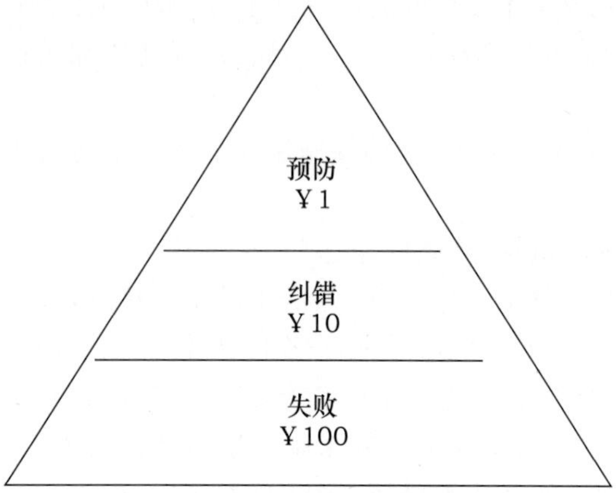

图 32 预防时管理成本最低

(在预防措施中每花费 1 元钱,意味着节省了 10 元用于纠正错误的成本、100 元用于挽回生产中损失的成本)

(1)最佳管理实践(best management practices,BMPs)。最佳管理实践是被推荐和证明的一系列原则和目的的管理程序,包括食品安全和质量、生产效率、可行性、效益和环境的质量,能够帮助防止农场食品安全和质量问题的发生。当被用作预防农场的食品安全和质量问题的控制措施时,最佳管理实践是 HACCP 的基础,是确保质量安全的方法。

(2)危害分析和关键控制点途径[hazard analysis critical control point (HACCP) approach]。一个原料奶 HACCP 的计划包括对操作的客观而关键的分析,对生产过程中的危害和 CCP 的评估,实际和可靠的记录保持系统,定时评估最好的管理实践,改进的措施和可提供的选择等内容。危害分析和关键控制途径的优势表现在为加工厂和消费者提供一致的优质牛奶,预防问题比解决问题便宜,减少处罚和降低未经加工的和加工后的产品损耗量,增强加工厂和消费者的信任度,有更好的机制对消费者质量安全的要求作出反应,提高生产者和加工者的牛奶生产效率和技术改进,对管理的更好控制(降低成本=提高利润),日常工作标准化,增进牛群健康,减少奶业生产对环境的影响,出口贸易的质量安全保证等。

危害分析和关键控制途径主要包括识别原料奶安全和质量的危害点,在需重点控制的生产环节规定关键控制点(CCP),贯彻和执行最好的管理实践以防止问题的出现,设置危害的界限以保证每一个 CCP 是在控制下,为每一个 CCP 建立监控程序,使用发现解决问题的程序和矫正工作去除或者减少原料奶安全和质量问题,建立检验程序证明控制程序的效果,开发一个持续记录系统,监控 HACCP 系统的效能。

(3)危害(hazard)。对原料奶安全和质量的危害,实质上是化学的、生物的或物理的污染。化学污染如兽药、杀虫剂残留、清洁剂残留、饲料和化学药品污染水源;生物污染如有害的细菌、寄生虫和其他由机体引发的疾病;物理污染如沉淀、尘土、飞虫、头发、玻璃、牛奶的掺假等。

(4)关键控制点(critical control points,CCPs)。在原料奶运出农场之前生产过程中的危害原料奶质量和安全的观察点。忽视或者错误地观察这些危害点或实际情况会导致在最终的食品产品中无法挽救的质量问题。原料奶生产过程中的经确定的 5 个基本的,也是最为重要的 CCP 为:兽药与其他化学品的使用、牛奶的冷却和贮存、设备卫生(清洁)、清洗容器的水的使用和注射用兽药的管理。

监控 CCP 在一个 HACCP 系统中非常重要。作为监控系统的一部分,必须保留记录。如果 5 个 CCP 被忽略,那么原料奶中无法挽救的危害有以下几种形式:原料奶中的抗生素不能被除去;如果原料奶没能适当冷却或贮存,或者设备不洁净,都会使牛奶中细菌数很高;如果不可饮用的水用于清洁并与牛奶混合,牛奶会被污染。

(5)标准化操作程序 (standard operating procedures,SOPs)。如果所有人员都能保证标准化的操作,则可以稳定生产出优质产品。最佳管理实践是质量保证体系的基础,而建立标准化操作程序是一系列的应用 BMP 的第一个步骤。一种稳定重复且具有连续的操作,如挤奶,不仅对生产优质的牛奶非常重要,而且生产效率也很重要。

标准化的操作帮助员工知道哪种牛挤出的奶不能装入大罐,以防止牛奶中的污染物进入奶罐,懂得检测乳房炎以帮助处理和预防乳房炎,应用良好的挤奶技术以保证每一次挤奶都符合操作程序。SOP 需要是可接受的,也需要有规律地更新,雇员需要在一个有规律的基础上被训练和评估以保证操作一致性。

3.2 提高原料奶质量的主要政策措施

加拿大的食品安全管理一直位居世界先进行列。在原料奶生产方面,在生产中应该最佳管理实践指导标准化操作程序，避免问题的发生；从监管角度，实施第三方检测，原料奶定价标准公开，并以第三方检测结果为唯一定价依据。这个局面源于加拿大政府从20世纪60年代起，由政府、奶牛场、乳品加工厂共同成立"加拿大牛奶市场理事会"(Canada Milk Market Board，CMMB)，由CMMB对全国牛奶生产及加工进行调查了解，管理产品的供应和价格，建立了产品配额制管理体系，严格限制配额外进口。不仅通过了解牛奶的生产成本有权定价，允许奶农有中等水平的收入，同时也有权将原料奶以质论价。另外，加拿大政府配合这种供需管理体系，不对外出口乳制品，同时将奶制品列入对《进出口许可法》进口控制清单，实行进口控制。进口控制清单中的产品在进口时需要获得进口许可。实行进口控制的产品包括奶制品等。即每年能够进口到加拿大的乳制品种类和数量是由国家控制的，在WTO条例允许的范围内，关税配额以内的农产品进口关税最低至零，但是对关税配额以外的进口征收高关税，如对配额外的黄油进口征收298.5%的高关税(且每千克不得低于4加元)，最高关税达313.5%(如其他类黄油、奶油)。避免进口产品冲击国内的消费市场，并且允许国内的奶农根据其拥有的配额，对于本年度的总产奶量有较准确的预计，可以有效安排生产，也是境内的乳制品加工厂一方面保证原料奶总量，另一方面稳定乳制品市场。

加拿大政府的政策措施还包括对提高原料奶质量的各个环节给予技术支持，如支持遗传评估、体型评定、DHI检测等技术环节的研发以及遗传物质的世界市场开拓。支持加拿大奶农协会(Dairy Farmer of Canada，DFC)实施加拿大优质牛奶计划(Canadian Quality Milk，CQM)，在培训、引导、技术咨询等方面广泛资助。

2008年加拿大政府法律规定的奶牛电子耳标识别体系，是建立健全个体追溯体系的基础，政府从立法层面的支持十分关键，使保障畜群健康、牛奶安全上到了最高技术层面。

为确保第三方检测的有效性，加拿大标准局(Standards Council of Canada，SCC)对加拿大境内的检测试验室的资格进行评审，以公正、公平的办法确定其检测水准并公布，例如Newfoundland Labrador就是经认证的最高一级检测试验室，可对乳成分、掺水、抗生素、细菌平板计数、沉淀、体细胞计数等指标判定监测。

国家或各省区还制定了与原料奶质量相关的法律法规，如有名的牛奶法案(Milk Act)，是1990年安大略省制定的规范生产、市场、保证原料奶质量的法律条文。

3.3 监控原料奶质量的主要方法及惩罚措施

加拿大优质牛奶计划(Canadian Quality Milk，CQM)是由加拿大奶农协会(Dairy Farmer of Canada，DFC)于1997年倡议的计划，旨在设定牛场现场的工作程序，以预防危害发生的方式，确保农场中无食品安全风险或降低风险，让消费者放心；在加拿大全国广泛应用于牛奶和肉类两大高风险行业。是由牛奶生产者自己制定自己执行的工作体系，是对多年来一直执行的安全生产模式的验证和显示。这个计划通过一个可动态调整的体系，灵活得对现有法规进行补充。其技术上的可靠性得到联邦政府官方(加拿大食品监察署)认可。该组织虽然是行业自发的，但正向约束性组织发展。目前加拿大98%的奶农已接受培训，符合条件的农场可以正式注册为CQM用户。

注册的农户需要满足以下条件：①由各农户所在省份授权，可以提交原料奶；②至少满足农户所在省份的牛奶生产法律法规规定的最低标准，同时不违反任何相关的联邦政府法规(如饲料法规等)；③有永久记录系统检测原料奶生产的所有CCP；④CQM手册中强制执行的最佳管理规范已经执行；⑤根据CQM手册，已经指定了本次的标准操作程序，并定时更新；⑥保存所有其他方面记录。

CQM的实施基础是HACCP(危害分析和关键控制点)程序，制定的最佳管理规范BMP。它对整个农场食品安全程序起到基础性的重要作用。它的有效性已经得到了证实，它有助于防止农场食品安全问题的发生，预防和降低食品安全危害发生的风险。CQM程序将最佳管理规范划分为8个部分：①奶牛设施、药剂和营养管理；②饲料；③家畜健康和生物安全；④用于家畜的药物和化学药品；⑤挤奶管理；⑥设施和设备的卫生；⑦对清洗与牛奶接触的表面的水的使用；⑧员工培训和交流。

CQM的前提计划除了BMP，还有SOP。建立标准操作规程(SOP)是长期实施BMP的第一步。SOP是书面程序，它描述了一项活动，如挤奶，该怎样按操作步骤一步步开展。对诸如挤奶这样的需要重复进行的任务，始终如一地按规范操作不仅对生产安全的奶很重要，对高效地生产安全奶也很重要。因此，如果操作过程中出错了，要重新评价 SOP 来观察它是否能被改进，从而预防问题重新发生。例如，标准操作规程能帮助生产者和他们的员工了解哪些牛产的奶不能进入大罐，以此预防污染大罐奶。SOP 被公布在员工很容易看到的地方并需要定期被更新。定期培训员工并进行评估，确保连贯性。

农场职工通过监测这些关键点，实施良好操作规范，达到①有效冷却和贮存牛奶；②紧密检测药品和化学品的使用，防止其在牛奶中存留；③坚持设备消毒并确保冲洗用水是清洁的；④牛只转运中安全。

检测风险还包括交流和确保牛场各项记录的有效、准确性，农场主是与政府的 20 个农业部门一起开发或执行农场现场的食品安全计划。DFC 是具体负责执行这项安全计划的，将致力于持续执行最佳良好操作规范，使农场现场的食品安全状况得到不断的改善。DFC 在各个省有分会，农户可以联系分会的成员进行技术咨询。

如果原料奶质量不合格，将受到警告、拒收牛奶、罚款甚至可能失去生产原料奶并销售的权利。以安大略省为例，安大略省奶农协会(Dairy Farmer of Ontario)负责本省的原料奶质量检测、定价、处罚等工作。其设有专线电话(MILKLINE)或在网站可查询各场牛奶罐样检测结果，检测规则不断修正。例如 2010 年 6 月，修订结果中：

①增加了检测频率：常规乳成分、体细胞数和冰点每次装载测定，细菌每周测定一次(原为每月一次)，抗生素每月测定一次(但每天乳品厂检测大罐抗生素残留)。

②修改细菌数罚款标准：原来每月测定一次，处罚标准为连续 3 次测定中的两次细菌数超过 121 000 TBC/mL；现在每周测定一次，任何一个 3 个月周期中，第 3 个月的任何一次检测超过 121 000 TBC/mL，而且在这个 3 个月周期中，有 5 次或以上检测结果超过 121 000 TBC/mL。

③抗生素检测超标：整车拒收，牛奶样品超标的场负责赔偿整车损失。

④乳成分计价：原来计价基于测定结果，但两次检测中间日期的奶价基于前一次测定。现在改为每次装载测定一次，计价改为以每次测定为准。每次体细胞测定结果用于计算该群体体细胞数的加权月平均值。

⑤冰点标准：改使用摄氏度记录绝对冰点，－0.524～－0.506 ℃。冰点检测为－0.506 ℃或更高则受罚。－0.515～－0.507 ℃为警告线，－0.517 ℃或更低为正常。

2012 年 4 月 24 日，安大略省奶农协会再次通知调整体细胞标准。根据 2007 年加拿大奶农协会讨论通过的牛奶体细胞数国家标准改为 40 万个/mL，安大略省奶农协会全体通过：安大略省奶农交售鲜奶时，牛奶体细胞数处罚标准从原来的 50 万个/mL 降低至 40 万个/mL，决定从 2012 年 8 月 1 日生效。

可以注意到，全国改变牛奶体细胞数受罚标准，在各省并未马上实施，而是认真讨论执行方法，与奶农共同改进，可见处罚标准的设定目的不在于处罚，而是共同监督牛奶安全。在 2011 年 12 月，安大略省奶农协会已经向所有会员发出通知，对于可能由于体细胞数指标超标受罚的单位给予警示，并提示在哪一方面需要改进，鼓励农户参加 DHI 测定，确定牛群中影响体细胞水平的关键个体，提高管理效率，避免损失。标准修改后，处罚界定标准不变，当月测定加权平均水平超标并且在过去的 3 个月中 2 个月超标后受罚，受罚有两个等级，一个是 3 加元/100 L，另一个是 4 加元/100 L，受罚实施于超标的整月奶款。

3.4 原料奶计价体系

对奶业生产实行“配额”制度，是加拿大奶业管理的一个突出特点。牛奶供需管理体系的具体体现是加拿大全国以消定产，实施配额制。在配额制基础上，由政府、奶农和乳制品加工厂三方协商定价。原则是以平均的牛奶生产成本为基础，保证奶农盈利且具备中等收入水平。

3.4.1 加拿大奶业的配额体系历史及评价机制

牛奶生产、加工配额(quota)体系始建于 1958 年，而其酝酿始于二战结束后。由于战后经济恢复，大量本国居民投资畜牧业，加之廉价土地等条件吸引瑞士、荷兰、日本等国投资移民到加拿大投资奶牛业，兴办了许多奶牛场，至1950—1956年，加拿大出现了卖奶难问题，许多牛场主不得不把卖不出去的牛奶废弃。很多牛场主开始游行抗议，与政府交涉，终于在1956—1958年与政府达成协议，由政府、奶牛场、乳品加工厂共同成立"加拿大牛奶市场理事会"(Canada Milk Market Board，CMMB)，由CMMB对全国牛奶生产及加工进行调查了解，确定每年全国估计牛奶消费量，进而确定牛奶加工总量、鲜奶生产量，以牛奶生产配额方式控制全国奶牛饲养头效、牛奶生产总量、牛奶加工总量，以保证奶牛场效益以及乳品加工厂效益，避免价格大战等不正当竞争。同时由该会提出，政府批准，本国不进口也不出口牛奶及其制品，以免国外产品冲击国内市场。CMMB规定，配额有股票的部分特性，可以继承、转让、买卖。如要投资新建奶牛场，除了要购买土地、设备、奶牛、建牛棚外，还要购买配额，一般投资额为：固定投资1万加元/头，配额0.8万加元/头。乳品加工厂同样除了固定投资外也须购买加工配额。原料奶配额和加工配额数量上相当，且有相应的规定，配额数量以年度计算，但要求有均衡的供应量，不得超过月标准或低于月标准的85%，若供应量不足85%时，其所低部分配额自动失效，由CMMB出让给第三方需要配额者(未更新)。因此要求牛场主安排一年之内均衡生产，不得实施季节性生产，这与很多国家奶牛场安排季节性生产差别很大。

演变至今，加拿大奶业委员会(Canadian Dairy Commission，CDC)是监管这一供需管理体系的组织，是加拿大牛奶供需管理委员会(Canadian Milk Supply Management Committee，CMSMC)的工作机构，负责测定全国消费量并据此设置以黄油为基准的全国牛奶生产总目标。

所谓配额制度，即加拿大奶业委员会规定全国原料奶的总生产量，再根据各省奶牛饲养的历史状况和人口变化，将生产配额分配到各省。各省把配额分到农场。农场主根据分配到的配额进行牛奶生产。配额每月计算一次，每2个月调整一次。市场需求每增加1%，则配额相应增加1%，反之，则作相应降低。配额的计算依据为牛奶中的黄油量。按牛奶含脂率3.5%计算，2 000 kg奶含70 kg黄油。在管理上，配额可以流通，农场主可以买卖配额，一般配额价为牛奶产值价的5倍。农场主可以将配额作为遗产传给儿子。如果农场主饲养的奶牛产奶完不成配额，管理部门可以强制要求其卖出配额，以保证奶的总产满足市场需求。

加拿大属市场经济国家，按一般理解，生产应由市场调整，"配额"制度的是一种由政府控制的"计划"管理。政府为什么要这么做？这是与其奶业发展历史和在农业中的地位相关联的。

奶业在加拿大农业中有着突出的地位，其生产规模仅小于红肉生产，是第二大农业食品部门。2018年农村现金收入中66.4亿加元来自奶业，全国奶制品销售额达到148亿加元，是加拿大农业的传统产业。以主产区安大略省为例，奶业占全省农业的第一位，农村牛奶收入超过21亿加元，奶制品销售额约47亿加元，对于如此重要的一个产业，政府必须要有有效的控制手段。配额制度就是在这种背景下产生的。其目的是平衡供求关系，以避免由于供求失衡产生牛奶过剩问题而付出昂贵的代价，达到有序的市场销售和价格的相对稳定。

实行这种市场的供应式管理，需要采取切实的措施进行控制的有3个方面，或称"三大要素"：控制奶制品进口；通过配额约束原料奶的生产；根据生产成本设定价格，对价格进行严格控制。

(1)控制奶制品进口，是在WTO框架内实现的。由于加拿大加入世贸组织较早，在市场准入谈判中取得了较高的关税税率。同类产品其关税税率大大高于我国。以2005年为例，液态奶进口加拿大的关税税率为241%，而我国为15%。酸奶、黄油、奶酪加拿大进口关税税率与我国比分别为237%与10%、298%与10%、245%与12%。高的关税税率有力地保护了本国的奶业。从总体上看，加拿大是一个奶制品既不进口也不出口的国家，为在国内市场实现供应式管理创造了条件，排除了因大量进口奶制品对国内市场平衡的干扰和冲击。目前，这种状况也面临挑战。加入WTO前，由于政府可以保护，每年仅有少量干酪进口，约占国内市场的10%。国内过剩的乳制品也可卖出。加入WTO和北美自由贸易区后，由于美国政府给农场主有补贴，奶制品有竞争力，对加出口增加，目前的管理模式面临挑战。对此，加国内也有不同意见。有的学者认为，将美国奶制品低价买回来对国内市场有利。政府认为不可以，低价进口奶制品构成对国内市场的倾销，会破坏国内市场的平衡。

(2)通过配额约束原料奶的生产，有非常具体的措施，本文前面已有叙述。这一措施之所以能够落实，奶农协会扮演了关键角色。加拿大奶农协会是根据“牛奶法案”成立的奶农自己经营和管理的组织，协会领导机构为指导委员会，在奶农中选举产生。协会作为牛奶生产者的组织，在牛奶的生产、运输和销售方面起指导作用，牛奶统一交协会进行销售，加工厂从奶农协会购买牛奶，保证了配额用于供应式管理，约束原料奶的生产。

(3)根据生产成本设定价格，对价格进行严格控制，是保证“配额”制度能否实施的又一条重要措施。加拿大鲜奶价格由奶农协会制定，其定价依据是对生产成本(COP)的计算。奶农协会根据本省上、中、下不同单产水平的农场混合取样，计算其净收入，以制定牛奶价格。原料奶按不同用途分为5级：第1级为液态奶和稀奶油，定价最高，第3～5级为用于生产可贮存产品(奶酪、黄油)等的工业用奶，价格最低。每年2月1日政府发布支持价，各省依成本计算定出自己的价格，允许有一个浮动范围。原料奶的30%～40%用于生产液态奶，60%～70%用于生产其他乳品。政府还有一条规定：液态奶、稀奶油限定在本省销售，主要满足本省需求，属第1级奶，别的省不能进入。酸奶、冰淇淋、奶油、奶粉、干酪等奶制品，由联邦政府保证奶制品供应，各省可以相互流通。根据考察时的价格，第1级奶价为70分/L，而3～5级工业用奶价格为30分/L。

由于奶价对于加工企业的效益产生直接影响，奶农协会与加工企业往往发生矛盾，这时由政府出面裁决。奶农协会与加工厂之间按实际发生的各级牛奶用量和根据第三方测定的乳成分结果，按质论价，每月一次结算、付款。奶协与奶农之间也是按协会交乳品加工厂时测定的乳成分定价标准结算，付给奶农奶款。由于以上各项措施如第三方测定、以质论价等联邦政府、省政府都有相应的法律规定，协会、奶农和政府之间又有相应的协商机制，协会、加工厂、奶农之间发生矛盾时，政府能依据法律进行裁决，保证了“配额”制度下供应式管理计划的运作，保证了奶业生产的正常秩序。

3.4.2 配额体系运行效果

加拿大1961—2019年奶牛存栏量、奶牛场数量下降，但总产奶量稳定。如果没有配额体系，若奶牛存栏量不变，则全国总产奶量将会也有巨幅增长，新增部分势必造成牛奶过剩，仅此一项将会大大冲击全国奶牛场。由此可见，配额体系对于稳定生产、平衡供应、满足人民消费起着至关重要的作用。

1961—2018年间，加拿大荷斯坦奶牛产奶量由5 187 kg上升到10 753 kg，增长了107%，乳脂率从3.6%提高到接近4.0%，乳蛋白率稳定在3.2%左右。可见牛场主对育种工作相当重视，在提高产量的同时保证了牛奶质量，充分证明了配额体系间接促进了牛场主采用科学技术提高产量和质量的积极性。

配额体系的实质是在满足市场需求的情况下限量生产，而绝非垄断经营。牛场主们只想获得正当经营所带来的利润而非想取得垄断利润。政府利用配额体系保证投资者的利益。如果投资者投资于奶牛业，有一定的饲养管理经验和经营能力，肯定能获得利润。

3.4.3 加拿大原料奶定价举例

支持价(support price)是每年2月1日由加拿大乳品局发布的收购、卖出交易价格。各省的奶业市场委员会根据这个支持价制定本省的乳品企业需要支付的价格，在乳品企业购买用于制造不同类型产品(如用于生产黄油、脱脂奶粉、奶酪、酸奶、冰淇淋等其他产品)原料奶时价格有区别。乳品加工厂需要考虑所有其他的成本然后制定其产品销售价格，然后代理商和零售商决定消费者需要支付的零售价格。支持价当年有效。

图33显示2011年2月1日根据加拿大乳品局公布的支持价以及在此之上构建的预期价。图34显示了过去的12年中加拿大政府制定的支持价变化趋势，一来两种产品的支持价平行，再者可见有逐年增加的趋势。增长的趋势在2005年之后尤为明显。

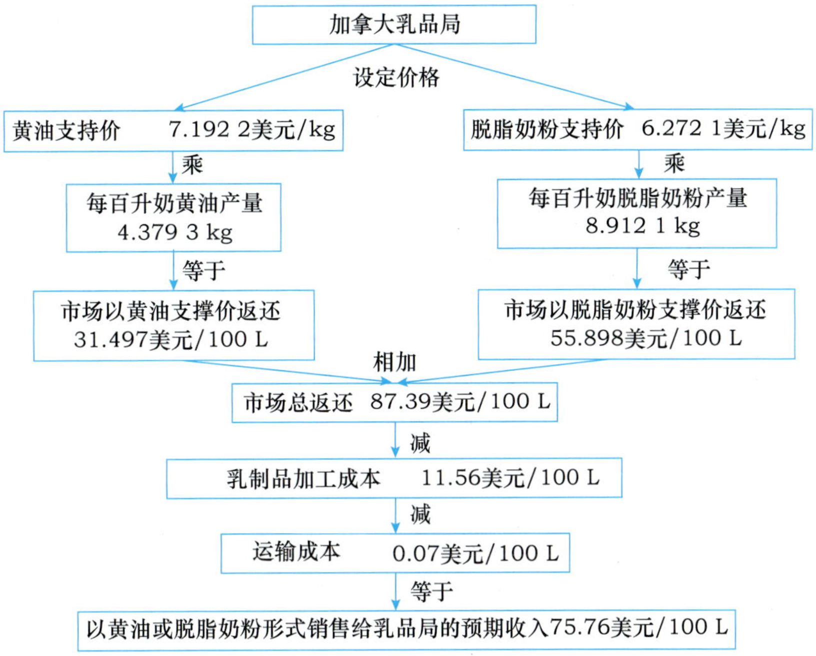

图 33 2011 年 2 月 1 日发布的价格体系(假定牛奶乳脂率 3.6%)

(数据来源:加拿大奶农协会)

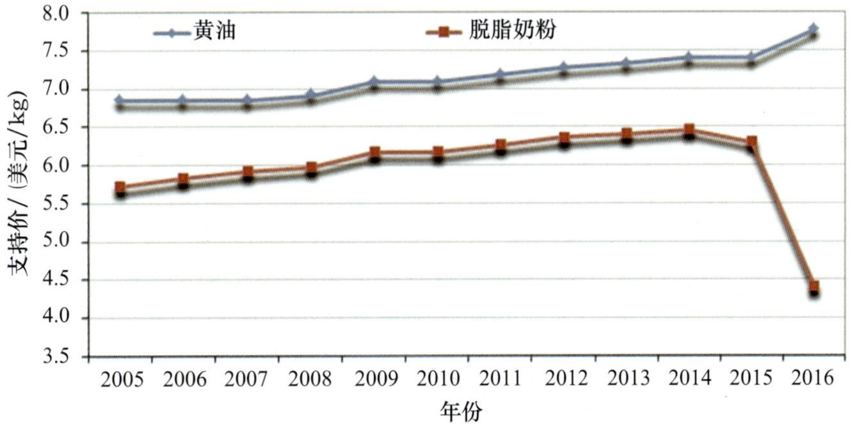

图 34 加拿大黄油和脱脂奶粉支持价的变化趋势

(数据来源:CDC)

4 科技推广体系

4.1 主要研究与推广机构

加拿大从奶牛生产、乳品加工、组织方式、价格协调、质量监督到市场管理,都有一套完整的体系和制度,以确保奶业的健康发展。加拿大农业食品部对产业政策、产品配额、市场价格、质量保证等方面实行宏观调控,具体业务管理通过由生产者共同联合组成的组织——协会来协调管理。加拿大奶业体系的主要研究和推广组织和公司有圭尔夫大学、先马士联合体(SEMEX)及其下属种公牛站、品种协会(如荷斯坦奶牛协会)、加拿大奶业网(CDN)、加拿大奶牛性能测定(DHI)中心、兽医检测实验室、加拿大食品检验署(CFIA)、加拿大奶农协会(DFC)、加拿大家畜遗传协会(CLGA)和加拿大奶业委员会(CDC)等。

4.1.1 圭尔夫大学

圭尔夫大学(University of Guelph)安大略省农业学院与安大略省兽医学院(University of Guelph, Ontario Agricultural College & Ontario Veterinary College)自成立伊始，安大略省农业学院通过科研工作站和现场实验来开发新的对农民实用的知识。通过提供各种条件，专研科学测试的管理办法和技术，来致力于作物科学、农业林业、草坪学、工程、动物研究站科学、水产养殖、环境工程、兽医学、园艺科学等为农民减少经济风险。其在奶业的研究领域主要是营养、繁殖和畜舍。其他在经济等领域的研究活动是生产成本和奶牛管理。1993 年圭尔夫大学著名教授 Larry Schaeffer 首次提出了测定日模型。其原理是利用奶牛泌乳测定日记录直接估计奶牛泌乳测定日育种值，进而得到泌乳期育种值。目前世界上奶业发达国家加拿大、德国、荷兰等均采用测定日模型对奶牛进行个体遗传评定。

4.1.2 先马士联合体(SEMEX)及下属种公牛站

1997 年，加拿大西部人工授精中心、捷安科种公牛站、东部育种中心、魁北克人工授精中心同先马士公司(奶牛肉牛遗传材料营销公司)共同组建先马士联合体，存栏种公牛 1 700 头。其中西部人工授精中心是一个农民合作社，成立于 1944 年，有 10 名董事，全部来自奶农，50 名员工，存栏种公牛 175 头，其主要任务是培育优秀青年公牛，参与公牛后裔鉴定，采集公牛精液，制成细管冻精或胚胎，帮助农户奶牛配种。经后裔鉴定，表明为优秀的公牛，每周采精 3 d，每天采精 2 次，平均每头奶牛每年生产细管冻精 1.5 万支。先马士联合体负责 4 个种公牛站冻精和胚胎的按质标价和统一销售。

4.1.3 加拿大品种协会

(1)加拿大荷斯坦品种协会(Holstein Canada)。加拿大荷斯坦品种协会是由政府、圭尔夫大学、乳制品加工公司和奶农共同成立的民间育种协会，全国 60%的奶农加入了该协会，其成员数量超过 11 000 名。该协会有 129 年的历史，1881 年第一头荷斯坦奶牛来到加拿大，加拿大荷斯坦品种协会也随之于 1884 年成立。在 1901 年，该协会进行全国性的合并，并成为国家授权注册加拿大荷斯坦牛的唯一组织。该协会的基本目标是为了提高荷斯坦品种的性能。其主要任务是通过体型外貌鉴定改善奶牛形态，培育高产奶牛，提高牛奶产量，延长奶牛寿命。主要工作：一是将加入荷斯坦奶牛协会的奶牛场进行注册登记、收取会费，奶牛场的奶牛统一编号，逐一记入奶牛谱系卡，同时将奶牛图片复制到奶牛谱系卡上。二是对会员奶牛场中饲养管理较好的高产奶牛逐头进行体型外貌的线性评估，计算出这些奶牛的育种值，数据汇总后通过计算机网络输送到性能测定中心的数据库。2012 年有 80 个工作人员，22 个体型鉴定员，在各省有分支机构，为奶牛场提供技术服务并参与科研活动。每年注册奶牛 27.5 万头，体型鉴定 25 万头奶牛，全基因组测定 1.2 万头奶牛，每年收入 1 200 万加元。

(2)加拿大爱尔夏品种协会(Ayrshire Canada)。19 世纪早期，爱尔夏这一品种从苏格兰来到加拿大，随后爱尔夏魁北克育种者协会及进口商协会于 1870 年成立，之后加拿大爱尔夏品种协会于 1872 年在安大略州成立。89%的加拿大爱尔夏牛分布在安大略省和魁北克省，其中约 69%位于魁北克省。而就在 1898 年 3 月 10 日以上两个协会便合并成为加拿大爱尔夏育种者协会。1901 年 1 月 1 日，加拿大爱尔夏育种者协会进行重组，开始致力于其成员的福利，以及为确保在全球市场上的个体和整体发展而做出的统筹管理。爱尔夏牛的特点是高奶产量和高蛋白质水平。同时它们以功能构成、无遗传性疾病、易产犊以及很好的环境适应能力著称。

4.1.4 加拿大奶牛生产性能测定中心

加拿大奶牛生产性能测定中心(Canada DHI)是一个对所有认证奶牛进行登记测定的组织。该组织由政府成立，从 1985 年开始，逐渐由政府管理向私营企业管理过渡，到 2003 年政府停止拨付工作经费。奶牛性能测定中心负责产奶记录计划的推行和实施，目的是通过对产奶期的每一头纯种奶牛进行测定，向奶农提供真实可靠的信息，以便掌握具有高产遗传基因的种牛，提高奶牛饲养管理水平。主要任务是对工作人员或农户送检的奶样进行乳脂、乳蛋白、体细胞等 8 项指标进行测定，并将测定数据与荷斯坦奶牛协会注册登记的谱系、外貌评估数据以及人工授精中心的奶牛配种情况等一并存储于加拿大奶业网中，提供给相关奶业组织，向社会公布。

奶牛生产性能测定中心下设加拿大家畜遗传协会(CLGA)，DHI 性能测实验室(Canwest DHI 以及 Valacta)，加拿大奶业网(CDN)3 个部门。中心主要工作是对全国 9 400 个牛场送检的奶样进行生产性能测定，进行奶样的采集、化验、分析，做出检测报告，将奶牛的配种、受孕、分娩、干奶、淘汰等信息进行整理，同时将测定的所有数据及牛场信息一起与荷斯坦奶牛协会注册登记的谱系、外貌评估数据以及人工授精中心的奶牛配种情况等一并存储于加拿大奶牛网页中，用于进行公牛评定。最终将数据反馈给养殖场，有针对性地对奶牛性能改良进行指导。加拿大 DHI 也在国际舞台上起着作用，是加拿大国际动物登记委员会(ICAR)的代表。

4.1.5 加拿大奶农协会

加拿大奶农协会(Dairy Farmers of Canada，DFC)成立于在 1934 年，是游说国家、推广政策和乳制品并代表所有加拿大奶农的一个民间组织。它是由各省牛奶销售委员会、奶农、合作社和奶牛品种协会组成的联合会。奶农组织是合作社形式的组织，董事会成员除 1 名政府官员外，其余均来自奶农。

政府授予该组织有原料奶定价权和市场销售经营权，并在政府市场管理委员会的监督下开展工作。该组织为奶业建立了加拿大牛奶供需管理系统，并在 1970 年得到实施，此系统确保了生产者的公平和充分的劳动、管理和投资回报。该组织设有宣传、收奶、信息、财务等部门。宣传部主要负责每月出版 1 期含有各种奶牛生产、技术信息和各种牛奶广告的科普杂志。收奶部主要协调各乳品厂原料奶收购量，监督原料奶质量，为奶农开展技术咨询服务。信息部主要负责调查市场对原料奶的需求量和开拓市场，并发放奶农生产原料奶的配额。财务部主要是每月按时对奶农的奶款进行结算，先从乳品厂收回奶款，再扣除为奶农服务的各项费用，剩余款额交回奶农。

加拿大奶农协会的年度会议是其基本的决策机构，会议的所有代表都有机会参与奶业发展的政策声明，这是基于加拿大奶农的研讨和本年度政府的活动之上而形成的干预草案。

4.1.6 加拿大食品检验署

加拿大食品检验署(CFIA)主要负责制定乳制品的质量标准，对乳制品加工厂进行检查，对包装和标签等进行监督管理。此外，还负责实施动物卫生计划，以确保乳制品的安全。加拿大按照世界动物卫生组织的有关规定对动物疫病进行强制性监控，严防动物疫病的发生。食品检验署实施了“优质牛奶”的农场食品安全计划，从原料奶生产到加工各个环节都实行严格的质量标准制度，奎尔夫食品技术中心负责食品安全研究和检测工作，为数众多的奶厂和农场都获得了 HACCP(危害分析和关键控制点)和 ISO 质量认证，从而确保了全国各地整个产业链上的产品质量。

4.1.7 兽医检测实验室

不列颠哥伦比亚省兽医实验室工作人员 28 名，设首席兽医，拥有农业、食品、动物、渔业方面的专家，开展奶牛、肉牛、禽类、鱼类的疫病检查、检验和诊断，按照世界动物卫生组织的规定标准操作。必检疾病的检查报告要上报联邦政府，同时为各地兽医和农民提供服务。兽医实验室经费由政府承担，开展各类动物疫病的检查；农民自己送样检查收取成本费的 50%，另外 50%由政府补贴；宠物检查全额收费。据了解，农民在动物疫病防治上每花 1 元，可帮农民挣回 12 元，因此农民在动物疫病防治上有较高的积极性。

4.1.8 不列颠哥伦比亚大学奶牛教育研究中心

不列颠哥伦比亚大学奶牛教育研究中心隶属不列颠(哥伦比亚大学，负责奶牛科学研究和技术培训工作。该中心存栏奶牛 230 头,平均单产 11 000 kg。有耕地 150 hm^2,1/3 种植玉米,2/3 种植苜蓿。研究内容涉及奶牛疫病防治、饲养管理、人工授精、饲草生产、粪便处理、奶牛心理学等方面,同时开展奶牛技术的有偿教育及培训工作,年均培训农民 8 000 人次,在培训中,将研究成果推广应用到实际生产中。

4.1.9 加拿大奶业网

在加拿大,所有的奶牛遗传评估的计算和公布是由加拿大奶业网(Canadian Dairy Network, CDN)负责。该全国性非盈利企业是由遗传评定理事会负责管理,该理事会的主要成员组织为各地所有品种协会、牛奶记录机构、人工授精中心和加拿大乳业农场主协会。各成员组织通过有偿服务的付费结构提供每年所需的所有资金。该理事会又设有顾问委员会和技术委员会两个部门。技术委员会的主要职责为研究奶牛育种新手段及部分数据的处理,主要成员为各有关农业大学。顾问委员会由加拿大荷斯坦协会,6 个人工授精中心,7 个奶牛改良协会组成,其主要工作有牛群登记、牛奶记录、外貌鉴定和公牛培育,并协助牧场进行选种选配。

加拿大奶业网对各种品种的种公牛提供遗传评估,参加评估的品种有荷斯坦(Holstein)、爱尔夏(Ayrshire)、娟姗牛(Jersey)、瑞士褐牛(Brown Swiss)、更赛牛(Guernsey)、加拿大牛(Canadienne)和乳用短角乳牛(Milking Shorthorn)。每个品种的所有奶牛要接受全部系列特征的遗传评价,包括生产、体型和功能性状。每头公牛要有足够的后裔分布于不同的牛群中,接受官方遗传评价,有自身生产性能数据的母牛也接受官方遗传指数评价,这些资料将公布在品种协会以及其他业内机构提供的官方文件上。在加拿大境外验证的种公牛,则由国际公牛组织进行遗传评价。对于这些国外种公牛和国外种母牛,加拿大奶业网依据品种和原产国,就多个性状公布评价。青年公牛和母牛则利用其谱系预测其遗传指数评价,反映每个性状的遗传潜力。

4.1.10 加拿大奶业委员会

加拿大奶业委员会(Canadian Dairy Commission, CDC)根据加拿大乳业委员会法创建的一个官方机构,成立于 1966 年。CDC 隶属于加拿大农业部及农业食品部,通过议会来参与政府工作。CDC 与加拿大奶农组织、加拿大消费者协会、省级奶业工商管理局、代理商和省级政府有着非常紧密的合作,同时又向农业部提供乳制品行业的相关建议与奶业,协助相关政策的实施与设计。CDC 还也与地方协会合作来处理一些事务。

CDC 的工作内容有以下几个方面:通过加拿大政府的议会拨款为那些在国家奶业市场计划规定内的奶业生产者提供资金支持;向农业部长提出与奶业政策有关的农产品的建议;确定牛奶和奶油产业的国家需求量来稳定市场分配配额;根据生产数据的成本确定乳制品物价;在购买脱脂奶粉和黄油时对其提供支持价格;支付政府对生产合格的牛奶和奶油生产商的补贴,以降低消费者消费乳制品的成本;通过计算向各省征收从生产者到乳制品营销相关的费用;出口乳制品将不被计划入国内消费的需要;提供出口援助和管理和推广营销方案。CDC 的宗旨是:为乳制品生产者提供一个公平回报的平台;为消费者提供足够的高品质乳制品。

4.1.11 加拿大家畜遗传协会

加拿大家畜遗传协会 (Canadian Livestock Genetics Association, CLGA)是一个全国性的,不以营利为目的的行业协会。该协会主要涉及在销售,服务和促进家畜遗传物质进行市场方面的服务。该行业的主要会员为种公牛站,其他还包括一些行业协会和合资的育种企业,如亚达育种公司、加拿大爱尔夏育种者协会等。该协会的功能是为其会员提供如下的服务:一是准备所需的执照和证书;二是定期会与其成员、政府、其他行业协会和研究机构进行沟通;三是协调成员的意见、关注点以及立场;四是代表该行业出席国家级或国际的重要会议的职能;五是协调和代表行业进行资金决策;六是为会员准备好讨论的材料以及咨询的文件,并最终提交给国内外相应的政府或其他机构。

4.1.12 加拿大胚胎移植协会

加拿大胚胎移植协会(Canadian Embryo Transfer Association,CETA/ACTE)成立于 1984 年,是一个

非营利性国家服务机构，该机构代表其成员及胚胎移植产业的利益。致力于在加拿大和国外进行胚胎移植技术的推广。其主要目的是监督该行业的从业者；为成员提供培训、教育以及与当前产业问题相关的信息。联合在加拿大从事胚胎移植产业组织和个人。参与建立相关法律法规。加拿大胚胎移植协会(CETA/ACTE)同时与加拿大食品检验署(Canadian Food Inspection Agency，CFIA)有紧密的合作。

4.1.13 加拿大奶业加工者协会

加拿大奶业加工者协会(Dairy Processors Association of Canada，DPAC)是加拿大代表乳制品加工业的公众策略和利益监管的行业协会。旨在促进乳制品业发展，促进奶制品消费，提倡促进乳制品业发展的各项政策。作为乳制品行业代言人，代表加拿大乳制品加工企业与政府、原料奶生产环节、奶农协会等沟通。在加拿大全国牛奶供应链管理委员会(Canadian Milk Supply Management Committee，CMSMC)有固定席位，同时也负责行业的监管。

4.2 运作模式

奶牛协会各相关部门是非营利性组织，经费来自牛，服务于牛，自收自支，监督引导奶牛业发展。政府很少参与，在社会化的服务体系中，奶牛协会行业组织起到了巨大的推动作用。图 35 显示各组织间以信息为纽带的关系。

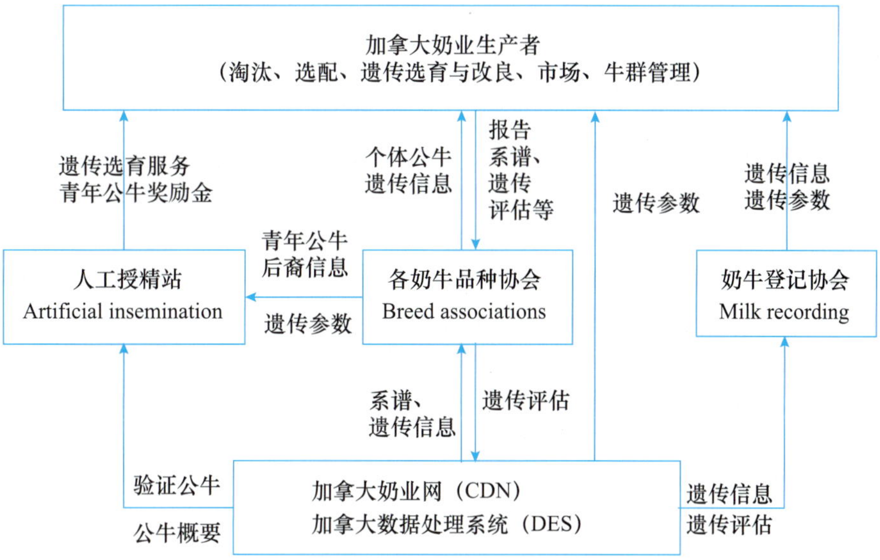

图 35 加拿大奶业各机构间关系示意图

(数据来源：加拿大奶业网)

加拿大各品种协会(主要有荷斯坦品种协会、爱尔夏品种协会、娟姗牛品种协会、瑞士褐牛品种协会、乳用短角牛品种协会、更赛牛品种协会以及法加品种协会)主要负责遗传物质产业链中的奶牛场注册登记、对相应品种的奶牛统一编号，并逐一记入奶牛谱系卡，同时将奶牛图片复制到奶牛谱系卡上。其次就是对会员奶牛场中奶牛逐头进行体型外貌线性鉴定，计算出这些奶牛的育种值，并将这两部分的数据汇总后与性能测定数据一起通过计算机网络输送到全国数据库(加拿大奶业网）保存，同时也将这些数据返回给奶牛场。加拿大奶业网(CDN)是专门来管理奶牛遗传评估和奶牛改良的全国奶业数据库的一个组织，这是一个介于奶农以及相关企业与各个农业科研技术机构的组织。加拿大生产性能测定(DHI)中心主要负责测定牛群的产奶性能，包括每头牛的产奶量、乳脂率、乳蛋白率及其育种值等，同时收集牛群饲养管理与经营方面的资料，如谱系资料、产犊日期、配种日期、牛群的年龄结构、饲料消耗数量与价格等。同时这些资料信息汇总到一个数据处理中心,再将所得结果返回牛场主指导改进管理经营。同时还将数据输入到拿大奶业网(CDN)。

加拿大奶业委员会(CDC),该委员会是一个官方机构,主要参与议会对农产品方面的决策,同时确定国际需求量等,并把相关政府拨款下发到奶农手中。加拿大奶农协会(DFC),这是一个主要由奶农组成、代表奶农的民间组织。通过奶农组织和该行业的上游企业进行谈判,确定奶价,并进行一定的市场营销,是介于奶农以及乳品厂之间的这么一个组织,在各省有分支机构,如安大略省奶农协会(DFO)。

先马士联合体(SEMEX)是加拿大最大的奶牛育种公司,它是由 14 个组织组成的联盟,包括 4 个大型公牛站,拥有 900 头公牛,每年参加后裔测定的公牛有 450 头,产品销售到世界各地。在奶业的体系中,起到用遗传物质联系各个环节的作用。从选育的各个环节都与农户以及各个组织有密切联系,首先选择公牛母亲,作为 CDN 和 CLGA 的会员,可获得全群登记个体的遗传水平,选定理想个体后与其拥有者签订培育合同,签约农户都必须参与 DHI 测定和体型评定;然后是青年公牛后裔测定需要技术人员将待测冻精分发到农户并随时跟踪配种、产犊、后代生长信息,与 DHI、荷斯坦协会组织共同获得公牛女儿的各项生产记录后,再从 CDN 获得用女儿成绩估计的该公牛评估结果;最后优秀公牛冻精大部分本地销售,又需要技术、销售人员与广大农户接触、交流,制定客户选种选配计划。

加拿大奶业通过供需管理体制稳定奶价,确定奶业的供需关系,平抑生产与加工环节的收益。奶价由政府授权给奶农协会(DFC)制定,原则是中等技术水平的奶农能够生产牛奶而盈利。牛奶以质论价,各牛奶加工场以这个定价按定额收购牛奶,奶农生产牛奶需要有配额,管理体制保证配额范围内牛奶的价格。其间接效果就是奶农乐于接受优秀遗传物质、最新科研成果改进营养、管理等环境的效率,因为在配额管理之下,科技水平越高,越能利用尽量少的个体获得更多的利润。

国际农场比较工作网调查结果显示,牛奶是世界范围内价格最为波动的商品之一。2009 年,欧洲、美国、新西兰和其他国家和地区的奶农经历了奶价同 20 年前一样低迷的痛苦时期,同时伴随着投入成本增加。例如,2008 年 7 月至 2009 年 1 月,全球奶价下降了 56%,然而饲料成本(众多成本之一)却只下降了 35%。同时,加拿大奶业截然相反,由于一直沿用供需管理体系,在过去几年中,奶制品的需求略有增加(而全球其他国家奶制品需求却显著下降),而对于奶农和消费者来说奶价都保持高度稳定和公平。另外,加拿大奶业的供需管理体制没有让纳税人承受过多负担,政府不给奶业任何补贴,不像其他国家的救市计划需要财政上的帮助(或者其他经济部门,包括美国银行和汽车行业)。

在加拿大,有关供需管理体系的存留也一直是争论的焦点,然而反对者们忽视了这样一个事实,在任何供应渠道,如果没有供需管理条例保护供需链条中的小企业或原材料供应商,大型厂商将不得不自己掌控产业链条的前端供应,因为“完美的竞争”只存在于理论之中。欧洲庭审委员会 2009 年 10 月 15 日的报告中指出在 2000 年(欧盟开始放宽配额管理制度)至 2007 年之间,生产场一方的售价下降了 6%。而同时,消费价格上涨了 17%。2009 年夏季,某美国农场基金委员会的一份针对美国农产品价格浮动的报告指出,虽然农产品价格一直在缩水,但是食品的实际价格下降得却很少。在欧洲和美国,政府正在关注目前由于在供需管理链条中加工和零售环节的大力调控而导致生产价格和消费价格之间的差价,此外,都在 2009 年 10 月宣布针对各自国家奶农的几百万美元的补贴计划。这是竞争和消费者的利益吗?肯定不是。当然,人人都明白这样的农产品收购价是不稳定的。从多个国家的农产品零售价格来看,消费者并没有从生产者的不幸(即成本高昂而售价低廉)中受益。甚至连欧洲、美国和其他国家和地区的各大报纸头条赫然写着:“食品涨价没有转化为农民收入增长”“牛奶供过于求,奶农账户空空”(美国),“新西兰奶农负债累累”“美国参议员呼吁针对牛奶零售价进行调查”(因为零售价格并没有随着农产品收购价的降低而降低),“欧盟审计委员会警告牛奶配额制度的结束会带来行业风险”,此外还有许多。

幸运的是,加拿大的供需管理条例给牛奶生产者、加工企业和消费者带来了稳定的价格。但加拿大奶农们的效益和竞争力在供需管理条例监管下日益增加,而且还会继续。与此同时,他们对于消费者在食品安全、动物福利、环境看持续发展等方面的需求也做出回应。在农业食品工业中,以寻求解决经济问题方法的角度来看,供需管理条例本身提供了一种解决方案,而不是需要被解决的问题。

5 促进奶业发展的主要政策

牛奶和乳制品行业是跻身加拿大农业食品部门的主要产业，体现在农业生产环节的现金收入、加工产品量、就业、产品附加值和产业对国内生产总值（GDP）的贡献等各个方面。奶业发展是在众多的政策监管下进行的，联邦政府通过两个渠道支持设定目标价格：一个是直接补贴给生产工业原料奶的奶牛场，另一个是干预性采购超出配额之外的黄油和脱脂奶粉。液态奶定价由各省负责，依据各省的生产成本公式，基于全国工业原料目标价，以及最终用途等制定。政府发布政策的领域涵盖奶制品食品安全和质量法规，以及就降低成本和提高产品竞争力的研发项目。

供应管理是加拿大的乳品行业最关键、最有影响的政策。它采用综合控制生产和销售（生产配额），控制进口（关税配额）和指导定价（基于生产成本）的方式稳定和支持牛奶生产环境的收入。目前奶业供应管理系统成功地实现了多数最初设定的目标，例如，区域产能一直保持稳定。绝大多数家庭拥有和经营农场的奶牛养殖场，奶牛养殖家庭的收入超过所有其他类型农场家庭的平均收入（家禽养殖场除外），甚至高于加拿大的家庭平均收入。但是，在坚持供应管理系统的目标原则下，系统中的某些元素致使管理僵化，限制了行业向更富有竞争力的产业结构变化。供应链管理促使行业的稳定，为生产者和加工者带来高水平的回报，同时减少了增长的激励机制，阻止各区域之间生产和加工的有效重新分配，增加了区域内的合理化的成本；限制了行业的总规模，提高了奶牛养殖场的成本和乳制品加工厂原料成本。加拿大牛奶生产成本明显高于美国和荷兰，是爱尔兰的2倍以上，是那些低生产成本国家（如新西兰）的3倍多。

加拿大的整体市场规模相对较小，在一定程度上，被各省的贸易壁垒割裂得零零碎碎，将会影响行业实现规模效益的能力和产能利用率水平的提高。行业结构及各部分之间的联系和发展战略既有积极的一面也有消极的特点。在原料奶生产环节，存在扩大规模产生更高效益以及通过提高技术水平和资源配置提高效率的可能性。在乳制品加工环节，有证据表明类似的规模效应和技术改进提高效率的可能性，而有报告显示，加拿大乳制品厂的产能利用率低于美国。一些规模较大的公司和工厂对他们的美国同行有一定竞争力，一些公司已经成功地开发出高附件价值的产品出口市场。然而，行业主要重视国内和区域内发展，参与更充满活力的市场竞争的机会相对有限；发展国际竞争力的空间有限，表现在面向强有力的竞争对手时，缺乏国际化生产、营销、销售及分销能力。

综合各种因素，包括奶业的政策和制度，促进产业的国内发展方向，制约结构调整，影响了企业间的竞争方式。虽然奶业显然面临着竞争挑战，但加拿大发展的优势明显而且已经找到持续改善的角度。特别值得一提的是，加拿大奶牛遗传育种和良种繁育领域具有优势，在许多产品安全和质量法规方面富有经验。在牛奶生产和奶制品生产方面，改进管理方法和提高技术水平尚有空间。需要改变供应管理系统的运作方式，在加工、产品研发、市场营销方面适当投资，促使高端乳制品市场的形成。原料奶成本高的缺点相对来说不那么重要，当然存在潜在的改进空间。确保目前的行业参与者继续在这些领域投入精力，且其他层面的政策和经济的发展对奶业发展起到支撑作用。

不论加拿大-美国贸易协定、北美自由贸易协定，还是乌拉圭回合关贸总协定，都未能显著影响加拿大的乳品行业的进口保护。最近相关政策的讨论都集中在如何通过相对温和的调整，使现行政策与世界贸易组织的规则兼容。目前主要的行业调整压力来自消费者偏好低脂产品和全球范围内更自由的贸易环境。在加拿大首选逐步调整到新的贸易体制，从政治、社会或经济角度，突然完全放松乳制品行业的管制是不可取的。

5.1 加拿大供应管理体系简介

加拿大原料奶市场可分为两种：一种用于生产液态奶（各种鲜奶产品和奶油），另一种用于生产可长期贮存的乳制品(黄油、奶酪、冰淇淋和酸奶)。采用分类、分级方式政府干涉奶价制定。

每个省都有责任确定其本省的液态奶产量,制定本省液态奶价格计算系统、配额制定和其他的管理规定。联邦政府对于工业的牛奶市场有管辖权,通过联邦政府与省政府之间的协议书(全国牛奶市场计划,National Milk Marketing Plan)具体管理。从 20 世纪 70 年代起,加拿大就实施了牛奶供需管理体系,目的在于乳制品需求与工业原料奶供给之间建立平衡。可见,近 10 年中加拿大全国配额有小幅度增长,基本稳定在 30 万 t 乳脂左右。安大略省(ON)和魁北克省(QC)一直是奶牛最主要传统养殖区域,所占配额比例虽然近 10 年内略有减少,但一直在 70%以上(图 36)。阿尔伯塔省(AB)和不列颠哥伦比亚省(BC)是新兴奶牛养殖区域,牛群规模大,占全国配额比例 15%以上(图 37)。现在,除了有固定的奶酪进口额度和少量其他种类的乳制品可进入加拿大外,加拿大本地乳制品市场的原料奶供给需要源于加拿大奶牛群体。

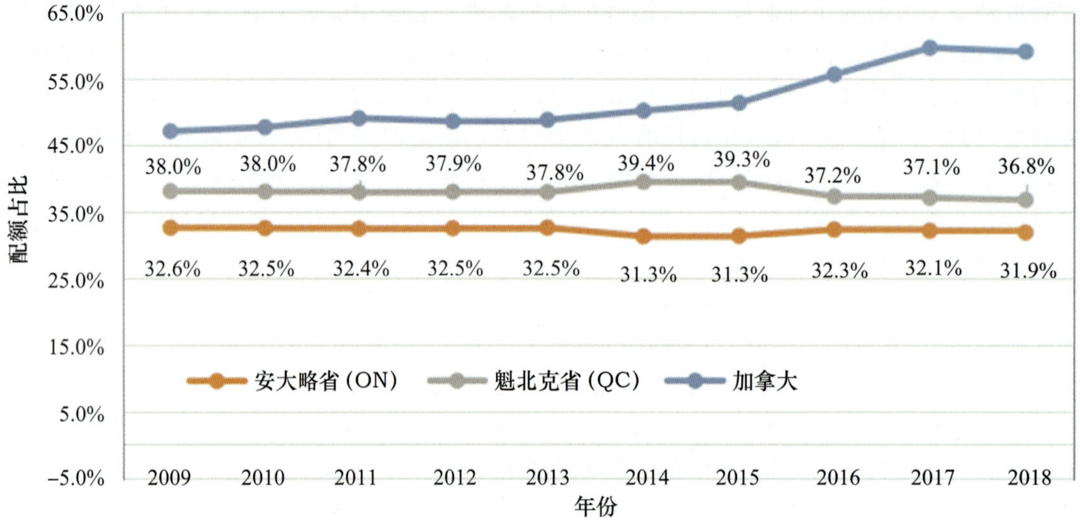

图 36　2009—2018 年加拿大全国牛奶总配额变化趋势

(数据来源:CDC)

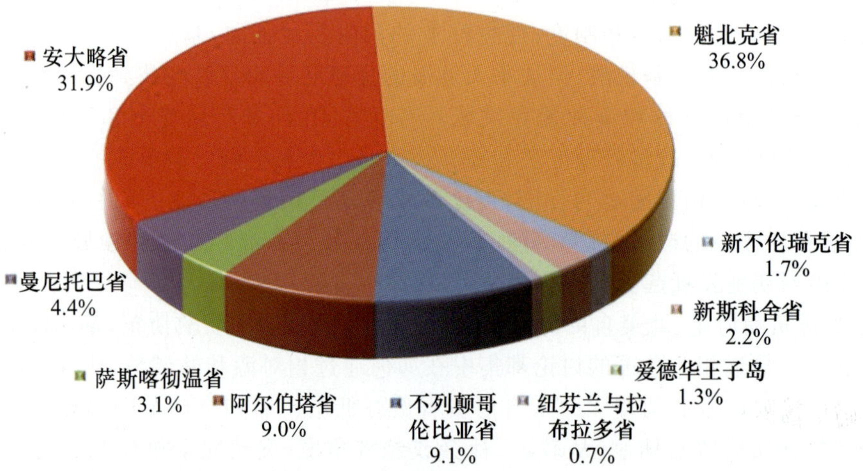

图 37　2018 年 8 月加拿大各省分配的牛奶配额比例

(数据来源:CDC)

加拿大牛奶供需管理委员会(Canadian Milk Supply Management Committee,CMSMC),由加拿大奶业委员会(Canadian Dairy Commission, CDC)管理,是一个永久的机构,由各省与全国牛奶市场计划签订的合约同意构建的，负责决定奶业相关的政策并负责监督该计划的执行。加拿大奶业委员会则担任全国调解人和调解员的责任，帮助各方之间建立共识。

该委员会是政策制定和与乳品生产和加工环节进行讨论的关键国家机构。全国消费者和生产者组织代表也作为非投票权的成员参与工作。每年举行5次会议讨论和考虑目前影响奶业的生产、经济和市场主要因素，包括国内原料奶生产和奶制品消费的发展趋势，由委员会持有的脱脂奶粉和黄油股票，以及贸易和出口市场的相关活动。

加拿大牛奶供需管理委员会监督监察加拿大奶业委员会的营销业务和市场拓展活动市场回报汇集、各省配额分配和利用率。每年，加拿大牛奶供需管理委员会设置全国工业原料奶生产目标或市场共享配额(market sharing quota，MSQ)。目标是不断监测和在需要时进行调整，以反映工业奶类制品的需求变化，如黄油和奶酪的需求变化，都是以乳脂作为衡量指标的。加拿大牛奶供需管理委员会使用全国牛奶市场营销计划的条款建立各省级市场共享配额。每个省根据自己制定的政策以及汇集协议，将各自的配额分配到相应的生产者处。

5.1.1 联邦政府的责任

加拿大奶业委员会，创建于1966年，在全国乳品政策的演变和实施中起关键作用。与各省市场营销委员会、生产者、乳制品厂和出口商紧密合作，该委员会为加拿大农业和农业食品部建议有关乳制品和发展政策和方案，以满足业界的需求，同时为加拿大提供足够优质的乳制品。一些联邦政府部门也有责任管理奶业。加拿大农业和农业食品部的任务包括乳制品的研究、畜牧业发展、动物保健、政策的制定以及市场拓展和农村发展。加拿大农业和农业食品部还管理一些项目，有些对奶农有直接影响。加拿大食品检验署(CFIA)是负责建立乳制品标准、产品定级、工厂检查、规范包装、营养标签、动物健康和乳制品的安全监测。大多数乳制品的进口涉及关税税率配额(TRQ)，由加拿大国际贸易部管理。关税配额内的关税和配额以外高关税由加拿大边境服务局管理。加拿大卫生部将继续开发乳制品的安全的标准和政策，之后由加拿大食品检验署付诸实施。

5.1.2 省级政府责任

各省市场营销委员会和机构管辖自己省内牛奶的生产和销售。工业原料奶有关的营销活动受联邦和省级共立法规管理。为了有效管理牛奶市场，省政府委托省级分支机构或市场营销委员会管理并赋予法定权力。虽然各省之间各机构职责不同，省级机构或委员会一般负责颁发生产许可，设置支付给奶农的价格；在液体奶的销售中，确定本省需求并向生产者分配配额。在液态奶配额管理之外，指定的省级营销机构管理加拿大牛奶供需管理委员会(CMSMC)根据全国牛奶市场计划做出的决定。他们将从全国市场共享配额(MSQ)中分配到本省配额再次分配到本省的工业原料奶生产场。有几个省级营销机构是由生产者选举出来的，它们是由生产者资助的机构，虽然也在政府监管之下，但与政府机构的功能相对独立。在大约一半的省份，营销是由政府机构执行。在这些省份，生产者合作社经营加工环节，具有更强的政治意义，更推行其成员的利益。许多省级机构通过与牛奶运输公司的代表谈判建立运费费率。在各省的农业部门负责管理和控制乳品质量计划，并设置在生产和加工层面的卫生标准。此外，联邦政府一级的政策和计划，如由加拿大奶业委员会制定的黄油和脱脂奶粉支持价格，对于省级牛奶市场有一定影响。在安大略省和魁北克省，工厂加工配额或供应协议所指的原料奶，主要用于生产奶酪，同时也生产黄油、奶粉、炼乳和淡炼乳，也包括生产鲜奶或奶油以及冰淇淋。在某些省份，如安大略省和魁北克省，生产这些产品的工厂必须获得配额开工。加工配额的管理准则需要在省级牛奶市场营销部门和加工厂之间进行谈判。工厂加工配额或供应协议的作用是，在偶尔牛奶供应短缺的情况下，竞争对手不能竞投供应协议。由于液体奶厂对于新鲜牛奶的供应最有限使用权，如果发生液体奶的意外强劲的消费需求，可能导致工业原料奶短缺。

5.2 促进奶业生产的政策

5.2.1 政府支持奶业技术研发为高效安全的奶业生产提供技术依托

从促进奶业生产角度，除了依靠配额制度稳定生产、提高生产效率，重点的政策支持在于研发、实施高效、安全生产体系。

1997年加拿大奶农协会(DFC)倡议实施CQM计划，旨在奶业生产设置标准的、安全的生产操作规范，该计划获得联邦政府的首肯、加拿大食品检验署的同意，为奶业安全生产设置了进一步的管理系统。这项计划政府投资99.5万加元。

2011年加拿大食品检验署(CFIA)正和加拿大奶农协会(FDC)展开合作，准备制定一项针对奶牛场生物安全性的国家标准。目前，已经由来自奶农协会、加拿大兽医协会、专业学术团体和加拿大联邦政府以及地方政府的代表组成了一个研究小组来负责标准的起草。长期以来，加拿大的牛奶生产者们就做出过承诺，在自己的牧场推广和实施有效地确保生物安全性的计划。新的国家标准应该建立在一个可控的目标之上，它首先应能易于操作并可准确地计量。能有效地降低农场中动物患疾病的风险，保护它们的健康，从而最终使消费者信任和购买加拿大的畜产品。加拿大奶农协会会长Jacques Laforge认为，新国家标准的制定，将会鼓励全国各地更多的农场采取最佳的方法，因为农场一级的生物安全是防止奶牛疾病发生的最重要的一环。并且加拿大奶农协会很愿意在生物安全性以及其他方面和政府展开合作，以促进加拿大奶业的发展，新标准的实施会解决在生物安全性方面日益面临的许多迫切问题。所谓生物安全性是指能有效降低或减少动物患疾病和传播疾病风险的做法。

2010年2月4日加拿大农业部宣布将给加拿大奶农协会(DFC)投资1 000万加元，用于加拿大奶业改革，这笔资金将主要帮助奶农提高牛奶产量、营养及促进食品安全。其中870万加元与大学合作致力于通过研究健康和育种提升动物的生产率。

5.2.2 发展有机奶产业

加拿大有机产品法规建立于2009年，法规规定凡贴有“有机”“加拿大有机”必须经过联邦委任的机构CFIA认证。加拿大农业食品部2008年的调查显示，有机奶销售额7 090万美元，占有机认证食品的18%，主要是有机液态奶和有机酸奶。从2000年以来，有机奶的生产稳步增加，2018—2019年共有249家有机奶牛场，生产14.05万t牛奶，主要分布在魁北克省和安大略省。有机产品法规有助于建立消费者信心促进消费。

5.2.3 政府营造公平竞争环境

加拿大作为工业化国家农业能够如此繁荣，在农产品国际贸易中占据重要位置，与政府在税收、金融、财政政策等方面注重支持和保护农业产业、营造公平竞争环境密切相关。

在税收方面，加拿大实行城乡统一税制。主要包括所得税、商品与劳务税(相当于增值税)和财产税。在公司所得税方面，按小型公司、制造与加工业、一般公司3种类别实行差别比例税率。农业及农产品加工企业适用制造与加工业的税率。税率在各省有所不同，但平均比一般公司税率要低7%～10%。在资本折旧、经营费用及其他专项费用抵扣上对农业及农产品加工业有特别优惠。如加工业使用机器和设备的折旧率比一般设备高10%。农场主的不动产所得中允许扣除购入成本、改良支出、维护、修理等费用。商品与劳务税是对在加拿大境内绝大部分商品和劳务征收的税收(相当于增值税)，联邦政府统一税率为7%，但对大部分农业和渔业产品免征商品与劳务税，许多农牧业生产的投入品也实行“零税率”，包括牲畜及家禽饲养设备、收割机、饲料搅拌机等。

在金融方面，政府为保证农业生产而担保贷款。由政府担保、商业银行统一贷款给信贷合作社，信贷合作社负责向农场主发放生产贷款，还有农民预支方案，即在预计农民种植的粮食售价不高时，联邦政府预付农民一部分借款（无息或低息）用于生产和生活，待行情转好、农产品销售后偿还。

在财政方面，政府对农牧产业的财政支持主要体现在农业科研投入和农民收入保障方面，加拿大农业科研费用占农业生产总值之比一直大于 2%，联邦政府对自然科学研究总支出中，农业科研方面约占 12%。加拿大建立了农民安全保障体系，设立了农民净收入稳定账户，由农民、联邦和省政府分别按农民净销售收入额的一定比例存入资金。在农民收入下降到特定水平时，农民可以提取资金，在遇到自然灾害、收入低于前 3～5 年平均收入 70%时，政府给予救济，补至平均收入的 70%。

5.3 促进奶业加工的政策

加拿大乳品加工业中主要有 3 个乳品加工行业的组织，占主导地位。现在加拿大独资企业占工业总产值的约 60%。在加拿大的外商独资的跨国企业往往生产多元化的食品和消费品，他们与大小不等的加拿大独资企业共享加拿大市场。最大的乳制品厂，在 2 个或 2 个以上省经营多家工厂，一般为零售和餐饮市场提供全方位的产品线，如包装液体奶、奶油、黄油、奶酪、冰淇淋、酸奶等。越来越多的奶制品，如奶酪、黄油、脱脂奶粉、炼乳、乳清蛋白浓缩物等也作为原料进一步出售给加工厂，纳入一系列的食品或者非食品产品的生产。其他乳制品厂往往专注于几个产品领域（奶酪、冰淇淋、酸奶、特色配料、技术）的某些市场（本地或出口）。

5.3.1 乳品加工业的结构合理化

在加拿大乳品加工行业已经有多年的合理化结构调整进程。从 20 世纪 70 年代开始，多个促进因素促使产业结构变化。首先，奶牛场专业化和运输成本降低（通过规模效应和技术进步获得）使乳制品加工企业的合并成为可能。此外，省政府鼓励整合，对于小加工厂如果主动合并，政府给予资助。最后，某些省份的乳业政策和国家奶业政策也有助于保持重大结构合理化变化的趋势。工业产值不变或下降是导致乳制品产合并的另一个重要诱因，这样可以提高市场占有率。通过兼并，乳制品加工厂可以减少工厂的产能过剩，只经营少量大型且高效率的工厂能将资源和技术有效结合起来、降低成本。自 1975 年以来，乳制品厂的数量已减少了一半，而 1988—1995 年之间，乳制品厂数下降的速度加快，新厂开张数目也下降了 25.8%。从液体奶加工厂和加工工业原料奶的工厂比例看，两类加工厂合并的速度基本一致。

零售行业的企业整合是促使加工业结构变化的另外一个主要方面。合并后的零售商要求其供应商具有更大的供应能力。为了满足需求，乳制品厂必须提高产能。此外，由于零售商分支机构跨省，乳制品厂也必须按着这一趋势将自己的市场扩大到几个省份。

在 20 世纪 90 年代初进入加拿大的一些跨国公司似乎已经对于处在合理化结构变化进程中的加拿大公司产生影响，行业的所有权高度集中。目前，前 3 家的大型乳企（帕玛拉特，Saputo，Agropur）拥有 15%的加工厂（省级和食品检验署，其中食品检验署的占 36%），加工加拿大 71%的原料奶。此外，一些企业已经建立伙伴关系或合作加工，配送和营销特定产品。

伴随着 20 世纪 80 年代后期 90 年代初的快速整合，投资稳步增长，更大规模、更高效的加工厂越来越多。目前，新建加工厂都规模较大，经营效率更高，在加工和包装设备的自动化程度更高。与加工厂数越来越少、效率越来越高相一致，在机械和设备的投资占总投资的最大组成部分，而在工程投资和建筑投资一直相当低。

近年来，投资表现出了较大的波动。2004 年，总投资为 1.78 亿加元，比 2003 年略有下降。机械及设备投资 1.62 亿加元，同比下降 2.91 亿加元。建设费在过去几年中持续下降，2004 年为 0.146 亿加元，同时工程建设仍然相对较低，为 120 万加元。

5.3.2 合作社经营乳品加工厂

合作社是加拿大供应管理体系的产物，合作社经营乳品加工厂是奶农拥有的乳品加工厂，由专业的管理团队营销运行。这些组织使奶农能参与到市场营销过程中，感受到他们生产的牛奶从农场延伸到消费者。在没有成立牛奶市场营销委员会的省份，合作社充当其会员所生产牛奶的批发商，在加拿大每一个省合作社都是奶业的重要组成部分。2003年，在加拿大有33个奶牛合作社。魁北克省的奶制品合作社较多，在大不列颠哥伦比亚省和沿海地区也占有重要地位，从其处理原料奶的总量就可以了解这一点。

直到20世纪90年代初，合作社主要在当地市场经营。近年来，他们积极参与奶业合理化结构变化过程中，通过收购其他公司，有些被收购的公司位于其原产地之外，也有以合并形式进行的。2002年乳品合作社的市场份额增加到42%。

例如，Agropur是加拿大领先的乳品企业之一，自1997年以来已合并了一些加工厂。在收购之前，Agropur的经营只在魁北克省之内，现在已经在魁北克省、安大略省、不列颠哥伦比亚省和阿尔伯塔省建立加工厂。Agropur在2000年年底购买了Lactel(另一个魁北克省的奶制品合作社加工厂)，现在在印第安纳购买奶酪厂，向美国购买扩大其业务。

5.3.3 加拿大奶业政策发展过程与乳制品加工发展

加拿大的政府计划与农民的利益联系在一起。通过政府的计划把生产加工销售各个环节的利益协调起来，使政府的计划落到实处，政府的农业支持计划也往往和生产计划联系在一起。农场接受政府计划，政府则为农场承担一部分风险，因此政府的意愿和农民的经济行为趋向一致。

在加拿大，联邦政府最早任命乳业专员是在1890年。在第一次世界大战之前，加拿大是向英国出口奶酪和黄油第一大国。1935年，实施黄油和奶酪的临时补贴。在第二次世界大战期间，联邦给奶农支付补助费，维持生产战时价格管制制度下的生产水平。战后为援助生产工业奶粉，最初打算是过渡性的产品，包括制定支撑价格、出口剩余产品和限制进口等计划。这些计划，由农业价格管理委员会管理，随后扩展由成立于1958年的农业稳定发展委员会管理。在1963年，联邦政府与省政府产业政策之间缺乏协调，缺乏有效的机制来控制牛奶生产，催生了加拿大乳业大会。1965年，在安大略省这一关键的乳品市场，牛奶销售委员会成立。根据加拿大乳业委员会法，在1967年成立的加拿大奶业委员会(CDC)，提供了一个联邦机构与各省合作制定措施进行牛奶供应管理的组织，并提供了实施工业用奶和奶油的供应链管理的立法基础。根据现有的农产品营销管理法(1957年)液态奶已启用供应管理，允许各省控制液体奶市场。在1970年年底，开始利用全国牛奶营销计划来管理乳制品市场。目前，原来由乳品稳定农业局管理的计划现由CDC进行管理。

大多数营销委员会追溯到20世纪30年代，当时在各省的法律保护下成立。作为一种有效的手段，在加拿大以市场营销委员会为主要手段，使生产收入转移支付给农民是从20世纪60～70年代开始的，特别是供应控制委员会起到很大作用。在加拿大市场营销委员会的演变过程反映了双重管辖权(联邦和省级)农业及市场的历史。在建立各省液体奶委员会方面，从未有司法管辖权的冲突，反映了此产品的易腐性质，同时说明液体奶市场受本地规范的自然属性。

在加拿大的奶业政策采用进口限制，以支持该乳制品加工业的发展，并结合长期的在指定的销售量的牛奶进行直接补贴，同时利用配额限制牛奶生产者进入市场。20世纪70年代初以来，根据上述政策建立了牛奶市场共享计划，体现的是联邦和省级政府之间的协议，由加拿大奶业委员会、各省牛奶委员会和政府机构组成的管理委员会管理。

加拿大的乳制品行业管理机构的建立晚于其他行业发达国家。原因之一是需要在联邦政府与省政府之间进行磋商，同时这一系统也可以看作是在世界市场发生变化之后，由现存的奶业管理体系催生的。与乳制品加工业发展相关的各项法律法规如下。

(1)技术法规。各省级政府和联邦政府制定了各种关于健康和安全，标签和成分标准，分级和环境原则及法规，在加拿大奶业的农场和加工厂水平实施。省级政府执行在农场现场的牛奶检测和监控省级注册的牛奶加工厂产品的质量和安全。联邦政府对于在联邦层面注册的加工厂进行类似的检查活动，加工原料奶生产乳制品进入省际和国际贸易。联邦政府和一些省级政府也测试和监控零售乳制品产品，通过各种包装、标签、组合物、重量和卫生控制，以确保消费者的安全。

(2)研发支持。结合联邦、省、行业对于研发的支持，1991—1992 年的支出接近 1.3 亿美元，约占乳制品行业在 1991 年销售额的 1.7%。如果加上生产成本研究和牛奶测定计划的金额，总量接近 164 亿美元，或略小于销售额的 2.2%。研发成果的技术转让效益略高于 1 700 万美元，低于销售额的 0.25%。研发资金中联邦和省级政府占约 5 540 万美元(31%)，行业出资 1.26 亿美元(占 69%)。

政府捐款乳制品行业的研究和开发涉及政府、大学和行业层面进行和支持的基础研究和应用研究。加拿大农业和农业食品部在全国设置研究站研究奶牛生产的各种问题，研究方向包括遗传、胚胎操作、动物福利和食品安全。联邦和省级政府也资助 8 所大学进行以大学为基地的乳业相关研究。

(3)直接补贴逐渐减少。直到 1988 年，联邦政府对于奶农生产国内需求的工业用原料奶支付直接补贴。1988—1989 年，直接补贴支付范围包括实际国内需求乳制品以及出口乳制品。自 1989 年以来，支付的直接补贴仅限于实际的国内需求范围。

1992 年直接补贴为 6.03 美元/100 L。1993 年 8 月开始，联邦政府补贴下调了 60 美分，至 5.43 美元/100 L。1993 年 8 月 1 日，加拿大奶业局(CDC)宣布，提高脱脂奶粉支持价，提高部分他们将全额补贴。事实上，消费者将支付更高的价格，以抵消乳制品补贴下降。

这些变化导致补贴减少，从约 270 万美元(1988 年前)至 1994 年 2.25 亿美元。据估计，由 CDC 实施的这些政策，没有对生产或消费产生很大的影响。脱脂奶粉的支持价格上涨，黄油支持价格保持不变，奶酪和其他奶制品价格略有上升是由于工业原料奶价格销售给加工厂价格上升。由于这些产品价格上涨，脱脂奶粉、奶酪和其他奶制品的消费量略有下降，受替代效应，黄油消费小幅度增加，加拿大国内需求的净工业原料奶量下降导致牛奶配额(milk share quota, MSQ)减少。

1995 年的联邦预算宣布在未来两年内减少 30%的直接补贴，1996 年该值补贴将下降到 1.6 亿美元。剩下的补贴金额将进一步考虑在未来一年内寻找其他用途，和(或)进一步降低。1996 年联邦预算宣布奶牛补贴将完全停止。

(4)交叉载入黄油和脱脂奶粉价格。从历史上看，目标价提升被均分为黄油和脱脂奶粉价格支持。1991 年 8 月 1 日，CDC 开始转向相对权重，使脱脂奶粉的支持价格上涨幅度大于黄油。这是 1993 年 8 月 1 日这一措施进一步延伸和扩展，CDC 宣布将下调黄油的支持价格，同时提升脱脂奶粉支持价格达到维持目标价不变。这一交叉载入的效果是增加黄油的需求和降低脱脂奶粉的需求。总体而言，MSQ(乳脂当量)随国内需求下降仍在下降，但在这种情形下下降的幅度较小。因为相对于非脂固形物，乳脂需求下降这一举措似乎很奏效。

(5)多组分定价。多组分价格(multiple component pricing, MCP)是一种允许对牛奶的所有成分进行测定和估价的方法，可以反映市场的需求。自 1992 年，有 4 个省(安大略省、魁北克省、曼尼托巴省和新不伦瑞克省)推出了多个组分的工业原料奶价格。保持平均乳成分原料奶的利润不变，先制定乳脂、蛋白质和其他固体物的初始乳成分价格。多组分定价预计不会立即对利润或牛奶供应产生影响。根据相对的价格设定，MCP 将对加拿大生产牛奶的乳成分有长期的影响。如果乳成分价格设定考虑市场需求的话，定价以及由此产生的原料奶分配和加工的产品结构将更贴近市场响应模式。如果乳成分价格设置着眼于保持生产者的收入，那么这样的配置效率可能无法实现。

(6)更改税费基础。税款征收由省级委员会或机构负责，之后转交 CDC。最近几年已向奶农征收 3 种类型的税费:配额内税费、液态脱脂奶税费和超配额税费。CDC 使用征收的税费，将国内不需要的乳制品出口。征收税款也用于资助特别项目，旨在提高国内乳脂和脱脂奶粉的利用。

配额内税费(1990 年为 3.40 美元/100 L)历来用于配额内的所有工业原料奶生产范围。液态脱脂奶税费向液态奶转向加工业部门的部分征收。超配额税费(1990 年为 32.64 美元/100 L)向超出总配额的奶产征收，税费设置非常高，意在劝阻农户不运送超出配额水平以上的产量。

现在配额内税费，适用于液态奶和加工用原料奶生产，液态脱脂奶税费取消。1991—1992 年度开始设置了为期 3 年的缓冲期，1993—1994 年实现完全过渡，期间转换比例不断增加。

这一政策将液态奶和加工乳制品市场的监管并行。液态奶市场提供了大量的脱脂奶油，此征税计划的变化使各部门的融资需求提升计划趋于平衡。净效应似乎是管理体系更综合，更具响应市场能力。

(7)液态奶和工业原料奶配额合并。萨斯喀彻温省、曼尼托巴省、新不伦瑞克省和安大略省的液态奶和工业原料奶目前运行统一的配额管理体系。许多其他省正在考虑转变为一个单一的配额制度。好处包括如下：

①管理简单。

②所有的奶农可以基本相同的价格销售生产的牛奶——在所有生产者之间平等共享市场。

③脱脂奶不再有属于液态奶还是工业原料奶的问题，而是所有的奶农共同面对的。这可能会加强行业内部的合作和协调。

④更容易向全加拿大统一控制的需求控制体系(下一个阶段将运行全国统一的配额体系)转变。

5.4 促进奶业贸易的政策

加拿大政府在已经建立了40余年的牛奶供需管理体系之下，对于贸易主要起到稳定作用。手段包括利用增加进口税等限制进口产品冲击市场，例如2007年2月7日政府根据与世贸组织协议28号，限制浓缩乳蛋白进口。另外，通过加拿大食品检测署制定加拿大奶酪产品成分标准，维护国产乳制品市场。

在牛奶供需管理体系之内，自1995年制定，并逐渐完善的收入共享计划(pooling management)得到各省的相应，作为供需管理体系的附属计划，有利于协调全国的贸易平衡。

5.4.1 农产品销售法与农产品销售协会

随着农产品销售法的颁布农产品销售协会(Agricultural Products Marketing Council)逐渐成为其执行机构。例如阿尔伯塔省于1965年成立了阿尔伯塔农产品销售协会。1972年，阿尔伯塔省农业部长将协会的成员人数增加为8人，同时授权协会可以用省政府的名义及相关政策对外开展工作。协会的8名成员多数是农民或大农场主，他们代表全省的农户(场)并在省内拥有自己的企业。该协会是根据农产品销售法组建的官方协会，其主要职责是实施农产品销售法，促进本省农业组织相互协调，提高本省农产品在全球市场的竞争力，并获得更大的利润。协会的中心作用就是利用相关法律，促进和完善农业基础设施，并对其他专业协会(如大麦协会、野牛协会、油菜生产者协会、阿尔伯塔养牛协会、阿尔伯塔鸡蛋生产者理事会等)的运行情况实施监督。阿尔伯塔乳制品理事会(Alberta Dairy Board)乳制品理事会的主要职责是，对现有乳制品产业结构及其未来需求进行咨询分析，为全省养牛户服务，并根据需要，组建新的服务组织。协会的成员由乳制品生产者选举产生，具体负责理事会和政策委员会的工作。协会成员包括生产者、加工者、咨询人员以及行业领导者。

5.4.2 共享协议——全国联合定价机制

受近年来国际和国内市场不断变化的影响，导致整个加拿大的牛奶销售计划需要进行重大改动，即全国的联合定价机制的变更。加拿大奶业委员会(CDC)代表乳品业，作为全国乳品业的协调人，管理这个联合机制的内容。有3条重要的联合机制：①全国牛奶等级体系方面取得一致意见；②所有类别原料奶收入共享体系达成协议；③西部地区所有类别原料奶收入共享体系达成协议。2005年的联合定义登记如表2。

表2 全国联合定义原料奶类别

所有省份	分类
液态奶	1(a)
液态奶油	1(b)
乳饮料	1(c)
供应育空、努纳武特和西北地区的液态奶和奶油(这些市场由不列颠哥伦比亚省和阿尔伯塔省供应)	1(d)

续表 2

所有省份	分类
酸奶、酸奶油	2(a)
冰淇淋	2(b)
特色奶酪	3(a)
切达奶酪	3(b)
亚细亚哥，加拿大风味芒斯特，羊乳酪，荷兰扁圆形干酪，哈娃蒂干酪，帕马森干酪和瑞士奶酪	3(c)1
马苏里拉奶酪	3(c)2
标准莫扎里拉奶酪	3(d)
黄油、酥油、用作原料的奶粉和炼乳	·4(a)
零售用炼乳	4(b)
本国市场的新产品	4(c)
库存和损失	4(d)
边缘市场	4(m)
为本国和出口市场深加工用的奶酪原料	5(a)
为本国和出口市场深加工用的其他原料	5(b)
本内和出口的糖果业相关内容	5(c)
计划内出口和其他出口，总量不得超过加拿大加入世界贸易组织的承诺	5(d)

数据来源：CDC。

(1)全国牛奶等级体系方面取得一致意见(P10)。在原有起始于1995年8月的5级顶级体系中，工业原料奶做了统一分级，可用于乳制品以及含乳成分的其他制品定价。联合协议提供了在全国牛奶市场营销计划中各省签署部分可以共享的机制(或称汇集)。这样，针对任何一种类别销售给加工厂的收入可以汇集到一起。2001年8月1日，达成协议将纽芬兰—拉布拉多纳入全国牛奶市场营销计划和全国乳品系统。现在加拿大的每个省都是高度一致的全国联合分类计划的成员。

(2)所有类别原料奶收入共享体系达成协议(P5)。已经有6个省份接收5类定价和共享体系中的收入分享办法。从1996年8月的汇款开始，曼尼托巴省、安大略省、魁北克省、新不伦瑞克省、新斯科舍省和爱德华王子岛省的奶农收集收入开始汇集共享。2003年2月1日曼尼托巴省退出系统。该协议还提供了几个有利于协调的元素，包括多元化的乳成分定价、日配额制度和配额交换，以及乳成分的最终用户定价等。委员会继续协助行业协议的微调，解决系统出现早年时的问题。

(3)西部地区所有类别原料奶收入共享体系达成协议(P4)。1997年3月，4个西部省份(曼尼托巴省、萨斯喀彻温省、阿尔伯塔省和不列颠哥伦比亚省)也实施了所有类别原料奶共享收入协议。

(4)乳制品出口激励计划(The Dairy Export Incentive Program，DEIP)。加拿大不是世界乳制品市场的主要参与者，但在WTO背景下，加拿大政府不实施出口“补贴”。

乳制品出口激励计划(DEIP)支付现金红利，允许乳制品出口商购买美国产品，当国际价格低于国内价格时出口。DEIP支持将国内乳制品市场的产品转向出口，有助于开拓出口市场，在牛奶支持价格体系中发挥了重要的作用。根据乌拉圭回合世界贸易组织的农业协定，DEIP限制其数量和金额。DEIP是使用纳税人的钱资助的。这项计划是通过加拿大5(d)类产品(表3)定位实现的。在加拿大的WTO承诺的削减出口补贴范围内的计划出口(市场开发)和奶量盈余外销计划都通过5(d)类产品运作。5(d)类产品的收入与国内其他奶农的收益共享。

(5)乳制品相关政策法规及实施效果。加拿大乳制品相关法律法规历史悠久，是其政策的具体体现形式，且据此执法过程中建立了各种可执行的标准和检测机构，为乳制品行业的发展奠定了基础。

1875年税务法，后来发展为1920年的加拿大《食品和药品法规》，其中就禁止销售掺假食物的规定。早期根据法规的起诉往往是不成功的，因为没有公认的标准。为了解决这种法律上的问题，在19世纪后期开始标准陆续出台。今天许多的食品标准在1920年就已经写在法律中了。

1964 年，随着食品添加剂的售前控制系统的规定，在法规中增加了可接受的食品添加剂列表，降低了标准规定的控制方法的依赖。

1965 年颁布的牛奶法案（Milk Act），是在安大略省颁布的法案。加拿大安大略省牛奶法令（Ontario Milk Order），适用于安大略省所有的乳制品，委员会和商品董事会互相授权管理国内牛奶市场交易，商品董事会具有制定和征收牛奶产品税收的权利，所征收的税用于建立储备，补偿牛奶售卖和处理的费用和损失，调整乳制品价格等。

1965 年以前，乳品加工厂直接从生产者手中购买牛奶。在收购牛奶时，由加工厂取样并测定乳脂含量及其他成分。在测试中经常出现买方与卖方间的不信任，1965 年政府建立了市场指导委员会，同时在圭尔夫大学建立了安大略省乳成分中心测定实验室，进行分析测试，每月测定混合样品 2 次。安省省健康部每月测定样品质量 1 次。1985 年，鲜奶样替代了混合样，对每个奶牛场每月进行 4 次取样测定乳成分，生产者的牛奶按加权平均价付款。在乳成分中心测定实验室中也要进行质量测定——平板计数、抑制剂测定、体细胞计数、普鲁氏环测定，所有样品运至实验室，随机抽取测试样品，同时多成分测定，定价也由此而生。

第三方测试即为牛奶法案的衍生概念，第三方作为测试者诚实公正，既不是为生产者操作测试，也不是为加工厂操作测试，故结果公正无偏；具一致性，取样方式，样品处理及测试方式均一致；测试方法是经过审计和认定；多方面的质量控制和保证；迅速报告测定结果。提供一些额外的服务，在所有样品贮存地点提供温度监控的保存样品的冷柜；提供将样品运送至实验室的运输服务；为乳品业提供其他项目测试。

1976 年是另一个里程碑意义的年份，作为主要的监管修正案，规定所有预先包装食品成分的完整列表。到这个时候，标准化食品不再是一种成分，在联邦法规规定的组成成分是成分标签声明合适替代品。

1979 年决定联邦食品标准规定的成分只有在产品参与国际或跨省交易时强制执行。因此，食品和药品法规规定的成分标准，在执行方面，与加拿大农业部执行“商品的法规”中类似的标准具有可比性，1997 年后，由加拿大食品检验署执行。

将乳制品写入加拿大《食品和药品法规》的规定中的初衷是为了在全国范围内确保食品药品的安全和组成成分的统一管理。然而，该法规对于乳制品成分标准的执行强度 1977 年被加拿大最高法院的决定否定（“拉巴特精简版的决定”）。

自 1997 年以来《乳制品法规》一直在进行审查。第九版修改稿为 2003 年 1 月修订的法规草案。这些内容将进一步融入《食品和药品法规》中，涉及条款有“乳制品”“牛奶成分”和“改性后的牛奶成分”。第九版草案还规定了发酵乳制品的成分标准，包括酸奶。

1994 年颁布的《乳制品市场条例》（Dairy Products Marketing Regulations SOR/94－466），法令应用于与乳制品有关的省间生产、销售或者出口交易，但是不能够应用于销售给消费者的液态奶制品，如牛奶或者奶油等。本法令对相关政府职能、交易许可、税收标准及纪录保持等都做出了严格的要求。

5.5 促进奶业消费的政策

5.5.1 强制牛奶灭菌的法令促进了牛奶的安全优质，启动了牛奶的稳定消费

加拿大联邦政府婴幼儿福利部门在 20 世纪 20 年代就曾发布首次全国的营养方面技术指南（Canadian Mothers Handbook，1923），倡导婴儿的母乳喂养，同时鼓励母亲用牛奶等方法让婴儿哺乳 9 个月，是最早的关于鼓励牛奶消费的政策。在面临乳制品出口和本地消费量下降的趋势，从医学、营养角度，鼓励牛奶消费，尤其是液态奶消费。但是，当时的情况下，不同省份对于牛奶安全和质量的控制水平有差异，这样的营养技术指南在全国的实施有难度。由于奶业开始远离城市，长距离运输、无冷链条件，牛奶中携带结核病菌给城市人口带来巨大威胁。1880 年开始，经过约 40 年的发展，安大略省通过了一系列法律法规，达到了供应健康、洁净牛奶的水平，成为加拿大奶业管理法规的发源地。1938 年安大略省政府通过了北美第一个州政府级的牛奶巴氏杀菌的强制性法令。

经过对牛奶营养价值的研究，从蛋白质、脂肪和碳水化合物等营养成分的角度，牛奶被誉为婴幼儿的天然全价食品，而且证实灭菌过程对于牛奶中最有价值的维生素等只有很低程度的破坏，而牛奶中维生素含量的研究获得大量资助，研究结果为大众深信。于是 20 世纪 20 年代成为牛奶消费的转折时期。

5.5.2 移民政策导致国家的多元文化，促使乳制品消费的多样化和产品研发

社会和人口结构的变化会影响消费者的需求、口味和消费习惯。在加拿大，二战的婴儿潮时期出生的人群，因为出生量大，消费趋势有巨大的影响。随着这一代的成长，他们越来越有兴趣获得更多有关营养的知识。他们希望所吃的食物有一定的保健作用。他们推出了健康饮食的趋势。这就解释了人造黄油替代黄油的出现，因为在 20 世纪 80 年代晚期，我们的商店货架上出现含脂量 1%的牛奶。加拿大的消费模式也受其移民政策和移民的影响。过去 10 年中，移民涌入量超过了本地人口自然增长率。随着移民的多样性增加，各种食品需求增加。沿海地区受影响较小，因为这里大多数移民多来自欧洲和美国。安大略省、魁北克省和西部省份已经在各种乳制品方面实施创新。例如，酸牛奶(发酵乳饮料，发源自东欧高加索地区)自 20 世纪 90 年代初以来已在几个加拿大大城市上市，特别是在魁北克省。此外，由于一人立家、家庭人口少同时妇女在劳动力市场出现的情况越来越多，速食和高附加值食品的需求上升。

奶业也通过提供创新产品，如过滤牛奶、不同规格的包装，以健康食品的方式呈现现有产品等方法影响需求。有加拿大市场上有很多优质乳制品，包括特制奶酪、冰淇淋、酸奶、餐桌奶油和牛奶。乳制品是平衡饮食的一部分，也是身体发育必不可少的。为了满足他们的需求，消费者可从几种乳制品中选择。消费者的口味正在发生变化，行业必须迅速、随时按需求调整。在过去 20 年中，众多特色奶酪、乳制甜点、酸奶和酸奶饮料、美食冰淇淋和新品奶油已添加到传统乳制品行列中，如牛奶、奶油、黄油、切达奶酪。

5.5.3 供应管理体系的实施辅以刺激消费的政策，促进加拿大乳制品消费的稳定趋势

在对比加拿大的乳制品消费趋势时发现，与其他国家相比，加拿大的奶酪消费不断提高、液态奶消费下降，黄油消费持平。这个总的发展趋势，是受到加拿大的政府政策干预形成的。例如，20 世纪 90 年代提出的促进黄油利用和退税计划有效地促进黄油消费，使其消费趋势保持稳定。促进黄油利用计划(1991 年)和深加工企业退税计划(1992 年)完全是产业资助的，旨在解决黄油消费需求下降的问题。促进黄油利用计划是指对于购买黄油的面包店和爆米花制造商支付每千克 2.00 美元的统一补偿。对于生产各种黄油产品的加工厂补贴，例如无水黄油(1.00 美元/kg)、酥油(1.50 美元/kg)和分馏黄油(2.75 美元/kg)。1992 年 6 月至 1993 年 5 月期间，该计划总支出为 64 亿美元。黄油的支持价格约 5.33 美元/kg 而当时世界价格约 1.90 美元/kg。

为深加工的乳制品厂实施退税计划，提供回扣额相当于加拿大与美国原料奶成本差异的 60%，乳制品厂需要说明由于原料成本较高而实际发生或潜在的市场损失份额。在 1991—1992 年计划费用为 320 万美元和 1992—1993 年为 730 万美元。该计划已延长实施 3 年，退款比例扩大到两国价差的 85%。加拿大奶业局评价这两项计划起到了刺激黄油需求的作用，在 1993—1994 乳制品年市场共享配额(MSQ)增加了 2%，是自 1988 年以来首次出现增长。这种需求的增长，也有助于缓解过去同期内黄油支持价格一直保持不变的问题。

奶酪的深加工也经历了类似的过程，由于供应管理体系按照生产成本设定原料奶价格，加拿大的莫扎瑞拉奶酪远高于从美国进口的，为让比萨饼厂商抵御进口产品，加拿大政府对于比萨饼深加工购买奶酪给予补贴，相当于市价降低 30%。

6 值得借鉴的主要经验

加拿大奶业是世界上非常独特的一个产业，作为农业的一个分支，一个弱势产业，能够在加拿大过去 50 年中稳步发展，不仅奶牛遗传水平稳步提高，稳居世界第一阵营，而且奶农收入稳定，原料奶安全有保障，奶

业不受世界奶价的影响，都归功于实施了40余年的供需管理体系。然而从这个体系建立的历史看，更应该归功于加拿大政府为乳品安全着想、持续实施诺言、扶持弱势群体、强调科技提高效率的力量，也归功于一代又一代为奶业着想的科学家、科技推广技术人员和奶业的庞大生产者队伍和追逐乳产品的消费者。

在政府的持续支持条件下，加拿大奶业成功的秘诀在于信息，是信息有效将产业各个环节紧密连接，是信息让各环节信服科技的力量，是信息带来公正、公平，是信息向世界显示其发展的脚步。

6.1 经营模式方面的经验

加拿大奶牛群体规模是世界上水平较低的，如果没有供需管理体系的保护，很多奶牛场都无法生存，这为我国的奶业发展敲了警钟。奶业需要走向专业化发展的道理，头数低于50头母牛的单位会在很短时间内消失。需要重点扶持有粗饲料种植条件、有乳品销售渠道的大型奶牛养殖单位，尽早走向盈利；需要创建新的并购模式，让盈利的奶牛养殖单位吸纳周围小型散户的牛源（注意防疫）、劳动力和资金，组建真正意义上的合作社，倡导正当盈利。

在扩大养殖规模的同时，将信息化建设列入议事日程。因为规模牛场必须依靠信息和信息的分析与解读。从国家层面，对于品种登记、DHI测定、体型评定三大块信息要建立专门的数据库并配备专业的技术人员队伍，让数据活起来。中国的各个公牛站、各个奶牛场以及相关政府机关、大学科研机构需要在此建立起非常紧密的合作关系。中国目前该产业的现状处于起步阶段，因此信息以及数据应该更加公开化、共享化，政府也应为遗传物质产业和奶业经验中的信息系统的建立加大投入。

6.2 科技创新方面的经验

加拿大奶业科技创新与产业发展紧密结合的特点值得我国借鉴。作为一个国家，除重视基础技术储备，研发基因工程、营养元素消化模式、克隆技术等基础、高新技术之外，还应针对本国奶业发展中的基础实践问题，研究实用技术，例如我国特有饲料原料营养价值、特有品种营养标准、生产性能测定操作规程、牛群健康良好操作规范、标准化的人工授精技术规范等需要扎扎实实在实践中应用的技术规范。同时，科技与推广之间需要建立定期更新知识的制度，有渠道将技术传播到户、到人。

6.3 产业政策方面的经验

完全效仿加拿大奶业的供需管理体系是不可能的。但需要分析这个体系成功的原因，国家提供乳业长期发展和保证乳品安全稳定的信息，将国家的支持重点放在行业前端弱势群体（养殖环节）、把行业的重点放在乳品加工环节的管理，提高养殖环节的议价能力，公共资金支持第三方检测机构，逐步实施以质论价的收奶体系。

多年来，我国牛奶生产、加工市场处于无序状态，牛奶生产者无法与乳制品厂对话，完全依赖于乳品市场价格调节。因此，建议建立宏观调控机制和行业自律机制，依据市场原辅料（饲料、水、电）及人工费等变化立法规定权威部门定期发布原料奶最高、最低收购价；对于奶制品企业，注意质量监管，将市场问题交给企业。对于已有乳品加工场进行普查和严格的资格审查，包括对于原料奶收购环节的公正性调查。

6.4 其他方面的经验

建议国家授权组建具有市场调查、定价权的功能机构，在调查研究的基础上，定期确定我国鲜奶及奶制品消费量，进而对鲜奶生产量、乳制品进口量进行规划，稳定我国奶牛存栏量，稳定牛奶总产量，逐步提高单产，避免盲目进口、多渠道进口奶粉等乳制品或原材料，冲击国内奶牛业，使奶牛业逐渐步入良性循环轨道，以提高奶牛场效益。

在我国奶业发展中，需要从法律层面约束几项对于自然环境、产业发展有不可逆转的影响。例如养殖场对环境的污染，必须通过立法约束奶牛场粪污处理以及处理后粪污的还田问题。没有足够土地种植粗饲料和消纳粪污的场址，就是不适合建场的场址。另外，原料奶质量安全，必须考虑采取预防式管理体系，对于原料奶污染的法律处罚可有效制止其发生。

奶业是高科技行业，人才短缺问题严重，应充分利用国际大公司意欲进入中国市场的机遇，要求其提供培训资源，开设奶农学校，扩充大规模奶牛场管理人才队伍，更新技术推广部门人员的知识水平并提高实践能力。

参考文献

[1]周贵，肖振铎，David A. Christensen. 加拿大奶牛品种遗传评定体系及指标. 中国奶牛，2011(5)：28-31.

[2]戴旭明. 加拿大牧场的粪便处理技术. 浙江畜牧兽医，2000(1)：42-43.

[3]方有生. 加拿大奶业管理的配额制度. 中国奶牛，2004(1)：53-54.

[4]胡明. 加拿大安大略省乳品工业概况. 畜牧与饲料科学，2005(5)：43-44.

[5]牟海日，于春英，张瑞梅. 加拿大奶牛业现状及其对中国的启示. 中国畜牧杂志，2010，48(18)：33-37.

[6]单正军. 加拿大的畜牧业环境保护. 中国牧业通讯，2007(11)：87.

[7]禤燕庆. 农村经营管理. 加拿大农牧产业化的特点及启示，2005(5)：44-46.

[8]张胜利，石万海. 北美种公牛选育与后裔测定方法简介田. 中国奶牛，2007 (S1)：73-76.

[9]张月周. 加拿大牛奶生产配额体系及运行效果. 中国奶牛，1999(3)：56-57.

[10]尹奕. 加拿大奶牛业考察报告. 中国乳业，2005(6)：53-56.

[11]Smith B L. Analysis of the Regulatory Framework Affecting Development and Commercialization of Dairy Products in Canada. The Dairy Processors Association of Canada，2005.

参考资料

[1]Canada's Dairy Industry at a Glance. http://www. dairyinfo. gc. ca.

[2]Canadian Dairy Industry Profile. http://www4. agr. gc. ca/resources/prod/doc/dairy/pdf/dairyprofile. pdf.

[3]Code of Practice for the Care and Handling of Dairy Cattle 2009. www. nfcc. ca.

[4]Dairy Code of Practice Scientists' Committee：March 2009. www. nfcc. ca.

[5]Statistics of Canadian Dairy Industry. 2011，2012，2013 edition. http://www. dairyinfo. gc. ca.

[6]加拿大动物疫病区域化管理考察报告. http://www. ygsite. cn/show. asp? trcms＝1&id＝5221&pageno＝2.

[撰稿：中国农业大学 王雅晶 王雅春 张胜利]

附　表

附表 1　1961—2018 年加拿大奶牛头数、单产水平和总产奶量

年份	奶牛头数/千头	平均单产/(kg/头)	总产奶量/万 t	年份	奶牛头数/千头	平均单产/(kg/头)	总产奶量/万 t
1961	2 986.8	2 757.7	823.7	1990	1 367.2	5 523.1	755.1
1962	2 938.5	2 809.6	825.6	1991	1 313.3	5 689.7	747.2
1963	2 873.0	2 881.4	827.8	1992	1 259.6	5 634.1	709.7
1964	2 845.0	2 921.4	831.1	1993	1 206.4	5 785.1	697.9
1965	2 795.0	2 949.7	824.4	1994	1 217.1	5 943.1	723.3
1966	2 673.9	3 068.0	820.4	1995	1 216.0	6 084.4	739.9
1967	2 569.0	3 153.7	810.2	1996	1 219.6	6 045.4	737.3
1968	2 489.0	3 275.5	815.3	1997	1 200.3	6 356.1	762.9
1969	2 442.0	3 397.2	829.6	1998	1 156.0	6 649.6	768.7
1970	2 389.0	3 388.6	809.5	1999	1 127.5	6 883.8	776.1
1971	2 255.1	3 479.2	784.6	2000	1 087.7	7 067.4	768.7
1972	2 206.0	3 598.8	793.9	2001	1 072.7	7 327.8	786.1
1973	2 141.0	3 542.0	758.3	2002	1 072.5	7 232.4	775.7
1974	2 071.0	3 645.8	755.1	2003	1 055.4	7 346.8	775.4
1975	2 044.0	3 751.5	766.8	2004	1 053.1	7 481.8	787.9
1976	2 001.6	3 510.6	702.7	2005	1 025.1	7 577.0	776.7
1977	1 953.6	3 675.4	718.0	2006	1 000.4	7 628.2	763.1
1978	1 862.5	3 790.8	706.0	2007	979.4	7 965.8	780.2
1979	1 790.2	3 961.9	709.3	2008	971.8	8 031.7	780.5
1980	1 764.5	4 187.4	738.9	2009	964.3	8 169.0	787.7
1981	1 779.0	4 234.6	753.3	2010	965.5	8 169.9	788.8
1982	1 778.0	4 382.8	779.3	2011	958.6	8 340.2	799.5
1983	1 691.6	4 396.0	743.6	2012	964.5	8 505.5	820.4
1984	1 662.8	4 616.3	767.6	2013	954.1	8 425.5	803.9
1985	1 570.9	4 753.3	746.7	2014	954.8	8 426.0	804.5
1986	1 443.7	5 201.7	751.0	2015	947.8	8 868.6	840.6
1987	1 422.9	5 330.3	758.4	2016	942.4	9 239.9	870.8
1988	1 404.1	5 570.0	782.1	2017	956.7	9 653.8	923.6
1989	1 386.2	5 463.3	757.3	2018	969.7	9 793.7	949.7

数据来源：CDIC。

附表 2　1964—2014 年加拿大主要乳制品产量　　万 t

年份	液态奶	奶油	黄油	奶酪	炼乳	全脂奶粉	脱脂奶粉和干乳酪
1964	390.8	16.4	8.9	8.7	15.5	1.0	10.6
1965	375.2	15.7	9.0	9.6	15.4	1.0	10.9
1966	370.9	15.5	9.0	10.3	15.6	0.4	12.4
1967	366.3	15.3	8.8	10.2	14.7	0.4	14.8
1968	375.1	15.6	8.8	10.6	15.4	0.2	16.9
1969	385.1	16.2	8.7	11.2	14.5	0.1	18.5

续附表 2

万 t

年份	液态奶	奶油	黄油	奶酪	炼乳	全脂奶粉	脱脂奶粉和干乳酪
1970	362.6	15.3	8.6	11.8	13.1	0.1	16.9
1971	321.9	13.4	8.5	13.5	13.6	0.1	14.0
1972	325.6	13.6	8.5	13.7	12.9	0.1	15.9
1973	286.6	11.8	8.7	13.8	12.5	0.1	14.4
1974	265.7	10.9	8.8	15.5	11.9	0.1	14.0
1975	314.4	13.3	8.0	14.6	10.9	0.1	19.0
1976	283.7	11.9	8.3	15.2	10.4	0.3	16.2
1977	281.4	11.7	8.2	16.2	14.7	0.7	16.2
1978	283.2	10.5	8.7	17.5	18.2	0.3	13.4
1979	259.6	10.1	9.3	19.6	18.7	0.1	11.8
1980	271.3	10.7	9.3	21.0	21.6	0.3	11.3
1981	294.7	11.7	9.5	21.2	19.5	0.3	14.1
1982	287.5	12.6	10.0	20.3	21.4	0.3	16.7
1983	254.0	10.8	10.8	21.6	18.5	1.1	12.6
1984	265.7	11.2	11.8	22.3	21.5	0.8	13.2
1985	245.0	10.0	12.4	24.7	19.4	1.0	10.2
1986	253.6	10.3	13.1	25.8	12.4	1.0	10.8
1987	245.8	9.8	13.5	27.8	9.7	1.3	10.5
1988	267.0	10.9	13.7	28.4	9.6	1.1	11.4
1989	254.0	10.2	13.6	28.0	8.8	1.1	9.8
1990	263.3	10.4	14.8	28.6	6.9	1.1	9.6
1991	255.9	10.1	14.3	29.1	9.8	0.9	8.0
1992	234.9	9.0	14.5	29.0	9.4	1.1	5.7
1993	230.5	8.7	15.0	29.3	9.0	1.0	5.2
1994	244.7	9.3	15.4	30.7	8.4	0.8	6.4
1995	254.8	9.7	16.0	31.3	8.7	0.6	7.7
1996	257.3	9.8	16.2	31.1	9.5	0.5	6.9
1997	252.2	9.4	16.8	35.8	10.7	0.4	7.0
1998	251.1	9.1	18.2	35.2	9.5	0.3	7.5
1999	258.6	9.2	19.3	35.1	8.0	0.4	8.3
2000	247.6	8.3	21.0	36.0	7.9	0.4	8.0
2001	260.9	8.8	22.1	35.4	7.8	0.4	9.5
2002	247.1	7.9	22.8	35.9	8.0	0.4	8.5
2003	271.9	8.7	25.2	36.6	7.0	0.3	9.5
2004	279.4	8.7	26.4	37.2	5.4	0.2	9.1
2005	275.3	8.6	27.0	37.9	5.0	0.1	7.7
2006	267.4	7.9	28.0	38.7	5.0	0.1	7.7
2007	278.7	8.2	29.1	40.4	4.8	0.1	8.1
2008	282.8	8.6	28.4	39.6	4.9	0.1	9.2
2009	282.8	8.6	28.4	40.8	4.9	0.1	8.6
2010	282.8	8.0	28.7	41.8	4.9	0.1	8.4
2011	282.8	8.7	30.1	40.9	4.9	0.1	7.8
2012	326.1	9.8	33.3	40.7	4.9	0.6	9.0
2013	320.1	9.3	33.3	40.7	4.9	0.7	8.4
2014	320.1	8.7	34.2	40.7	4.9	0.7	8.4

数据来源：FAO。

附表 3 1967—2017 年加拿大主要乳制品进出口贸易额

千美元

年份	进口额					出口额				
	黄油	干酪乳	鲜奶	脱脂奶粉	全脂奶粉	黄油	干酪乳	鲜奶	脱脂奶粉	全脂奶粉
1967	2 328	12 999	0	1 164	0	33	10 649	0	14 568	207
1968	5	14 333	0	1 258	0	4	15 100	0	11 163	363
1969	854	15 678	0	1 620	0	2	13 355	0	16 649	386
1970	429	17 412	0	1 507	0	11	16 011	0	28 553	5
1971	1 605	20 762	0	682	0	1 976	19 028	0	43 061	5
1972	4 746	26 179	0	835	0	16	15 244	0	35 764	2
1973	31 445	30 264	0	977	0	4	8 686	0	79 211	604
1974	31 964	42 339	0	1 192	0	8	9 139	0	59 515	601
1975	5 797	46 752	0	1 248	0	55	8 305	0	39 439	384
1976	19	52 974	0	841	0	2 909	5 737	0	51 317	1 634
1977	71	54 734	0	1 060	0	214	4 940	0	68 259	3 244
1978	4 375	57 906	0	1 304	0	283	5 650	0	56 246	1 216
1979	10	60 523	0	1 878	0	44	7 795	0	47 391	340
1980	19	63 840	0	2 686	0	133	9 285	0	50 808	530
1981	31	68 933	0	2 878	0	134	18 027	0	78 609	641
1982	77	72 207	0	2 690	0	188	18 361	0	121 178	8 229
1983	58	70 842	0	3 988	0	7 044	16 571	0	74 176	17 438
1984	100	74 533	0	4 759	0	114	18 143	0	59 949	12 858
1985	149	66 615	0	4 437	0	832	25 610	0	50 849	9 655
1986	24	76 388	0	5 702	0	718	26 534	0	61 013	10 679
1987	13	84 909	0	7 849	0	2 664	28 592	0	44 084	9 956
1988	196	96 183	18	1 531	2 177	345	33 326	3 187	74 680	18 385
1989	213	93 685	141	979	4 737	4 142	37 561	3 873	63 789	23 547
1990	291	101 961	99	2 596	3 844	6 056	34 329	3 574	82 178	16 068
1991	277	102 518	164	1 157	1 777	13 230	43 261	2 783	55 943	8 507
1992	328	106 190	23	1 485	3 739	12 782	39 844	262	49 688	15 206
1993	1 441	102 123	66	6 766	3 285	7 940	37 089	190	31 392	16 351
1994	720	101 915	63	7 757	6 162	2 729	32 805	161	49 744	14 881
1995	1 061	110 383	3	2 966	4 601	10 971	49 246	542	72 407	7 111
1996	5 574	118 869	0	5 331	2 603	26 168	60 840	2 611	78 028	14 242
1997	6 042	101 311	0	408	6 661	21 548	89 353	3 956	57 267	18 808
1998	6 083	101 106	1	116	8 622	25 907	88 790	4 392	49 538	8 774
1999	10 288	108 419	0	1 418	11 142	20 403	84 623	5 561	55 233	4 353
2000	21 874	116 672	15	3 388	26 052	10 953	66 634	3 442	41 747	2 178
2001	41 720	113 146	12	5 349	29 931	32 431	65 703	2 828	90 518	11 921
2002	27 485	113 344	29	2 232	34 519	24 138	57 020	2 676	64 944	9 770
2003	30 583	130 580	104	4 128	37 869	17 358	55 555	1 887	55 824	980
2004	58 674	142 828	104	4 943	43 237	37 755	55 002	2 077	31 027	3 924
2005	57 452	155 521	106	8 092	52 339	38 305	51 670	2 655	12 968	1 019
2006	32 717	164 154	118	7 979	43 160	28 070	56 807	1 245	28 644	427
2007	34 379	193 957	216	10 370	57 887	23 244	56 754	1 305	49 304	4 212
2008	27 296	230 323	9 756	12 977	55 310	4 083	60 714	208	36 951	2 176
2009	25 138	207 443	9 666	6 253	6 438	4 878	52 220	817	21 111	1 254
2010	28 047	220 863	13 013	8 672	8 412	14 787	43 774	1 607	13 401	1 357

续附表 3　千美元

年份	进口额					出口额				
	黄油	干酪乳	鲜奶	脱脂奶粉	全脂奶粉	黄油	干酪乳	鲜奶	脱脂奶粉	全脂奶粉
2011	45 665	249 311	12 990	10 097	5 393	1 397	35 922	3 647	34 469	3 658
2012	24 606	251 000	14 047	8 853	4 219	3 188	40 972	4 483	32 965	7 466
2013	23 078	252 647	19 010	7 321	5 478	13 424	51 863	2 701	47 382	14 654
2014	43 926	256 846	22 007	12 813	5 594	6 505	57 228	4 115	52 444	13 686
2015	57 671	233 741	17 832	6 217	5 635	5 064	42 645	3 423	29 120	6 029
2016	99 423	230 517	16 112	7 565	8 107	4 307	42 050	4 805	42 019	2 536
2017	101 035	239 786	15 374	7 865	6 774	4 446	51 398	7 731	133 385	1 653

数据来源:FAO。

附表 4　1967—2017 年加拿大主要乳制品进出口贸易量　t

年份	进口量					出口量				
	黄油	干酪乳	鲜奶	脱脂奶粉	全脂奶粉	黄油	干酪乳	鲜奶	脱脂奶粉	全脂奶粉
1967	4 341	10 736	0	3 256	0	25	12 921	0	44 428	221
1968	7	12 233	0	3 679	0	2	19 902	0	56 980	352
1969	1 524	14 181	0	3 450	0	2	16 460	0	110 927	293
1970	879	13 898	0	3 513	0	20	18 268	0	138 305	4
1971	1 399	15 700	0	1 611	0	2 029	15 569	0	116 225	4
1972	4 060	17 027	0	1 818	0	10	9 881	0	65 878	2
1973	28 411	18 691	0	1 953	0	2	5 489	0	124 428	471
1974	24 388	22 118	0	1 732	0	4	5 056	0	62 127	425
1975	4 564	22 081	0	1 597	0	23	3 625	0	53 975	325
1976	16	23 131	0	1 358	0	3 596	2 377	0	119 716	1 441
1977	17	21 811	0	1 479	0	273	1 908	0	178 755	4 686
1978	5 043	20 850	0	1 833	0	239	2 249	0	143 727	1 355
1979	7	21 001	0	2 092	0	20	3 250	0	108 355	354
1980	9	20 469	0	2 318	0	63	3 143	0	80 488	513
1981	28	20 570	0	2 260	0	61	4 842	0	86 540	402
1982	48	20 922	0	2 215	0	38	5 111	0	138 016	4 661
1983	25	20 553	0	3 619	0	4 146	4 848	0	107 854	12 441
1984	67	22 813	0	4 263	0	64	5 385	0	93 013	12 213
1985	123	20 693	0	3 972	0	559	11 142	0	78 218	8 637
1986	31	20 583	0	4 840	0	421	12 250	0	95 621	9 593
1987	15	20 244	0	11 205	0	3 131	10 507	0	59 105	8 111
1988	119	21 731	9	1 265	1 864	182	10 211	5 101	59 080	12 159
1989	108	20 618	75	451	3 188	2 327	10 739	4 875	31 990	10 913
1990	147	21 141	62	1 502	2 203	4 077	8 647	6 463	42 520	6 657
1991	164	21 188	123	899	1 324	12 415	12 146	5 123	36 145	4 545
1992	187	21 632	21	734	2 515	9 839	10 990	351	29 616	6 873
1993	942	21 871	59	4 722	3 140	5 962	9 275	340	17 154	6 308
1994	409	21 533	64	6 465	5 492	2 159	8 666	203	33 522	6 762
1995	606	21 451	0	1 949	2 810	6 281	13 816	696	43 852	3 480
1996	2 828	22 831	0	3 062	1 269	14 622	15 458	4 290	35 059	5 977
1997	3 316	20 473	0	271	3 235	11 591	23 312	6 061	30 090	8 688
1998	3 275	20 513	0	65	4 566	12 077	24 926	6 396	34 352	4 694

续附表 4　　t

年份	进口量					出口量				
	黄油	干酪乳	鲜奶	脱脂奶粉	全脂奶粉	黄油	干酪乳	鲜奶	脱脂奶粉	全脂奶粉
1999	5 820	22 109	0	983	6 577	10 932	24 483	7 904	41 013	2 635
2000	14 477	26 121	12	1 736	16 216	6 711	17 218	4 564	29 375	1 387
2001	25 831	23 230	9	2 662	15 892	16 492	17 920	4 118	45 810	5 839
2002	19 358	22 430	22	1 337	21 197	16 981	15 182	7 333	48 808	6 711
2003	20 177	20 494	74	2 404	21 689	12 078	10 995	5 876	36 046	976
2004	27 592	20 542	63	2 473	23 430	17 197	10 177	4 760	15 896	2 287
2005	23 744	20 692	59	3 602	24 722	19 878	9 652	6 227	5 604	545
2006	14 764	20 339	63	3 771	20 378	17 819	9 324	2 939	13 235	210
2007	13 235	21 824	110	2 844	21 490	12 977	8 543	2 345	14 018	941
2008	7 337	23 304	22 203	4 241	13 196	1 433	8 818	349	10 269	443
2009	9 852	22 336	24 429	2 897	2 322	2 836	8 538	1 034	10 101	506
2010	7 445	22 432	31 885	3 130	2 476	6 892	7 799	1 814	6 101	342
2011	10 500	23 219	31 623	3 223	1 550	298	7 403	3 970	9 872	1 102
2012	7 327	23 801	33 582	2 994	1 201	787	8 293	4 931	10 449	2 549
2013	6 831	23 989	47 616	2 766	1 419	4 312	9 689	2 735	12 658	3 950
2014	10 763	24 432	53 704	5 595	1 477	1 760	9 311	4 162	12 702	3 623
2015	16 445	24 678	45 212	3 091	1 791	1 451	9 753	3 719	13 670	2 478
2016	25 916	24 846	47 049	3 922	2 886	1 112	9 822	5 419	23 687	1 088
2017	20 653	25 355	40 327	3 657	2 517	1 183	10 223	8 753	71 880	819

数据来源：FAO。

附表 5　1993—2019 年加拿大各省及全国奶牛（泌乳牛＋青年牛）存栏各年统计　　千头

年份	不列颠哥伦比亚省	阿尔伯塔省	萨斯喀彻温省	曼尼托巴省	安大略省	魁北克省	新不伦瑞克省	新斯科舍省	爱德华王子岛	纽芬兰和拉布拉多省	加拿大
1993	103	142	57	74	600	682	31.2	38.8	25.7	5.3	1 759
1994	107	138	57	74	597	683	30.2	38.8	24.7	5.3	1 755
1995	112	142	56	73	599	695	29.5	37.5	23.9	5.4	1 773.3
1996	113	140	56	71	597	690	29.2	36.2	23.3	5.3	1 761
1997	112	141	52	70	601	692	29.4	36.2	23	5.3	1 761.9
1998	105.5	131	51	70	589	655	29.4	36.2	23	5.2	1 695.3
1999	106	125	49	66	575	636	29.2	36	23.1	5.5	1 650.8
2000	108.5	121	45	58.5	560	605	28.5	35.8	21.8	5.8	1 589.9
2001	108.5	125	47	59	563	594	28.5	35.7	21.7	6.1	1 588.5
2002	108.5	128	42	60.5	567	594	28.6	35.3	21.4	6.1	1 591.4
2003	114	122	47	58.5	569	575	29.1	35.1	21.7	6.4	1 577.8
2004	118	121.5	46	62	553.5	566	29.2	34.7	21.2	7.1	1 559.2
2005	114	119	45	62	549.8	577	29.3	34.3	20.9	7.9	1 559.2
2006	105	122	41	64	519	572	28.4	34	20.6	8.2	1 514.2
2007	102.5	114.5	40.5	63	503	560	28.5	34.1	20.5	8.3	1 474.9
2008	105.8	119.5	41.5	63.5	494	538	28.2	36	20.1	8.8	1 455.4
2009	103.1	124	42	68	486	514	28.2	35	20	8.8	1 429.1
2010	104.5	126	45	68.5	483.5	514.5	28.5	32.6	20	8.6	1 431.7
2011	105.5	128.2	46	63	478	516	28.2	32.9	20	8.4	1 426.2
2012	107.5	128	44	63.2	481.1	518.1	27.5	32.1	19.9	8	1 429.4

续附表 5 千头

年份	不列颠哥伦比亚省	阿尔伯塔省	萨斯喀彻温省	曼尼托巴省	安大略省	魁北克省	新不伦瑞克省	新斯科舍省	爱德华王子岛	纽芬兰和拉布拉多省	加拿大
2013	113.2	119.4	36.9	62.9	485.2	513.4	28.1	32.6	21.1	8.2	1 420.9
2014	114.2	119.4	36.5	59.4	472.7	502.4	27.7	32.2	19.6	8.1	1 393.8
2015	114.6	115.9	35.9	59.2	471.4	490.5	26.8	30.8	19.8	8	1 372.9
2016	116.3	117.4	37	59.6	471	486.9	26.2	30.6	19.5	7.8	1 372.3
2017	119.6	116.9	36.9	58.4	470.5	482.5	26	29.9	20.1	7.8	1 377.6
2018	126.8	117.8	38.6	62.7	478.1	493.5	27.6	30.7	21.5	8.2	1 405.5
2019	128.4	116.7	39.9	60.7	626.4	505.3	27.4	30.2	21.3	8	1 409.9

附表 6 2003—2019 年加拿大各省及全国总产奶量各年统计 万 t

年份	不列颠哥伦比亚省	阿尔伯塔省	萨斯喀彻温省	曼尼托巴省	安大略省	魁北克省	新不伦瑞克省	新斯科舍省	爱德华王子岛	纽芬兰和拉布拉多省	全国
2003—2004	64.3	63.5	21.6	29.9	250.6	289.3	13.4	17.3	9.8	3.7	763.4
2004—2005	64.5	63.7	21.8	29.8	247.7	284.9	13.2	17	9.8	4.1	756.5
2005—2006	63.4	62.4	21.5	30.4	242.5	282.2	13	16.7	9.7	4.8	746.7
2006—2007	63.1	62.7	21.7	29.9	242.9	281	13.1	16.8	9.9	5.1	746.2
2007—2008	65.3	65.6	23	31.5	249.4	285.1	13.4	17.5	9.9	5.3	765.9
2008—2009	65.8	65.6	23.5	32	245.8	280.2	13.4	17	10	4.9	758
2009—2010	65.8	65.3	22.4	31.2	249.7	287.4	13.4	17	10.2	4.9	767.4
2010—2011	66.7	65	22.5	31.4	250.8	289	13.4	17	10.1	4.9	770.8
2011—2012	63.5	62.2	21.5	30.4	236.9	268.1	12.5	15.8	9.3	4.4	724.4
2012—2013	67.4	66.3	22.9	32.4	257.5	296.1	13.7	17.7	10.4	4.8	789.2
2013—2014	67.8	65.5	23.3	31.9	253	289.9	13.2	17.2	10	4.7	776.5
2014—2015	70.9	69	23.7	34.1	263.8	297.2	13.7	17.9	10.2	4.8	805.3
2015—2016	73.3	72.5	25.1	34.1	374.8	306.3	14.3	18.5	10.7	4.8	834.3
2016—2017	76.1	74.2	26.1	35.8	290.5	322	14.9	19.7	11.5	4.8	875.6
2017—2018	81	80.7	28.3	40.2	302.2	336.2	15.9	20.7	12	5	922.3
2018—2019	83	81.2	29.4	41.3	296.8	332.9	15.4	20.2	11.8	4.9	916.8
日历年份											
2004	64.8	64.4	21.9	30	250.1	288.9	13.5	17.4	9.9	3.9	764.9
2005	64.4	63.5	21.7	30.2	245.9	284.5	13	16.7	9.6	4.4	754
2006	62.9	62	21.5	30.3	239.6	280.4	13	16.7	9.7	5	741
2007	63.4	63.4	22.1	29.8	248.2	285.4	13.4	17.4	10.1	5.2	758.4
2008	66.2	66.8	23.4	32.2	245	280.4	13.2	17.1	9.7	5.2	759.1
2009	66.1	65	23.1	31.6	250.1	284.5	13.6	17.1	10.2	4.8	766.1
2010	65.8	65	22.3	31	249.4	288	13.4	17	10.2	4.9	767.1
2011	67.7	66	23	32.1	253.9	289.6	13.4	17	10.1	4.8	777.5
2012	35.2	34.6	11.8	16.9	130	148.2	7	8.8	5.2	2.4	400.2
2013	67.1	65.4	23.1	31.2	254.8	293.9	13.6	17.4	10.2	4.7	782
2014	69.1	66.9	23.4	32.7	254.7	296.1	13.3	17.4	9.9	4.6	782.6
2015	72.2	70.2	24.3	34.5	269.2	300.2	13.9	18	10.3	4.8	817.7
2016	73.5	73.3	25.5	34.1	279.9	311.6	14.4	18.9	11	4.8	847
2017	79.4	76.9	26.8	37.9	296.1	329.1	15.4	20.1	11.7	4.9	898.4
2018	81.3	81.6	29.1	40.9	300.8	336.6	15.9	20.7	12.1	5	923.8
2019	84.1	81.8	29.7	41.2	301.1	332.9	15.2	20.1	11.7	4.8	922.6

数据来源：Provincial Milk Boards and Agencies，截至 2019 年 6 月。

附表 7　1992—2018 年加拿大所有品种奶牛参加正式 DHI 测定数量及单产水平

年份	所有品种				荷斯坦牛			
	参测头数	产奶量/kg	乳脂率/%	乳蛋白率/%	参测头数	产奶量/kg	乳脂率/%	乳蛋白率/%
1992	313 694	7 807	3.73	3.24	284 251	8 028	3.67	3.21
1993	296 253	7 988	3.75	3.25	268 842	8 193	3.71	3.21
1994	305 549	8 103	3.74	3.26	278 028	8 309	3.69	3.21
1995	304 318	8 251	3.74	3.24	277 010	8 461	3.7	3.21
1996	300 050	8 424	3.76	3.25	273 795	8 633	3.72	3.23
1997	299 119	8 427	3.72	3.24	273 426	8 697	3.68	3.22
1998	294 635	8 738	3.7	3.24	270 009	8 946	3.65	3.22
1999	286 301	8 960	3.69	3.24	263 502	9 162	3.66	3.22
2000	274 795	9 152	3.7	3.23	253 561	9 350	3.67	3.21
2001	274 658	9 242	3.72	3.24	254 014	9 440	3.68	3.22
2002	293 634	9 519	3.72	3.25	271 531	9 717	3.67	3.22
2003	294 747	9 519	3.73	3.23	273 149	9 721	3.68	3.21
2004	292 180	9 458	3.72	3.22	271 036	9 658	3.67	3.19
2005	285 815	9 422	3.76	3.21	264 762	9 624	3.71	3.19
2006	285 379	9 481	3.75	3.21	264 903	9 677	3.71	3.18
2007	289 072	9 538	3.77	3.22	268 463	9 733	3.72	3.19
2008	295 275	9 642	3.78	3.23	274 687	9 835	3.74	3.2
2009	305 746	9 592	3.81	3.22	283 762	9 793	3.76	3.19
2010	298 068	9 768	3.79	3.21	276 544	9 970	3.75	3.18
2011	303 042	9 774	3.84	3.22	281 157	9 975	3.79	3.19
2012	310 695	9 780	3.85	3.22	288 712	9 979	3.8	3.19
2013	307 475	9 902	3.88	3.22	285 629	10 105	3.84	3.19
2014	309 345	9 893	3.93	3.22	287 223	10 102	3.87	3.19
2015	318 108	10 043	3.95	3.23	295 473	10 257	3.9	3.2
2016	319 257	10 292	3.95	3.25	296 496	10 512	3.9	3.22
2017	322 398	10 528	3.98	3.25	299 507	10 756	3.93	3.22
2018	325 524	10 519	4.02	3.27	302 093	10 753	3.96	3.24

数据来源：加拿大奶牛信息中心。

附表 8　1993—2011 年在加拿大进行后裔测定的各品种种公牛数　　头

年份	爱尔夏牛	瑞士褐牛	法加奶牛	更赛牛	荷斯坦牛	娟姗牛	短角牛	总和
1993	25	3	1	4	426	12	—	471
1994	25	3	1	4	480	9	—	522
1995	26	1	1	3	461	11	—	503
1996	20	3	1	2	474	10	—	510
1997	25	2	1	4	436	10	—	478
1998	26	4	1	3	781	16	—	831
1999	20	7	1	4	658	18	—	708
2000	19	7	—	4	546	23	—	599
2001	16	5	—	3	608	33	—	665
2002	21	6	—	2	571	36	—	636
2003	20	6	1	1	585	35	—	648
2004	18	2	—	3	610	37	—	670

续附表 8 头

年份	爱尔夏牛	瑞士褐牛	法加奶牛	更赛牛	荷斯坦牛	娟姗牛	短角牛	总和
2005	21	7	1	2	676	57	—	764
2006	22	6	1	2	690	49	—	770
2007	23	6	—	1	676	57	—	763
2008	21	3	2	—	618	63	1	708
2009	25	4	1	3	585	65	—	683
2010	20	3	1	8	472	58	—	562
2011	22	3	1	1	430	62	1	520

数据来源:加拿大奶牛信息中心。

附表 9 2005—2019 年加拿大及各省奶牛场规模统计 头

年份	不列颠哥伦比亚(BC)	阿尔伯塔(AB)	萨斯喀彻温(SK)	曼尼托巴(MB)	西部平均	安大略(ON)	魁北克(QC)	新不伦瑞克(NB)	新斯科舍(NS)	爱德华王子岛(PE)	东部平均	纽芬兰及拉布拉多(NL)	加拿大
1997	102.3	80.5	66.4	56.7	76.5	50.7	42.6	53.7	55.6	45.5	49.6	79.5	50.6
1998	93.1	81.6	69.1	59.7	75.9	51.2	43.1	54.9	56.0	44.6	50.0	73.4	50.7
1999	97.6	85.7	76.8	64.6	81.2	54.2	43.6	56.0	57.6	47.7	51.8	70.8	52.5
2000	100.3	88.9	82.8	69.9	85.5	54.6	45.4	55.3	60.0	50.3	53.1	69.5	53.9
2001	105.6	94.7	89.6	74.1	91.0	56.8	46.3	56.7	62.6	51.1	54.7	64.6	55.8
2002	103.8	90.2	90.3	75.6	90.0	58.5	47.8	56.8	63.7	53.8	56.1	74.1	57.1
2003	111.9	103.4	105.3	87.5	102.0	63.1	51.3	60.4	67.5	59.6	60.4	71.3	61.8
2004	115.7	109.9	109.1	93.8	107.1	64.7	52.5	64.4	69.8	62.1	62.7	180.0	63.5
2005	120.2	114.3	115.8	108.2	114.6	65.0	53.0	63.2	68.5	61.2	62.2	137.7	64.6
2006	120.9	112.0	122.3	109.5	116.2	67.3	53.7	68.6	75.2	64.2	65.8	161.3	66.0
2007	128.2	120.4	128.1	109.4	121.5	71.8	55.5	71.8	81.8	67.9	69.8	173.0	69.2
2008	131.8	127.5	137.2	121.4	129.5	72.0	56.3	73.0	80.8	69.6	70.3	182.0	70.5
2009	135.7	127.3	145.0	119.6	131.9	74.7	57.9	76.2	82.4	75.0	73.2	254.0	72.5
2010	142.0	129.1	151.7	125.0	137.0	74.4	57.1	78.4	83.6	73.5	73.4	159.6	72.3
2011	148.6	135.2	162.8	135.8	145.6	76.4	58.6	73.8	84.2	75.1	73.6	154.6	74.5
2012	145.9	137.8	162.2	118.7	152.0	77.0	59.2	88.3	90.7	70.5	77.1	181.8	76.8
2013	148.8	140.5	168.7	124.0	156.7	78.5	58.9	91.0	95.3	73.8	79.5	181.8	77.8
2014	151.2	141.2	167.5	134.1	156.8	80.7	59.9	90.3	96.9	75.0	80.6	187.5	79.5
2015	153.8	147.0	171.2	136.8	160.8	82.1	60.6	86.9	96.9	75.9	80.5	178.1	80.8
2016	154.9	150.7	176.1	137.2	164.4	84.4	62.6	90.5	95.9	76.2	81.9	168.8	82.9
2017	169.2	153.9	178.1	138.7	169.8	87.5	65.3	98.5	100.5	81.9	86.7	178.1	86.7
2018	175.1	157.1	179.0	145.1	172.5	90.3	69.8	99.0	102.4	85.1	89.3	175.0	90.8
2019	174.8	163.9	166.3	143.9	167.8	93.0	72.3	99.5	106.4	83.7	91.0	219.2	93.4

数据来源:加拿大统计局(Statistics Canada)。

附表 10 1992—2018 年加拿大人均消费乳制品变化

年度	液态奶/L	奶油/L	黄油/kg	奶酪/kg	炼乳/L	酸奶/L	冰淇淋/L
1992	92.59	5.12	2.71	10.45	2.67	2.91	10.51
1993	89.89	5.22	2.89	10.68	2.73	3.04	11.08
1994	90.79	5.33	2.89	10.85	2.23	3.09	11.88
1995	90.32	5.46	2.76	10.87	2.24	3.05	11.39
1996	90.05	5.48	2.87	10.70	1.98	3.17	10.88

续附表 10

年度	液态奶/L	奶油/L	黄油/kg	奶酪/kg	炼乳/L	酸奶/L	冰淇淋/L
1997	89.14	5.62	2.63	11.82	1.91	3.19	10.35
1998	88.77	6.04	2.89	11.48	1.16	3.46	10.19
1999	87.73	6.36	2.85	11.54	1.31	4.05	10.03
2000	88.22	6.83	2.99	11.85	1.28	4.59	8.63
2001	87.20	7.13	3.36	11.48	1.05	4.88	9.23
2002	85.59	7.27	3.29	11.54	1.22	5.39	9.50
2003	85.28	7.95	3.23	11.65	0.71	5.86	9.27
2004	85.59	8.26	3.46	11.96	0.98	6.31	9.15
2005	83.96	8.37	3.15	12.04	1.11	6.77	9.85
2006	83.54	8.60	2.83	12.22	1.10	6.99	9.23
2007	83.02	8.72	2.72	12.39	1.12	7.17	8.03
2008	81.93	8.45	2.67	12.55	1.09	7.67	6.90
2009	81.27	8.41	2.79	12.51	0.85	7.78	5.54
2010	77.90	8.23	2.69	12.54	0.83	8.28	5.51
2011	78.70	8.78	2.79	12.29	0.93	8.47	4.64
2012	75.56	9.39	2.82	12.39		10.64	5.30
2013	74.34	10.00	2.67	12.30		10.25	4.42
2014	72.05	10.03	2.77	12.64		10.17	
2015	71.33	10.06	2.78	12.73		11.38	
2016	70.08	10.15	3.22	13.75		11.18	
2017	66.65	10.57	3.24	13.88		10.36	
2018	65.85	11.70	3.33	14.51		10.22	

数据来源:CDIC。

附表 11　1993—2018 年加拿大各品种奶牛登记牛头数统计　　头

年份	爱尔夏牛	瑞士褐牛	法加奶牛	更赛牛	荷斯坦牛	娟姗牛	短角牛	总和
1993	8 836	1 811	177	1 050	205 147	6 564	211	223 796
1994	8 860	1 649	260	1 118	199 396	6 447	237	217 967
1995	8 812	1 757	207	1 005	202 102	6 565	277	220 725
1996	8 524	1 435	129	751	169 688	6 169	243	186 939
1997	8 142	1 420	203	713	239 470	6 011	255	256 214
1998	8 218	1 441	144	753	223 593	6 631	265	241 045
1999	7 988	1 450	235	700	219 187	7 768	257	237 585
2000	7 925	1 421	206	464	214 244	6 513	109	230 882
2001	7 197	1 414	153	400	223 739	5 942	248	239 093
2002	7 865	1 471	184	460	228 275	7 197	291	245 743
2003	7 438	1 465	153	363	227 826	6 346	319	243 910
2004	7 217	1 450	194	292	232 754	6 581	210	248 698
2005	7 052	2 217	254	298	232 964	6 623	224	249 632
2006	6 799	1 564	275	257	232 767	6 829	243	248 734
2007	6 407	1 503	230	232	230 283	7 014	245	245 914
2008	6 489	1 551	226	221	236 438	7 305	284	252 514
2009	6 791	1 528	250	264	241 198	7 900	261	258 192

续附表 11 头

年份	爱尔夏牛	瑞士褐牛	法加奶牛	更赛牛	荷斯坦牛	娟姗牛	短角牛	总和
2010	6 382	1 719	251	257	271 280	8 355	275	288 519
2011	6 499	1 454	230	225	263 243	8 440	275	280 366
2012	5 781	1 474	336	220	271 580	8 255	353	287 999
2013	5 651	1 404	198	188	277 051	9 209	317	294 018
2014	6 419	1 254	275	226	268 205	8 816	252	285 447
2015	6 138	1 562	309	296	274 172	9 045	402	291 924
2016	5 487	1 228	208	220	282 037	9 900	262	299 342
2017	5 562	1 360	271	200	285 547	10 637	269	303 846
2018	5 041	1 410	234	267	295 212	11 811	295	314 270

数据来源：Breed Associations and Canadian Livestock Records Corporation，CDIC，包括登记的杂种个体。

附表 12　1993—2018 年加拿大各品种奶牛登记牛中人工授精后代头数

年份	爱尔夏牛	瑞士褐牛	法加奶牛	更赛牛	荷斯坦牛	娟姗牛	短角牛	总和	占登记牛比例
1993	7 353	1 262	156	851	184 837	5 558		200 017	89.4%
1994	7 482	1 197	206	897	187 611	5 885		203 278	93.3%
1995	7 432	1 355	153	813	185 934	5 704		201 391	91.2%
1996	7 196	1 173	115	647	160 695	5 467		175 293	93.8%
1997	6 863	1 153	185	635	227 975	5 183		241 994	94.4%
1998	6 971	930	127	646	207 950	5 902		222 526	92.3%
1999	6 442	864	60	542	202 529	6 991		217 428	91.5%
2000	6 754	830	77	377	197 116	5 862	278	211 294	91.5%
2001	6 030	1 110	135	336	205 840	5 349	124	218 924	91.6%
2002	6 500	738	154	407	207 730	6 518	162	222 209	90.4%
2003	6 458	1 154	114	307	207 321	5 610	144	221 108	90.7%
2004	6 423	1 089	148	262	211 806	5 621	120	225 469	90.7%
2005	6 778	1 648	225	274	211 997	5 752	136	226 810	90.9%
2006	6 547	1 273	247	249	210 421	5 763	169	224 669	90.3%
2007	6 162	1 279	183	213	208 867	5 899	191	222 794	90.6%
2008	6 429	1 278	177	204	214 213	5 866	212	228 379	90.4%
2009	6 525	1 215	209	235	211 531	5 971	200	225 886	87.5%
2010	6 076	942	224	237	246 865	7 811	212	262 367	90.9%
2011	5 992	794	196	205	238 498	6 800	170	252 655	90.1%
2012	5 194	834	301	192	246 595	7 640	245	261 001	90.6%
2013	5 185	836	208	172	253 502	7 876	239	268 018	91.1%
2014	6 079	1023	221	211	246 749	7 029	193	261 505	93.9%
2015	6 232		282		238 529	7 790		252 833	89.6%
2016	5 293		183	204	251 013	8 452		265 145	84.5%
2017	5 096	1252	220	177	250 843	9 576	220	267 834	88.0%
2018	4 791	1262	215	247	262 163	9 818	254	278 750	88.7%

数据来源：Breed Associations and Canadian Livestock Records Corporation。

附表 13　1990—2018 年人均年消费液态奶和奶油量变化趋势 L

年份	液态奶							奶油				
	3.25%	2%	1%	脱脂奶	巧克力奶	白脱牛奶	总计	10%	18%	35%	酸奶油	总计
1990	21.94	56.97	5.85	6.33	3.90	0.48	95.47	2.92	0.48	0.85	0.99	5.25
1991	19.94	55.80	8.52	6.37	3.42	0.46	94.51	2.81	0.49	0.82	0.99	5.10

续附表 13　L

年份	液态奶							奶油				
	3.25%	2%	1%	脱脂奶	巧克力奶	白脱牛奶	总计	10%	18%	35%	酸奶油	总计
1992	18.42	53.98	10.20	6.26	3.28	0.44	92.59	2.80	0.53	0.84	0.95	5.12
1993	17.16	51.62	11.12	6.19	3.38	0.42	89.89	2.80	0.57	0.81	1.04	5.22
1994	16.81	50.16	13.00	6.60	3.81	0.42	90.79	2.81	0.65	0.84	1.02	5.33
1995	15.94	48.32	14.32	7.30	4.03	0.42	90.32	2.90	0.75	0.86	0.95	5.46
1996	15.40	47.09	15.46	7.76	3.95	0.40	90.05	2.89	0.79	0.87	0.94	5.48
1997	15.02	45.48	16.19	8.05	4.02	0.38	89.14	2.86	0.95	0.85	0.96	5.62
1998	14.78	44.69	16.41	8.22	4.25	0.43	88.77	2.92	1.11	0.90	1.11	6.04
1999	14.13	43.59	16.56	8.37	4.67	0.43	87.73	2.88	1.36	0.92	1.20	6.36
2000	14.20	43.24	17.26	8.59	4.54	0.39	88.22	2.92	1.57	1.05	1.28	6.83
2001	14.20	41.80	17.21	8.73	4.87	0.39	87.20	2.95	1.80	1.03	1.36	7.13
2002	13.55	40.59	17.25	8.83	4.94	0.42	85.59	2.92	1.96	1.10	1.29	7.27
2003	13.45	40.33	17.46	8.54	5.07	0.43	85.28	3.04	2.37	1.19	1.35	7.95
2004	13.09	40.11	17.91	8.64	5.40	0.44	85.59	3.21	2.57	1.13	1.35	8.26
2005	12.61	38.82	17.87	8.75	5.48	0.42	83.96	3.11	2.77	1.16	1.33	8.37
2006	12.35	38.43	18.11	8.71	5.51	0.42	83.54	3.05	2.98	1.17	1.39	8.60
2007	11.93	37.93	18.18	8.75	5.78	0.45	83.02	3.02	3.12	1.21	1.37	8.72
2008	11.32	37.31	18.14	8.67	6.06	0.44	81.93	2.96	3.08	1.22	1.20	8.45
2009	11.14	37.34	18.11	8.58	5.72	0.37	81.27	3.04	3.10	1.23	1.04	8.41
2010	10.55	35.61	17.34	8.30	5.77	0.33	77.90	2.94	3.14	1.14	1.01	8.23
2011	10.42	35.70	17.41	8.18	6.03	0.35	78.08	2.94	3.33	1.24	1.23	8.74
2012	10.32	35.78	16.99	7.88	5.96	0.35	77.28	3.40	3.65	1.33	1.27	9.65
2013	9.76	34.95	16.00	7.18	5.85	0.37	73.10	3.09	3.85	1.36	1.33	9.64
2014	9.70	34.48	14.97	6.42	5.91	0.34	71.81	3.17	3.87	1.35	1.35	9.74
2015	9.95	34.68	14.12	5.62	6.39	0.32	71.07	3.17	3.94	1.33	1.25	9.69
2016	10.25	34.70	13.40	5.07	6.14	0.28	69.83	3.27	3.85	1.40	1.27	9.79
2017	9.99	33.24	12.58	4.75	5.74	0.28	66.39	3.24	3.72	1.69	1.39	10.05
2018	10.41	32.75	11.92	4.57	5.53	0.32	65.53	3.13	3.90	1.60	1.43	10.07

数据来源：加拿大统计局。

附表 14　1988—2018 年人均年消费各种奶酪量变化　kg

年份	切达奶酪	特制奶酪	再制奶酪	乡村奶酪	总计
1988	4.06	5.59	2.98	1.16	10.81
1989	4.16	5.73	2.94	1.11	10.99
1990	3.81	5.64	3.05	1.12	10.57
1991	3.79	5.69	2.77	1.03	10.52
1992	3.66	5.87	2.79	0.92	10.45
1993	3.77	6.02	2.71	0.88	10.68
1994	3.87	6.11	2.77	0.87	10.85
1995	3.9	6.14	2.74	0.83	10.87
1996	3.76	6.18	2.58	0.76	10.7
1997	3.97	7.13	2.44	0.72	11.82
1998	3.85	6.92	2.25	0.71	11.48
1999	4	6.82	2.39	0.71	11.54
2000	3.91	7.15	2.35	0.79	11.85

续附表 14

kg

年份	切达奶酪	特制奶酪	再制奶酪	乡村奶酪	总计
2001	3.84	6.86	2.47	0.78	11.48
2002	3.78	6.98	2.24	0.79	11.54
2003	3.88	6.99	2.22	0.78	11.65
2004	3.78	7.35	2.35	0.82	11.96
2005	3.98	7.21	2.25	0.85	12.04
2006	4.15	7.22	2.3	0.85	12.22
2007	3.74	7.74	2.24	0.91	12.39
2008	3.92	7.74	2.12	0.89	12.55
2009	4.04	7.69	2.1	0.77	12.51
2010	4.12	7.66	1.84	0.76	12.54
2011	3.96	7.45	2.02	0.74	12.16
2012	3.88	7.47	1.95	0.74	12.09
2013	4.06	7.52	1.91	0.72	12.3
2014	4.04	7.92	1.72	0.68	12.64
2015	3.97	8.16	1.61	0.6	12.73
2016	4.32	8.83	1.7	0.59	13.75
2017	4.32	8.93	1.85	0.64	13.88
2018	4.97	8.9	1.87	0.63	14.51

数据来源:加拿大统计局。

附表 15　2017—2019 年加拿大乳制品出口额和出口量变化

国家和地区	出口额/加元			出口量/kg		
	2017 年	2018 年	2019 年	2017 年	2018 年	2019 年
美国	10 453 381	3 925 417	7 525 044	1 479 531	475 867	1 038 400
巴哈马	1 627 976	2 281 761	2 757 799	310 941	461 889	517 003
日本	3 128 150	704 602	1 750 261	635 913	141 599	377 778
埃及	174 966	1 074 108	1 129 576	41 348	229 477	274 704
牙买加	391 687	855 911	663 884	73 024	160 972	129 059
阿尔及利亚	330 844	1 004 878	625 683	75 332	227 326	149 057
毛里求斯	73 808	187 153	174 253	10 267	26 827	26 726
澳大利亚	264 115	492 640	102 469	39 650	86 358	12 751
新加坡	14 615	8 875	36 580	2 355	1 209	4 468
新西兰	18 374	29 490	24 574	2 616	5 132	3 198
法国	28 331	18 861	19 264	3 706	1 807	1 784
圣皮埃尔和密克隆	54 968	21 224	19 100	4 776	1 893	1 611
阿拉伯联合酋长国	331 448	139 292	12 025	49 763	20 445	1 969
德国	2 678	7 881	1 847	381	733	245
其他	1 159 062	2 945 086	4 846 825	197 652	706 786	1 114 672
总计	18 054 403	13 697 179	19 689 184	2 927 255	2 548 320	3 653 425

数据来源:加拿大统计局。

附表 16　2017—2019 年加拿大乳制品进口额和进口量变化

国家和地区	进口额/加元			进口量/kg		
	2017 年	2018 年	2019 年	2017 年	2018 年	2019 年
英国	11 869 737	16 113 106	18 985 343	950 084	1 239 113	1 484 533
美国	18 221 970	14 100 784	17 725 300	1 759 927	1 438 191	1 663 941

续附表 16

国家和地区	进口额/加元			进口量/kg		
	2017 年	2018 年	2019 年	2017 年	2018 年	2019 年
爱尔兰	926 555	2 108 723	4 044 337	83 773	180 454	536 384
丹麦	888 540	2 453 445	3 281 871	85 879	207 880	256 895
新西兰	847 730	1 041 758	3 202 957	59 349	71 923	442 660
意大利	914 174	1 164 234	946 641	80 887	98 857	80 867
波兰	10	311	748 470	1	31	135 391
澳大利亚	145 151	145 075	614 375	9 226	9 030	76 095
荷兰	528 586	985 376	168 921	42 915	85 400	14 025
法国	18 790	14 082	115 692	1 645	900	12 492
埃及	3 211	1 537	4 361	2 312	959	3 756
西班牙	51 461	8 898	110	4 355	750	12
中国	28	808	16	4	107	2
希腊	31 631	104	15	1 623	14	5
其他	15 410	2 493	99 969	1 599	208	21 1974
总和	34 462 984	38 140 734	49 938 378	3 083 579	3 333 817	4 728 255

数据来源:加拿大统计局。

俄罗斯奶业发展报告

摘要：本报告主要从生产、加工、技术进展、消费与贸易4个方面，阐述近60年俄罗斯奶业的发展状况，并简要介绍俄罗斯奶业的主要机构体系、技术措施及相关政策制度，在此基础上结合我国奶业的发展现状，总结了我国可借鉴的发展经验。

俄罗斯联邦(简称俄罗斯)位于亚欧大陆北部，横跨11个时区，位于多种气候带(从北极到亚热带)，气候温和，地势平坦，牧草茂盛，适合发展畜牧业。俄罗斯是世界几大乳品生产国之一，俄罗斯民族历来有食用乳制品的传统，而且由于俄罗斯大部地区处于中高纬度，土地辽阔，人口稀少，具有丰富的饲料资源以及环境条件，很适合发展奶牛养殖和乳品工业。

俄罗斯历来重视乳制品行业的基础地位，乳制品种类很多、生产量大、消费量也大，是进口和出口的大国，苏联时代牛奶生产总量超过1亿t，居世界第一。进入20世纪90年代后，社会动荡、经济衰退、居民购买力降低、物价飞涨等导致总产量逐渐下降。奶牛存栏总数一直以每年2%～3%的速度递减。

近年来俄罗斯政府在提高原料奶质量、促进奶业生产、加工、贸易、消费等方面出台了一系列的法律法规和扶持政策(补贴补偿等措施)，俄罗斯奶牛养殖、奶牛单产、乳制品加工等方面都在不断提高，俄罗斯奶业的发展前景良好。

关键词：俄罗斯　奶业　科技　发展

1　奶业发展概况

俄罗斯联邦(简称俄罗斯)位于亚欧大陆北部，跨亚欧两洲，东西两半球，大部分位于北纬50°～70°，是跨经度最多的国家。国土面积居世界第1位，绝大部分属于北温带，小部分在北寒带。俄罗斯横跨11个时区，位于多种气候带(从北极到亚热带)，具有寒带、亚寒带和温带的大陆性气候特征，以温带大陆性气候为主，夏季温暖而短暂，南北温差大，冬季漫长而严寒，日短夜长，极为寒冷。除寒带和亚寒带以外广大温带地区雨水丰沛，气候温和，地势平坦，牧草茂盛，适合发展畜牧业。

俄罗斯是世界几大乳品生产国之一，俄罗斯民族历来有食用乳制品的传统，而且由于俄罗斯大部地区处于中高纬度，土地辽阔，人口稀少，具有丰富的饲料资源以及环境条件，很适合发展奶牛养殖和乳品工业。俄罗斯经过长期的发展，俄罗斯的乳品工业逐渐形成了自己的特色，其生产和消费水平一直居世界前列，其乳制品的加工技术、工艺等都很成熟，20世纪90年代初期受国家总体经济形势影响俄罗斯奶牛养殖业出现下滑，奶牛存栏总数一直以每年2%～3%的速度递减，导致奶产量下降、供应紧张。

俄罗斯政府在提高原料奶质量、促进奶业生产、加工、贸易、消费等方面出台了一系列的法律法规和扶持政策(补贴补偿等措施),俄罗斯奶牛养殖、奶牛单产、乳制品加工等方面都在不断提高,俄罗斯奶业的发展前景良好。

1.1 奶牛养殖业

1.1.1 奶业养殖整体状况

俄罗斯农业在 1961 年之前是粗放型养殖模式,之后开始实行集约化经营。苏联解体后俄罗斯畜牧业是受到打击较大的行业之一,其交付屠宰的牲畜和家禽数、总产奶量、单产量均出现下降。由于对畜牧业至关紧要的饲料产量大幅度萎缩,畜牧业(特别是奶牛业)的发展受到了严重的影响。1998—1999 年俄罗斯农业滑到谷底,1999—2000 年开始有了恢复性的增长,但是很难说已经“摆脱”了危机,至少牛奶总产量还没有恢复增长,其主要原因是前些年饲料短缺,奶牛被大量屠宰,对奶业造成了严重的影响(图 1)。

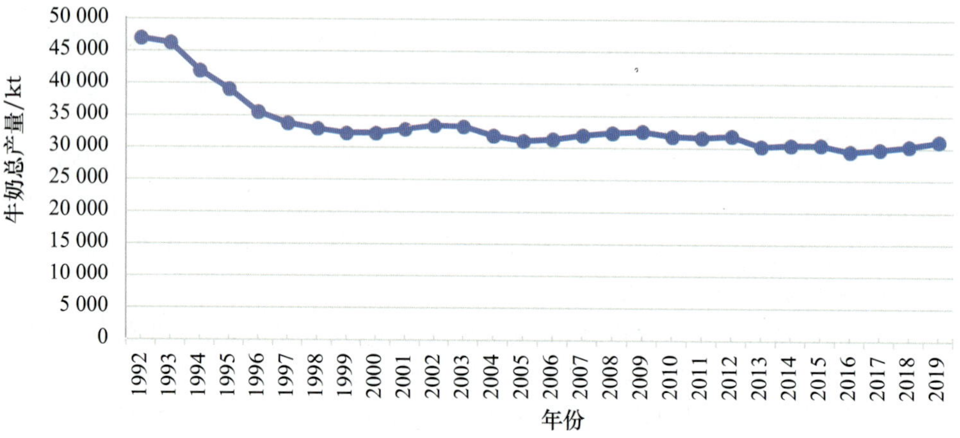

图 1 俄罗斯 1992—2019 年牛奶总产量

(数据来源:FAO)

针对俄罗斯奶牛养殖业发展滞后的现状,俄罗斯政府积极扶持,实施农业领域进口替代方案,但国产牛奶自给率仍未达到预期值。2015 年俄罗斯农业部提供优惠贷款,增设 166 个奶牛养殖和奶制品加工项目,扩大国家对包括奶牛养殖、农产品和畜牧产品加工在内的农业领域的扶持范围,还对从生产者手中收购牲畜和农产品的行为给予相关政策扶持。2015 年俄罗斯国产牛奶自给率为 81.2%,而粮食安全阈值指标体系中牛奶自给率应为 90%,因而尚未达标。2016 年俄罗斯政府拨款 290 亿卢布(约合 28 亿人民币)支持奶牛养殖业,比 2015 年增长 80%。

虽然如此,大多数农业生产者的经济状况依然艰难,从而阻碍了生产的现代化和集约化。在价格上涨和信贷资金难以获取的背景下,进口设备的购买、维修和保养成本增加,导致制造商被迫通过一切可行的手段降低生产成本,导致饲料质量下降、动物福利状况恶化、奶牛产奶量下降。

2015 年,俄罗斯牛奶及乳制品产值增长达到最高水平。自此以后,这些数字一直保持正值,但相对较低。2017 年俄罗斯奶牛数量依旧保持了减少的长期趋势,家庭农场表现最为明显,到 2017 年年底奶牛数量减少 0.6%。但是牛奶生产率的提高抵消了奶牛数量的减少,2018 年前两个月家庭农场每头奶牛的产奶量比去年同期高出 44 kg。2019 年,生产增速比上年提高约 1.4%。整个俄罗斯仅 14 个地区出现牛奶生产率下降的情况。因此乳制品生产效率仍然保持升高的趋势,这已经成为近年来的特征,很大程度上得益于国家对该行业的支持措施。但是跟据预测,要把俄罗斯的畜牧业全面恢复到苏联解体前的水平,至少要到 2025 年前后。

1.1.2 奶牛存栏量

俄罗斯奶牛的存栏数从1992—2019年下降严重。1992年奶牛存栏量为2 024.3万头，2011年奶牛存栏量为880.8万头，2019年奶牛的存栏量只有666.7万头，存栏量进一步减少了24.30%(图2)。农场中牲畜数量的减少主要由于以下3点：生产的集约化；牧群更新为高产牲畜；一定比例的农业生产从“家庭”类别转移到了农户或个体企业家类别。

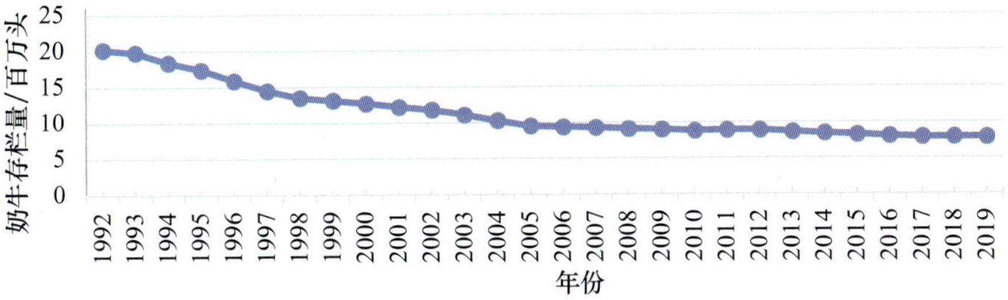

图2 俄罗斯1992—2019年奶牛存栏量

(数据来源：FAO)

截至2015年12月，大、中、小型农业企业中的奶牛数量为340万头，与2014年相比下降了2%。相比于2014年11月卡巴尔达—巴尔卡尔共和国的大、中、小型农业企业的奶牛数量下降最大，下降了22.9%(最多1.21万头)。萨哈(雅库特)共和国(−14.3%，减少到1.6万头)和奔萨州(−12.8%，减少到3.32万头)牛数量减少了10%以上。同时俄罗斯的27个地区的奶牛数量有所增加。印古什共和国奶牛数量增加2.5倍(达到0.87万头)，犹太自治州增长24.4%(达到0.6万头)，阿迪格共和国增长13.1%(达到1.6万头)，布良斯克州12.7%(达到7.2万头)。在大、中、小型农业组织中，鞑靼斯坦共和国(21.82万头，−0.3%)和巴什科尔托斯坦共和国(15.22万头，−6.3%)的奶牛数量最多。布良斯克州(15.05万头，+12.7%)、阿尔泰边疆区(13.87万头，−7.4%)和克拉斯诺达尔边疆区(13.57万头，−0.2%)的奶牛数量也超过了10万头。

截至2019年1月底，俄罗斯所有农场的牛数量为1 820万头(与去年同期相比减少0.9%)，其中奶牛数量为790万头(减少0.6%)。俄罗斯2019年4月底的奶牛数量达到802万头，比2018年4月减少0.3%。俄罗斯2019年5月底的奶牛数量达到806万头，比2018年5月减少0.9%。截至同年7月底，牛存栏量1 910万头，同比下降0.6%，其中奶牛810万头，同比下降0.1%。截至2019年年底，奶牛存栏量667万头。

1.1.3 平均产奶量

虽然俄罗斯奶牛数量逐步减少，但生产力持续提高。在俄罗斯奶牛数量普遍减少的同时各种农场的奶产量都有所增加，这种增长趋势已经保持了几年。农业企业的增长率最高，2009—2014年，奶牛平均生产率提高了18%(每年高达4 841 kg)；而家庭农场的生产却没有实现集约化。同一时期俄罗斯的平均水平而言，奶牛生产力提高了7.6%(从每年3 737 kg增加到4 021 kg)。近年来俄罗斯奶牛产奶量稳步增长，5年间每头奶牛的产奶量提高了20%。此外，种群结构有所改善，生产效率有所提高。2015年，俄罗斯农业企业的牛奶产量实现增长2%，农场的牛奶产量增长6%。

2016年1—7月农业企业(微型企业除外)每头奶牛平均产奶量为3 543 kg，超过了2015年的3 401 kg，增长了4.2%。莫斯科的农业企业的最高牛奶产量记录为5 042 kg，与2015年1—7月相比增加了10.7%。另有5个地区实现了明显增长：列宁格勒州(4 974 kg，+4.3%)，阿尔汉格尔斯克州(4 425 kg，+0.2%)，基洛夫州(4 318 kg，+3.8%)、沃洛格达州(4 309 kg，+4.9%)以及卡累利阿共和国(4 208 kg，+2.5%)。在俄罗斯大部分地区，2016年前7个月的牛奶产量有所增加。

截至2019年11月25日，每头牛的日均产奶量为15.89 kg，比去年同期增加1.31 kg。日均产量最高的地区为列宁格勒州、卡卢加州、沃洛格达州、基洛夫州、加里宁格勒州、利佩茨克州、弗拉基米尔州、别尔哥罗德州、克拉斯诺达尔边疆地区等，这些地区每头牛的日均产奶量超过 20 kg(图 3)。

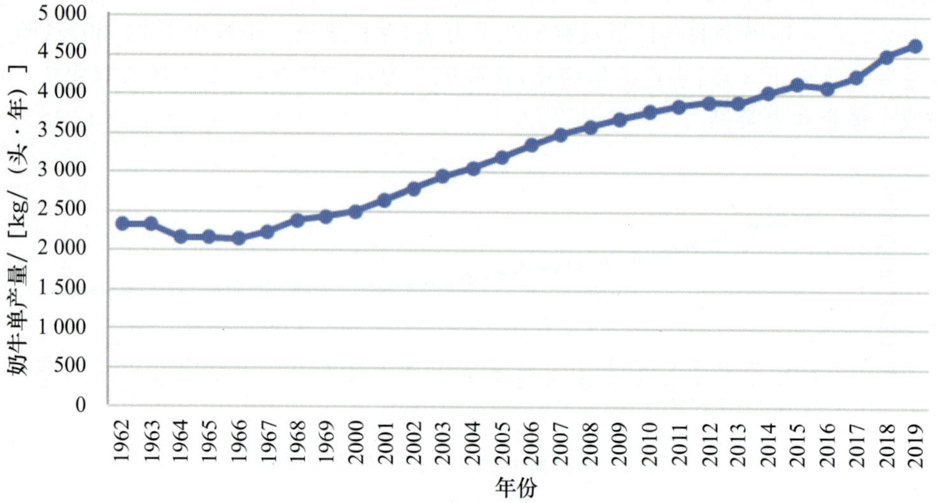

图 3 俄罗斯 1992—2019 年奶牛平均单产水平

(数据来源:FAO)

1.2 乳品加工业

俄罗斯是世界几大乳品生产国之一，在生产加工和科研方面有很多特色。俄罗斯民族历来有食用乳制品的传统，而且由于俄罗斯大部地区处于中高纬度，土地辽阔，人口稀少，具有丰富的饲料资源和环境条件适合发展乳品工业。经过长期的发展，俄罗斯的乳品工业逐渐形成了自己的特色，其生产和消费水平一直居世界前列。

1.2.1 原料来源

据俄罗斯乳制品市场研究和分析报告提供的数据，俄罗斯农业企业在牛奶生产结构中所占比重逐年增加。2010 年农业企业生产的牛奶比重为 45%，到了 2015 年其比重达到 47.8%，而在 2016 年其比重上升为 49%。与此同时，农户和农场的比重也有所增加，2010 年的比重为 4.6%，2015 年为 6.6%，2016 年为 7.1%。但是农业企业和农户农场比重的增长与其产量增加无关。相反，自 2010 年以来牛奶产量整体下降了 3%。生产结构的变化是由家庭农场生产下降所致，自 2010 年以来家庭农场的比重下降了近 6.5%，而实际产量下降近 16%。家养奶牛的牛奶生产降幅最大的是中央联邦区下降 39%，西北联邦区下降 37%，伏尔加河沿岸联邦区下降 27%，乌拉尔联邦区下降 25%。

1.2.2 产量变化

从产量上看，在 20 世纪 90 年代，俄罗斯的奶酪、黄油、奶油、全脂淡炼乳、脱脂乳的产量都出现了明显的下降(图 4，图 5)。除了奶酪产量在接下来的 20 年逐渐恢复并超过之前的水平，其他产品都逐渐趋于稳定。需要注意的是，根据 FAO 的统计，俄罗斯全脂浓缩奶的产量出现了巨大波动，从 2006—2011 年的 1 万～2 万 t，骤降到 2012—2014 年的 380 t。这可能是由统计方法的改变而导致的。详细数据可见附表 2。2015 年恢复到 3 048 t，到 2018 年，产量在 3 000～5 000 t 波动(附表 2)。

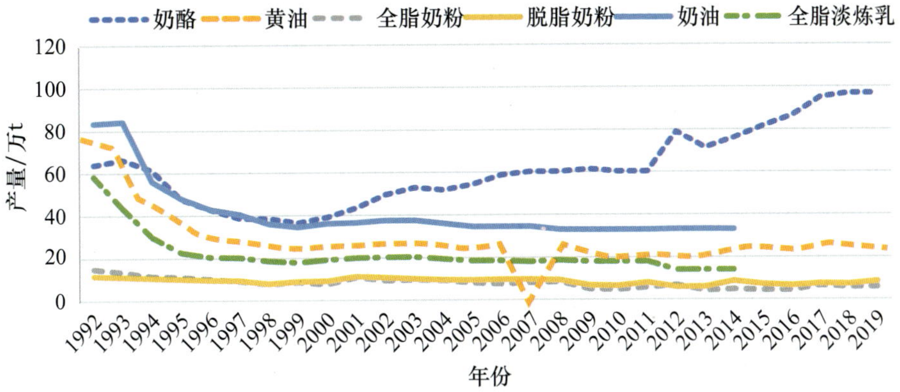

图 4 俄罗斯 1992—2019 年奶酪、黄油、奶油、奶粉和全脂淡炼乳的生产量

（数据来源：FAO）

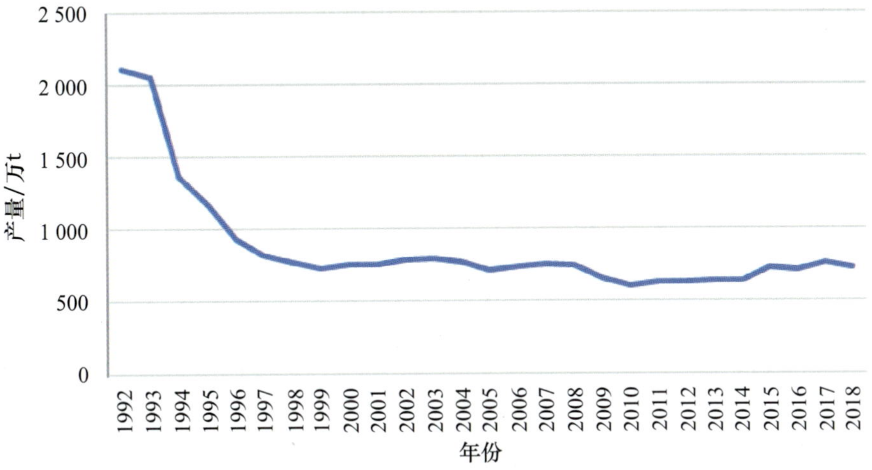

图 5 俄罗斯 1992—2018 年脱脂乳的生产量

（数据来源：FAO）

1.3 乳品消费

1.3.1 整体状况

俄罗斯历来对奶业非常重视，把它视为国家食品制造行业的基础领域。1990 年以前，即苏联时期牛奶生产总量超过 1 亿 t，居世界第一。俄罗斯占苏联总购买能力的 52%，按人均牛奶需求量来说俄罗斯在全国居第 6 或第 7 位，为 367 kg/(人·年)。进入 90 年代后，社会动荡、经济衰退、居民购买力降低、物价飞涨等原因导致这个指标逐渐下降。1990—1998 年俄罗斯的乳制品产量和消费量基本上是一路下滑，到 1998 年只有 220 kg/(人·年)。而从 2012 年起俄罗斯对牛乳及乳制品的需求量基本保持不变，人均基本维持在 266 kg。1990—2018 年俄罗斯的乳制品产量逐年低，人均乳制品产量到 2018 年只有 210 kg。

在 2015—2019 年期间，俄罗斯乳制品销量下降了 1.3%：从 1 162 万 t 减少至 1 147 万 t，经济问题并未对俄罗斯人的乳制品消费量产生重大影响。在卢布贬值背景下，高通胀压力导致零售价格大幅度上涨，乳制品消费的质量结构发生了重大变化。在 2015—2019 年间乳制品的平均价格上涨了 30.9%。因此消费者的偏好被迫转向添加植物成分的廉价产品。俄罗斯市场上乳制品销售将继续下降，2020 年比上年下降 0.9%。其原因将是乳制品价格的持续上涨，以及实行电子认证和乳制品的强制性标签。企业将把购买标签压印设备和变更产品包装形式的费用计入生产成本，而不会降低企业自身的盈利能力。而且人口中的消费者比例已接近最大限度，乳制品消费量的增长受到居民实际收入动态的限制，而未来几年人口数量预计将逐渐减少。在居民实际收入停滞的情况下，消费价格的上涨将不可避免地导致需求下降和销量减少。

1.3.2　分类销量

2013—2017 年俄罗斯对液态奶、非黄油乳制品的需求量较大。液态奶从 30 844 kt 增长到 30 850 kt，非黄油乳制品从 23 364 kt 增长到 24 078 kt，全脂奶粉从 84 kt 增长到 90 kt，脱脂奶粉从 186 kt 增长到 190 kt；而黄油和奶酪的需求量不断下降，分别从 357 kt 和 1 154 kt 降低到 348 kt 和 1 079 kt(图 6 和图 7)。2014 年俄罗斯对液体奶和非黄油乳制品的需求量最高，之后逐年降低。

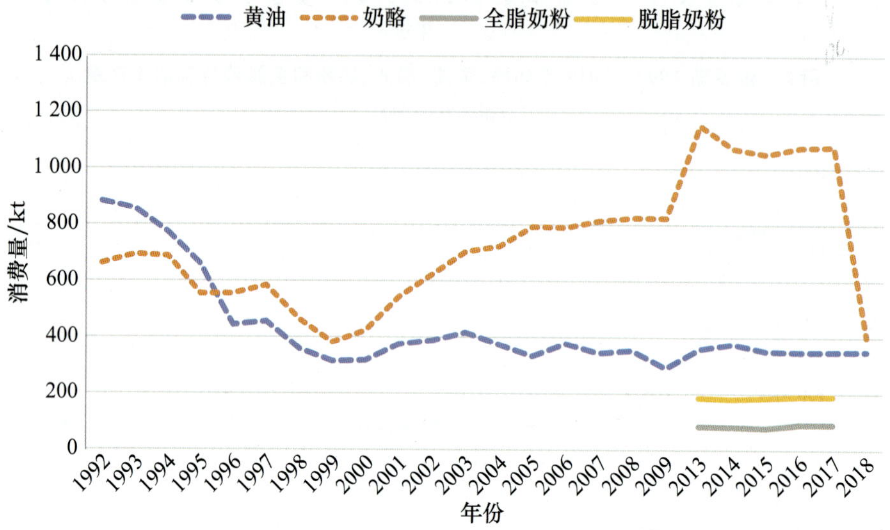

图 6　1992—2018 年俄罗斯黄油、奶酪、全脂奶粉、脱脂奶粉消费量

(数据来源：FAO)

图 7　1992—2018 年俄罗斯液态奶、非黄油乳制品消费量

(数据来源：FAO)

2013—2017 年俄罗斯奶油销量增长了 1%，从 34.2 万 t 增加到 34.5 万 t。销售动态表现不一，其中 2014 年和 2017 年销量增长，而 2015—2016 年销量下降。事实是 2015 年以来俄罗斯经济的负面变化对奶油销售产生极大影响。居民实际收入下降对零售业、餐饮业、工业加工等所有产品消费层面均有重大影响。在危机条件下家庭力图优化日常消费支出，其中包括购买食品的支出。因此消费者越来越多地选择价格更实惠的人造奶油等。牛奶和乳脂作为俄罗斯市场上最畅销的乳制品，2018 年其比重占所有乳制品销量的 51.0%。在 2018 年销售总量中所占比重较高的还有：酸奶产品占比 24.7%，奶渣和奶渣产品占比 6.7%，奶酪占比 5.9%。

2014—2018 年俄罗斯奶粉销量增长 10.5%，从 27.5 万 t 增加到 30.4 万 t，除 2018 年奶粉销量下降 3.2%之外，其余年份销售动态均呈增长态势。2018 年俄罗斯奶粉销售下降的原因是 2017 年产品库存积压。2018 年奶粉销售下降的另一原因是 2018 年 6 月禁止进口白俄罗斯奶粉，而白俄罗斯是俄罗斯市场的奶粉主要供应商，这导致俄罗斯糖果业原料明显短缺。在 2015—2017 年积极发展进口替代后，俄罗斯食品工业不景气也对奶粉销量减少产生了影响。此外，需求转向作为生产乳制品原料的全脂牛奶和乳脂，也减少了对奶粉的需求。2019 年俄罗斯市场的奶粉销量再下降 1.7%。影响销量下降的因素包括增值税和其他扣款提高，部分解除白俄罗斯企业进口奶粉禁令，以及俄罗斯食品工业在国内外需求有限的条件下持续停滞。奶粉从 2020 年开始销量将开始逐步增长，预计到 2023 年将达到 33.6 万 t，将超过 2018 年销售水平 10.4%。

1.4 乳制品贸易

俄罗斯资源丰富，畜牧业发展较早，乳制品的加工技术、工艺等都很成熟。产品种类很多、生产量大、消费量也大，是进口和出口的大国，进口量约占全球乳制品进口量的 15%。2011 年，俄罗斯的乳制品出口量是近 8 万 t，进口量是 43 万多 t，成为世界上排名第二的乳制品进口大国，仅次于中国。俄罗斯的乳制品一直处于净进口的状态，其中黄油的进口量居全球第一，2019 年达 11 万多 t。

2014 年受禁止从欧盟、美国进口乳制品政策影响，俄罗斯干酪及脱脂奶粉进口量大幅度下降近 30%，该政策持续到 2017 年年底，导致近几年保持持续下滑趋势。从全球贸易角度看，中国、俄罗斯、墨西哥、美国、巴西乳制品进口额占比近 50%。除中国外，其余 4 国进口情况对全球需求格局具有较大影响。

1.4.1 进出口量

俄罗斯是国际乳制品贸易的重要进出口国，其进出口乳制品种类主要有 13 类，包括黄油、酪乳、全脂奶酪、鲜奶油、天然乳产品、脱脂乳、脱脂奶粉、浓缩全脂乳、全脂奶粉、全脂淡炼乳、酸奶、浓缩乳清、乳清粉。其中进口量最大的是全脂奶酪，最小的是天然乳产品；出口量最大的是酪乳，最小的是浓缩乳清；进口额最大的是全脂奶酪，最小的是浓缩乳清；出口额最大的是酪乳，最小的是浓缩乳清。从贸易数量方面来说，1992—2019 年间俄罗斯黄油进出口量均呈现下降趋势，而酪乳、全脂奶酪、鲜奶油、天然乳产品、脱脂乳、浓缩全脂乳、乳清粉进出口量均呈现增长趋势，另外脱脂奶粉、全脂奶粉和全脂淡炼乳进口量呈现增长趋势而出口量呈现下降趋势；酸奶、浓缩乳清进口量呈现下降趋势而出口量呈现增长趋势(图 8 至图 11)。

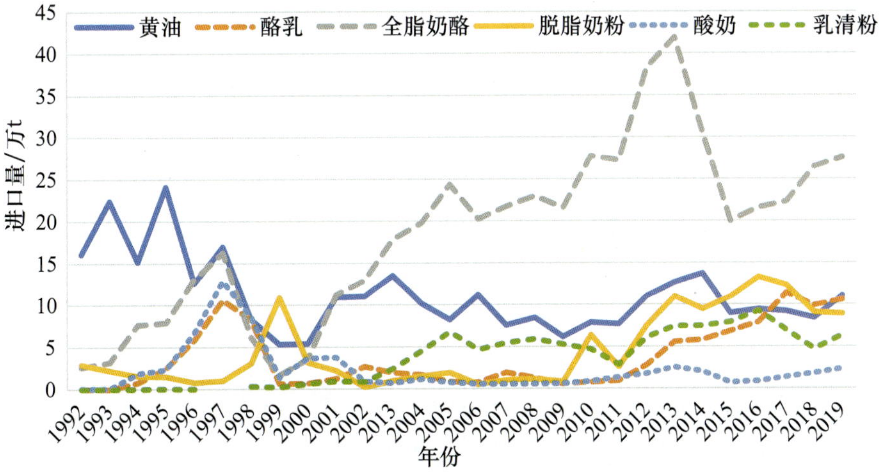

图 8　1992—2019 年俄罗斯黄油、酪乳、全脂奶酪、脱脂奶粉、酸奶、乳清粉进口量

(数据来源：FAO)

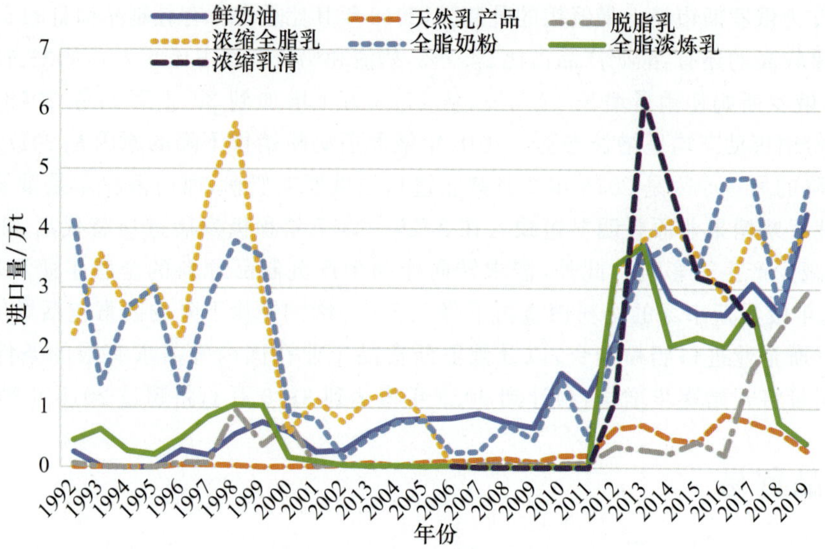

图 9　1992—2019 年俄罗斯鲜奶油、天然乳产品、脱脂乳、浓缩全脂乳、全脂奶粉、全脂淡炼乳、浓缩乳清进口量

（数据来源：FAO）

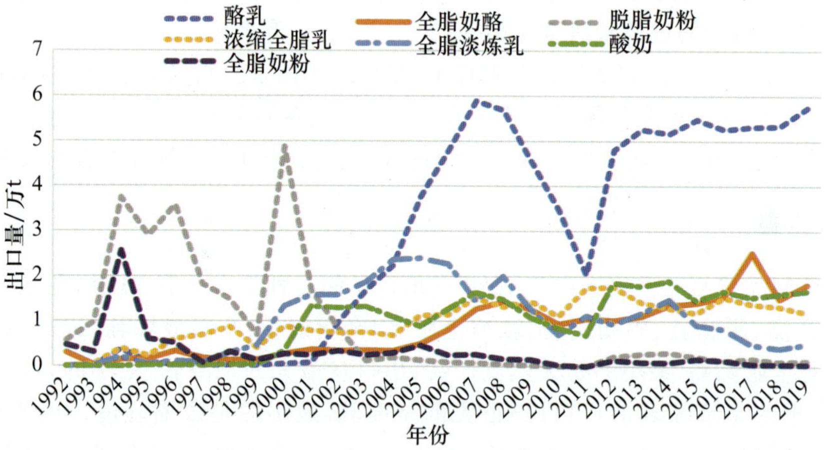

图 10　1992—2019 年俄罗斯酪乳、全脂奶酪、脱脂奶粉、浓缩全脂乳、全脂淡炼乳、酸奶、全脂奶粉出口量

（数据来源：FAO）

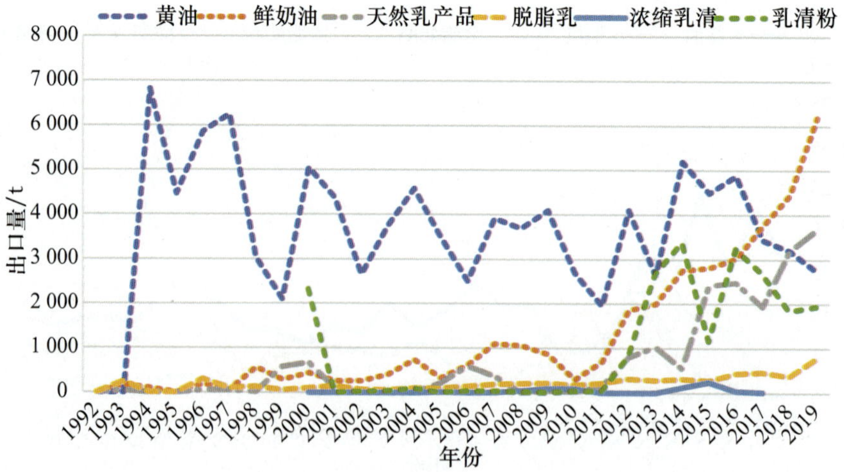

图 11　1992—2019 年俄罗斯黄油、鲜奶油、天然乳产品、脱脂乳、浓缩乳清、乳清粉出口量

（数据来源：FAO）

黄油的进口量一直远大于出口量，1995 年进口最多达 24 万 t，1999 年进口最少为 5 万 t，受 2014 年起禁止从欧盟、美国进口乳制品政策影响，2015 年进口减少为 8 900 t，2019 年进口量逐渐上升至 11 万 t，而出口量一直在 2 000～6 800 t 之间波动；酪乳的进口量在 1997 年近达 11 万 t 后骤降，之后涨幅较大，2012 年最低有 27 936 t，2017 年最高有 11 万 t，近 6 年来涨了近 10 万 t，而出口量在 2001 年后逐年攀升，之后维持在 5 万 t 左右；全脂奶酪的进出口量悬殊较大，进口量一直大于出口量，进口量只在 1997—1999 年出现短暂的下滑，其后迅速增长，在 2013 年最高超过 41 万 t，之后虽有大幅度下降，但进口量仍不低于 20 万 t，出口量有小幅度上升趋势，但数量在 5 万 t 以下；鲜奶油的进口量在 2013 年接近 4 万 t，随后在 2.5 万～3 万 t 之间徘徊，2019 年达到 4.3 万 t，出口量在逐年升高，但与进口量相比仍处于较低水平，最高未超过 1 万 t；天然乳产品的进出口数量差距不明显，均在 1 万 t 以下，进口量一直多于出口量；脱脂乳的进口量在 1998 年达到了近 1 万 t，随后慢慢上升，2017 年骤然上升至 16 632 t，出口量略有升高，但最高也未超过 500 t；脱脂奶粉的进出口量在 2003 年前波动较大，但从 2003 年以后其进口量一直大于出口量，进口量呈现整体上升趋势，2002 年进口最少只有 2 396 t，到 2016 年上升至 13 万 t，出口量处于较低水平，2014 年出口量最高有 3 022 t，从 2014 年起出口量略有下降；浓缩全脂乳 1992—1999 年进口量均高于 2 万 t，2000—2005 年进口量在 1 万 t 左右，其后迅速下降到 100～200 t，进口量受贸易政策影响自 2014 年起逐步下降，但在 2017 年恢复至 2014 年的进口水平，达到了 4 万 t 左右，2017—2019 年均在 4 万 t 左右，出口量在 1 万～2 万 t 之间波动；全脂奶粉的进口量从 2000 年开始不断下降，直至 2012 年才恢复至先前水平，2016 年达到近 5 万 t，2017 年的进口水平和 2016 年相当，2019 年达到 4.6 万 t，出口量在 1994 年超过 2 万 t，2011 年急剧下降到 47 t，之后最高仅为 2015 年的 1 671 t；全脂淡炼乳的进口量在 2000 年急速下降到最低时的 1 t，但从 2012 年开始进口量急速上升，进口量最多时出现在 2013 年，达 37 278 t，随后下降到 2016 年的 2 万 t 左右，近两年来的出口量水平在1 万 t 以下；酸奶的进口量波动较大，1996—1998 年进口量较大，最高接近 13 万 t，1992 年进口最少只有 284 t，而出口量一直在 2 万 t 以下波动。浓缩乳清的进口量由 2012 年前的 1 万 t 以下骤然上升至 2013 年的 6 万 t 左右，之后逐年下降，到 2017 年进口量已降至 24 157 t，出口量极低，最高时也只有 2015 年的 248 t；乳清粉的进口量在 2016 年前平稳增加，2016—2017 年，一年的时间进口量急速下降接近 2 万 t，进口水平远超出口水平，出口量最高为 3 387 t，2016—2019 年出口量逐年降低。

1.4.2 进出口贸易额

从进出口贸易额方面来说，1992—2017 年间俄罗斯黄油、酪乳、全脂奶酪、鲜奶油、天然乳产品、脱脂乳、浓缩全脂乳、浓缩乳清、乳清粉进出口贸易额均呈现增长趋势，另外酸奶进口贸易额呈现下降趋势而出口贸易额呈现增长趋势，而脱脂乳粉、全脂乳粉、全脂淡炼乳的进口贸易呈现增长趋势而出口贸易额呈现下降趋势(图 12 至图 15)。

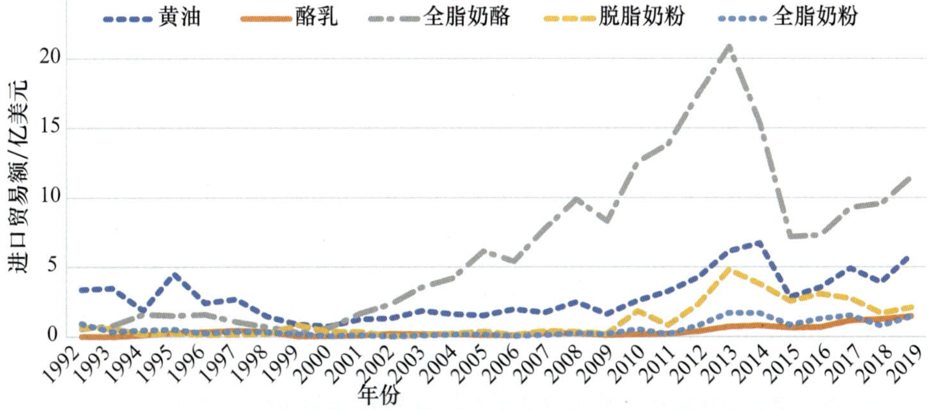

图 12 1992—2019 年俄罗斯黄油、酪乳、全脂奶酪、脱脂奶粉、全脂奶粉进口贸易额

(数据来源:FAO)

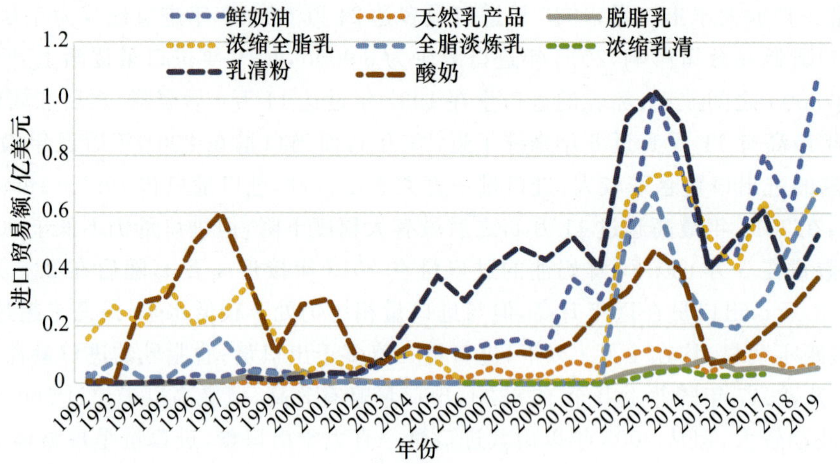

图 13　1992—2019 年俄罗斯鲜奶油、天然乳产品、脱脂乳、浓缩全脂乳、全脂淡炼乳、浓缩乳清、乳清粉、酸奶进口贸易额

（数据来源：FAO）

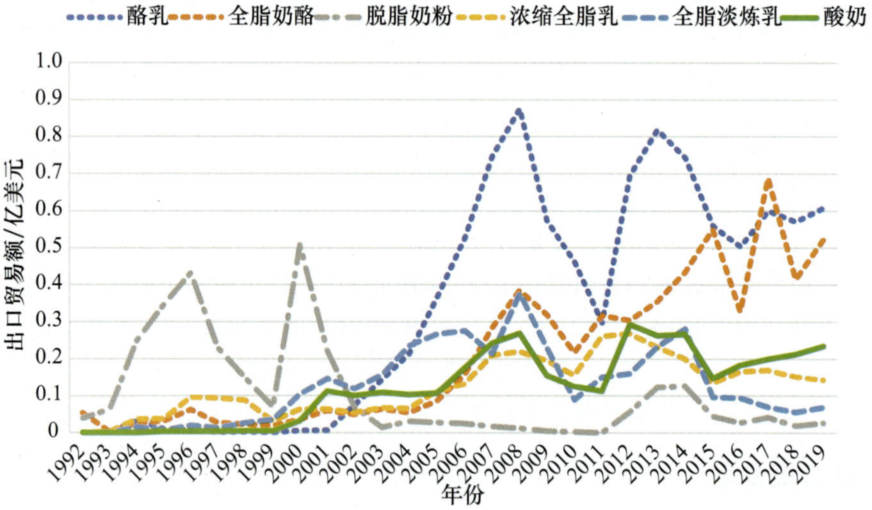

图 14　1992—2019 年俄罗斯酪乳、全脂奶酪、脱脂奶粉、浓缩全脂乳、全脂淡炼乳、酸奶出口贸易额

（数据来源：FAO）

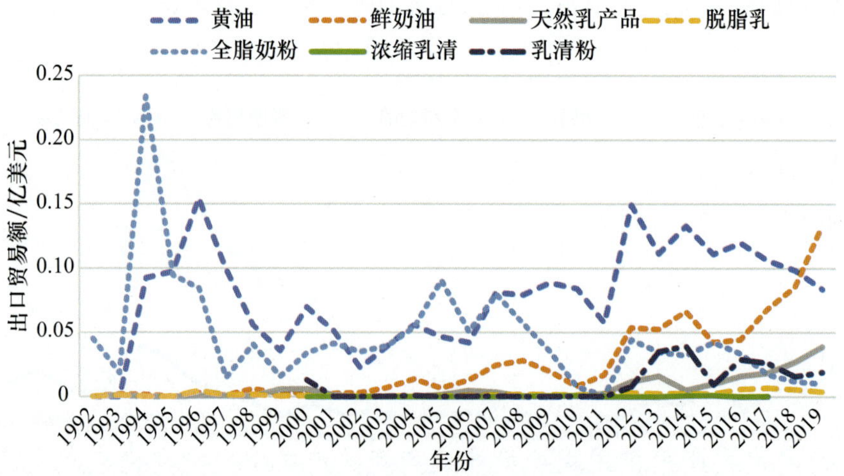

图 15　1992—2019 年俄罗斯黄油、鲜奶油、天然乳产品、脱脂乳、全脂奶粉、浓缩乳清、乳清粉出口贸易额

（数据来源：FAO）

2010 年前 7 个月的俄罗斯进口乳制品总量当中，奶酪产品从白俄罗斯的进口量占 30%，黄油产品占 46%，奶粉产品占 75%，而且这一趋势还有扩大的倾向。2010 年 9—10 月召开的俄罗斯、白俄罗斯和哈萨克斯坦三国之间的多次关税会谈中，俄罗斯已经明确拒绝了美国的出口商，没有把他们列入进口核准名单中；同时，这三个国家从 8 月起，还提高了从三国之外的国家进口乳制品的进口关税，提高了大约 15%。全球最大的乳制品出口国新西兰总理 John Key，在 2010 年的全球乳业高峰论坛上说："打开俄罗斯市场对世界乳制品贸易非常重要"，2011 年前 8 个月，俄罗斯共进口了 4.42 万 t 黄油，46%从新西兰进口。俄罗斯乳制品的进口，主要受益者是一些不为人所知的出口国如白俄罗斯，而不是乳制品出口大国美国。

2014 年 11 月 19 日俄罗斯农业部长尼古拉·费奥多罗夫在全俄人民阵线的会议期间向记者宣布，由于俄罗斯对向其进行制裁的国家实施反制裁措施，禁止从美国、欧盟、加拿大等国家和地区进口农产品，俄罗斯可能调整从白俄罗斯进口乳制品的预定计划，增加对白俄罗斯奶制品的进口，同时对白俄罗斯生产企业向关税同盟国家出口乳制品将有更加严格的规则，防止白俄罗斯从事转口贸易。

2018 年 2 月 22 日俄罗斯动植物检验检疫局网站发布公告称，因近来从白俄罗斯进口的乳制品频现质量问题，俄罗斯自 2 月 26 日起对进口白俄罗斯乳制品采取临时限制措施，受限产品包括牛奶、奶油、炼乳、乳清蛋白等。白俄罗斯是俄罗斯主要的乳制品供应国，俄罗斯国家牛奶生产企业联盟的数据显示目前俄罗斯乳制品市场 79%的产品从白俄罗斯进口，其中奶渣、牛奶、奶油等乳制品的 90%以上来自白俄罗斯。据俄媒体报道近来已有多家白俄罗斯乳制品生产企业因产品质量问题被俄方采取临时进口限制措施，但临时限制措施不会造成俄罗斯市场出现乳制品短缺。这是因为一方面俄罗斯企业的乳制品产量增加，另一方面俄罗斯乳制品市场已供大于求。

俄罗斯农业部部长曾在 2019 年表示，过去 6 年间俄对进口牛奶的依赖度减少 30%以上，去年俄进口牛奶 650 万 t，同比下降 7.2%。2018 年俄罗斯还开辟了乳制品销售的新市场——中国、老挝和柬埔寨。截至 2019 年，俄罗斯 34 家乳品企业拥有对中国的出口许可。

俄罗斯乳制品出口种类并不多，其中罐装浓缩乳的出口量是最大的。据俄罗斯国家统计委员会报道：2003 年 1—11 月黄油出口 4 400 t，干酪出口量为 3 000 t；而俄罗斯奶的出口量在 1998 年为 33 万 t，在 1999 年为 20.8 万 t，2001 年 60.9 万 t，2002 年为 38.6 万 t。哈萨克斯坦从俄罗斯进口的乳制品最多，占整个乳制品出口总量的 70%；第二位的是立陶宛，它从俄罗斯进口的乳制品占整个乳制品出口的 9%；其次是阿富汗 3%；阿塞拜疆和德国的进口量各占总出口量的 2%。

2019 年俄罗斯乳制品出口额达 2.79 亿美元，超过 2.74 亿美元的计划指标，与 2018 年相比增长 6.5%。据俄罗斯农业部预测，到 2024 年俄罗斯国内乳制品出口量有趋势增加到原来的 2.7 倍，产品出口额在未来 6 年中或将增至 8 亿美元。2019 年 1—10 月俄罗斯进口乳制品 550 万 t，价值近 23 亿美元，向境外供应乳制品 54.1 万 t，奶酪出口量增长了 17%，其主要购买商是哈萨克斯坦、乌克兰和乌兹别克斯坦、奶酪产品出口量增长了 22%，主要销往乌兹别克斯坦、塔吉克斯坦和乌克兰；冰淇淋出口量增长了 8%，酸乳产品出口量增长了 3%，脱脂奶粉出口量增长了 1%；饮用牛奶和奶油出口量减少 25%，乳清出口量下降 16%，黄油出口量下降 19%，全脂奶粉出口量减少 3%，干酪出口量下降 9%。

2019 年 1—10 月俄罗斯乳制品进口量与 2018 年同期相比增长了 14%，其中来自非独联体国家和白俄罗斯的供应增幅较大。俄罗斯在国外主要是采购奶酪，占进口值的 40%，黄油占 22%，奶粉、炼乳、浓缩乳脂占比 16%。

俄罗斯近几年液态奶、奶酪、黄油、全脂奶粉、脱脂奶粉的进出口量及消费量见图 16 和表 1。

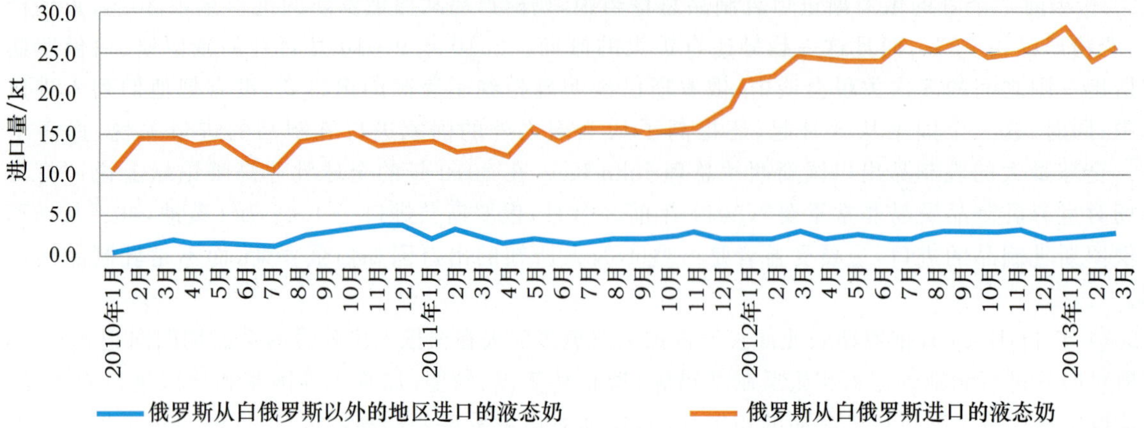

图 16　俄罗斯从白俄罗斯和世界其他国家进口液态奶的比较

（数据来源：俄罗斯进口统计局和白俄罗斯出口统计局）

表 1　俄罗斯乳制品的进出口量　kt

时间	液态奶		奶酪		黄油		全脂奶粉		脱脂奶粉	
	总进口量	总出口量	总进口量	总出口量	总进口量	总出口量	总进口量	总出口量	总进口量	总出口量
2011 年 1 月	206	5	344	9	116	2	344	9	71	—
2012 年 1 月	320	5	356	10	117	2	356	10	96	—
2013 年 1 月	337	22	463	26	140	2	44	1	131	3
2014 年 1 月	370	20	349	29	137	4	37	1	101	3
2015 年 1 月	328	42	220	24	90	3	38	2	120	2
2016 年 1 月	326	48	230	25	100	4	48	1	128	1
2017 年 1 月	300	50	235	25	100	3	50	1	126	1

2　奶业科技进展概况

在 20 世纪末至 21 世纪初，俄罗斯社会经济发生很大改变，受全球化的影响，提高和改进俄罗斯奶业的管理措施非常必要，这涉及整个社会体系中的人口、环境、经济和体制等方面。2018 年 5 月 7 日俄罗斯总统签署了“俄罗斯联邦奶业发展国家目标和战略措施 2024 年行动计划”，目的是提高奶业的科学和技术上的突破，依靠现代技术，提高奶业的出口份额。俄罗斯到 2020 年期间社会－经济发展长期计划确定技术的提高是决定经济发展战略的主要因素。

2.1　奶牛育种与繁殖技术进展

俄罗斯育种与繁殖技术主要在提高黑白花等牛种性能等方面有所突破。俄罗斯主要繁育黑白花牛和爱尔夏牛两个牛种，其中黑白花牛占 74%，爱尔夏牛占 26%。黑白花牛在 1990 年平均产奶量 4 116 kg，乳脂率 3.68%，奶油量 152 kg，到 2000 年各项分别为 5 100 kg、3.86%和 197 kg；爱尔夏牛于 1990 年各项分别为 3 682 kg、4.12%和 152 kg，到 2000 年各项分别为 4 700 kg、4.20%和 197 kg。许多奶牛场的奶牛全部采用全封闭管道机械化挤奶，产奶牛年产奶 6 000 kg 以上，平均乳脂率达到 3.8%；肉牛平均日增重 750～900 g。

由于加强种公牛选育，良种公牛的女儿在母牛群中的比例迅速提高，1975 年达到了 25%，1984 年达到了 52.6%。在育种选育的过程中，奶牛的产奶性能不断提高。牛的每月龄体重不断增加，体重的增加使初配年龄也提早了。按个体产奶性能选择初胎母牛是黑白花牛提高的另一重要因素，因此初胎牛在牛群中的比例上升，即犊牛培养得比较好，牛群补偿能力提高。1969 年每百头母牛中初胎牛占 16%，到 1984 年，初胎牛在各农场牛群中的比例占到 27%～39%不等。人工授精是目前改进牛群品质的主要繁殖手段，人工授精效果达到了较高的水平。

俄罗斯致力于优种种牛的培养，奶牛场从种牛站购进优质种牛进行配种、选育。农场紧紧依托农业科研所的科技力量，引进优良的、高品质的家畜品种，采取集约化、专业化的科学管理方式，使农场获得了显著的效益。奶牛品种的改良，使得平均每头奶牛的产奶量逐渐增加。2010—2016 年，奶牛年平均产奶量稳步提升，从 3 782 kg 逐步提高到 4 101 kg。截至 2019 年，奶牛平均产奶量达到 4 663 kg。

2.2 奶牛饲料与营养技术进展

2.2.1 牧草技术水平

俄罗斯草地面积广阔，草地生产力水平较高、利用合理。现有农业耕地 1.22 亿 hm^2，种植牧草面积占整个耕地 50%，天然草场 9 200 万 hm^2，鹿业牧场 3.25 亿 hm^2，占农业用地 3/4 以上或占俄罗斯国土的 1/4 以上。俄罗斯禾本科人工草地鲜草平均每公顷产量为 50～60 t，三叶草、苜蓿等豆科牧草的产量为每公顷 25～27 t。从草地管理情况看，虽然人工和天然草地生产力较高，植被较好，但家畜的饲养方式仍然以舍饲为主，载畜量控制在每公顷草地养 1 头牛。草地的沙化、退化情况只在极个别部分地区存在。主要草地类型为欧亚大陆草地、林间草地。

俄罗斯的草地畜牧业科技力量十分雄厚，组织系统健全。全俄维廉姆斯饲草所始建于 1912 年，科研力量雄厚，现有科研人员 107 人，俄罗斯科学院通讯院士 4 人，博士 18 人，副博士 60 人，获得俄罗斯联邦科技奖 5 人，获得俄罗斯联邦农业奖 3 人，获得俄罗斯联邦奖 6 人。该研究所是俄罗斯唯一的收集、研究、保存世界植物种的遗传资源的科研机构，是一个具有世界意义的野生植物基因资源的基因库。每年全俄威廉姆斯饲草研究所基因库，补充千余份新的有价值的样品，综合研究基础上获得并培育了上千份遗传资源和上百份有益性状的供体材料，用于育种中。利用全俄威廉姆斯饲草研究所世界基因资源，培育并推广很多份新品种和杂交种，占全俄罗斯和独联体国家所有推广品种的 50%。该研究所研究植物适应应急反应机制，研究植物对非生物环境应急反应理论基础、原则和诊断方法，建立对病害抗性和用于免疫育种战略的评价系统。研究抗性基因的区域化分布，用于预防病害大流行，研究分子标记的原则和方法用于世界基因资源的鉴定和登记，解决广泛用于育种、品种鉴定良种繁育和种子检测的植物分类和起源的问题。全俄维廉姆斯饲草所在俄罗斯草地改良方面取得多项研究成果。利用有机肥、种子包衣、合理使用矿物质元素、微量元素等技术，提高草地生产力和改良草地的效果。俄罗斯在草地管理建设上采取的基本技术措施综合起来主要是：加强草地的保护与合理利用；草地生产机械化；对草地实施灌溉、施肥、围栏、补播、更新等；栽培高产饲料作物；利用遗传工程技术，进行优良牧草种子的育种和种子繁殖；加强牧草的调制与加工贮藏新技术的推广应用；应用 3S 技术（卫星遥感、地理信息系统、全球定位系统）对草地资源进行监测。

2.2.2 饲养管理水平

奶牛泌乳能力的遗传力仅为 25%～30%，其余为饲养管理因素。饲养管理的内容很多，在饲养中，丰富的营养、日粮合理的搭配及精心的调制是产奶的物质基础。事实证明，同一品种的奶牛，在不同牧场饲养，其产奶量差异很大，这固然与选择有关，但大部分原因是饲养管理的差异。

发展奶牛饲养离不开机械化，俄罗斯奶牛饲养业较为发达，俄罗斯奶牛饲养机械化程度在 70%以上，在拴牛、分饲喂料、饮水到挤奶、计量、管道清洗和清粪等方面基本上实现了机械化。全俄农业电气化研究所在挤奶机和奶牛场综合机械化方面做了大量的研究工作，拥有一大批适合奶牛场应用的先进成果，例如，链条式自动拴系装置、奶牛乳房按摩器、脉冲放气式集乳器、乳房炎监测仪、分乳区奶牛与奶流速度测量仪、自动称重台、分流式牛奶计量器、电子式牛奶计量器、自动脱落与找奶装置、移动和固定式自动喂料装置、奶牛场计算机综合管理系统等。奶牛产奶性能的高低与饲养水平直接有关，俄罗斯在 20 世纪 90 年代就基本实现了移动式的自动化喂料装置，奶牛在传统的大棚中立于料槽旁，该装置沿料槽缓缓向前，在每个牛位处根据各牛的识别号喂给相应量的饲料。在上述各种自动测量与自动作业装备的基础上，用计算机技术，将上述各部分连接起来，形成计算机综合管理网络系统，计算机根据采集到的产奶量，自动调整喂料量，提高奶牛场的运行效益与管理水平。俄罗斯发展奶牛饲养业的经验是发展机械化奶牛饲养场和适度规模奶牛饲养场。俄罗斯奶牛饲养场规模一般为 600～1 200 头，在奶牛场运行的各个环节，西方奶牛业发达国家具有的设备与技术基本上均可在俄罗斯找到。

2.2.3 基础研究

俄罗斯科研机构对基础研究十分重视，技术人员一丝不苟地进行资料的搜集、分析、检验，及时做出总结。如在畜牧科学及工艺设计研究所的饲料分析室，专家们对各种饲草饲料的营养成分进行认真的分析化验，并保存历年分析的样品。正是这种扎实的基础工作，使他们能对不同牲畜、不同生长发育阶段、不同季节的饲料配方，提出富有建设性的意见，指导饲养者提高畜产品的产量。在牛奶加工工艺研究所的化验室，专家们利用常规设备，对牛奶的理化性质进行详细分析，通过多年积累的资料，选择乳制品原料，指导乳品生产。

2.3 奶牛疫病控制技术进展

2.3.1 机构设置

在俄罗斯国家层面有 4 级机构负责动物疫病防控工作。俄罗斯农业部农业发展计划署国家兽医管理局负责全联邦的动物防疫工作；动物疫病预防和安全管理局负责动物疫病诊断、检测、饲料安全性、有毒性、可食性检测等工作；农业生产和动物卫生检疫检验局负责具体检查、监督职能，负责屠宰、销售环节的动物卫生安全工作；动物卫生检疫检验投资部门负责动物防疫所需资金的投入和管理工作。俄罗斯在地方（直辖市、共和国、边疆区、自治区和自治州）设置 84 个兽医管理局，兽医总长负责本州的动物防疫行政管理工作。这些机构还派驻有农业生产组织和企业的兽医官，履职政府的监管职责，负责进出动物的检疫检验工作。各州都设有动物疫病防治站，负责具体的动物防疫计划。养殖量大的州还设有动物传染病防治和研究中心，负责动物疫病的检测和预防传染病疫苗的研究、试验、推广等工作，在养殖集中区域州兽医管理局还设有中央实验室。

2.3.2 管理体系

俄罗斯养殖的奶牛都佩戴有耳标，耳标信息自动物出生后就佩戴，并随着动物的移动而记录备案，一般情况本地的加工和销售企业、公司都实施订单养殖、加工和销售，也都有自己的备案号；本地动物在本地屠宰，兽医管理局监管和委托相关的实验室对屠宰牲畜实施抽检，如果抽检有病的动物，处理和惩罚非常严重，这样促使屠宰企业在收购动物时自己就把关，自己也不敢收购有病或死亡动物。当发生动物疫病时，如果是新发生的烈性传染病，政府评估后认为有必要扑杀处理的，也会找专家对被扑杀的动物按照市场价格进行评估后补偿，扑杀的动物都是政府出面和出资进行焚烧处理，杜绝养殖个人从中钻法律的空档。

2.3.3 牛白血病

俄罗斯比较重视奶牛疫病防控，但是有的疫病仍然危害严重，形势恶化，有的疫病是由进口家畜造成的传播。牛白血病在俄罗斯是常见疾病，过去 7 年当中该病的发病趋势不乐观。根据俄罗斯兽医局报道，该病病情非常难于控制。每年经过白血病血清学检测的动物占总存栏量的 50%，根据实验室检测结果，大约

10%的动物呈阳性，阳性动物当中仅有5%被屠宰销毁，例如：2010年第一季度，291万头牛经过检测，232 392头得出阳性结果，6 997头被屠宰；第二季度，503万头牛经过检测，345 021头呈阳性。

2.3.4 布鲁氏菌病

2004年以来俄罗斯布鲁氏菌病在动物当中的疫情持续趋于严重，流行病学发病率显著超过了标准安全水平，例如：2010年第一季度，兽医局登记了34起牛布鲁氏菌病；2010年第二季度登记了110起牛布鲁氏菌病。根据俄罗斯兽医局报道，其疫情严重的原因一方面是农业部门不遵守兽医法规，因此这些疾病呈失控状态；另一方面是受经费短缺的影响，有些地区的地方兽医局控制措施欠缺，诊断能力不足。兽医局并不区分流产布鲁氏菌（*Brucella abortus*）和猪布鲁氏菌（*Br. suis*），牛布鲁氏菌（*Br. canis*）的情况尤其处于失控状态。从该病的传播情况看，最严重的地区为Stavropol边区、Dagestan共和国、Astrakhan州和Rostov州，以及西伯利亚地区的Tyva共和国。

2.3.5 蓝舌病

从1994年以来，俄罗斯兽医机构还未曾在俄罗斯境内记录过蓝舌病，直到最近，第一例蓝舌病阳性病例是2008年在进口的牛当中发现的。2010年第一季度兽医局对4 194头牛进行了蓝舌病检测，未发现任何阳性动物；然而，第二季度对6 116头牛进行检测之后，在Kaluga州的333头牛当中发现了58例阳性。

2.3.6 牛结核病

俄罗斯是牛结核病的地方性发病国。兽医人员2010年第一季度登记了4起新发病例，第二季度登记了6起。过去7年当中该病的总体状况还算良好。

总之，俄罗斯的疫病控制需要加强，造成疫病严重的主要原因有：法律法规不健全；经费短缺问题；疾病防控措施问题；缺乏全国性的家畜可追溯机制；小型私营种畜场、农场和小型屠宰加工厂缺乏良好的畜牧生产方式等。

2.4 奶牛场粪污处理与环境保护技术进展

随着社会的发展，人们越来越关心环境问题。各国也逐渐意识到环境治理的必要性，欧盟已明文规定，每年的10月至来年的4月禁止牧场排放污水。俄罗斯同许多国家一样，在清粪及粪污处理上基本实现了机械化，粪便的清理主要为机械清粪。机械清粪包括拖拉机推进的刮粪板清粪以及机械式通道刮粪板清粪，目前许多牛场采用刮粪板集中清粪，然后对牛粪进行发酵，生产沼气。俄罗斯目前主要发展工厂化生产的小型、高效沼气发酵装置，其不仅解决了农村能源问题，还减少了有害气体的排放，减少了对生态环境的污染，发酵后的粪便残渣用于农业种植。对牛粪的再利用是通过脱水分离进行发酵，干粪集中堆放发酵，分离出的粪便含水率很低，风干就能作为垫料使用，或者直接排放到农田，粪水则输入密闭容器中贮存发酵，这样不仅提高了牛粪的利用率，还有效防止了牛粪造成的环境污染。

2.5 采用现有先进技术，促进乳品产业升级

当前俄罗斯奶业面临一些问题和挑战，主要包括：①奶牛数量的减少而导致的牛奶加工企业开工不足；②缺少各州的政策支持；③牛奶定价策略存在缺点。除了经济方面的挑战，俄罗斯奶业还面临着生产设施和设备的改造升级，以降低奶业在生产过程中对环境的不良影响。例如：俄罗斯奶业每年排出的废水在2 500～3 000万t。在牛奶加工厂，每处理1 t奶，就消耗4.2～6.0 t水。这些废水中含有大量的蛋白质及消毒所产生的碱性和酸性化学物质，对环境造成污染。对环境造成污染的另一个主要来源是在生产奶粉时产生的粉尘污染。尽管采取降尘措施，但不能完全杜绝。例如在生产脱脂奶粉时，每小时蒸发1 m^3的水分，随

空气损失的产品达 23 kg/h。每排出 1 m^3 空气中含 40～170 mg 奶粉颗粒。废水的处理和空气的处理应该是最需要利用先进技术的领域，对俄罗斯奶业企业设施设备升级，提高管理水平。通过引进并采用先进可用的技术，促进奶业变革和创新，同时增加人的因素，确保食品和环境安全，提高奶企业的竞争力。

为达到这一目标，可采取如下措施（图 17）。

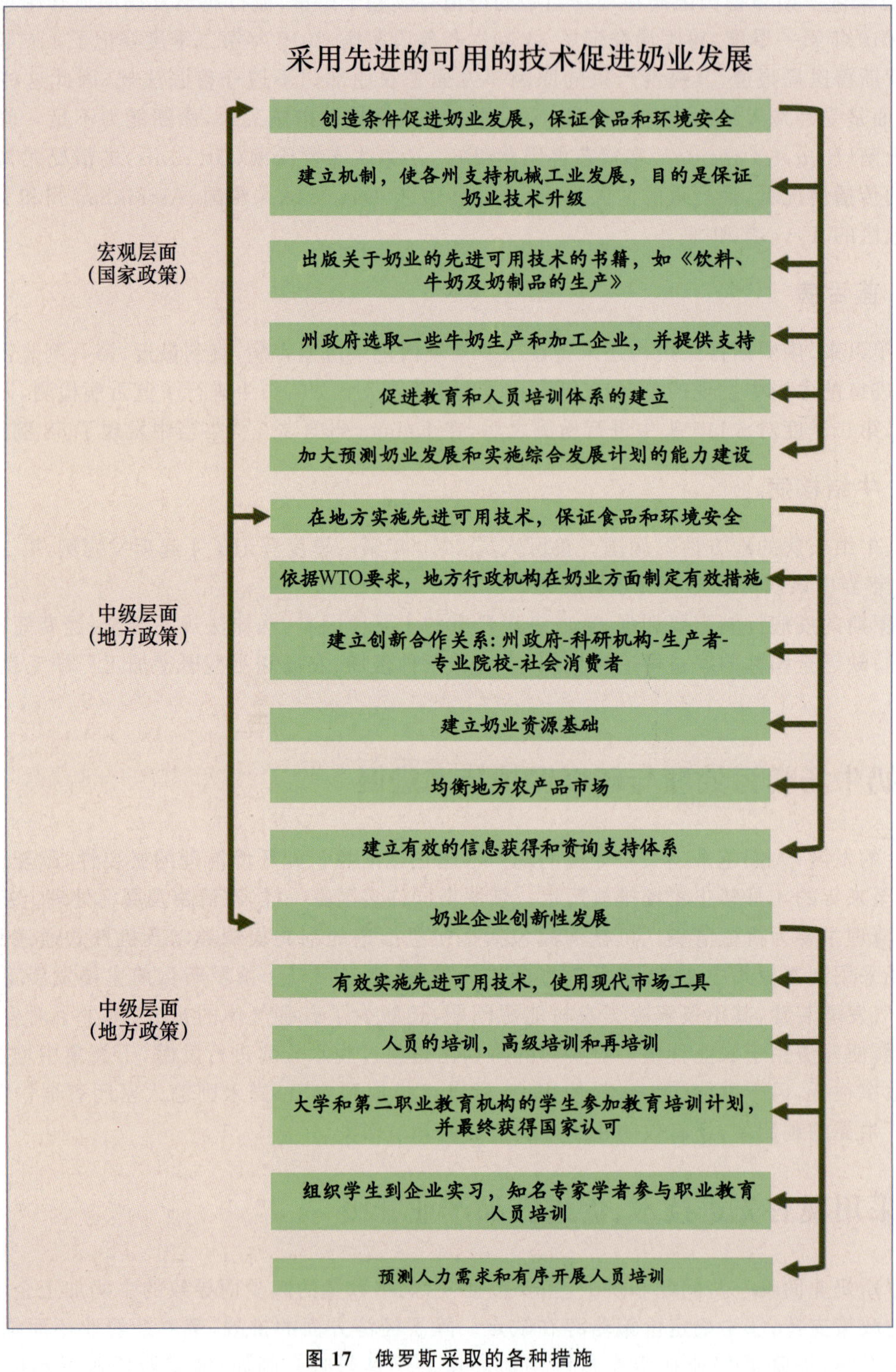

图 17　俄罗斯采取的各种措施

（引自 Economic and Social Changes：Facts，Trends，Forecast. Volume 11，Issue 6，2018）

(1)为有目的地在将来提高俄罗斯奶业的竞争力,需要深度理解俄罗斯及当今世界在奶业方面的科学和技术的进展。

(2)引进先进可用技术的前提是使用在世界范围内可获得的科研成果。在国家大力支持下开展基础研究,组织行业内教育机构和企业开展积极的和有系统的互动,培养高素质人才,鼓励和促进俄罗斯奶业环境现代化。

(3)开展试点项目,编制先进可用技术手册和技术指标,促进现有先进技术的发展。

(4)有必要改进收集和整理数据的程序,这些数据包括:①标志性物质的排放水平;②原材料和能源的消耗;③基础和环境设备的现代化;④引进现有最佳技术的经济因素。

(5)节能技术应成为实施创新战略的基础。

(6)建立资源有效利用体系,营造良好的投资环境,加大对乳品行业实施现有最好技术的投入。

3 原料奶质量控制与计价体系

3.1 提高原料奶质量的主要技术措施

(1)颁布提高原料奶的标准和法律,按照规定实施。

(2)加强科学饲养管理,保证各种营养物质平衡供给,给奶牛提供充足的营养物质。降低各种应激因素,如通风不良、噪声、饲喂发霉的饲料等。

(3)建立相应的奶牛疾病预防控制体系,做好疫苗和药物的使用。检测预防为主,防治结合的措施。

(4)降低原料奶微生物等污染的措施和体系。

(5)控制牛舍环境卫生,并建立良好的挤奶程序,进行消毒挤奶。

(6)冷却原料奶,原料奶被挤出后迅速冷却,并做到较低温度保存。

总之,提高原料奶的品质是一项综合性管理技术,在生产中,结合实际情况,通过采取上述措施来提高原料奶的质量。

3.2 提高原料奶产量的主要政策措施

俄罗斯于 2019 年制定了一个长期的雄心勃勃的奶业增产计划。按照规划,俄罗斯将于 2025 年实现牛奶出口额达到 10 亿美元(约合 71 亿人民币)。这将作为俄罗斯 2024 年食品农产品出口 450 亿美元(约合 3 185 亿人民币)的重要组成部分。这个计划面临着巨大的挑战。仅 2018 年俄罗斯的奶产品出口就下降了 12%,仅为 2.4 亿美元(约合 17 亿人民币)。

俄罗斯全国奶业生产者联合会(Soyuzmoloko)于 2019 年 2 月在莫斯科举行了第十次年会。在这次大会上,俄罗斯农业部长强调奶业发展是俄罗斯政府优先考虑的大事。他提到政府在 2018 年为奶业的发展提供了诸多支持措施。主要包括:①加大投资和短期贷款;②补贴奶牛场的重要开支;③资金支持奶牛场提高产量。

在 2018 年,超过 3 000 家小农场和新的农场主获得了政府补贴,这占到了奶牛场总数的 60%。俄罗斯政府在 2018 年拨出 283 亿卢布(约合 26.8 亿人民币)用于发展乳品业。俄罗斯农业部长承诺 2019 年不但会保持现有资助,还会增加支持政策所覆盖的奶牛养殖地区。这其中包括配套建设奶粉厂等相关企业。

增加产量需要以销量的增加作为动力。在国内消费量停滞不前的情况下,增加出口是最为有效的方法。俄罗斯的出口市场长期局限于中亚和独联体国家。奶产品进入中国和东南亚市场是他们当前的重要目标,并且正在积极开展。2018 年年底,中国已经允许进口俄罗斯的首批 10 家公司的奶产品。第二批 23 家公司于 2019 年获得进口许可。根据中国商务部的信息,中国现在每月从俄罗斯进口 500 t 牛奶,按计划

2021 年将达到每月 1 000 t。

3.3 监控原料奶质量的主要方法及惩罚措施

俄罗斯于 2017 年就其“牛奶及乳制品安全”的技术规则向 WTO 提交了新的修订版本。此版本是基于 2013 年俄罗斯、哈萨克斯坦、白俄罗斯签订的关于乳制品安全的国际贸易细则(TR TS 033/2013)。修订后的规则重申了其联邦法所规定的技术细节。

3.3.1 安全要求

俄罗斯联邦法——乳和乳产品技术操作规程中第二章对原料乳及其加工产品的要求进行了规定，其中第五款对原料乳和原料乳脂的安全要求如下。

(1)从农业牲畜获得乳及原料乳和原料乳脂、非工业生产乳制品的运输、销售、有效利用的条件都应该符合俄罗斯联邦关于兽医法要求。

(2)原料乳应该从在传染和人畜共患疾病方面安全的地域上、健康的农业牲畜处获得。

(3)在食品中不允许使用产仔前 5 d 停止挤奶期间和产仔后前 7 d 的牲畜和(或)病牲畜和处于检疫的牲畜处获得的原料乳。

(4)生产者应该保证原料乳的安全，在原料乳中没有禁止的、清洗的、消毒的和中和的物质，没有牲畜生长的刺激素(其中包括激素制剂)、在畜牧业中为肥育及治疗牲畜和(或)预防其生病使用的药物(包括抗生素)。

(5)从各类农业牲畜处获得的乳，除牛乳以外，都应符合执行权力的联邦机构制定的标准、规范文件、准则汇编和(或)技术文件规定的指标。

(6)在未加工牛乳中无水脱脂物质的质量组成份额应不少于 8.2%。牛乳的密度，在未加工牛乳中脂肪的质量组成份额为 3.5%、在 20 ℃的温度条件下，每立方米应该不少于 1 027 kg，或对于在未加工牛乳中脂肪的质量份额为另一种的乳，不少于等量数值。

(7)根据国家标准要求，用乙醇试验的热稳定性指标不低于第二组。

(8)原料牛乳和原料乳脂的化学和放射学安全指标不应该超过本联邦法附件 1 中制定的允许水平。

(9)微生物安全指标和原料牛乳和原料乳脂体细胞的含量不应该高于本联邦法在附件 2 中制定的允许水平。

(10)根据俄罗斯联邦关于兽医法、俄罗斯联邦在保证居民的卫生-传染病安全方面法律和在生态安全方面法律的要求，制造商负责处理潜在危险物质、微生物和体细胞允许含量不符合安全要求的原料乳和原料乳脂。

3.3.2 工艺流程

俄罗斯联邦法——乳和乳产品技术操作规程中第二章对原料乳及其加工产品的要求进行了规定，其中第六款对原料乳和原料乳脂生产、贮藏、运输和有效利用的专业工艺流程的要求如下。

(1)原料乳生产的专用工艺流程包括农业牲畜的饲养、挤奶的条件，原料乳和原料乳脂的采集、冷却和贮藏条件，应该符合俄罗斯联邦关于兽医法的要求。

(2)农业牲畜挤完奶后，原料乳应该在 2 h 之内纯化和冷却至(4±2)℃。

(3)考虑到运输时间，允许制造商在(4±2)℃情况下原料乳贮藏不超过 24 h，考虑到运输时间，在温度不超过 8 ℃条件下，原料乳脂贮藏不超过 36 h。

(4)在下列情况下允许制造商对原料乳进行初步热处理加工，其中包括消毒：

①原料乳的酸度为 19～21°T；②原料乳的贮藏超过 6 h；③原料乳的运输持续时间超过了原料乳的冷却贮藏所允许的时间，但不超过 25%。

(5)原料乳在采用初步热处理加工情况下，其中包括消毒，热处理加工的方法(温度、实施的期限)在附加文件中规定。

(6)农业商品生产者在生产原料乳和原料乳脂时，应该使用在保证居民卫生-流行病安全和保护消费者权力范围内，在检查和监督方面执行职能的执行权力的联邦机构批准的用于与乳制品有接触的设备和材料。

(7)在冷却的原料乳或原料乳脂运往加工地时，直至它们开始加工之前这种产品的温度不应该超过10 ℃。对于温度不符合规定要求的原料乳和原料乳脂必须立即处理。

(8)在保证居民卫生-流行病安全和保护消费者权力范围内，在检查和监督方面执行职能的执行权力的联邦机构批准的在供与乳发生接触用的材料制成的带有密封盖子并加上铅封的容器中实施原料乳和原料乳脂的运输。交通工具应该有本联邦法规定的保证保持温度的冷却系统设备。

(9)原料乳和原料乳脂贮藏和运输应带有证明其安全和本联邦法36款23和24部分规定的信息文件。

(10)在加工前，制造商在产品的保质期范围内，且在(4±2)℃的条件下，在单独打标号的容器中实行原料乳、受热处理加工乳、原料乳脂、乳加工产品的贮藏。

(11)不符合本联邦法要求的原料乳或原料乳脂的有效利用，这些产品的制造者或销售者依照俄罗斯联邦关于兽医法、保证居民卫生流行病安全方面的俄罗斯联邦法和生态安全方面的法律规定执行。

3.4 原料奶计价体系

根据乳成分指标、卫生标准、感官指标和稳定性指标等指标进行计价。按照乳成分的具体数量进行计价，在其他国家应用也比较广泛。同时，按规定采取一定的奖励和惩罚措施，目的在于加强奶农科学饲养，提高原料奶的质量。

4 科技推广体系

4.1 主要研究与推广机构

由于有食用乳制品的历史传统，俄罗斯(包括苏联时期)历来对乳制品领域的研究工作非常重视。

目前在俄罗斯涉及乳品工业的研究机构50多家，规模和实力各有差异，归属部门也各不相同，既有农科院下属的，也有属于医学研究部门的，还有股份制及私有企业。在这些研究机构中，规模最大、科研实力最强的当属俄罗斯农科院下属的全俄乳品工业研究所。另外一家规模较大和科研实力较强的科研机构是同样隶属于俄罗斯农科院的全俄奶油、奶酪研究所，这是俄罗斯目前唯一的专门研究奶油及奶酪制品的研究机构。全俄畜牧良种研究所在国内相关领域亦享有极高知名度。除此之外，俄罗斯从事乳制品研究的科研院所还有：莫斯科国立实用生物技术大学、全俄牛奶工业科研所、俄罗斯农科院牛奶加工设备试验厂等。

在这些研究机构中，规模最大、科研实力最强的当属从下属的全俄乳品工业研究所。该所成立于1929年12月，距今已有90多年的历史，它是该国第一个在乳品加工领域提供科学支持的机构，也是到目前为止俄罗斯乳品研究领域历史最为悠久的研究机构。另外一家规模较大和科研实力较强的科研机构是同样隶属于俄罗斯农科院的全俄奶油、奶酪研究所，这是俄罗斯目前唯一的专门研究奶油及奶酪制品的研究机构。全俄畜牧良种研究所在国内相关领域也享有极高知名度。

4.2 运作模式

全俄乳品工业研究所(VNIMI)的主要任务是为俄罗斯乳品工业领域提供科研保障，旨在为乳品行业创造牛奶加工、包装材料、洗涤剂/消毒剂、设备、管理工具的新技术，并解决微生物学、技术和化学控制、卫生、生态、经济、计量和认证等问题。

该所下设 14 个实验室：微生物、生产新工艺、节能和功能性产品、饲料技术、强化乳制品、奶基食品、罐装乳品、节能和设备、干乳制品和生成设备、标准化和专利、设备卫生、技术化学控制、包装、工程中心。研究所除了制定和颁发涉及生产、包装等方面的技术标准文件之外，还向乳品生产企业提供关于完善产品系列、增加新品种、实现自动控制的现代化生产、产品质检方法、选择包装材料以及生产经营等方面的科研实践与咨询服务。此外，研究所自己还参股成立了一些工厂和公司，负责生产和销售自己开发的乳制品。

全俄奶油、奶酪研究所是在 1936 年成立的奶酪研究实验室基础上，合并了其他几个科研机构后，于 1944 年组建的，后来获得了苏联研究机构的称号。该所除了下设专业研究部门之外，还拥有为数众多的地方分支机构，在几十年的时间里，为苏联及俄罗斯乳品业的发展做出了巨大贡献。

全俄畜牧良种研究所科研力量雄厚，下设 24 研究室。为俄罗斯制定有关畜牧育种工作的各项标准，收集和发布科技信息，为政府提供畜牧生产方面的相关参考资料，并承担国家级重大研究课题。

5 促进奶业发展的主要政策

5.1 促进奶业生产的政策

苏联采用的是注销债务和提供补贴的方法，目的是弥补和调和农产品与工业产品的差价，也就是国家将从高利润生产领域（如伏特加、天然气、石油等）获得的收益进行重新分配，以促进所有生产领域产品总量的提高，保证整个国家正常运转。这样的运行模式一直持续到 1998 年，但支持的力度在明显减少。最近几年俄罗斯政府也在思考国家应该采取怎样的措施参与农产品的生产和销售，一方面帮助农业劳动者，保护他们的积极性，另一方面又不会造成某些人不劳而获。于是俄罗斯政府通过了一系列法律，并下拨专项资金，支持农业发展。

1995 年俄罗斯通过了《关于良种畜牧业》的法律，2001 年 4 月通过了《支持从事良种繁育的乳制品生产者》大纲，其他法律还包括：《2001—2004 年发展莫斯科州优良畜牧业基地》《关于 2001—2004 年国家对从事良种繁育的农业商品生产者的财政支持》《2000—2003 年莫斯科州对提高农村土地肥力的支持》。除此之外，俄罗斯国家杜马还通过了一系列法律法规，提高农产品的收购价格，给农民提供财政上的支持或减免他们的赋税等。

除此之外，俄罗斯政府还给企业提供资金支持：①为繁殖场提供设施设备成本的 30％的补助；②给繁殖场提供种公牛精子的补贴，每剂达 30 卢布；③对于年轻牛的补贴，每千克活体重补贴 30 卢布；④对于养殖户消耗的混合料的补偿，2009 年的补偿额达到成本的 26.8％，2010 年达到 31.7％；⑤干涉全脂奶粉市场。

俄罗斯《独立报》2011 年报道，俄罗斯在 2011 年对国内奶牛养殖业提高财政补贴，比 2010 年增加 40％。在过去的 5 年内，新建大约 420 个奶牛畜牧场和乳品厂，翻新和进行现代化升级的养殖基地共有 1 371 个。

2017 年俄罗斯发布 2018—2027 年奶牛养殖发展计划，该计划在国家农业产业园区计划的框架内制定和实施。计划主要目标是额外生产超过 100 万 t 可销售牛奶。在该计划的框架内，超过 10 年，将建造 524 个家庭和 138 个工业奶牛场。

畜牧产品生产和加工部的任务是通过建设工业奶牛场吸引投资者生产牛奶。部分项目已在外国公司 Lely，DeLaval 和 Rota Guida 奶牛场 Borte Milk LLP，Pakhar LLP，Adal LLP 和 Aidarbayev LLP 的参与下实施，采用现代技术进行挤奶和挤奶。这些公司在 2019—2020 年共同实施了 58 个工业奶牛场建设项目。

自 2014 以来，为了刺激商品生产者增加现有牲畜的质量构成，从国外购买奶牛牲畜可得到补贴。据西班牙《经济学家报》网站 2019 年 10 月 23 日报道，2019 年 1—10 月，俄罗斯从欧盟购进了价值 1 亿欧元的 4.5 万头奶牛。俄罗斯的目标就是在 8 年内实现牛奶的自给自足，不再依赖外国进口牛奶。俄罗斯已经变成最大的欧洲奶牛进口国。俄罗斯制定了一项雄心勃勃的计划，不但要在 8 年内实现牛奶自给自足，还将目光看向了中国巨大的市场。报道称，俄罗斯奶业已经吸引了28亿欧元的投资。尤其值得一提的是，相当一部分投资来自欧洲。俄罗斯的奶业逐步实现了现代化，在瑞典和德国技术的带动下，传统的手工奶制品作坊变成了现代化的设施。德国企业表示，俄罗斯的自然条件市场适宜奶业发展。俄罗斯的土地价格、气候条件和政府优惠政策都让俄罗斯奶业在国际上颇具竞争优势。俄罗斯寡头也没有错过这一机遇。钢铁和运输大亨弗拉基米尔·利辛日前宣布将向奶业投资超过2.5亿欧元，用于建造农场和奶制品加工厂。为了发展奶牛养殖，实施信贷计划，为家庭奶牛场提供50、100和200头的养殖能力。截至2018年年底，共有25个家庭奶牛场投入使用。由于新产能的引入，2018年有组织农场的产奶量增加了7%，达到148.7万t。

俄罗斯农业领域和农民都高度重视中国市场，根据《俄中远东地区合作发展规划(2018—2024年)》，俄罗斯在农业方面承诺为中国投资者参与的项目提供土地和优惠融资，吸引中国高科技公司到远东发展把约100万hm^2(1 500万亩)土地用于农业项目。截至2019年5月，已有中国投资者在俄罗斯参与了包括大豆种植、豆谷加工、奶牛养殖、乳品加工、葡萄酒生产等多个农业项目。

5.2 促进奶业加工的政策

俄罗斯政府引导成立农业消费加工合作社，来帮助发展牛奶加工和奶产品贸易。政府对奶牛场和牛奶加工厂进行建设、重组或现代化改造，提供贷款资金达31亿卢布。另外，建设农场和牛奶加工厂的基础设施设备，对首批租金进行补偿，总补偿款达18.79亿卢布。俄罗斯根据不同地区居民的要求开发多功能乳制品，除了人们喜欢的传统乳制品外，各种风味酸奶的生产、能够保存时间更长的牛奶、符合各地区不同标准不同功用(如军队和医疗单位)的乳制品，特别适于儿童、学生、中年人吃的乳制品和适宜糖尿病人吃的乳制品都应运而生。

5.3 促进奶业贸易的政策

2007年以来，俄罗斯政府通过提高全脂奶粉、黄油、硬奶酪的进口关税来保护国内奶牛养殖户的利益。自2009年开始，政府又通过购买干预手段来调节奶产品市场。为了调整供需平衡，政府提高了原料奶的销售价格。此外，为规范食品供应商与零售链之间的关系，政府还出台了一个联邦法律。该法律规定：产品供应时应设定付款时限；淘汰其他税费，除了与销售部分的折扣款；取消储存费用；禁止未售完的商品返还给供应商，除非有合同约定或国家法律指定；取消因运输和销售之外产生的消费性退款。然而，这个新法律并未解决所有问题，特别是它没有包括直接的政府定价规定，以及指定价格标高的最大数或界定市场零售的门槛。

2018年11月，中俄签署了双边贸易协定，内容包括冷冻肉类和乳制品协议。2018年8月，中国海关总署检验检疫局与俄罗斯农业部兽医植物卫生监督局草签了《中国奶牛出口、俄罗斯牛奶进口贸易协定》，这意味着中国向俄罗斯出口奶牛，再从俄罗斯进口新鲜牛奶的贸易进入正式实施阶段。俄罗斯农业部于2019年4月底发布消息称，23家俄乳业生产制造商获准进入中国境内。2019年5月23日搜狐网报道，目前获得批准的俄罗斯乳制品供应商数量已达到33家，其中包括去年年底获准的10家俄罗斯企业。除牛奶以外，俄罗斯还将出口奶油、黄油、炼乳、奶酪和乳清蛋白浓缩物到中国。

5.4 促进奶业消费的政策

在牛奶及其产品的消费方面，政府进行大力宣传，启动公益性广告，以促进公众的牛奶及奶产品消费。政府还大力支持针对性计划的实施，如学校奶计划、穷人支持计划以及敏感体质人群的支持计划。此外，政府规定牛奶及奶产品为安保服务人员膳食中的强制性成分。

6 值得借鉴的主要经验

一是政府制定规定和政策，为奶业发展提供资金、土地支持。在俄罗斯，政府的有形之手对当地奶业发展则发挥了重要作用。俄罗斯预算对牛奶生产商提供价格补贴，对牛奶加工商等则不提供价格补贴。不过，在俄罗斯各地，补贴标准不一。不同联邦主体根据自身财政能力确定补贴额度。此外，若俄罗斯牛奶生产商需改造设备、扩大再生产时，可向当地农业部门提交申请，如果后者批准，就可获得优惠贷款。

二是充分发挥行业协会的作用。俄罗斯牛奶生产商全国联盟代表奶业绝大多数人的利益，负责制定奶业中长期规划，代表奶业与政府机关、立法机构等对话，为本行业争取利益。当俄罗斯出现牛奶价格危机时，俄罗斯牛奶生产商全国联盟会出面寻求外部帮助；若出现零售商哄抬牛奶价格的情况，牛奶生产商全国联盟也会出面保护生产商利益。

三是强化优良品种引进，改良奶牛品种。政府通过对进口优良品种奶牛提供补贴，加强科技投入，提高创新能力，细化和精化产品结构，大力提高产品的综合质量。通过补贴吸引国际国内资本进入俄罗斯奶业，瑞典、德国、中国等大型乳企以及俄罗斯国内产业资本利用俄罗斯的土地和奶业信贷政策，不断注入资金和技术，俄罗斯的奶业逐步实现了现代化，在瑞典和德国技术的带动下，传统的手工奶制品作坊变成了现代化的设施。

四是奶牛重大动物疫病防控体系设置和运行。俄罗斯具备完整的四级动物防疫机构，农业部国家兽医管理局负责全联邦的动物防疫工作，国家动物卫生检疫检验局负责出口和外国进入动物性食品的检测确认；84 个直辖市、共和国、边疆区兽医管理局负责本辖区动物防疫行政管理工作；各州设有动物疫病防治站负责具体的动物防疫工作；农业生产的管理者和企业的管理者对动物防疫有直接的义务责任。州兽医管理局下达每年的疫病免疫计划指导意见，传染病防治和研究中心、防疫站和诊疗所提供或生产所需的疫苗，养殖企业、公司和农场自行负责注射疫苗和免疫效果监测。

参考文献

[1]访问俄罗斯联邦西伯利亚地区农业科技工作的报告.（2018-09-27）[2021-03-10]. https://wenku.baidu.com/view/f3b5625d77c66137ee06eff9aef8941ea76e4bc9.html.

[2]蒲开夫，王雅静. 俄罗斯联邦的畜牧业. 草食家畜. 2010(4):1-3.

[3]中华人民共和国驻俄罗斯联邦大使馆经济商务处. 入世对俄敏感行业冲击强烈. 经贸新闻.（2013-12-19）[2021-03-10]. http://ru.mofcom.gov.cn/article/jmxw/201312/20131200431102.shtml.

[4]Автор Легина Марина，钟欣. 俄罗斯农业发展前景探析. 世界农业，2017(11):190-191.

[5]周洪涛. 浅析加入世贸组织后俄罗斯农业发展主要措施. 西伯利亚研究，2014,41(2):22-24.

[6]孙化钢，郭连成. 俄罗斯农业政策评析. 国外社会科学，2016(6):84-91.

[7]胡成波. 俄罗斯畜牧业考察感悟. 当代畜牧，2011(5):54-56.

[8]俄罗斯畜牧展:科学化养殖是俄畜牧业发展的引擎. 搜狐网.（2017-07-27）[2021-03-10]. https://www.sohu.com/a/160252821_410067.

[9]中华人民共和国驻俄罗斯联邦大使馆经济商务处. 俄奶牛养殖业发展滞后. 经贸新闻.（2017-03-20）[2021-03-10] http://ru.mofcom.gov.cn/article/jmxw/201703/20170302537121.shtml.

[10]佚名. 俄奶牛养殖业发展滞后. 中亚信息. 2017(3):50-50.

[11]中华人民共和国驻俄罗斯联邦大使馆经济商务处. 俄农业部选定 464 个进口替代项目并提供优惠贷款. 经贸新闻.（2015-06-12）[2021-03-05]. http://ru.mofcom.gov.cn/article/jmxw/201506/20150601010747.shtml.

[12]中华人民共和国驻俄罗斯联邦大使馆经济商务处. 俄扩大农业领域的扶持范围，经贸新闻.（2015-08-05）[2021-03-05]. http://ru.mofcom.gov.cn/article/jmxw/201508/20150801072048.shtml.

[13]对外经贸. 俄罗斯牛肉市场供应短缺 80 万 t. 东北网.（2016-03-04）[2021-03-10] http://commerce.dbw.cn/system/2016/03/04/001070335.shtml.

[14]Союзмолоко: в России поголовье коров снижается, продуктивность растет. Milknews-Новости молочного рынка.（2016-01-22）[2021-03-05]. https://milknews.ru/analitika-rinka-moloka/analitika-rinka-moloka_3543.html.

[15]Молочная продуктивность коров в сельхозорганизациях продолжает расти. Milknews - Новости молочного рынка.（2016-09-23）[2021-03-05]. https://milknews.ru/analitika-rinka-moloka/rinok-moloka-v-Rossii/Molochnaya_produktivnost_korov_v_selhozorganizaciyah_prodolzhaet_rasti.html.

[16]Поголовье коров в РФ по итогам 2017 года может сократиться на 0.6%. Milknews - Новости молочного рынка.（2018-02-26）[2021-03-05]. https://milknews.ru/analitika-rinka-moloka/rinok-moloka-v-Rossii/RF-pogolove-korovy.html.

[17]Молочная продуктивность коров в РФ выросла на 4.5%. Milknews-Новости молочного рынка.（2018-05-01）[2021-03-05]. https://milknews.ru/analitika-rinka-moloka/rinok-moloka-v-Rossii/molochnaya-produktivnost-krs.html.

[18]Поголовье коров в РФ снизилось на 0,4%. Milknews-Новости молочного рынка.（2019-02-28）[2021-03-05]. https://milknews.ru/analitika-rinka-moloka/rinok-moloka-v-Rossii/pogolove-korov-2018.html.

[19]中华人民共和国驻俄罗斯联邦大使馆经济商务处. 俄罗斯大幅减少牛奶进口并增加本国产量. 经贸新闻.（2019-12-02）[2021-03-05]. http://ru.mofcom.gov.cn/article/jmxw/201912/20191202918542.shtml.

[20]俄罗斯农产品生产同期增长 0.7%. 每日经济.（2019-02-20）[2021-03-05]. http://cn.dailyeconomic.com/business/2019/02/20/4262.html.

[21]Поголовье коров в РФ снизилось на 0.3%. Milknews-Новости молочного рынка.（2019-06-13）[2021-3-05]. https://milknews.ru/analitika-rinka-moloka/rinok-moloka-v-Rossii/pogolove-korov-aprel.html.

[22]Поголовье коров в РФ снизилось на 0.9%. Milknews-Новости молочного рынка.（2019-07-11）[2021-03-10]. https://milknews.ru/analitika-rinka-moloka/rinok-moloka-v-Rossii/pogolove-korov-maj-2019.html.

[23]中华人民共和国驻俄罗斯联邦大使馆经济商务处. 1—7 月俄农业生产同比增长 2.5%. 经贸新闻（2019-08-26）[2021-03-10]. http://ru.mofcom.gov.cn/article/jmxw/201908/20190802893732.shtml.

[24]中华人民共和国驻俄罗斯联邦大使馆经济商务处. 俄牛奶日均销量增长 8.6%. 经贸新闻.（2019-12-10）[2021-03-10]. http://ru.mofcom.gov.cn/article/jmxw/201912/20191202921176.shtml.

[25]中华人民共和国驻俄罗斯联邦大使馆经济商务处. 2019 年前 11 个月俄牛奶产量增长 4.2%. 经贸新闻.（2020-01-06）[2021-03-10] http://ru.mofcom.gov.cn/article/jmxw/202001/20200102928141.shtml.

[26]2019 年俄罗斯农产品出口额有望达到 250 亿美元. 黑河市人民政府网.（2019-12-10）[2021-03-10]. http://www.heihe.gov.cn/info/1185/103602.htm.

[27]Поголовье коров выросло на 0.4%. Milknews-Новости молочного рынка. 2020-03-19. https://milknews.ru/analitika-rinka-moloka/rinok-moloka-v-Rossii/pogolove-korov-yanvar-2020.html.

[28]Рейтинг: ТОП-10 регионов по абсолютному приросту и снижению молочной продуктивности. Milknews-Новости молочного рынка.（2020-04-22）[2021-03-10]. https://milknews.ru/analitika-rinka-moloka/reitingi/molochnaya-produktovnost-yanvar-mart.html.

[29]Молочная продуктивность коров в хозяйствах Подмосковья увеличилась на 4,5% в 2019 году.

Milknews-Новости молочного рынка.（2020-03-03）[2021-03-10]. https://milknews. ru/index/moloko/molochnaya-produktivnost-podmoskove. html.

[30]2019 年俄罗斯畜牧业产量将会增长. 东北网.（2019-04-01）[2021-03-10]. http://zezx. dbw. cn/system/2019/04/01/001324859. shtml.

[31]俄国牛奶生产者联盟.[2021-03-10]. http://www. souzmoloko. ru/.

[32]俄罗斯联邦统计局.[2021-03-10]. https://www. gks. ru/.

[33]进口推动俄罗斯奶制品市场迅猛发展. 东北网.（2014-08-04）[2021-03-10]. http://commerce. dbw. cn/system/2014/08/04/000878557. shtml.

[34]Russian Federation:Russia Sets Ambitious Dairy Exports Goal for 2025. 美国农业部官方网站.（2019-02-28）[2021-03-10]. https://www. fas. usda. gov/data/russia-russia-sets-ambitious-dairy-exports-goal-2025.

[35]俄罗斯乳制品销量下降. 黑河市人民政府网.（2020-04-16）[2021-03-10]. http://www. heihe. gov. cn/info/1185/108261. htm.

[36]2018 年俄罗斯奶粉销量下降. 黑河市人民政府网.（2019-07-02）[2021-03-10]. http://www. heihe. gov. cn/info/1185/100489. htm.

[37]美国农业部.[2021-03-10]. http://www. fas. usda. gov/psdonline/psdHome. aspx.

[38]俄罗斯奶油销售平均价格逐年上涨. 中俄经贸合作网.（2018-08-09）[2021-03-10]. http://www. crc. mofcom. gov. cn/article/staticdata/201808/402785. html.

[39]2019 年俄罗斯乳制品价格将大幅上涨. 东北网.（2019-05-05）[2021-03-10]. http://zezx. dbw. cn/system/2019/05/05/001328752. shtml.

[40]粮农组织统计数据库（FAOSTAT）农作物和畜产品.[2021-03-10]. http://www. fao. org/faostat/en/#data/TP.

[41]美国农业部.[2021-03-10]. https://usdasearch. usda. gov/search? utf8=%E2%9C%93&affiliate=usda&query=russian+cow.

[42]俄罗斯联邦乳制品半年刊. 2014 乳制品半年刊.（2014-10-31）[2021-03-10]. https://apps. fas. usda. gov/newgainapi/api/report/downloadreportbyfilename? filename=Dairy%20and%20Products%20Annual_Moscow_Russian%20Federation_10-31-2014. pdf.

[43]俄罗斯联邦乳制品半年刊. 2015 乳制品半年刊.（2015-05-15）[2021-03-10]. https://apps. fas. usda. gov/newgainapi/api/report/downloadreportbyfilename? filename=Dairy%20and%20Products%20Semi-annual_Moscow_Russian%20Federation_5-15-2015. pdf.

[44]俄罗斯联邦乳制品半年刊. 2015 乳制品半年刊.（2015-09-01）[2021-03-10]. https://apps. fas. usda. gov/newgainapi/api/report/downloadreportbyfilename? filename=Livestock%20and%20Products%20Annual_Moscow_Russian%20Federation_9-1-2015. pdf.

[45]俄罗斯联邦乳制品半年刊. 2016 乳制品半年刊.（2015-05-13）[2021-03-10]. https://apps. fas. usda. gov/newgainapi/api/report/downloadreportbyfilename? filename=Dairy%20and%20Products%20Semi-annual_Moscow_Russian%20Federation_5-13-2016. pdf.

[46]俄罗斯联邦乳制品年度报告.（2013-11-14）[2021-03-10]. https://apps. fas. usda. gov/newgainapi/api/report/downloadreportbyfilename? filename=Dairy%20and%20Products%20Annual%20Report_Moscow%20ATO_Russian%20Federation_11-14-2013. pdf.

[47]俄罗斯对进口白俄罗斯乳制品采取临时限制措施. 慧聪食品工业网.（2018-2-23）[2021-03-10]. http://info. food. hc360. com/2018/02/2310471106867. shtml.

[48]俄罗斯可能增加从白俄罗斯进口乳制品. 食品加工在线.（2014-12-10）[2021-03-10]. https://www. sjgle. com/news/show-111. html.

[49]2019 年 1—10 月俄罗斯乳制品出口增长 4%. 黑河市人民政府.（2020-01-03）[2021-03-10]. http://www.heihe.gov.cn/info/1185/103935.htm.

[50]俄罗斯大幅减少牛奶进口并增加本国产量.食品资讯中心.（2019-12-02）[2021-03-10]. http://news.foodmate.net/2019/12/542621.html.

[51]奶牛养殖行业波动及对企业财务影响分析. 中债资信评估有限责任公司.（2018-09-18）[2021-03-10]. https://cj.sina.com.cn/article/detail/3787884325/407440.

[52]2019 年俄罗斯超额完成乳制品出口计划. 黑河市人民政府.（2020-03-21）[2021-03-10]. http://www.heihe.gov.cn/info/1185/107240.htm.

[53]俄罗斯将对进口白俄罗斯乳制品采取临时限制措施. 新华网.（2018-02-23）[2021-03-10]. http://www.xinhuanet.com/world/2018-02/23/c_1122439050.htm.

[54]俄罗斯乳制品进入中国市场. 中华人民共和国商务部.（2019-04-09）[2021-03-10]. http://www.mofcom.gov.cn/article/difang/201904/20190402850777.shtml.

[撰稿：中国动物卫生与流行病学中心　范伟兴　刘蒙达　张皓博　付树芳　亓菲　孙淑芳　田莉莉　樊晓旭　王志亮　王淑娟]

附　表

附表 1　1961—2019 年俄罗斯奶牛存栏数、牛奶总产量和奶牛单产量

年份	奶牛存栏数/百万头	牛奶总产量/kt	奶牛单产量/[kg/(头·年)]
1961—1969	—	—	—
1970	—	83 100	—
1971—1974	—	—	—
1975	—	90 800	—
1976—1977	—	—	—
1978	42.592	94 000	2 207
1979	43.300	93 300	2 095
1980	43.390	90 600	2 083
1981	—	88 900	2 095
1982	43.000	91 000	2 300
1983	—	96 400	—
1984	—	97 600	—
1985	43.500	98 600	—
1986	—	—	—
1987	21.000	—	—
1988	20.800	54 534	2 523
1989	20.500	55 742	2 593
1990	20.557	55 715	—
1991	20.564	51 971	—
1992	20.243	47 015	2 328
1993	19.831	46 297	2 329
1994	18.398	41 951	2 163
1995	17.436	39 098	2 162

续附表 1

年份	奶牛存栏数/百万头	牛奶总产量/kt	奶牛单产量/[kg/(头·年)]
1996	15.874	35 522	2 145
1997	14.536	33 835	2 240
1998	13.473	32 955	2 382
1999	13.139	32 274	2 432
2000	12.743	32 259	2 502
2001	12.311	32 874	2 651
2002	11.854	33 462	2 797
2003	11.083	33 316	2 949
2004	10.244	31 861	3 060
2005	9.522	31 070	3 202
2006	9.360	31 339	3 356
2007	9.286	31 988	3 502
2008	9.060	32 363	3 596
2009	8.925	32 570	3 698
2010	8.713	31 847	3 782
2011	8.808	31 646	3 857
2012	8.657	31 917	3 904
2013	8.431	30 286	3 900
2014	8.263	30 511	4 029
2015	8.065	30 522	4 146
2016	7.914	29 529	4 101
2017	7.900	29 867	4 240
2018	7.892	30 346	4 511
2019	6.667	31 901	4 663

数据来源：FAO。“—”表示数据缺失。

附表 2　1961—2019 年俄罗斯乳品产量

年份	奶酪/万 t	黄油/万 t	全脂奶粉/万 t	脱脂奶粉/万 t	奶油/万 t	脱脂乳/万 t	全脂淡炼乳/万 t	全脂浓缩奶/t
1961—1977	—	—	—	—	—	—	—	—
1978	152.1	—	23.6	30.6	147.2	—	54.4	—
1979	70	—	—	—	132	83	54	—
1980—1985	—	—	—	—	—	—	—	—
1986	84.4	—	—	—	—	—	—	—
1987	86.1	—	—	—	—	—	—	—
1988	45.5	80.9	—	16.5	—	—	—	—
1989	46.0	82.0	—	30.0	—	—	—	—
1990	45.8	83.3	—	30.0	—	—	—	—
1991	39.4	72.9	—	33.8	—	—	—	—
1992	63.9	76.2	15.0	11.5	83.5	2 109.96	58.3	—
1993	66.3	73.2	13.3	11.0	84.2	2 052.18	43.4	—
1994	61.3	48.8	12.0	10.5	56.0	1 366.20	29.9	—
1995	47.7	42.1	11.0	10.0	48.0	1 174.23	22.5	—
1996	42.8	32.3	12.4	9.5	42.9	931.32	20.5	—
1997	38.7	29.2	8.0	9.2	40.5	822.60	20.2	—

续附表 2

年份	奶酪/万 t	黄油/万 t	全脂奶粉/万 t	脱脂奶粉/万 t	奶油/万 t	脱脂乳/万 t	全脂淡炼乳/万 t	全脂浓缩奶/t
1998	38.5	27.6	7.2	7.7	36.0	774.00	18.6	—
1999	36.5	26.2	5.5	8.7	34.5	726.75	17.8	—
2000	39.1	26.7	7.5	9.0	36.2	756.00	19.1	—
2001	43.5	26.9	10.7	11.1	36.5	756.90	20.0	—
2002	49.6	27.9	9.1	10.4	37.5	783.09	20.2	—
2003	52.9	28.5	9.5	9.8	37.5	794.70	20.3	—
2004	51.8	27.6	9.1	9.3	36.0	767.88	19.3	—
2005	54.4	25.4	8.0	9.2	34.5	711.45	18.5	1 900
2006	58.7	26.8	7.5	9.5	34.5	739.35	18.5	13 300
2007	60.3	27.2	7.9	9.5	34.5	751.05	18.0	17 100
2008	60.2	27.2	8.3	9.1	33.0	743.13	18.6	15 200
2009	61.4	23.3	4.9	6.6	32.9	659.25	18.0	17 100
2010	60.3	20.8	4.6	6.3	32.9	607.05	18.0	13 300
2011	60.2	22.0	5.6	7.8	32.9	634.14	18.0	19 760
2012	79.0	21.6	6.7	5.7	33.2	628.47	14.0	380
2013	71.3	22.7	4.1	5.8	33.1	642.51	14.0	380
2014	76.0	25.3	4.6	8.4	33.0	642.51	14.0	380
2015	86.1	26.0	4.2	6.9	25.6	729.12	16.5	3 048
2016	86.5	24.6	4.2	6.3	25.0	712.36	16.2	3 274
2017	95.1	27.0	6.3	7.2	26.8	764.27	17.7	4 994
2018	97.0	25.6	5.6	7.0	25.7	732.91	16.7	3 662
2019	97.0	25.4	5.6	8.2	—	—	—	—

数据来源:FAO。“—”表示数据缺失。

附表 3 1961—2018 年俄罗斯乳制品主要指标及人均需要量比较

年份	总产量/(kg/人)	乳制品产量/kt	动物奶油/kt	动物奶酪/kt	牛乳及制品人均需要量/kg
1961—1964	—	—	—	—	—
1965	—	—	—	—	251
1970	—	—	—	—	307
1971—1974	—	—	—	—	—
1975	—	—	—	—	316
1976—1979	—	—	—	—	—
1980	—	—	—	—	314
1981—1984	—	—	—	—	—
1985	—	—	—	—	323
1986—1988	—	—	—	—	—
1989	—	—	—	—	372.64
1990	376	20 100	809	450	386
1991	350	18 600	729	390	347
1992	318	9 800	762	290	281
1993	313	8 400	732	310	294
1994	284	7 200	488	280	278
1995	265	5 600	419	210	253

续附表 3

年份	总产量/(kg/人)	乳制品产量/kt	动物奶油/kt	动物奶酪/kt	牛乳及制品人均需要量/kg
1996	242	5 300	290	190	232
1997	232	5 200	289	170	229
1998	220	5 300	271	180	220
1999—2011	—	—	—	—	—
2012	222	31 831	332		267
2013	213	30 529	331	713	270
2014	212	30 499	330	760	266
2015	212	30 548	—	861	266
2016	211	30 510	—	865	273
2017	214	30 934	—	865	266
2018	210	30 398	—	—	266

数据来源:俄罗斯联邦统计局。“—”表示数据缺失。

附表 4　1992—2018 年俄罗斯主要乳制品消费量 kt

年份	液态奶	黄油	奶酪	非黄油乳制品	全脂乳粉	脱脂乳粉
1992	—	883	662	15 786	—	—
1993	—	856	694	18 505	—	—
1994	—	772	688	19 885	—	—
1995	—	658	554	19 305	—	—
1996	—	443	555	21 296	—	—
1997	—	455	584	20 781	—	—
1998	—	356	463	21 783	—	—
1999	—	313	382	21 967	—	—
2000	—	316	424	21 427	—	—
2001	—	374	543	20 350	—	—
2002	—	387	622	20 876	—	—
2003	—	416	704	20 482	—	—
2004	—	373	723	21 772	—	—
2005	—	332	793	22 774	—	—
2006	—	377	790	22 236	—	—
2007	—	343	814	24 045	—	—
2008	—	353	825	23 420	—	—
2009	—	290	824	25 123	—	—
2010—2012	—	—	—	—	—	—
2013	30 844	357	1 154	23 364	84	186
2014	30 903	376	1 072	24 883	82	182
2015	30 834	350	1 052	23 493	78	186
2016	30 748	347	1 076	23 296	90	190
2017	30 850	348	1 079	24 078	90	190
2018	32 566	349	402	—	—	—

数据来源:美国农业部官方资料。“—”表示数据缺失。

附表 5　1992—2019 年俄罗斯主要乳制品进口贸易量

t

年份	黄油	酪乳	全脂奶酪	鲜奶油	天然乳产品	脱脂乳	脱脂奶粉	浓缩全脂乳	全脂奶粉	全脂淡炼乳	浓缩乳清	乳清粉	酸奶
1992	161 000	167	26 000	2 522	25	580	29 400	22 300	41 200	4 500	—	25	284
1993	224 000	114	32 100	50	20	27	22 190	35 700	13 810	6 300	—	5	379
1994	151 383	7 916	76 426	0	0	0	15 967	25 530	26 766	2 671	—	45	18 582
1995	241 070	24 649	78 780	0	0	0	15 205	30 298	30 115	2 070	—	350	23 208
1996	125 810	58 630	130 550	2 823	364	753	8 166	21 766	11 780	4 857	—	48	66 709
1997	169 698	106 174	162 514	2 000	364	650	10 300	46 033	28 116	8 500	—	—	128 234
1998	83 053	82 666	61 608	5 537	257	9 763	30 910	57 557	37 891	10 520	—	3 343	86 243
1999	53 200	6 438	16 352	7 512	1	3 672	109 076	28 920	35 355	10 355	—	2 070	13 602
2000	53 857	6 920	35 528	5 881	54	7 356	31 682	5 712	9 007	1 621	—	6 248	36 605
2001	109 185	12 475	111 968	2 564	106	165	22 043	11 312	8 002	1 017	—	9 070	37 523
2002	109 967	26 741	129 301	2 758	334	534	2 396	7 495	1 561	316	—	8 322	8 900
2013	134 700	19 511	178 345	5 729	659	156	9 742	11 505	5 024	254	—	23 805	6 798
2004	101 289	16 730	197 881	7 874	236	181	15 233	12 979	7 420	276	—	45 028	11 387
2005	82 034	8 463	243 467	8 122	794	208	19 437	8 138	7 804	132	—	67 521	7 494
2006	111 522	7 782	202 315	8 237	961	326	5 394	179	2 417	240	208	46 522	5 627
2007	75 265	19 256	216 992	9 001	1 209	451	10 253	125	2 611	37	0	54 512	5 417
2008	84 458	13 108	229 729	7 543	1 435	553	11 535	100	7 151	31	0	59 024	5 685
2009	61 539	5 930	215 392	6 711	868	514	8 317	201	4 687	1	0	52 550	6 008
2010	78 488	7 801	277 234	15 870	1 938	643	63 742	219	14 757	90	0	46 714	8 585
2011	76 672	9 357	272 178	12 209	2 022	724	25 839	236	4 652	15	0	28 355	13 236
2012	109 924	27 936	382 575	21 424	6 502	3 460	75 395	32 947	20 851	33 980	11 545	61 033	17 495
2013	126 480	55 850	418 706	37 886	7 124	3 009	109 964	38 183	34 759	37 278	61 884	74 063	25 077
2014	137 161	57 964	305 422	28 382	4 802	2 445	94 767	41 392	37 407	20 492	47 028	74 463	20 173
2015	89 449	68 295	199 825	25 923	4 271	4 380	109 696	35 661	32 799	21 875	32 008	78 886	6 845
2016	94 150	78 755	215 608	25 705	8 899	2 119	133 035	28 360	48 421	20 423	30 595	92 506	8 627
2017	91 658	114 164	222 901	30 916	7 632	16 632	123 362	40 152	48 689	27 136	24 157	69 171	13 240
2018	83 627	99 112	264 489	25 852	6 022	23 138	90 571	34 548	26 366	7 676	—	46 667	17 837
2019	110 359	106 359	275 506	42 605	2 914	29 303	88 912	39 476	46 510	4 147	—	63 208	23 164

数据来源：FAO。"—"表示数据缺失。

附表 6　1992—2019 年俄罗斯主要乳制品出口贸易量

t

年份	黄油	酪乳	全脂奶酪	鲜奶油	天然乳产品	脱脂乳	脱脂奶粉	浓缩全脂乳	全脂奶粉	全脂淡炼乳	浓缩乳清	乳清粉	酸奶
1992	0	16	3 000	0	0	0	5 683	0	4 700	0	—	—	0
1993	0	60	277	170	43	241	9 726	315	3 070	281	—	—	0
1994	6 822	3 782	1 482	98	0	0	37 350	3 908	25 593	2 042	—	—	0
1995	4 462	809	1 608	0	0	0	28 998	2 237	6 017	490	—	—	197
1996	5 860	398	3 295	188	54	298	35 765	5 931	5 130	1 162	—	—	213
1997	6 251	175	1 814	60	54	102	18 207	6 829	771	800	—	—	199
1998	3 034	252	1 318	560	17	126	14 877	8 661	3 184	3 004	—	—	393
1999	2 100	226	1 431	281	579	54	6 875	4 084	1 363	4 649	—	—	385
2000	5 046	543	2 682	433	672	96	48 739	8 761	2 759	13 433	0	2 325	3 333
2001	4 372	797	3 688	255	93	145	16 810	7 849	2 473	15 872	0	1	13 275
2002	2 657	9 801	3 397	259	2	63	8 310	7 381	3 389	15 899	0	20	12 955

续附表 6　　t

年份	黄油	酪乳	全脂奶酪	鲜奶油	天然乳产品	脱脂乳	脱脂奶粉	浓缩全脂乳	全脂奶粉	全脂淡炼乳	浓缩乳清	乳清粉	酸奶
2003	3 752	16 941	3 504	400	3	51	1 248	7 522	2 502	18 773	0	38	13 262
2004	4 584	22 424	3 397	736	9	97	1 929	6 765	2 999	23 691	0	97	10 987
2005	3 498	37 637	4 958	328	211	97	1 363	11 223	4 628	24 000	13	6	8 898
2006	2 508	47 920	8 120	614	597	138	885	11 338	2 454	22 760	2	36	12 630
2007	3 914	58 885	12 630	1 094	372	186	746	15 132	2 660	14 616	10	39	16 448
2008	3 692	56 851	14 335	1 057	4	203	422	13 113	1 646	20 037	48	14	14 906
2009	4 093	45 662	12 608	864	55	211	284	14 495	1 525	12 817	94	3	10 856
2010	2 698	34 674	9 342	296	27	171	81	11 017	270	6 991	97	35	8 461
2011	1 953	20 343	10 524	699	143	215	12	17 373	47	11 220	7	35	6 877
2012	4 098	48 007	10 146	1 848	798	310	2 121	17 625	1 388	9 329	4	813	18 572
2013	2 647	52 581	11 103	1 988	1 033	280	2 772	14 118	941	11 785	5	2 675	17 842
2014	5 187	51 641	13 535	2 754	548	312	3 022	12 832	860	14 810	128	3 387	18 990
2015	4 483	54 804	14 000	2 810	2 414	272	2 089	11 729	1 671	9 136	248	1 161	14 577
2016	4 878	52 615	15 524	3 021	2 479	434	1 279	15 214	1 315	8 268	47	3 240	16 693
2017	3 437	53 217	25 244	3 755	1 937	461	1 688	13 718	570	4 856	21	2 680	15 282
2018	3 195	53 323	14 916	4 444	3 192	370	1 044	13 212	487	4 041	—	1 839	16 036
2019	2 740	57 397	18 139	6 183	3 672	773	1 216	11 864	459	4 976	—	1 944	16 744

数据来源:FAO。“—”表示数据缺失。

附表 7　1992—2019 年俄罗斯主要乳制品进口贸易额　　千美元

年份	黄油	酪乳	全脂奶酪	鲜奶油	天然乳产品	脱脂乳	脱脂奶粉	浓缩全脂乳	全脂奶粉	全脂淡炼乳	浓缩乳清	乳清粉	酸奶
1992	338 000	828	57 000	3 188	81	812	67 800	15 500	95 233	2 000	—	10	633
1993	347 200	616	79 300	53	52	47	58 792	26 800	36 608	7 500	—	2	622
1994	188 979	11 220	160 115	0	0	0	15 455	20 277	47 170	2 093	—	65	28 303
1995	451 569	25 947	151 135	0	0	0	23 607	34 584	53 098	2 028	—	500	30 457
1996	240 914	35 010	158 781	2 968	319	444	12 594	20 597	23 674	8 871	—	50	49 224
1997	269 125	44 532	106 396	2 100	319	550	14 062	23 513	37 287	16 000	—	—	59 754
1998	146 701	35 191	70 101	4 934	228	2 210	18 886	34 647	32 943	4 210	—	1 942	36 863
1999	87 900	3 894	30 060	4 130	1	1 095	82 847	16 842	19 701	3 489	—	1 172	10 556
2000	74 854	4 588	63 750	3 075	108	4 122	35 200	2 797	5 162	436	—	1 953	27 481
2001	123 740	7 759	165 639	2 407	346	98	34 592	8 395	11 237	655	—	3 629	29 501
2002	132 313	21 076	234 982	2 909	460	992	2 349	4 740	1 757	255	—	3 399	9 275
2003	185 027	17 827	355 168	6 568	750	117	12 113	7 903	7 240	186	—	8 262	7 020
2004	162 382	17 571	420 713	10 447	565	135	22 971	10 389	14 016	228	—	21 955	13 565
2005	152 456	10 797	612 434	11 202	2 223	150	38 173	7 353	16 190	79	—	37 625	12 134
2006	197 380	10 320	540 509	11 600	1 713	255	11 002	288	5 255	186	111	29 065	9 370
2007	173 391	26 341	776 483	14 124	5 269	384	42 445	355	10 711	79	1	40 804	9 104
2008	248 150	24 601	988 147	15 446	2 517	543	33 550	369	24 783	45	2	47 919	10 953
2009	162 433	10 672	831 010	12 535	3 057	405	21 937	704	17 114	6	0	43 576	9 794
2010	257 631	16 947	1 256 247	36 776	7 666	716	183 306	758	53 662	126	0	51 490	14 599
2011	325 470	20 361	1 384 340	29 851	5 414	603	81 547	913	17 332	114	1	40 551	25 484
2012	426 717	39 268	1 749 656	48 858	10 063	3 762	234 615	63 617	80 918	52 560	1 292	93 739	32 165
2013	612 869	72 191	2 086 387	103 631	12 193	5 580	478 480	72 951	170 820	66 721	3 749	102 961	46 690

续附表 7 千美元

年份	黄油	酪乳	全脂奶酪	鲜奶油	天然乳产品	脱脂乳	脱脂奶粉	浓缩全脂乳	全脂奶粉	全脂淡炼乳	浓缩乳清	乳清粉	酸奶
2014	670 677	80 931	1 534 467	74 045	9 452	5 670	378 140	74 071	168 650	36 485	5 196	91 082	39 304
2015	284 784	65 475	717 118	42 402	3 598	8 772	253 520	51 872	85 095	21 186	2 621	40 294	6 898
2016	353 706	68 570	728 595	45 472	8 729	4 918	307 274	40 350	130 182	19 497	2 873	51 366	8 806
2017	490 642	117 085	929 030	80 379	10 209	5 494	273 792	64 025	152 881	29 484	3 406	60 890	17 407
2018	390 041	126 898	956 926	61 438	5 082	4 006	169 539	49 054	78 395	49 054	—	34 109	25 758
2019	587 434	147 843	1 150 591	109 020	6 822	5 568	209 773	68 147	144 064	68 147	—	52 161	37 075

数据来源:FAO。“—”表示数据缺失。

附表 8 1992—2019 年俄罗斯主要乳制品出口贸易额 千美元

年份	黄油	酪乳	全脂奶酪	鲜奶油	天然乳产品	脱脂乳	脱脂奶粉	浓缩全脂乳	全脂奶粉	全脂淡炼乳	浓缩乳清	乳清粉	酸奶
1992	0	33	5 238	0	0	0	3 900	0	4 500	0	—	—	0
1993	0	10	173	194	114	121	6 288	171	1 870	88	—	—	0
1994	9 248	3 247	2 474	137	0	0	24 886	3 540	23 383	1 467	—	—	0
1995	9 747	924	3 078	0	0	0	34 672	3 720	9 467	697	—	—	344
1996	15 458	530	6 169	291	67	443	43 180	9 535	8 458	1 962	—	—	358
1997	9 986	212	2 651	90	67	130	22 980	9 261	1 485	1 300	—	—	344
1998	5 587	265	2 193	583	23	150	14 948	8 677	4 087	2 673	—	—	473
1999	3 571	133	1 872	233	569	25	7 002	3 062	1 575	3 539	—	—	483
2000	6 997	602	3 506	356	586	35	50 739	6 221	3 392	10 442	0	1 306	3 178
2001	5 139	677	5 874	217	116	50	22 212	6 284	4 152	14 725	0	0	11 261
2002	2 240	7 438	4 862	295	1	21	6 884	5 304	3 504	11 960	0	9	10 010
2003	3 938	14 416	6 279	690	1	19	1 450	6 611	3 962	15 733	0	17	10 888
2004	5 598	21 371	5 342	1 350	5	42	3 072	6 422	5 414	23 524	0	84	10 285
2005	4 642	36 561	8 383	652	140	51	2 748	11 120	9 087	26 695	10	4	10 660
2006	4 208	52 699	15 666	1 273	460	79	2 452	13 110	5 045	27 591	1	27	17 566
2007	8 117	74 679	28 271	2 426	341	130	1 697	20 846	8 022	21 411	10	44	24 212
2008	7 942	87 583	38 419	2 792	5	174	1 197	21 886	5 701	37 648	35	13	26 869
2009	8 898	57 413	31 878	1 964	58	142	447	19 502	3 540	22 973	70	0	15 553
2010	8 429	46 137	21 621	788	40	124	245	15 517	771	8 980	89	28	12 516
2011	5 748	29 777	31 626	1 671	251	170	7	26 000	81	15 098	7	14	11 208
2012	14 926	69 611	30 324	5 344	1 169	292	5 581	26 785	4 423	16 091	3	782	29 281
2013	11 146	81 864	35 365	5 212	1 595	218	12 230	23 153	3 486	23 309	2	3 495	26 292
2014	13 289	74 326	43 279	6 628	515	251	12 597	20 008	3 210	28 135	77	3 948	26 609
2015	11 118	56 014	54 982	4 202	989	206	4 415	13 275	4 226	9 670	102	942	14 810
2016	11 970	50 304	32 701	4 412	1 593	570	2 731	16 507	3 350	9 436	5	2 901	18 309
2017	10 599	60 045	68 895	6 820	1 834	668	4 157	16 910	1 729	6 996	21	2 612	19 988
2018	9 852	57 099	41 339	8 519	2 682	554	1 896	15 134	1 195	5 597	—	1 585	21 267
2019	8 374	60 861	52 158	13 287	3 881	377	2 695	14 147	1 007	6 879	—	1 895	23 446

数据来源:FAO。“—”表示数据缺失。

荷兰奶业发展报告

摘要:20 世纪 60 年代以来,荷兰在奶牛养殖、乳品加工、贸易、消费、科技和政策方面取得了长足的发展。自 20 世纪 60 年代以来,研究发现:①荷兰奶牛饲养业的专业化、集约化水平不断提高;奶牛养殖以规模化家庭农场为主;奶牛总存栏量趋于稳定、家庭养殖规模有所提高;牛奶单产不断提高。②荷兰是世界主要奶制品生产国,奶制品加工业走过了一条由小到大、由分散到集中的道路;各类奶制品加工量变化较大,奶酪产量不断提高;合作社是奶制品加工业的主要组织形态。③荷兰是奶制品的主要消费国,但近年来液态奶消费量持续下降,奶酪消费量上升,乳制品消费支出总额在国民消费总额中的占比稳定在 14%以上,但人均消费量排名在欧盟内出现下滑。④荷兰是奶制品净出口国家,欧盟是其主要贸易对象,主要贸易品种包括:脱脂奶粉、全脂奶粉、奶酪、黄油、鲜奶等。⑤荷兰奶业科技不断进步,在推动奶业发展方面贡献明显;荷兰奶牛育种和繁殖技术在世界上居于领先地位;荷兰和饲料和营养技术运用较早、发展较快,属于青贮技术运用较早国家;荷兰在奶牛疫病控制、粪污处理方面有着独特而有效的技术应用。⑥荷兰实行严格而有效的牛奶质量控制,并依靠乳脂和乳蛋白进行计价。⑦荷兰主要依靠私营的科研机构和公司加强奶农和研究单位的联系,实现奶业科技推广。⑧荷兰政府在奶业的生产、加工、贸易和消费环节提供政策支持,为奶业发展创造有利环境。研究荷兰奶业发展的基本状况,有助于汲取其中对我国奶业发展有益的经验,使我国奶业取长补短,实现我国奶业发展的远景目标。

关键词:荷兰　奶业　发展

1　荷兰的自然与社会发展概况

荷兰位于欧洲西部,属典型的温带海洋气候,冬温夏凉,年降水量达 650～700 mm。荷兰国土狭小,是典型的人多地少的国家,但是,荷兰通过“贸易立国”,大力发展转口贸易,经济十分发达。2019 年荷兰 GDP 为 9 090.7 亿美元,人均 GDP 约为 52 448 美元,是世界上最发达国家之一。荷兰工业发达,主要工业部门有食品加工、石油化工、冶金、机械制造、电子、钢铁、造船、印刷、钻石加工等,工业原料和产品销售主要依靠国外。近 20 年,荷兰又重点发展空间、微电子、生物工程等高技术产业,传统工业主要是造船、冶金等。荷兰自然资源相对贫乏,在北部海域发现储量丰富的天然气,2019 年开采天然气约 784 亿 m^3,自给有余。

农业在荷兰国民经济中占有重要地位,2020 年荷兰约有 18 144.5 km^2 的农业用地,约占国土总面积的 43.57%。这些农业用地中,草场占 49.58%(8 995.6 km^2),青贮玉米种植用地占 10.73%(1 946.54 km^2)。荷兰依据本国自然条件确定农业发展。除粮食依靠进口外,荷兰的农业十分发达,是世界主要农产品出口国之一。荷兰的主要农产品包括花卉、乳制品、肉类和薯类。花卉是荷兰的支柱性产业享有“欧洲花园”的美称，其花卉出口占国际花卉市场的60%。荷兰在沙质地上种植马铃薯，并发展薯类加工，其中薯贸易量占世界一半以上。此外，荷金融服务和保险业、旅游业发达。航运业在经济中占重要地位。

荷兰畜牧业产值占农业产值的67%(2018年)左右，是荷兰国民经济的主导产业。在畜牧业中，生鲜乳(牛奶和羊奶)占畜牧业总产值的46.79%(2018年)，其次是猪肉、牛肉和家禽。历史上，荷兰就是一个奶业大国。约150年前，荷兰建立了第一个奶品加工厂，当时荷兰牛奶的年总产量为200万t，其人口总数仅为400万。第二次世界大战结束以后，牛奶产量迅速增长，并超过了人口的增长。

2 奶业发展概况

2.1 奶牛养殖业

奶牛养殖业是荷兰农业的重要组成部分，全国超过半数的农业用地用于奶牛养殖。2018年，荷兰奶业总产值达76亿欧元，占荷兰农业和食品行业总产值的14.05%。2020年，尽管受到席卷全球的新型冠状病毒引起的肺炎疫情的影响，荷兰奶业仍保持了高达75亿欧元的总产值，其中奶牛养殖业总产值达48亿欧元，较2010年的奶业总产值58.8亿欧元有所提高。从1960年代的家庭小农场发展至今，荷兰已经形成了集约化、专业化、规模化的奶业生产模式。

2.1.1 奶牛的集约化、专业化饲养水平不断提高

20世纪60年代前期是荷兰奶业农场实行农业机械化作业的发展时期。在“二战”结束不久，荷兰就开始引进农用拖拉机。但是，当时农用拖拉机的引进仅限于那些大的农机公司和大农场。然而到了1965年，几乎所有的农场都拥有拖拉机。播种、田间管理、收割、运输等许多农场作业都由拖拉机完成。到20世纪70年代初，拖拉机的用途被扩展到生产加工粗饲料。在整个20世纪60年代，牧草的收割、晾晒、集堆，主要靠人力完成。但是，到了20世纪70年代，这些作业活动已经完全由机械完成。

1960—1965年间，手工挤奶是十分普遍的，一名工人可以处理10～15头奶牛，这已经是在挤奶机引进之前最快的劳动量了。荷兰引进挤奶机并不算晚，在1960年以前，由于战后劳动力十分廉价以及试验样机技术问题延缓了挤奶机在荷兰国内的推广。1960—1965年，荷兰挤奶机数量从39 000台增加到63 000台。这一时期挤奶厅还未应用，桶式挤奶依然还普遍。挤奶时，奶牛要拴系在牛舍或者一个固定的栅栏上(表1)。这时期，生产的牛奶已经可以贮存在专用的奶罐里了。

表1 1965—2019年荷兰专业奶牛场的机械化发展

时间	1965	1980	1999	2010	2015	2019
拥有挤奶机农场占比/%	—	98	100	100	100	100
拥有挤奶罐农场占比/%	0	100	100	100	100	100
拥有隔间的农场占比/%	0	45	80	—	—	—
拖拉机/(匹马力/农场)	25	—	172	—	—	—
平均每个牛场的产量/t	74.2	256.3	414.6	597.3	740.3	860.8

数据来源：van Horne and Prins(2002)；2010—2019年数据来自 Dutch dairy in figures (www.zuivelnl.org)。

20世纪60年代中后期是荷兰农业走向专业化的时期，许多农场由从事多种农业活动转变为专门从事一项农业生产活动。荷兰的奶业生产也是在这一时期走上了专业化的发展道路。农场主们不仅购买机械挤奶设备，而且还投资兴建牛舍和专用的挤奶厅，形成了牛舍与挤奶厅齐备的比较现代的奶牛舍饲方式。

1971—1975年，荷兰奶牛场实现了牛舍的现代化，粗饲生产的机械化以及在基础设施方面的进步。这一时期，荷兰的奶牛场基本上从传统的畜棚喂养改造成了现代化的牛舍喂养。牛舍开始设置隔间，并开始

装备有漏缝的地板。这一时期，牛奶冷藏罐大量应用，从 1970 年的 25 000 个增加到 1975 年的 45 000 个。冷藏罐的应用使得乳品厂改变了传统的运输方式，是奶牛场机械化发展的重要一环。

1976—1980 年间，挤奶厅和牧草青贮开始引进。这一时期，荷兰几乎所有的奶牛场都采用了挤奶厅。荷兰气候适宜牧草青贮制作(图 1)，牧草青贮技术的广泛应用使得牧草青贮在奶牛日粮中开始占有十分重要的地位。

图 1　荷兰家庭牧场的牧草青贮

1980—1985 年，欧盟牛奶配额制度开始实施，荷兰奶业开始从注重数量向注重质量的转变。牛奶配额对荷兰奶牛养殖业影响深远，农场主从扩张性生产转向从降低成本中获利。由于牛奶生产成本的降低，每头牛的产量从 1985 年的 5 700 kg 增加到 1999 年的 7 530 kg，而奶牛的饲养成本还保持在同一水平。

1980 年，荷兰开始应用个体识别技术(individual cow identification)，牛奶产量被记录下来，产量信息与集中喂养的奶牛数量有关。计算机开始引入奶牛场的管理，并告知每头牛应喂养的饲料量。

1995 以后，挤奶机器人的引入成为荷兰奶牛养殖业最引人注目的技术革新。1999 年时，大约有 500 台挤奶机器人在欧洲应用，其中在荷兰的有 250 台。到了 2019 年，荷兰采用机器人挤奶的农场由 2005 年的 3%(680/22 570)飞速增加到了 26.6%(4 328/16 258)(表 2)。挤奶机器人的使用不仅解决了奶头损害和乳奶炎的发生，还增加了牛奶产量。

表 2　2000—2019 年使用不同类型挤奶设备的奶牛场数量的变化　个

挤奶厅类型	2000 年	2005 年	2010 年	2015 年	2019 年
鱼骨式挤奶厅	17 580	15 230	11 382	7 680	5 726
挤奶机器人	905	1 310	1 889	3 705	4 328
并列式挤奶厅	300	680	2 252	3 409	3 580
拴系式挤奶厅	5 450	3 340	1 994	1 326	921
转盘式挤奶厅	2 020	1 580	973	827	827
Swingover 挤奶厅	—	—	135	383	461
串列式挤奶厅	235	430	679	612	415
总计(牧场总数)	26 490	22 570	19 304	17 942	16 258

数据来源：Dutch dairy in figures (www.zuivelnl.org)。

随着奶牛饲养集约化程度的提高和计算机的普及，荷兰在奶牛饲养管理方面无论是放牧、挤奶还是饲料配比以及清粪方面的现代化、机械化水平也在不断提高。

2.1.2 由家庭小农场发展到平均存栏 100 头(成母牛)的规模化家庭农场

荷兰的奶牛养殖业是一种以家庭农场为基本单位的现代奶业生产体系。小规模的家庭农场(图 2)的比例正在逐年下降,中等规模的家庭农场的比例也呈下降趋势,而成母牛存栏 100 头以上的规模化家庭农场的比例正在逐年提高。奶牛养殖业有较强的规模效应,适度的规模化和集约化饲养有利于形成规模效应,又有利于技术推广与应用,促进质量和效率的提高。

图 2 荷兰家庭农场的奶牛养殖

1960—1965 年,荷兰家庭农场的平均面积仅为 10～15 hm^2。1970 年以来,荷兰奶牛场的数量不断减少,每个奶牛场的牧场面积不断增加,到 2020 年,荷兰家庭农场的平均面积达到了 57.18 hm^2,平均养殖规模达到了 101 头。1970—2020 年的荷兰奶牛场数量和规模的发展情况见表 3。

表 3 1960—2020 年荷兰奶牛场数量和规模的发展

项目	1960 年	1970 年	1980 年	1990 年	2000 年	2010 年	2020 年
奶牛场数量/个	185 000	116 000	67 000	47 000	29 466	19 805	15 731
奶牛总数/头	—	1 900 000	2 350 000	1 900 000	1 504 076	1 478 635	1 593 071
牧场饲养数/头	9	16	35	40	51	75	101
草场总面积/hm^2	—	1 330 000	1 200 000	1 100 000	1 010 017	950 770	899 564
牧场平均草场面积/hm^2	—	11.47	17.91	23.40	34.28	48.01	57.18

数据来源:刘玉满和李静(2005);van Horne and Prins(2002);2000—2020 年数据来源 Dutch dairy in figures (www.zuivelnl.org)。

2010 年来,荷兰奶牛养殖专业化、机械化、智能化水平不断提升带动了牛场养殖规模的扩大,100 头以上的大规模家庭农场成为主流。

参考表 4 中泌乳牛的数据,2005 年以后,成母牛存栏 100 头以下养殖规模的牧场数量呈下降趋势,而成母牛存栏 100 头以上养殖规模的牧场数量则保持增长。2005 年,100 头以下养殖规模的牧场数量占比为 75.2%;到 2019 年,这一比重降低到 38.6%;其中 70 头以下养殖规模的牧场数量更是由 45.3%降低至 16.7%。

表 4 2005—2019 年荷兰不同养殖规模的奶牛场的数量和比重变化

规模	泌乳牛数量/头				所占比重/%			
	2005 年	2010 年	2015 年	2019 年	2005 年	2010 年	2015 年	2019 年
1～4	1 510	883	973	700	0.1	0.1	0.1	0.0
5～29	64 588	37 779	24 147	17 701	4.5	2.6	1.5	1.1
30～69	583 778	406 501	299 581	246 885	40.7	27.5	18.5	15.6
70～99	428 795	441 672	400 160	346 046	29.9	29.9	24.7	21.9

续表 4

规模	泌乳牛数量/头				所占比重/%			
	2005 年	2010 年	2015 年	2019 年	2005 年	2010 年	2015 年	2019 年
100～149	247 670	379 421	488 566	478 341	17.3	25.7	30.1	30.3
150～199	61 806	118 326	200 760	213 880	4.3	8.0	12.4	13.6
200 头及以上	45 055	94 053	207 580	274 411	3.1	6.4	12.8	17.4
总计	1 433 202	1 478 635	1 621 767	1 577 964	100	100	100	100

数据来源：Dutch dairy in figures (www.zuivelnl.org)。

截至 2019 年，荷兰家庭农场的平均饲养规模为 97 头成母牛，平均单产为每头牛 9 154 kg，生鲜乳价格为每千克 0.377 8 欧元，折合人民币每千克 2.95 元(汇率按照 1∶7.8 计算)，经营 55.8 hm^2(约 836 亩)草场，平均每头成母牛 0.6 hm^2(约 9 亩)。奶牛养殖规模的扩大，意味着劳动的投入减少，资本的投入增长，荷兰奶业实现了由规模数量型的生产模式向质量效益型生产模式的转变。

2.1.3　荷兰奶牛养殖总量由高峰到稳定发展，家庭养殖规模不断扩大

自第二次世界大战后欧洲经济复兴以来，荷兰奶牛的保有量不断提高，并在 1983 年达到高峰，奶牛总保有量达 250 万头。自 20 世纪 90 年代以来，在欧盟奶业生产配额政策以及农场主为提高奶牛养殖效益的背景下，荷兰泌乳奶牛的总保有量不断下降，并在 2000 年左右达到 150 万头，并趋于稳定。2015 年 4 月 1 日，欧盟取消了牛奶生产配额制度，而奶农在 2013—2014 年就已经开始着手扩群，有计划地增加奶牛存栏。2012—2016 年，荷兰的奶牛存栏快速由 154 万头增加至 179 万头，达到了 1992 年至今的最高值(图 3)。奶牛存栏的快速增长对粪污处理和环境造成了巨大的压力，也与欧盟对磷酸盐排放的基本要求相违背，因此，荷兰 2015 年发布了与磷酸盐排放相关的《乳品法》，又在 2016 年年底通过了《磷酸盐权利奶牛法案》(*Phosphate Rights Dairy Cattle Act*)，采取多重措施来减少奶牛的饲养规模。2017 年至今，荷兰的奶牛存栏又逐渐下降，到 2020 年已经下降至 157 万头。

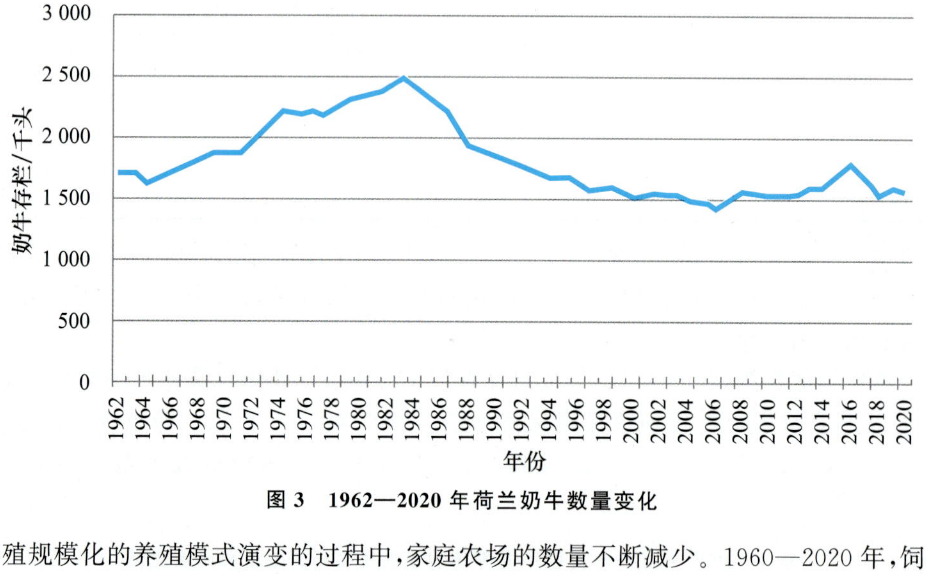

图 3　1962—2020 年荷兰奶牛数量变化

在奶牛养殖规模化的养殖模式演变的过程中，家庭农场的数量不断减少。1960—2020 年，饲养奶牛的家庭农场的数量从 18.5 万个减少到 1.57 万个，每年平均减少 4.8%。与此同时，家庭农场的饲养规模也在逐年扩大。1960—2020 年，家庭农村的平均饲养规模由 9 头增加到 101 头，平均每年增加 4.5%。具体参考表 3。

2.1.4　荷兰牛奶产量不断攀升

由于奶牛饲养的专业化、机械化以及规模化的发展，1960 年之后荷兰牛奶产量开始迅速增长，牛奶总产量、奶牛单产、牛场单产不断提高。荷兰牛奶的每年的总产量在 1983 年也达到高峰，总产量超过 1 300 万 t。

然而,同期奶牛的单产水平却很低,1983 年的奶牛单产仅为 5.29 t,参见图 4。

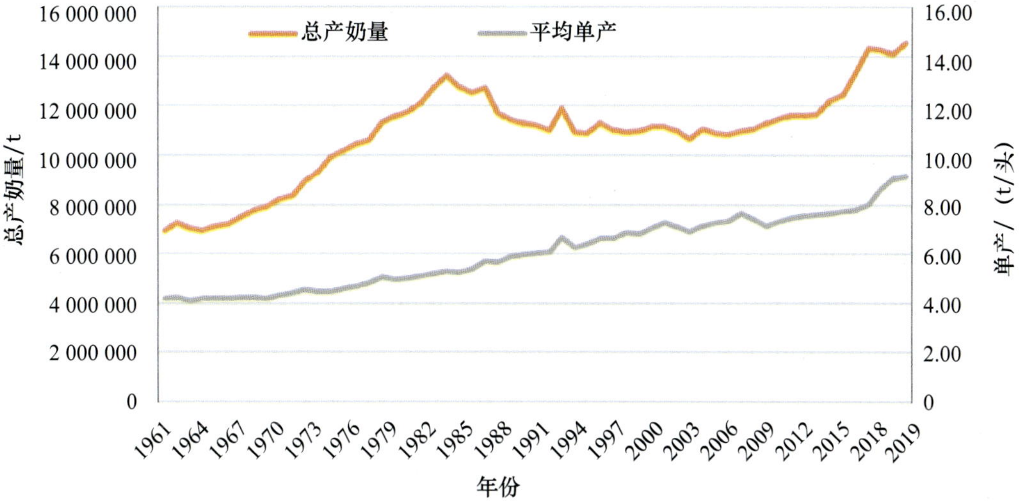

图 4 1961—2019 年荷兰牛奶产量和奶牛单产变化

以最近 10 年为例,奶牛存栏量有升有降,而牛奶总产量和奶牛单产水平均有较大幅度提升。根据 FAO 的统计数据显示,2016 年荷兰奶牛单产为 7.98 t,同期奶牛存栏量也超过了 179 万头,达到自 1992 年至今的最高值。在家庭农场规模扩大的影响下,每个农场平均产奶量从 2000 年的 378.57 t 增长到 2019 年的 895.14 万 t,增长了 136%。2000 年以来的荷兰奶牛养殖业情况参考表 5。

表 5 2000—2019 年荷兰奶牛养殖业发展情况

项目	2000 年	2005 年	2010 年	2015 年	2019 年	以 2000 年为 100
奶牛场数量/个	29 466	23 527	19 805	18 265	16 260	55
生鲜乳产量/t	11 155 000	10 847 000	11 626 123	13 330 873	14 555 000	130
奶牛存栏量/千头	1 532	1 486	1 557	1 717	1 590	104
头均产奶量/kg	7 281	7 299	7 468	7 764	9 154	126
每个奶牛场年均生鲜乳生产量/t	378.57	461.04	587.03	729.86	895.14	236

数据来源:奶牛场数量数据来自荷兰国家统计局(www.cbs.nl);生鲜乳产量、奶牛存栏量和头均产奶量数据来自 FAOSTAT;牧场平均生鲜乳产量为计算数据。

2019 年荷兰各省奶牛养殖业现状如表 6 所示。其中,奶牛养殖业比较发达的省份为上艾瑟尔、海尔德兰、弗里斯兰和北布拉邦,奶牛存栏量占比分别为 18.82%、16.04%、14.70%和 13.33%,占全国奶牛总数的 62.88%。这与这些省份面积较大、草场较多有关。

表 6 2019 年荷兰各省奶牛养殖情况

省份	奶牛场数量占比	奶牛存栏量占比	草场面积占比
上艾瑟尔 Overijssel	18.02%	18.82%	19.24%
海尔德兰 Gelderland	16.72%	16.04%	16.25%
弗里斯兰 Friesland	15.90%	14.70%	15.08%
北布拉邦 Noord-Brabant	12.79%	13.33%	9.63%
乌特勒支 Utrecht	7.32%	6.67%	7.01%
南荷兰省 Zuid-Holland	6.51%	6.60%	6.84%
德伦特 Drenthe	5.93%	5.95%	6.80%
北荷兰 Noord-Holland	5.79%	5.75%	6.39%
格罗宁根 Groningen	5.31%	5.59%	6.24%

续表 6

省份	奶牛场数量占比	奶牛存栏量占比	草场面积占比
林堡 Limburg	2.92%	3.00%	2.99%
弗莱福兰 Flevoland	1.46%	2.15%	1.98%
泽兰 Zeeland	1.32%	1.42%	1.55%

数据来源：Dutch dairy in figures 2020 (www. zuiveilnl. org)。

2.2 乳品加工业

2.2.1 荷兰的乳品加工业

荷兰奶牛养殖业的巨大优势使其能够建立完善、高效、强大的乳品加工业。1871 年，荷兰第一家乳品加工厂建立。到 1910 年，荷兰已经拥有黄油加工企业 958 家，奶酪生产企业 291 家，乳品加工业的专业化和规模化程度不断增强。直到 20 世纪七八十年代荷兰乳品加工的专业化水平提高和规模扩大仍在加速发展。2019 年，荷兰农场生产的牛奶有 98.5% 直接被送至乳品加工厂，高度专业化使得荷兰奶业成为当今世界最成熟的产业之一。

2.2.2 乳品加工企业的数量、分布和规模

荷兰的乳品加工业走过了一条由小到大、由分散到集中的发展历程。20 世纪 60 年代，荷兰有大大小小乳品加工企业 600 多家，到 1998 年则只有 73 家乳品加工产，并分属 19 家乳品公司。到 1999 年荷兰乳制品业进一步整合，共有 14 家乳品加工和销售企业，共经营了 67 家工厂。其中，最大的三家的乳品公司为 Friesland Coberco，Campina Melkunie 和 Wessanen(Leerdammer)。Friesland Coberco 在 2000 年时拥有 26 家工厂，年加工原料奶达 520 万 t，净销售额为 40.4 亿欧元。Campina Melkunie 则拥有 22 家工厂，2000 年时营业额达 39.02 亿欧元。Wessanen(Leerdammer) 规模稍小，有 2 家工厂，2000 年的营业额为 3.11 亿欧元。2008 年，Friesland Coberco 和 Campina Melkunie 合并，成立荷兰皇家菲仕兰公司(Royal FrieslandCampina NV)。

截至 2019 年，荷兰有 25 家乳品公司，共有乳品加工厂 53 座，其中 21 座属于荷兰最大的乳企——荷兰皇家菲仕兰公司(Royal FrieslandCampina NV)。上述加工厂中 27 座为合作社式经营，26 座为非合作社式经营。详见表 7 和表 8。

表 7　2019 年荷兰乳品企业拥有加工厂数量统计

乳企名称*	加工厂数量	乳企名称*	加工厂数量
菲仕兰 FrieslandCampina	21	DV Nutrition	1
澳优	2	Eijssen Dairy	1
A-ware	2	Farm Dairy	1
BelLeerdammer	2	恒天然	1
DOCKaas	2	Globemilk	1
Kaasmakerij Henri Willig	2	Hochwald Foods	1
达能/纽迪希亚	2	Kaasmakerij Özgazi	1
Rouveen Kaasspecialiteiten	2	雀巢	1
Vreugdenhil Dairy Foods	2	Trouw Nutrition	1
Arla food	1	Vecozuivel	1
CONOKaasmakers	1	VIVBuisman	1
De Graafstroom	1	Zuivelhoeve	1
Den Eelder	1		

注：* 年生产量超过 1 万 t(液态奶，奶油或乳清)。

数据来源：Dutch dairy in figures 2019 (www. zuiveilnl. org)。

表 8　2005—2019 年荷兰乳品加工厂数量统计

乳企性质	2005 年	2010 年	2015 年	2016 年	2017 年	2018 年	2019 年
乳品企业数量*	17	24	25	25	25	25	25
乳品加工厂数量	54	55	54	53	53	53	53
其中:合作社性质	38	32	28	27	27	27	27
其中:非合作社性质	16	23	26	26	26	26	26
加工原料奶总量 /百万千克	10 950	11 569	13 308	14 172	14 143	13 749	14 230
总产值/百万欧元	4 875	5 880	6 425	6 400	7 725	7 500	7 600

注:* 年生产量超过 1 万 t(液态奶,奶油或乳清)。

数据来源:Dutch dairy in figures 2019 (www. zuiveilnl. org)。

合作制使荷兰皇家菲仕兰公司能够获得稳定的奶源、更加高效的奶制品质量管理以及更大的奶制品市场。根据荷兰皇家菲仕兰公司年报显示,2019 年公司的会员奶农交奶总量达到 1 002 万 t,占全国加工原奶总量的 70.41%,2020 年会员奶农交奶总量达到 1 006 万 t,小幅度上涨 0.4%。2020 年受疫情和公司投资事项等影响,荷兰皇家菲仕兰公司由世界第五大乳品加工企业跌至世界第七,但仍保持了高达 113 亿欧元的营业额。

表 9　2020 年世界乳品加工企业 20 强排名

2020 年排名	变化趋势	2019 年排名	公司	总部所在国家	营业额* / 10 亿美元	营业额* / 10 亿欧元
1		1	雀巢　Nestlé	瑞士	22.1	19.7
2		2	拉克塔利斯　Lactalis	法国	21	18.8
3	↑	6	美国奶农　Dairy Farmers of America	美国	20.1	18
4	↓	3	达能　Danone	法国	18.2	16.3
5	↑	8	伊利　Yili	中国	13.4	11.6
6	↓	4	恒天然　Fonterra	新西兰	13.2	11.8
7	↓	5	菲仕兰　FrieslandCampina	荷兰	12.6	11.3
8	↑	10	蒙牛　Mengniu	中国	11.9	10.3
9	↓	7	阿尔乐食品　Arla Foods	丹麦/瑞典	11.8	10.5
10	↓	9	萨普托　Saputo	加拿大	11.3	10.1
11	↑	13	DMK	德国	6.5	5.8
12		12	联合利华　Unilever	荷兰/英国	6.4†	5.7†
13	↑	16	明治　Meiji	日本	5.9	5.3
14	↑	15	索地雅　Sodiaal	法国	5.7	5.1
15	↑	17	保健然　Savencia	法国	5.6	5
16		—	Gujarat Co-operative Milk Marketing Federation	印度	5.5	4.9
17	↑	18	安格普　Agropur	加拿大	5.5	4.9
18	↓	14	卡夫亨氏　Kraft Heinz	美国	5.4	4.8
19		19	施雷伯食品　Schreiber Foods	美国	5.1†	4.6†
20		20	穆勒　Müller	德国	4.9†	4.4†

注:* 营业额数据仅是乳制品销售额,基于 2019 年财务和 2020 年 1 月 1 日至 6 月 30 日期间完成的并购交易。未纳入的未决合并/收购包括荷兰皇家菲仕兰公司收购 Nutricima 和联合利华出售其在智利的冰淇淋业务。

† 估计值。

数据来源:荷兰合作银行(Rabobank)2020 年报告。

2.2.3　产品结构的变化

荷兰的主要乳制品包括液态奶、鲜奶、黄油、奶酪、炼乳、全脂奶粉和脱脂奶粉,其中液态奶、炼乳和奶酪在荷兰乳制品总产量中所占的比重较大。1961—1983 年以前,荷兰各类乳制品的产量都有不同程度的增长，其中奶酪的增长最为明显。1983 年以后，黄油、全脂奶粉和脱脂奶粉的产量变化不大，炼乳产量下滑，而奶酪的产量持续呈增长的趋势，并在 1986 年左右超过炼乳成为除液态奶和鲜奶外产量最大的乳制品。具体参见图 5。

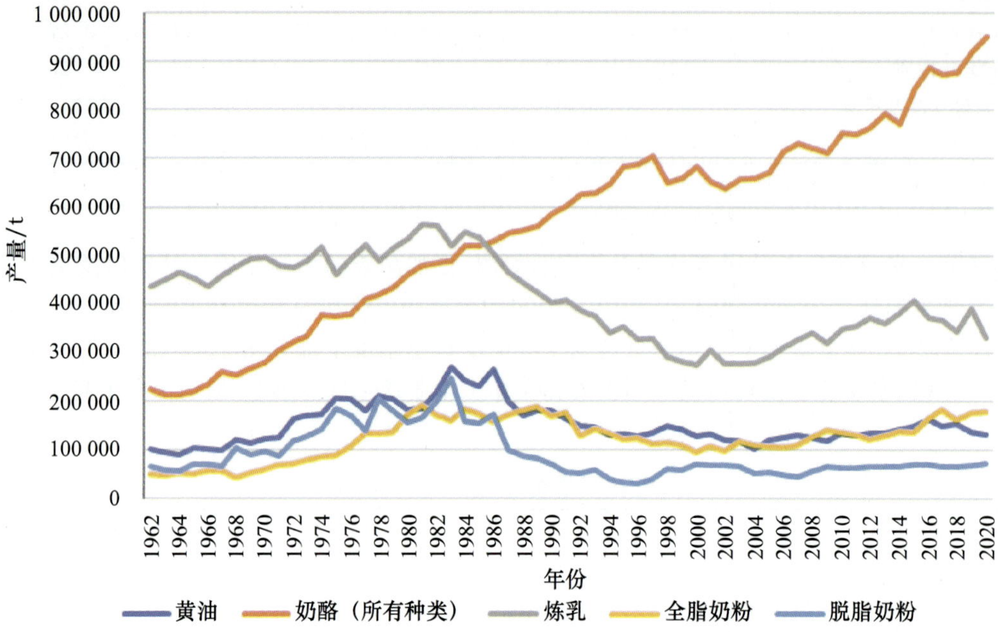

图 5　1961—2020 年荷兰各类乳制品产量变化

从表 10 的数据中可见，目前，荷兰乳制品按产量排序，依次为液态奶、奶酪、炼乳、全脂奶粉、黄油和脱脂奶粉。其中，奶酪持续保持较好的增长态势，是荷兰奶业名副其实的支柱型产品。2020 年，荷兰奶酪的产量达到 951.92 kt，创造了历史新高，较 2010 年产量(752.60 kt)增加了 26.48%，年均增长 2.65%。2020 年全脂奶粉产量较 10 年前也有较大的增幅，增加了 31.51%，年均增长率达到 3.15%。脱脂奶在过去的 10 年中增长了 11.78%，年均增长率 1.18%。黄油和炼乳的产量则呈现下降的态势，其中 2020 年黄油产量为 131.71 kt，较 2010 年的产量(181.40 kt)下降了 27.39%，炼乳 2020 年的产量为 330.85 kt，较 10 年前(2010 年)的产量(347.30 kt)小幅度下降了 4.74%，但较上一年度(2019 年)断崖式下跌了 15.35%，这可能是受到 2020 年突发的新冠疫情影响，炼乳的消费下跌所致。液态奶产量数据目前仅更新至 2019 年。2000—2019 年的统计数据中可以看出，液态奶的产量是持续下降的，2019 年液态奶的产量仅为 1 030.67 kt，较 2020 年的 1 495.20 kt下降了近 1/3，降幅达到 31.07%，这一趋势与荷兰人均液态奶消费量的持续下降的情况保持一致。

表 10　2000—2010 年荷兰生鲜乳和乳制品产量变化　　kt

项目		2000 年	2005 年	2010 年	2015 年	2017 年	2018 年	2019 年	2020 年
生鲜乳总产量		11 155.00	10 485.60	11 626.10	13 522.12	14 501.24	14 090.14	14 012.34	—
可用于加工的生鲜乳总量		10 733.60	10 949.60	11 570.80	13 306.85	14 295.93	13 880.92	13 802.16	13 959.63
奶品生产量	液态奶和鲜奶制品	1 495.20	1 377.60	1 142.00	1 106.58	1 085.67	1 064.93	1 030.67	—
	奶酪	683.60	672.20	752.60	844.97	874.24	878.91	920.81	951.92
	黄油	143.10	166.50	181.40	147.58	149.02	153.67	136.52	131.71
	炼乳	273.50	291.80	347.30	407.78	366.99	343.30	390.83	330.85
	全脂奶粉	96.70	107.20	135.50	135.66	184.15	161.38	177.12	178.19
	脱脂奶粉	69.30	53.20	63.60	68.57	65.74	65.00	66.84	71.09

数据来源：2000—2010 年数据来自荷兰统计年鉴(CRV Jaarsta tistiek 2010)；2015—2020 年数据来自荷兰。国家统计局(www. cbs. nl)和 Dutch dairy in figures (www. zuiveilnl. org)。

2.2.4 产业组织形式的变化

荷兰的合作社历史悠久，早在1886年就创立了乳品加工合作社。奶农通过自愿的方式加入合作社，加入合作社后奶农所生产的牛奶必须全部交给合作社乳品加工厂，合作社的乳品加工厂也有义务收购社员生产的牛奶。奶农合作社使奶农和乳品厂之间的整体利益一致，关系易于协调，为促进荷兰奶业的健康稳定发展起到了重要作用。早期的荷兰奶业合作社多为奶牛养殖和生产合作社。1980年以来，荷兰又发展了多种形式的奶业合作社，如奶牛注册合作社（给奶牛登记注册、存档案）、投入合作社（购置各种农用物资）、产出合作社（销售牛奶及制品）、合作社银行、家畜保健合作社、家畜人工授精合作社、草种筛选和咨询等为发展奶业服务的合作社。在金融支持和技术服务方面，荷兰合作银行（Rabobank）也是农民用自己的力量筹资建立的银行，荷兰奶业90%的贷款都是从荷兰合作银行（Rabobank）获得的。在技术服务方面，荷兰皇家养牛总会组织是一个为奶农提供奶牛注册登记、牛奶产量记录、体型评级和人工授精登记服务的合作社。荷兰国家育种公司则是一个为奶牛场提供优质、低价的育种技术的合作社荷兰90%的奶牛场应用其成果。

早期，奶牛养殖户以奶业合作社的形式经营奶业，奶业养殖规模的扩大促进了奶业的联合和统一，最终塑造出超大型的合作制企业。截至2019年年底，荷兰有25家规模化乳品加工的公司（年加工原料奶1万t以上），其中有5家是合作社形式的公司，拥有27座加工厂（其他20家非合作社性质的乳品加工公司拥有26座加工厂）。

2.3 乳品消费

荷兰不仅是奶制品的主要生产国，更是奶品的主要消费国。荷兰的自然气候条件适合于牧草生长和奶牛繁育，且精于加工奶制品，长期以来荷兰人就具有消费鲜奶和奶制品的传统，荷兰人把消费鲜奶和奶制品看成是他们生活的一个部分。乳制品在荷兰家庭食品和非酒精饮料消费支出中的份额多年来稳定在14%以上。2018年，这一项支出达到55亿欧元，占全国人民消费支出总额的1.6%。荷兰现有的乳制品（以牛奶当量表示）包括国家牛奶产量和进口，其中约35%在荷兰消费，其余65%用于出口。奶酪是荷兰乳制品消费的重要组成部分。

荷兰人主要消费液态奶、奶酪以及以奶品为原料的甜食，这三类产品是多数荷兰人日常饮食的重要组成部分。荷兰人的午餐一般为三明治夹奶酪，再加一杯牛奶，通常是生鲜牛奶。荷兰人消费的液态奶主要是经过巴氏杀菌的半脱脂鲜奶。除了牛奶和奶制品的传统制作模式还在延续外，奶制品的消费模式正在悄然发生变化，尤其是户外消费方式的流行，这促使奶品加工业通过对改造传统产品、开发新产品来推进奶品业的变革。尽管年轻一代人的乳制品消费量有下降的趋势，特别是液态鲜牛奶类的产品的消费有下降的趋势，但奶酪的消费量仍正在逐步增加（表11）。

从表11可以看出，荷兰人均液态奶消费持续下降，2019年人均消费量仅39.57 kg，总消费量68.64万t，与2005年相比分别减少了24.90%和29.34%。奶酪的消费量有明显的增长，2019年人均消费量达到23.66 kg，总消费量达到41.04万t，与2005年相比分别增加了27.41%和35.41%。目前，荷兰人均液态奶消费量和奶酪消费量分别列欧盟27国排名的第24名和第8名，而2010年上述两个数据在欧盟排名分别列第2名和第6名。

奶制品消费量的变化反映出荷兰人的饮食结构随着时代的发展也在发生变化。一方面，传统的奶业大国对于奶酪的热情依旧不减，奶酪始终是荷兰人日常饮食种不可替代的一部分。另一方面，由于新一代的年轻人更加追求环保、健康、时尚的饮食，很多年轻人开始选择植物奶（燕麦奶、豆奶等）替代每日饮用的牛奶，还有一部分人群选择每周固定的一两天选择只摄入非动物源蛋白饮食，并认为用这种方式可以促进节能减排，减少温室气体，从而降低对全球气候变暖的影响。

表 11　2005—2019 年荷兰奶制品消费变化

总消费量/t							
年份	2005	2010	2015	2016	2017	2018	2019
液态奶	913 913	839 244	835 057	834 301	722 467	714 494	686 383
其他鲜乳制品	928 075	911 197	782 673	778 468	—	—	—
奶油	20 512	22 125	24 283	24 176	—	—	—
黄油	70 517	37 749	65 691	76 845	69 310	89 746	48 813
奶酪	303 068	307 834	394 589	370 089	376 432	418 508	410 373
人口/千人	16 320	16 615	16 940	17 030	17 131	17 232	17 345

人均消费量/(kg/年)									
年份	2005	2010	2015	2016	2017	2018	2019	欧盟平均 2018	中国 2018
液态奶	56.00	50.51	49.30	48.99	42.17	41.46	39.57	59.39	21.37
其他鲜乳制品	56.87	54.84	46.20	45.70	—	—	—	—	—
奶油	1.26	1.33	1.43	1.42	—	—	—	—	—
黄油	4.32	2.27	3.88	4.51	4.05	5.21	2.81	3.89	0.14
奶酪	18.57	18.53	23.29	21.73	21.97	24.29	23.66	18.87	0.10

数据来源：Dutch dairy in figures 2019 (www.zuivelnl.org)。

2.4　乳制品贸易

2.4.1　荷兰的乳制品贸易

近 50 年来，荷兰乳制品贸易荷兰的奶业具有较强的市场竞争力，凭借其优良的生产技术、高质量标准，以及悠久的贸易历史，其在国际奶业市场中占据重要的地位。1961—2019 年，除了 1992—1997 年之间的个别年份，荷兰的进口量大于出口量，其余的年份荷兰一直是一个奶制品净出口国家(图 6)。

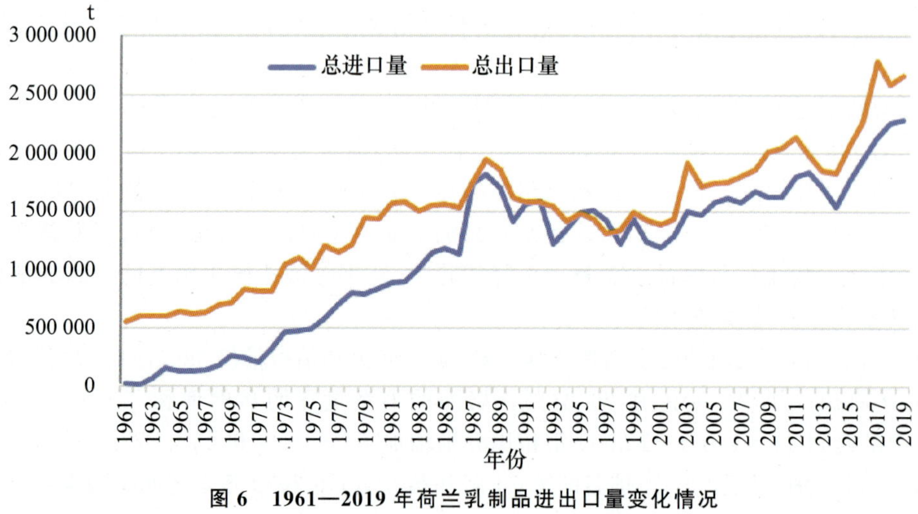

图 6　1961—2019 年荷兰乳制品进出口量变化情况

根据荷兰奶业产业链组织 ZuivelNL 的年报统计显示，荷兰当前(2019 年)乳制品出口总额超过 78.21 亿欧元，与 2010 年的出口额(54.54 亿欧元)相比，提高了 43.40%；乳制品贸易顺差达到 40.08 亿欧元，较 2010 年提高了 36.88%。详见表 12。

表 12　2000—2019 年荷兰全国乳制品进出口总额　　百万欧元

项目	2000 年	2005 年	2010 年	2015 年	2017 年	2018 年	2019 年
全国乳制品进口额总计	1 945.31	2 021.79	2 525.35	3 082.00	3 650.08	3 838.42	3 812.90
全国农产品进口总额	26 506.30	29 346.72	41 834.62	55 254.68	60 002.00	60 818.00	63 083.00

续表 12

项目	2000 年	2005 年	2010 年	2015 年	2017 年	2018 年	2019 年
全国货物进出口总额	216 057.30	249 844.77	331 908.39	372 194.83	408 885.00	441 275.00	459 697.00
全国乳制品出口额总计	3 534.37	3 815.52	5 453.81	6 349.94	7 856.70	7 644.43	7 821.39
全国农产品出口总额	43 454.00	50 099.37	66 633.44	79 491.90	87 351.00	87 744.00	91 826.00
全国货物进出口总额	231 853.61	281 300.14	371 541.18	433 405.45	467 434.00	497 874.00	515 892.00
全国乳制品进出口顺/逆差	1 589.06	1 793.73	2 928.47	3 267.94	4 206.62	3 806.01	4 008.49
全国农产品进出口顺/逆差	16 947.70	20 752.65	24 798.82	24 237.22	27 349.00	26 926.00	28 743.00
全国货物进出口顺/逆差	15 796.31	31 455.37	39 632.80	61 210.63	58 549.00	56 599.00	56 195.00

数据来源:Dutch dairy in figures (www.zuivelnl.org)。

欧盟是荷兰乳制品最重要的销售地区。2019 年,荷兰乳制品在欧盟内部的贸易额超过 56 亿欧元,几乎占出口总值的 3/4,其中比利时、德国和法国是荷兰乳制品在欧盟内的最重要的销售市场,对上述 3 个国家的出口份额超过欧盟内交易总额的 70%。荷兰出口乳制品主要去向和份额见表 13。

表 13 荷兰主要乳制品的出口去向(前 5 名) 百万欧元

奶酪			黄油和无水奶油		
出口对象	出口额	占比/%	出口对象	出口额	占比/%
欧盟成员国	3 059.60	83.70%	欧盟成员国	1 183.10	86.90%
其中:德国	1 197.10	32.80%	其中:德国	407.5	29.90%
比利时	476	13.00%	法国	309	22.70%
法国	372.8	10.20%	比利时	179.7	13.20%
西班牙	224.3	6.10%	意大利	71.3	5.20%
意大利	130.8	3.60%	英国	66.9	4.90%
日本	97.7	2.70%	印度尼西亚	21.2	1.60%
美国	81.7	2.20%	日本	20.1	1.50%
墨西哥	38	1.00%	新加坡	16.8	1.20%
埃及	33.4	0.90%	叙利亚	8.8	0.60%
其他	344.4	9.40%	其他	110.7	8.10%
总计	3 654.80	100.00%	总计	1 360.70	100.00%
全脂奶粉			脱脂奶粉		
出口对象	出口额	占比/%	出口对象	出口额	占比/%
欧盟成员国	153.2	26.20%	欧盟成员国	121.5	36.60%
其中:德国	38.4	6.60%	其中:比利时	29.1	8.70%
比利时	35	6.00%	德国	27.5	8.30%
法国	25.1	4.30%	意大利	19.5	5.90%
英国	15.5	2.70%	法国	14	4.20%
意大利	13.2	2.30%	西班牙	10.6	3.20%
科威特	69.4	11.90%	菲律宾	21.6	6.50%
中国	44.7	7.60%	沙特阿拉伯	20.5	6.20%
尼日利亚	33	5.60%	中国	20.3	6.10%
安哥拉	30.5	5.20%	印度尼西亚	17.2	5.20%
其他	254	43.40%	其他	131.3	39.50%
总计	584.8	100.00%	总计	332.3	100.00%

数据来源:Dutch dairy in figures (www.zuivelnl.org)。

对于全球乳制品贸易市场而言,荷兰是所有欧盟成员中最活跃的国家(图 7)。2019 年全球乳制品出口贸易总量为 822 亿 kg 牛奶当量,其中荷兰达到 39 亿 kg 牛奶当量(不含欧盟内部交易量),在世界贸易中的份额达到 4.7%，这使荷兰与新西兰、美国、白俄罗斯和德国一起跻身世界前五名最大的乳制品出口国之列（图 8）。

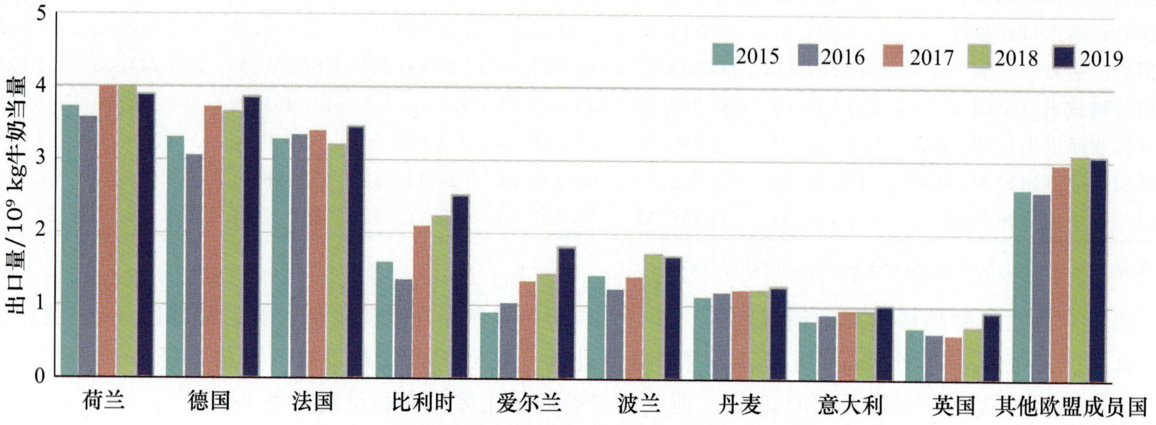

图 7　欧盟各国乳制品出口至欧盟外地区的出口量

（数据来源：www.zuivelnl.org）

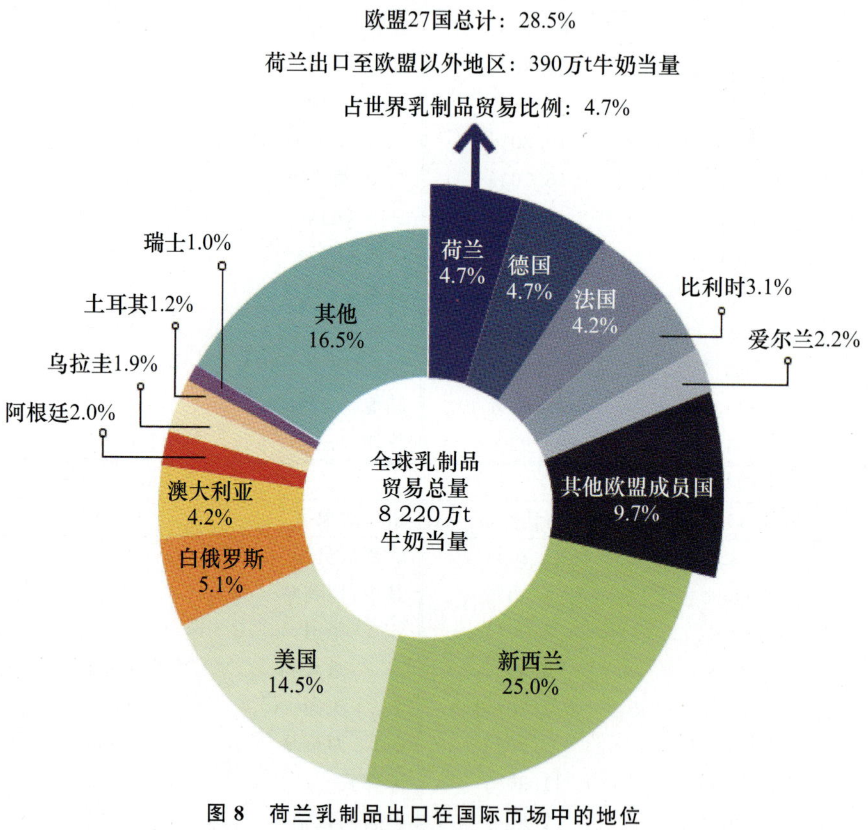

图 8　荷兰乳制品出口在国际市场中的地位

（占全球乳制品贸易总量的比例%，以牛奶当量计）

（数据来源：Dutch dairy in figures，www.zuivelnl.org）

亚洲是荷兰除欧盟以外的地区中最重要的出口目的地，荷兰乳制品出口欧盟以外的前 5 个国家都在亚洲，分别为中国、阿拉伯联合酋长国、沙特阿拉伯、韩国和日本。

值得一提的是，除了本报告中涉及的常规乳制品的出口外，荷兰还出口许多乳制品含量高的产品，包括婴幼儿营养品。多年来，中国一直是荷兰婴幼儿营养品（包括配方奶粉）最重要的出口目的地（图 9）。2019 年，荷兰向中国出口的婴儿营养品价值近 17 亿欧元。

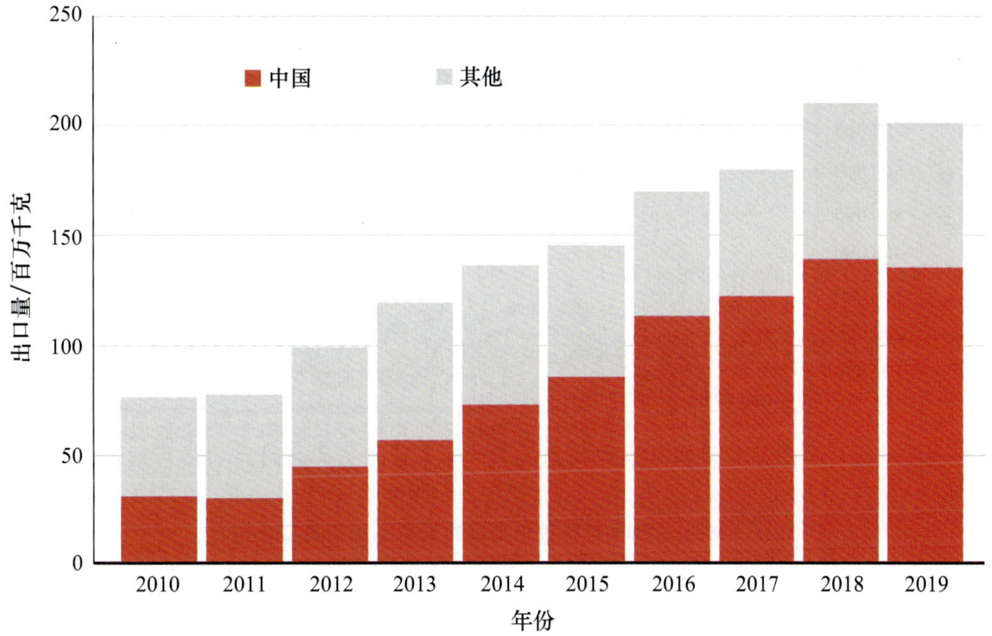

图 9　2010—2019 年荷兰婴幼儿配方食品出口量变化(含欧盟内部交易)

(数据来源:Dutch dairy in figures，www.zuivelnl.org)

2.4.2　各类乳制品贸易状况

从 1961 年至今荷兰各类乳制品进出口贸易量和贸易额的波动变化中可以看出,除奶酪以外的各类乳制品贸易量和贸易额的曲线在过去的近 60 年中变化差异非常大(图 10 至图 13),说明各类乳制品的进出口贸易结构发生了显著变化。

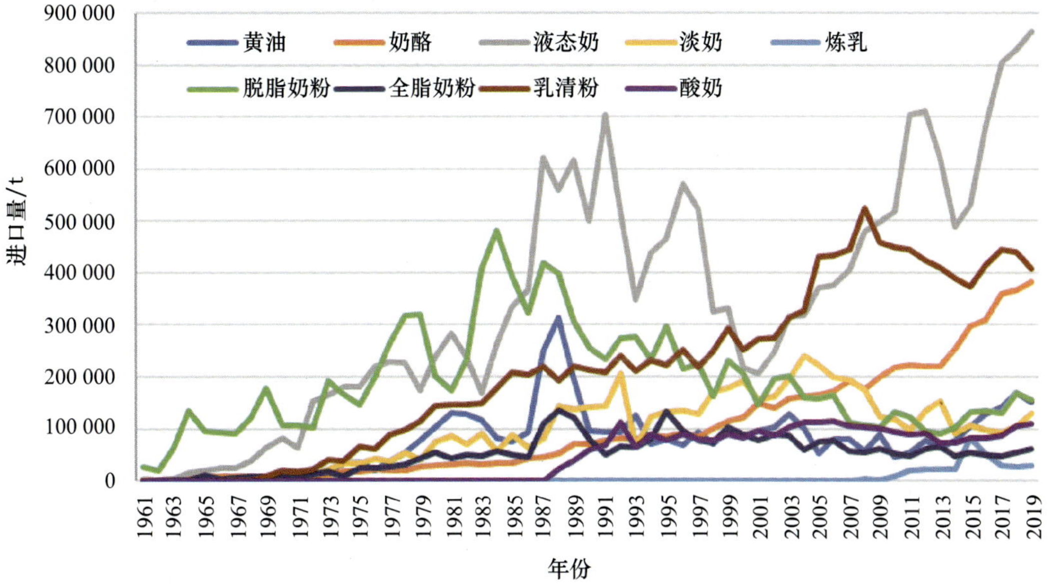

图 10　1961—2019 年荷兰主要品类乳制品进口量变化情况

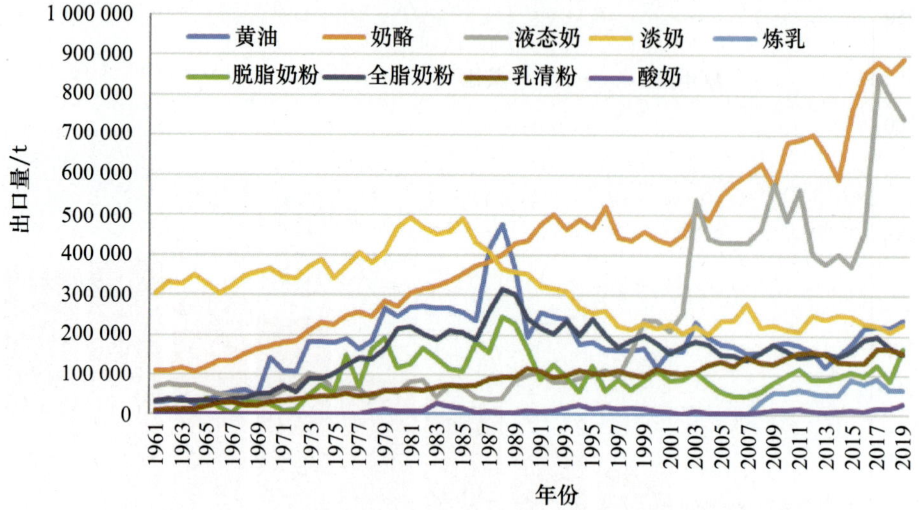

图 11　1961—2019 年荷兰主要品类乳制品出口量变化情况

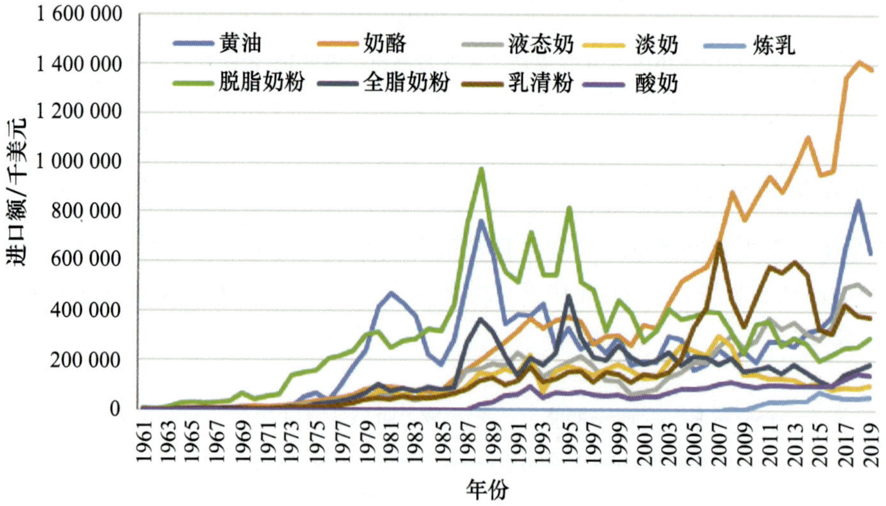

图 12　1961—2019 年荷兰主要品类乳制品进口额变化情况

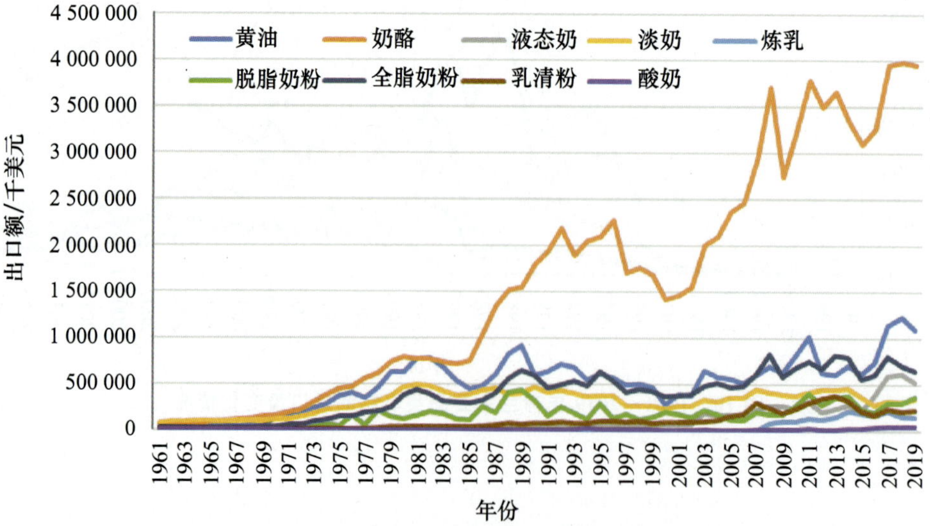

图 13　1961—2019 年荷兰主要品类乳制品出口额变化情况

(1)奶酪进出口量稳步增加,占据荷兰乳制品贸易半壁江山。奶酪是荷兰出口量和出口额均保持较好的快速增长态势的产品,也是占据荷兰大半出口份额的最重要的一项乳制品。荷兰有多种优质、美味的奶酪品种畅销全球,如高达(Gouda)、伊丹(Edam)、玛士达(Maasdam)、美莫勒(Mimolette)等。1988—1989 年,荷兰奶酪出口量先后超过了淡奶和黄油,成了荷兰出口量最大的乳制品。自 1961 年以来,荷兰奶酪的生产和进出口贸易均保持稳定、良好的增长(图 14),贸易顺差不断扩大。2019 年荷兰奶酪出口量 89.17 万 t,出口额达到 39.55 亿美元,占乳制品出口总额的 50.58%,贸易顺差达到 25.74 亿美元,是荷兰出口创汇最高的乳制品。

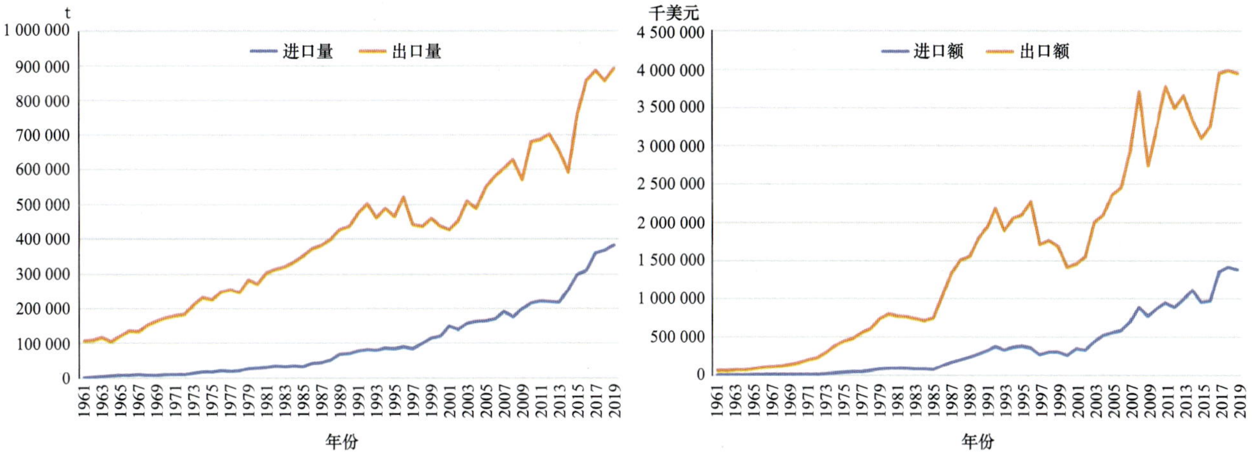

图 14 1961—2019 年荷兰奶酪进出口量和进出口额变化情况

(2)液态奶制品贸易增长迅速,但并不是荷兰奶业创汇的增长点。液态奶(含脱脂奶)产品贸易量和贸易额近年来增长较快。液态奶产品进口在 1983—2001 年之间经历过较大幅度的震荡,由 16.98 万 t 快速增长至 70.33 万 t,随后又震荡跌至 20.59 万 t。2001 年后开始波动上升进口量到 2019 年达到 86.40 万 t,较 2018 年增长 3.89%,较 2001 年增长 319.61%,创历史新高;但受进口价格的影响,2019 年进口额 4.76 亿美元,较 2018 年下跌 7.41%,但比 2001 年增长了 548.80%。2019 年液态奶出口量回调,达到 74.15 万 t,较 2018 年下跌 6.5%,较 2001 年增长 250.86%;2019 年出口额 5.24 亿元,较 2018 年下跌 15.17%,较 2001 年增长 703.52%。液态奶并不是荷兰奶业的盈利重点,2019 年该品类货物进出口顺差仅为 0.48 亿美元,1961 年至今的多数年份为贸易逆差(图 15)。

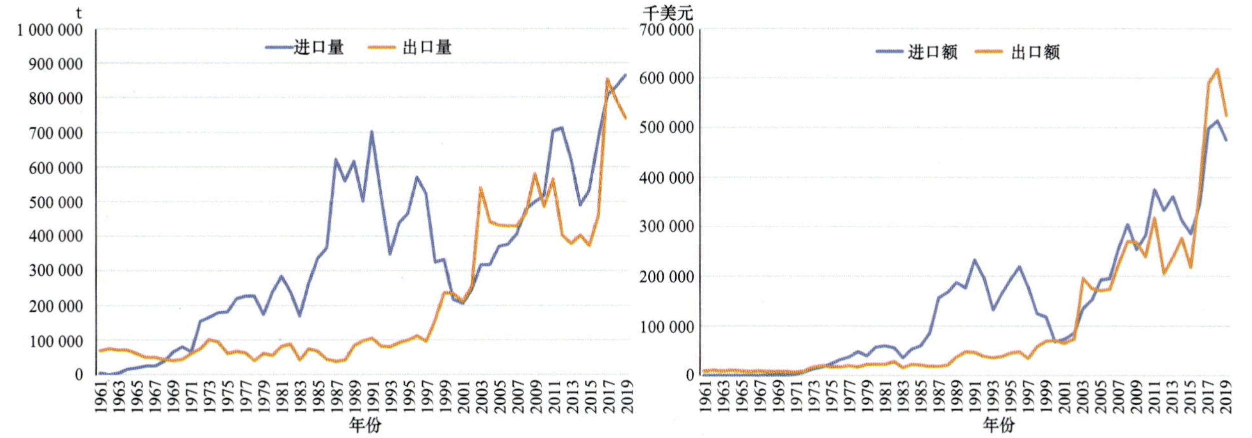

图 15 1961—2019 年荷兰液态奶进出口量和进出口额变化情况

(3)黄油贸易量保持在较低水平震荡,贸易额震荡攀高。从黄油、全脂奶粉、脱脂奶粉等干乳制品的贸易曲线图中可以看出,这些干乳制品的进出口贸易量都在 20 世纪 80 年代中期到达顶峰后下滑。1984 年欧洲实施的牛奶生产配额政策对这一现象的贡献极大,在有限的生鲜乳供应的条件下,荷兰为了保证利益最大的奶酪生产和销售而减少其他干乳制品的生产。此外,雀巢、达能等国际乳企对上述产品市场的竞争、居民饮食结构的调整也对上述产品的贸易产生较大的影响。但随着 2014 年牛奶配额制度取消，上述干乳制品贸易又迎来短暂的增长，而 2017 年出台的更加严格的硝酸盐指令、水框架协议等环保相关政策的实施，又对干乳制品的贸易量产生了或多或少的影响(图 16)。

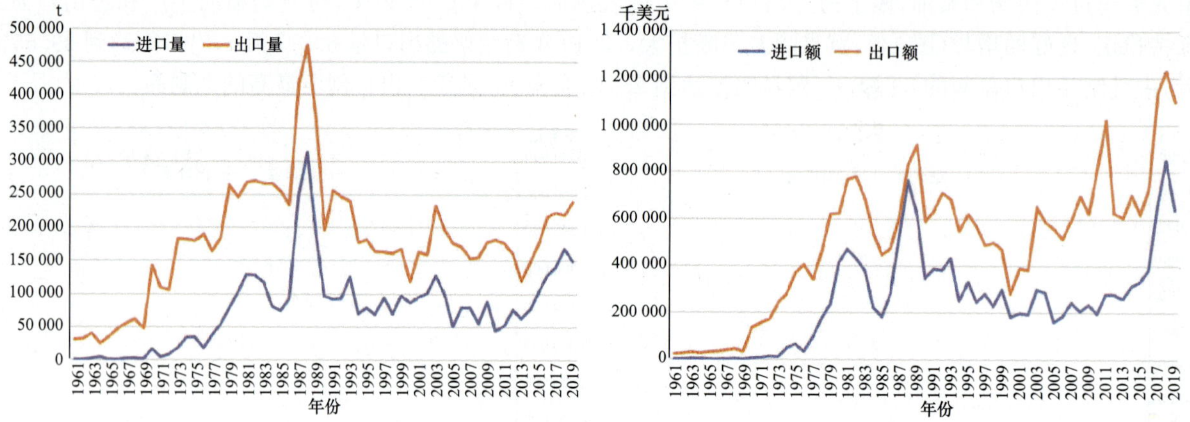

图 16　1961—2019 年荷兰黄油进出口量和进出口额变化情况

黄油的贸易量自 1988 年达到历史最高值之后大幅度下滑，并保持在较低水平波动起伏。2013 年开始，随着荷兰牛奶生产限额制度的取消，黄油的进出口量又开始回复上涨。2019 年，荷兰黄油出口量达到 23.90 万 t，同比增长 8.73%，达到 1994 年以来的最高值；黄油进口量则在 2018 年达到自 1990 年来的最高点，实现进口量 16.9 万 t。2019 年，受市场供需和价格波动的影响，黄油进口量出现下滑，实现进口量 15 万 t，同比降低了 11.27%。

在贸易额方面，黄油国际市场价格水平的提升大大增加了出口额，尽管 1990 之后黄油的进出口贸易量均在较低水平震荡波动，但出口额和进口额分别在 2000 年和 2005 年触底后反弹，并于 2018 年达到 1961 年至今的历史最高点。2018 年，黄油进口总额 8.5 亿美元，同比增长 29.13%；出口总额 12.31 亿美元，同比增长 8.42%。2019 年受市场价格和进出口量变化的影响，黄油进口额和出口额分别下滑至 6.4 亿美元和 10.99 亿美元，同比分别下降 24.68%和 10.74%。

(4)淡奶出口量保持在低位波动，出口值仍保持较高水平。在 20 世纪 60～80 年代，淡奶曾是荷兰出口总量最大的一类乳制品，年出口量最高达到近 50 万 t。但近 20 年淡奶的出口量始终在 23 万 t 上下波动，处于历史最低水平。这与荷兰大力发展本国高附加值的乳制品的加工和出口，优质奶源用于生产奶酪、黄油等单位价格高、利润空间大的产品，淡奶和炼乳的产量下调有直接关系。

2019 年，荷兰淡奶贸易出现上涨，进口量和出口量分别为 13 万 t 和 22.77 万 t，与 2018 年同期相比分别增长了 24.57%和 8.79%；进口额和出口额分别为 1.02 亿美元和 3.44 亿美元，与 2018 年同期相比分别增长了 13.66%和 11.1%(图 17)。

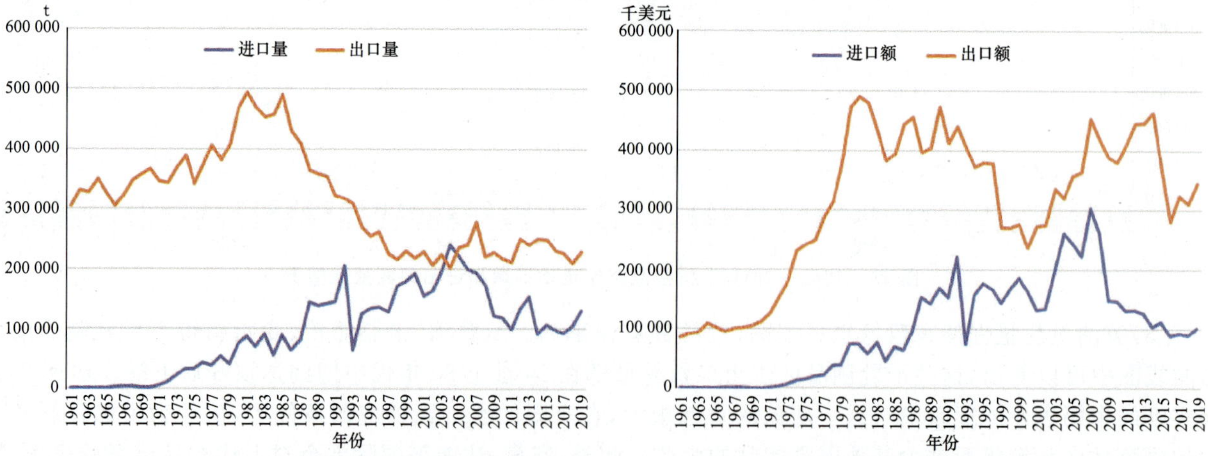

图 17　1961—2019 年荷兰淡奶进出口量和进出口额变化情况

(5)脱脂奶粉进出口量之间的差距逐步缩小,贸易额由逆差翻转为顺差。脱脂奶粉的进出口量在 20 世纪 80 年代达到峰值后逐步回落,近年来出现缓慢上升的态势,且出口量与进口量之间的差距在逐步缩短,2019 年,荷兰脱脂奶粉的出口量(16.62 万 t)首次反超进口量(15.53 万 t),同时出口额实现 3.69 亿美元,进口额实现 2.94 亿美元,实现贸易顺差 0.75 亿美元(图 18)。

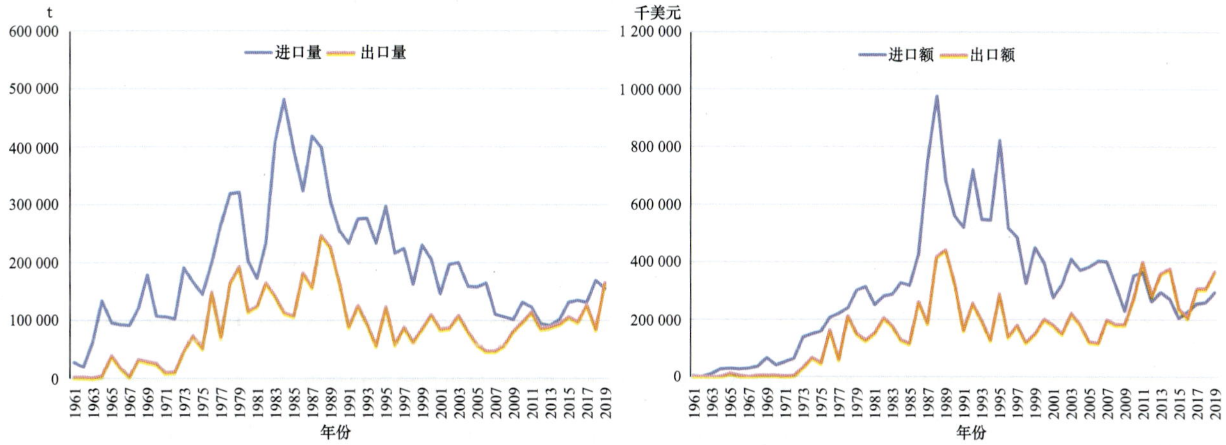

图 18　1961—2019 年荷兰脱脂奶粉进出口量和进出口额变化情况

(6)全脂奶粉进口量上升,出口量下滑。荷兰的全脂奶粉以出口为主,少量进口。在 1988 年之后,受欧盟牛奶生产限额的影响,荷兰及周边地区全脂奶粉的生产量下降,贸易量也随之一路下滑。随着 2015 年牛奶配额制度的结束,欧洲牛奶产能增加,全脂奶粉的贸易量也出现了短暂上涨。2017 年荷兰实施了更为严格的全新的磷酸盐限令,迫使荷兰奶农控制养殖规模,减少牛奶产出,在这一背景因素的影响下,从 2018 年开始,全脂奶粉的进口量上升,出口量下滑。2019 年,荷兰全脂奶粉出口量 15.56 万 t,同比减少 8.91%,进口量 6.15 万 t,同比增加 15.26%。

尽管近 30 年来荷兰全脂奶粉出口量整体呈现下滑的趋势,但出口额却逐步波动升高,进出口贸易顺差越来越大。20 世纪 80 年代荷兰全脂奶粉贸易顺差年均在 2.2 亿美元左右;2010—2019 年期间,全脂奶粉的年均贸易顺差已经接近 5.5 亿美元(图 19)。

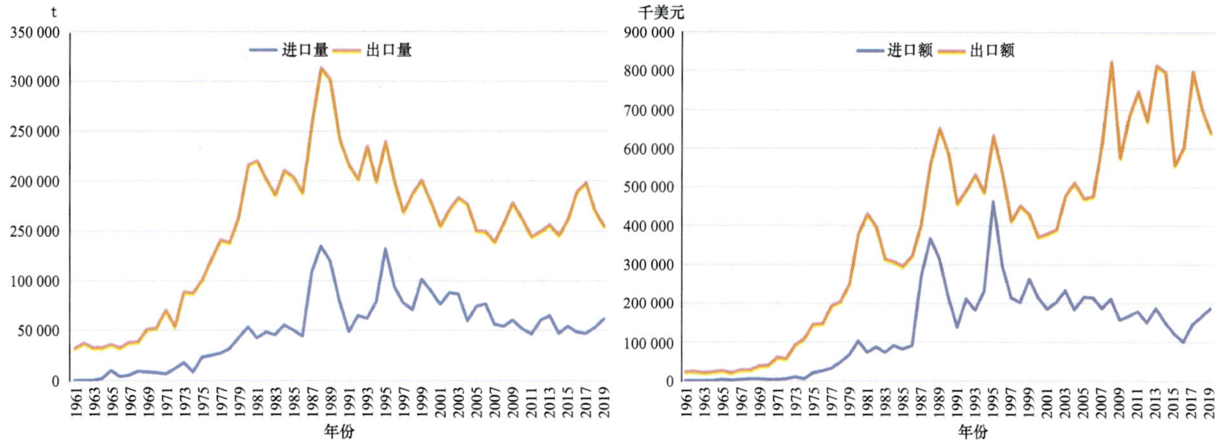

图 19　1961—2019 年荷兰全脂奶粉进出口量和进出口额变化情况

(7)乳清粉进口量远大于出口量。乳清粉作为奶酪的副产品,随着奶酪生产的增长,在荷兰乳制品贸易市场中也保持持续增长的态势,但自 1973 年以后,由于国内乳清粉的需求量增加,其出口开始被进口反超,出口量和出口额均低于进口量和进口额,且贸易逆差持续扩大。造成贸易逆差的主要原因是乳清粉作为婴儿食品的重要原材料,应用于荷兰婴儿奶粉等婴儿食品的生产,但荷兰本国的乳清粉供应量并不能满足婴儿食品贸易的需求,因此需要从周边国家大量进口乳清粉来维持生产。

2019 年，荷兰乳清粉进口量 40.75 万 t，同比下降 7.48%；出口量 15.69 万 t，同比下降 5.86%；进口额 3.8 亿元，同比小幅度下降 1.27%；进口额 2.22 亿美元，同比小幅度上涨 0.86%（图 20）。

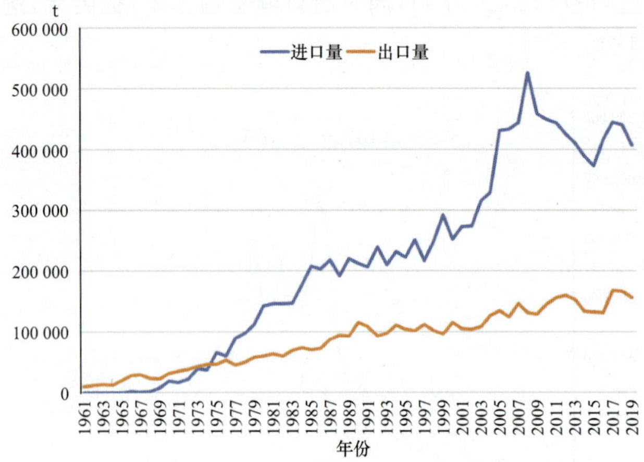

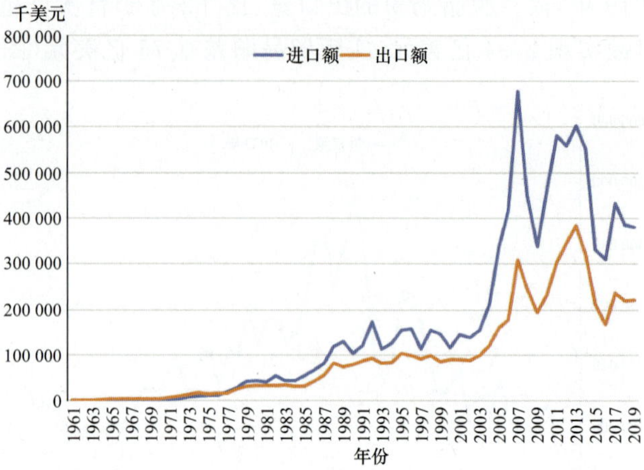

图 20　1961—2019 年荷兰乳清粉进出口量和进出口额变化情况

（8）酸奶进口量远高于出口量。由于荷兰将本土的优质生鲜乳主要用于生产奶酪等附加值高的产品，酸奶等液态奶制品需要大量来满足国内的消费，每年进口量远高于出口量。2019 年荷兰酸奶的进口量为 10.88 万 t，同比增长 4.01%，进口额为 1.44 亿美元，同比下降 3.6%；出口量达到 2.67 万 t，较 2018 年同期大幅度增长了 45.2%，但受出口价格偏低的影响，出口贸易额仅 4.51 亿美元，同比下滑 5.87%（图 21）。

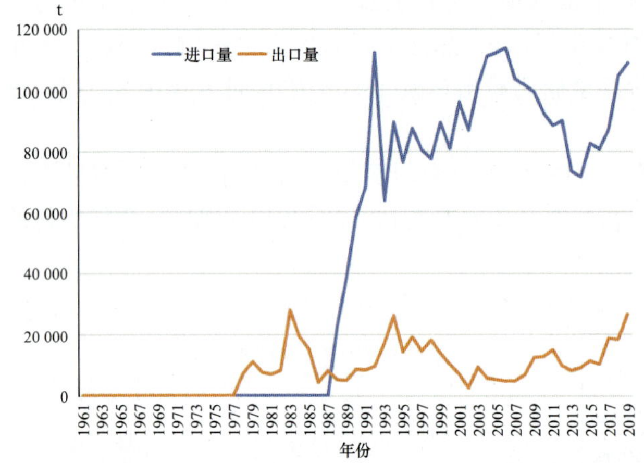

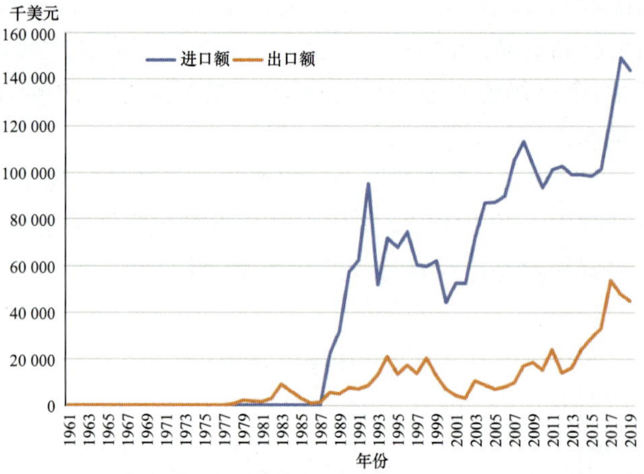

图 21　1961—2019 年荷兰酸奶进出口量和进出口额变化情况

3　奶业科技发展概况

荷兰奶业的快速发展与奶业科技进步息息相关，每一次新的科学技术的应用都对奶业进步产生了直接影响。自 1960 年以来，近 60 年间荷兰奶业科技进步路径与奶业效益提升呈正相关关系（表 14）。

表 14　1961—2019 年荷兰奶业技术应用与奶业效益提升情况

时期	土地/农场/hm^2	产量/头均单产/kg	奶牛/农场/头	新技术应用
1961—1965	14	4 120	18	一挤奶机的大规模应用 一人工授精的应用

续表 14

时期	土地/农场/hm^2	产量/头均单产/kg	奶牛/农场/头	新技术应用
1966—1970	16	4 350	22	一牧草地的施肥技术 一奶制品的专业化生产
1971—1975	20	4 875	34	一牛奶冷藏罐的应用 一由干草到草的青贮饲料 一装有隔间的散栏喂养系统
1976—1980	22	5 340	48	一玉米青贮的饲喂 一奶牛浓缩料的饲养
1981—1985	25	5 700	54	一个体饲养的奶牛鉴别技术 一美国荷斯坦弗里森血统的大规模应用
1986—1990	29	6 575	49	一胚胎移植
1991—1995	31	6 975	51	一环境保护(如施有机肥)
1996—2000	35	7 525	55	一挤奶机器人的引进
2001—2010	48	7 468	75	一智能化、自动化设施
2011—2019	57	9 154	101	一节能减排的高效养殖技术(如高福利牛舍地板、降低废气排放的日粮添加剂、低蛋白日粮饲喂技术等)

数据来源:Horne and Prins(2002);Agrifirm & ID Agro onderzoeken emissiearme geitenvloer.(www.agrifirm.com)。

3.1 奶牛育种与繁殖技术进展

荷兰奶业高度重视现代科技在奶牛养殖中的作用,通过不断利用现代化的奶牛育种和繁殖技术逐步改良奶牛种群,实现奶业整体效益的提高。荷兰在奶牛育种方面已经走在了世界前列,荷兰是世界上出口小母牛和公牛精液最多的国家之一。

荷兰传统的奶牛品种有荷兰弗里森(Friesian Hollands,FH),艾尔瑟牛(MRIJ)奶肉兼用牛以及格罗宁根(Groningen)。荷兰弗里森奶牛外观呈黑白花或红白花,弗里森牛在北美经过培育,成为现代世界主流的荷斯坦奶牛品种。当前荷兰奶牛以荷斯坦为主要品种,占荷兰奶牛存栏的95%以上,其中2/3为黑白花牛,1/3为红白花牛。艾尔瑟牛则为红白花纹牛,属于乳肉兼用型品种。

荷兰的现代奶牛育种和繁育工作最早追溯到1938年,第一支奶牛冻精在那时应用于奶牛繁殖。随后,种牛选育和人工繁育工作逐步在荷兰推广,到1945年,荷兰的奶农们开始大规模利用人工授精技术对奶牛进行改良,提高生产水平。到1983年,荷兰75%以上的奶牛都是通过人工授精繁育而来的。目前,荷兰奶牛人工授精普及率几乎达到100%,平均每头成母牛使用冻精1.72剂(CRV, 2014)。

从1986年开始,荷兰的农场主开始采用胚胎移植技术。通过胚胎移植,母牛的繁殖能力大大提高。一头优秀母牛在自然繁殖条件下每年能生产一头犊牛,而通过胚胎移植,优秀母牛每年可生产50～60枚胚胎。胚胎移植技术对于提高荷兰奶牛的群体生产能力至关重要。通过胚胎移植技术,荷兰扩大了核心育种群体的规模,还大幅度提高了奶牛个体的生产水平。这一时期,荷斯坦弗里森牛的引入使得牛奶单产进一步提高到6 575 kg。

荷兰奶牛的品质之所以在世界上居于领先地位,主要归功于其科学的统一的育种规划、扎实的基础资料收集和管理以及奶农和管理人员对育种改良的重视。荷兰的育种管理机构为荷兰皇家牛群辛迪加联合体(Royal Dutch Cattle Syndicate)。该组织作为一个政府授权的独立机构,负责开展奶牛育种改良的全部工作。

CRV公司是荷兰唯一一家从事奶牛育种、奶牛生产性能改良服务的公司,荷兰奶牛的育种计划都是CRV公司根据奶农的需求来制定的。这是一个世界排名位列前三的畜禽育种公司,年销售额1.7亿欧元,每年销售种牛冷冻精液超过1 100万剂,种质资源出口至60多个国家。荷兰的奶牛育种重点关注长寿性(longevity)、健康和繁殖力(health and fertility)、生产性能(production)、体型(conformation)和可靠性(reliability)5 个方面。2007 年开始，荷兰正式采用全新的综合育种指数 NVI 来进行奶牛选育。NVI 育种公式如下。

NVI＝－0.06×kg milk＋0.7×kg Fat＋4.2×kg Protein ＋ 7×(DU － 100)－2 ×(SCC－100)＋5 ×(FER－100)＋4 ×(Udder－100)＋4×(FL－100)

式中，Milk：产奶量；Fat：乳脂肪；Protein：乳蛋白；DU：奶牛持久力；SCC：体细胞数；FER：繁殖性状；Udder：乳房结构性状；FL：肢蹄健康性状。

与常见的其他国家采用的育种指数不同，NVI 公式中产奶量 Milk 的加权系数是负值，而产奶量、乳脂肪、乳蛋白、体细胞数等乳品质相关的参数中，乳蛋白的加权系数最大。荷兰生鲜乳半数以上用于加工奶酪，因此奶牛选育更看重乳蛋白的含量，而产量是次要的。DU 代表奶牛的终生效益，将这一概念融入奶牛育种体系是荷兰所特有的。近年来，荷兰奶牛育种值中还引入了饲料转化效率等特殊育种指标，这些荷兰独有的育种指标也是荷兰奶农更为看重的——为了奶牛的长寿、健康，获得最大的终生效益。

荷兰于 1980 年开始实施奶牛个体档案登记制度(Identification & Registration，I&R)，到 2019 年奶牛注册登记率达到 100%，其中 91.9%的泌乳牛有完整的产奶记录。

CRV 公司目前利用自主研发的 IRIS 育种信息处理软件，将奶牛体型外貌测定数据、牧场生产管理数据、QLIP 公司(荷兰唯一一家生鲜乳质量检测和奶牛生产性能测定服务机构)的数据收集到一起，通过数据分析获得科学、精准的奶牛育种计划。

2000 年以后，荷兰开始开展基因组选择技术、性别控制技术等繁育技术的应用研究，同时在新品种培育方面，目前正在致力于无角奶牛新品系的培育和耐热新品种奶牛的培育工作。

3.2 奶牛饲料与营养技术进展

荷兰奶牛饲养技术也在不断改进。奶农十分重视科学饲养管理奶牛，根据奶牛的生理状况、生产性能和生产季节配置科学合理的饲料配方，使奶牛的生产潜力得到充分发挥。

青贮饲料在荷兰奶牛饲养中占有重要地位。荷兰的海洋性气候十分适宜牧草生长，2020 年，荷兰的农业用地总计 181.45 万 hm^2，其中用于畜牧业的草地占 49.58%(89.96 万 hm^2)，青贮玉米种植用地占 10.73%(19.47 万 hm^2)。在 1960 年前后，大部分的牧草作为干草收获，干草被堆成草垛直接堆放。干草的收获和堆放以及饲喂是一项十分耗费劳力的工作。

在 20 世纪 60 年代中期，青贮技术开始应用，荷兰的湿润气候十分适合青贮草料的制作。由于饲草青贮技术的发明，荷兰奶牛日粮的粗饲料配比发生了显著变化。60 年代，荷兰的奶牛饲养从初期的以干青草为主，占 90%(以干物质含量计算)，牧草青贮占 10%。1970—1980 年间，奶牛日粮中的青干草喂养量下降到 70%。80 年代下降到 20%；并进一步发展到 2000 年后以牧草青贮为主，占 60%，玉米青贮占 35%，青干草占 5%。

荷兰青贮饲料种类齐全，除青贮玉米外还有大量的青贮禾草。青贮的贮藏方面，除了用青贮池外，20 世纪 70 年代以来还发展了塑料薄膜青贮。70 年代末，青贮饲料的种植、收割、运输、切碎、压实、取用和饲喂已经全部实现机械化。

1960—2000 年间，干草和青饲料比例从 9∶1 变为 5∶95，奶牛可消化的有机物质比重从 60%提高到 75%。不仅如此，精饲料初期为混合料，2000 年以后发展为全价配合日粮(表 15)。

表 15 1960—2000 年荷兰奶牛饲料变化 %

项目	1960 年	1970 年	1980 年	1990 年	2000 年
青干草	90	70	20	5	5
牧草青贮	10	28	55	65	60
玉米青贮	—	2	25	30	35

数据来源：杨国荣(2001)。

目前,根据荷兰奶业协会(NZO)提供的数据显示,荷兰超过八成的牧场采用全放牧或半放牧的养殖方式,放牧季节在每年的4—10月,在此期间,奶农在放牧的土地上混播多种禾本科、豆科等科属的牧草,供应奶牛自由采食,提供少量精饲料补充饲喂。放牧土地上的牧草在被奶牛采食过2~3茬后,开始有计划的收割,制作为青贮牧草贮存在青贮窖内或裹包贮存在牧场内。奶农也会保留一部分玉米种植用地,用于种植加工青贮玉米饲料。荷兰在冬季(每年11月到翌年3月)采用全舍饲方式饲养奶牛,此时采用全混合日粮饲喂,日粮包括约5 kg精饲料、55 kg粗饲料(25%玉米青贮,75%牧草青贮)。

玉米并非荷兰的原产作物,20世纪70年代随着养殖业,特别是奶牛业的发展才开始引进种植,荷兰种植玉米的主要用途是作为青贮。在70年代后半期,科研人员培育出适合荷兰气候和土壤条件的玉米品种,玉米种植在沙壤土地区非常流行,大批农民开始给奶牛饲喂青贮玉米。在1976—2000年之间,荷兰全国的玉米种植面积占天然草地和人工草地总面积的比例由2%提高到18%。

为了提高牧草产量,平均每年要向草地施入大量肥料,折合纯氮量达每公顷250 kg。化肥的大量使用使得牧草的产量由1965年前的每公顷175 kg提高到1970年的230 kg。

3.3 奶牛疫病控制技术进展

荷兰奶牛的疫病控制主要通过3个层次来进行。第一层级:即私营兽医,向农场主或综合企业提供兽医诊疗和咨询服务;第二层级:私人实验室、动物健康服务、饲料和兽药公司的教育部门;第三层级:大学、政府、国家参考实验室。第一层级和第二层级在动物疾病防控中起着非常重要的作用。

1993年荷兰成立了GD动物健康服务中心(GD Animal Health),在荷兰的动物疫病防控和传染病清除方面发挥了重要作用。GD最开始受政府和企业的双重资助,目前已经转制成为完全独立经营的私营公司,拥有荷兰全国最大最权威的动物疾病诊断实验室,员工400人,每年对外提供实验室检测400万次,年收入达5 000万欧元,目前是荷兰农业部指定的动物卫生认证和监测单位,负责为政府、企业、执业兽医和农场主动制定动物卫生控制计划,提供实验室诊断服务,承担全国动物疫病的监控工作,负责重大疫病的诊断和报告,并开展培训、咨询和研究工作。

荷兰不仅对世界动物卫生组织公布的需要重点防控的疫病进行积极监控和清除,同时也制定了本国需要监控和清除的疫病清单,并实施严格的防控程序(表16)。

表16 荷兰奶牛疫病防控现状和防控程序

疫病类型	疫病名称	防控现状	防控程序
世界动物卫生组织列举	口蹄疫	2001年已净化	无疫病监测
	布鲁氏菌病	1999年已净化	无疫病监测
	结核病	1976年已净化	无疫病监测
	牛白血病	1999年已净化	无疫病监测
	蓝舌病	2012年已净化	无疫病监测
荷兰本国列举	沙门氏菌病	强制监测	每年三次大罐奶样本抽查;流产母牛采样检测;急性患畜隔离处理,专业诊疗咨询服务
	钩端螺旋体病	强制监测	疑似病例血样检测
	副结核病	强制监测	个体奶样检测;发现病畜立即扑杀
	新孢子虫病	防控	每年3次大罐奶样本抽查; 所有流产母牛采样检测
	牛传染性鼻气管炎	无疫病认证	无疫病认证
	牛病毒性腹泻	无疫病认证	检测奶样和血样,判断是否为病毒携带者 病理解剖检测 犊牛血清检测 监控流产牛

数据来源:GD Animal Health。

3.4 奶牛场粪污处理与环境保护技术进展

荷兰是典型的人口密集地区，自然资源有限，在这种前提下发展畜牧业，必须重视畜牧业排放对自然资源的影响，尤其是粪污排放对土地和水资源的污染。20 世纪 80 年代，欧洲开始采取各种措施来减少畜牧业废弃物对环境的污染，奶牛粪污处理被提上议事日程，成为牧场发展的又一挑战。1984 年欧洲实施的牛奶生产配额政策，在限制牛奶产量的同时也限制了奶牛饲养的规模；1987 年，荷兰制定法律严格限定牧场粪污排放，规定每年 9 月至次年 2 月严禁向土地排放粪尿，迫使牛舍采用漏缝地板在地下建设集粪池，冬季将粪污在地下集中存放；1991 年，欧盟实施硝酸盐指令，规定硝酸类肥料的最大使用量为每公顷土地不超过 170 kg，荷兰则针对奶牛养殖业出台相应的规定，要求每公顷土地饲养超过 2.5 头牛以上的牧场，氮、磷元素的进出必须进行登记，并且强制缴纳粪污处理费。

在 20 世纪 90 年代，还有很多法令对解决牛场粪污进行了指导，例如建设有顶棚的粪污池以减少氨气的排放；秋冬季牛粪被禁止以灌浆形式排放到草地上；牛粪利用也被限制了最大水平；政府规定牛舍建设成本的 25%用于建设地下粪肥收集处理设施。

2007 年，荷兰开始规定新建动物圈舍必须经过环境影响评价和环境污染预防审批，符合低排放标准方可予以批准建设；2014 年，荷兰全面启动了粪污强制处理机制，牧场产生的所有多余粪污必须强制进行加工处理。

除相关环境保护法律，荷兰政府也出台了一系列补贴政策，帮助解决由畜禽产生的粪污过剩问题，如制定了粪肥长距离运输补贴计划以及将粪便加工成颗粒粪肥出口计划，且政府补贴建立粪肥加工厂。

至今，荷兰奶牛养殖业已针对粪污无害化处理和循环利用，开发了一套具有荷兰特色的"漏缝地板+液压刮粪板+固液分离+筛分固体压块"一体化工艺，从粪污收集、干湿分离到干物质深加工都有完善的配套处理设施，固液分离后获得的液体部分经沉淀澄清后灌溉农田施肥，残余的固体有机物则利用筛分固体压块一体化技术进行深加工，将剩余牛粪制成有机肥或者燃料棒，增加牛粪附加值。

粪污处理和环境保护相关的研究也是荷兰畜牧业科技研发的一项重要内容，目前重点攻关内容主要为粪污的深加工处理技术，通过改善日粮营养结构及磷酸盐浓度降低磷排放，通过提高饲料转化率降低甲烷排放，以及通过粪肥加工技术改良升级提高粪肥品质，从而替代化肥等。

4 原料奶质量控制与计价体系

长期以来，荷兰对其生产的奶制品进行非常严格而有效的质量控制，保障了奶制品的高质量，保证了奶业的正常发展。

4.1 提高原料奶质量的技术措施

荷兰提高原料奶质量的主要技术措施包括提高奶牛品质、严格的饲养管理和挤奶消毒处理 3 个方面。

奶牛品质方面，荷兰的奶牛群体是由通过实施各种先进育种项目而选取的完全健康的奶牛个体组成的。牛奶生产仅限于那些无各种牛属动物疫病的健康个体，包括无肺结核、无布鲁氏菌病、无白血病、无钩端螺旋体病。此外，荷兰奶牛选育方向是培育高乳成分（高乳蛋白）的牛群，荷兰生产的生鲜乳近 20 年来始终保持乳蛋白率 3.4%、乳脂率 4.3%以上的一流水平。

饲养管理方面，荷兰的奶牛大都采取以放牧为主、补饲为辅的饲养管理方式。草牧场都是经过精心维护的人工草场，牧草也是专门为奶牛饲养而选择出来的品种。奶牛冬季日粮的主要成分，即牧草和玉米，都产自自家的农场。为了保证日粮的营养均衡，奶牛需要饲喂具有补充性的优质混合饲料。这些混合饲料是由天然成分配制而成的，不含抗生素，不含产量增长剂，不含任何人工合成的添加剂。

挤奶消毒处理方面，奶牛场在挤奶前对每头牛都进行乳房的清洗消毒，采用机械挤奶，并将挤出的奶通过管道直接泵入冷却贮藏罐中。乳品厂用冷藏罐车从贮藏罐中吸奶，整个过程都是在冷藏封闭的条件下进行的，从而大大降低了原料奶受外界污染的可能性。

通过奶牛品质的提高，牧草和饲料的严格管理以及挤奶技术的升级，荷兰的原料奶质量大为提高。

4.2 提高原料奶质量的政策措施

荷兰提高原料奶质量的政策措施体现在奶牛管理制度、饲料质量管理制度和农场管理制度3个方面。

(1)奶牛的质量管理制度。荷兰对每头奶牛都实行身份证(identification)和注册(registration)管理，简称I&R管理体系。奶牛的所有健康记录被存放在耳标的芯片中，供查询。对奶牛健康保障和良好健康记录检查的内容有：第一，强制性的奶牛健康证制度实施情况。第二，开展以经常性检查为基础的疫病控制计划落实情况。第三，通过I&R管理体系实行对每头奶牛的强制性注册登记制度情况。动物卫生局(Animal Health Service)负责颁发健康证书和疫病跟踪检测。动物卫生局和荷兰皇家奶牛辛迪加(Royal Dutch Cattle Syndicate)共同负责I&R管理体系的日常工作。

(2)饲料的质量管理制度。荷兰的奶牛大都采取以放牧为主、补饲为辅的饲养管理方式。只有那些具有良好操作规范(GMP)合格证书的饲料企业才被允许向家庭农场提供混合饲料。饲料企业获得GMP认可的依据是ISO 9002质量管理标准和危害分析与关键控制点(HACCP)技术标准。这些标准是以一种一揽子要求的方式被实施的，涉及饲料终端产品的配料、混合、防止交叉污染、制粒及产品构成等方面的内容。对饲料加工过程中质量保障的检查内容有：第一，质量管理标准的实施情况。第二，原料成分(有害物质)检测标准的实施情况。第三，检验加工设备的技术要求参数。第四，加工和贮藏的卫生标准的实施情况。第五，饲料(构成及质量)的最终检测标准实施情况。第六，制定配料和终端产品的运输规则。动物饲料商品委员会(The Commodity Board for Animal Feed)负责颁发GMP证书。动物饲料行业质量管理局(Animal Feed Sector Quality Service，KDD)和全国畜牧业及肉类检验局(The National Inspection Service for Livestock and Meat，RVV)负责产品检验，以便确保饲料产品质量与质量认可和产品检测的质量保障法规相一致。

(3)家庭农场的质量检测制度。为了保障牛奶质量，确保家庭农场操作的井井有条，荷兰成立了"农场牛奶产业供应链质量保障基金会"(The Foundation for Quality Assurance of Farm Milk in the Dutch Dairy Chain，KKM)。KKM是由荷兰乳品行业组织和农场主协会共同创办的。获得KKM颁发证书的家庭农场，必须在动物健康、动物福利、动物营养、动物卫生和环境等方面遵守要求的技术标准。这些行业技术标准比国家和欧盟的法规更加严格。KKM对家庭农场开展经常性的检查工作。对牛奶生产的质量保障检查的内容有：第一，舍饲条件和动物管理的技术标准实施情况。第二，严格按照良好兽医规范(DVP)技术标准实施外科治疗情况。第三，全面实施强制性的兽医治疗法规情况。第四，设立中止期，禁止那些正在接受治疗的动物向乳品加工企业提供牛奶。第五，对挤奶厅和牛奶贮藏设备的卫生条件制定具体的技术标准。第六，制定设备的清洗和消毒指南。第七，制定环境法规标准。在实践中，荷兰不定期地对各奶牛场的微生物、冷冻点、氧化物、酸度、乳酸、杂质、体细胞、抗生素以及乳脂、乳蛋白等指标进行抽样分析，以按质论价、不合格处罚的办法保证原料奶的质量。

为了控制和保障原料奶的质量，荷兰不仅要求最终产品必须达到各项标准，而且在产业链的各个环节也必须严格按照质量控制标准去组织生产。为此，荷兰奶业对奶牛、饲料、牧场、牛奶检测等都有严格的书面标准。这些法令、规章是在政府和行业的各个参与者广泛协商的基础上产生的，或以法令或以行业规章的方式颁布，并由政府或行业授权的权威机构监督执行。

4.3 监控原料奶质量的方法及惩罚措施

原料奶质量控制的具体方法体现在如下 3 个环节。

(1)奶农和牛奶质量检测机构。奶农对自己生产的牛奶进行抽样检测,对照奶牛协会规定的指标,确定牛奶的价格。但关键的定价则需由牛奶检测中心做出。该中心每 14 d 对牛场的牛奶做一次抽样检查,其检测项目包括脂肪、蛋白质、细菌总数、冰点、pH、杂质度、体细胞数、抗生素和酸败度,如全部合格,乳品厂可按该 14 d 中 5 份奶样的蛋白质和脂肪含量对牛奶进行定价。荷兰对乳蛋白质含量十分重视,蛋白质价格比脂肪高 1.5 倍。如果被检牛奶出现不合格的情况,奶价就要降低一半。

荷兰还有一些有资质检测生鲜乳和乳制品的检测机构,包括 QLIP 检测公司(原国家奶农及奶产品检测中心,现已转制成为私营企业),承接政府、乳品加企业和奶农交付的样品检测需求,检测业务涵盖 DHI 检测、生鲜乳质量检测、乳制品质量检测等,还可以提供包括通过奶样中的痕量激素进行牛群早期妊娠检测等的服务。这些检测机构为了提高其检测的准确性,配备了许多先进的仪器设备,其中有牛奶成分红外扫描仪,可以对同一样品检测其蛋白质、脂肪、乳糖、总固体成分和非乳脂固体成分,还可得知奶中水分、矿物质含量。这种仪器每小时可检测奶样 500～600 个。另外还有体细胞检测仪、菌落自动计数仪、自动平皿接种仪等。这些设备自动化程度高、灵敏度高、重复性好、工作效率高等。

(2)运输原料的司机。在荷兰,负责运输原料奶的司机也必须经过专业培训,掌握装卸、化验等知识和技能,并经考核合格才能上岗。司机除驾驶车辆、选择最佳运奶路线外,还需要做取样、快检、记录、收集数据等工作。通常司机在到达牛场后,直接开启贮奶罐的搅拌器搅拌牛奶,2 min 后,用经过清洗消毒的容器取奶样,并对其中少部分奶样进行抗生素等关键指标的快速检测,其余奶样包装封存后,在鲜奶运输车上低温贮存,在运输鲜奶时一同送至指定地点(将交由第三方进行进一步质量检测)。完成取样后,奶车司机往奶车上抽奶,完毕后清洗奶缸,记录牛奶数量及拉运时间、地点。全部工作均由司机独立完成,不必打扰奶农。通常一个鲜奶运输车的司机要收集 3～4 家牧场的生鲜乳,满载后再前往加工厂。

(3)加工厂。运牛奶的司机将现场收集的数据交给牛奶公司总部。加工厂只做简单的感官检验,除对超过规定温度(3.5 ℃)的牛奶直接进行拒收处理外,符合感官检测的生鲜乳将被快速转入加工厂的大型贮存罐中,快速开始进行生产加工。加工前,乳企会根据拟加工的产品种类再进行检验——普通鲜奶,检测蛋白质和脂肪含量;奶粉和浓缩产品,加测干物质含量;酸奶和奶酪,加测药物残留情况。

加工厂对生鲜乳采取的是入厂后立即转入大罐加工,随后再进行随车样本的检测,因此,加工厂若发现掺假或药残的牛奶,则不仅与涉事农场同一车入厂的其他农场的牛奶要被废弃,已经进入加工线的牛奶都要面临被废弃的结局,该农场在接受处罚的同时,还要赔偿那些受其影响被废弃的牛奶的损失。笔者曾与荷兰的一家农场的父子两代农场主交流,他们表示,若农场牛奶出现严重质量问题,他们将面临相当于十年甚至数十年盈利的处罚和赔偿,因此他们会竭尽所能确保牧场管理规范,杜绝质量问题的发生,更不可能铤而走险从事牛奶掺假等活动,而他们父子所管理的农场发生牛奶质量事故已经是 50 多年以前的事情了。

除了对抗生素奶、药残奶的处罚外,荷兰对牛奶质量的监管和奖惩则与原料奶价格挂钩。牛奶质量的检测和价格浮动的判定通常是委托给第三方服务机构来进行。以荷兰最大的乳品企业荷兰皇家菲仕兰公司为例,该公司所收购的生鲜乳样品全部由 QLIP 公司(荷兰乳制品和农业类食品检测公司,原荷兰国家奶农及奶产品检测中心),由该 QLIP 进行质量检测,并在奶样收集的 48 h 内提供质量检测报告和质量价格调整指导。

4.4 原料奶计价体系

以 QLIP 为代表的生鲜乳和乳制品检测公司不仅负责全国奶及奶制品质量检测和评估工作,还负责质检计价体系,也就是按照质量来确定其价格的体系。其检测的标准、按质论价的体系是统一的。荷兰对其生产的奶制品进行非常严格而有效的质量控制，总体来说都是按乳脂和乳蛋白进行计价。

荷兰的原料奶计价系统是根据每个乳品公司而定，各个公司稍微会有一些变动，但是总体来说都是按乳脂和乳蛋白进行计价。基础价减去 3 欧分，之后，按每千克乳脂 2.7 欧元，每千克乳蛋白 5.6 欧元。乳脂和乳蛋白的价格每月都有变化。例如，如果我们有 4% 的乳脂和 3.3% 的乳蛋白，那么总的奶价将会是减去 3 欧分之后的，再加上（4%×2.70）= 10.8 欧分和（3.30%×5.60）= 18.48 欧分，最终等于 26.28 欧分/L。体细胞数必须低于 40 万个/mL，细菌总数低于 15 万 CFU/mL。根据欧盟关于生奶质量的最新标准规定，微生物含量（菌落总数）应少于 1×10^4 CFU/mL，体细胞数（SCC）少于 4×10^5 个/mL，否则就会受到惩罚。

5 科技推广体系

5.1 主要研究与推广机构

荷兰在已经形成了以私营企业为主要特点的奶业科研与技术推广体系，具体体现在奶牛育种、疫病控制等方面。这些领域的研究机构既是研发机构，又是通过提供各种服务成为科技推广机构，共同构成了荷兰的奶业科技推广体系。

荷兰的核心育种机构是 CRV 育种公司，它是一家拥有 3 万多名员工的合作社性质的企业，是主要从事牛类育种的跨国企业，共计有 35 000 户荷兰和比利时奶农参加该合作组织。该公司生产和销售遗传产品（包括牛常规精液与性控精液和胚胎）及信息产品等，也为客户提供如繁殖咨询（体型评定，公牛选配计划）、产奶登记（MPR）、良种登记、胚胎移植（ET）和人工授精（AI）等服务。在信息服务方面，服务项目包括数据收集、育种值估计、牛场管理支持、开发牛场管理和牛群育种领域中的指标化和自动化系统等。荷兰的很多育种信息都可在相关机构网站（www. crv4all. nl）获取。

荷兰动物健康服务中心（GD Animal Health）在疫病预防和治理方面发挥了重要作用。GD 是一私营单位，是世界上最大的兽医实验室之一，从事的主要活动从研究至产品销售到农场服务等各个方面，包括：实验室诊断分析、流行病学调查与新发疫病鉴定、研究与开发新型诊断产品、实验室能力验证、农场疾病状况认证、诊断产品销售、兽医监测、培训和咨询服务等方面。GD 有 5 万个客户，其中 62% 为农民，16% 为政府，18% 为企业，4% 为兽医。

5.2 运作模式

荷兰牛场养殖人员素质高，易于接受先进技术，生产自动化程度高，这些均得益于实用型技术的研发和推广，以及技术推广服务体系的有效运作。奶农与技术服务部门的合作完全按照市场机制运作。涉及奶牛育种、动物健康、饲料等方面的科研机构多数为私营公司，各类公司通过市场竞争来提高收益，奶农完全依靠公司所提供的产品和服务来进行选择。

这些技术研发推广工作大部分是私营企业的社会化服务工作。私营企业为了获利和争取客户，不得不提高服务质量，将推广服务工作落到实处。一些有资质的私营企业如 GD 公司，同时还承担了多项政府委托项目，如结核病、布鲁氏菌病、副结核病清除计划等。

6 促进奶业发展的主要政策

为了保持奶牛业的持续发展，荷兰政府制定了一系列政策，并通过生产和商业委员会贯彻执行。该委员会下设奶业产业中心、国家畜牧肉品中心、国家饲料中心，它们可以在自己的管辖范围内，根据法律、法规行使权力。荷兰政府制订的关于奶类产品的政策主要体现在生产、加工、贸易和消费 4 个方面。

6.1 促进奶业生产的政策

20 世纪 80 年代,欧盟为了更好地保护自然资源,欧盟制定了限制各成员国鲜奶生产数量的制度,即牛奶配额制度。根据牛奶配额荷兰每年的牛奶产量被限定在 1 100 万 t 的水平,每年有一定比例的提高。欧盟的奶业政策的确使各成员国的奶农受益,但是近年来,欧盟正在逐步调整其农业政策。

目前,由欧盟补贴出口到欧盟之外其他国家的干酪产品的整体数量正在逐年下降。WTO 范围内的贸易自由化和欧盟放松生产配额,对具有贸易优势的荷兰奶业来说是较为有利的。进入 21 世纪以后,欧盟开始逐步废除一些农业补贴措施,其中,欧盟范围内的农业出口补贴已经于 2013 年全部废除。2015 年 4 月,欧盟对其各成员国的牛奶配额限制制度正式取消,牛奶的生产供应则在这一制度正式废除之前就已经开始上涨。

除配额制度外,直接影响荷兰的牛奶产量的最主要的是环保相关的政策法规,通常是欧盟委员会 (EC) 发起的共同指令,以及为了实施这些指令建立的法律法规。1987 年引入磷酸盐应用标准;1991 年执行欧盟的硝酸盐指令;1998 年建立了矿物核算制度(MINAS);2000 年通过了旨在改善水域生态状况的水框架指令 (WFD) 和 2001 年的欧盟国家天花板指令 (NECD) 以减少氨排放量;2006 年,废除 MINAS 制度,引入三项与动物粪肥使用相关的土地施肥标准;2014 年年底至 2015 年,先后分 3 次发布了新的《乳品法》(Dairy Act),将土地、粪污处理和牛奶生产更加紧密地联系在一起。荷兰的奶业相关的环境政策不断更新迭代,与粪便处理、额外农田和磷酸盐配额相关的额外成本给奶农带来更大的成本压力,将限制荷兰奶牛存栏量的增长,也将预示着荷兰将不会向世界乳品市场供应更多牛奶。

荷兰政府不断增加对奶业的投入。例如,为扶持青贮玉米产业的发展,从 20 世纪 70 年代开始荷兰政府对青贮玉米种植户进行补贴,补贴标准为每公顷 420 欧元(2005 年标准)。荷兰政府为围海造田,改善条件发展畜牧草场,每年用于水利建设投资近 50 亿美元。政府还负担奶业的技术政策研究、教育培训、示范推广、市场开发、出口补贴和国际交流的大额资金。

6.2 促进奶业加工的政策

为了促进奶业加工的发展,荷兰政府制定了鲜奶和乳制品的基本定价,然后通过政府部门确定采取输出收税或输出补贴的措施来平衡价格的波动,对饲料粮的购买、供给,尽量以欧盟确定的最低价格供应,而奶油、脱脂奶粉的收购则有稳定合理的价格。

6.3 促进奶业贸易的政策

欧盟规定凡向欧盟以外出口奶制品,均享受补贴,额度随市场销售和价格的变化而变化,但总的趋势是逐年减少。如 1989 年每出口 100 kg 奶酪,欧盟补贴额约为 420 荷兰盾,到 1996 年降至 160 荷兰盾;1989 年每出口 100 kg 全脂奶粉,欧盟补贴额约为 300 荷兰盾,到 1996 年降至 250 荷兰盾。这一补贴政策于 2013 年正式宣告结束,欧盟已不再为农业类产品的出口贸易给予任何补贴。

6.4 促进奶业消费的政策

荷兰规定牛奶的品质由养殖户负责,并通过质量监督所对向国内外销售的奶农及其制品进行抽检,以确保上市产品质量,维护消费者与养殖户之间的正常交易;制定鲜奶和乳制品和基本定价,然后通过政府部门确定采取输出收税或输出补贴的措施来平衡价格的波动;饲料粮的购入、供给尽量以欧盟确定的最低价格供给,而奶油、脱脂奶粉的收购以确保养殖户拥有稳定合理的价格为目标。

政府对奶业发展的大力扶持和投入,有力推动了奶业生产条件的改善、产品质量的提高和国际市场的开拓,为荷兰奶业的快速发展并在国际竞争中占据有利地位奠定了基础。

7 值得借鉴的主要经验

7.1 经营模式方面的经验

荷兰曾经以小规模的家庭农场为主要养殖模式,如今牧场数量不断减少,牧场规模逐步扩大。目前,荷兰家庭农场的平均规模已经突破 100 头,逐步发展成为家庭经营式的种养结合的规模化牧场。我国在过去的 20 年中,已经基本结束了农户小规模散养奶牛的生产方式,奶牛场的规模化、集约化程度越来越高,千头、万头,甚至数万头存栏规模的奶牛场层出不穷。虽然荷兰的农场在养殖规模方面也在不断地扩张,但他们在国家政策法律、乳企的激励和惩罚机制的作用下,更加注重种养结合,将绿色养殖与可持续发展紧密结合,注重生态效益,不盲目扩大生产。对于我国来说,未来也需要探索一条奶业绿色、循环、可持续发展之路,更加高效地利用有限的资源来生产优质的乳制品,从而应对未来人口不断增加,资源日益紧张带来的挑战。

7.2 科技创新方面的经验

荷兰奶业依赖科技进步,无论是奶牛育种和繁殖、饲料与营养,还是疫病控制、粪污处理,每一次科技进步都极大地推动了荷兰奶牛养殖业和乳品加工业效益的提高和乳品质量的飞跃。荷兰把奶业技术研发的服务对象瞄准家庭农场,机械化技术、饲养技术、繁育技术以及现代高科技的研发都是针对家庭农场而设计的。对我国来说,探索出一条政府科技研发和技术推广服务能够直达养殖农户的科研服务道路依然任重而道远。

7.3 产业政策方面的经验

荷兰奶业在国民经济中占有重要地位,奶业政策的倾向性更强,对奶业的扶持力度更大。奶业作为高风险、高投入的现代化农业产业,必须依赖政府在税收、贸易、生产、消费等方面的大力支持。对于我国来说,政府在对大规模养殖场进行强力补贴和政策引导的同时,更要学习荷兰对奶业可持续发展、节能减排等方面的扶持,这对于发展绿色奶业,早日实现碳中和目标具有重要意义。

7.4 其他方面的经验

荷兰奶业发达的主要原因是在注重物质资本投入的同时,也非常注重人力资本的投资。荷兰奶农的素质普遍较高是荷兰奶业高度发达的基本要素。荷兰十分重视对农民的培训,大部分农场主或农民都是经过高等教育之后才去经营农场的。荷兰还有很多职业技能的长、短期培训学校,方便农民继续深造学习,高素质奶农的科学生产和市场竞争意识都十分强烈和先进。

荷兰发展奶业走种草养牛之路,能够很好地同发展生态农业有机地结合起来,可以真正实现农业的可持续发展。我国近几年来的奶业发展速度很快,但是,人工种草没有相应地跟进。牧草业发展滞后的直接后果有 2 个,一是造成环境压力,二是奶牛个体单产水平低,甚至最终影响奶质。从长远发展看,我国发展奶业必须要与发展人工种草相结合,走种养结合的发展道路。

参考文献

[1]陈新. 降低体细胞数对于成就高品质鲜乳的意义. 中国食品卫生杂志,2008(1):6-8.

[2]范伟兴,田莉莉,狄栋栋,等.荷兰奶制品安全及疫病防控体系对我国牛奶产业链的启示.中国奶牛,2013(17):57-61.

[3]郭爱珍.荷兰养牛业考察报告.中国奶牛,2011(19):28-32.

[4] CRV. 2009. CRV Jaarstatistieken Nederland (in Dutch). CRV Holding BV, Arnhem, the Netherlands[DB/OL]. http://www.crv4all.nl/downloads/jaarverslagen/crv-jaarstatistieken-2009.pdf.

[5]荷兰发展奶牛业的政策及组织.中国牧业通讯,2001(7):60.

[6]金迪,海鹏,彭华.荷兰奶业发展现状及与中国的合作研究.中国乳业,2020(6):28-37.

[7]考博斯特拉.荷兰的奶业发展及乳品加工业.中国乳业,2006(10):16-17.

[8]李海林,于长才.荷兰畜牧经济产业化考察报告.黑龙江畜牧兽医,2000(6):37-38.

[9]李孟娇,董晓霞,李宇华.发达国家奶牛规模化养殖的粪污处理经验——以欧盟主要奶业国家为例.世界农业,2014(5):10-15.

[10]刘玉满,李静.荷兰以家庭农场为基础发展现代奶业.中国农村经济,2005(9):71-77.

[11]司智陟.荷兰畜牧业生产概况.畜牧与兽医,2011,43(7):94-96.

[12]王鹏,曹靖宝.浅谈荷兰奶牛育种.黑龙江动物繁殖,2008(1):44-46.

[13]徐德军,戚长秋,姚虹,等.荷兰青贮饲料生产考察报告.黑龙江畜牧兽医,2002(11):41.

[14]杨国荣, Roelofs A J.荷兰的奶牛业.黄牛杂志,2001(2):70-74.

[15]张丹凤. 荷兰奶牛业考察, 草食家畜, 2001: 16-18.

[16]周宪锋,花俊国,晏玲.荷兰奶业发展经验的剖析与启示.中国农业资源与区划,2006(1):52-56.

[17]张贞奇.荷兰牧业近况.世界农业,1998(8):35-36.

[18]祝丽云,李彤,赵慧峰,等.荷兰奶业补贴政策对我国奶业振兴的启示.中国奶牛,2020(12):46-50.

[19] Klootwijk C W, van Middelaar C E, Berentsen P B M, et al. Dutch dairy farms after milkquota abolition: Economic and environmental consequences of a new manure policy. Journal of Dairy Science, 2016, 99: 8384-8396.

[20]Dairy at the highest level: On the economic importance and quality of the Dutch dairy sector. https://www.nzo.nl/media/uploads/NZO-Report-DAIRY-AT-THE-HIGHEST-LEVEL.pdf. 2021.

[21]ZuivelNL. Dutch dairy in figures. https://www.zuivelnl.org/uploads/images/Marktinformatie-en-Export/20200209-ZuivelNL-Zuivel-in-Cijfers-ENG_lowres_spreads.pdf. 2019.

[22]Gerlinda S. Samson. Agri-environmental Policies and Dutch Dairy Farmers' Responses. Wageningen: Wageningen University and Research, 2017.

[23] Samson G S, Gardebroek C, Jongeneei R A. Explaining production expansion decisions of Dutch dairy farmers. Njas-Wageningen Journal of Life Sciences, 2016(76): 87-98.

[24] van Grinsven H J M, Tiktak A, Rougoor C W. Evaluation of the Dutch implementation of the nitrates directive, the water framework directive and the national emission ceilings directive. Njas-Wageningen Journal of Life Sciences, 2016(78): 69-84.

[25] Simoes Filho L M, Lopes M A, Brito S C, et al. Robotic milking of dairy cows: a review. Semina-Ciencias Agrarias, 2020(41):2833-2849.

[26]Ogola Robert John O. Dairy sector: exploring innovations that reduce emissions. https://www.researchgate.net/publication/344167734_Dairy_sector_exploring_innovations_that_reduce_emissions_Re-

port. 2020.

[27] van Horne P, Prins H. Development of dairy farming in the Netherlands in the period 1960-2000. https://edepot.wur.nl/30500. 2002.

[28] Kulkarni P, Mourits M, Nielen M, et al. Survival analysis of dairy cows in the Netherlands under altering agricultural policy. Preventive Veterinary Medicine, 2021.

[29] The Dutch Dairy Association (NZO). The Power of Dairy: Ready for Tomorrow's Challenges. https://www.nzo.nl/wp-content/uploads/2017/08/the-power-of-dairy.pdf. 2016.

[撰稿:中国农业大学 刘潇 雒诚龙 马小艳;中国社会科学院农村发展研究所 亓宝华 刘玉满 李静]

附 表

附表 1 1961—2020 年荷兰奶牛头数、总产奶量和单产水平

年份	奶牛头数/头	总产奶量/t	平均单产/(t/头)
1961	1 648 000	6 953 000	4.22
1962	1 720 000	7 269 000	4.23
1963	1 717 000	7 020 000	4.09
1964	1 665 000	6 956 000	4.18
1965	1 698 000	7 142 000	4.21
1966	1 731 000	7 242 000	4.18
1967	1 780 000	7 520 000	4.22
1968	1 830 000	7 791 000	4.26
1969	1 890 000	7 915 000	4.19
1970	1 896 000	8 238 000	4.34
1971	1 890 000	8 392 000	4.44
1972	1 970 000	8 951 000	4.54
1973	2 100 000	9 354 000	4.45
1974	2 210 000	9 915 000	4.49
1975	2 210 000	10 221 000	4.62
1976	2 220 000	10 490 000	4.73
1977	2 200 000	10 612 000	4.82
1978	2 250 000	11 367 000	5.05
1979	2 326 000	11 562 000	4.97
1980	2 356 000	11 785 000	5.00
1981	2 381 406	12 148 000	5.10
1982	2 438 692	12 708 000	5.21
1983	2 500 000	13 231 000	5.29
1984	2 425 000	12 782 000	5.27
1985	2 332 400	12 525 000	5.37
1986	2 225 900	12 710 000	5.71
1987	2 073 800	11 717 000	5.65
1988	1 936 000	11 430 000	5.90
1989	1 888 100	11 321 000	6.00
1990	1 855 500	11 226 000	6.05

续附表 1

年份	奶牛头数/头	总产奶量/t	平均单产/(t/头)
1991	1 819 000	11 047 340	6.07
1992	1 780 000	11 901 700	6.69
1993	1 746 733	10 952 650	6.27
1994	1 697 868	10 872 660	6.40
1995	1 707 875	11 293 929	6.61
1996	1 664 648	11 012 592	6.62
1997	1 591 000	10 922 310	6.87
1998	1 611 000	10 995 000	6.82
1999	1 588 000	11 174 000	7.04
2000	1 532 000	11 155 000	7.28
2001	1 551 000	10 970 000	7.07
2002	1 546 000	10 677 000	6.91
2003	1 551 400	11 075 000	7.14
2004	1 502 000	10 905 000	7.26
2005	1 486 000	10 847 000	7.30
2006	1 443 000	10 989 100	7.62
2007	1 490 000	11 061 750	7.42
2008	1 587 000	11 285 910	7.11
2009	1 572 230	11 468 570	7.29
2010	1 556 840	11 626 123	7.47
2011	1 542 800	11 641 718	7.55
2012	1 541 000	11 675 448	7.58
2013	1 597 000	12 212 690	7.65
2014	1 610 000	12 473 023	7.75
2015	1 717 000	13 330 873	7.76
2016	1 794 000	14 324 294	7.98
2017	1 665 000	14 297 361	8.59
2018	1 552 000	14 090 000	9.08
2019	1 590 000	14 555 000	9.15
2020 *	1 569 000		

注:1. 1961—2019 年数据来自 FAOSTAT。
2. 2020 年数据来自荷兰统计局(www.cbs.nl)。
3. 奶牛头数数据为 2 岁以上母牛。

附表 2　1961—2020 年荷兰各类乳制品产量　　t

年份	黄油	奶酪(所有种类)	炼乳	全脂奶粉	脱脂奶粉
1961	96 600	213 000	408 500	41 000	64 300
1962	101 500	224 500	435 000	51 400	65 000
1963	94 400	211 800	450 000	49 100	58 400
1964	89 500	213 100	465 000	53 100	56 100
1965	102 500	219 400	453 100	50 200	69 200
1966	99 700	232 800	435 200	57 800	69 000
1967	98 500	260 962	457 500	58 600	64 900
1968	118 500	251 700	476 830	43 000	104 000
1969	111 600	267 200	493 500	54 000	87 800
1970	120 900	277 900	496 100	59 800	96 300

续附表 2 t

年份	黄油	奶酪(所有种类)	炼乳	全脂奶粉	脱脂奶粉
1971	124 400	306 100	479 700	68 500	86 400
1972	163 400	322 000	473 200	71 200	118 300
1973	168 900	332 800	488 800	79 000	127 500
1974	171 700	376 300	516 200	85 900	140 000
1975	204 455	373 770	460 619	89 864	184 897
1976	202 000	379 899	493 595	108 243	168 787
1977	179 000	410 246	521 842	133 347	138 030
1978	211 000	419 336	489 124	134 897	201 830
1979	202 700	432 427	513 829	137 238	179 078
1980	180 509	460 057	533 716	170 900	154 268
1981	183 441	478 797	563 370	190 100	164 478
1982	216 290	483 650	561 581	172 464	197 175
1983	270 572	488 892	519 574	160 490	246 490
1984	240 562	519 171	546 680	184 507	158 483
1985	229 116	517 987	535 294	173 242	152 727
1986	264 946	527 508	502 755	157 807	172 329
1987	199 250	544 775	464 000	171 100	97 600
1988	170 000	551 675	444 000	182 300	86 700
1989	180 200	560 275	424 500	188 200	82 600
1990	178 000	585 490	402 350	170 300	70 400
1991	163 300	602 480	407 142	175 852	52 100
1992	148 500	625 999	386 951	129 721	49 600
1993	146 832	627 910	374 468	142 951	57 800
1994	128 583	648 285	339 781	134 800	37 779
1995	132 300	682 900	353 100	121 900	32 100
1996	127 500	688 100	327 100	123 500	28 900
1997	134 500	704 100	328 900	112 300	39 000
1998	149 000	649 600	290 100	115 200	60 800
1999	139 900	658 700	281 400	110 100	58 600
2000	126 200	683 600	273 500	96 700	69 300
2001	130 400	651 800	304 500	107 900	68 000
2002	119 400	639 000	275 800	98 952	66 348
2003	116 400	657 900	277 700	116 861	65 339
2004	101 000	659 300	280 100	111 000	51 000
2005	118 800	672 200	291 800	107 200	53 200
2006	125 100	714 000	308 900	105 600	48 900
2007	129 200	730 333	326 739	109 840	42 867
2008	124 312	721 699	341 898	126 942	55 231
2009	117 180	712 094	319 764	140 235	63 907
2010	133 419	752 638	347 285	135 457	63 630
2011	128 988	749 679	354 421	131 450	61 726
2012	133 286	764 161	371 273	121 138	65 830
2013	133 455	793 516	360 352	128 291	65 363
2014	140 524	771 941	382 192	139 682	65 079
2015	147 577	844 974	407 775	135 660	68 571

续附表 2 t

年份	黄油	奶酪(所有种类)	炼乳	全脂奶粉	脱脂奶粉
2016	161 311	887 812	372 221	165 658	70 205
2017	149 015	874 238	366 985	184 146	65 740
2018	153 674	878 908	343 298	161 381	65 001
2019	136 524	920 809	390 833	177 122	66 836
2020	131 713	951 923	330 848	178 192	71 092

注:1961—1994 年数据来自 FAOSTAT;1995—2020 年数据来自荷兰国家统计局(www. cbs. nl)。

附表 3 1961—2019 年荷兰乳制品进口贸易量 t

年份	黄油	奶酪	液态奶	淡奶	炼乳	脱脂奶粉	全脂奶粉	乳清粉	酸奶
1961	216	1 041	3 541	150	—	27 140	0	0	0
1962	84	1 425	239	200	—	20 055	355	0	0
1963	2 746	3 451	4 331	100	—	62 871	299	0	0
1964	3 795	5 987	15 958	100	—	133 472	2 058	0	0
1965	210	7 938	18 780	20	—	95 730	10 160	0	0
1966	34	8 092	23 775	2 503	—	93 108	3 844	2 149	0
1967	2 766	9 121	24 970	3 593	—	92 000	5 505	209	0
1968	1 925	8 446	38 039	3 553	—	121 151	9 305	1 991	0
1969	1 434	8 055	64 421	1 382	—	178 807	8 962	7 357	0
1970	16 095	10 422	80 613	1 582	—	107 908	8 078	18 742	0
1971	4 519	9 556	64 021	4 352	—	106 318	6 685	16 860	0
1972	8 174	10 327	153 745	10 640	—	102 684	12 072	22 632	0
1973	18 349	13 829	165 491	22 603	—	191 494	18 238	39 342	0
1974	34 548	16 610	180 054	33 065	—	167 271	8 547	37 609	0
1975	35 437	17 408	181 314	32 428	—	145 545	23 186	65 871	0
1976	18 597	21 021	218 931	42 646	—	199 553	25 310	60 428	0
1977	37 656	20 156	227 622	38 553	—	265 342	27 172	89 220	0
1978	54 010	20 768	227 382	53 568	—	319 169	32 153	97 997	0
1979	77 405	26 233	173 621	40 318	—	321 107	42 503	112 733	0
1980	102 527	28 038	238 688	74 006	—	202 033	53 809	143 172	0
1981	129 613	31 629	284 192	86 477	—	173 170	42 262	146 825	0
1982	128 274	34 441	238 356	69 560	—	233 125	48 452	146 038	0
1983	117 221	31 915	169 812	90 679	—	407 302	46 157	147 627	0
1984	81 283	34 092	262 551	55 988	—	481 228	55 511	177 057	0
1985	74 674	33 060	335 046	88 727	—	393 410	50 589	207 671	0
1986	92 692	41 496	366 893	63 824	—	323 530	44 290	203 633	0
1987	248 575	44 874	622 244	80 586	—	418 715	108 708	218 564	0
1988	313 435	52 603	559 622	144 090	—	399 117	134 632	191 784	22 909
1989	193 317	69 357	616 698	137 516	—	306 987	120 559	220 052	38 865
1990	96 557	69 944	500 553	140 804	—	255 306	78 420	212 779	58 598
1991	92 147	77 595	703 301	144 458	—	232 758	49 154	207 092	68 047
1992	93 784	81 706	519 126	205 416	—	275 224	65 126	239 628	112 257
1993	125 659	79 495	347 301	63 777	—	276 318	62 461	210 390	63 809
1994	69 939	86 989	436 797	124 187	—	233 639	78 884	232 172	89 622
1995	79 081	83 384	465 777	133 191	—	297 174	132 020	222 982	76 400
1996	68 782	90 575	571 333	135 394	—	216 085	94 413	251 310	87 663
1997	94 022	83 283	522 550	127 697	—	224 214	77 736	217 543	80 475

续附表 3 t

年份	黄油	奶酪	液态奶	淡奶	炼乳	脱脂奶粉	全脂奶粉	乳清粉	酸奶
1998	69 879	99 322	324 669	170 843	—	162 459	71 376	248 474	77 725
1999	96 933	114 982	332 094	178 963	—	230 438	101 713	292 637	89 480
2000	86 887	121 205	217 316	191 656	—	205 379	89 672	252 099	81 018
2001	95 275	148 653	205 902	154 321	—	145 923	76 517	273 103	96 176
2002	101 349	139 412	246 665	162 777	—	196 705	88 149	273 704	86 778
2003	126 876	157 592	316 697	196 150	—	200 624	86 790	314 658	101 485
2004	99 778	162 689	317 227	239 815	—	159 195	59 705	328 296	110 981
2005	51 479	163 809	370 788	221 361	—	157 825	74 374	430 692	112 201
2006	79 261	170 934	376 919	199 116	—	164 933	76 980	433 600	113 664
2007	78 955	191 587	406 031	193 442	—	110 759	56 552	443 580	103 671
2008	56 332	175 936	478 158	174 033	3 180	106 327	54 630	525 419	101 500
2009	89 168	199 148	497 412	121 940	2 199	101 551	60 584	458 092	99 219
2010	44 418	216 317	517 372	118 213	9 216	131 295	51 800	449 561	92 618
2011	53 053	221 836	703 541	97 944	19 431	123 679	46 377	443 778	88 433
2012	76 477	220 305	711 727	133 637	22 102	95 128	60 622	424 967	89 948
2013	63 242	218 571	620 891	152 522	21 849	91 409	65 407	410 698	73 446
2014	77 207	254 114	488 017	91 730	21 643	101 943	47 077	389 346	71 677
2015	103 989	297 303	531 959	106 998	82 630	131 648	54 638	373 195	82 637
2016	128 231	308 671	681 881	97 434	52 320	135 451	48 539	415 927	80 795
2017	140 515	358 754	804 962	93 214	29 835	130 988	47 153	445 186	87 323
2018	169 008	366 377	831 636	104 371	26 548	169 148	53 353	440 479	104 634
2019	149 967	383 050	863 991	130 018	28 355	155 343	61 495	407 522	108 827

注:各类乳制品的数据来源为:黄油—butter,奶酪—cheese,包括牛奶酪和羊奶酪;液态奶—milk, whole fresh cow and skimmed cow,即鲜牛奶和脱脂牛奶;淡奶—evaporated milk;炼乳—condensed milk;乳清粉—whey dry;酸奶—yogurt, concentrate or not.

数据来源:FAOSTAT。

附表 4 1961—2019 年荷兰乳制品出口贸易量 t

年份	黄油	奶酪	液态奶	淡奶	炼乳	脱脂奶粉	全脂奶粉	乳清粉	酸奶
1961	31 133	107 901	68 867	304 460	—	2 220	32 884	9 436	0
1962	32 586	109 187	74 608	331 410	—	2 358	37 953	11 719	0
1963	40 673	117 517	69 834	327 200	—	946	33 351	13 413	0
1964	25 224	105 936	71 061	349 660	—	4 740	33 242	12 498	0
1965	35 125	119 868	60 110	326 420	—	40 467	36 318	20 195	0
1966	47 840	135 239	50 333	304 760	—	18 439	33 437	27 647	0
1967	55 959	134 244	49 033	322 930	—	3 569	38 599	29 504	0
1968	61 681	152 791	44 567	347 332	—	33 282	39 404	23 672	0
1969	48 827	163 508	39 786	357 162	—	29 914	51 720	22 303	0
1970	142 399	173 301	43 750	365 196	—	25 845	53 415	31 044	0
1971	109 834	179 968	61 747	345 674	—	10 750	70 971	34 372	0
1972	106 039	183 922	73 874	342 242	—	11 329	54 708	37 852	0
1973	182 471	209 618	101 702	368 784	—	48 157	89 459	42 529	0
1974	181 851	230 537	93 875	387 660	—	74 411	88 256	46 253	0
1975	179 686	225 653	61 634	341 577	—	52 878	101 624	46 172	0
1976	189 785	247 780	66 685	372 633	—	149 972	122 319	52 841	0
1977	163 759	254 957	61 969	406 613	—	71 886	141 614	45 162	0
1978	184 645	246 398	39 963	380 444	—	165 589	138 828	50 184	7 513

续附表 4

t

年份	黄油	奶酪	液态奶	淡奶	炼乳	脱脂奶粉	全脂奶粉	乳清粉	酸奶
1979	264 870	283 203	61 351	407 835	—	193 487	164 781	58 117	11 275
1980	245 637	270 651	55 802	468 466	—	116 690	216 283	59 455	7 716
1981	267 921	304 180	81 874	494 364	—	126 000	221 386	63 339	7 074
1982	271 502	313 695	86 760	469 499	—	166 094	202 864	59 766	8 422
1983	266 417	321 857	41 800	452 282	—	142 583	186 639	68 575	28 018
1984	266 326	333 533	73 676	457 531	—	114 415	211 051	73 430	19 295
1985	254 773	351 546	67 475	491 021	—	108 974	204 337	69 673	15 243
1986	234 958	373 142	44 110	430 990	—	182 571	188 611	72 718	4 489
1987	416 718	381 623	37 500	409 079	—	158 011	257 808	87 357	8 341
1988	475 598	399 934	41 000	363 822	—	246 699	314 532	93 595	5 229
1989	366 144	428 042	82 921	357 275	—	227 392	302 098	93 073	5 153
1990	196 261	436 886	97 948	352 832	—	164 715	241 768	115 987	8 706
1991	255 944	475 650	105 386	321 323	—	88 733	216 648	108 534	8 503
1992	246 654	502 237	81 694	316 613	—	127 377	202 470	93 206	9 497
1993	240 465	463 085	80 852	308 042	—	94 825	235 669	97 656	17 177
1994	176 914	488 863	90 763	269 495	—	57 531	199 677	111 097	26 290
1995	182 214	466 125	98 956	255 139	—	124 588	240 663	104 378	14 247
1996	163 529	521 026	112 416	261 528	—	59 788	200 747	102 280	19 260
1997	163 065	444 208	95 276	224 045	—	88 810	169 517	112 331	14 527
1998	161 336	436 713	158 040	215 090	—	63 810	188 331	102 321	18 251
1999	167 500	459 574	237 187	229 429	—	86 419	201 106	96 690	14 001
2000	119 076	437 335	234 680	217 089	—	110 937	179 002	115 747	10 197
2001	163 314	427 885	211 347	228 316	—	86 156	155 502	105 711	7 028
2002	159 427	451 902	255 177	205 739	—	87 627	171 845	103 823	2 644
2003	233 013	510 417	540 184	223 694	—	109 540	184 018	108 567	9 284
2004	195 896	489 542	440 706	202 008	—	81 116	177 277	126 693	5 685
2005	176 493	550 284	430 614	234 850	—	59 011	150 780	134 735	5 194
2006	171 648	581 679	430 242	239 057	—	47 725	150 002	124 468	4 833
2007	153 658	603 791	430 160	277 979	—	48 178	139 807	146 284	4 872
2008	155 860	629 033	465 491	219 587	33 828	58 340	157 922	131 771	6 884
2009	178 457	570 668	581 126	226 514	55 555	81 835	178 469	129 068	12 596
2010	181 959	681 516	485 790	216 589	54 359	98 287	162 353	144 954	12 681
2011	175 924	688 470	564 584	210 123	64 016	115 688	145 102	157 001	15 103
2012	160 693	702 719	402 295	250 143	54 616	87 405	150 169	160 451	9 782
2013	120 261	654 774	378 807	239 661	49 464	88 819	156 635	153 300	8 261
2014	149 011	591 650	402 666	250 302	50 488	95 536	145 874	134 448	9 183
2015	177 559	760 986	371 641	248 816	88 731	107 980	161 916	132 811	11 431
2016	216 959	857 286	459 340	230 147	79 359	98 251	189 915	131 921	10 356
2017	223 337	885 548	854 243	225 182	90 023	127 561	198 418	168 159	18 755
2018	219 785	858 638	793 106	209 267	63 267	85 501	170 850	166 708	18 420
2019	238 962	891 712	741 521	227 670	62 914	166 246	155 636	156 945	26 745

注：各类乳制品的数据来源为：黄油—butter，奶酪—cheese，包括牛奶酪和羊奶酪；液态奶—milk，whole fresh cow and skimmed cow，即鲜牛奶和脱脂牛奶；淡奶—evaporated milk；炼乳—condensed milk；乳清粉—whey dry；酸奶—yogurt，concentrate or not.

数据来源：FAOSTAT。

附表 5　1961—2019 年荷兰乳制品进口贸易额

千美元

年份	黄油	奶酪	液态奶	淡奶	炼乳	脱脂奶粉	全脂奶粉	乳清粉	酸奶
1961	144	813	63	52	—	4 723	0	0	0
1962	81	1 028	5	57	—	2 802	137	0	0
1963	2 304	2 060	20	30	—	10 167	127	0	0
1964	2 808	4 048	122	25	—	27 548	578	0	0
1965	261	6 394	31	6	—	28 405	2 949	0	0
1966	23	6 771	49	775	—	27 852	1 442	254	0
1967	1 226	7 943	59	957	—	29 227	2 829	20	0
1968	2 536	7 659	658	1 013	—	35 797	5 038	305	0
1969	1 003	8 821	1 318	438	—	66 637	4 865	1 034	0
1970	6 469	12 589	1 843	514	—	40 495	3 390	2 048	0
1971	7 423	11 929	2 583	1 621	—	53 088	2 986	2 740	0
1972	13 818	13 475	7 712	3 357	—	63 097	5 185	4 593	0
1973	12 050	20 013	13 516	7 356	—	138 269	9 629	8 420	0
1974	51 563	27 091	16 966	12 978	—	150 185	5 581	10 058	0
1975	66 151	35 656	23 382	14 942	—	157 980	21 190	11 082	0
1976	36 214	42 107	32 264	20 132	—	205 917	26 334	11 946	0
1977	99 768	46 836	37 413	21 692	—	220 617	32 695	19 010	0
1978	175 890	58 000	48 238	38 594	—	239 615	47 251	28 332	0
1979	237 352	81 445	40 124	39 007	—	300 991	66 658	42 721	0
1980	414 963	92 049	57 448	74 952	—	314 063	102 928	44 633	0
1981	469 343	89 003	59 430	73 950	—	251 279	73 867	40 572	0
1982	432 167	88 288	55 961	57 692	—	280 408	88 002	53 884	0
1983	379 628	75 983	36 499	76 966	—	288 001	73 707	44 628	0
1984	223 459	75 719	52 927	44 883	—	327 468	90 017	44 567	0
1985	183 237	74 436	59 703	69 966	—	317 351	81 878	54 276	0
1986	282 603	121 356	84 568	64 011	—	425 678	90 111	66 977	0
1987	519 798	163 945	157 197	95 180	—	754 848	271 693	82 609	0
1988	765 645	199 159	168 217	151 960	—	976 298	367 138	118 229	22 163
1989	624 068	238 737	187 354	141 904	—	680 906	316 759	129 280	31 951
1990	347 029	275 868	176 760	168 463	—	558 979	218 682	103 853	57 249
1991	388 720	320 353	232 605	152 220	—	519 878	138 367	120 277	62 628
1992	381 530	372 791	195 023	221 497	—	720 632	211 732	174 743	95 272
1993	433 111	332 309	132 673	74 189	—	548 619	182 531	112 565	52 008
1994	252 466	363 428	166 695	157 208	—	545 722	231 802	125 887	71 929
1995	332 860	380 196	193 953	176 720	—	821 380	462 502	155 363	67 994
1996	248 585	360 079	220 114	166 828	—	517 989	295 213	158 954	74 484
1997	281 000	268 119	178 478	143 471	—	486 937	215 448	112 835	60 428
1998	230 133	300 508	124 485	167 084	—	323 425	204 016	155 921	59 787
1999	300 173	304 368	118 720	186 394	—	447 972	263 837	147 106	62 072
2000	183 654	264 379	67 321	162 356	—	396 573	215 405	115 611	44 539
2001	200 588	348 358	73 338	130 890	—	277 161	186 145	145 497	52 629
2002	195 070	332 752	85 144	133 716	—	323 335	203 446	138 985	52 515
2003	299 745	434 962	135 235	199 711	—	409 804	233 949	155 996	72 033
2004	285 979	521 349	153 629	261 154	—	370 980	184 199	212 524	86 893
2005	162 421	556 720	193 549	244 272	—	381 188	217 151	337 363	87 357

续附表 5　　千美元

年份	黄油	奶酪	液态奶	淡奶	炼乳	脱脂奶粉	全脂奶粉	乳清粉	酸奶
2006	187 718	582 266	195 293	221 974	—	403 007	215 773	417 545	89 923
2007	244 950	693 575	256 928	303 127	—	399 439	188 318	677 747	105 729
2008	207 048	883 502	304 404	262 283	5 836	317 784	212 088	449 970	113 390
2009	236 938	770 373	254 815	147 286	3 404	230 374	157 101	338 127	103 179
2010	195 852	863 944	281 982	146 742	18 380	352 785	168 289	464 049	93 435
2011	278 973	948 227	375 535	130 886	32 951	362 781	179 667	581 721	101 247
2012	280 306	885 991	332 367	130 950	34 222	262 206	150 915	557 474	102 965
2013	260 089	986 939	360 599	125 704	40 216	293 583	188 124	602 083	99 214
2014	314 386	1 107 036	312 468	103 185	36 585	271 874	152 596	551 326	99 265
2015	331 467	954 765	286 690	111 621	72 461	204 515	121 780	331 225	98 727
2016	384 367	970 452	342 971	88 351	57 218	227 272	100 212	310 038	101 665
2017	658 320	1 349 562	498 037	92 625	49 134	254 871	145 195	432 280	124 857
2018	850 081	1 413 221	513 872	89 487	51 689	260 645	165 315	385 211	149 357
2019	640 275	1 381 256	475 816	101 709	54 555	294 018	187 724	380 318	143 985

注：各类乳制品的数据来源为：黄油—butter，奶酪—cheese，包括牛奶酪和羊奶酪；液态奶—milk，whole fresh cow and skimmed cow，即鲜牛奶和脱脂牛奶；淡奶—evaporated milk；炼乳—condensed milk；乳清粉—whey dry；酸奶—yogurt，concentrate or not.

数据来源：FAOSTAT。

附表 6　1961—2019 年荷兰乳制品出口贸易额　　千美元

年份	黄油	奶酪	液态奶	淡奶	炼乳	脱脂奶粉	全脂奶粉	乳清粉	酸奶
1961	24 502	64 853	9 679	84 862	—	889	23 797	902	0
1962	26 854	65 391	10 564	91 209	—	1 195	25 623	932	0
1963	33 142	70 026	9 839	93 630	—	510	22 970	1 605	0
1964	26 936	72 017	10 152	108 358	—	1 917	23 735	2 039	0
1965	31 670	89 101	9 257	101 106	—	13 798	26 692	3 574	0
1966	34 941	106 012	7 513	93 678	—	6 569	22 887	4 177	0
1967	39 818	113 350	8 993	99 508	—	1 209	29 324	4 819	0
1968	46 453	122 699	8 549	101 160	—	5 352	29 128	4 119	0
1969	35 572	143 306	7 696	104 476	—	5 326	39 667	3 805	0
1970	139 605	162 088	7 550	111 299	—	6 164	41 787	4 813	0
1971	158 390	197 216	6 856	125 256	—	4 726	61 622	7 561	0
1972	172 432	227 508	9 921	152 242	—	7 050	57 840	10 444	0
1973	241 842	300 227	17 832	180 420	—	33 240	94 371	13 974	0
1974	281 742	382 868	20 017	230 733	—	69 481	109 643	18 053	0
1975	369 600	445 952	17 374	240 821	—	51 233	147 084	14 444	0
1976	404 210	473 712	17 384	249 442	—	162 192	148 639	16 807	0
1977	343 911	555 787	20 542	287 103	—	62 557	194 274	16 210	0
1978	460 719	610 337	16 956	313 622	—	214 559	206 089	24 993	696
1979	622 147	733 852	21 963	374 478	—	151 460	251 877	32 308	2 108
1980	623 613	795 457	22 923	472 992	—	128 409	380 711	32 974	1 918
1981	766 665	773 756	23 213	490 109	—	154 976	432 218	32 480	1 636
1982	781 435	767 719	27 884	479 078	—	206 545	397 912	33 560	3 262
1983	685 132	738 294	15 953	429 122	—	177 458	316 620	34 844	9 114
1984	535 925	713 910	22 283	381 509	—	130 149	308 720	31 999	6 293
1985	446 745	750 212	20 742	395 036	—	117 949	297 190	31 748	3 302
1986	476 873	1 040 345	19 017	442 860	—	261 536	325 179	42 787	1 159

续附表 6 千美元

年份	黄油	奶酪	液态奶	淡奶	炼乳	脱脂奶粉	全脂奶粉	乳清粉	酸奶
1987	608 556	1 337 276	18 972	454 704	—	187 400	405 864	55 423	1 238
1988	829 431	1 511 617	21 434	396 420	—	419 328	562 316	81 870	5 597
1989	916 577	1 549 599	37 307	404 234	—	442 850	652 462	75 010	5 043
1990	589 214	1 796 590	47 274	472 590	—	327 031	588 430	79 774	7 641
1991	634 470	1 935 854	46 156	411 925	—	162 138	457 545	86 057	7 074
1992	712 117	2 184 235	38 092	439 714	—	256 535	494 511	92 276	8 561
1993	685 171	1 892 988	35 949	403 650	—	197 678	533 659	81 426	13 212
1994	549 694	2 050 897	38 585	371 156	—	128 120	486 148	83 640	21 057
1995	620 663	2 097 181	45 003	378 522	—	289 308	635 129	104 120	13 369
1996	566 042	2 270 724	48 245	377 271	—	140 835	534 134	99 163	17 192
1997	490 192	1 703 952	35 157	269 514	—	181 830	414 036	90 728	13 789
1998	498 840	1 756 071	58 335	270 399	—	122 705	452 413	98 820	20 211
1999	471 410	1 682 584	68 706	275 747	—	152 349	431 083	85 421	12 712
2000	283 238	1 416 117	69 883	236 331	—	201 678	373 180	89 900	7 096
2001	389 761	1 455 885	65 236	272 752	—	181 398	381 535	89 591	4 238
2002	383 628	1 554 171	73 457	274 993	—	152 190	390 988	88 283	3 071
2003	653 149	2 003 803	196 059	334 675	—	222 737	477 651	99 610	10 736
2004	586 085	2 099 601	175 222	320 133	—	183 276	512 635	119 819	8 924
2005	556 954	2 357 585	171 825	355 896	—	124 324	470 808	159 904	7 054
2006	514 645	2 456 671	173 968	362 951	—	118 884	477 304	178 372	8 030
2007	601 372	2 929 410	225 535	452 394	—	200 783	620 348	309 375	9 858
2008	697 602	3 707 820	270 184	418 549	78 537	184 833	825 174	246 518	17 095
2009	625 468	2 735 744	269 357	387 768	108 617	182 811	576 776	194 220	18 520
2010	820 987	3 239 042	240 277	379 023	104 828	274 135	684 278	233 766	15 161
2011	1 020 067	3 778 670	318 317	409 835	139 384	400 646	747 603	303 841	23 879
2012	627 612	3 492 672	206 558	444 438	120 662	283 259	672 235	344 898	13 875
2013	606 228	3 659 769	237 932	446 163	142 953	362 020	814 844	383 782	16 249
2014	702 889	3 335 077	276 847	463 348	211 317	378 079	797 398	320 800	23 940
2015	617 630	3 100 224	218 197	374 122	189 638	238 272	559 362	213 554	29 209
2016	732 557	3 256 740	376 374	280 773	175 042	207 529	604 565	168 583	33 270
2017	1 135 158	3 949 827	589 456	323 288	210 759	308 674	798 904	236 048	53 667
2018	1 230 765	3 985 875	617 949	309 658	156 306	307 364	703 798	219 768	47 928
2019	1 098 608	3 955 122	524 187	344 036	148 100	368 501	643 157	221 649	45 114

注：各类乳制品的数据来源为：黄油—butter，奶酪—cheese，包括牛奶酪和羊奶酪；液态奶—milk, whole fresh cow and skimmed cow，即鲜牛奶和脱脂牛奶；淡奶—evaporated milk；炼乳—condensed milk；乳清粉—whey dry；酸奶—yogurt, concentrate or not.

数据来源：FAOSTAT。

德国奶业发展报告

摘要：本文主要从生产、加工、消费及贸易4个方面阐述德国奶业近60年的变化情况，并且介绍德国奶业的主要机构体系、技术措施及相关政策制度，在此基础上结合我国奶业的发展现状及不足之处，提出我国应当如何借鉴德国奶业发展的经验。

德国位于中欧西部，是欧盟最大的农产品生产国之一，超过50%的农业总产值来源于动物产品，而动物产品创造的产值中60%来源于与牛有关的产业。德国奶牛的主要饲养品种为荷斯坦牛、弗莱维赫（德系西门塔尔牛）及瑞士褐牛。由于南部巴伐利亚州的德系西门塔尔牛综合经济收益较高，德系西门塔尔牛正在逐步向德国北部扩张，与北部地区小规模家庭农场的荷斯坦牛进行杂交以获得更好的综合经济效益。

德国牛奶生产经营以中小型家庭农场为主，大多数养殖户的存栏规模在20～100头之间，其中，存栏规模在20～49头的养殖户占29.6%，存栏规模在50～99头的养殖户占25.5%。德国大多数奶牛场采用的是世界上先进的散栏式饲养方式和TMR，奶牛生存空间很舒适，并且高产奶牛的代谢疾病、繁殖疾病很少。奶牛谱系登记记录完全，全国85%的奶牛参加了奶牛生产性能测定（DHI）。由于多年对奶牛生产性能的重视和饲养水平的提高，2019年德国奶牛平均产奶量达到8 400 kg，根据ICAR的DHI数据，成母牛年单产则达到了8 907 kg。

鉴于全球乳制品需求快速增长，德国生产、加工的乳制品数量逐年上升。德国生产的乳制品主要有液态奶产品、奶油、奶酪、黄油、全脂奶粉、脱脂奶粉、干乳酪及炼乳。其中，液态奶产品所占比重最大，其次是奶酪和黄油。2019年，液态奶、奶酪与黄油的产量在主要乳制品产量中的占比分别为51.2%、27.2%和5.6%。近年液态奶占比略有下降，奶酪有明显增长，黄油基本稳定。由于不断兼并，乳品加工企业数量不断减少，规模不断扩大，年牛奶处理量在30万t以上的企业数量在不断增加，而年牛奶牛处量在30万t以下的乳品企业数量则明显缩减。

2019年，德国出口乳制品601.2万t，折合原料奶2 971.0万t，占到全球出口总量（原料奶）的13.8%；进口乳制品513.5万t，折合原料奶2 105.7万t，占全球进口总量（原料奶）的10.5%；乳制品净出口折合原料奶865.3万t。2020年，德国出口乳制品581.9万t，折合原料奶2 983.6万t；进口乳制品214.1万t，折合原料奶1 770.0万t；乳制品净出口量折合原料奶1 213.6万t，同比增长达到40.3%。德国按奶源的自给率也长期在130%以上，个别年份甚至接近200%。2019年，德国奶源自给率为135.7%。德国对外贸易的乳制品主要是奶酪、乳清、奶粉、炼乳、鲜奶等，按折合原料奶量，2020年5种乳制品占整个德国乳制品出口总量的85.0%和进口总量的86.4%。按折合原料奶量，奶酪是最主要的贸易产品，并且近年在德国乳制品出口中的地位有大幅度提升。2020年，奶酪折合原料奶的出口量和进口量分别占乳制品出口总量和进口总量的43.9%和49.7%。

1990—2011年，德国人均乳制品消费量总体呈增长趋势，2011年达到130.4 kg后出现一段时间的徘徊,近年有下降趋势。2019 年,德国牛奶和乳制品年人均消费量达到 124.0 kg,与 2011 年相比下降了 4.9%。在乳制品中,德国人均消费量最大的是饮用奶、奶酪、黄油及牛奶中的脂肪产品,但是近年液态奶消费量有下降趋势。2019 年,德国人均消费液态奶 86.4 kg,与 2010 年相比下降了 6.3%。除了液态奶,消费最多的是奶酪,并且近年人均消费量又略有增长。

德国不仅拥有完整的、分工明确的繁育组织,包括德国牛养殖联盟(ADR)、14 家牛奶质量检测机构、地方育种公司和数据中心(VIT)等;而且广泛应用的先进科学技术极大地推动着奶业向前发展。在奶牛育种与繁殖技术方面,德国广泛推行人工授精和超数排卵、胚胎移植及克隆技术。全基因组选择技术是奶牛育种领域最大的热点,德国是最早开展基因技术研究的国家之一,可靠性已达到很高水平。目前德国高产奶牛的补饲实现了由计算机控制,饲喂由 TMR 机械完成,确保奶牛 24 h 都能得到食物和供水。在奶牛场粪污处理与环境保护技术方面,德国对牛粪的使用方向主要有 2 种:传统的还田与现行逐步推广的用粪便与秸秆生产沼气技术。

德国拥有高品质的乳制品,得益于从牛奶(及其他原料奶)到最终的牛奶制品的质量都有着细致的规定及监控。在德国,对原料奶的质量检测工作是由一个独立的第三方机构来完成,他们会对每一次从牛奶加工厂收到的原料奶进行检验、评测质量,然后根据国家规定的原料奶级别来进行定级。检测站得出的最终数据,将成为加工厂向奶农付款的凭据。德国原料奶定价的核心思想是"按质论价",对于原料奶的品质,不仅有严格的基本参数要求,还有品质提高的激励,其中最重要的三个参数就是奶量、脂肪含量和蛋白质含量。

为了促进奶业的生产、加工及贸易,德国实施了许多方面的政策扶持和补贴,激发农民的生产热情,保障农民收入,促进奶业发展。农牧业的补贴资金主要来源于欧盟、联邦、州政府 3 个层面。在畜牧业方面,若养殖者根据动物福利法的要求进行饲养,建造符合相关要求的栏舍,也可以申请补贴。

德国无论是在生产组织形式方面,还是在产业政策方面都有许多值得我们学习及借鉴的经验。首先,我国奶牛养殖的群体规模大和单产水平低,恰恰说明我国在开展奶牛杂交生产方面的潜力巨大。德国的经验表明,通过引进优秀的乳肉兼用品种,在散养农户和普通饲养小区开展杂交,可以帮助奶农大幅度提高奶牛养殖的综合经济效益。我国可以在有条件的地区进行积极探索,在试点和示范的基础上逐步推广。其次,鉴于德国农产品质量安全管理体系非常完善,我国应进一步建立健全乳制品质量安全法规,对乳制品生产链中的各个环节进行全过程的控制,并深入研究其质量控制指标。

最后,我国应继续健全并不断完善为原料奶生产服务的社会化服务体系,如进一步健全和完善良种繁育、疫病防治、饲草饲料生产、技术推广、鲜奶收储等支持与服务体系。改良草场,调整种植业结构,生产优质牧草和青贮饲料,提高奶牛生产效率和牛奶品质,大力发展"适度规模、统一服务"的生产模式。

关键词:德国　奶业　发展

1　奶业发展概况

德国位于中欧西部,其农业用地 1 900 万 hm^2,超过国土总面积的一半。平均气温 1 月为 −5～1 ℃,7 月为 14～19 ℃,年平均气温 8.6 ℃,年平均降雨量为 500～1 000 mm,气候湿润。德国是欧洲最大的农产品生产国,超过 50%的农业总产值来源于动物产品,而动物产品创造的产值中 60%来源于与牛有关的产业。

在德国,虽然农业产值在国民经济中的比重不到 0.8%,但发挥着提供食物、加工原料、保护生态的重要作用,与人民的生活息息相关,所以德国政府很重视对农牧业的补贴,资金来源主要是欧盟、联邦、州政府 3 个层面。德国农民的收入中约一半来自各项农业补贴及奖金。除了常规性补贴,还有一些特殊补贴:如坡度大、气候差的土地,畜牧业方面则根据动物福利法要求进行饲养,建造符合相关要求的栏舍,养殖者也可以申请补贴。在市场低迷时期,政府会提供无息贷款帮助农民渡过难关。

德国存栏牲畜的 45%左右是奶牛,奶牛的主要饲养品种为荷斯坦牛、弗莱维赫(德系西门塔尔牛)及瑞士褐牛。德国北部传统上是荷斯坦奶牛的饲养区,而南部主要是德系西门塔尔牛及瑞士褐牛的饲养区。其中荷斯坦奶牛主要饲养在德国北部石勒苏益格-荷尔斯泰因地区和东部，红荷斯坦奶牛的主要饲养区为西部威悉-埃姆斯地区、北莱茵-威斯特法伦地区和黑森地区。

1.1 奶牛养殖业

1.1.1 德国奶牛养殖规模及产奶量变化

随着农业机械化程度、管理水平提高，德国牛群数量及奶牛场数量均呈下降趋势，但是农场奶牛养殖逐渐形成规模化，奶牛单产不断提高，牛奶总产量一直保持在稳定的水平。从 1990 年开始，德国的奶牛存栏量就开始显著减少，2000 年德国牛群数量为 456.4 万头，奶牛场的数量为 13.52 万个，至 2005 年分别减少了 8.76%和 18.34%。到 2019 年奶牛存栏量降至 401.2 万头，奶牛场数量降至 5.99 万个，比 2010 年分别减少了 4.07%和 34.57%，奶牛场数量快速减少(表 1)。

表 1　2000—2019 年德国奶牛存栏量及奶牛场数量

年份	奶牛存栏量/万头	奶牛场数量/万个
2000	456.4	13.52
2005	416.4	11.04
2010	418.2	9.155
2015	428.5	7.33
2018	410.1	6.28
2019	401.2	5.99

数据来源：联邦统计局(BMELV)，德国乳制品工业协会(MIV)。

在过去近 60 年里，随着杂交育种技术的不断提高以及高产奶牛品种的不断引进与培育，德国奶业生产效率大幅度提升，与其他发达国家一样，逐步完成了从扩大奶牛养殖规模到提高奶牛单产水平的转变。1961—2000 年，德国奶牛年单产从 3 109 kg 增加到 6 122 kg，年均增长 1.75%。2000 以来，奶牛单产继续提高，2019 年达到 8 250 kg，2000—2019 年年均增长 1.58%(图 1)。

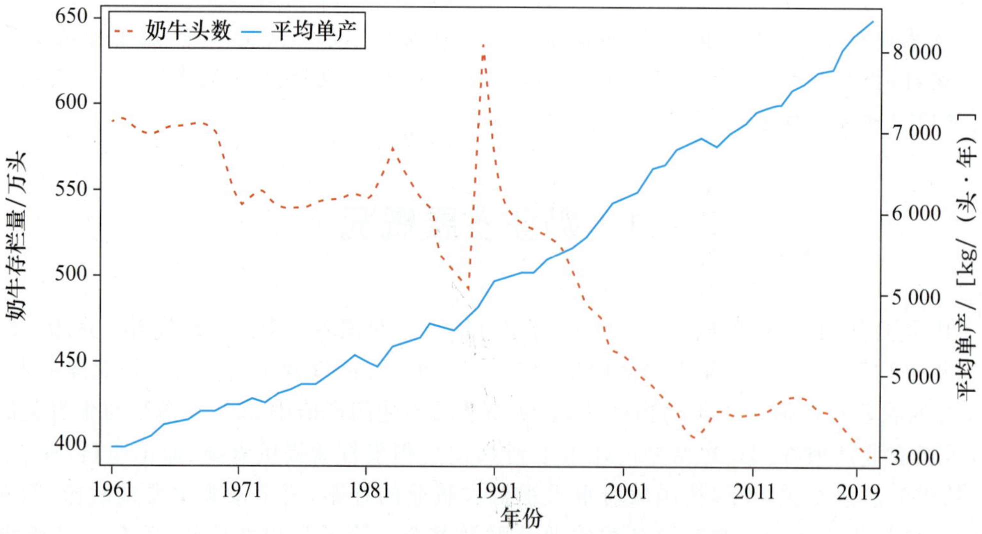

图 1　1961—2019 年德国奶牛存栏量及奶牛单产

德国是欧盟最大的农产品生产国之一，在欧盟范围内，德国的产奶量最高。1961—1977 年牛奶总产一直持续增加，从 2 479.6 万～2 947 万 t，1978 年达到 3 000 万 t，在 1984 年达到峰值的 3 409 万 t，以后到 1990 年尽管有些年份增加，有些年份减少，但一直维持在 3 000 万 t 以上，1991—2010 年一直稳定在 2 800 万～

2 900万 t 之间，2011 年以来再次超过 3 000 万 t，2019 年达到 3 309.8 万 t，比 2010 年增长了 13.8%。牛奶总产量中用于乳制品加工的占比在 2010 年之前都不断上升，从 1990 年的 92.0%上升至 2010 年的 96.7%。近年则一直稳定在 96%左右，2019 年为 95.9%。

1.1.2 奶牛养殖结构变化

1992 年以来，德国奶牛养殖的规模化趋势明显。截至 2019 年，1～9 头养殖规模的奶牛存栏从 352.3 千头降至 35.2 千头，占比从 6.6%降至 0.9%。10～19 头、20～49 头的奶牛存栏量及占比也经历了持续的下降，分别从占 17.4%和 44.3%降至 2.6%和 14.1%。50～99 头的存栏量及占比都经历了先升后降的变化。100～199 头的存栏量和占比都有很大增长，存栏量从 146.5 千头增长到 1 058.6 千头，占比从 2.7%增长到 26.4%。200 头以上的存栏量从 856.4 千头增长到 1 146.6 千头，占比从 16.0%提高到 28.6%，是各规模组中存栏量与占比最高的(表 2)。

表 2 德国奶牛养殖规模分布

项目		1992 年	1999 年	2005 年	2010 年	2015 年	2019 年
1～9 头	数量/千头	352.3	160.4	86.7	69	46.7	35.2
	比例/%	6.6	3.4	2.0	1.7	1.1	0.9
10～19 头	数量/千头	934.9	547.1	356.7	231.1	152.9	104.4
	比例/%	17.4	11.5	8.4	5.5	3.6	2.6
20～49 头	数量/千头	2 375.2	1 932.7	1 441.2	1 060.9	762.5	564.0
	比例/%	44.3	40.6	34.0	25.4	17.8	14.1
50～99 头	数量/千头	698.3	1 129.3	1 267.1	1 353.8	1 244.2	1 102.2
	比例/%	13.0	23.7	29.9	32.4	29.0	27.5
100～199 头	数量/千头	146.5	297.5	431.9	724.2	1 028.3	1 058.6
	比例/%	2.7	6.2	10.2	17.3	24.0	26.4
200 头以上	数量/千头	856.4	698.3	652.4	731.5	1 050.1	1 146.6
	比例/%	16.0	14.7	15.4	17.5	24.5	28.6
总数/千头		5 363.6	4 765.1	4 236	4 181.7	4 284.6	4 100.9

数据来源：MIV 乳制品统计年报。

1.1.3 牧场结构变化

奶牛养殖户的规模分布表现出与奶牛存栏量相似的变动趋势。1992 年以来，规模养殖户的数量和占比都有明显的增长。截至 2019 年，1～9 头的养殖户数量从 75.5 千家降至 9.1 千家，占奶农总数的比重从 32.0%降至 15.2%。10～19 头的养殖户的数量和占比也经历了持续的下降。20～49 头的养殖户的数量持续减少，从 80.6 千家减至 17.2 千家，占比则经历了先升后降，在从 1992 年的 34.1%升至 2005 年的 41.7%之后持续下降，2019 年降至 28.7%。50～99 头的养殖户的数量经历了先升后降变化，从 1992 年的 11.3 千家增至 2010 年的 19.7 千家后又趋于减少，2019 年降至 15.6 千家。100～199 头的养殖户数量从 1.1 千家持续增长到 0.79 万，占比则从 0.5%持续增至 13.2%。200 头以上的养殖户的数量在从 1992 年的 1.8 千家降至 2005 年的 1.5 千家后，又逐步增至 2019 年的 2.9 千家，占比从 0.8%持续增长至 4.8%。目前，20～49 头的养殖户占比最高，其次是 50～99 头的养殖户，两者合计占到 54.7%(表 3)。

表 3 按拥有奶牛头数划分的奶牛场年度数据

项目		1992 年	1999 年	2005 年	2010 年	2015 年	2019 年
1～9 头	数量/千家	75.5	30.4	15.8	15.5	11.1	9.1
	比例/%	32.0	19.9	14.3	16.9	15.1	15.2

续表 3

项目		1992 年	1999 年	2005 年	2010 年	2015 年	2019 年
10～19 头	数量/千家	65.8	38.1	24.6	15.8	10.4	7.2
	比例/%	27.9	25.0	22.3	17.2	14.2	12.0
20～49 头	数量/千家	80.6	62.7	46.0	33.1	23.5	17.2
	比例/%	34.1	41.1	41.7	36.1	32.1	28.7
50～99 头	数量/千家	11.3	17.6	19.1	19.7	17.7	15.6
	比例/%	4.8	11.5	17.3	21.5	24.1	26.0
100～199 头	数量/千家	1.1	2.3	3.4	5.6	7.7	7.9
	比例/%	0.5	1.5	3.1	6.1	10.5	13.2
200 头以上	数量/千家	1.8	1.6	1.5	1.8	2.7	2.9
	比例/%	0.8	1.0	1.4	2.0	3.7	4.8
总数/千家		236.1	152.7	110.4	91.6	73.3	59.9

数据来源：MIV 乳制品统计年报。

1.1.4 原料奶价格

德国原料奶价格表现出明显的周期性波动，2006 年以来波动幅度明显增大。自 1988 年原料奶均价首次突破 30 欧元/100 kg，直至 2012 年长期在 30 欧元/100 kg 上下波动。2013 年，骤升至 37.5 欧元/100 kg，2014 年进一步升至 37.6 欧元/100 kg，不考虑货币升值贬值因素，这也是历史最高价格。2019 年原料奶均价为 34.4 欧元/100 kg，与 2018 年均价基本持平，但与 2014 年相比仍下降了 8.5%。2020 年，原料奶均价降至 33.74 欧元/100 kg，与 2019 年相比进一步下降 1.92%(图 2)。

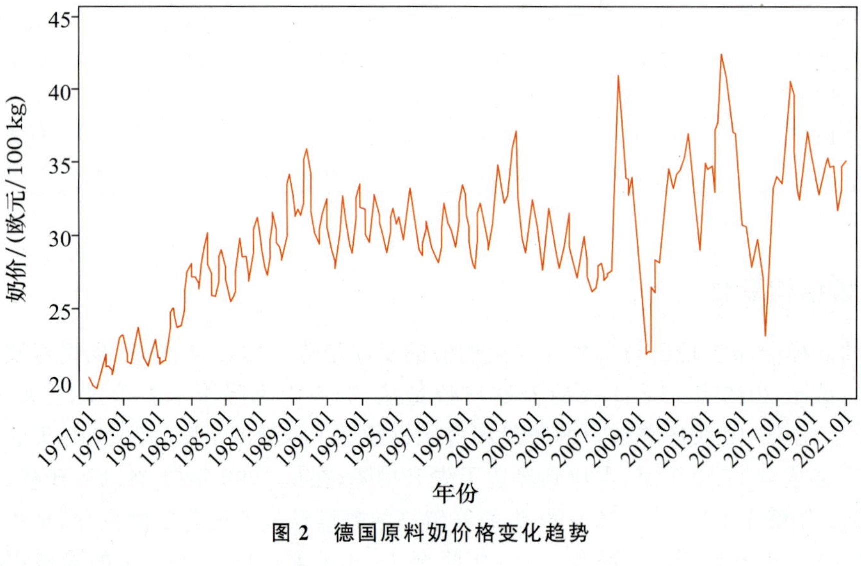

图 2 德国原料奶价格变化趋势

1.2 乳品加工业

1.2.1 乳品加工企业以及加工牛奶数量

1960 年德国乳制品生产企业大约有 3 000 家。由于兼并，2000 年这一数字减少至 251 家，2015 年降至 124 家。但是，2015 年以来又有所增加，2018 年增至 159 家。在结构方面，年牛奶处理量在 0～5 万 t 的小规模乳品加工企业数量快速减少，1979—2000 年从 473 家迅速减至 118 家，2015 年减至 50 家，2018 年又回升至 66 家。年处理牛奶 5 万～30 万 t 的企业数量也有明显减少，1979—2000 年从 137 家减少至 104 家，至

2015 年又减少到 50 家,2018 年回升至 68 家。年处理牛奶 30 万 t 以上的企业数在经历了最初的增长后又有所回落,1979—2000 年从 14 家增长到 29 家,之后开始回落,2015 年降至 24 家,2018 年为 25 家。从奶处理量来看,2018 年,年处理 30 万 t 以上的企业处理了全部牛奶的 66.4%,年处理能力 5 万~30 万 t 的企业处理了 31.0%,与 2000 年相比,前者提高了 10.6%,后者下降了 7.9%。乳制品加工的市场集中度明显提升(表 4)。

表 4 按牛奶处理量划分的乳制品加工企业数量

年份	项目	0~5 万 t	5 万~30 万 t	30 万 t 以上	总数
1979	企业数/个	473	137	14	624
1982	企业数/个	399	147	16	562
1985	企业数/个	351	146	18	515
1988	企业数/个	325	207	19	551
1991	企业数/个	208	148	23	379
1994	企业数/个	164	127	23	314
	加工量/kt	2 811	16 508	13 611	32 930
1997	企业数/个	121	120	28	269
	加工量/kt	1 851	14 810	15 930	32 591
2000	企业数/个	118	104	29	251
	加工量/kt	1 772	13 041	18 718	33 531
2003	企业数/个	111	90	29	230
	加工量/kt	1 660	12 399	23 400	37 459
2006	企业数/个	99	71	28	198
	加工量/kt	1 501	9 972	23 610	35 083
2009	企业数/个	101	63	30	194
	加工量/kt	875	8 703	21 790	31 368
2012	企业数/个	65	53	26	144
	加工量/kt	1 205	8 024	23 034	32 263
2015	企业数/个	50	50	24	124
	加工量/kt	716	7 363	24 391	32 470
2018	企业数/个	66	68	25	159
	加工量/kt	908	10 916	23 384	35 208

数据来源:BMELV、BLE,Die Unternehmensstruktur der Molkereiwirtschaft in Deutschland 报告。

1.2.2 主要乳制品以及产量变化

德国生产的乳制品主要有液态奶产品、奶油、奶酪、黄油、全脂奶粉、脱脂奶粉、干乳酪及炼乳。液态奶产品的产量在德国主要乳制品产量中所占的比重最大,截至 2019 年仍占到乳制品产量的一半以上。1972 年至东西德合并,液态奶产量稳步增长,从 1972 年的 314.3 万 t 增长到 1990 年的 409.4 万 t。在此期间,液态奶产量在乳制品产量中的占比经历了先降后升的变化,从 1972 年的 58.7%降至 1980 年的 53.4%,至 1990 年又回升至 58.0%。1990 年以后,液态奶产业稳定在 500 万~600 万 t,2008 年之后出现下降,2019 年降至 413.8 万 t,在乳制品产量中的占比也相应下降,2019 年降至 51.2%。奶酪是第二大乳制品产品,产量与占比都经历了持续的增长。1972—2018 年,产量从 54.6 万 t 增长到 233.9 万 t,占比从 10.2%升至 26.2%。但是,2019 年奶酪产量有所下降,降至 219.6 万 t,同比下降 6.1%。由于整个乳制品产量的下降,奶酪的占比 2019 年升至 27.2%。奶油是第三大乳制品产品,1972—2019 年在乳制品产量中的占比有小幅增长,从 4.2%升至 6.3%,2019 年产量 50.6 万 t。黄油是第四大乳制品产品,1972—2019 年在乳制品产量中的占比有明显下降,从 9.1%降至 5.6%,2019 年产量 45.3 万 t。

1.3 乳品消费

1990—2000 年,德国人均乳制品消费量总体呈增长趋势,2000 年达到 131.8 kg 的高点。2000—2011 年经过下降后升的徘徊,2011 年恢复到 130.4 kg。2011 年之后出现一段时间徘徊,近年又有下降趋势。2019 年,德国牛奶和乳制品年人均消费量 124.0 kg,与 2011 年相比下降了 4.9%。德国乳制品消费的主体是饮用奶(包括鲜奶、酸奶等发酵乳产品及乳饮料)、奶酪、黄油及牛奶中的脂肪产品,其中占比最高的是液态奶,但是近年液态奶消费量有下降趋势。2019 年,德国人均消费液态奶 86.4 kg,与 2011 年相比下降了 7.0%。除了液态奶,消费最多的是奶酪,并且近年人均消费量又略有增长。2019 年人均消费奶酪 25.1 kg,比 2011 年高 5.9%。近年,黄油人均消费量一直在 6 kg 上下波动,但是与 20 世纪 90 年代相比有一定下降。2019 年黄油人均消费量为 5.8 kg,与 1990 年相比下降了 20.5%(表 5)。

表 5 德国主要乳制品人均消费量 kg/人

年份	鲜奶产品[1]	黄油[2]	奶酪[3]	其他乳制品	合计
1990	91.5	7.3	17.2		116.0
1995	90.4	7.1	19.8		117.3
1996	89.7	7.3	20.3		117.3
1997	88.0	7.0	20.5		115.5
1998	88.5	6.8	20.6		115.9
1999	89.4	6.7	20.7		116.8
2000	94.3	6.4	21.2	9.9	131.8
2005	90.8	6.3	21.8	7.1	126.0
2006	91.0	6.5	22.0	7.7	119.5
2007	91.8	6.4	22.3	7.6	120.5
2008	92.1	6.2	22.5	6.9	120.8
2009	91.1	5.8	22.6	6.7	119.5
2010	92.2	5.7	23.3	6.4	127.6
2011	92.9	6.0	23.7	7.8	130.4
2012	90.6	6.1	23.7	7.3	127.7
2013	91.4	5.8	23.7	6.6	127.5
2014	93.1	5.7	24.1	6.1	129.0
2015	90.7	6.1	24.6	8.2	129.6
2016	90.6	6.1	25.1	7.5	129.3
2017	90.3	6.0	23.9	7.2	127.4
2018	89.0	5.9	24.4	7.5	126.8
2019	86.4	5.8	25.1	6.7	124.0

注:1. 包括鲜奶(全脂牛奶、半脱脂牛奶、脱脂牛奶)、黄油牛奶产品、酸奶等发酵乳产品及乳饮料;2. 包括黄油及牛奶中的脂肪产品;3. 包括硬奶酪、半固体奶酪、软奶酪、奶油奶酪等。

数据来源:联邦统计局(BMELV),ZMP,MIV;2000—2019 年数据来自 MIV 乳制品统计年报。

1.4 乳制品贸易

牛奶和奶制品是德国农业及食品经济对外贸易中的重要产品。长期以来,按原料奶量计算,德国既是全球乳制品最大的出口国,也是最大的进口国。2019 年,德国出口乳制品 601.2 万 t,折合原料奶 2 971.0 万 t,占到全球出口总量(原料奶)的 13.8%;进口乳制品 513.5 万 t,折合原料奶 2 105.7 万 t,占全球进口总量(原料奶)的 10.5%;乳制品净出口折合原料奶 865.3 万 t。自东西德合并以来,乳制品折合原料奶后的进出口总量都有较大增长,净出口量则在 800 万~1 000 万 t 之间波动。德国按奶源的自给率也长期在 130%以上,个别年份甚至接近200%。2019年,德国奶源自给率为135.7%(图3)。

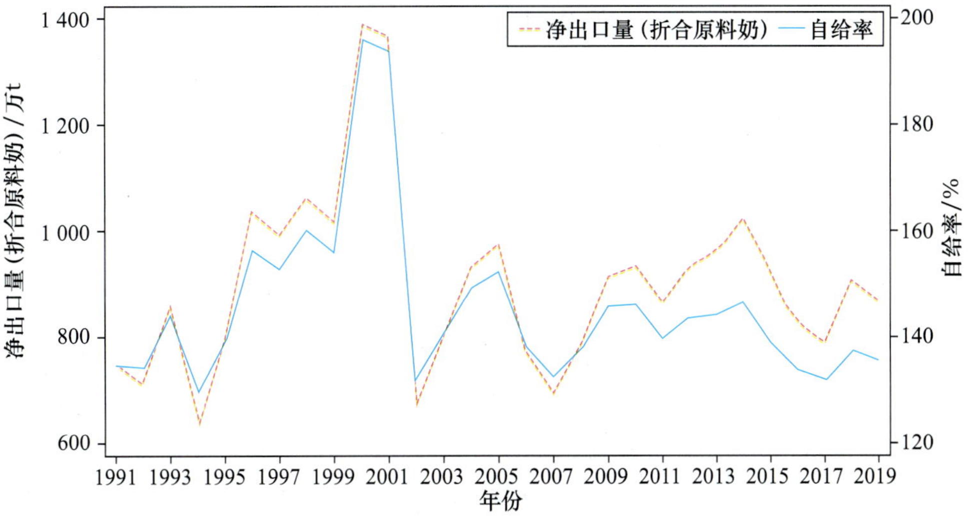

图3 德国乳制品净出口量(折合原料奶)及奶源自给率变化

德国对外贸易的乳制品主要是奶酪、乳清、奶粉、炼乳、鲜奶等。按折合原料奶量来看,2020年这五种乳制品占整个德国乳制品出口总量的85.0%,占进口总量的86.4%,与2010年相比分别下降3.2%和2.5%,与2000年相比分别下降了26.5%和上升了22.5%。总体来说,出口结构更加多元化。按折合原料奶量和按贸易额,奶酪都是最主要的贸易产品,2020年奶酪折合原料奶的出口量和进口量分别占乳制品出口总量和进口总量的43.9%和49.7%,与2000年相比分别提高21.6%和3.7%,奶酪在德国乳制品出口中的地位有大幅度提升。2020年,乳清折合原料奶的出口量和进口量分别占乳制品出口总量和进口总量的14.4%和26.6%,与2000年相比,分别下降了45.3%和44.0%。在其他产品中,与2000年相比,2020年在乳制品出口总量中的占比有增长的是酪蛋白、酸奶、乳糖、奶粉、婴幼儿配方奶粉、鲜奶和奶油,分别上升了25.3%、20.5%、11.6%、9.8%、6.8%、5.5%和3.5%,在出口总量中占比下降的则是炼乳,下降了10.1%;在进口方面,在乳制品进口总量中占比有下降的是炼乳、鲜奶、奶粉和酸奶,酪蛋白和婴幼儿配方奶粉则有较明显的上升,分别增长了11.6%和10.3%(图4)。

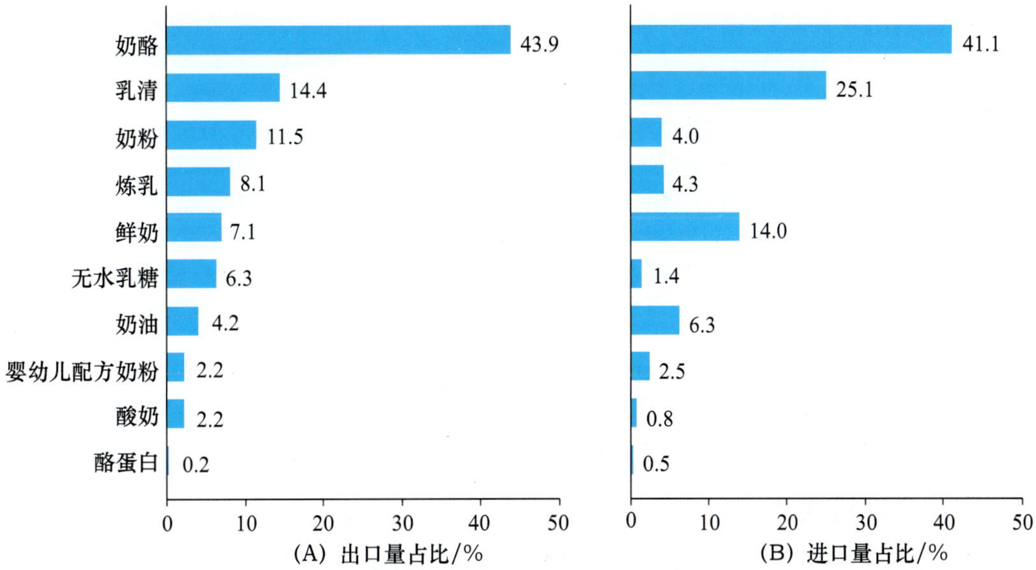

图4 德国乳制品进出口量(折合原料奶)构成

(数据来源:根据附表4数据整理)

2　奶业科技进展概况

2.1　奶牛育种与繁殖技术进展

2.1.1　奶牛育种发展历程

德国奶牛育种具有悠久的历史，拥有最古老的良种登记册和产奶性能记录。大约在 1847 年，德国北海地区东弗里生的第一个牛饲养者协会就已经组织了奶牛公开评比活动。1876 年，德国就建立了第一个官方注册体制，成立了第一个奶牛育种合作社。东普鲁士是最负盛名的黑白花奶牛饲养地区。东普鲁士最早的注册体系创建于 1882 年，当时有 6 000 个注册成员和 35 万头注册奶牛，这是欧洲当时最大的奶牛育种组织，它成功地在北海东弗里生地区开创了系统的荷斯坦奶牛育种工作。为了防止口蹄疫疫情传染，1891 年德国政府决定禁止从荷兰进口种公牛。这项禁令促使德国开始独立实施育种计划。大约在 1920 年，德国最终统一了育种目标的标准，农场主将育种方向转移到了乳肉兼用的复合型奶牛上，当时对他们来说，产奶价值和产肉价值同等重要。自 1989 年以来，德国的奶牛谱系中不再出现荷斯坦血统的百分率字样，年轻一代黑白花牛几乎都是 100％的荷斯坦品种。

得益于完善的繁育体系与持续的品种改良，德国各地区奶牛平均单产普遍较高。在单产最高的图林根州，成母牛年平均单产达到 9 639 kg，其次是萨克森州，达到 9 619 kg。最低的是萨尔州和巴登-符腾堡州，分别也达到了 7 310 kg 和 7 372 kg。从 2000 年以来单产变化情况看，萨克森州提升最快，增幅高达 39.3％，其次是萨克森-安哈特州，也达到了 38.8％。增幅最低的是勃兰登堡州，也达到 20.2％(图 5)。

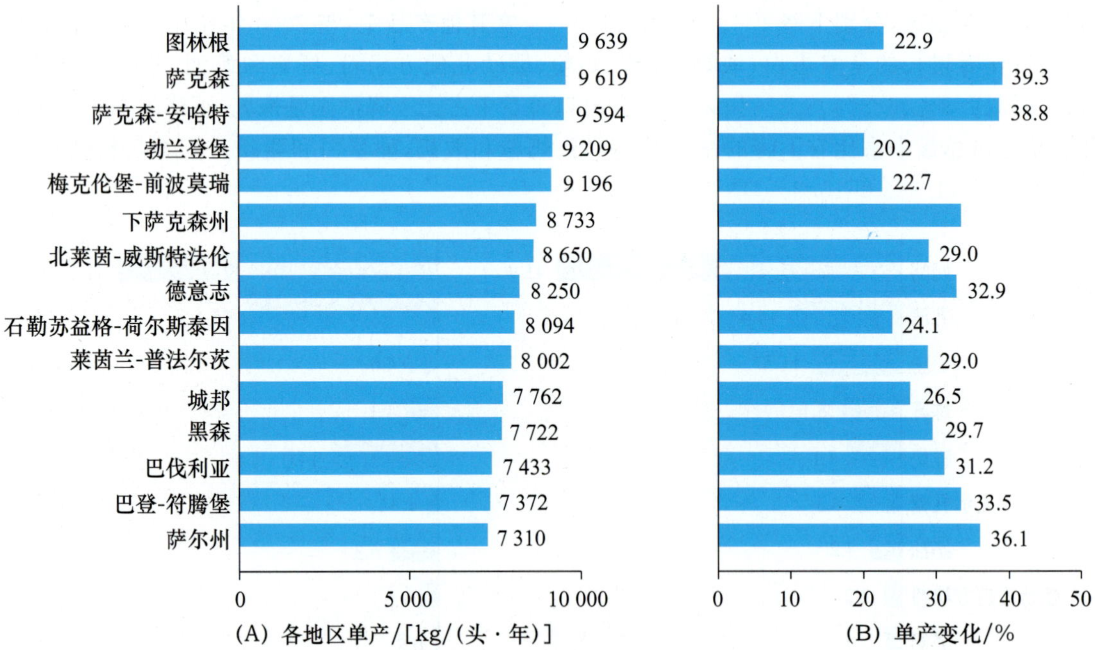

图 5　2000—2019 年德国各地区单产及变化

2.1.2　奶牛生产性能测定

欧盟的育种法规规定，必须对奶牛的产奶量进行测定，并且还要对育种价值进行评估，采精公牛需要进行后裔测定。由于欧盟的相关法律相对简单，所以德国又增加了额外的测定条件。对奶牛生产性能的检测和育种价值的评估进行了更加广泛、更加清晰的规定，并且还特别对采精公牛的遗传缺陷做了具体规定。

具体来说，在德国开展奶牛生产性能测定不能只测好的奶牛，牛场中所有的奶牛都要进行生产性能的测定，即在每个月的任意一天，对奶牛进行 24 h 产奶量的测量。德国法律规定，产奶性能测定、育种价值评估都必须由独立的组织机构来完成，而且受政府机构的监督，这样可以保证测定的公正性和独立性。政府在育种方面拥有自己制定法规和监督的权利，并且负责给牛打耳标以及牛奶的品质保证。在育种竞争非常激烈的情况下，特别是在奶牛性能测定以及育种计划和人工授精方面，政府要保证提供公平、公正的数据。

2.1.3 育种与繁殖技术

德国早在 1980 年就已经将青年母牛和泌乳牛的产奶性能分开测定，而其他国家在 1996 年以后才开始采取这种方法。1995 年，德国就已经开始对奶牛泌乳力和生产年龄进行分析与评定，并且对奶牛的遗传基因、繁殖能力以及年产率也进行了分析；此外，德国已经开始关注奶牛的泌乳力、持久性、棱角性、育肥及屠宰性能等性状，并进行遗传评估，这些均比其他国家要早得多。2005 年，德国首次采取了遗传标记辅助措施。自从德国广泛推行人工授精(artificial insemination)、超数排卵和胚胎移植(multiple ovulation and embryo transfer，MOET)技术后，育种体系不断完善和发展。

近年，奶牛育种领域中最大的热点是全基因组选择技术的应用。该技术可以对后备种公牛进行早期选择，提高选择准确性和选择强度，降低后裔测定规模和数量，提高育种和选择效率。德国、法国、荷兰和北欧合作建立了欧洲奶牛全基因组选择参考群体数据库(1.6 万头左右验证公牛)。德国作为最早开展基因技术研究的国家之一，经过多年的发展，可靠性已达到 70%。由于奶牛基因组选育技术的出现，每年后备青年公牛选择范围从传统后裔测定选育技术的 1 000 头扩大到基因育种技术的 10 000 头，选育的时间间隔也大大缩短，由 6 年缩减到 1 年，提高了选择强度，极大地加速了奶牛遗传进展。德国黑白花荷斯坦牛以及红荷斯坦牛基因组估计育种值于 2010 年 8 月在德国首次正式发布，标志着国际公牛组织对德国基因组评估体系的认可。

2.1.4 德系西门塔尔牛的培育

德系西门塔尔(弗莱维赫)牛存栏总量约 120 万头，主要分布在德国南部的巴伐利亚州，该州也是德国奶牛存栏量最多的地区。巴伐利亚州饲养德系西门塔尔牛约 100 万头，约占该州养牛总数的 80.3%(德国褐牛占 8.2%，荷斯坦奶牛占 6.0%，德国黄牛占 0.5%，其他牛占 5%)。家庭农场是养牛的主要方式，养牛户均以会员制企业的方式联合建立人工授精站、地方育种协会，人工授精站和地方育种协会通过育种推广、信息咨询、活牛市场流通等方式为农户提供服务。

德系西门塔尔牛是由瑞士西门塔尔牛和德系红荷斯坦牛杂交，并引入部分其他品种血液选育而成，有近 150 年的育种历史。德系西门塔尔牛是德国的奶牛育种专家们对原产于瑞士的西门塔尔牛运用定向选育和杂交育种手段，逐步形成的一个乳肉兼用型品系。德系西门塔尔牛的育种最早可以追溯到 18 世纪中期，当时为提高本土牛的生产性能，德国从瑞士引进西门塔尔牛与本地牛种开展杂交，其目的是通过杂交育种，培育出具有地方特色的西门塔尔品系。在培育过程中，始终坚持乳肉兼用的育种方向。为了提高母牛的产奶成绩和乳房质量，在 20 世纪 50 年代后期，引进了原产英国的纯种爱尔夏(Ayrshire)公牛来改良德系西门塔尔牛。通过这次改良，母牛的产奶性能得到提高，乳房结构进一步改善，后代继承了爱尔夏牛早熟、耐粗饲及适应能力强等特征。

经过两次杂交改良和育种方向的调整，德系西门塔尔牛的产奶性能得到了显著提高，但是后代的产肉性能明显下降。为了保持德系西门塔尔牛的乳肉兼用发展方向，20 世纪 80 年代初，德国又从瑞士引进二元杂交的西门塔尔后代公牛(红荷斯坦牛和西门塔尔牛血缘各占 50%)与肌肉丰满的德系西门塔尔母牛进行级进杂交。通过这次杂交改良，后代除了保留良好的产奶性能之外，产肉性能也超过了以往的平均水平。

2019 年，巴伐利亚州成母牛年均单产为 7 433 kg，在德国各州中依然偏低，仅排倒数第 3 位。但是，从 2000 年以来的变化情况看，巴伐利亚州成母牛年均单产提高了 31.2%，在各州中排到第 7 位。在坚持乳肉兼用方向的情况下，取得这一成绩是非常突出的。

2.2 奶牛饲料与营养技术进展

2.2.1 饲料组成与生产

饲料成本在奶牛养殖业中占总成本的40%～45%，这表明了饲料品质的重要性。德国大部分的奶农全年在牛舍内喂养奶牛，因为这种方式能保证稳定的饲料品质，其利用的草场全部为人工草场，每块草场上有10种以上牧草，保证了饲草营养的多样性，同时牧草青贮及全株玉米青贮技术得到了普及推广。这些奶牛每日摄入23～25 kg的干物质。以谷物、玉米(及其加工副产品)、棉籽、大豆饼、糠和其他的植物残渣等为基础的精饲料，保证奶牛的饲料比率。

德国十分重视奶牛饲料的生产，每一个饲养奶牛的家庭都为奶牛种植各种饲料作物，主要有麦类(包括大麦、小麦、燕麦、黑麦)、玉米、甜菜、饲料萝卜等。麦类一般加工成粉状作为能量饲料。玉米主要用来制作青贮饲料，在玉米籽粒蜡熟期，干物质含量为25%～30%时，用玉米联合收割机收割切碎，然后倒入青贮窖中，在倒入同时用拖拉机一层一层压实。青贮窖装满后，上盖内黑外白的塑料薄膜，再用长沙袋将塑料薄膜周围压紧。塑料薄膜表面外加压一层汽车废轮胎。经过一段时间后，即可作为奶牛的基础饲料。甜菜一般是制成颗粒饲料，作为补充饲料。甜菜叶也可用来制作青贮饲料，但由于甜菜叶的水分含量高，青贮窖的底面必须稍有坡度，便于水分流出。青贮时，先在窖的底部铺一层麦秸，然后再倒入打碎的甜菜叶，可不必用拖拉机压实，装满后上盖塑料薄膜即可。

除以上农作物饲料外，各种牧草的生产也是奶牛基础饲料的重要来源。德国种植的牧草品种主要有三叶草、苜蓿和黑麦草等。一般采用禾本科牧草与豆科牧草混种，以提高牧草的营养价值。在耕地面积较少的养牛家庭，采用青刈牧草喂牛比较普遍。每天早、晚各喂一次，以保证奶牛每顿有优质新鲜的牧草。在草场面积较多的养牛家庭，夏天奶牛完全靠放牧，早、晚挤奶时将牛从草场上赶回。这种草场一般安排在房舍周围近处，按每公顷草场放牧3头奶牛，采用电围栏轮牧的方式。

为了保证冬春季节奶牛基础饲料的供应，每一个养牛家庭必须制作大量的干牧草、牧草颗粒或牧草青贮，其中以制作干牧草和牧草青贮较普遍。牧草颗粒因制作成本高，一般养牛家庭不愿制作。干牧草一般在牧草开花以前制作，要求粗纤维含量不超过干物质的26%。牧草青贮的制作方法主要有2种：一种是青贮窖青贮，其方法与玉米青贮过程相同；另一种是压缩打包密封青贮，这是近几年来出现的一种新型青贮方式。每个家庭牧场对青贮饲料的生产和保存都十分重视，每家都有青贮设施和干草仓库，每年按牛的需要来生产和保存青贮饲料。每个大家畜单位，一般年保存青贮饲料10～12 m^3，干草1～2 t。

2.2.2 现代饲养技术与营养要求

现代饲养技术能够实现动物高食物摄入量。对饲料的主要要求有：①最大限度地让饲料达到有营养、易消化、美味的要求；②青草青贮产奶净能要达到6.3 MJ/kg干物质，粗蛋白质16%～19%，粗纤维23%～24%，干物质含量30%～40%；③玉米青贮产奶净能要达到6.6 MJ/kg干物质，干物质含量29%～33%，淀粉含量>32%；④有效的饲料青贮技术；⑤有效地贮存饲料。对饲养技术的主要要求有：①采用TMR技术；②用新鲜的配给的饲料喂养正在泌乳的牛群，每天2次；③充足的饲料供应，每天24 h；④尽最大可能保持牛栏卫生条件；⑤牛栏位和牛槽的比例要1∶1设置；⑥根据干物质的量平衡饲料供给。

2.3 奶牛疫病控制技术进展

在动物防疫方面如果遇到问题，一般会根据欧盟、联邦以及所在州的有关法律、法规执行。法定的疫病防疫采取强制性措施，由临床兽医实施；非法定的疫病防疫由企业自行决定和实施。防疫经费主要来自养殖户上交的动物疫病保险基金。一旦发生法定的传染病，政府财政全额补贴扑杀；发生非法定的传染病，参与保险的农户可以向动物疫病保险基金会申请提供帮助。此外，农场通过对于单个牛体的DHI(dairy herd improvement)项目分析，获得农场管理数据，有助于提高牛奶质量、饲喂优化、预防疾病，使得被感染牛群减少，为选育和淘汰奠定基础。

2.4 奶牛场粪污处理与环境保护技术进展

随着德国奶牛养殖规模化的发展，每个养殖场所产生的粪便也越来越多，但是由于有排放标准的严格限制，环境污染得到很好控制。德国按照欧盟《硝酸盐指令》规定，各地区要制定具体的氮肥施用限量，每年每公顷土地所施用有机肥当中的氮素含量不得超过170 kg。对于牲畜放牧所产生粪便排放标准可以放宽，但每年每公顷的有机氮也不得超过250 kg。同时，对秋季时有机氮残余量也有明显限制。德国也对有机磷排放量做出限制，6年时间每公顷土地五氧化二磷排放量不得超过20 kg。依据欧盟要求，德国制定有每头奶牛氮和磷产生量的计算标准，并且主要考虑产奶量和饲喂系统(放牧或舍饲)。那么，一个地区奶牛所产生的粪肥量不能超过该地区所允许的粪肥施用量加上输出或处理的粪肥量。

在严格的环境标准化要求下，奶牛场对牛粪的使用方向主要有2种途径：传统还田和生产沼气。

为了确保粪肥还田，德国奶牛养殖普遍是种养一体化模式。根据农场会计数据网络(Farm Accountancy Data Network，FADN)数据，2018年德国专业奶牛养殖户头均奶牛用地达到1.1 hm^2。2004—2018年期间，头均用地仅下降了13.7%。在控制养殖密度的同时，德国对于粪肥还田利用的还田时间、还田方式等都有明确的规定，以减少环境污染。例如，根据规定每年的12月至翌年的4月禁止施用粪肥，施用过程中要求立即或快速(在数小时内)将肥料注入/施入土壤，要求在水道附近设置缓冲带(在该缓冲带内不允许种植任何作物或不允许施肥)等。德国对养殖场排出气体亦有明确要求。如果养殖场周围80 m范围内有其他企业或居民，则要求养殖场排出的空气必须进行净化处理。

用粪便与秸秆生产沼气得到了大力的推广和支持。对沼气的开发利用不仅解决了农村能源问题，还减少了有害气体的排放，减少了对生态环境的污染；制取沼气的有机废弃物、畜禽粪便经过发酵后所产生的残渣是生态农业种植中的上好肥料。另外，沼气利用通过集中沼气发酵的厌氧消化系统，可作为控制阻断畜禽传染病的重要卫生设施。2000年德国出台了《可再生能源优先法》等鼓励沼气发电上网的一系列优惠政策，为养殖场建设沼气工程并通过发电上网增加收入创造了很好的法律环境。按法律规定，入网农户可按规定价格获得再生能源补贴。

3 原料奶质量控制与计价体系

3.1 提高原料奶质量的主要技术措施

德国牛奶的整个生产过程，即从奶牛饲料到货架上的成品牛奶都受到监控。无污染饲料，干净卫生的畜圈，质优的牛奶和奶制品运输、加工和销售方式都有标准可依。在食品安全管理上，由于采取了上市产品均需提供饲养档案(含品种、饲养期、饲养场名、用药与防疫记录等)，饲料与饲料添加剂由专门公司按严格的标准与有关法规生产，标签完善，从而在源头上保证了奶产品安全；种植环节也是如此，施用化肥、农药等均有章可循，并建立了可追溯体系；再者，所有规模化加工、零售企业与行业协会都拥有快速检测设备，不定期对农产品、奶产品的农残、药残与霉菌毒素等有害成分进行抽检，因此养牛者与饲料生产者不敢违规滥用农药、药物与有害饲料原料，从而确保上市产品安全。

欧盟委员会建立了在其框架内的食品与饲料快速预警系统(RASFF)，使成员国在人类健康发生风险或存在潜在风险时互通消息、快速预警，以便采取统一行动。联邦食品、农业和消费者保护部是联邦级别的政府部门，也是德国消费者保护的最高决策者。德国联邦风险评估研究所是2002年组建的联邦级政府研究部门，负责对德国及欧盟地区的生鲜乳质量安全进行评估，既可预测危害的发生，减少经济损失，保障消费者的健康，也可为政府管理部门制定政策和标准提供支持。联邦消费者保护与食品安全局成立于 2002 年，下设食品、饲料和接触性物品处、植物处、兽药处和基因技术处，其主要职能是在联邦风险评估研究所的专业信息基础上进行风险管理，负责指挥对突发事件的处置。该局还是欧盟和德国食品快速预警机制中重要的一环，承担了与欧盟及其各成员国、与各联邦州之间的信息交流，欧盟和德国国家各实验室对食品、饲料的市场监管信息都汇报到该局(图 6)。

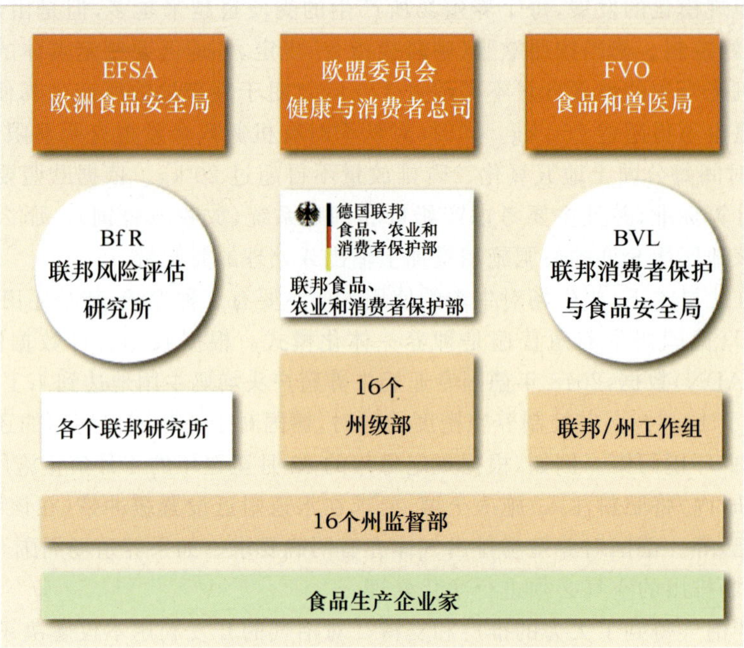

图 6　德国政府消费者健康保护合作机制

(数据来源：食品安全策略，来自德国联邦食品、农业和消费者保护部网站)

3.2　原料奶质量标准

在以法规体系完善著称的德国，对于从牛奶(及其他原料奶)到最终的牛奶制品的质量都有着细致的规定。根据联邦法律规定，一级原料奶的细菌含量的限制标准是每毫升低于 10 万 CFU，而在大多数进入工厂加工的原料奶细菌的指标都低于每毫升 2 万 CFU 的水平。德国法律对产品的命名有明确的规定，唯有其产品的生产流程和制成品达到了一定的质量水平，才允许以干酪、牛奶或黄油产品的名称销售这个产品。德国法律规定，每次工厂接收到奶农提供的牛奶时都会对相应的指标进行检验，包括脂肪含量、蛋白质含量、细菌指标、体细胞数、冰点、抗生素和药物残留等。牛奶实行车载计算机初检测和化验室检测。生产性能指标每 4 周检测 1 次，卫生防疫指标每 7 d 检测 1 次。根据按质论价的规定，任何牛奶工厂在收购原料奶的过程中，都会依照奶农所提供的牛奶质量来定价付款，其中最重要的 3 个参数就是奶量、脂肪含量和蛋白质含量。被检测的原料奶一旦有些指标超出限制，就被禁止进入加工，奶农自己承担损失。

3.3　监控原料奶质量的主要方法及惩罚措施

在德国，对原料奶的质量检测工作是由一个独立的第三方机构来完成，他们会对加工厂每一次收到的原料奶进行检验、评测质量，然后根据国家规定的原料奶级别来进行定级。检测站得出的最终数据，将成为加工厂向奶农付款的凭据。位于渥恩扎赫市的巴伐利亚乳品检测站最主要的任务就是对从农户那里收到的原料奶进行检测。检测站在运送牛奶的运输车上安装了自动抽样设备，每次抽奶之前就做一次抽样，车上有一个数据管理器把所有的数据和抽样存储在计算机里，系统会记录下每个参数，包括牛奶的温度、牛奶的容量、运奶车的状况等。样品被运到加工厂后再集中送到检测站。所有的流程都由计算机控制，每个样品也都有唯一的条码，这样便于对牛奶问题进行追踪。

3.4 原料奶计价体系

为促进原料奶质量提升，德国对奶农供给工厂的原料奶进行销售级别的规定，“按质论价”。在对原料奶的质量进行检查后，根据所处的质量等级付款，原料奶的质量越好价格越高。这就意味着对于原料奶的品质，不仅有严格的底线要求（基本的参数），更有品质提高的激励（直接反映在奶农的收益上）。其中，最重要的 3 个参数就是奶量、脂肪含量和蛋白质含量。例如，德国的主要牛奶加工商阿拉食品和 Muller 公司支付的奶价中，基础奶价是脂肪和蛋白质的价值加上一定的品质补贴，另外有一定的补偿支付，补偿支付中包含了参与者的投入资本。优质优价的具体举措也会引导原料奶成分的变化。从过去 20 年的情况看，原料奶平均脂肪含量的百分比趋于下降，从 2000 年的 4.22%降至 2019 年的 4.13%，2018 年最低时只有 4.06%。蛋白质含量的百分比持续上升，从 2000 年的 3.41%提高到 2019 年的 3.47%。另外一个重要方面是有机奶相对于普通奶获得更高的价格，并且价格的相对差距与绝对差距都在扩大。2019 年，有机原料奶单价为 47.6 元欧元/100 kg，比普通原料奶高 13.9 欧元，提高了 41.2%。2012—2019 年，两者价格的绝对差距提高了 4.4 欧元，相对差距提高了 9.9%（图 7）。

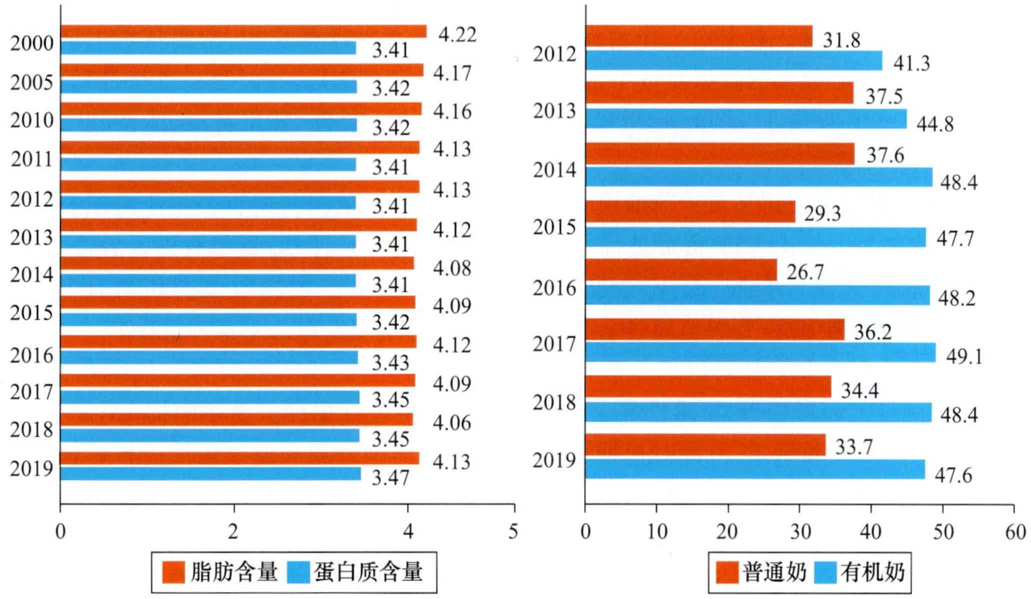

(A) 成分/% (B) 价格/(欧元/100 kg)

图 7 原料奶成分变化及普通奶与有机奶价格差异

4 科技推广体系

4.1 主要研究与推广机构

德国在畜禽育种、饲养、加工与管理等各个方面都较先进。德国荷斯坦奶牛大都分布在德国北部的 4 个州，每个州都有奶牛协会或农民组织，但在奶牛育种上采取的是全国性的联合育种，经费由联合育种组织共同承担，政府也承担部分费用。育种组织根据母牛群体生产情况集体商议决定下一步育种方案，测定功能性指标，针对不同的牛群采取不同的育种方案。育种组织要各自制定一些基本规定来履行自己的任务，育种计划是由各个育种组织自己制定和完成。目前，德国有完整的、分工明确的育种组织，包括德国牛养殖联盟（ADR）、14 家牛奶质量检测机构、地方育种公司和数据中心（Vereinigte Informations Tierhaltung，VIT）等。荷斯坦奶牛育种主要由诺丁林公司和数据中心（VIT）两个机构分工合作进行，其他品种（西门塔尔牛、瑞士褐牛、德国黄牛）的数据统计分析由位于德国南部城市慕尼黑的 BLT 机构负责，VIT 和 BLT 均为非营利组织，是德国最大的动物数据统计中心。

(1)德国养牛者联合会。德国养牛者联合会是一个全国性的综合组织，它是由 22 个养殖者联盟、13 个育种和人工授精组织以及 14 个产奶性能检测组织组成的。德国养牛者联合会是德国养牛业的核心机构，是负责国内外相关机构以及政策的首要平台，为政府制定相关法律提供帮助，也为相关机构出具兽医证时提供协助。德国养殖者协会也是合作性的组织，是唯一被授权开展育种计划的组织，即在德国动物育种法框架下，只有养殖协会拥有正式进行牛繁殖的批准书，从而经营具体动物品种的育种方案。它的工作范围包括 3 个方面：一是管理育种登记；二是执行育种计划；三是牛的国内外营销工作。目前，德国超过 50%的牛是育种协会登记在册的，80%以上的牛采用人工授精，并且 80%以上的奶牛有 DHI 记录。

(2)数据中心（VIT）。数据中心（VIT）是官方的非营利数据收集和处理机构，受政府机构监督，负责黑白花牛、红白花荷斯坦牛、德国红牛和娟姗牛的登记和产奶性能记录（MLP）。数据处理中心深入德国北部荷斯坦牛重点产区，从奶牛场、牧场主那里收集奶样，经过测试后再把数据反馈到奶牛场和牧场主。数据中心的费用来自会费和政府资助两部分，每头牛生产性能测定需要缴纳 23 欧元的服务费，州政府每年补贴 50%的经费。该中心管理 350 万奶牛的生产性能记录，并进行数据处理；同时将信息发放给奶牛生产者作为对种畜进行育种值评估的依据。数据中心作为官方指定的奶牛育种评估机构，利用从奶牛场、人工授精中心（公牛站）和牛奶检测中心收集的数据对母牛进行生产性能测定（DHI），并对公牛进行育种值评估。育种值包括总价值指数、产量育种值（产奶量、乳脂和乳蛋白）、乳用特征指数（乳用特征、体型、肢蹄和乳房）、体细胞指数和遗传育种值等。

(3)诺丁林公司。诺丁林公司是负责荷斯坦牛育种的专业公司，德国荷斯坦公牛册由该公司发布，其后裔测定公牛的数据收集与分析由 VIT 负责进行，诺丁林公司制定育种计划，每年对进入后裔测定程序的种公牛采精并随机分散到德国各农场，由 VIT 将公牛女儿的各项生产数据收集分析后计算综合育种值（RZG）。诺丁林公司后依据 RZG 育种值将种公牛进行排名并每季度发布公牛育种值排名。

诺丁林公司每年对 250 头年轻公牛进行后裔测定。他们首先从 41.3 万头有三代谱系的奶牛中选出 350 头符合各项指标、性能超群的母牛，用世界上排名靠前的公牛进行配种。受孕率按 70%～75%计算，能得到 300 头小公牛。小公牛长到 12 月龄时根据它们的日增重、体型外貌和健康程度进行评估并挑选，最后对 250 头最好的小公牛进行后裔测定。每头公牛采精后分配给不同牧场的 650 头母牛配种，待它们产犊后通过新生母牛的产奶性能、乳蛋白、乳脂、乳用特征、体型、肢蹄、乳房及产犊容易程度等对公牛的产量育种值、乳用特征和遗传育种值等进行评估，并通过体细胞数对健康程度做出评估。后裔测定的结果出来后，按照德国的选择标准，只留 5～8 头高质量公牛用于精液生产。

通过合理的育种计划和严格的选育程序，诺丁林公司提高了德国牛群的产奶量、乳脂率和乳蛋白率。1990—2019 年，德国奶牛年均产奶量从 4.7 t 提高到 8.3 t。

(4)巴伐利亚牛种培育推广联合会（VFR）。德国德系西门塔尔牛的育种组织多是以养牛农户（家庭农场）为基础，由联合会、协会、企业及政府共同参与的联合育种组织体系。巴伐利亚牛种培育推广联合会（VFR）是目前德国最大的育种服务联合组织，它的前身是“上巴伐利亚牛种培育推广联合会”，成立于 1969 年，1999 年联合会更名为 VFR。它由巴伐利亚州 3 家人工授精组织和 5 家育种协会联合组成，它主要任务是协调并规划联合会内部的育种发展方向，针对会员的要求提供及时、有效的服务，包括提供基因产品和相关咨询等。

(5)宝牛育种中心（BVN）。德国宝牛育种中心成立于 1948 年，是 VFR 中 3 家人工授精组织之一。它是德国目前最大的人工授精站，在乳肉兼用奶牛的育种方面占据绝对主导地位。宝牛育种中心是农户在自愿前提下建立的会员制企业，目前拥有2万多正式和非正式会员，平均每家会员牛场(户)存栏40头产奶母牛。农户只要遵照BVN的章程，签订会员协议，无须缴纳会员费即可成为BVN的会员。BVN为会员农户提供的主要服务项目有3项：一是开展牛人工授精业务，向农户提供牛冷冻精液；二是为农户提供胚胎移植服务，包括冲胚和移植；三是向农户提供技术服务，包括良种推广、牛场管理和技术培训等，并帮助农户进行计划选配和遗传评定等。

BVN用来采精的种公牛全部来自会员农户。BVN每年都会根据血缘、体型外貌、繁殖性能等指标，从会员农户的青年公牛中测定挑选出后备公牛，并对原有的后备公牛进行部分淘汰，保证340头的后备公牛群体。而后，在340头后备公牛中挑选出120头作为测定公牛，用于奶质和肉质的后裔测定，只有20%通过国家检测的后备公牛才能获得采精许可并成为BVN的验证公牛，最顶尖的3%用于选种选配的育种计划。

(6)荷斯坦牛育种协会。德国的荷斯坦牛育种协会是于1992年由6个组织联合组建的，其中种公牛站2个，育种协会3个，另一个是贸易组织。该协会共拥有7 600多个会员，每个会员每年缴纳30欧元的会费。协会本身有74名人工授精员、70名兽医、17名饲养技术员和22名行政管理、登记人员。德国荷斯坦牛育种协会是德国养牛者联合会的一个会员，下设14个地区性育种组织。荷斯坦牛育种协会是为养殖者提供农业方面服务的组织，而14个地区性的育种组织的具体任务就是进行种畜育种、登记、奶牛的分类以及分级，他们为企业提供人工授精服务、公牛饲养、生物技术、基因组分析和冻精销售。育种计划由这14个地区性的育种组织完成，包括公牛育种计划以及所有的育种咨询。另外，与其他国家的育种组织不同的是，这14个育种组织还做营销工作，他们为养牛者做种畜销售，负责把公牛从一个牛场销售到另一个牛场中，另外还负责种牛的出口。

荷斯坦牛育种协会的育种程序是：首先，按照德国荷斯坦牛育种目标中综合产奶量、综合寿命、体型结构、乳房健康、繁殖率等育种值，以及6个生产性能指标，对所有注册牛建立基因库。其次，从几十万头基础母牛中选择100～200头的种母牛对其生产性能进行逐个测定。再次，选择最优秀的种母牛生产胚胎和胚胎移植，对后代全部进行考察，进而评价种母牛。最后，德国利用每年4次的种牛拍卖会实现优秀个体的市场推广。

(7)兽医机构。联邦政府的食品、农业与消费者保护部、卫生部都设有兽医局，两个兽医局的工作职责范围有明确的分工。两个兽医局还共同设立了一个兽医研究中心，包括病毒研究所、动物传染病研究所、动物健康研究所和兽用药品研究所。州、区(地区)、县(市)三级均设有兽医机构。在州一级还设有政府资助的化学与兽医检验局，其职能是受政府委托开展检疫、检验，出具检测报告作为处罚依据(自身无行政处罚权)。另外，设有一个民办的动物疫病保险处(或称基金会)，挂靠兽医检验局。

4.2 运作模式

在德国，农业科技推广实际上是农村综合咨询模式，这是农业科技推广发展到一定阶段的必然产物。在德国，农业科技推广咨询的内容极其广泛，包括了与农村居民生产和生活有关的各种技术和信息的咨询。参与农业科技推广的组织类型甚多，主要的推广咨询体系是政府官办的，上至联邦政府和州政府农林食品部，下至县农业局都有相应的机构设置。此外还有生产者自我服务的各种民间组织(如各种咨询公司、农民协会、合作社、社区服务组织、教会组织等)、大学及科研机构、各种商业企业与公司(如信贷、银行、保险机构以及各种企业集团和个体企业)。这些机构有专职独立的，也有附属兼营的。在各种农业法案中都规定，农民可以免费享受政府的农业推广咨询服务。

5 促进奶业发展的主要政策

5.1 促进奶业生产的政策

德国农业发展的一个显著特色，就是多方面的政策扶持和政府补贴，激发农民的生产热情，保障农民收入，促进农业发展。

一是直接补贴。在欧盟共同农业政策框架下，德国奶农得到大量的补贴。根据 FADN 统计数据，2018 年德国奶农户均获得政府补贴 3.7 万欧元，补贴平均占奶农纯收入的 72.3%。从 2004 年以来的情况看，补贴收入占纯收入的比重基本都在 50%以上，在 2008 年、2009 年和 2015 年等年份补贴收入占纯收入的比重都超过 100%，也就是说没有补贴的话奶农都是亏钱的(图 8)。

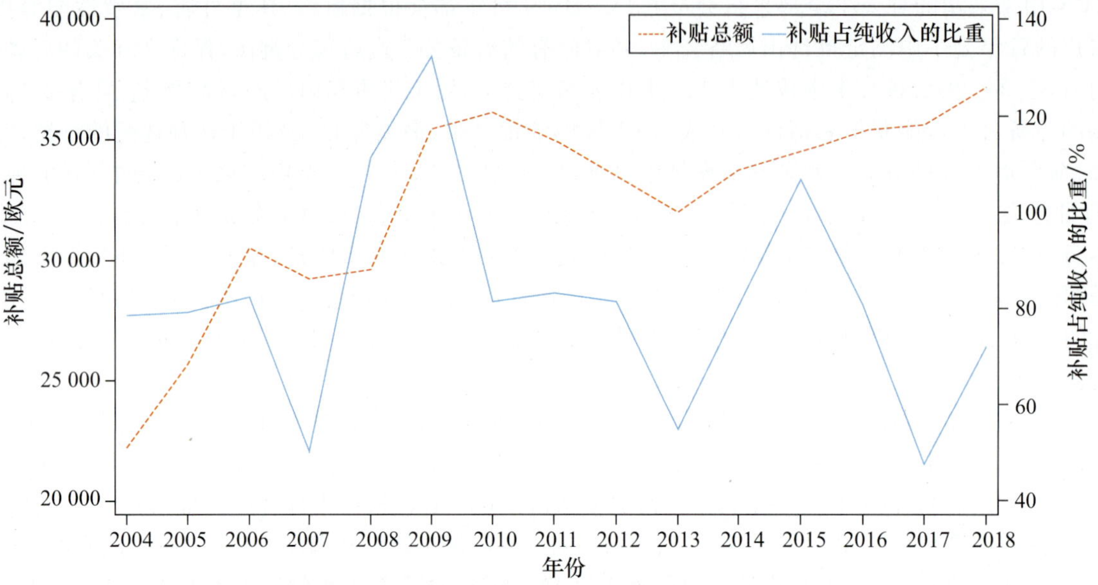

图 8　奶农获得补贴总额及补贴占纯收入的比重

二是政府加大对农业企业及项目的补贴和融资支持。成立专门的政策性银行——德国农业养老金银行，为农业企业提供融资便利。对扩大生产规模、降低成本、引进环保措施等投资提供补贴及贴息贷款。投资额 1 万～10 万欧元的小型项目，提供偿还期 10 年、利率不超过 5%的优惠贷款。5 万～125 万欧元的大项目，可申请利率不超过 5%、偿还期 20 年的优惠贷款，政府进行贴息。对山区、低产区及受地理条件限制、种植面积较小的农业企业进行补偿，每公顷补贴额在 25～180 欧元之间，每个企业最多可领补贴 16 万欧元。雇用员工 2 人以上的，每多 1 名雇员可额外得到 8 000 欧元补贴。

三是给予农业企业全面的税收优惠。农业企业、合作社可获得免交营业税、机动车辆税的待遇。为农业企业提供咨询、农机出租等服务的合作社免交法人税(25%)，农业企业联合体自成立之日 10 年内，每年享受 15 339 欧元的法人税免税额度。另外，农产品增值税税率为 7%，远低于其他产品的 16%。在能源税方面，农业企业用电量超过一定额度，可享受高达 80%的减税优惠，如果从可再生能源发电站购电，可予以免税。年用量超过一定标准的，可减掉 80%的矿物油税。

为稳定内部市场欧盟实施了干预购买和私人储备援助计划。欧盟制定乳制品区内市场参考价格，当区内价格低于参考价时，将启动干预购买计划，将产品转入库存。干预购买机构由各成员国政府指定，该机构按照欧盟规定的标准购进产品，并根据“避免扰乱市场平衡”的方式将产品用于加工行业、食品援助、向非营利机构销售、饲料生产以及通过补贴出口。此外，欧盟还有私人储备援助计划。由欧盟确定私人储备产品的标准、数量，并根据储藏成本和可能的价格趋势调整和确定支持水平，以合同的方式对私人储备乳制品给予补贴。以黄油来说，按照欧盟的统一规定，根据 2003 年 6 月的卢森堡决定，黄油的干预只能在每年的 3 月 1 日—8 月 31 日进行。2004 年按干预价格的 90%收储 7 万 t 黄油，超过这个数量后就改为招标收储。之后逐年减少定额，至 2008 年取消定额。表 6 列出了 2000 年以来德国为维护奶业市场稳定对黄油和脱脂奶粉实施的干预价格。目前，收储黄油与脱脂奶粉的干预价格分别为 221.75 欧元/100 kg 和 169.8 欧元/100 kg，与 2000 年相比都有较大幅度下降，降幅分别为 32.4%和 17.4%，反映的是减少干预水平，更多发挥市场波动调节供需的作用。

表 6 黄油与脱脂奶粉干预收储的价格 欧元/100 kg

时间	黄油		脱脂奶粉	
	参考价格	干预价格	参考价格	干预价格
2000 年 7 月—2004 年 6 月		328.2		205.52
2004 年 7 月—2005 年 6 月		305.23		195.24
2005 年 7 月—2006 年 6 月		282.44		184.97
2006 年 7 月—2007 年 6 月		259.52		174.69
2007 年 7 月—2008 年 6 月		246.39		174.69
2008 年 7 月—2008 年 8 月	246.39	221.75	174.69	174.69
2008 年 9 月—2013 年 12 月	246.39	221.75	169.8	169.8
2014 年 1 月以来	246.39	221.75	169.8	169.8

5.2 促进奶业加工的政策

在奶业生产方面，主要通过组建集产加销于一体的奶业合作社促进生产。合并建立大规模和高度专业化的奶业合作组织被认为是增强全球竞争力和市场生存能力，提高生产效率和改善奶农生产、生活条件的重要途径。奶农在自愿基础上组建合作社，通过合作社兴办乳品加工厂，奶农既是合作社的主人，也是乳品加工企业的主人，形成了一个利益高度一致的完整产业链。在大型奶业合作社致力于拓展国际市场的同时，小规模的奶业合作社则主要通过致力于产品多样化，占据当地市场。

奶业合作社为奶农提供从饲料、配种、防疫到收奶等一整套服务，出资组建的乳品加工厂不仅实现了利润的增值，还解决了原料奶的市场销路问题。大部分奶业合作社加工厂的利润分为 3 部分，一部分用于加工厂的扩大再生产，一部分作为奶农交奶的红利返还，一部分用于补贴奶业合作社为奶农提供的各类服务。利益返还解决了生产环节利润偏低的问题，促进了奶牛养殖业的可持续发展，进而为加工厂提供了稳定可靠的原料来源。

5.3 促进奶业贸易的政策

欧盟使用进口关税配额和出口补贴等贸易政策工具促进奶业贸易发展。虽然欧盟是全球最大的乳业生产方，但由于成本偏高，产品缺乏竞争力。为避免区内乳业受到进口产品冲击，欧盟乳制品保持较高的进口关税，并通过关税配额限定进口量。2009 年 1 月，欧盟宣布重新启动对乳制品的出口补贴。为提高效率，欧盟还每月 2 次调整和确定出口补贴标准和数量。贸易商通过自主选择公共补贴或招标补贴方式，获得出口补贴支持。干预购买以及严格的进口配额与高关税，使区内乳制品价格通常高于国际市场。为提高欧盟乳业产品竞争力，欧盟根据国际市场价格和区内价格之差、出口产品品种和出口目的地等因素，每月调整、确定出口补贴的水平和数量，并通过欧盟官方期刊公开发布。由于对市场的干扰，2015 年欧盟正式宣布在 2018 年底前全部取消出口补贴。

5.4 促进奶业消费的政策

德国一方面通过各种媒体宣传奶类产品的营养、健康价值，开展乳制品消费宣传活动，扩大消费群体，挖掘乳制品消费潜力，促进广大民众消费乳及乳制品。另一方面德国生产加工种类丰富、不同价格等级的乳制品供消费者选择，并对加工原料、生产过程以及成品的特质等有详细的规定。例如，德国有两个黄油产品级别，最高的级别称为商品黄油，其次是牛奶厂黄油。根据质量检查的结果来判断它所属的产品级别，乳业公司的黄油产品会得到相应的资质证明，唯有优质的产品才能以更高的价格出售，其效益直接反映在乳制品公司的财务报表上，这使得德国90%以上的黄油都是在商品黄油这个最高级别层面上销售的。

6　值得借鉴的主要经验

6.1　经营模式方面的经验

第一，德国奶牛业合作组织模式值得我们学习借鉴。农业合作社遍布德国农村地区，为农民提供农产品生产、加工、销售以及信贷、农资供应、咨询等服务，成为农业产业化经营的重要组织载体。合作社不仅提高了农业生产和销售的组织化和产业化程度，有利于推进农业结构调整，而且在促进德国农村地区发展、提高农民收入等方面发挥了不可替代的作用。目前，在我国奶业发展体制下，奶农与企业无法结合成一个利益整体，奶农始终处于一个弱势地位。利益联结机制不合理加大了奶农面对市场波动的脆弱性，使得奶业养殖基础不能得到巩固，成为制约中国奶业振兴的重要短板。

第二，德国科学计算农场最佳经营规模，不盲目追求最大规模。在德国，畜禽生产企业几乎没有“巨人”企业。德国人认为最大获利并不代表最佳收益，只有最佳规模才能获得最佳效益。最佳规模对企业本身而言，取决于基础设施投入、流动资金占用、雇工数量等。近年，我国奶牛养殖规模化快速发展，散养户几乎消失殆尽，中小规模养殖户也大量退出。大规模养殖户，尤其是一些超大规模养殖企业的发展，既出现了显著的环境威胁，也面临去农、离农的经济社会影响。

第三，德国奶业发展的社会化服务体系值得学习借鉴。德国有完整的、分工明确的育种与繁殖组织，包括德国牛养殖联盟(ADR)、14家牛奶质量检测机构、地方育种公司和数据中心(VIT)等。德国奶业的发展经验表明，健全、完善而周到的服务可以解决奶农养殖面临的技术供给、技术进步问题，促进效率效益与品质的不断提升。目前，中国奶业发展的社会化服务体系还不健全，在繁育、疫病防控、营养等各个方面都有进一步发展的要求。

6.2　科技创新方面的经验

德国建立了完备的奶业科技创新体系，对于提高奶牛生产性能、劳动生产率、原料奶质量等都起到了重要作用。首先，从开发中国本土优势品种资源角度看，德国利用乳肉兼用品种发展奶业生产的经验值得我们学习借鉴。德系西门塔尔牛在泌乳性能、产肉性能、抗病能力、利用年限等各方面表现得都非常优秀，农场主从奶牛养殖中获益匪浅。我国也有西门塔尔牛、三河牛、草原红牛、新疆褐牛等乳肉兼用型品种，但是，由于保护、选育、开发等相应技术措施没有跟上，致使其综合生产力水平偏低，在综合经济性能方面与德系西门塔尔牛有相当大的差距。其次，发展现代养殖装备与技术不断提高管理水平和管理效率的经验值得借鉴。在德国，无论是家庭式的农场，还是实验基地、试验场及农产品深加工车间，徒手或简单劳动工具式的生产均被高度机械化、自动化及流水线作业式的劳动方式所替代，中等规模的家庭牧场管理通常主要由家庭成员即可完成。虽然我国奶牛养殖正在朝着规模化、集约化的方向快速发展，但是管理水平和效率仍有待继续提升。

6.3　产业政策方面的经验

德国奶业发展构建起的健全的产业政策体系是其实现奶业高质量发展的重要保障。具体来说，一是奶业发展的相关支持和保护政策为奶农的生产积极性提供了保护，促进了奶业养殖基础的不断巩固。二是严格的环境标准和健全的环境管理体制促进了奶业的绿色可持续发展，沼气发电等生物质能源补贴促进了粪便能源化、资源化利用的发展。三是健全的质量安全管理体系保障了乳品质量安全，为德国奶业竞争力奠定了质量安全的基础。四是健全的市场稳定机制对于平抑国内外奶业市场波动冲击起到的重点作用,促进了产业的平稳持续发展。五是奶业多形态发展保障和提升了奶农的利益。在社会化服务体系与质量安全管理体系的保障下,观光牧场、奶农办加工等一二三产融合的奶业新业态新模式也不断发展。中国正加快推动奶业振兴,实现这个目标除了需要加快生产力的发展,还需要政策体系与管理体制的现代化,德国奶业在推动绿色发展、保持市场稳定等方面的做法都值得学习借鉴。

参考文献

[1]于洁. 德国生物能源政策规划及发展状况.(2006-04-17). http://www.istis.sh.cn/hykjqb/wenzhang/list_n.asp? id=1610&sid=2.

[2]赵宏亮,刘云祥,宋乃社. 德国奶牛育种系统介绍. 2009-11-09. http://www.dairyfarmer.com.cn/kxyn_fzyz/2009-11-09/2682.chtml.

[3]山东省畜牧协会奶业分会考察团. 德国汉诺威国际畜牧展及德国、荷兰、意大利奶业考察报告. 中国乳业,2011(3):55-57.

[4]张名臣,张洪涛,李彦彬. DPC21 软件和计步器在奶牛场中的应用. 黑龙江动物繁殖,2008,3(16):45-46.

[5]荀牧. 德国德系西门塔尔(弗莱维赫)牛育种与管理情况. 黑龙江动物繁殖,2010,1(18):52-54.

[6]李胜利,张胜利,刘建新,等. 奶牛产业与技术进展. 中国畜牧杂志,2011,47(4):42-46.

[撰稿:中国社会科学院农村发展研究所 刘长全;内蒙古农业大学经济管理学院 郭婷 杜哲 乔光华]

附 表

附表 1 1961—2019 年德国奶牛头数、单产水平和总产奶量

年份	奶牛头数/千头	平均单产/(kg/头)	总产奶量/万 t	年份	奶牛头数/千头	平均单产/(kg/头)	总产奶量/万 t
1961	5 897	3 109	2 479.6	1 991	5 632	5 160	2 906.3
1962	5 922	3 099	2 487.1	1 992	5 365	5 217	2 799.1
1963	5 835	3 188	2 558.7	1 993	5 301	5 301	2 809.8
1964	5 816	3 247	2 587.2	1 994	5 273	5 264	2 786.6
1965	5 854	3 351	2 675.8	1 995	5 229	5 424	2 860.7
1966	5 859	3 384	2 724.4	1 996	5 195	5 513	2 877.9
1967	5 866	3 450	2 775.8	1 997	5 026	5 574	2 870.2
1968	5 878	3 542	2 844.4	1 998	4 833	5 707	2 832.9
1969	5 848	3 555	2 854.4	1 999	4 765	5 909	2 833.4
1970	5 593	3 629	2 806.1	2 000	4 570	6 122	2 833.1
1971	5 414	3 591	2 742.1	2 001	4 549	6 213	2 819.1
1972	5 466	3 698	2 806.6	2 002	4 427	6 272	2 787.4
1973	5 487	3 680	2 803.6	2 003	4 372	6 537	2 853.3
1974	5 393	3 759	2 857.4	2 004	4 285	6 585	2 824.5
1975	5 395	3 813	2 868.7	2 005	4 236	6 761	2 845.3
1976	5 387	3 891	2 924.6	2 006	4 081	6 849	2 799.5
1977	5 417	3 901	2 947.0	2 007	4 071	6 944	2 840.3

续附表 1

年份	奶牛头数/千头	平均单产/(kg/头)	总产奶量/万 t	年份	奶牛头数/千头	平均单产/(kg/头)	总产奶量/万 t
1978	5 443	4 024	3 049.4	2 008	4 218	6 827	2 865.6
1979	5 443	4 112	3 108.0	2 009	4 205	6 977	2 919.9
1980	5 469	4 235	3 210.0	2 010	4 183	7 083	2 907.6
1981	5 438	4 188	3 203.5	2 011	4 190	7 240	3 010.0
1982	5 530	4 099	3 218.3	2 012	4 190	7 323	3 068.5
1983	5 735	4 355	3 409.1	2 013	4 268	7 343	3 133.8
1984	5 582	4 407	3 378.9	2 014	4 296	7 541	3 239.5
1985	5 451	4 466	3 358.8	2 015	4 285	7 628	3 268.5
1986	5 391	4 641	3 453.9	2 016	4 218	7 746	3 267.2
1987	5 077	4 582	3 251.6	2 017	4 199	7 763	3 259.8
1988	5 024	4 558	3 202.8	2 018	4 101	8 063	3 306.5
1989	4 929	4 707	3 255.9	2 019	3 950	8 400	3 325
1990	6 355	4 927	3 134.2				

数据来源：联邦统计局 BMELV，MIV。

附表 2 1961—2019 年德国主要乳制品产量

万 t

年份	液态奶	奶油	奶酪	炼乳	全脂奶粉	脱脂奶粉和干乳酪	黄油
1961		12.5	38.0	41.2	3.2	10.4	63.4
1962		13.3	40.4	44.6	3.3	13.1	63.2
1963		14.0	42.9	48.2	3.5	15.9	65.4
1964		14.6	45.6	48.9	3.8	18.4	66.4
1965		15.3	50.0	50.0	4.5	24.4	69.8
1966		16.6	52.4	48.7	4.4	31.0	70.6
1967		17.2	55.6	50.0	4.6	40.9	72.7
1968		18.6	58.1	49.9	5.3	48.8	75.6
1969		19.9	61.9	51.1	6.4	48.8	73.7
1970		21.1	65.0	51.1	7.6	49.5	72.1
1971		21.7	67.1	53.5	8.1	49.8	69.6
1972	314.3	22.7	54.6	45.1	3.8	46.2	48.9
1973	317.2	22.9	56.3	42.4	9.5	49.5	51.0
1974	297.1	23.8	59.5	45.1	6.2	52.4	50.8
1975	302.5	24.6	61.7	45.3	5.3	56.2	51.8
1976	311.3	25.2	64.9	45.3	5.6	57.4	54.2
1977	302.5	27.2	69.1	47.8	7.0	55.9	53.3
1978	319.4	29.1	71.3	49.1	8.8	59.5	56.3
1979	327.2	30.7	73.2	48.9	9.7	62.5	56.7
1980	334.5	29.6	77.4	50.7	12.7	64.1	57.6
1981	343.2	28.6	81.4	57.2	13.1	59.2	54.4
1982	351.4	29.3	83.9	56.1	13.3	61.0	55.6
1983	363.7	30.3	84.7	50.1	12.8	71.9	62.7
1984	358.7	31.8	87.8	50.3	13.7	60.0	57.2
1985	359.8	33.6	91.6	52.7	12.3	54.9	51.5
1986	352.8	34.7	92.3	50.0	12.1	64.3	56.6
1987	357.5	36.8	95.4	40.9	12.9	47.1	46.4

续附表 2

万 t

年份	液态奶	奶油	奶酪	炼乳	全脂奶粉	脱脂奶粉和干乳酪	黄油
1988	370.1	38.8	100.8	45.8	15.7	40.3	39.2
1989	379.1	40.5	105.0	42.9	17.4	44.6	39.8
1990	409.4	43.2	111.5	44.0	14.2	44.5	39.3
1991	509.9	45.2	124.5	47.4	23.7	55.1	55.3
1992	524.5	48.2	129.5	50.3	22.4	40.2	47.4
1993	607.4	49.4	133.6	51.4	20.6	43.4	48.2
1994	543.7	50.9	139.9	52.8	20.2	38.2	46.1
1995	560.3	52.3	145.3	55.1	22.1	40.6	48.6
1996	561.3	54.5	153.0	54.1	20.1	40.1	48.0
1997	550.3	54.9	159.0	56.6	20.1	33.9	44.2
1998	540.4	54.4	160.2	55.7	20.3	32.8	42.6
1999	539.0	54.8	159.4	56.4	20.0	34.2	42.7
2000	542.4	55.1	168.6	56.7	18.5	33.5	42.5
2001	548.5	57.2	176.4	58.8	16.7	30.6	42.0
2002	552.4	54.4	176.4	52.5	15.4	31.3	43.5
2003	582.1	54.0	181.6	49.2	15.4	32.3	45.2
2004	580.5	54.6	186.5	46.3	16.2	24.2	44.4
2005	578.3	54.7	192.4	44.7	16.1	25.7	45.5
2006	597.1	56.2	199.5	47.0	15.7	19.1	43.8
2007	592.8	56.1	201.9	44.6	17.0	23.2	44.5
2008	513.2	55.4	202.3	41.6	9.0	22.7	46.5
2009	528.8	56.8	208.6	42.1	8.0	28.6	45.3
2010	527.6	55.6	216.9	42.0	8.4	25.9	44.9
2011	523.8	54.7	219.6	41.2	9.4	30.1	47.4
2012	525.4	54.2	224.0	44.4	8.8	31.4	48.9
2013	516.2	54.9	225.8	40.0	11.4	31.6	49.1
2014	525.1	56.8	229.8	41.3	11.6	35.7	48.9
2015	498.0	56.7	232.0	41.2	12.1	40.0	51.7
2016	499.3	58.6	228.5	35.1	12.8	43.6	51.6
2017	474.3	57.8	230.4	37.3	13.5	43.0	49.7
2018	464.6	55.2	233.9	33.3	14.3	41.4	48.4
2019	413.8	50.6	219.6	30.2	12.5	35.6	45.3

数据来源：1972—2019 年来自 Eurostat；1972 年之前来自 FAO，其中缺少液态奶产量。

附表 3　1961—2019 年德国主要乳制品进出口贸易额

千美元

年份	进口额					出口额				
	鲜奶油	奶酪	鲜奶	脱脂奶粉	黄油	鲜奶油	奶酪	鲜奶	脱脂奶粉	黄油
1961	0	77 482	4 927	1 201	30 952	0	9 884	47	851	2
1962	0	82 030	4 854	1 611	40 927	0	14 613	78	166	74
1963	0	88 393	4 807	1 985	28 966	0	15 949	43	391	92
1964	0	97 048	4 097	1 902	22 803	0	20 137	81	2 457	183
1965	0	107 342	3 915	6 524	14 848	0	26 813	26	5 985	20 964
1966	1 116	128 734	4 604	9 563	14 443	7	31 745	38	21 266	11 773
1967	636	132 162	4 503	4 578	14 082	0	33 872	56	41 107	17 238
1968	486	100 153	4 897	827	24 006	7	42 395	386	41 652	17 166

续附表 3　　千美元

年份	进口额					出口额				
	鲜奶油	奶酪	鲜奶	脱脂奶粉	黄油	鲜奶油	奶酪	鲜奶	脱脂奶粉	黄油
1969	857	137 688	5 741	10 672	34 644	678	54 224	2 592	30 791	19 276
1970	1 516	166 780	5 427	1 515	78 283	881	61 756	5 218	41 715	25 941
1971	1 643	201 765	6 168	1 919	75 964	2 911	73 405	17 639	95 571	76 644
1972	736	243 648	11 882	10 279	99 159	362	92 645	30 213	115 002	26 218
1973	649	329 230	26 315	6 628	85 158	2 463	126 534	62 028	151 601	104 904
1974	442	371 180	25 417	3 075	63 533	3 376	186 571	100 552	171 822	238 339
1975	405	436 047	21 186	8 851	65 997	5 059	221 048	116 326	175 726	326 027
1976	401	482 256	20 355	156 443	97 829	8 822	260 594	160 007	122 868	253 564
1977	864	557 620	20 466	22 266	70 419	14 321	324 929	198 373	179 952	324 684
1978	2 882	692 188	28 411	201 662	141 429	16 012	427 040	245 257	285 426	323 389
1979	5 125	779 478	37 639	57 909	184 853	29 378	533 246	340 145	554 074	391 885
1980	8 628	894 523	45 148	31 108	177 303	36 632	617 416	333 032	577 772	671 859
1981	8 211	809 634	45 382	83 453	230 925	37 848	638 602	373 755	322 521	732 660
1982	6 740	765 044	43 753	185 608	196 481	37 550	657 073	419 839	295 876	533 017
1983	6 243	754 292	40 471	278 432	195 768	35 048	644 390	377 079	273 241	356 742
1984	5 167	711 827	38 619	158 284	183 490	42 428	660 114	373 029	359 510	249 864
1985	5 807	784 860	42 751	135 817	228 143	52 539	634 704	446 966	284 935	193 704
1986	9 694	1 056 532	56 501	551 727	280 037	83 420	844 446	542 853	339 283	330 083
1987	13 857	1 340 179	65 132	34 866	361 641	111 235	981 136	646 815	852 659	331 921
1988	13 858	1 433 348	69 592	43 619	461 616	139 092	1 108 456	723 734	1 490 380	360 121
1989	16 108	1 447 831	69 122	78 152	410 779	138 603	1 097 138	701 378	814 072	369 644
1990	19 502	1 850 846	85 740	228 290	401 051	143 993	1 249 736	656 905	587 943	315 582
1991	21 253	1 987 852	94 122	44 402	391 456	166 071	1 193 729	763 734	835 012	449 689
1992	22 568	2 304 700	110 169	60 205	473 317	209 771	1 401 916	903 945	1 110 100	226 408
1993	16 887	1 838 158	97 744	81 038	388 992	221 630	1 347 211	911 024	900 511	214 483
1994	22 698	2 077 835	108 512	108 935	421 116	205 426	1 415 060	919 745	712 888	157 748
1995	38 251	2 174 085	140 160	76 410	558 261	199 624	1 482 321	1 010 968	878 075	232 386
1996	39 037	2 315 797	152 541	93 153	521 890	212 840	1 736 971	1 020 936	843 411	180 567
1997	65 527	2 110 808	164 649	88 559	553 836	167 127	1 672 478	953 227	600 608	151 447
1998	85 751	1 933 856	252 869	65 865	506 591	181 292	1 626 537	1 024 974	512 459	138 121
1999	84 174	1 740 322	267 885	63 495	409 558	145 474	1 378 430	938 410	550 840	139 470
2000	81 167	1 466 767	180 262	69 216	376 613	161 339	1 409 358	629 889	552 856	134 931
2001	73 008	1 549 910	180 250	54 042	313 570	149 122	1 546 157	569 519	546 027	128 087
2002	91 930	1 651 175	247 937	72 716	409 340	135 041	1 442 448	538 636	265 592	115 937
2003	121 782	2 137 108	458 485	113 628	555 311	201 735	2 092 098	688 747	543 512	227 845
2004	222 036	2 491 065	424 659	142 202	463 972	281 595	2 416 973	920 421	581 224	277 021
2005	237 215	2 269 265	387 458	111 943	472 456	255 129	2 442 520	792 852	512 566	273 907
2006	247 337	2 517 608	460 807	117 815	632 694	247 101	2 835 146	829 489	374 338	253 115
2007	341 091	3 286 476	570 229	238 169	838 405	361 109	3 704 866	1 019 885	749 925	403 295
2008	300 221	3 911 239	864 328	238 173	613 023	383 302	4 384 945	1 168 329	643 628	454 345
2009	228 711	3 334 715	631 442	132 434	398 147	335 220	3 597 180	956 203	461 114	338 391
2010	359 259	3 393 680	671 941	148 128	620 008	383 749	3 988 695	1 059 802	621 864	515 167
2011	448 276	3 997 915	860 176	145 978	742 975	432 328	4 695 330	1 195 006	945 849	614 075
2012	360 058	3 830 537	704 858	128 024	483 144	347 876	4 208 264	964 858	839 028	439 946

续附表 3 千美元

年份	进口额					出口额				
	鲜奶油	奶酪	鲜奶	脱脂奶粉	黄油	鲜奶油	奶酪	鲜奶	脱脂奶粉	黄油
2013	417 936	4 194 479	774 555	173 800	608 023	439 781	4 781 410	1 108 248	1 091 698	613 333
2014	423 250	4 466 500	887 108	194 964	542 233	435 122	4 749 735	1 191 966	1 262 330	625 682
2015	320 456	3 609 407	739 452	129 877	473 965	283 193	3 455 519	889 112	827 006	495 089
2016	310 508	3 701 650	752 972	119 985	440 562	303 946	3 361 817	888 600	744 359	467 104
2017	489 085	4 140 454	1 179 010	117 620	702 085	476 550	4 070 574	903 578	887 054	688 034
2018	466 044	4 396 436	1 007 704	99 271	814 325	574 935	4 202 263	783 874	763 293	691 452
2019	366 826	4 340 684	1 066 258	122 219	703 497	470 308	4 143 603	825 129	879 449	633 853

数据来源：FAO。

附表 4 1961—2019 年德国主要乳制品进出口贸易量 t

年份	进口量					出口量				
	鲜奶油	奶酪	鲜奶	脱脂奶粉	黄油	鲜奶油	奶酪	鲜奶	脱脂奶粉	黄油
1961	0	129 849	53 995	7 035	28 077	0	11 836	3 273	2 416	1
1962	0	135 637	54 750	9 362	36 789	0	18 054	5 236	277	90
1963	0	143 204	51 713	10 761	24 676	0	18 923	2 145	2 173	117
1964	0	147 826	45 073	7 638	18 791	0	20 996	2 993	9 724	117
1965	0	139 812	45 626	25 677	10 827	0	26 784	933	20 212	14 628
1966	1 647	154 392	53 110	33 452	11 883	15	31 188	781	75 070	11 158
1967	852	145 994	54 877	13 594	10 781	1	33 088	556	129 149	17 343
1968	608	134 045	59 048	2 134	16 372	7	44 341	3 660	140 462	17 413
1969	3 266	137 219	60 875	26 139	21 939	2 939	48 886	39 824	85 057	16 372
1970	6 372	155 897	52 590	3 635	47 558	3 837	51 918	81 297	137 534	34 610
1971	6 825	161 332	61 420	3 812	41 274	7 908	58 184	182 990	209 039	81 518
1972	1 066	170 142	102 725	15 721	50 721	341	64 210	314 053	190 711	28 066
1973	481	186 919	163 902	9 219	40 347	3 037	81 872	509 607	200 553	121 567
1974	284	184 889	151 242	3 108	30 590	2 995	101 473	696 476	179 001	169 928
1975	224	180 317	113 923	7 753	26 790	3 802	105 362	682 358	150 026	161 374
1976	216	202 240	116 760	133 756	36 746	6 968	128 505	933 152	115 006	117 893
1977	670	205 525	107 586	17 453	23 940	10 632	149 992	1 095 359	249 553	145 541
1978	2 761	217 300	111 844	137 143	41 015	9 946	164 214	1 140 685	489 536	134 929
1979	3 618	227 212	125 434	35 928	49 009	17 193	188 302	1 365 274	579 195	163 900
1980	4 604	241 382	130 355	18 543	50 252	21 042	216 645	1 241 371	492 391	271 755
1981	4 530	260 253	145 773	55 839	71 236	24 190	247 665	1 550 299	312 586	283 628
1982	3 573	257 263	150 620	131 079	64 030	23 566	261 418	1 711 987	345 426	189 876
1983	2 584	271 932	151 330	210 027	65 646	23 102	272 940	1 599 333	509 869	144 721
1984	2 400	276 407	159 199	119 562	72 019	31 559	305 708	1 626 441	551 558	125 836
1985	2 990	301 445	177 393	99 252	97 673	41 349	287 827	1 928 467	421 691	127 064
1986	3 792	301 596	158 874	295 659	90 112	51 147	296 776	1 768 772	381 275	263 570
1987	5 124	311 160	149 345	15 756	107 312	58 041	303 395	1 862 037	613 081	299 505
1988	5 268	317 366	186 382	17 852	134 850	67 759	315 713	1 745 493	841 190	311 729
1989	7 121	338 358	204 069	34 972	112 118	69 395	315 297	1 686 159	405 614	160 743
1990	7 827	366 980	221 589	93 954	103 499	68 604	320 422	1 470 653	310 850	137 803
1991	9 403	407 236	231 389	21 290	109 328	84 737	326 477	1 817 084	431 212	191 257
1992	9 380	446 436	259 319	24 009	126 332	101 780	344 630	1 862 731	478 450	64 421

续附表 4　　t

年份	进口量					出口量				
	鲜奶油	奶酪	鲜奶	脱脂奶粉	黄油	鲜奶油	奶酪	鲜奶	脱脂奶粉	黄油
1993	8 031	376 529	251 286	34 378	108 267	118 280	357 681	2 024 513	429 168	71 250
1994	10 673	432 740	276 356	50 216	116 982	110 054	386 862	2 256 806	332 409	55 123
1995	16 391	396 723	306 422	29 228	136 373	92 976	377 604	2 141 029	332 632	65 667
1996	18 714	458 261	394 938	47 923	132 955	106 342	466 483	2 410 660	354 876	50 325
1997	34 181	476 361	441 631	47 779	156 822	89 536	510 803	2 437 695	289 868	53 670
1998	44 449	441 518	631 903	37 898	134 930	95 220	497 945	2 530 679	260 404	39 476
1999	52 255	417 503	711 604	40 512	123 476	87 564	445 453	2 366 233	299 366	46 012
2000	58 227	405 966	593 751	48 616	131 121	109 173	519 611	1 833 201	293 717	52 492
2001	52 059	423 310	568 431	30 544	113 194	102 916	540 675	1 568 502	343 122	48 167
2002	67 090	427 443	769 770	52 832	137 730	92 773	502 012	1 510 775	149 395	46 617
2003	73 648	477 935	1 247 972	62 861	153 851	115 469	647 258	1 637 436	249 723	84 079
2004	122 914	502 863	1 071 202	65 989	118 638	151 319	686 451	2 040 264	244 887	84 444
2005	137 169	440 179	1 028 093	47 007	124 184	144 412	697 196	1 789 040	208 845	82 278
2006	160 244	498 962	1 228 425	48 978	175 884	143 283	808 178	1 870 617	147 538	78 635
2007	156 145	594 034	1 207 219	65 754	175 406	165 099	888 158	1 793 120	194 878	93 625
2008	163 017	592 101	1 605 945	69 700	130 833	173 566	903 976	1 897 407	183 785	98 794
2009	138 891	571 118	1 640 914	56 398	114 019	180 453	948 684	2 016 636	192 471	91 626
2010	172 408	600 294	1 555 443	58 488	144 061	180 293	1 008 251	2 062 102	222 054	112 361
2011	178 306	638 798	1 702 046	52 530	134 892	172 480	1 048 632	2 062 410	294 757	107 695
2012	191 178	658 194	1 617 898	55 296	118 786	173 489	1 045 981	1 907 390	283 020	103 584
2013	176 101	670 024	1 507 998	51 016	127 032	181 492	1 073 432	1 792 623	286 749	124 677
2014	192 482	693 530	1 676 479	57 043	115 848	181 012	1 082 255	1 993 304	332 100	132 344
2015	199 448	725 713	2 003 574	62 556	134 364	159 211	1 084 708	2 050 970	358 273	139 851
2016	183 072	779 724	2 217 041	63 947	129 519	175 546	1 082 545	2 233 207	357 981	132 488
2017	188 539	789 189	2 777 928	63 581	144 396	196 966	1 115 883	1 813 005	399 076	128 374
2018	171 082	798 713	2 353 680	62 051	143 710	210 336	1 131 104	1 611 316	409 781	119 190
2019	175 957	834 779	2 647 279	66 117	145 606	210 854	1 167 202	1 729 353	405 487	137 158

数据来源:FAO。

法国奶业发展报告

摘要：法国位于欧洲西部，根据法国国家统计局(INSEE)最新公布统计，截至2021年1月1日，法国的总人口数达到了6 537.78万人，其中法国本土为6 276.52万人，农业劳动人口占所有就业人口的3.5%。平原占总面积的2/3。2019年法国全国GDP 27 155.2亿美元，占世界经济总量的2.26%；2019年法国人均GDP 44 317.4美元，是世界均值的351%；法国农业2019年GDP 329.25亿欧元，2020年农业GDP 321.39亿欧元，比2019年减少2.4%。

法国西部属海洋性温带阔叶林气候(全年温差较小，终年湿润多雨，日照较少)，南部属亚热带地中海式气候(冬季温暖湿润，夏季炎热干燥)，中部和东部属大陆性气候(离海较远，夏季炎热多雨，冬季寒冷干燥)。1月平均气温北部1～7 ℃，南部6～8 ℃；7月北部16～18 ℃，南部20～23 ℃。除山地外，法国年降雨量在500～800 mm之间，蒸腾量不超过800 mm，降雨量由西至东逐渐减少。法国土地肥沃，降水充沛，温度适宜，十分有利于牧草生长，为法国草地畜牧业生产提供了良好条件。

法国80%的国土面积是地处海拔500 m以下的平原及丘陵区。据FAO统计数据，2018年，法国农业占地2 902万hm^2，占整个欧洲农业用地的16.2%，其农业用地的96%为私人所有；2018年在农业可利用土地中，可耕地(1 823万hm^2)占62.8%，永久草地(959.4万hm^2)占33.1%，永久耕地(102万hm^2)占3.6%。农业的传统地区结构为中北部地区是谷物、油料、蔬菜、甜菜的主产区，西部和山区为饲料作物主产区，地中海沿岸和西南部地区为多年生作物(葡萄、水果)的主产区。奶牛养殖集中在西部、东部山区、北部边境和中南部。法国为欧盟第二大有机农业国，2019年法国处于有机生产的土地2 241 345 hm^2(占欧盟有机产地的15%)，有机奶牛场2 863个，存栏有机奶牛145 633头，交售有机牛奶88.45万t，过去10年中法国有机奶生产翻了4倍，占欧盟有机奶生产的16%，仅次于德国。

法国农业已经由传统的种植农业转变为现代畜牧农业，以畜牧业为主，农林牧并举，三者紧密结合，是现代法国农业生产结构的基本特征。法国是欧洲第一、世界第二大农业国，2019年大麦(第2位)、甜菜(第2位)、小麦(第5位)、马铃薯(第8位)等生产量居世界前茅；在欧盟27国中是第一大的农产品生产国，农产品出口占世界第3位。农业和农业食品工业占国内生产总值的比重约为6%，其中超过50%的是畜牧业和畜产品加工业的产值。农业食品加工业是法国获取外贸顺差的支柱产业之一，2019年其农业及畜产品出口额居世界第5位，占世界出口总额的4.6%。畜牧业发达，据FAO统计数据2018年法国畜牧业产值267.4亿美元，农业产值759.72亿美元。法国奶制品品质好，在国际奶制品贸易中占有重要地位，是世界上较大的乳清出口国(2019年干乳清第3位、浓缩乳清第4位)，奶酪出口国(2019年加工奶酪第2位、牛奶奶酪第3位)；2019年法国牛存栏1 815.06万头，牛奶总产量2 493.1万t，在欧盟27国中位列第2，占欧盟总产量的16.3%。法国拥有5家世界级乳制品加工集团，是世界上主要的、成熟的奶业发达国家。

法国畜牧业生产结构的调整直接受欧盟农业政策的影响，养牛业是法国畜牧业的主体，50%以上的土地用于种草养牛，每公顷草场养牛 2～3 头，在人们食物构成中，肉、奶、蛋等动物性食品占 50%以上，肉类以牛肉为主，奶类以牛奶为主。在肉类和奶类产量中，牛肉和牛奶分别占 37%和 95%。1984 年欧共体实行配额生产，法国牛存栏头数大量减少，牛肉总产量下降。随着欧盟宣布从 2015 年 4 月 1 日起取消牛奶生产配额制，法国奶业由此进入了后配额时代，由于自 2010 年法国实施一系列政策保护原配额制结构完整性，在 2015 年奶农的原料奶销售合同均已签订，保证生产稳定过渡。法国创新了原料奶计价体系，积极扩展有机奶生产空间，确保生产稳定和奶业可持续发展。

作为巴氏杀菌法的创始国家，法国在乳品加工研发、生产、消费和贸易上居世界前列。在众多农产品中，奶制品所占比重极大，所生产的奶制品种类繁多，包括牛奶、山羊奶、绵羊奶以及其加工制品，2018 年乳制品企业 732 家，每年乳制品出口到 120 多个国家，2019 年乳制品出口额达到 89.6 亿欧元，保持着 50 年的乳制品贸易顺差。其中奶酪产量和消费量位居世界第一，登记注册的奶酪就有超过 1 200 个品种，其中 400 种以上的奶酪制品是原产地命名(AOC)，是世界第三大奶酪出口国，仅次于德国、荷兰。

法国充分利用欧盟农业发展的相关法典，在饲料生产监管、环境保护、健康防疫、畜产品溯源体系以及全国统一家畜信息库的建立方面建立了严格、明确的法律法规。通过第三方检测和以质论价的原料奶收购体系，促进了奶牛群体的性能测定、谱系登记和种公牛后裔测定体系的成熟运作，统一信息收集体系确保种牛遗传评估的准确性和公正性，建立以政府监督、行业负责、农民参与的三位一体的奶业系统，为奶农提供一整套的技术服务和培训体系。同时，法国政府大力资助乳业基础研究，奶牛育种技术和育种体系、乳制品工艺和新产品研发水平居世界前茅，科学研究成果与生产实践相对接的技术推广体系是完善的。法国的溯源体系是世界上最先进的，不仅活畜溯源、畜产品溯源，而且达到饲料原料溯源、疾病溯源、污水处理溯源、环保溯源，保护了环境，增加了畜产品附加值，增加了消费者的信心，保证了奶业的可持续发展。

关键词：法国　奶酪大国　乳制品净出口国　有机农业大国

1　奶业发展概况

1.1　奶牛养殖业

法国的奶牛品种资源丰富，主要包括荷斯坦牛、蒙贝利亚牛、诺曼底牛等 16 个具备高效选育体系的乳用或兼用品种，分布于法国全境。2019 年三大品种奶牛存栏约占总存栏 92.3%(据能提供有效数据的比例估算)。法国西部的三个大区是牛奶的主产区，2018 年布列塔尼(Bretagne，19.9%)、诺曼底(Basse-Normandie，13.8%)及卢瓦尔河地区(Paysdelaloire，13.9%)的牛奶产量占全国产量的 47.6%，且 2018 年位于法国东南的奥弗涅－罗纳－阿尔卑斯区域上升为法国第二大牛奶产区(Auvergne-Rhône-Alpes，16.2%)。

据 CNIEL 统计数据，截至 2019 年 12 月 31 日，法国存栏牛 1 805.1 万头，745.5 万头母牛，348.5 万头奶牛母牛，交售鲜奶的牧场 51 592 个，平均规模泌乳母牛 68 头。2019 年牛奶总产量 2 433.2 万 t(交售奶量 2 386.7 万 t)，占欧盟 27 国奶牛群体母牛(2 239.5 万头)的 15.6%，牛奶总产量(1 6823.7 万 t)的 14.5%，收奶总量(16 079.4 万 t)的 14.8%，约为意大利和波兰牛奶产量的总和。54%由合作社式乳品加工机构收取，46%由私营乳制品公司收购，在政策、行业的共同努力下，法国奶业在 2015 年取消欧盟配额制后，顺利过渡，影响较小。2019 年法国全境有 395 家奶站收奶。

据法国动物育种中心(Institut De L'Elevage)2019 年统计，16 个乳用品种分布于 36 786 个牧场，235.3 万头母牛(约 67%)参加性能测定，提供了有效完整泌乳期数据 238.3 万个，这些牧场主要集中在法国西部和北部。其中 2018 年分娩，2019 年截至泌乳期的合格数据 161 万个泌乳期，占总有效数据的 67.6%。据 2019 年 FAO 数据，不论奶牛头数还是奶产量，法国都在欧盟 27 国排名第二。据 FAO 统计，2018 年法国生产的液态奶、奶油、黄油、奶酪、炼乳、全脂奶粉和脱脂奶粉分别占欧盟生产各项乳制品的 18.9%、14.3%、18.0%、17.5%、7.9%、22.6%和 30.8%。据 CNIEL 信息，2019 年遍布法国全境的乳制品加工厂 720 个，分属于约 500 家公司,其中五家乳品厂在世界上名列前茅。共有 29.8 万人直接为奶业工作。

据 CNIEL 统计数据,2019 年法国原料奶销售总量约 2 378.5 万 t,其中 17.4 万 t 牛奶用于原产地命名产品的生产,占总产奶量的 0.7%;100.1 万 t 牛奶为有机奶,占总产奶量的 4.2%。

FAO 数据显示了从 1961 年以来的 58 年,法国奶牛养殖业经历了牛群数量下降,奶牛单产提高,总产奶量上升的过程(图 1)。与所有奶业发达国家一样,随着在奶牛育种、营养、管理等方面的技术进步,奶牛单产不断提高。单产从 1961 年的 2 670.7 kg 提升到了 2019 年的 7 152.5 kg,尤其是从 1976 年后,单产提高幅度加快,1976 年单产 3 253 kg,在之后的 43 年之中,单产年提高 90.7 kg。据法国动物育种中心调查,2019 年法国奶牛参加 DHI 测定 235.3 万头,平均胎次产奶量 8 446 kg(泌乳期 335 d)。

据 FAO 统计,奶牛总存栏数量在过去 58 年中呈下降趋势(从 1961 年的 714 万头降低到 2019 年的 349 万头,减少了 365 万头,只有 1961 年存栏的 48.9%),最明显的下降趋势从 1983 年开始,年减少 10.35 万头。尽管奶牛头数下降,但是由于单产的提升,法国牛奶总产量从 1961 年到 1986 年前一直处于上升阶段,由 1961 年的 1 907 万 t 上升到 1986 年的 2 833 万 t。而从 1986 年之后,由于存栏头数大幅度下降,总产奶量呈现降低趋势,到了 2019 年,总产奶量为 2 493 万 t,比 1961 年高 586 万 t,但比 1986 年下降 340 万 t(下降了 12%),从 1986 年起的下降速度为 8.7 万 t/年。这一时间节点也是欧盟开始实行牛奶生产配额制的时间。2015 年 4 月欧盟取消配额制,从总产奶量上看,变化幅度不大,呈小幅度上升后小幅度下降,应该说法国牛奶生产总量没有受到配额制取消影响是一种独有特征。

据 CNIEL 数据,2019 年共有奶牛场 7.9 万家,比 2018 年(82 032 家)下降 4.26%,与之前 1990—2010 年间 1.5%～2%的速度下降奶牛场退出奶业相比,近年来速度加快。2018 年存栏 16 个品种奶牛成母牛 354.8 万头,与 20 年前相比下降了 19%左右,与 10 年前相比下降了 8%左右。2018 年平均每场存栏成母牛 66 头,场总产奶量 310 t 左右,奶牛平均 305 d 校正产奶量 7 396 kg,因此 20 年来平均每家奶牛场年总产量提升约 580%(规模增大、单产提高)。2019 年存栏母牛超过 100 头的牧场所养牛群占全国奶牛的 32.9%,比 2018 年的比例高 2.3%。

法国奶牛场的经营方式大部分是家庭饲养模式,主要有两种法律承认的经营方式,一是单一家庭饲养奶牛(Exploitation Agricoleà Responsabilité Limitée,E. A. R. L.),这种有限责任公司的方式将家庭财产与奶牛经营的资产分开;二是几家合作经营奶牛场(Groupement Agricoled' Exploitationen Commun,G. A. E. C.),这种 1962 年立法承认的经验方式鼓励 2～10 个农民联合经营。目前越来越多农民按照后一种模式经营。联合的形式多种多样,因牛场情况不同而异,有的因为规模大,有的因为地少牛多或地多牛少,需要平衡种养结构。

2019 年据 CNIEL 对 40 235 家奶牛养殖场调查,平均土地面积 97 hm^2(1 000～1 500 亩),饲料种植面积 76 hm^2,其中 35 hm^2 用于种植牧草,供放牧及收获干草;17 hm^2 种植玉米制作青贮。法国饲养的三个奶牛品种荷斯坦牛、蒙贝利亚牛、诺曼底牛 2019 年校正 305 d 产奶量分别为 7 959 kg、6 535 kg、5 886 kg,乳蛋白率分别为 3.15%、3.27%、3.43%,乳脂率为 3.94%、3.85%、4.19%。2019 年品种登记群体的产奶量分别为 8 049 kg、6 563 kg、6 014 kg,乳蛋白率分别为 3.21%、3.31%、3.49%;乳脂率分别为 4.01%、3.87%、4.25%。近 15 年来泌乳性能遗传进展速度较快(http://idele.fr/)。

奶牛场多采用散放饲养,一天 2 次在挤奶厅进行机械化挤奶,小部分在牛棚拴系式挤奶,越来越多的奶牛场选择无人全自动挤奶机。2011 年 2 785 个农场使用挤奶机器人,以提高工作效率和管理水平,比 2000 年 94 个农场使用,有巨大变化,2018 年使用挤奶机器人的牧场达到 9.8%。CNIEL 调查数据显示,2019 年对平均存栏 112 头(存栏泌乳母牛 65 头)的奶牛场劳动力调查,平均雇佣全时劳动力 1.9 人,平均自有全时劳动力 1.6 人。与 19 年前相比,牛群规模提高 53.6%,单产提高 19.5%,牧场总产奶量提高 99.2%,雇用(1.6 人)以及自有(1.6 人)的全职劳动力提高 18.7%和 0%。养殖中,牛一天 8 个小时在牛棚内舍饲,饲喂由青贮、干草和精饲料组成的全混合日粮,其余 16 个小时均在草场上放牧、休息。冬天 4 个月待在牛棚内饲养。牛场一年四季均有大量的饲粮,如优质的干草、青贮牧草、青贮玉米。干草收割后全由机械来切割、翻晒、打捆、无泥土杂质、质量很好。

法国奶牛生产技术服务体系配套完善。有乳品质量检测控制中心，负责乳品、饲料等的质量检测，根据检测结果定期对奶牛场的牛奶生产、饲养方案提出指导性建议；人工授精中心负责奶牛场奶牛繁殖计划的制定与配种工作；兽医卫生中心，官方兽医负责奶牛场牛只档案与补助的发放，而地方兽医具体负责奶牛的检疫与疾病防治；病死家畜处理中心，负责死牛的转运及处理；饲料加工厂，为奶牛提供各种精料补充料及添加剂。每个地区都有专业贩牛商，负责牛只的引进与出售，他们是奶牛场之间、奶牛场与屠宰场之间联系的桥梁。

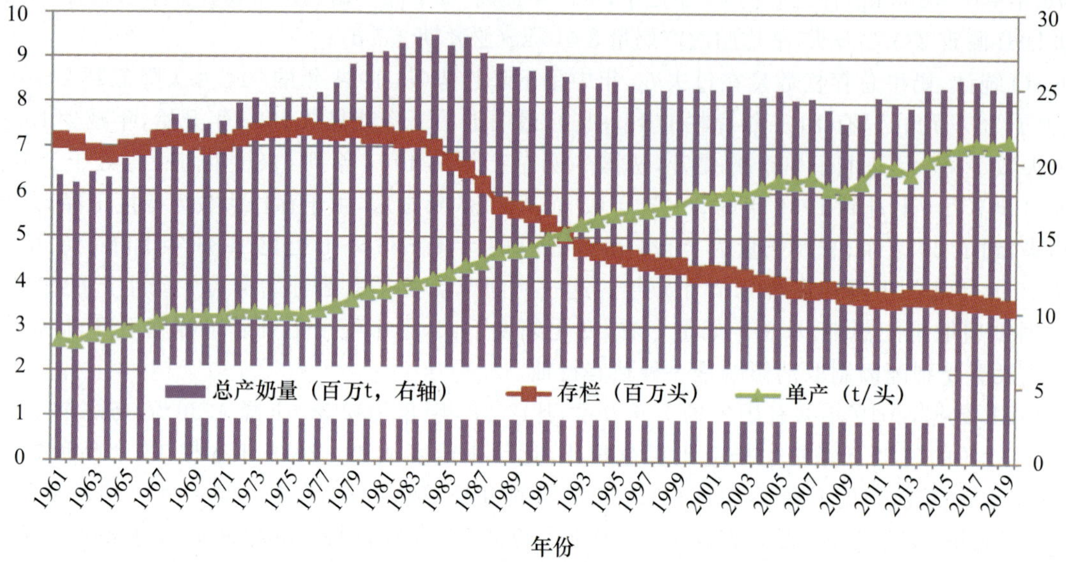

图1　1961—2019年法国奶牛存栏及产奶量发展趋势

（数据来源：FAOSTAT）

2011年欧盟成员国的总牛奶配额1.383亿t，其中法国配额0.247亿t，是欧盟第二大奶业国，占总配额的17.857%，仅次于德国（占欧盟总配额的21.18%）。2015年4月欧洲取消配额制度，法国并没有立即跟进，而是继续沿用了原来的配额制管理办法，只是在名义上不再称为“配额制”而已。但是，法国在牛奶计价方法上进行了创新。为了避免过渡期内国际市场价格波动给国内市场造成重大冲击，他们设计出了“量价差异化”管理系统。他们之所以延续牛奶生产配额制的做法主要是为了防止国内市场供给过剩而引发奶价大幅度波动，进而对家庭牧场的正常运转产生冲击。供给稳定了，价格也就稳定了，家庭牧场经营也就稳定了。因此纵观统计数据，可以得出结论，法国国内奶业生产稳定，奶农总体盈利，且有些牧场通过生产有机奶的策略获得很好的收益。例如，据国家奶牛产业技术体系刘玉满老师对法国奶业调查显示，牧场牛奶的生产成本为每吨340欧元，生产的牛奶全部卖给拉克塔利斯（Lactalis）公司，公司对有机奶收购价格为每吨456欧元，每吨奶获得的毛利润为116欧元。

据CNIEL和AgenceBIO（法国有机农业发展与促进局，2019年欧盟及法国有机生产年度报告，https://www.agencebio.org），2019年有机农业直接从业人员179 500人，比2018年增加15%，其中70 322位经营者从事生产、运输和分销，较2018年增长14%。2019年共有7 349个认证的有机牛场，其中有机奶牛场3 241个，分别比2018年多11%和13%；有机肉牛场4 569个，比2018年多9%；2019年，2 089个奶牛场处于向有机奶场的转化期中，因此2019年总共有4 564家奶牛场获得有机认证或处于转换期，占法国有机农场（47 196个）的9.67%，占法国奶牛场的7.0%。2019年3 241个奶牛场的有机奶牛159 578头，比2018年提高10%，占法国奶牛存栏的4.58%，说明有机奶牛场规模普遍较小。有机奶的主产区卢瓦尔河地区、布列塔尼、弗朗什-孔泰及诺曼底。

2019年共交售有机牛奶99.2万t，比2009年（25.55万t）提高288%，比2007年（24.05万t）提高312%。有机牛奶生产历史较长，1998年已经生产5.4万t，2002—2008年间保持在20万t，到从2009年后年增长 2 万 t 以上，速度发展速度很快，2019 年(99.2 万 t)比 2017 年(63.02 万 t)增长了 36.18 万 t(57%)。法国 2019 年共有有机奶收集处 151 个，其中 126 处为有机牛奶收集处。

2019 年法国处于有机生产的土地 2 241 345 hm^2(在欧盟的有机产地中约占 1/6)，比 2018 年(1 981 853 hm^2)增长 13%，主要增长点分布于法国南部，高于欧盟平均增幅(7.6%)；其中，有机认证土地 1 765 771 hm^2(74.8%)，处于转化中的土地 565 574 hm^2(25.2%)；有机牧场 47 196 个，比 2018 年(41 623 个)增加了 13%。法国的有机土地和有机牧场数都是欧盟有机生产的四大组成国之一。在 2003—2019 年间，法国的有机种值面积增加了 3.07 倍，成为欧盟第二大有机农业国，有机产品价格高于常规产品，且法国有机市场开发得好，因此有机生产利润高。2018 年欧盟各成员国有机土地和有机农场分布如图 2 所示。2018 年德国和法国是欧盟有机奶的最大生产国，过去 10 年中法国有机奶生产翻了 4 倍。

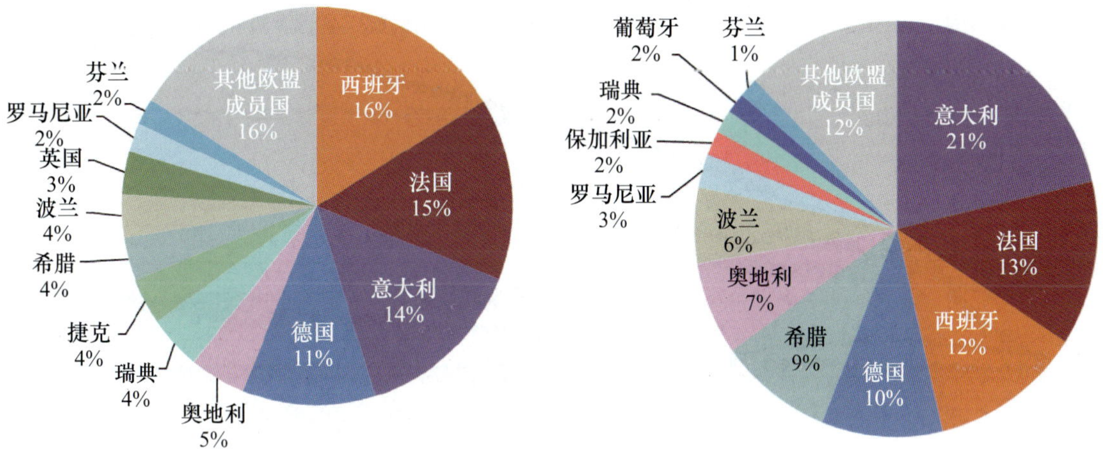

图 2　2018 年欧盟有机土地(左)和有机农场(右)分布

(数据来源：Agence BIO/Many European Scurces)

2019 年，90%的法国人宣布食用有机产品，近 3/4 的法国人定期食用有机食品(每月至少 1 次)，14%的人每天都食用有机食品。法国的有机农业产业在不断发展，维持并创造就业机会，满足消费者需求。

1.2　乳品加工业

1.2.1　乳制品产量变化趋势

据 CNIEL 及 FAO 数据，调查了具有 20 名以上员工的乳制品厂，2019 年，法国乳制品工业的生产总值为 217.9 亿欧元，其中约 1/3(35.0%)来自奶酪产品。2019 年法国 35.3%的鲜奶用于生产各类奶酪 171.4 万 t，其中包括 10.01 万 t 的山羊奶酪和 6.01 万 t 的绵羊奶酪。

图 3 显示了 1961—2019 年间法国乳制品生产情况(FAO 数据，2014 年及之后数据来自 CNIEL)。法国的主要乳制品是干酪、奶油、酸奶、液体奶制品和冰淇淋等。其中干酪是最重要的乳制品，软质白酶干酪在法国最为普遍，各种硬质干酪产量也很大。还包括以绵羊、山羊、脱脂牛奶和全脂牛奶制作的所有品种的奶酪，炼乳包括甜炼乳和淡炼乳，奶粉包括由脱脂牛奶、全脂牛奶和淡牛奶制作的各种奶粉，奶油指鲜奶油，液态奶指脱脂液态奶。从 1961 年起，法国的奶酪产量就一直呈上升趋势，从 48.4 万 t 提高到 2011 年的 193.1 万 t，年增长 2.9 万 t，50 年内将近增长了 3 倍，其后小幅度波动、基本持平，2019 年为 173 万 t。

尽管鲜奶油产量基数小，但也一直呈上升趋势，从 1961 年的 4.4 万 t，提高到 2019 年 47.8 万 t，提高 9.9 倍，年提高产量 0.76 万 t。炼乳产量不高，1961 年为 10.5 万 t，1970 年达到产量高峰 19.8 万 t，随后就呈下降趋势，2019 年仅生产 5.7 万 t，是 1970 年产量的 28.8%。酸奶在法国是占第二位的发酵乳制品，发展迅猛。各工厂不但规模大，而且趋于专业化，这样可提高生产技术水平和效率，也能降低成本。近几年各公司除注意发展传统酸奶外，特别重视新品种的开发，这些新产品质地优良风味好。酸奶在众多的乳制品中一直只占有很小份额，在 58 年中也没有大的变化。液态奶、奶粉和黄油三种乳制品的产量在 58 年间显示类似的变化规律，在 1986 年之前都呈上升趋势，液态奶分别从 1961 年的 849.5 万 t 增加到 1 400.9 万 t，奶粉从 12.3 万 t 增加到 93.1 万 t，黄油从 40.5 万 t 提高到 64.5 万 t，之后呈下降趋势，分别下降到 1 090 万 t(液态奶，2014 年)44.9 万 t(全脂、脱脂奶粉之和，2019 年)和 41.6 万 t(黄油，2019 年)，这几种产品的下降与欧盟的配额制度实施有关。法国和德国是欧盟地区脱脂奶粉的主要生产国，2019 年两个国家的产量(39.3 万 t 和 34 万 t)占欧盟(158 万 t)的 46.4%。法国生产奶酪 1 200 多种，其中 50 种通过 AOC 认证(其中 49 种获得 AOP 认证)，包括 45 种奶酪、2 种奶油和 3 种黄油。

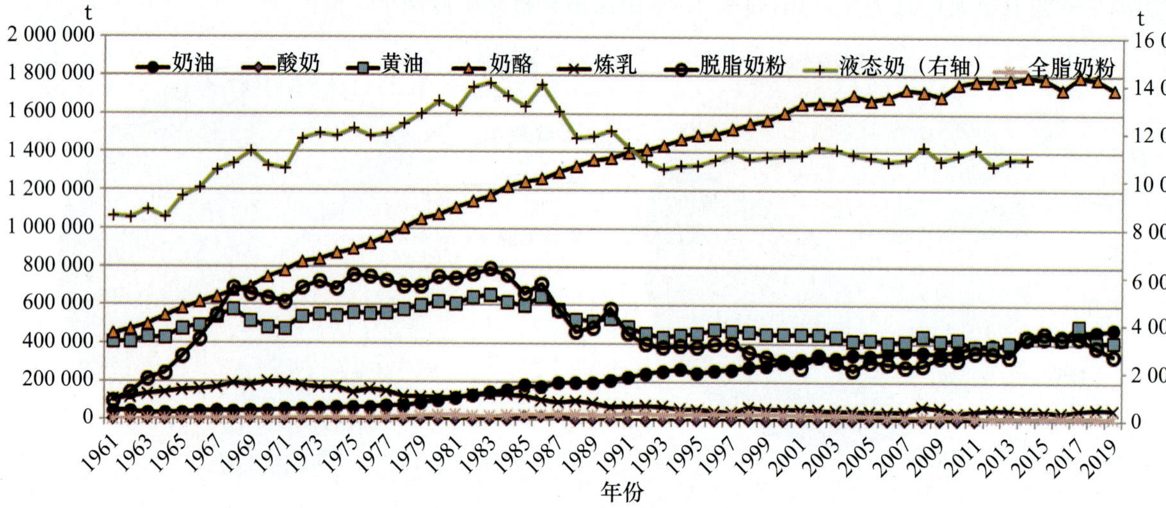

图 3　1961—2019 年法国乳制品产量发展趋势

(数据来源：FAOSTAT，CNIEL)

从原料奶用途比例中也能看出类似的结果，据 CNIEL 数据，2006 年 32%原料奶用于生产奶酪制品，22%用于生产黄油，13%用于生产酸奶及甜点，12.2%用于生产奶粉，12%用于生产盒装液态奶，6%用于生产奶油，3%用于生产酪蛋白。2019 年，用于奶酪(34.4%)、奶粉(16.0%)、奶油(8.2%)的生产比例增加，黄油(20.0%)、盒装液态奶(9.4%)、酸奶及甜点(6.1%)、酪蛋白(2.1%)的生产比例下降，另外 2019 年乳清粉的生产比例上升到显著位置(2.7%)，与 2018 年基本持平。

1.2.2　乳制品加工企业以及主要加工产品

2020 年公布(https://blog.bizvibe.com/)的世界乳品企业排名中，据乳制品总收入超过 50 亿美元的排名前 21 名中法国 4 家上榜(前 10 名中法国 2 家 Lactalis 和 Danone 上榜)；据乳制品生产量占世界总量 0.5%以上的排名前 17 家中法国 4 家上榜(前 10 名中法国 2 家 Lactalis 和 Danone 上榜)；IFCN 公布 2019 年按收奶量排名全球 20 大乳制品生产商排行榜，法国有 4 家企业上榜，包括拉克塔利斯国际集团(Group Lactalis Parmalat，第 3 名，2019 年占世界奶产量 2.4%，收购鲜奶量预计 2 000 万 t，收入比率预计 1.1 美元/kg 牛奶，营业额 208 亿美元)、法国达能集团(Danone，第 18 名，2019 年占世界奶产量 0.7%，收购鲜奶 570 万 t，收入比率 2.8 美元/kg 牛奶，营业额 180 亿美元)、法国索地雅公司(Sodiaal，第 19 名，奶农联合体企业，2019 年占世界奶产量 0.5%，收购鲜奶 460 万 t，收入比率 1.2 美元/kg 牛奶，营业额 60 亿美元)、法国保健然集团/西诺迪斯集团(Bongrain/Savencia，第 20 名，2019 年占世界奶产量 0.5%，收购鲜奶 420 万 t，收入比率 1.3 美元/kg 牛奶，营业额 57 亿美元)。这 4 家乳业企业的收奶量 3 450 万 t，占世界前 20 名乳业公司总的收奶量(21 100 万 t)的 16.4%。另外一家乳制品企业 Bel，也具有相当的生产规模，排名在 CNIEL 收集的 2018 年世界乳品企业前 25 强，位居第 24 名，销售额 39 亿美元。5 家乳企营业额合计 544 亿美元。

(1)奶酪。奶酪是由牛奶/羊奶、奶油或者二者混合物通过发酵或不通过发酵后凝固，在进行沥出乳清后获得的物质。除极个别的鲜奶酪之外，奶酪中干物质含量最低 23%。2019 年德国、法国和意大利是欧盟成员国奶酪生产的核心，占 53%以上。法国产奶酪占欧盟总产量的 18%左右。法国是世界上最大的奶酪生产国之一，依据不同的计算标准，法国奶酪品种在 400～1 000 个之间，2019 年人均年消费奶酪量 26.8 kg，居世界首位。

(2)黄油。法国是欧洲黄油生产第一大国，2019 年产量为 41.6 万 t，占欧盟总产量的 16.4%，2018 年占世界总产量的 4%。2019 年法国黄油产量居于欧洲第二位，仅次于德国产量(49.1 万 t)，远远超出北欧的奶制品生产大国。

德国和法国是欧盟成员国中的主要黄油生产国，2019 年两国产量占欧盟的 35.8%。2021 年德国和法国的黄油产量有望继续提高，欧盟本地的价格高涨是主要原因。法国是黄油的净进口国，产量的提升将主要用于本地市场，同时将导致进口量下降。

(3)乳清。图 4 显示了法国近 58 年来乳清粉产量的变化趋势，其中包括干燥和浓缩方式处理的乳清粉。乳清是生产干酪或干酪素时的副产品，乳清总固体占原料乳总干物质的一半，其主要成分有乳糖、乳清蛋白、矿物质等。乳清蛋白占总乳蛋白的 20%，牛乳中维生素和矿物质也都存在于乳清中。具有很高的营养价值。乳清经过深加工可得到乳清粉、乳糖、浓缩乳清蛋白、乳清分离蛋白、乳蛋白肽等，其营养价值和保健功能等能得到极大提高。作为重要的乳基原料产品，乳清产品在仔猪期饲料业、乳制品、烘焙食品、保健食品及饮品、药品加工制造业中有广泛的应用。法国在过去的 50 年中乳清产量呈快速递增的趋势，从 1961 年的 5 000 t，到 2011 年的增至 65.5 万 t(增幅为每年 1.3 万 t)，后又呈下降趋势，2019 年产量 54.4 万 t；与奶酪产量变化趋势基本一致。

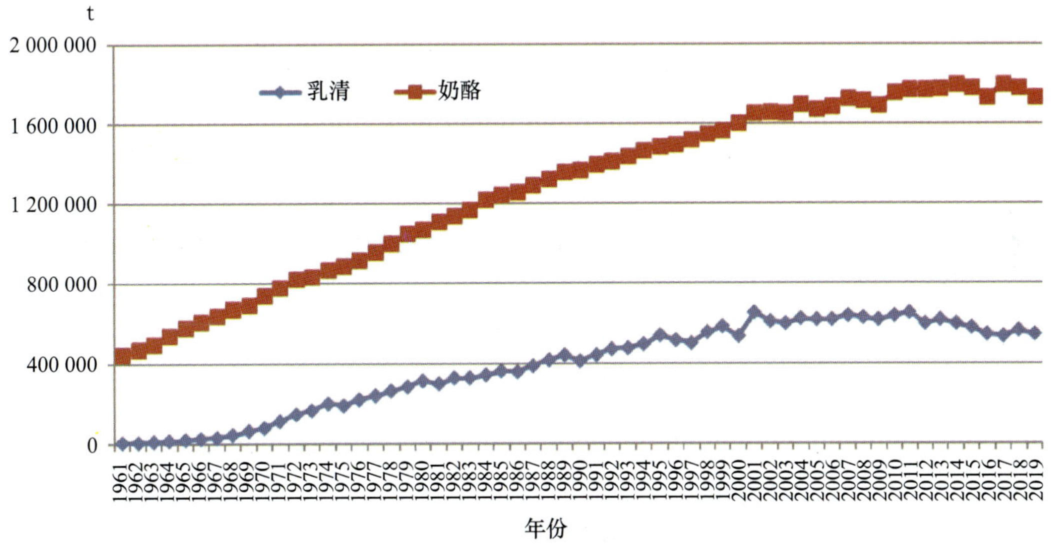

图 4　1961—2019 年法国乳清粉及奶酪产量发展趋势

(数据来源：FAOSTAT，CNIEL)

(4)奶粉。2019 年法国用 16.0%的原料奶制作奶粉，高于 2006 年的生产比例。奶粉生产处于低利润状态，因此欧盟对于销售给第三世界或作为动物饲料(犊牛或仔猪)给予补贴。

(5)有机奶制品。2018 年法国交售有机奶共 104.4 万 t，其中 100.1 万 t 是牛奶(占 95.9%)，其余是山羊奶和绵羊奶。2019 年加工有机奶制品中，盒装液态奶产品 35.1 万 t，酸奶 6.7 万 t，鲜奶甜点 15 612 t，盒装奶油 10 450 t，黄油 17 205 t，各品种奶酪 4.12 万 t。各种产品比 2018 年分别提高 10.2%，1.95%，8.1%，27.3%，21.5%，22.8%；总体上有机奶制品产量逐年提高，且提高幅度较大，有利于在欧盟牛奶配额取消后，获得更好的利润。奶酪除按原料奶种类分牛奶、绵羊奶和山羊奶奶酪外，另外还再分为新鲜奶酪、乳清干酪和拉伸型奶酪。

1.2.3　乳制品加工业及其发展变化趋势

法国的乳制品加工业是农业食品工业中的领军者，年营业额180亿美元，其中约1/3是出口贸易，在乳制品多样性、质量和创新方面世界领先。4个法国企业（如Danone，Lactalis，Bongrain，Sodiaal）跻身世界前20强的乳品企业，在鲜乳品领域，排名世界前两名的是法国公司（Danone和Yoplait）。另外，Bel是法国第5大的乳品企业，之外还有15家年销售额在2亿美元以上的乳品企业。乳制品厂一般加工生产多种乳制品。在奶牛养殖场与乳制品厂之间，有一个环节为收奶企业，有的收奶企业是专营的，有的是加工企业的一部分。2006年与1995年相比，900家从事收奶、加工的乳制品厂消失、破产或并购。

法国的收奶区域与奶牛养殖区域相对应，法国西部的三个大区交售牛奶总量逐年提升，2019年交售牛奶量占法国总牛奶量的54.6%，分别是布列塔尼（22.8%）、诺曼底（16.0%）及卢瓦尔河地区（15.8%）。2010—2019年间，布列塔尼（11.0%）、诺曼底（11.3%）、卢瓦尔河地区（10.4%）及北部加来海峡及皮卡第大区（10.1%）等四区交售牛奶量增加10%以上，南部区域交售鲜奶量下降幅度在20%～30%。

2011年收奶企业为483个，2019年收奶企业（点）395个，其中收奶量在1 000～5 000 t的最多（133家，占33.7%，由1 339个专业人员运营，收购的牛奶占全国的1.6%），但是收奶量在20万t以上的企业虽然少（29家，占7.3%），年牛奶收购量（1 842.4万t）却占法国总收购量的77.2%，辐射38 022个专业运营人员。与其他地中海国家如意大利、西班牙和希腊相比，法国的乳制品加工业是十分集中的。对照2007年统计数据，收奶企业538个，也是收奶量在1 000～5 000 t的最多（200家，占37.2%，辐射2 712家牛奶交售企业，收购的牛奶占全国的2.3%），然而收奶量在20万t以上的企业30家（占5.6%），年牛奶收购量（1 134.6万t）占法国总收购量的50.9%，辐射4.2万名专业运营人员。因此，收奶企业的发展趋势为大规模企业越来越多。

法国是欧洲第一大奶酪生产国，生产的众多优质奶酪得益于法国丰富的奶酪生产技术。很多著名干酪厂以地区或村庄命名，各有特色。有许多品种至今仍采用手工制作。有些牧场配有手工制作干酪的全套设备，牧场主自制干酪，部分自食，大部分出售。法国的奶酪加工厂分两大类。一方面大型奶酪加工厂，生产主要品牌的奶酪，一般来讲是私营的，甚至家族拥有的，如Lactalis，Bongrain和Fromageries Bel。另一方面有很多小奶酪制品厂生产本地的奶酪品种，尤其是生产原产地认证的高端产品。总体发展趋势是奶酪加工厂总数下降，但两种类型的加工厂并存。虽然大型奶酪加工厂主宰行业，但其特别之处就在于许多小型奶酪加工厂能够存活。这个现象可归结为3个方面的原因：第一是本地的特色品种奶酪已经形成了稳定的消费市场，主要是法国消费者对于特色奶酪有极大的偏好；第二是奶酪行业公众影响力较大，乳制品厂的消失较慢，尤其有利于小奶酪厂在本地维持一个市场；第三是在软奶酪产业，两种差别很大的技术共存，每种技术由其独特的有效生存空间，一种技术对应于小规模厂，生产的产品获利在于品牌，同时另外一种技术是工业化的大规模生产。因此小规模的奶酪厂存在的一个原因是小型、中型加工厂都有其各自的最优化规模。

2000年法国农业部调查结果显示，共有673个奶酪加工厂。其中，雇员人数多于20人的加工厂中，少于50人的加工厂最多（约占90%），生产的产品市场份额占8%。雇员人数多于500人的加工厂最少（约占10%），生产的产品市场份额占40%。到2011年共有牛奶奶酪加工厂530家，其中包括制作新鲜奶酪的174家，软奶酪的182家，非熟制压制奶酪的191家，熟制压制奶酪的233家等。各奶酪加工厂中51.9%（277家）属于年产100～1 000 t产品的中小型厂，同时年产10 000 t产品以上的大型加工厂只有50家（总加工厂的9.4%），但产品总量占法国总产量的74.1%。奶酪加工厂数量不断下降（1985年约为1 250家，2000年为650家），但下降率逐渐变缓（图9）。据CNIEL数据，牛奶奶酪加工厂从2007年（545家）到2011年（534家），加工厂仅减少了11家；2019年奶酪加工厂为493家。

此外，2019年法国有山羊奶（140家）和绵羊奶奶酪加工厂（88家）共224家。近年来这两类加工厂数目逐渐增加，可能源于消费市场对于差异化产品的需求。

据美国农业部2013年的分析报告，法国的乳制品即包括各大类产品，也包括各种受消费者喜欢的品种。奶粉、黄油和乳清粉是主要针对出口和本地食品加工企业的原料产量，欧盟配额制的取消将对此产生重大影响，由于产奶量可能大幅度提升，法国的这几类产品将更多面向出口，满足世界范围内的需求。目前法国干粉类制品的生产能力在扩张，如奶粉、乳清粉和婴儿奶粉，有9家大型干粉类企业建设或改建设备，建设金额达9亿欧元。然而，从2015年之后的法国奶业数据统计情况看，由于法国很好地解决了后配额时代产业结构的变革，总产奶量水平平稳。

据CNIEL数据，2019年法国黄油加工厂141个，与2016年(148家)相比，减少了7家(4.7%)。虽然年产量低于10 t黄油的小加工厂最多(61家，占43.3%)，低于100 t的加工厂共104家，但此类小加工厂2019年总产量(1 205 t)只占法国黄油产量(35.1万t)的0.34%。黄油产品的主宰为年产1.5万t以上的大型加工厂，共11家，其黄油产品占法国总产的79.3%。对照2007年统计数据，年产量低于10 t黄油的小加工厂最多(98家，占50.5%)，低于100 t的加工厂共150家，但此类小加工厂2007年总产量(1 817 t)只占法国黄油产量(33.2万t)的0.6%，黄油产品的主宰为年产1.5万t以上的大型加工厂，共9家，其黄油产品占法国总产量的73.2%。黄油加工厂的发展趋势为小加工厂和大型加工厂并存，且逐渐分化，但主要方向为向大规模加工厂发展。

据CNIEL数据，2019年法国液态奶加工厂64个，与2016年(64家)持平。虽然年产量低于1 000 t液态奶小加工厂最多(26家，占40.6%)，但此类小加工厂2019年总产量(1 722 t)只占法国液态奶产量(307.3万t)的0.01%，液态奶产品的主宰为年产10万t以上的大型加工厂，共12家，其液态奶产品占法国总产量的76.2%。对照2007年统计数据，低于1 000 t液态奶小加工厂最多(17家，占30.9%)，但此类小加工厂2007年总产量(2 562 t)只占法国液态奶产量(368.1万t)的0.1%，液态奶产品的主宰为年产10万t以上的大型加工厂，共7家，其液态奶产品占法国总产量的42.8%。液态奶加工厂的发展趋势为小加工厂和大型加工厂并存，且逐渐分化，而且主要是向大型加工厂发展。

据CNIEL调查数据，2019年法国收购有机牛奶的企业126个，总收购量达到100.1万t，比2016年(59.45万t)增加了68.4%；2019年218个有机乳制品加工厂制作有机乳品，所有种类的有机乳制品都较2016年有大幅度增长。有机液态奶加工厂从2016年的22个增加到2018年的29个；随着有机奶酪产量大幅度增长(183.9%，2.24万t到4.12万t)，有机奶酪加工厂数量也有所增加，从2016年的112个，增加到2019年155个；同期内有机酸奶加工厂从38个增加到39个，黄油加工厂从20个增加到26个，盒装奶油加工厂从24个增加到28个，有机奶甜品加工厂从17个增加到22个，总体趋势与常规乳制品厂的趋势有差别，处于全面发展阶段，是法国奶业在欧盟取消配额后差异化增长的主要方面，有机乳制品消费增长趋势良好。

1.2.4 法国乳制品价格保护体系

在欧盟，与很多农产品一样，乳制品受到欧盟法律法规的管理。这些法规的基本点是对于某种农产品，农户有一个最低保证价。在乳制品这一方面，法国法规的控制面考虑原料奶供应以及市场需求两个方面。在原料奶供应方面，主要是欧盟1984年建立的配额制。欧盟牛奶生产配额政策是指欧盟为各成员国牛奶设定产量限额即配额，各成员国再将国家配额分配给奶农。当成员国超过牛奶产量的配额，就必须向欧盟支付超级税作为罚款。此政策是为了保护欧盟各国乳业，避免各国恶性竞争，减少价格波动，从而维护欧盟成员国奶农的经济利益。在欧盟制定《共同农业政策》时期，对乳制品生产的政策是鼓励扩大产量，从而造成了20世纪80年代生产严重过剩。1984年，为解决欧盟成员国乳制品产量的急剧增长而产生的结构性过剩，保持乳制品价格稳定及合理，欧盟委员会决定对牛奶实行配额管理，牛奶生产配额政策正式开始施行。

每个农户分配一定的配额，而且在法国配额的交易是禁止的。配额不准自由买卖，而是与土地联系在一起。这一做法的结果就是在某些地区的产奶量总量维持恒定，甚至某些牛奶生产成本很高的地区也不例外。这些生产成本高的地区由于与配额制并行的最低保障价格制度，所以可以维持总产量不变。这样，在法国，有些地区的很多小规模农场生产牛奶。因为牛奶的运输成本很高，牛奶加工需要分散在很多地区。因此说，欧盟的配额制管理不利于加工厂的集中。

由于价格干涉制度，黄油和脱脂奶粉的价格是有最低保障的。换而言之，通过各种手段，如出口补贴、本地消费补贴、公共及私有存贮制度等，欧盟保障黄油和脱脂奶粉的最低价格。这样加工厂需要按照建议价付原料奶价格，也就是说所有的加工厂都需要采用类似的原料奶收购价格。

法国的配额管理与欧盟各成员国是一致的，在各成员国之间配额是不能买卖的。由于各成员国的原料奶成本不一致，价格稍有差别。在主要的牛奶生产国，奶价基本上是一致的，例如 2012 年奶价法国 0.329 欧元/kg，德国 0.330 欧元/kg，荷兰 0.348 欧元/kg。也就是说奶酪加工厂面对的原料奶价格基本一致，但产业链后端的竞争力不同，而加工厂不能依靠压低原料奶价格谋取利润。对于奶酪生产来讲，主要的成本是原料奶，很多加工厂的生产成本是相同的。这些法规的存在限制了加工厂的收购。图 5 显示法国在 2002—2019 年间原料奶收购价格（所有等级折合到乳脂率 3.8%，乳蛋白率 3.2%）在 267～336 欧元/t 范围之内。

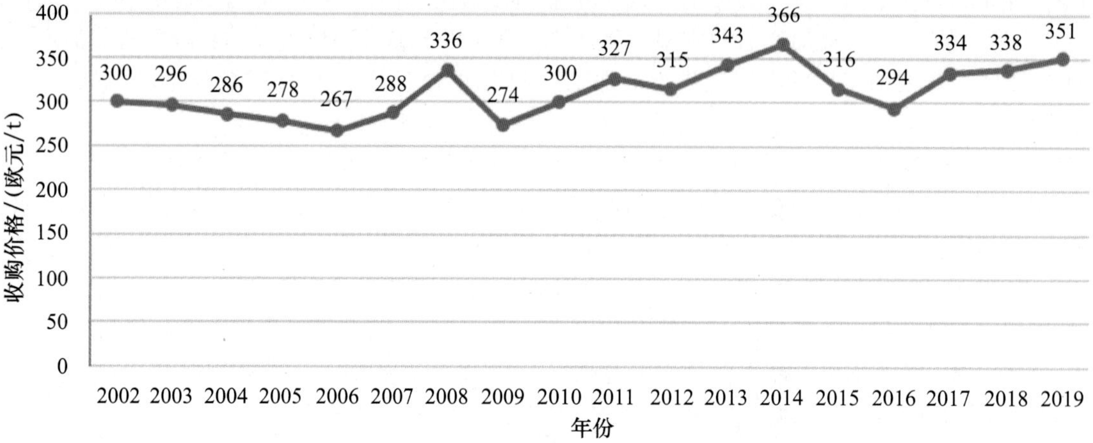

图 5　2002—2019 年间法国原料奶牧场端收购价格

（数据来源：CNIEL）

2015 年 4 月是欧盟配额制取消的时间点。法国牛奶生产过剩，牛奶价格出现下滑。如图 5 所示，由于世界市场对乳制品的需求增加，欧盟主要乳制品出口国法国的鲜奶价格自 2009 年稳步上升。但从 2014 年 8 月开始，法国的鲜奶价格都出现了急剧下滑。在 2015 年 10 月，法国鲜奶价格又一次出现下滑，这可能是由于欧盟于 2015 年最终取消牛奶生产配额制度所引起的牛奶产量增加及产能过剩引起。通过法国政府、奶企及奶农的共同应对，2016 年 5 月之后，法国鲜奶价格有所回升，2017 年恢复到 330 欧元/1 000 L 鲜奶。

法国的价格保护体系还体现在乳制品种类划分上。例如，法国的奶酪生产是极其多元化的，在法国生产的 400 种奶酪中，2006 年有 42 种获得了原产地名称保护（Protected Designation of Origin，PDO），以显示产品的独特性和质量。单品种的产量在 56 t(Banon)～4.66 万 t(Comté)不等，总产量达 20 万 t。2019 年各 PDO 奶酪产量 20.67 万 t，其中牛奶奶酪 17.39 万 t，Comté 奶酪 6.2 万 t。根据定义，受原产地名称保护的产品是不能更换产地的，且必须使用原始生产的牛品种。这个标志明确指出，由于当地条件的特殊性造成产地的独特特性，才使本地生产的产品具有特殊性。尽管有 PDO 标志的奶酪只占总奶酪品种的 10%，但生产这些奶酪产品的乳制品厂数目很多，也是法国的小型奶酪加工厂数目一直较多的原因之一。

1.3　乳品消费

1.3.1　乳品消费发展趋势

法国是欧洲第一农业大国，也是欧洲的乳制品主要消费国之一。法国是世界上人均消费黄油和奶酪量最大的国家，80%的法国人，年龄从 3 岁至 75 岁，每天都消费奶酪；仅 9%左右法国人，消费奶制品很少或不食用奶制品。奶制品消费额占法国人日常消费额的 14%。法国生产的乳制品不仅满足本国需要，奶酪、黄油和奶粉还可以供应世界上的其他国家。液态奶制品的主要销售场所为超市、餐厅、宾馆和乳制品专卖店，没有送货上门的销售方式。

据 CNIEL 数据，2019 年法国乳品消费主要包括奶酪（人均 26.8 kg，含鲜奶酪）、黄油（8.2 kg）、液态奶（43.7 kg）、酸奶、奶油、奶粉等。从各类奶制品分析，法国的奶类消费中液态奶、奶粉消费稍有降低，而奶酪、鲜奶制品和酸奶消费有小幅升高。据 CNIEL 和 FAO 数据，法国人口 2019 年 6 482.2 万，以 2019 年法国人居家消费支出计算，人均奶制品消费 254.86 欧元，比 2011 年消费额增加了 4.6%。按消费额计算，法国消费者居家消费的各类乳制品比例为奶酪（除鲜奶酪外）48.3%、液态奶（只计有包装的）11.1%、黄油 8.0%、奶粉 1.3%、鲜奶制品（酸奶、鲜奶酪和奶制甜品）25.9%和奶油（只计有包装的）5.3%。2019 年与 2018 年相比，总居家乳制品消费额增加（16.5 亿欧元，提高 3.3%），在黄油（提高 8.5%）、奶油（提高 6.5%）方面大幅度增长，且传统高消费的奶酪制品也有 3.9%的增幅。据美国农业部调查信息 2013 年报道，法国用户消费型产品，如奶酪、液态奶、酸奶和黄油，主要在本地和欧盟内消费，13%为高端奶制品（10%为地理标志产品，2%为有机产品，1%为山区特产）。

CNIEL 调查显示，80%的法国人在就餐时喝鲜奶或酸奶，95%的法国人每天有一餐同时进食奶酪。液态奶一般在早餐时食用，而奶酪一般在午餐或晚餐食用。另据 Baromètre Cidil 调查，法国 17 岁及以下青少年以及 2 岁以下的婴幼儿是乳制品的主要消费者。56 岁及以上人群是奶酪和黄油的主要消费群体，而 17～56 岁之间的人群热衷于甜点和酸奶。

1.3.2 乳制品消费结构和喜欢的乳制品

据 CNIEL 统计世界各国液态奶消费，2019 年法国人均年消费液态奶 43.7 kg，是欧洲液态奶消费量较低的国家，只占欧洲 27 国平均消费量（56.8 kg）的 76.9%。法国人购买液态奶中，超高温灭菌（UHT）长货架期制品占液态奶总消费量的 84%，其他的消毒奶和原料奶、灭菌各占 10%和 5%左右。UHT 奶中 80%是半脱脂的。这一液态奶主导结构源于政府在 20 世纪 50～60 年代制定的经济策略，青年一代因此越来越熟悉这种经过超高温加工的牛奶的口味。由于欧盟对于液态奶的乳脂含量没有明确规定，同时也没有设置最低蛋白质含量标准，液态奶生产的中心区域逐渐迁移到法国南部，这里一直习惯于原料奶蛋白质含量较低的奶制品。

据 CNIEL 统计世界各国奶酪消费，2019 年法国人均消费奶酪总量 26.8 kg，高于欧洲平均消费量（19.1 kg）40.3%；2008 年以来一直维持在 26 kg 以上，与塞浦路斯、卢森堡、希腊都排在世界奶酪消费前列。法国消费奶酪的种类繁多，如 Camembert，Brie，Comte 等。2019 年人均奶酪消费中 12.23 kg 来自零售业，占总消费量的 45.6%。在如此高的消费水平之下，继续增长的可能性不大，但是奶酪作为烹调原料将有可能带来又一个消费量增加的渠道，如比萨饼中使用的莫泽瑞拉奶酪、沙拉用奶酪、汤或酱汁用奶酪。除奶酪中添加钙等特殊产品外，其他奶酪加工过程中使用微孔膜过滤技术的将越来越多。

由于健康原因和价格问题，法国黄油消费曾一度下降。据 CNIEL 统计世界各国液态奶消费，2019 年法国人均年消费黄油 8.2 kg，较 2018 年（8.3 kg）略降，居世界首位，是欧洲平均消费量（3.9 kg）的 210.2%。2008 年以来，黄油消费量一直维持在 7.5 kg 左右；法国黄油消费中 1/3 左右是从零售渠道（2019 年 2.46 kg）消费的。据 CNIEL 数据显示，中国、西班牙、巴西、哥伦比亚和日本的人均年黄油消费量远不足 1 kg。作为法国烹调技术的基础，几个世纪以来，黄油一直是法国美食和家庭菜肴的必备品。法国人餐桌上每餐必有黄油。在早餐和小吃上，人们喜欢用黄油超过了奶酪。另外，在蔬菜、蒸鱼、马铃薯泥、沙丁鱼、海鲜、烤肉等菜肴中，黄油也是必不可少。黄油在冷餐会上也是不可或缺的。

法国的鲜奶制品特指酸奶、鲜奶酪和奶制甜品，非常独特。据 CNIEL 数据，2019 年法国人均家居消费鲜奶制品 43.7 kg，比 2018 年有小幅度下降。据 CNIEL 数据，传统酸奶的消费量在过去几年中有所降低，而新型产品，如水果酸奶、搅拌型酸奶和液态酸奶消费量增加。2/3 的酸奶是在午餐或晚餐食用，约 17%的酸奶在早餐时使用，且该比例呈升高趋势。80%的酸奶购自超市。据 CNIEL 数据，法国人居家消费鲜奶制品量和金额近 5 年稳定，如奶酪稳中有升。2019 年居家消费鲜奶制品人均 25.67 kg，其中酸奶 13.90 kg，鲜奶酪和奶制甜品分别为 6.60 kg 和 4.92 kg。

据 CNIEL 数据，2019 年奶油产量已达 48.9 万 t，欧洲第 2 位，位于英国（31.4 万 t）之前，落后于德国

(55.4 万 t);比 2000 年产量(30.1 万 t)提高了 62.8%,比 2015 年产量(34.1 万 t)提高了 43.4%。2019 年法国居家人均消费奶油 3.77 kg,这一部分的奶油消费比 2008 年(3.24 kg)提高了 16.4%。

法国人的奶粉消费量一直较小,2019 年 CNIEL 的数据显示,人均居家消费奶粉 0.28 kg,较 2008 年(0.35 kg)降低了 20%。

据 AgenceBIO 统计,有机食品在法国的消费一直呈上升趋势,2019 年家庭购买有机食品的总销售额为 112.9 亿欧元,比 2018 年(99.6 亿欧元)增长了 13.3%,比 2010 年(33.8 亿欧元)增长了 240%。2019 年销售的有机食品中 11.0%是有机鲜奶和奶制品,鲜奶制品销售额 2019 年(3.95 亿欧元)比上一年增长了 5%,奶制品增长更快,销售额(8.43 亿欧元)比上一年增长了 18%。2019 年法国有机鲜奶的销售中 5%来自有机农场,13%来自有机产品专卖店,82%来自零售渠道。有机乳制品的销售中 13%来自有机农场,23%来自有机产品专卖店,64%来自零售渠道。2019 年法国本土生产的有机食品不能满足消费,33%是进口的,但只有有机鲜奶和有机奶制品只有 2%是进口的,基本可以自足。

1.4 乳制品贸易

法国是各主要乳制品的净出口国,是世界上乳制品的主要出口国和主要进口国。2019 年乳制品贸易顺差达到 7.94 亿美元,贸易顺差排名第 5,较 2018 年下降 10.2%。

1.4.1 乳制品进口贸易发展趋势

根据 FAO 统计数据,图 6 显示了过去 58 年中法国乳制品进口贸易量发展趋势。总的来说,各种乳制品的进口量呈增长趋势。

在各种乳制品进口的变化趋势中,增幅较大、增长速度最稳定的是奶酪,除 2001 和 2002 年外,一直处于稳步上升状态,从 1961 年进口量 1 万 t,发展到 2010 年进口量 27.4 万 t,年平均增加 5 279 t;之后持续增加,2019 年进口量 38.0 万 t,增速更快,从 1961 年至 2019 年之间年平均增加 6 375 t。

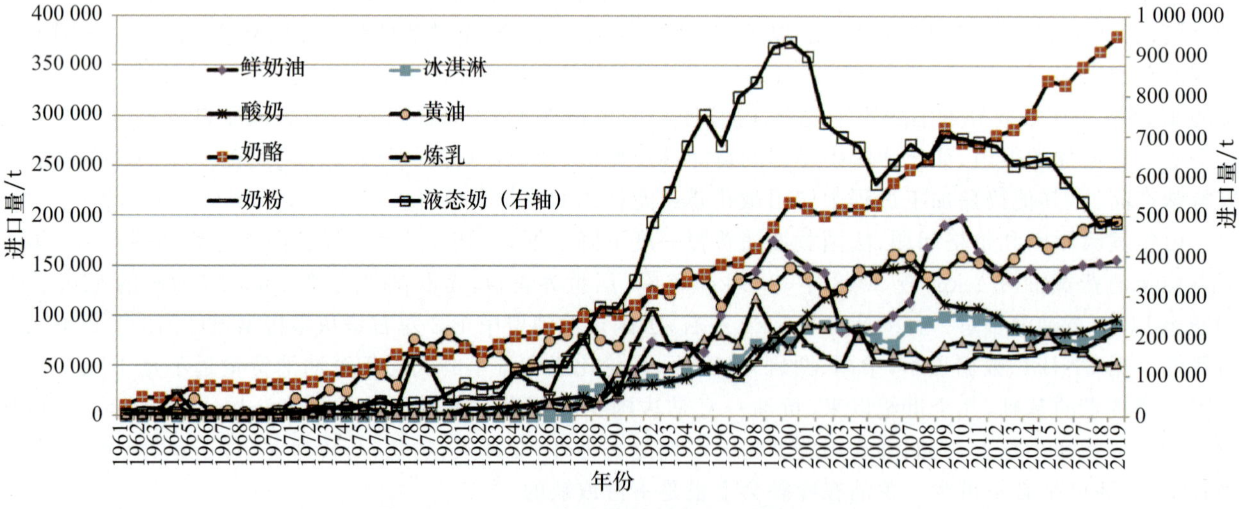

图 6 1961—2019 年法国乳制品进口量发展趋势

(数据来源:FAOSTAT)

1970 年前黄油进口量低于 1 万 t,但从 1970 年之后,与奶酪进口量保持相似的增加势头(但波动幅度较大),但这个增加趋势只维持到 1995 年,从 1995 年起黄油进口量上下浮动,但基本维持在 12 万～16 万 t 的水平。近 5 年黄油进口量每年小幅度递增,2019 年进口量 195 873 t。

鲜奶油进口量在过去 50 年中呈现较大的跳跃式增加趋势,从 1990 年之后,快速增加,1991 年达到 4.5 万 t 以上,1999 年达到进口量 17.5 万 t 的小高峰,之后 2003 年跌至 8.4 万 t 的低谷,2010 年进口量 19.7 万 t 再次创出新高；之后连续 3 年大幅度下降，维持在 15 万 t 左右，2019 年进口量 156 322 t。

奶粉（包括脱脂和全脂奶粉）的进口量 1961 年为 3 430 t，而后一直处于较大的波动状态，曾在 1992 年达到过高于 10 万 t 的进口高峰，但更多时间进口量徘徊在 5 万～10 万 t 之间，总体是缓慢上升趋势，在 2010 年进口量为 4.98 万 t。近 5 年小幅度提高，保持在 6 万～9 万 t 之间。

冰淇淋是从 1988 年起才统计进口量的产品，虽然进口量小，但在 20 年间上升至 10 万 t，年增幅约 3 500 t。近 5 年一直小幅度下降，2019 年进口量 91 921 t。

液态奶一直是进口量大的产品，2000 年达到最高峰 96 万 t，这是一个拐点，之前处于进口量快速增加的状态，增长趋势近似于指数形式，尤其是 1987 年之后，年增长幅度达 6 万 t；2000 年后，迅速下降到 2005 年的 62.5 万 t，之后维持在 70 万 t 左右。2014 年是近几年的小高峰，达 88.3 万 t，而之后又逐年下降，2019 年出现又一新低（48.5 万 t）。

酸奶统计口径在 1987 年发生变化。之前仅为酸奶，之后明确为浓缩及非浓缩酸奶的总和。1987 年后，酸奶进口量持续小幅度上升，2010 年达到高峰 10 万 t 后，之后呈逐步下降趋势，至 2015 年后又开始小幅度上升，2019 年进口量 9.6 万 t 左右。

图 7 显示了 FAO 统计的 1961—2019 年间法国各乳制品进口额发展趋势，2019 年进口额总计 39.4 亿美元。总进口额从 1987 年起呈现快速增长趋势，虽然出现数次波动，但总体趋势上升，近 5 年波动较大。总进口额中各类产品的比例大小的排队次序基本没有变化，2019 年进口额占总进口额比例从大到小依次为奶酪（48.6%）、黄油（23.1%）、液态奶（17.6%）、鲜奶油（9.4%）、冰淇淋（7.0%）、奶粉（5.8%）、酸奶（3.5%）和炼乳（2.7%）。

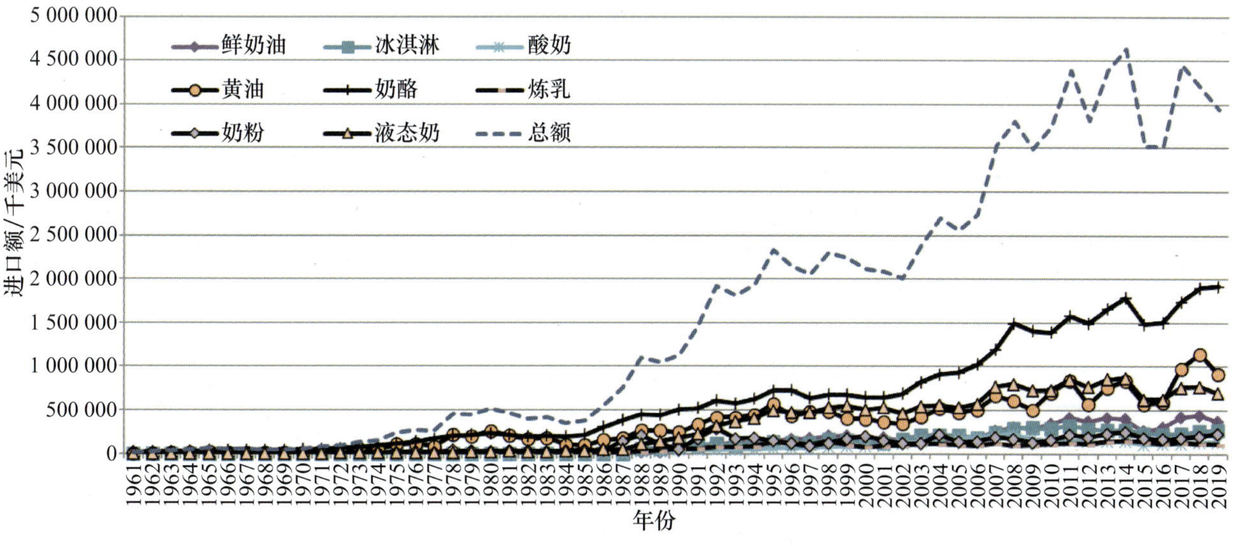

图 7 1961—2019 年法国乳制品进口额发展趋势

（数据来源：FAOSTAT）

进口额最大的产品是奶酪，占总进口额比例一直高于 30%，影响总进口额变化趋势；与进口量稳步增长相同，奶酪进口额增长缓慢但平稳，2008 年达到最高峰 14.9 亿美元，占总进口额的 41.7%，2010 年进口额为 13.9 亿美元，与 2008 年相比下降 6.8%，与进口量增加 6.5%的情况相反，说明 2010 年奶酪进口单价偏低。2019 年，奶酪进口额达到 19.1 亿美元，与进口量同步增长。

进口额较高的还有黄油和液态奶，在 1995 年后一直维持在 5 亿美元左右；黄油 2018 年进口额首次超过 10 亿美元，但 2019 年回落至 9.1 亿美元。冰淇淋进口额一直较低，从 1988 年统计进口额开始，占总进口额的比例从 5%上升到 2010 年的 8.1%，2002—2010 年间进口额较稳定，2011 年后呈逐年下降趋势，2019 年仅为 2.7 亿美元，占总进口额比例略低于 7%。鲜奶油在 1991 年后，进口达到总进口额的 5%以上，之后在 1993 年迅速上升至总进口额的 7%，1994—2010 年的 15 年间徘徊在 7%～9%之间，近 5 年内 2013 年为小高峰，之后小幅度波动，2018 年为新高（4.4 亿美元），2019 年又回落至 3.7 亿美元。炼乳、奶粉和酸奶是进口额最低的产品，炼乳和奶粉近 5 年小幅度下降趋势。酸奶在 1987 年前后改变统计口径。1987 年后，与进口量趋势相同，在 2008 年进口额达到高峰（2.2 亿美元），之后下降稳定在 1 亿美元左右。

1.4.2　乳制品出口贸易发展趋势

图 8 显示了 FAO 统计的过去 58 年中法国乳制品出口量发展趋势。产品出口量的次序与生产量次序基本相符，液态奶是出口量最高的，其次为奶酪、奶粉、鲜奶油、酸奶、冰淇淋、炼乳和黄油。总体上乳制品出口量呈上升趋势，但液态奶、酸奶和鲜奶油近年来呈下降趋势。

奶酪出口量呈稳步上升趋势，从 1961 年的 3.9 万 t 提高至 2019 年的 68 万 t，提高了 16 倍；在 1986 年左右出口量有减缓趋势，但在 1988 年恢复至快速上升期；58 年间年增长幅度达 1 万 t 以上，平均年增长速度 6%。2013 年出口奶酪达到 69.7 万 t，为历史最高，之后较稳定。

液态奶出口量虽然上下起伏较大，但上升趋势明显，58 年间平均年增长幅度达 2.0 万 t，平均年增长速度 8%。从 1961 年（7.5 万 t）开始，1971 年、1974 年、1986 年、1994 年、2007 年分别出现新高（转折点），其中 1994 年出现出口量小高峰（118.1 万 t），2007 年至 2012 年出口量持续较高，2012 年达到 175.9 万 t 的历史最高，之后逐步下降，2019 年跌至 130.6 万 t。

鲜奶油出口量 1961 年（3 103 t）很低，但 50 年中处于逐年缓慢提高趋势，但在 2006—2008 年出口量处于低谷；2009 年（18.3 万 t）、2010 年（23.6 万 t）、2011 年（35.4 万 t）出口量连续大幅度上升，2011 年顶峰，其后鲜奶油出口量每年下降，2019 年为 15.2 万 t。

冰淇淋出口量从 1988 年开始统计，31 年间出口量增长 40 倍，年增长幅度达 0.5 万 t，2008 年的一个拐点，之后连续小幅度增长，2019 年出口量为 14.8 万 t。

奶粉出口总趋势为先上升后下降，在 1970—2000 年间的 30 年中处于起伏但持平状态，徘徊在 30 万 t 左右，从 2000 年之后，逐年下降至 2006 年（18 万 t），之后徘徊式上升，2010 年出口量 27.4 万 t，比 2006 年高 9.4 万 t（51.9%）。2015 年是新高，然而之后又是每年小幅度下降。奶粉是各乳品中波动最大的。

黄油在 1980—1990 年期间是主要出口产品，徘徊在 15 万 t 上下，但从 1989 年后呈现平稳低水平出口，1989—1999 年间维持在 9 万 t 左右，其后进一步下降至 6 万 t 左右（2007 年 6.2 万 t），其后维持这个低水平上下小幅度浮动。

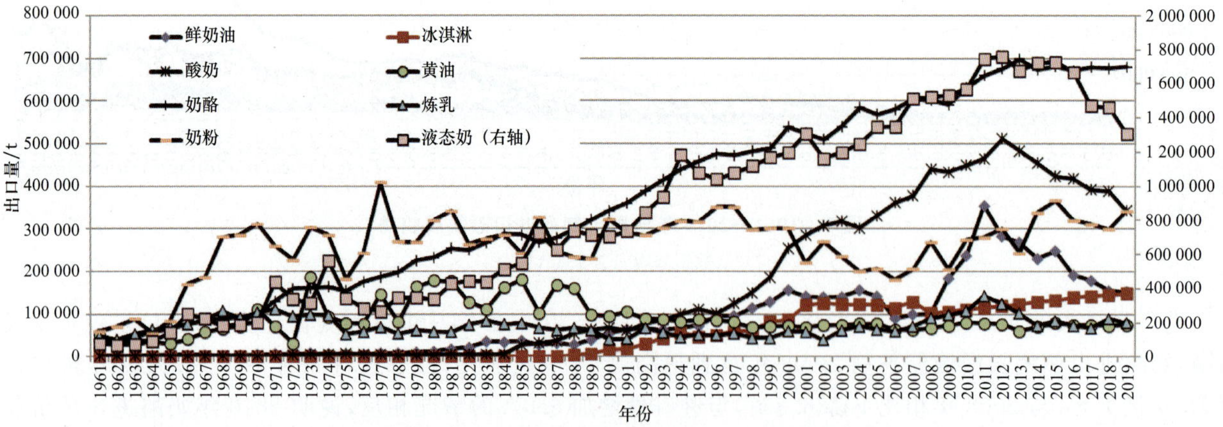

图 8　1961—2019 年法国乳制品出口量发展趋势

（数据来源：FAOSTAT）

炼乳在过去 50 年中一直保持低水平出口状态，始终在 10 万 t 以下，从 2007 年起有增长趋势，连续三年增长，至 2011 年出口量达 12.7 万 t 的高峰值，比 2006 年（5.9 万 t）高 6.8 万 t（116%）。之后一直下降，幅度较大，2017 年只有 7.8 万 t。

图 9 显示了 FAO 统计的过去 58 年中法国乳制品出口额发展趋势。最高出口总额达 76 亿美元（2014

年)，是最高进口额的 211%(2010 年 36.0 亿美元)。出口总额在 1985 年和 2000 年两次出现低谷，其后再次上升。2019 年(60.6 亿美元)较 2017 年的出口总额下降 2.2%，与出口量趋势中大部分大宗如奶酪略有上升趋势相同，体现出口贸易总体回升。但 58 年内总趋势是上升的，年均增长幅度超过 1 亿美元，年均增长速度 9%左右。

奶酪作为主要出口产品，其出口额与总出口额的变化趋势一致，平均占总出口额的 47%，最高年份占总出口额的 60.4%(2009 年)，2019 年出口额 34.6 亿美元，占比 57.2%；奶酪出口额最高峰在 2014 年，达 40.3 亿美元；出口奶酪单价也处于稳步上升状态，在 1987 年出口单价一直维持在每吨 4 000 美元左右。其他 7 种产品出口额多数时间低于单品 10 亿美元，2019 年占出口总额的 1.3%～21.9%，其中炼乳出口额的份额最低，液态奶出口额的份额最高，其下依次为奶粉(14.2%)、冰淇淋(9.1%)、黄油(7.5%)、鲜奶油(5.3%)。

奶粉出口额 1995 年达到 9.7 亿美元，2014 年达到最高峰达 13.7 亿美元。2019 年除奶粉和炼乳外，各产品出口额都低于 2018 年，降幅在 2.3%～14.2%之间，酸奶和液态奶出口额降幅最大，炼乳出口额增幅最小。冰淇淋出口额增长稳定，2014 年达到最高(4.9 亿美元)，之后呈下降趋势，2019 年又缓升到与 2014 年相当水平；液态奶出口额 50 多年来持续稳定增长，至 2014 年，其后逐年下降。贸易变化中 2014 年与 2015 年之间的差距，与欧盟取消配额带来的影响有关。

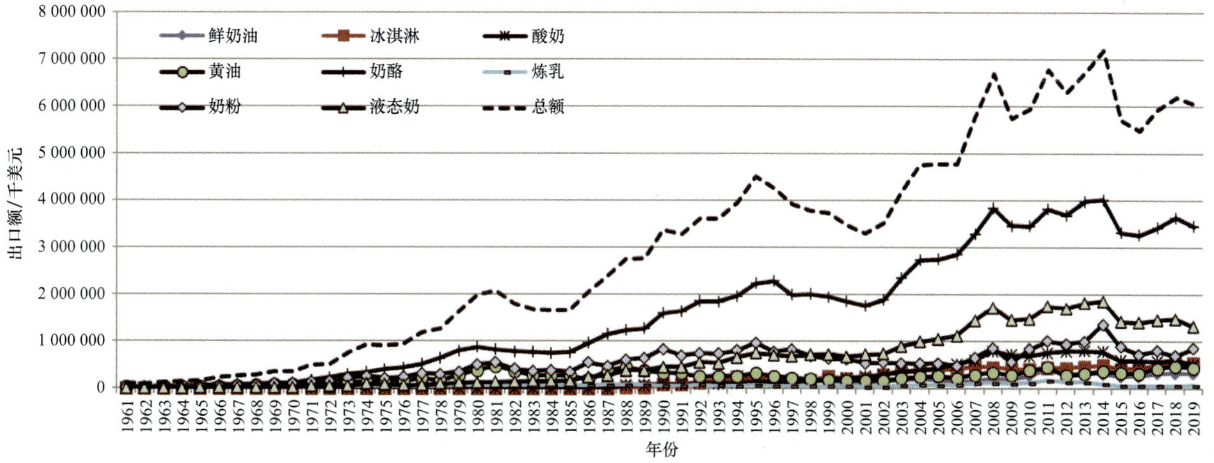

图 9　1961—2019 年法国乳制品出口额发展趋势

(数据来源:FAOSTAT)

据 CNIEL 数据，法国 2019 年乳制品及基于乳的产品总出口额 89.6 亿欧元，其中乳制品占 73 亿欧元(81.5%)，基于乳的产品(如冰淇淋、动物用代乳粉和食品制剂)占 16.6 亿欧元。在乳制品中，31.3 亿欧元(42.8%)为奶酪产品，第二大类就是干乳制品(脱脂奶粉、全脂奶粉和婴儿奶粉)17.6 亿欧元，占 24.2%。

从 1957 年开始，法国与欧盟内部成员国之间商品可自由转运，因此欧盟成员国是法国乳制品贸易的主要区域。据印度政府网站 APDEA 报道 COMTRADE，United Nations 数据，2017—2019 年法国进口乳制品的进口量和进口额前 50 个国家和地区数据见附表 5；2019 年法国进口乳制品原产地国家前 10 位都是欧盟成员国(图 10)，2017—2019 年间这个相对顺序基本有变动。2019 年进口额从高到低前 8 位分别是比利时(21.68%)、荷兰(21.15%)、德国(19.10%)、意大利(10.67%)、西班牙(7.84%)、英国(4.38%)、爱尔兰(3.64%)和瑞士(2.37%)，其余国家所在比例在 2%以下。前 4 个国家的进口额合计达总进口额的 72.6%，比 2011 年时前 4 国总计为 23%表现得更为集中。2011 年非欧盟成员国中出口到法国乳制品额较高的国家有：新西兰 0.22 亿美元、美国 500 万美元，各占总进口额比例都不足 1%。

据 COMTRADE，United Nations 统计，法国 2019 年乳制品出口到 122 个国家和地区。图 11 显示了 2019 年法国出口国家中前 10 位国家出口额占总额比例，法国出口这 10 个国家的出口额占总出口额都超过 1%(附表 7)，前 10 个国家进口额都超过 1 亿美元。除中国(3.57 亿美元，占 5.3%)和美国(2.21 亿美元，占 3.3%)外都是欧盟成员国，前 10 个国家进口额共占法国乳制品总出口额的 70.8%。其中德国、比利时所占比例都在10%以上，是法国的长期贸易伙伴。

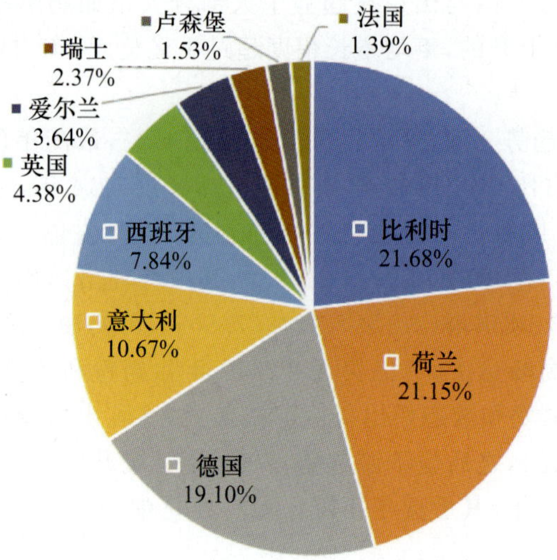

图10 2019年法国进口乳制品主要原产地国家(前10名)进口额占总进口额比例

(数据来源：COMTRADE, United Nations)

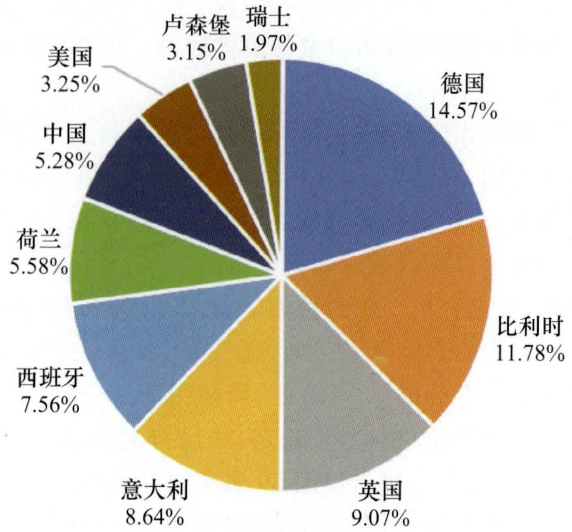

图11 2019年法国乳制品出口国家(10个)出口额占总额比例超过2%

(数据来源：COMTRADE, United Nations)

据COMTRADE数据(图12)，中国在法国乳品出口贸易中逐步占有越来越重要的地位，2006年出口额(0.6亿美元)超过法国出口总额的1%，除个别年份(2010年和2015年)一直表现为稳步上升，2017年出口额占比最高(5.8%)，2019年比例略有下降，依然处于第7位；美国是法国乳制品出口前10名中另外一个重要的非欧洲国家，且占比一直稳定在2%～3%之间，2019年位于第8位。据CNIEL数据，中国2019年是法国乳制品出口的第三大国家(6.17亿欧元，占8.45%)，中国在婴儿奶粉(法国出口中第1位)、脱脂奶粉(第3位)、乳脂制品(包括黄油等，第6位)、全脂奶粉(第8位)、奶酪(第17位)进口方面有重要地位，与2018年情况相比较，除脱脂奶粉、奶酪和乳脂外，其他乳制品进口量都呈下降趋势。美国2019年是法国乳制品出口的第八大国家(225亿欧元，3.1%)，美国在乳脂制品(包括黄油等，第12位)、奶酪(第8位)进口方面有重要地位，与2018年情况相比较，两种乳制品进口都呈下降趋势。

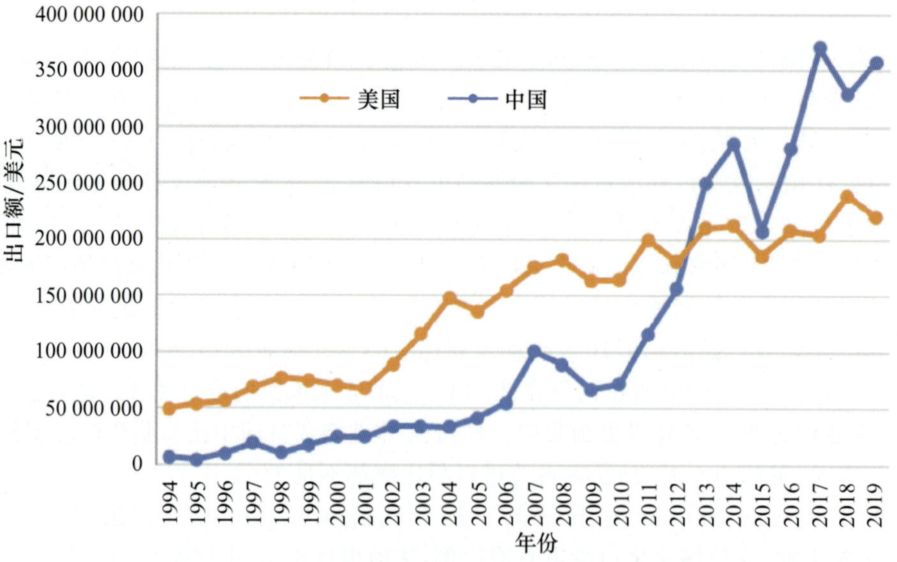

图12 1994—2019年法国乳制品出口到中国和美国的出口额变化趋势

(数据来源：COMTRADE, United Nations)

根据 CLAL.it 网站数据，就奶酪、黄油、全脂和脱脂奶粉 4 种乳制品，2011 年世界乳制品贸易量 635.8 万 t，比 2009 年(633.2 万 t)、2010 年(552.2 万 t)分别高 0.4%和 15.1%。2009 年、2010 年和 2011 年法国这四种产品的贸易量分别占世界贸易量的 25.6%、23.4%和 23.98%，是世界上主要的乳制品贸易国。2018 年世界乳制品贸易量 3 471 万 t，贸易额 756.9 亿美元；据 CNIEL 数据，2018 年欧洲 28 国乳制品出口额 1 372.46 亿欧元，法国占 45.9%；进口额 1 377.06 亿欧元，法国占 40.8%。2019 年欧洲 28 国乳制品出口额 1 509.79 亿欧元，法国占 43.0%；进口额 1 414.63 亿欧元，法国占 40.5%。欧洲 28 国乳制品贸易 2019 年较 2018 年有较大增长(进口额增长 10%、出口额增长 2.7%)，但法国的相应贸易额也有小额增长(3.2%和 2.0%)，但进口额增长与欧洲 28 国增长情况相比变化不大。

2 奶业科技进展概况

2.1 奶牛育种与繁殖技术进展

2.1.1 奶牛品种与分布

法国的牛品种资源丰富，主要包括荷斯坦牛、蒙贝利亚牛、诺曼底牛等 11 个具备选育计划的乳用或兼用品种和夏洛莱牛、利木赞牛等 9 个具备选育计划的肉牛品种，以及 15 个保种品种。奶业生产的主要品种为荷斯坦牛、蒙贝利亚牛和诺曼底牛。奶牛群体的集中分布在西部。

(1)荷斯坦牛。2019 年存栏母牛 2 378 278 头，西部 2 个省(Côtesd'Armor，Ille&Vilaine)存栏 10 万头以上，7 个省(Finistère，Loire Atlantique，Maine&Loire，Manche，Mayenne，Morbihan，Vendée)存栏 5 万头以上，和法国西部、北部和中部的 24 个省(Calvados，Orne，Sarthe，Deux Sèvres 等)存栏 1 万头以上；在法国北部(Meurthe&Moselle，Meuse，Moselle，Nord，Pasde Calais，Seine Maritime，Somme，Vosges，Bas Rhin)和中南部(Calvados，Puyde Dôme，Pyrénées Atlantiques 等)也有重点分布。

据 Institut De L'Élevage 和 FCEL 数据，2019 年 1 565 497 头荷斯坦牛参加 DHI 测定，305 d 校正产奶量 9 055 kg，乳脂率 3.91%，乳蛋白率 3.14%。2019 年 6 564 头公牛进行基因组芯片测定，无后裔测定，选择 117 头公牛销售冻精，配种 347.3 万次。据法国遗传研究所(France Génétique Élevage)根据参加测定母牛评估，2007—2016 年间，荷斯坦牛产奶量表型进展＋259 kg、遗传进展＋707 kg，乳脂率表型进展－0.01%、遗传进展－0.07%，乳蛋白率表型进展为 0、遗传进展＋0.04%。2020 年荷斯坦牛(Prim Holstein)ISU 指数(图 13)中泌乳性能 35%、繁殖性能 25%、体型 15%、乳房健康 15%、长寿性 5%以及挤奶速度 5%。

图 13 2020 年版荷斯坦牛 ISU 指数示意图

(2)蒙贝利亚牛。蒙贝利亚牛为乳肉兼用型品种，也是法国第二大的乳用牛群，牛群数量每年增长，且增幅在法国各品种中最大，其牛奶是很多原产地命名奶酪的指定原料奶，例如 Comte 奶酪。蒙贝利亚牛场约 15 000 个，2019 年存栏成母牛 617 505 头，主要分布在法国东部，1 个省(Doubs)存栏 83 588 头，11 个省(Ain，Jura，Haute Loire，Haute Saône，Haute Savoie，Isère，Loire，Puyde Dôme，Rhône，Saône&Loire，Cantal)存栏 1 万头以上，5 个省(东部的 Haute Marne，Savoie，Vosges，和西部的 Ille&Vilaine 及 Mayenne)存栏 5 000 头以上。育种方向强调乳、肉与功能性状的平衡。

1872 年，在兰格农业竞赛上，来自 Couthenans 的名叫 Joseph Graber 的养殖户所展示的一批精选母牛，其中就有以蒙贝利亚命名的,自此,蒙贝利亚这个名字才被世人所知。1889 年得益于大量饲养蒙贝利亚牛区域养殖户的联合行动,蒙贝利亚牛才为官方所认可。经过一个世纪后,蒙贝利亚牛登记牛群几乎遍布整个法国。蒙贝利亚牛已经出口到全世界,成为法国育种界的瑰宝。

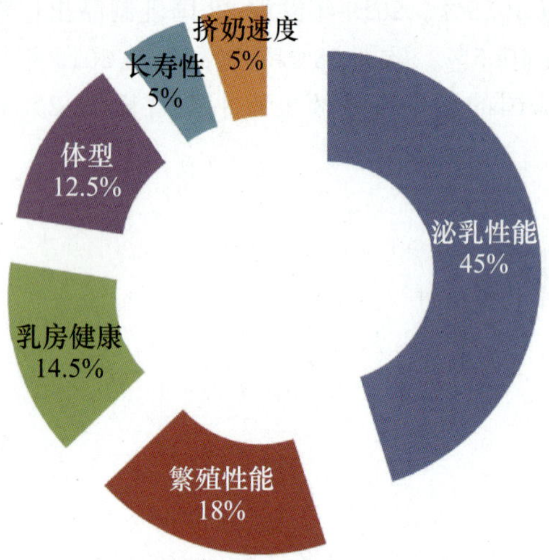

图 14　2012 年蒙贝利亚牛 ISU 指数示意图
(https://www.montbeliarde.org/)

1968 年建立了由 10 个奶农联合体组建的种公牛站 Umotest,1978 年蒙贝利亚牛最大的育种公司 Coopex Montbeliarde 成立,自 1978 年起 Coopex 公司已向 40 多个国家出口精液、牲畜、胚胎和技术,顶级公牛精液遍布欧洲、北美洲、南美洲、非洲、亚洲。1987 年第一次出口 250 头青年母牛和公牛到中国。2000 年开始实施标记辅助选择,目前拥有 1.43 万头基因组检测的个体。2019 年 427 748 头正式参加 DHI 测定,成年当量 305 d 平均产奶量 7 302 kg,乳脂率 3.86%,乳蛋白率 3.28%。2019 年对 1 549 头公牛进行基因组芯片测定,对 24 头公牛进行后裔测定,选择 147 头公牛销售冻精,配种 70 万次。据法国遗传研究所根据参加测定母牛评估,2007—2016 年间,蒙贝利亚牛产奶量表型进展 +631 kg、遗传进展 +599 kg、乳脂率表型进展 +0.01%、遗传进展 −0.01%,乳蛋白率表型进展为 +0.05%、遗传进展 +0.05%。2012 年的最新 ISU 指数(图 14)中,产量占 45%(1.0 乳蛋白 +0.1 乳脂 +0.5 乳脂率 +3 蛋白率),繁殖性能占 18%(50%母牛繁殖力 +25%青年母牛繁殖力 +25%产后首配时间),乳房健康占 14.5%(60%体细胞数 +40%临床乳房炎抗性),体型占 12.5%(40%泌乳系统 +30%体躯容量 +15%肢蹄系统 +10%尻部 +5%肌肉度),长寿性占 5%,以及挤奶速度 5%。

(3)诺曼底牛。诺曼底牛(Normande)是乳肉兼用型品种,也是法国第三大的乳用牛群。2012 年存栏 308 695 头,主要分布在法国西北部,1 个省(Manche)存栏 40 690 头,2 个省(Orne,Mayenne,)存栏 2 万头以上,3 个省(Calvados,Seine Maritime,Ille& Vilaine)存栏 1 万头以上,3 个省(Côtesd'Armor,Loire Atlantique 和 Sarthe)存栏 5 000 头以上。2019 年 189 039 头正式参加 DHI 测定,成年当量 305 d 平均产奶量 6 664 kg,乳脂率 4.17%,乳蛋白率 3.41%,被称为“生产乳酪的最适品种”;并以肉质鲜美的犊牛肉,在法国广受欢迎。

2019 年 1 635 头公牛进行基因组芯片测定,无公牛后裔测定,选择 66 头公牛销售冻精,配种 44.6 万次。据法国遗传研究所根据参加测定母牛评估,2007—2016 年间,诺曼底牛产奶量表型进展 +408 kg、遗传进展 +634 kg、乳脂率表型进展 −0.05%、遗传进展为 0,乳蛋白率表型进展为 +0.01%、遗传进展 +0.07%。2018 年法国诺曼底协会(The French Normande Association)与法国农业科学研究院一起发布诺曼底牛新的 ISU 指数(图 15),与 2012 年 ISU 指数相比,加强了对于肉用性能和功能性状的选择重要性。指数中产奶性状调低重要性占 26%(12%乳脂和 14%乳蛋白),体型占 21.25%(4.5%肌肉度、3%体躯容量、6.5%肢蹄评分和 7.25%泌乳系统评分),肉用性能占 12.5%(利用体型反映淘汰母牛的肉用性能:15%体躯容量,22.5%肌肉度;小白牛肉生产价值:11.25%生产小白牛肉生长速度,10%生产小白牛肉的体型,2.25%小白牛肉颜色评分;阉牛育肥价值:11.25%阉牛育肥生长速度,27.5%阉牛育肥评分),乳房健康占 16%(9.5%体细胞数及 6.5%乳房炎抗性),繁殖力占 13.5%(50%母牛繁殖力,25%青年母牛繁殖力和 25%产后首次配种天数),长寿性 6%,泌乳速度占 4.75%。

有很多法国牧场在荷斯坦牛群中混养 10%的诺曼底牛,目的是将其高乳脂率、高蛋白率的牛奶混入荷斯坦牛奶,从而提高牛场整体原料奶品质。诺曼底与其他品种杂交饲养,在不同气候带的牛场也都有成功经验。

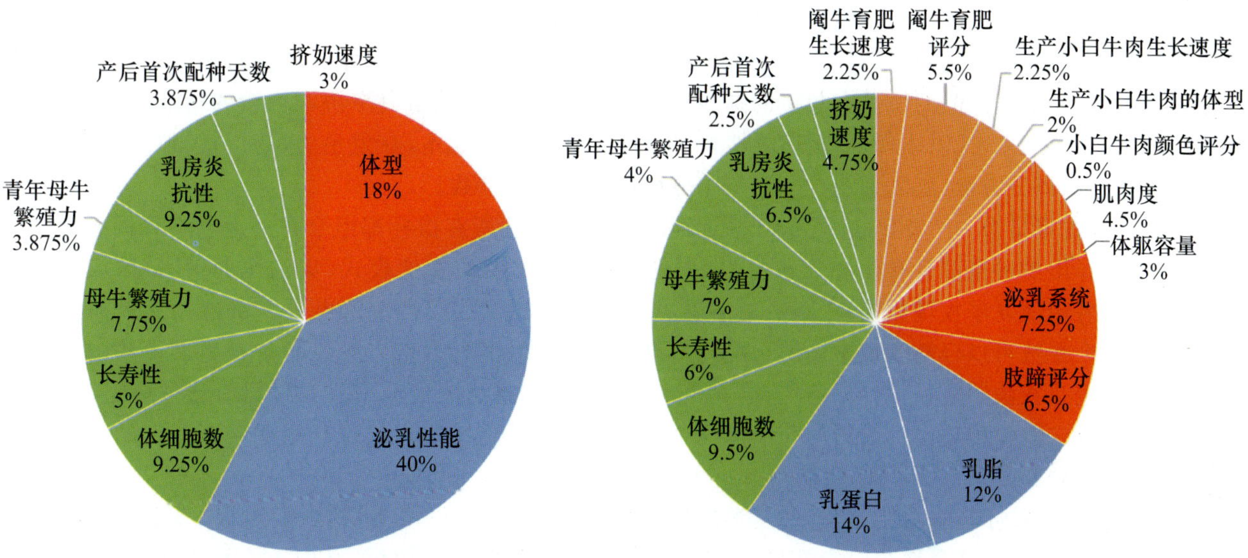

图 15　2012 年和 2018 年版诺曼底牛 ISU 指数对比图

（资料来源：国家统计局）

诺曼底牛起源于法国的诺曼底地区，所有育种工作皆在法国进行。而在海拔 2 000～3 000 m 的南美洲，则是诺曼底牛最适宜的生长区域，目前饲养最多的国家是哥伦比亚（拥有百年以上饲养历史，总数超过荷斯坦牛），其次是法国，第三则是乌拉圭。

诺曼底牛具有强壮的肢蹄，即使面对恶劣环境也很少会发生肢蹄病，繁殖效率高，配种成功率可达 70%～80%，最低也有 60%。从潮湿的山区到干燥沙漠，从气温 40 ℃以上至－20 ℃以下的环境，都有饲养诺曼底牛的成功实例。诺曼底牛的饲养成本与性价比都较高。

2.1.2　奶牛育种技术和育种体系

（1）遗传进展。2000—2020 年间，由于具有完善的育种体系和先进的育种技术，法国各乳用奶牛产奶性能不断提高，产奶量提高 80～100 kg/年，20 年中提高最大幅度的荷斯坦牛产奶量约 2 000 kg，其次是诺曼底牛、蒙贝利亚牛等，20 年产奶量提高 1 200～1 500 kg。

法国在牛育种上的历史可追溯到上百年，目前不仅建立了成熟的品种登记、性能测定、外貌鉴定、遗传评估的技术手段和完备的后裔测定运作组织，进入 20 世纪 90 年代，由荷斯坦牛、蒙贝利亚牛和诺曼底牛育种公司共同参与研发分子育种技术，综合考虑 45 个分子标记的特征，可以根据 12 个染色体区域来预测生产力、繁殖力、抵御乳房炎的能力以及功能性状等特征，同时还提出已发现的缺陷基因。2004 年开始应用于育种体系不断提高选种效率，2006 年，法国荷斯坦牛赢得欧洲荷斯坦牛冠军，2008 年进入分子育种技术的最新阶段——基因组选择技术的研究，2010 年开始应用基因组选择，且独特于其他国家起始参考群体就涵盖荷斯坦牛、蒙贝利亚牛和诺曼底牛 3 个品种，研究和应用方面居于世界领先地位。

2019 年采用奶牛冻精人工授精次数 684.8 万头次，较 2018 年（692.2 万头）降低 1%，其中采用荷斯坦牛冻精配种占 48.8%，采用蒙贝利亚牛冻精配种占 10%，采用诺曼底牛冻精配种占 9.8%。参与 DHI 测定头数 238.4 万头，组织 3 品种后裔测定公牛头数 62 头，9 个品种基因组检测种公牛共 10 556 头，销售了 395 头经过基因组选择和（或）后裔测定公牛的冻精。

法国参与育种计划的奶牛品种 9 个。除 3 个主要品种外，其他品种主要是为了适应恶劣的条件（山地放牧养殖等），一些品种主要是用来生产专门的奶酪，包括原产地命名产品。

在育种上的 3 个主要技术手段：一是注册登记，建立档案。犊牛在生产 48 h 内编号，并在农业部的全国数据库登记表明身份，种公牛必须注册；二是性能测定和体型评定；三是估计育种值，由设在法国农业科学研究院的全国信息中心对汇集的大量数据进行统计、分析、计算，确定育种值，指导全国的育种工作。不同的协会组织所做的工作主要有 3 项：人工授精、牛群选种选配和疫病防治。

(2)奶牛育种目标和选择指数。奶牛的育种理念是以获取最大的经济利益收入为目标的平衡育种。主要考虑以下两点：一是产品的质量和数量的提高。产奶量、乳脂率和乳蛋白率协调均衡的指数具体在“产奶性能经济指数”(INEL)得以体现；二是功能性状的提高。减少生产成本，在繁殖力、易产性、体细胞水平、生产寿命以及体型评分方面(泌乳系统、肢蹄)等多方面制定单独的指数。

总的综合选择指数——ISU，从经济和遗传学的角度，把上述所有指标都组合在一起。不管饲养户做出任何选择，选择出的种畜都具有经济合理性，并且适用于各种类型的生产模式(集约化养殖，平原或者山前地带养殖，或者山地夏季牧场放牧)。指数对各性状的不同加权指数使得每家养殖户都能达到较高的经济效益，利用这个指数可以轻松实现牛群的选配和选择。该指数及其包含的各性状育种都定期由法国农业部公布，因此无论是在法国还是世界任何地点，养殖户都可以根据自己的情况按照 ISU 进行选种选配。

(3)后裔测定与育种公司。法国的荷斯坦奶牛选育特别注重血统的多样性。用于后裔测定的公牛主要来源于本国、美国和欧洲。

在应用基因组技术选择公牛之前，每年参加后裔测定的青年公牛 950 头，其中包括 600 头荷斯坦牛，160 头蒙贝利亚牛和 130 头诺曼底牛。参配母牛 260 万头，有正式性能测定成绩，其中 190 万头参加品种登记，35 万头经过体型外貌鉴定。目前最终参加后裔测定的青年公牛头数减少，主要是为了降低后裔测定成本，通过加大预选的强度，达到同样的选择效果。青年公牛培育也经过严密组织，首先选择种子公牛和母牛，然后进行计划选配，需要考虑血缘最广泛和基因多样化。

自 2002 年以后，对荷斯坦牛、蒙贝利亚牛和诺曼底牛不仅依据其估计育种值进行选择，而且还依据 45 个遗传标记基因型来进行选择，可追踪 12 个染色体区域，在个体一出生就得到其遗传水平的估计，包括生产性能、繁殖力、对乳房炎的抵抗能力和体型性状与功能性状相关联的部分；也能提前了解种牛携带已知遗传缺陷基因的情况。为了得到 80～100 个公牛后代女儿的产奶和功能特征方面数据，每头青年公牛需要进行 300 个后裔测定适配，后裔测定在全法国范围内进行，确保后代女儿在不同养殖地区的代表性，确保遗传评估的准确性，进而确保选种的效率。法国育种机构在数据准确性和遗传评估的质量上得到世界公认。最终成为验证种公牛的概率为 10%，选种强度很大。

法国农业科学研究院在对种公牛后裔进行测定之后公布所有品种公牛的指标，包括公牛女儿的各项生产指标和功能性状，评估结果来估计 ISU 综合指数。

法国的主要育种公司包括以下几个。

爱沃国际(Evolution International，http://www. evolution-int. com/)：具有 50 多年的发展历史，出口牛、山羊遗传物质量占法国首位，从 1961 年起，SERSIAFRANCE 出口奶牛、肉牛和山羊的冻精、胚胎和种畜，奶牛包括荷斯坦牛、诺曼底牛、西门塔尔牛、瑞士褐牛等 7 个品种，肉牛包括利木赞牛、夏洛莱牛和金黄阿奎登牛等 10 个品种，通过销售网络远销 70 多个国家和地区；同时在人工授精、选配以及畜牧业设备等方面提供技术支持。主要合作伙伴包括 AURIVA、CAPGENES、CREALIM、UALC、BGS(Brune Genetique Services)、Charolais Univers 和 EVOLUTION。2019 年 12 月又就蹄部健康、妊娠期、后代一致性及饲料转化率等 4 个方面提供创新的遗传改进方案。就荷斯坦牛来说，建立 180 万头的基因组检测群体，每年基因组测定母牛 3 200 头、小公牛 3 000 头，选择采精公牛 100 头。就诺曼底牛来说，基于 23 万头参与性能测定的母牛，每年基因组测定母牛 730 头、小公牛 640 头，选择采精公牛 50 头。

法国吉因斯育种公司(Genes Diffusion，www. genesdiffusion. com)：法国最大的奶牛育种公司，目前与 UNECO 人工授精中心、法国胚胎移植中心(FRANCE EMBRYON)和夏洛莱肉牛中心(CHAROLAIS OPTIMAL)一起组建成一个联合体(Genes Diffusion Optimal)，拥有 18 个人工授精合作社，40 名顶级育种专家，700 名人工授精技术人员。自 1917 年开始出口活牛。目前经营 5 个品种的奶牛(荷斯坦牛、诺曼底牛、娟姗牛等)和 5 个品种的肉牛(夏洛莱牛、利木赞牛等)及猪的遗传物质。公司主要产品(包括冻精、胚胎和活畜)出口到世界上 50 多个国家和地区。后裔测定时代，饲养种公牛 3 000 头，其中 2 300 头荷斯坦公牛，700 头夏洛莱公牛。2007 年完成了 367 头青年公牛的后裔测定；年生产各类冻精 2 500 万支；年配种 137 万头奶牛，其中 113 万头荷斯坦奶牛,24 万头夏洛莱肉牛。吉因斯公司每年配种奶牛数占法国奶牛总头数的 1/3 以上。与法国巴斯德研究所(Institut Pasteurde Lille)合作开发独特的基因型检测平台,通过基因型判定、基因组选择帮助牛群提升基因管理水平。开发了牛行为检测系统,利用反刍时间、采食时间、躺卧时间等进行辅助牛群精细化管理。

Coopex(https://www.umotest.com/):法国蒙贝利亚牛合作社联合会 Umotest 的出口商,基于 15 000 个蒙贝利亚牛农场,公司有着 40 多年的丰富畜牧业产品出口经验。该公司是唯一经营蒙贝利亚牛基因产品的公司,Coopex 蒙贝利亚公司与法国蒙贝利亚牛协会的发展有着不可分割的关系。Coopex 公司主要产品有活畜、冻精、胚胎;蒙贝利亚牛的选育中利用基因组选择技术手段同时关注功能性状、体型、泌乳性能和遗传变异,确保这个品种的功能性状、长寿和生产性能的进展,以及品种广泛的遗传多样性。每年实现 70 kg 产奶量的进展。服务项目包括:选配计划、饲养建议、畜群管理。蒙贝利亚牛用于与荷斯坦牛等其他乳用品种杂交实现高效生产成为世界奶业生产的独特模式。

法国奶牛遗传物质已经出口到世界上 5 大洲的 80 多个国家和地区。每年世界范围内奶牛交易量达到 4 万~5 万头,出售超过 200 万剂后裔测定验证种公牛精液以及几千枚牛胚胎。

2.1.3 品种遗传资源保护

法国畜牧业的健康、稳定、持续发展与其长期坚持不懈地重视地方品种选育密切相关。法国具有严格而详尽的育种条例和严格的认证制度,将畜牧业品种的选育分为猪类、牛类、绵羊和山羊类,对于每一个品种的选育都有专门的法律法规来规范。国家设有配种、人工授精组织的国家品种改良委员会,规范管理畜牧业品种的选育。不仅规定了畜牧业机构和从业人员的严格的资质认证制度,而且对不同畜牧品种的培育和选育分别立法,这样,保证了畜牧业从源头上就有良好的开端。

法国有许多地方品种,如诺曼底牛等,每个地方品种都设有研究所,育种工作者对畜禽品种选育就是根据品种特性、分布区域、营养水平,应用现代科学育种技术建立品种鉴定、个体注册、人工授精、胚胎移植管理机制和饲养管理体系,制定和实施切实可行的选育方案,目的是获得优质高产低耗高效畜禽产品。法国还设有地方品种展览馆,主要介绍地方品种的历史、饲养方法和质量标准等,有专业讲解员通过文字和图像资料为参观者讲解。

2.1.4 奶牛繁育体系

法国在繁殖技术应用方面已经走在世界的前列。1979 年诞生了第一头胚胎移植牛,并于当年成立了欧洲第一家胚胎移植(ET)公司。2009 年法国共生产了 4 万枚奶牛胚胎,在国内繁殖奶牛 9 000 多头。据国际胚胎移植协会(International Embryo Technology Society, https://www.iets.org/)信息,2016 年法国冲胚奶牛 4 936 头(常规冻精 4 473 头、性控冻精 463 头),生产了可移植胚胎 27 254 枚。法国超数排卵技术成熟,每头供体牛每年可生产体内胚胎 4 次,最高可产胚胎 7 次,鲜胚的移植成功率 60%,冻胚移植成功率为 50%~55%,达到了世界先进水平。世界范围内胚胎移植技术应用在生产体内胚方面逐年小幅度下降,生产体内胚则逐年递增。在常规胚胎技术之外,近年胚胎性别鉴定和基因型鉴定在种牛培育中占重要地位。2019 年法国显微操作性控体内胚 2 595 枚,无同类体外胚;基因分型体内胚 2 526 枚,无同类体外胚;性控体内胚量较 2018 年(3 054 枚)有所下降、基因分型体内胚量较 2018 年(1 642 枚)有所提高。育种公司将胚胎生产和移植作为育种及服务手段,例如爱沃国际目前建立了 2 个供体饲养场,可供 300 头供体同时进入超数排卵计划,在全国设置了 15 个可以就近实施超数排卵和胚胎移植的实验室,具有一个能实施体外胚(IVF)生产和一个实施分子育种技术的实验室。

塑料细管输精器的发明者凯苏氏(IMV)就是法国一家很有名的繁殖设备公司。

法国奶牛的配种工作全部实行统一管理。全国有 3 个人工授精中心,分片管理。每个中心在各自辖区内,设立多个服务部,有各自的人工授精技术人员,最直接接触农户,配种工作有品种交叉,是后裔测定工作中非常重要的环节。当奶牛场有奶牛需要输精时,可通过电话、计算机等通知输精员,随后输精员开车赶到。

人工授精收费分为两部分:一是冻精细管的费用,二是服务费用。不同种牛细管价格不同,而每次服务价格相同。

与配种牛的选择，首先是由牛奶质量检测控制中心结合奶牛场奶牛的情况，给每头牛提供 3 头适宜选用的公牛，牛场主再根据需要，考虑种牛在牛奶产量、乳脂率、难产率等方面的遗传影响，选择其中一头来配种。配种结束后，输精员须填好配种记录，包括奶牛场地址、输精员姓名与编号、输精时间、母牛情况（品种、编号、出生日期和胎次）、公牛情况（编号、品种、该母牛配种所用次数）、育种记录（授精、分娩时间、胎次、受胎配种次数、细管等级）、本次配种记录（种牛编号、各项费用）。以便费用结算以及对奶牛繁殖情况进行统计管理。

例如位于法国西部的优赛奥公司，西部畜牧业区域合作组织的简称，该协会创造于 1948 年，是法国比较大的地区性畜牧业合作组织。主要从事良种牛、鸡、兔的选种选育和推广工作，并面向协会成员的广大农户提供良种有偿服务。开展奶牛人工授精是协会的一项主要业务并形成了一套完善的运转机制。人工授精员是协会聘用的正式职员，其主要职责是按照区域分工，承担饲养场、农户（协会成员）的奶牛人工授精工作。按月在协会领取报酬，每名人工授精员每年的工作量在 3 500 头左右。不论每月业务量的大小，每月工资收入相对稳定，平均在 1 500 欧元左右。每天人工授精员根据协会计算机中心收到的信息，到奶牛冻精管理部门领取精液，然后到农场或农户实施奶牛人工授精；收费标准为每头 30 欧元左右，人工授精员不直接收费，费用由农户统一向协会结算。如人工授精员使用自己的交通工具，协会给予一定的经费补贴，至于用哪头种公牛的精液，由农户自己指定，这样既保护了农户的利益，又保证了选育提高的效果。据测算，每名人工授精员每年为协会创造 10 万欧元的收入。

2.1.5　奶牛繁育管理监督

利用法国国家数据中心对于各畜种的登记，包括出生、健康、繁殖、转运等方面的追溯记录数据库（National Identification Database，BDNI；National System of Genetic Information，SNIG），开发了一个向公众开放的数据分析平台（www. reproscope. fr），可了解个地区（县）、各品种、各年份的繁殖情况。如图 16 所示，荷斯坦牛 2018—2019 年期间，基于 27 174 个群体统计胎间距均值 426 d；蒙贝利亚牛 2018—2019 年期间，基于 8 501 个群体统计胎间距均值 406 d；诺曼底牛 2018—2019 年期间，基于 2 757 个群体统计胎间距均值 417 d；充分发挥大数据对于牛群管理的优势，繁殖、兽医、营养等各专业技术人员就可以充分利用这些信息为牧场服务、提高效益。

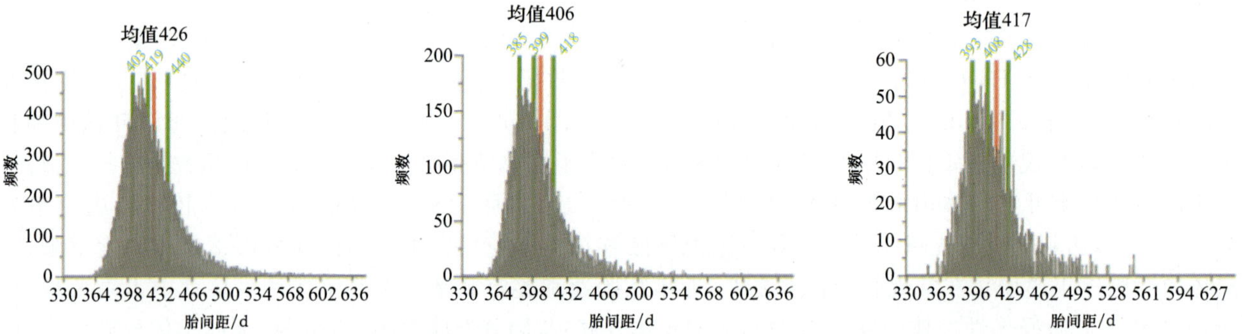

图 16　法国全国数据库显示不同品种（左：荷斯坦牛，中：蒙贝利亚牛，右：诺曼底牛）繁殖性能

2.2　奶牛饲料与营养技术进展

2.2.1　法国和欧盟关于饲料（食品）的有关法规

欧盟成立后先后发布了与饲料（食品）有关的 5 个法规：1970 年发布 70/373“抽样与分析检验的方法”；1970 年发布 70/524“添加剂的规定”（允许使用的添加剂清单）；1974 年发布 74/63“不允许使用的原料与物

质”;1977 年发布 77/101“单一食品”;1979 年发布 79/373“复合食品”,以上 5 个法规完全适用于法国。法国等同采用和执行欧盟的有关法规,在执行中对法规中部分内容有强化和补充,先后发布了 9 个补充法令和条款:1986 年 9 月 5 日发布了动物饲料的主要原料品种目录;1987 年 8 月 7 日发布了允许使用的高蛋白质饲料原料,必须申报批准:1989 年 5 月 5 日发布不允许使用的饲料原料品种;1990 年 7 月发布禁止在牛饲料中使用动物肉粉、肉骨粉:1992 年 2 月 13 日发布了欧共体承认的饲料添加剂清单;1994 年 11 月 24 日发布法令强调允许开发新的饲料添加剂,但具体规定了申报批准程序;1999 年 4 月 8 日发布了以饲养目标(如瘦肉型、肥育型等)对饲料成分的更改条例;2000 年 11 月发布法令,重申禁止在所有动物饲料中使用所有动物性饲料原料,除肉粉、肉骨粉外,包括禁止使用鱼粉,法国比欧盟的规定更加严格;2001 年 1 月 12 日发布了动物饲料中严格控制铅、汞、砷、氟等有毒有害物质的允许量标准。欧盟正在探讨和争论转基因食物(如转基因玉米)的可用性。

2.2.2 法国食品、饲料、兽药的管理机构及其职能

法国政府涉及农业的两个部是财经和工业部以及农渔部,负责食品、饲料、兽药的管理。财经和工业部下属的公平贸易消费事务和反舞弊总局(DGCCRF)的职责是负责制定有关食品、饲料、兽药的法律法规,保证产品和服务的质量,保障消费者的安全,保护消费者的经济利益,确保市场平稳运行;农渔部下属的食品饲料安全管理总局,下辖兽医监察大队、动物健康处、食品饲料兽药安全处、动物保护处和环境保护处,各职能部门依据所制定的有关法律法规负责实施食品、饲料、动物养殖生产的安全和质量。两个总局是全法国确保食品、动物饲料兽药安全的两个合作部门,并协同开展工作。

法国财经和工业部下属的公平贸易消费事务和反舞弊总局(DGCCRF)设在巴黎,其职责的主要法律依据是欧盟的条约,DGCCRF 有权采取直接行动反对反竞争的企业联合和滥用职权。

法国农渔部食品饲料安全管理总局中央、部的办公室在巴黎,与 DGCCRF 配合工作,在中央和省级都是联合工作,确保动物饲料的安全总局下属的食品饲料兽药安全处,以保护动物饲料及其产品(肉类)的安全为职责。具体工作主要是在生产过程中进行监督管理,检查产品是否满足法规、规范的要求,检查企业的生产全过程、设备、环境是否符合法规和卫生的要求,也就是说,从原料进厂到生产出产品以及在养殖户中的使用情况,进行全程监督。中央授权各省的办公室全权处理本省发生的问题,各省向中央负责。

兽医监察大队直属食品饲料安全管理总局,人员有几十人,在各省也派有代表,所需经费由农渔部直接拨款。大队在任何时间可直接到发生问题或可能发生问题的各省、地区、企业进行突击性检查,在检查前不必通知当地的农渔厅,大队只与派驻当地的总检察官联系,在工作中如有必要可要求当地农渔厅进行配台。大队做出的决定由各省农渔厅具体实施,所做出的预防措施对全国有普遍指导意义。

2.2.3 法国及欧盟关于饲料、兽药管理

法国遵循自由经营的原则,政府只提出不允许使用的原料清单和允许使用的添加剂清单,不在清单内的饲料原料均可以使用,但要在标签中标明所使用的原料,其产品应符合卫生指标,不允许使用的原料清单和允许使用的添加剂清单由食品质量安全委员会发布,在法国须经财经和工业部、农渔部合签后发布补充规范。

任何企业都可生产符合规范的饲料产品,没有生产经营许可证制度。但如有违法行为,则由农渔部和下属有关机构处理。

新的添加剂必须提出申请,说明比以前的添加剂的优越性,对人和动物无害,对环境无污染,经试验安全后才能获得批准使用。法国设立食品安全检查委员会,对提出的申请进行审批,该委员会是一个独立的中央单位,与法国财经和工业部、农渔部食品饲料安全管理总局动物保护处、动物健康处有业务关系,可发表独立的意见和见解,不受任何部门、市场和企业的影响。经费来源中央直接拨款,所研究的内容题目来自相关的部审批新药物添加剂产品,由农渔部组织的专家组进行风险分析,并需要进行新添加剂产品效果和安全试验,通过后规定试用期,如没有发现问题,再审查申请企业的厂房、设备、人员素质、技术、资金等条

件,合格后发放新添加剂产品的生产许可证,允许批量生产。对敏感的兴奋剂、抗生素、特殊维生素及其复合物均按新药物添加剂对待,须经农渔部审批。

添加剂预混料和浓缩饲料的生产都要在农渔部的监控下进行,须办理生产许可证。对微量有危险性的成分,在允许生产的产品使用说明中必须注明最高使用量、残留量等数据参数。允许使用的抗生素使用量,限定在规定的停药期后在动物产品中的残留量必须在规范允许量以下。

开办新饲料厂须按下述步骤进行申请:首先环保部门批准;将申请的建厂地址报市政府;在满足有关法规、规范要求的前提下,上报对所生产产品的描述,如配方、原料、产品的使用范围、产品的效果、注意事项等;政府部门对所发现的问题,如产品中的配方问题等可提出建议。

管理部门要检查肉、奶、饲料的药物量和残留量,如在产品的检查中发现超量残留,则其产品(如肉)要全部销毁,同时检查人员要核查生产操作记录,要追究责任人的相关责任,给予行政处罚或司法处罚,前者有权停产、吊销生产许可证、关厂、销毁产品等,后者有权罚款、判刑等大力度处罚,对使用违禁药物的,一旦发现则一定重罚并司法判刑。

检查和处理的费用,企业本身要有自检措施,承担所承诺的日常检查费用。政府派员检查由国家财政拨款。

关于使用来源于动物的饲料原则,欧盟的规定是来源于动物的饲料原料(骨粉、肉骨粉)不能用于饲料的生产,目前羽毛粉和鱼粉(限于使用于水产饲料中)可使用。法国 2000 年 11 月发布法令,规定在动物饲料中禁止使用所有动物性饲料原料,包括鱼粉。

在疯牛病发生后,法国政府对工业化饲料生产企业和养殖企业做出了新的规定:工业化饲料生产企业和养殖企业所使用的原料、饲料的进货、发货单据、配料单及其他资料要存档保留至少 5 年,以便发现问题后溯源。

动物治疗用的药物和畜产品中药物残留监管由农渔部实施;添加到饲料中的药物由财经和工业部监管。

关于抗生素的使用原则,凡是人用的抗生素,都不能用于动物饲料,目前还在用的将会逐步被取代。1996 年以后研制并批准使用的新药,经核实后赋予生产企业 5～10 年的保护期,因为在找到取代物前如取消抗生素的使用,将会带来更危险的后果。

饲料中允许使用的兽药品种有一系列法规。1999 年 6 月欧盟禁止在动物饲料中使用亚治疗水平的 70/524 法规中规定禁用杆菌肽锌、北里霉素、磷酸泰乐菌素、螺旋霉素、维吉尼亚霉素等抗生素作为生长促进剂。1999 年 10 月,欧盟又禁止了氯氰苄腺嘌呤、二硝甲苯酰胺、异丙硝哒唑 3 种抗球虫药在饲料中的应用。除了几种广泛使用的抗球虫药外,1999 年 1 月起仍允许使用的抗生素只有莫能霉素(莫能霉素钠)、盐霉素(盐霉素钠)、磷酸黄霉素(巴波霉素)、卑霉素(阿美拉霉素)4 种。

主张全面禁止使用激素,但目前还没有形成决议。

法国政府在食品、饲料、兽药方面今后准备要做的工作是:研究微量使用的添加剂及药用性添加剂的使用安全性及其用量控制;研究使用转基因植物可能带来的长期后果;抗生素将为微量成分的监测重点。

2.2.4 奶牛饲养模式与主要饲料组成

(1)饲养模式。法国的奶牛场经营模式大部分是家庭饲养模式。家庭奶牛场一般是世代传下来的,奶牛饲养历史比较长,而目前饲养规模一般在 100～200 头,土地面积一般在 700～1 500 亩,土地大部分是家庭的,一小部分是租来的。家庭饲养主要有 2 种形式:一种是单一家庭饲养奶牛,另一种是 2～4 个家庭合作经营奶牛场。还有一种经营模式是教学实验型,它是大学及科研机构进行教学、研究的奶牛场。

奶牛饲养以舍饲为主,但也有些是围栏放牧,分区轮牧等方法,春季、夏季和秋季部分农户在户外放牧奶牛。舍饲主要是散栏饲养,依靠配合饲料、青贮以及牧草饲养。

绝大部分的奶牛场有挤奶厅,装备有鱼骨式或机器人挤奶等设备,还有一小部分拴系式饲养和挤奶。1 天2 次挤奶,一般都用小毛巾和温水擦洗乳头,1 头奶牛 1 块毛巾,每次挤完奶后毛巾由洗衣机清洗,然后浸在消毒水中消毒备用。消毒挤奶机的热水一般都由电热水器来供应。牛奶冷却到 3 ℃左右,牛奶中的细菌数一般每毫升在 10 万 CFU 以下,先进的奶牛场可控制在 5 万 CFU 以下。

放牧型牛场挤奶结束后奶牛回到草场继续采食，草地养牛 2～3 头/hm^2，草场上混播种植有三叶草、高羊茅、鸭茅、狼尾草、苜蓿草等几种牧草。草场周围设有电围栏，防止奶牛逃离草场。法国的奶牛一天除了早晚两次挤奶，每天 8 个小时饲喂在牛舍内外，其余 16 个小时均在草场上吃草、休息，一年中只有冬天 4 个月待在牛舍内饲养。

(2)饲料组成。法国奶牛、肉牛饲料 88%自产(CIV，www. civ-viande. com)。奶牛饲料中草和玉米青贮，占饲料总量的 65%和 19%，而这两种原料 98%都是牧场自产。精饲料约占 14%(28%牧场自产)，2.5%豆饼来自进口。法国人工草场面积大，并已建成围栏，奶牛场一年四季都拥有大量的牧草，收获干草或制作青贮用牧草以意大利黑麦草为主，也有少量为苜蓿草；牛床垫草主要为小麦秸和大豆秸。除种牧草外，也种植青贮玉米、块根和谷类饲料等，全国农用土地中有 70%以上用来生产家畜饲料。法国的青贮玉米一般在 9 月底、10 月初收割，收割较晚，质量好。全部由联合收割机收割，收割时青贮玉米全株高 2.5 m 左右，行距 75 cm，株距 10 cm，拥有饱满的玉米颗粒，干物质含量为 35%时收割，切短长度 1 cm 左右，边切割边由拖拉机运到奶牛场青贮窖内，压结实，最后在青贮玉米表面撒 1%的食盐，然后由两层塑料薄膜覆盖，最上面压有旧轮胎及沙袋。法国的不同地区，奶牛饲喂的主料不同。在法国的西部和南部，主料大部分是青贮玉米，平均每头每天饲喂 35 kg；在法国的东部，主料是干草，平均每头每天饲喂 15 kg，不饲喂青贮玉米。

奶牛饲喂的精饲料主要有 2 种：一种是全价颗粒料，另一种是自配料。饲喂颗粒料的奶牛场，往往是条件优越的奶牛场，奶牛有电子耳标和电子项圈，当奶牛头伸进料槽内，料自动下来，由计算机记录奶牛吃料量和剩料量。自配料的奶牛场，精饲料中的能量饲料主要有玉米、大麦，蛋白质饲料有豆饼，矿物质饲料有优质的常量、微量、维生素添加剂，配料的原则是讲究优质和营养平衡。奶牛场都采用 TMR 饲养工艺。奶牛的饲养方案及饲料配方，由乳品质量检测中心根据每月的检测结果调整并提供。

1978 年法国农业科学研究院(INRA)提出了反刍动物小肠可消化蛋白质体系(PDI)，是奶牛饲料蛋白质价值评定体系形成过程中的重要概念。

2.2.5 奶牛的饲料生产与加工

据奥特奇公司 2017 年调查，法国有饲料生产企业 400 多家，是欧盟最大的饲料生产国，每年生产各类饲料产品 2 300 万 t，其中牛料 400.9 万 t，占 17.4%；除满足本国的需要外，该国是饲料原料和饲料添加剂的出口大国。

(1)高度的规模化和专业化。从饲料业发展趋势看，生产规模不断扩大，生产企业数量逐年减少，社会分工不断细化和专业化。

(2)装备设施化。饲料厂从原料到终产品，基本上全部机械化运作。例如饲料生产采用全封闭管道生产，原料运输车是封闭的，到厂后管道卸车，最后出来的产品是包装好的产品，只有用户饲喂的时候才能见到饲料。特别是饲料生产的后半部分工序全部是机械化作业。在饲料产品包装运输上，根据饲养场规模和饲料产品的类别，采用了小包装、大包装(600 kg)和散装饲料运输车相结合的办法。

(3)产业科技化。法国畜牧业“现代化”关键是科技，体现在现代化的人才、现代化的设备、现代化的工艺、现代化的品种和产品、现代化的管理上。表现在管理人员、科研人员和饲养人员都受过高等教育或进行过专业技术技能培训；饲料厂、饲养场都有先进的设备设施、先进的工艺、现代化的管理；饲料产品是奶牛的“专用饲料”，即不同的奶牛品种、不同的生长阶段设计专用饲料，如液体预混料和颗粒预混料。

(4)生产标准化。按照欧盟建设标准，配套完善，通过了 ISO 9000 系列认证、GMP 和 HACCP 认证。

(5)产品销售国际化。产品立足本国、欧洲，销往全世界。由于欧洲的畜牧业处于稳定发展状态，饲料生产和销售在欧洲继续扩展市场难度相当大，企业和产品的扩展方向是要面向全球，特别是亚洲地区。

(6)企业管理制度化。饲料企业在原料和产品质量监督检验方面非常严格，各厂都设有化验中心，拥有大批的专业技术人员和高精尖的仪器设备。如爱佳丽集团检验中心每年检测的样品达 7 万多批，包括原料进厂检测。爱佳丽饲料厂原料进厂后 2 min 就可检出蛋白质、能量、灰分、水分、杂质 5 项指标；企业普遍采用近红外技术，通过采集大量的原料样本用近红外技术进行分析，建立该原料在仪器中的数学模型；产品留样观察制度。饲料生产厂对每批原料和产品都用塑料袋按规定取样，标注好原料使用和饲料生产的日期，整整齐齐排列在干燥且通风良好的样品库内，以备查用；商品饲料采用标签管理。一些企业的饲料标签已采用条码技术。

(7)服务社会化。法国农业经济的运作是一个全社会的运作过程。政府负责行业方针、政策、法规的制定、落实，提供信息服务，实施宏观调控；在行业上设有各种行业协会和合作社，如奶牛协会等。利用协会合作的方式把农民和产业连在一起，成为利益共同体，形成经济技术优势，带动整个农业经济的运行；技术服务全社会化。高层次的畜牧科研机构研究出的新成果、新技术由技术服务机构直接服务农民，牧场可直接得到社会快速敏捷的各种服务，如畜种服务、饲料服务、疫病防治服务、设备设施服务、技术服务以及产品销售服务等。如新奥兰公司每天都有 230 辆车为农民提供饲料供应和技术服务。通过政府机构、合作经济组织、技术服务实体三位于一体的社会服务，使养殖户彻底解决了畜牧业产前、产中、产后所面临的实际困难。

2.2.6 主要奶牛饲料生产企业

据统计欧洲饲料生产者协会(The European Feed Manufacturers' Federation ,FEFAC,https://fefac.eu/)统计，2019 年法国有 185 个饲料企业，牛精料总产量(industrial compound production)541.6 万 t(占欧盟牛精料总产量 4 718.1 万 t 的 11.5%)，比 2018 年提高 0.1%。2019 年法国奶牛饲料中 16%为非转基因产品。法国代表性的奶牛饲料生产企业如下。

(1)安迪苏公司(Adisseo,https://www.adisseo.com/)，成立于 1939 年，全球领先的动物营养添加剂生产企业，其主要产品在全球市场上处于领先地位。1971—2002 年间曾加入法国罗纳普朗克公司(Rhone-Poulenc Société Anonyme)，后独立出来。2006 年加入蓝星集团，2008 年在中国投资建厂，2018 年安迪苏董事会批准建设年产 18 万 t 液体蛋氨酸新工厂——南京工厂二期项目。安迪苏以专业生产蛋氨酸、维生素、酶制剂系列产品为主，是全球唯一一家同时生产固体和液体蛋氨酸的企业。2019 年产值 14.4 亿欧元，全球 10 个研究中心，15 个生产基地，雇员 2 185 人。

(2)法国爱佳丽集团(Terrena,https://www.terrena.fr/)，1887 年建立的联合体形式商业集团，目前有 21 549 个会员场，63 个生产基地，产值 49 亿欧元，其中一个厂年生产全价饲料 100 万 t，是法国最大的配合料生产厂。2008 年首倡生态友好型养殖模式(ecologically-intensive farming)。

(3)新奥兰公司(NEOLAIT,https://www.neolait.com/)是法国和欧洲最大的动物营养、保健品专业化企业，从 1944 年建厂就生产动物代乳粉。年生产动物营养品、代乳料(粉)6.5 万 t，雇员 350 人，其产品远销世界 60 个国家和地区。2000 年进入中国市场。

(4)VITALAC(https://www.vitalac.eu/)，1989 年成立的营养与动物保健公司，产品包括复合维生素和矿物质、添加剂预混料、全价饲料、犊牛专家、奶牛场审计、粗饲料分析及奶牛日粮平衡。专业技术人员超过 100 人，产品销售于 60 个国家。2016 年产量约为 60 000 t，营业额超过 4 000 万欧元。

(5)IDENA(https://www.idena.fr/)，1995 年由 5 位专家成立的动物营养、配方、饲料优化公司，应用创新和新概念来减少肠内甲烷和改善反刍性能，增加缓冲提高反刍动物粗饲料消化率，降低抗生素使用。专业技术人员 65 人，2001 年建立自有工厂，确保提供无交叉感染风险营养产品。专业生产提供饲喂效率的添加剂。2020 年 IDENA 收购 STI biotechnologie(一家专注于乳酸菌类添加剂的公司)，加强了在生物活性化合物方面的核心业务。

(6)OLMIX(https://www.olmix.com/)，1995 年成立，经营牛、禽、猪等天然生物卫生用品，用于繁育舍或改善舍内卧床和空气卫生质量。专用的垫料有助于犊牛健康、减少乳房炎和蹄病。员工 671 人，产品远销 100 个国家，有 36 个生产基地。

(7)Liquid Feed France(http://liquidfeed-france.com/)由反刍动物饲料公司(ED&F Man)与欧洲糖业巨头(Südzucker)合作推出的一家致力于推广液体饲料的公司。场址在诺曼底的 Cagny。液体饲料主要指可溶性糖及蛋白质。液体饲料相关技术重点在于准确控制各种来源的糖原料。最新技术包括通过优化 6 种不同类型的糖源，优化微生物发酵来增值粗饲料价值。

2.3 奶牛疫病控制技术进展

2.3.1 建立溯源制度,保障牛群健康和乳制品安全

1966 年法国颁布实施了《畜牧法》。该法对建立牛的个体识别体系提出了明确要求,关键点就是实行牛的身份证制度。即每头牛在出生后的一定时间内需从有关部门取得一个唯一的身份鉴定号,并通过耳标的形式体现。为将法律条文落到实处,法国农业科学研究院承担了相关工作体系和技术体系的研究工作。溯源机制的建立可分为 3 个阶段。

(1)动物性能测定标识阶段(1966—1977 年)。根据家畜遗传改良的需要,1966 年按照《畜牧法》"家畜遗传改良纲领"的要求,开始对牛、羊实施标识制度。但并非所有的牛、羊均实行标识制度,主要对象是实行性能测定的饲养场中的牛羊。

(2)动物防疫标识阶段(1978—1996 年)。1978 年以后,为了控制牲畜口蹄疫、布鲁氏菌病、结核病等,根据国家 78/415 号法令规定,对 6 月龄以上的牛实施防疫标识制度,其动物标识体系的内容包括双标制(牛的双耳需佩戴同号标识以防脱落)和护照制。

(3)形成溯源机制阶段(1997 年至今)。1997 年欧洲疯牛病危机之后,欧盟要求各成员国建立广泛协调一致的机制,以快速、准确地查证动物调运情况,并实行肉制品标签制度。在此期间,法国以动物标识为基础建立了动物及动物产品的溯源机制,国家牛类标识与溯源信息中心应运而生。国家牛类标识与溯源信息中心(National Identification Database, BDNI 及 National System of Genetic Information)设在农业部,同时在地方设立 42 个分中心,拥有一个庞大的信息库。2019 年数据库登记 82 000 个奶牛场、10.9 万个肉牛繁育场,500 万头牛配种信息及每头牛的所有调运登记信息。通过该信息系统可查到任何一头牛从生到死的全部情况,并能通过溯源手段,快速、准确查找到问题根源。

2.3.2 动物防疫信息网络

(1)动物耳标、护照及健康证明。动物防疫信息网络最基本的要素是动物的耳标、护照及健康证明。

牛的耳标要求。耳标的研究、认证与生产由法国畜牧研究院负责,农业部根据耳标的质量标准,通过认证的方式实行耳标定点生产。牛耳标编码及标准:耳标由大、小两片组成,大、小两片号码均由 2 个英文字母和 10 位阿拉伯数字组成,号码相同,在大片上还有一个条形码,可用手持读码器读取,生产耳标的材质必须无毒、无害,耳标佩带 2 年后掉标率不得超过 2%。耳标的订购与发放:畜主每年年底向所在省畜牧养殖协会提供当年耳标使用情况的书面报告,并订购下年度所需耳标数量。省畜牧养殖协会将畜主订购的耳标数量、耳标号通过计算机网络通知指定的生产厂,生产厂按要求生产耳标并寄送给畜主;佩戴耳标。在牛出生后 7 d 内,畜主应为其佩戴双耳标。如果丢失一枚耳标,畜主应向省畜牧养殖协会订购一枚与原编号相同的耳标补戴;如果所佩戴的两枚耳标同时丢失,畜主应将牛隔离,并请省畜牧养殖协会工作人员到场检查牛的身份,经确认后补戴。

牛的护照要求。牛的护照包含护照栏和健康栏,记载牛的品种、父母、出生地、养殖地及养殖者等身份信息,调运及国家规定要求填写的动物卫生状况等信息。28 日龄以上的牛必须拥有护照,护照编号与耳标号相符。在牛出生后 7 d 内,畜主在为其佩戴耳标的同时,须向省畜牧养殖协会申请护照,申报单上应填写牛所佩带的耳标号码及牛的性别、出生日期、父系和母系品种类型、母亲的耳标号等信息,也可通过网络申请。省畜牧养殖协会根据畜主的申请,在 15 d 内核发护照。

健康证明的要求。在核发护照的同时,省动物防疫组织根据已经掌握的动物所在饲养场的总体卫生和健康状况,核发动物健康证明。国家规定对牛必须进行结核病、牛流行热、布鲁氏病、疯牛病的疫情监测,具体监测要求如下:结核病,每 4 年检测 1 次;牛流行热,引进牛时进行检疫,平时主要进行观察;布鲁氏菌病,1～2 年检测 1 次,买卖时也要进行检疫;疯牛病,引进牛时进行检疫,屠宰时对每头牛进行监测;根据官方兽

医与执业兽医签订协议中规定的义务,疫情监测样品由执业兽医负责采集,并送相关实验室进行检测;屠宰牛的疯牛病检测样品由驻厂兽医官采集。监测费用全部由国家承担,以上检测结果要全部进入农业部的信息档案中。

牛调运时标识的管理。所有需要调动的牛,必须具备下列基本条件:一是双耳佩戴符合规定的耳标;二是具有与耳标号码一致的护照,护照随着牛走;三是具有防疫组织出具的动物健康证明。当牛调出时,畜主应在牛调出后 7 d 内向省畜牧养殖协会申报,申报内容包括牛标识号、离场日期、离场原因、买方姓名和地址或牧场号;畜主应保证调出牛的标识和有关文件符合规定。当牛调入时,畜主应在调入后 7 d 内向省畜牧养殖协会申报,申报内容包括牛标识号、调入日期、调入原因、供方畜主姓名和地址或牧场号。畜主保证双标识的一致性,并与护照编号相符。当省畜牧养殖协会收到调入或调出申报后,在护照上增加有关信息。调入和调出时耳标号是不变的。

(2)基层网络终端。农场主或畜主负责订购耳标、佩戴耳标、申请护照、动物调入和调出申报、建立动物饲养日志及诊疗和防疫记录,保证动物标识和有关文件符合国家规定。并将相关资料录入网络终端或交省级养殖协会。

动物经营和运输的组织和个人要保证所经营的动物有完备、符合国家规定的标识;从事肉品经营的组织和个人,要有屠宰场提供的标明动物生前的耳标号的供货单。

省级动物养殖协会负责审核畜主录入的数据或将畜主交来的相关资料录入网络终端并提交给中央数据库。

(3)中央数据库。中央数据库设立在农业部信息管理中心。负责接收网络终端录入的档案资料和网络的运行、维护与管理。

(4)进入屠宰加工后的产品标识。进入屠宰厂的牛,经营者应核实耳标和护照的号码是否一致,有无健康证明,并建立相关的生产信息资料;应在屠宰牛的胴体、内脏等八处,标明牛的耳标号、屠宰企业编号和带有驻厂官方兽医编号的检疫章;由屠宰厂将耳标和护照一并回收,并将回收的耳标全部销毁。屠宰厂将当年回收的牛护照于年底移交省畜牧兽医中心保存一年,再移交农业部,由农业部保存一年销毁;屠宰企业在将牛肉发送给经销商时,要给经销商打印一张记载有牛耳号、屠宰日期、屠宰加工企业、保存温度等信息资料的货单。牛肉进入市场后,经销商无论牛的胴体如何分割,在标签上始终标有牛的耳标号、屠宰企业编号和带有驻厂官方兽医编号的检疫章,直到售完为止;牛肉加工企业生产出的深加工产品的商标上,要标明屠宰厂、牛肉加工厂的编号、官方兽医检疫章号以及生产日期等情况。

(5)动物防疫信息的三段式查询追溯。省畜牧养殖协会在计算机上制作完成各种信息录入后,通过网络传输到中央数据库,自动生成数据库信息;当在护照上增加调入、调出、屠宰、死亡等信息时,同时输入信息库,从而使网上快速、准确溯源得以实现。每个得到中央数据库管理人员授权的人员,可以通过网络查询数据库的每一条信息,了解每一头牛的出生时间、出生地、父母、品种、饲养地、畜主及国家规定要进行的如疫苗接种情况、血清学检查情况、健康检查情况等。

若要通过已加工的牛肉产品追溯该动物的生前饲养情况、疫病情况或产品质量信息,除了需要应用网络中的信息外,还必须要利用经销商、屠宰加工厂和饲养场主的配合,才能获得较详细的全面资料。追溯程序为:第一步,从经销商(市场)获得的信息,追溯到生产产品的屠宰加工厂;第二步,从屠宰加工厂记录的资料,通过网络可以很快追溯到养殖场,并获得基本的信息;第三步,如需进一步了解动物生前的饲养及诊疗和防疫等情况,可通过查阅该场的饲养日志和健康档案获得详细资料。

2.3.3 动物疫病防治

法国实行现代兽医(预防兽医、保健兽医)体制和机制,实行典型“垂直”的官方兽医管理制度,兽医管理涉及动物饲养、屠宰加工、市场流通和出入境检疫的全过程监控。

农业部公布的动物疫病,卫生兽医部门必须严格实行防疫。真正落实了以防为主的政策,疾病少,疫病更少。几乎消灭了危害较大的口蹄疫、结核病、布鲁氏病等疫病。一旦发生疫情,处理非常迅速严格。例如，报道法国有 2 头牛发生疯牛病，兽医部门发现后立即报告农业部，农业部马上发布命令，扑杀了 200 头病牛和同群牛，还规定在其周围 20 km 范围内禁止牲畜流通，对可疑感染的动物全部淘汰处理，严控扩散蔓延。

法国自 1989 年对控制疯牛病采取了相应措施，并在 1996 年得到了进一步强化，发生疯牛病必须申报，发现一例，全群扑杀焚烧。不得用死、病牛加工肉粉、骨粉作为反刍动物饲料，更不得用于产奶牛饲料。自 1995 年 4 月 1 日起，所有在法国生产的冷冻精液必须注明“传染性牛鼻气管炎阴性”字样，此外还要注明公牛的名字、全国工作编号和种牛的精液采集地、采集日期。

2.3.4 家畜淘汰及病死家畜处理

法国对家畜的淘汰及病死家畜处理有严格的规定和管理办法。

(1)牛的屠宰实行定点屠宰。凡是淘汰牛需要出售给屠宰加工厂的，必须要有兽医的健康证明，并连同牛的护照一道，交给屠宰场。凡是不符合屠宰加工的，由兽医鉴定并对其实施“安乐死”后，由病死家畜处理中心收集处理。

(2)病牛的淘汰。国家不实行补贴，意外事故如骨折等非疾病性淘汰，国家给予一定数额的补偿。

(3)法国设有专门病死家畜处理中心，所有病死家畜均由该组织收集并处理，其他任何人没有处理的权利。当家畜饲养场出现病死家畜时，畜主只要电话通知该组织，很快便有专职人员用专用的箱式卡车将其拉走，并填写病死家畜收集通知单，内容包括：所在牛场、牛的耳号、种类(犊牛、产奶牛、育肥牛)、重量和病死原因等。

(4)严格的档案管理，是防止私屠乱宰的保证。国家职能部门定期对牛场牛只进行“户口”检查，并根据检查结果与国家扶持优惠政策挂钩，同时，对不按照规定执行的，实行严厉的惩罚措施，除得不到国家补助外，还有可能被减少产量配额。

2.3.5 兽医机构设置和动物疫情

法国兽医行政机构分为中央、省和地方兽医三级，农业部牲畜保护和牲畜卫生处负责国家畜牧兽医政策法令的制定，省兽医卫生科负责动物疫病防治、肉品卫生和出口动物临床检疫，地方兽医在兽医官指导下进行出口检疫，平时负责动物疫病防治。

部属兽医实验室共有 10 个：阿尔弗尔中央兽医实验室，巴黎食品卫生中心实验室，巴黎全国公共食品研究所和学习中心，南锡国家狂犬病研究所，尼斯国家小反刍类和蜜蜂病理实验室，布雷斯特国家水生动物病理实验室，普龙弗拉康国家家禽病理实验室，家禽实验站和猪病实验站，里昂全国牛病理实验室，弗热尔国家兽医药剂实验室。

省级兽医实验室有 88 个，属省议会管辖。阿尔弗尔中央兽医实验室负责出口牛的实验室检验。

据法国农业部兽医处介绍，法国没有牛瘟、蓝舌病、牛结节性疹、口蹄疫、牛传染性胸膜炎、水疱性口炎、非洲猪瘟、捷申病和非洲马瘟等病。各种动物疫病流行情况如下。

(1)结核病。1954 年 25%的存栏牲畜受到感染，1965 年 7 月 1 日起法国政府强制消灭该病，每年进行结核病普查。1984 年，经检验 99.4%的存栏牲畜未受感染。

(2)布鲁氏菌病。1965 年估计有 50%存栏牲畜受到感染，1975 年 10 月 1 日起政府强制消灭该病。1984 年检查结果表明，99.41%的存栏牲畜未受感染。2000 年感染布鲁氏菌病、结核病的牛群占总数的 0.01%以下。

(3)口蹄疫。强制消灭的疾病。除了执行常规的防治措施外，1961 年规定对所有 4 月龄以上的牛进行系统的广泛的预防接种(包括 O、A、C 型灭活苗)。1981 年以来没有发生任何口蹄疫病例。

(4)牛地方性白血病。1981 年和 1982 年经农业部兽医处进行 2 次流行病学调查，动物感染比例为 2%。1983 年政府计划消灭该病，方法是净化输入动物企业和净化已确认患有该病的农场。1986 年开始进行血清学调查，淘汰阳性牛。

(5)狂犬病。1968 年以来大约 2 500 头牛患狂犬病，政府鼓励和补贴某些省份进行预防，每年有

250 万头牛接种狂犬病疫苗。

(6)牛鼻气管炎(IBR)。全国 5%的农场 10%的牛血清学检查阳性。

(7)牛病毒性腹泻(BVD)。没有统计数字。约存在于 50%的农场中,病毒分离率达 8.7%。

(8)副结核病。主要发生在西北部和中部。

(9)新生小牛消化系统病。在法国,小牛出生后头 4 个月特别是头 15 d 易患该病,每年出生的 1 000 万头小牛中,80 万~100 万头死于该病,其中 30 万头属于肠炎,已证实该病病原是大肠杆菌、轮状病毒和冠状病毒。

2.4 奶牛场粪污处理与环境保护技术进展

2.4.1 环境保护型农业提出的客观背景

第二次世界大战以后,法国的农业始终追求的是高效率和扩大生产规模。通过农场之间的激烈竞争,实现了农业的集约化和现代化经营。在欧盟各成员国中,法国农业占有重要地位,尤其是农产品和农业食品对外贸易独树一帜,为弥补外贸赤字作出了重要贡献。随着农业生产规模的扩大,品种改良和化肥、农药使用量的增加,以及畜牧业的"集约化"经营,法国农业地带的自然环境不断恶化,地下水硝态氮污染日趋严重,威胁了人畜健康,引起了公众日益强烈的反对。据 1990 年法国水资源污染情况的调查结果表明,在农村有 30%的抽样点不符合卫生标准,受硝态氮水资源危害的人中,有 60%居住在农村,1 500 万农村人口中仅有 58%的人饮用净化站的水,地下水中硝酸盐含量增加是过量使用化学制品的结果。2001 年,过度提取地表水 340 亿 t,其中一半用于农业灌溉,而取水又大多发生在降水不足、江河的枯水期,因此对环境带来很大的影响;为了增产粮食而大量使用化肥,这导致法国本土面积的 1/5 为硝酸盐敏感区。2004 年,农业排放的温室气体占全国总排放量的 18.85%。在 1993—2003 年间,本土的草原面积减少了 5.7%,高山草甸面积减少了 8%;整个 20 世纪法国的湿地面积减少了 67%;农业生产活动也是导致生物多样性减少的重要因素,在过去的 15 年中,在农村地区普遍存在的鸟的数量减少了 15%。自然环境状况的恶化也影响到农业生产与广大民众的食品安全,疯牛病、二噁英事件等都是这些问题的集中反映。

1988 年,法国成立了全国环保型农业委员会,认为环境保护型农业是克服"集约化"农业的弊端,保护农村环境的有效途径,应当在全法国推广实施。法国环保型农业追求的总目标是:改进现有农业技术,使之更符合环境保护的要求,注重产品质量、环境和资源的保护及管理,改善和提高农民的收入尤其净收入和生活条件。

2.4.2 法国与欧盟环境保护政策的演变

1960 年法国就颁布了《国家公园法》,1964 年颁布了《水法》,该法具有超前意识,其政策工具建立在污染者付费的基础上。法国是世界范围最早成立部级环境保护机构的国家,其自然环境保护部成立于 1971 年 1 月。1981 年法国建立了环保试验区,区内的一切农业活动都要以保护环境和自然资源为宗旨。1988 年法国成立了全国农业环境保护委员会,并于 1991 年设立 26 个地区环境局。世纪之交,环境保护在政府政策中的重要性得到明显提升,环保部门的地位加强,立法工作进展顺利,如 1999 年颁布了《可持续发展法》,2000 年批准了《环境法》。2003 年成立了"可持续发展部间委员会",由总理任主席。2005 年,法国批准了《环境宪章》,特别强调了可持续发展和环境权利。在加强国内环境保护工作的同时,法国还积极推动地区间和全球范围内的环境合作,如在欧盟内推动环境保护政策的实施,参与创建了"全球环境基金(GEF)",积极参与气候变化的相关谈判并承担义务。

欧盟先后共颁布了 300 多项有关环境的法令,确保了环境政策的法律地位,使欧盟成为世界环境保护领域的领先者。欧盟的环境保护政策是在各个领域展开的,1992 年欧盟第五个环境行动计划将农业作为五个优先领域之一,1992 年的共同农业政策(CAP)改革将环境保护作为 CAP 的一个有机组成部分,并颁布了第 2078/92 号法令(被称为农业环境法)。1999 年的 CAP 改革又提出了"农业的欧洲模式",其一个重要特点是农业生产符合环境保护标准、产品质量符合公众需要。各成员国根据实际情况制定适合本国的环境要求,包括牛羊最大载畜量、在坡地上的耕作条件、最大化肥使用量、植物保护产品使用、环境、食物安全以及动物福利的特殊条款等，如果农民没有遵守这些要求，对他们的直接收入支持将减少或者取消，这些政策也强制要求农民将他们自己的土地保持好的农业和环境状况。共同农业政策是欧盟一体化程度最深的政策领域之一，它对各成员国都有约束力，其支出占到欧盟总支出的一半，这些支出主要以农业补贴的形式发放给农民并成为农民收入的重要来源。据经合组织的估计，1995 年欧盟每个全日制的农业人员，平均得到的补贴高达 21 000 美元。因此，通过将政府的农业补贴与农民的保护环境活动相结合，农业环境保护政策就能够得到有效的实施。

2.4.3 实施环保农业的方针政策和法规条例

(1)增加财政拨款，保证环保农业的实施。法国农业部为推行环保农业的财政预算逐年增加，1990 年的预算为 5 300 万法郎，1992 年为 6 200 万法郎，1993 年达到 8 500 万法郎。在农业发达区，政府鼓励农民采用生物产品、人工操作和机械系统进行农业生产。但与“集约化”生产相比，这种以保护环境为目的粗放式生产的产量有所下降，平均下降 20%左右，影响了农民的收入，为了弥补收入上的损失，政府鼓励农民开展多种经营活动，在投资和税收上给予优惠。

(2)推行优质农业食品计划。1980 年 7 月的法国农业指导法确认，生物农业的发展有利于农业生产的多样性，对消费者和生产者及经营者的健康都有益。从事生物农业的农民，在过渡时期因产量下降，或不能及时生产出符合生物农业标准的农产品时，政府给予一定的补贴金。

(3)减少农业经营活动所造成的污染。在山区和自然资源及自然景观受到严重污染威胁的地区，法国政府号召农民发展有科学价值的传统经营方式，发展生物农业、限制大牲畜饲养头数和建立环保试验区等。在经济发达和农业先进地区，加强研究“集约化”农业与自然环境和资源相容的技术措施。1991 年法国明令禁止使用污染严重、残留多的除草剂和杀虫剂，如三氮杂苯和六氯化苯。1991 年 3 月农业部和国土治理及工业部共同代表政府与化肥销售行业签订了一项协议，协议中要求化肥供应需更好适应农民耕作需要，减少化肥对农业环境的危害。

(4)建立环保试验区。1989 年法国根据共同体环保条例 19 条中的有关规定，开始建立环保试验区，环保试验区内的农业活动，以尊重环境、保护自然资源为宗旨。在农业活动较少的荒芜地区，鼓励农民发展规模适度的农场和牧场，加强对动植物区系的保护。保护区内对农业活动有严格的限定，如保护区内永久性天然草场上不得进行耕作或挖沟排水，放牧和割草都有一定的限度。

(5)建立农田休耕制度。1985 年共同体制定的农田休耕条例，在于保持谷物生产与市场需求之间的平衡，同时也减缓对自然环境的破坏和恢复农田的地力。土地的休耕期限，分长期和短期两种，最长休耕期为 5 年。对一个农场来讲，休耕土地总面积要占农场土地经营面积的 15%。为了鼓励农民自愿实行农田休耕制度，国家给予的土地补贴金逐年增加。1991 年每公顷土地每年补贴 800 法郎，目前每公顷土地每年的补贴金超过 1 000 法郎。据 1989 年的不完全统计，法国农田休耕面积达 1.5 万多 hm^2，如果按每公顷施化肥 300 kg 计算，全年可少施化肥 4 500 t，除草剂、杀虫剂等化学制品还尚未列入在内。这种农田休耕制度无疑对农村环境和资源的保护大有好处。

(6)在农业用水的管理上，制定了《地表水指令》《污水处理指令》和《灌溉标准》等法令法规。《地表水指令》规定，从 2005 年 1 月 1 日起，农民将在过去罚款记录的基础上加以管理，如果农民使用指令中所列出的某种物质而导致地表水污染，同时该责任被证明无误，该农民将被处以罚款，罚款的水平将考虑他们以前在农业生产过程中违反相关法规的情况。《污水处理指令》规定，农民和污水排放者签订排放合同，合同中要包括：污水流经具体地点的详细列表，农民对污水合乎法律规定的使用的正式保证。

(7)在水土保持上。法国政府制定了《最小土壤覆盖物标准》《作物轮作标准》《禁止焚烧作物秸秆》等法令法规。《最小土壤覆盖物标准》规定，农场的耕作区域必须留出 3%的面积来播种“环境覆物”；《作物轮作标准》规定，一个农场在同一年内必须最少种植 3 种不同的作物；种植玉米的农民必须管理好作物秸秆，要将它们埋入土壤中。

(8)在动植物与草场保护上,法国政府制定了《动植物栖息地和野生鸟指令》等法规。在草场保护上,对于草场面积下降速度非常快的地区,地方政府可以采取强制性措施要求农民恢复草场或将耕地变为草场,同时规定了草场的最大载畜量,每公顷草场的最大饲养量不得超过 1.4 头牛。为了避免粪污过度排放对环境的影响,同时又降低环境监管的成本,法国严格限制奶农养殖规模与经营农地的比例关系,奶农为扩大规模首先需要获得更多的农地,自 20 世纪 60 年代初以来法国实施了农业结构调整政策,通过对农地所有权买卖及经营权流转的规制,以适度规模家庭农场为导向限制农地经营权的过度集中。

除上述的农业环境保护政策之外,法国还严格执行了欧盟的动物福利、有机农业、保护性耕作、基因的保护与转基因作物的管理等规定与标准。在政策执行过程中,法国政府主要采用了经济刺激的手段。从 1999 年底开始,"农场土地合同"开始采用,农场主和政府签订合同,合同中规定了农场应达到的环境目标和政府提供的补贴,到 2002 年第一季度,累计有 28 000 个农场与政府签订合同。法国森林面积在 90 年代后平均每年以 1.1%的速度递增;平均每公顷耕地的化肥施用量从 1983 年的 320.7 kg 降至 1990 年以后的 300 kg 左右,且保持相对稳定;在 1990—2003 年间,整个法国的农林业排放的温室气体减少了 10.5%。据气候经济学研究所(Institute for Climate Economics, https://www.i4ce.org/)数据,从 2015 年起法国应对气候变化方面的投资快速增加,2019 年达到 479 亿欧元;主要用于建筑、运输和能源生产环节。在减少温室气体排放方面,能源效率是主题,占据 40%的重要性。

法国 2017 年的温室气体排放量(不包括土地利用、土地利用变化和林业)与 2016 年相比增加了−0.9%,与 1990 年相比减少了 15%。2017 年温室气体排放量中 16.4%归因于农业。农业温室气体排放与其他部门的不同,其能源燃烧的排放份额低,排放的主要来源是甲烷(CH_4),主要是动物(肠胃发酵)排放的,每头奶牛每年释放 5.2 t CO_2e(5.2 t 二氧化碳当量);甲烷和氮产品转化产生的 N_2O(农业土壤:肥料,肥料,泥浆等)。据气候经济学研究所年度法国气候数据报告(图 17),法国农业领域温室气体排放量自 2000 年之后逐年下降。2017 年与 1999 年相比,农业领域氟化气体温室气体排放量降低 7.5%(除去能源使用之外),其中甲烷排放减少 9%,N_2O 排放减少 6.5%。

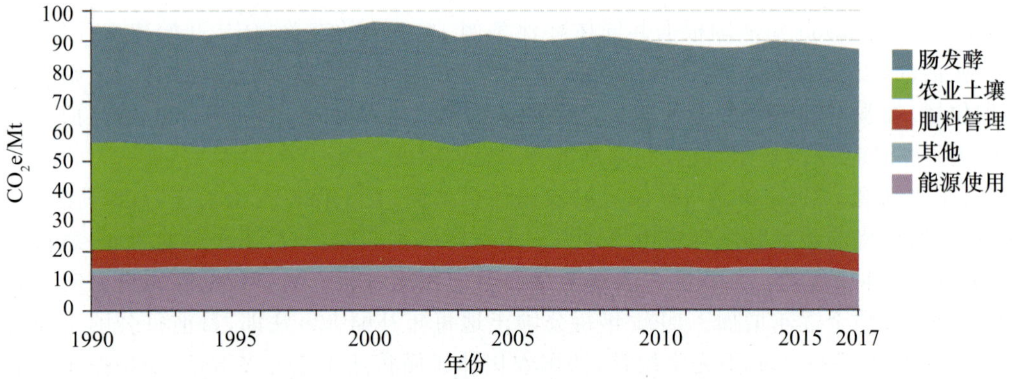

图 17　法国农业领域温室气体排放量变化趋势

(数据来源:EEA,2019)

2.4.4　实施环保农业的技术措施

(1)种植业技术改进措施。针对化肥、农药污染环境问题,除明令禁止使用剧毒农药外,"集约化"农业的消极作用需要综合治理,采用的技术手段有减少化肥和农药的用量、生物防治、积极开发无毒无副作用的产品、加强植物的抗病能力以及科学的耕作制度等。

(2)畜牧业技术改进措施。畜牧业对自然环境的破坏主要来自"集约化"饲养场。由于饲养场的大量粪水漫流导致地下水硝酸盐含量增加。最好的方法就是改善家畜(禽)粪便的贮存方式和降低粪尿的含氮水平。具体减排技术措施包括:①提高贮粪池容量,防止粪水溢出;②对厩肥做适当降氮处理;③合理施用厩肥,提高贮粪池的贮存能力;④平衡日粮,降低日粮中氮的摄入量。

“集约化饲养场粪池的臭味，严重污染周围空气，一直是公众议论的话题。给贮粪池加盖，一方面可限制臭味向周围空气的排放，另一方面可以起到防止外部水流入粪池的作用。其他措施还有：控制饲养场地面的污水量；牲畜饮水时加强管理不使其过多地跑漏；饮水槽做到不漏水；用高压水泵洗涤饲养设备，不过多地浪费水。

(3)牛粪、尿的处理和使用管理。为确保环境不被污染，各奶牛场粪尿不得直接排到牛场以外的沟、池。法国还规定了粪尿施肥的时间段，雨季不得施肥。有专门组织巡回检查，严禁在非允许时段使用。因此.各奶牛场都建有足够大的贮粪池、贮尿池。

法国奶牛牛床以麦秸为垫草，因此，每年都要产出大量的粪草混合物，堆积发酵是促使垫草腐烂、增加肥力的好方法。为防止雨淋，贮粪池大都设有顶棚。清洗管道时，要用到酸或碱制剂，为防止此类“废弃液体”出现偏碱或偏酸，对土地造成不良影响，牛场在冲洗管道时往往两类制剂交替使用(法国实行每天 2 次挤奶)。

牛棚中清粪系统有 3 种：一种是在散栏饲养的牛舍，设置漏缝地板，地板下设有畜粪池，牛粪定期用粪槽车装运到农田里喷洒，作为牧草及农作物的肥料。另一种是由于散栏或者拴系式饲养的牛舍，刮粪板自动清粪，牛粪刮到固定的区域存放或者通过漏缝地板刮到牛床下面的储粪池，作为肥料定期用拖拉机喷洒在农田里。第三种是后备牛舍的牛粪大多数是用拖拉机铲车定期清粪。

3 原料奶质量控制与计价体系

3.1 提高原料奶质量的主要技术措施

法国牛奶产业链的每一个环节都要求控制卫生质量，以便能为消费者提供健康、安全的产品。这种控制从农场开始，一直延伸到加工企业、运输，以及随后的市场销售，实现全部冷链控制。为保护消费者的利益，提高产品的质量，法国政府制定了一系列保证质量的法律法规和生产规程，并由政府相关机构进行监管。

(1)农场水平的牛奶质量控制技术。牛奶的质量控制首先从牛奶生产的第一车间牛场开始。从牛群的健康监督开始，如疫苗接种、病牛的屠宰、消毒、病源追踪、分析、用药记录等，保障奶牛健康。其次是通过机械挤奶，牛奶直接流入奶罐，迅速冷却到 4 ℃，并及时通过冷藏车运送到加工厂。

经过多年发展，目前法国奶牛养殖中饲养环节控制技术水平很高，不论任何季节，原料奶质量稳定，几乎不会出现乳成分不平衡或不能加工的情况。同时各乳品加工企业的技术服务部门积极提供支持，使奶农在挤奶卫生、原料奶贮存、挤奶设备清洗、贮奶罐清洗、兽医保健等环节遵循标准操作。

另外，乳制品加工厂设立一系列奖励措施，鼓励奶农保持牛群全年均衡产犊，从而保持尽可能稳定的原料奶供应量，以使加工企业的生产设备的利用效率达到最优化。因此月原料奶产量最高季节与最低季节的比例低于 4∶1(CNIEL，2006)，而澳大利亚这个比例高于 10∶1。由于近来全年均衡产犊，全群的乳成分的变化也最小。在过去的 10 年中原料奶乳脂率保持在 4.18％(CNIEL，2006)，基于 20 世纪 90 年代制定的奖励政策，原料奶乳蛋白率提高 0.1％，2004 年达到 3.33％。

(2)加工厂的质量控制技术。牛奶从挤奶开始到加工包装完毕，牛奶不会与外界空气接触。加工企业在收购原料奶的同时采集奶样、根据细菌、乳脂和蛋白质等指标计算原料奶价格。质检结果以行业专业实验室为准。法国乳品行业在全国共有 29 个实验室。实验室不以营利为目的，只收成本费，全部费用由奶农和加工企业各承担 50％。

加工厂也是原料奶出场后保证乳制品质量的关键环节。法国的加工厂实行全封闭式管理，非厂方人员一概不准入内。访问者只能通过一条专用的玻璃通道参观。运奶车抵达后，要再度接受厂实验室对营养指标和卫生指标的全面检测。奶车的车身也要彻底“洗澡”三次：卸奶前穿过两道“洗门”，一次消毒，一次清水冲，第三次是在卸奶后。运奶的司机都接受过基础卫生培训，熟悉采样技术和罐装车的清洗，善于把握奶在装卸运输中的温度与卫生条件。原料奶卸车，按规定应在 1.5 h 内完成，这就要求必须统筹安排好每辆车的到达时间。卸到罐里的奶要等温度再降到 0～2 ℃时，才能进入加工程序。

(3)牛奶质量监管体系。法国控制奶制品质量的专门机构是法国奶业质量控制署。该机构在全国有 82 家省级或跨省级分支机构，确保牛奶质量。而这些分支机构又通过近 500 家单位来收集控制牛/羊奶质量所需的各种资料，并向加入奶制品控制机构的养牛户提供各种相关咨询，解答各种问题。

①奶业质量控制署的技术任务职能。法国的牛奶质量控制由独立于种牛和种羊机构的专业部门进行。法国奶业质量控制署在全国的 82 家分支机构的管理者由加入该组织的全体会员直接选举产生。这 82 家分支机构都是独立自主、自负盈亏的机构，同时它们与法国农会有着密切的合作伙伴关系。这些机构的国家级联盟是法国奶业控制总署，而大区级联盟则由这个大区的省级分支机构联合组成。法国奶业质量控制署的工作由法国政府委托的一个独立的跨行业畜牧研究院进行监督。

其主要任务包括：为各个会员的相互交流提供便利；保证官方数据准确无误；提供各项服务；创新、预测及分析总结。

②奶业质量控制署的人员组成。共有 5 500 名职工(其中技术人员有 1 800 名)为其服务的养牛、羊饲养者会员提供服务。定期前往当地农场，通过收集各种不同的信息，如母牛/羊的健康问题、奶的质量、繁殖能力、饲料以及奶产量配额等。全面掌握每个农场的具体情况，成为饲养者在农场经营活动中最重要的合作伙伴。奶业技术员的工作范围还包括对土壤的控制以及农业环境平衡、圈舍等领域。

过秤专员：共有 3 100 名半日制过秤专员，每日早晚挤奶时收集过秤奶业资料。工作时间是早晚两个时间段，一周 5 d 直接与奶业质量控制署的会员接触。每年前往每个会员农场 8～11 次，检查动物的身份与繁殖信息，收集个体产奶数据供给官方，同时负责将牛/羊奶样品送至相应的实验室。

饲养技术顾问：全法国共有 1 800 名饲养技术顾问为饲养者提供现场咨询。奶业质量控制署每年都招聘一定数量的技术顾问。他们和过秤专员一起，向奶农以及供应商提供技术和经济咨询，他们还与相应领域的专业部门建立良好的关系以向饲养者提供更多的服务。饲养技术顾问必须经过专业培训并取得相应的证书，具有农业领域的工作经验和动物养殖的工作经验。在被聘为饲养技术顾问后进行现场的实地培训。

挤奶器顾问：全法国共有 60 名挤奶器顾问，为确保挤奶器的正常运转向饲养者提供服务，包括奶农购买挤奶器前的技术咨询，帮助奶农正确组装机器，教授正确使用方法等。挤奶器顾问除了在受聘前应接受专业培训之外，还要定期到法国畜牧研究院接受培训。

技术人员协调员：全法国共有 200 名具有工程师以上职业资格的技术人员协调员，负责协调奶业质量控制署各种技术人员的工作，其自身也能够担任技术任务，向饲养者们提供改善设备和饲养方法的建议，并监督技术条例的实施。还为改善服务、技术人员培训、拓展奶业质量控制署的业务开展工作。

实验室人员：法国有六大主要实验室负责奶业质量控制的研究，共有 50 多名实验人员负责奶业的各个不同方面的实验研究。

行政人员：奶业质量控制署还有一定数量的行政人员管理奶业质量控制署的日常事务性工作。

③奶业质量控制署与其他机构的关系。奶业质量控制工作是由隶属于农业部的省级畜牧组织来完成的，省级畜牧组织自己承担或者委托一家奶业监控机构来完成奶业质量控制工作，一般将省级畜牧组织和其委托的奶业监控机构统称为奶业管理中心。奶业管理中心依据农业部颁布的技术规定对奶制品质量进行监控。其监控程序分为以下几个步骤：奶业管理中心每年记录牛羊奶产量 8～11 次，并提取牛羊奶样品；奶业管理中心将数据资料(产量和谱系资料)交给牛羊饲养者所在的大区服务中心(ARSOE，拥有一个本大区所有牲畜身份信息的资料库，每大区设立一个这样的机构)，也称大区资料中心；将牛羊奶样品交给奶样测定实验室，奶样测定实验室将把奶样品的分析结果返回给 ARSOE；动物饲养及授精中心将动物人工授精的资料转交给 ARSOE；ARSOE 通过法国农业科学研究院遗传信息系统所提供的软件和数据信息，对所收集资料进行整理；ARSOE 将所有有关资料交给畜牧研究院进行遗传评估；法国农业科学研究院遗传信息数量部分别研究公畜、母畜遗传资料，并记载到卡片中交给 UPRA；畜牧研究院将研究评估结果发送到选种机构和 ARSOE；UPRA 着重对单个的动物卡片进行公畜特征研究，并将结果告知奶农。

3.2 原料奶质量标准

法国采用“AOC 奶源控制区”对原料奶质量进行评定。在众多牧场中，只有最优质的奶源才会被法国国家原产地名称研究院（INAO）命名为 AOC 奶源控制区。AOC 是法文“appellation d'origine contrôlée”的简写，意为“原产地命名控制”。法国的 AOC 创立于 1935 年，现已成为全世界高品质食品的标志，许多世界顶级食品都以拥有 AOC 标志为荣。AOC 奶源控制区的技术严格到近乎苛刻的地步。根据规定，区域内的奶牛品种只有法系蒙贝利亚奶牛（Montbeliarde）、阿邦当斯牛（Abondance）和塔利纳牛（Tarine）是可用的，这些奶牛享有动物福利，放牧时间不少于 25%；奶农绝不允许使用任何激素促进奶牛泌乳；只允许投放控制区内专门种植的饲草，这些牧草富含β-胡萝卜素、碘和油酸等营养元素，普通的饲草饲料以及含有激素的动物饲料均被禁止使用；区域内的牛奶也不得与区域外的混用；AOC 奶源控制区设立实验室，对每一批牛奶都进行检测等。上述一系列严格的监管制度使该地区的奶源多年以来保持上乘的质量。

位于 AOC 奶源控制区的奶农十分珍惜这一荣誉，所以都会严格遵行这些规定，而一旦被发现违反规定，这些奶农将受到严厉的处罚，甚至禁止从事奶牛养殖。法国这种以安全为先的政策曾一度被其他国家和地区视为过分保守，但是最终却成了法国乳业卓越声誉的坚实基础。

由于欧盟委员会希望对各种“官方品质标识”进行统一协调，从 2009 年开始，法国的 AOC 质量标签逐渐被欧洲的 AOP 质量标签（appellationd'origine protégée，受到保护的产地命名产品）所取代。这两种标签保留同样的功能，令消费者得以辨认以产地命名的优质产品。乳制品加工企业临近生乳生产区域及养殖场也是法国奶业的主要特征，地理位置上的靠近能够有效确保产品的质量和安全。

法国的奶制品质量优异，不仅因为天然养殖资源的优势，还因为法国对整个奶业产业链都实行严格的监管制度。法国奶制品所有的质量监控都是由法国行政当局与第三方质量管理机构（如国际标准化组织 ISO、国际食品标准 IFS）共同监管完成的。从牧场到市场销售都有着极其严格的质量控制链。

乳制品生产者是产品安全和质量的第一负责人。根据欧盟法规，所有奶制品生产者必须在法国食品安全局注册并经过该机构许可。生产者要在每头牛出生时为其建立“健康手册”，并定期邀请兽医前来查看奶牛的健康状况。手册详细地记录了对奶牛所做的各种分析和检验，其接种的疫苗以及相关的身份信息。

挤奶是一个需要严格监控的步骤。生产者按照严格的欧洲法规执行，采用冷链系统以控制微生物的生长。挤奶的场所、工具和容器都要清洗和消毒；奶挤出后直接进入大型冷藏罐，48 h 之内收集，通过运奶车送至乳品厂。

法国的生乳采购可直接由加工厂或由属于同一集团的其他机构向有合约的养殖户采购，验收牛奶品质时要经过一系列的严格检验。如果牛奶经检验无法达标，采购机构则会终止与养殖户的合同。可以说，生产者的收入完全取决于牛奶的质量，如果分析结果不够好，则无法将牛奶送至加工厂。

收奶之前，牛奶要经过严格的质量检测。每月每头牛需要提取 3 份奶样送检，对生鲜乳质量的检验每批次超过 250 次。对于污染物的监控，更是需要检验超过 200 种分子，包含普通特征（外观、气味）物理化学特征（兽医药品残留、温度、污染物）及微生物特征等。

严格的生产和加工规定使法国出产的婴幼儿配方奶粉质量安全得以保证。根据法国法规，所有的配方奶粉生产者必须在法国食品安全局注册并经过该机构许可。在将牛奶制成奶粉的过程中，卫生部门有权随时对任何生产环节进行检验，以便保证奶粉的生产完全符合相关的欧洲安全规范。此外，企业还要根据风险分析制定质检计划，该计划要符合欧盟的标准要求；对于出口产品，则需要根据进口国的要求制定质检计划。例如对于出口到中国的婴幼儿配方奶粉，目前有多于 60 种检测项目。企业要随时将自检结果提交给卫生部门，通过经常进行自检，以控制奶粉在保质期到达之前的外观、口感和变化过程。

3.3 监控原料奶质量的主要方法及惩罚措施

（1）质量监控规范性。法国有严格规范的质量监控体系——畜牧业质量监控追踪体系。这个体系组织结构严密，从水质到饲料质量，从种苗到饲养，从疫苗、兽药供应到使用，从活畜禽到屠宰、加工、销售，每个环节都有人跟踪监控，非常严格。这些工作都是由7年以上专业院校学习并通过国家考试取得资格证的兽医人员进行的。法国每头畜禽都有标识，一旦出现质量问题，都可以找到责任人。

(2)立法实施原料奶收购第三方检测机制。奶牛场与乳品加工厂之间具有相对稳定的供求关系，它们都实行国家配额生产制度。乳品加工厂负责各奶牛场牛奶产量与质量的检测、控制工作，而国家有专门部门对乳品加工厂牛奶收购量和加工量进行监督考核。一般乳品加工厂每2 d收奶一次，每辆奶罐车容量多在10 t以上，每次可同时收购多个奶牛场的牛奶。收奶时随即取样，保存在随车的一个小冰盒内，冰水温度为0～2 ℃，奶样中不加防腐剂，试管上贴有各个牧场的条形码以利于计算机识别。国家制定了牛奶标准与指导价格，并根据牛奶质量以质论价(详见原料奶计价体系)，对于劣质奶在奶价上有惩罚。这个体系是1969年建立的，称为Godefroy法案，这一法案经常由乳品贸易伙伴之间商定修改。该法案实施之后，法国原料奶质量得到显著提高，例如目前法国大多数地区的90%原料奶中微生物计数低于10 000 CFU/mL。

收奶车到乳品厂后进行检查，当发现大奶罐车中有质量问题时，例如抗生素残留或其他污染物问题，再检查各奶牛场奶样，查出问题牛奶及其生产厂家，则该罐牛奶全部由该牛场负责包赔。在一年中，多次出现问题的牛场，很可能面临更严重的惩罚，如降低奶价，甚至停止收购其牛奶。"冰点"测定如果显示有掺水现象，惩罚力度也是很大的。惩罚期限为整个结算期，每个结算期一般为1个月。奶样测定检测结果不超过24 h，通过传真或电子信箱直接反馈到各个牧场和加工厂，所有检测结果资料将在测定试验室中保存4个月，抗生素检测资料保存1年。

法国原料奶收购按质计价，奶的质量直接影响奶农的声誉和经济效益。因此，奶农自觉遵守规定，严格操作规程。

3.4 原料奶计价体系

(1)生鲜乳标准。乳脂率3.8%，乳蛋白率3.2%，微生物计数50 000～100 000 CFU/mL；体细胞计数不超过300 000个/mL；冰点，最高0.506 ℃；酸度低于0.17%；每升牛奶含霉菌孢子数不超过500，病原微生物、抗生素不得检出。

(2)牛奶价格与质量的关系。每个场每月要经过政府授权的专业检测机构检测3～4个样品(每次售奶都取样，但测定随机抽取)，计算平均值，作为该结算期定价标准的计算基础。法国共有20个此类测定中心，统一由位于波尼利的CECALAIT中心负责监督，定期验证测定中心设备，各测定中心定期试验CECALAIT制作的标准样对设备进行校准。在牛奶标准之上，乳成分每增加或降低0.1%，在牛奶标准价基础上奖励或惩罚，对于蛋白质的奖惩幅度为乳脂奖惩幅度的2～2.5倍，原因在于国家鼓励奶农生产高乳蛋白的牛奶，更适合于生产奶酪。

乳脂率以3.8%为基础，每1 000 L牛奶增加或减少1 kg乳脂(乳脂率变化0.1%)，价格比标准增加或减少3.049欧元。

乳蛋白率以3.2%为标准，在3.0%～3.4%之间，每1 000 L牛奶增加或减少1 kg乳蛋白，价格相应增加或减少6.098欧元。

微生物(细菌数)在2.5万～3.1万CFU/mL范围内。含量在5万CFU/mL以内为优质奶，执行标准价。含量在5.1万～10万CFU/mL，每1 000 L降价9.147欧元。含量超过10万CFU/mL，每1 000 L降价24.392欧元。

体细胞数少于25万个/mL，实行指导价。25.1万～30万个/mL，每1 000 L降价3.049欧元。30.1万～40万个/mL，每1 000 L降价9.147欧元；超过40万个/mL，每1 000 L降价15.245欧元。

酸度不超过0.17%，超过上述标准，每1 000 L奶降价3.049欧元。但是，如果是由于奶罐出现故障，则只需要及时通知乳品厂尽快将奶拉走并维修即可，此期牛奶损失由乳品厂负担。

霉菌含量。1 000个孢子/L以内，实行标准价。1 001～2 000个孢子/L，每1 000 L降价3.049欧元。

2 001～5 000 个孢子/L，每 1 000 L 降价 6.098 欧元。超过 5 000 个孢子/L，每 1 000 L 降价 12.196 欧元。

是否存在“不可存在物”。主要包括乳房炎乳、初乳、抗生素乳及病原微生物等，尤其是对抗生素乳的检查与处罚力度最大。收奶车到乳品厂后进行检查，当发现大奶罐车中有质量问题时，再检查各奶牛场奶样，查出问题牛奶，则该罐牛奶全部由该牛场负责包赔。在一年中，多次出现问题的牛场，很可能面临更严重的惩罚，如降低奶价，甚至停止收购其牛奶。

是否有掺水现象。通过“冰点”测定，确定是否有掺水现象及掺水比例。如发现，其惩罚力度也是很大的。每 1 000 L 奶降价幅度都在 76.225 欧元以上。惩罚期限为整个结算期，每个结算期一般为 1 个月。

(3)牛奶的价格计算。法国牛奶款结算以月为单位，一般在每月的 15 号由乳品厂预支大部分，月底根据奶牛场交付牛奶的质、量及其他款项一并核算，补齐奶款。奶款计算方法如下。

由每次收奶重计算及总重。确定每 1 000 L 牛奶的实际价格。它是以牛奶的基准价为基础，根据牛奶的质量，加入各种补贴后计算出来的。

牛奶的质量以各项检查指标的平均值为标准。一般的，每个指标每月最少抽查 3～4 次。各种补贴包括：奶罐制冷费用，每 1 000 L 补助 3.049 欧元；乳品检测控制中心补助，1.524 欧元/1 000 L；季节与市场调节价，由国家根据季节与市情况制定。如 2003 年度，牛奶的标准指导价为：268.26 欧元/1 000 L。季节调节价为：第一季度＋7.5 欧元/1 000 L；第二季度＋1.6 欧元/1 000 L；第三季度＋1.6 欧元/1 000 L；第四季度＋0欧元/1 000 L。

计算奶款总额。国家对奶牛养殖户实行增值税返还，比例为奶款的 5.5%，即奶款总额＝牛奶款＋增值税返还。

扣除各种费用。主要包括：乳品检测控制中心乳品质量化验（相当于国内进行的 DHI 测定）费，按照 0.074%的比例收取，这其中，19.6%为增值税；奶罐租用费，3.049 欧元/1 000 L；从乳品厂购买产品如奶制品、管道洗涤剂等的费用。

各奶牛场的贮奶罐大都是由乳品厂提供，对牛场而言，基本是免费使用。因为牛场交给乳品厂的租金和乳品厂给牛场的补贴是相同的。乳品厂对奶罐使用实行补贴与租金分离的管理办法，可有效防止奶牛场变更乳品厂给自己带来的损失，即奶牛场变更乳品厂后，补贴由新乳品厂提供，自己收取租金。

据 CNIEL 统计数据，2019 年法国平均收奶价格 350.6 欧元/1 000 L，几个大区的奶价从 334.4 欧元/1 000 L至 449.2 欧元/1 000 L。各年度收奶价格变化如图 18 所示。

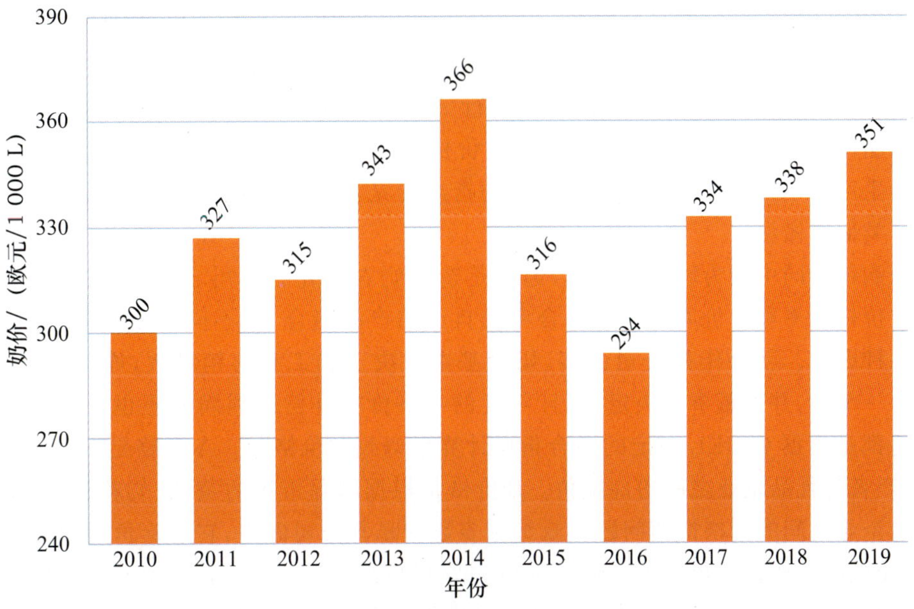

图 18　2010—2019 年法国收奶价格变化

（数据来源：CNIEL）

(4)收奶的合同制,利用差异奶价,确保法国在欧盟取消配额之后平稳过渡。随着牛奶生产配额制于2015年废止,行业管理的行政规则已不再发挥任何作用,取而代之的是乳品企业与家庭牧场之间建立的合同制。合同制是经历了2009年发生的奶业危机之后,由于市场规律已不能正常发挥作用,法国政府相关部门为稳定国内奶业形势于2010年在行业管理主体由公共部门向私营部门交接过程中所采取的重要举措。法国政府根据2010年7月27日起实施的《农业渔业现代化法(2010－874号)》,承诺在2015年4月1日正式废除奶业配额制之前,提前5年实行合同制。

事实上,到2015年年底,几乎所有从事牛奶生产的家庭牧场都与乳品加工商或生鲜乳收购商(生鲜乳收购商多数情况下与乳品加工商是同一个经营主体,但也有小部分生鲜乳收购商是独立经营主体)签订了购销合同,实现了合同制生产(也称订单生产)。从家庭牧场的数量分布看,有55%的家庭牧场与合作社公司签订了生鲜乳购销合同,有40%的家庭牧场与非合作社或私营乳品加工企业签订了商业性的购销合同,剩下5%的家庭牧场尽管还没有与乳品加工商签订购销合同,但也已经与他们建立了联系。值得注意的是,有些向合作社公司出售生鲜乳的非合作社成员家庭牧场,他们与合作社公司签订的购销合同属于一般性的商业合同,即他们不能享受合作社给予合作社成员的各种优惠。从2016年起只有家庭牧场与加工商或生鲜乳收购商之间签订的购销合同才有法律效力。根据2010年政府颁布的关于生鲜乳购销合同行政令中提出的具体规定,生鲜乳购销合同中应含有强制性条款和灵活性条款。强制性条款是签订合同的双方必须遵守的法定条款。灵活性条款是合同双方可协商的内容。强制性条款通常包括合同最短期限、生鲜乳购销数量、如何制定奶价(奶价计算公式要考虑牛奶质量、奖惩等因素)、付款、合同修订、合同终止与续期、重新协商等相关内容。灵活性条款包括合同双方的附加权限、年轻农场主安置政策、排他性条款、保密性条款、奶农间合同买卖以及优质优价等相关内容在具体执行过程中允许有一定弹性的条款。例如,有些条款允许有意写得含糊些,尤其是关于奶价的计算,这样可以给合同双方通过协商解决预留更大空间。尽管合同条款很多,但合同制的核心内容其实只有两点:一是量化管控,即每个家庭牧场交售的牛奶量仍按原来的配额数量执行;二是差异计价,即"一场两价"(同一个家庭牧场生产的同批次牛奶,乳品公司收购时按A、B两种价格计价)。索地雅合作社是法国最大的乳品加工合作社,该合作社在法国率先建立起被称为"量价差异化(differentiated price/volume system)"管理系统。这种计价方法是基于每个家庭牧场原来的生鲜乳生产配额,把每个家庭牧场交售的生鲜乳总量区分为A产量和B产量,A产量按占总产量的90%计算,B产量按占总产量的10%计算。相应地,索地雅公司在向家庭牧场支付奶价时,对于A产量支付A价格,对于B产量支付B价格。例如,一个年产50万L的家庭牧场,A产量占90%即45万L,这部分牛奶按A价格计价;B产量占10%,即5万L,这部分牛奶按B价格计价。A价格按国内市场价格计价,B价格按国际市场价格计价。法国在实施"量价差异化"管理系统过程中,除了执行A、B价格外,还有C价格。所谓C价格,是指乳品公司对于家庭牧场超出合同规定部分的牛奶而支付的价格,C价格通常低于生产成本。设定C价格的目的是不鼓励家庭牧场生产高于合同量的牛奶。需要特别指出的是,除索地雅合作社外,其他合作社公司和私营公司也都采取了类似的做法。

牛奶价格是购销合同中最为敏感的条款,通常是造成奶农与乳品公司之间关系紧张的根源。所以,各乳品企业在确定价格水平和定价周期时要综合考虑自己的产品组合、在不同市场的商业地位、工厂绩效以及利益分享等各种因素。就合作社公司而言,奶价基本取决于加工和营销绩效,而不涉及利益分配问题。定价周期通常为一个月,并由董事会决定,汇计年度的年终价格补偿或利润返还也由董事会决定。法国所有的合作社公司都是根据CNIEL制定的综合指标计算牛奶收购价格的。A价格是根据几个综合指标制定的,而且允许生产者与乳品企业之间协商定价。B价格是根据国际市场的黄油、奶粉价格制定的,几乎不存在生产者与乳品企业之间的价格协商问题。就绝大多数的私营公司而言,它们定价的原则与合作社公司相类似,但价格波动性比合作社公司要大一些。一些中等规模的乳品企业,主要为国内市场生产饮用奶和新鲜乳制品,它们的收购价格时高时低。也有一些大规模乳品企业,它们的产品组合主要面向国际市场,所以它们的收购价格随国际市场价格变化而波动。

4 科技推广体系

4.1 主要研究与推广机构

法国提倡科研教育与生产实际相结合，并大力发展职业教育。在学校学习期间要用较长的时期到工厂实习。科研题目均来自生产中提出的难题。法国农业研究机构分公立和私立两种，公立的研究机构隶属于政府各部委，私立的研究机构隶属大型企业集团或合作社。法国农业科学研究院是全国最大的农业科研机构，也是法国农业领域中唯一从事科学研究的公立机关。以下介绍与奶业相关的主要研发机构和推广培训机构。

4.1.1 法国农业科学研究院(INRA)

法国农业科学研究院成立于1946年，从1984年起INRA隶属于法国国家教育研究与技术部和法国农业渔部，是法国从事农业科学和技术研究的公共机构。法国农业科学研究院的经费主要来自政府的拨款。法国农业科学研究院的经费占国家公共机构科技预算经费的16%。该机构组织开展所有与农业、畜牧业、林业及相关领域的研究和开发，协助各部门制定有关政策。

法国农业科学研究院设有17个研究学部，其中包括畜牧与动物营养、动物遗传、动物健康、动物产品的加工等与奶业密切的学科。下属有32个牛奶研究中心，分布全国各地，其中一个设在农科院总部，在巴黎市郊。该中心共有工作人员200人，中心主任分管若干研究室，进行各种基础科研工作，其中有加工工艺室、生物化学室、牛奶微生物室、蛋白质化学室、营养研究室、乳脂肪研究室、干酪工艺室、噬菌体研究室及发酵剂研究室等，还设有附属试验车间，可进行产品的中试。

4.1.2 奥里西克干酪研究中心

奥里西克干酪研究中心地区性研究中心，但属法国农业科学研究院领导。1973年根据当地奶农的要求，得到政府支持后，成立了地区性干酪研究中心。专门从事地区性7种干酪的菌种和生产工艺的研究。本地区12家乳业公司非常支持中心工作，希望为企业提供优良的发酵剂和先进的生产技术，以保护当地传统干酪的名气。全中心共有10名研究人员，还有若干不定期的研究人员来自各企业和公司。研究人员的工资，20%由农业科学研究院承担，80%由当地12家乳业公司承担。

4.1.3 莱诺牛奶研究中心

莱诺牛奶研究中心位于法国西北部，该中心研究重点是乳制品加工工艺及食品工程。共有职工50人，其中研究人员占50%。着重从事膜过滤在乳品加工中应用的研究。在干酪生产中采用膜过滤可使得率增加20%，经济效益会明显提高。现在法国已有20%的干酪厂采用了膜过滤技术。

4.1.4 普利尼(Pouligny)乳品技术学校

普利尼(Pouligny)乳品技术学校全校共有学生200多人，教师20多人，每年还要从企业和工厂聘请部分教师。学生是由全国乳业委员会从高中毕业生中招考录取，学制2年，课程包括：乳品厂设备自动化控制、分析检测及质量管理、食品工程、乳品加工技术、商业管理和产品销售等。学习期间要抽出大部分时间在学校试验工厂进行实习，经考试合格后发给毕业证书，由学校分配工作。其中70%到工厂参加生产，15%从事乳品商业管理，15%到各类化验室工作。因此，一般在乳品公司工作的人，均具有一定的技术基础，如要进一步深造还要到农业大学再学习3年才能获得高级技术人员文凭。该校还有16名来自泰国、南非等国的留学生。该校还举办各种短期训练班，从工厂选拔有实际经验的工人来学习，提高其理论水平。

法国的农业推广组织比较健全，中央一级设有“全国农业发展协会”，其理事会由政府代表和行业代表各半组成，对纳入国家计划的推广活动给予资助；省一级设有“技术推广委员会”，具体的技术工作由各省农会的技术顾问负责；县区一级有农场主自愿组成的农业推广组织，专门从事农业技术推广工作。农业技术推广最重要的环节是隶属于“农业技术协调协会”的各专业技术研究所和技术中心，它们对科研成果进行适应本地区的中试后，通过各省农会的技术顾问或农场主把科研成果推广出去，各专业技术研究所和技术中心的工作具有承上启下的作用，是中央和地方、基础研究和应用研究、科研和推广、科研和生产紧密结合的重要渠道。此外，私营企业和农业合作社都把推广应用先进的农业科学技术放在重要地位，不仅向合作社成员提供作物和畜禽良种，而且还进行技术指导和技术服务，以及各种形式的技术培训。

4.2　运作模式

法国重视科学技术在农业上的应用，主张科技兴农。法国农业科技工作的特点是：基础研究为国家行业，技术推广全民参与。

法国农业基础性研究为国家财政拨款，主要集中在法国农业科学研究院和高等农业院校，应用技术研究为国家部分资助。在农业领域法国按专业区分共有 16 个研究中心。如水果蔬菜研究中心、粮食研究中心、园艺研究中心、油料作物研究中心、牛研究中心等。例如：水果蔬菜研究中心，法国农业部和研究部的政府性资助占 13％，57％来自农产品批发税，19％为服务收入，11％来自法国农业发展协会。研究中心的主要任务是将国家基础研究成果进行技术开发，对农民和企业进行技术支持，在农业技术创新和成果推广方面扮演主要角色，他们提出的口号是从种子到商店，从研究到培训。

法国的农业技术推广和服务体系有 4 个层次。

(1)法国成果推广署在法国科技部、工业部的资助和支持下，在科研单位、大学和企业之间架起了一座桥梁。

(2)农业发展署是由农业协会和政府代表共同管理的企业性协会，主要任务是科普宣传、培训农业工作者和科普工程师，促进企业农业协会和研究单位的合作，对地方农业发展提出建议等。

(3)法国农业科学研究院和专业技术中心在农业部的资助下，都有自己的技术推广和服务队伍，从事技术开发活动。

(4)法国有 15 个国家级农业生产协会，11 个农产品加工协会。其分会遍及全国，深入到农业发展的各个环节，其任务主要是维护农业工作者的利益，进行技术推广和技术服务工作。

法国农业教育的特点是“国家私人齐办学，职业培训落到家”。高等农业教育以公立为主，目前法国共有各类农业院校 30 所，其中公立 27 所，私立 3 所，在校学生 11 200 名。农业技校以私立为主，全国共有 858 所农业技校，私立技校 642 所，公立 216 所，技校学生共达 17 万人。法国的农业教育集技术员、高级技术员、工程师和管理人员的培训于一体，使农业生产者能够利用先进的生物农业科研成果，适应国际国内对农产品的需求。

法国还通过相关法律，确保了许多初级和加工农产品，如酒类、奶制品和肉类等具有地名命名权并得到保护，因为地域标记和以产地命名产品能够有效地确认和开发法国具有本地特色的产品。

5　促进奶业发展的主要政策

5.1　促进奶业生产的政策

5.1.1　农业政策

法国农业的发展与政府对农业的政策有着直接作用，从 1947—1953 年的第一个经济发展计划开始，国家就确定了农业政策的目标是发展农业生产，满足国内需求，增加农产品出口，降低农业生产成本和产品销售价格，提高人民生活水平。另外，欧洲经济共同体的"共同农业政策"对法国农业发展也有重要的作用。法国是欧共体的创始成员国，共同农业政策集中体现了国家对农业的支持和保护，法国则是最大的受益者之一。法国的农业政策主要包括以下几方面。

(1)实行以补贴为中心的政策，增加农业投入。法国能成为世界上主要的农产品出口国，政府的农业政策起了决定性的作用。政府通过国家预算对农业进行财政支援。1962—1986 年期间，政府的农业预算拨款增加了 14 倍，由 76 亿法郎增加到 1 137 亿法郎，在国家民用预算总支出中，农业支出占 13%。

政府通过农业金融制度促进农业发展。长期以来，政府向新的农业经营单位和年轻农民提供贴息贷款，实行优惠的税收政策。并建立了农民社会保障体制，鼓励农民安心务农。优惠贷款主要用于防止各种自然灾害，进行农场结构调整，实现农场现代化，进行土地整治等。这样，既保障了农民的利益，又能有效引导农民按照政府的意图行事。

政府通过农业补贴政策支持农业生产、农村发展和林业持续发展。从 20 世纪 60 年代后期开始，农业补贴政策成为法国农业政策的中心。法国对农业的补贴政策经过了按产品价格补贴、按生产规模直接补贴和按环境、农村发展、农产品质量及动物生存条件直接补贴的演变过程。目前，法国的农业补贴可分为公共财政补贴、税收和社会分摊金减免、农业贴息贷款 3 类。法国还是欧盟农业补贴的最大受益国，农业收入 1/3 以上来自欧盟的补贴。

法国农业补贴归纳起来主要有以下 3 类。

第一类是农业生产补贴。包括农牧产品生产直接补贴和稳定农牧产品市场补贴。前者补贴是对降低支持价格的补偿，属于对生产和贸易具有直接影响的政策(蓝箱政策)。畜牧产品生产补贴包括养牛及牛肉类补贴、养羊及羊肉类补贴、家禽及鸡蛋补贴等。后者主要用来控制农牧产品供给水平的支出或补贴。如停止生产奶产品的补贴、休耕补贴、出口补贴和通过价格机制维护市场平衡的补贴。

第二类是农村发展补贴。包括农业社会保障福利补贴(含农业社会保障、从事农业停业后的保障和食品援助三项补贴)、青年农民安家和农场现代化补贴、农村环境维护补贴、农产品标准培训补贴、农村发展计划补贴、农民转移土地经营权补贴、自然条件恶劣地区补贴。

第三类是林业持续管理补贴。对林业生产行业的补贴和对林地整治与保护的补贴。

从 2005 年开始，法国根据欧盟的政策，用于促进农村发展的资金大幅度增加，范围也将扩大，促进农村发展主要有 4 个方面的内容。

一是鼓励农民生产高质量的更好满足消费者需求的产品。最高补贴额为每个农场每年 3 000 欧元，最多补 5 年。

二是支持农民按照欧盟标准进行生产。每年每个农场最高补贴额不超过 1 万欧元，时间最长不超过 5 年。

三是对实行高标准动物福利的农民实行补贴。如果农民采取的畜牧饲养方式比一般饲养方式标准高，并且至少连续 5 年实行同样的措施，则可视情况给予补贴。补贴金额依据采取这种高标准所增加的成本或者减少的收益情况确定，每年每个牲畜单位(成牛)最多可补贴 500 欧元。

四是增加对青年人从事农业所进行的投资补贴，目的是鼓励青年人进入农业行业和从事农业生产。

(2)对山区等不发达地区采取特殊政策，促进农村平衡发展。法国政府十分重视山区等不发达地区农村发展，成立了山区发展委员会和海外省农业经济发展促进署，采取多种措施给予扶持。在农业补贴政策中专门制定了对不发达地区的优惠条件。一是补贴前提条件更为宽松；二是补贴金额更大；三是补贴比例更高；四是补贴范围更广。考虑到山区自然条件差，农作物产量仅为平原的 68%，提高了对山区农业补贴比例。据统计，山区农场年经营收入的 73%来自农业补贴，平原农场则为 50%。

(3)实施土地集中政策，扩大农业生产经营规模。土地分散和农场经营规模小，不利于现代农业技术的推广应用，阻碍农业生产率和商品率的提高，给农业机械化和现代化以及农田建设和土地资源开发带来很大困难。法国的法律规定了土地"不可分割"的原则，即农场主的土地不得由一个以上的子女继承。近 20 多年来，法国采取了一系列加速土地集中、扩大农场经营规模的措施。国家建立了“土地整治与农村安置公司”，通过贷款从私人手中购买土地，经过整治，以较低的价格卖给农民，特别是卖给中等规模的农民。法国政府支持中农政策的目的，是促使生产力低下的小农离开农业，提高农业生产率，同时防止两极分化。通过国家对地产市场的直接干预，控制了土地的收购和转卖，改善了农场结构，优先安置达到中等规模的青年农民。法国政府还通过调整土地政策来控制农用土地价格，发放脱离农业的终身补贴，以鼓励老年农场主放弃耕作。法国现有农场 101.7 万个，其中大于 50 hm^2 的农场数量为 17.2 万个，占农场总量的 17%；50 hm^2 以下的中小型农场有 84.5 万个，占农场总量的 83%。法国农业以家庭劳动力为主，农场主及其家属占农业劳动力总数的 92%左右。法国的土地经营方式有 3 种：租赁经营、土地所有者直接经营和分成制经营。近 10 多年来，前一种经营方式逐渐增多，后两种经营方式呈下降趋势。

(4)发展农用工业，推进农业机械化。从 1950 年开始，法国积极推进农业机械化，到 1970 年就完全实现了机械化。农业的机械化和自动化大大提高了农民的劳动生产率，减轻了劳动强度，使农民有能力开展多种经营。为了不断改进农机性能，法国专门成立了农机科学研究中心。与其他许多市场经济国家不同，法国政府直接插手农业生产资料的生产，在法国市场销售的农业机械必须持有农业与农村发展部颁发的许可证。

(5)重视农业技术的推广和普及，不断提高科技含量。第二次世界大战以后，法国积极采用先进的农业科学技术，在良种、农机、施肥等农业技术方面都达到了较高水平。政府高度重视农业教育、职业培训、开发、研究和技术援助在内的农业智力投资。1982—1986 年，农业智力投资总金额由 35.3 亿法郎增加到 50.9 亿法郎，在农业部预算中的比重由 34.5%上升为 36.8%。法国的中央和地方政府、农业行业组织和工业企业都从各自不同的角度共同参与农业技术的推广和普及，法国全国形成了一个农机、农药、化肥、良种和先进农艺的立体推广网络。1949—1968 年间，法国农民自发组织了 1 300 多个“农业技术研究中心”，学习新的农业技术。此外，国家还设立了“全国农业进步基金”，成立了“全国农业推广和进步理事会”及各省的委员会，1959 年还颁布了《农业推广宪章》。

(6)重视农村人力资源的开发，提高农民素质。根据规定，相当于高中一年或二年的“农业职业能力证书”和“农业职业文凭”持有者只能在农场或农业企业中当雇工；只有具有高中二年以上学历的“农业技师证书”持有者，或通过农业职业和技术会考的学生，才有资格独立经营农场。为了提高农民的文化素质，法国各地普遍设有相当于高中的农业技术学校。目前，法国农民一般都具有农业技术高中和农业专科大学毕业的文化程度，不但懂耕作，而且有文化，懂科学，会经营。

(7)重视农业环境保护，实行人与自然的和谐发展。无论是法国政府还是国民都有极强的环境保护意识。近几年，环境保护政策与农业政策结合逐渐加强，并提出农业的发展首先必须遵循环境保护政策，对禁止农民所做的一切，而带来的损失，由政府给予补贴，把农业补贴与环境保护挂起钩来。目前，法国执行的是 ISO 14001 环境质量标准，各种生产水果、酒类的农场都在努力达到这个标准。

5.1.2 奶业政策

(1)政府补贴是奶牛养殖收益的重要部分。以 2003 年为例，法国与奶业相关的补贴情况如下。

作物种植的补贴。小麦、大麦、青贮玉米或收获干玉米，348.39 欧元/hm^2；大豆、油菜籽，400.92 欧元/hm^2；休耕地(国家规定，每年必须有至少 10%的土地轮流休耕)348.39 欧元/hm^2；放牧草场补贴根据载畜量情况区别对待，载畜量 1.4 家畜单位/hm^2 以下，每公顷补贴 80 欧元。1.4 以上、1.8 以下，每公顷补助 40 欧元。

养牛的补贴。后备奶牛：40 头以内，每头补贴 250 欧元；40 头以上，每头 226 欧元：公牛：7 个月以内的，每头 210 欧元；7 个月以上的，150 欧元；育肥牛：1～7 个月母犊牛，50 欧元：8 个月以内的公犊牛，80 欧元；8 个月以上的肉用母牛，175 欧元：12 岁以内淘汰奶牛，110 欧元；12 岁以上淘汰奶牛，95 欧元。

税务优惠。国家返还奶款 5.5%的增值税。

(2)实行以政府和合作社为主体的农业社会化服务。法国政府(农业与农村发展部及其下属单位)提供公共的农业服务，包括兴建农业基础设施、发展农业科研与教育推广事业、提供农业信贷、组织与协调全国性的农业服务活动等。法国的农业合作社在欧洲是比较发达和普遍的，农民可以自由选择参加合作社。

法国的农业合作社，历史悠久，种类繁多。早在1880年，法国农会组织已有相当基础，这些农会后来逐渐变成合作社。1945年，法国政府推动成立了全国农业合作社联盟。后来，法国颁布了许多农业法规，如1960年的农业指导法，1962年的农业生产经济组织法，1972年的农业合作章程法，以及欧盟共同农业政策等，对法国农业合作社的发展影响很大。

合作社是法国农业社会化服务的主体。集体与合作社组织，包括农业供销合作社和服务合作社及其联社、农业工会、专业产品联合会、企业跨行业协会等。从经营活动来看，合作社主要分两类：一是生产性的合作社，主要包括提供技术服务和共同使用生产设备，包括兽医和人工授精、农机修理等；二是流通领域的合作社，主要从事农产品的收购、加工、储藏和销售，并且供应生产资料。流通合作社所占的地位比生产性的合作社更重要，这类合作社的专业化程度较高，如有专门从事牛奶的收购，有的合作社还为农民提供金融和企业管理服务。由农民组织的流通领域的合作社就有4 000多家，奶和奶制品加工占23%。1965—1975年，流通领域合作社的营业额增加3倍，比农业本身大2倍。80%的农民参加了这种类型的合作社。这些合作社在法国农产品流通中起了重要作用。

根据1976年11月号《新经济学家》杂志公布，法国最大的100家农业食品工业企业中有40家是合作社的。1981年，法国共有奶农46.5万户，奶加工工业的劳动力9.9万人，奶加工工业营业额700亿法郎，比法国钢铁工业营业额还多。奶制品进出口额92亿法郎，等于农业食品业销售额的1/3。1980年，全国奶产量310亿L，收购240亿L，合作社收购占46.6%，私人运营乳品公司占58.4%。

合作社在收购和销售农产品中起调节作用。收购合作社是农民在争夺市场斗争的过程中，自愿参加组成的一种组织。合作社的价格规定比较公正，同时合作社收购和加工那些被私营公司抛弃的大量中小农户的产品，使小生产者能生存下去。因此大部分农民的农产品销售是以合作社，农业联益公司或合作社联盟形式进行的。各种各样的合作社组织形式，经营那些对农业来说是生死攸关的项目。它们根据市场需求来规定社员的生产方针，用合同形式把生产者组织起来，在生产和销售之间起着桥梁和平衡的作用。根据1976年调查，法国合作社收购了农民47%的牛奶。法国大多数农业合作社既收购又兼加工。合作社不仅把农业生产与收购协调起来，更重视收购与加工能力的适应。例如1981年春，西部大区由于收购量增加，加工能力不足，因而迅速建立了合作社的新奶酪公司，每天可加工奶20万L。

合作社把产、供、销有机地结合起来。在很长一段时期内，农民还不太明白对产后部门的投资是为了销售其农产品，单个农户在市场上往往处于不利地位，遭受进口和倾销价格的严重打击。为了争得市场、增加竞争力，农民只有组织收购和食品加工合作社，把产后的重要环节掌握在自己手中，而且由合作企业出面组织一体化农业，即建立农业食品业综合体。

为了推进农产品的加工和销售，农民不仅按专业组成了合作社，而且还建立了农业合作社的地区联盟和全国联盟，以便更好地发展一体化农业，同私人工商业组织的一体化公司相对抗。这种合作社联盟可以安排全国或地区的专业计划，集中地体现出农民的利益和愿望。农民通过合作社或者联盟企业同产前、产后部门发生关系，由合作社及其联盟向农民提供技术和保证成员生产者的销售市场。

在全国和地区的决策机构中也都有农业合作社的代表，如经济委员会、跨行业组织等。这些都为农民获得经营工商业的权利，推进农产品流通起到了很好的作用，也是法国农业发展的动力之一。

合作社的地理分布基本上是与农民的供应业务及合同外的某些生产相关联的，而且一般说来在地理上是集中的。如动物饲养、屠宰和加工合作社集中在西部地区。这些专业合作联盟下的基层合作社，一般都同地区联盟发生垂直关系，以适应奶肉等专业化生产的地区市场、全国市场和国际市场的需要。参加由合作社组织的一体化农业的农民，可得到稳定的市场、合理的价格和接受技术培训。合作社的利润一般不分给农民，主要用于扩大再生产、增加就业和对合作社新成员的投资。如果分红，分给社员部分的利润不得超过该合作社总利润的5%。

一体化奶农合作社举例——奶农联盟 Sodiaal Union(索迪雅)。

法国索迪雅奶农合作社成立于20世纪30年代，1964年通过与其他几家区域性的奶农合作社合并而成。2011年，索迪雅收购了欧洲大型乳业集团爱特蒙联盟集团(Entremont Alliance)，成为少数世界级的乳品领导型企业。索迪雅是完全属于法国奶农并由奶农独立运作的私有公司，集牧场生产、乳品加工、市场运作一体化，截至2016年年底，索迪雅拥有2万名成员，1.25万个家庭牧场，奶农的平均生产规模在50～60头奶牛，理事会成员全部为奶农，共21名。索迪雅每4年选举一次。成员牧场遍布法国7个地区，收奶点遍布70个省，建有70个原料奶加工点，拥有9 100名雇员，各个区域都设置相应的乳品加工厂，其中西北部的布列塔尼地区和东南部地区比重最大，布列塔尼地区的奶产量占据法国一半以上。索迪雅年产奶量471万t，每个牧场的平均年产奶量为376 t，位列欧盟第五大原料奶供应商，旗下共有9家乳品公司，遍布法国7个地区，共计51家。索迪雅拥有的各类国际性品牌超过20个，涉及酸奶、有机牛奶、奶酪、奶粉等产品领域，是法国第一大有机鲜奶、大婴儿及儿童牛奶，以及冷冻糕点及餐饮食品的运营商。2016年，索迪雅的干奶酪产量39.3万t，销售额20亿欧元，在法国的市场占有率达到31%；液态奶产量146万t，营业额达到12.3亿元，成为法国液态奶市场的领导者；黄油产量10万t，营业额3.16亿欧元，在法国市场排名第二。此外，索迪雅生产的脱盐乳清的全球市场占有率约为33%，成为世界脱盐乳清粉和颗粒奶粉市场的领导者。2016年，索迪雅合作社经营总利润达到1.22亿欧元。

索迪雅的每一个牧场成员均有权利参与公司的市场决策，享有一份投票权。索迪雅每年春天和冬天举行一次大会，由奶农、乳品公司代表和奶业发展预测专家共同商讨，参与市场定价。奶农和乳企为争取各自利益对奶价进行讨论，一旦决议通过，各成员都必须执行。每一次讨论，乳品公司的利润波动在－5%～＋2%之间。政府不参与市场决策，只遵循生成的文案，如果奶农和乳企之间争执，政府则扮演第三方调解者的角色。索迪雅高度重视文化建设，培养奶农的共同价值观。合作社提出团结、互助、平等、公平的成员共享价值准则，将成员的团结一致视为是合作社行动的基础。具体表现为：一是在合作社成员代表大会上，无论是拥有100万L鲜奶加工量的大农场，还是加工量仅有几万升的小农场，权利平等，一人一票；二是在成员参与方面，通过及时调整成员股权制度、收益分配制度，完善公平原则；三是在合作社的经营中，无论成员地处何处，始终坚持按照相同的运输费用收取成员原料奶，以强化成员的互助合作精神。

现在索迪雅奶农联盟成员已经处于饱和状态，不再吸纳新成员，除非联盟再收购新乳企来“消化”更多的牛奶。如果要加入索迪雅，奶农需联系当地的索迪雅办事处提交申请，并且办理系列相关手续，如政府授权的牧场合法经营证书等，时间需要1～2年不等。因为索迪雅旗下的9家乳品公司本身就属于奶农联盟，不存在乳企间高价抢奶的问题。

(3)配额制以及其可持续发展。2015年欧盟奶业配额制取消。这将大大改变目前欧洲的奶业布局。但法国奶业界人士认为配额制度的改革有利于其发展。2010年9月法国农业部发布了全国奶业发展计划。将在全国设置9个牛场生产区管理牛奶生产配额。每年3次，制定地区选出14位奶业代表，14位社会公众代表，共同讨论配额和优先政策。这项改革已经在法国广为接受。在很大程度上，原有配额体制的中止导致欧洲的乳制品企业联合。法国的两个联合体Glac和Euria将合并，成为仅次于索迪雅的第二大奶业联合体。

法国取消配额制后成母牛存栏量有所增加，但牛奶总产量基本稳定，这主要是由奶牛单产水平有所下降造成的。奶牛单产水平下降的主要原因可能是越来越多的家庭牧场加入了有机牛奶生产的行列，而生产有机牛奶的单产水平通常会比普通牛奶有所下降。

取消配额制虽然对牛奶生产没有产生实质性影响，但对家庭农场的收入水平却产生了重大影响。取消配额制后，对家庭牧场收入的影响主要来自牛奶价格的下降。尽管法国国内牛奶供求关系没有发生实质性变化，但是，由于供过于求所导致的国际乳制品市场价格下跌必然会传导给法国。取消配额制对于法国家庭牧场收入的影响是非常巨大的。但是，这种影响在不同地区、不同生产者之间存在着明显差异性。就不同区域而言，2016年位于平原地区的家庭牧场有一半以上人均收入出现了负增长，而南部山区和丘陵地区的家庭牧场人均收入则下降了60%。就不同生产者而言，从事有机牛奶和地理标志牛奶生产的家庭牧场虽然人均收入水平有所下降，但由于牛奶的售价较高，所以仍处于赢利状态。

由于法国奶业的合作社公司、私营公司两大阵营的同时存在，为了共同生存和发展，两大阵营之间既有竞争又有合作。两者之间的竞争主要体现在奶源的控制方面，目前双方大致各占法国国内生鲜乳50%的市场份额，两者与奶农的经济纽带都是通过合同关系而建立的。这就意味着合同期满后，奶农与两大阵营的公司之间都有双向选择的机会。因此，两大阵营之间的竞争是不言而喻的。两者之间的合作主要表现在事关行业未来发展的前途和命运的重大事项方面，它们必须选择合作。事实上在应对废除配额制后奶业治理战略和策略方面，两大阵营合作得非常紧密。

到2015年年底，几乎所有从事牛奶生产的家庭牧场都与乳品加工商或生鲜乳收购商签订了购销合同，实现了合同制生产。从家庭牧场的数量分布看，有55%的家庭牧场与合作社公司签订了生鲜乳购销合同，有40%的家庭牧场与非合作社或私营乳品加工企业签订了商业性的购销合同，剩下5%的家庭牧场尽管还没有与乳品加工商签订购销合同，但也已经与他们建立了联系。也就是说，在欧盟取消牛奶生产配额制后，法国并没有立即跟进，而是继续沿用了原来的配额制管理办法，只是在名义上不再称为“配额制”而已，防止国内市场供给过剩而引发奶价大幅度波动；而且法国在牛奶计价方法上进行了创新，为了避免过渡期内国际市场价格波动给国内市场造成重大冲击，他们设计出了“量价差异化”管理系统；进而对家庭牧场正常运转，供给稳定了，价格也就稳定了，家庭牧场经营也就稳定了，实现了平稳过渡。

5.2 促进奶业加工的政策

5.2.1 通过法律法规和设立国家乳业质量控制机构确保原料奶质量

法国对乳业法规制定得非常完善，严格的监督体系，使企业在乳制品生产过程中每一步都受到相关法规和标准的约束。也正是法国国家乳业权威机构对乳制品生产的高标准，确保了法国乳制品优异品质。

法国在乳制品质量控制上更是有着独特而严密的体系。法国乳业质量控制由独立于种牛和种羊机构的专门部门——法国奶业质量控制署进行。该机构在法国有82家省级或跨省级分支机构，确保了全国的乳品质量。而这些分支机构又通过近500家单位来收集，控制牛奶和羊奶质量所需的各种资料，并向加入奶制品控制机构的牛羊饲养者会员提供各种相关咨询，解答各种问题。

5.2.2 鼓励成立奶农合作组织、行业结构紧凑

合作社不仅在生产环节而且在流通环节等发挥作用，越来越多承担乳制品加工，对于平抑生产者与加工者之间的矛盾，稳定发展，增加奶农收益意义重大。法国的合作社(Cooperatif)在畜牧业尤其在奶业生产流通中发挥重要作用。其主要任务一是对养殖户进行计划指导，防止生产过剩，还通过价格基金和养殖保险金，消除养殖户的风险；二是对产业链的整合及协调，减少或消除产加销各方面利益冲突，提高效率和效益，增强其市场竞争力。

全法奶业联合总会(French Dairy Interbranch Organization，CNIEL)，由法国牛奶生产者联盟(生产者利益的法国奶业生产者组织，FNPL)、法国奶业合作社联盟(代表合作社利益的法国合作社联盟，FNCL)和法国乳品加工业联盟(代表奶业行业利益的法国奶业联盟，FNIL)1974年联合创立，不同类型的组织功能各有侧重，相互补充，构建起错综复杂的组织网络体系，以维护和提升奶农利益；是由生产者和加工者组成的各种奶业组织已经形成了自下而上的完整的组织体系。这个私营组织的宗旨就是凝聚奶业各环节的力量，促进行业经济发展，代表生产者和整个产业的利益。其运行经费来自会员缴费，方式是按加工的原料奶量抽取税款和会员费，比例是奶农、加工商按七三开支付。

全法奶业联合总会，在全国有9个分支机构和15个检测实验室，主要有三大基本职能：一是组织协调生产者和加工者之间的经济关系，包括促进相关立法、制定产业政策和部门发展战略规划、信息收集等；二是市场营销，包括发起广告运动、传播策划等促销活动，以及培养消费者乳品购买习惯和消费习惯等；三是资助行业公共性的研究项目，如知识普及、质量控制、技术开发等。既通过建立全行业共同遵守的标准和测定

工具调节奶农与加工企业之间的关系，又在消费者中促进乳制品的销售，采取科学措施为行业未来发展保驾护航。

5.2.3 促进“标准化”畜牧业

(1)农产品生产环境标准化。法国在生产有机、绿色畜产品及其他畜产品时，对生产环境实施标准化，制定了大量的环保标准。现在，法国农业进入了“合理发展”的新阶段，1997 年，法国农业部颁布了全国生态农业计划，强调开发农业不忘环境保护。据 Agence Bio 机构数据报道，2018 年全法国有机农庄数量达到 41 623 万个，有机农业耕作面积超过 200 万 hm^2。

(2)生产全过程与工艺的标准化。畜产品生产过程中，严格依据国际统一标准(ISO 9001)、欧盟统一标准(HACCP)、国家标准(BRC)、行业标准(EUREP/GAP)等，并把标准贯穿于生产、加工、流通全过程，而且其标准覆盖率达到 98%以上。例如：1969 年奶价制定相关法律公布——the Godefroy law，以法律形式规定检测机构、检测方法和确保原料奶优质优价的规则，鼓励奶农提高效率；1999 年良好农业规范(the Charter for Good Agricultural Practices)公布，至今 95%奶农生产过程符合该规范要求。

(3)畜产品质量的标准化。除履行《动植物卫生检疫措施协议》以外，还颁布一系列标准化法规与政策，并采取严厉的惩罚手段。例如，多年以前就制定法规禁止抗生素残留超标牛奶上市(其标准为青霉素类药物残留的限量为百万分之一)，牛奶在上市前必须经过检测，如发现有抗生素的牛奶，该牛场不但要停产和要求追回产品进行销毁，而且要处以罚金。此外，法国是实行质量识别标志制度最严格的国家之一，它对优质产品，使用优质标签；对于载入生产加工技术条例标准的特色产品，使用认定其符合条例的标准合格证书。

(4)不断提高畜产品质量标准。为了抵御发展中国家的蜂蜜等畜产品进入本国市场，法国要求进口国家的蜂蜜中的氯霉素不能超过 0.1×10^{-9}，也就是说 1 亿 kg 蜂蜜里不能有 10 g 氯霉素含量。

5.3 促进奶业贸易的政策

法国非常重视农村商业发展，设有专门一套机制，较好地解决了农村产品进入市场的问题。

5.3.1 农业经营一体化合同

农业经营一体化合同是法国乡村法典为农业生产经营确定下来的有关农工商合作的一种模式。

根据法典 L326－1 条款，一体化合同是指一家农户或农户集团与另一家或多家工商企业，签订的有关双方相互提供产品或服务义务的合同。法典 L326－4 条款解释说，如果 2/3 以上的农户要求与同一家工商企业签订这样的合同，那么这时的合同将变为集体合同。此外，农业部也确定了一个门槛，如果一家企业签订的许多单个合同的农产品产量超过了这个门槛，也将视为集体合同(如肉鸡门槛为肉鸡产量的 50%)。集体合同有固定的模式，它确定合约方的权力和义务，主要有：合约方之间价格确定的方式、付款期限(包括超期应付给生产商的合法利息)、合约的期限、合同项下的产量和生产周期(包括未履约方的赔偿)等。固定模式的集体合同在行政手续方面，须得到农业部部长的核准，先前还需要征求法国农业食品经济指导高级委员会的意见。这表明政府部门参与到农业经营与产品销售有关规则的制定。

固定模式的集体合同，经农业部核准后一年，就可正式启用。之后，相关领域农工商企业签订的所有单一合同，必须符合集体合同模式的要求。法典规定，农业合作社和其会员农民之间的关系不受这种模式的约束，但如果农业合作社是与非合作社农民签订的一体化合同，则按集体合同固定模式进行管理。

法典规定，不论是单个的还是集体的一体化合同，均须确定合约各方产品和服务的特性、价格、质量，以及价格变动的关系，否则，合同将视为无效；此外，合同还有期限、展期、修改和解除条款。

5.3.2 农业生产组织与市场管理机构

近 40 年多来，法国通过立法建立了许多农业生产组织与市场管理机构，这些组织和机构对法国农村商业的发展，起到了很大的作用。在法国相关立法中，值得提及的有：1962 年 8 月 8 日颁布的农业指导补充法，该法令创建的农业生产者集团和农业经济委员会；1964 年 7 月 6 日颁布的有关农村经济合同管理的法令；1975 年 7 月 10 日颁布的有关农村行业机构管理的法令；1982 年 10 月 6 日颁布的有关创建农产品干预局的法令；1986 年 12 月 30 日颁布的有关农业经济组织的法令；1999 年 7 月 9 日颁布的农业指导法。这些不同年代相继颁布的法令，使法国建立了一个多层次的相互补充的农业经济管理机制。法国立法对农业经济的管理，越来越欧盟化，成为欧盟相关指令下的国家法律。

(1)农业专业经济组织。在法国，农户可以单独地销售自产农产品，也可以加入一些农村专业机构，如农会、合作社或农村集体利益公司等，并借助于这些专业机构的力量销售农产品和进行其他农业经营活动。农业专业经济组织，主要指由农业生产者聚集在一起的生产者组织以及农业经济委员会。法国规定，加入农业生产者组织的会员，在农产品生产和销售方面，须遵守一些规则和纪律的要求，如入会资金、财产、农业生产规定的日期、交易监控、融资手段等。这些组织，根据自身需要和有关法律规定，可以选择农会、协会、合作社或农业集体利益公司的形式，开展活动。生产集团推销农产品，可以通过其建立的商业机构进行推销，也可与农业生产下游机构鉴定销售合同。

为了稳定农产品价格，农业经济委员会可以确定最低销售价格或回收价格，收购未能出售的农产品，并捐赠给慈善机构、老年人和学校等；其收购费用来自农业生产组织向委员会调节管理处缴纳的分摊金，包括必要时动用国家补贴。农业经济委员会也参与执行国家农业政策和提供行业政策咨询。

(2)跨行业经济组织。跨行业经济组织，为与农业经济委员会以及生产者组织相平行的机构，其目的是寻求农工商之间更加公平的关系。在农业组织的框架下，农业经营者销售农产品，往往会借助于组织的力量，以期获得市场好收益。为保证农业生产商在跨行业经济合作中获得公平待遇，法国颁布了一些相应的法规文件，如农业指导法、经济调节法等。

法国乡村法典 L632－1 条款，专门就跨行业经济组织进行了规范。跨行业经济组织，首先由农业、食品经济指导协调高级委员会提出意见，然后交由政府主管部门确认；跨行业经济组织可以是全国性的，也可以是区域性的。跨行业经济组织达成的协议，主要是为了：确定和方便契约各方成员的活动；实行市场预警监督，使产品生产更加符合数量与质量规划要求，维护市场管理；通过实施跟踪措施，加强食品安全，维护消费者和使用者的利益。

跨行业经济组织的协议，实行行业会员一致通过制；协议签署后，须在实施前，通知农业部、经济部以及竞争委员会；并登载竞争、消费和打假官方公报。

(3)农产品干预局。法国农产品干预局大多数是根据 1982 年 10 月 6 日农业指导法创建的。在这之前，法国已有两个农业机构，一个是 1936 年成立的国家粮食局，另一个是 1968 年成立的食糖市场调节干预基金。

农产品干预局的主要任务是了解市场情况，改善市场运作，在维护消费者利益的基础上，确保农户经营获得公正收入，以及农业各领域生产经营活动的正常化；通过农产品质量政策的实施，强化农业经营效益；贯彻执行欧盟农业政策。

农产品干预局为法国工商领域的公共机构，其领导层基本由农产品生产、加工及农村商业领域的代表组成，其中农业生产代表居多半。农产品干预局，并不会取代已有的农业经济组织；只有在农业经济组织发生倒闭的情况下，农产品干预局才会出面，制定措施，恢复市场秩序。农产品干预局管理农产品的一些工作，可以部分或全部转让给国家认可的农村跨行业经济组织。转让方面最主要的程序首先由农村跨行业经济组织提出申请，然后还要征求法国食品指导协调高级委员会的意见。

5.3.3 合作社的作用

根据法国乡村法典有关条款，农业合作社具有特殊的企业形式，有法人资格，但又不同于民事或贸易公司。农业合作社按其章程运营，年限可达 99 年，可以展期。法国农业合作社经营了法国相当比重的农产品收集、加工和商业销售；此外，法国还拥有 1.3 万多家农业集体服务社(农业机械合作社、畜牧人工授精合作社等)。全国 40.6 万个农业经营户中,90%都是合作社成员。全国 40 家最大的乳品企业中,有 25 家是合作社。大多数合作社的规模较小。随着大型超市以及跨国农业食品集团的不断涌现,法国农业合作社的规模也在逐渐扩大。法国农业合作社已有全国性组织、地区组织和行业组织。法国农业合作社,可划分为上游和下游合作社两大类型。

上游农业合作社,主要包括农业机械共同使用合作社、畜牧饲养人工授精合作社,下游农业合作社主要指谷物仓储合作社、农产品加工合作社和农产品销售合作社。

农业合作社对法国落后地区的农业发展,包括农业生产服务和农产品经销,提供了有力的支持。法国 22 个大区中的多数大区,农民生产的农产品,50%以上交给了当地的农业合作社,有的比重超过 70%。此外,农业合作社也很关注全球市场的变化以及消费者的期待,注意帮助农户改进产品质量,指导农户安排农作物生产。

由农民互助成立的农业合作社,在促进法国农业及农业商业的发展,起到了非常大的作用。农业合作社已成为法国农业政策和市场管理一根有力的支柱。

“得奶源者得天下”,法国投资者所有的奶制品公司为保证奶源安全,并降低交易成本,通常采取与农户直接签订供货合同的合作模式,公司与农户之间不设中间组织。因此,那些与公司合作的奶农规模相对偏大,以满足公司对控制成本的要求。以 2010 年全球排名第三、欧洲最大的牛奶及奶制品企业拉克塔利斯集团为例,与其签订合同的奶农平均生产规模通常在 70 头成母牛左右,公司目前与 1.2 万个奶农建立了合同关系。为保障股东的投资回报率,与合作社为法国奶农服务、帮助法国奶农销售原料奶的经营战略不同,公司基本实行在消费市场当地生产、当地加工的发展战略,以降低生产和运输成本。拉克塔利斯集团目前已经在 42 个国家和地区建立了 237 个生产基地和加工企业。

在“公司+农户”模式下,公司建立专业技术队伍,为奶农提供畜群结构、饲养、饲料、防疫、配种、收购等全过程服务,保障公司原料奶全年供应量的稳定和质量。公司与奶农签订的供货合同通常 5 年一周期。内容主要包括奶农向公司提供的鲜奶量及其奶牛饲养规模,价格每年商议。

5.4 促进奶业消费的政策

(1)政府监督制定原料奶收购指导价,并确定原料奶定价标准,资助中立质量检测机构,确保原料奶价格稳定,有利于乳制品价格稳定,从而稳定消费。

(2)通过补贴政策,积极倡导欧盟标准、环保养殖、高福利养殖和有机养殖,提供更能满足消费者需要、符合消费者心理的产品。

(3)建立乳制品追溯体系和乳制品质量安全监督机构,确保乳制品安全。

(4)国家投入乳制品研发,提高生产效率,延长货架期,不断开发新型乳制品和乳制品新产品。例如奶油和奶酪在近 10 年消费量增加都有赖于新产品研发。

(5)国家监督产品的原产地命名制度,监督管理此类产品生产、加工和销售,以历史、文化内涵促进消费。

(6)政府鼓励观光农业、绿色农业,使乳制品消费直接与旅游业挂钩,让乳制品的原产地、生产加工过程为更多消费者了解,吸引消费。

6 值得借鉴的主要经验

法国不仅是欧洲最大的农业国,而且由于发展农产品加工,有了强大加工基础,使之一跃成为世界级出口大国。法国之所以有强大的加工基础,农业的专业化公司化起着举足轻重的作用,没有专业化公司,就不可能有农业种植加工业的大规模的发展。同时,法国把农业补贴运用到关键领域,服务环保型农业,巩固了农业的基础地位,增加了农民收入;发展完善的农业合作社成了联结农民与市场、农民与教育科研、农民与政府的组织，真正成了组织农民闯市场的利器。这些措施的落实，使法国农业自1969年实现了农牧产品出口大于进口的局面，农产品出口一路扩大，其农业不仅在国民经济中的位置举足轻重，还提高了法国在欧盟和世界农业中的地位。

6.1 经营模式方面的经验

法国农业经营模式主要有有限责任农业经营、农业共同经营组合、农业经营民事企业、共同轮作。法国注意不断对农业经营模式进行总结，不断完善，以适应农村经济发展的变化。

6.1.1 重视自愿互助合作经营的发展模式——公司制经营

农业受自然条件、生态环境影响，比较收益较低，面临自然风险、市场风险的双重制约。法国的农业互助合作保险组织依附的基础是各种生产者合作组织，法国以经济作物烟叶的互助保险经营最为成功，在所有采取市场化主导型的国家中，法国最具有代表性。由政府提供必要的政策支持，通过商业保险公司进行经营。

法国政府制定了完善的产业政策，国家设有各种资助基金和行业自主性组织来引导、支持畜牧业的规模经营。对传统种植和畜牧业进行调整，粮食、油料种植面积增加，牧草和蔬菜的种植面积减少，同时对粮食作物的耕种面积实行10%的休耕，对部分畜牧业产品实行了存栏头数和产量的限制。农业经营方式也从家庭经营方式向现代化的公司制经营模式转轨。政府扶植的公司制经营主体向新的生产经营公司和个人提供低息贷款和优惠的税收政策，大力推进产业化和机械化。

政府制定的产业法规和产品标准都是通过专业协会贯彻到各个生产环节，专业协会在法国实现畜牧业现代化中发挥了不可替代的主导作用。由专业经营者民主选举产生的专业协会（或合作社）把具有一定素质水平的从业者组织起来，以市场为导向，以效益为目标，以科技为依托，在不打破生产所有制的基础上按照小规模、大群体的模式，以契约方式实行统一供应良种，统一供应标准化饲料，统一按标准化要求进行规范化服务，统一收购产品、销售，结成牢固的产业链条，把生产与市场紧密地连接起来，按照市场需要的畜产品规格标准进行生产。

6.1.2 生产经营组织性

法国的畜牧业已经构成了一个从养殖到餐桌的完整的畜牧业经济体系。畜牧业组织体系的主要优势表现在以下几个方面：首先，实现了产加销一体化，以产业链上的龙头企业为中心，有效地整合各种资源，提高了市场应对能力与综合竞争力。其次，组织化程度的提高，克服了家庭经营制度下的小规模生产与大市场流通的矛盾，实现了整个产业的协调发展。同时，有利于推动技术创新及其成果的推广应用。最后，行业组织以及合作组织作为政府与经营主体之间的联系中介，在实行自我管理与协调、维护市场竞争秩序的同时，作为行业代表，对政府政策产生深刻影响，还为政府政策的实施提供了平台。此外，作为非政府组织在国际交涉与协调方面，可以起到政府难以替代的作用。

法国发达的奶业产业组织体系为现代奶业生产体系提供了重要的支撑作用。法国奶业生产始终坚持家庭牧场的生产方式，强调奶农自营、主饲料自给、适度规模经营，不提倡、不鼓励公司化大规模经营，广大奶农通过合作社或“公司＋农场”等两种基本形式，进入市场。法国奶业产业组织体系建设最具特色的是拥有一个功能完备、错综复杂、从基层到全国的农民组织网络体系，从区域发展、行业发展和专业服务等不同维度，为奶农生产者提供经济、政治和社会全方位的服务，以实现保护和保障奶农利益、促进奶产业健康可持续发展的目标。

6.1.3 鼓励一体化经营

法国没有鲜活市场，畜禽产品均通过屠宰、分割、包装进入超市，牛肉流通主要依靠超市，售量高达70%左右。法国在各种农牧业生产加工运销产业中，奶业及肉鸡生产的一体化是最高的。奶业一体化程度高主要是由于牛奶鲜活易腐，挤奶一日数次，需要及时冷却、收集、储运，以保证鲜奶质量，产加销任何环节的不协调都会影响鲜奶及其制品的质量。

6.1.4　重视“标准化”

在生产、收购、加工、产品质量等各个方面按照标准化生产，确保质量、安全和发展的可持续性。

6.1.5　法国农业组织创新

核心理念是围绕农业再生产链优化和丰富农业产业结构，提高农业生产率和价值水平，主要表现在3个方面：垂直一体化农业，农业的产中部门内水平一体化组织，农业的产前、产中和产后部门提供科研、技术、信息及教育培训的中介组织。

6.1.6　“生态农业”促进可持续发展

法国农业进入了“合理发展”的新阶段，农民们正在为寻找和实践有利于环境的、以可持续性发展为最高原则的新型农业发展模式。

可持续农业的基础是提高农产品的产量和质量，力求满足人们对现在和未来的健康食品的需求。保持土地长期肥沃、水质和空气质量优良，保障生物的多样性，鼓励使用可以重复利用的资源。1997年，法国农业部颁布了全国生态农业发展计划，强调开发农业不忘环境保护。2011年法国有机土地达到农业土地面积的17.5%，有机土地面积比例在欧洲位居第四。2018年获得有机认证的奶牛养殖场为2 863个，养殖奶牛14.6万头，占法国奶牛存栏的4.1%，交售有机牛奶88.45万t；处于向有机奶场的转化期中的奶牛场1 899个；有机奶生产涉及的土地面积203.5万hm^2，占欧盟有机农业用地的15%。生态农业禁止使用任何合成化肥和杀虫剂，农田使用绿肥和有机堆肥，以保证土壤的持久肥沃。要求农民以科学的方式进行轮作，利用手工及机械等物理方式除草。法国农民越来越关注两个问题：一是向消费者保障各类产品的产地、质量和从生产到上市的食品安全；二是注意土地管理和在可持续发展的框架范围内保护环境。如今，密集型的农业种植方式已经被摒弃了，农产品实行份额制和对一定比例农田的休耕要求使得种植成为一门科学。也是当代农民面临的挑战。法国开始探讨一种新的、更科学的农业模式，即理性农业。有机奶业的发展，是法国平稳渡过欧盟取消配额制的关键举措之一。

6.2　科技创新方面的经验

6.2.1　政府投入奶业的研发资金，研究主攻方向定位行业实践中出现的问题，有的放矢

从法国奶业产业链的核心来看，就是奶农。在奶农的背后有强大的科研体系支撑。如法国农业科学研究院，主要进行基础科学方面的研究，还有与之相配套的一些实用技术的研究机构。对奶农进行技术培训和教育普及也非常重视。在法国有明确的法律规定，从业者要有相关资格证才能上岗工作，如奶农必须要有高中学历才可从事该行业工作。据CNIEL数据，奶业从业者中19.8%的从业者具有农业院校大学学历的，1.7%具有工业工程学历，其他80%的从业者都接受过专业培训，包括计算机、会计、管理、信息技术等，获得初级、中级或高级的职业培训证书。

6.2.2　家畜中心数据库体系完善

不仅允许法国依法建立最强大的农产品追溯体系，而且通过制定工作人员进行数据收集，为家畜育种体系提供了最庞大、准确的数据库，带动相关科研项目，促使法国奶业科技水平领先。

6.2.3　农业教育为农业发展服务

农业部与教育部相互协调及合理分工，农业教育中由农业部主管，包括职业技术教育、高等教育、学徒

培训及成人教育等的各项事物，例如中等与高等农业学校校长的任命、教育经费拨付、课程设置、人员管理。

教育部只负责农业教育文凭与国家基本文凭的对等协调及宏观管理工作。强化农业教育与农业发展的相互关系，充分考虑农业发展对人才培养和技术服务的需求。

农业院校密切联系农业生产。农业各级教育不断适应农业发展的需要，不断改革与调整自身结构，从农业到农产品加工和环境保护，从应用研究到职业培训和技术推广，建立起一个适应法国现代化农业的知识传授与创新的体系，促进农业的高速发展。在教育与培训过程中，农业学校十分重视实践环节：充分利用学校的农场或生产车间，组织学生进行实际生产劳动；还定期安排学生去企业实习，使学生们较早接触农业及食品生产领域和经济领域，便于理论联系实际和将来的就业。

农业院校重视就业。为了求得在农业教育与农业劳动力需求之间的平衡，法国农业部建立“培训与就业观测所”，负责农业教育与培训的规划和农业就业需求的研究。1995 年 11 月，法国总理与各大农业协会主席签署了《青年就业国家宪章》。按照该宪章，政府与农业组织之间建立契约，筹集至少 34 亿法郎基金，支持农业教育与培训，每年帮助 0.8 万～12 万名青年农民创业。因此尽管法国近年来青年失业愈加严重，但农业学校的招生情况和毕业生就业情况普遍较好。一方面，农业学校吸引越来越多的城市青年入学。1985 年农业学校的农业生产者子女占 42.4%，1995 年这一比例减少至 25%，而职员和工人子女的比例大大增加；另一方面，由于农业劳动人口的减少和农业食品工业的持续发展以及支持青年安置的相应政策，农业学校毕业生的就业状况普遍好于其他产业。

各级各类教育形成网络。首先，各级学校教育分工明确。法国农业职业教育、技术教育、高等教育具有各自不同的培养目标。从农业工人、技术员到工程师及科研人员的培养都有相应的教育机构承担。同时，由于农业的地理特点，不同地区的农业教育内容和专业有所差别。法国农业职业和技术中学的教学设施都很完善，所以也经常承担短期高等农业技术教育和培训。其次，公立学校与私立学校并存。为了适应农业教育与培训的不同需求，各类农业团体分别建立了自己的学校。这些学校的规模通常较小，其班级人数也只有 10～20 人，但可最大限度地适应不同教育与培训的需求，培养应用型人才。最后，成人教育与学校教育共同发展。在法国，承担成人农业教育的培训机构主要是农业职业培训中心，通常都设于农业学院之中，校长兼管正规教育和成人培训。培训中心根据社会需求或与企业需求制订成人培训的内容，并努力使培训目标质量达到学员和企业的满意标准。农业职业培训证书细分为 4 类：即农业学徒证书(BAA)、农业职业结业证书(BEPA)、农业技师证书(BTA)、高级技师证书(BTS)，规定只有取得农业职业培训证书才能成为合格的农业经营者。通过以上各种形式的农业技术教育，目前法国已有超过 2/3 的青年农民具有中等农业学校毕业的水平，这对普及农业科学技术知识、提高农业生产技术水平是有直接作用的。

教育与科研密切结合。1995 年 1 月法国农业部与高教科研部签署了一份合作协议，强调未来的培训与科研以职业变革为依据，双方协调行动，避免重复工作；构建地方教学与科研尖端机构网络，保证法国农业教育与科研处于国际领先水平。1995 年 5 月，法国农业部又组建了科学委员会，负责促进农业科研政策的协调，以及农业高等教育与科研之间、科研与农业及食品工业之间的关系的评估。

积极参与地方发展。法国农业教育重点以培养农业及食品加工业领域的人才为地方发展服务，同时，由于农业学校处于农业经济环境之中，这些学校顺理成章地成为新技术传播的中心。农业学校还经常参与国家农业可持续发展计划的研讨，在农村环境保护、国土整治、农村景观、乡村旅游等方面发挥重大作用。

6.3 产业政策方面的经验

6.3.1 实施乳制品原产地命名制度

原产地命名(AOC)标志是政府颁发的保证产地的官方标志。由法国农业部监督管理的 INAO 机构负责确认、制定生产条件、批准 AOC 产品并且保护它们。AOC 受到严格的控制，一方面生产必须遵循特定的条件，产品生产于严格划定的地理区域，使用的技术和手段都和产地紧密相关。另一方面它们具有独特的，尤其具有特殊感官特征的品质。生产过程中遵循“当地，忠诚和持续地使用”的原则，代代传承且不断改进。这个制度有助于传承当地的传统制作方法，在消费者心中享有盛名，对于整个奶酪行业起到了促进作用，代表了奶酪行业的形象。

6.3.2　重视有机奶制品生产

为有机奶制品颁发特别的官方品质标志，要求生产者遵循一套严格的技术要求。有机奶制品的生产标准保证在整个生产程序中尊重环境、动物福利以及自然系统。法国有机奶制品的生产管理良好，并且由于市场不断扩大，企业经济运转可行。

6.3.3　奶业生产重视环保

促使养殖户改善其日益增长的养殖活动以及饲养方式。设立农业污染控制计划，通过对养殖企业生产废物的处理和储存来保护水质。在法国畜牧学院专家特别培训的官员的帮助和指导下，奶农采取了很多其他保护环境的行动，如栽培灌木树篱等。

6.3.4　支持农业年轻一代安家落户

为应对近 30 年来农业经营者人数逐渐减少，农业经营面积不断扩大，农业专业化经营水平越来越高的情况，法国十分关注农业发展基本队伍的建设，注重保证农业经营后继有人，稳定农村人口，帮助年轻人从事农业经营。法国通过国家财政支持，利用欧盟财政渠道，以及优惠贷款和减免税等多种途径或措施，向农业经营安家落户者提供财政支持。年轻的农业经营者获得安置费，需要满足国籍、年龄、相关学历的要求。

其他的支撑还有支持奶农合作社、一体化经营；实施农业补贴；支持行业自我管理，监督其定价等关键环节。

6.4　其他方面的经验

在强大的食品工业推动下，法国成了欧盟最大的出口国。2018 年农产品出口总额为 592.4 亿美元，占欧盟成员国农产品贸易额的 13.6%，世界农产品贸易额的 6.3%。为鼓励农产品出口，法国还制定了一系列措施，如无论公司大小，都可以从事农产品的出口。对大宗农产品的出口除了给予有关出口公司在资金方面担保外，在运输补贴和优惠贷款利率等鼓励政策有特别的鼓励措施。法国积极拓展潜在的国际市场，以中国市场为例，法国早与我国农业部在天津合资建设的天津王朝葡萄酒公司，成为我国葡萄酒生产的主要企业。与辽宁丹东合作建设的草莓基地，所生产的草莓全部出口日本、韩国等地。法国 2018 年为中国的第三大乳制品进口国。

参考文献

[1]程广燕，安晓宁. 世界奶业发展的特点与经验. 江西食品工业，2003(2):56-57.

[2]丁伟良. 法国奶牛场的见闻和启示. 中国乳业，2002(12):40-41.

[3]董晓霞，王晶，邵大富. 世界主要乳制品的生产格局演变趋势. 中国乳业，2018(8):24-29.

[4]杜柏林. 法国动物防疫信息网络化建设简介. 现代畜牧兽医，2007(5):6-8.

[5]于永生，邹胜祥. 法国奶牛胚胎移植考察纪实. 河北畜牧兽医，2002(4):41-42.

[6]苑鹏. 农民合作社可持续发展模式探析——以法国最大奶农合作社索迪雅(Sodiaal)为例. 农村经济，2018(5):110-115.

[7]何子阳. 法国的农业合作化. 农村经济，1991(7):26-28.

[8]胡成波. 法国畜牧业主要特点和成功经验. 辽宁畜牧兽医，2004(2):40-41.

[9]黄运生. 法国奶牛业和动物疫情考察报告. 中国兽医杂志，1987(8):52-53.

[10]乐波. 法国的农业环境保护政策及其对中国的启示. 华中农业大学学报(社会科学版)，2007(5):44-47.

[11]李烈贵. 世界奶牛业简况及2000年后发展趋势. 中国奶牛，1989(3):62-64.

[12]李志明. 法国的环境保护型农业. 世界农业，1994(5):43-45.

[13]林梅. 国外农业科技推广模式的分析和借鉴. 中国农村小康科技，2009(1):65-67.

[14]刘德有. 世界乳品生产及供求发展概况. 中国奶牛，1991(5):60-61.

[15]刘贵川. 法国的农业政策. 山西财税，2006(8):42-44.

[16]刘长全，刘玉满，李静，等. 法国奶农如何实现与现代农业的有机衔接——法国奶业产业组织发展考察. 农村工作通讯，2018(9):58-60.

[17]刘玉满. 法国奶业进入后配额时代的转制及成效调研报告. 中国乳业，2018(2):9-14.

[18]刘振邦. 合作社在法国农产品流通中的作用. 世界农业，1985(8):3-4.

[19]马根喜. 关于法国农业及农村商业发展问题的调查. (2006-06-13)[2021-09-08]. http://fr.mofcom.gov.cn/article/ztdy/200606/20060602431174.shtml.

[20]马亚贤. 国外农业科技推广的模式. 农业图书情报学刊，1999(S1):94.

[21]秦志锐. 第九届世界荷斯坦牛会议大会专题发言简介(二). 中国奶牛，1997(3):51-53.

[22]裴杰，乔光华. 取消生产配额制度对欧盟成员国奶业的影响及各自的应对措施. 中国畜牧杂志，2018,54(6):148-153.

[23]任保忠，孙辉. 法国农业科学技术体系及管理. 粮油食品科技，2004(1):41-43.

[24]史菁. 法国奶制品质量控制. 全球科技经济瞭望，2004(2):12-13.

[25]孙星，包魁. 国外乳制品行业质量管理经验及对我国的启示. 中国乳业，2009(5):44-49.

[26]王云洲，王瑞华. 法国奶牛场的经营与管理模式. 中国奶牛，2004(5):51-55.

[27]吴凯锋，张明富，罗健，等. 值得借鉴的法国草地畜牧业. 草业科学，2008(10):124-127.

[28]姚梅. 法国奶业家庭牧场的传承与发展及调研后的思考——法国贝克顿家庭牧场案例调研报告. 中国乳业，2018(3):11-15.

[29]张志民，朱发成，牛志河. 法国的奶牛业. 中国牧业通讯，2002(4):44-46.

[30]张瑜. 法国及欧盟饲料和添加剂的管理. 中国饲料，2002(7):26-28.

[31]张洪本，刘文永. 赴法国、荷兰畜牧、饲料业考察报告. 山东饲料，2003(3):42-45.

[32]RUCINSKI P, ANALYSTS E D. EU-27: Dairy and products annual. Global agricultural information network, 2011.

[33]RUCINSKI P, SPECIALIST A. EU-28: Dairy and products annual. Global agricultural information network, 2016.

[34]LTD C C W. Evaluation of the school milk measure final report. Evaluation of School Milk Scheme, 1999.

[35]MAUBOIS J. The French milk industry a major and mature market//Identity and Quality of Mediterranean Foodstuffs. Paris: International Centre for Advanced Mediterranean Agronomic Studies, 2007:213-225.

[36]HARARI M. Dairy product consumption in France. Bulletin de l academie nationale de medecine, 2008,192(4):713-720.

[37]CHAABAN J, REQUILLART V, TREVISIOL A. The role of technical efficiency in takeovers: evidence from the French cheese industry, 1985—2000. Agribusiness (New York), 2005,21(4):545-564.

[38]AMÉ P. French Livestock Genetics and Territories. France: International Affairs of French

Livestock Institute, 2011.

[39]TOURET C. Some examples and thinking about the system of control and solidarity in the organic milk farming sector. Economie rurale, 2014(339/340):49-63.

[40]BIGGS S D. A multiple sourse of innovation modle of agricultural-research and technology promotion. World Development, 1990,18(11):1481-1499.

[41]ADAMOV T C, FEHER A, IANCU M I. Aspects concerning the milk and dairy products market in EU. Lucrari Stiintifice, Universitatea de Stiinte Agricole Si Medicina Veterinara “Ion Ionescu de la Brad” Iasi, Seria Agronomie, 2009,52(2):131-136.

[42]WOGAN R E. Some impressions of the French dairy industry. Journal of the society of technology, 1968,22(1):45-52.

参考资料

[1]欧洲奶业统计网站,http://epp. eurostat. ec. europa. eu/statistics_explained/index. php/Farm_structure_in_France

[2]法国农业创新体系,http://www. foods1. com/content/97997/

[3]法国农业科学研究院,http://www. nsfc. gov. cn/nsfc/gjhzj/xieyi/fgny. pdf

[4]法国畜牧划区轮牧的经验,http://www. yostudy. com/tech/2012-02-17/125. html

[5]法国国家奶业中心,CNIEL,2013 年法国奶业统计报告,www. cniel. com

[6]奶业数据统计网站,http://www. clal. it/en/index. php? section=stat_francia

[7]诺曼底牛品种介绍,http://www. normandegenetics. com/about－breed. htm

[8]CLAL,意大利贸易数据网站,http://www. clal. it/en/

[9]FAOSTAT. http://faostat. fao. org/site/291/default. aspx

[10]Montbeliarde 蒙贝利亚牛,https://www. montbeliarde. org/en-428. html

[11]Uncomtrade,贸易数据网站,http://comtrade. un. org/

[撰稿:中国农业大学　王雅春　张胜利　张毅　俞英]

附　表

附表 1　1961—2019 年法国奶牛头数、单产水平和总产奶量

年份	奶牛头数/千头	平均单产/(kg/头)	总产奶量/万 t	年份	奶牛头数/千头	平均单产/(kg/头)	总产奶量/万 t
1961	7 140.0	2 670.7	1 906.9	1991	5 322.9	4 977.9	2 649.7
1962	7 060.0	2 628.7	1 855.9	1992	5 059.3	5 087.2	2 573.8
1963	6 850.0	2 808.2	1 923.7	1993	4 788.1	5 288.9	2 532.4
1964	6 810.0	2 771.4	1 887.4	1994	4 692.2	5 396.7	2 532.2
1965	6 960.0	2 897.9	2 017.0	1995	4 611.0	5 516.8	2 543.8
1966	6 970.0	2 999.7	2 090.8	1996	4 540.0	5 530.5	2 510.9
1967	7 170.0	3 079.9	2 208.3	1997	4 453.0	5 595.4	2 491.7
1968	7 190.0	3 209.5	2 307.7	1998	4 391.0	5 655.6	2 483.4

续附表 1

年份	奶牛头数 /千头	平均单产 /(kg/头)	总产奶量 /万 t	年份	奶牛头数 /千头	平均单产 /(kg/头)	总产奶量 /万 t
1969	7 090.0	3 210.4	2 276.2	1999	4 376.0	5 688.3	2 489.2
1970	7 000.0	3 211.0	2 247.8	2000	4 202.7	5 948.1	2 499.9
1971	7 080.0	3 207.8	2 271.2	2001	4 213.1	5 910.8	2 490.3
1972	7 191.9	3 319.4	2 387.3	2002	4 197.2	6 003.3	2 519.7
1973	7 331.4	3 302.3	2 421.1	2003	4 134.0	5 954.0	2 461.4
1974	7 385.3	3 278.2	2 421.1	2004	4 005.1	6 104.5	2 444.9
1975	7 392.6	3 280.7	2 425.4	2005	3 957.9	6 287.5	2 488.5
1976	7 441.2	3 253.3	2 420.9	2006	3 877.8	6 239.2	2 419.5
1977	7 352.1	3 353.8	2 465.8	2007	3 845.8	6 337.7	2 437.4
1978	7 329.3	3 447.8	2 527.0	2008	3 863.4	6 099.4	2 356.5
1979	7 400.0	3 587.7	2 654.9	2009	3 747.9	6 045.9	2 265.9
1980	7 264.0	3 757.1	2 729.2	2010	3 716.7	6 278.3	2 333.1
1981	7 261.2	3 775.0	2 741.1	2011	3 664.5	6 648.5	2 436.1
1982	7 164.0	3 899.2	2 793.4	2012	3 643.2	6 587.2	2 399.8
1983	7 176.0	3 954.2	2 837.6	2013	3 697.2	6 423.0	2 374.7
1984	7 007.1	4 064.3	2 847.9	2014	3 698.4	6 753.9	2 497.9
1985	6 679.8	4 163.0	2 780.8	2015	3 661.2	6 847.0	2 506.8
1986	6 508.1	4 353.0	2 833.0	2016	3 637.0	7 046.2	2 562.7
1987	6 173.0	4 427.6	2 733.2	2017	3 596.8	7 100.5	2 553.9
1988	5 727.7	4 649.6	2 663.2	2018	3 552.4	7 049.4	2 505.5
1989	5 621.0	4 690.9	2 636.8	2019	3 485.6	7 152.5	2 493.1
1990	5 533.6	4 723.0	2 613.6				

数据来源:FAO。

附表 2 1961—2018 年法国主要乳制品产量 万 t

年份	液态奶	奶油	黄油	奶酪	炼乳	全脂奶粉	脱脂奶粉和干乳酪
1961	849.5	4.4	40.5	48.4	10.5	2.3	10.0
1962	844.2	4.5	40.5	50.8	11.6	2.7	14.2
1963	877.0	3.4	43.2	53.5	13.3	3.2	21.4
1964	845.2	3.5	42.7	57.6	14.1	3.9	24.3
1965	933.2	3.6	47.5	61.8	15.5	4.3	33.0
1966	966.6	4.4	49.2	65.1	16.1	4.7	42.1
1967	1 042.5	4.6	53.8	68.1	16.9	5.0	54.6
1968	1 070.8	4.4	57.5	71.5	19.0	5.1	69.1
1969	1 120.2	4.7	51.6	73.9	18.0	6.1	65.7
1970	1 060.0	4.9	48.3	78.8	19.8	7.3	63.7
1971	1 050.5	5.6	47.5	82.4	19.6	8.5	61.4
1972	1 174.9	5.5	53.9	87.0	17.9	10.3	68.8
1973	1 196.5	6.0	55.0	88.5	17.0	10.0	72.3
1974	1 187.3	6.4	54.3	92.1	17.1	9.6	68.5
1975	1 216.5	6.5	55.9	95.0	14.2	9.4	75.9
1976	1 187.2	6.5	55.4	97.6	16.1	9.6	74.8
1977	1 196.9	7.5	55.8	101.9	15.1	11.7	72.8

续附表 2　　万 t

年份	液态奶	奶油	黄油	奶酪	炼乳	全脂奶粉	脱脂奶粉和干乳酪
1978	1 236.8	7.3	57.6	106.6	12.2	15.2	69.8
1979	1 279.2	8.9	59.6	111.5	12.1	18.6	69.7
1980	1 331.3	10.4	61.8	114.4	11.9	21.2	74.7
1981	1 292.4	11.5	60.5	118.0	11.8	23.7	73.9
1982	1 389.8	12.8	64.0	121.9	13.2	18.8	76.0
1983	1 408.5	14.4	65.0	124.9	13.4	17.3	79.1
1984	1 353.9	15.6	61.5	130.0	13.2	21.2	75.6
1985	1 309.6	18.2	59.5	132.8	12.5	22.2	65.9
1986	1 400.9	17.4	64.5	134.1	10.3	22.0	71.1
1987	1 289.1	19.4	57.6	137.9	9.4	24.7	57.2
1988	1 178.8	19.6	52.3	140.6	10.0	25.7	46.1
1989	1 184.9	19.6	51.8	144.0	8.8	24.4	48.4
1990	1 208.0	20.9	52.7	145.9	7.0	21.7	58.0
1991	1 138.0	22.5	48.6	149.0	7.0	28.1	45.2
1992	1 079.0	24.4	45.1	150.5	7.7	28.2	39.7
1993	1 048.1	25.5	43.4	153.7	6.4	23.8	38.1
1994	1 060.9	26.5	44.4	156.9	5.1	27.5	38.9
1995	1 062.4	24.5	45.3	159.3	4.9	25.5	38.1
1996	1 086.4	25.9	47.3	160.5	4.5	27.6	39.8
1997	1 116.3	26.5	46.6	162.2	4.0	26.5	39.9
1998	1 088.2	27.8	46.3	165.3	7.0	26.3	35.6
1999	1 099.0	28.6	44.8	167.6	5.4	26.5	33.1
2000	1 105.8	30.1	44.8	172.0	5.2	25.8	30.9
2001	1 108.0	31.8	44.9	177.0	5.5	24.1	27.6
2002	1 140.0	33.0	45.0	178.3	5.4	24.4	33.9
2003	1 128.7	32.6	43.5	178.3	4.6	21.6	30.5
2004	1 108.9	34.2	41.5	183.3	4.1	19.8	26.1
2005	1 094.7	33.9	42.0	180.4	4.3	19.3	30.7
2006	1 079.7	35.1	40.8	182.8	4.4	15.8	29.6
2007	1 087.9	35.9	41.1	186.9	4.4	14.5	28.2
2008	1 141.7	35.4	44.2	186.2	7.4	15.0	28.2
2009	1 084.1	35.1	41.5	184.4	6.4	20.0	28.0
2010	1 110.6	36.1	42.3	191.0	7.4	22.9	28.0
2011	1 130.4	38.9	42.4	193.1	10.9	21.4	28.0
2012	1 063.6	39.7	38.9	177.3	10.9	21.2	27.0
2013	1 090.6	38.8	40.5	177.9	10.9	19.0	27.3
2014	957.4	33.9	33.6	154.0	9.4	17.8	105.1
2015	963.5	34.1	33.8	154.7	9.5	17.6	104.3
2016	1 023.6	34.6	36.6	152.0	9.7	17.7	114.5
2017	983.7	34.7	34.6	157.4	9.6	17.9	108.3
2018	1 001.2	35.2	35.2	159.9	9.8	18.1	110.0

数据来源：FAO（液态奶为 milk，skimmed cow）http://www.fao.org/faostat/en/#data/QP。

附表 3　1961—2019 年法国主要乳制品进出口贸易额　千美元

年份	进口额					出口额				
	奶油	干酪乳	鲜奶	脱脂奶粉	全脂奶粉	奶油	干酪乳	鲜奶	脱脂奶粉	全脂奶粉
1961	390	11 016	42	101	3 462	40 305	36 579	7 734	8 070	7 615
1962	440	18 550	72	623	3 444	27 756	34 292	6 813	9 590	5 739
1963	3 613	18 868	45	210	4 739	37 999	39 222	7 321	14 752	7 147
1964	6 509	22 885	323	3 829	7 343	36 491	49 165	10 857	9 685	9 871
1965	20 411	35 272	32	201	3 263	34 140	62 032	14 954	22 188	11 444
1966	5 295	37 073	19	189	2 776	45 151	75 857	24 922	46 434	14 214
1967	5 456	38 008	6	160	2 113	56 008	85 891	22 870	52 044	17 971
1968	2 975	35 825	56	73	1 781	68 353	96 422	17 309	55 805	19 448
1969	1 741	40 051	106	355	1 698	82 965	106 498	19 270	85 786	26 415
1970	2 763	43 362	44	3 082	1 736	83 082	121 546	21 147	80 197	23 254
1971	29 227	48 970	137	685	746	85 944	177 639	51 559	102 581	32 820
1972	21 505	57 446	1 327	3 324	564	44 921	227 470	48 871	103 114	48 097
1973	43 834	74 636	2 807	6 624	952	133 557	296 659	53 207	159 626	61 223
1974	42 315	91 000	2 729	2 681	649	145 311	346 071	99 891	194 486	72 490
1975	103 703	114 356	5 063	9 678	965	159 787	406 386	81 047	126 446	83 103
1976	107 019	129 810	7 103	18 177	1 559	150 896	440 046	64 813	156 116	80 396
1977	77 257	165 416	6 323	8 638	1 573	223 069	512 666	65 782	210 032	106 066
1978	209 327	203 269	9 109	28 631	2 148	166 569	646 617	99 877	151 588	150 814
1979	192 726	212 713	10 884	21 451	2 234	283 888	798 434	116 736	137 106	214 204
1980	253 990	223 746	19 239	16 731	2 750	388 042	879 834	124 625	179 139	330 029
1981	203 106	210 865	22 880	24 599	2 416	473 685	825 689	140 337	173 921	376 585
1982	160 144	193 107	18 414	19 024	3 796	368 128	784 614	141 906	149 768	258 168
1983	174 248	201 046	17 480	13 227	2 105	275 608	772 628	153 610	175 656	193 618
1984	95 509	192 499	23 501	24 446	3 752	278 814	748 003	153 830	154 508	231 890
1985	91 599	212 316	27 527	34 688	4 101	278 373	767 954	163 583	117 068	237 491
1986	151 699	299 810	43 832	29 559	4 922	189 543	962 756	248 124	262 993	285 093
1987	172 927	377 063	44 378	132 502	5 393	370 092	1 151 793	273 756	106 221	362 512
1988	262 168	444 793	100 236	191 775	12 789	454 872	1 239 478	387 714	131 707	474 901
1989	260 332	439 633	136 686	89 712	14 604	374 001	1 274 604	390 458	149 230	492 198
1990	239 781	501 708	174 365	32 472	14 009	330 587	1 605 080	456 037	331 350	506 073
1991	328 373	517 626	222 217	141 329	23 360	327 358	1 645 018	458 993	134 701	559 055
1992	414 660	605 656	316 567	262 785	23 128	259 942	1 862 743	562 645	203 189	543 321
1993	415 373	569 249	364 402	139 165	28 968	268 750	1 850 668	540 788	173 397	568 831
1994	436 645	624 056	403 634	141 005	34 692	267 433	1 976 185	659 591	189 329	619 270
1995	569 651	719 997	494 695	117 897	23 590	329 299	2 240 291	753 885	284 754	688 194
1996	427 982	724 159	467 146	81 948	31 269	264 513	2 290 926	717 753	273 431	510 800
1997	477 000	633 586	469 024	62 408	22 170	227 534	1 999 995	690 156	287 900	543 489
1998	483 274	676 609	526 839	86 526	30 043	204 592	2 012 236	725 872	207 327	491 674
1999	400 628	677 282	545 330	126 274	38 531	190 363	1 957 602	727 918	168 156	471 093
2000	391 789	644 797	502 149	176 341	18 474	175 689	1 863 770	676 378	172 552	452 947
2001	360 390	647 547	525 482	119 568	28 756	177 037	1 769 547	720 048	111 309	430 577
2002	341 203	682 604	459 721	80 599	29 080	180 897	1 892 855	735 771	182 138	372 047
2003	417 909	818 092	541 547	76 054	37 100	222 070	2 361 924	905 050	194 252	349 784
2004	516 793	906 585	556 542	173 129	43 402	259 713	2 743 772	994 924	150 850	381 411

续附表 3 千美元

年份	进口额					出口额				
	奶油	干酪乳	鲜奶	脱脂奶粉	全脂奶粉	奶油	干酪乳	鲜奶	脱脂奶粉	全脂奶粉
2005	474 717	929 078	526 630	92 666	37 453	272 638	2 754 685	1 055 672	188 523	352 268
2006	503 956	1 021 474	572 517	88 771	46 563	229 969	2 858 919	1 126 020	208 245	285 677
2007	665 234	1 192 886	769 517	114 678	69 322	296 611	3 294 169	1 458 637	311 725	350 335
2008	607 156	1 488 767	797 141	103 850	64 054	348 168	3 842 479	1 730 707	408 079	462 436
2009	503 834	1 408 021	724 830	66 674	60 987	289 347	3 475 947	1 464 762	299 825	269 475
2010	698 287	1 387 230	731 070	72 072	78 339	392 941	3 468 248	1 493 697	538 419	308 883
2011	836 994	1 589 284	846 402	117 432	98 360	462 677	3 897 179	1 758 100	687 090	325 240
2012	565 116	1 491 305	764 771	111 118	75 019	295 271	3 694 924	1 714 804	657 136	302 247
2013	757 512	1 651 936	852 352	122 820	105 049	325 876	3 985 680	1 824 074	631 695	371 153
2014	831 014	1 783 242	869 953	102 507	142 017	389 326	4 026 243	1 872 933	953 235	416 461
2015	569 914	1 479 749	621 050	70 196	104 786	339 852	3 328 662	1 430 069	611 595	287 415
2016	583 959	1 498 081	619 969	66 828	95 770	334 064	3 270 271	1 415 247	475 172	259 515
2017	974 837	1 736 622	759 811	70 032	107 764	440 864	3 430 009	1 461 733	513 777	295 481
2018	1 144 286	1 894 290	767 834	79 370	117 547	487 249	3 648 926	1 490 244	428 152	274 410
2019	912 672	1 913 250	695 096	95 592	131 657	453 927	3 462 606	1 325 948	605 231	253 199

数据来源：FAO，奶油为 FAO 分类 butter；鲜奶为 FAO 分类 milk skimmed cow，cow milk whole fresh，cream fresh，yogurt 的总和；干酪乳为 FAO 分类 cheese of skimmed cow milk 及 cheese of whole cow milk 之和。

附表 4 1961—2019 年法国主要乳制品进出口贸易量 t

年份	进口量					出口量				
	奶油	干酪乳	鲜奶	脱脂奶粉	全脂奶粉	奶油	干酪乳	鲜奶	脱脂奶粉	全脂奶粉
1961	426	10 019	3 124	150	3 280	51 224	39 349	75 460	49 272	10 618
1962	515	18 321	5 083	3 705	3 195	30 316	36 199	66 360	62 113	8 857
1963	3 359	17 512	2 163	1 063	5 267	40 699	45 476	70 030	78 897	9 603
1964	6 030	19 006	4 366	11 333	12 837	35 302	58 543	90 465	40 031	13 889
1965	17 223	29 470	978	125	2 807	29 755	64 335	137 960	70 777	13 083
1966	4 024	29 797	601	206	2 231	40 321	76 301	247 518	152 515	17 022
1967	4 611	29 735	4	251	1 714	56 979	82 260	220 384	165 770	20 001
1968	2 653	27 663	522	183	1 385	65 327	89 465	179 522	259 831	20 592
1969	2 449	30 079	972	652	1 339	71 077	90 873	186 241	257 847	27 292
1970	3 552	31 050	448	6 940	1 398	109 977	98 062	200 013	283 749	26 794
1971	16 915	31 270	2 716	1 698	504	70 801	128 921	434 357	227 415	31 665
1972	12 696	33 611	10 277	5 602	575	30 079	158 174	333 864	175 182	51 098
1973	26 208	38 666	17 134	9 256	949	185 863	160 631	311 730	226 977	74 835
1974	24 707	43 370	18 835	3 164	560	92 576	163 195	560 262	224 493	59 942
1975	41 820	46 199	24 958	8 876	578	77 936	154 024	341 726	118 194	63 061
1976	42 013	51 116	30 784	17 427	905	76 440	175 222	281 973	179 168	63 818
1977	30 228	60 425	24 869	7 726	711	145 575	186 169	264 586	323 783	83 926
1978	75 969	62 557	30 921	57 583	853	80 933	198 037	344 570	171 224	97 633
1979	67 151	61 031	33 054	44 445	815	163 243	224 756	343 483	134 686	132 541
1980	81 662	61 238	54 438	10 746	1 029	177 251	231 853	333 505	141 834	177 249
1981	69 403	67 123	78 698	17 337	1 024	175 900	252 470	426 499	139 900	201 323
1982	55 133	63 366	66 788	14 961	1 868	127 671	248 596	440 987	117 581	144 722
1983	65 060	71 034	70 311	16 767	980	110 882	266 173	436 588	156 103	119 871
1984	46 515	78 967	107 671	40 113	2 106	160 931	286 815	511 433	128 774	156 043

续附表 4 t

年份	进口量					出口量				
	奶油	干酪乳	鲜奶	脱脂奶粉	全脂奶粉	奶油	干酪乳	鲜奶	脱脂奶粉	全脂奶粉
1985	50 465	80 001	116 145	29 834	2 241	179 326	284 736	544 371	86 070	156 007
1986	74 873	86 830	122 684	19 779	2 393	101 741	267 595	717 854	163 963	162 292
1987	80 540	88 785	121 378	59 268	1 603	167 868	277 575	622 827	58 731	187 324
1988	102 664	98 568	191 148	74 400	3 932	159 532	298 258	733 512	50 248	182 177
1989	75 930	103 159	271 501	38 050	4 499	97 489	320 215	709 188	58 541	170 319
1990	69 865	101 172	269 444	13 703	4 946	94 465	341 557	700 059	140 128	180 905
1991	100 946	110 652	339 755	63 400	7 973	104 093	359 729	732 903	57 438	231 674
1992	124 463	122 524	483 577	99 279	7 654	88 116	388 103	841 502	81 352	202 385
1993	121 598	126 855	558 149	59 102	11 053	87 592	413 578	935 833	68 983	231 792
1994	142 089	133 996	672 659	59 091	12 997	82 043	438 720	1 181 120	77 432	240 001
1995	137 709	141 584	750 311	44 992	6 868	85 844	457 732	1 076 680	98 136	216 547
1996	109 919	151 238	675 883	33 446	10 148	85 192	475 169	1 038 204	105 339	245 422
1997	137 381	153 718	796 189	28 453	7 978	81 131	471 489	1 075 089	125 030	225 926
1998	133 670	167 326	831 935	42 636	11 558	68 243	481 553	1 115 306	92 801	203 826
1999	129 819	188 472	920 587	63 791	15 955	70 819	488 584	1 165 985	83 682	216 298
2000	148 302	213 138	934 050	84 735	8 218	71 381	537 924	1 194 221	88 383	212 152
2001	138 611	207 430	897 622	58 716	11 824	69 282	523 092	1 307 136	48 347	171 300
2002	123 957	199 433	731 708	47 208	12 282	73 128	508 615	1 160 886	98 768	170 470
2003	126 624	206 054	696 709	36 601	13 373	74 694	538 813	1 196 095	87 178	147 631
2004	146 386	206 453	671 814	74 485	13 118	76 954	583 320	1 245 687	59 173	140 284
2005	138 598	210 359	579 963	42 321	11 584	76 736	567 171	1 345 102	73 386	132 468
2006	161 499	233 115	628 813	38 545	14 971	63 178	579 559	1 347 626	81 434	98 968
2007	160 356	246 184	679 282	31 501	18 152	62 702	602 911	1 512 282	101 503	103 893
2008	139 420	257 198	644 338	29 247	16 467	66 865	600 648	1 519 226	120 603	147 737
2009	143 988	287 892	699 611	26 641	20 868	72 119	589 953	1 530 603	118 084	86 044
2010	160 284	273 983	693 200	24 898	24 930	80 165	629 779	1 565 853	188 131	85 894
2011	154 380	271 815	683 560	35 874	26 006	78 457	669 173	1 745 429	205 547	73 582
2012	140 503	280 591	674 221	37 794	22 064	75 893	675 348	1 759 590	221 540	77 388
2013	157 938	286 053	627 484	32 141	27 133	59 406	697 549	1 676 471	164 627	78 308
2014	176 764	301 620	635 429	25 195	35 933	70 229	672 135	1 719 893	251 908	86 001
2015	168 418	335 113	644 899	28 743	38 321	79 105	680 839	1 727 456	280 567	85 121
2016	174 665	330 394	586 145	34 036	35 740	74 703	670 741	1 667 938	234 398	85 313
2017	187 258	348 840	535 806	30 022	36 004	74 807	679 171	1 469 604	229 460	81 144
2018	194 352	364 119	474 209	36 778	39 474	72 419	676 540	1 458 925	225 162	73 302
2019	195 973	379 785	484 546	41 841	45 350	73 951	680 109	1 306 402	272 425	68 567

数据来源：FAO，奶油为 FAO 分类 butter；鲜奶为 FAO 分类 milk skimmed cow，cow milk whole fresh，cream fresh，yogurt 的总和；干酪乳为 FAO 分类 cheese of skimmed cow milk 及 cheese of whole cow milk 之和。

附表 5 2017—2019 年法国从世界各地进口乳制品情况

顺序号	进口国家和地区	2017 年		2018 年		2019 年	
		进口量/t	进口额/美元	进口量/t	进口额/美元	进口量/t	进口额/美元
1	比利时	331 557 148	748 604 644	300 172 311	834 919 567	303 243 737	747 992 311
2	德国	301 004 461	683 554 081	268 082 131	742 657 428	267 191 921	693 330 412
3	意大利	269 129 785	576 387 816	158 433 162	655 020 952	149 247 767	669 821 359

续附表 5

顺序号	进口国家和地区	2017 年		2018 年		2019 年	
		进口量/t	进口额/美元	进口量/t	进口额/美元	进口量/t	进口额/美元
4	荷兰	266 349 113	882 526 110	247 660 517	981 938 525	295 812 279	899 133 782
5	西班牙	125 358 773	315 900 136	123 653 709	301 623 355	109 668 609	273 962 199
6	瑞士	56 099 290	72 763 790	15 578 245	56 479 682	33 148 208	58 417 689
7	英国	54 955 832	187 168 046	54 602 952	189 814 436	61 206 601	199 309 455
8	爱尔兰	45 449 548	201 983 195	36 164 031	187 234 580	50 862 949	205 480 013
9	卢森堡	30 648 793	45 193 332	21 217 788	39 886 090	21 432 522	40 996 220
10	波兰	20 175 037	71 615 002	20 303 835	92 995 680	15 447 528	54 328 767
11	芬兰	17 384 591	74 493 001	10 111 834	61 572 164	13 293 002	61 128 818
12	丹麦	13 078 033	60 055 624	18 681 466	68 352 128	13 389 559	62 260 017
13	希腊	7 356 918	34 164 475	12 585 408	44 353 701	9 614 840	43 583 612
14	奥地利	6 266 934	13 173 483	4 344 633	12 757 801	5 488 250	11 724 340
15	葡萄牙	5 953 392	30 647 189	6 169 746	28 079 197	6 972 419	27 690 236
16	新西兰	4 130 723	24 678 598	3 150 547	21 851 504	3 068 323	15 372 227
17	捷克共和国	3 182 040	10 296 757	3 740 874	11 377 928	8 086 397	10 976 483
18	瑞典	3 020 783	5 943 615	1 915 850	5 613 886	1 823 952	4 619 202
19	拉脱维亚	1 710 263	6 587 268	527 005	1 480 591	764 943	1 993 349
20	立陶宛	1 400 978	2 614 096	1 735 652	7 756 311	823 214	2 489 818
21	匈牙利	1 281 829	7 640 436	1 224 754	3 465 846	1 254 165	6 016 985
22	内斯地区	1 021 385	3 763 509	1 382 634	5 031 591	927 430	3 618 775
23	乌克兰	609 119	3 074 080	242 255	1 475 606	350	1 293
24	斯洛伐克	420 453	2 221 953	486 053	2 552 063	449 157	2 959 248
25	美国	208 581	1 279 407	991 327	5 092 053	106 140	741 045
26	爱沙尼亚	205 852	573 798	131 915	588 833	280 000	731 951
27	保加利亚	172 177	932 933	641 716	1 441 845	361 453	1 057 244
28	伊朗	165 277	575 593	98 073	509 910	217 543	846 782
29	塞浦路斯	111 993	789 133	774 468	4 653 452	1 956 670	8 816 757
30	罗马尼亚	93 899	300 248	377 710	819 239	521 248	1 752 520
31	斯洛文尼亚	84 438	130 166	173 270	154 220	610 381	1 028 738
32	新加坡	75 000	109 920	—	—	—	—
33	中国	69 797	214 053	43 723	90 238	32 603	126 538
34	冰岛	49 975	298 400	206 763	1 259 419	100 000	369 481
35	土耳其	45 942	145 576	69 761	174 273	807 713	1 569 508
36	克罗地亚	26 382	161 642	1 427 381	823 873	908 263	701 217
37	印度	25 526	205 042	2 342	13 184	8 677	63 588
38	巴西	22 425	159 673	34 356	58 313	64	759
39	加拿大	17 319	141 364	57 648	315 001	26 063	56 062
40	阿尔及利亚	15 983	22 551	24 278	104 644	6 428	19 824
41	以色列	15 066	70 453	32 787	69 750	8 694	36 664
42	佐治亚州	10 346	55 912	25 868	96 680	—	—
43	摩洛哥	4 482	7 465	1 076	2 245	3 652	8 719
44	斯里兰卡	3 391	2 651	1 515	10 330	—	—
45	亚洲其他国家	2 394	10 217	3 741	7 421	3 633	14 003
46	泰国	1 875	5 802	13 371	21 228	697	5 490
47	日本	1 719	207 085	—	—	391	4 711

续附表 5

顺序号	进口国家和地区	2017 年		2018 年		2019 年	
		进口量/t	进口额/美元	进口量/t	进口额/美元	进口量/t	进口额/美元
48	厄瓜多尔	1 220	3 774	—	—	—	—
49	澳大利亚	1 032	12 543	95	462	72	704
50	朝鲜	826	792	436	1 055	852	829
其他国家及地区 *		26 934 723	53 866 041	34 229 429	89 870 797	850 851	71 685 423
合计		1 595 912 861	4 125 332 470	135 153 0 441	4 464 469 077	106 852 2 123	4 186 845 167

注:法国进口国每年在 70 个左右,各年度有变化,其他国家及地区指 2017 年出口额排名 50 以外的所有其他国家和地区。
数据来源:COMTRADE, United Nations, APEDA。

附表 6 2017—2019 年法国乳制品出口到世界 50 个国家情况

顺序号	出口国家和地区	2017 年		2018 年		2019 年	
		出口量/t	出口额/美元	出口量/t	出口额/美元	出口量/t	出口额/美元
1	意大利	451 210 587	616 229 967	349 689 448	623 656 930	498 673 597	587 167 332
2	比利时	412 968 670	812 960 008	324 325 276	866 474 298	379 544 476	800 010 344
3	德国	376 986 431	102 137 2 387	299 314 629	100 428 6 365	281 169 143	989 306 591
4	西班牙	274 889 561	543 698 750	238 282 209	559 427 010	252 272 509	513 200 404
5	英国	271 773 953	645 185 014	222 367 189	663 734 289	237 999 990	615 842 594
6	荷兰	188 433 054	322 059 763	158 168 803	353 811 306	239 660 375	378 824 351
7	中国	174 413 533	371 066 028	178 637 422	329 324 094	135 347 270	358 621 154
8	阿尔及利亚	60 463 778	149 874 672	45 268 194	97 697 620	36 002 058	88 375 045
9	印度尼西亚	58 215 961	99 472 722	60 385 607	84 048 278	41 702 668	78 318 054
10	卢森堡	49 833 937	201 936 712	59 103 058	225 215 879	65 065 367	213 983 267
11	瑞士	42 969 220	135 213 798	59 265 650	149 808 003	41 581 257	133 790 915
12	葡萄牙	33 707 268	67 118 685	29 086 196	73 339 350	25 146 495	64 138 954
13	美国	29 011 929	204 588 679	46 589 237	239 654 247	30 245 442	220 933 207
14	沙特阿拉伯	23 217 982	90 534 012	19 049 630	69 670 196	18 097 234	72 295 448
15	马来西亚	22 456 100	44 129 515	20 794 239	37 594 304	24 701 397	46 461 153
16	爱尔兰	22 128 055	42 236 312	14 751 781	37 088 406	17 731 741	34 167 958
17	希腊	20 208 745	46 177 939	14 459 343	49 651 048	18 801 695	38 957 731
18	泰国	19 415 611	34 408 289	17 968 721	28 297 337	16 833 760	37 248 547
19	埃及	18 044 610	40 996 067	15 045 194	27 990 461	18 076 792	43 010 571
20	朝鲜	17 737 981	66 206 931	25 284 181	83 572 819	22 618 640	89 959 192
21	日本	16 905 813	82 559 009	22 081 647	95 351 966	16 809 706	98 349 988
22	新加坡	14 702 230	44 409 363	19 182 133	50 923 275	18 904 436	51 311 475
23	丹麦	14 641 433	52 937 163	12 449 455	59 147 096	15 226 130	54 859 439
24	波兰	13 991 685	44 472 523	14 836 397	49 196 297	20 832 382	57 184 021
25	菲律宾	13 431 862	33 794 822	22 572 659	32 906 370	13 736 370	35 710 745
26	阿拉伯联合酋长国	12 336 981	45 983 004	17 597 156	51 339 033	11 127 330	44 297 625
27	摩洛哥	12 315 460	38 066 205	14 496 594	42 152 929	11 571 026	41 306 624
28	越南	11 692 153	29 174 823	14 684 241	30 516 996	13 169 486	31 210 363
29	塞内加尔	10 880 899	30 168 486	13 975 236	31 829 712	11 741 823	33 348 674
30	亚洲其他国家	10 600 581	42 135 398	10 127 770	39 819 103	11 059 277	46 974 826
31	巴基斯坦	10 210 197	24 163 395	14 975 001	20 045 359	13 009 834	26 553 527
32	南非	9 965 486	25 291 861	18 671 460	27 658 683	12 266 730	32 322 789
33	瑞典	9 800 310	53 376 454	11 146 059	53 720 128	10 020 904	50 289 489

续附表 6

顺序号	出口国家和地区	2017 年		2018 年		2019 年	
		出口量/t	出口额/美元	出口量/t	出口额/美元	出口量/t	出口额/美元
34	捷克共和国	9 196 412	23 112 992	5 247 803	20 040 190	6 243 608	22 589 635
35	中国香港	9 164 893	30 266 066	10 226 972	33 959 004	9 742 051	32 916 183
36	新西兰	8 622 232	16 692 052	23 698 693	26 197 918	4 844 381	12 197 258
37	罗马尼亚	8 545 482	18 598 951	6 156 452	20 869 297	11 420 836	26 839 696
38	黎巴嫩	7 299 082	36 373 572	8 609 324	35 479 197	5 581 441	27 411 885
39	科特迪瓦	6 676 486	19 343 113	7 125 851	18 275 096	6 918 456	21 699 589
40	哈萨克斯坦	6 252 836	16 680 411	5 897 014	16 419 180	4 524 850	14 376 265
41	法属波利尼西亚	6 203 794	20 427 497	7 257 901	22 232 025	6 179 605	22 775 767
42	奥地利	5 911 391	24 313 541	7 093 109	29 002 384	5 310 343	22 554 861
43	澳大利亚	5 630 298	37 138 726	9 356 260	39 053 360	3 971 508	34 133 163
44	戛纳	4 743 019	9 650 543	4 173 261	6 820 946	2 900 964	4 963 879
45	新喀里多尼亚	4 699 117	19 671 114	6 753 044	22 779 658	5 738 899	23 106 146
46	突尼斯	4 557 802	9 143 549	6 028 056	10 294 914	6 800 421	13 327 607
47	印度	4 542 006	10 847 148	7 327 993	8 073 691	4 731 642	11 480 370
48	加蓬	4 533 626	10 008 380	5 917 054	10 568 733	4 213 617	9 133 796
49	卡塔尔	4 383 913	18 447 039	5 823 763	20 372 638	3 860 408	19 838 034
50	古巴	4 313 848	10 194 168	2 656 625	5 011 521	1 572 800	3 452 166
其他国家和地区 *		111 990 310	378 155 516	154 948 360	412 916 725	135 739 213	460 850 705
合计		2 946 828 610	6 811 063 553	2 688 960 422	6 947 447 751	2 811 062 838	6 792 087 689

注:法国出口国每年在 120 个以上,各年度有变化,其他国家和地区指 2017 年出口额排名 50 以外的所有其他国家和地区。
数据来源:COMTRADE, United Nations,APEDA。

附表 7　2018—2020 年按出口额排名前 10 位的乳制品出口国

出口国	2018 年		2019 年		2020 年*	
	出口量/t	出口额/百万美元	出口量/t	出口额/百万美元	出口量/t	出口额/百万美元
德国	5 444 651.36	9 731.28	5 703 086.97	9 854.14	5 494 095.77	9 967.73
荷兰	2 946 142.57	8 790.77	3 055 842.73	8 511.43	2 799 198.79	8 378.71
新西兰	2 994 843.42	9 925.95	3 229 781.50	10 411.55	3 146 908.09	10 274.07
法国	2 688 960.42	6 947.45	2 811 062.84	6 792.09	—	—
美国	1 838 578.20	3 997.98	1 726 936.85	4 370.80	1 965 556.03	4 844.37
意大利	961 288.31	3 757.85	921 733.38	4 014.33	—	—
比利时	2 156 299.55	4 099.09	2 022 236.28	3 894.75	—	—
爱尔兰	899 600.87	3 029.75	1 033 125.59	3 361.50	1 045 033.15	3 310.45
丹麦	627 103.53	2 801.23	977 543.07	2 614.62	905 139.23	2 506.92
波兰	1 491 394.56	2 456.78	1 622 486.51	2 345.70	—	—
10 国合计	22 048 862.79	55 538.12	23 103 835.70	56 170.91	15 355 931.05	39 282.24
总计	33 797 860.08	80 974.04	33 797 860.08	80 974.04	19 486 336.92	47 659.56
10 国占比	65.2%	68.6%	68.4%	69.4%	78.8%	82.4%

数据来源:COMTRADE, United Nations,APEDA,数据自进口国。2020 年数据有部分国家缺失,目前合计及比例都根据已有数据计算。

附表 8 2018—2020 年按进口额排名前 10 位的乳制品出口国

进口国	2018 年		2019 年		2020 年*	
	进口量/t	进口额/百万美元	进口量/t	进口额/百万美元	进口量/t	进口额/百万美元
德国	4 599 746.15	7 621.65	4 464 183.33	7 480.32	2 050 763.60	7 761.19
中国	2 312 111.51	5 293.71	2 628 018.94	5 936.48	—	—
法国	1 351 530.44	4 464.47	1 068 522.12	4 186.85	—	—
荷兰	2 588 555.80	4 347.15	2 642 226.84	4 146.10	2 572 775.12	4 097.81
意大利	2 681 837.83	4 203.13	2 778 384.70	4 100.82	—	—
比利时	2 055 776.26	4 237.32	2 046 802.39	3 794.56	—	—
英国	805 156.88	3 906.07	1 365 913.45	3 654.23	951 213.38	3 501.12
美国	252 672.08	2 109.72	372 027.88	2 259.67	192 637.27	2 161.18
俄罗斯	953 162.10	2 071.12	1 031 106.67	2 695.15	—	—
西班牙	568 407.27	2 013.55	667 556.70	2 005.61	534 303.59	1 928.70
10 国合计	18 168 956.32	40 267.89	19 064 743.02	40 259.79	6 301 692.97	19 450.01
总计	33 360 684.99	78 249.61	33 146 404.48	76 119.19	10 603 434.38	28 891.22
10 国占比	54.5%	51.5%	57.5%	52.9%	59.4%	67.3%

数据来源:COMTRADE, United Nations,APEDA,数据自进口国。2020 年数据有部分国家缺失,目前合计及比例都根据已有数据计算。

英国奶业发展报告

摘要：奶业是英国畜牧业的重要组成部分。近50年来，英国奶业在养殖方面经历了重大结构调整，奶牛存栏头数逐年降低，奶牛单产稳步增加，产奶总量稳中有加。2001—2019年间，英国奶牛存栏量从225万头降低到187万头，个体平均产奶量由6 534 kg/头提高到7 990 kg/头。伴随着单头产奶量的提高，近20年间牛奶总产量呈现上升趋势。当前，英国将近60%的原料奶产量是由100头以上规模牛群生产。在乳制品加工方面，英国是欧洲第三大乳制品生产国，仅次于德国和法国。英国乳品企业生产的奶制品品种繁多，包括鲜奶、奶油、奶酪、酸奶等上百种产品，而由合作社加工生产的乳制品总量逐年增多。奶业合作社采取产、加、销一体化经营，按合作社的章程实行统一经营、统一核算、利润分成，可以让小规模农户享受到较大资本带来的利益。乳制品消费方面，其在英国的市场普及度非常高，且随着人们对肥胖的担心，低脂乳制品逐渐出现。几十年前，半脱脂乳及脱脂乳已开始生产，至今1%乳脂或更低乳脂牛奶及低脂奶酪产量仍呈现增长的趋势。近几年，英国推出了多种新型有机乳制品，包括添加了功能成分的牛奶、风味有机奶等，销售量在未来仍有可能增加。进出口贸易方面，干酪乳（奶酪）无论是贸易额和贸易量，进口均多于出口，呈贸易逆差。奶酪主要从爱尔兰、法国、德国、意大利和比利时等欧洲国家进口，进口量至2019年一直快速增加（2019年达53.6万t），而黄油主要从新西兰、丹麦和爱尔兰进口。

英国奶业的发展受科技进步等多因素的影响。在奶牛育种方面，通过验证双亲DNA信息进行个体识别，提高估计准确性；通过公牛繁殖力评估提高母牛妊娠率；通过大规模使用基因组选择，缩短世代间隔，提高选择强度。在奶牛繁殖方面，人工授精、胚胎移植、体外受精、性别控制、全基因组选择等繁殖新技术的应用，对英国奶牛业的发展起到了不可估量的推动作用。饲养管理方面，根据奶牛的生理状况、生产性能和生产季节配置科学合理的饲料配方，使奶牛的生产潜力得到充分发挥。目前全混合日粮饲养技术已在英国广泛应用，饲养方式基本实现机械化。在奶牛疾病控制方面，英国建立了整套奶业传染病的监控和预警机制，以减少奶业损失及对人体健康的危害。在粪污处理、环境保护方面，英国在农场、乳品加工及零售链过程中实施了系列的环境工程，在粪污处理与环保问题方面做出了很大贡献，温室气体排放、水使用量显著降低，粪污循环利用率显著升高。这些遗传育种、繁殖、饲养管理、疾病控制及粪污处理技术，为英国奶业的持续发展提供了强有力的技术支持。其次，英国奶业的发展与其原料奶质量控制和计价体系密不可分。英国通过质量安全法规、质量安全认证标准体系、质量安全追溯体系建设及完善监管职能对原料奶质量进行监控；通过制定动物健康和福利政策，间接对奶业进行补贴，组建集产、加、销于一体的奶业合作社等措施提高原料奶质量，保护奶农利益。英国的原料奶计价体系采用按质论价，以乳成分组成（乳脂肪、乳蛋白和乳糖）和卫生质量（总细菌数、体细胞数）为基础，但没有统一的原料奶计价标准，计价体系由各地的乳品组织制定，不同地区按照不同的原料奶付款系统执行。英国奶业的发展及其奶业研究与推广机构的资金投入、运作模式及奶业政策的制定也是息息相关。英国畜牧业研究有着悠久的历史，其研究主要由环境、食品与农村事务部(DEFRA),协会、公司、基金会和个人爱好者等资助,研究经费逐年上升,在2019年度DEFRA研究经费约为6亿英镑,主要用于研究、预警和监视。在运作模式方面英国具有完善的奶业技术咨询服务体系,英国政府、乳品行业组织、遗传育种协会、兽医协会及公司等均会在奶牛饲养管理、遗传育种、环境保护、健康与福利、乳品加工生产和消费等方面为奶农或各自的会员提供技术咨询和培训服务,帮助其提高养殖效益。英国奶业协会是一个由有效政策控制的国家团体,通过一系列的生产、加工、贸易和消费等政策的制定,保障和促进乳品行业的利益。这些促进奶业发展的政策的制定,是由英国的奶业专家和其他利益相关者,包括DEFRA、食品标准局和其他行业机构等共同完成。以上种种措施保证了英国奶业的长久持续发展,其在经营模式、科技创新、产业政策等方面的经验值得我们借鉴。

1 奶业发展概况

1.1 奶牛养殖业

英国是位于欧洲西部的国家,属典型的温带海洋性气候,一年四季气候温和,降雨充沛,温差变化小,具有十分优越的发展农业的自然条件。英国的耕地面积6.4万 hm^2,约占全部国土面积的26%。2020年英国人口约为6 813万,其中农业人口仅为47.2万左右,约占总人口的0.69%。英国地势东南低西北高,其中东南部为平原地带,土壤肥沃,适宜耕种,是英国的粮食主产区,主要发展种植业(包括大田作物和园艺),约占农业总产出的40%;北部和西部多为山区和丘陵地带,雨水较多,草木茂盛,主要发展畜牧业,占农业总产出的60%。农产品主要有谷物(如小麦、大麦)、肉类、奶制品、蔬菜等。畜牧业较为发达,包括养牛、养羊、养猪和养禽等生产部门,其中养牛业产值最大。奶牛场在英国分布广泛,但主要分布在适合牧草生长区域。牛奶产量优势区域主要集中在英格兰西北和西南及威尔士西部地区。近年,苏格兰西南部及北爱尔兰的产奶量也呈逐渐增加的趋势。

1.1.1 奶牛繁殖育种

奶牛繁殖育种方面,英国建立了以弗里生(Friesians)谱系牛为主的繁育体系,广泛实行人工授精技术。奶牛配种品种的选择,由人工授精站根据该场牛奶的生产额度、奶牛饲养数量和牛群质量决定。英国奶牛业每年提供的商品牛肉约占英国牛肉总产量的60%,主要来自淘汰老龄奶牛、繁育的小公牛、肉牛×奶牛的杂交后代。近年来,英国奶牛场每年与肉用品种公牛交配的成年母牛约占成年母牛总数的1/3,与其交配的小母牛约占成年母牛总数的70%。占英国奶牛总头数90%的黑白花牛,体形较大,日增重和饲料转化率较高,具有良好的产奶和产肉性能。充分利用黑白花牛的优良性状,使奶牛业与肉牛业紧密结合,是英国养牛业的重要特点,也是增加牛奶和牛肉生产的一条成功经验。英国市场上40%的牛肉来自奶用公犊育肥,因牛奶生产过剩,英国对奶牛饲养头数加以限制,对奶牛养殖转向肉牛养殖的农户采用补贴和逐步加价的办法,鼓励其生产奶牛肉。黑白花公牛早期断奶后,用大麦催肥到1周岁,250~350 kg屠宰,获得的优质牛肉称为"大麦牛肉"。

1.1.2 奶牛养殖模式

在英国,奶牛饲养存在3种模式,第一种模式是在温暖、潮湿适合牧草生长的季节放牧(约6个月),从秋末至冬天寒冷季节进行圈养;第二种是圈养模式,奶牛只有在干奶期可以在草场进行自由活动和采食,其余时间饲喂满足营养需要的全混合日粮;第三种模式则是放牧模式,奶牛绝大多数时间在草场自由采食,但因为英国气候条件的限制,此种模式在英国存在较少。

1.1.3　奶牛养殖规模及产奶量变化

自20世纪90年代中期，英国奶业经历了重大的结构调整，奶牛场的数量减少一半，到2018年，只剩下12 751个牧场，奶牛数量则下降到188.3万头。另外，英国奶业协会近年统计数据分析发现（图1和图2），英国奶牛存栏头数逐年降低，奶牛单产稳步增加，产奶总量稳中有加。2001—2019年间，英国奶牛存栏量从225万头降低到187万头，个体平均产奶量由6 534 kg/头提高到7 990 kg/头。伴随着单头产奶量的提高，近20年间英国牛奶总产量仍然呈现上升趋势（图1）。

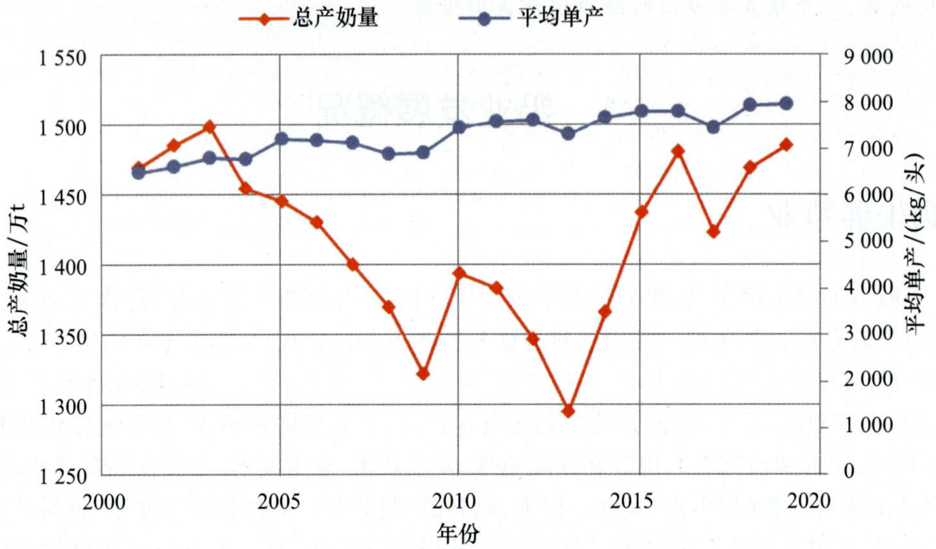

图1　2001—2019年英国总产奶量及每头奶牛平均产奶量

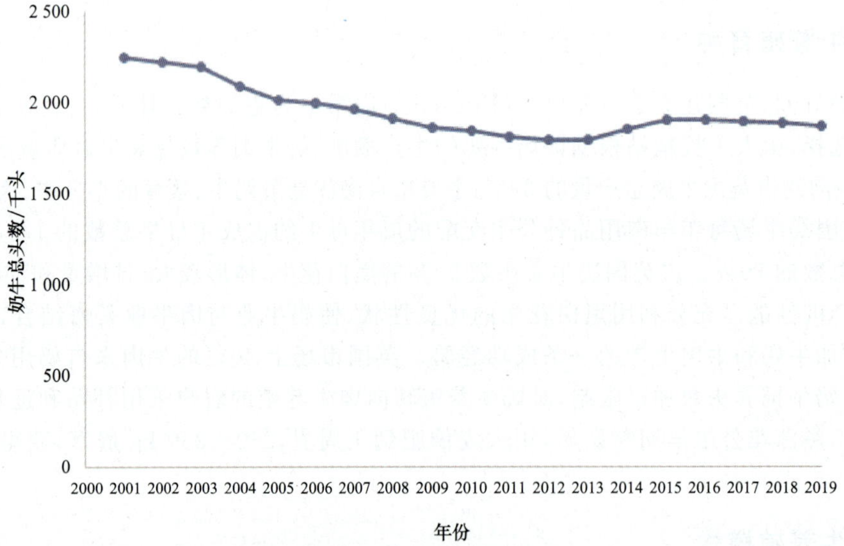

图2　2001—2019年英国奶牛总头数

（数据来源：dairy. ahdb. org. uk）

英国奶牛单产水平的提高得益于育种、饲养管理和繁殖技术的进步。英国是近代家畜育种技术发展较早的国家，很早就建立了系统的奶牛选育体系，在获得优秀奶牛个体的同时，广泛运用人工授精、胚胎移植等技术加快扩大优秀个体在牛群中的影响。英国国内牧场数量不断减少，而奶牛总头数基本维持不变，因此平均牛群规模不断增加，至2018年英国奶牛群的平均群体规模已达到148头（表1）。当前，英国原料奶产量将近 60%是由 100 头以上规模牛群生产的。牛群规模的扩大降低了管理和技术成本，提高了奶牛养殖效益。

表 1　英国平均牛群规模变化

年份	奶牛场数量/个	奶牛总头数/千头	平均牛群规模/头
2010	15 300	1 830	120
2011	14 793	1 796	121
2012	14 413	1 796	125
2013	14 276	1 782	125
2014	13 922	1 841	132
2015	13 570	1 895	140
2016	13 227	1 897	143
2017	12 960	1 891	146
2018	12 751	1 883	148

数据来源：DAFRA，DairyCo.

1.1.4　奶牛养殖成本

2013—2020 年间，小麦价格呈先减后增的趋势，从 2013 年的 162 英镑/t 降至 2016 年初的最低值(124 英镑/t)，2020 年初达到 152 英镑/t。EDF 的数据显示，2019 年英国奶农的生鲜奶生产成本是 25.9 英镑/100 kg(折合 2.32 元/kg)，是欧洲最低的几个国家之一。英国在劳动力、资金使用效率和单产方面超过欧盟平均水平。而英国奶牛的淘汰率仅为 25%。目前，英国的生产成本在世界上排第 40 位，处于全球中上水平。

1.2　乳品加工业

英国是世界第九大、欧洲第三大乳制品生产国，在欧洲仅次于德国和法国。2019 年英国市场拥有牛奶约 1 500 万 t，液态奶消费约 630 万 t(图 3)。

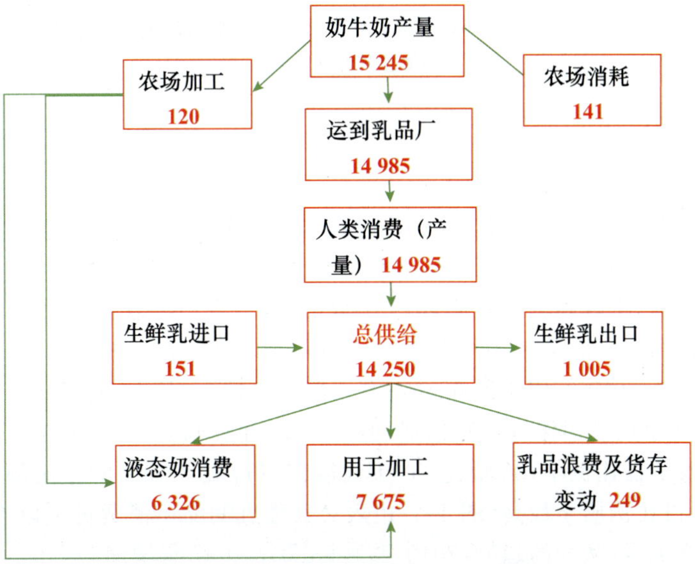

图 3　2019 年英国牛奶流向图(单位：kt)

(数据来源：DEFRA)

英国有 6 大乳制品加工生产机构，分别是 First Milk、Milk Link、United Dairy Farmers、Dairy Crest、Arla Foods 和 Robert Wiseman Dairies，前 3 个属于合作社形式。合作社形式的企业可以保证奶农获得更多的利润，1994 年由合作社加工生产的乳制品量占全国总乳品量的 3%，2011 年上升到了 18%以上。这些乳品企业生产的奶制品种类繁多，包括鲜奶、奶油、奶酪、酸奶等上百种产品，其中鲜奶的脂肪含量有低于 0.3%、1%、1.5%～1.8%、3.6%等多个档次，适合不同的消费群体。

英国各种乳制品产量与生鲜乳用于不同乳制品生产的比例密切相关。由 1961—2019 年英国各种乳制品产量(图 4)可以看出，1969 年以前奶酪产量维持在相对稳定的状态，而 1969—2019 年，奶酪产量快速上升(达 46.1 万 t)，随后呈一定的波动状态，但幅度不大。脱脂奶粉和干乳酪、奶油和奶酪产量呈现不同的变化趋势，20 世纪 70 年代以前产量均逐渐升高，随后脱脂奶粉和干乳酪产量在 20 世纪 70 年代中期至 90 年代初出现峰值，呈先升高后降低的变化趋势，随后缓慢下降，而奶油和奶酪产量逐渐升高。炼乳产量在 1984 年以前相对稳定，至 1989 年达到峰值(约 25.6 万 t)，1989—2014 年产量逐渐降低(约达 9.6 万 t)，近年来至 2019 年又呈升高趋势。所有乳制品中全脂奶粉产量最低，2014 年一直维持在 4.5 万 t 左右。

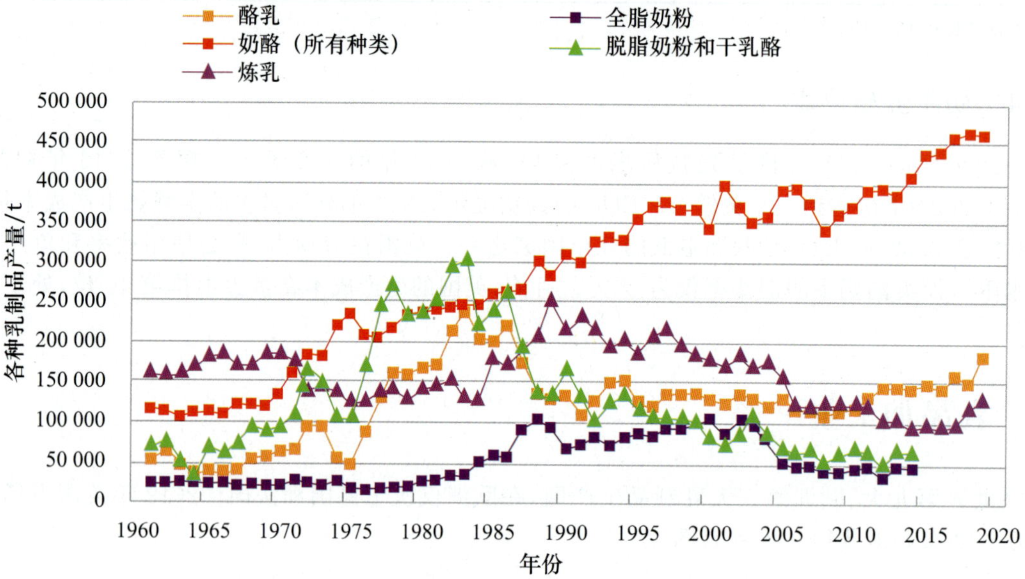

图 4　1961—2019 年英国各种乳制品产量

(数据来源：FAO)

1.3　乳品消费

乳制品在英国市场普及度较高。英国传统的高能高脂膳食易使人们肥胖，糖尿病、心脏病、癌症及中风的患病率增加，所以，人们越来越关注饮食健康，而健康饮食又是驱动乳制品需求的动力，因此，一些低脂乳制品开始出现。几十年以前，半脱脂乳及脱脂乳已开始生产，至今，1%乳脂或更低乳脂牛奶及低脂奶酪的产量仍呈现增长趋势。由图 5 不同乳制品所占市场份额可以看出，2009—2018 年，半脱脂乳呈平稳波动的趋势，约占市场份额的 52%，2019 年增长到 62%左右。在过去的 10 年中，脱脂或低脂乳的市场份额由 17%降低到 12%。全脂乳所占市场份额保持相对稳定，但在 2019 年增长到 25%左右。

在各种乳制品产量及所占比例中，20 世纪 70 年代以前以炼乳产量及所占比例最高，而 70 年代后至今奶酪产量逐年增加，且所占比例居于最高(图 4)。由表 2 其他乳制品年消费量可以看出，2010—2019 年间，酸奶消费量呈先减少后增加，再减少的趋势，2010 年为 63 万 t，2017 年增加到 83.2 万 t，之后酸奶的消费量逐渐下降，到 2019 年的消费量为 65.4 万 t。

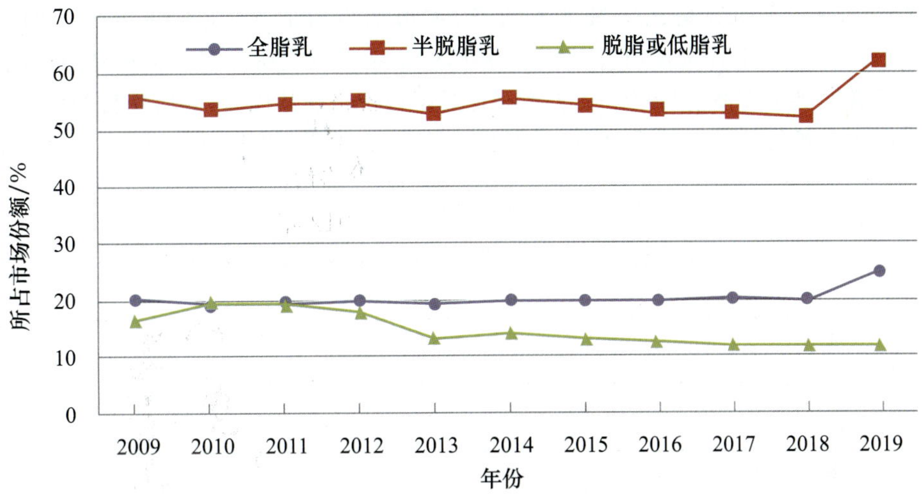

图 5　2009—2019 年不同类型乳制品所占市场份额

(数据来源:dairy. ahdb. org. uk)

表 2　英国鲜乳制品年消费量　　kt

	2010 年	2011 年	2012 年	2013 年	2014 年	2015 年	2016 年	2017 年	2018 年	2019 年
酸奶	630	603	592	616	674	748	804	832	659	654
鲜乳酪	47	100	61	58	61	54	92	41		
奶油	101	91	98	115	130	159	163	184		
乳品甜点	248	291	295	292	282	269	260	258		

数据来源:DEFRA。

近几年,英国推出了很多新型有机乳制品,包括添加了功能成分的牛奶、风味有机奶等。乳制品是最受欢迎的有机食品(价值 5.28 亿英镑,占有机食品消费量的 29%),2018 年有机奶销售量占 2.83%,牛奶销售 5 534.2×10^6 L(表 3)。为了刺激有机奶的销费,有机奶的零售价降低了 1 便士/L,但非有机奶的价格降低了 5.1%,致使有机奶销售没有达到预期效果。英国监察署(IGD)的调查结果显示,2018 年与 2009 年相比,有机奶销售占所有牛奶的比重从 3.23%下降到 2.83%。因此,英国有机乳制品的销售前景不容乐观,这可能与有机牧场较高的生产成本和售价有关。

表 3　所有品种牛奶及有机奶零售量　　10^6 L

年份	所有品种牛奶	有机奶	有机奶所占比例/%
2009	4 967.8	160.6	3.23
2010	5 033.0	157.5	3.13
2011	5 119.5	145.5	2.84
2012	5 153.6	136.7	2.65
2013	5 230.7	138.6	2.65
2014	5 209.2	138.2	2.65
2015	5 497.0	133.9	2.44
2016	5 490.3	146.3	2.66
2017	5 525.6	149.9	2.71
2018	5 534.2	156.7	2.83

数据来源:dairy. ahdb. org. uk。

英国乳品企业所生产的乳制品绝大部分供应给中介机构,主要是大的零售商,小部分由企业通过上门销售的方式直接卖给消费者。图 6 反映了近些年以上两种销售方式所占市场份额的变化趋势。截至 2019 年年底,英国的零售市场主要被四大零售商占据,分别是 Tesco, Sainsbury's, Asda 和 Morrisons,它们占据了英国零售额的 70.6%。Tesco 是其中最大零售商，占市场份额的 27.3%，接下来分别是 Sainsbury's (16.6%)、Asda(14.6%)及 Morrisons(12.1%)。另外，牛奶零售方式所占市场份额呈小幅度增加趋势。虽然上门直销给消费者提供了方便，但自从 1984 年液态奶零售价格解禁以后，商店销售的牛奶价格更便宜，致使上门销售方式所占市场份额一直较低，且有小幅度下降，从 2012 年的 4.3%下降至 2016 年的 2.7%。

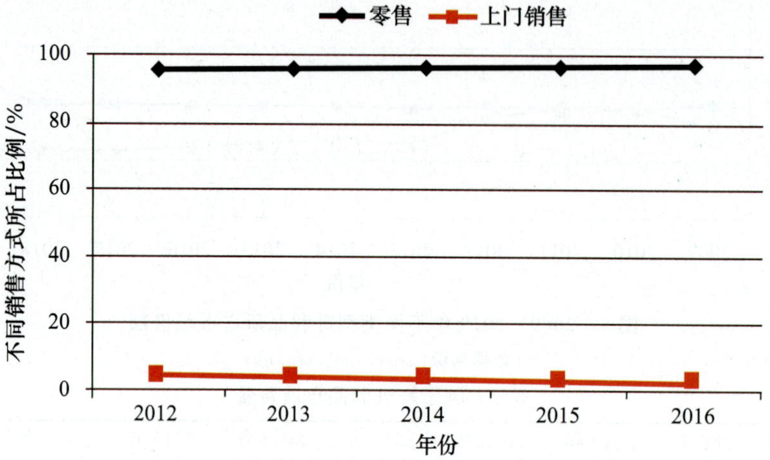

图 6　不同销售方式所占市场份额的变化趋势

1.4　乳制品贸易

英国人均乳制品消费量偏高，但除了干酪乳外，其他乳制品如黄油及奶酪基本出口大于进口。根据 FAO 统计的英国近 60 年各种乳制品进出口贸易量和贸易额数据(附表 3 和附表 4)可知，进出口贸易量(图 7 和图 8)与贸易额呈现相似的变化趋势。从 2007—2019 年的数据来看，干酪乳(奶酪)无论是贸易额和贸易量，进口总量均多于出口总量，2007—2017 年间，干酪乳进口量一直快速增加(2017 年达到 43 万 t)。2007 年

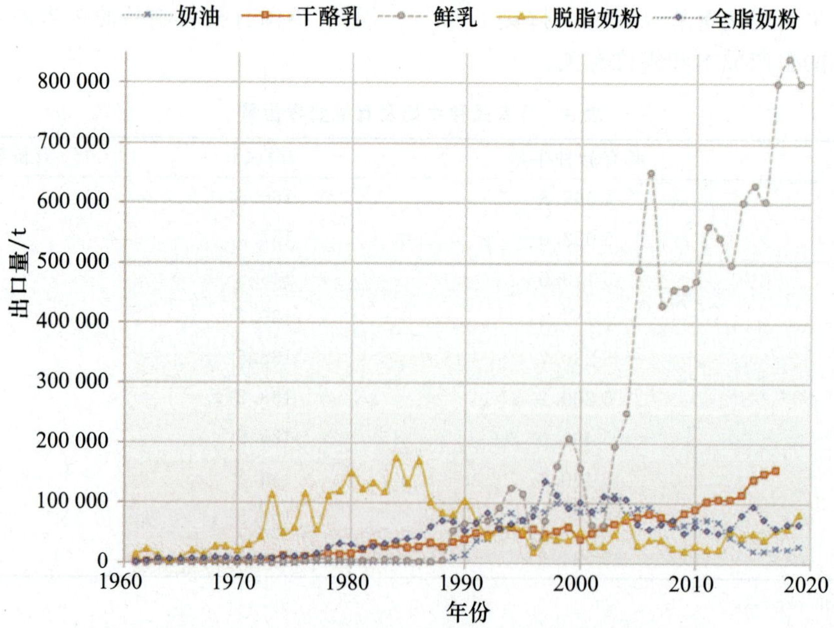

图 7　1961—2019 年英国主要乳制品出口贸易量

(数据来源：FAO)

以前，英国进口鲜乳的量远远低于出口量，2011 年出口鲜乳占生鲜乳总量的比例仍非常小（如 2011 年鲜乳进口 12.2 万 t，而鲜乳出口量达 56 万 t）。英国奶油进口量从 2007 年的 4.3 万 t 降至 2019 年的 2.7 万 t 左右，而出口量从 2007 年的 7.7 万 t 下滑到 2019 年的 3.0 万 t。2007—2019 年间，英国全脂奶粉的进出口量相对稳定，英国全脂奶粉进口量从 2007 年的 2.9 万 t，小幅度下降至 2019 年的 2.1 万 t，而全脂奶粉出口量从 2007 年的 6.6 万 t，先升高后降至 2019 年的约 6.6 万 t。脱脂奶粉的进口量在 2007—2017 年间较稳定，但出口量上升幅度较大。脱脂奶粉的进口量从 2007 年的 3.1 万 t 小幅度下滑至 2019 年的约 2.6 万 t；相反的，脱脂奶粉的出口量从 2007 年的 3.9 万 t 上升至 2019 年的 8.2 万 t。

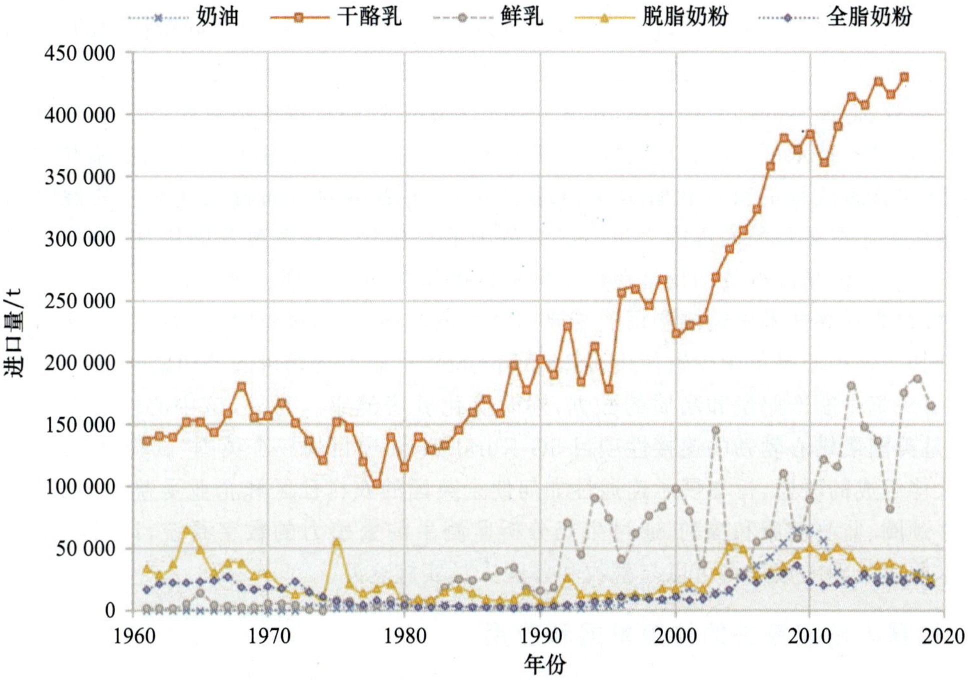

图 8　1961—2019 年英国主要乳制品进口贸易量

（数据来源：FAO）

2　奶业科技进展概况

2.1　可持续发展

最近发布在两年一度的气候变化协议报告中的数据显示，2008—2018 年，英国乳制品加工业的能源效率提高了 21%。这一成就不仅超过了该计划所要求的到 2020 年提高 13.6%的目标，也超过了英国乳制品行业自身设定的 15%的行业标准，而且是过去十年来乳制品行业在可持续性方面取得的一系列成就中的最新水平。这些发现得到了 2019 年英国乳业环境基准报告结果的印证，该报告也记录了乳品行业在改善一系列环境指标方面的成就：节水效率提高了 20%；工厂废物回收利用率达到 94%，食品废料投入仅为 1.4%。这些进步与乳品加工商在环境可持续性方面采取的主动性措施以推动行业改革息息相关。

2.2 奶业数字化和精细化管理策略

2.2.1 英国西南奶业发展中心启动新奶业发展项目

位于萨默塞特郡谢普顿马利特市 Beard Hill 农场的新 Agri-EPI 中心(西南奶业发展中心)启动了一项新奶业发展项目,旨在提供世界一流的研发设施,帮助学术界与工业界接轨并推动下一代技术的发展,将传感成像和机器人等工业技术进行集成,配合动物实验,为整个英国奶业发展提供新的发展动力。

这个新项目共计耗资 136 万英镑,以 180 头牛的奶牛场为研究场所,结合创新技术的开发,为相关测试和演示提供了创新的环境,以推进可持续、高效、健康的牛奶生产。该中心结合了创新的建筑设计和管理系统,创建了一个高效、低成本的奶牛场系统,从头开始开发奶牛场的资本成本总计不到每头奶牛 8 000 英镑。该项目所采用的传感器技术可广泛收集数据,使研究者获得整个农场的饲喂、生产、健康和福利等方面的系统数据。奶牛场中许多流程的自动化解放了熟练的员工,将更多的时间投入到奶牛的健康和福利上。同时,精准放牧是该中心成立目的的重中之重。尽管英国的机械奶牛场数量不断增加,并且人们公认草是奶牛群成本最低的饲料,但精准放牧却很难在许多机械化操作层面上实现。这个新的中心旨在通过使用高光谱成像和卫星数据等新兴技术来监测和预测其周围牧场的草丛生长,从而使畜群每天最多可进入三个新鲜的放牧区域。同时,该中心是英国少数使用 GEA Monobox 机器人挤奶机的公司之一,通过启用机器人挤奶设备可以收集每头奶牛的产奶量和品质的数据,同时优化乳房健康。另外,该中心已经在进行或计划进行许多试验。它是英国最雄心勃勃的连接性项目 5G Rural First 项目的三个英国“试验台”之一。在思科的带领下,由合作伙伴组成的联盟,旨在展示连通性如何使全英国的农村社区和企业受益。将试用多种 5G 数据的技术,包括牛颈圈、监测健康和福利,通过牛奶分析监测牛的繁殖力的数字系统,以及将来的“虚拟兽医”系统,这些技术所收集到的数据将可以与畜牧和兽医人员实施交互。

2.2.2 机器人挤奶系统的快速发展和应用

随着全球劳动力价格的不断攀升,机器人挤奶技术似乎成为世界奶业(特别是发达国家)发展的一项重要技术。目前,机器人挤奶技术在英国奶牛场正变得越来越重要。机器人挤奶机可在任何时间自动挤奶,不需要人工陪伴。母牛可以选择何时进入机器人进行挤奶,挤奶然后返回牛群。在此过程中,机器人会记录详细的数据,可以通过计算机进行访问。该系统可以潜在地提高牛奶产量,并且对动物健康福利和工人的工作环境改善有利。致力于开发自动挤奶系统(AMS)的科学家和公司不得不参与围绕该技术部署的一系列问题:包括如何进行机器人的卫生维护,如何让机器人“学习”对不同形状和大小的母牛(乳房)进行操作,同时,机器人挤奶技术这类农业机械化技术的发展也引起了社会学家的极大兴趣。一项由英国经济与社会研究理事会资助,由赫尔大学和卡迪夫大学研究人员合作开展的研究已经启动,其主要目的是研究 AMS 的引入如何改变奶农管理农场的方式。

2.2.3 奶牛穿戴设备的研发

随着工程技术的进步和电子技术成本的下降,畜牧应用性传感器开发和应用逐渐成为智慧牧业的重要基础,这些传感器可自动收集生理参数、生产指标和行为特征等数据,为精准饲喂和管理提供数据基础。畜牧业应用性传感器的主要检测范围包括福利生物标志物(如压力和代谢性疾病)、活动的福利评估(如发情检测)、温度和 pH 传感器(如产犊警报和瘤胃功能)。该项技术的研发主要由身份识别和可穿戴设备集成两部分内容组成。奶牛的身份识别可通过射频识别(RFID)系统进行,最早的 RFID 记号依靠口服的玻璃封装大丸药实现,RFID 技术在乳制品领域得到了广泛的应用。由于每个泌乳奶牛都会定期到达特定的位置进行挤奶,这为 RFID 在奶业中的广泛利用提供了便利。近年来,其他标准化技术的小型化低频识别设备更便宜且容易获得(如智能耳标),但目前大部分奶牛场的 RFID 仍基于大型高频应答器(即颈圈)实现。

可穿戴设备在奶业中的应用也非常广泛，例如，网状瘤胃探测器(eCow，WellCow，smaXtec pH)可通过特定传感器(如温度、pH、压力)评估瘤胃功能，这些传感器传出的数据可以对SARA(亚急性瘤胃酸中毒)进行监测，并有效评估瘤胃酸中毒期间pH变化。可穿戴设备在奶业养殖中的另一个作用是生育力监测，发情检测项圈系统已被广泛采用，并且正在取代计步器，若相关技术能提供在线孕酮分析以检测不孕、妊娠以及排卵，可能会使该穿戴设备的应用更加广泛。另外，可穿戴设备的图像扫描功能对奶牛体况系数和体重变化评估具有重要应用价值，这些数据的实时监测对于检测关键时期(围产期和泌乳盛期)奶牛代谢紊乱的防控具有重要意义。目前，乳房炎的检测技术和相关试剂盒开发已取得长足发展，通过结合可穿戴设备的自动体细胞监测应用技术，可有效提高乳房炎发病检测的敏感性和准确性。

2.3 饲料资源开发的新进展

2.3.1 牧草新品种育种和品质评定

近年来，英国在草品种的选择方面进行了不少探索，极具代表性的是其草品种DUS和VCU测试。DUS测试就是品种特异性、一致性和稳定性的测试，是从植物学的观点确认申请品种是否是一个全新品种的方法。当一个品种在遗传性状上与其他全部已知品种有明显差异时，就可以认为其具备特异性；该品种群体中个体间在形态特征、生理特性等方面整齐、一致时，就可以认为其具备一致性；该品种经有性繁殖，典型性状仍与原品种保持一致时，就可以认为其具备稳定性。在英国，进行DUS测试是法律要求，是牧草品种进入市场的必要条件。英国北爱尔兰的农业食品和生物科学研究所是负责英国草品种DUS测试工作的机构。英国牧草品种VCU测试分为国家级和地区级两个级别。通过DUS测试和国家级VCU测试的品种可以进入英国国家目录，进行合法销售。在此基础上，育种者还可自愿选择参加英格兰、苏格兰、威尔士、北爱尔兰等不同地区的地区级VCU测试。通过测试后，可以登上当地的推荐目录，成为地区内的主推品种。

2.3.2 餐厨垃圾在奶牛日粮中的应用前景

英国目前奶牛营养方面研究的重点是通过优化日粮配合，提高饲料转化率，减少环境污染。其他研究项目还包括如何在保持奶牛健康和生产性能的前提下降低日粮粗蛋白质含量、微量元素补充、瘤胃健康等。在DEFRA可持续家畜生产链项目支持下DairyCo正在参与一种工业酒精副产物DDGS的优化利用研究。同时，英国也不断优化农户在饲料原料方面的选择。目前，英国国内畜牧业饲料相对紧缺，与此同时，城市垃圾(特别是餐厨垃圾)处理难题一直是影响英国可持续发展的原因。通过近几年的不懈努力，英国农业产业联盟(AIC)可以将餐厨垃圾的营养价值有效放大并将其加工为适合于家畜食用的饲料，同时，AIC以此为基础打造了一条人类食物垃圾变为家畜饲料的供应链。然而，餐厨垃圾的饲料化还需要进一步规范。因此，制定并逐步完善一套严格意义上的餐厨垃圾再利用的行业标准还需要一段时间，其目的是通过对饲料“原料”来源、饲料加工、饲料经销等各个环节进行严格把关，确保饲料“原料”与畜牧产品的安全可靠。

2.4 奶牛疫病控制技术进展

2.4.1 疯牛病的控制技术

牛海绵状脑病(BSE)，又称疯牛病，是一种人畜共患病。英国自1986年发现该病以来，政府采取一系列措施有效控制了该病的蔓延：①对屠宰场实行控制，在处理牛尸体之前把可疑的牛脑和脊髓去掉；②禁止把所有哺乳动物的肉粉和骨粉作为所有牲畜的饲料；③鉴定牛群和跟踪其活动情况，同时将牛登记造册；④扩大屠杀计划范围，把发现有此病的牛群中出生的牛也包括进去。上述措施的开展有力地控制了英国国内疯牛病的发病率。据国际动物健康组织报道，2010年之后英国全境报告疯牛病病理年均少于10例，并在2016

年实现零报告。

2.4.2　牛结核病的控制

牛结核病(bovine tuberculosis)是由牛分枝杆菌引起的一种人畜共患的慢性传染病，其病变特征为病牛逐渐消瘦，组织器官中形成结节性肉芽肿和干酪样坏死。牛结核病是英国当今奶牛业面临的最大挑战，尤其在英国的西部和西南部地区，图 9 显示了近 23 年英国不同地区新发生牛结核病的牛群数(每 100 个牛群)，这一数据呈现上升的趋势。鉴于此，政府采取了相应的综合措施控制，如生物安全措施，獾(肺结核携带动物)的屠杀和免疫，以及接下来牛和獾的口服疫苗的开发。目前，首要的目标是控制疾病的恶化，然后就是阻止疾病的流行蔓延，终极目标是根除该病。随着近年来结核病发病率的不断提高，英国政府于 2011 年 11 月制定了牛结核病和獾控制的政府政策(文件编号：PB 13691)。2012 年 1 月，英国国务大臣宣布西格洛斯特郡和西萨默塞特郡作为试点，颁发獾捕杀执照，以期控制牛结核病。目前，英国防止奶牛肺结核病主要采用两种方法：①英国动物卫生研究所研制一种新的牛结核病检测方法，可区分疫苗接种牛和感染牛。②结合基因工程技术，通过在奶牛体内植入了一种防止肺结核发生的基因，保护牲畜免受低水平的肺结核疾病感染。通过多措并举，不断优化牛结核病防控措施，有益于疾病的准确诊断，有望进一步降低牛结核病的发病率，改善动物健康与福利，且有利于保护饲养员的健康，提高畜牧业的竞争力。

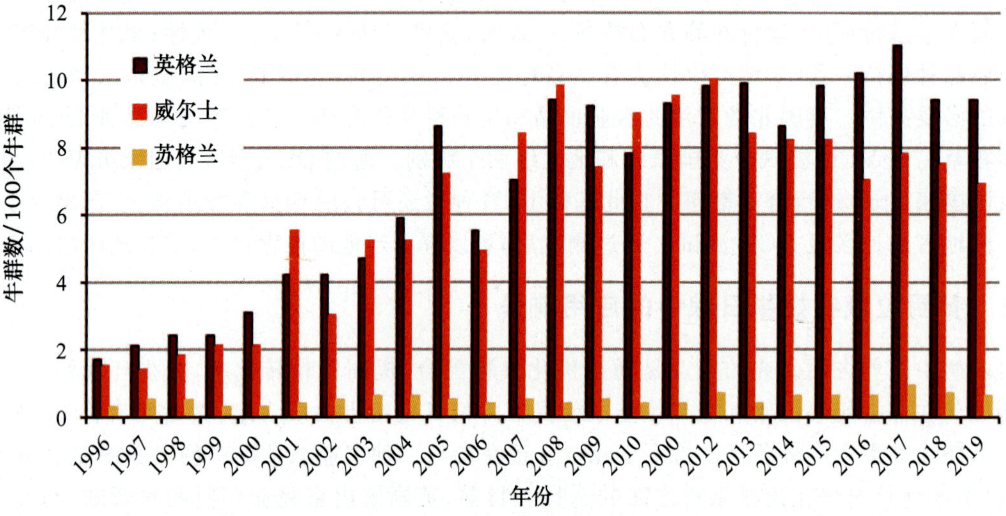

图 9　英国不同地区每年新发生牛结核病的牛群数/100 个牛群

(数据来源：APHA)

2.4.3　布鲁氏菌病的控制

布鲁氏菌病(brucellosis)又称地中海弛张热，是一种人畜共患性全身传染病。该病也是英国的法定传染病，一旦存在可疑疫情，需要立即告知农业部有关分区兽医管理人员，利用 ELISA、补体结合试验和血清凝集试验等一系列血清学试验进行检疫。英国政府于 1962 年采用免费免疫计划，所用的疫苗为 S19 株，随后，在 1967 年引进畜群自愿检疫计划，以创建无病原核心畜群。英国从 1971 年开始实施了该病地区强制性根除，直到 1979 年检疫英国所有畜群终止了该病的牛疫苗免疫。英国在 1985 年通过执行强制扑灭政策后，达到了官方无布鲁氏菌病的状态。2006 年 2 月英国将布鲁氏菌病纳入新的牛补偿体系，苏格兰和威尔士继续按照市场价格对该病进行补偿。自 2007 年 4 月以来，肉牛不再每 2 年例行抽检血样进行布鲁氏菌检测。不过包括进出口检验检疫、流产调查和原料奶的监督和风险管理措施还将继续实施。据英国环境、食品及农村事务部(DEFRA)报道，英国在 2015 年伊始就无官方报道的布鲁氏菌病，这与英国政府采取及时有效的措施有关。

2.5 奶牛场粪污处理与环境保护技术进展

环境污染、气候的变化使人们将环保问题放在了经济、政治及社会议程的前面。近些年英国乳制品行业在农场、乳品加工及零售链过程中实施了一系列的环境工程，在粪污处理与环保问题方面已做出很大的改善，温室气体排放、水使用量显著降低，废物循环利用率显著升高。

2.5.1 加工过程中采取的措施

(1)优化工厂生产，提高能量利用效率。将原料奶加工为奶酪、酸奶及饮用乳需要消耗能量。自从英国国营牛奶营销委员会解散之后，经过十多年的密集重组，小的、陈旧的或低生产效率的企业已被替代，目前英国拥有世界最有效和最先进的牛奶加工企业，能量利用效率显著提高。

(2)对废物进行回收处理，做到无垃圾堆填。与其他许多制造商一样，英国乳品企业也会产生许多废物。目前，英国乳品企业已采取一系列措施对废物进行回收，从纸板箱到餐厅食物残渣和橡胶手套等，而不再向堆填区运输废物，实现了乳品部门和社会环境的双赢局面。

(3)减少包装材料污染。牛奶塑料瓶是乳业生产的主要废物之一。目前，英国已推出系列举措优化可循环牛奶塑料瓶生产。例如，高密度聚乙烯牛奶瓶是目前在英国国内的一类可循环塑料瓶，其可回收率可达80%，高密度聚乙烯牛奶瓶目前已在国内占据50%的牛奶瓶市场，为英国奶业的可持续发展注入动力。

2.5.2 零售过程采取的措施

乳制品在从农场到餐桌的过程中需要一直处于冷链环境以保持其新鲜可口，但冷链过程需要消耗大量的能量。英国比利斯托尔大学食品冷冻与加工研究中心研究结果显示乳品生产链中零售环节耗电量最大。乳制品零售冷链过程每年耗电 4 200 kW·h，相比而言农场牛奶冷却降温每年消耗 200 kW·h，加工消耗 250 kW·h。最近，英国玛莎百货研究出一种新型的冷却橱柜，可节能 70%。英国零售商正在研究使用 CO_2 作为制冷剂，效率更高，并且如果发生泄漏对环境的污染也较小。

2.5.3 GFL(greener for life)商标认证

英国 GFL 公司致力于为当下及将来的子孙后代提供可持续的食物与能源供应，并且与自然环境和谐共存。由于该公司环保生活计划项目的实施，许多乳制品在销售时带有独特的环境认证标志(GFL 商标)。带有 GFL 商标的乳品说明其在生产、加工及销售过程中严格遵循环境保护准则。在农场，他们要求农民实施环境保护和动物福利措施，提高畜群生产性能，并考虑利用小规模可再生能源；对于制造商和零售商，他们要求减少废物填埋，引入更多可持续的包装解决方案，签订可再生能源合同。GFL 长远的目标是通过大规模的厌氧发酵产热发电，为乳制品生产链提供能源，甚至为车辆提供生物甲烷气。

3 原料奶质量控制与计价体系

3.1 提高原料奶质量的主要技术措施

原料奶的质量与现代化科学技术的应用及先进的饲养管理手段密切相关，英国环境、食品和农业事务部(DEFRA)及其他乳品行业组织每年投入大量资金进行奶业科学研究，通过前面所提到的现代化的遗传育种、繁殖、饲养管理及疾病控制技术提高奶牛原料奶质量。

3.2　提高原料奶质量的主要政策措施

3.2.1　提高奶牛健康与福利

动物福利已经成为食品安全领域不可分割的重要组成部分，消费者越来越关注动物福利问题，确保消费者能够获得关于动物福利的准确信息，将有助于推动动物福利政策发展。在奶牛养殖过程中只有重视奶牛福利，使奶牛在干燥、干净和舒适的环境中产奶，才能保证奶牛的健康，也只有健康的奶牛，才能产出优质的原料奶。英国是一个非常注重奶牛福利的国家，在 2004 年就制定了提高动物健康和福利的战略目标。2009 年英国农场动物福利委员会出版了关于奶牛福利的建议。英国在动物福利立法方面有五个显著特点：最早、最多、对世界影响最大、最先提出动物实验的“3R”原则、非政府机构参与执法。欧盟和其他国家制定的动物福利法，大都是以英国动物福利法为基础，结合本国情况制定的。2010 年 DairyCo 奶农意向调查显示蹄病、肺结核、乳房炎和低生育力是农场奶牛存在的最大的健康和福利问题。

3.2.2　间接对奶业进行补贴

目前，英国农业补贴资金主要来自英国本国农业补贴支出。就奶业补贴而言，包括奶业补贴和附加奶业补贴，另外还对奶业税收进行减免。近些年英国农业补贴更鲜明地突出了环境保护的特点。农场主如果想得到政府补贴，必须保证其农业生产达到一系列环保标准，如果不能达标，就会被从补贴名单中除名。

3.2.3　组建集产、加、销于一体的奶业合作社

英国的奶业是由市场驱动，并且竞争激烈。供应链上的每一个环节都必须取得稳定的利润，产业链的紧密合作将成为奶业发展的基本模式。按合作社的章程实行统一经营、统一核算、利润分成，让小规模农户享受到较大资本带来的利益。

3.3　监控原料奶质量的主要方法及惩罚措施

3.3.1　质量安全法规建设

英国从 1984 年开始分别制定了《食品法》《食品安全法》《食品标准法》《食品卫生法》《动物防疫法》等，同时还出台了许多专门规定，这些法律法规涵盖所有食品类别，涉及从农场到餐桌整条食物链的各个环节。完善的法律体系为英国制定监管政策、检测标准及质量认证等提供了有力依据，也为乳制品安全监管提供了严密的法律支撑。

3.3.2　质量安全认证标准体系建设

英国在 2000 年将以往纷繁复杂的农产品卫生认证标准整合为以“小红拖拉机”为统一标志的农产品质量认证标准体系，即英国食品标准体系。该体系对 6 大类农产品进行检测认证，包括猪肉、牛肉、羊肉、鸡肉、乳制品、水果蔬菜、农作物（如谷物和甜菜）等，并对每类农产品制定了相应的质量认证标准。此外，英国部分产品还进行有机食品、蛋产品、海（水）产品认证。红拖拉机质量安全保障体系的高标准是从农田到包装的全程管控，其中包括农户、加工者、零售商和批发商。牛奶和乳制品必须经过国家牛奶场质量保证体系（NDFAS）认证才能获得红拖拉机标志的使用许可。农户同样需要遵循动物福利原则，专业的检测人员至少每 17 个月要对奶牛场进行调查以确保标准的严格执行。

3.3.3　完善监管职能

英国政府根据《食品标准法》于 2000 年成立了食品标准署，食品标准署依照法律实施监管活动。依照

《食品安全法》《健康与安全法》对乳制品的生产、加工和销售场进行检查，检查人员有权检查、复制和扣押有关记录，取样分析。禁止生产、销售不符合食品安全要求的乳制品。对检查中发现的违法产品，监管机关可采取查封、扣押和禁止移动、禁止销售等强制措施。责任主体违法，不仅要承担对受害者的民事赔偿责任，还要根据违法程度和具体情况，受到相应的行政处罚乃至刑事制裁。

3.3.4 质量安全追溯体系建设

英国从 2000 年开始建立包括乳制品在内的农产品信息可追踪系统，国家建立了统一的数据库，该系统可以从生产到销售的每个环节追踪检查产品，具有溯源功能。一旦发生重大食品安全事故，地方主管部门可立即调查并确定可能受事故影响的范围、对健康造成危害的程度，通知公众并紧急召回已流通食品；同时将有关资料送交食品安全署，以便在全国范围内统筹安排控制事态，最大程度地保护消费者利益。

3.4 原料奶计价体系

所谓原料奶计价体系，就是由独立的中心实验室、第三方化验机构或者乳品加工厂对原料奶进行各项指标的检验分析，根据所提供原料奶的总体质量，确定原料奶的收购价格。计价体系会影响原料奶供应的质量。根据细菌数、体细胞数、冰点降低（掺水）和抗生素残留等质量指标对奶农进行惩罚，可激励奶农改善原料奶质量。英国的按质论价体系也是以乳成分组成（乳脂肪、乳蛋白和乳糖）和卫生质量（总细菌数、体细胞数）为基础，但没有统一的原料奶付款标准，计价体系由各地的国家性的乳品组织制定，不同地区按照不同的原料奶计价系统执行。

3.5 原料奶合同法规规范

英国政府启动了一次协商，以改善英国奶业供应链中的利益分配机制。在这次协商中，2016 年实施的《食品杂货法典》中，一些内容显示乳制品行业在产业链利益分配中存在一些问题。通过这次协谈，政府进一步以法规的形式调整了乳业链利益分配，确保产业从业人员，特别是奶农受到公平对待。政府表示，这一证据表明，供应链中的利益不公平主要是由于乳品加工商有权设定和修改合同中的牛奶价格，且缺乏价格变更过程中的协商机制。此次协商的建议主要包括在奶农和加工商之间的所有合同中引入强制性定价机制的选项，这项规定有利于保障作为原料奶供应商的奶农在奶价谈判中的有利地位，从而确保英国奶业的持续发展。

4 科技推广体系

4.1 主要研究与推广机构

英国畜牧业研究有着悠久的历史，其奶业研究与推广主要由政府组织、各种协会、公司、基金会和个人爱好者等资助。

4.1.1 英国环境、食品和农业事务部（DEFRA）

DEFRA 是英国的政府组织，相当于中国的农业农村部，每年投入 200 万英镑进行奶业科学研究，研究课题主要通过加强和改善牛奶品质，提高公众健康，利用和开发农场动物遗传资源的潜在价值等。

4.1.2 乳制品行业组织

英国皇家奶农协会(RABDF)成立于1876年，是一相对独立的组织，除代表英国奶农进行一系列的宣传活动之外，还组织一系列活动对奶农进行培训。另外，它也与乳品委员会(Dairy Council)、全国农场主联合会(NFU)及英国奶业协会(Dairy UK)等组织开展广泛的合作。

全国农场主联合会(NFU)成立于1908年，是英国最大的农业组织，总部位于沃里克郡的斯通莱公园，在伦敦、布鲁塞尔和威尔士也有办事处，另外还有300多个地区网络办事处。资金来源于会员的捐款，其主要任务是为会员提供专业化服务。乳业部门是NFU下属的7个部门之一，在英格兰和威尔士拥有7800多名奶农会员，其工作重心是帮助奶农解决实际问题，提高养殖效益。

英国DairyCo为英国农业与园艺发展委员会(AHDB)下属的6个部门之一，是代表英国奶农利益的非营利组织，资金来源于牛奶生产者的税收，每升牛奶征收0.06便士的税，每年大概有650万英镑的收入。其职责是为英国的奶业需求解决问题，其中4个主要的任务是：提供世界一流的信息服务；帮助奶农管理并满足其对环境及法规的要求；通过更好的商业管理帮助奶农增加收益；使大众看好乳品行业发展前景。DairyCo通过为奶农提供牛奶价格、乳品消费行情、生产与供应情况、加工与贸易、农场资料及农场费用开支等透明的市场信息，帮助其做商业决定；通过Milkbench+(一种以网络为基础的基准系统，帮助奶农进行利润分析)、乳房炎控制方案、健康肢蹄计划及各种改良计划(包括牧草种植、饲养管理、繁育改良等)给奶农提供技术服务，帮助其提高效益；通过对大学及研究所进行的资助，开展对牧草、奶牛营养、遗传育种、动物健康和福利及环境等方面的研究。

英国奶业协会(Dairy UK)成立于2004年10月1日，总部设在伦敦，在爱丁堡和贝尔法斯特设有办事处，还有一些地区服务经理，其活动由董事会管理，地区活动有苏格兰及北爱尔兰董事会负责。Dairy UK代表奶农、合作社、生产商、销售商及消费者等整个供应链的利益，通过国家和地区的工作人员，向会员提供有价值的培训和建议。其宗旨是引领英国奶业发展，并为其创造一种竞争、可持续发展的环境。英国牛奶产量的85%由Dairy UK会员进行收集和加工。Dairy UK 2/3的收入来自会员捐赠，其余的来自投资收入或商业活动。其拥有2个子公司，英国奶酪董事会(负责奶酪促销)和乳制品节能公司(负责部门的气候变化协议)，并且从2009年开始全额资助奶业委员会(Dairy Council)。Dairy UK一个重要的工作就是提供商业服务。总部及地区训练有素，员工向会员提供从雇佣合同、法律纠纷到HACCP认证和仓库安全等各种帮助。同时，其Dairy UK作为高效的说客，使成员的意见能够被政府倾听，并且可以从政府核心部分获得重要信息，在政治层面上保护成员的利益。

Dairy Council是一非营利的组织，由Dairy UK进行资助。其前身为国家奶业委员会(NDC)，为专业人士、媒体、产业及消费者提供与乳制品相关的健康平衡饮食和生活方式方面的科学信息，这些信息资料可以从其网址中的出版物专区下载。

4.1.3 遗传育种协会组织

英国奶牛品种较多，遗传育种资源丰富，几乎每个品种都有相应的协会，如格恩西种牛协会(Guernsey Cattle Society)、爱尔夏种牛协会(Ayrshire Cattle Society)、娟姗牛协会(Jersey Cattle Society)、短角牛协会(The Shorthorn Society)及荷斯坦奶牛育种协会(Holstein UK)。其中Holstein UK是欧洲最大的育种协会，于1999年由原来的荷斯坦弗里生协会(Holstein Friesians Society)和英国荷斯坦协会(British Holstein Society)合并而成，拥有8 000多名会员，在许多主要的奶业委员会及组织都有代表，并且与其他奶牛品种协会有工作关系。各奶牛协会都是以公司化的身份出现，由奶农自己拥有，服务于奶农。每个协会的主要工作是进行奶牛品种登记、外貌评定，兼做一些奶牛场用品的销售，通过服务收费支撑协会运作，当然也有部分会员会费、政府补贴等。

4.1.4 兽医管理机构

英国实行国家兽医官制度，DEFRA 制定并组织落实动物健康和福利政策；食品标准局（FSA）管理与食品安全相关的动物产品的生产和供应；伦敦大学皇家兽医学院（RCVS）依法监管兽医行业，实行兽医资格认证和注册，规范兽医教育和职业操守；英国兽医协会（BVA）等行业组织维护兽医及相关动物利益并提供信息等服务。

（1）英国兽医协会。英国兽医协会为非官方的全国行业代表性组织，已有 118 年历史。协会目前在全国共设按照动物类别和地区划分的 51 家分支机构，拥有包括绝大多数执业兽医在内的 10 000 多名成员。英国兽医协会与政府、议员和媒体保持沟通，发展实施兽医行业政策，保护促进兽医业及相关动物利益，提供信息及其他服务。

（2）奶制品卫生监察处。奶制品卫生监察处行政上隶属运行服务总司的乡村发展服务署（Rural Development Service），但与 FSA 签有服务协议，代表其执行奶制品卫生法规，FSA 为其提供经费。奶制品卫生监察处有 37 名监察官和 13 名工作人员，具体工作包括：为奶牛场注册、检查产奶场所、设备和动物、实施统一标准、并将异常情况通知国家兽医服务署和兽药理事会。

4.2 运作模式

4.2.1 各种咨询服务

为了更有效地指导全国农业推广工作，英国政府于 1946 年在英格兰和威尔士建立了农业发展咨询局（ADAS），直属英国农渔食品部，下设农业土地、兽医调查和奶业 3 个处，主要任务是：向农民和农场主提供有关农业生产、科学技术和农业教育方面的免费咨询。ADAS 在 1965 年时已拥有 2 075 名经过专门训练的专业咨询推广人员。ADAS 主要专注于环境问题的咨询服务。另外，代表不同群体利益的乳品行业组织、协会也会在奶牛饲养管理、遗传育种、环境保护、健康与福利、乳品加工生产和消费等方面为各自的会员提供培训及咨询服务。

4.2.2 技能培训及进展交流

各乳品行业组织、协会及大学和研究机构会定期举办一些技术培训，将现代的奶牛饲养管理、遗传育种及疾病控制技术应用到实际生产中，帮助奶农提高养殖效益。另外，也会举办一些学术交流会议，对最新的研究成果进行交流。

5 促进奶业发展的主要政策

促进奶业发展政策的制定是由英国的奶业专家和其他利益相关者，包括 DEFRA、食品标准局和其他行业机构共同完成的。

5.1 参与签署《鹿特丹奶业宣言》

《鹿特丹奶业宣言》（以下简称《宣言》）是在 2016 年世界奶业峰会上发布的，是由国际乳业联合会（IDF）与联合国粮食及农业组织（FAO）合作实施的，标志着对乳业部门致力于为世界提供安全，营养和可持续产品的承诺的认可。英国乳制品组织于 2016 年在伦敦正式签署了该《宣言》。英国国家乳制品组织认为，该《宣言》承认乳制品对国家经济的重大贡献，乳制品在均衡饮食中的重要作用以及该行业在解决环境恶化和气候变化方面所起的关键作用。签约代表朱迪思·布莱恩斯(Judith Bryans)博士认为,英国加入了来自世界各地的国家,向人们证明了乳制品对全球社会的重要性,乳品的生产和供给是联合国制定可持续发展目标实现的解决方案中的重要一环,该方案可为世界人口食物供给、人群健康、脱贫攻坚提供支持,随着世界人口在增长,乳制品在满足食物需求方面起着关键作用,加入该宣言,也为英国提供了一个产业创新的契机,进一步加速英国在生产营养丰富、安全、可持续和可负担的乳品中的重要性。时任英国乳业局主席保罗·弗农认为,英国作为全球乳制品生产强国,对于行业的不断创新和产品的全球可持续发展方面有着重要作用,并可以为本国产业从业人员和更广泛地区的农业可持续发展做出的重大经济贡献。

5.2　英国乳业公司深化食品饮料行业长期低碳高效行动

2017 年 10 月 16 日,英国食品和饮料联合行业-工业发布低碳高效行动计划,确定了将促进食品和饮料行业向长期低碳减排和提高能效的方向发展。英国乳业公司已承诺继续与政府和更广泛的食品和饮料行业合作,以减少碳排放,并为英国在 2050 年之前实现碳零排放做出贡献,同时保持其在食品和饮料行业中的商业生存能力。英国牛奶业首席执行官朱迪思·布莱恩斯认为,英国乳制品行业非常重视其环境责任,通过和英国食品和饮料联合行业联合开展该行动计划,有助于和政府以及合作伙伴一道,实现英国乳业可持续的发展。此次行动计划和英国“清洁增长战略”几乎同时发布,该计划建立在行业与政府之间的合作以及食品和饮料行业的通力合作基础上,旨在实现英国在 2050 年实现工业脱碳和能源效率突破的目标。同时,该行动计划还将帮助英国乳制品行业实现《 2020 年和 2025 年乳制品路线图》中设定的能源效率和减排目标,并将为长期改善奠定基础。

5.3　英国启动奶酪/奶油成分操作规范的新标准

2018 年 12 月 10 日,英国乳业公司和食品贸易联合会在伦敦启动了两项有关奶酪和奶油成分标准的新行业操作规范。这两项有关奶酪和奶油成分标准的新操作规范继承了英国一些现行法规标准,旧法规于 2018 年 12 月 13 日被证实撤销。通过新规范的颁布,为行业提供了权威的参考指南,并确保英国生产的奶酪和奶油的质量保持较高水平。英国乳业公司首席执行官朱迪思·布赖恩斯博士认为,这些业务规范的更新,使英国乳品能够维持在一个高标准,并延续了成分标准规则的连续性,最终将使英国的消费者可以购买到优质的奶酪和奶油。食品贸易联合会总干事安德鲁·库伊克则认为,英国乳制品市场正在不断发展,这些新规范的施行,可以确保消费者所购买产品的品质,并维持并提高他们对乳品行业高标准的期待。

5.4　英国乳业局调整产业政策应对脱欧影响

英国乳业公司今天发布了 2017 年“白皮书”报告,其中详细介绍了该行业在脱欧和消费者对乳制品的信心等方面面临的“改变游戏规则”的机遇和挑战,白皮书中显示,2017 年英国奶业年营业额超过 278 亿英镑,并提供 70 000 个工作岗位,这在英国退欧谈判中得到了认可,但对未来仍有诸多不确定性因素。英国乳业公司认为,英国脱欧将成为英国乳业几代人面临的最具决定性的问题,针对全球对乳制品的需求不断增长、牛奶价格呈上升趋势、世界各地的出口机会增加等现实情况,英国乳业考虑适当调整相关政策,来应对脱欧后产业可能面临的压力和存在的机遇,主要包括:①继续与欧盟达成无关税和非关税壁垒的贸易协定,这将意味着巨大的出口和增长机会,若谈判失败将损害乳品的出口;②探讨英国脱欧后重返世贸组织的情况下,英国乳业的政策改变,利用好的脱欧过渡期,使乳业行业适应新局面下的发展方向,并适时推出新措施;③保障英国奶业系统中熟练劳动力的数量,以降低产业的运营成本,保障奶农的利润率。

5.5 英国乳业组织呼吁政府承诺保障脱欧后学校牛奶计划资金保障

2018 年 9 月 26 日，英国乳业公司呼吁政府通过承诺在脱欧后的长期资助，捍卫英国学校牛奶计划的未来。由英国乳业局开展的一项研究表明，英国 3/4 的父母对英国脱欧后未来的学校牛奶计划的资金感到担忧，其中 87%的父母觉得此类计划对儿童"非常有价值"。目前，英国的儿童通过两种计划获得补贴牛奶，即幼儿园牛奶计划或欧盟学校牛奶计划，而对于脱欧后英国学校牛奶计划的资金来源，英国政府仍在考虑中，若无法解决这一问题，数百万儿童可能出现无法在学校享受政府补贴的牛奶和奶制品。因此，英国乳业公司呼吁政府承诺为脱欧后的替代计划提供资金，以确保英国儿童与欧洲同龄人一起获得补贴的学校牛奶。英国乳业公司首席执行官朱迪思·布莱恩斯博士认为，牛奶对儿童的成长和发展非常重要，每天一杯牛奶可为成长中的儿童提供钙、蛋白质、碘、维生素 B 和其他重要营养素。

5.6 英国颁布新环境法案

2019 年，英国通过了一项新环境法案，该法案以改善自然环境为目标，法案主要内容包括环境保护的声明和报告制度、资源浪费和利用效率计算、不符合环保标准的产品的召回细则、生物多样性和水资源保护公约和社会流动性化学品的监管制度等。对上述新法案，英国乳业局表示，已积极认识到保护和改善环境的重要性，并通过和《英国乳业路线图》相结合，设定了英国乳业实现 2040 年零排放目标的目标行进路线。

5.7 英国奶业加入全球可持续发展计划

2020 年 2 月，《英国奶业路线图》代表英国奶业签署了一项全球可持续发展计划，并承诺将致力于全球可持续发展指标。在《英国奶业路线图》的政策引导下，英国乳业已成为全球"奶业可持续发展框架"的成员。全球奶业可持续发展框架是一项全球倡议，一旦签署方签字并加入协议，将以一种全球统一的方式来监测和报告产业可持续性的数据。作为该协议的成员国之一，由英国乳业局、全国农民联合会和农业与园艺发展委员会组成的英国乳业路线图加入了一个统一的全球可持续乳业网络。因此，英国将开始在《奶业可持续发展框架》中向该计划的组织者提供多达 11 个可持续性指标和战略意图。英国乳业局政策和可持续发展部门总监彼得·道森认为，加入乳业可持续发展框架将确保英国在全球可持续发展报告方面处于领先地位，同时，英国奶业正在推动并完善其在高速发展条件的可持续性问题。

5.8 英国奶业发起针对新冠病毒的联合资助活动

2020 年 5 月，英国奶业与政府合作，宣布了一项新的联合资助活动，以强调在当前的冠状病毒危机中"人际关系"的重要性。该项活动耗资 100 万英镑(合 124 万美元)，AHDB 和英国奶业协会(Dairy UK)将联手 DEFRA、苏格兰政府、威尔士政府和北爱尔兰行政部门开展为期 12 周的宣传活动，该活动将于同月开始实施。该项目由英国政府出资 50 万英镑，英国乳制品协会会员出资 30 万英镑，AHDB 出资 20 万英镑。据英国奶业协会(Dairy UK)称，这项活动的重点将是推动茶、咖啡和牛奶饮料的销售，因为它们的销量机会最大，是大多数"人际关系"的核心。这项活动将出现在社交媒体、数字媒体和电视上，这也是十多年来的首次。本项推广活动将为乳制品加工企业和奶农提供支持，而他们目前正面临新型冠状病毒、咖啡馆关闭和其他食品服务店带来的困难。

5.9　乳业应急基金将开始接受申请

一项新的奶业基金在2020年6月18日开放申请。由于新型冠状病毒引起的肺炎疫情的暴发，一些奶农面临财政困难和牛奶过剩，新基金将向每位奶农提供高达10 000英镑的资金，以帮助那些最需要支持的奶农。由于奶农生产牛奶的生产资料，有些可能在冠状病毒暴发期间难以满足。新基金将向在4月和5月遭受25%损失的英格兰奶农，支付单笔补贴。随着餐馆、酒吧和咖啡馆关闭，市场上牛奶产品的需求骤减。新的奶业基金将从7月6日起向奶农进行支付，这项基金的启动将保证奶农维持牛奶产量的同时不造成奶牛福利水平的下降，奶农每人每月可申请总计为10 000英镑的补贴。英国政府还通过农业和园艺发展委员会(AHDB)以及英国奶业协会(Dairy UK)资助的100万英镑促销活动来支持奶农发展，并通过鼓励人民多喝牛奶来增加奶农在牧场层面的销售额。

6　值得借鉴的主要经验

6.1　经营模式方面的经验

6.1.1　组建集产、加、销于一体的奶业合作社

中国奶业发展到今天，整个乳业链条最薄弱的环节，也是最重要的环节依然是奶源。倒奶杀牛、奶农利益无法保障的现象在中国非常普遍，究其原因既有饲养奶牛成本攀高，入不敷出的缘故，也有因牛奶品质达不到企业的收购要求而遭拒收限收的因素。在保护奶农利益方面，我国可效仿英国发展奶牛一体化经营，组建集产、加、销于一体的奶业合作社，按合作社的章程实行统一经营、统一核算、利润分成，让小规模农户享受到较大资本所带来的利益。

6.1.2　完善社会化服务体系

随着生产的发展和专业化分工的加强，奶牛饲养场(户)对生产的社会化服务体系的依赖越来越强。奶业发达的英国具有完善的奶业技术咨询服务体系，英国政府、乳品行业组织、遗传育种协会、兽医协会及公司等都会在奶牛饲养管理、遗传育种、环境保护、健康与福利、乳品加工生产和消费等方面为奶农或各自的会员提供技术咨询和培训服务，帮助其提高养殖效益。由于目前中国奶业生产经营的社会化服务体系还不够健全和完善，如很多地方的奶农根本得不到饲养管理方面的技术培训和指导；有些地方的奶农即使得到服务，服务质量也不高，一方面导致生产环境差，原料奶的质量得不到保证，另一方面部分服务收费不合理或不透明，压级压价的现象屡有发生。所以我国应建立健全并不断完善奶源基地的社会化服务体系，完善的奶源基地建设应包括良种供应、配种、疾病防疫、饲料供应、技术指导、原料奶收购、贮运及市场研究与预测、市场行情通报等，使奶农或奶牛场能够安心生产、专心生产，从而提高生产效率。

6.1.3　适度规模化经营

近年，虽然英国奶牛总头数在不断减少，但奶牛群的平均规模在不断扩大，至2017年英国奶牛群的平均群体规模已达到148头。英国DairyCo报告显示，决定奶牛场是否盈利的关键因素不是奶价的高低，而是总生产成本的投入。英国牛群规模的扩大降低了管理和技术运用的成本，提高了奶牛养殖效益，但这并不意味着牛群规模无限扩大，因为牛群规模的扩大意味着投入也相应增加，并且会伴随一系列环境问题、动物健康和福利问题的产生。目前我国奶牛经营模式主要有两种：散户养殖和规模牧场(包括私人、股份制和企业自有牧场)。全国有60%～70%奶牛在散户养殖的奶农家中，由于散户养殖的粗放、无序，牛奶质量得不到

保证，并且牛只的疾病防疫、粪尿排放、育种改良等均无法按规范要求执行，所以导致了三聚氰胺事件的发生、环境恶化、水源污染等问题。而规模牧场能达到集约化、现代化、机械化、良种化，能对原料奶品质进行有效的监控。由此各大企业集团热衷于建几千头大规模的牧场，甚至超大规模的万头牧场。但这种模式又与通过奶业的发展促使农民增收、农村稳定、促进农业发展的目的不符，且会造成严重污染。因此，我们应借鉴英国奶牛经营模式，扬长避短，建立适合自己国情的发展模式，进行适度的规模化经营，将种植业和规模适度的奶牛养殖业科学、合理的结合，既能基本满足养殖所需的饲料，又能就地消化利用家畜的粪尿，环保低碳。

6.2 科技创新方面的经验

科技创新是奶业发展的源泉，是加快奶业发展方式转变的主要推动力。近代科学技术对英国奶牛遗传育种、繁殖、饲料和营养、疾病控制、粪污处理及环境保护等方面的发展起到了巨大推动作用。目前我国奶业科技贡献率不到50%，远低于欧美等国家和地区的水平。因此，我国应进一步重视科技创新，根据奶牛的生理状况、生产性能和生产季节设计科学合理的饲料配方，使奶牛的生产潜力得到最充分的发挥；加强生物技术的应用研究，如胚胎移植、转基因技术、性别控制、人工授精、饲料配方和添加剂及传染病的防治等，推动我国奶业全面发展。

6.3 产业政策方面的经验

6.3.1 建立健全原料奶质量控制体系

原料奶生产位于奶业产业链的最上游，其质量控制直接关系到乳制品的质量与安全。英国通过质量安全法规、质量安全认证标准体系、质量安全追溯体系建设及完善监管职能对原料奶质量进行监控，具有健全的原料奶质量控制体系。我国近年来发生的一系列有关液态奶的质量安全问题，一方面反映了乳及乳制品企业的质量控制能力有待加强，另一方面也对政府的监督管理能力提出了全面挑战。我国原料奶生产正处于向现代奶业转变的过渡期，受资源和环境的双重制约，要根据新的生活及生产方式采取适当的质量控制体系，建立和健全原料奶的标准化生产及管理体系，并推广应用到原料奶的生产和经营活动中，利用先进的技术规范奶业生产和经营，建立原料奶质量追溯体系。从源头开始，规范奶源基地的基础操作、技术操作等，确保原料奶的安全、优质，从而提升乳制品的竞争能力，为高附加值乳制品的开发提供基础。

6.3.2 加强宣传，积极开拓乳制品消费市场

为了加强对乳制品的宣传，英国奶业协会(Dairy UK)发起一个名为“奶业的骄傲”的活动，旨在让政府、媒体和大众了解英国奶业并为之骄傲。为此，英国各个领域的奶业工作者要付出很大努力。我国也应该借助行业协会、大众媒体、政府等方面的力量，加强健康知识普及教育，帮助消费者增强识别乳制品质量能力；帮助消费者养成良好的消费习惯，积极开拓乳制品消费市场。目前，我国奶制品营销应把目标适当转向农村，并根据农村消费需求和承受能力制定营销策略，有步骤地推进农村学生奶工程，并以此为切入点，带动农村整体饮用奶习惯的养成。

6.4 其他方面的经验

6.4.1 加强优质饲草生产

奶牛是草食家畜，饲草饲料是奶业发展的基础，没有优质饲草就没有优质原料奶。英国土地利用优先

发展饲料和牧草生产,牧场面积接近全国总面积的一半,为畜牧业服务的饲料种植面积又占了全国耕地面积的一半,大片耕地用来种植饲草、饲用甜菜等,为英国奶业发展提供了原料基础。我国由于受传统种植观念的影响,以及国家种粮直补政策的实施,造成现阶段优质粗饲料资源(玉米和苜蓿等)种植面积减少,因此导致优质牧草缺口较大,进口价格较高。我国 90%的草地发生退化,其中,中度以上退化的草地达 1.3 亿 hm^2,牧区每年缺草约 500 万 t。为实现奶业的可持续发展,在加快草场改造,种植优质牧草的同时,我国的草地畜牧业必须从数千年传统落后的粗放养殖方式,全面转向建立青贮和人工饲料基地为基础的现代化舍饲养殖方式。

6.4.2 提高奶牛健康和福利

在奶牛养殖过程中只有重视奶牛福利,使奶牛在干燥、干净和舒适的环境中产奶,才能保证奶牛的健康,也只有健康的奶牛,才能产出优质的原料奶。英国是一个非常注重奶牛福利的国家,在动物福利立法方面有 5 个显著特点:最早、最多、对世界影响最大、最先提出动物实验的"3R"原则、非政府机构参与执法。欧盟和其他国家制定的动物福利法,大都是以英国动物福利法为基础,结合本国情况制定的。

6.4.3 重视环境保护,减少环境污染

粪污处理技术不仅关系到奶牛场内和场外的环境卫生问题,关系到畜牧业在节能减排方面所做的贡献,更制约着奶牛场的可持续发展。近年英国乳制品行业在农场、乳品加工及零售链过程中施了系列环境工程,在粪污处理与环保问题方面已做出很多贡献,温室气体排放、水使用量显著降低,粪污循环利用率显著升高。英国奶牛场粪水治理过程主要包括圈舍清运、场区贮存、田间施肥三个环节,将产自奶牛舍的粪污、垫料残渣、挤奶车间的粪尿和冲洗水、青贮窖的渗滤液分别收集,统一汇集到粪水贮存设施,贮存一定时间后用泵车一次性还田农用,这些历经 30 余年发展的措施,对牛场环境治理的标准化具有重要意义。我们应该借鉴英国奶业发展经验,并结合我国现有资源状况,优化奶业结构,提高牛奶生产效率,在满足人们日益增长的乳制品需求的同时,降低奶业对环境的污染。

参考文献

[1]李思敏,樊春良. 政府使用科学应对风险的管理机制变迁——英国疯牛病事件与口蹄疫事件比较. 科学学研究, 2015, 33(12):1761-1769,1860.

[2]毛世平, 龚雅婷, 刘福江. 英国农业补贴政策及对我国的启示. 农业现代化研究,2017, 38(1): 31-37.

[3]龚雅婷,孙立新,毛世平. 英国农业科技政策及对我国的启示. 农业现代化研究 2018, 39(4): 559-566.

[4]赴欧盟四国环境保护考察团.欧盟四国奶牛场环境保护考察报告.中国奶牛, 2005(2):54-56.

参考资料

[1]英国环境、食品及农村事务部(DEFRA)网站:http://www.defra.gov.uk/

[2]英国 2017 年乳业白皮书(Dairy UK,The White Pater 2017)

[3]英国奶业协会(Dairy UK)网站:http://www.dairyuk.org/

[4]邹贤刚. 英国畜牧业以及其研究现状和将来的发展方向 http://www.docin.com/p19354753.html

[5]乳制品网站(The Dairy Site):http://www.thedairysite.com/

[6]世界粮农组织网站 http://faostat3. fao. org/home/index. html#DOWNLOAD
[7]上海农业网. 英国农业发展和农村环境保护政策及启示. http://www. shac. gov. cn/fwzx/hwzc/zcgl/200712/t20071214_200305. htm
[8]Oliver Hawkins. Dairy industry in the UK: statistics. Social & General Statistics Section.
[9]DairyCo 网站:http://www. dairyco. org. uk/
[10]全国农场主联合会(NFU)网站:http://www. nfuonline. com/
[11]英国皇家奶农协会(RABDF)网站:http://www. rabdf. co. uk/
[12]红拖拉机认证(RTA)网站:http://assurance. redtractor. org. uk/rtassurance/global/home. eb
[13]奶业委员会(Dairy council)网站:http://www. milk. co. uk/
[14]农业发展咨询局(ADAS)网站:http://www. adas. co. uk/Home/Whoweare/tabid/207/Default. aspx

[撰稿:浙江大学　刘红云　王迪铭　胡真真　骆琳　张晨　刘建新]

附　表

附表 1　1961—2019 年英国奶牛头数、总产奶量和单产水平

年份	奶牛头数/头	总产奶量/万 t	平均单产/(kg/头)
1961	4 215 050	1 200	2 848
1962	3 333 880	1 230	3 691
1963	3 286 640	1 194	3 633
1964	3 212 560	1 168	3 637
1965	3 234 910	1 212	3 746
1966	3 224 020	1 197	3 714
1967	3 266 030	1 234	3 779
1968	3 279 890	1 263	3 851
1969	3 329 750	1 275	3 828
1970	3 303 770	1 297	3 926
1971	3 293 660	1 330	4 040
1972	3 385 640	1 417	4 186
1973	3 489 440	1 440	4 127
1974	3 394 240	1 399	4 123
1975	3 381 000	1 393	4 121
1976	3 242 000	1 442	4 447
1977	3 318 000	1 520	4 581
1978	3 392 000	1 590	4 688
1979	3 333 000	1 591	4 774
1980	3 333 000	1 597	4 793
1981	3 377 000	1 587	4 698
1982	3 293 000	1 676	5 089
1983	3 357 000	1 726	5 142
1984	3 428 000	1 623	4 733
1985	3 312 000	1 602	4 838
1986	3 257 000	1 623	4 984
1987	3 242 000	1 551	4 783

续附表 1

年份	奶牛头数/头	总产奶量/万 t	平均单产/(kg/头)
1988	3 052 000	1 513	4 958
1989	2 975 000	1 491	5 013
1990	2 870 170	1 525	5 314
1991	2 789 650	1 476	5 292
1992	2 683 000	1 478	5 507
1993	2 668 000	1 483	5 558
1994	2 716 000	1 499	5 519
1995	2 603 000	1 484	5 703
1996	2 587 000	1 481	5 724
1997	2 478 000	1 484	5 989
1998	2 439 000	1 463	5 999
1999	2 440 000	1 501	6 153
2000	2 354 000	1 449	6 155
2001	2 251 000	1 471	6 534
2002	2 227 200	1 487	6 676
2003	2 192 300	1 501	6 847
2004	2 132 700	1 456	6 825
2005	1 997 700	1 447	7 245
2006	1 979 000	1 432	7 234
2007	1 954 000	1 402	7 177
2008	1 977 000	1 372	6 939
2009	1 903 000	1 324	6 956
2010	1 864 000	1 396	7 489
2011	1 815 000	1 385	7 630
2012	1 786 000	1 349	7 641
2013	1 817 000	1 297	7 361
2014	1 883 000	1 368	7 712
2015	1 918 000	1 439	7 844
2016	1 898 000	1 483	7 849
2017	1 904 000	1 425	7 495
2018	1 879 000	1 471	7 968
2019	1 867 000	1 487	7 990

数据来源：FAO 和 DEFRA。

附表 2　1961—2019 年英国主要乳制品产量　　t

年份	酪乳	奶酪(所有种类)	炼乳	全脂奶粉	脱脂奶粉和干乳酪
1961	56 200	116 100	164 400	25 100	70 000
1962	64 800	114 100	159 600	24 400	77 500
1963	48 200	106 100	160 100	26 700	51 700
1964	28 000	111 500	168 500	26 400	30 600
1965	40 900	115 100	185 500	25 900	68 200
1966	33 600	108 800	187 500	27 000	60 400
1967	39 300	122 200	173 300	23 300	73 700
1968	53 500	119 900	173 100	24 500	96 100
1969	57 900	120 400	186 300	23 600	89 600

续附表 2

t

年份	酪乳	奶酪(所有种类)	炼乳	全脂奶粉	脱脂奶粉和干乳酪
1970	65 000	134 300	186 800	21 000	94 000
1971	67 000	162 300	179 000	27 000	109 000
1972	96 000	184 300	139 400	25 000	169 000
1973	97 000	181 300	147 300	21 900	155 500
1974	54 000	218 300	139 000	26 800	104 900
1975	48 379	235 102	125 800	19 000	104 886
1976	90 098	206 608	128 000	16 300	170 394
1977	135 000	206 300	140 000	18 600	246 408
1978	164 000	216 300	143 000	20 000	272 000
1979	161 000	234 300	129 000	20 000	233 000
1980	170 000	238 300	144 000	27 000	237 000
1981	172 000	242 600	147 000	29 000	251 000
1982	216 000	244 300	154 000	34 000	296 000
1983	241 500	245 300	132 000	35 000	302 000
1984	205 600	245 300	124 000	53 000	223 000
1985	201 900	259 800	181 000	61 000	241 000
1986	222 200	262 900	174 000	56 700	267 700
1987	176 224	267 903	196 748	93 600	193 800
1988	140 376	300 941	209 622	103 800	136 900
1989	130 171	282 529	256 473	95 400	132 900
1990	138 239	311 899	217 000	69 591	166 417
1991	111 712	298 052	233 925	72 649	133 276
1992	127 000	327 000	219 000	84 000	106 000
1993	151 557	331 004	196 983	71 001	125 061
1994	155 000	330 004	204 111	83 257	134 179
1995	127 000	354 000	188 000	90 000	117 000
1996	120 000	369 000	210 000	83 000	108 000
1997	138 662	377 000	220 000	96 000	109 000
1998	137 000	366 000	198 000	97 000	107 000
1999	141 000	368 000	186 600	102 000	102 000
2000	132 000	340 000	182 000	105 000	83 000
2001	126 000	395 000	174 000	87 000	71 000
2002	136 000	371 000	188 000	105 000	87 000
2003	131 000	352 000	169 800	102 000	115 000
2004	122 000	359 000	177 800	80 000	88 000
2005	130 000	391 000	157 000	52 000	69 000
2006	117 000	393 300	125 500	49 000	65 000
2007	120 000	373 700	121 800	50 000	67 000
2008	111 000	343 400	125 300	43 000	51 300
2009	118 000	360 000	125 300	40 000	61 700
2010	120 000	370 000	125 300	45 000	65 300
2011	130 000	390 000	125 300	45 000	66 600
2012	145 000	393 000	104 000	35 000	50 300
2013	145 000	384 000	105 000	45 000	66 600
2014	143 000	408 000	96 000	45 000	66 600

续附表 2　　t

年份	酪乳	奶酪(所有种类)	炼乳	全脂奶粉	脱脂奶粉和干乳酪
2015	149 900	434 800	98 300		
2016	143 100	441 500	96 300		
2017	161 100	456 800	99 800		
2018	152 500	465 100	119 700		
2019	188 100	461 500	131 300		
2020	195 000	488 000	130 000		

注:全脂奶粉、脱脂奶粉和干乳酪无 2015 年后统计数据。

数据来源:FAO 和 DEFRA。

附表 3　1961—2019 年英国主要乳制品进出口贸易额　　千美元

年份	进口额					出口额				
	奶油	干酪乳	鲜乳	脱脂奶粉	全脂奶粉	奶油	干酪乳	鲜乳	脱脂奶粉	全脂奶粉
1961	0	88 090	1 200	6 332	7 926	0	2 384	0	5 361	1 121
1962	0	91 728	1 302	5 256	9 745	0	2 395	0	5 672	1 425
1963	0	91 943	1 497	7 361	10 061	0	2 327	53	4 318	4 771
1964	0	107 285	1 633	16 528	10 537	0	2 364	9	3 554	4 008
1965	0	112 224	1 641	16 155	12 340	0	2 651	11	4 606	4 652
1966	0	106 140	1 775	9 478	12 493	0	3 075	218	7 765	5 072
1967	0	116 887	1 691	11 777	14 289	0	2 775	472	5 789	4 948
1968	0	113 099	1 579	8 412	8 806	0	2 209	506	7 281	6 310
1969	0	95 938	1 893	5 712	7 818	0	2 644	513	6 940	5 863
1970	0	103 155	3 395	6 404	9 324	0	2 830	664	6 451	5 417
1971	0	139 931	4 289	7 453	10 205	0	3 547	409	14 680	6 478
1972	0	169 203	3 993	7 413	17 383	0	5 112	469	25 553	9 610
1973	3 713	151 552	329	11 071	12 607	110	7 833	29	61 814	8 133
1974	3 197	178 105	66	8 863	12 238	71	17 444	330	38 125	13 945
1975	2 618	266 349	1 037	58 316	10 000	84	11 238	538	56 337	16 392
1976	2 276	229 096	724	20 406	6 964	594	16 537	798	105 152	14 623
1977	2 729	212 143	386	8 002	7 082	320	19 932	1 905	51 161	18 312
1978	4 572	232 815	1 035	15 946	13 816	1 532	32 524	3 105	117 564	36 605
1979	8 095	402 351	2 253	15 136	11 586	2 903	37 986	2 612	126 414	50 361
1980	9 239	393 917	2 670	9 979	14 003	3 156	45 078	2 335	183 195	61 231
1981	11 588	440 685	1 989	18 597	6 727	3 869	55 805	2 555	167 314	44 557
1982	9 620	375 597	1 712	10 933	7 617	1 879	71 754	2 084	174 167	47 529
1983	8 297	349 148	4 211	20 926	7 613	1 590	57 563	2 774	130 883	52 391
1984	5 318	352 772	5 386	22 435	5 929	1 725	54 576	2 369	113 997	49 911
1985	6 102	397 674	5 084	16 481	4 582	1 031	56 878	1 798	132 980	56 068
1986	6 488	489 584	6 714	14 893	4 784	1 363	69 902	1 488	219 775	63 259
1987	7 956	527 851	8 867	14 387	5 554	2 947	92 252	1 431	158 857	95 564
1988	7 386	725 904	9 860	20 753	5 436	7 583	92 973	2 578	163 614	122 819
1989	6 362	636 158	5 691	33 930	7 754	16 627	123 022	21 126	169 014	142 420
1990	6 761	819 497	6 010	15 311	7 193	27 310	151 150	27 066	224 107	126 785
1991	7 920	760 121	9 014	17 812	8 861	74 806	166 414	25 025	147 334	136 702
1992	8 550	961 109	21 982	63 978	14 928	77 595	178 530	26 636	109 072	221 793
1993	3 922	724 841	21 543	35 414	17 758	134 176	183 419	31 385	130 869	136 747
1994	5 915	812 195	43 108	23 243	21 344	158 062	198 399	43 597	139 212	152 443

续附表 3 千美元

时间	进口额					出口额				
	奶油	干酪乳	鲜乳	脱脂奶粉	全脂奶粉	奶油	干酪乳	鲜乳	脱脂奶粉	全脂奶粉
1995	9 883	715 085	46 218	31 077	23 366	159 649	198 529	48 205	144 293	198 799
1996	11 336	880 346	30 527	34 339	30 690	183 336	232 031	15 370	51 132	197 748
1997	22 411	864 612	30 681	34 859	27 182	152 370	189 564	28 645	92 203	253 210
1998	24 999	958 129	32 056	29 132	24 044	179 877	205 911	53 375	65 733	251 988
1999	21 888	999 468	32 426	41 731	21 212	148 414	220 801	76 550	78 909	185 975
2000	19 901	752 117	32 031	33 992	24 349	123 028	147 766	52 459	96 768	186 100
2001	20 883	785 361	29 646	37 438	19 299	119 908	164 297	28 135	44 578	168 568
2002	13 430	790 106	16 997	30 448	17 323	133 606	184 429	30 698	51 354	159 751
2003	26 427	992 614	47 608	45 732	27 450	195 142	227 976	77 087	84 802	216 337
2004	36 751	1 254 135	15 200	61 703	35 271	149 850	292 840	103 405	163 644	241 030
2005	35 235	1 316 207	17 232	61 831	56 425	130 127	322 633	179 368	66 191	140 389
2006	36 157	1 344 840	28 447	64 110	52 713	139 654	334 809	183 050	79 900	114 857
2007	43 233	1 589 939	43 270	102 819	90 442	154 698	389 196	206 676	123 239	181 753
2008	59 912	1 947 815	67 828	116 792	99 336	136 098	410 683	224 920	48 691	271 857
2009	68 502	1 579 602	30 462	108 752	66 993	121 578	353 698	174 910	46 754	117 158
2010	80 993	1 616 228	54 712	124 207	65 578	161 565	430 260	210 847	78 037	178 094
2011	93 673	1 712 566	74 190	105 347	67 947	192 687	546 760	275 486	79 099	179 002
2012	73 974	1 741 426	83 506	117 788	68 293	143 940	553 890	251 335	67 415	159 878
2013	51 703	1 927 917	144 830	128 355	93 649	122 126	597 889	263 385	126 770	222 829
2014	67 571	2 015 762	118 379	103 323	140 784	89 047	676 208	324 267	161 657	252 048
2015	59 191	1 642 594	83 872	69 227	68 737	54 134	632 214	227 349	130 596	166 086
2016	57 150	1 496 441	60 914	70 497	57 254	49 504	618 103	200 726	104 837	145 043
2017	70 826	1 705 943	87 016	77 719	68 689	75 977	728 699	322 297	148 114	145 543
2018	111 968		91 411	67 157	72 020	93 730		347 755	145 012	167 148
2019	79 779		75 274	60 578	61 212	92 536		304 279	199 312	135 467

数据来源：FAO。

附表 4　1961—2019 年英国主要乳制品进出口贸易量 t

时间	进口量					出口量				
	奶油	干酪乳	鲜乳	脱脂奶粉	全脂奶粉	奶油	干酪乳	鲜乳	脱脂奶粉	全脂奶粉
1961	0	136 618	1 397	33 961	17 063	0	2 979	0	13 827	1 580
1962	0	140 916	1 651	29 460	21 830	0	2 866	0	21 923	2 156
1963	0	139 639	2 006	37 280	22 589	0	2 719	287	12 139	7 287
1964	0	152 006	5 064	65 302	22 131	0	2 499	246	3 975	5 828
1965	0	151 875	13 668	49 167	23 813	0	2 746	216	9 113	6 567
1966	0	143 540	4 588	30 625	24 148	0	3 199	1 008	20 952	7 154
1967	0	159 119	3 264	38 825	27 651	0	3 042	2 122	15 020	7 194
1968	0	180 367	3 049	38 258	18 578	0	2 566	2 685	28 246	9 908
1969	0	155 567	2 823	28 157	16 450	0	3 332	2 710	26 992	9 570
1970	0	156 808	5 067	29 676	19 255	0	3 296	2 650	21 341	8 328
1971	0	167 433	5 597	18 676	17 668	0	3 387	2 291	31 146	9 364
1972	0	151 023	4 718	12 880	23 782	0	4 096	2 193	43 349	9 851
1973	3 919	137 128	559	15 806	15 209	108	6 480	88	113 604	7 694
1974	3 310	121 294	68	10 802	10 775	88	12 065	1 180	50 645	10 864
1975	2 125	151 950	8 288	55 852	7 753	45	6 507	1 593	59 580	11 033

续附表 4 t

时间	进口量					出口量				
	奶油	干酪乳	鲜乳	脱脂奶粉	全脂奶粉	奶油	干酪乳	鲜乳	脱脂奶粉	全脂奶粉
1976	1 775	147 212	6 955	21 525	5 443	410	10 732	2 442	114 559	11 499
1977	1 895	120 324	2 381	13 813	4 741	220	10 807	5 703	55 048	15 423
1978	2 482	101 980	4 306	17 660	7 866	962	15 642	5 826	112 039	26 245
1979	3 606	139 862	8 381	21 362	5 176	1 305	14 933	5 111	119 662	32 911
1980	3 475	115 455	9 659	5 703	4 884	1 127	16 214	4 430	150 738	31 168
1981	4 832	139 776	7 590	8 789	2 511	1 427	22 315	4 335	123 286	24 369
1982	4 400	129 858	7 774	8 392	2 985	743	33 177	4 405	133 051	26 786
1983	4 114	132 764	19 186	15 243	3 810	624	26 876	6 286	117 801	33 244
1984	2 851	145 924	25 386	18 054	3 362	1 024	30 148	6 445	174 859	37 917
1985	3 087	159 965	24 242	13 538	2 683	464	26 348	4 514	133 375	40 478
1986	3 187	169 920	27 274	8 974	2 232	711	27 761	3 222	169 907	44 389
1987	3 821	159 171	31 877	7 858	2 470	1 692	34 301	2 690	102 240	61 077
1988	2 843	197 414	34 534	8 937	1 926	4 012	26 800	4 728	83 014	70 313
1989	2 663	177 740	17 401	15 554	2 933	8 838	35 985	53 714	80 995	68 518
1990	2 420	201 981	16 158	6 538	2 479	14 486	40 192	64 820	103 654	54 666
1991	3 139	190 382	18 995	7 701	3 112	37 384	50 529	67 777	70 882	66 858
1992	2 795	228 440	70 667	26 154	4 961	40 350	47 960	70 290	44 779	84 387
1993	1 960	184 138	45 362	13 422	5 777	71 219	57 221	91 429	56 522	56 983
1994	3 095	212 994	91 076	11 625	7 279	83 337	60 282	125 106	61 554	64 877
1995	3 886	178 642	74 183	12 920	7 248	70 541	49 820	114 594	53 819	72 769
1996	4 280	256 244	41 527	12 394	11 184	92 287	56 738	25 275	19 370	78 308
1997	11 096	259 174	61 953	13 286	9 872	84 973	48 463	71 045	44 796	136 238
1998	10 860	245 702	76 448	11 194	9 152	100 932	54 657	160 914	41 283	114 052
1999	7 848	266 876	84 364	17 823	9 560	95 180	61 007	207 540	39 808	92 348
2000	11 724	223 327	98 243	17 600	11 208	85 117	41 034	158 212	52 671	101 917
2001	17 381	229 759	79 838	22 685	8 331	84 169	50 387	63 298	29 914	86 648
2002	12 920	234 350	37 349	17 449	9 530	90 723	61 416	64 506	29 093	112 162
2003	14 748	268 458	145 896	32 388	12 881	113 557	65 484	195 429	48 518	108 387
2004	14 767	291 034	29 616	51 922	16 579	81 320	71 888	250 359	79 246	107 179
2005	30 656	306 197	27 909	49 981	26 764	91 736	76 503	490 080	30 776	65 412
2006	36 858	322 950	55 909	29 068	22 282	94 412	82 679	651 521	38 347	57 781
2007	43 194	358 155	61 884	31 221	29 110	77 649	76 550	429 693	38 826	66 062
2008	54 650	380 712	110 235	36 033	29 637	62 056	68 883	455 656	26 499	71 600
2009	65 489	372 109	58 112	44 963	36 905	64 450	84 240	458 803	21 374	50 296
2010	64 753	383 907	89 855	50 461	23 460	72 058	90 019	471 242	29 218	62 147
2011	56 325	360 953	121 675	44 025	20 479	72 567	103 776	562 433	24 070	54 824
2012	31 350	390 626	116 008	50 447	21 795	69 484	106 975	542 470	23 797	51 412
2013	21 728	414 148	181 812	44 142	23 219	44 429	107 069	498 438	54 122	58 397
2014	27 347	407 709	148 597	33 797	30 253	33 429	115 877	601 319	44 292	80 406
2015	27 759	426 575	136 967	36 496	22 903	20 408	140 326	629 517	50 707	95 502
2016	27 770	416 189	82 321	38 938	23 437	20 939	149 487	603 622	40 925	73 246
2017	27 268	430 026	176 250	33 866	23 112	26 629	156 332	799 838	55 020	58 669
2018	30 706		187 194	28 820	25 231	23 748		842 240	59 728	66 063
2019	27 103		165 053	25 626	20 672	29 882		799 957	81 566	66 306

数据来源：FAO 和 DEFRA。

意大利奶业发展报告

摘要：意大利奶业以奶水牛闻名于世，乳制品以奶酪生产而著称，在世界奶业发展中占有一定的地位。本文从生产、加工、消费及贸易四个方面介绍了意大利奶业近60年的变化情况，列举了意大利奶业的主要机构体系、技术措施及相关政策制度，阐明了在欧盟配额体制下意大利奶业发展的特点，并结合我国奶业的发展现状及不足之处，论述了意大利奶业发展对我国奶业可持续发展的启示。

意大利共和国位于中欧南部，是突出于地中海中的半岛国家，位于北纬35°～45°之间，属典型的山地丘陵农业系统。欧盟配额体制在一定程度上限制了意大利养殖业的发展，养殖业产值约占农业总产值33.1%，其中奶业产值占30.5%左右。意大利主要反刍动物数量基本保持恒定，2020年意大利有近600万头牛、40多万头奶水牛、700多万头绵羊和100多万头山羊。意大利养殖者协会按照国际动物记录委员会（ICAR）操作指南，每年监测200多万头家畜，其中包含大约140万头奶牛、37万头肉牛、6.3万头奶水牛、14.2万头奶绵羊和5.5万头山羊。意大利奶牛集中生产地区在北部地区，拥有128.9万头奶牛，占意大利奶牛数量的49.3%。中部主要为奶水牛集中养殖区域，拥有48.5万头奶牛，占18.6%。西西里岛和撒丁岛主要发展奶羊养殖，其生产的奶酪在意大利奶业中也占有重要的地位。

意大利奶牛品种有荷斯坦牛、西门塔尔牛、意大利褐牛、娟姗牛、勒及阿那牛和阿尔皮灰牛等。荷斯坦牛、西门塔尔牛、意大利褐牛在数量和比例上都占有绝对优势。2019年，意大利养殖者协会注册的荷斯坦牛平均产奶量10 097 kg/头，乳脂率3.81%，乳蛋白率3.36%；娟姗牛约16 847头，平均产奶量6 573 kg/头，乳脂率3.94%，乳蛋白率3.93%；奶水牛有683 471头，其中长期监测牛只72 294头，平均产奶量2 806 kg/头，乳脂率8.26%，乳蛋白率4.73%。另外，意大利奶绵羊和奶山羊生产也占有一定的比重。

意大利农牧业家庭牧场规模较小，但数量较多。全国奶牛养殖场规模平均为111头。意大利牛奶收购严格按照优质优价的原则进行，近20年来，消费者物价指数走势平稳，原料奶价格稳中有升。意大利乳制品在意大利食品工业中占有举足轻重的地位。全国拥有牛奶加工厂2 000多家，其中比较大型的工厂有帕玛拉特乳品有限公司（Parmalat）、考拉乳制品有限公司（CODAP）、布拉扎拉公司（Brazzale），此外，还有很多农业合作社，如Granarolo联盟，在市场上也占有一定地位。

意大利奶酪产品有300多种，多为传统生产，具有地方特色，其中有30多种产品被欧盟认证为原产地标识（DOP）产品，因此，意大利是世界上DOP产品认证品种最多的国家。意大利每年生产地方特色奶酪产品有40万t，在食品行业中占有重要的地位。意大利对乳制品的消费占农产品消费的比例很高，且有上升趋势。

在对外贸易中，意大利是乳制品的净进口国。奶酪和鲜奶是意大利最主要的贸易产品。值得注意的是，2019年奶酪的进口量为49.7万t，出口量为44.8万t，贸易逆差明显为4.9万t，而贸易顺差为15.8亿欧元，说明意大利奶酪出口价格远高于进口价格。

意大利奶牛育种历史悠久，并不断整合最前沿的科研成果。根据意大利农林政治部《畜禽养殖者协会功能性监测规程》，意大利养殖者协会（AIA）按照ICAR操作指南规定的标准协调管理奶业生产。AIA从1945年开始选育荷斯坦奶牛，1986年大幅度改变了选育计划，使意大利奶牛平均单产于1991年出现大幅度上升，意大利荷斯坦奶牛选育计划不断地随着市场需求变化而变化，因而其奶牛生产水平和质量一直处于世界前列。2010年，意大利开始将全基因组育种和奶牛常规育种相结合的策略提高育种值的可靠性。2017年研发了SIALL大数据系统，目前有2 700多个牧场参与动物生产大数据收集工作。自2018年起，意大利成立育种联盟，动物生产数据记录、分析与育种工作分离，更加凸显AIA服务动物生产的宗旨和数据的公正性。意大利奶水牛主要是河流型水牛，其水牛奶产量和质量一直处于世界领先地位，水牛奶产量总体上是稳步上升的。在饲料与营养技术方面将最前沿的研究成果用于生产实践。意大利恩帝斯（NDS）配方软件采用美国康奈尔大学CNCPS 6.55系统，并实时更新，给予奶牛营养技术人员和牧场管理者最完美的配方解决方案，在北美和欧洲市场上占有重要的地位。意大利过瘤胃技术解决了围产期补充胆碱的困扰，也使理想蛋白质在反刍动物的应用成为可能。意大利司达特公司全混日粮（TMR）生产设备和带有按摩动能的InterPuls集乳器等创新设备，都有机地整合在奶业生产过程，加上完善的疫病控制体系和粪污处理与环境保护技术，为意大利奶业的健康发展提供了保障。

"意大利养殖"是意大利品质的象征，着重推广DOP产品，以保证产品的市场占有率和高的价位。意大利奶业贸易主要出口高端奶酪产品，以"意大利养殖"为核心的地理标志产品已成为安全、健康的保证。

由于意大利农场大部分为舍饲养殖，纬度和我国相近，意大利的奶牛养殖方式、养殖技术和产业政策等方面对中国奶业的发展都有很重要的借鉴意义。首先是要在发挥本国奶牛品种优势的前提下实现奶牛品种多元化，因地制宜，选择适合本地情况的品种和规模。其次是要重视品种的选种选配，并将奶牛全产业链管理、精准饲料配方、健康福利等方面技术综合应用，加强技术推广服务，从整体上提高奶业生产水平。再次是意大利奶业形成了自己的特色和优势产品，可以带来巨大的"高附加值"的产品。最后还要借鉴意大利对奶业生产和环保立法、执法经验，强化监督、从严执法，保证我国奶业朝着健康、可持续的发展方向前进。

关键词：意大利奶业　品种多样　精准营养　高附加值　奶业大数据

1　奶业发展概况

意大利共和国位于中欧南部，是突出于地中海中的半岛国家，行政区划为20个大区，总面积约为30.13万 km^2。全国耕地面积3 013万 hm^2，其中山地耕地1 016万 hm^2，占35.21%，丘陵耕地1 255万 hm^2，占41.63%，平原耕地698万 hm^2，占23.16%，属典型的山地丘陵农业系统。年降雨量600～1 200 mm（由北向南递减），全年光照时数1 800～2 200 h（由北向南递增）。气温由北向南呈递增状态，最冷月1月，平均气温为0～6 ℃，最热月7月，平均气温15～26 ℃。

意大利农业生产以种植业和养殖业为主体，其次是水果和相关的农业服务体系。养殖业产值约占农业总产值33.1%，其中奶业产值占30.5%左右。意大利奶业生产十分重视国内和欧盟两个水平上的可持续发展。例如为遏制疯牛病的蔓延，意大利政府采取了大力度的财政补贴措施，果断关闭疫区养殖场并屠宰疫区奶牛。同时，加强卫生检疫，禁止使用一切动物性产品作为饲料，结果使意大利疯牛病例明显少于其他欧盟成员国。目前，养殖农场因氮、磷排泄而造成的环境污染日益受到关注，意大利积极进行减少环境污染的研究，并制定了一些法律法规，以切实保护生态环境。

近年来，意大利主要反刍动物数量基本保持恒定（表1），肉牛、奶牛、奶水牛、奶山羊头数呈稳中有增趋势。意大利养殖者协会（AIA）严格按照国际动物记录委员会（ICAR）操作指南，每年监测200多万头家畜，其中大约140万头奶牛、37万头肉牛、6.3万头奶水牛、14.2万头奶绵羊和5.5万头山羊，在国际上属于监测占比较大的国家。奶牛集中生产地区北部地区，其中伦巴第大区拥有104.8万头奶牛，占意大利奶牛总头数的40.1%，皮埃蒙特大区养殖奶牛24.1万头，占奶牛总头数的9.2%，中部雷焦艾米利亚大区养殖奶牛48.5万头，占奶牛总头数的18.6%。奶水牛集中在意大利南部，拥有23万头奶牛，占13%。西西里岛和撒丁岛主要发展奶绵羊和奶山羊。意大利原料奶来源丰富，用于液态奶消费比例较小，大约 20%，大部分用于生产奶酪。意大利奶酪种类繁多，生产的奶酪在世界奶业中也占有重要的地位。

表 1 意大利主要反刍动物数量、原料奶及消费乳制品变化趋势

项目	2016 年	2017 年	2018 年	2019 年	2020 年
牛头数	5 929 767	5 949 393	5 923 204	5 974 947	5 993 015
奶水牛头数	385 121	400 792	401 337	402 286	407 027
绵羊头数	7 284 874	7 215 433	7 179 158	7 000 880	7 034 164
山羊头数	1 026 263	992 177	986 255	1 058 720	1 065 712
牛奶蛋白含量/%	3.38	3.38	3.37	3.36	
总产奶量/万 t	1 214.60	1 257.76	1 279.29	1 281.48	
牛奶产量/万 t	1 149.02	1 190.22	1 207.08	1 208.51	
绵羊奶产量/万 t	42.48	42.74	46.34	46.77	
山羊奶产量/万 t	3.17	3.70	4.34	4.44	
水牛奶产量/万 t	19.92	21.09	21.54	21.75	
奶中乳脂量/万 t	47.84	49.74	49.40	49.01	
牛奶乳脂量/万 t	43.55	45.35	44.78	44.35	
绵羊奶乳脂量/万 t	2.68	2.56	2.93	2.96	
山羊奶乳脂量/万 t	0.14	0.16	0.19	0.19	
水牛奶乳脂量/万 t	1.47	1.67	1.50	1.51	
牛奶乳脂率/%	3.79	3.81	3.71	3.72	
绵羊奶乳脂率/%	6.31	5.99	6.32	6.33	
山羊奶乳脂率/%	4.34	4.25	4.33	4.29	
水牛奶乳脂率/%	7.38	7.92	6.95	6.93	
饮用奶总量/万 t	242.80	245.90	246.95	247.91	
全脂奶/万 t	106.40	104.71	103.32	104.25	
部分脱脂奶/万 t	126.23	130.33	134.18	133.17	
脱脂奶/万 t	10.16	10.86	9.45	10.49	
脱脂脱酪蛋白奶/万 t	7.22	8.26	8.38	7.77	
奶油/万 t	13.13	13.21	14.15	14.65	
发酵奶(酸奶及其他)/万 t	31.59	32.50	27.60	25.28	
乳饮料/万 t	0.42	0.55	0.49	0.53	
其他鲜食产品/万 t	0.94	0.83	0.75	0.70	
黄油/万 t	9.54	9.12	9.75	9.40	
奶酪/万 t	123.22	126.11	130.80	132.73	
硬质奶酪/万 t	44.85	46.36	48.05	48.79	
半硬奶酪/万 t	9.95	9.39	9.59	9.94	
软奶酪/万 t	15.63	16.87	16.98	17.42	
鲜食奶酪/万 t	52.79	53.49	56.18	56.58	
融化奶酪/万 t	3.75	3.95	4.94	5.32	
生产奶渣用乳清/万 t	78.95	79.47	81.41	89.87	
饲用液态乳清/万 t	221.33	224.94	226.40	234.81	
浓缩乳清/万 t	122.29	126.16	132.85	140.96	
乳清粉/万 t	70.64	76.59	81.33	91.30	

数据来源：http//dati. istat. it。

1.1 奶牛养殖业

根据意大利农林政治部《畜禽养殖者协会功能性监测规程》，AIA 按照国际协议规定的标准协调管理奶业生产。具体数据由各大区育种协会(ARA)组织统计和提供，AIA 或国家品种育种协会(ANA，如意大利国家荷斯坦奶牛育种协会 ANAFI，意大利国家褐牛育种协会 ANAPRI 等）进行汇总和公布。2018 年年末，意大利根据欧盟 UE2016/1012 号法规于 2018 年 5 月 11 日颁布了第 52 号令，AIA 进行改组，AIA 保留 ARA，只负责数据的收集、整理、分析，而全国 ANA 又单独组织成国家品种育种联盟，负责全国动物品种的遗传改良。

1.1.1 奶牛存栏和牛奶产量

图 1 显示了近 60 年意大利奶牛头数、平均单产和总产奶量的变化。意大利奶牛总产奶量由于欧盟配额的限制，50 年来基本保持稳定。平均单产前 20 年稳步提高，但上升缓慢。直到 1991 年后出现大幅度上升，这主要是由于 1986 AIA 开始对奶牛实行选育计划。由于 2010 年基因组选育的引入和推广，2017—2019 年，奶牛平均单产增长幅度较大。尽管 2015 年后取消了欧洲配额制度，但牛奶产量受平衡价格的影响并没有显著增加，同时由于奶牛数量持续减少，牛奶总产量增加缓慢。

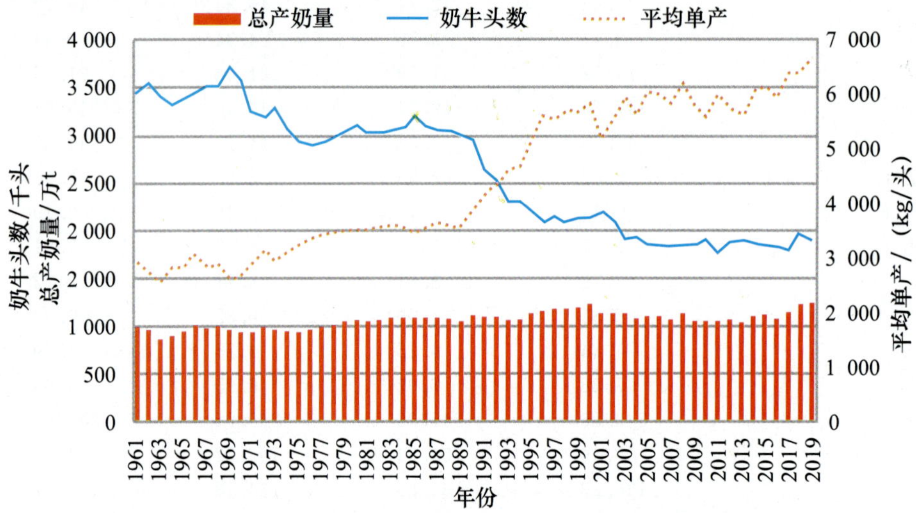

图 1 近 60 年意大利奶牛头数、平均单产和总产奶量的变化

意大利奶水牛主要是河流型水牛，其水牛奶产量和质量一直处于世界领先地位。图 2 显示了近 60 年意大利奶水牛头数、平均单产和总产奶量的变化。从趋势图来看，奶水牛单产变化波动较大，由于奶水牛单产统计从奶水牛育种协会统计牛只扩充到整个意大利奶水牛群体，1988 年以后奶水牛单产水平大幅度下降，乳脂率、乳蛋白率、乳糖含量稳定，无明显变化。

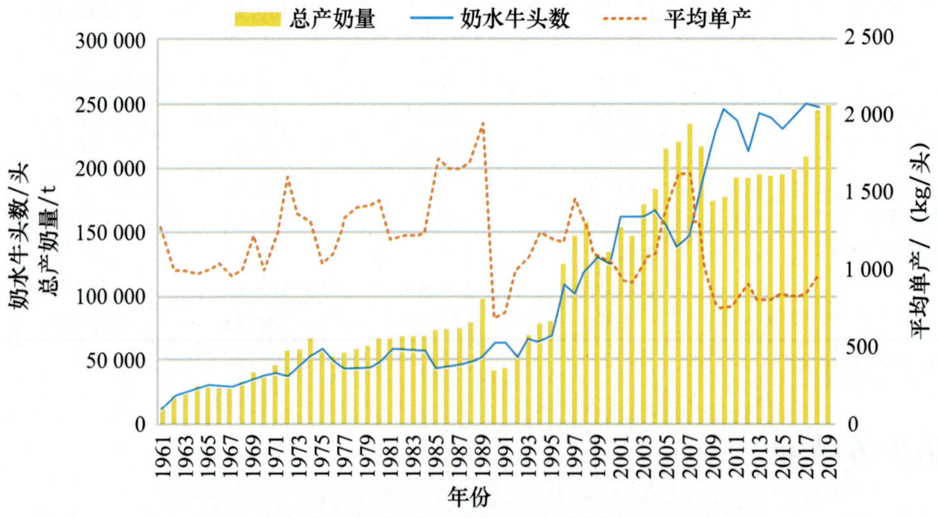

图 2 意大利奶水牛头数、平均单产和总产奶量的变化

（数据来源：根据附表 1 数据整理）

1.1.2 意大利奶牛品种多样

意大利非常重视本地品种的培育和地方品种的特异化。2019 年在 AIA 注册登记的挤奶的奶牛品种有 32 种，奶水牛品种 1 种，奶绵羊品种 23 种，奶山羊品种 27 种(表 2)。意大利奶牛主要品种为荷斯坦奶牛，其他供挤奶的品种还有西门塔尔牛、意大利褐牛、娟姗牛、勒及阿那牛、阿尔皮灰牛等。虽然荷斯坦奶牛具有优异的生产性能，并且在数量和比例上占有绝对优势，但意大利针对不同地区生产环境和生产条件养殖了不同的奶用牛羊品种，并以此形成了独特的产品。例如皮埃蒙特牛是世界上著名的终端肉牛杂交品种，但由于历史的原因，库内奥省部分地区还保留着挤奶的传统。

表 2 在意大利养殖者协会注册的挤奶的奶牛或奶羊品种

物种	品种
奶牛	意大利荷斯坦奶牛、意大利褐牛、意大利西门塔尔、皮埃蒙特牛、娟姗牛、Valdostana Pezzata Rossa、Modenese、Reggiana、Modicana、Pezzata Rossa d' Oropa、Rendena、Grigio Alpina、Rossa Danese、Pinzgauer、Abbondance、Valdostana Pezzata Nera、Burlina、Angler、Castana、Cabannina、Agerolese、Mucca Pisana、Pezzata Nera Polacca、Varzese、Pustertaler Sprinzen、Cinisara、Tuxer、Ayrshire、Guernsey、Rossa Norvegese、Rossa Svedese、Normande
奶水牛	地中海奶水牛
奶绵羊	Moscia Leccese, Sarda, Massese, Barbaresca, Comisana, Altamurana, Appenninica, Gentile di Puglia, Laticauda, Langhe, Pinzirita, Brignasca, Frisona, Cornella Bianca, Ile de France, Suffolk, Romanov, Valle del Belice, Berrichonne du Cher, Bagnolese, Lacaune, Nera di Arbus, Assaf
奶山羊	莎能、Maltese, Garganica, Girgentana, Bionda dell'Adamello, Camosciata delle Alpi, Frisa, Sarda, Derivata di Siria, Argentata dell' Etna, Jonica, Verzaschese, Orobica, Roccaverano, Alpina, Ciociara Grigia, Grigia di Lucania, Napoletana, Garfagnana, Messinese, Sarda primitiva, Rustica di Calabria, Valdostana, Nicastrense, Aspromontana, Bianca Monticelliana, Capestrina, Murciana

数据来源：AIA，2018。

1.1.3 奶牛注册比例南北方存在差异

AIA 组织的工作在 60 多年的实践中取得了很大进展，养殖户开始自愿在协会注册登记其牛只并按照 ICAR 指南进行生产性能记录。目前由于意大利不再全额支持奶牛全产业链记录，付费参与记录的养殖场比例表现出南北差异。2020 年，意大利奶牛存栏量与 2019 年存栏量大致相当，参与监控的牛只略有增加，北部地区参与 AIA 记录的奶牛数占总奶牛头数的 52%（2019 年为 51%），中部记录奶牛占比为 24%(2019 年为 16%)，南部记录奶牛占比为 18%(2019 年为 16%)。从表 3 可以看出，经济比较发达的北部地区，参与度比经济欠发达的南部及岛屿、中部地区高。

表 3 意大利奶牛存栏量和参与 AIA 记录奶牛数量(2019 年和 2020 年对比和 2020 年监测奶牛数量及乳品质)

行政大区	存栏量/头		监控奶牛数量/头	年产奶量/(kg/头)	乳蛋白率/%	乳脂率/%
	2019 年	2020 年				
艾米利亚一罗马涅	259 851	259 983	123.022	9 363	3.39	3.71
弗留利一威尼斯·朱利亚	33 122	32 292	17 581	8 626	3.41	3.92
利古里亚	1 450	1 473	541	5 117	3.47	3.80
伦巴第	545 716	540 117	302 049	10 451	3.40	3.85
皮埃蒙特	136 186	143 284	70 944	9 402	3.42	3.92
特伦托	76 654	76 693	47 287	7 653	3.49	4.05
瓦莱·达奥斯塔	16 452	15 681	11 019	3 478	3.32	3.42
威内托	135 329	135 525	53 248	9 472	3.42	3.80
拉齐奥	45 888	45 332	10 095	9 407	3.40	3.77
马尔凯	6 065	5 969	1 186	8 020	3.40	3.81

续表 3

行政大区	存栏量/头		监控奶牛数量/头	年产奶量/(kg/头)	乳蛋白率/%	乳脂率/%
	2019 年	2020 年				
托斯卡纳	14 382	13 714	2 806	8 822	3.40	3.87
翁布里亚	5 899	5 912	2 787	9 437	3.36	3.71
阿布鲁佐	15 274	15 243	5 153	7 532	3.36	3.80
巴西利卡塔	22 392	22 849	10 043	9 191	3.42	3.83
卡拉布里亚	23 427	23 911	4 883	9 022	3.41	3.79
坎帕尼亚	56 909	56 267	3 549	9 275	3.37	3.81
莫利塞	10 021	10 159	2 679	6 727	3.40	3.81
普利亚	80 955	79 765	24 070	8 481	3.47	3.79
撒丁岛	54 247	51 292	10 534	110 115	3.41	3.94
西西里岛	102 898	103 921	3 303	8 434	3.42	3.90
北部	1 204 760	1 204 048	625 691			
中部	72 234	70 927	16 871			
南部及岛屿	366 123	363 407	64 214			
总计	1 643 117	1 638 382	706 779			

数据来源：CLAL 意大利奶牛资产，https://teseo.clal.it/clal20/? section=vacche_italia。

1.1.4 荷斯坦奶牛产奶量和乳质量持续上升

近 10 年来意大利荷斯坦奶牛协会登记牛只数量持续下降，奶牛场数量也略微下降，每个农场的平均养殖规模大致稳定，但是平均奶牛数仅 95 头，仍是家庭牧场为主体。奶牛平均产奶量逐年提升，但在 2019 年呈现小幅度下降趋势（与 2018 年相比减少了 39 kg）；乳脂率、乳蛋白率逐年提升，说明奶牛养殖水平和遗传进展的持续改进。虽然 2015 年取消了欧盟牛奶配额制度，但是并没有引起市场的较大波动，说明奶牛行业基本处于成熟和稳定（表 4）。

表 4　近 10 年来意大利荷斯坦奶牛存栏、产量及规模

年份	存栏量		产量			场均奶牛数/头
	养殖场/个	奶牛数/头	产奶量/kg	乳脂率/%	乳蛋白率/%	
2009	13 327	1 103 453	8 869	3.68	3.38	83
2010	13 164	1 113 859	9 125	3.70	3.36	85
2011	12 922	1 128 626	9 190	3.67	3.35	87
2012	12 578	1 130 270	9 320	3.72	3.38	90
2013	12 036	1 099 342	9 293	3.71	3.32	91
2014	11 517	1 076 181	9 472	3.67	3.29	93
2015	11 477	1 095 576	9 582	3.66	3.27	95
2016	11 123	1 106 461	9 742	3.75	3.32	99
2017	10 629	1 091 652	9 980	3.73	3.33	103
2018	9 896	1 081 855	10 136	3.76	3.35	109
2019	9 769	1 079 338	10 097	3.81	3.36	111

与 2018 年相比，2019 年意大利娟姗牛登记数量增加 151 头，奶牛场数量增加 34 个，单产略微有所降低，乳品质保持在恒定水平（表 5）。

表 5　意大利娟姗牛存栏、产量及规模

年份	奶牛/头	奶牛场/个	产奶量/kg	脂肪/%	蛋白质/%
2018	6.695	725	6.623	4.93	3.94
2019	6.846	759	6.573	4.94	3.93

意大利荷斯坦奶牛产奶量达到世界先进水平，表 6 显示 AIA 登记的不同挤奶次数的代表性牧场生产性能。挤奶次数对产奶性能没有直接影响，日挤奶 2 次的牧场产奶量略低，但是节省了人工成本，故大部分采用 2 次挤奶模式。

表 6 意大利不同挤奶方式代表牧场生产性能

日挤奶次数	牧场数量	场均牛头数	平均产奶量/kg	乳脂率/%	乳蛋白率/%	实际挤奶天数	当前胎次产犊时月龄	产犊-妊娠间隔天数
2 次	92	118	12 887.4	3.72	3.42	314.5	41.1	154
3 次	20	230	13 292.6	3.82	3.34	311.2	40.5	158
机器人	10	134	13 157.2	3.51	3.36	312.0	41.8	153

1.1.5 原料奶价格

图 3 是意大利 10 年来原料奶价格和消费者物价指数(CPI)走势。整体来看，原料奶价格比较平稳。2008—2009 年牛奶价格稍有下降，但 CPI 并没有明显变化。2009—2011 年间牛奶价格回升，原料奶价格增长趋于平缓。随后原料奶价格基本处于正常波动状态。2014 年的原料奶价格高于其他年份，为 41.92 欧元/100 kg，尽管原料奶价格经常波动，整体来看原料奶价格基本平稳。2019 年原料奶价格为 40.63 欧元/100 kg，比 2018 年的 37.38 欧元/100 kg 提高了 8.7%。

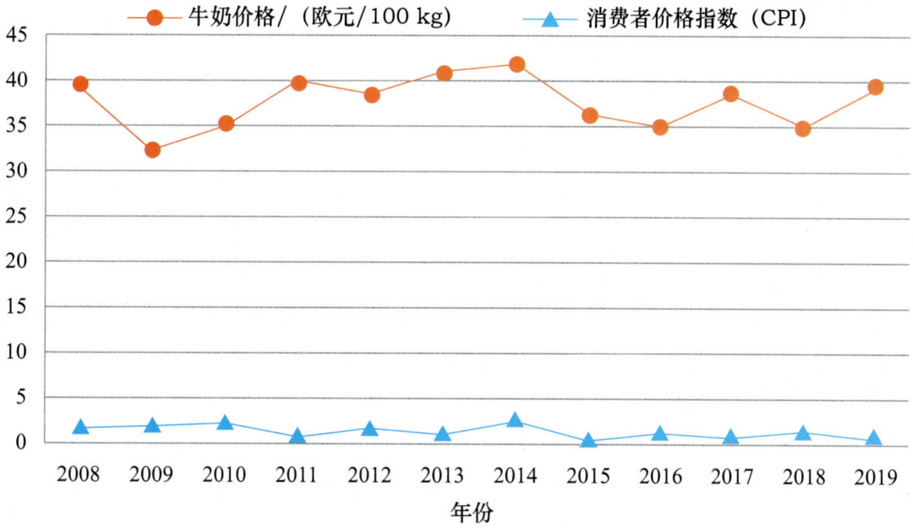

图 3 2008—2019 年意大利原料奶价格和消费者物价指数(CPI)走势

注：以上价格是在 3.7%的脂肪和 3.25%的蛋白质水平下的牛奶价格，均不包含增值税。
（数据来源：意大利 CLAL 公布的数据信息）

图 4 显示了近 8 年来意大利和欧盟 27 国平均奶价的走势。从整体来看，欧盟平均奶价和意大利奶价走势基本相同，除了最近 5 个月外，意大利奶价一直高于欧盟平均奶价。年份之间都有较大的差异，而在每月之间虽然有一定的波动，但是每个月内原料奶价格浮动较小，可能是因为意大利原料奶产量不受季节性波动影响，保证全年 12 个月原料奶产量均衡。这主要与意大利人的牛奶消费习惯有关，也反映了热应激防控措施做得好。

从年份之间的变化趋势来看，奶价与政治环境有很大的关系。2014 年由于俄罗斯禁令，奶价就开始下滑，2015 年取消奶配额后，奶牛数量增加，造成奶价持续下滑。2016 年欧盟采取措施，降低了牛奶产量，奶价回升至正常水平，2020 年新冠疫情蔓延，造成奶价略微下调。2021 年下半年至今，奶价持续攀升，新冠疫情刺激了牛奶消费需求。

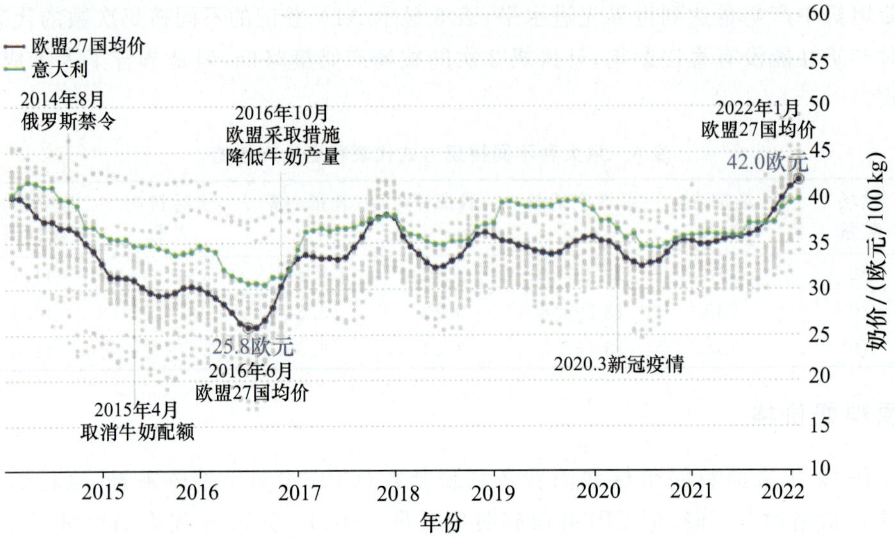

图 4　2015—2022 年意大利奶价和欧盟 27 国平均奶价走势

（数据来源：ec. europa）

1.2　乳品加工业

1.2.1　乳品加工企业以及加工牛奶数量

意大利乳制品在意大利食品工业中占有举足轻重的地位。全国拥有牛奶加工厂以帕玛拉特乳品有限公司最为著名，帕玛拉特是典型的意大利家族式企业集团，年营业额一度达到数十亿欧元，被视为意大利北部成功企业的代表，公司的奶制品主要销往意大利、澳大利亚和加拿大市场。意大利的奶制品企业——Cola Dairy Products(CODAP)公司建立于 20 世纪的 60 年代，是欧洲第一家生产搅打奶油的制造商，目前每年生产 5 500 万听奶制品罐头，其中产量的 70%供出口，Brazzale 公司在国内外也占有重要的地位。除了具有国际竞争能力的大企业外，小型企业也通过联盟形式在市场上占有一定的地位，Granarolo 联盟是小企业联盟的一个代表，在意大利有 7 个企业分别生产不同的乳制品目前意大利国内市场占有率已达到 30%。意大利奶酪产品有 300 多种，多为传统生产，具有地方特色，80%的奶酪用牛奶制作，其他为水牛奶酪(8%)、山羊奶酪(4%)和绵羊奶酪(8%)。有 42%的原料奶用于生产地方特色产品，如帕尔玛、雷佐艾米利亚干奶酪(Parmigiano Reggiano)、波河平原干奶酪(Grana Padano)、牛奶和水牛奶制成的软奶酪(Mozzarella)等。目前有 398 家乳品企业通过 ISO 9001 认证，46 家乳品企业通过 ISO 14001 认证，16 家企业通过 EMAS 认证。意大利每年生产地方特色奶酪产品(DOP)有 40 万 t，在食品行业中占有重要的地位。2018 年全球超过 1/4 的 DOP、地理标识产品(IGP)、保证传统特产(TSG)的产品来自意大利，其 DOP、IGP 产品经济价值超过 162 亿欧元，比上一年增长了 6%。其中奶酪制品有 7 种，合计 40.8 亿欧元，比 2017 年提高 4.5%。

1.2.2　主要乳制品以及产量变化

意大利生产的乳制品主要有鲜奶、炼乳、黄油、奶油、全脂奶粉、脱脂奶粉和奶酪(图 5)，如脱脂奶(脂类含量小于 0.3%)，部分脱脂奶(脂类含量 1.5%～1.8%)，脱糖奶(除去乳中两种主要糖葡萄糖和半乳糖的 75%)，其中奶酪占绝大部分。

意大利鲜奶的产量基本保持稳中有升，1961 年为 1 061.7 万 t，2011—2018 年液态奶的产量略有波动，但总体上持续上升。意大利奶牛奶酪产量位居乳制品产量中第 2 位，在 2012 年达到最高值。在欧盟配额取消之后，并没有出现大幅度上升。黄油产量在 1961 年时的产量为 70 800 t，1994—1999 年间产量迅速增加，达到最大产量 147 400 t，随后下降至 2014 年的 100 498 t(降幅为 68.1%)。炼乳与脱脂奶粉产量在乳制品中所占比重较小，基本在 0.3%左右。炼乳的产量变化幅度较大，从 1961 年的 11 067 t 开始至 1996 年达到最低值 127 t，到 2012 年达到最大值 12 000 t，然后开始下降，到 2018 年降至 4 763 t。全脂奶粉产量变化幅度较小，从图中可以看出，在 1968 年达到最大值，产量为 20 000 t。奶油的产量增长趋势最为明显，尤其是 1961—1985 年奶油的产量呈直线上升，到 2013 年稍有下降，然后又有回升。

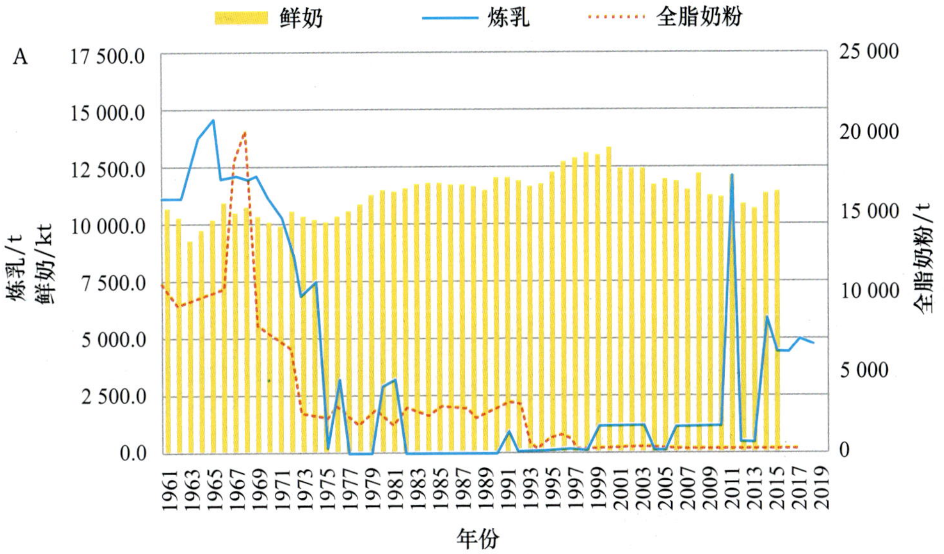

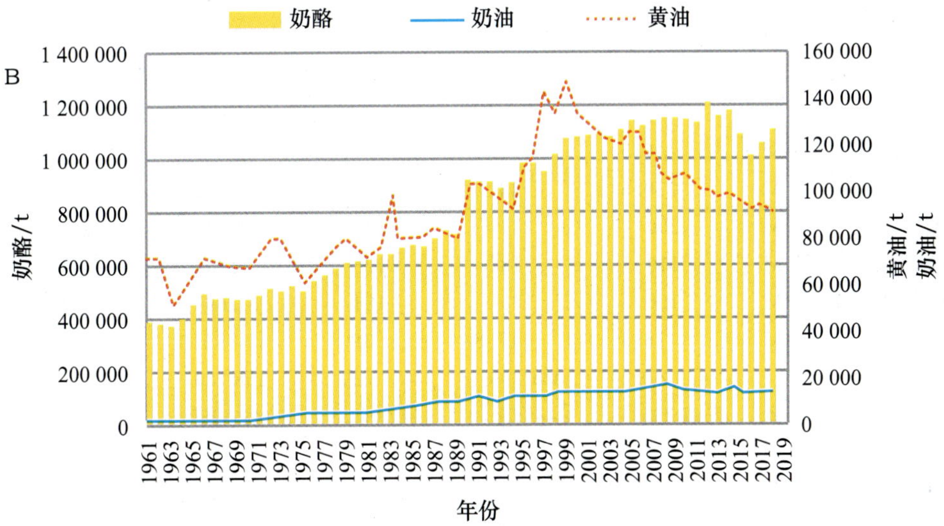

图 5 意大利主要乳制品产量变化

（数据来源：根据附表 2 数据整理）

根据不同的菌种和加工方法，奶酪又分为鲜奶酪、软奶酪、半硬奶酪和硬奶酪。表 7 显示意大利主要 DOP 奶酪产品产量整体上不断增加，其中最主要的是 Grana Padano 和 Parmigiano Reggiano，这两种奶酪产量在 2018 年比 2017 年分别增加了 205 t 和 567 t，而 Murazzano 则减少 23%以上。

表 7 意大利主要 DOP 奶酪产品产量 t

产品	奶种类	2015 年	2016 年	2017 年	2018 年	2019 年	2020 年
Grana Padano	V	183 235	185 873	190 353	190 558	199 292	203 606
Parmigiano Reggiano	V	132 829	139 685	147 125	147 692	149 857	157 482
Gorgonzola	V	54 015	54 974	56 793	58 192	60 309	61 205
Asiago	V	21 660	21 070	20 778	20 808	20 682	23 065

续表 7

t

产品	奶种类	2015 年	2016 年	2017 年	2018 年	2019 年	2020 年
Taleggio	V	8 977	8 891	8 870	8 802	8 806	8 369
Provolone Valpadana	V	4 720	5 290	5 920	6 159	6 660	7 350
Montasio	V	6 712	5 970	5 788	6 449	6 104	6 757
Fontina	V	(e) 4 031	(e) 3 718	(e) 3 536	(e) 4 272	4 006	4 000
Quartirolo Lombardo	V	3 366	3 358	3 099	2 958	2 911	3 026
Piave[4]	V	2 418	2 010	2 134	2 295	1 851	2 430
Valtellina Casera	V	1 344	1 389	1 353	1 382	1 586	1 703
Squacquerone di Romagna	V	1 551	1 509	1 696	1 480	1 475	1 932
Stelvio	V	1 236	1 283	1 282	1 391	1 357	1 252
Toma Piemontese	V	973	1 082	986	1 018	1 042	920
Caciocavallo Silano	V	791	781	783	859	932	1 246
Monte Veronese	V	(e) 851	(e) 830	(e) 800	(e) 859	857	937
Raschera	V	749	745	681	794	702	597
Bra	V	585	683	566	612	626	535
Casatella Trevigiana	V	(e) 571	502	470	446	405	455
Puzzone di Moena	M	(e) 398	(e) 384	(e) 365	(e) 380	385	360
Salva Cremasco	V	266	280	259	257	241	224
Castelmagno	M	216	219	213	213	214	169
Ragusano[3]	V	125	143	190	191	175	210
Formai de Mut	M	56.7	61.7	62.3	57.6	61.0	58.0
Spressa delle Giudicarie	V	(e) 53.6	(e) 53.0	(e) 30.0	(e) 59.0	43.0	18.0
Ossolano	V	n. p.	n. p.	n. p.	0.0	12.2	14.1
Valle d'Aosta Fromadzo	M	(e) 6.5	(e) 6.5	(e) 6.3	(e) 12.0	12.0	12.0
Nostrano Valtrompia	V	10.5	14.0	14.7	11.6	8.6	7.1
Bitto (10% C)	M	250	244	245	254	226	210
Robiola di Roccaverano	M	110	118	128	139	148	151
Casciotta d'Urbino (70% P)	M	156	175	184	169	121	124
Murazzano (60% P)	M	16.3	17.8	19.4	15.0	12.8	14.8
合计		432 279	441 359	454 729	458 785	471 120	488 439
水牛奶 Mozzarella	B	41 295	44 207	47 032	49 398	50 176	50 677
合计		41 295	44 207	47 032	49 398	50 176	50 677
Pecorino Romano[1]	P	30 168	35 632	27 856	34 183	26 939	30 909
Pecorino Toscano	P	2 944	3 650	3 562	3 344	3 205	3 533
Pecorino Sardo	P	1 414	1 500	1 625	1 800	2 000	2 181
Fiore Sardo[2]	P	550	(e) 550	735	679	981	1 104
Pecorino Siciliano[3]	P	40.0	50.0	66.6	61.0	87.0	38.0
合计		35 116	41 382	33 845	40 067	33 212	37 765
Formaggella del Luinese	C	7.8	10.5	10.0	13.0	10.0	9.0
合计		8	10	10	13	10	9

注：更新至 2021 年 9 月 24 日。

估计值，(*e*)估计值，*n. p.* 无法获得。

* 基于上一年度同种产品计算。

[1]10 月—次年 7 月；[2]11 月—次年 5 月；[3]11 月—次年 6 月。

V：牛奶；B：水牛奶；P：绵羊奶；C：山羊奶；M：混合奶。

数据来源：根据 CLAL 网站整理。

1.3 乳品消费

意大利对乳制品的消费占农产品消费的比例很高。2016—2019 年间，意大利乳制品消费量基本保持不变(表 8)。液态奶消费量略有波动。人均酸奶消费量和总体消费量均在 2017 年最高，最近两年持续降低。黄油和奶酪消费量一样基本保持恒定。

表 8 2016—2019 年意大利乳制品消费量

项目	2016 年	2017 年	2018 年	2019 年
总消费/万 t				
液态奶	294.9	302.5	293.1	
酸奶	55.8	57.2	53.1	51.1
黄油	15.2	14.4	14.9	15.2
奶酪	136.2	135.6	141.4	
人均消费量/kg				
液态奶	48	49	48	
酸奶	9.2	9.4	8.8	8.4
黄油	2.5	2.4	2.5	2.5
奶酪	22	22	23	

数据来源：根据意大利 CLAL 网站、EUROSTAT 资料整理。

在液态奶的消费中，超高温处理牛奶占液态奶的比例大于 53%，而巴氏奶比例只有 25%左右，剩下的为高品质巴氏奶。意大利居民倾向于从超市或大型超市中购买液态奶，占总购买量的 78%左右，而且还有向大型超市进一步转移的趋势，从超市购买的比例从 48.41%降到 45.50%，从大型超市购买的比例从 29.82%上升到 31.66%。意大利不同地区之间消费液态奶的情况也有所差异，以南部地区+西西里岛最高，西北和中部+撒丁岛地区次之，东北地区最低。

1.4 乳制品贸易

意大利对外贸易的乳制品主要是奶酪和鲜奶，这两种乳制品占整个意大利乳制品出口总额的 96%，占进口总额的 80%。从数量上看，意大利是乳制品的净进口国，从贸易额上看，意大利乳制品的出口也占有重要的地位，特别是奶酪和乳清的出口，占意大利乳制品出口量的绝大多数。图 6 显示了 2015—2019 年意大利主要乳制品出口情况，从趋势上看，几种主要乳制品都在逐年增高。

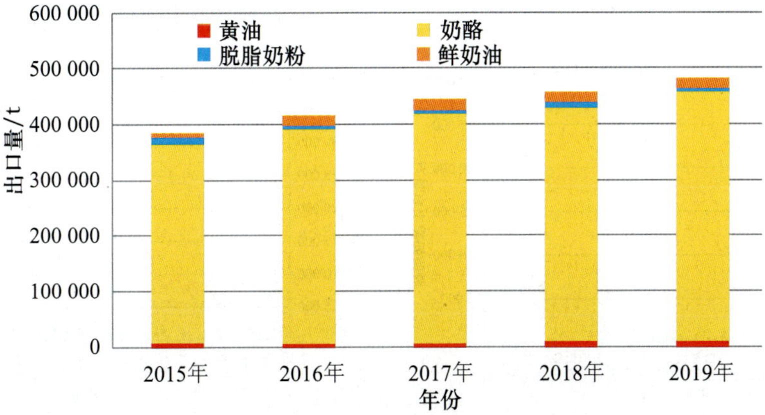

图 6 2015—2019 年意大利主要乳制品出口情况

(数据来源：根据意大利 CLAL 网站资料整理)

由图 7 可以看出意大利近 60 年来乳制品进出口贸易量的变化情况。1961—2017 年间，奶酪进口量始终大于出口量。从 1969 年开始奶酪进口量明显高于出口量，贸易逆差迅速拉大；直到 1985 年，意大利奶酪出口量才逐渐加大，缩小与进口量的差距。2010 年奶酪的进口量为 43.04 万 t，出口量为 24.87 万 t，贸易逆差明显为 18.17 万 t。

1961—2017 年，鲜奶的进口量始终高于出口量，呈现贸易逆差。1961—1973 年，鲜奶的出口量基本保持持平，之后迅速上升，到 1981 年达到一个较高水平 2.5 万 t，之后又迅速下降，随后呈现跳跃式增长，在 2007 年又达到一个高值 1.9 万 t，最后在 2017 年达到最高值。鲜奶进口量在 1965 年之前保持稳定，之后迅速上升，在 2011 年达到最高值 199.7 万 t。之后缓慢下降直至 2018 年达到最低为 111.37 万 t，在 2019 年又呈现小幅度上升(比 2018 年多 6.00 万 t)。

意大利黄油进口量始终高于出口量，贸易逆差明显，并于 1987 年达到贸易逆差最大值 7.3 万 t。黄油进口量呈跳跃式增长的方式，在 1987 年达到最高值 7.7 万 t，2011 又出现一个峰值，之后逐渐平稳。出口量在 1961—1983 年间较平稳，从 1984 年开始逐渐加大，缩小了与进口量之间的差距，2010 年出口量为 2.7 万 t，之后逐年降低，近年来，进出口量趋于平稳发展。

意大利全脂奶粉进口量在 1961—2019 年间明显高于出口量(图 7)。1980—1992 年，进口量几乎呈直线上升趋势。在 1996 年达到最高值 3.2 万 t。全脂奶粉出口量在 1987 年以前较平稳，从 1988 年开始出口量

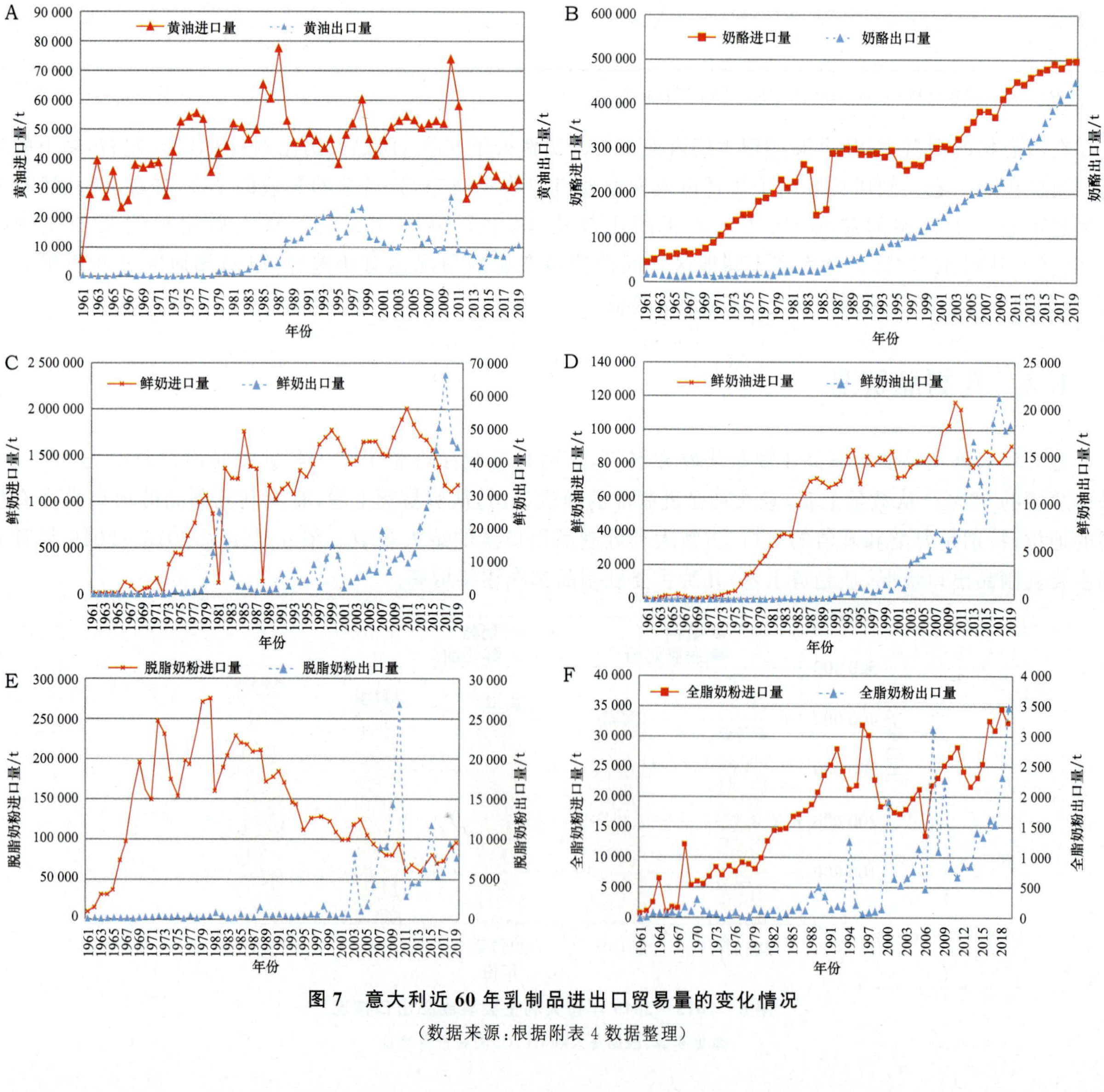

图 7　意大利近 60 年乳制品进出口贸易量的变化情况

(数据来源：根据附表 4 数据整理)

很不稳定，1996 年为最低值 63 t，2007 年为最高值 3 117 t。意大利脱脂奶粉出口量从 1961—2002 年间一直保持平稳，在之后的几年中迅速增长，到 2010 年达到 2.7 万 t，在 2011 年又急速下降，之后逐渐平稳。脱脂奶粉进口量在 1961—1980 年之间呈现跳跃式增长的趋势，但是从 1981 年开始迅速下降，2011 年后开始回升，到 2019 年为 9.2 万 t，脱脂奶粉总体贸易趋势为进口量大于出口量。

意大利鲜奶油出口量在 1989 年以前很平稳，随后数量逐渐增大，2001—2013 年呈直线上升的增长方式，并于 2013 年达到最高值 1.6 万 t，然后逐渐下降，在 2015 年降到 0.7 万 t 然后又上升至最高 2.1 万 t。鲜奶油进口量从 1974 年开始有较快增长。近 50 年间进口量显著高于出口量，且贸易逆差一直在增大，到 2010 年进口量为 11.6 万 t，出口量为 0.6 万 t，贸易逆差为 11 万 t。之后逐渐下降，2019 年贸易逆差达到 7.2 万 t。

从图 8 中可以看到意大利近 60 年来乳制品进出口贸易额的变化情况。从 1961 年开始到 2002 年，奶酪进口额大于出口额的情况很明显，但是从 2003 年开始，进口额与出口额之间的差距逐渐缩小，并于 2009 年开始出现贸易顺差，到 2010 年意大利的奶酪进口金额为 18.2 亿美元，出口金额为 20.2 亿美元，贸易顺差为 2.0 亿美元。之后贸易顺差逐年增大，2019 年贸易顺差达 15.7 亿美元。

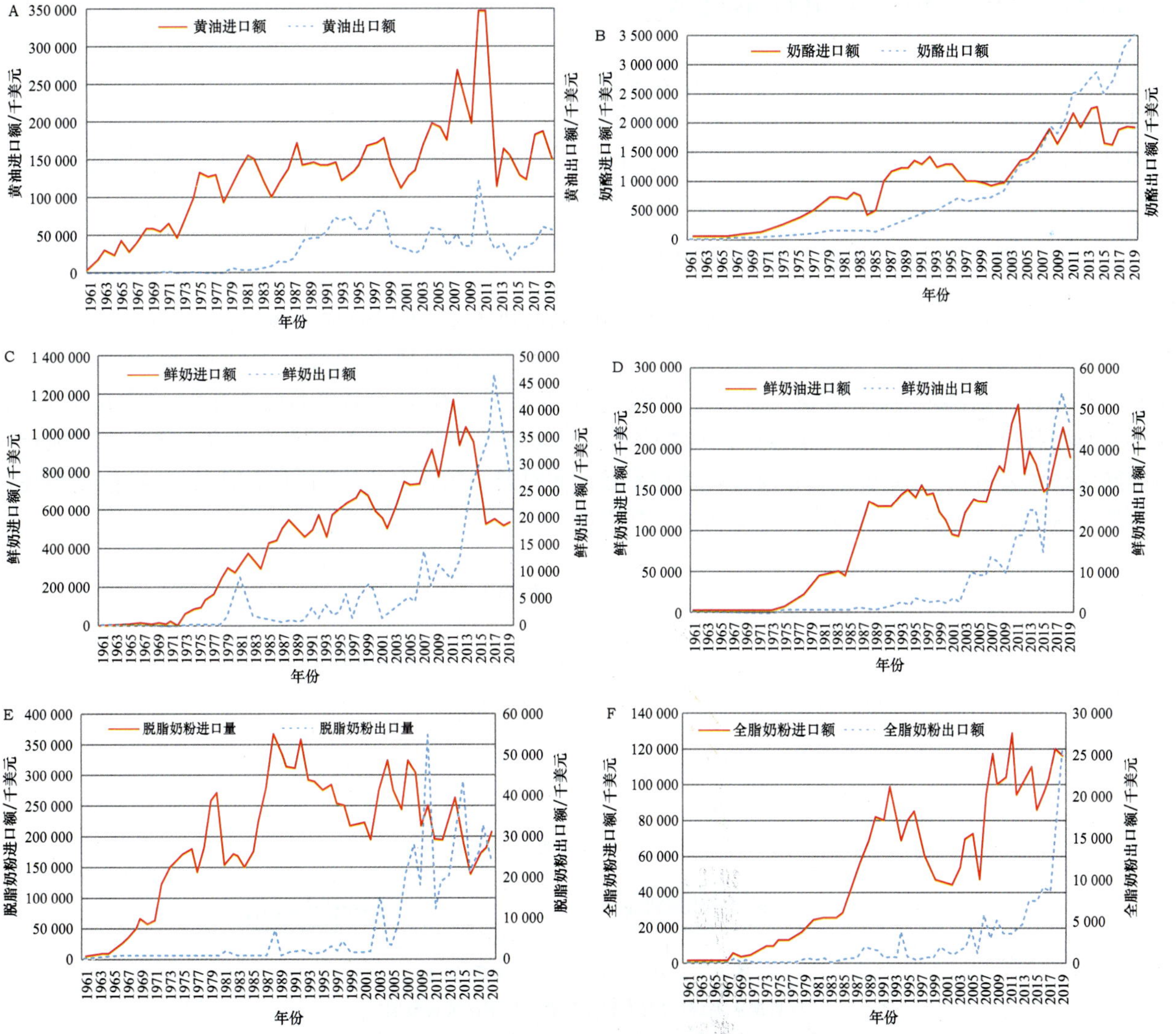

图 8　意大利近 60 年乳制品进出口贸易额的变化情况

（数据来源：根据附表 3 数据整理）

意大利鲜奶出口额 1978 年以后呈上升趋势，并于 2007 年达到峰值 0.13 亿美元，但在 2008 年突然降低，2009 年又升高，之后逐渐下降，在 2012 年以后逐渐上升。进口额从 1974 年开始逐渐增长，在 1994 年出口额降低，然后又快速上升，2011 年达到最高峰 11.6 亿美元后逐渐下降，到 2019 年达到 5.3 亿美元。

黄油进口额始终高于出口额，进口额在 2010 年达到最大值 3.5 亿美元，出口额从 1985 年开始有所提高，到 2010 年为 1.2 亿美元。进出口额都在 2011 年突然降低之后缓慢上升。意大利全脂奶粉从 1972 年开始进出口额差距不断扩大，并于 2008 年达到差额最高值 1.1 亿美元。到 2019 年，进口额为 1.1 亿美元，出口额为 0.25 亿美元。意大利脱脂奶粉进口额与出口额在 1961—1988 年间差距不断增大，而后随着进口额的减少和出口额的增长差距有所缩小，到 2010 年差值为 2.0 亿美元。鲜奶油进出口额从 1976 年开始差距逐渐增大，从 1997 年开始差距有所缩小。到 2010 年鲜奶油进口额为 2.3 亿美元，出口额为 0.1 亿美元，贸易逆差为 2.2 亿美元。2019 年进口额为 1.9 亿美元，出口额为 0.4 亿美元。

2　奶业科技进展概况

2.1　奶牛育种与繁殖技术进展

意大利奶牛育种具有悠久的历史，在不断发展的过程中，不断整合最前沿的科研成果，保持拥有最先进的良种登记册和产奶性能记录。在所有进行育种改良登记的国家中，意大利奶牛登记头数占国家养殖头数比例最高，为 51%，而且所有的登记牛只都严格地按照 ICAR 标准进行牛奶监控数据和育种指数排名，保证了意大利奶牛质量和牛奶品质在世界上占据重要的地位。

2.1.1　意大利奶牛育种与奶业大数据建设

意大利奶牛育种工作已有 70 多年的历史，主要由 AIA 和 ANA 共同完成。图 9 显示了意大利 2018 年以前的奶牛育种体系。意大利基本上每个主要品种都有自己的育种协会，隶属于国家养殖者协会管理，数量较少的品种由国家养殖者协会统一管理。国家养殖者协会下面有 56 个省级养殖者协会，这些省级养殖者协会每月派技术人员到养殖户采集数据并将数据传给国家养殖者协会。国家养殖者协会将生产性能相关数据转给品种育种协会，后者结合自身保存的谱系登记和对奶牛的评分，计算估计育种值，并将数据传递给省级养殖者协会和养殖户，最终指导计划奶牛选配工作。

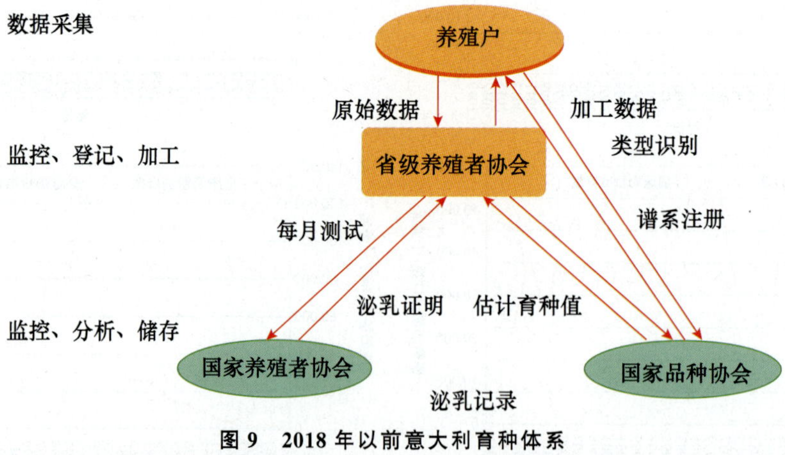

图 9　2018 年以前意大利育种体系

（数据来源：根据意大利养殖者协会网站资料整理）

为了进一步加强育种工作的管理，意大利农林食品政策部按照欧盟 2016/1012 法规将意大利养殖者协会中 ANA 独立出来，重新成立国家品种育种联盟。AIA 保留 ARA，只负责数据的收集、整理，而全国 ANA 有单独组织成国家品种联盟，负责全国的遗传改良。这样更能体现育种改良的独立性和公正性。AIA 定期派专职人员到各企业采集样品和数据，保证奶业全产业链生产记录。

表 9 统计了 AIA 对不同类型奶牛场进场采集奶样进行监测的频率。AIA 按照 ICAR 操作指南，因地制宜地对奶牛场采用不同的抽样监测频率，采样方法多样化，近年来，A4 采样方法数量逐渐减少，A6 采样方法已经不再使用，主要使用 AT/A5 和 AJ 采样方法。对于外貌评分、产犊难易度、发情、配种等繁殖性能的信息采集，不同的牧场采集的数量和种类也有所不同。图 10 显示了意大利荷斯坦奶牛和娟姗牛协会数据库中记录的奶牛数量、外貌评分数量和计算育种值的奶牛数量。反映了数据采集的不易，需要更加科学的采集方法和智能化手段管理牧场。

表 9 意大利荷斯坦奶牛协会 10 年来进场采样频率分布

年份	完整泌乳期数	A4	A6	AT/A5	AJ	山区牧场	不固定检查	其他
2010	785 492	53 150	9 007	614 827	92 906	0	15 229	373
2011	802 308	38 677	5 815	636 362	100 796	766	18 027	1 865
2012	824 988	25 768	4 612	645 665	106 771	746	39 585	1 841
2013	788 368	19 512	1 371	560 446	93 437	831	111 115	1 656
2014	787 325	14 282	8	575 548	90 601	848	104 663	1 375
2015	764 713	9 779	0	556 281	88 479	865	108 345	964
2016	789 321	8 001	2	575 819	97 238	816	107 245	200
2017	770 446	6 226	4	563 826	97 134	797	102 190	269
2018	772 391	5 850	4	561 808	96 691	794	107 047	197
2019	733 387	5 234	0	541 490	95 812	768	90 055	27

备注：A 为官方监测抽样，4、5、6 分别为抽样间隔为 30、36、42 d，T 为早/晚间隔抽样，J 为早/中/晚间隔抽样。

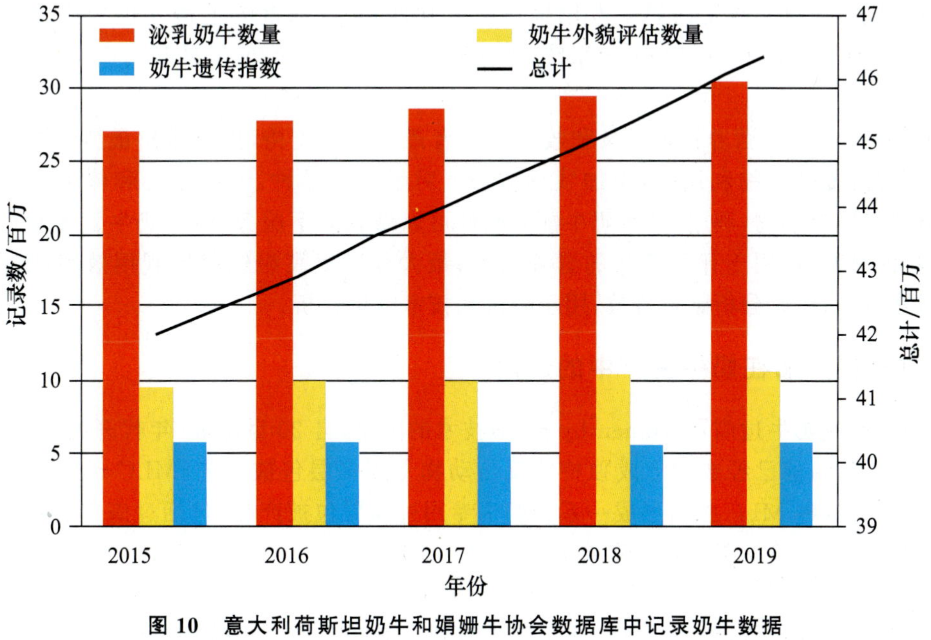

图 10 意大利荷斯坦奶牛和娟姗牛协会数据库中记录奶牛数据

AIA 为了更好地收集、分析奶业生产，并提供优质无偏服务，按照 ICAR 操作指南设计了国家统一的中央数据库智能管理系统——Si@lleva。该系统记录着所有注册牛只的出生、生长、产奶、繁殖等一系列个体信息，旨在为牧场、营养师、兽医师、自由职业者和政府提供精准行业数据从而为企业提供个性化服务。目前已登记有 3 000 多万头动物和 700 多万标准化遗传信息。为了最大程度地发挥动物的遗传优势，遗传改良必须得到适当的牧场管理的支持，以便改良的动物能够最好地发挥自己的性能。意大利的遗传改良与畜牧生产的相互依赖，同时又相互独立，使国家畜牧生产系统和遗传育种、农业食品供应链各组成部分能够高度协调发展。截至 2019 年 5 月 23 日，全国已有 2 700 多家牧场使用 Si@lleva 系统。Si@lleva 作为一个在线软件，实时收集、监测、处理牧场繁殖和生产数据，通过 Si@lleva 系统验证、处理和存储，将信息及时汇总，并将为服务公司绩效评估提供本地区或国家的基准和对比，从而明确企业优劣点，提供优化管理方案。

2.1.2 现代育种技术的应用

2010 年，全基因组选择技术开始在奶牛育种领域中应用。该技术可以对后备种公牛进行早期选择，提高选择准确性和选择强度，降低后裔测定规模和数量，提高育种和选择效率。欧洲的多国合作建立了欧洲奶牛全基因组选择参考群体数据库。意大利最早开始将全基因组育种和奶牛常规育种相结合提高育种值的可靠性。全基因组选育将普遍运用的群体选育转向个体选育，对于低遗传力的指标和中间杂交选育都有极大的推动作用，通过全基因组选育，将运动、体况评分、饲料效率、瘤胃效率、饮水量、繁殖性状、行为学特征、乳中尿素氮、乳房炎等参数纳入育种体系，大幅度提高奶牛基因组选择的遗传进展。近年来意大利平均单产产奶量持续增长，是全基因组育种绩效的实证。意大利奶牛改良最新的趋势是在肢蹄指数中增加了运动性能。并且使用单倍体基因组信息把每个性状都与对应的基因标记进行关联，基因组选育被广泛应用。

2.2 奶牛饲料与营养技术进展

意大利在饲料与营养技术的优势在于其创新性思维并将最前沿的研究成果应用于生产实践。

2.2.1 专业的反刍动物饲料配方系统服务于意大利奶业生产

奶牛场中饲料成本占总成本的比例为 60%～70%，合理的提高饲料转化效率对奶牛的产奶性能、身体健康、环境保护等方面都有重要的意义。意大利恩帝斯(NDS)配方软件是意大利 RUM&N 公司在采用美国康奈尔大学 CNCPS 系统的基础上研发的奶牛专用饲料配方软件，是目前世界上最先进的奶牛配方软件系统。NDS 软件包含了目前最新的 CNCPS 6.55 系统，并做到了实时更新，保证了最新的应用参数和最精确的奶牛生产模型。

NDS 软件能够给予奶牛营养技术人员和牧场管理者最完美的支持，用以做出最科学的牧场管理决定，并保证奶牛最大程度提高生物利用率，增加牧场效益。对于不同品种、不同年龄和体重、不同温热环境条件、不同饲养方式养殖的动物，利用 NDS 奶牛配方软件可以做到如下服务：研究奶牛营养和饲喂方案；为不同牧群配制独特的日粮；可用于评估原料的营养特性；最大程度提高粗饲料的利用效率；贯彻管理系统方案；用于生产成本分析；实时分析碳氮排放；用于经济和技术结果分析。

2.2.2 过瘤胃产品在奶牛生产中的应用

意大利是最早研究奶牛过瘤胃(rumen by-pass)技术的国家，自 20 世纪 80 年代开始就致力于反刍动物专用包被技术的研发，目前已经成功形成独特的反刍动物专用多层包被工艺(MLC technology)，并在欧洲多国取得专利。通过这种 MLC 技术形成一系列奶牛专用过瘤胃包被产品，包括过瘤胃胆碱、过瘤胃氨基酸系列、过瘤胃维生素系列、过瘤胃微量元素系列等。

1. 奶牛应用过瘤胃胆碱可有效降低围产期营养代谢病的发生率，改善肝脏健康

胆碱具有广泛的生理功能，因此在畜牧业生产中得到大量的应用。胆碱是合成乙酰胆碱和磷脂酰胆碱的重要原料，乙酰胆碱是中枢神经和外周系统的重要神经递质；磷脂酰胆碱是反刍动物体内重要的磷脂，对酯类的吸收、转运和细胞膜的完整性及细胞信号传递及脂蛋白的合成有至关重要的作用。胆碱是奶牛合成极低密度脂蛋白(VLDL)的重要前体物质，磷脂酰胆碱的缺乏可抑制小鼠肝脏细胞 VLDL 的合成。随着奶业技术的发展，奶牛生产性能不断提高，处于集约化饲养条件下的高产奶牛，胆碱的需要量可能得不到满足，需要添加外源性的胆碱，然而日粮中外源添加的绝大多数的胆碱或磷脂酰胆碱极易被瘤胃微生物降解，而且高剂量添加还会影响动物采食量并在瘤胃中产生毒素，这无疑是限制胆碱在奶牛饲料中应用重要原因之一；另外，胆碱具较强吸湿性，进而稳定型胆碱在奶牛上的应用就显得尤为重要，过瘤胃保护胆碱(rumen-protected choline, RPC)的方法被认为是安全可行的方法之一。

围产期是奶牛养殖过程中最重要的时期之一，期间奶牛从干奶转为泌乳，要经受生理上的极大应激。

围产期奶牛由于采食量下降而出现体贮脂肪的动员，导致血液中非酯化脂肪酸（NEFA）增多，并以甘油三酯（TG）形式在肝脏沉积，由于奶牛合成 VLDL 的能力较低，体贮脂肪动用的奶牛极易诱发脂肪肝和罹患酮病。脂肪肝奶牛的产奶量、身体状况以及繁殖力恢复数周后，肝脏甘油三酯浓度才恢复正常。因而，患脂肪肝的奶牛将长时间伴随组织学、代谢和激素方面的病变，长期则可能危害肝脏及其他组织，甚至引起不可逆坏死。而且，患病后奶牛由于肝功能障碍，常导致胆汁分泌不足，影响消化功能；同时还容易伴发其他围产期疾病，如胎衣不下、生产瘫痪和子宫内膜炎等，从而使患牛的产奶量、繁殖力和免疫力受到不同程度的影响。胆碱是肝脏合成 VLDL 的前体物质，因此围产期奶牛饲喂过瘤胃保护胆碱，被认为可增加小肠胆碱供应，改善奶牛机体代谢，缓解脂肪肝，进而维持奶牛高产稳产的重要手段之一。

2. 过瘤胃氨基酸可以有效改善奶牛日粮氨基酸平衡状态，提高生产性能

日粮氨基酸平衡将是未来奶牛营养学家重点关注的问题之一。过量的非降解蛋白质不能完全解决奶牛日粮的氨基酸需求。一般日粮中非降解蛋白质分解后的可吸收氨基酸比例与过瘤胃微生物蛋白质（自然完美蛋白质）相比，仍然未达平衡。因此，动物对所有氨基酸的需求可能未得到满足。当日粮提供的氨基酸不平衡时，奶牛的泌乳性能会降低。特定氨基酸的缺乏可通过在日粮中补充这些氨基酸含量更高的蛋白质饲料的方法来克服，实际生产中也常用这种超量饲喂蛋白质的方法，但从营养角度含有这些氨基酸的蛋白质必须抗瘤胃降解以顺利通过瘤胃，而且生产中使用的这些蛋白质可能十分昂贵，这些蛋白质中其他氨基酸并非都是动物所需要的，这就造成多余的氨基酸以尿氮排泄形式排出，进而造成代谢能消耗。随蛋白质添加成本增加，乳品价格趋于稳定，降低日粮氮的含量、提高日粮氮的利用率将成为日后的发展趋势，尤其是现在的生产技术已可以准确预测必需氨基酸的缺乏，那么将这些缺乏的氨基酸以过瘤胃形式在日粮中补充添加，在实际生产中有非常必要的应用价值。

通常在奶牛日粮中，赖氨酸和蛋氨酸被认为是两个最主要的限制性氨基酸，使用特别的过瘤胃赖氨酸和蛋氨酸可以轻松实现配制满足动物氨基酸需求的日粮配方，从而更易于调整代谢蛋白质（MP）中最佳氨基酸配比，使微生物蛋白质合成更有效，最佳的成分比例和较低的氮排放，可以增加奶产量，同时降低对外界环境的不利影响。

2.2.3 独特的发酵类产品常应用于意大利奶牛养殖生产中

反刍动物已经适应了一个复杂的小生态环境，因为各种瘤胃微生物种群，主要是细菌、原虫及真菌。反刍动物可以将低质量饲料转换为高质量蛋白质，并利用不适宜直接供人类食用的作物作为日粮。但反刍动物将饲料，尤其是纤维性饲料，实际转换为肉和奶的效率非常有限。只有 10%～35%的能量摄入作为净能被利用，20%～70%的纤维素不能被动物消化。如果反刍动物日粮中牧草的大部分能量均能被利用，那么就可以制定成本更低的日粮，进而更有效地利用环境资源。

利用米曲霉、黑曲霉、乳酸马克斯克鲁维酵母等混合发酵而成的培养物，有助于帮助粗饲料的发酵并为动物本身提供更多能量。其作用主要包括：瘤胃 pH 稳定，避免乳酸聚集风险；提高瘤胃生物量，提高瘤胃真菌降解牧草的能力，使得关键的纤维消化细菌能更好地利用牧草纤维素；提高对中性洗涤纤维（NDF）降解率；活化瘤胃纤维分解菌群；增加牧草摄入量。

2.2.4 意大利机械设备从技术上和设计上都处于世界领先地位

意大利司达特公司生产全混合日粮（TMR）生产设备是最先进入中国市场的意大利农业器械，对世界奶业全面推进规模化养殖、提高原料奶质量有着不可磨灭的贡献。意大利司达特公司卧式牵引式 TMR 饲料制备机、喷草机、多功能伸缩臂叉装车、便携式饲料 NZX 分析仪和意大利 Tonutti 集团生产的圆盘割草机 BR120、翻晒机 GT310、侧列搂草机 P5、中列搂草机 RCS8、方型打捆机 2747S 都代表了世界先进水平。一个 5 000 头规模的牧场，若是配备 3 台 180 马力（1 马力≈0.735 kW）的拖拉机、3 台立式牵引式 Dunker TW-250（25 m^3）、2 台多功能叉装车，共计投入约 300 万元，另需雇用 10 余人才能完成日常的饲喂工作。现在仅用 2 位工人操作 2 台司达特自走式 Dobermann（28 m^3），每天工作 6 h 便可完成 5 000 头牛的饲喂工作。

另外，意大利生产的电子型带有按摩动能的 InterPuls 集乳器，能够很好地保护奶牛乳房，具有经济耐用、使用普遍，质量可靠的特点。

2.3　奶牛疫病控制技术进展

意大利一般会根据欧盟的有关法律、法规，制定动物疫病控制具体的法律和法规，欧盟、意大利及其下属大区的法律、法规对养殖户来说具有同等效力。意大利对奶牛疫病防控实行二级监管制度，即企业或自由职业兽医师和官方兽医师共同检测疫病，防止传染病的发生和传播。一般情况下，意大利养殖场都会雇用自己的兽医师，有的兽医师可能会同时服务于几家养殖场，这些兽医师被国家认定为自由职业者。除了养殖场出资的兽医师外，国家卫生部下属各大区兽医局为每一个养殖场都会指定其分管的官方兽医师。法定的疫病防疫采取强制性措施，由临床兽医实施；非法定的疫病防疫由企业自行决定和实施。

突发疫病奶牛的扑杀，一旦发生法定的传染病，政府财政全额补贴扑杀；发生非法定的传染病，参与保险的农户可以向动物疫病保险基金会申请提供帮助。

2.4　奶牛场粪污处理与环境保护技术进展

2.4.1　粪污处理利用方式

欧盟研究表明，奶牛是养殖业中最主要的污染源，意大利奶牛业氮、磷排放分别占养殖业总排放量的54％和48％。意大利规模化奶牛养殖场在北部地区的集中造成了不同地区不同程度的污染，欧盟 91/676 硝酸盐法规规定在法规执行地区，自 2002 年起每公顷土地上每年不能撒播超过 170 kg 的动物粪氮。在欧盟对环境要求越来越高的前提下，意大利也面临着畜禽粪污处理的压力，但通过沼气利用和种养结合，较好地解决了这个问题。考察中发现，意大利的畜禽粪污处理大致有 3 种模式：①大型规模养殖场粪污处理模式。意大利政府鼓励奶牛场采用沼气发酵工艺进行粪污处理，农场根据自身条件，一般采取两种模式的沼气发电，即第一个沼气池采用“70％粪便＋30％生物质”的模式，第二个沼气池采用“30％粪便＋70％生物质”的模式，为了提高发电效率，添加了较多的秸秆等生物质。沼气发电之后，沼液直接还田，沼渣经过干燥后可以作为奶牛场很好的卧床和运动场垫料，适当的时候再通过地表施肥和深层施肥方式用于农田作物肥料。这样既减少了施用沼渣的压力，又减少了垫料投入，更加环保。此外，奶牛场废水也做到了循环使用，将挤奶厅与挤奶等候厅冲洗用水、一般生活用水集中在一起，过滤为中水后可重新作为冲洗用水。②伦巴第畜牧业主产区中小型养殖场沼气发电模式。由于意大利大多数牧场为中小型养殖场，粪便产量不足以维持稳定的沼气生产，这些中小型牧场一般会自发成立合作社，把合作社内养殖场的畜禽粪便运输到合作社自建的沼气发电企业，集中进行生物发酵生产再生能源。意大利这种模式沼气发电比较普遍，仅伦巴第大区就有 250 个此类沼气发电企业，占养殖企业的 15％。此类沼气发电企业根据每天粪便量和恒定发电量的需求，在沼气池中添加不同比例的生物质，也有部分企业利用 100％粪便生产沼气发电，但相比马卡牧场生产工艺，不添加生物质的沼气池发电效率比较低，但能很好地解决养殖场的粪便污染问题。沼气发电后，沼渣和沼液的利用也基本上按照粪便来源分别运回到各自牧场，利用养殖企业自有牧场消化沼气发电后产生的沼渣和沼液。③意大利中小牧场粪污直接还田技术模式。由于意大利大部分为中小型牧场，自身拥有一定规模的土地，部分奶牛场采用了简单处理还田技术。为防止养殖场粪污污染环境，政府规定未经过处理的粪污不能直接施于农田。必须在贮粪池贮存至少 2 个月，厌氧发酵杀灭粪便中的有害微生物，然后才能还田。

无论是直接还田，还是沼渣沼液还田，都有地表施肥和深层施肥两种模式。据介绍，地表施肥模式粪便中氮素利用效率约为 50％，其中氨态氮挥发损失达 30％～50％；深层施肥模式粪便中氮素利用效率可达 80％，其中氨态氮挥发损失仅为 2％～3％。深层施肥是减少空气环境污染的有效方法。

养殖场要拥有与其饲养规模相配套的土地才能避免氮素污染环境，如果没有土地就必须采用氮素消除技术处理粪污。意大利伦巴第大区部分养殖场没有或拥有很少的配套土地，没有条件实行粪肥还田，根据企业自身情况选择了不同的氮素消除技术。

如果养殖企业没有配套土地，在沼气发电（利用了其中的碳元素生产甲烷）后，粪便中的氮元素只是改变了存在形式，并没有减少。给沼液通入氧气充分反应，氮素通过硝化作用转变为 NO_3^-，然后通过反硝化作用生成 N_2。这样形成产品就可以直接排放到环境中。此设备投资不大，需要消耗大量的电能，与沼气发电结合效果最好。

如果养殖企业有部分配套土地，可将生产沼气的剩余物干湿分离，沼液通过排出氨态氮减少还田粪便中的氮素，固体部分可运输到其他需要的地区，有计划地避免磷和重金属区域性超标。有两种排出氨态氮的方法：热空气法和化学法。热空气法主要是将热空气通过粪便，加热将氨气排出，此法需要大量的热量，一般利用沼气发电产生的热量。化学法是将沼液 4 次过滤，减少沼液体积至一半以下，加入 Na^+、Ca^{2+} 将 NH_3 置换排出。排出的 NH_3 与硫酸反应生成硫酸铵。至此完成粪污中氮素的资源化利用。

经过近 10 年的畜禽粪污处理综合技术的实践，意大利有关协会和专家都认为，只要盯住土壤中氮素这一关键指标持续监测，就能基本上实现畜禽粪污的资源化利用，粪便中其他潜在污染元素如磷、重金属问题也能迎刃而解。实践证明，水、空气、土壤监测指标逐年得到改善，地下水资源得到了一定程度的净化，我们所到的养殖场环境都很优美，气味也十分正常，说明意大利粪污资源化利用的经验是成功的。

3 原料奶质量控制与计价体系

3.1 提高原料奶质量的主要技术措施

意大利非常注重从田间到餐桌的全程化管理，即在牛奶的整个生产过程中，即从奶牛饲料到货架上的成品牛奶都受到监控。无污染饲料，干净卫生的畜圈，质优的牛奶（表 10）和奶制品运输、加工和销售方式都有标准可依。所有的乳制品都建立了可追溯体系，并极力推进整个欧盟乳制品生产地理标识。

表 10 意大利对原料奶的质量要求

项目	原料奶要求（欧盟法规 853/04）	高品质奶要求（部令 185/91）
总细菌数	≤ 100 000 CFU/mL	≤ 100 000 CFU/mL
体细胞数	≤ 400 000 个/mL	≤ 300 000 个/mL
抑制剂残留	无	无
冰点	≤ −0.52 ℃	≤ −0.52 ℃
乳脂率	/	不低于 3.5%
乳蛋白率	≥ 2.8%	≥ 3.2%
黄曲霉毒素	0.05×10^{-9}	0.05×10^{-9}
保存温度	≤ 6 ℃	≤ 6 ℃

数据来源：根据意大利 CLAL 网站资料整理。

3.2 提高原料奶质量的主要政策措施

意大利是世界上法律、法规体系最多的国家，对于从原料奶到最终乳制品的质量都有着细致的规定。意大利不仅以法规的形式对牛奶原料的质量底线进行了规定，而且严格执行“按质论价”的原则，对奶农供给工厂的原料奶进行销售级别的规定，即对原料奶的质量进行检查后，根据所处的质量等级付款。

3.3 监控原料奶质量的主要方法及惩罚措施

对原料奶的质量检测工作是由一个独立的第三方机构来完成，他们会对每一次牛奶加工厂收到的原料奶进行检验、评测质量，然后根据国家规定的原料奶级别来进行定级。检测站得出的最终数据，将成为加工厂向奶农付款的凭据。检测站一般根据体细胞数或者总细菌数的高低来惩罚或奖励，惩罚那些往牛奶中掺水、高游离脂肪酸以及抗生素的农户。

3.4 原料奶计价体系

意大利原料奶定价的核心思想是“按质论价”，原料奶的质量越好价格越高。这就意味着对于原料奶的品质，不仅有严格的底线要求（基本的参数），更有品质提高的激励（直接反映在奶农的收益上），奶农负责向合作社运输牛奶，合作社进行统一销售。

4 科技推广体系

4.1 主要研究与推广机构

意大利在奶牛育种、饲养、加工与管理等各个方面都有相应的研究和推广机构保证意大利奶牛在世界上的先进地位。

意大利奶水牛主要分布在意大利南部，而奶牛大都分布在意大利北部的4个区，无论是奶牛还是奶水牛的育种都采取全国性的联合育种，经费由政府承担80%，剩余部分由参与奶牛登记册的养殖户承担。意大利主要育种组织是AIA，下属18个大区养殖者协会和56个省养殖者协会，对于荷斯坦奶牛、褐牛、西门塔尔牛、奶水牛都分别有自己的国家品种育种协会。省养殖者协会每月都要派出技术人员到养殖场采集数据，每个养殖场每月至少被访问一次国家品种育种协会根据母牛群体生产情况集体商议决定下一步育种方案，测定功能性指标，针对不同的牛群采取不同的育种方案。育种组织要各自制定一些基本规定来履行自己的任务，育种计划是由各个育种组织自己制定，自己完成，自负其责。

意大利主要的研究和推广机构除了各级养殖者或育种协会之外，还有14家牛奶质量检测机构、奶业联盟（Assolatte），乳业咨询公司CLAL和多家乳制品联盟（Granarolo联盟）等。

4.1.1 意大利养殖者协会（AIA）

AIA始建于1944年8月20日，旨在重建二战期间严重破坏的养殖业。1950年的第1051号总统令确立了其地位，使其在很短的时间内延伸到全国各个角落所有养殖环节，AIA的宗旨是实现所有能快速促进养殖业发展的创新并使动物及其产品的价值得到最有效的评估，AIA的持续发展使意大利养殖业一直处于世界的前沿。AIA旗下拥有28个国家品种育种协会、18个大区养殖者协会、56个省养殖者协会和11个相关的操作部门。

AIA是意大利养殖业的核心机构，是负责国内外相关机构以及政策的首要平台，为机构制定相关法律时提供帮助，也为相关机构出具兽医证明时提供协助。AIA作为全国唯一的养殖大数据采集组织，通过Si@alleva系统采集数据，并将这些数据进行加工、处理和分类，将数据传给相应的品种协会。Si@alleva系统是开发一种集管理、营养、健康和动物与环境相互影响为一体的奶牛场管理软件，方便为提高奶牛场整体效益提供不同方案，同时保证畜禽健康、实时监控环境污染，有利于实现资源节约型、环境友好型奶牛业。

AIA还具有使动物及其产品的增值的功能，2010年成立了“意大利养殖”（ITALLEVA）品牌，旨在树立意大利制造一样的高品质和价位，现已具有3 000多个产品，产品远销20多个国家和地区，已初步见到效益。

4.1.2 意大利荷斯坦奶牛育种协会（ANAFI）

ANAFI是负责意大利荷斯坦牛育种的专业公司，荷斯坦公牛册由该公司发布，其后测公牛的数据收集与分析由 ANAFI 负责进行，ANAFI 制定育种计划，每年将进入后测程序的种公牛各采精 3 000 支细管，随机分散到意大利各农场，由省养殖者协会将公牛女儿的各项生产数据收集，经 AIA 转到 ANAFI 后计算综合育种值（PFT），ANAFI 定期将种公牛依据 PFT 育种值进行排名并发布更新的公牛、母牛及基因组育种值排名。

4.1.3 意大利褐牛育种协会（ANARB）

ANARB 成立于 1957 年，主要完成以下目标：改良褐牛使其经济效益最大化；管理谱系册；与相关国家机构和实验研究院合作进行解决特定经济技术问题的研究；管理基因中心；对后裔测定的公牛进行性能测定；展示和宣传基因改良进展。

意大利褐牛有 50 万头，占世界褐牛数量的 5%，ANARB 注册的褐牛有 16 万头，其中 10.4 万头受到功能性检测，90%的母牛实行人工授精。平均规模为每个养殖场 21 头褐牛。

意大利褐牛的特点是品质很高，乳制品产出率远高于奶牛平均值，其奶酪产品也独具特色，另外出肉率也很好，适应性好。意大利褐牛平均产奶量为 6 954 kg，乳蛋白率 3.50%，乳脂率 3.96%。ANARB 登记的最好的 20 个养殖场平均产奶量为 10 607 kg，乳蛋白率 3.69%，乳脂率 4.01%。

4.1.4 意大利奶水牛育种协会（ANASB）

地中海水牛无论是产量、乳脂率、乳蛋白率都很有优势，与生产性能低的牛杂交，能明显提高其生产性能。意大利的奶水牛存栏 40 万头，泌乳牛 10 万头（意大利奶水牛协会注册登记）。意大利奶水牛自 1980 年 6 月 23 日开始登记谱系，意大利农业部下属的卫生检查监督机构每年都会到牧场对登记的奶牛进行检查，登记基本信息，信息最后汇总到意大利奶水牛协会的数据库，最后这些数据将用于奶水牛公牛的排名。从 1976 年到 2008 年，意大利奶水牛经过选种选育，平均单产从 1 608 kg 增加到 2 200 kg；乳脂率从 6.43%增加到 8.1%；乳蛋白率从 4.39%增加到 4.8%。

意大利有两家公司生产奶水牛冻精，每年大概生产 5 万～10 万剂，意大利 COFA 种公牛站始建于 1986 年，是 Casali 家族的企业。COFA 冻精 90%出口到其他国家。Chiacchierini 种公牛站自 2000 年开始生产奶水牛冻精。目前最好种公牛产量为 5 600 kg，乳脂率 8.32%，乳蛋白率 4.63%。

4.1.5 基因服务实验室（LGS）

LGS 建于 1980 年，隶属于 AIA 和农业部，主要负责意大利养殖业所有品种的基因鉴定，为品种选育提供数据。截至 2004 年，该实验室一直被称为血液组型实验室，通过血型的方法鉴定动物并确定亲属关系，自 20 世纪 80 年代，该实验室就开始采用通过 DNA 分析方法提供认定和亲属关系诊断，同时开展影响畜禽生产或繁殖性能的主效基因分析。LGS 自 1992 年加入国际动物基因社团，并按照 UNI CEI EN ISO/IEC 17025 法规确定 ISO 认证。

4.1.6 奶品质监控中心

奶品质监控中心是 AIA 下属机构，每个大区养殖者协会都设有奶品质监控中心，为官方的非营利的数据收集和处理机构。所有的奶品质监控中心都经过与 UNI CEI EN ISO/IEC 17025 法规一致的 SINAL 认证，中心负责本大区内荷斯坦奶牛、褐牛、西门塔尔牛、娟姗牛、奶山羊、奶绵羊或奶水牛的登记和产奶性能（产奶量、乳脂、乳蛋白、体细胞指数、总细菌数量等）记录，是所有系统性育种及奶牛品种的基础数据库。同时，奶品质监控中心接受就近的 10 个动物实验与疾病防控研究所的监督。

4.1.7 兽医机构

意大利卫生部设有兽医局，大区、省、县（市）三级均设有相应的兽医局。卫生部下属还有 10 个动物实验与疾病防控研究所，分别处于比较重要的大区首府并负责临近没有设相应机构的大区。在动物实验与疾病防控研究所均设有牛奶中心，主要应地方兽医局和兽医防控政策部门兽医师要求按照意大利或欧盟法规规定进行分析，也少量的应自由职业兽医师的要求。检测项目有按照欧盟 853/2004 法规检查生产授权、按照部令 185/91 检测高品质牛奶、国际指定药物残留指标、按大区控制计划检查鲜奶分销和乳房炎监控。

4.1.8 反刍动物软件设计 RUM&N 公司

意大利 RUM&N 公司是众多致力于将最新科技成果推广应用到生产实践的公司之一。鉴于奶牛场中饲料成本占总成本的比例最高，该公司取得美国康奈尔大学授权，利用其 CNCPS 6.55 模型开发出了 NDS 配方软件，并允许将最新的成果实时更新软件，使养殖场能够在友好的界面上，不需要了解太多专业知识的情况下，做出最科学的牧场管理决定，保证牧场效益最大化。目前该产品已广泛在欧盟、美国、日本等奶业发达国家和地区得以推广应用。

4.2 运作模式

意大利养殖业科技推广主要是通过 AIA 进行，AIA 作为政府扶持的半官方机构，经费大部分来源于政府，少部分来自通过协会给养殖场的服务而收取的费用。国家、大区养殖者协会和国家品种育种协会分别和大学、科研院所合作，个别协会也设有自己的研究所和技术机构，能够直接将最新的科研成果整合到自身育种工作或科技服务体系中，并通过省养殖者协会将科技推广给养殖户。

在科技推广的过程中，农业合作社和自由职业者也起着重要的作用。在奶牛生产发展上，基本实行以家庭牧场为主的农业合作社模式。意大利的牧场规模较小，通过农业合作社，可以形成产出大量的鲜奶，在出售时能争取更大的利益，而且土地资源与奶牛养殖配比率高、饲养品种和数量灵活、有利于环境保护和生态平衡。有的农业合作社包括了从饲料原料生产、动物养殖到乳产品加工、销售整个产业链，保障了乳产品的质量稳定和食品安全，乳制品销售价格很高，合作社利润达到最大化。自由职业者在意大利奶业生产中起到很大的作用，这些人都经过高等教育，并和大学、科研机构保持密切的联系，有的还是大学的兼职教授，自由职业者是科技创新和养殖场使用过程中强有力的纽带。此外还有生产者自我服务的各种民间组织（如各种咨询公司、农民协会、合作社、社区服务组织、教会组织等）、大学及科研机构、各种商业企业与公司（如信贷、银行、保险机构以及各种企业集团和个体企业）。这些机构有专职独立的，也有附属兼营的。在各种农业法案中都规定，农民可以免费享受政府的农业推广咨询服务。

5 促进奶业发展的主要政策

5.1 畜禽粪污处理相关制度和政策措施

5.1.1 有关制度规定

欧盟非常重视畜禽养殖业的环境保护问题，出台了一系列环境保护的法律法规和养殖业粪污处理的补贴政策。欧盟《硝酸盐指令》(91/676/EC)明确规定，自 2002 年起，每年每公顷土地上不能施用含氮素超过 170 kg 的粪便，除非通过一个免除规定。欧盟《饮用水指令》(80/778/EEC)将水中硝酸盐定量为低于 50 mg/L。在这个大框架下，每个国家都制定了相应的法律法规，意大利政府颁布了 152/99 法规和 209 号农业部令(2006 年 4 月 7 日)，规定每公顷土地上不能超过 2.2 个成年牛单位。之后，意大利每个地区也相应地出台了政策，促使本地区的畜牧业生产在不违反欧盟指令的基础上实现可持续发展。例如，意大利伦巴第大区配套制定了《大区行动规划 5868 号》(2007 年 11 月 21 日)和《水资源保护和利用规划 3297 号》(2006 年 10 月 11 日)，具体规范本大区的养殖企业。

5.1.2 沼气发电补贴

意大利在建设沼气工程之初，给予企业工程投资30%的补贴。同时积极推动沼气发电并入国家电网，保证以0.28欧元/(kW·h)的价格(高于国家购电成本0.21欧元/(kW·h)，高于居民用电0.05欧元/(kW·h)连续收购15年。例如马卡农场，其两个沼气池的正常运转每年卖电总收入超过400万欧元，极大地调动了农场利用沼气生产可再生能源的积极性。近两年，由于沼气发电工程的普遍推广，现在如果只建设沼气发电厂，政府将不再给予补贴。而对于沼气发电和氮素消除设备配套建设的项目，意大利政府继续提供30%的补贴。同时降低了收购沼气发电的价格，承诺以0.23欧元/(kW·h)的价格连续收购20年。

5.1.3 合规生产补贴

意大利给予养殖生产者补贴与环境保护挂钩。马卡农场每年都遵守意大利环保政策，大区按照每100 L牛奶4欧元的标准给予生产补贴。该场每年生产1 300 L牛奶，可获得补助52万欧元，增强了农场合规生产的动力。

5.2 促进奶业生产的政策

意大利工业发达，对农业进行多方面的政策扶持和政府补贴，保障农民收入，从而吸引更多的年轻人从事养殖业，保证农业可持续发展。欧盟实施干预购买和私人储备援助计划稳定内部市场。为稳定乳制品内部市场价格，欧盟制定乳制品区内市场参考价格。当区内价格低于参考价时，将启动干预购买计划，将产品转入库存。干预购买机构由各成员国政府指定，该机构按照欧盟规定的标准购进产品，并根据"避免扰乱市场平衡"的方式将产品用于加工行业、食品援助、向非营利机构销售、饲料生产以及通过补贴出口。此外，欧盟还有私人储备援助计划。由欧盟确定私人储备产品的标准、数量，并根据储藏成本和可能的价格趋势调整和确定支持水平，以合同的方式对私人储备乳制品给予补贴。

意大利的奶业生产政策的主要方向是利用基因改良和优化饲养管理和疫病防控技术，提高奶牛单产水平，降低奶牛饲养头数，发展资源节约型、环境友好型奶业。

5.3 促进奶业加工的政策

意大利乳制品，特别是奶酪，质量在世界范围内都有一定的地位，AIA推出的"意大利养殖"是意大利品质的象征。包括了从饲料原料生产、动物养殖到乳产品加工、销售整个产业链的农业合作社大都推出自己代表的DOP，以保证产品的市场占有率和高的价位，其中最有代表性的就是在全球悄然兴起的慢慢吃(slow food)运动。最近意大利政府向欧盟建议在欧盟范围内推广地理标志产品政策，以刺激和鼓励意大利农业的进一步发展。如果地理标志产品政策在全欧盟实施，意大利奶业因为最先开展此项认证，其产品和理念都会为意大利奶业取得很高的利润。

5.4 促进奶业贸易的政策

意大利奶业贸易政策与欧盟政策保持一致，基本使用进口关税配额和出口补贴等贸易政策工具促进奶业贸易发展。受意大利奶业生产配额的限制，意大利的生产远不能满足国内消费需求，因此意大利属于乳制品进口国。中国、东南亚以及中东国家和地区乳制品需求保持增长态势，欧盟的乳制品出口依然能保持在较高水平。意大利出口的奶酪主要目标是世界高端产品，因此生存数量虽然不多，但由于有质量和信誉的保证，价格一直较高，相比较而言，给意大利带来了较大的利润。

5.5 促进奶业消费的政策

以“意大利养殖”为核心的地理标志产品给意大利居民安全、健康的保证，意大利人在经济条件允许的情况下，也很愿意为此付出较高的价格购买本国的产品。

6 值得借鉴的主要经验

由于意大利农场规模普遍较小，与中国农场规模相似。意大利纬度、地形、地貌（30％是平原，70％是山地和丘陵）、温度、湿度等都与中国相似。意大利的奶牛养殖品种、养殖方式、养殖技术和产业政策等方面对中国奶业的发展都有很重要的借鉴意义。

6.1 经营模式方面的经验

6.1.1 在发挥本国奶牛品种优势的前提下实现奶牛品种多元化

优良的品种是奶业发展的基础和前提，是衡量现代化奶业发展的重要指标。意大利在奶业良种繁育改良上制定并坚持不懈的执行科学、合理的育种计划，凭借得天独厚的自然条件、饲草饲料条件，培育出世界顶尖的奶牛良种或兼用品种。意大利在动物品种选择上采取多元化战略，很好地适应本国的自然条件、饲草饲料条件和不同管理水平，收到明显效果。就其品种来说，荷斯坦牛由于泌乳性能卓越，在数量上占有绝对的优势。但意大利保持了多元化品种结构。例如在山区养殖适应性强的褐牛，在南部温热地区养殖奶水牛，饲草饲料资源差的西西里岛和撒丁岛养至奶山羊或绵羊，保证以最低的生产成本取得最大的经济效益。

我国的奶牛发展的品种趋于单一化，没有考虑到各地不同的自然条件、饲草饲料条件和不同管理水平，这可能会造成高投入低产出的不利模式。

6.1.2 适度规模饲养模式

意大利奶牛养殖以家庭牧场为主，全国养殖场规模平均为 109 头。奶业生产高度机械化、自动化及流水线作业式，场及土地的管理由 4～5 人即可完成，奶牛场普遍采用世界先进的散栏式饲养方式和 TMR。适度规模奶牛养殖能够充分利用当地饲料资源、降低生产成本，同时降低环境污染，有利于养殖场的可持续发展。

由于我国奶业发展空间仍然很大，而我国目前奶牛养殖模式正在向规模化迈进，国内很多牧业集团急剧扩张规模，以北京三元、上海光明、蒙牛、伊利、东营奥亚、现代牧业为代表的集团牧场单场养殖规模为 5 000 头以上。小型牧场占比很少，一味追求超大规模的奶牛场而不顾自身的实际生产能力及市场需求，可能并未获得其最佳生产规模及经济效益。巨大的养殖规模和低下的管理水平、贫瘠的饲料资源形成鲜明的对比，很多大型牧场都从美国、澳大利亚进口苜蓿和燕麦草，造成高投入并不一定高产出的现象。事实上只有美国和中东地区奶牛场实行高投入、高产出模式，加拿大和欧洲奶牛场多为家庭式饲养，牛群小，一般都在 300 头以内，一些还以放牧为主，而新西兰和澳大利亚的奶牛场多以放牧为主，牛群规模一般控制在 500 头（泌乳牛）左右。奶业发达国家奶牛养殖各具特点，都形成了与本国国情和自然状况相适应的奶牛饲养模式。因此奶业发展的关键问题不是一定要规模养殖，而是要因地制宜地制定出合理的规模和管理模式，最终实现环境友好型、资源节约型可持续发展奶业。

6.1.3 适度规模，种养匹配，加快构建新型种养关系

种养紧密结合是意大利粪污处理成功的基础。在意大利，如果没有自己的配套土地是很难经营养殖场

的。无论是从饲料原料成本的角度，还是粪污处理的角度，养殖企业在规划建设或扩大规模之前，都要考虑通过并购或合作的方式使自身拥有的土地规模能够消纳养殖场潜在的粪便污染。养殖企业是畜禽粪污资源化利用的主体，从事畜牧业生产就必须提供畜禽粪污资源化利用方案和保障措施。政府的角色主要是合理规划和布局规模养殖企业，引导和监督养殖企业彻底解决畜禽粪污资源化利用问题。

当前，我国养殖业和种植业生产主体分离，农牧结合难度很大，应借鉴意大利种养结合和多种粪污处理技术综合运用的经验，发展适度规模养殖企业，尽量少建特大型养殖场。应把养殖场周边可利用的农田数量作为规划建设和扩大规模的重要衡量指标，对于已经存在的养殖企业，鼓励企业加大土地流转或采用合作的方式保证可使用农田面积，确保能够消纳养殖场的粪污。建立种养配套的新型种养关系，不仅能够促进粪污资源化新技术的应用，有效地缓解粪便污染的压力，而且能够引导企业充分利用本地饲料资源，降低养殖成本，实现种养双赢。

6.1.4 制度保障，政策激励，推动畜禽粪污综合利用和资源化

指向明确的激励政策是意大利粪污处理成功的保障。意大利政府在欧盟指令的框架下，从中央政府到大区政府都出台了相应的法律法规。农业部、环保部分工明确，农业部负责从养殖规模、生产水平上进行监控，环保部从水、土壤、空气质量方面进行监督。从生产的角度看，意大利根据养殖企业生产水平和土壤性质，规定单位面积上所能容纳的载畜量。采用“先建后补”的政策对养殖企业进行管理和规范。一方面，对环境友好型畜产品进行补贴。例如，意大利奶牛养殖企业利润平衡点较低，如果推行环境友好型生产，生鲜乳每升可获得 0.04 欧元的补贴，这对养殖企业来说非常重要。如果某一个企业粪污处理不达标，就会失去牛奶补贴，企业效益可能就会由盈利转为亏损。另一方面，对于沼气发电的补贴。意大利政府明确规定沼气发电可以并入国家电网，以远高于国家民用电成本的价格收购。马卡农场第一个沼气池是为处理粪污而建，第二个沼气池则是为了发电而建。政策激励促使养殖企业处理粪污由被动变为主动，极大地促进了粪便资源和农产品下脚料资源的充分利用。

意大利的补贴政策说明，只要有明确要求和合理利润，养殖企业处理粪污一定会从“要我干”变成“我要干”。当前，我国正处在畜禽粪污资源化利用政策的设计阶段，可借鉴意大利的做法，强化顶层设计，激励养殖企业提高精准化管理，从源头减排。首先，避免再建设高投入、高污染、低效益的养殖企业。其次，对现有的养殖场进行粪污处理技术改造和升级，可采用“先建后补”的政策，环境达标后给予补贴，确保补贴真正用于养殖场转型升级和绿色发展。再次，应抓紧出台生物再生能源顺利并入国家电网的优惠政策，支持沼气发电事业发展。最后，也是最关键的环节，应明确沼气发电只是对粪便中的能量进行了资源化利用，并没有从根本上解决氮、磷和重金属污染问题，只有充分利用干湿分离技术和氮素消除技术，才能够从根本上缓解大型牧场缺乏配套农田造成的污染问题。

6.1.5 强化支撑，提炼模式，进一步加强粪污处理典型模式的示范推广

完善的技术服务是意大利粪污处理成功的关键。意大利在进行粪污处理之初，以中央和大区政府为主导，召集了各地区大专院校、科研院所、推广服务机构从事畜牧生产、机械设备、土壤作物等方面的专家，形成“政府、科研、推广”三位一体的团队，从减排（牧场设计、高效用水、精准饲养、粪便计量）、处理（沼气发电、干湿分离、氮素消除）、利用（土壤性质、施肥模式、作物需求）3 个方面着手，形成可行的技术方案和操作规范，使养殖企业在遵循粪污处理法规的时候做到有所依据，在提高畜禽生产水平、增加经济效益的基础上合理处理粪便，切实做到粪污资源化。例如，意大利执行欧盟指令 91/676/EC 的时候，研究表明每公顷农田上可容纳的成年牛数量为 1.2～2.8 头，意大利政府制定了每公顷农田可容纳 2.2 头成年牛的规定，给企业一个可以实现的目标，促使企业提高管理水平和生产水平。

意大利粪污处理完善的技术支持启示我们：首先应从源头上减少氮、磷和重金属的排放。畜禽生产必然产生粪便，关键是要精准化计量出为了维持生产必需的氮、磷和重金属的排放，在此基础上限制超量排放，并制定“谁污染、谁付费”的政策。其次是提高沼气生产技术和规范，单纯使用粪便生产沼气效率低，如

果能够利用农作物秸秆作为辅助，可以大幅度提高沼气生产效率，还能减少焚烧秸秆造成的污染。沼渣、沼液最终还是要还田的，这就要求我们针对不同的沼渣沼液特性、不同的土壤结构、不同的作物、不同时间等多方面考虑，制定出养殖企业可以作为依据的、不同农田施肥的规范，综合运用多种粪污处理技术，形成多种可推广、可复制的技术模式，实现粪污无害化、资源化。

6.1.6 统筹供需，积极引导，促进城郊畜牧业健康发展

城郊畜牧业是大农业的重要组成部分，也是人与自然和谐的重要方面，应该也能够大有作为。2015 年米兰国际食品博览会期间，从 117 个国际都市联合签署的“都市食品政策公约”可以看出，世界上所有的国际大都市都很重视发展畜牧业，提倡短链畜产品供应，也为我们发展都市畜牧业提供了理论和实践依据。马卡农场在罗马市郊，是罗马鲜奶、奶制品和蔬菜的供应基地。马卡农场附近既有学校，也有居民区，关键是实现了循环利用和可持续发展。农场经营的农产品就近供应罗马市场，对于保障供给、稳定物价、应对极端天气等突发事件的作用非常突出。

当前，国内高度重视环境问题，但是不能偏废和简单化，应当处理好生产、生活和生态的关系。意大利牧场的实践证明，生产、生活和生态是能够协调发展的。特别是鲜牛奶等生鲜畜产品，城郊畜牧业应该占有一定比例。事实上，城郊畜牧业集品种、养殖、饲料、销售现代技术为一体，是现代畜牧业的窗口，示范带动能力更强。只要我们处理好生产和环境关系，强化畜禽粪污处理和资源化利用，让农牧业真正循环起来，城郊畜牧业一定大有可为。

6.1.7 农业合作社组织模式

意大利奶牛生产发展过程中农业合作社发挥着重要的作用。农业合作社的市场覆盖在 80%以上。无论是以生产为主的合作社还是以全产业链为核心的合作社都能在市场上占有更大的主动权，合理地分配了产业链各环节的利润，良好的经济效益、强大的竞争力，确保了合作社的生存和发展。

我国追求规模化的原因之一就是无法协调好“奶农-奶站-企业”三者之间的利益关系，如果政府能够鼓励和保护农业合作社的运行，可能会更有效地配置土地资源与奶牛养殖，更有利于环境保护和生态平衡。

6.2 科技创新方面的经验

6.2.1 良种是奶业发展的前提

在意大利奶业发展的过程中，AIA 之前起了重要的作用，它通过省养殖者协会和国家品种协会联系政府、大学、科研机构和养殖户，负责种群注册登记、生产性能测定，使在整个繁育改良、生产管理各环节都有企业、政府、社会组织共同参与形成完善的服务体系，不断调整和更新奶牛改良方向和技术手段，确保培育出适合本地自然资源和市场需求的优良品种。2010 年开始，意大利养殖者协会将全基因组育种和常规育种的有机结合，成为意大利奶业繁育技术上的创新和突破，其成果对于促进意大利奶业发展起了关键性的作用。

我国奶业起步较晚，在奶业发展的初级阶段，引进国外优良种质资源是迅速提升我国奶业生产水平的最佳方法。2018 年我国参加 DHI 测定荷斯坦奶牛平均胎次产量超过 7 000 kg（特别是个别牛场单产达 13 000 kg 以上）、乳脂率 3.67%、乳蛋白率 3.23%，说明我国奶业已经发展到一定水平，可以考虑选育出适合我国国情的优良种质资源。事实上，世界上奶业发达的国家都有自己适合本国国情的选育体系，虽然世界各国对荷斯坦牛选育指标有趋同现象，但还是有细微差别，这些差别取决于各国国情和市场需求。例如我国大量进口加拿大、新西兰、澳大利亚的奶牛冻精、胚胎或活体，我们不能断言在高寒地区或放牧养殖条件下表现好的牛能在我国热应激普遍存在的地区有很好的表现，事实上新西兰、澳大利亚的奶牛的平均产奶量只有6 000 kg 左右，很难进一步提高我国奶牛产奶量。同理，美国奶牛后裔在中国也不会完全发挥其生产性

能，目前我国发布的优秀种公牛谱系大部分都是国外种公牛和优秀母牛、国内大型牧场奶牛使用胎次平均只有2.5胎和大量的繁殖疾病导致非意愿性高淘汰率的事实，在很大程度上限制我国奶业发展，使我国奶业永远落后于发达国家。只有开展针对我国国情的选种选配工作，才能选育出自主创新奶牛个体，才能进一步发展我国奶牛产业。

6.2.2 饲养管理技术综合应用

奶牛产业是技术密集行业，除了需要适合当地环境的优秀种质外，还需要从奶牛日常管理、饲料营养、健康福利等方面进行系统科学的管理。意大利很注意先进技术的整合和应用，无论是不断出新产品的司达特公司生产全混日粮生产设备，还是RUM&N公司的奶牛配方软件，或者电子型带有按摩动能的InterPuls集乳器，都能及时地在奶业生产中推广。意大利奶牛场饲喂系统均采用TMR全混合日粮饲喂技术，全天自由采食，牛床采用橡胶床垫，上面铺垫锯末，自动精料补饲装置根据奶牛信息系统提供的信息补充精料。场内配备各种专用设备，如粪罐车、饲料混合搅拌车、叉车、装载机、拖拉机一应俱全。全部实现机械化挤奶，先进的奶牛场已使用机器人全自动挤奶。先进的机械设备，计算机控制设备的使用，极大提高劳动生产率和盈利率水平。意大利养殖者协会正在设计一个兼容品种、养殖场管理、饲料营养、动物健康和生活环境的多方面、全方位的软件，一旦投入使用，全国养殖场的生产水平、经济效益都有可能进行实时计算机管理。

目前，我国多数奶农还处在技术缺乏、养殖分散、手工挤奶的生产状态，饲养工艺落后，营养结构不合理，奶牛保健与环境控制需要加强，疫病防治依然是困扰我国奶业健康发展的直接威胁。而技术服务部门服务半径过大，难以顾及全面，造成生产效率难以提高。我国在技术推广服务上还需要加强，以便从整体上提高奶业生产水平。

6.3 产业政策方面的经验

6.3.1 地理标志产品

意大利具有深厚的食品文化，其食品文化延伸到奶业生产上表现为追求奶制品的纯正、自然和高品质。意大利80%以上的鲜奶都被制作奶酪，其奶酪的品种很多。具有DOP的优质奶酪就有30多种，受到世界很多国家的欢迎。意大利鼓励地方企业、组织推广乳制品的DOP标志，并努力使这一政策在欧盟范围内推广。奶酪生产为意大利乳制品产业带来巨大的“高附加值”利润。我国奶酪生产仅仅目前仍处于起步阶段，原料奶和乳制品品质不断出现问题，DOP体系的推出可以保证原料奶的来源，从而保证乳制品的品质和安全。随着牛奶产量的增多和人们生活水平的提高，我国乳制品奶酪生产将会有广阔的市场前景。

6.3.2 法律的制定和执行

意大利作为大陆法系法律最多的国家，对奶业生产和食品卫生检验也颁布了很多法律、法规。继欧盟发表《178/2002号条例》后，意大利制定并修订了一套卫生法规，如原料在养殖场生产阶段的相关卫生、加工转化阶段的相关卫生法规、公共监督体系管理法规等。在实际生产过程中，一般实行生产自控和监控服务相结合的方法。其中，兽医师发挥了相当重要的作用。除国家兽医师要进行检测和监督外，各养殖场都有自己固定的兽医师进行定期和不定期的卫生检疫。意大利法律的规定的惩罚力度和执行力度都是很大的，一旦有企业违反规定，一个企业就很难维持下去，主要负责人员也会失去信誉，终身不能重新开办企业，甚至是终身工作都交不起罚单。这使得奶业生产过程和乳品质量得以保证。

奶业生产方面我国目前已有一些法律法规和标准零散分布在不同的部门和不同的生产企业，但还没有形成比较完整的体系。而且对于违法行为或企业的惩罚力度和执行力度都有待于加强，只有制定完善的法律体系，适当的惩罚力度和强大的执行力度，才能保证我国奶业朝着健康、可持续的发展方向前进。

参考文献

[1]Assemblea generale dei soci 2020 [EB/OL]. [2021-09-08]. http://www. anafij. it.

[2]Associazione Italiana Allevatori relazione sulla gestione e bilancio 2020. [EB/OL]. [2021-09-08]. http://www. aia. it.

[3]Associazione Italiana Allevatori Bilancio Sociale 2019. [EB/OL]. [2021-09-08]. http://www. aia. it.

[4]Consistenza degli allevamenti[EB/OL]. [2021-09-08]. http//dati. istat. it.

[5]Costa A, Negrini R, De Marchi M, et al. Phenotypic characterization of milk yield and quality traits in a large population of water buffaloes. Animals, 2020, 10: 327. https://doi. org/10. 3390/ani10020327. DOI:10. 3390 /ani10020327.

[6]Dati nazionali[EB/OL]. [2021-09-08]. http://www. anasb. it/statistiche/.

[7]Eurostat your key to European statistics[EB/OL]. [2021-09-08]. http://epp. eurostat. ec. europa. eu/portal/page/portal /eurostat/home/.

[8]FAOSTAT[EB/OL]. [2021-06-02]. http://faostat. fao. org/.

[9]郭凯军，杨振海. 意大利畜禽粪污处理情况及启示. 世界农业，2017(3):27-32.

[10]Italia: Patrimonio zootecnico (Bovini da latte. [EB/OL]. [2021-09-08]. https://teseo. clal. it/clal20/? section=vacche_italia.

[11]Relazione tecnica annuale [EB/OL]. [2021-09-08]. http://www. anafi. it/it /pubblicazioni-statistiche/relazione-tecnica-annuale.

[撰稿:北京农学院 郭凯军 窦金焕;全国畜牧总站 周元清]

附 表

附表 1 1961—2019 年意大利奶牛、奶水牛头数、单产水平和总产奶量

年份	奶牛			奶水牛		
	头数/千头	平均单产/(kg/头)	总产奶量/万 t	头数/头	平均单产/(kg/头)	总产奶量/t
1961	3 414	2 902	991	11 100	1 261	14 000
1962	3 495	2 735	956	21 500	1 000	21 500
1963	3 377	2 532	855	25 100	996	25 000
1964	3 306	2 701	893	27 700	975	27 000
1965	3 387	2 790	945	29 000	1 000	29 000
1966	3 342	3 031	1 013	29 000	1 034	30 000
1967	3 484	2 804	977	29 000	965	28 000
1968	3 479	2 877	1 001	31 500	1 000	31 500
1969	3 679	2 614	962	34 000	1 221	41 500
1970	3 555	2 631	935	37 600	999	37 552
1971	3 214	2 897	931	38 910	1 192	46 400
1972	3 165	3 115	986	36 660	1 596	58 500
1973	3 259	2 973	969	44 100	1 354	59 700

续附表 1

年份	奶牛			奶水牛		
	头数/千头	平均单产/(kg/头)	总产奶量/万 t	头数/头	平均单产/(kg/头)	总产奶量/t
1974	3 050	3 105	947	51 700	1 311	67 780
1975	2 929	3 204	938	56 600	1 053	59 620
1976	2 882	3 321	957	48 000	1 106	53 082
1977	2 896	3 396	984	42 800	1 332	57 000
1978	2 945	3 426	1 009	42 500	1 393	59 200
1979	3 010	3 476	1 046	43 600	1 417	61 800
1980	3 074	3 463	1 064	46 300	1 447	67 000
1981	3 013	3 496	1 053	56 700	1 196	67 800
1982	3 016	3 548	1 070	56 600	1 219	69 000
1983	3 044	3 567	1 086	56 300	1 215	68 400
1984	3 068	3 553	1 090	55 900	1 245	69 600
1985	3 174	3 449	1 095	43 100	1 712	73 800
1986	3 075	3 531	1 086	44 600	1 666	74 300
1987	3 021	3 608	1 090	45 200	1 662	75 100
1988	3 024	3 547	1 073	46 600	1 708	79 600
1989	2 973	3 557	1 058	50 200	1 950	97 900
1990	2 931	3 795	1 112	62 500	688	43 000
1991	2 642	4 194	1 108	61 800	725	44 800
1992	2 536	4 298	1 090	52 300	989	51 700
1993	2 317	4 598	1 065	65 800	1 070	70 400
1994	2 287	4 668	1 067	63 300	1 246	78 900
1995	2 167	5 194	1 126	67 600	1 191	80 500
1996	2 080	5 565	1 158	107 300	1 179	126 500
1997	2 125	5 530	1 175	101 000	1 464	147 900
1998	2 078	5 694	1 183	120 000	1 300	156 000
1999	2 116	5 622	1 190	130 000	1 025	133 200
2000	2 126	5 790	1 231	124 000	1 090	135 100
2001	2 172	5 191	1 128	161 000	955	153 761
2002	2 078	5 439	1 130	161 000	915	147 260
2003	1 911	5 917	1 131	161 000	1 068	171 870
2004	1 913	5 608	1 073	166 000	1 108	183 881
2005	1 838	5 992	1 101	154 174	1 396	215 228
2006	1 842	5 966	1 099	137 000	1 614	221 069
2007	1 821	5 831	1 062	146 000	1 610	234 999
2008	1 839	6 137	1 129	186 937	1 160	216 780
2009	1 831	5 768	1 056	220 138	794	174 875
2010	1 878	5 590	1 050	245 000	724	177 458
2011	1 746	5 961	1 048	244 599	787	192 540
2012	1 857	5 702	1 059	211 909	908	192 455
2013	1 862	5 580	1 039	241 164	808	194 893
2014	1 830	6 032	1 104	238 396	815	194 513
2015	1 826	6 106	1 115	230 323	848	195 270
2016	1 821	5 914	1 077	238 702	834	199 160
2017	1 791	6 353	1 138	249 059	839	208 960
2018	1 939	6 364	1 234	246 152	994	244 790
2019	1 876	6 658	1 249			249 450

附表 2　1961—2018 年意大利主要乳制品产量

t

年份	鲜奶	奶油	奶酪(所有种类)	炼乳	全脂奶粉	黄油
1961	10 616 630	11 700	380 957	11 067	10 400	70 800
1962	10 260 390	11 300	377 851	11 057	9 165	70 359
1963	9 247 490	10 100	371 449	12 235	9 600	52 300
1964	9 624 830	10 600	397 275	13 864	9 786	56 145
1965	10 159 890	11 200	447 086	14 557	10 097	64 030
1966	10 832 558	12 000	488 912	12 000	10 330	70 496
1967	10 451 950	14 000	470 176	12 131	18 144	67 700
1968	10 631 606	16 000	468 722	12 000	20 000	67 850
1969	10 288 991	18 000	464 091	12 138	8 000	66 790
1970	10 023 796	20 000	466 338	11 067	7 600	66 920
1971	9 929 488	24 000	478 305	10 398	6 990	71 000
1972	10 486 630	28 000	504 987	8 925	6 400	78 500
1973	10 321 620	31 600	501 192	6 900	2 400	78 700
1974	10 126 430	33 094	518 302	7 590	2 213	71 044
1975	10 031 018	43 494	500 261	3 208	2 144	62 038
1976	10 232 864	43 717	536 735	3 128	2 799	67 248
1977	10 515 000	40 900	552 942	3 607	2 292	72 474
1978	10 823 840	47 300	582 651	2 948	1 681	76 929
1979	11 230 300	46 990	601 177	2 663	2 242	79 074
1980	11 437 600	51 266	608 138	2 806	1 961	76 400
1981	11 341 400	55 482	613 457	3 295	1 637	72 290
1982	11 488 100	56 077	637 312	3 367	2 581	75 628
1983	11 648 900	61 178	636 643	3 501	2 474	98 178
1984	11 696 100	64 665	661 473	4 041	2 197	80 794
1985	11 759 200	65 026	667 212	3 107	2 719	80 194
1986	11 674 500	61 522	669 520	3 109	2 640	79 814
1987	11 714 800	75 486	694 466	2 523	2 593	83 828
1988	11 551 100	80 824	714 438	757	2 161	82 083
1989	11 420 800	82 586	702 194	493	2 308	80 824
1990	11 955 700	95 018	917 399	437	2 676	102 945
1991	11 946 300	101 053	889 774	893	3 157	103 515
1992	11 873 900	90 723	905 769	891	2 983	102 038
1993	11 647 500	90 392	882 231	262	683	94 241
1994	11 689 400	103 719	900 278	147	237	92 818
1995	12 260 000	98 400	981 824	147	900	108 255
1996	12 671 600	100 400	984 538	127	840	115 916
1997	12 821 700	99 000	948 825	138	500	141 556
1998	12 996 400	120 266	1 012 420	1 096	176	136 039
1999	12 987 000	122 700	1 071 768	1 100	200	147 400
2000	13 299 200	112 800	1 077 507	1 100	200	133 000
2001	12 329 361	118 300	1 083 611	1 100	200	128 400
2002	12 374 460	120 000	1 085 986	1 100	200	124 115
2003	12 335 570	120 000	1 084 644	1 100	200	123 100

续附表 2 t

年份	鲜奶	奶油	奶酪(所有种类)	炼乳	全脂奶粉	黄油
2004	11 632 883	114 900	1 108 608	0	0	121 080
2005	11 862 677	117 000	1 138 116	1 100	0	129 500
2006	11 811 479	130 000	1 121 939	1 100	0	119 600
2007	11 480 896	133 000	1 141 041	1 100	0	115 900
2008	12 115 750	147 000	1 147 213	1 100	0	105 970
2009	11 198 435	130 000	1 148 811	1 100	0	106 979
2010	11 134 615	124 000	1 144 505	1 100	0	107 792
2011	11 113 208	126 000	1 132 010	12 000	0	102 416
2012	10 790 027	117 594	1 203 760	400	0	100 973
2013	10 592 358	118 226	1 157 740	400	0	98 358
2014	11 238 622	130 590	1 176 020	5 866	0	100 498
2015	11 354 473	120 000	1 086 078	4 351	0	95 911
2016		120 000	1 004 500	4 411	0	93 100
2017		120 000	1 052 914	4 875	0	94 060
2018		120 000	1 101 340	4 763	0	90 430

附表 3 1961—2019 年意大利主要乳制品进出口贸易额 千美元

年份	进口额						出口额					
	黄油	奶酪	鲜奶	脱脂奶粉	全脂奶粉	鲜奶油	黄油	奶酪	鲜奶	脱脂奶粉	全脂奶粉	鲜奶油
1961	4 640	35 760	217	1 300	216	1	34	19 338	51	65	0	7
1962	18 583	38 673	285	1 944	265	163	39	20 761	48	53	23	22
1963	28 137	50 933	613	4 970	722	83	16	21 912	63	50	143	28
1964	22 286	50 330	762	5 406	1 567	659	24	24 315	64	62	132	20
1965	42 259	61 422	2 291	10 982	381	808	66	27 850	39	57	187	19
1966	28 773	69 520	10 736	22 359	1 133	1 436	505	29 169	22	184	160	0
1967	36 833	69 341	8 064	31 432	1 161	760	517	25 279	24	135	98	33
1968	59 446	75 248	485	46 022	5 927	77	8	26 079	40	9	278	47
1969	58 182	96 327	6 025	62 440	3 541	347	40	27 675	36	221	166	28
1970	55 915	115 943	6 826	55 084	4 138	74	6	29 941	53	204	393	29
1971	63 177	150 047	20 719	59 849	5 050	1 088	485	33 711	71	283	105	32
1972	48 337	190 557	1 402	121 291	7 017	1 420	161	40 148	48	283	114	54
1973	68 444	227 345	51 759	146 245	9 460	2 428	6	35 304	70	128	45	13
1974	96 705	292 316	82 226	154 596	9 960	4 515	39	44 122	213	139	17	26
1975	132 552	354 677	90 129	168 213	12 771	6 455	379	54 577	130	232	46	38
1976	127 276	404 085	128 983	177 490	12 717	11 117	499	61 607	158	86	150	10
1977	130 238	466 026	162 668	141 540	13 672	16 225	268	71 244	256	381	69	15
1978	94 276	585 383	244 481	182 730	15 575	21 351	348	78 418	483	105	27	65
1979	114 309	722 760	298 159	255 587	18 882	33 028	5 248	119 152	1 614	368	341	130
1980	137 401	714 091	266 792	274 634	23 691	43 002	3 863	109 302	4 862	240	290	228
1981	154 825	674 384	314 622	152 632	24 968	44 901	2 791	112 105	8 459	962	214	134
1982	149 987	781 003	377 172	170 407	25 127	48 173	4 008	117 960	5 613	514	325	149
1983	120 373	704 075	329 873	165 696	24 647	49 560	5 952	116 964	1 847	145	37	305

续附表 3　　千美元

年份	进口额						出口额					
	黄油	奶酪	鲜奶	脱脂奶粉	全脂奶粉	鲜奶油	黄油	奶酪	鲜奶	脱脂奶粉	全脂奶粉	鲜奶油
1984	102 029	393 638	296 439	149 381	24 685	43 308	7 479	106 350	1 156	101	53	114
1985	121 376	434 410	426 336	174 376	28 310	62 749	15 377	117 978	1 019	576	258	225
1986	138 543	954 681	438 516	223 661	38 219	89 091	13 252	174 494	748	278	437	556
1987	171 522	1 140 801	513 423	277 000	48 537	119 549	17 228	231 014	380	344	344	268
1988	143 199	1 211 846	547 273	366 258	60 555	134 651	46 323	269 731	857	6 340	1 754	402
1989	145 380	1 212 822	501 772	336 258	68 746	130 220	44 788	300 205	692	1 058	1 689	353
1990	141 438	1 334 922	458 151	312 954	80 942	129 883	46 182	379 264	915	906	1 281	494
1991	141 615	1 274 110	489 738	313 737	80 117	128 576	54 910	424 393	3 255	1 549	549	793
1992	144 461	1 379 429	571 113	356 946	97 060	138 122	72 167	465 117	1 206	1 424	577	1 119
1993	122 696	1 228 061	455 075	291 183	79 841	144 462	69 854	452 515	3 519	670	511	1 667
1994	132 441	1 283 069	569 471	288 031	69 353	149 043	73 219	540 240	1 855	1 074	3 698	1 273
1995	142 766	1 266 412	601 210	276 026	79 977	140 061	57 820	597 126	2 281	864	702	3 030
1996	169 017	1 149 753	640 666	282 905	84 606	154 517	58 713	695 168	5 828	2 511	283	2 756
1997	170 577	990 811	656 835	256 251	71 261	144 263	82 032	642 827	1 484	1 656	277	2 020
1998	178 309	1 001 545	696 759	246 378	56 325	144 365	81 839	671 111	5 180	3 690	436	2 325
1999	142 520	956 520	674 630	220 925	47 694	121 709	37 826	688 825	7 219	1 159	545	2 565
2000	111 522	895 111	595 083	219 397	45 714	112 704	32 945	661 688	6 804	853	1 863	2 060
2001	125 761	939 403	556 965	223 283	44 749	92 703	28 217	724 722	994	1 149	1 204	3 079
2002	134 372	931 381	501 067	197 360	44 071	90 736	25 083	788 364	1 835	1 400	938	2 108
2003	170 032	1 149 274	605 351	275 365	52 778	121 781	30 382	1 067 325	2 818	14 801	1 191	6 762
2004	196 041	1 323 991	742 591	321 886	68 761	138 447	57 788	1 253 580	4 063	3 243	1 786	9 514
2005	193 562	1 338 684	728 768	276 363	71 878	134 173	57 399	1 290 349	5 039	2 797	4 065	8 543
2006	176 832	1 424 975	732 453	245 400	47 403	133 599	35 285	1 353 874	4 506	8 346	935	8 506
2007	268 119	1 693 835	817 914	323 346	93 856	158 917	51 076	1 618 922	13 458	20 350	5 518	13 605
2008	250 739	1 895 657	911 499	303 220	115 811	177 283	34 711	1 866 486	7 519	27 084	2 783	12 688
2009	199 339	1 649 455	769 038	218 612	99 304	171 922	32 288	1 820 077	10 958	17 511	4 825	9 390
2010	345 753	1 825 734	965 466	252 305	102 821	230 297	121 469	2 026 509	9 462	54 286	3 424	12 323
2011	344 901	2 148 410	1 164 008	191 977	127 439	250 503	50 747	2 476 259	8 425	11 932	3 385	19 126
2012	116 743	1 928 245	933 569	194 500	94 100	169 614	31 786	2 519 367	11 915	18 859	3 961	18 596
2013	162 596	2 224 397	1 023 049	223 381	100 294	197 071	35 952	2 712 927	20 278	19 979	4 503	24 788
2014	155 705	2 244 300	946 122	264 434	109 380	182 414	16 292	2 844 400	25 966	31 047	7 461	24 654
2015	128 963	1 646 731	636 899	188 159	84 970	148 217	31 604	2 492 176	28 988	42 971	7 264	14 804
2016	122 534	1 614 530	528 009	147 188	95 349	152 724	32 659	2 665 573	34 920	20 989	8 794	34 993
2017	180 515	1 877 755	545 454	166 205	101 767	195 609	40 196	3 003 224	46 269	24 151	8 611	47 095
2018	186 170	1 930 583	510 431	178 495	119 181	224 991	59 047	3 323 315	35 686	31 901	16 147	53 303
2019	153 414	1 890 096	528 719	202 425	115 515	190 092	56 383	3 468 676	28 465	23 316	25 126	45 508

附表 4　1961—2019 年意大利主要乳制品进出口贸易量

t

年份	进口量						出口量					
	黄油	奶酪	鲜奶	脱脂奶粉	全脂奶粉	鲜奶油	黄油	奶酪	鲜奶	脱脂奶粉	全脂奶粉	鲜奶油
1961	6 398	45 241	3 534	9 000	857	2	22	19 226	264	96	0	8
1962	28 008	50 308	4 723	13 685	1 081	330	30	18 522	195	59	20	66
1963	39 348	64 371	6 577	29 635	2 486	179	11	17 864	301	29	80	55
1964	27 232	57 651	5 382	28 671	6 400	2 265	14	15 925	248	93	68	39
1965	35 334	62 091	26 295	35 501	636	1 880	46	16 131	152	80	92	32
1966	23 543	68 010	119 073	72 066	1 687	2 979	663	16 070	82	91	84	0
1967	25 769	65 238	85 398	97 047	1 604	1 573	738	16 093	90	71	52	77
1968	37 873	66 988	5 813	155 627	11 983	392	4	17 722	141	7	167	131
1969	36 729	78 390	58 555	195 421	5 206	618	23	17 413	122	137	99	52
1970	38 148	91 546	63 163	160 542	5 940	136	3	16 075	194	164	301	41
1971	38 833	110 778	162 818	147 946	5 530	924	304	16 073	214	158	112	44
1972	27 595	124 091	9 293	247 132	6 907	1 232	72	16 875	112	343	55	44
1973	42 496	137 761	319 353	231 581	8 530	2 417	2	14 567	318	243	56	16
1974	52 403	149 091	446 459	175 438	7 221	3 791	20	17 783	932	148	9	45
1975	54 210	152 056	422 576	153 043	8 606	4 709	239	18 701	411	275	33	30
1976	55 639	179 583	627 473	197 912	7 845	8 808	260	18 386	552	77	94	8
1977	53 613	193 791	766 369	191 504	9 019	14 676	99	18 311	722	387	32	13
1978	35 623	202 580	989 434	233 484	8 813	15 705	112	17 944	1 220	99	7	38
1979	41 948	228 569	1 065 408	272 867	8 082	21 786	1 516	25 139	4 418	203	137	88
1980	44 065	211 259	873 378	275 961	9 795	25 568	1 107	25 387	12 621	246	103	88
1981	51 860	224 236	110 843	158 625	12 747	31 492	831	28 934	25 333	701	64	59
1982	50 625	265 980	1 360 599	189 055	14 284	37 009	1 209	28 072	16 021	407	117	59
1983	46 863	253 102	1 249 052	203 987	14 517	38 558	2 251	27 986	5 468	85	30	148
1984	50 301	151 162	1 242 566	227 405	14 711	36 961	2 941	27 204	2 537	85	52	66
1985	65 018	165 250	1 748 759	220 118	16 702	55 043	6 308	30 304	2 402	496	124	123
1986	60 417	289 123	1 384 767	217 671	17 047	62 073	3 952	37 131	1 781	138	174	190
1987	77 303	292 223	1 352 223	209 422	17 632	69 702	4 522	42 417	793	136	117	81
1988	52 934	299 620	138 538	210 309	18 621	71 620	12 445	48 815	1 611	1 502	390	127
1989	45 729	298 814	1 179 096	172 691	20 674	69 389	11 982	52 070	1 436	407	501	128
1990	45 061	287 027	1 024 383	177 365	23 440	66 216	12 805	55 561	1 726	421	348	186
1991	48 407	288 509	1 135 179	183 014	25 179	67 947	15 010	66 804	6 056	519	148	406

续附表 4

t

年份	进口量						出口量					
	黄油	奶酪	鲜奶	脱脂奶粉	全脂奶粉	鲜奶油	黄油	奶酪	鲜奶	脱脂奶粉	全脂奶粉	鲜奶油
1992	46 090	291 709	1 187 030	171 147	27 864	69 478	19 420	70 125	2 284	353	177	584
1993	43 487	282 304	1 070 660	146 020	24 183	84 605	20 120	80 301	7 133	210	146	794
1994	46 553	295 823	1 332 134	142 701	21 217	88 225	21 504	90 725	3 852	388	1 253	622
1995	38 837	263 907	1 265 487	110 366	21 960	68 367	13 546	89 871	4 251	265	222	1 257
1996	48 315	252 329	1 404 853	126 164	31 811	84 177	15 087	104 382	8 905	532	63	1 058
1997	52 087	263 897	1 617 644	127 504	30 188	79 689	22 505	104 722	2 162	480	76	837
1998	60 124	264 725	1 698 454	126 494	22 845	83 397	23 418	115 934	10 886	1 598	95	918
1999	46 864	279 023	1 762 690	121 779	18 227	82 186	13 180	128 316	15 136	443	143	1 576
2000	41 167	303 175	1 684 981	109 008	19 101	87 384	12 337	137 752	11 797	313	1 911	1 065
2001	46 346	301 981	1 554 471	99 496	17 450	72 148	11 390	146 904	2 026	608	644	1 911
2002	50 566	298 871	1 404 932	97 977	17 143	72 952	9 604	165 303	3 832	612	530	1 196
2003	52 661	321 602	1 435 920	116 504	17 955	78 626	9 992	170 650	4 979	8 181	657	3 932
2004	53 948	345 749	1 642 889	122 823	19 693	81 649	18 392	186 748	5 253	981	770	4 383
2005	52 956	358 601	1 652 152	105 668	21 181	81 302	18 588	198 546	7 175	1 581	1 143	4 717
2006	50 337	384 896	1 647 189	93 488	13 365	86 392	11 666	205 048	6 649	4 272	472	5 042
2007	51 629	383 323	1 511 722	85 205	21 881	80 803	13 111	216 681	19 482	9 079	3 117	7 165
2008	52 651	373 451	1 494 650	79 406	23 046	99 261	8 564	212 765	6 797	9 083	1 094	6 421
2009	51 958	409 274	1 690 087	79 780	25 153	102 596	9 622	227 257	10 855	14 316	2 265	5 207
2010	73 409	430 404	1 887 683	90 978	26 471	116 412	27 274	248 731	12 299	26 892	825	6 263
2011	58 000	449 835	1 997 282	59 000	28 141	111 756	9 400	258 749	9 541	2 607	670	8 783
2012	26 984	444 507	1 828 777	65 479	24 004	82 854	8 396	294 525	12 554	4 564	849	12 283
2013	31 205	459 161	1 702 601	57 924	21 604	78 624	7 173	317 000	20 658	4 400	852	16 678
2014	32 712	473 185	1 659 875	65 537	22 984	84 115	3 178	326 224	26 113	6 204	1 399	12 517
2015	37 339	475 473	1 563 927	78 672	25 297	87 314	7 628	358 356	35 902	11 666	1 322	7 889
2016	33 899	487 999	1 373 709	69 329	32 450	85 933	7 312	385 866	50 312	5 244	1 611	18 651
2017	31 113	481 122	1 174 689	72 222	30 740	80 310	6 834	412 854	66 382	5 827	1 514	21 268
2018	30 344	495 074	1 113 711	88 242	34 281	85 447	9 599	421 129	46 764	9 457	2 330	17 946
2019	32 532	496 928	1 173 759	92 639	32 178	90 573	10 431	448 203	4 030	7 548	3 472	18 462

数据来源:https://www.clal.it/? section=bilancio_approv

丹麦奶业发展报告

摘要：丹麦奶业和涉奶行业都相当发达，近几十年来一直保持着较持续、稳定的发展，2018 年丹麦奶业生产总值达到了 25.16 亿美元，牛奶产量位居国内商品产量的第 2 位。丹麦奶业已经构成了一个从养殖到餐桌完整的畜牧业经济体系，其生产以出口为导向，引领了整个欧盟奶业的结构发展。丹麦奶业持续稳定的发展源于其在有效需求的刺激下形成了一个科学合理的生产、加工、销售和消费体系。丹麦对奶产品质量的重视、科学合理的按质论价体系、对科研、培训和技术推广工作的注重及产业化经营等奶业发展的成功经验对于我国奶业实现绿色、稳定、可持续发展有重要的借鉴意义。本文重点介绍丹麦奶业发展的总体情况，奶业科技进展概况，原料奶质量控制与计价体系，科技推广体系，促进奶业发展的主要政策，最后分析总结了丹麦奶业发展带给我们的启示以及值得借鉴的成功经验。

第一部分，奶业发展概况。宏观介绍了丹麦奶牛养殖业的发展情况、乳品加工业的成长历程、丹麦乳品消费特征及丹麦乳品贸易 60 年来的变化趋势。传统的丹麦牧场多为家庭式牧场，但奶牛养殖业高度机械化和智能化。近年来奶牛的饲养模式由原来的家庭农场逐渐向集约式方向发展，牧场数量逐渐下降，但规模不断增大，与此同时，奶牛的单产水平不断攀升，2019 年丹麦奶牛养殖总量为 56.66 万头，平均单产则达到了 10.71 t。丹麦奶牛业的发展带动了其乳制品产业的发展，乳品加工产业规模逐渐扩大，专业化程度不断提高。60 年来，丹麦乳品生产的产业结构、人们的奶制品消费习惯和丹麦主要乳制品的贸易额和贸易量均发生了巨大变化，但是其乳制品生产的组织形式仍然采用合作社的模式，世界主要奶制品出口国的身份没有改变。

第二部分，奶业科技进展概况。丹麦奶业的成功发展与奶业科技的进步密不可分，此部分重点介绍丹麦奶牛育种与繁殖技术、饲料与营养技术、疫病控制、奶牛场粪污处理与环境保护技术方面的发展成果。丹麦奶牛的育种组织健全，形成了一套完整的育种组织机构，其育种方法经历了后裔测定、MOET 育种、联合育种和全基因组选择几个阶段的发展与充实，为丹麦奶牛品种改良和生产性能的提高提供了坚实的基础。丹麦自然条件优越，有丰富的饲料资源，且在 TMR 的应用及秸秆的处理方面具有成熟的技术；此外，丹麦具有可追溯的、健全的畜产品生产、流通监管体系。在奶牛疫病控制技术方面，丹麦在奶牛多种疾病防治方面成果突出。在奶牛场粪污处理与环境保护方面，丹麦自 1992 年开始征收碳税，通过沼气厌氧降解和农场自行分离处理粪污，形成一个以粪污和有机垃圾处理、养分循环和可再生能源生产、兼顾农业和环境利益的综合系统。

第三部分，原料奶质量控制与计价体系。丹麦对乳品质量的重视、科学合理的按质论价体系是丹麦奶业发展成功的要素之一。本文以丹麦最大的乳品公司阿拉·福兹的乳品保证计划为例，介绍了丹麦提高原料奶质量的主要技术措施以及监管原料奶质量的主要方法、惩罚措施，以及丹麦的主要政策措施。丹麦的乳品质量保证计划从牛奶成分、食品安全、动物福利及环境 4 个方面规定了相关的控制标准，使消费者从奶源上对乳品企业建立了信任，同时自然环境也得到了保护。

第四部分，科技推广体系。此部分展示了丹麦奶业主要研究与推广机构及新科技运作模式。丹麦十分注重科研、培训和技术推广工作，奶业上也是如此。科研方面有各类大学、研究所进行基础性研究，国家和各类协会均有对奶类研究的赞助；各大乳品企业有自己的开发性研究。丹麦为奶业服务的相关行业发展处于世界领先地位，全国和地方的农业资讯中心约 86 个，帮助农场主推广、应用新技术，解决难题。丹麦的农业职业学校和各种农技培训中心在全国星罗棋布，农场主和合作社技术人员积极参与，不断进行技术和知识的更新。

第五部分，促进奶业发展的主要政策。国家产业政策积极支持奶业发展，对发展奶业采取各种形式的优惠政策，本部分阐述了丹麦促进奶业生产、加工、贸易和消费方面的政策。其中，丹麦首创牛奶配额交换制，把牛奶配额改为有偿使用，深受奶农欢迎，在一定程度上促进了丹麦牛奶的生产。随着欧盟配额的取消，丹麦乳业发展走向全世界，以奶业合作社为基础，以龙头公司为桥梁，对外采用技术支持等方式促进奶业贸易发展。

第六部分，值得借鉴的经验。通过总结丹麦奶业在经营模式、科技创新、现代化管理、产业政策、乳品质量安全管理等方面的经验，探讨了在我国奶业发展过程中值得借鉴的经验，指出如何在给予奶业政策和投资优惠的同时注重科研、教育和技术推广工作，在坚持以发展生态畜牧业为前提的条件下，积极探索奶牛健康养殖模式，关注奶牛福利以及如何建立健全奶牛合作组织和社会化服务体系，提高奶业一体化发展程度，促进我国奶业国际化智能化发展。

1 奶业发展概况

丹麦，位于欧洲大陆西北端，日德兰半岛上。丹麦全境地势低平，日德兰半岛西部是起伏低缓的冰水沉积平原，北海沿岸有着宽阔的沙滩，沙丘上长着丛丛灌木。平均海拔约 30 m，最高点海拔仅 173 m，属温带海洋性气候，夏凉冬潮，年平均降水量 860 mm，年平均气温 7.9 ℃。丹麦是传统的农业国家，以作物种植、家畜饲养为主。但其农业的内涵与我国概念中的农业大相径庭。它集农、工、商一体化，种植、饲养、加工、销售、科研、检疫一条龙，各个环节相互关联、互为依存、互相发展。

丹麦是举世公认的农业问题解决得最好的国家之一，素有“欧洲食橱”之美誉。其农业生产条件优越，农牧业高度发达，几个世纪以来，已经成为丹麦的支柱产业。丹麦人均 GDP 排名多年来都能进入世界前 5 名，2019 年人均 6.02 万美元。在此，其高效益的农业功不可没。长期以来，农业、养殖业及其加工工业一直是丹麦对外贸易的重要依托之一，是一个真正的创汇产业。而且，同其他产业一样，丹麦农业仍在不断向高级化方向发展。近年受欧盟共同农业政策影响，农业在国民经济中所占份额逐年下降，但在外贸中仍占较大比重。农牧业总产值约占国内生产总值的 2%，有耕地 2.7 万 km^2，农场 4.2 万个。农业科技水平和生产率居世界先进国家之列。丹麦的农牧产品可满足 1 500 万人的需求，2/3 的农牧产品出口到世界上 180 多个国家和地区。农畜产品出口额占出口总额的 16%，奶酪、黄油和猪肉出口量居世界前列。农产品最大的出口国分别为：德国、英国和日本。出口到欧盟成员国的农产品占丹麦出口农产品的 60%。畜牧业在丹麦农业中占主导地位，产值约占农业总产值的 3/4。其中，奶业在畜牧业占有较大的比重，奶业总产值可占农业总产值的 35%。

在丹麦，奶业和涉奶行业都相当发达，而且几十年来一直保持着较持续、稳定的发展。奶业已经构成了一个从养殖到餐桌完整的畜牧业经济体系，丹麦奶业生产以出口为导向，引领了整个欧盟奶业的结构发展。虽然，自 1984 年欧盟实行牛奶配额制以来，丹麦的奶牛数量呈逐年下降的趋势，但随着欧盟逐渐注销牛奶生产配额制（此制度于 2014—2015 年废止），丹麦的奶业投资和收益呈现出迅猛增长的态势。丹麦乳业以乳业协会和合作组织为依托、以家庭农场为基础、以公司化生产经营为桥梁，实现了从基础生产到食品加工和销售一条龙，因此被称作“从牧场到餐桌”的乳业模式。研读丹麦奶业的发展历程可知，丹麦奶业持续稳定的发展虽与丹麦人有良好的牛奶消费习惯有直接关系，但更重要的原因是在有效需求的刺激下形成了一个科学合理的生产、加工、销售和消费体系。其中，丹麦对奶类产品质量的重视、科学合理的按质论价体系、对科研、培训和技术推广工作的注重及奶类产业生产的产业化经营等奶业发展的成功经验，正是值得我国奶业由传统向现代转型，实现绿色、稳定、可持续发展学习借鉴的地方。

1.1 奶牛养殖业

丹麦地理位置优越，气候湿润多雨，夏无酷热，冬少严寒，土地肥沃，优越的自然条件为畜牧业的发展提供了良好的天然条件。奶牛养殖业在丹麦所占比重相当大，2019 年生产 569.34 万 t 牛奶，奶产品生产总值占农产品生产总值的比重基本维持在 25%左右。2/3 的奶制品用于出口，奶酪是其主要的出口产品，此外，还有黄油和奶粉。其主要的奶牛品种有丹麦红牛、丹麦黑白花牛、丹麦红白花牛、泽西牛及其杂交品种等。从近 50 年的发展来看，丹麦奶牛养殖业的发展有以下特点。

1.1.1 以家庭农场经营为基础，采取合作社形式的产权结构

作为世界瞩目的优质奶源产地，北欧奶业生产的一个显著特点就是小规模的家庭农场生产模式——按照欧盟对奶牛场的规模分类标准，即使是那些所谓“大规模”(指饲养规模在 70 头以上)的农场，也仍然属于家庭农场范畴。据统计，2019 年丹麦拥有养殖奶牛的农场 2 690 个(图 1)，奶牛数量为 566.64 万头(图 2 和附表 1)；每个奶牛农场平均 200 头奶牛，作为家庭牧场平均养殖规模远高于我国。而作为规模化奶牛场平均养殖规模又远低于我国。丹麦具有发达的乳业合作组织，乳业协会或者乳业合作社几乎涵盖了全部的奶牛农场。农场主是合作社的所有者，合作社是乳品加工企业的股东，同时享受乳业公司提供的服务，农场主、合作社与合作社公司三者之间关系十分密切。

丹麦乳业巨头 Arla 食品集团就是其中的代表，是欧洲历史最悠久、规模最大的乳业公司，同时也是全球最大的有机乳品生产商。这家创立于 1881 年的百年老店，销售网络遍布全世界 5 大洲、30 个国家及 100 个地区，控制着丹麦 90%以上和瑞典约 2/3 的牛奶奶源。Arla 正是基于这种家庭农场的基础，采取了合作社形式的产权结构，是一家由 12 700 位牛奶生产商共有的合作式企业，其牛奶生产商分别来自丹麦、瑞典、德国、英国、卢森堡和比利时。公司采取代议制民主的体制，每位合作社成员都有一票投票权。

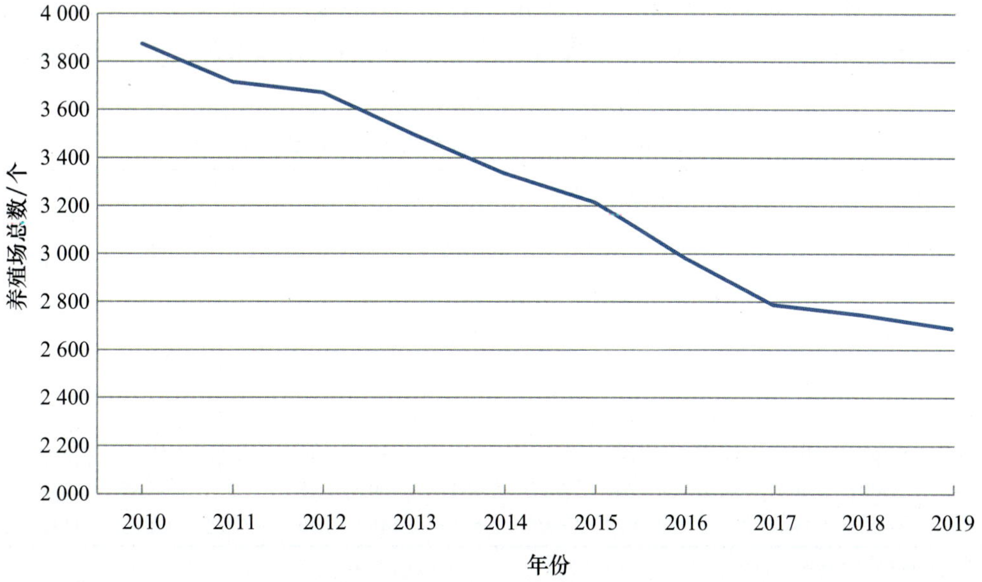

图 1 2010—2019 年丹麦奶牛养殖场总数变化(不包含混合畜种养殖场)

(数据来源：StatBank Denmark)

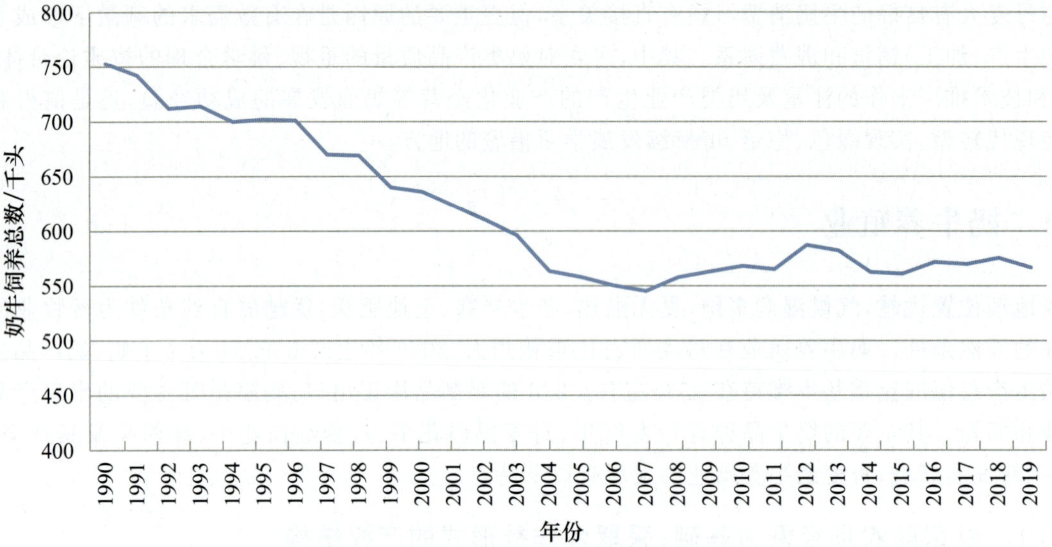

图 2　1990—2019 年丹麦奶牛饲养总数变化

（数据来源：StatBank Denmark）

1.1.2　奶牛饲养由家庭式向集约式发展

丹麦奶业生产的一个显著特点是小规模的家庭农场生产模式占主导。但参考丹麦近 10 年奶牛场数量（图 1）以及奶牛饲养总数（图 2 和附表 1）数据，呈现出饲养模式逐渐向集约式发展，农场平均规模不断增大的特点。丹麦 1998 年时饲养奶牛的农场总数为 12 111 个（包含混合畜种饲养场），2010 年奶牛养殖场的数量为 4 245 个，而到 2019 年，下降到 2 821 个，下降幅度超过 30%，而这种下降的趋势仍在持续。奶牛农场数量的下降，在一定程度上与此前欧盟对其成员国牛奶产量实行配额制有关。丹麦在农场数量不断下降的同时，奶牛场平均饲养数量却逐年上升。奶牛养殖场的平均规模从 1982 年的 27 头年丹麦增加到 1998 年的 55 头，到 2019 年增加到平均 200 头。整个 20 世纪 90 年代，在丹麦的奶牛场中，以 40～75 头规模的奶牛场占主导比例；而从 2000 年至今，100 头及以上规模的奶牛场发展逐渐趋于主导地位，2006 年时，存栏量大于等于 100 头奶牛的农场达到 2 537 个，所占比重达到 42.7%；50～74 头奶牛规模的农场总量虽占据第二位，但其所占比重却已大幅度下降，仅为 15.9%。而在 2019 年，存栏量大于等于 100 头奶牛的农场数量为 2 072 个，虽然数量有所下降，但所占比例大幅度增加，达到 73.4%，饲养规模在 100 头以下的牧场仍以 50～74 头为主（表 1）。

表 1　2006—2019 年丹麦不同规模奶牛场数量变化

养殖数量/头	2006 年	2007 年	2008 年	2009 年	2010 年	2011 年	2012 年	2013 年	2014 年	2015 年	2016 年	2017 年	2018 年	2019 年
1—9	430	352	280	140	150	146	25	47	55	52	59	46	50	80
10—14	133	127	112	62	60	73	33	29	32	47	28	25	20	16
15—19	117	111	57	70	50	47	69	31	32	20	35	31	27	16
20—29	255	305	247	179	162	130	127	117	64	81	71	49	31	27
30—49	834	642	557	416	398	346	355	292	256	249	208	173	167	173
50—74	942	761	630	597	547	512	419	417	402	395	291	272	256	274
75—99	695	580	504	370	376	326	359	300	273	304	267	239	189	161
100 以上	2 537	2 505	2 581	2 546	2 502	2 482	2 499	2 446	2 402	2 232	2 214	2 119	2 145	2 072

数据来源：StatBank Denmark。

1.1.3 奶牛养殖总量大幅度下降，单产水平不断提高

丹麦 1961—2019 年奶牛头数、单产水平和总产奶量变化情况见附表 1。20 世纪六七十年代，丹麦奶牛头数一直保持在 100 万头以上，最高时达到 149.3 万头。但由于欧盟的限产政策，丹麦也不得不控制原料奶产业的规模，20 世纪 80 年代到 90 年代初，丹麦奶牛养殖总量出现大幅度下降，从 1982 年的 100 万头减少至 1992 年的 70 万头；而从 1992 年之后，奶牛养殖量虽仍呈下降趋势，但下降趋势较缓和，2007 年奶牛养殖量为 54.5 万头；从 2007 年之后，丹麦奶牛养殖量出现了小幅度的上升，2011 年、2014 年和 2015 年丹麦奶牛养殖数量有所回落，但整体呈现上升趋势，2015 年以后，丹麦奶牛养殖数量稳步增加，到 2019 年，达到 56.66 万头。丹麦奶牛饲养主要集中在南部地区，在其主要行政区域中，南丹麦大区与南德兰大区为丹麦奶牛养殖量较大区域，2019 年饲养数量分别为 23.59 万与 20.27 万头，中日德兰大区和西日德兰大区次之，分别为 17.99 万头和 14.31 万头，其他行政区奶牛饲养量相对较少，具体情况参见表 2。

表 2 丹麦各行政区 2019 年奶牛饲养数量

行政区	数量/头
丹麦全境	566 639
首都大区 Region Hovedstaden	8 455
哥本哈根 Province Byen København	1 857
博尔霍姆省 Province Bornholm	6 599
西兰大区 Region Sjælland	17 417
南丹麦大区 Region Syddanmark	235 918
Fyn 省 Province Fyn	33 172
南日德兰 Province Sydjylland	202 746
中日德兰大区 Region Midtjylland	179 925
东日德兰大区 Province Østjylland	36 785
西日德兰大区 Province Vestjylland	143 140
北日德兰大区 Region Nordjylland	124 924

数据来源：StatBank Denmark。

在丹麦奶牛养殖数量不断下降的同时，奶牛平均单产和乳品质则在不断提高，20 世纪 60 年代丹麦奶牛单产保持在 3.5～3.9 t；70 年代单产逐年攀升，从 4.1 t 增长到 4.8 t；80 年代奶牛单产出现大幅度上升，从 1980 年的 4.9 t 达到 1990 年的 6.2 t，同比增长 26.8%；而在 2005 年，丹麦奶牛单产突破 8 t 大关，2016 年丹麦奶牛单产达到了 10 t 以上，到 2019 年奶牛单产达到 10.71 t，且仍保持增长势头，具体变化情况见图 3 及附表 1。此外，丹麦奶牛近 20 年产奶乳脂率有所下降，但幅度非常微弱，目前维持在 4.3%左右，但乳蛋白含量在 2008 年以后明显上升，2019 年已接近 3.4%水平(图 4)。牛奶总产量与奶牛总存栏量与奶牛单产密切相关。在近 60 年的发展中，丹麦奶牛养殖总量总体呈下降趋势而奶牛单产则一直保持稳步的增长，二者的综合作用使得这期间丹麦奶牛的总产奶量变化幅度不大。1961 年虽然同时期奶牛单产较低，但奶牛养殖总量很大，使得当年牛奶总产量达到 552.4 万 t，与 2019 年的 569.34 万 t 基本持平；随着奶牛养殖总量的下降，从 20 世纪 60 年代中期至 70 年代初，牛奶总产量总体呈现下降趋势，1971 年丹麦牛奶总产量最低，仅为 440.70 万 t，同比降低了 20.2%；经过 70 年代的短暂上升之后，总产奶量于 1983 年达到高峰值 542.7 万 t；但伴随着 1984 年欧盟奶业配额政策的实施，丹麦开始控制奶牛养殖量，每年奶牛产奶总量大幅度下降，于 1995 年之后变化趋势趋于缓和，基本控制在 460 万 t 左右，其后产奶总量缓慢增加，到 2010 年达到了 490.94 万 t，近年来随着欧盟配额制度的到期，丹麦奶牛年总产奶量上升速度加快，原料奶产量继续增加，2018 年和 2019 年达到了近 60 年的最高值，参见图 5 和附表 1。

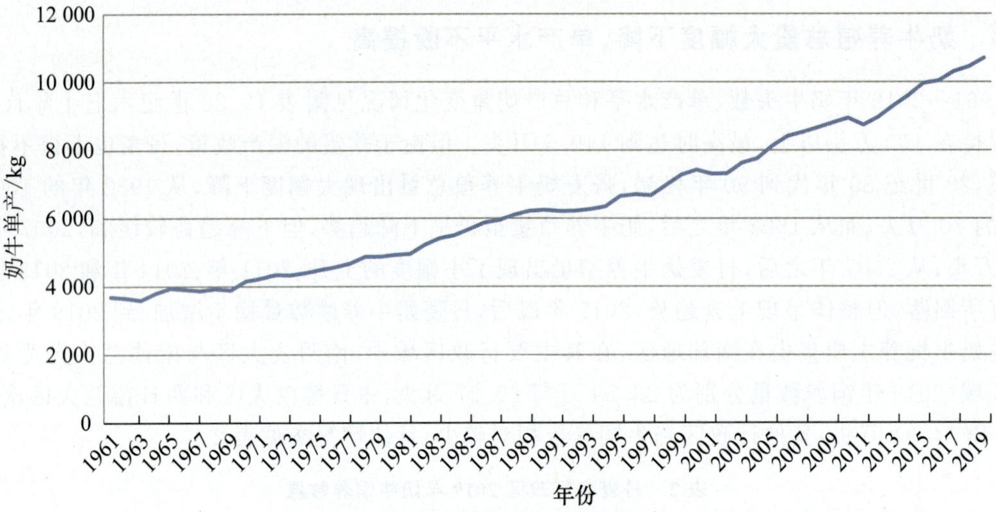

图 3　1961—2019 年丹麦奶牛平均单产变化情况

（数据来源：StatBank Denmark）

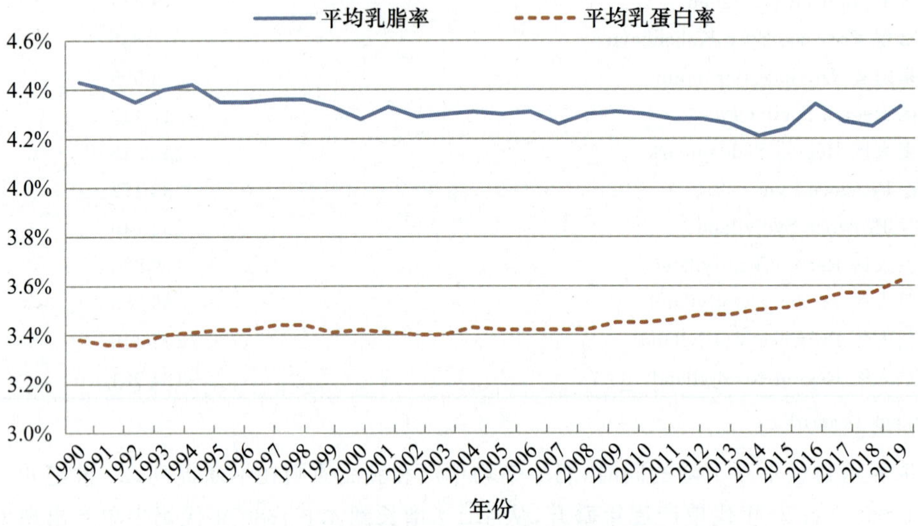

图 4　1961—2019 年丹麦奶牛平均乳脂、乳蛋白变化情况

（数据来源：StatBank Denmark）

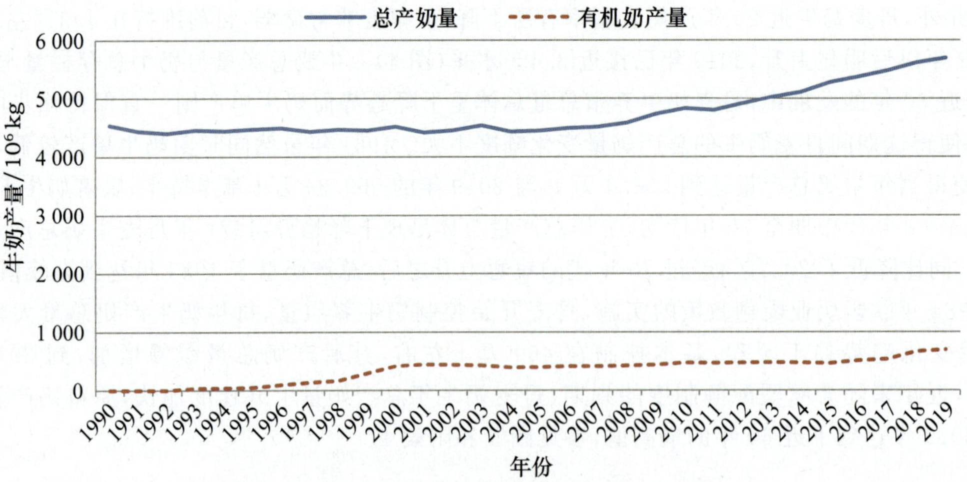

图 5　1990—2019 年丹麦奶牛总产奶量变化趋势

（数据来源：StatBank Denmark）

1.2 乳品加工业

奶牛业的发展带动了乳制品产业的发展。丹麦第一个乳品厂始建于1882年,到20世纪40年代,已发展到1 700家。随着生产和技术的不断提高,乳品加工产业规模逐渐扩大,竞争也日趋激烈,乳品厂的优胜劣汰使得乳品加工企业的总数不断减少,但是丹麦乳制品在国际市场的占有率不断提高,其生产的乳制品除满足本国需求外,2/3以上可供出口。当前丹麦乳品加工业较为发达,生鲜乳加工已经高度机械化、自动化,并出现了一批包括阿拉·福兹乳品公司(Arla Foods)在内的60余个现代化水平较高的乳品加工公司。纵观丹麦乳品加工业50年的发展历程,具有以下特点。

1.2.1 乳制品加工企业数量逐渐减少,专业化程度不断提高

丹麦1960年有1 350个乳品加工厂,之后乳品加工厂的数量急剧减少,1998年丹麦乳制品厂减少至90家,进入到21世纪,丹麦乳品加工企业基本控制在70家左右(表3)。丹麦的乳制品产业逐渐实现了由小型的家庭作坊式加工厂向规模化的合作社形式过渡,现今已发展成为集团式的生产和销售一体化的大型企业。这些乳品公司每年共能加工和处理约470万t牛奶。其中丹麦阿拉福兹乳品公司是欧洲最大的乳品公司,由8 200个农场提供鲜奶,有雇员13 200人,每年能够处理丹麦国内90%以上和瑞典2/3的牛奶,另外在英国还有乳品加工厂,并在当地有固定的牛奶供货源瑞典的Arla公司占本国市场约60%,屡次名列全球乳业20强榜单。

表3 2000—2018年丹麦乳品加工企业数量

年份	乳品加工企业数量/个	年份	乳品加工企业数量/个
2000	59	2010	69
2001	58	2011	69
2002	80	2012	64
2003	60	2013	74
2004	65	2014	76
2005	70	2015	64
2006	77	2016	63
2007	74	2017	71
2008	75	2018	62
2009	69		

数据来源:StatBank Denmark。

2000年4月7日,丹麦的MD FOODS与瑞典的Arla乳品合作社合并成立阿拉·福兹公司(全称Arla Foods),总部位于丹麦哥本哈根,成为欧洲最大的乳品公司。阿拉·福兹公司是传统农场主合作社模式与现代跨国公司经营模式的完美结合体,公司所需原料奶的80%由阿拉·福兹牛奶合作社(Arla Foods Milk Partnership,简称AFMP)提供。阿拉·福兹公司在丹麦的销售额占其总销售额的16%,在各地区的市场占有率方面,公司占丹麦乳品市场的90%以上;在生产方面,公司目前年加工牛奶71亿kg,其中,在丹麦的生产力达到40亿kg。凭借百年信誉以及超强研发与创新能力,阿拉·福兹获得了美国航天署(NASA)青睐,成为全球第一家与NASA空间技术中心合作的欧洲企业和乳品公司,也是唯一指定乳品供应商。丹麦的乳品工业由33家乳业公司构成,除了跨国乳业集团阿拉·福兹公司以外,还有32家规模较小的公司。这些规模较小的公司,合作社形式与私营形式几乎各占一半,他们通常专注于某些特定种类的产品,如奶酪、黄油或液态奶,大部分将通过专业出口商销售到海外市场。

1.2.2 乳品产业结构的变化

丹麦的主要乳制品包括液态奶、奶油、奶酪、炼乳、全脂奶粉、脱脂奶粉和干乳酪以及黄油,其中液态奶、奶

酪和黄油在丹麦乳制品生产总量中所占比重较大。1991—2019 年各乳制品加工所消耗原料奶量变化情况见图 6。奶酪和黄油生产是消耗原料奶的最主要方式，1990 年用量分别为 155.8 万 t 和 178.1 万 t，近 20 年来，奶酪和黄油所消耗原奶量有所交替，且在 2010 年后持续增加，2018 年达到最高，消耗量分别为 252 万 t 和 209 万 t，分别占总奶量的 45.68%和 37.85%，而 2019 年有所回落。其余原料奶主要用于生产液态奶、奶油和奶粉，所消耗原料奶量相近。30 多年的发展历程中，丹麦总产奶量变化不大，因此各种乳制品生产量变化也未出现较大波动(图 7 和附表 2)。液态奶在 1990 年产量为 66.2 万 t，其后十几年中产量未发生明显变化，进入 21 世纪，液态奶产量出现小幅度增加，在 2007 年和 2008 年度达到 70 万 t 以上，随后回落，到 2015 年再次达到 70 万 t 以上，并且在近几年持续上升，2017 年达到峰值 74 万 t，随后开始下降。奶酪是丹麦仅次于液态奶的第二大牛奶制品，1990—2000 年丹麦奶酪产量保持平稳，产量保持在 30 万 t 左右，随后产量上升，到 2005 年，达到 35.5 万 t，随后逐渐回落，2011 年产量最低为 27.5 万 t，此后，奶酪产量再次上升，且幅度较大，2019 年已达到 16.08 万 t，并表现出继续增加的势头。1973 年以前，黄油为仅次于液态奶的丹麦第二大产量乳制品，之

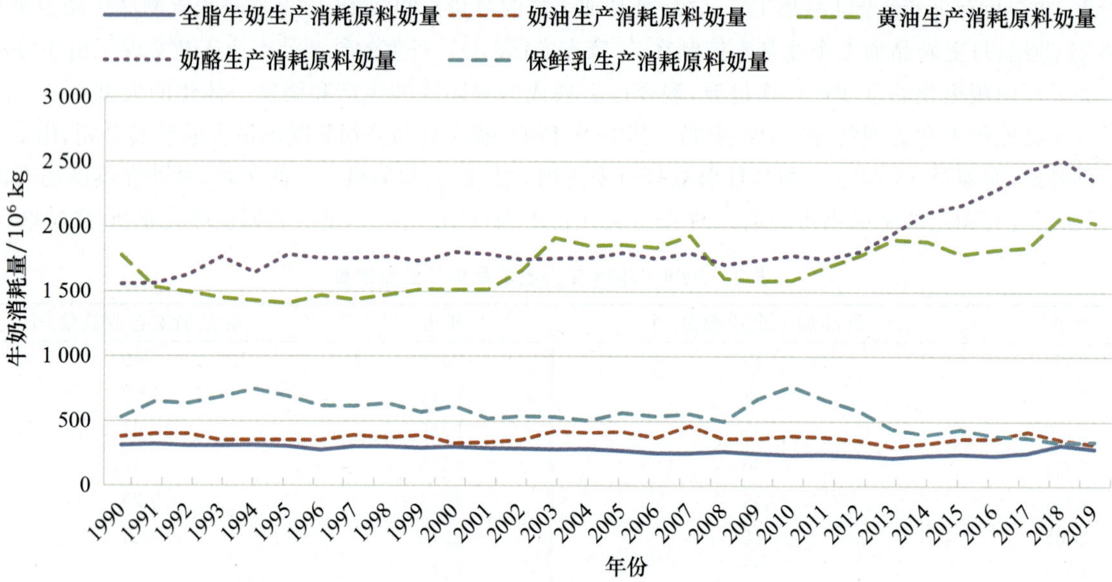

图 6　1991—2019 年丹麦主要乳制品生产所需原料奶分配情况

(数据来源：StatBank Denmark)

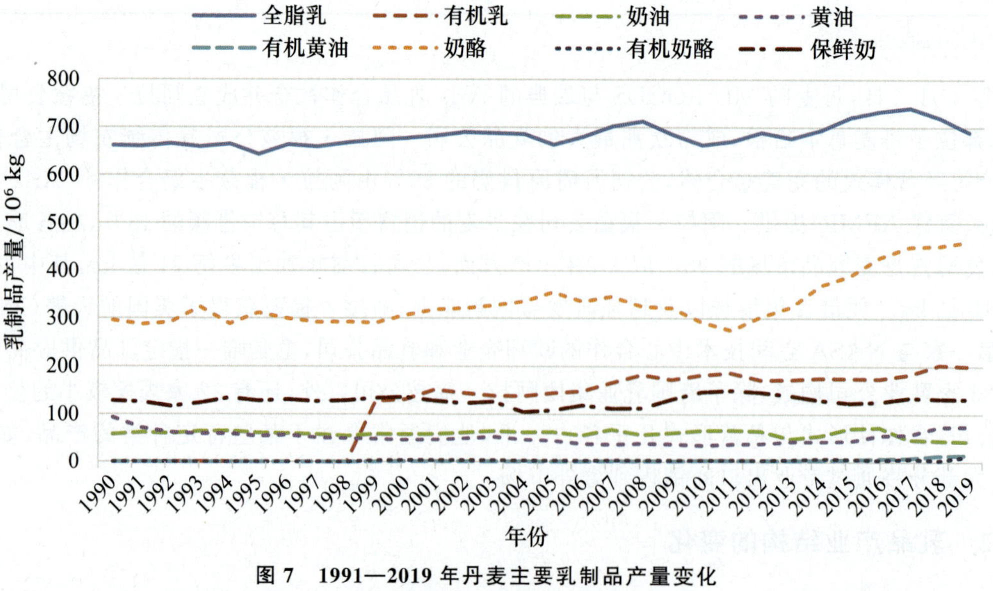

图 7　1991—2019 年丹麦主要乳制品产量变化

(数据来源：StatBank Denmark)

后，黄油产量快速下降，1990 年产量仅为 9.3 万 t，在随后的 20 年中，黄油产量持续下降，2010 年产量仅为 3.42 万 t，为历史最低水平，相比于 1990 年，同比下降 63.2%，在 2010 年以后，黄油产量稳步上升，2019 年已达到 8.87 万 t，恢复到 1990 年左右生产水平。对于全脂奶粉来说，1977 年以前产量变化不大，而之后的 20 年间则呈现出了缓慢的上升趋势，1994 年产量达到峰值 11.4 万 t，随后产量下降，2002 年产量最低为 8.06 万 t，进入 21 世纪，全脂奶粉产量再次增加，2010 年达到 11.88 万 t，随后产量回落，至 2019 年，产量为 7.68 万 t(图 8)。此外，奶油、炼乳、脱脂奶粉和干乳酪的产量在 1960—2019 年间变化较小。

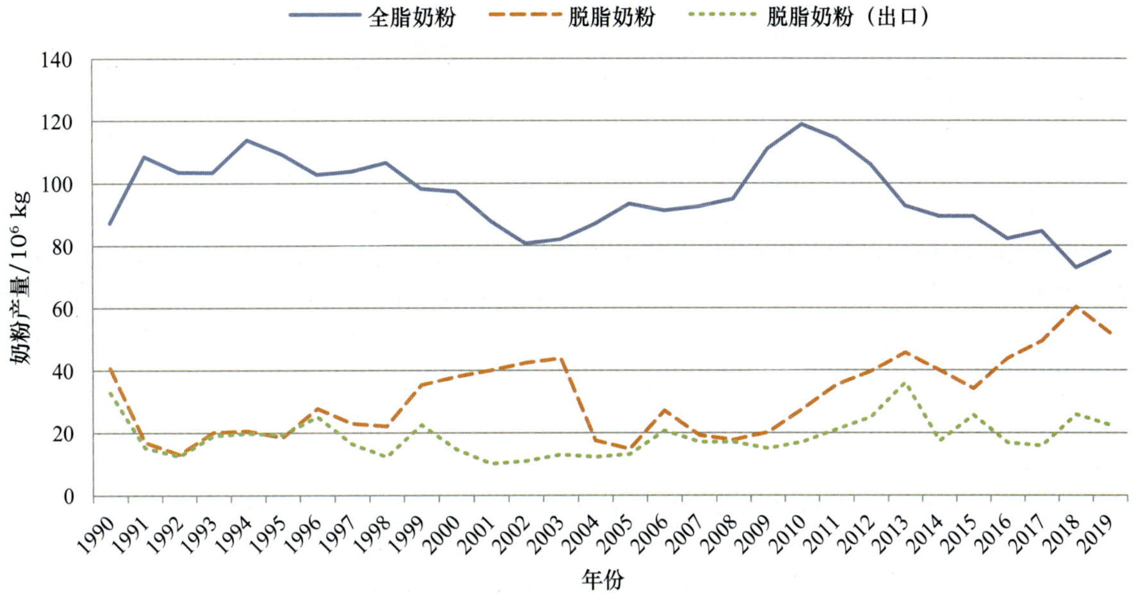

图 8　1991—2019 年丹麦奶粉产量变化

（数据来源：StatBank Denmark）

1.2.3　乳制品生产的组织形式

丹麦的农民协会和合作社组织很有名气，运作良好，人们公认的第一个农民营销合作社便是在 1882 年在丹麦日德兰岛西部成立的耶丁乳品厂。在丹麦，乳品生产企业一半以上是合作社的形式，奶农在自愿的基础上组成各种形式的合作社，按合作社的章程实行统一经营、统一核算、利润分成。奶农既是合作社的主人，也是乳品加工企业的主人，合作社为奶农提供从饲料、配种、防疫到收奶等一套的服务，乳品加工厂则解决了原料奶的销路问题，形成了利益高度一致的完整产业链。另外，由于牛奶来源稳定可靠，加之合作社成员之间的互相帮助和监督，直接干预牛奶生产过程，为保证牛奶及奶产品质量奠定了基础。

以阿拉·福兹乳品公司为例，2007 年其公司年报指出，阿拉·福兹公司目前由 8 522 位丹麦和瑞典牛奶生产者会员拥有。所有生产者会员按地理位置被划分为 50 个小区，每个小区选举产生小区理事会，并组成区域委员会，由区域委员会选举共计 140 个生产者代表，成立公司的最高权力机构——代表大会，最后由代表大会选举 14 个生产者组成监督委员会(Board of Supervisory)。除此之外，在代表大会中还有 10 名员工代表，而在执行委员会中有 4 名员工代表。这样的组织结构安排使得合作社不论规模有多大，都可以运作有序、沟通顺畅。在合作社章程里规定，农场主会员有义务向阿拉·福兹提供稳定的、高质量的原料奶；反过来，合作社组织模式使得阿拉·福兹有动力也有义务向提供原料奶的农场主支付有吸引力的价格，并帮助其打通市场渠道。在这种公司所有者同时又是原料奶供应者的组织模式下，公司的民主化组织结构既能够使公司的决策从长远利益出发，而又可以在短期内致力于保持竞争力。

1.3 乳品消费

丹麦奶业发展的成功与丹麦人有良好的牛奶消费习惯是分不开的。乳制品是丹麦人的生活必需品，奶类产品的消费在丹麦有良好的传统和悠久的历史。丹麦消费的主要乳制品有全脂牛奶、部分脱脂牛奶(partly skim milk)、脱脂奶、酪乳(buttermilk)、奶油、有机牛奶、黄油和奶酪等。1990—2019 年，丹麦牛奶总消费量一直保持在 50 万 t 以上，人均消费牛奶总量则保持在 100 kg 左右。

2003 年以前，部分脱脂牛奶一直是丹麦乳制品消费中占主导地位的奶制品，2003 年脱脂乳的消费首次超过部分脱脂乳的消费量，达到 21.4 万 t，人均消费达到 39.7 kg，成为丹麦消费量最大的乳品，且脱脂乳的消费量仍在不断增长。2000 年之前，全脂牛奶是仅次于部分脱脂牛奶消费量的丹麦第二大乳品，一直保持在 12 万 t 以上，人均消费量保持在 20 kg 以上，之后丹麦全脂奶的消费量逐年下降，2005—2011 年，丹麦全脂奶的消费量仅维持在 6 万 t 左右，人均消费量降低到 11 kg 左右，同比下降了 47.7%；加之，2011 年 10 月 1 日丹麦开始征收脂肪税，所以全脂奶的消费量未来可能仍将呈下降趋势。虽不如全脂牛奶、部分脱脂乳和脱脂乳消费量大，但是酪乳、奶油、黄油和奶酪也是丹麦人日常生活中不可或缺的乳制品，其中酪乳、奶油和黄油 20 年间的消费量变化不大，而奶酪的消费量则逐年上升，2003 年达到了 13.2 万 t；2010 年丹麦人均消费的酪乳、奶油和黄油的量分别为 3 kg、10.1 kg 和 2 kg。在丹麦乳制品消费发展中，值得一提的是丹麦有机牛奶的消费。乳业部门是丹麦最大的有机食品生产部门，2007 年，全国共生产 16.5 万 t 有机牛奶供应消费，并有 2 千 t 黄油和 3 千 t 有机奶酪，其有机奶产量相当于丹麦牛奶总产量的 10%；2007 年之后，丹麦有机奶的消费量仍在逐年上升，2011 年人均有机奶消费量达到 33.3 kg，且已成为仅次于脱脂奶的丹麦第二大消费量乳品(附表 3)。

在价格方面，参考丹麦国内 1983—2019 年牛奶及其制品价格指数，乳制品价格持续上涨，相比于 1983 年，2018 年价格上涨幅度达到 80%左右(图 9)，这也为奶牛养殖、乳品生产和加工企业带来了巨大利润。在消费方面，奶酪和凝乳始终是丹麦人最主要的乳制品消费形式，2019 年丹麦家庭年均消耗约 2 000 丹麦克朗。在 2000 年前，丹麦家庭在各乳制品上消费量差异较大，除奶酪外最主要的消费产品为液态奶、黄油和酸奶，而进入 21 世纪，奶酪消费量变化微弱，但液态奶、黄油和酸奶的消费量下降，其他形式的乳制品消费量增加。2019 年奶酪消费量最高，其次为酸奶约 800 丹麦克朗，鲜乳、脱脂乳和黄油消费约 500 丹麦克朗，其他乳制品消费约 800 丹麦克朗(图 10 和附表 4)。

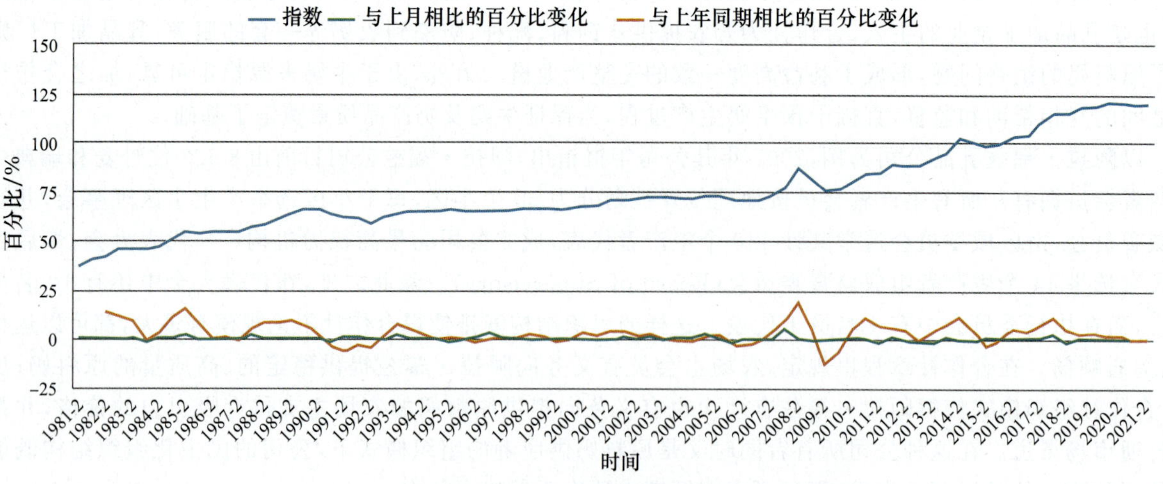

图 9　1981—2020 年丹麦牛奶及其制品国内供应价格指数

(数据来源：StatBank Denmark)

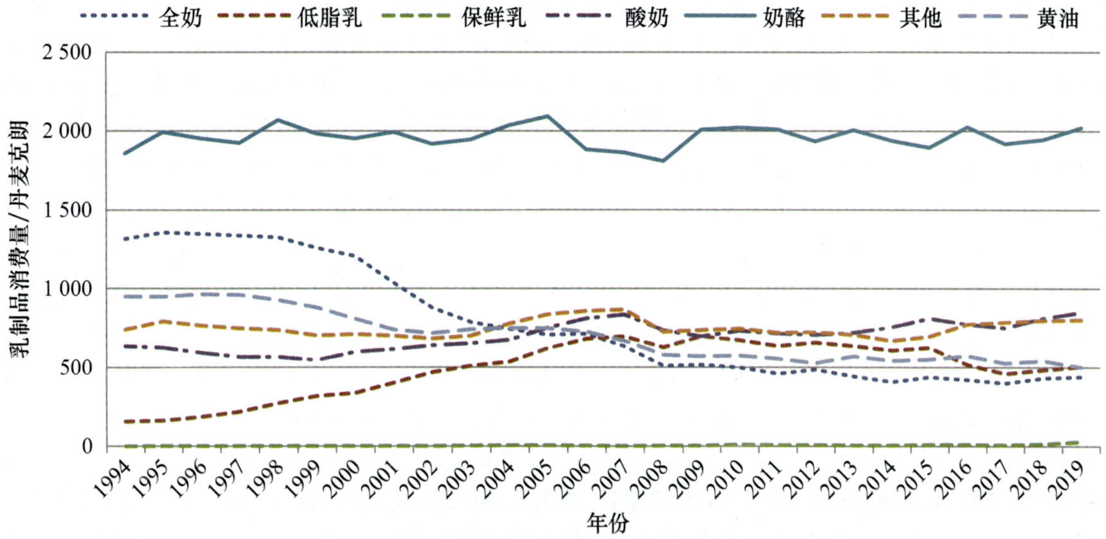

图 10　1994—2019 年丹麦主要乳制品家庭年均消费情况

（数据来源：StatBank Denmark）

1.4　乳制品贸易

丹麦农业生产水平在欧盟国家乃至世界都具有先进水平，尽管从量上来讲，其农畜产品出口虽然在丹麦出口总量中所占比例不高（占比 16%左右），但是丹麦是传统的农业国家，其农产品的 2/3 都用于出口，且许多出口产品占该产品世界贸易量的比重都很高。丹麦是世界主要的奶制品出口国之一，其乳业出口额近 20 年里持续增加，2019 年达到 23.24 亿美元。丹麦国内的乳制品市场基本被国内产品占据，牛奶除了用于饮用外，更主要是用于制造奶酪和黄油，且均有大量的出口。表 4 统计了 2019 年丹麦主要乳制品出口量及出口额，其中奶酪出口额最高，达到 15.75 亿美元，其次为黄油和全脂奶粉，分别达到 2.92 亿和 1.85 亿美元。

表 4　丹麦 2019 年主要乳制品出口情况

乳制品种类	出口量/t	出口额/千美元
黄油	53 203	292 400
奶酪	384 947	1 575 425
鲜奶油	26 249	74 240
鲜牛奶	292 514	144 140
脱脂奶粉	22 856	54 348
全脂奶粉	50 933	184 603

数据来源：FAOSATA。

1.4.1　丹麦主要乳制品贸易量变化

奶酪、黄油和鲜奶在丹麦进出口贸易中所占的比重变化较大，而脱脂奶粉、全脂奶粉和鲜奶油所占的比重较稳定。丹麦近 60 年来乳制品的进、出口量变化图参见图 11、图 12 和附表 5。

1961—1984 年，丹麦为鲜奶油净出口国，在鲜奶油出口的同时，也开始从国外进口鲜奶油，进口量在 20 年间虽然波动较大，但始终远高于其他乳制品，是丹麦进口的主要乳制品。随后丹麦鲜奶油进口量持续下降，2000 年以后趋于平稳，2019 年进口量为 2.78 万 t。鲜奶油的出口量在丹麦乳制品出口中所占比重最低。1984 年前，波动较大，其后 30 多年出口量保持稳定，约为 3 万 t，2019 年出口量为 2.62 万 t。

丹麦奶酪的进口量呈现出阶段性变化，1961—1967 年为第一阶段，此奶酪进口量增幅不大，1968 年陡然增到 1 835 t，比前一年增长了 208%；1968—1988 年为第二阶段，20 年间奶酪进口量从 1 835 t 增加到了

1.14 万 t,同比增长 521%;1988—2002 年为第三阶段,此阶段奶酪进口量快速攀升,尤以 2001—2002 年幅度最大,一年间增幅达到 3.28 万 t;2003 年至今为第三阶段,奶酪进口量在 2002 年的高峰后出现短暂下降,后稳步上升,到 2019 年,丹麦奶酪进口量约为 9.79 万 t,并表现出持续上涨的趋势。奶酪一直是丹麦主要的出口产品之一,1972 年以前,丹麦奶酪的出口量比较稳定,基本保持在 7 万 t 左右,之后逐年攀升,于 1984 年达到最大出口量,从 1974 年的 9.5 万 t 到 1984 年的 25.9 万 t,10 年间增长了 16.4 万 t,同比增长 173%,之后奶酪出口量一直稳定在 22 万 t 左右,2008 年开始奶酪出口量再次出现大的涨幅,到 2019 年,出口量达到 38.49 万 t,并表现出持续上涨的趋势。

液体奶是一种不适于长距离贸易的产品,因为它是易腐产品并且由于高水分含量带来的大容积而造成运输成本过高。因此液体奶的国际贸易量仍然很小,其所占比重不过是牛奶产量的 0.5%～1%,但它在欧盟内部贸易以及美国内部洲际之间的贸易很重要。作为欧盟成员国之一,1983 年以前,丹麦没有鲜奶进口,1984 年鲜奶进口量为 1 003 t,2000 年以后,丹麦鲜奶进口量波动较大,总体呈现上升趋势,到 2004 年,丹麦鲜奶进口量达到了一个高峰,为 4.14 万 t,20 年间进口量涨幅达到了 40 倍,2017 年达到 5.3 万 t,且在持续上涨。2006 年以前,丹麦鲜奶出口量一直比较稳定,鲜见大幅增长或跌落,而 2006—2009 年,丹麦鲜奶出口量爆发式增长,3 年间从 5.5 万 t 增长到 34.1 万 t,随后有所回落,近年来稳定在 20 万～25 万 t。

全脂奶粉是国际乳产品贸易中最重要的产品,其贸易量增长最快,2003 年全脂奶粉贸易量占全球乳品贸易总量的一半,达 53%,且在国际市场上,欧盟是全脂奶粉的第二大供应商。作为欧盟成员国中主要的奶制品出口国,全脂奶粉也是丹麦主要的乳制品出口产品之一,1994 年以前,丹麦全脂奶粉出口量一直在波动中呈增长趋势,于 1994 年达到 10.75 万 t,之后的 15 年时间里,全脂奶粉出口量虽有波动,但均变化不大,2009 年丹麦全脂奶粉出口量呈现出了新的增长势头,2010 年其出口量再次超过 10 万 t,这与 2009—2010 年全球全脂乳粉贸易发展大趋势相吻合,这可能与中国对全脂乳粉持续增加的进口需求有关。近 10 年,丹麦全脂奶粉出口量有所下降,2019 年出口量为 5.09 万 t,保持稳定。全脂奶粉进口量占丹麦主要乳制品进口量的比重很小,除 1976—1986 年和 2005—2006 年两个阶段小的涨幅外,其余时间进口量波动不大。

在国际贸易市场上,脱脂乳粉的数量仍具有较高的份额,2003 年脱脂奶粉贸易量为 130 万 t,占贸易量的 40%。在丹麦,1983 年以前,虽然进口量波动较大,但脱脂乳粉一直占据着丹麦第一大进口量乳制品的位置,之后,经过两年的短暂上升之后,脱脂奶粉在丹麦乳制品进口贸易中所占的比重越来越小,其进口量也在波动中逐渐下降,2019 年仅为 4 012 t。相对于进口量来说,丹麦脱脂乳粉出口贸易的变化趋势相对较缓,占丹麦乳制品出口贸易的比重较小。但在其 60 年的变化过程中,有几个特殊的时间点,分别为 1967 年(2.2 万 t)、

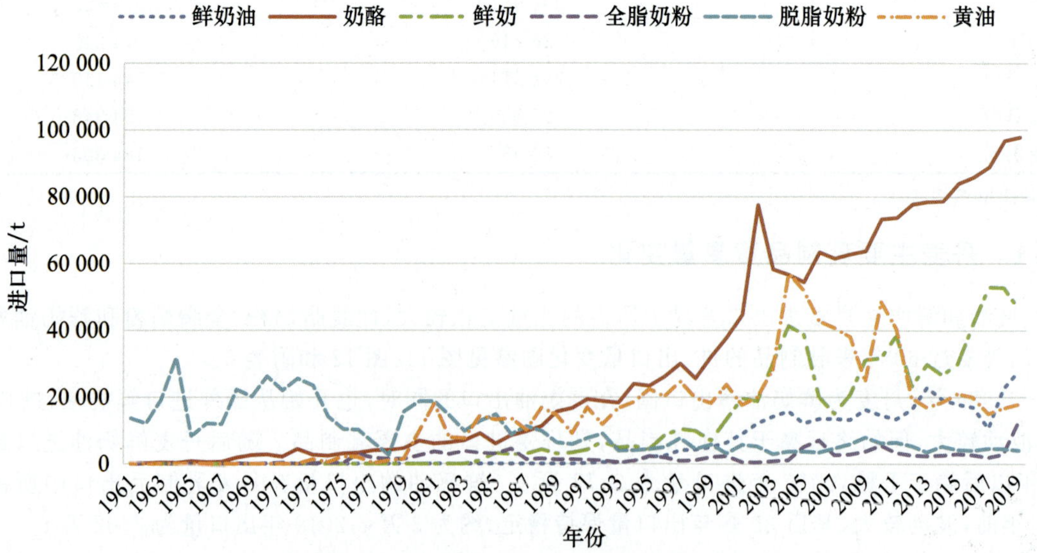

图 11　1961—2019 年丹麦乳制品进口量变化

1973 年(3.8 万 t)、1980 年(4.1 万 t)、1990 年(3.3 万 t)、1999 年(2.3 万 t),从这几个时间点丹麦脱脂乳粉的出口量可以清楚地看出,1980 年丹麦脱脂乳粉出口量最大,之后其出口量总体呈现下降趋势,2019 年丹麦脱脂奶粉出口量为 2.29 万 t。

1973 年以前,丹麦黄油进口量为 0,而同时期,黄油出口量则一直占据丹麦主要乳制品出口贸易的最大份额,1975 年之后,丹麦黄油出口量总体呈下降趋势,而黄油进口量则在波动中逐渐攀升;2001 开始,丹麦黄油进口量和出口量同时出现增长,分别于 2004 年和 2005 年达到新的高峰;2010 年,丹麦黄油进口量较 2009 年出现大幅度增长,达到 4.85 万 t,随后回落并持续下降,2019 年进口量为 1.79 万 t,而其出口量相对稳定,整体呈下降趋势,2019 年出口量为 5.32 万 t。

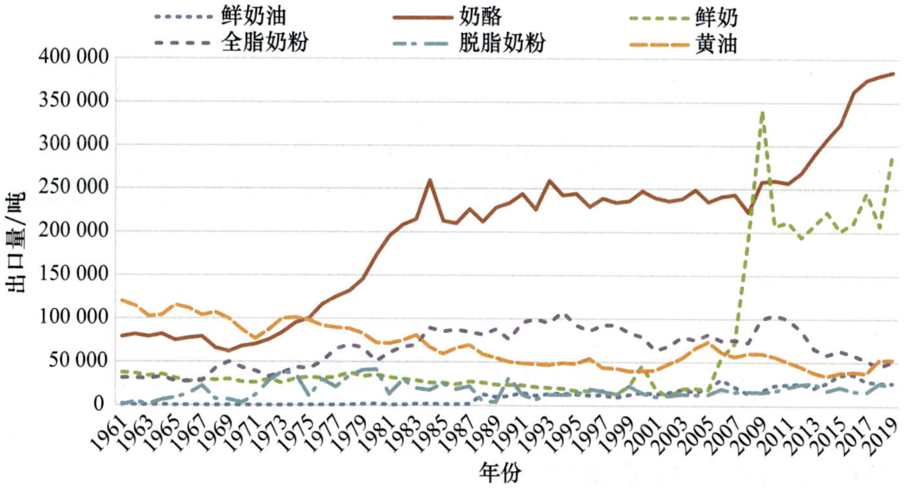

图 12　1961—2019 年丹麦乳制品出口量变化

1.4.2　丹麦主要乳制品贸易额变化

从丹麦主要乳制品贸易额的变化趋势中可以看出,各乳制品进出口贸易额均在波动上升。1990 年以前,乳制品进口额较小,各乳制品进口额差异不大,但在 1990 年以后奶酪和黄油进口额逐渐成为丹麦乳制品进口的主要产品,虽然额度波动较大,但整体增加迅速,2019 年奶酪和黄油进口额分别达到 0.18 亿和 0.8 亿美元,在其他乳制品进口贸易额中,除奶酪进口额所占比重最大外,其次为黄油、鲜奶油、鲜奶和脱脂奶粉,全脂奶粉的进口额所占比重最小。在出口市场,奶酪是最主要的出口产品,随着出口量的增加,出口额也迅速攀升,所占份额仍为最大,2019 年,已达到 15.75 亿美元。在 2008 年金融危机爆发时,各乳制品的进出口贸易额均受到影响,出现下降;奶酪,其次是全脂奶粉、黄油、鲜奶和脱脂奶粉,鲜奶油所占份额最低(图 13、图 14 和附表 6)。

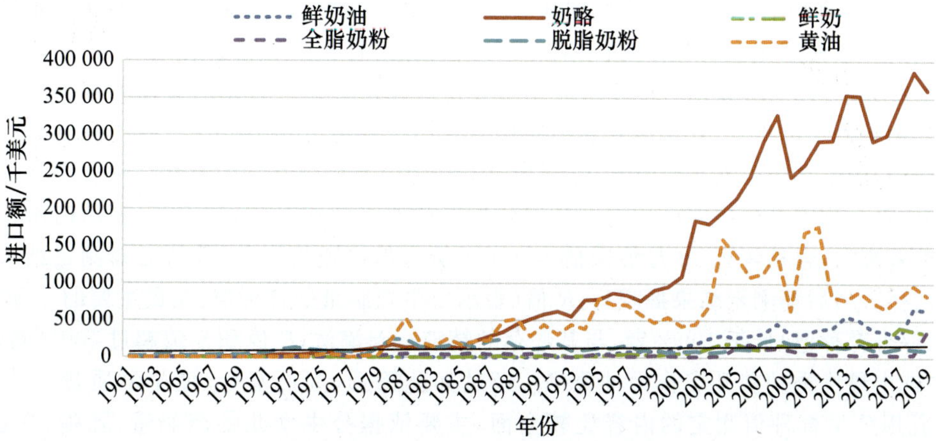

图 13　1961—2019 年丹麦乳制品进口额变化

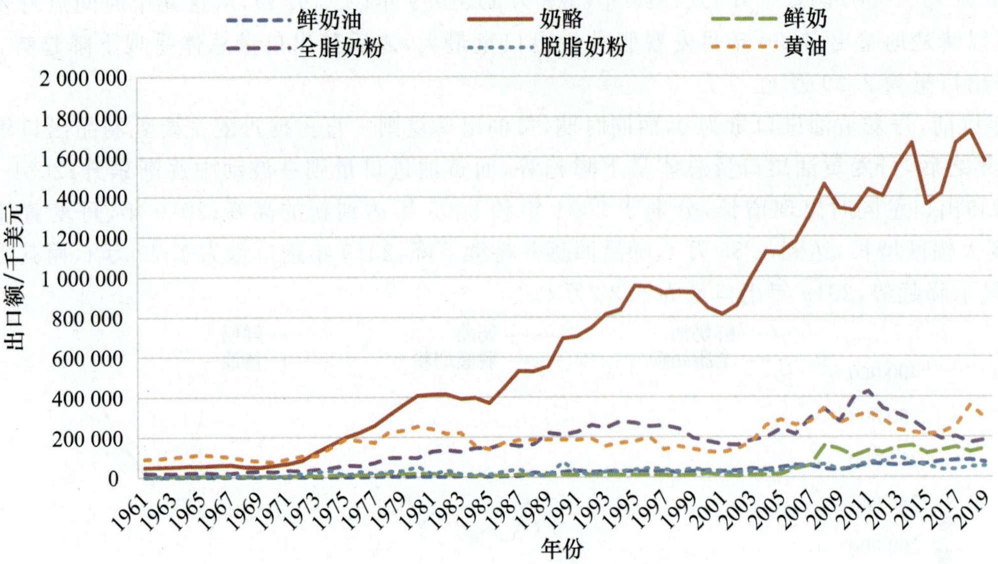

图 14 1961—2019 年丹麦乳制品出口额变化

2 奶业科技进展概况

2.1 奶牛育种与繁殖技术进展

丹麦奶牛的育种组织健全，从国家到地方，从行政到业务部门都有一套完整的育种体系，高效而严密地控制每个牛品种的育种进展。全国有养牛业委员会，下设牛育种管理部、产奶记录协会、EDP 系统（计算机处理部），并指导各品种协会、人工授精协会和由这些协会组成的地区联合会。丹麦全国有 40 个地区性育种联合会，是最主要的基层育种组织，每个地区联合会都有专职的技术人员和资料处理系统，负责本地区育种的各项工作与相关育种指标的记录，它们与千万个牧场主相联系，并把收集到的各种资料数据及时输送到全国养牛委员会的 EDP 系统中去，进行统计计算、综合分析，用于指导全国育种工作的开展。丹麦育种组织结构如图 15 所示。

2.1.1 后裔测定

20 世纪 50 年代，为了加快家畜生产性能改良的步伐，许多国家纷纷建立了后裔测定育种体系。后裔测定体系是由丹麦首先在猪育种上使用，之后推广到其他国家及其他畜种上，目前在奶牛育种中应用最为广泛。

丹麦奶牛主要分散在家庭农场饲养，由于其育种体系健全，育种方法科学有效，特别是广泛采用电子计算机技术为奶牛服务，可以将准备留种的小公牛集中在性能测定站进行系统的后裔测定。丹麦牛育种的重点放在选择种公牛和种子母牛上，其乳用和兼用品种的具体选种方法，是由 EDP 系统提供具有最佳性能指数的种子母牛配种，所生小公牛从 1 月龄到 11 月龄进行 *T* 值（表示测定公牛与同品种公牛平均日增重差异的相对值）、*U* 值（表示测定公牛眼肌面积与同品种公牛平均差距的相对值）和 *I* 值（表示肉用相对性能测定值）测定，不合格者淘汰，合格者到 13 月龄采精 1 000 头份与母牛随机配种，等待后裔测定结果。在此期间采精 2 万头份贮存。当后裔测定结果揭晓后，*R* 值（表示公牛奶脂量的育种值，是最主要的一项测定值）和 *S* 值（表示公牛的综合育种值）低于 100％者，与其贮存的精液一起淘汰；*R* 值和 *S* 值超过 100％者，用于注册母牛配种，从其中选出最优秀的前几名作为种公牛。经过如此筛选，周而复始，使牛群质量一代比一代有所提高。丹麦对乳用公牛育种值测定的内容比较全面，主要依据公牛女儿的产奶量、乳脂、乳蛋白量、排奶速度、产肉性能、性情、体型外貌、犊牛死亡率等，每头公牛需进行以上各项相对育种值的测定。丹麦奶牛育种程序见图 16。

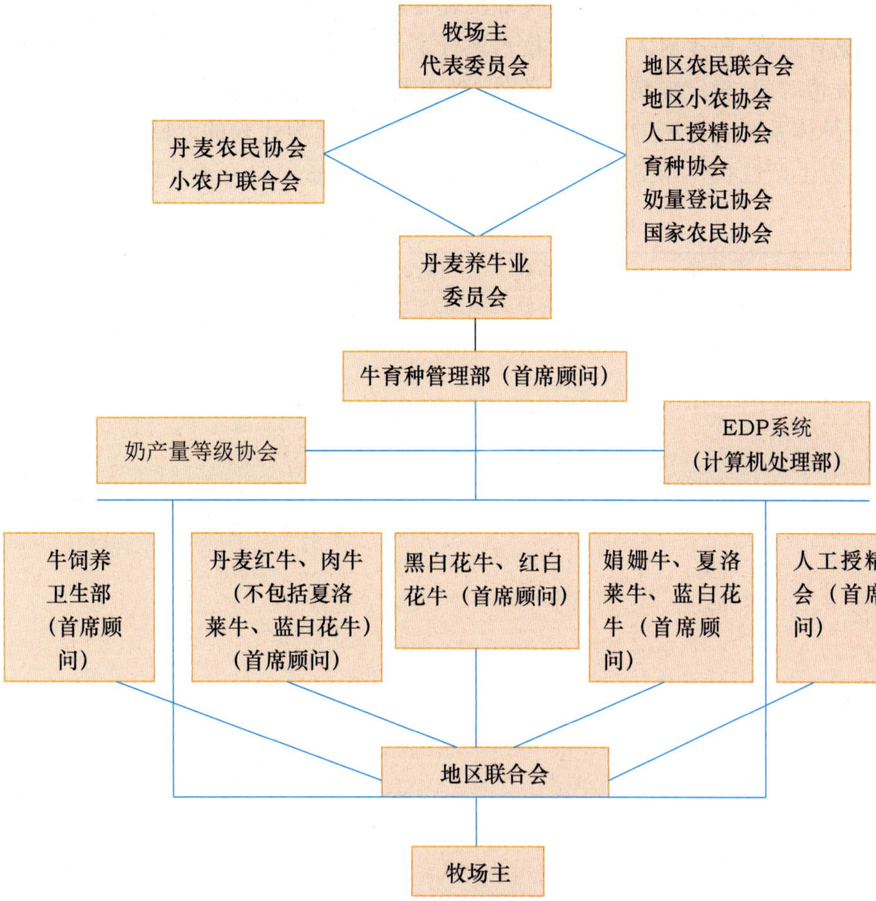

图 15　丹麦养牛业育种组织

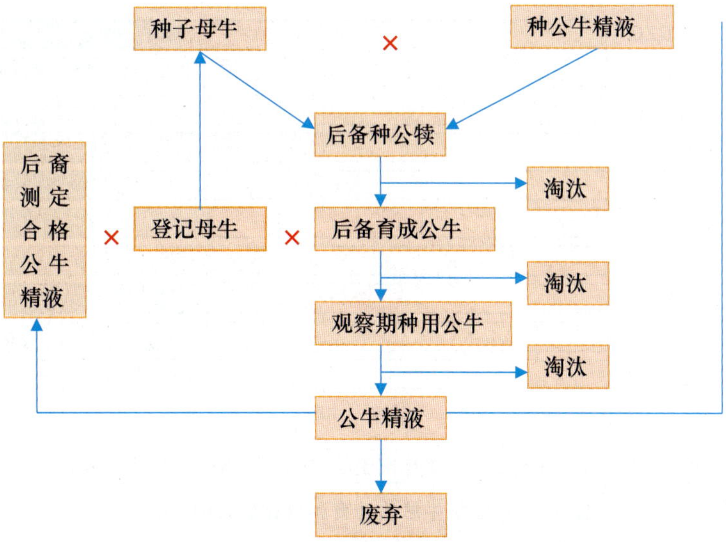

图 16　丹麦奶牛育种程序

1994 年以前，新西兰、荷兰、英国、法国、以色列等国家奶牛选育的目标性状几乎全部是产奶性状；而在丹麦、美国、加拿大、意大利等国开始注意到奶牛持久力的选育，并且部分加上健康与繁殖性状。到 2000 年，奶牛选育的目标性状发生了较大的变化，性状包括六大类，即生产性能、体型外貌、体细胞数、长寿性、繁殖性状和其他。表 5 是 2000 年和 2007 年部分奶牛业发达国家奶牛育种目标的比较，近年来各国在育种目标尚有较大变化，主要体现在，更加关注奶牛健康长寿及乳品质的提升，如图 17 所示。为了充分利用公畜的优良性状，加快良种的繁育进程，丹麦对人工授精技术进行了优化，如采用电子监视器辅助跟踪监测母牛的发情，更便于准确掌握发情时间，确定输精时间。此外，丹麦利用性控技术提高了后代母牛的比例，大大提高了经济效益。奶牛育种体系联合紧密的丹麦、瑞典和芬兰 3 个国家为代表的北欧荷斯坦奶牛育种体系选择指数(NTM)中，主要为生产性状：体型性状：健康性状：其他=33：13：50：4。

表 5 各个国家奶牛育种目标比较 %

国家	产奶量	体型外貌	体细胞数	长寿性	繁殖性状	其他
2000 年育种目标						
新西兰	77	0	0	11	0	12
丹麦	28	34	15	0	15	8
意大利	80	20	0	0	0	0
荷兰	66	0	0	34	0	0
法国	74	21	0	0	0	5
加拿大	56	44	0	0	0	0
美国-TPI	67	33	0	0	0	0
德国	56	20	14	6	4	0
2007 年育种目标						
新西兰	77	0	0	11	0	12
丹麦/瑞典/芬兰	30	20	12	6	22	10
意大利	59	23	10	8	0	0
荷兰	40	22	5	19	14	0
法国	50	12.5	12.5	12.5	12.5	0
加拿大	57	31	3	7	0	2
美国-TPI	50	30	5	8	7	0
德国	50	15	5	25	5	0

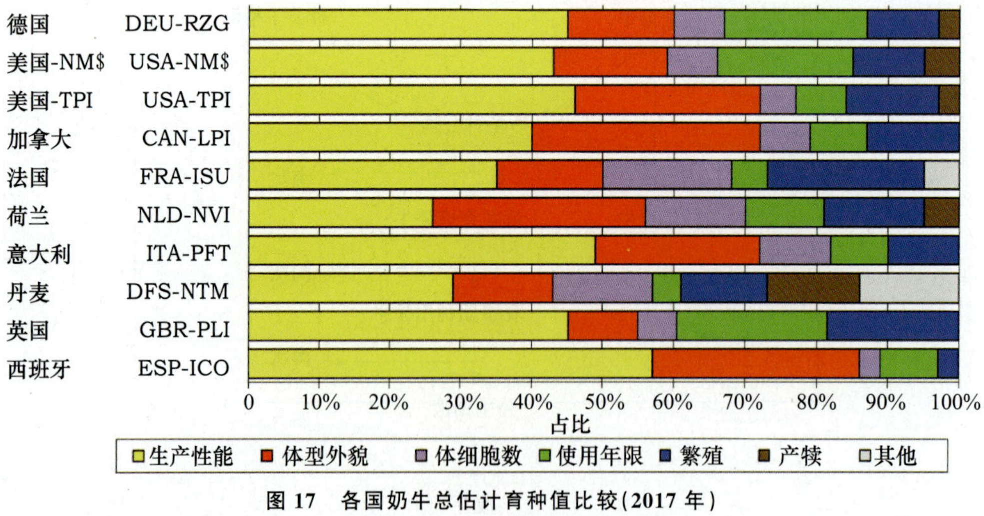

图 17 各国奶牛总估计育种值比较(2017 年)

2.1.2 MOET 育种技术

随着后裔测定选择的不断进行，单胎动物的母畜繁殖力低下成为限制进一步提高家畜遗传进展的主要因素。而 20 世纪 70 年代发展起来的生物高新技术 MOET 技术则很好地打破了这一限制，为进一步提高家畜育种进程提供新的技术保证。MOET(multiple ovulation and embryo transfer)即超数排卵与胚胎移植技术，与体外胚胎生产及胚胎分割等技术被认为是能够迅速提高某个国家家畜数量的 3 项技术。20 世纪 80 年代初期，MOET 技术就已显示出其对未来奶牛育种的潜力所在，此技术的重要基础就是建立核心牛群。

丹麦国家动物科学研究所在 1984 年提倡进行大规模的 MOET 育种方案，该项目自 1985 年始，由皇家农业与兽医大学、丹麦人工授精协会联合会和丹麦 4 个奶牛品种协会共同承担。主要包括：①为保证核心群的遗传水平，制定选择供体的发展策略；②超数排卵与胚胎移植；③生理测定，采集分析血样，估测生理性状的表型值和遗传参数，以及它们与产奶量和其他重要性状的遗传相关；④制定潜在供体母牛的综合性状选择指数。

在开放的 MOET 核心群育种方案中，实验牛场就是核心群。丹麦实施的 MOET 奶牛育种在 1988 年以前所有的胚胎都由外群供体牛提供，供体是从公牛母亲（种子母牛）中挑选其整个泌乳期各项指标符合要求的个体。所有入选的外群供体牛由全国育种组织监测确定，其受精所用的精液选自国家育种计划中的优秀公牛。

1988 年开始选择本群供体，到 1990 年大约 30%（400～500 个）的胚胎由核心群中选出的青年牛和头胎牛提供。到 1992 年及以后的几年，80%的胚胎由核心群中选出的青年牛提供。在当时，丹麦实际通过胚胎移植技术繁殖了 89 头小牛。此后，随着胚胎移植技术的发展，冷冻胚胎的使用率达到了 50%，移植的效率和水平也不断提高。这给丹麦的奶业带来了巨大改观，充分发挥了优良母牛的繁殖潜力，增加了母牛的双胎率，成了家畜品种改良的重要方法。

MOET 育种方案得到的所有公犊都要在国家育种方案中进行性能测定，之后计算出一个包括双亲最新的综合选择指数以及生长率、肌肉长势和采食量等性能测定结果在内的指数，这个指数就是在传统的人工授精育种计划中选择青年公牛进行后裔测定的主要依据。

2.1.3 联合育种

2002 年 1 月由丹麦奶业联合会、芬兰动物育种协会和瑞典奶业协会以及挪威遗传组织共同建立了北欧牛业遗传评估组织。作为北欧联合育种值评定机构，该组织可以同时使用北欧各家畜的所有数据和关系，且所有奶牛和种公牛都可以直接做比较。数据库里记录了有关疾病与健康方面的数据，丹麦、芬兰和瑞典间的记录系统都比较相似，以丹麦为例，丹麦的数据记录系统开始于 1990 年，由丹麦奶业联合会和丹麦兽医学会合作建立。具体运作方式如图 18 所示。在数据记录系统里，以管理和育种为目的的数据通常被分为 4 类：乳房疾病、繁殖疾病、消化代谢疾病以及足部和腿部疾病。最为重要的附带效益，这些数据可用于育种值的估计。

联合育种是加快动物群体遗传改良，提高育种效益的根本途径，这是现代动物育种理论的精髓。遗传评估是联合育种的核心，丹麦奶牛传统的遗传评估方法主要为动物模型 BLUP 法及测定日模型。

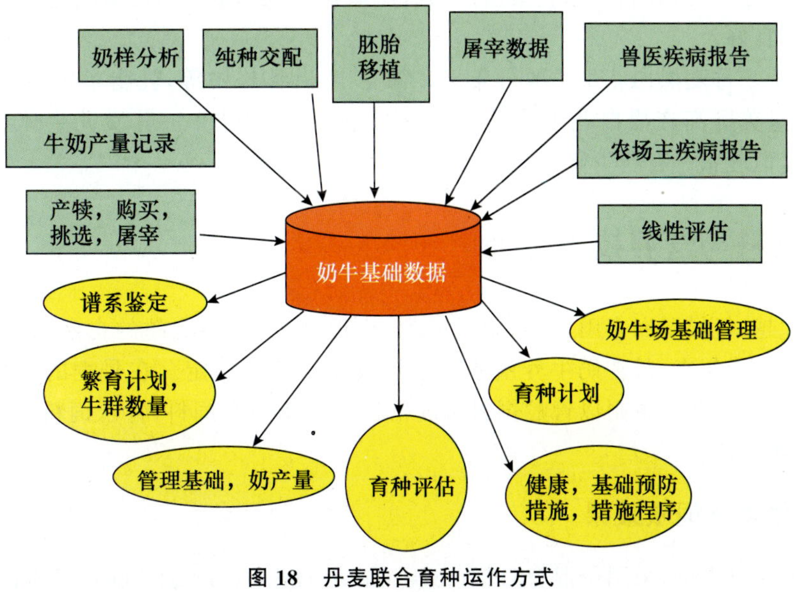

图 18 丹麦联合育种运作方式

（资料来源：国家统计局）

2.1.4 全基因组选择

早在20世纪90年代，利用微卫星标记进行亲子鉴定即在奶牛中首次使用。同期，许多影响奶牛重要经济性状的数量性状位点（quantitative trait locus，QTL）被相继发现，基于DNA信息的标记辅助选择（marker-assisted selection，MAS）为奶牛育种提供了新的发展契机。之后，随着基因组计划的不断发展，在奶牛全基因组内发现了数量巨大的单核苷酸多态性（single nucleotide polymorphism，SNP）标记，为奶牛遗传学提供了丰富的数据资源，同时也为奶牛育种实践提供了新思路。在此基础上，全基因组选择（genomic selection，GS）作为一种新的遗传选择方法应运而生。

全基因组选择是利用整个基因组的标记信息对个体育种值进行估计，从某种程度上讲是分子标记辅助选择的延伸，它弥补了在标记辅助选择中标记数量只能解释一部分遗传方差以及数量性状位点（quantitative trait locus，QTL）定位困难的缺点。其理论基础是应用整个基因组的标记信息和各性状值来估计每个标记或染色体片段的效应值，然后将效应值加和即得到基因组育种值。全基因组选择的优点是估计值准确性很高，并在动物出生时即能估计其育种值，从而提早对其进行选择，可大大缩短世代间隔。

随着全基因组选择的出现，丹麦的育种方案也需要相应的改变。受限于本国有限的群体规模（特别是优秀验证公牛的后裔成绩积累），欧洲部分国家采用联合的形式进行奶牛基因组选择项目的开展，并在此基础上于2009年组成了欧洲联合基因组选择体系。丹麦与瑞典、芬兰形成北欧三国联合育种体系，于2009年7月官方公开发布奶牛基因组评估的结果，其资源群体规模约3 000头；且青年公牛的基因组育种值采用分级形式表示，以区别于验证公牛。作为一种新的育种技术，全基因组选择有很多方面需要改善和提高。因此，全基因组选择将是丹麦近期遗传育种的主要研究方向。

2.1.5 丹麦牛改良育种

(1)丹麦红牛的改良。丹麦1841—1878年利用安格勒牛和乳用短角牛与当地的北斯勒准西牛杂交改良育成了丹麦红牛。如今的丹麦红牛以产奶量、乳脂率和乳蛋白率高而闻名于世。但20世纪50年代每头牛的平均年产奶量仅约4 500 kg，产脂量约180 kg，乳脂率略高于4%。为了提高丹麦红牛的乳、肉生产性能、生长率和消除由于长期纯繁及近亲繁殖而引起难产、死胎、犊牛死亡率高等缺点，自20世纪70年代初期开始引入其他品种的精液。大量的改良试验工作是在1972—1985年间进行的。这些引入的基因主要来自瑞典的红白花牛、芬兰爱尔夏牛、荷兰红白花牛、美国的瑞士褐牛和法国的利木赞牛等品种。在引入良种基因之后，产奶量得到了明显提升，乳脂率和乳蛋白量均有所增长；丹麦Egtved后裔测定站测定结果显示丹麦红牛的产肉性能也颇为良好。

(2)丹麦黑白花牛。丹麦黑白花牛主要分布于日德兰半岛，体格中等，乳脂率较高，有一定的肉用性能。近年来，丹麦每年引进美国高产黑白花牛冻精，用于改良丹麦黑白花牛。其女儿牛体型普遍加大，体高增加，产奶量明显提高，但乳脂率有所下降。

2.2 奶牛饲料与营养技术进展

丹麦地理位置优越，气候湿润多雨，且降雨量平均，土地肥沃，这些优越的自然条件为畜牧业的发展提供了良好的天然条件。近年来，丹麦奶牛养殖业的结构发展一直很稳定。在丹麦的多数奶牛场中，夏秋季以青牧草为主要的粗饲料，冬春季则以青贮饲料和麦秸秆为主要的粗饲料，青贮饲料的品种多为玉米秸秆、黑麦草、三叶草和紫花苜蓿。

2.2.1 饲料种类及饲喂效果

丹麦多数牛场为有机农场，采用全混合日粮（total mixed ration，TMR）饲喂，优质饲草在奶牛营养中发挥了极其重要的作用，奶牛的营养几乎完全来自饲草（牧草、干草、青贮）。在保持奶牛产量的前提下尽可能多地利用优质饲草，以干草作为蛋白质来源，以一定量精饲料和玉米等作物的青贮饲料作为能量来源。粗饲料和蛋白质饲料的主要来源是干草、玉米青贮，补充精饲料主要成分为大豆饼。

另外，农作物秸秆也是生物质能的重要组成部分，占生物质能的50%以上，丹麦对秸秆的处理利用已有较长的历史，已达到技术成熟，机械设备配套齐备的现代化水平。采用捡拾打捆机，将秸秆捡拾、打捆、注氨、包装，用塑料袋一次完成饲料氨化处理，放在田间地头让其自然氨化，待用时拉回养殖场。氨与秸秆中的有机物发生化学变化形成铵盐，铵盐被分解成氨，被动物瘤胃微生物利用，进而形成菌体蛋白，使蛋白质含量提高1～2倍。另外，氨与水结合生成碱性的氢氧化铵，中和秸秆中的酸，使其纤维素、木质素分解，细胞壁膨松，易于被动物消化。提高秸秆饲料的营养价值，其中有机物消化率可提高8%～12%，甚至更高；秸秆的含氮量能提高0.8%～1%，可减少对粗蛋白质的供给量。经处理后的秸秆，基本上相当于中等干草，可作为奶牛主要的粗饲料。

油料籽实也可作为蛋白质饲料用来饲喂奶牛，以饲喂不同比例的亚麻籽和菜籽为例，阐述其对荷斯坦奶牛和丹麦娟珊牛生产性能和牛奶中脂肪酸含量的影响：泌乳中期的丹麦荷斯坦奶牛在饲喂添加亚麻籽与菜籽的比例为1∶3的混合日粮后，产奶量，牛奶中脂肪和乳糖的含量并没有影响；但饲喂娟姗牛后各项参数均增加。当日粮中添加过量的油料籽实，两种奶牛的乳蛋白含量均降低；与荷斯坦奶牛相比，娟姗牛乳中饱和脂肪酸含量较高，不饱和脂肪酸含量较低。增加日粮中油料籽实的含量，牛奶中除了C18:2*n*-6外的所有C18脂肪酸含量均增加，而C6～C14，C11～C17，尤其是C16的含量降低。与娟姗牛相比，这个结果对荷斯坦牛的影响更为显著。当增加日粮中油料籽实的量，C18:2*n*-6和C18:3*n*-3的表观利用率降低。

为了维持营养的平衡，农场主在饲喂奶牛时在日粮中加入一定量的饲料添加剂，如微量元素添加剂、维生素添加剂及甜味剂等，但在丹麦，抗生素添加剂是被禁用的。丹麦是全世界禁止动物使用抗生素饲料添加剂做得最好的国家，1995年，丹麦禁止在饲料中添加阿伏霉素；1998年1月，丹麦禁止使用抗生素饲料添加剂维吉尼亚霉素；从2000年1月起，丹麦的抗生素只限于按处方购买用于治疗动物疾病。

对于未来饲料种类的更新，尤其是对于精饲料的变化，现在很难预料，但是可以肯定的是，肯定能在配合料中见到一些新的成分，如同前些年我们还不知道什么是玉米面筋粉和木薯粉，但是现在它们却成了丹麦配合饲料使用的原料；对于粗饲料来说，可能会在现有的基础上出现一些新的豆科和谷实类青贮。此外，随着新的工业生产方法的诞生，一些工业新的副产品也会应用于奶牛饲养中。

2.2.2 饲料的质量检测与控制

丹麦的奶牛大都采取以放牧为主、补饲为辅的饲养管理方式。草场都是经过精心维护的人工草场，牧草也是专门为奶牛饲养而选育出来的品种。奶牛冬季日粮的主要成分，即牧草和玉米，都产自自家的农场。为了保证日粮的营养均衡，奶牛需要饲喂具有补充性的优质混合饲料。这些混合饲料是由天然成分配制而成的，不含抗生素，不含产量增长剂，不含任何人工合成的添加剂。只有那些具有良好操作规范(good manufacturing practice，GMP)合格证书的饲料企业才被允许向奶牛农场提供混合饲料。饲料企业获得GMP认可的依据是ISO9002质量管理标准和危害分析和关键控制点(hazard analysis critical control point，HACCP)技术标准。这些标准是以一种一揽子要求的方式被实施的，涉及饲料终端产品的配料、混合、防止交叉污染、制粒及产品构成等方面的内容。对饲料加工过程中质量保障的检查内容有：质量管理标准的实施情况；原料成分(有害物质)检测标准的实施情况；检验加工设备的技术要求参数；加工和贮藏的卫生标准的实施情况；饲料(构成及质量)的最终检测标准实施情况；制定配料和终端产品的运输规则。

多年以来，丹麦从立法、行政管理等方面逐步理顺了饲料及畜产品生产各个环节的管理和监控，形成了可追溯的、健全的畜产品生产、流通监管体系。主要特点是：法律法规健全，行政监管体制责任明确，饲料质量安全管理理念先进。此外，行业组织的自律对确保畜产品安全和质量起到了重要作用。

丹麦拥有较为完善的法规体系，严格执行欧盟和国际组织如国际食品法典委员会(Codex Alimentarius Commission，CAC)饲料管理的法律法规，而且出台了一系列的法律法规，如《农业法》《产品责任法》等。丹麦法律严格禁止在饲料中使用生长激素。同时丹麦还辅以先进、高效的检测技术体系，确保了其饲料的质量安全；

采用规范、高效和可追溯性的检测服务，严格检测技术，在确保数据真实可信的前提下提高检测效率。

2.2.3 营养技术进展

在实际生产中，饲养员的饲喂方式及饲料中精粗比的不同对奶牛的影响也是不容小觑的。在泌乳前期，精饲料和粗饲料单独饲喂对奶牛的代谢紊影响显著，而全混合日粮中的精粗比对奶牛的代谢紊乱没有影响；另外不同的饲喂方式对奶牛的瘤胃迟缓、酮病、肠炎及真胃移位也有不同程度的影响。

单剂量的维生素 D 和维生素 E 对高产奶牛的血浆稳态和瘤胃稳定性均有影响。在瘘管牛瘤胃内添加 4 360 mg 维生素 E、250 mg 维生素 D_2 和 250 mg 维生素 D_3 后，瘤胃内维生素的浓度先升高，随后开始降低。取出一部分混合好的样品在体外培养，发现维生素始终处于一个恒定的水平。因此，在高产奶牛的瘤胃及瘤胃内容物中，维生素 D_2、维生素 D_3 及维生素 E 非常稳定。添加维生素后血浆中维生素的浓度变化表明：维生素 D_2 对血浆稳态的影响较维生素 D_3 小，而维生素 E 对血浆稳态的影响最小。

2.3 奶牛疫病控制技术进展

2.3.1 乳房炎

临床型乳房炎被认为是由一些细菌病原体如链球菌、金黄色葡萄球菌、大肠杆菌和支原体等引起的，然而，在乳腺中病原体并不足以引起临床性乳房炎，通常认为管理和环境因子是形成临床型乳房炎的主要原因，例如畜舍、营养、奶产品、挤奶程序和干奶牛治疗与临床型乳房炎的发生有很大的关系。

在丹麦，乳房炎是造成奶牛经济损失、影响动物福利的重要原因之一，为研究该类疾病，丹麦和其他北欧三国联合攻关，发挥各科研机构优势，丹麦主要负责奶牛乳房炎的主效基因定位和基因网络调控。Kenji(2008)对丹麦地区 2 146 头丹麦牛的临床型乳房炎进行了调查，通过回归模型统计分析，认为奶牛单产、蹄病和丹麦地区的劳动力质量与乳房炎发病率呈显著相关性，建议奶农提高对乳房炎和蹄病治疗的重视，从而减少乳房炎发生率。Lund 等(1994)报道，在丹麦，由乳房炎引起的经济损失估计每头奶牛每年 225 美元，其中大约 60%的损失是由产奶量下降引起的。

在丹麦，奶牛场依靠完善的疾病预防和治疗措施，使得牛群发病率很低。对于乳房炎而言，奶牛场中注重通过对乳房炎的检测来控制乳房炎的发生。他们采用 MKII 在线适时监测仪替代传统的 CMT 试液隐性乳房炎检测，依靠安装在挤奶设备集乳器与每个奶杯之间的导电率探测极间接反映各个乳区牛奶健康状况。它可以适时显示每个乳区是否不同程度感染隐性乳房炎，在临床乳房炎发病前 1～4 d 即可预警提示，兽医在亚临床阶段就给予某乳区特殊而且准确的“关照”，将乳房炎尽可能遏止在“萌芽状态”中，避免了临床炎症传染、牛奶质量和产量急剧下降、支付高昂的药物费用等问题。但是，这只是一个监测工具，发现感染后还必须采取治疗和隔离措施，才能发挥预警的意义。在丹麦通常使用青霉素类治疗乳房炎。Bruun 等(2003)通过搜集日德兰半岛的 18 个丹麦牛牛群和 7 个试验组的奶牛相关治疗数据，经过统计分析，最终的治疗药物组合是：47%青霉素普鲁卡因、13%氨苄西林、10%土霉素、8%链霉素/青霉素、8%螺旋霉素、7%磺胺类药物和 7%阿莫西林。同时，主要乳房炎病原体抗生素耐药性的持续监测也受到重视。

另外，在北欧国家，已开始通过利用奶牛生产健康记录系统和遗传育种项目，对奶牛的抗乳房炎遗传特性的进行选择性育种。

2.3.2 亚急性瘤胃酸中毒

亚急性瘤胃酸中毒(sub-acute ruminal acidosis，SARA)会造成严重的经济损失，是高产奶牛场面临的严峻问题。为了有效防治 SARA，需尽早诊断出患病动物。Enermark 等(2001)通过问卷调查报道亚临床瘤胃酸中毒的主要的诊断表现是酮病(26%)、瘤胃酸中毒(22%)、障碍(16%)、亚临床低钙症(15%)、产乳热(15%)。其中有 80%的兽医工作者具有相关的治疗标准，例如注射钙制剂(33%)、注射皮质激素类药物

(21%)、反酮病治疗(注射丙酸盐或葡萄糖)(13%)、注射瘤胃兴奋剂(9%)、注射维生素 B(7%)、其他治疗方式(17%)。

2.3.3 产乳热

产乳热,又名产后瘫痪,是高产奶牛因缺钙引起内分泌功能异常而产生的一种营养缺乏症。在丹麦的奶牛场中预防产乳热的治疗方法如下。

(1)为产犊牛口服容易吸收的钙制剂。Goff 和 Horst(1993)报道给奶牛提供 $CaCl_2$ 盐溶液,由于渗透作用,刺激食管沟反射,允许从瘤胃支路通过。在瘤胃中钙溶液($CaCl_2$)可以避免被稀释,在皱胃中高浓度溶液有利于被动 Ca 通过。Queen 等(1993)通过在奶牛分娩 1 h 内添加钙氯化物胶体进行研究钙吸收。结果显示每 5 min 内血清总钙呈现显著性增加,在 24 h 后血清钙水平达到基准线值。因此,血清钙很快获得显著增加。Jönsson 和 Pehrson (1970)与 Simesen 和 Hyldgaard-Jensen (1971)通过添加 3~10 倍剂量钙氯化物水溶性胶体试验,试验结果显示预防效果达到 50%~55%。根据 Pehrson 等(1989)在胶囊中注入 4 倍剂量的 $CaCl_2/CaSO_4$,其效果达到 73%。总之,钙氯化物产品可以提高刺激胃肠黏膜和未得到补偿的系统酸中毒的作用。

(2)在怀孕后几周时,增加阴离子盐的供应量。为了使阴阳离子方法更好地进行下去,至少在产前的 10 d 饲喂盈余的可吸收的阴离子,从而阻止奶牛的饲料碱化。Horst 等(1997)推荐的饲粮阴阳离子差(negative cation-anionic difference, DCAD)为 100 mg/kg。

(3)在怀孕晚期饲喂低钙饲粮和低 Ca/P 饲粮。此方法效果极佳,达到 100%。预防产乳热时,至少在产犊前 2 周,给奶牛提供的钙日采食量控制在 20 g/d 以下, 最有效的解决方法是在饲粮中添加钙黏合剂。同时要注意 Ca/P 比率的影响,在日粮中,它的高低决定着钙的含量,对预防产乳热的发生也具有重要的作用。

(4)产前期饲喂添加维生素 D、维生素 D 代谢物及其类似物。大剂量的使用维生素 D 代谢物及其类似物来预防产乳热仍存在争议。Littledike 和 Horst(1982)通过试验将维生素 D 需求量加大到接近中毒最大量,引起的临床症状包括显著的厌食症、体重降低、呼吸困难、心跳加速、身体倾斜、严重的心血管钙化等(Greig,1963;Seekles 和 Wilson,1964;Payne 和 Manston,1967;Radostits 等, 2000)。治疗的添加剂量是很重要的,在分娩前 2~8 d 注射是最佳时期,如果在第 8 天后效果不佳,需要再次注射,或者可以每 8 d 重复注射一次,直到产犊(Radostits 等, 2000)。另外使用维生素 D 类化合物的潜在问题是低钙血症和产后 10~14 d产乳热的临床特征(Hove 和 Kristiansen,1984;Goff 等,1988)。尽管存在这些缺点,但是由于这种方法简单实用,注射维生素 D_3 成为预防产乳热通用的方法(Radostits 等, 2000)。

2.3.4 结核病与副结核病

丹麦的兽医教授贝恩哈德·邦格(1984—1932 年)提出了防治牛结核病的基本原则:新生牛犊必须立即与患有结核病的牲畜脱离接触,并加以隔离。任何牲畜,不论其临床症状如何,只要结核菌素试验呈阳性,即可认为是患有结核病的牲畜。从 1932 年起,丹麦奶牛场开始应用这一原则,直到 1953 年才完全消灭了牛结核病。到 1959 年,牛结核病的病源在牲畜中已绝迹,但又发现来自人体的结核病新病源。整个 20 世纪 70 年代,新的发病率不到 0.01%。畜群新感染结核病后,其中有反应的牛只即被淘汰,如有迹象表明已传染较广,则将整个畜群屠宰。自 1898 年起,法律规定:从牛奶场取回农场饲喂牲畜的牛奶,必须经过巴氏杀菌,这也是丹麦防治牛结核病的一个重要措施。

副结核病(paratuberculosis)是由分枝杆菌引起奶牛和其他反刍动物的慢性肠炎,在过去的 20 年中,丹麦奶牛业的副结核病越来越多,致使牛奶产量、质量和屠宰重量降低,死亡率增加,造成很大的经济损失。Søren Saxmose Nielsen(2002)报道,通过酶联免疫吸附测定检测牛奶和血清中的抗体和粪样中的副结核分枝杆菌的方法,结果显示此方法可用于副结核病的检测。

2.3.5 其他疾病

子宫内膜炎在奶牛群中也是一个重要的产科疾病，子宫内膜炎发生后，往往发情不正常，或者发情虽正常，但不易受孕，即使妊娠也易发生流产，影响奶牛的整个生长期的生产性能。治疗奶牛子宫内膜炎主要是控制感染、消除炎症和促进子宫腔内病理分泌物的清除。

从 2002 年 2 月以来，丹麦共发现 15 例疯牛病，最近几年，丹麦奶牛的疯牛病基本上没有出现，控制得较好。丹麦现行的疯牛病监察计划是依据欧洲委员会疯牛病管理条例 No. 999/2001 执行的。

1953 年以前，丹麦口蹄疫流行，全国一半畜群受到感染。1954—1970 年间，全国每年每千头牲畜不超过 0.5 头，1971—1976 年间，全国已无此病。其采用的措施是，每年全部牛只免费注射疫苗，个别因猪群发病引起的消灭方法是有组织地进行屠宰配以周围地区的牛群区域性疫苗接种。

2.4 奶牛养殖高度机械化和智能化

丹麦的原料奶产业经历了巨大的结构变革，奶牛饲养逐渐向集约式发展，目前，丹麦奶农农户的平均规模和先进程度在欧洲位居首位。在丹麦，超过一半的奶牛生活在舒适宽松的现代化棚舍中，奶牛养殖高度机械化和智能化，从饲养到挤奶，都出现了高度智能化和自动化的机器人。在饲料生产过程中，全部采用计算机监测、控制、计量投料系统，饲料配送和料场清理不需要任何人为参与。

在挤奶设备方面，丹麦在 2005 年北欧农业新技术会上曾展出全自动挤奶机器人，其智能化体现在奶牛乳头与奶杯定位环节。在将每头挤奶牛的乳头分布数据录入配套牧场管理信息系统后，奶牛在挤奶前先识别 ID，待奶牛站立好位置后，机械手结合喷淋头喷洗奶牛乳房，热风吹干，然后套杯预挤弃奶，再次套杯挤奶并分乳区自动刺激按摩奶牛乳头或自动脱杯，最后喷淋药浴。其采用最新的红外线扫描融合影像立体定位引导技术，可快速准确地为 4 个乳头套好挤奶杯组，不但提高挤奶效率，更减少奶牛不适应激，2019 年，丹麦牧场已广泛应用智能化设备。

在牧场管理方面，牧场信息系统会对每头牛的挤奶过程全程跟踪和记录，然后保存并分析牛只饲喂、健康、繁殖等详细信息，配合牧场等管理人员适时监控牛群生产状况。丹麦的牧场都为家庭式牧场，且由于人员劳动力成本高，所以每个牧场管理生产主要依靠高度的机械化和高效率工作来保证。

土地耕作、牧草种植及牛粪处理也完全是高度机械化。收割的麦秆由机械同时打包，并用塑料袋包裹。牛舍内配备有多功能舍内清扫设备、自动清粪设备，机械刮粪，管道输送粪便，并有固体肥撒肥车、液体肥施肥车及其他一些通用机械。这些先进机械设备的使用不仅大大提高了工作效率，也显著降低了能耗。

2.5 根据奶牛养殖规模配备相应的土地

为了保护环境，丹麦立法规定，农场养畜数量要与土地可吸纳牲畜肥料的量成规定比例，不得超额饲养，这样既可避免地下水被污染，又能保证奶牛有足够的饲草（料）基地。在丹麦，配备有面积大栽培土地的奶牛农场数目逐年增多，2006—2008 年均以配备有 75.0～99.9 hm^2栽培土地的牛场居多，而 2009 年，则以配备有 100.0～124.9 hm^2种植区域的奶牛农场数目为最多。2010—2019 年丹麦配备不同面积栽培土地的奶牛场数量情况参见表 3。其中奶牛场使用面积大部分集中在 75～400 hm^2，占地 100～150 hm^2的牛场数量最多。数据变化表明，丹麦奶牛场在近 10 年来持续走向规模化，但超大规模牛场较少。

2.6 奶牛场粪污处理与环境保护技术进展

丹麦从 1992 年开始征收碳税，丹麦奶牛粪污处理的主要方式为沼气厌氧降解和农场自行分离，其中农场粪污分离后的沼渣部分，44％直接施肥于田地，31％输送给沼气厂，3％就地焚烧，22％未做处理。动物粪污的厌氧降解可以提高有机肥的质量、减少气味和致病菌、提供了可再生能源——沼气。动物粪污的厌氧降解可以把有机残余物转化成两种有价值的产品：①可再生的燃料，用于发电、供热和汽车燃料；②降解后的剩余物沼渣，经精炼后可为循环提供有机肥、纤维产品和干净的水。

丹麦是沼气技术最先进的国家之一，也是最早提出联合沼气厂概念的国家，即农场收集的粪污与食品或饲料工业的副产物联合厌氧发酵生产沼气的工艺，经过 20 多年的发展，目前已形成一个以粪污和有机垃圾处理、养分循环和可再生能源生产、兼顾农业和环境利益的综合系统。丹麦以工业化的方式使用沼气始于 20 世纪 80 年代末期。目前，丹麦已建立 20 个集中式的中心沼气厂，一年可以处理 100 万 t 的粪和 30 万 t 的有机垃圾；另有 55 个单一的农场式沼气厂。在丹麦比较有代表性的大型集中式中心沼气厂有 Ribe、Lintrup、Lemvig 等，年产沼气在 500 万 m^3 左右。这些沼气厂通过在各地区的合理分布，有效地促进了农业资源综合利用、地区发展和环境保护。在 2025 年之前，丹麦将新建 50 个集中式的中心沼气厂。

从农场的贮粪池收集粪污及泥浆粪后运输到沼气厂，与可消化的有机垃圾混合后联合降解发酵。厌氧降解过程在喜温（53～58 ℃）了，或嗜中温（30～40 ℃）的条件下发酵 12～25 d（这个过程会阻止病原菌的繁殖和生成），降解的生物量运输到贮气池中，沼气厂进一步分离出纤维产品和液体部分。降解的生物量被返回到农场，由于贮气池处于田间，含有灭活的病原菌和液体肥料直接返回田地。但是，根据丹麦法律要求的施肥量，肥料只能一部分返耕于农田，其余降解的生物量由沼气厂销售给该地区种植农作物的农场。当然生产出的沼气可以用来供热和发电，所产电力由国家电网统一收购再销售给居民或企业。厌氧发酵沼气公司为奶农提供了必备的粪污处理能力，较好地处理了沼渣的利用和再分配问题，为奶农节省了粪污贮存、运输、购买肥料等费用，在丹麦处理 1 t 的粪污的成本为 3 欧元。此外，通过沼气厂每处理 1 t 生物量可以减少 90 kg 二氧化碳的排放，减少 0.11 kg 氮淋溶到净水中。

近年来许多农民对粪污分离技术格外关注，因为如果泥浆粪被较好的分离，其纤维部分很好地用于牧场，因政府法规而造成的土地需求将被缓解。因此，那些想扩大生产的奶农就可以较好地平衡家畜生产和粪污土地需求的关系。然而，不同的粪污分离工艺其参数也不尽相同，具体如表 7 所示。目前，粪尿分流分离系统已经发展起来，但由于其成本高还未被采用。

表 6　2010—2019 年丹麦配备不同面积栽培土地的奶牛场数量

耕地面积/hm^2	牧场数量/个									
	2010 年	2011 年	2012 年	2013 年	2014 年	2015 年	2016 年	2017 年	2018 年	2019 年
0	47	39	41	44	23	20	38	0	0	0
0.1～4.9	6	6	—	—	—	0	—	8	22	18
5.0～9.9	7	13	0	—	7	18	10	8	—	14
10.0～14.9	20	20	20	8	—	17	10	25	16	18
15.0～19.9	39	45	54	40	39	40	39	20	30	33
20.0～24.9	55	51	56	25	11	45	25	18	30	22
25.0～29.9	67	48	32	76	45	18	24	23	30	28
30.0～39.9	128	96	135	92	75	82	41	54	48	58
40.0～49.9	171	144	123	90	132	85	73	87	105	80
50.0～59.9	167	151	132	127	84	132	94	72	99	67
60.0～74.9	309	310	249	261	225	168	186	149	101	181
75.0～99.9	527	478	491	453	460	425	336	302	326	236
100.0～124.9	558	526	531	462	416	417	352	364	293	282
125.0～149.0	444	450	417	413	394	367	347	299	274	293
150.0～174.9	348	335	317	332	318	301	296	240	262	220
175.0～199.9	260	266	274	262	248	216	219	208	206	194
250.0～299.9	182	173	189	200	182	217	206	195	211	229
300.0～399.9	149	165	184	192	191	201	192	217	207	206
400.0 以上	61	74	81	98	99	106	134	152	175	199

数据来源：StatBank Denmark。

表 7　粪污处理工艺参数

分离效率	螺旋压机	分流离心机	高分子带通滤波器
数量	3～5	5～21	15
固体总量/%	17～32	45～63	89
有机物/%	7～15	50～80	86
总氮/%	5～9	11～28	40
磷/%	7～15	52～80	89
沼气生产潜力/(m^3/t)	36～64	40～90	56～80

总之，据统计，丹麦通过粪污技术处理和立法使氮素盈余减少了 50%，硝酸盐淋溶减少了 50%，化肥氮的使用量减少了 47%，化肥磷的使用量减少了 75%，有效地控制了奶牛粪污的环境问题。

丹麦沼气计划得到丹麦环境部、农业部的经费支持，总预算达到 1 200 万丹麦克朗。1987 年第一个净水行动计划的执行促进了沼气的发展。粪污需要进行 6～9 个月的贮存，确保粪肥可以及时地被农作物使用；每公顷使用的粪肥数量是受限的，奶农是每公顷承载 1.7～2.3 个荷斯坦奶牛，确保了动物生产和牧场土地的平衡与和谐；粪中硝酸盐的最低限量及每种作物硝酸盐的配额的规定从根本上限制了化肥的使用。丹麦政府通过立法规范畜禽粪污的还田利用，截至 2019 年，丹麦粪污氮素的利用率已经从 1980 年的 20%提高到了 45%。

1988 年，丹麦实施了丹麦沼气行动项目，其主要目的是调查集中式中心沼气厂在兼顾农业、能源和环境的同时能否在经济上可行，该项目获得国家的大力支持和资金拨款。许多农民意识到集中式中心沼气厂有助于他们服从新规定。一些沼气公司基于这样的原因，投资兴建了必要的贮粪池出租给需要的农民，如果操作得当，经贮粪池处理后一部分可以作为有机肥料还田，这样农民就节省了粪污贮存、运输和传播的费用。另外，一个粪污盈余牧场的粪污可以由沼气公司运输给一个粪污较少的牧场，这种重新分配减少了某些牧场对粪污处理土地的使用需求。粪污处理和利用的限制条件形成了政府的规章制度，有力地激发了农民对集中式中心沼气厂的兴趣。

2009 年，丹麦政府又发起了“绿色发展”计划，其主要内容为两方面：丹麦环境与自然计划；绿色农业和食品业发展战略。丹麦集中式沼气厂发展方向：目前存在的沼气厂的设计主要是降解液态粪和一定数量的有机垃圾。近年来，由于有机垃圾的竞争，这种策略面临着挑战。现在新设计的沼气厂配备了必要的装置用来混合和输送浓缩的粪污，沼气的生产需要奶农提供高质量的粪污，尤其是粪污的干物质含量水平。若今后奶农仍愿意把粪污输送给沼气厂，他们将不得不引进这种粪污分离工艺技术。现在大型的屠宰场和奶牛公司均加入了沼气发展计划，受市场的影响他们努力营造自己绿色的品牌。

丹麦利用沼气厂来处理奶牛粪污处理和解决环境保护问题有许多经验，如地区供热系统较为普及、政府鼓励耕地循环农业、立法推进粪污处理的规章制度、农作物施用有机肥的传统、沼气产业市场的自由竞争以及固定的电价、政府和相关社会团体的支持等。

丹麦在经济和科技高速发展的同时，十分注重生态环境的保护，坚持可持续发展的原则。丹麦环境法规定：农场不可以有超过 500 个单位的牲畜，一个单位等于一头母牛，或三头成年猪，或达到屠宰体重的 30 头猪，或 2 500 只肉鸡。目前，只要农场发展到 250 个牲畜单位，就会对农场环境所受的影响进行彻底的评估，评估的结果决定这个农场是否可以扩张。另外，丹麦还根据法律制定了很多有关农业的环保规章，如：①农场主的牲畜总数量，必须和他拥有或租来的土地面积相对应，即农场主拥有的牲畜越多，他就必须拥有更多的土地。②在冬季，农场主必须种植至少 65%的农地，以降低土壤中氮的渗透量。③对除草剂和杀虫剂的品种和数量有明确的限制。④农场主必须有肥料施用量的记录，不管是天然肥料还是合成肥料。⑤只要有土地面积超过 2 hm^2，就必须被用来耕作，也就是说，农场主有义务去维护他的土地。

丹麦的每个牧场基本上都配备一套污粪处理设施，包括一个沉淀池，一个曝气池，一套抽送和搅拌设备，一个液体肥施肥车和一个固体肥抛肥车，牛舍内粪便由刮板刮入暗沟后冲入沉淀池，沉淀池为三面封闭的坡形结构，经沉淀发酵后的液体由抽送设备抽入曝气池，固体部分由铲车装入抛肥车拉入田间施肥。曝气池中液体进一步曝气后，抽入液体施肥车拉入田间施肥，该类设备主要有：KIMADAN、SAMSON、JF 等公司产品。丹麦政府规定奶牛场的土地面积不得低于 2.5 hm^2/头。

奶牛舍饲散养工艺(free stall)，近年来在欧美等发达国家得到了快速的推广应用，尤其是北欧国家，近年新建的奶牛场基本上采用了这种新的饲养工艺模式。这种饲养模式的突出特点是：采用无运动场体系的全舍饲饲养方式，舍内有采食区、躺卧休息区、挤奶间、清粪区等不同功能区，奶牛可以在舍内自由走动，自我管理。这种饲养工艺可以为奶牛提供清洁舒适的躺卧床面(一般奶牛在这里休息 10～14 h/d)；清粪方式一般采用刮板清粪或漏缝地板；采用 TMR 饲料搅拌车将青贮料和精饲料送到采食通道及食槽处；挤奶间直接与牛舍相连。这种饲养工艺因其具有占地面积少、管理方便、奶牛的饲料转化率高等优点而为越来越多的牛场及生产管理人员的喜爱。但采用全舍饲饲养后，舍内的空气状况对奶牛的影响很大。关于舍内的空气状况的研究也得到越来越多的重视。Kroodsma 等(1993)曾对如何减少有漏缝地板的系统的氨气排放进行了研究。Braam 等(1997)对一例有坡度固体地面的系统的氨气排放进行调查。Elzing 和 Monteny (1997a，1997b)就氨气的排放进行了模型试验。Demmers 等(1998，2001)就氨气排放及自然通风量的问题进行了探讨。尽管如此，目前有关奶牛舍饲散养建筑中空气质量状况的系统调查研究的文献仍然较少。特别是在热环境参数与废气含量及排放量的相关性方面。李保明等(2004)对丹麦的 7 个典型的自然通风奶牛舍进行了研究，对其温度、NH_3、CH_4、N_2O、水汽等分别进行了测试分析，以了解舍饲散养奶牛舍自然通风条件下这些气体的释放和变化规律，以便为该工艺模式下牛舍的管理和环境调控，通风系统设置与管理等提供理论依据，结果表明：全舍饲饲养工艺的自然通风牛舍，其舍内热湿状况主要受舍外温、湿度的影响，采用全舍饲散养工艺进行奶牛生产时，舍内各环境因素之间有着非常密切的关系，在适宜的饲养密度和温度(0～25 ℃)下，利用自然通风，基本可以获得较好的环境条件，以满足奶牛生产需要。丹麦为完成欧盟制定的到 2030 年减少 30%的温室气体排放量减排指标，在种植业结构优化调整和畜牧业优化养殖方面做了大量研究工作。目前，丹麦政府大力支持牛养殖领域甲烷减排的研究工作。

3 原料奶质量控制与计价体系

丹麦十分重视奶类产品的质量，对于牛奶与其他食品一样都要求对生产者实行溯源制。丹麦的消费者不但要求奶产品质量要健康、营养、安全、卫生，而且更多的关注生产、消费奶产品对环境的影响，并且要求奶产品生产时要保证动物福利，对原料奶更是如此。

在丹麦，有食品法对奶产品进行规范和管理，其次在疾病对奶品质的影响有非常严格的规定，奶农协会约束奶农对每批次的原料奶都进行检验。全部样本都被送往原料奶检测实验室。看这些样本是否符合规定的收购标准。这些收购标准是根据丹麦和欧盟的相关法规制定的。如果某个农场主生产的牛奶未能达到标准要求，那么，该农场主将可能会被禁止向乳品加工企业提供牛奶。牛奶质量检测的内容有：体细胞数、冰点、细菌数、抗生素的残留及感官度。除此之外，牛奶经常检测的项目还包括大量的有害物质，如二噁英、多氯联苯(PCBs)、黄曲霉毒素、重金属及兽药残留。

3.1 提高原料奶质量的主要技术措施

丹麦的阿拉·福兹(Aria Foods)乳品公司正是一家以合作社方式运作、由众多原料奶生产者控制的世界知名乳品企业。阿拉·福兹乳品公司强调农场和原料奶对公司经营的重要性，在公司 2007 年年报中明确提出“没有农场就没有牛奶”“我们最重要的原材料是牛奶”。公司的农场主合作社组织保证了公司的原料奶供应。阿拉·福兹公司与合作社会员一起，为农场的运作开发了一套质量保证计划(Quality Assurance Programme Arlagarden)，主要内容是奶源管理的各项质量标准和工作指引(表 8)。通过这套质量保证体系，阿拉·福兹让消费者确信，农场以负责任的方式提供高质量的原料奶，同时农场主也能够从质量保证计划中获得技术方面的帮助。

阿拉·福兹的质量保证计划对以下诸多内容进行了详细规定：饲料和水、动物福利和用药、牧场管理（挤奶设备、贮存设施、牛棚、牧场员工等）、环境、突发事件处理及补偿、采奶（最低采奶量、采奶频率及时间、原料奶冷藏及运输）、牛奶成分和质量、质量保证计划的监督机制。该质量计划除了包含一系列准则外，还有帮助生产者提高原料奶质量的大量注释和建议。因此，阿拉·福兹的质量保证计划不仅仅关注原料奶质量，而是一个全过程的、可操作的标准化质量控制体系。

例如在采奶的具体安排方面规定，一个新牧场（所谓的新牧场，既包括新建筑的牧场，也包括所有者新更换的牧场）在第一次采奶之前，必须经过公司相应的权力部门验收；牧场在开始或重新开始采奶之前，必须提前 14 d 通知运输经理，如果采奶次数发生明显变化，例如由一天采奶 2 次变为 3 次，则必须提前一个月通知运输经理；奶罐车装有卫星导航系统，帮助安排合理路线，以最少的行程收集最多的原料奶，并就近送到牛奶加工厂；每一个奶罐车驾驶员都要经过严格培训，以保证高标准操作运输车，并熟悉原料奶装车之前的采奶流程。

借助这样的质量保证计划，阿拉·福兹公司的牛奶加工厂得到了优质的原料奶供应，农场主获得了提高原料奶质量、降低成本的可行办法，消费者从奶源上与乳品企业建立了信任，自然环境也得到了保护。

表 8　阿拉·福兹质量保证计划的主要内容

项目	目的	控制标准
牛奶成分	努力使牛奶的成分满足消费者对终端奶制品的需求和愿望	①牛奶中的脂肪、蛋白质、矿物质以及其他成分必须保持正常；②牛奶必须新鲜、口感好
食品安全	从农场开始确保为消费者提供安全的奶制品	①牛奶不允许含有有害物质；②高卫生标准避免牛奶被污染的风险
动物福利	努力满足奶牛基本的生理和行为需求，增进奶牛的健康和福利	①奶牛必须处于健康状态；②奶牛必须在对动物友好的环境中被饲养、照料
环境考虑	鼓励农场采取保护环境、尊重自然的措施	①农场必须保护周边环境，维护文化地貌；②农场必须优化肥料的使用，并在风险评估前提下，将危险化学品的使用保持在最低水平

此外，丹麦有一个知名的、独立于其他单位的奶产品检测、检验实验室——Stain 实验室。Stain 实验室属于综合性的实验室，在奶业上主要从事 3 种检测，即原料奶质量的检测，每批次的原料奶均要进行检测；奶牛生产性能的检测，每头奶牛每年约检测 10 次；奶产品质量的检测。该实验室拥有先进的技术设备和科学的管理方法，保证了每批次的产品均能够科学、公正地检测、检验。它不但承担本国奶产品的检测、检验，几乎整个北欧的奶产品都到此检测、检验。这一独立实验室的存在，有力地保证了奶业健康、持续的发展。

3.2　提高原料奶质量的主要政策措施

丹麦乳品质量安全管理体系包括 3 部分：一是政府食品质量监督管理机构，包括食品、农业和渔业部（FVM）；二是民间乳业协会组织；三是完善的法律体系，《食品法》《动物保护法》以及其他标准体系（图 19）。

在丹麦，供应国内市场液态奶的乳牛群的健康和卫生条件的法律规定起始于 1932 年，之后又颁布新的法令规定，指出只有健康和卫生条件符合农业部要求的畜群生产的奶才能供人类使用及制造相应的乳产品。

领先的乳品生产国都支持和实施通过职业培训和教育得到国家资格证书，即《牛奶和奶油的处理和储存技术资格证书》，丹麦也是如此。这个资格认证的目的是确保相关工作人员在接收散装牛奶时确定原料奶或奶油的可接受性，而后将其送入处理系统，从而加强乳制品的质量保证。原料奶或奶油是所有奶制品的主要原料，确保散装牛奶或奶油的质量对最终生产的乳产品的质量至关重要，只有这样才能保证人类食用乳产品的安全性。

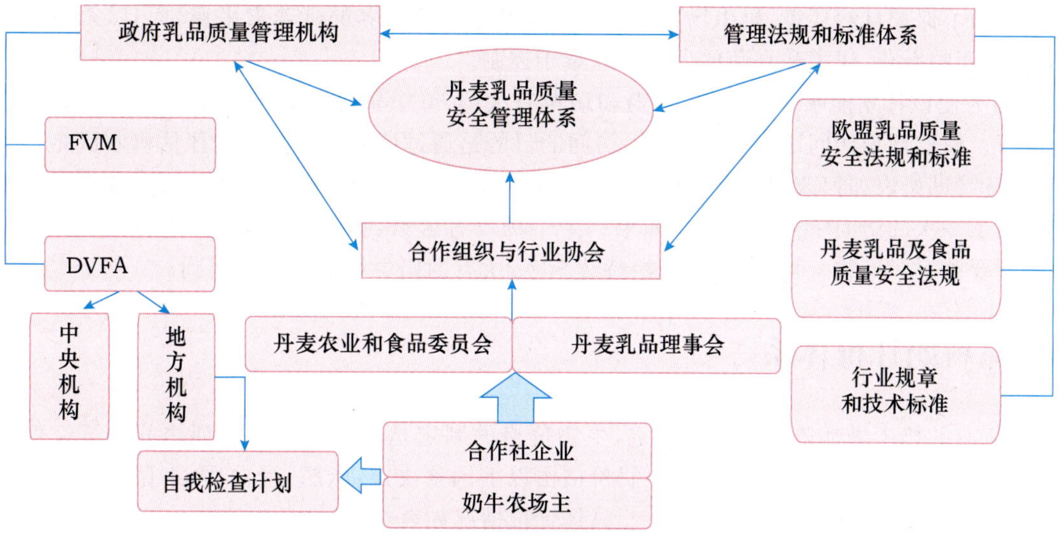

图 19 丹麦乳品质量安全管理体系

3.3 监控原料奶质量的主要方法及惩罚措施

畜牧业生产是丹麦农业的重要组成部分，其产值占农业生产总值的 80%以上，奶业产值占农业总产值的 35%。其奶业生产的一个显著特点就是小规模的家庭农场生产模式。丹麦对于农场提交的每一批牛奶都进行采样，全部样本都被送往原料奶检测实验室，以便查看是否符合收购标准。如果某个农场主生产的牛奶未能达到标准，该农场主将可能被禁止向乳品加工企业提供牛奶。牛奶质量检测的内容包括体细胞数、冰点、细菌数、抗生素的残留及感官度等。

瑞典最大的乳业公司 Arla 于 2003 年 10 月 1 日开始在瑞典和丹麦实施 Arla 农场质量保证计划。该计划旨在为消费者提供安全、营养的乳制品。计划对动物福利和牛场环境有严格的要求，所有参与的奶牛场都必须遵守丹麦或瑞典饲料使用准则和动物保护准则，同时还要求奶牛场必须提供文件记录系统，以保证生产的安全性。惩罚措施也是必需的，具体由 Arla 食品负责执行，如果农场在某些方面有严重的不足，惩罚手段可能是罚款、降低牛奶的收购价格和暂时停收牛奶，直到这些不足之处得到改正后，惩罚手段解除。

计划要求产品的溯源性。一旦乳品质量出现问题，可以一直追溯到原料奶生产者。具体措施包括：所有牛场使用的饲料原料和配合饲料必须与供应商提供的原始单据一致；所有牛场必须保留兽医用药记录；Arla 食品定期对每个农场提供的原料奶进行采样分析；通过以上的记录系统可以追溯到有问题的农场用哪个奶罐存奶，用哪个奶罐车运输，原料奶最后运到哪家乳品加工厂了。

计划要求乳品的安全性。由牛场提供给 Arla 食品的原料奶必须在生产的每一个环节都控制在准则要求的环境条件。计划的贯彻基于预防性的安全要求，这些安全要求是最优先考虑的是风险评估和风险管理。除了要遵守丹麦或瑞典饲料使用准则和动物保护准则外，Arla 农场质量保证计划还要求：饲喂奶牛的高质量的精饲料必须来自国家认定的饲料供应商；刚施肥后的粗饲料不能立刻收割；每年对牛场的水源进行化验；为了避免传染病的发生，奶牛场不能进口其他的活家畜；购买的奶罐必须安装警报装置，并且能发出发散性的警报，能显示记录奶罐中的温度和清洗程序；每次挤奶后都要对挤奶设备进行清洗，奶罐排空后必须清洗；奶罐必须放置在干净区域，并且要与奶牛进出牛棚的通道分开；为了避免传染，如果一个参观者在参观了其他国家的牛场后要参观丹麦、瑞典牛场必须有 48 h 的间隔；原料奶必须持续不断地进行体细胞数、细菌数、抗生素和其他可以观察的指标的分析。

计划对原料奶的口感、气味以及原料质量进行检测。Arla 农场质量保证计划要求不饲喂奶牛那些会造成原料奶的口感、气味以及原料奶质量发生不良变化的饲料。

计划对动物福利和环境有严格的要求。提供给 Arla 食品的原料奶必须来自注重自然环境和保护动物福利的牛场。为了保护自然环境，奶牛场应该建立一个基于植物营养的营养素平衡，而且，杀虫剂是不主张使用的，除非田间的杂草、病害和真菌的危害已经难于控制。

Arla 食品为使该计划能顺利实施，在丹麦和瑞典有大约 60 个资深的顾问在帮助两国的奶农理解并配合项目的进行。他们计划访问 11 000 个牛场，访问的目的是通过计划的实施过程评估奶农满足计划要求指标的程度，并且帮助奶农如何改正不足。通过专家的访问，评估这些牛场是“合格”还是“合格但需要整改”。整改措施会在下一次的访问中得到落实。如果一个牛场没有合格，食品安全和动物福利做得不好，那么该牛场的牛奶就要被暂时拒收。从 2006 年开始持续至今，所有的奶牛场都要被访问到。

3.4 原料奶计价体系

在丹麦，所有的奶牛场都遵守欧盟的规定，牛奶价格的制定是乳品场和生产商之间的事。但是大部分的乳品场都是遵循丹麦乳业协会的建议。牛奶价格由以下因素决定：脂肪、蛋白质、细菌数、体细胞数、牛奶处理成本、牛奶收购成本、冰点、抑制剂、季节。具体计价情况如表 9 所示。

丹麦奶业发展成功的原因之一就在于其有一套科学、合理、完善的牛奶按质计价体系。乳品公司收购农场主的原料奶，有一套完整的办法，充分体现了按质论价的市场经济法则。每批次的原料奶均由一个独立的实验室第一天取样，第二天出结果进行抽样检查，按照最初确定的标准奶价格，再根据蛋白质和脂肪含量以及细菌数和体细胞数，加上季节差价算出原料奶的价格。由于指标设立科学、合理，权数又充分体现了加工企业和消费者对原料奶的要求，又有第三方的检查、化验，照顾到了各方的利益，保证了奶业的持续、稳定发展。著名的 Stain 实验室便是这样一个独立于其他单位的综合性实验室，其拥有先进的设备和技术，严格的管理制度，以保证原料奶的质量检测和奶牛生产奶制品质量检测结果准确、公正。鲜牛奶的检测项目包括细菌、体细胞、抗生素、冰点，并需检测杂质、游离脂肪酸、产气芽孢杆菌、耐热菌、嗜冷菌、芽孢杆菌。然后进行综合评定，如各项指标均为 1 级，则综合评定为 1 级；若有一项为 2 级，则综合评定为 2 级；以此类推。计价时以乳脂、乳蛋白、其他乳固体等 3 项指标为依据，分别计价，再综合评定，以 1 级奶为基准，分别加减奶价。若所交牛奶连续多次均为 3 级奶，则按延续时间加大减价数额，连续 4 周均为 3 级奶，奶价只相当于 1 级奶的 50%。

丹麦的鲜牛奶定价体系以微生物定级，可有效地控制牛奶中微生物数量；规定了脂肪、蛋白质和其他乳固体的单价，使得人为在牛奶中掺水起不到增加奶价的作用；检测体细胞，可及时发现隐性乳房炎，有利于提高牛奶质量，并可及早治疗乳房疾病；规定牛奶中不得含抗生素，则有利于提高乳制品质量，保证消费者身体健康。

表 9　丹麦牛奶计价的决定因素

项目	评价等级
脂肪和蛋白质	生产商可以从每千克脂肪中得到 25.54 DKK， 从每千克蛋白质中得到 34.47 DKK
细菌	牛奶的细菌数每月都要检测一次。牛奶由检测结果划分成 4 个等级： 优等＜30 000，加价； 等级 1＜100 000；等级 2＜300 000，降价； 等级 3＞300 000，降价； 如果细菌数小于 30 000，那么每千克加价 0.05 DKK 如果牛奶被划分到第 2 或第 3 等级，每千克分别要扣除 0.05 和 0.15 DKK
体细胞	体细胞的测试为每月一次。等级划分如下： 优等＜300 000，加价； 等级 1＜400 000；等级 2＜750 000，降价； 等级 3＞750 000，降价； 如果体细胞数不到 300 000，每千克可以增加 0.04 DKK 如果牛奶被划分到第 2 或第 3 等级，每千克分别要扣除 0.05 和 0.15 DKK

续表 9

项目	评价等级
牛奶处理成本	考虑到牛奶处理成本，每 100 kg 牛奶的价格要扣除 6.00 DKK
牛奶收购成本	牛奶的收购和运输成本是从生产商应得的报酬中扣除。相比较而言，小配送商的成本要比大配送商的成本高。为了使之公平化，丹麦乳业协会建议为每个配送商提供一个固定价格，而根据运送的量提供一个可变价格。乳品场根据以下 2 个标准实行： ①每次收购的固定价格为 15.00 DKK ②可变价格根据运送的量定为 6.00 DKK/100 kg
冰点	冰点测试为一年 4 次
抑制剂	每月测试一次。如果测试发现有抗生素或其他残留，那么牛奶价格将被扣除，并且 4 星期之内必须再次进行测试
季节	为了鼓励牛奶生产的季节均等化，提供了以下不同季节的牛奶价格（根据每个供应商的基本价格计算出的百分比）： 4—6 月为 －13％； 7 月为 0％； 8 月为＋15％； 9—12 月为 ＋10％； 12—3 月为 0％
生产商得到的牛奶价格	1997 年丹麦的生产商平均可以得到 35.67 美元，而欧盟的平均水平是 35.10 美元

注：DKK(Dany Kind Ofish Krone)为丹麦克朗。

4 科技推广体系

4.1 主要研究与推广机构

丹麦不但奶产品的生产、消费处于世界领先水平，为奶业服务的相关行业发展也处于世界领先地位，主要表现在：①有世界著名的奶产品生产设备厂家 APV 公司，其生产的奶产品设备，如酸奶、消毒奶的生产设备在世界范围内销售，在我国有多家公司应用其设备。APV 公司是此行业内世界几家主要的公司之一，为生产安全、卫生、优质的奶产品提供了良好的技术和设施保障。②有世界闻名的奶产品生产检测仪器生产厂家——Foss 公司。产品有各类奶产品测定仪，生产的检测检验仪器，占世界同类产品总量的 80％以上，其产品 97％用于出口，享有很高的声望，为世界奶业发展提供了科学、合理的检测仪器。③有世界知名的发酵菌种生产厂家——Hanson 公司。这家公司从事发酵菌种的研究已有 126 年的历史，产品有干酪凝乳剂、酸奶发酵剂等多种菌种，年营业净收入达到 22.4 亿丹麦克朗。该公司无论菌种的研究，还是产品应用，都处于世界领先地位。④知名的、独立于其他单位的奶产品检测、检验实验室——Stain 实验室。实验室拥有先进的技术设备和科学的管理方法，保证了每批次的产品均能够科学、公正地检测、检验。这样一批高科技的服务机构，形成了丹麦奶业快速发展和科技创新的坚强后盾。

丹麦 1885 年成立了奶牛产乳量测定协会。丹麦设全国养牛业委员会，下属有全国和地方育种委员会、牛乳记录委员会、人工授精委员会和种牛测定站、人工授精站等。通过良种登记、产乳测定、后裔测定等措施，对种牛进行选择.合格的发给证书，作为良种繁育，不合格的逐步淘汰，使牛群质量不断提高。此外，为了促进农民对乳牛改良的积极性，每年由政府或农民协会、育种协会举办优良种牛展览会。农民选送种牛在会上由专家鉴定进行评比，中选的给予物质和荣誉奖励。牛乳收购时，进行取样测定，以乳脂和蛋白质含量为依据，实行优质优价。

1912 年，在合作制银行的创始人安德斯·尼尔森的积极支持下，成立了丹麦奶类联盟（丹麦乳品协会的前身）。现在，丹麦乳品协会(Danish Dairy Board)控制 MD 食品乳品企业、Klover 乳品合作企业。这两大乳品公司占了原料奶市场87%的份额，拥有11 350个牛奶生产商。

从农民协会的发展历程来看，先有作物农民协会，其次是牛农民协会，再次是财务农民协会。奶农协会发展史要早于奶类合作社。从起初筹集资金发展奶业生产到联合起来建立奶类合作企业，走过了漫长的历史路程。奶农协会的成员是个体奶农，它的宗旨是：①奶农自愿参加协会；②一人一票；③由奶农们每年选出董事会成员；④由董事会代表会议选举理事会；⑤由理事会确定咨询人员，签订合同，规定权利和义务；⑥会员按时缴纳会费。作为奶农协会的成员基本上是奶农合作社的成员，即牛奶生产者加乳品加工厂组成了地区奶农合作化组织，牛奶加工厂又联合成为国家奶类合作组织，丹麦的奶类联盟的成立过程（由牛奶生产者成立的协会——协会内有很多乳品厂——乳品厂的人联合成立奶类联盟）便是如此。1972年之后，奶类合作社成立的人员更换发生了变化，不是一个个人走在了一起，而是一个个乳品厂走在了一起。即单个的乳品厂是奶类合作社的会员。但奶农协会、奶农合作社的精神和原则并没有变，而是越来越趋于完善。

目前，MD公司乳品公司总经理仍是奶农协会聘用的。这一切都是围绕"私营农民的框架结构"进行。现在丹麦的乳品业发展到了可以满足1 500万人对奶制品的消费，这意味着2/3的产品用于出口，使丹麦的乳业在国际市场上举足轻重。丹麦的乳品业未来的趋势是向更大更专业化的方向发展。这种专业化的生产也给小型乳品合作社带来了发展的机遇。

4.2 运作模式

丹麦十分注重科研、培训和技术推广工作。科研方面有各类大学、研究所在搞基础性研究，国家和各类协会均有对奶类研究的赞助；各大乳品企业有自己的开发性研究，如丹麦的MD公司每年都会开发出200多个新品种进行市场试验。

在丹麦，奶牛场现代化程度很高，很多先进的技术都能很快的应用于生产实践中。目前，丹麦奶牛场已启用装有传感器的视觉跟踪系统，CowDetect系统旨在监测奶牛行为的变化，以便更好地评估它们的健康及其带来的福利。通过监测奶牛的行为，农场主可以准确判断奶牛的哺乳期，从而最大限度地发挥其潜在的产奶量，预计每个农场主可获得的收入为每头奶牛315～355欧元。此外，农场主还可以利用此系统及时发现奶牛的疾病，如酮病，在这种疾病明显发作的前几天，奶牛的进食时间大大减少，该系统可让农场主及时采取相应行动。该系统给每个奶牛携带发射器，发射的信号由安装在牛棚上的传感器接收，然后传感器把信息传送到手持设备和个人计算机上。在挤奶上，实施自动挤奶系统（automatic milking system，AMS）来节省劳动力成本，提高奶牛产奶量。自动挤奶系统的挤奶频率高于传统的挤奶系统（conventional milking system，CMS），冬季频率更高，从而提高了奶牛产奶量。

丹麦全国和地方的农业资讯中心约86个，帮助农场主推广、应用新技术，解决难题。丹麦的农业职业学校和各种农技培训中心在全国星罗棋布，农场主和合作社技术人员积极参与，不断进行技术和知识的更新。

5 促进奶业发展的主要政策

5.1 促进奶业生产的政策

国家产业政策积极支持奶业发展，对发展奶业采取各种形式的优惠政策。这些优惠政策包括：政府投资，低息或无息贷款，对生产者进行价格补贴，实行最低保护价格，国家参与市场调控（奶品生产过剩时，政府收购储备或免费提供中小学生营养餐），促进奶及奶制品加工业的发展以及乳制品的对外贸易等。

欧盟对牛奶实行配额制，丹麦于1984年成立了牛奶董事会，负责配额管理、额度交易以及奶业信息的收集和传递。乳品厂都是董事会的成员，董事会则是全国牛奶的买主，奶农通过它将牛奶出售给乳品厂。丹麦农场法规定，农场可买卖或租赁，因此牛奶配额也可以随之转让。经过多年的实践和研究，丹麦首创牛奶配额交换制，把牛奶配额改为有偿使用，按市场买卖交易切割价成交，其定价办法为：出让配额的奶农报出自己的最低卖出价，购买配额的人则报出自己的最高买入价，董事会以坐标曲线的方式划出双方的交汇点，这一价格就是所谓的交易切割价，双方以此价成交，首次定价为每千克牛奶 2.28 丹麦克朗，成交额达 17.8 万 t。这一做法为欧盟首创，受到奶农欢迎。牛奶配额交换制在一定程度上促进了牛奶的生产。

2015 年欧盟配额政策取消，丹麦的乳业迎来了更大的发展机遇，形成了以大公司为主的龙头企业带动下的出口贸易机制。2016 年丹麦政府通过了农业一揽子计划，着力创新农业环境监管利用方式，因地制宜地推动降低农业生产成本，扩大农产品出口，帮助农场主摆脱目前农产品价格低迷困境，提升丹麦农业竞争力。

5.2 促进奶业加工的政策

在牛奶配额制之后，丹麦推行了配额的市场交易，董事会决定减少 1/3 的牛奶配额直接转让交易（即通过农场买卖或租赁的方式转让），使配额进入市场，在一定程度上促进了丹麦的奶业加工。

此外，丹麦拥有世界一流的乳制品生产设备和技术。著名的乳品设备研制、设计和生产厂家 APV 公司、Niro 公司，产品分布在世界各地；奶制品检测仪器方面，Foss 公司的检测仪名列前茅；发酵菌种研究生产方面著名的 Hanson 公司，生产的酸奶发酵剂、干酪凝乳剂被世界各大乳品企业应用。丹麦的乳品生产实现了全程的机械化和自动化，也为促进奶业加工做出了不可磨灭的贡献。

在新产品的研制和开发方面，丹麦于 20 世纪 80 年代末推出有机奶，由于宣传得力、政府支持、价位较低，所以发展很快，年产有机奶 40 万 t，占总产量的 9%。在液态乳制品中，有机奶占 1/4，约 10%的发酵乳制品及 3%的干酪、奶油用有机奶生产。有机奶的生产为丹麦奶业加工注入了新的活力。

而丹麦科学、合理的按质论价体系也是促进其奶业加工持续、稳定发展的又一保障。乳品公司收购农场主的原料奶，有一套完整的办法，每批次的原料奶均由一个独立的实验室第一天取样，第二天出结果进行抽样检查，按照最初确定的标准奶价格，再根据蛋白质和脂肪含量以及细菌数和体细胞数，加上季节差价算出原料奶的价格。由于指标设立科学、合理，权数又充分体现了加工企业和消费者对原料奶的要求，又有第三方的检查、化验，照顾到了各方的利益，保证了奶业的持续、稳定发展。

5.3 促进奶业贸易的政策

总体上来说，丹麦属于采取自由贸易政策的国家。由于它是欧盟（EU）成员国及世界贸易组织（WTO）成员之一，在贸易管制方面与欧盟各其他成员国基本上采取相同的措施与步骤。丹麦对进口商品没有限制，但对原产远东地区的某些产品实行进口许可证制度，对包括乳产品在内的农产品，会征收较高的进口消费税或者要求事先领取配额、许可证等，但欧盟各国的平均关税一般为 4%～5%，相对来说，还是比较低的。欧盟规定凡向欧盟以外出口奶制品，均享受补贴，额度随市场销售和价格的变化而变化，但总的趋势是逐年减少。丹麦是主要的奶制品出口国，所以在奶业贸易上自然享受欧盟相应的贸易政策。

丹麦立法规定，非丹麦居民也可在丹麦注册公司从事进出口业务，但只有丹麦籍居民的注册公司能享受关税、销售税、增值税支付相关的特殊信用条件。因此，多数外国公司都找一家丹麦公司作为合作伙伴。

此外，丹麦为企业创新提供财政支持，还通过税收优惠鼓励企业研发，用孵化器支持企业创业，加强创业教育，国际研发和科技发展合作。

5.4 促进奶业消费的政策

丹麦人有良好的牛奶消费习惯。喝牛奶在丹麦已有很长的历史，而且经过多年的增长，近年来已趋于稳定。有了喝奶的习惯，就有了市场的需要，有了市场的需要，就有了潜在的利润，有了利润，生产厂家就会采用各种方法去满足需求，而政府也就会制定各类相关的政策满足人们的需求，这样的文化背景是丹麦奶业发达的根基，近来丹麦政府又推出了学生奶计划，但是收效甚微，因为喝奶已经成了居民的习惯，一些企业也不愿意将精力再投入到这些项目中。

近年来丹麦在乳制品消费的发展一个特点是由精简的乳制品到高端乳产品的消费。尽管过去低脂肪奶制品持续了很长时间，然而，2010 年高脂肪乳制品有了显著改善。2009—2010 年，液态奶的总消费量上升 2.1%，低脂牛奶的消费量下降了 1.9%，全脂牛奶的消费增长了 6.5%，奶油和酸奶的消费分别上升了 6.5%和 4%，酸奶酪的消费量增加了 2%。虽然酸奶消费量下降了 7.8%，然而黄油的消费达到了 8.3%。奶酪的消费量相对恒定，在 2010 年的发展大致保持不变。

丹麦没有送奶上门服务业务。所有销售的乳制品都是通过商场或超市出售。各个乳品厂都有自己的冷藏运输车辆和分销渠道，将自己生产的乳品分送至各个食品销售商店。丹麦大部分的食品店是连锁店形式，且多集中在居民区，极大地方便了消费者，也提高了销售量，同时方便了食品的运送。

6 值得借鉴的主要经验

6.1 经营模式方面的经验

6.1.1 丹麦奶业合作组织

奶农在自愿的基础上组成各种形式的合作社，按合作社的规章实行统一经营、统一核算、利润分成。奶农参加各种合作组织，获得财政信贷、畜牧配种、饲养管理、物资供应等各方面的优质服务和产品质量、市场销售等信息。合作联社一般都建有乳品加工厂，从乳品加工的利润中，提留 1/3 用于扩大再生产，其余 2/3 返还给生产者，一部分作为奶农股份和交售奶量的红利，另一部分用于补贴各种免费和优惠的社会化服务。

合作社的职能是代表牧场主向政府反映意见，帮助政府制定奶业方面的有关政策和行业规范并负责组织实施，负责协调牧场主与加工企业的关系，预测市场前景，指导牧场生产经营，参与奶业科研开发。在生产、加工、销售各个环节中的有关技术服务与培训均由各专业化协会或相关的社会化服务组织按要求提供有偿服务。

奶农合作社的灵活运行机制，体现了奶农的根本意愿，实行自主决策，自主经营，产加销一体化，利润共享，保护了奶业的发展。

6.1.2 丹麦奶业经营模式

丹麦奶业经营模式多是以牧场主持有股份组成的乳品加工企业为主的生产、加工、销售为一体的产业化经营模式。这一模式的显著特点是以经济利益为纽带把生产鲜奶的牧场主与乳品加工企业紧紧地联在一起，形成了一个比较牢固的“利益均沾、风险共担”共生、共济、共荣的利益共同体。

丹麦农牧业取得成就的关键在于合作。21 世纪以来，特别是现在，几乎所有的农牧场主都是一个或几个合作组织的成员。同时，在他们自己的技术-经济组织里共同合作。丹麦总产值 75%以上的牛奶是通过合作组织加工上市的。农业器械补给的一半是通过自己的合作组织采购来完成。合作运动的中心目标之一是取消那些不必要的和昂贵的中间商。这不仅使用户同时也使农场主获益。

6.1.3 传统农业合作社与跨国公司原料奶经营模式

丹麦的阿拉·福兹乳品公司是世界第二、欧洲最大的乳业公司，是唯一完全掌握从牧场到餐桌整个价值链，由奶农自己控制的大型乳品公司，在 27 个国家和地区有销售办公室，产品销往 120 个国家和地区。据 2007 年报道，阿拉·福兹由 8 522 位丹麦和瑞典的牛奶会员拥有，公司会员按地理位置划分为 50 个小区，每个小区选举产生区域理事会，区域委员会选举产生 140 名生产代表，成立公司最高权力机构，代表大会，最后代表大会选举 14 名生产者组成的监督委员会，形成公司的治理结构。监督委员会的职责是与合作社中的生产者董事一起工作，确保会员能够获得最优的原料奶价格，并与行业合作提高原料奶的总体质量。

这种公司所有者同时又是原料奶供应者的模式下，农场主有义务供应稳定高质量的牛奶，同时使得公司有动力和义务向农场主提供有吸引力的价格，帮助其开拓市场。牛奶的质量也有了很大的保证，这种模式很适合在中国推广。

6.2 科技创新方面的经验

丹麦乳业的发展离不开完善的科研和教育体系。建立和完善农业科技创新体系，是丹麦农业高度发达的成功经验之一，建设和完善农业科技创新体系是一项系统工程，丹麦农业科技创新体系的构成和主体都有自己鲜明的特点。科研方面有各类大学、研究所在搞基础性研究，国家和各类协会均有对此类研究的赞助；拥有高水平的科技人员和现代化科研设备的国家乳品研究所承担开发新产品、研究新工艺、新设备任务，经费由国家给予部分资助；各大乳品企业也有自己的开发性研究。丹麦乳业发展非常注重技术开发合作，为了解决单产提升繁殖力下降的问题，丹麦科研机构与行业协会与中国农业大学积极开展合作，对影响奶牛繁殖性能的关键定位基因进行育种技术共同研究。

丹麦从事奶业的农民具有很高的科技素质与丹麦政府和丹麦的农场主组织都十分重视职业教育密不可分。所有从事奶业的人员都要求先进行培训，从农场主到雇工，从乳品加工企业的工人到技术人员，均要在专业学校进行至少1～2年的培训，熟练的工人则需经过3～5年的业务学习，至少在2个有资质的工厂进行实习，考取资格证书后才能成为正式的工人技术人员，工程师则必须在完成12年中学教育的毕业生中招收，入学前先在指定的乳品厂或Dalum学校实习，然后才能进入农业大学或技术大学学习，学制5年，毕业后获乳品工程师的职称，有资格担任高级管理人员。

在丹麦，为了提高乳品质量，丹麦政府采取了乳业培训计划。这个计划是由丹麦乳品局向成立不久的乳品行业的雇员提供机会。培训是在除丹麦以外的国家，为期3～12个月。培训期间，旨在提供除丹麦国家以外的乳制品企业的奶业产品，个人的发展经验和洞察力以及提高语言技能的经验。

6.3 机械化、信息化、智能化管理方面的经验

奶牛的牛舍舒适宽敞，奶牛养殖实行花园式管理，严格土地配套，对粪肥进行消纳，实行机械化、信息化、智能化管理，提高劳动效率。日粮多数采用计算机监测、控制、计量投料，原料添加、日粮运输和投放都不需要人员参与。挤奶采用高度智能化和自动化的机器人，奶牛全天多次自由挤奶，不需要人员干涉。牧场软件能全程跟踪每头奶牛的采食、活动、挤奶等信息，利用这些信息，牧场可有计划地安排生产、监控管理。牧场在土地耕作、牧草种植及粪污处理也高度机械化、信息化和智能化，有专门的耕作机械、收割机械、打包并包裹机械。牧场机械化、信息化、智能化既解决了人力成本较高的矛盾，也大幅度提高了劳动效率和生产效率。

6.4 产业政策方面的经验

丹麦政府在欧盟共同农业政策的大环境下，以保护和支持农业为政策取向，根据农业发展的不同阶段和变化，通过立法、经济和行政手段，采取不同的调控措施，政府宏观调控有力有效。

丹麦政府部门和民间组织在农业科技创新体系中发挥着不同的功能和作用，政府的主要职能是支持农业科学研究，其主要原因是丹麦的农业社会化体系比较完善，需要政府参与的事情很少，政府主要集中力量解决科研经费投入、科研计划协调、农民素质提高、农业环境保护等问题。而丹麦农业科研经费的主要来源就是政府的拨款。

丹麦的乳品联合会是一个农民自我管理，在法律范围内行使乳品产业政策、产业发展、产品贸易、产业服务的综合性的权威性的自治组织。丹麦乳品联合会直接代表奶农与政府、议会对话，并同欧盟及世贸组

织有政治联系，负责分配牛奶配额，制定产品法规，进行统计，提供各种信息，支持研究与开发，并有牛奶质量监测中心实验室，有自己的偿付体系咨询服务机构，它同所有奶牛场、乳制品企业都有关系。

6.5 乳品质量安全管理的经验及启示

丹麦的乳业以乳业协会和合作组织为依托，以家庭农场为基础，以公司化经营为桥梁，实现了从基础生产到食品加工和销售一条龙的乳业模式，丹麦的乳产品质量安全水平很高，在国际上有很高的信誉度。

6.5.1 丹麦乳品安全主要的管理运作机制

(1)政府乳品质量监督管理机构。包括食品、农业与渔业部及下属的兽医和食品管理局(DVFA)，形成了包括乳品生产、加工和销售等环节的食品供应链。植物司负责饲料安全，兽医和食品局确保食品从农场到餐桌的卫生和安全，定期将检查报告公布于网站上，严重违法的吊销许可证。

(2)乳业合作组织和行业协会。乳业合作社以奶农为中心，自愿加入，一人一票民主管理监督，保证了奶源的稳定性和稳定的销路；乳品理事会是丹麦乳业合作组织的协调管理机构，参与制定乳品安全管理规章，行业规范，确保乳品的健康，乳品的出口量，乳品包装设计等。

(3)丹麦乳品质量安全法规和标准体系。包括欧盟乳品质量安全标准和法规；丹麦政府制定和相关法规；丹麦乳品行业协会和企业制定的行业技术标准。

6.5.2 主要经验和启示

(1)公众和政府高度重视，乳品质量监管体系健全。丹麦的乳品监管体系涵盖了“从农田到消费”的整个过程的卫生安全，此外健全的法律法规和高效率的政府监管是丹麦高质量乳品安全水平的关键。我国也应该制定相应的法律法规，规范乳业链条的各个环节从业者的行为，如推广牧场管理，畜牧饲养标准实施模式，规范奶农生产行为，引进乳品标准化生产体系，优化政府乳品质量安全监管队伍提高监管水平等。

(2)充分发挥行业协会作用，普及技术规范和标准。丹麦的乳品行业协会和合作社与牧场主有着紧密的利益关系，既是乳品质量安全法规和标准的推广者和监督者，又通过举办学习班推广先进牛奶生产和加工方面的技术标准。我国应该大力发展乳品行业协会和产销合作组织，促进乳品生产者联合和自律，以及合作组织在乳品生成和销售过程中的技术指导，同时通过合作社入股的形式吸收农户成为股东及会员，形成利益共享，风险共担的命运共同体。

(3)建立乳业产业链条经营者的普遍自律机制。乳业生产者的高度自律和严格的自控措施是丹麦乳品高质量安全水平的基础，应该大力宣传奶制品生产者的主体责任意识，建立合理的按质论价制度，不合格的或者不检测的产品不能上市。建立经营者的自律机制，政府定期检查，畅通质量检查安全信息，提高透明度。

6.6 其他方面的经验

6.6.1 在给予奶业政策和投资优惠的同时注重科研、教育和技术推广工作

丹麦奶业发展的成功，让我们看到，除了要在政策、投资上给予奶业一定的优惠，为奶业发展创造一个良好的外部环境之外，注重奶业从业人员的科研、教育和技术推广工作也是奶业繁荣良性发展必不可少的。纵观现在中国奶业发展中，奶业从业人员技术水平、知识层次相对较低，重大食品质量安全问题时有发生，借鉴丹麦的经验，可以从以下几方面做些工作：政府要支持和引导奶农和乳品加工厂实行产业化经营，形成多种形式的利益共同体，既减免市场风险和资源浪费，又利益共享，风险共担；加大投资力度，加快奶业各个环节如奶牛育种、奶牛场、加工企业的发展；此外，可以建立一个独立的第三方检验、检测机构，保证对每批次的原料奶及奶产品进行公正的质量评定；提高我国奶业的整体生产水平，对于涉奶行业的农民、工人要进

行管理和技术方面的培训，同时加大技术推广力度，促进奶业不断进步和产品质量的不断提高。

6.6.2 坚持以发展生态畜牧业为前提，积极探索奶牛健康养殖模式，关注奶牛福利

丹麦奶业的发展实现了对环境的有效保护，其立法规定农场养畜量与土地可吸纳牲畜的肥料的量成规定比例，且对牛粪的储存条件和时间均有详细要求，丹麦很多奶牛场都坐落在一片片草地与树林之中，如同花园一般。丹麦奶业发展的成功还在于他们是在保障奶牛健康和牛奶品质的前提下尽可能提高奶牛平均单产，而不是单纯追求规模化和机械化程度的提高。

在我国奶牛养殖业快速发展的过程中，存在没有科学合理规划的现象。多数牛场建立没有考虑周边地区土地的粪污消纳能力，加之粪污处理设施的不到位，致使奶牛场成为主要的污染源之一。要实现奶业的生态可持续发展，我国的奶牛养殖业需要借鉴丹麦实行的农牧结合的循环经济之路，科学规划奶牛养殖场的布局，使其与周边农田的承载消纳能力相匹配；继续推广"沼气—发酵—还田"的工艺，减少牛粪露天堆放和直接肥田带来的环境污染；奶业优势区域的规划要按照全国环境保护总体规划、结合本地区的实际，遵循经济效益、社会效益和生态效益相统一、当前利益与长远利益均兼顾的原则；加强奶牛养殖相关自动化设备的研发与应用，提高效率降低能耗的同时提升奶牛福利；注重奶牛养殖中"奶牛-人-设备"三者的平衡关系，追求经济效益的同时，注意养殖方式的转变，关注动物的舒适、健康和产品安全。

6.6.3 建立健全奶牛合作组织和社会化服务体系，提高奶业一体化发展程度

丹麦奶业获得巨大成功除了归功于其完善的合作社体系外，其健全的社会化服务体系也功不可没。奶牛养殖是一项技术密集型和资金密集型的行业，需要从优质牧草的种植和加工、青贮的制作、饲料贮备和配制、发情配种、产犊、饲养管理、挤奶、牛奶加工和销售等方面获得技术和资金支持，需要为奶农提供产前、产中和产后的技术服务。建立健全从配种、饲料、防疫、治病到集中收奶等一整套技术服务体系和生产资料供应以及产品流通领域的社会化服务体系，不仅有利于促进奶业生产持续稳定发展，为奶牛规模化、集约化生产所欢迎，也是稳定发展农户分散饲养奶牛的必要条件。奶业产加销任何环节的不协调都会影响鲜奶及其制品的质量，所以建立健全奶业的社会化服务体系，整合和协调好奶业产业链，减少或消除产加销各方利益冲突们可以提高整个奶业行业的生产效率和效益，提高其市场竞争力。

6.6.4 加强国际技术合作和智能化应用发展

我国2016年成立了中一丹技术合作中心，通过政府合作和企业联手，引入丹麦牧场管理体系，搭建牧场管理和风险管控经验交流平台，引进专家培养高水平奶业技术管理人员等三方面开展交流合作，借鉴领先全球的丹麦乳业发展模式、经验，改善乳业企业与社区、奶农的合作关系，从行业层面推动我国乳业接轨国际水准，实现健康可持续发展。中国公司引入丹麦爱氏晨曦管理经验，爱氏晨曦参与到企业的实际日常管理之中，爱氏晨曦在研发、质量管理、生产等方面有百年经验，其从奶牛到消费者的追溯体系，对于我国乳业及食品产业有积极指导意义。

走国际化现代化合作化道路是全球奶业发展的大趋势，目前中国三大乳业巨头伊利、蒙牛、光明乳业与全世界乳业发达国家建立合作关系，通过技术合作、收购、合资等方式提高技术水平和国际化品牌。在牧场管理中要加大机器人挤奶系统，自动喂料系统，电子信息化管理系统，农场场长、经理人经营股东化管理等使用，提高劳动生产效率和场长管理人的责任心和积极性。

参考文献

[1]北京市农业局. 瑞典丹麦的"牛奶经". (2014-10-30)[2021-07-18]. http://www.116.com.cn/files/424312.shtml.

[2]程广燕,安小宁. 世界奶业发展的特点与经验. 世界农业,2002,(10):56-58.

[3]代晓霞. 欧盟取消牛奶配额给中国乳业带来的危与机. 食品工业科技,2015, 36(21):20-21.

[4]道良佐,克里木·沙来. 丹麦的奶牛合作育种. 草食家畜,1985(1):44-48.

[5]谷继承. 瑞典、丹麦、挪威奶业考察报告. 中国奶牛,2014(22):36-42.

[6]韩凤启,乔绿(译),张沅(校). 丹麦实施 MOET 奶牛育种方案的体会. 中国奶牛,1994(5):33-35.

[7]荷斯坦奶农俱乐部网. 欧盟取消配额后牛奶产量增长超预期. [2019-03-18]. http://www.hesitan.com/nnyw_xjxm/2019-03-18/286962.chtml.

[8]荷斯坦网. 国际奶业——丹麦. [2012-09-18]. http://www.hesitan.com/gjny_dm/0/0.chtml.

[9]荷斯坦网. 丹麦开征脂肪税对乳制品产生重大影响. [2021-07-18]. http://www.hesitan.com/nnyw_gjny/2011-10-26/39008.chtml.

[10]侯金章. 丹麦奶业发展概况. 中国奶牛,2000(3):48-51.

[11]克拉德森(P. H. Knudsen)著,黄洪涛译. 丹麦的农业. 北京:农业出版社,1982:86-89.

[12]李保明,施正香,G Zhan,等. 丹麦舍饲散养自然通风奶牛舍的空气环境分析. 农业工程学报,2004,20(5):231-236.

[13]李恩普,王静,王瑞国,等. 丹麦饲料质量安全管理的几点启示. 中国饲料,2011 (22):43-44.

[14]林若扬. 丹麦农业科技创新体系的特点及启示. 生产力研究,2004,(12):143-144,223.

[15]刘澳星,王雅春,张勤,等. 中国农业大学、中国奶业协会与丹麦奥胡斯大学及丹麦奶业协会在奶牛育种领域合作新进展:提升高产奶牛繁殖性能的遗传学优选策略. [2018-01-31]. http://mbg.au.dk/en/.

[16]陆东林,张毓明,程春萍. 丹麦的乳业. 草食家畜,2002(1):10-12.

[17]孟宪政. 丹麦牛奶质量的检测. 甘肃农业,1999(5):31-33.

[18]孟宪政. 赴丹麦奶业合作组织培训考察报告. 甘肃农业,1999 (1):22-24.

[19]三农直通车网. 最早获得成功的合作社. [2021-07-18]. http://www.gdcct.gov.cn/politics/feature/danmainy/cgliqi/201208/t20120831_716947html#text.

[20]宋日,刘利,吴春胜. 丹麦农业的成功经验及启示. 世界农业,2008 (6):59-62.

[21]孙宪如,李清波,何永膑. 浅谈奶牛养殖业可持续发展之路——参加 AGROMEK(畜牧养殖技术和设备)2005 有感. 2005 年中国奶业协会年会论文集,2005:128-130.

[22]孙宪如,李清波,何永膑. 赴丹麦参加北欧农业技术会议见闻. 中国奶牛,2005(5):52-54.

[23]唐万寿. 丹麦的奶牛及其育种工作概况. 中国牛业科学,1989(1):83-87.

[24]唐万寿. 丹麦的奶牛及其育种工作概况(续). 黄牛杂志,1989(2):70-73.

[25]王礴礴,祝文琪,王晶,等. 全球奶业大国奶业发展现状及与我国乳制品贸易合作潜力分析[J]. 中国乳业,2019(10):10-16.

[26]王希朝,王光亚. MOET 技术在家畜育种中的应用. 西北农业大学学报,2000,28(1):92-97.

[27]熊本海. 奶牛精细饲养与信息技术研究进展. 当代畜牧,2006(2):159-170.

[28]佚名. 丹麦乳业概况. 农业技术与装备,2009(2):58.

[29]佚名. 丹麦牛奶按质论价标准. 中国乳业,2004(5):22.

[30]殷成文. 丹麦的奶业合作社. 中国牧业通讯,1999 (4):34-35.

[31]张军民. 欧洲奶牛育种考察报告. 中国乳业,2009(7):76-78.

[32]赵永聚,李尧峰,郭刚,等. 丹麦动物遗传育种研究热点. 中国畜牧杂志,2011,47(4):54-65.

[33]赵卓,陆俊飞,于冷. 丹麦阿拉·福兹乳品公司的原奶供应模式、质量保证计划及其启示. 中国畜牧杂志,2008,44(22):45-48.

[34]中国畜牧兽医报. 中国将引入"丹麦经验"以推动国内乳业水平提升. [2020-11-12]. http://www.zgshjdw.com/newsview-14143-1.html.

[35]Bruum J,Ersboll A K,Bennedsgaard T W. Antibiotic consumption in Danish dairy cows-Is there

a "standard" treatment for mastitis?. Acta Veterinaria Scandinavica,2003,44 (suppl 1):7-15.

[36]Chehabi C N, Nonnemann B, Astrup L B, et al. *In vitro* antimicrobial resistance of causative agents to clinical mastitis in Danish dairy cows[J]. Foodborne Pathogens and Disease, 2018,16(8): 562-572.

[37]Danish Agriculture & Food Council. Environment—analyses on environment, nature and energy. [2021-07-18]. http://www. agricultureandfood. dk/Prices _ Statistics/Environment. aspx #. T-Q7zsxZZqV,2012. 09. 23.

[38]Drobez R, Pintaric Z, Novak Pahor B, et al. MINLP synthesis of processes for the production of biogas from organic and animal waste. Chemical and Biochemical Engineering Quarterly,2009:445-459.

[39]Enemark J M D, Jorgensen R J. Subclinical rumen acidosis as a cause of reduced appetite in newly calved dairy cows in Denmark: results of a poll among Danish dairy practitioners. The Veterinary Quarterly,23(4):206-210.

[40]FAOSTAT.·Food and agriculture data. [2021-07-30]. http://www. fao. org/faostat/en/#home

[41]Flachowsky G,Ochrimenko W I, Schneider M,et al. Evaluation of straw treatment with ammonia sources on growing bulls. Animal Feed Science and Technology,1996,60(1-2):117-130.

[42]AamandG P. Data collection and genetic evaluation of health traits in the Nordic countries[C]. British Cattle Conference,2006.

[43]Goff J P, Horst R L. Oral administration of calcium salts for treatment of hypocalcemia in cattle. Journal of Dairy Science,1993,76:101-108.

[44]Goff J P, Horst R L, Beitz D C, et al. Use of 24-F-1,25-dihydroxyvitamin D_3 to prevent parturient paresis in dairy cows. Journal of Dairy Science,1988,71:1211-1219.

[45]Greig W A. Hypervitaminosis D in cattle. Proceedings XVIIth World Vet Congress. 1963,233.

[46]Heringstad B. Gunnar Klemetsdal,John Ruane. Selection for mastitis resistance in dairy cattle: a review with focus on the situation in the Nordic countries. Livestock Production Science,2000,64(2-3):95-106.

[47] Hjort-Gregersen K, Christensen J. Centralized biogas plants. Integrated Energy Production, Waste Treatment and Nutrient Redistribution Facilities. [2021-07-18]. http://web. sdu. dk/bio/pdf/centra. pdf.

[48]Holm-Nielsen J B, Seadi T A, Oleskowicz-Popiep. The future of anaerobic digestion and biogas utilization. Bioresource Technology,2009:5478-5484.

[49]Horst R L,Goff J,Reinhardt T A,Buxton D R. Strategies for preventing milk fever in dairy cattle. Journal of Dairy Science,1997,80:1269-1280.

[50]Hove K,Kristiansen T. Oral 1,25-dihydroxyvitamin D_3 in prevention of milk fever. Acta Veterinaria Scandinavica,1984,25:510-525.

[51]Hymøller L,Jensen S K. Stability in the rumen and effect on plasma status of single oral doses of vitamin D and vitamin E in high-yielding dairy cows. Journal of Dairy Science,2010,93(12):5748-5757.

[52]Jönsson G,Pehrson B. Trials with prophylactic treatment of parturient paresis. The Veterinary Research,1970,87:575-583.

[53]Larsen M K,Hymøller L,Brask-Pedersen D B, et al. Milk fatty acid composition and production performance of Danish Holstein and Danish Jersey cows fed different amounts of linseed and rapeseed. Journal of Dairy Science,2012,95(7):3569-3578.

[54]Littledike E T, Horst R L. Vitamin D_3 toxicity in dairy cows. Journal of Dairy Science,1982,65: 749-759.

[55]Lund T B,Gamborg C, Secher J, et al. Danish dairy farmers' acceptance of and willingness to use semen from bulls produced by means of *in vitro* embryo production and genomic selection. Journal of

Dairy Science, 2021, 104(7):8023-8038.

[56]Michael Pugh D. The EU precautionary bans of animal feed additive antibiotics. Toxicology Letters,2002,128(1-3):35-44.

[57]National Certificate. Milk and cream handling and storing. [2021-07-18]. http://www. saqa. org. za/show. asp? id=2403.

[58]Oudshoorna F W, Kristensena T, van der Zijpp A J, et al. Sustainability evaluation of automatic and conventional milking systems on organic dairy farms in Denmark. NJAS—Wageningen Journal of Life Sciences,2012,(59):25-33.

[59]Payne J M, Manston R. The safety of massive doses of vitamin D_3 in the prevention of milk fever. The Veterinary Record. 1967,79:214-216.

[60]Pehrson B,Jonsson M,Jönsson G. An attempt to prevent milk fever by oral application of encapsulated calcium salts. Svensk Veterinärtidning,1989,41:923-926.

[61]Queen W G, Miller G Y, Masterson M A. Effects of oral administration of a calcium-containing gel on serum calcium concentration in postparturient dairy cows. JAVMA, 1993,202:607-609.

[62]Radostits O M, Gay C C, Blood D C, et al. Veterinary Medicine. 9th ed. London: W. B. Saunders Co. Ltd,2016.

[63]Ronco T, Klaas I C, Stegger M F, et al. Genomic investigation of *Staphylococcus aureus* isolates from bulk tank milk and dairy cows with clinical mastitis. Veterinary microbiology, 2018,215: 35-42.

[64]Saro K,Paul C Barlett,Lis Alban,et al. Managerial and environmental determinants of clinical mastitis in Danish dairy herds. Acta Vet Scand. 2008,50(1):4-10.

[65]Seekles L,Wilson J H G. Is the use of massive doses of vitamin D (Duphafral 1. 000) dangerous? The Veterinary Record. 1964,76:486-487.

[66]Simesen M G, Hyldgaard-Jensen C. Kælvningsfeber profylakse med $CaCl_2$-gel. (Prophylache treatment of partunent paresis with calcium chloride gel). Veterinary Medicine,1971,23,35-43.

[67]StatBank Denmark. Gross domestic product at factor cost for agriculture by type and time. [2021-07-09]. https://www. statbank. dk/statbank5a/default. asp? w=1440.

[68]StatBank Denmark. Denmark-Agriculture and fishery. [2021-07-18]. http://www. statbank. dk/statbank5a/default. asp? w=1366,2012. 09. 20.

[69] Sumner J. The World Dairy Situation (2019). International Journal of Dairy Technology, 2020:12722.

[70] Timonen A A E, Katholm J,Petersen A. Within-herd prevalence of intramammary infection caused by *Mycoplasma bovis* and associations between cow udder health,milk yield,and composition. Journal of Dairy Science,2018,100(8):6554-6561.

[71]Welderufael B G, de Koning Dirk-Ja, Fikse W F, et al. Genome-wide association study for susceptibility to and recoverability from mastitis in Danish Holstein cows. Frontiers in Genetics,2019,9:141.

[72] Østergaard S,Grohn Y T. Concentrate feeding,dry-matter intake,and metabolic disorders in Danish dairy cows. Livestock Production Science,2000,65(1-2):107-118.

[撰稿:河南农业大学 高腾云 廉红霞 李改英 张立阳]

附　表

附表 1　1961—2019 年丹麦奶牛头数、单产水平和总产奶量

年份	奶牛头数/千头	平均单产/(kg/头)	总产奶量/万 t	年份	奶牛头数/千头	平均单产/(kg/头)	总产奶量/万 t
1961	1 493.00	3 699.90	552.40	1991	747.00	6 211.50	464.00
1962	1 463.00	3 660.30	535.50	1992	708.00	6 221.30	460.50
1963	1 415.00	3 594.30	508.60	1993	711.00	6 273.40	466.00
1964	1 374.00	3 808.60	523.30	1994	700.00	6 346.00	464.20
1965	1 360.00	3 946.30	536.70	1995	702.47	6 656.50	467.60
1966	1 356.00	3 912.60	530.55	1996	701.00	6 697.90	469.50
1967	1 340.00	3 875.50	519.32	1997	694.00	6 674.10	463.20
1968	1 304.00	3 932.30	512.77	1998	669.00	6 977.00	466.80
1969	1 250.00	3 897.80	487.22	1999	640.00	7 273.80	465.52
1970	1 077.00	4 159.70	448.00	2000	636.00	7 421.10	471.98
1971	1 041.00	4 233.40	440.70	2001	623.36	7 304.00	455.29
1972	1 067.00	4 344.40	463.55	2002	628.00	7 308.90	458.95
1973	1 091.00	4 334.90	472.94	2003	613.00	7 626.40	467.51
1974	1 096.00	4 395.90	481.79	2004	589.00	7 757.20	456.89
1975	1 095.00	4 491.70	491.84	2005	564.27	8 123.80	458.40
1976	1 105.00	4 565.60	504.50	2006	550.28	8 408.50	462.72
1977	1 099.00	4 675.60	513.85	2007	545.42	8 525.50	464.96
1978	1 091.00	4 879.70	532.37	2008	557.98	8 659.00	472.04
1979	1 071.00	4 878.80	522.52	2009	563.13	8 810.00	481.39
1980	1 039.00	4 924.90	511.70	2010	568.20	8 938.00	490.94
1981	1 016.00	4 957.70	503.70	2011	565.11	8 737.00	488.05
1982	999.00	5 222.20	521.70	2012	587.19	8 968.00	499.50
1983	1 003.00	5 410.80	542.70	2013	582.34	9 302.00	510.47
1984	951.00	5 503.70	523.40	2014	562.63	9 600.00	519.11
1985	897.00	5 684.10	509.86	2015	561.00	9 967.00	535.63
1986	870.00	5 874.30	511.06	2016	571.64	10 034.00	545.50
1987	817.00	5 948.10	485.96	2017	570.04	10 307.00	557.28
1988	776.00	6 107.20	473.92	2018	575.42	10 450.00	569.39
1989	763.00	6 221.90	474.73	2019	566.64	10 707.00	569.34
1990	759.00	6 247.60	474.19				

数据来源：FAOSTAT 和 StatBank Denmark。

附表 2　1961—2019 年丹麦主要乳制品产量　kg

年份	液态奶	奶油	奶酪	炼乳	全脂奶粉	脱脂奶粉	黄油
1961	578 299	39 000	122 100	40 000	24 395	6 107	171 300
1962	563 632	40 000	114 000	47 000	24 489	7 447	166 800
1963	594 521	39 000	121 000	41 000	25 330	9 753	149 300
1964	584 292	40 000	124 100	40 000	29 000	11 000	155 700
1965	630 867	39 000	114 200	36 000	25 284	17 025	166 300
1966	591 515	41 000	125 042	33 193	27 000	23 200	159 800

续附表 2　　kg

年份	液态奶	奶油	奶酪	炼乳	全脂奶粉	脱脂奶粉	黄油
1967	578 770	42 000	123 487	31 600	36 500	27 100	153 700
1968	546 119	44 000	105 519	30 400	47 700	21 300	159 500
1969	497 380	46 000	108 777	26 600	49 800	15 800	144 300
1970	425 367	46 000	110 906	24 800	38 100	18 900	131 200
1971	426 973	46 000	119 882	24 100	44 200	24 300	123 500
1972	419 539	48 000	130 614	21 700	38 800	47 600	135 900
1973	353 467	39 000	127 450	23 100	37 600	52 000	146 400
1974	356 908	40 000	149 706	20 200	45 000	52 900	137 400
1975	445 043	38 000	152 179	14 900	46 000	69 000	138 700
1976	532 929	40 800	156 900	20 500	56 800	63 400	139 300
1977	519 953	38 000	177 300	14 200	71 800	53 200	131 000
1978	524 031	41 600	182 500	14 600	79 400	64 200	140 300
1979	569 168	43 900	188 800	16 000	76 800	51 900	130 544
1980	536 474	46 000	221 000	15 100	86 300	36 100	113 300
1981	424 350	46 200	242 600	13 100	85 200	31 700	108 500
1982	450 163	48 100	245 200	11 400	79 800	44 600	120 600
1983	420 035	39 400	251 400	10 300	77 500	56 000	131 100
1984	323 341	41 400	295 100	6 300	99 200	15 900	104 400
1985	627 152	42 900	255 500	8 200	94 500	25 200	109 700
1986	493 795	45 000	254 000	8 700	94 200	30 900	112 000
1987	526 753	46 200	272 300	12 200	96 700	18 200	96 200
1988	522 196	48 300	259 600	12 800	96 700	7 400	93 800
1989	353 107	47 900	276 700	8 700	102 300	12 500	92 300
1990	662 000	58 000	295 000	10 200	87 300	40 700	93 300
1991	661 000	62 000	287 000	13 300	108 500	17 000	70 500
1992	666 000	60 000	291 000	11 000	103 400	13 000	62 200
1993	659 430	64 000	323 000	13 100	103 400	20 100	59 400
1994	665 150	65 000	288 000	13 800	113 900	20 500	59 300
1995	643 900	61 000	311 200	12 600	109 300	18 500	54 400
1996	664 100	60 000	299 000	9 100	102 800	27 700	56 600
1997	659 310	58 000	291 000	9 210	103 800	22 900	50 400
1998	667 730	55 000	292 000	5 700	106 600	22 000	48 700
1999	673 530	58 310	290 000	9 300	98 200	35 300	48 570
2000	677 570	57 820	305 800	9 000	97 400	38 000	47 070
2001	682 710	58 640	317 700	9 000	87 900	40 000	47 960
2002	690 160	61 960	320 400	9 000	80 600	42 400	50 540
2003	688 380	65 110	326 400	9 000	82 100	43 800	54 240
2004	686 280	62 540	335 500	9 000	87 100	17 500	48 070
2005	664 280	62 730	355 100	9 000	93 500	14 800	45 440
2006	680 360	56 170	335 100	9 000	91 300	27 000	38 900
2007	702 480	68 340	345 900	4 000	92 600	19 100	37 800
2008	712 820	57 010	324 400	4 000	95 000	17 700	39 800
2009	685 490	60 930	320 900	4 000	111 000	20 100	38 830
2010	663 350	66 100	292 200	4 000	118 800	27 500	37 100
2011	671 250	66 820	274 800	—	114 400	35 300	40 400
2012	689 440	64 750	302 700	—	106 000	39 600	41 490
2013	677 570	49 070	323 200	—	92 800	45 700	45 990
2014	694 640	55 550	369 100	—	89 400	39 900	46 600
2015	721 370	70 380	389 500	—	89 400	34 100	49 200
2016	733 940	72 800	428 000	—	82 200	43 800	63 560

续附表 2 kg

年份	液态奶	奶油	奶酪	炼乳	全脂奶粉	脱脂奶粉	黄油
2017	740 790	47 270	449 900	—	84 600	49 400	65 060
2018	720 000	44 900	451 600	—	71 300	60 200	87 400
2019	689 800	43 100	460 800	—	76 800	53 700	88 700

数据来源:FAOSTAT 和 StatBank Denmark;"—"为缺失值。

附表 3 1990—2011 年丹麦主要乳制品消费情况

项目	1990 年	1991 年	1992 年	1993 年	1994 年	1995 年	1996 年	1997 年	1998 年	1999 年	2000 年
消费总量/kt											
牛奶总量	545.4	538.6	536.8	517.1	526.7	512.9	534.2	526.3	535.4	543.3	542
全脂牛奶	156	151.4	150.2	145.7	147.5	138.2	139.9	132.1	131.9	126	116.3
部分脱脂牛奶	289	290.6	292.1	284.5	288.2	287.2	298.4	290.5	289.8	290.8	286.8
脱脂奶	64.8	63.5	61.2	58	58.9	59.9	68.7	75.9	89.3	102.1	116
酪乳	35.6	33.1	33.3	28.9	32.1	27.5	27.3	27.8	24.5	24.4	22.8
奶油	47.3	47.6	48.6	52.1	52.2	50	50.7	50.5	50.4	50.7	49.6
鲜奶油	8.9	9	9.2	9.8	10	9.6	9.7	10.1	9.8	11.1	10.8
有机牛奶	—	—	—	—	—	—	—	—	—	127	130.5
黄油	29.8	20.8	15.5	13.4	12.2	10.8	10.6	9.7	9.8	8.8	8.7
奶酪	75.4	79.2	79.9	92.6	91.4	88.3	88.7	86.8	86.8	98.1	111.5
人均消费量/kg											
牛奶总量	106.2	104.5	103.8	99.6	101.2	98.1	101.5	99.6	101	102.1	101.1
全脂牛奶	30.4	29.4	29.1	28.1	28.3	26.4	26.6	25	24.9	23.7	19.4
部分脱脂牛奶	56.3	56.4	56.5	54.8	55.4	54.9	56.7	55	54.7	54.7	46.9
脱脂奶	12.6	12.3	11.8	11.2	11.3	11.5	13	14.4	16.8	19.2	30.7
酪乳	6.9	6.4	6.4	5.6	6.2	5.3	5.2	5.3	4.6	4.6	4.2
奶油	9.2	9.2	9.4	10	10	9.6	9.6	9.6	9.5	9.5	9.7
鲜奶油	1.7	1.7	1.8	1.9	1.9	1.8	1.8	1.9	1.8	2.1	2
有机牛奶	—	—	—	—	—	—	—	—	—	23.9	28.2
黄油	5.8	4	3	2.6	2.3	2.1	2	1.8	1.8	1.7	1.6
奶酪	14.7	15.4	15.5	17.8	17.6	16.9	16.9	16.4	16.4	18.5	21.7

项目	2001 年	2002 年	2003 年	2004 年	2005 年	2006 年	2007 年	2008 年	2009 年	2010 年	2011 年
消费总量/kt											
牛奶总量	541.7	532.1	526.2	524.8	494	497	507.9	517.1	510.9	524.1	515.1
全脂牛奶	104.1	89.3	83.4	81	64.7	62.8	64.1	61.6	59.2	63	64.5
部分脱脂牛奶	251	219.4	208.4	193.9	172.6	163.4	165.3	158.9	149.2	147	133.2
脱脂奶	164.2	201.5	214	231.2	238.4	251.5	260.1	276.9	284.6	297.5	301.5
酪乳	22.3	21.8	20.5	18.6	18.4	19.3	18.4	19.8	17.8	16.5	15.9
奶油	51.9	55	53.6	52.1	48.7	46.5	50.9	47.8	52	56.2	57.9
鲜奶油	10.8	11.7	12	10.7	10.1	10.9	12.9	14.1	13.8	14.2	14.3
有机牛奶	150.9	143.9	138.1	137.2	143.8	147.8	165.7	182.1	172	181.5	185.5
黄油	8.7	9	9	9.7	10.5	9.4	9.9	10.2	10.3	10.9	—
奶酪	116.2	125.6	132	131.9	—	—	—	—	—	—	—
人均消费量/kg											
牛奶总量	99	97.7	97.2	91.2	91.4	91.4	93.1	94.2	92.6	94.5	92.5
全脂牛奶	16.6	15.5	15	12	11.6	11.6	11.8	11.2	10.7	11.4	11.6
部分脱脂牛奶	40.8	38.7	35.9	31.9	30.1	30.1	30.3	28.9	27	26.5	23.9
脱脂奶	37.5	39.7	42.8	44	46.3	46.3	47.7	50.4	51.6	53.7	54.2

续附表 3

项目	2001年	2002年	2003年	2004年	2005年	2006年	2007年	2008年	2009年	2010年	2011年
人均消费量/kg											
酪乳	4.1	3.8	3.4	3.4	3.6	3.6	3.4	3.6	3.2	3	2.9
奶油	10.2	9.9	9.7	9	8.6	8.6	9.3	8.7	9.4	10.1	10.4
鲜奶油	2.2	2.2	2	1.9	2	2	2.4	2.6	2.5	2.6	2.6
有机牛奶	26.8	25.6	25.4	26.6	27.2	27.2	30.4	33.2	31.2	32.7	33.3
黄油	1.7	1.7	1.8	1.9	1.7	1.7	1.8	1.9	1.9	2	—
奶酪	23.4	24.5	24.4	—	—	—	—	—	—	—	—

数据来源：StatBank Denmark(2011 年后数据停止更新)；“—”为缺失值。

附表 4　1994—2019 年丹麦主要乳制品家庭年均消费情况　　丹麦克朗

年份	液态奶	脱脂乳	储藏奶	酸奶	奶酪	其他	黄油
1994	1 313	156	0	635	1 857	740	948
1995	1 354	162	3	625	1 994	792	949
1996	1 345	185	2	592	1 953	766	963
1997	1 336	217	2	568	1 924	748	959
1998	1 325	271	2	567	2 068	737	927
1999	1 258	316	2	546	1 982	704	879
2000	1 205	336	2	600	1 952	711	808
2001	1 036	402	2	617	1 994	701	739
2002	878	468	2	641	1 918	684	719
2003	788	509	4	653	1 945	701	741
2004	745	534	7	676	2 036	779	751
2005	707	622	7	753	2 092	836	748
2006	714	682	5	810	1 883	859	726
2007	632	697	3	834	1 864	868	669
2008	509	626	4	736	1 810	727	577
2009	515	696	4	696	2 007	738	570
2010	499	670	10	733	2 022	746	574
2011	460	633	9	713	2 011	721	555
2012	486	656	9	705	1 934	722	527
2013	442	634	7	719	2 006	706	569
2014	407	605	7	754	1 938	667	541
2015	437	624	10	810	1 896	694	549
2016	420	515	11	773	2 026	773	572
2017	399	460	9	748	1 919	786	527
2018	431	484	16	811	1 945	796	541
2019	430	507	21	776	2 009	814	505

数据来源：StatBank Denmark。

附表 5　1961—2019 年丹麦主要乳制品进出口贸易量　　t

年份	进口量						出口量					
	鲜奶油	奶酪	鲜奶	全脂奶粉	脱脂奶粉	黄油	鲜奶油	奶酪	鲜奶	全脂奶粉	脱脂奶粉	黄油
1961	0	224	0	45	13 723	0	1 569	78 972	37 551	31 308	360	120 043
1962	0	267	0	18	12 180	0	420	81 455	36 668	31 352	4 231	114 717
1963	0	435	0	25	19 232	0	377	78 913	33 979	30 359	1 087	102 358

续附表 5 t

年份	进口量						出口量					
	鲜奶油	奶酪	鲜奶	全脂奶粉	脱脂奶粉	黄油	鲜奶油	奶酪	鲜奶	全脂奶粉	脱脂奶粉	黄油
1964	0	356	0	30	31 829	0	378	82 031	35 728	33 161	6 284	103 916
1965	0	808	0	9	8 326	0	283	74 682	31 033	27 584	8 930	115 541
1966	0	551	0	45	12 186	0	333	77 547	27 498	27 463	13 244	111 842
1967	0	595	0	16	11 933	51	319	78 974	29 688	28 050	22 451	103 824
1968	0	1 835	0	145	22 315	5	228	66 106	29 048	42 422	7 228	107 076
1969	0	2 605	0	71	20 225	1	270	61 916	30 180	50 088	6 501	99 799
1970	0	2 828	0	125	26 207	0	253	67 961	26 764	43 368	3 087	86 950
1971	0	2 161	0	304	22 023	0	286	70 212	26 409	39 355	11 632	76 851
1972	0	4 464	0	45	25 546	0	238	75 404	30 251	33 260	27 808	87 185
1973	0	2 662	0	173	23 435	1 408	240	83 867	25 597	37 356	38 908	99 766
1974	0	2 416	0	428	14 169	522	495	95 089	30 927	43 999	35 837	101 178
1975	0	3 068	0	246	10 455	2 225	390	100 133	32 426	42 276	10 559	98 087
1976	0	3 253	0	2 995	10 223	1 993	447	116 199	31 435	50 539	29 928	91 842
1977	0	4 011	0	1 799	6 378	187	569	125 394	32 483	64 972	21 130	89 755
1978	0	4 157	0	1 450	2 587	983	830	131 971	37 910	69 696	33 860	88 487
1979	0	4 675	0	1 459	15 744	1 454	1 358	145 668	33 281	66 089	40 342	82 932
1980	0	7 027	0	2 554	18 799	9 863	1 723	173 063	35 219	50 791	41 535	72 237
1981	0	6 113	0	3 625	18 708	18 116	969	195 547	32 342	60 655	13 133	71 431
1982	0	6 525	0	2 865	14 460	8 037	857	208 219	30 549	67 314	29 603	74 978
1983	0	7 082	0	3 852	9 898	7 729	1 925	214 793	28 768	69 324	19 888	80 925
1984	0	9 193	1 003	3 295	12 910	14 534	1 781	259 351	26 296	89 201	17 494	67 469
1985	8	6 118	3 262	3 045	14 807	13 289	1 478	212 878	25 970	85 208	25 055	59 374
1986	1	8 591	2 899	4 636	8 876	13 779	1 513	209 973	24 179	86 945	18 587	66 167
1987	5	9 779	3 090	1 355	11 289	10 222	1 780	226 260	27 665	84 509	22 232	69 548
1988	7	11 401	4 471	1 519	9 899	16 921	12 686	211 765	26 108	81 499	4 773	59 189
1989	2	15 651	3 154	1 321	6 393	14 619	9 762	228 395	24 119	87 776	4 137	55 016
1990	21	16 730	3 424	1 373	5 951	9 297	10 792	233 450	23 693	75 861	32 636	50 474
1991	228	19 393	4 340	1 272	7 732	16 930	14 587	244 061	23 255	95 386	12 437	48 863
1992	492	18 869	6 678	1 050	9 144	11 951	11 588	226 174	21 377	99 464	7 034	47 722
1993	298	18 403	4 958	532	4 060	16 756	13 314	259 171	20 454	94 760	12 575	46 900
1994	903	24 052	5 452	992	4 178	18 549	14 040	242 360	19 660	107 503	12 374	49 019
1995	2 228	23 416	4 521	2 407	4 541	22 509	12 879	244 423	16 850	92 443	12 639	48 292
1996	2 541	26 209	8 657	1 995	5 131	20 254	11 662	229 388	16 967	85 813	18 946	54 125
1997	4 164	29 988	10 525	956	7 729	24 781	12 160	238 813	17 168	92 452	16 360	43 770
1998	4 317	25 629	10 008	1 148	4 509	19 819	9 115	234 043	12 941	92 371	12 241	43 050
1999	5 135	32 119	7 060	2 135	5 843	18 268	12 571	236 057	22 104	83 769	22 548	39 663
2000	6 470	37 862	13 437	2 392	3 186	23 809	14 868	247 315	46 160	78 917	14 411	40 132
2001	9 010	44 703	19 684	646	5 781	17 703	13 367	239 587	19 897	63 525	10 063	40 994
2002	12 162	77 507	18 897	478	5 295	20 002	14 891	236 011	10 107	68 549	11 036	48 059
2003	14 208	58 289	30 076	937	2 986	28 346	18 532	238 596	19 526	78 924	12 968	54 862
2004	15 826	56 711	41 422	1 131	3 791	57 132	15 507	248 772	19 753	75 380	12 337	66 136
2005	12 160	54 493	38 816	5 134	3 769	52 032	19 728	235 070	18 326	82 015	12 623	73 421
2006	13 536	63 412	20 120	7 069	3 510	42 808	30 230	241 042	55 092	74 707	19 124	61 673

续附表 5　t

年份	进口量						出口量					
	鲜奶油	奶酪	鲜奶	全脂奶粉	脱脂奶粉	黄油	鲜奶油	奶酪	鲜奶	全脂奶粉	脱脂奶粉	黄油
2007	13 520	61 596	15 130	2 749	4 732	40 862	21 894	243 495	71 314	75 331	15 777	56 631
2008	13 235	62 834	20 654	2 935	5 946	38 039	13 898	223 091	193 003	72 524	15 894	59 992
2009	16 254	63 779	31 147	3 728	7 942	24 798	16 866	258 245	341 270	99 663	15 180	60 165
2010	14 511	73 287	31 636	5 582	6 273	48 513	23 377	259 357	207 083	104 302	17 005	56 392
2011	13 395	73 718	38 452	3 401	6 459	40 579	24 348	256 961	211 745	99 729	21 259	50 749
2012	16 260	77 656	23 256	2 597	5 399	19 849	25 699	268 399	194 325	86 632	24 794	45 040
2013	22 906	78 478	29 718	2 392	3 578	16 961	20 638	289 274	208 231	65 639	25 965	38 185
2014	19 199	78 627	26 626	2 649	5 288	18 470	26 291	308 115	223 164	58 592	17 385	34 341
2015	17 784	83 976	29 915	2 949	4 232	21 092	35 631	325 081	201 525	63 371	21 424	38 320
2016	16 905	85 873	41 959	2 751	4 090	19 988	35 834	362 614	211 034	58 632	16 801	39 180
2017	10 657	89 009	52 932	1 976	4 610	15 013	28 059	375 923	245 587	52 469	15 801	37 709
2018	22 509	96 779	52 733	2 943	4 555	16 630	26 535	380 965	207 206	45 156	25 844	53 285
2019	27 827	97 896	46 277	12 744	4 012	17 927	26 249	384 947	292 514	50 933	22 856	53 203

数据来源：FAOSTAT。

附表 6　1961—2019 年丹麦主要乳制品进出口贸易额　千美元

年份	进口额						出口额					
	鲜奶油	奶酪	鲜奶	全脂奶粉	脱脂奶粉	黄油	鲜奶油	奶酪	鲜奶	全脂奶粉	脱脂奶粉	黄油
1961	0	247	0	11	1 835	0	1 174	48 476	4 748	17 821	170	91 999
1962	0	309	0	7	1 587	0	268	49 978	4 772	17 414	2 143	95 077
1963	0	412	0	16	3 221	0	262	52 506	4 532	17 125	524	100 312
1964	0	442	0	14	6 222	0	281	55 582	4 757	20 272	2 065	107 456
1965	0	637	0	7	2 096	0	188	55 686	4 422	21 377	3 121	112 783
1966	0	680	0	16	2 982	0	186	60 076	4 306	17 794	5 192	107 910
1967	0	807	0	9	2 956	40	177	61 630	4 871	17 955	10 098	100 678
1968	0	1 232	0	31	3 750	3	156	51 669	4 870	25 986	1 906	87 020
1969	0	1 559	0	21	3 212	1	181	50 626	5 008	29 382	1 511	80 858
1970	0	1 880	0	52	4 997	0	169	57 948	4 302	26 407	872	75 085
1971	0	1 967	0	176	6 818	0	212	66 982	4 418	33 074	5 676	91 921
1972	0	3 537	0	24	10 552	0	189	84 803	5 304	30 853	16 496	106 165
1973	0	3 325	0	194	12 943	1 168	329	125 418	6 097	38 943	26 396	107 090
1974	0	4 352	0	500	10 360	708	543	161 429	8 534	46 218	32 807	148 361
1975	0	6 266	0	330	8 924	3 934	473	198 288	10 773	59 924	10 470	190 443
1976	0	6 693	0	2 536	8 796	3 390	538	223 558	10 678	56 282	29 249	180 798
1977	0	8 433	0	1 997	7 433	280	949	257 500	12 564	72 612	18 625	173 377
1978	0	10 282	0	2 264	3 161	2 223	2 600	307 104	17 594	96 399	29 783	224 050
1979	0	12 528	0	2 582	12 615	3 187	2 126	358 789	17 006	97 504	32 722	233 328
1980	0	17 463	0	3 675	24 847	25 678	2 484	405 920	19 223	95 809	53 026	252 478
1981	0	13 558	0	4 685	24 019	52 443	1 923	411 714	17 981	127 969	15 520	239 989
1982	0	14 196	0	4 199	14 207	21 178	1 838	412 883	15 240	134 644	35 913	217 413
1983	0	13 391	0	4 625	12 118	14 545	2 866	390 390	10 062	126 439	16 551	219 923
1984	2	15 164	282	4 191	15 936	25 186	2 835	395 694	7 835	144 744	13 204	157 090

续附表 6 千美元

年份	进口额						出口额					
	鲜奶油	奶酪	鲜奶	全脂奶粉	脱脂奶粉	黄油	鲜奶油	奶酪	鲜奶	全脂奶粉	脱脂奶粉	黄油
1985	5	11 978	890	4 303	19 113	16 931	2 155	369 014	7 686	144 662	14 160	139 256
1986	3	21 948	1 078	6 210	13 230	21 835	2 491	445 992	9 366	166 140	28 766	171 918
1987	12	28 062	1 366	4 176	22 006	22 867	3 172	528 730	12 978	154 078	39 147	184 480
1988	4	34 094	1 967	4 884	24 389	48 989	23 164	527 189	12 927	163 325	8 534	186 386
1989	8	44 433	1 416	4 161	14 077	51 760	17 795	551 287	11 041	220 711	9 269	186 884
1990	66	51 715	1 871	4 715	11 231	28 608	25 348	692 567	12 990	211 917	76 395	186 997
1991	567	58 323	2 058	4 062	12 507	44 240	32 354	702 698	12 678	225 478	24 685	184 855
1992	981	62 236	2 851	2 079	18 002	30 924	26 028	745 725	13 185	258 316	15 392	191 484
1993	628	55 464	2 005	739	9 473	44 246	28 315	811 404	12 443	245 304	28 095	154 367
1994	1 560	77 279	2 248	2 287	10 288	38 545	30 823	834 351	12 618	277 362	28 644	170 158
1995	4 628	78 388	2 103	5 182	13 216	79 326	29 496	952 035	12 507	269 943	36 055	178 160
1996	5 061	86 936	4 078	2 720	12 601	71 298	29 744	949 471	12 175	252 441	45 410	198 298
1997	7 407	84 093	4 353	1 436	16 504	70 912	29 812	918 682	11 220	257 972	38 039	137 532
1998	8 218	76 545	4 347	1 842	9 601	57 971	23 604	923 938	9 117	241 078	28 885	152 453
1999	8 721	91 383	2 865	2 916	11 239	47 303	29 751	920 333	10 958	194 202	44 554	139 663
2000	9 123	95 779	5 043	2 632	6 616	54 350	32 982	844 807	18 288	176 967	29 378	125 256
2001	14 575	109 579	5 890	1 497	8 033	42 564	29 271	811 787	9 871	162 699	23 411	122 628
2002	18 440	185 112	6 028	1 258	8 865	45 025	31 541	858 029	5 626	159 628	22 112	139 863
2003	25 821	180 796	12 467	1 689	6 627	69 027	42 734	998 583	11 075	183 537	30 974	174 376
2004	30 094	197 263	18 611	2 521	8 465	160 251	36 191	1 122 760	12 530	197 726	31 305	256 725
2005	26 904	215 090	19 434	13 714	11 975	138 022	49 630	1 120 000	14 582	239 797	34 223	284 168
2006	29 572	244 088	12 185	18 034	11 174	109 227	59 664	1 174 560	42 759	212 139	50 169	259 638
2007	32 578	292 849	10 502	11 322	21 517	114 107	57 233	1 306 230	60 052	294 209	58 821	275 689
2008	45 778	327 889	16 754	12 920	25 546	142 640	42 048	1 461 800	159 858	339 184	63 972	345 676
2009	31 601	243 784	16 431	10 178	19 151	63 686	35 932	1 341 191	139 477	277 164	38 171	268 303
2010	31 803	260 738	18 828	6 196	17 154	169 143	45 746	1 329 301	106 117	396 185	53 826	298 914
2011	38 193	292 634	23 944	5 268	20 119	177 298	68 868	1 435 742	133 700	425 507	74 552	322 989
2012	39 353	293 482	13 669	4 579	15 456	82 380	63 587	1 402 915	124 568	341 294	78 551	287 113
2013	55 789	354 830	19 529	4 440	13 759	77 807	59 521	1 556 335	150 121	313 725	105 348	236 330
2014	50 755	353 533	24 609	4 126	17 971	89 142	65 365	1 667 049	158 177	282 474	71 868	222 940
2015	37 161	292 657	18 527	4 621	11 118	75 282	68 004	1 362 223	119 012	226 743	57 952	212 656
2016	35 232	300 644	23 616	4 141	9 947	65 617	79 027	1 416 833	134 473	191 384	38 476	220 856
2017	27 893	344 971	40 652	3 806	13 518	81 688	83 470	1 666 922	150 001	202 645	39 990	254 165
2018	66 021	385 900	36 500	4 403	11 653	96 970	85 316	1 724 356	127 098	170 752	52 630	358 699
2019	63 606	361 022	32 856	34 744	10 235	83 619	74 240	1 575 425	144 140	184 603	54 348	292 400

数据来源:FAOSTAT。

瑞典奶业发展报告

摘要：瑞典位于北欧斯堪的纳维亚半岛东南部，是欧洲十大经济强国之一。瑞典不仅是科技高度发达的工业强国，也是农牧林业相当发达的国家。瑞典农业产值约占国内生产总值的1.1%，在农业中畜牧业地位突出，产值占农业生产总值的80%以上，畜牧业产值主要来源于肉类和乳制品，奶业产值占农业总产值的35%。瑞典奶业已经形成了一个从养殖到餐桌的完整的畜牧业经济体系，尤其是在原料奶的质量控制、奶牛疫病预防、奶牛福利、行业协会作用的发挥、粪污的处理与环境保护等方面，都有着严格的标准。

瑞典奶牛品种主要为起源于英国和荷兰的黑白花奶牛(SLB)，个体生产力水平高，平均年产量约9 000 kg，100头以上养殖场占比最高为32%，奶牛年屠宰量约为10万头。瑞典奶业受国际市场需求影响较大，1982—2011年，奶酪和脱脂奶粉产量呈上升趋势，奶粉产量相对恒定，其他乳制品产量均明显下降。而2012—2019年，奶油和奶粉产量呈上升趋势，其他乳制品产量均明显下降。出口方面，奶粉是出口量最大的乳制品，其出口量稳定在4.5万t左右；进口方面，黄油进口量的激增表现出瑞典国内市场对奶油和黄油的需求量逐年增加。但从综合数据来看，瑞典仍是乳制品净出口国。在国内市场中，瑞典人均消费量最大的乳制品依次是：饮用奶(包括鲜奶、酸奶等发酵乳产品及乳饮料)、奶酪、奶油及黄油。牛奶和乳制品的年人均消费量达到98.2 kg，目前其总体消费量以每年约2%的速度缓慢减少。

在过去的几十年中，瑞典的奶业已经构成了一个从养殖到餐桌完整的畜牧业经济体系，完成了由奶牛数量扩张型向奶牛个体生产力水平提高型的根本转变，而这种增长方式的转变是在以技术进步为主要动力的条件下完成的。瑞典奶业的技术进步主要表现在由手工劳动向机械作业的转变、由粗放经营向集约经营的转变、由传统技术向现代科技的转变。尤其是在原料奶的质量控制、奶牛疫病预防、奶牛福利、行业协会作用的发挥、粪污的处理与环境保护等方面值得我们学习和借鉴。

瑞典对每种家畜都设有良种登记组织，其成员主要由国内的奶牛评分专家组成，每年进行6～7次的育种评价活动，包括生产性能、生育能力、健康状况、蹄健康、基因组信息、产奶量、体型特征、生育率和体细胞数等。瑞典对饲料要求极为严格，饲料加工标准涉及饲料终端产品的配料、混合、防止交叉污染、制粒及产品构成等方面的内容，且饲料加工过程机械化和生产精细程度高。在疫病防控方面，瑞典奶牛疾病有着很完善的记录，瑞典奶牛的常见疾病主要有乳房炎、产后瘫痪、胎衣不下和酮病以及一些繁殖方面的疾病。瑞典全国范围的奶牛疾病控制由生产协会负责组织实施，包括强制性的奶牛健康证制度、疫病控制计划、强制性注册登记制度、颁发健康证书和疫病跟踪检测。瑞典在20世纪90年代开始重视奶牛饲养业所造成的环境污染问题。并制定了关于畜禽粪污管理的法规及政策。2015年瑞典政府发表《政府政策声明》，以政策的连续性保证实现新的绿色发展目标。

在乳品控制和定价方面，瑞典一直坚持奶牛饲料纯天然以及饲料企业的高准入标准，通过奶牛的预防性检查、严格的品控和追溯系统，严格执行标准产品认证和HACCP认证体系，提供了从农场到产品生产的全过程的质量保障。瑞典牛奶价格由8个乳品厂制定，价格由脂肪和蛋白质、细菌数、体细胞数、孢子数、气味、冰点、质量等级及季节等因素决定。

在科技推广方面，瑞典在环保、生态学、分子生物学等研究领域中处于国际先进水平。在奶业领域，拥有全国性组织（瑞典奶业协会）、联合育种体系（微蝌国际育种公司）、大学和科研单位、咨询机构等。在农业科技发展和新技术推广应用的支撑下，瑞典完善的社会化服务体系和法律法规在促进其奶业健康发展的同时，其农业生态环境得到了有效保护。

瑞典奶业生产的一个显著特点就是小规模的现代化家庭农场生产模式，现代饲养管理技术、先进的农业机械、牛群的智能化管理及最新的环保技术等均应用于奶业生产，实现了奶牛个体的数字化管理，大大地提高了农场主的管理和决策效率。而我国奶牛场还多处于机械化程度不高，手工劳动、粗放管理的阶段，需要通过先进的技术设备提高生产效益。奶牛合作社是瑞典奶业不断发展的、不可缺少的有效组织形式，它植根于奶业，服务于奶业，依靠奶业来求得生存和发展，实现了乳制品与市场的良好对接，使乳业步入产业化经营轨道，把分散的奶农通过产品集合起来，在高于欧盟标准的原料奶收购标准、质量管理标准指导下，以合力应对市场，强化了国家乳业在世界市场上的地位与竞争力。然而，我国奶农与乳制品企业还未完全形成经济利益共同体的关系，难以发挥产—供—销链条的合力作用。除了执行欧盟的产业政策方面，瑞典奶业在资本税、法人税、能源税、土地税和肥料税等方面均有减免税的优惠政策，来保护以家庭为单位的农牧业生产，并在奶牛屠宰、原料奶、土地使用等多种途径进行补贴，促进了瑞典奶业的持续健康发展。我国区域广泛、经济类型多样、发展水平参差不齐，在学习和借鉴瑞典奶业发展的基础上应探索出适合中国奶业发展的模式。我国相关主管部门、行业协会、企事业单位应深入瑞典奶业合作社，进行全面系统的研究，指导我国奶业一体化建设，建立合理的利益联结机制，推动奶业持续健康发展。

关键词：瑞典　奶业　奶牛

瑞典位于北欧斯堪的纳维亚半岛东南部，是欧洲十大经济强国之一，不仅是科技高度发达的工业强国，也是农牧林业相当发达的国家。全国耕地面积约为 300 万 hm^2，仅占整个国土面积的 7.5%；现有草地 1 400 万 hm^2，其中人工草地 800 多万 hm^2；森林总覆盖面积约占全国总面积的 60%。大约 55 万 hm^2 的面积为牧场，占整个国土面积的 1.5%。瑞典农业科技发达，农业产值约占国内生产总值的 1.1%。瑞典在农业中畜牧业地位突出，其产值约占农业生产总值的 80%以上，畜牧业产值主要来源于肉类和乳制品，奶业产值占农业总产值的 35%。

瑞典有 21 个省，是瑞典第一级管理及行政区划。地形狭长，海岸线呈锯齿状，西北部多山，北部沼泽，中南部地势平坦。受其狭长而偏北的地理位置以及气候的影响，瑞典全国各地人口分布极不均匀，全国 90% 的人口集中在南部和中部地区，瑞典南、北部地区的畜牧业生产也存在很大的差异。

1　奶业发展概况

1.1　奶牛养殖业

1.1.1　瑞典主要奶牛品种

瑞典奶牛品种主要为起源于英国和荷兰的黑白花奶牛（SLB），母牛体重约 600 kg，年产奶量约 7 900 kg，可用于选育奶产量更高的品种，占奶牛总量的 52%。该品种于 1860—1907 年作为乳用牛种从荷兰引进，通过与当地的黑白花牛杂交后发展而来。

瑞典红白花牛（SRB）体表多红色，白色较少，占奶牛总数 46%，母牛体重约 550 kg，年产奶量约 7 500 kg，还可用于生产牛肉，是乳肉兼用牛。而瑞典自行繁育的无角奶牛（SKB）由于其产奶量少、乳中脂肪含量较高，在瑞典占有的份额相对较少，低于 1%。

瑞典另一种乳肉两用品种瑞典红牛(SRP),与挪威红牛很相似,体重 350～450 kg,年产奶量约 5 500 kg。即使在牧草贫瘠的牧场生长,也能生产出口感和质量俱佳的牛奶。在肉类生产过程中,瑞典红牛生长较快,同时也能保证肉的质量。虽有较高的生育率,但受限于较少的遗传信息,很难获得较好后代,仅占奶牛总数的 1%。

1.1.2 瑞典奶业生产模式

受地理和气候因素影响,瑞典全国农业生产主要集中在中南部,并以畜牧业为主,粮食、肉、禽、乳制品自给有余,并有部分出口到周边国家。瑞典农业以家庭农场为主,全国共有 11 万个家庭农场,其中 2/3 拥有耕地不足 20 hm^2。全部耕地的 3/4 属于更适合现代农业生产的大中型农场。奶业生产的一个显著特点就是小规模的家庭农场生产模式。瑞典奶牛的饲养管理方式主要以放牧为主、补饲为辅。所有采食的牧草和玉米大多数产自自家的农场,不含增长剂、人工合成的添加剂等。奶业已经形成了一个从养殖到餐桌完整的畜牧业经济体系,尤其是在原料奶的质量控制、奶牛疫病预防、奶牛福利、行业协会作用的发挥、粪污的处理与环境保护等方面,都有着严格的标准。

1.1.3 瑞典奶牛养殖规模及产奶量变化

随着农业机械化程度、管理水平提高,瑞典牛群数量及奶牛数量均呈下降趋势,从 1965 年开始,瑞典的奶牛存栏数就开始逐渐减少,2005 年瑞典牛场数量为 6 212 个,比 2000 年的 7 890 减少了 27%。2012 年瑞典牛场数量为 4 968 个,2015 年牛场数量下降至 4 161 个,比 2012 年减少了 16.24%,2019 年牛场数量下降至 3 253 个,与 2012 年相比降幅为 34.52%。

在过去的 20 年中,瑞典农业生产效率大幅度提高,瑞典的牛奶生产行业进行了重组,奶农数目削减了一半,奶牛存栏数也减少 20%,但奶牛的单产量却有了明显的提高。1961 年瑞典奶牛头数为 119.5 万头,而随着畜牧业方式的改进,奶牛存栏数逐渐减少,至 1970 年奶牛头数已减至 70 万头左右,但每头泌乳牛单产水平却逐年升高。在 1976—1985 年期间奶牛头数的变动幅度不大,维持在 66 万头左右,平均单产仍稳步增长。至 2010 年瑞典奶牛单产量达到 8 224 kg,与 1965 年的奶牛单产量 3 703 kg 相比增加了 122%。与 1995 年的奶牛单产量 6 728 kg 相比,增幅达到 22%。至 2019 年瑞典奶牛单产量达到 8 983 kg,与 1965 年的奶牛单产量 3 703 kg 相比增加了 142%。与 2000 年的奶牛单产量 7 721 kg 相比,增幅达到 16%。这就意味着瑞典的牛奶产量的增长,主要是依赖奶牛个体生产力的提高,而不是依赖群体规模的扩张。这表明瑞典的奶业已经由奶牛的数量扩张型转变为奶牛个体生产力水平提高型。目前瑞典奶牛的平均年产量在 8 000 ～ 9 000 kg 之间。

1.1.4 奶牛养殖规模结构变化

从表 1 我们可以看出,2001—2011 年,1～24 头、25～49 头、50～74 头以及 75～99 头规模的奶牛群数量的总趋势均为下降,其中下降幅度最大是 1～24 头和 25～49 头规模的奶牛群,降幅分别达 73.85%和 61.65%。同时,100～149 头、150～199 头、200～299 头以及 300 头以上规模的奶牛群数量和所占比例在不断上升,2011 年 100～149 头规模的奶牛群数量达到 51 817 个,占比 18.8%;所占比例增加幅度最大的为 300 头以上的牛场,从 2001 年的 1.1%增加到 2011 年的 7.4%,奶牛群数达到 20 339 头。2001—2011 年,50～74 头奶牛的规模替代 25～49 头奶牛的规模而成为瑞典奶牛所占比例最大的规模。

从表 1 中我们可以看出奶牛群总数量在不断减少,从 2012 年的 347 969 头下降到 2019 年的 305 570 头,降幅为 13.9%。1～24 头规模的奶牛群的奶牛头数所占的比例在不断下降,100 头以上奶牛群的奶牛头数所占的比例在不断上升。到 2019 年 100 头以上的奶牛的规模替代 75～99 头奶牛的规模而成为瑞典奶牛所占比例最大的规模。说明瑞典的奶牛养殖数目在不断缩小,但养殖规模在不断壮大。

表 1　瑞典奶牛分类年度数据

年份	按奶牛头数划分										
	1～24 头		25～49 头		50～74 头		75～99 头		100 头以上		合计
	数量/个	比例/%	数量/个	比例/%	数量/个	比例/%	数量/个	比例/%	数量/个	比例/%	数量/个
2001	39 214	11.4	135 264	39.5	76 859	22.4	32 055	9.4	59 423	17.3	342 815
2002	33 957	10.1	125 273	37.4	76 922	23.0	35 435	10.6	63 072	18.8	334 656
2003	29 475	8.9	116 711	35.1	79 745	24.0	36 040	10.8	70 400	21.2	332 367
2004	26 620	8.2	106 365	32.6	79 178	24.3	35 571	10.9	78 238	24	325 972
2005	23 197	7.3	99 183	31.1	76 242	24.0	36 382	11.4	83 981	26.3	318 984
2006	18 011	6.0	85 129	28.6	71 217	23.9	35 540	11.9	88 245	29.5	298 142
2007	15 101	2	74 644	25.5	69 227	23.7	35 558	12.2	97 803	33.5	292 333
2008	13 226	4.6	64 400	22.6	65 064	22.8	35 923	12.6	106 633	37.4	285 246
2009	11 771	4.3	58 402	21.2	60 349	21.9	36 274	13.2	108 916	39.6	275 713
2010	—	—	—	—	—	—	—	—	—	—	—
2011	10 253	3.7	51 872	18.9	59 343	21.6	34 048	12.4	119 474	0.43	274 987
2012	14 308	4	59 664	17	63 192	18	43 289	12	167 516	48	347 969
2013	65 651	19	60 656	0.18	40 888	12	101 580	30	75 246	22	344 021
2014	59 130	17	56 217	0.16	42 351	12	105 227	31	81 414	24	344 339
2015	53 597	16	56 305	0.17	38 937	12	102 999	30	86 541	26	338 379
2016	47 528	14	52 459	0.16	35 383	11	105 141	32	90 322	27	330 833
2017	42 651	13	48 963	0.15	34 215	11	100 657	31	95 524	30	322 010
2018	34 073	11	45 951	0.15	33 776	11	100 265	0.32	99 347	32	313 412
2019	36 600	12	43 935	0.14	30 904	10	94 998	0.31	99 133	32	305 570

数据来源：瑞典统计局(SCB)，瑞典农业局，index mundi。

1.1.5　奶牛屠宰情况

从图 1 中我们可以明显看到，2002—2011 年，瑞典奶牛屠宰头数在逐年下降。2002 年屠宰奶牛数量为 173.4 千头，2011 年屠宰奶牛数量为 102.3 千头，每年平均减少屠宰奶牛 7 110 头。

2012—2019 年，瑞典奶牛屠宰头数基本稳定，2017 年屠宰头数最少，为 93.45 千头，2012 年屠宰头数最多，为 111.06 千头。其余年份均在 100 千～105 千头之间。

1.2　乳品加工业

瑞典生产的乳制品主要有液态奶产品、奶油、奶酪、黄油、全脂奶粉、脱脂奶粉，1982—2011 年，奶酪和脱脂奶粉产量呈上升趋势，奶粉产量相对恒定，其他乳制品产量均明显下降。而 2012—2019 年，奶油和奶粉产量呈上升趋势，其他乳制品产量均明显下降。

首先，饮用奶产品的产量在瑞典主要乳制品产量中所占的比重最大(约占 44%)，1991—2006 年，饮用奶产品的产量变化波动不大较为平稳，2006 年以后饮用奶与黄油的产量变化趋势较为相近，产量均不断下降。其次，2011 年奶油产量所占比重为 8%左右，1990—2011 年，奶油产量不断上升，1990 年的产量为 77.3 kt，2011 年达到最大为 109.9 kt(增幅为 42.2%)。2012 年以后，奶油产量波动较大，2015 年达到峰值为 112.4 kt。之后产量逐年减少。再次，奶酪产量在瑞典主要乳制品产量中所占的比重约为 7%。1964—1994 年，奶酪产量呈增长趋势，从 1981 年的 103 kt 上涨到 1994 年的 132.9 kt，增长了 29.9 kt(增幅为 29%)。从 2001 年开始，奶酪产量在不断减少，到 2019 年年底，奶酪产量仅为 80.7 kt。

奶粉变动幅度较大，从 1990 年 57.6 kt 开始下降，到 1995 年降至 34.8 kt，降幅为 39.6%，然后开始上升，到 2009 年升至 57.6 kt，到 2011 年又有所减少，降至 50.7 kt，到 2015 年又上升到 84 kt，随后又开始逐年减少。2011 年黄油产量所占比重为 1%左右，黄油产量变动幅度较大，1994 年黄油产量为 80 kt，至 2011 年的产量为 17.3 kt，减少 62.7 kt(降幅 78.3%)。至 2019 年，黄油产量降到 16.9 kt，跟 1994 年相比减少了 63.1 kt(降幅 78.3%)。

1.3　乳品消费

2018 年在瑞典市场上，牛奶和乳制品的年人均消费量达到 98.2 kg，目前其总体消费量以每年约 2%的速度缓慢减少。一直以来，瑞典人均消费量最大的乳制品依次是：饮用奶(包括鲜奶、酸奶等发酵乳产品及乳饮料)、奶酪、奶油及黄油。

瑞典人均消费全脂牛奶量从 1990 年开始大幅度下跌，从 1990 年人均消费 157.9 kg/年下降到 2018 年的人均消费 98.2 kg/年，而酸奶的销售额增长了类似的幅度。在过去几十年里，奶油消费也明显增加，从 1990 年人均消费 8.9 kg 上升到 2011 年的 11.5 kg。2012 年以后，奶油消费不断减少，从 2012 年人均消费 11 kg 上升到 2018 年的 9.4 kg(图 1)。

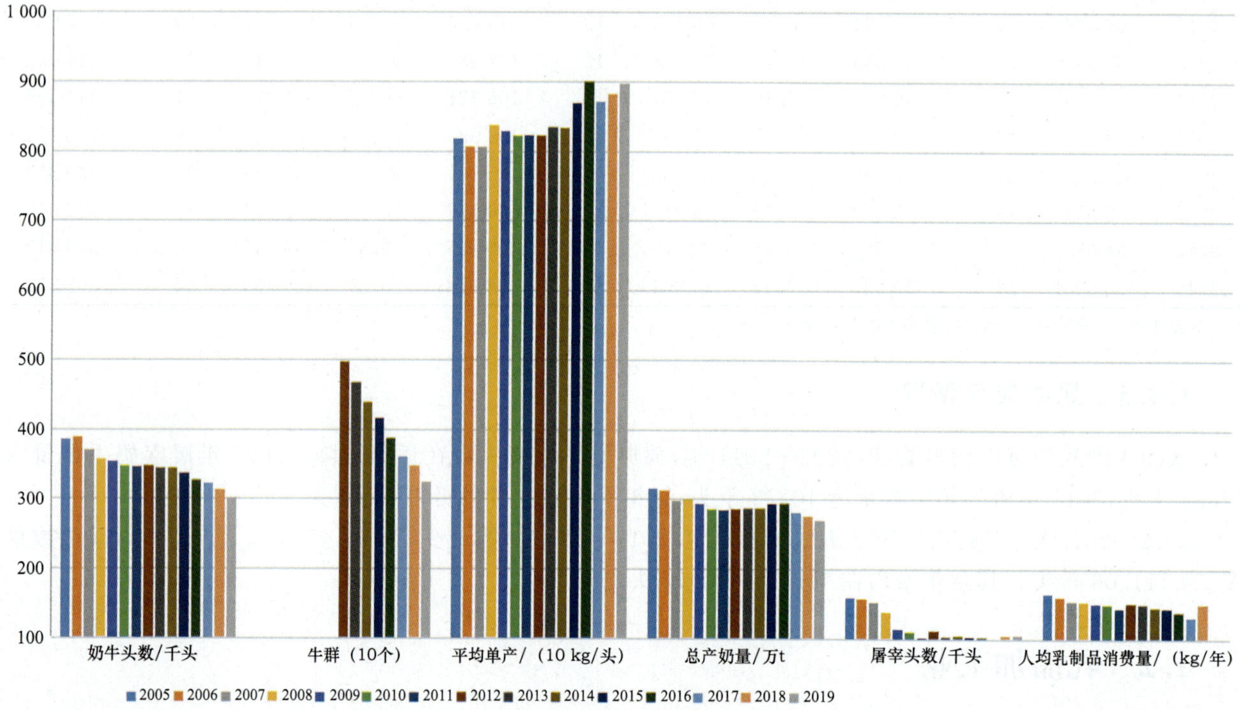

图 1　瑞典乳业发展汇总

奶粉的人均消费量呈下降趋势，但降幅不大，从 1990 年人均消费 6.7 kg 下降到 2011 年人均消费 5.3 kg(降幅 21%)。奶酪的人均消费在 1964—1984 年缓慢增长，由最初的 7.4 kg 增至 13.9 kg，然后缓慢减少，从 1994 年人均消费 15.0 kg 降至 1989 年人均消费 12.8 kg。1990—2006 年人均消费量一直徘徊在 13 kg 左右，2007 年开始有所减少，至 2010 年奶酪的人均消费量降至 10.9 kg，近几年，奶酪的人均消费量相对平稳，2018 年奶酪的人均消费量为 18.6 kg。黄油的人均消费量降幅较大，从 1990 年人均消费 5.7 kg 下降到 2011 年人均消费 1.8 kg(降幅 68%)，而 2018 年人均消费仅 1.3 kg(降幅 77%)。

1.4　乳制品贸易

瑞典的乳制品贸易国主要集中在欧盟邻邦，特别是奶油的进出口基本上限于欧盟地区(表 2 和表 3)。

在出口方面，奶粉是出口量最大的乳制品，其出口量稳定在 4.5 万 t 左右，而奶油和黄油的出口分别从 2007 年的 11 699 t 和 20 392 t 逐年递减至 2011 年的 100 t 和 1 422 t；在进口方面，瑞典奶制品来源主要是欧盟邻邦，奶油是进口量最大的乳制品，奶油和黄油的进口量从 2007 年的 10 629 t 和 3 626 t 递增至 2011 年的 24 839 t 和 9 248 t。从上述数据可以看出，自 2007 年以来，瑞典黄油出口量的锐减和黄油进口量的激增表现出瑞典国内市场对奶油和黄油的需求量逐年增加，且国内黄油生产远远无法满足市场需求。尽管近年来奶油和黄油的进口增多，但从综合数据来看，瑞典仍是乳制品净出口国。

表 2　瑞典对欧盟与非欧盟成员国乳制品进口量

项目		2015 年		2016 年		2017 年		2018 年		2019 年	
		进口量/t	占比/%	进口量/t	占比/%	进口量/t	占比/%	进口量/t	占比/%	进口量/t	占比/%
奶酪和凝乳	欧盟	124 876	100.00%	125 606	100.00%	126 177	100.00%	129 286	100.00%	135 253	100.00%
	非欧盟成员国	0	0.00%	6	0.00%	1	0.00%	1	0.00%	2	0.00%
	合计	124 876	100.00%	125 612	100.00%	126 178	100.00%	129 287	100.00%	135 255	100.00%
发酵乳制品	欧盟	102 778	100.00%	94 261	100.00%	89 136	100.00%	82 566	100.00%	89 898	100.00%
	非欧盟成员国	4	0.00%	3	0.00%	3	0.00%	1	0.00%	1	0.00%
	合计	102 782	100.00%	94 264	100.00%	89 139	100.00%	82 567	100.00%	89 899	100.00%
含牛乳成分制品	欧盟	58 265	99.99%	54 771	99.99%	53 686	100.00%	57 626	99.99%	53 649	100.00%
	非欧盟成员国	3	0.01%	4	0.01%	0	0.00%	6	0.01%	0	0.00%
	合计	58 268	100.00%	54 775	100.00%	53 686	100.00%	57 632	100.00%	53 649	100.00%
鲜牛奶和奶油	欧盟	46 197	100.00%	49 183	100.00%	40 871	100.00%	38 757	99.99%	36 768	99.98%
	非欧盟成员国	2	0.00%	2	0.00%	1	0.00%	2	0.01%	8	0.02%
	合计	46 199	100.00%	49 185	100.00%	40 872	100.00%	38 759	100.00%	36 776	100.00%
调制牛奶和奶油	欧盟	14 820	99.95%	15 338	99.59%	17 889	99.89%	16 847	99.80%	16 238	99.79%
	非欧盟成员国	7	0.05%	63	0.41%	19	0.11%	34	0.20%	34	0.21%
	合计	14 827	100.00%	15 401	100.00%	17 908	100.00%	16 881	100.00%	16 272	100.00%
黄油	欧盟	12 879	99.99%	13 575	99.99%	13 427	100.00%	15 899	99.99%	15 072	99.99%
	非欧盟成员国	1	0.01%	1	0.01%	0	0.00%	1	0.01%	1	0.01%
	合计	12 880	100.00%	13 576	100.00%	13 427	100.00%	15 900	100.00%	15 073	100.00%

数据来源：瑞典统计局(SCB)，瑞典农业局，index mundi。

表 3　瑞典对欧盟与非欧盟成员国乳制品出口量

项目		2015 年		2016 年		2017 年		2018 年		2019 年	
		出口量/t	占比/%	出口量/t	占比/%	出口量/t	占比/%	出口量/t	占比/%	出口量/t	占比/%
奶酪和凝乳	欧盟	16 547	99.34%	16 464	99.03%	18 152	99.06%	17 462	99.32%	19 341	99.32%
	非欧盟成员国	110	0.66%	162	0.97%	172	0.94%	119	0.68%	132	0.68%
	合计	16 657	100.00%	16 626	100.00%	18 324	100.00%	17 581	100.00%	19 473	100.00%

续表 3

项目		2015 年		2016 年		2017 年		2018 年		2019 年	
		出口量/t	占比/%	出口量/t	占比/%	出口量/t	占比/%	出口量/t	占比/%	出口量/t	占比/%
发酵乳制品	欧盟	12 941	93.58%	11 960	91.74%	13 913	90.50%	16 905	97.33%	17 550	98.42%
	非欧盟成员国	888	6.42%	1 077	8.26%	1 460	9.50%	464	2.67%	282	1.58%
	合计	13 829	100.00%	13 037	100.00%	15 373	100.00%	17 369	100.00%	17 832	100.00%
含牛乳成分制品	欧盟	12 741	99.91%	42 619	100.00%	46 479	99.93%	40 731	99.96%	53 899	100.00%
	非欧盟成员国	11	0.09%	2	0.00%	31	0.07%	17	0.04%	2	0.00%
	合计	12 752	100.00%	42 621	100.00%	46 510	100.00%	40 748	100.00%	53 901	100.00%
鲜牛奶和奶油	欧盟	38 547	99.98%	24 029	99.87%	16 794	99.84%	6 665	99.84%	6 842	99.88%
	非欧盟成员国	7	0.02%	32	0.13%	27	0.16%	11	0.16%	8	0.12%
	合计	38 554	100.00%	24 061	100.00%	16 821	100.00%	6 676	100.00%	6 850	100.00%
调制牛奶和奶油	欧盟	50 775	48.68%	53 761	57.35%	47 931	54.72%	33 759	40.88%	41 659	52.96%
	非欧盟成员国	53 528	51.32%	39 977	42.65%	39 655	45.28%	48 819	59.12%	37 005	47.04%
	合计	104 303	100.00%	93 738	100.00%	87 586	100.00%	82 578	100.00%	78 664	100.00%
黄油	欧盟	1 310	99.92%	1 020	99.61%	1 607	88.39%	3 417	94.24%	2 336	94.08%
	非欧盟成员国	1	0.08%	4	0.39%	211	11.61%	209	5.76%	147	5.92%
	合计	1 311	100.00%	1 024	100.00%	1 818	100.00%	3 626	100.00%	2 483	100.00%

数据来源：国际贸易中心；联合国统计司商品贸易统计。

2 奶业科技进展概况

瑞典奶业产值占农业总产值的 35%。在过去的几十年中，瑞典的奶业已经构成了一个从养殖到餐桌完整的畜牧业经济体系，完成了由奶牛数量扩张型向奶牛个体生产力水平提高型的根本转变，而这种增长方式的转变是在以技术进步为主要动力的条件下完成的。瑞典奶业的技术进步主要表现在由手工劳动向机械作业的转变，由粗放经营向集约经营的转变，由传统技术向现代科技的转变。尤其是在原料奶的质量控制、奶牛疫病预防、奶牛福利、行业协会作用的发挥、粪污的处理与环境保护等方面值得我们学习和借鉴。

2.1 奶牛育种与繁殖技术进展

2.1.1 奶牛育种历史

瑞典家畜育种生产协会是畜牧协会、种公牛站、牛和猪的良种登记组织以及肉牛生产组织，是一种遍及全国的农民合作组织，其任务是为农民提供各种各样的服务和援助，以提高奶牛的生产效益，协会有很多的仪器设备和各种咨询人员及设计合理的计算机系统、教育和培训设施。1959 年起，该协会就开始组织牛奶记录和人工授精工作。1974 年，瑞典就出台了瑞典奶牛育种的索引，其奶牛育种秉承从整体出发，以长期发展为目标，降低近亲繁殖的危害，保持动物健康以及动物产品产量的增加，表 4 列举了 2000 年前后索引的主要内容。

表 4 1990—2011 年瑞典奶牛育种索引

年份	关注内容
1990	产品蛋白质的含量
1993	肉类指数
1995	动物寿命及后代的出生
1996	广泛的育种目标
1998	动物的外形
1999	减轻乳房重量
2005	动物的生育及健康状况
2008	北欧育种目标
2011 至今	全基因组选育

资料来源：瑞典奶业协会。

2.1.2 育种登记

瑞典对每种家畜都设有良种登记组织，其成员主要由国内的奶牛评分专家组成，该组织在品种的推广中起着重要作用。只要农民愿意给自己的牛评分，就可以加入该组织，官方谱系登记包含在奶牛记录服务里，只有小部分成年母牛被评分并有良种登记号，所有良种登记都依赖于奶牛记录机器认定的信息。每头奶牛都要求佩带耳标，耳标中的芯片记录了奶牛的个体身份、育种记录、健康记录以及每天的采食量、产奶量等相关情况。计算机的采用大大提高了农场主的管理和决策效率。

20 世纪 90 年代，瑞典在全国实施了“奶牛群健康计划”，该计划注重抗病奶牛的选育，牛奶的体细胞数、发病率和因疾病而遭淘汰的资料等都输入到了计算机中心的数据库中，这些资料被列入评价公牛性能的指标，女儿发病率高的公牛将被淘汰。

2.1.3 育种评价

瑞典法律授权不同的育种组织设计、实施并监督记录和育种评价工作，瑞典家畜育种生产协会负责奶牛业方面的工作，主要负责建立详细的规则、组织人员教育、实施发展项目、计算育种值、监督记录的准确性和支持有关活动等。每种记录活动都设立一个顾问委员会，委员主要是来自农业部、农业大学以及不同育种组织的代表，奶农如果能够遵守有关规则，也可以参加官方记录活动，但是国家对这些官方记录和育种评价活动不予补贴。育种评价的主要内容有：生产性能、生育能力、健康状况、蹄健康、基因组信息、产奶量、体型特征、生育率和体细胞数等，每年大概进行 6～7 次的评价活动。

基因组信息也是评价传统育种值的一个重要手段，50 000 多个遗传标记的遗传信息对评价动物的育种值有很大的帮助。2008 年开始，瑞典育种组织就开始利用动物的基因组信息筛选幼畜。

2.1.4 育种技术与培训

瑞典的农场主们一直高度重视利用现代科技来发展奶牛业。他们紧跟现代农业科技发展的步伐，及时把最新的农业科研成果运用到奶业的生产实践中去。他们广泛采用人工授精、现代饲养技术、奶牛群智能化管理以及现代环保技术从事奶业生产。人工授精工作主要由农业部负责，畜牧协会下属的公牛站负责具体育种工作的实施，同时向成员提供良种精液，技术人员和奶农自己均可以进行人工授精，但必须依据官方人工授精及胚胎移植规则进行。农场已经普遍采用计算机管理，计算机的使用很大程度上提高了农场主的管理和决策效率。

奶农协会每年定期组织培训，教奶农如何应用先进的管理技术，如何对牛舍进行改良，所有的奶牛饲养者都必须通过专门的考试，拿到奶牛饲养证后才能养殖奶牛。同时，对牛奶质量好的牧场，政府还会进行奖励。

2.2　奶牛饲料与营养技术进展

瑞典的奶牛饲养主要采用以放牧为主、补饲为辅的饲养管理方式。供放牧的草场都是经过精心维护的人工草场，牧草也是专门为奶牛饲养而选育出来的优良品种。奶牛夏季主要在牧场上自由采食，冬季日粮的主要成分是牧草和玉米，都产自奶农自家的农场，为了保证日粮的营养均衡，奶牛还需要饲喂具有补充性的优质混合饲料，这些混合饲料是由天然成分配制而成的，不含抗生素、产量增长剂以及任何人工合成的添加剂。只有那些具有良好操作规范(GMP)合格证书的饲料企业才可以向奶牛农场提供混合饲料，饲料企业获得 GMP 认可的依据是 ISO 9002 质量管理标准和危害分析与关键控制点(HACCP)技术标准。这些标准涉及饲料终端产品的配料、混合、防止交叉污染、制粒及产品构成等方面的内容。对饲料加工过程中质量也进行严格控制，检查内容主要有：质量管理标准的实施情况；原料成分中的有害物质的检测标准的实施情况；检验加工设备的技术要求参数；加工和贮藏的卫生标准的实施情况；饲料的构成及质量的最终检测标准实施情况；制定配料和终端产品的运输规则。瑞典奶牛的饲养管理包括饲料配方、喂草投料、挤奶等都是用计算机精细操作完成的。

1985 年，利拉伐利用新设备建立新的牛舍，采用散栏饲养模式，带有漏缝地板和机械通风系统，奶牛饲养区的上端有自动喂料系统，可以根据计算机提供的配方直接从饲料仓把饲料送给奶牛。

20 世纪 70～80 年代，瑞典开始使用蛋白质分析仪来检测饲料中的粗蛋白质含量。20 世纪 80 年代，瑞典的学者和专家们加工配合饲料的配方，按照饲料的营养特性，用油菜或者油菜、豌豆混合来取代家畜配合饲料里的豆饼和鱼粉。1983 年，在瑞典开始进行工厂化加工谷物，制取乙醇、淀粉、颗粒酒糟和碳酸等，用以制备新型的蛋白质饲料。所产饲料与原料相比，蛋白质增加 20%～30%，消化率增加 10%。随后，在瑞典实现了单细胞蛋白质的加工与生产，在此技术基础上，用甲醇培养 *Pseudomonas* 菌得到了原始蛋白质；瑞典农业大学用培养白霉菌的方法，在木质糖蜜上也得到了含粗蛋白质 39% 的单细胞蛋白质，其能量价值是 21.8×10^6 kcal/kg。但是该产品消化率低，生产投资较高，因此，没有推广。

瑞典农业大学在非传统饲料的研究中取得了很显著的成就，同时确定了瑞典不同树种树叶的饲用价值。

1984 年，瑞典除了采用众所周知的理化方法及仪器分析原料和饲料质量外，又应用红外线光谱分析法确定蛋白质质量，瑞典大部分饲料加工厂和实验室都装备了相应的分析仪。

2001 年开始，瑞典农业管理总局公布，禁止在所有的牛饲料中添加可能传染疯牛病病原的肉骨粉成分。与此同时，将牛饲料与猪饲料和家禽饲料要完全分开来生产，以避免混合进肉骨粉成分，防止疯牛病的传播。

2015 年，全球最先进的饲料厂在瑞典投入运营，饲料厂的整个生产过程实现自动化，而且生产过程的每一阶段都可以进行监控——从原材料的进料到粉碎、配料、混合、调质、制粒、冷却、碎粒和筛分、喷涂、制粒后液体添加直至终端产品——全套过程均由自动化专家远程控制。

2019 年，由瑞典卡尔玛兰特曼合作社委托并由 Van Aarsen 建造，位于瑞典南部卡尔马港的 5 000 万欧元(5 630 万美元)工厂，有能力在 5 条专用线上每小时生产 100 t 饲料。

乳业公司 Arla 于 2003 年 10 月 1 日开始在瑞典实施 Arla 农场质量保证计划(Arla Farm Quality Assurance Programme)，计划要求所有参与的奶牛场都必须遵守瑞典饲料使用准则，所有牛场使用的饲料原料和配合饲料必须与供应商提供的原始单据一致，饲喂奶牛的高质量的精饲料必须来自国家认定的饲料供应商；刚施肥后的牧草不能立刻收割；每年对牛场的水源进行化验；为了避免传染病的发生，奶牛场不能进口其他的活家畜；购买的奶罐必须安装警报装置，并且能发出发散性的警报，能显示记录奶罐中的温度和清洗程序；每次挤奶后都要对挤奶设备进行清洗，奶罐排空后必须清洗；奶罐必须放置在干净的地方，并且要与奶牛进出牛棚的通道分开；为了避免传染，参观者在参观了其他牛场后必须间隔 48 h 以上，才能参观下一个牛场。

2.3 奶牛疫病控制技术进展

2.3.1 瑞典奶牛疾病登记系统

瑞典奶牛疾病有着很完善的记录，20 世纪 80 年代，瑞典奶业协会(SBA)就负责建立了全国疾病登记系统，主要目的是监控全国牲畜疾病的状态，强制性的要求兽医将奶牛疾病的数据上报 SBA，2003 年至今，瑞典划分的 99 个兽医区域，仍然在承担着向 SBA 上报疾病数据的工作。

2004 年，瑞典开始建立奶牛疾病数据库(DDD)，该数据库的建立主要通过奶农对发生疾病的记录与兽医检查时收集的疾病数据进行筛选后，上报 DDD。另外，瑞典官方奶牛登记计划(SOMRS)在奶牛数据资料的记录中也发挥着很重要的作用。在瑞典，奶牛的登记是强制性的，主要有手写登记和计算机登记两种形式。

2003—2004 年，兽医首先通过手写登记，然后再将登记内容输入内部计算机登记系统中。2005 年，瑞典全国奶牛数据登记显示，大多数兽医人员采用计算机登记，约占国家兽医人员的 84%，但是私人雇用的兽医中仍然有 26%的数据是通过手写的形式登记入册的。2006—2008 年所有奶牛的登记工作是通过网络分析得到的，主要是按月和按年进行分析，参照分析结果可以对一些疾病的暴发或控制提出预报和策略，同时也可以很好地追寻到与新发生的传染病的相关的企业或者个人，可以很好地控制传染病的危害；截至 2019 年，瑞典有 300 多个奶农协会为牛奶生产者提供服务，50 多位兽医深入全国参加该计划，为奶牛场做预防性工作，以确保原料奶生产仅限于那些无各种牛属动物疫病的健康个体，包括无肺结核、无布鲁氏菌病、无白血病、无钩端螺旋体病。

所有疾病登记数据会经常从 SBA 转入到 SDA 中，另外，奶农还可以通过 SMORS 登记奶牛疾病发生的数据，但是该方法使用较少。在瑞典，每头奶牛都有“身份证”，也就是佩戴在牛耳朵上的芯片耳标，其中就记录了奶牛的个体身份、育种记录、健康记录以及每天的采食量、产奶量等相关信息，这些情况可以直接存储进计算机，一旦牛奶出现问题，能够查找到每头牛的身上。只有“身份”明确的奶牛的疾病才会被登记，如果某个疾病的处理是分群处理的，该处理数据不会被登记。

瑞典奶牛疾病数据可以用来预测不同方法在育种中的价值，可以用于流行病中致病因子的研究，也可以用于比较不同奶牛的健康状况。1985 年，Anderson 和 Emanuelson 就开始利用瑞典奶牛疾病数据进行奶牛研究。2004 年，Carlen 等利用该数据对临床乳房炎的遗传可能性以及哺乳期奶牛体细胞数等进行了预测。

2.3.2 瑞典奶牛疾病与防治

瑞典奶牛的常见疾病主要有乳房炎、产后瘫痪、胎衣不下和酮病以及一些繁殖方面的疾病，主要疾病及发病率如表 5 所示。另外，不同生产水平的牛，发病情况也有所不同，奶产量越高越易发病。瑞典全国范围的奶牛疾病控制由生产协会负责组织实施，对奶牛健康保障和良好健康记录进行检查的内容有：强制性的奶牛健康证制度实施情况；开展以经常性检查为基础的疫病控制计划落实情况；通过身份和注册管理体系对每头奶牛实行强制性注册登记制度的情况，奶协和兽医部门共同负责颁发健康证书和进行疫病跟踪检测。

表 5 2018 年不同品种奶牛的各类疾病发生率 %

疾病名称	瑞典红白牛	弗里西亚牛	瑞典无角牛	瑞典泽西牛	瑞典艾尔郡牛	总计
难产	0.3	0.3	0.5	0.3	0.2	0.3
瘫痪	1.7	2.5	2.3	3.2	1.6	2.1
胎衣不下	0.6	0.7	0.1	0.1	0.6	0.7
酮病	0.6	0.6	2.1	0.6	0.4	0.6
乳腺炎	8.3	10.3	8.2	8.2	7.7	9.4
乳头损伤	0.1	0.2	0.4	0.2	0.1	0.1
其他疾病	7.4	10.1	2.8	6.3	7.0	8.8

数据来源：瑞典统计局(SCB)，瑞典农业局，index mundi。

在各种奶牛疾病中，乳房炎的发病率最高，造成的经济损失也最大，该病在瑞典备受重视。瑞典控制奶牛乳房炎的重点在于改善环境卫生，同时也注重选育抗病性奶牛。瑞典家畜繁殖和生产协会以及瑞典乳品协会于1970年开始联合组织实施一个全国范围的奶牛乳房健康计划，具体工作由区一级的生产协会进行，主要通过以下几方面实施。

一是提供信息和科普教育：奶牛健康计划把向农民和技术人员提供科普教育作为一项重要内容，除了培训和指导外，还以电影、幻灯片和宣传画的形式向农民传播疾病防治知识，农民刊物上也会经常刊登一些疾病相关的科普文章。

二是检查乳房的健康状况：大多数乳房炎病例呈隐性型，奶农们并不十分清楚他们牛群的实际健康状况。因此，检查奶牛乳房的健康是一种有效预防乳房炎发病的方式。1977年以前，奶牛乳房健康计划采用加州乳房炎试验(CMT)检查桶奶的体细胞数。1977年引进了Fossomafic牛奶体细胞计数仪，每个牛群每月分析1次桶奶的体细胞数，牛群乳房的健康状况根据12个月牛奶体细胞含量的几何平均值打分，并分为5个等级。将最近3个月和以前9个月的牛奶体细胞含量进行比较，指出乳房的健康状况有没有发生变化，找出问题比较严重的牛群，根据检测结果，向奶农提出相应的建议。1988年起，奶牛乳房健康计划工作人员对加入牛奶登记系统的每头奶牛每月分析1次牛奶体细胞数，更加及时地掌握每头奶牛的乳房健康状况。

三是检查挤奶机的工作状态：挤奶机工作状况的好坏不仅影响挤奶效率，而且影响奶牛乳房的健康状况。奶牛乳房健康计划工作人员除了检查奶牛乳房外，也对挤奶机进行检测。

四是修蹄：奶牛乳房健康计划建议奶农每年给奶牛修蹄1～2次。

五是急性乳房炎病例的乳样细菌学检查：奶牛乳房健康计划项目支付对奶牛急性乳房炎病例的乳样细菌学检查费用。细菌学检查可以帮助兽医人员选择合适的防治方法，同时可以指出疾病发生的潜在原因。

六是关注问题严重的牛群：奶牛乳房健康计划工作人员根据下列情况访问乳房炎严重的奶牛场：①牛群牛奶体细胞数升高；②基层兽医提出建议；③农户提出访问请求。工作人员检查现场找出各种易感因素，从所有的奶牛或一些有代表性的牛中采集奶样进行细菌学检查。6～12个月之后，进行第二次访问。每次访问的情况整理成报告交送奶农和基层兽医，使他们能够与更好地掌握牛群的健康状况。工作人员还将二次访问结果进行比较，找出哪些方面有了改善，同时提出还有哪些方面需要进一步提高。奶牛乳房健康计划每年访问5%～10%的奶牛场。

除了奶牛乳房炎外，牛病毒性腹泻(BVD)和地方流行牛白血病(EBL)也被纳入控制之列。

20世纪90年代中期，瑞典全国实施了Friskko计划，即奶牛健康计划，该计划的核心是："以疾病和疫病的早期预防为主，治疗为辅"，改变了过去"有病治病"的被动思想。特别是有关部门还对各个奶牛群，进行不定期的抽检。确保了原料奶生产仅限于那些无各种牛属动物疫病的健康个体，包括无肺结核、无布鲁氏菌病、无白血病、无钩端螺旋体病。对每头奶牛都实行身份和注册管理。所有奶牛的健康记录，都被存储在互联网上的全国奶协数据库中供查询。瑞典的养牛专家还发明和创造了世界上第一台奶牛洗浴机器。

2.4 奶牛场粪污处理与环境保护技术进展

奶牛饲养业以不同的方式造成环境污染，奶牛粪便在牛舍中的累积以及在耕地中施肥，都会产生氨气向空气中释放；粪便中氮的流失可渗入地下水，特别是饮用水。如果氮的含量超过世界卫生组织规定的标准，地下水的氮污染就会成为问题。因此，瑞典在20世纪90年代开始重视奶牛饲养业所造成的环境污染问题，并制定了关于畜禽粪污管理的法规及政策。

瑞典关于畜禽粪污管理的法律法规历程如下：①1980年，瑞典针对粪便的贮存和流转立法。②1995年，瑞典加入欧盟，执行欧盟的《硝酸盐指令》。③1997年，瑞典制定可持续环境政策，出台了《瑞典环境质量目标——可持续环境政策》。④2002年，瑞典针对土地承载力提出要求。要求每年每公顷土地上不能施用含全氮超过170 kg的粪便或含磷元素超过22 kg的粪便，并规定每年9月至次年2月不允许粪便还田。⑤2010年，瑞典制定环境和气候问题政策，出台了《环境和气候问题政策——瑞典发展合作(2010—2014)》。

规定了瑞典 5 年内关于环境和气候问题发展合作的总目标与基本出发点，以及具体到各个绿色发展领域的职责分工。⑥2015 年，瑞典政府发表《政府政策声明》，以政策的连续性保证实现新的绿色发展目标。

瑞典出台的畜禽粪污管理的政策重点如下：①重审查。瑞典每四年对氮污染敏感区域进行一次审查。通过更新敏感区域的方式，更好地匹配农业营养负荷高的地区。②防渗漏。瑞典农场的粪便贮存空间要足够大，需要满足至少 6 个月的储存要求。另外，贮存设施必须进行防渗处理，严防粪便下渗污染土壤，并加盖除臭保护大气。③强要求。瑞典对畜禽粪污还田要求进行了详细规定，防止粪便营养流失、污染自然水体。④重植被。在南部的 Halland、Blekinge 等地区，要求秋冬季为 60%的耕地覆盖绿色植被；在南部的其他地区，要求绿色植被覆盖率达到 50%，以防止养分损失。

另外瑞典一直推广"健康管理理念"。目前，瑞典畜禽健康管理理念主要包括：严格控制饲料环境卫生质量，通过对牛舍进行管理来营造健康的环境，降低染病的可能性；禁止使用抗生素和激素类饲料添加剂，代之以寡聚糖、酶制剂等无公害添加剂；通过优选育种、采血监控和合理喂养的措施，提高动物机体免疫力，尽量减少人为药物的干预；实施以根除疫病为目标的预防性健康战略。

通过推行以上的法规、政策以及理念，瑞典对经济动物的健康管理取得了很大的成效。根据欧盟医药管理局 2019 年统计，瑞典是欧盟国家中养殖业抗生素用量最少的国家之一，平均每千克肉类消耗抗生素 12 mg，而欧盟平均水平为 150 mg。瑞典农业科学大学畜禽研究中心是欧洲畜禽养殖领域的权威研究机构之一，中心重点对猪、奶牛、肉牛、家禽的养殖及其周边环境情况进行系统研究。

乳业公司 Arla 实施的 Arla 农场质量保证计划对环境也有严格的要求，提供给 Arla 食品的原料奶必须来自注重自然环境的牛场。为了保护自然环境，奶牛场应该建立一个基于植物营养的营养素平衡，而且，不能使用杀虫剂。除非田间的杂草、病害和真菌的危害已经难以控制，才可以使用杀虫剂。另外，瑞典许多研究单位都在开展降低农场对环境的污染、减少浪费及资源利用最大化相关领域的研究。

3 原料奶质量控制与计价体系

3.1 提高原料奶质量的主要技术措施

在瑞典，从奶牛的饲养到成品的牛奶都有严格的标准。为了确实保证原料奶的质量，瑞典有 300 多个奶农协会为牛奶生产者提供各种服务，并且有 50 多位兽医深入全国，为奶牛进行预防性检查，以确保原料奶生产仅限于那些无各种牛属动物疫病的健康个体。

瑞典一直坚持奶牛饲料纯天然以及饲料企业的高准入标准。所有的饲料坚决不用抗生素和人工添加剂，所有的饲料企业必须要有国家颁发的合格证书，从而在源头上保证了畜产品安全。再者，瑞典对于农场提交的每一批牛奶都进行采样，全部样本都被送往原料奶检测实验室，检测其是否符合瑞典和欧盟的相关法规规定的收购标准。

欧盟委员会建立了在其框架内的食品与饲料快速预警系统，使成员国在人类健康风险发生或存在潜在风险的时候互通消息、快速预警，以便采取统一行动。瑞典最大的乳业公司 Arla 于 2003 年 10 月 1 日开始在瑞典和丹麦实施 Arla 农场质量保证计划。该计划的宗旨是在牛场重视奶牛福利，注重环境保护和具备记录追踪体系的条件下为消费者提供安全、营养的乳制品。

3.2 提高原料奶质量的主要政策措施

在瑞典，为保证及提高原料奶质量，政府及相关组织机构出台了许多的政策措施。首先，瑞典的奶牛防疫工作以疾病和疫病的早期预防为主，治疗为辅，不同于"有病治病"的被动思想。瑞典的奶农协会为牛奶生产者提供奶牛的防疫工作，对奶牛实行健康记录，并将奶牛的所有健康记录存储在互联网上的全国奶协数据库中供查询。

瑞典对奶牛的饲料也有严格规定。除了用精心选育出来的牧草来饲养，还要按时喂一些混合饲料。瑞典饲料企业必须有合格证书才被允许向奶牛场提供混合饲料［饲料企业获得 GMP 认可的依据是 ISO 9002 质量管理标准和危害分析与关键控制点（HACCP）技术标准］，这些混合饲料是由天然成分配制而成的，不含抗生素，不含任何人工合成的添加剂。

瑞典法律规定，对于农场提交的每一批牛奶都进行采样。全部样本都被送往原料奶检测实验室进行检测。看这些样本是否符合规定的收购标准。这些收购标准是根据瑞典和欧盟的相关法规制定的。如果某个农场主生产的牛奶未能达到标准要求，那么，该农场主将可能会被禁止向乳品加工企业提供牛奶。牛奶质量检测的内容有：体细胞数、冰点、细菌数、抗生素的残留及感官度。除此之外，牛奶经常检测的项目还包括大量的有害物质，例如，二噁英、多氯联苯（PCBs）、黄曲霉毒素、重金属及兽药残留。

除了瑞典当局的规定外，瑞典的乳品加工行业组织自己也制定了质量管理体系，所有的乳品企业都要严格按照质量管理体系进行生产加工。体系中的标准在许多情况下比欧盟法规要求的还要严格。该体系包括工厂设计、车间管理、筹备和卫生等方面的标准。产品认证和 HACCP 认证体系提供了从农场到产品生产的全过程的质量保障。乳品生产过程的质量保障检测内容有：质量管理标准实施情况；牛奶从奶牛场运输到加工厂的过程中的技术标准执行情况；原料奶进入工厂后立即实施检测；加工设备的卫生标准执行情况；制定各种乳制品生产过程的议定书。

此外，Arla 公司在瑞典实行农场质量保证计划，要求所有参与的奶牛场都必须遵守瑞典饲料使用准则和动物保护准则，并要求牛场必须提供文件记录系统。计划要求产品的溯源性，一旦乳品质量出现问题，可以一直追溯到原料奶生产者。该计划主要目的是保证乳品的安全性，要求由牛场提供给 Arla 食品的原料奶必须在生产的每一个环节都控制在安全范围内。瑞典奶业协会建立了一个丰富的数据库，在这里，奶农能找到他们想知道的关于奶牛的任何知识。

此外，奶业行业的一些准则和相关政策一般是在 1 年后就进行修订。

3.3　监控原料奶质量的主要方法及惩罚措施

在瑞典，对原料奶的质量检测工作一般由第三方来完成，他们会对奶农提供的样品进行检验，原料奶的检测样本是按不同的乳品公司的要求提供的。为保证样品具有代表性，需要对自动采样设备进行定期的检测，防止其对分析参数产生影响。

奶农使用的奶罐必须安装警报装置，并且能发出发散性的警报，能显示记录奶罐中的温度和清洗程序；在运送牛奶的运输车上需要安装自动抽样设备，并配有数据管理器，记录每次抽样的数据，包括牛奶的温度、容量等。牛奶样品应该一直保存在 0～4 ℃的温度条件下，并且样品需要在 30 h 之内送到检测实验室进行检测分析。如果样品的温度有偏差，必须进行评估再实施检测。

原料奶检测实验室分析检测后的数据都会以书面的形式反馈到奶农，若原料奶样品检测不合格，暂停该农场原料奶的收购，农场采取措施纠正问题，这些都将会在农场和乳品公司进行记录存储。在此期间对农场进行测试，若无问题，则继续原料奶的收购。

此外原料奶检测实验室还可以对奶牛的产奶能力进行检测，帮助奶牛群的改良，包括对奶牛的产奶量和奶中具体的脂肪、蛋白质及体细胞水平进行监控和分析，协助奶农优化生产，并通过原料奶检测实验室提供的详细的检测数据来规划奶牛的饲养及繁殖，从而进行产量预测和风险防范。

瑞典一般是根据体细胞数或者细菌数的高低来惩罚或者奖励，惩罚那些在奶里掺水及抗生素的奶农。

3.4 原料奶计价体系

瑞典牛奶价格由 8 个乳品厂制定，他们加工了瑞典 99%的原料奶。每个乳品厂都有自己的价格体系。瑞典原料奶价格制定由以下的因素决定：脂肪和蛋白质、细菌数、体细胞数、孢子数、气味、冰点、质量等级及季节（表 6，表 7）。

脂肪和蛋白质的测试为每月 3 次。表 6 显示了脂肪和蛋白质含量对价格的影响。

表 6 瑞典原料奶计价体系中脂肪、蛋白质含量对价格的影响

乳品公司	平均		加价/%		减价/%	
	脂肪/%	蛋白质/%	超过脂肪平均值 0.1%	超过蛋白质平均值 0.1%	低于脂肪平均值 0.1%	低于蛋白质平均值 0.1%
Arla	4.2	3.4	2.7	3.3	2.7	2.2
Falkopingsmejeri	4.2	3.4	2.7	3.3	2.7	3.2
Gasene	4.2	3.4	1.7	2.2	1.7	3.2
Skanemejeri	4.0	3.4	2.2	3.3	2.2	3.3

引自：李胜利等(2021)。

表 7 瑞典原料奶计价体系中细菌数和体细胞数对价格的影响

项目	测定频率	等级	范围	奖罚比例
体细胞数 1 000 个/mL	1 次/周	1S	<200	+2%
		1E	201～300	+1%
		1B	301～400	0%
		2	401～500	−4%
		3	>501	−10%
细菌数 1 000 CFU/mL	1 次/周	1E	<30	+1%
		1B	31～50	0%
		2	51～200	−4%
		3	>201	−10%
芽孢数 梭状芽孢杆菌	1 次/月	1E	<400	+1%
		1B	401～700	0%
		2	701～2 000	−4%
		3	>2 001	−10%
蜡状芽孢杆菌	1 次/月	1E	<200	+1%
		1B	201～350	0%
		2	351～1 000	−4%
		3	>1 001	−10%
抗生素	1 次/月	无		0%
		3(有)		−10%
肉眼观察牛奶有无变化	1 次/周	无		0%
		3(有)		−10%

引自：李胜利等(2021)。

体细胞数和细菌数的检测为每 7 d 1 次，表 7 显示的是牛奶价格的奖罚与每毫升原料奶中的细菌数和体细胞数的关系。从表 7 中可以看出，瑞典原料奶中的体细胞数超过 40 万个/mL，就要被罚平均收奶价格的 4%，超过 50 万个/mL，就要被罚平均收奶价格的 10%。30 万～40 万个/mL 不奖不罚，低于 30 万个/mL，有 1%～2%的奖励。细菌数超过 5 万 CFU/mL，就要罚款 4%，超过 20 万 CFU/mL，就要罚款 10%。梭状芽孢杆菌超过 700 个/mL，要罚款 4%，蜡状芽孢杆菌超过 351 个/mL，就要罚款 4%。如果检测出抗生素，罚款 10%。

从表 7 中可以看出，瑞典原料奶的收购标准要高于欧盟的标准。欧盟的收购标准为体细胞数＜40 万个/mL，细菌数＜10 万 CFU/mL，抗生素不得检出。

4 科技推广体系

4.1 主要研究与推广机构

瑞典奶业合作社的主要代表是瑞典奶业协会(SMR)，它由 8 个成员社组成。其中最大的成员社是瑞典中南部地区的合作社 Arla。这 8 个成员社拥有 50 个加工厂。其中有 28 个生产鲜奶，8 个生产黄油，27 个生产奶酪，13 个生产奶粉。8 个成员社共有 1 600 多名雇员，2 万多名社员，1.6 万多个奶牛场，产奶量占全瑞典牛奶产量的 99.7%。除瑞典奶业协会之外，还有 4～5 个独立的小型奶业合作社，产量很少。瑞典奶业协会每年召开一次代表大会，共有代表 50 名。名额按照各成员社牛奶产量的多少进行分配。协会董事会有 12 名董事，其中最大的成员社 Arla 有 4 名董事，其他 7 个小成员社各有 1 名董事；还有 1 名董事长，来自成员社但不代表任何一个成员社的特殊利益。董事会设有一名常务董事，全权负责协会的日常工作。协会共有 150 名雇员，分为 3 个处：一个处负责市场和公众态度调查；一个处负责奶业政策评价；还有一个处负责产品的研究开发。协会只与成员社发生直接联系，而不与 50 个加工厂发生直接联系。协会的全部经费由 8 个成员社提供，并按照成员社的要求开展活动。

瑞典政府不设科学技术的部级科技管理机构，农业科研和环境保护主要由农业部下属的农林研究理事会负责。国家拨给的农业科研经费占总科研经费的 2%，部分经费来自企业。政府明确提出“质量低劣的科研工作比没有更糟糕”，要求高质量与高水平的科研。目前，瑞典在环保、生态学、分子生物学等研究领域中处于国际先进水平。在奶业领域，拥有全国性组织(瑞典奶业协会)，联合育种体系(微蜗国际育种公司)，多个乳业机械、乳业自动化、乳制品加工、乳制品检测分析公司，大学和科研单位，咨询机构等。

4.1.1 瑞典奶业协会(SMR)

瑞典 1880 年建立了第一个奶业合作社，20 世纪 30 年代成立了最大的瑞典奶业合作社，即瑞典奶业协会(SMR)。瑞典奶业协会是由成员社持股形成的股份公司，是瑞典奶业合作社的主要代表。目前该协会有 8 个成员社，2 万多名社员，50 个加工厂，4 000 多个奶牛场，牛奶产量占瑞典牛奶总产量的 99%。该协会最大的成员社是阿拉(Arla)。

瑞典奶业协会每年召开一次代表大会，代表 50 名，名额按各成员社牛奶产量多少分配。协会设董事会，董事 12 名，1 名独立董事，来自任何一个成员社，但不代表任何一个成员社的特殊利益；4 名来自阿拉(Arla)，另外 7 名分别来自 7 个其他成员社。董事会设常务董事 1 名，授权处理协会日常工作。协会设 3 个办事处，共 150 名雇员，1 处负责市场和公众态度调查，2 处负责奶业政策评价，3 处负责产品研发。协会只与成员社直接联系，不与 50 个加工厂直接联系。成员社提供经费给协会，协会按成员社要求开展工作。丹麦奶农在自愿的基础上组成合作社，合作社实行统一经营、统一核算、利润分成，成员可获得财政信贷、奶牛配种、饲养管理、物资供应等领域的优质服务，可获得产品质量、市场销售等信息。合作社有自建乳品加工厂，除支付给成员奶款外，乳品加工厂还将利润的 1/3 提留用于扩大再生产，其余一部分以股份和交售奶量的红利返还给生产，一部分补贴各种免费和优惠的社会化服务。

4.1.2 微蜗国际育种公司(Viking Genetics)

20 世纪 60 年代，瑞典、丹麦、芬兰 3 国建立了联合育种中心，即微蜗(Viking)国际育种公司，是由奶农拥有的北欧最大的育种公司，公司注册奶牛 2 万多头，验证公牛 450 多头，在 3 国建有 7 个种公牛站，其中丹麦总部最大，有验证公牛 280 头。于 2009 年 7 月官方公布奶牛基因组评估的结果，其资源群体规模约 3 000

头，青年公牛的基因组育种值采用分级形式表示，区别于验证公牛。

Viking 国际育种公司定期向自己社内的家庭牧场发放一些精液，这些精液来自经过基因组测序但尚未完成后裔测定的青年公牛，牧场会将这些精液应用到约 40% 的群体，并按微蚪公司的要求做好后裔测定记录。

Viking 国际育种公司每年生产 400 万支冻精，其中 100 多万支用于出口，美国是其最大的出口市场，其冻精还出口德国、俄罗斯、英国和南非等国家和地区，中国也是其非常重要的市场。

4.1.3 欧洲联合基因组选择体系(EuroGenomics)

2009 年秋，EuroGenomics 的 5 个成员 UNCEIA(France)、Viking Genetics(Denmark/Sweden/Finland)、CRV(Netherlands/Belgium)、DHV 及 vit(Germany)同意对基因组 SNP 标记数据进行交换，每个成员提供 4 000 个验证公牛信息，于 2010 年 3 月由合作伙伴共同组建以 Illumina Bovine SNP50 芯片为基因组 SNP 标记检测通用平台，参考群体规模为 16 000 头验证公牛的联合项目，群体融合北美与欧洲地区的荷斯坦牛遗传血统，构建起几乎完整覆盖荷斯坦牛遗传变异的基因组选择资源群体。资源群体公牛的后代女儿超过 1 900 万，信息完整可靠。初步结果表明，欧洲联合后的基因组育种值估计可靠性将提高约 10 个百分点。该项目的顺利实施与开展，极大提升了欧洲在奶牛基因组选择领域的竞争优势。截至 2019 年年底，该平台已扩增至 8 个成员 BRS(Germany)、CONNFE(Spain)、CRV(The Netherlands-Flanders，Belgium)、DHV、ELUTION(France)、MCB Krasne(Poland)、Polish Federation of Cattle Breeders & Dairy Farmers (Poland)、Viking Genetics (Denmark/Sweden/Finland)和 vit (Germany)，参考验证公牛群体规模已达 35 000 头。

4.1.4 梅瑞斯公司(MIRISAB)

梅瑞斯(MIRIS AB)公司是一家瑞典高科技上市公司，成立于 2001 年，是一家以研制和生产乳及乳制品成分分析仪为主要业务的公司，主导产品是中红外乳品分析仪。采用经过世界分析化学联合会(AOAC)和国际乳品联合会(IDF)承认的中红外分析技术，可以快速、简单并准确地分析出奶样中乳脂、乳蛋白、乳糖、能量、干物质及非脂固形物含量，以及加水率等各项指标，还可实现乳房炎的检测，并且可精确到每一个乳区，以便采取有效的治疗和预防措施。

目前，梅瑞斯已经实现了检测技术的前端延深，在牧场就可以控制原料奶的质量，下一步，梅瑞斯要实现检测的后端延伸，也就是市场监督和管理部门也可以通过梅瑞斯的便携式检测仪对超市中所销售的乳制品进行即时检测。

4.1.5 阿拉・福兹乳品公司(Arla Foods)

丹麦 Arla Foods(阿拉・福兹)，成立于 1863 年的 Arla Foods，总部位于哥本哈根，至今已有近 150 年的历史，是欧洲最大、成立时间最长的乳品企业，也是全球最大的有机乳品供应商。有会员农民约 14 909 户，丹麦 7 921 户，瑞典 6 988 户。年加工牛奶 71 亿 kg，其中瑞典 22 亿 kg。瑞典的 Arla 公司占本国市场约 60%。目前，Arla Foods 在全球拥有 20 000 多名员工、超过 200 名研发专家，产品销往世界 100 多个国家和地区，2019 年营业收入为 10.5 亿欧元，占全球乳业国际市场份额的 21.9%。Arla Foods 与约 7 700 位来自瑞典、丹麦和德国的牛奶生产者合作，目前在 13 个国家拥有生产厂，在另外 20 个国家拥有销售办事处，产品在 100 多个国家和地区销售，在英国、瑞典、丹麦三个国家均为销售冠军。

4.1.6 利乐拉伐集团(Tetra Laval)

利乐拉伐集团旗下包括利拉伐(DeLaval)、利乐(Tetra Pak)和西得乐(Sidel)。1883 年由 Gustaf de Laval 和 Oscar Lamm 建立，1991 年，利拉伐从阿法拉法农(Alfa Laval)公司分离出来，该公司是一家乳制品和农业机械的领先制造商。利拉伐生产提供乳业机械，乳业自动化解决方案。为客户提供最新挤奶、饲喂、冷却，以及牛奶处理、管理系统、奶牛护栏、能源回收、粪便处理等一系列相关产品。同时，一直持续地扩展牧场供应体系，如清洗剂、清洁用品、消毒液、奶衬及其他橡胶件，电围栏、牧场设备保养等。

利乐的产品种类繁多，为巴氏杀菌和无菌包装产品提供的包装系统不少于 12 种，基本分为纸包装和塑料包装两类。在常温纸盒包装业务领域，利乐公司处于世界领先地位。Tetra Pak 一直被认为是无菌包装及加工技术领域的先驱。西得乐设计、制造、装配、供应及出售采用以下 3 种主要包装类别包装液态食品的配套包装生产线：玻璃瓶（一次性使用并可回收）、塑料（PET、HDPE 与 PP）及饮料罐。

4.1.7　家畜育种生产协会

在 20 世纪 50 年代建立家畜育种生产协会的家畜饲养者认识到综合资料收集对育种和推广工作的重要性。20 世纪 60 年代初，第一台中心计算机用来处理牛奶记录信息，建立奶牛资料中心库，从此，不同来源的信息的综合成为家畜生产的更有效的手段。在该奶牛资料中心库，信息按每头家畜的户头存储。信息库的关键是官方确认号，它由牛群号、耳号和出生年份组成。这种编号不会重复，也不会改变。如果家畜从某一群移到另一群，计算机将跟踪其行动。自从 1995 年，根据欧盟的规定，瑞典所有的牛只都必须进行登记。信息的主要来源是牛奶记录、人工授精、兽医治疗和诊断。

该系统的目的是建立一个满足各种需要的完善的信息系统，但其资料只需一次性输入。最重要的用处是为奶农的日常工作和生产计划制定提供有价值的信息。另外，它是育种评价、研究、推广、管理和统计的基础。

4.1.8　瑞典畜牧研究中心

瑞典农业科学大学（SLU）的兽医和动物科学学院（VH）在乌普萨拉（Uppsala）建立瑞典畜牧研究中心于 2012 年正式投入使用。瑞典国王卡尔十六世·古斯塔夫亲临开幕现场为研究中心揭牌。卡尔·菲利普王子和瑞典农村事务部部长 Eskil Erlandsson 也出席了揭牌仪式。利拉伐在 2011 年中标该项目，为中心提供配套牧场设备。配备了利拉伐最现代化的设施后，瑞典农业科技大学畜牧研究中心如虎添翼，将在动物福利、动物健康、智能化动物管理和可持续食品生产领域开展最高质量的研究；评估和测试动物管理的新技术。新的研究中心应用利拉伐全自动机器人挤奶系统（VMS）和全自动机器人转台挤奶系统（AMR TM）。自 2012 年 5 月牛群导航仪“入驻”研究中心，2019 年瑞典农业科技大学已拥有欧洲最现代化的设施用于牛、猪和家禽的科研教学工作，同时继续为利拉伐提供科研支持。畜牧研究中心将继续为改善动物福利和提高牛奶生产保驾护航，指引方向。

瑞典畜牧研究中心的系统设施吸引着来自瑞典和国际上的研究者，其研究包括奶牛、猪、禽类的整个产业链。对数据收集和处理的基础设施已经建立，数据库将不断地收集和存储设备中关键产品参数和个体动物水平的数据，和生产参数相关的动物样本将存储在生物资料库。这些都可以为控制和评估实验性操作提供很好的数据。在 SLU 的畜牧和食品科学专业的博士研究生可使用瑞士畜牧研究中心的登记数据。

牛舍设备可以供 300 头奶牛和 300 头替代动物使用。畜群包括等量的荷斯坦奶牛（SLB）和瑞士红牛（SRB），被散养在畜棚整，用自动旋转室或传统自动系统进行挤奶。因研究、教学和实验等在短时间内将奶牛圈养。新生的牛犊 24 h 从单围栏中转移到干草棚中，在 6 个月时，转移到牛棚。小公牛卖掉，小母牛为替代而保留下来。牛舍以外由可耕种的 60 hm^2 牧场和 90 hm^2 半天然牧场包围。

4.1.9　国家兽医机构（SVA）

国家兽医机构（SVA）于 1911 年在乌普萨拉建立，是隶属于瑞典农业部的动物疫病诊断官方权威机构，也是国家兽医参考实验室，是一个专门的兽医学组织，旨在通过预防、诊断和控制动物间传染性疾病提高动物健康。它专门研究病毒学、细菌学、抗生素抗性、寄生物学、化学、食品安全、疫苗学和病理学。为控制接触性传染病提供建议和经授权的调查和程序操作，其中主要授权之一是人畜共患病传染。其管理委员会和所长均由瑞典政府任命。SVA 通过预防、诊断和控制动物传染性疾病来保护动物健康、人类健康和生态环境。

4.2 运作模式

在瑞典，奶业的长足发展得益于完善的社会化服务体系。政府引导，多个民间组织协作，多种咨询服务。瑞典有300多个奶农协会为牛奶生产者提供服务，50多位兽医深入全国，为奶牛场做预防性工作。

政府计划引导，政府下设10个部，它们主要为政府起草新的提案、计划、法规并做出宏观决策。计划、法规、政策的贯彻实施由100个在一定程度上独立的中央管理部门和21个省级，289个市级地方政府负责（省、市级政府无权属关系，相对独立）。

根据瑞典法律，建立记录和育种评价条例。法律授权不同的育种组织设计、实施并监督记录和育种评价工作。各种民间组织，如奶业联合体，合作屠宰组织，合作购销组织，奶牛记录及人工授精组织，畜牧协会，良种登记组织。全国性组织，如瑞典家畜育种生产协会、畜牧协会、种公牛站、牛与猪良种登记组织和肉牛生产组织的全国性组织，负责官方记录和育种评价工作，设计、支持和运行计算机系统，人员教育，牛的保健服务等。此外，还有多个组织提供咨询服务，如国家雇员的咨询服务，乌普萨拉农业大学的教育及科研工作，畜收生产服务咨询部门的雇员，许多不同专业的人在咨询服务领域从事人工授精及牛奶记录技术工作，他们每天与农民保持联系。奶牛资料中心库记录奶牛信息，官方谱系登记包含在牛奶记录服务中，自记录日起6 d内，奶农就能收到他的每月牛奶记录报告，由此，农民能知道关于生产、繁殖、牛只或牛群健康等方面的信息。农业产业化经营是现代化农业的理想经营模式，在瑞典，这一点通过农协已基本实现，从物流方向看，可概括为两种形式：农产品→农协→市场，或农产品→农协、加工→市场，无论哪种方式，都通过农协实现了农产品和市场的良好对接，使农业步入产业化经营轨道。同时，瑞典农业在运作中非常注重生态环境保护其采取的措施包括制定农业生态环境保护的法律法规；采取行之有效的农业生态环境保护税收政策；生态恢复行动与计划等。

5 促进奶业发展的主要政策

5.1 促进奶业生产的政策

瑞典的奶业生产主要以小规模的家庭农场生产方式存在和运行的，瑞典政府只负责奶业政策的制定和监察，从宏观角度对奶业生产方向、食品安全等进行政策引导，不直接介入奶业生产经营。直接进行指导及经营运作的是民间组织，即奶牛合作社，奶农在自愿的基础上组成合作社，由合作社统一经营、核算和利润分成，产—供—销链条能够有效运转，奶业生产不断发展；并为奶农提供信用贷款、选种选配、饲养管理、农机采购等方面的优质服务，使奶农直接受益。合作社一般都建有乳品加工厂，在解决原料奶市场销售的同时实现利润的最大化。而乳品加工的利润，一部分用于扩大再生产，一部分返还给奶农作为股份和交奶量的红利，一部分用于补贴为奶农提供各种服务，这种组织形式以经济利益为纽带把奶农与乳品加工场紧密连接在一起，形成了牢固的利益共同体，促进了瑞典小规模牧场的良性发展。2019年，瑞典农业委员会提供约500万瑞典克朗研究资金，以提高瑞典食品生产的竞争力，同时保持或改善动物福利，这是瑞典在食品战略框架内的政府任务之一。

自1995年瑞典加入欧盟，欧盟通过采取对部分产品分配配额、实行休耕以及由价格支持转变为直接支持等措施来努力对部分农产品的生产过剩进行解决。另外，欧盟共同农业政策还包括了地区性补贴，其融资部分来自欧盟内的环境补贴。瑞典农民的收入更多的来自欧盟对农民不同形式的直接补贴。据统计，1996—1998年瑞典农民的实际收入分别为47亿、48亿和42亿瑞典克朗。瑞典生产的乳制品的配额为330万t，因受配额限制，瑞典政府通过调控实现配额管理，根据农户的土地面积，规定养牛（配额）头数，政府按计划收购配额内肉牛或奶牛产品并给予补贴，超过配额的部分将受高额的税收惩罚。在 2014—2020 年期间，瑞典获得约 49 亿欧元的欧盟农业预算支持。欧盟农业预算的 72%用于直接付款，其中包括：对农场发展的支持，对年轻农民发展的支持，对农业环境保护的支持，对奶牛业发展的支持。

5.2 促进奶业加工的政策

自加入欧盟以来，瑞典政府一直在努力通过政策提升农业生产竞争力，在可持续生产的基础上，打破欧盟内部的贸易壁垒，以便创造更加开放的市场，并有助于建立一个更加全球化的乳制品市场。欧盟实施统一的农业政策，规定了动物福利、环境和补助性等条例，同时提供了欧盟内的法律和立法框架。除了欧盟框架，每个国家都有可影响竞争的独立法律、税收、补贴等个别系统。对奶牛场而言，补助和减税可被看作成本的下降，而不是确保最低收入。补贴能使奶牛场维持生产，为奶牛场带来了成本的竞争优势。在瑞典 2014—2020 年农村发展方案中对从事农产品加工的员工 50 人以下营业额 1 000 万欧元以内的小企业提供发展补贴，最多可提供 40%的发展费用，其中包括乳制品加工企业。

在税收方面主要有资本税、法人税、能源税、土地税和肥料税。资本税在瑞典可以低至 20%甚至更低。法人税长期以来维持在 28%，但在 2009 年调整为 26.3%，取消了重复课税或降低法人税。能源税主要为电力、柴油和燃料油税，对于农业用电，超过 0.000 52 欧元/kW·h(0.05 瑞典克朗) 被返还给奶牛场并且不收税；柴油和燃料油除了能源税外，还要附加 CO_2税，在 2007—2010 年间的 CO_2税 79%返还。在 2011 年法规已进行了修改，柴油的 CO_2税返还率低于 70%。在瑞典，农业用地不用交税，并于 2010 年废除了肥料税。

在补助和支付法规方面，瑞典的农业法律保护以家庭为单位的农牧业生产，确保土地私有化、土地租赁、维护土地质量与环境等。农民可以从商业银行或专门服务于农业的信托银行贷款购买和租赁农场，并通过多种途径获得补贴。在奶牛屠宰方面政府补贴金额如下：成年牛每头补贴 80 欧元/头，小于 7 个月或体重低于 152.5 kg 的牛，每头补贴 50 欧元/头。对种牛的补助更多，若获得小母牛后代，每头补助 111 欧元。2007 年配额内的原料奶补助为 2.27 美分/kg。维护生态环境方面进行补贴，邻近河流的农场补贴为 314 欧元/hm^2，为减少氮排放，鼓励牧场种植不少于 20%的作物并进行补贴，另外，对草原、半天然草原和利用率低的土地的使用均有补贴。在紧急援助方面，在 2008 年 4 月 1 日至 2009 年 3 月 31 日期间，奶牛场主每吨原料奶得到 2.35 欧元补助，共计获得 643 万欧元。

为提高产品质量及企业的竞争力，并确保环境和动物福利的提高，瑞典的社会发展计划大力支持农业综合企业的发展，对减少环境影响、提高能源使用效率、可再生资源产品等方面的投资进行补贴，斯堪尼亚地区的投资补助为 15.5 万欧元，若对奶牛场投资则增加 5 万欧元。另外，对环保做出贡献的、在环境政策允许范围内的企业，中央政府将给予一定的奖励和返税。

5.3 促进奶业贸易的政策

利用进口税收、干预价格收购、出口补贴以及直接补贴等措施，欧盟对其乳产品市场进行保护。瑞典主要的乳产品贸易伙伴集中在欧盟成员国中，而与非欧盟成员国之间的乳产品贸易受到了欧盟关税和其他保护措施的限制。瑞典的出口企业在出口某些乳产品时可以获得相应的补贴以弥补乳产品在欧盟共同市场与世界市场之间的价格差异。1995 年以后，根据新的 GATT/TO 协议中乳制品部分的规定，固定的海关关税取代了各种变化的进口关税。此外，根据协议无论对农产品的国内补贴还是出口补贴都规定了最高限额。瑞典通过关税配额可以从欧盟以外的国家和地区，以较低的关税进口牛奶和奶制品。瑞典 2021 年 7 月 1 日起实施牛奶和奶制品配额许可证审批的新系统，申请进出口许可证时，必须提供每千克 0.35 欧元的担保金但将奶酪出口到加拿大时，提供书面证明奶酪生产中使用的所有原材料均来自欧盟，并且该生产是在欧盟生产的，不必支付任何保证金。

5.4 促进奶业消费的政策

在奶业消费方面，与欧盟其他成员国一样，实施干预购买和私人储备援助计划。由欧盟制定乳制品市场参考价格，根据市场供需关系的变化决定是否干预购买和私人储备援助计划，一旦启动上述计划，政府将给予相应的补贴，以保障奶农利益及奶业的可持续发展。欧盟可以购买谷物、黄油、脱脂奶粉以及牛肉和小牛肉，以从市场上清除这些产品中的多余部分，这避免了欧盟市场上的价格过低。它称为公共库存。在瑞典 2021 年 3 月 1 日至 9 月 30 日期间，可以将脱脂奶粉出售给欧盟的公共库存，在此期间，欧盟最多可以购买 109 000 t 脱脂奶粉。

2021 年瑞典将采取措施增加欧盟生产的农产品和某些食品的消费其中包括牛奶和乳制品，促进消费的措施包括行业补贴和各种媒体的广告活动、组织参加展览会及一些公开促销活动

6 值得借鉴的主要经验

6.1 经营模式方面的经验

6.1.1 瑞典制定并严格实施质量控制体系，值得我们借鉴

瑞典原料奶的收购标准要高于欧盟的标准，瑞典对于农场提交的每一批牛奶都进行采样，所有样本均进行原料奶检测，判定其是否符合收购标准。若检测的牛奶未能达到标准要求，奶牛场将面临罚款、降低牛奶的收购价格和暂时停收牛奶的处罚。另外，瑞典的乳品加工行业也制定了质量管理标准，这些标准在许多情况下比欧盟法规要求的还要严格。尤为重要的是，瑞典的奶牛场和乳制品加工企业均能够严格执行相应的体系标准，进而生产出优质放心的乳制品。我国虽然也有相应的质量控制体系，但受饲养水平、技术条件及利益驱动等诸多因素的影响，乳制品安全事件频发，一些乳品企业为了抢夺市场份额，混淆概念、盲目夸大乳制品的功能，个别企业缺失诚信，误导消费者，给奶业的发展带来巨大的危机。

6.1.2 瑞典精细化小规模养殖模式可为我国的奶牛小区模式提供参考

由于瑞典土地资源有限，奶牛养殖主要采用私人牧场的形式，每个奶牛场平均 66 头奶牛，采用的是经济学计算的经济利益最大化的模式。奶牛规模化养殖是市场、资源和技术共同支撑的结果，能达到多大规模、如何实现规模化、规模化进程所需要多长时间和采用何种方式，则必须根据国家的实际情况进行探索和创新，不能生搬硬套。我国奶牛养殖方式主要表现为规模化养殖场、奶牛小区和奶农散养 3 种类型，奶牛小区是我国奶牛养殖业由小户散养向规模化发展的过渡类型，其中奶牛小区、奶农散养方式仍占有相当大的比例并可能长期存在，在饲养管理、选种选配、疫病防治等诸多方面还存在问题，始终面临成本攀升、质量偏低、环境压力大等挑战，需要学习借鉴瑞典等国先进的养殖模式和管理经验，提高我国奶牛小区的竞争力。

6.1.3 瑞典利用现代科技发展奶业值得我们学习借鉴

瑞典奶业的生产经营注重现代农业科技的应用，将最新的农业科研成果应用于奶业生产实际，实现了奶牛的数量扩张型向奶牛个体生产力水平提高型的根本转变。现代饲养管理技术、先进的农业机械、牛群的智能化管理及最新的环保技术等均应用于奶业生产，实现了奶牛个体的数字化管理，大大地提高了农场主的管理和决策效率。而我国奶牛业大多还处于手工劳动、粗放经营的状态。

6.1.4　瑞典奶牛合作社的组织运营模式值得我们学习借鉴

对于瑞典奶业来说，奶牛合作社是奶业不断发展的、不可缺少的有效组织形式，它植根于奶业，服务于奶业，依靠奶业来求得生存和发展，实现了乳制品与市场的良好对接，使乳业步入产业化经营轨道，把分散的奶农通过产品集合起来，以合力应对市场，强化了国家乳业在世界市场上的地位与竞争力。在我国当前的奶业政策和产业结构框架下，乳品企业原料奶不足，仍有一部分原料奶还是来源于奶农分散饲养的奶牛，奶农与乳制品企业的关系必然充斥着对立与博弈。供应充足的时候，企业压价，甚至出现“倒奶”，进而出现奶农杀牛等事件；供应紧张的时候，企业抢奶，并利用单方检测权损害奶农的利益。虽然也有地方性的奶牛合作社或乳品企业的奶牛小区，仅体现于集中养殖、挤奶、销售等阶段，并未与奶农在组织管理、利益等方面有直接的关系，难以发挥产—供—销链条，更难以发挥技术服务、实现奶业产业化的作用。

6.2　科技创新方面的经验

6.2.1　养殖设备的技术创新

在瑞典无论是家庭式牧场还是利拉伐生产示范牛场，人工劳动式的生产已被高度机械化、自动化作业式的劳动方式所替代。从牛舍设计、制冷系统、机械通风饲喂和粪污处理设备、自动喂料系统、挤奶设备及最先进的机器人挤奶系统均取得快速发展，普遍采用先进的散栏式饲养和 TMR 饲喂。我国奶牛场还多处于机械强度不高，手工劳动、粗放管理的阶段，需要通过先进的技术设备提高生产效益。

6.2.2　瑞典在全国实施奶牛健康计划

该计划的核心是以疾病和疫病的早期预防为主，治疗为辅，根本性改变“有病治病”的被动策略，50 余名兽医深入全国参加该计划，为奶牛场作预防性工作，以确保无结核病、布鲁氏菌病、白血病等疾病的健康奶牛生产原料奶，确保优质奶源个体。对每头奶牛都实行身份和注册管理，奶牛的所有健康记录被存储在互联网的全国奶协数据库中，可供奶牛场主和乳品加工企业查询。至 2004 年，瑞典已经有 300 多个奶农协会为牛奶生产者提供服务，为奶牛场做预防性工作。我国除了口蹄疫及“两病”防控形势严峻外，奶牛业还饱受乳房炎、蹄病、繁殖障碍等多种疾病的困扰，导致奶牛淘汰率升高、生产性能下降。

6.2.3　瑞典的农场质量保证计划

Arla 乳业公司于 2003 年开始在瑞典实施 Arla 农场质量保证计划。该计划的宗旨是在牛场重视奶牛福利，注重环境保护和具备记录追踪体系的条件下为消费者提供安全、营养的乳制品。计划要求所有参与的奶牛场都必须遵守瑞典饲料使用准则和动物保护准则，同时还要求牛场必须提供文件记录系统，若不能严格执行则进行惩罚；计划要求产品的溯源性，如果一旦乳品质量出现问题，可以一直追溯到原料奶生产者；计划要求乳品的安全性，由牛场提供的原料奶必须在生产的每一个环节都控制在准则要求的环境条件，除了要遵守瑞典饲料使用准则和动物保护准则外，精饲料、粗饲料、水源、奶罐和挤奶设备、参观等均有详细的要求；计划对原料奶的口感、气味以及原料质量进行检测；计划对动物福利和环境有严格的要求；并对计划的实施进行跟踪管理。我国部分企业还不能严格控制每一个环节，管理混乱，并造成多次的奶业危机。

6.3　产业政策方面的经验

欧盟通过采取对部分产品分配配额、实行休耕以及由价格支持转变为直接支持等措施来努力解决部分农产品的生产过剩问题。另外，欧盟共同农业政策还包括了地区性补贴，其融资部分来自欧盟内的环境补贴。通过进口税收、干预价格收购、出口补贴以及直接补贴是欧盟对其乳产品市场进行保护的主要手段。

除了执行欧盟的产业政策方面，瑞典奶业在资本税、法人税、能源税、土地税和肥料税等方面均有减免税的优惠政策。在补助和支付法规方面，瑞典的农业法律保护以家庭为单位的农牧业生产，确保土地私有化、土地租赁、维护土地质量与环境等方面进行了明确的规定，并在奶牛屠宰、原料奶、土地使用等多种途径进行补贴，促进了瑞典奶业的持续健康发展。

参考文献

[1]李胜利，姚琨，曹志军，等. 2020年奶牛产业技术发展报告. 中国畜牧杂志，2021，57(3)：206-211.

[2]禾日. 瑞典畜禽养殖及粪污养分管理. 中国畜牧业，2018(10)：49-50.

[3]刘少才. 瑞典畜牧业有何特色. 中国畜牧业，2018(7)：48-49.

[4]谷继承. 瑞典、丹麦、挪威奶业考察报告. 中国奶牛，2014(22)：38-42.

[5]李胜利，张胜利，刘建新，等. 奶牛产业与技术进展[J]. 中国畜牧杂志，2011，47(4)：42-46.

[6]张名臣，张洪涛，李彦彬. DPC21软件和计步器在奶牛场中的应用. 黑龙江动物繁殖，2008(3)：45-46.

[7]"学生奶奶源升级计划"试点企业赴瑞典奶业考察团. 瑞典奶业发展情况考察报告. 中国乳业，2006(03)：54-58.

[8]胡松华. 瑞典奶牛主要疾病及其防治. 中国奶牛，1994(1)：42-43.

参考资料

[1]影响瑞典、丹麦和德国乳品生产竞争力的政策 http://stud.epsilon.slu.se

[2]瑞典农业概况 http://www.iqstap.com/List.asp? ArticleID=577

[3]世界粮农组织网站 http://faostat.fao.org/

[4]欧盟统计网站 http://epp.eurostat.ec.europa.eu/portal/page/portal/eurostat/home/

[5]瑞典统计局官方网站 http://www.scb.se/

[6]瑞典农业局网站 http://www.jordbruksverket.se/swedishboardofagriculture/statistics

[7]瑞典奶业协会网站 http://www.svenskmjolk.se/

[撰稿：山东省农业科学院畜牧兽医研究所 杨宏军 张亮 孙阳阳 陈九 解晓莉；山东师范大学 何洪彬 王洪梅；山东省农业科学院家禽研究所 宋玲玲]

附　表

附表1 1961—2019年瑞典奶牛头数、单产水平和总产奶量

年份	奶牛头数/千头	平均单产/(kg/头)	总产奶量/万t	年份	奶牛头数/千头	平均单产/(kg/头)	总产奶量/万t
1961	1 195	—	—	1991	528	6 098	3 220
1962	1 185	—	—	1992	526	6 084	3 200
1963	1 132	—	—	1993	525	6 261	3 287
1964	1 055	3 446	3 636	1994	509	6 595	3 357
1965	987	3 703	3 655	1995	482	6 728	3 243

续附表 1

年份	奶牛头数/千头	平均单产/(kg/头)	总产奶量/万 t	年份	奶牛头数/千头	平均单产/(kg/头)	总产奶量/万 t
1966	947	3 742	3 544	1996	466	7 122	3 319
1967	872	3 805	3 318	1997	468	7 000	3 276
1968	838	3 938	3 300	1998	449	7 298	3 277
1969	779	4 096	3 191	1999	449	7 347	3 299
1970	723	4 086	2 954	2000	427	7 721	3 297
1971	686	4 197	2 879	2001	418	7 871	3 290
1972	683	4 351	2 972	2002	417	7 736	3 226
1973	699	4 278	2 990	2003	402	7 975	3 206
1974	691	4 437	3 066	2004	404	7 993	3 229
1975	677	4 679	3 168	2005	386	8 194	3 163
1976	665	4 882	3 247	2006	388	8 067	3 130
1977	654	4 968	3 249	2007	370	8 070	2 986
1978	651	5 066	3 298	2008	357	8 367	2 987
1979	654	5 190	3 394	2009	354	8 285	2 933
1980	656	5 282	3 465	2010	348	8 224	2 862
1981	661	5 289	3 496	2011	346	8 237	2 850
1982	665	5 495	3 654	2012	348	8 221	2 861
1983	661	5 620	3 715	2013	344	8 343	2 870
1984	656	5 785	3 795	2014	344	8 337	2 868
1985	646	5 720	3 695	2015	337	8 697	2 931
1986	600	5 888	3 533	2016	326	8 997	2 933
1987	576	6 036	3 477	2017	323	8 721	2 817
1988	565	6 097	3 445	2018	313	8 818	2 760
1989	569	6 010	3 420	2019	301	8 983	2 704
1990	576	6 111	3 520				

数据来源：瑞典统计局(SCB)，瑞典农业局，index mundi。
注：—为缺失值。

附表 2　2012—2019 年瑞典奶牛牛群数量

年份	牛群数量(按奶牛头数划分)										合计
	1～24 头		25～49 头		50～74 头		75～99 头		100 头以上		
	数量	比例	数量	比例	数量	比例	数量	比例	数量	比例	
2012	847	0.17	1 636	0.33	1 030	0.21	510	0.10	945	0.19	4 968
2013	2 221	0.48	982	0.21	482	0.10	742	0.16	241	0.05	4 668
2014	1 973	0.45	909	0.21	500	0.11	760	0.17	252	0.06	4 394
2015	1 779	0.43	909	0.22	459	0.11	744	0.18	270	0.06	4 161
2016	1 575	0.41	845	0.22	419	0.11	760	0.20	273	0.07	3 872
2017	1 404	0.39	785	0.22	404	0.11	730	0.20	291	0.08	3 614
2018	1 320	0.38	736	0.21	399	0.11	724	0.21	298	0.09	3 477
2019	1 190	0.37	707	0.22	363	0.11	696	0.21	297	0.09	3 253

数据来源：瑞典统计局(SCB)，瑞典农业局，index mundi。

附表 3　1961—2019 年瑞典奶牛屠宰量

年份	屠宰头数/千头	年份	屠宰头数/千头
1961	0	1991	221
1962	0	1992	196

续附表 3

年份	屠宰头数/千头	年份	屠宰头数/千头
1963	0	1993	—
1964	0	1994	—
1965	0	1995	—
1966	0	1996	—
1967	0	1997	—
1968	0	1998	—
1969	279	1999	—
1970	279	2000	—
1971	229	2001	—
1972	195	2002	173.4
1973	207	2003	165.5
1974	242	2004	162.3
1975	235	2005	159.3
1976	239	2006	157.3
1977	230	2007	152.2
1978	220	2008	137.5
1979	226	2009	114.08
1980	236	2010	109.74
1981	239	2011	102.30
1982	245	2012	111.06
1983	263	2013	103.44
1984	245	2014	103.90
1985	263	2015	102.80
1986	245	2016	100.29
1987	230	2017	93.45
1988	213	2018	104.64
1989	222	2019	105.02
1990	228		

数据来源：瑞典统计局(SCB)，瑞典农业局，index mundi。
注：—为缺失值。

附表 4　1961—2019 年瑞典主要乳制品产量　kt

年份	液态奶	奶油	奶酪	脱脂奶粉	奶粉	黄油
1961	—	—	—	—	—	—
1962	—	—	—	—	—	—
1863	—	—	—	—	—	—
1964	—	—	57	23	—	80
1965	—	—	59	31	—	80
1966	—	—	59	33	—	75
1967	—	—	60	31	—	65
1968	—	—	59	38	—	66
1969	—	—	58	41	—	63
1970	—	—	60	35	—	50
1971	—	—	66	42	—	46
1972	—	—	66	50	—	56
1973	—	—	68	49	—	56
1974	—	—	75	50	—	58

续附表 4　kt

年份	液态奶	奶油	奶酪	脱脂奶粉	奶粉	黄油
1975	—	—	81	45	—	56
1976	—	—	84	43	—	61
1977	—	—	87	40	—	61
1978	—	—	94	36	—	63
1979	—	—	96	43	—	65
1980	—	—	96	43	—	66
1981	—	—	103	40	—	64
1982	—	—	108	49	—	70
1983	—	—	115	53	—	73
1984	—	—	116	61	—	77
1985	—	—	109	58	—	74
1986	—	—	106	48	—	66
1987	—	—	107	46	—	64
1988	—	—	115	36	—	61
1989	—	—	109	48	—	44
1990	1 357	77.3	115.7	51	57.6	49.2
1991	1 335	78.6	114.5	31	38.8	37.9
1992	1 327	81.2	117.3	30	36.8	36.9
1993	1 319	83.6	125.8	37	43.9	38.9
1994	1 318	86.4	132.9	34	41.7	32.0
1995	1 309	89.4	128.5	35	34.8	28.0
1996	1 310	92.1	127.1	29	37.4	30.1
1997	1 278	92.4	118.4	—	37.7	32.7
1998	1 316	92.6	125	—	38.6	30.9
1999	1 304	94.2	128.4	—	40.3	26.1
2000	1 285	96.2	126.6	—	47.1	29.8
2001	1 281	99.8	124.9	—	45.2	30.2
2002	1 291	92.5	128.3	—	38.8	28.5
2003	1 278	90.7	125	—	40.9	30.2
2004	1 272	90.1	117.8	—	48.1	32.1
2005	1 257	89.2	118.2	—	48.5	26.9
2006	1 221	90.4	118.9	—	49.5	26.1
2007	1 191	94.1	108.8	—	51.7	21.4
2008	1 187	96.5	114.2	—	57.0	21.0
2009	1 172	103.9	107.6	—	57.6	23.7
2010	1 178	109.7	103.1	—	48.9	18.6
2011	1 139	109.9	103.3	—	50.7	17.3
2012	1 121	112.7	101.2	—	61.9	17.6
2013	1 087	102.1	90.0	—	73.8	17.0
2014	1 057	105.2	87.7	—	89.2	16.9
2015	1 061	112.4	90.2	—	84.0	16.4
2016	1 027	112.7	87.2	—	75.9	16.5
2017	999	105.3	82.7	—	79.0	16.3
2018	983	102.4	81.8	—	82.2	15.3
2019	957	96.9	80.7	—	76.9	16.9

数据来源：瑞典统计局（SCB），瑞典农业局，index mundi。

注：—为缺失值。

附表 5 1961—2018 年瑞典乳制品人均消费量

kg/年

年份	饮用奶	奶油	奶酪	奶粉	黄油
1961	—	—	—	—	—
1962	—	—	—	—	—
1963	—	—	—	—	—
1964	—	—	7.4	—	10.4
1965	—	—	7.6	—	10.3
1966	—	—	7.5	—	9.6
1967	—	—	7.6	—	8.2
1968	—	—	7.4	—	8.3
1969	—	—	7.2	—	7.9
1970	—	—	7.4	—	6.2
1971	—	—	8.1	—	5.7
1972	—	—	8.1	—	6.9
1973	—	—	8.3	—	6.9
1974	—	—	9.2	—	7.1
1975	—	—	9.9	—	6.8
1976	—	—	10.2	—	7.4
1977	—	—	10.5	—	7.4
1978	—	—	11.3	—	7.6
1979	—	—	11.6	—	7.8
1980	—	—	11.5	—	7.9
1981	—	—	12.4	—	7.7
1982	—	—	13.0	—	8.4
1983	—	—	13.8	—	8.8
1984	—	—	13.9	—	9.2
1985	—	—	13.0	—	8.9
1986	—	—	12.6	—	7.9
1987	—	—	12.7	—	7.6
1988	—	—	13.6	—	7.2
1989	—	—	12.8	—	5.2
1990	157.9	8.9	13.4	6.7	5.7
1991	154.4	9.0	13.2	4.4	4.3
1992	152.6	9.3	13.4	4.2	4.2
1993	150.8	9.5	14.3	5.0	4.4
1994	149.5	9.8	15.0	4.7	3.6
1995	148.1	10.1	14.5	3.9	3.1
1996	148.1	10.4	14.3	4.2	3.4
1997	144.4	10.4	13.3	4.2	3.6
1998	148.6	10.4	14.1	4.3	3.4
1999	147.1	10.6	14.4	4.5	2.9
2000	144.6	10.	14.2	5.3	3.3
2001	143.7	11.2	14.0	5.0	3.3
2002	144.3	10.3	14.3	4.3	3.1
2003	142.3	10.1	13.9	4.5	3.3
2004	141.1	9.9	13.0	5.3	3.5

续附表 5　　kg/年

年份	饮用奶	奶油	奶酪	奶粉	黄油
2005	138.9	9.8	13.0	5.3	2.9
2006	133.9	9.9	13.0	5.4	2.8
2007	129.6	10.2	11.8	5.6	2.3
2008	128.2	10.4	12.3	6.1	2.2
2009	125.4	11.1	11.5	6.1	2.5
2010	125.1	11.6	10.9	5.1	1.9
2011	120.1	11.5	10.8	5.3	1.8
2012	119.6	11	18.4	—	1.5
2013	118.8	10.2	18.4	—	2
2014	112.6	10.2	19.7	—	2
2015	111.2	10.8	19.7	—	2.3
2016	106.1	10.7	19.2	—	1.9
2017	101.7	9.8	18.5	—	1.5
2018	119.6	9.4	18.6	—	1.3

数据来源：瑞典统计局(SCB)，瑞典农业局，index mundi。

注：—为缺失值。

附表 6　2001—2019 年瑞典主要乳制品进出口贸易量　　t

年份	进口量						出口量					
	奶酪和凝乳	发酵乳制品	含牛乳成分制品	鲜牛奶和奶油	调制牛奶和奶油	黄油	奶酪和凝乳	发酵乳制品	含牛乳成分制品	鲜牛奶和奶油	调制牛奶和奶油	黄油
2001	40 714	27 852	10 467	1 103	1 895	179	16 778	3 913	1 354	27 942	15 579	18 871
2002	45 200	29 849	14 984	3 250	5 857	991	13 395	1 480	1 111	23 345	8 956	17 116
2003	51 017	36 866	22 451	13 194	6 865	667	13 261	2 127	1 835	25 939	10 125	18 059
2004	55 861	42 571	19 062	19 477	7 413	1 072	16 260	2 295	4 806	21 893	29 272	23 484
2005	52 740	45 795	15 943	28 799	9 457	1 883	13 926	5 385	5 745	21 350	35 019	18 872
2006	65 738	52 611	13 959	36 426	16 255	7 611	19 043	5 881	7 219	9 270	38 776	27 184
2007	70 158	59 371	14 555	41 641	10 336	7 933	19 459	5 976	13 543	18 025	44 525	21 291
2008	79 379	66 845	20 705	68 570	10 341	7 512	19 638	6 373	15 059	18135	51 702	19 250
2009	82 688	66 756	17 685	145 363	10 361	8 918	16 585	7 607	9 891	54 667	58 261	20 252
2010	85 423	72 138	16 832	98 422	44 237	12 591	13 783	10 137	17 811	96 966	54 775	5 032
2011	88 511	76 272	27 239	79 858	15 902	13 975	14 977	10 775	17 167	98 797	49 942	1 789
2012	97 882	88 203	35 475	45 933	25 870	15 050	17 935	9 297	17 272	73 965	62 917	2 324
2013	120 191	97 486	51 542	43 944	17 060	10 607	19 887	13 353	11 160	72 989	81 956	3647
2014	125 598	106 478	61 308	55 261	14 535	10 569	16 487	14 324	14 355	43 944	99 498	1 834
2015	124 876	102 782	58 268	46 199	14 827	12 880	16 657	13 829	12 752	38 554	104 303	1 311
2016	125 612	94 264	54 775	49 185	15 401	13 576	16 626	13 037	42 621	24 061	93 738	1 024
2017	126 178	89 139	53 686	40 872	17 908	13 427	18 324	15 373	46 510	16 821	87 586	1 818
2018	129 287	82 567	57 632	38 759	16 881	15 900	17 581	17 369	40 748	6 676	82 578	3 626
2019	135 255	89 899	53 649	36 776	16 272	15 073	19 473	17 832	53 901	6 850	78 664	2 483

数据来源：国际贸易中心；联合国统计司商品贸易统计。

挪威奶业发展报告

摘要：挪威位于北欧，是世界上少数几个最富裕的发达国家之一。农业产值约占全国GDP的2.0%，畜牧业和肉食业是农业中的两大产业，而奶业是畜牧业的重要组成部分。经过近60年的发展，挪威奶业已经形成了全球独具特色的生产体系，逐步建立了以农业合作社和家庭牧场为主的饲养模式。

近60年来，挪威奶业在奶牛养殖、乳品加工、乳品消费和贸易等方面得到了快速发展。奶牛饲养的合作化程度非常高，大多数奶牛养殖者加入奶牛合作社TINE，挪威红牛是主导品种。从1992年开始的近30年里，全国奶牛存栏逐渐下降，平均单产呈稳步上升态势，2020年，全国奶牛存栏数达到20.8万头，分布在7 228个农场（挪威农业局统计）。从奶农到乳品厂直到乳制品的国内外市场销售均由挪威奶业协会统筹。挪威的乳制品一半用于出口，脱脂液态奶、奶油、奶酪、炼乳、脱脂奶粉等是挪威主要生产品种，奶酪是最重要的出口乳制品，主要出口欧美国家。TINE也是挪威最大的乳品公司，最大加工厂日处理原料奶达600 t。1961年至今，挪威主要乳制品除全脂奶粉和脱脂奶粉产量相对稳定以外，奶酪产量大幅度增加，脱脂液态奶呈连续下降趋势。此外，挪威牛奶总消费量持续下降，乳品消费结构变化明显，大部分人过去习惯饮用全奶，现在较普遍饮用半脱脂奶和脱脂奶。

挪威奶业在育种繁殖、饲料营养、疫病控制、粪污处理和环境保护等技术领域均取得重要进展。挪威红牛的育种体系在全球独一无二，奶牛健康和繁殖力是主要育种目标，完整的记录系统及对奶牛功能性状的重视为挪威红牛健康和高产的选育提供了数据基础。最新的全基因组选择方法最先是由挪威科学家Meuwissen于2001年提出的。挪威通过各种技术措施、政策补贴和监控方法，确保原料奶质量得到有效控制。挪威奶牛养殖技术先进，科技推广体系完善。挪威政府出台多项政策措施促进奶业持续健康发展。挪威奶牛养殖在经营模式、科技创新、产业政策等方面的很多经验，值得我们学习和借鉴。

关键词：挪威　奶业　发展

1　奶业发展概况

挪威位于斯堪的纳维亚半岛西部，大部分地区属温带海洋性气候。国土面积38.5万km^2（包括斯瓦尔巴群岛、扬马延岛等属地），80%为森林、山峦和湖泊，农业面积98.2万hm^2，其中牧草地65.2万hm^2。农业面积仅占国土面积的2.6%，而西福尔、东福尔、奥斯陆三个郡就占53.6%，年平均气温5.7℃，降水量763毫米。挪威经济发达，是世界上少数几个最富裕的发达国家之一。副食基本自给，粮食一半靠进口。农业产值占全国GDP的2.0%，畜牧业和肉食业是农业中的两大产业。挪威奶牛主要分布在罗加兰、默勒-鲁姆斯达尔、特伦德拉格、奥普兰等郡（表1），占全国奶牛存栏的61%。渔业是重要的传统经济，2019年捕鱼量为 248 万 t,占 GDP 0.6%。挪威养殖业发达,以三文鱼为主,主要捕捞鱼种是鳕鱼、鲱鱼、鲐鱼、毛鳞鱼等。渔业产品一半以上出口,2019 年出口额 1 041 亿挪威克朗,占挪威总出口额的 11.5%。

表 1 2019 年挪威奶牛主产区各郡分布

郡	奶牛存栏/头
Sør-Trøndelag 特伦德拉格	47 352
Rogaland 罗加兰	38 654
Oppland 奥普兰	25 210
Møre ogRomsdal 默勒-鲁姆斯达尔	19 221
Sogn og Fjordane 松恩-菲尤拉讷	15 108
Nordland 诺德兰	14 711
Hedmark 海德马克	12 632
Hordaland 霍达兰	10 600
Vest-Agder 西阿格德尔	4 971
Østfold 东福尔	4 729
Troms Romsa 特罗姆斯	4 471
Buskerud 布斯克吕	4 318
Akershus og Oslo 阿克什胡斯·奥斯陆	4 143
Finnmark Finnmárku 芬马克	2 736
Vestfold 西福尔	2 360
Telemark 泰勒马克	1 982
Aust-Agder 东阿格德尔	1 865

数据来源:https://www.ssb.no/en/jordhus。

1.1 奶牛养殖业

1.1.1 奶牛养殖发展战略

挪威农业以畜牧业为主,奶业是畜牧业的重要组成部分。作为欧洲的奶业强国,在奶牛品种上实行多元化战略。根据本国国情,推广其主导品种挪威红牛的同时,加大研究和推广挪威红牛与荷斯坦牛的杂交应用,在产奶量不降低的情况下,提高牛奶质量,增加奶牛寿命,减少死胎率,降低乳房炎发病率,进一步增加挪威奶业养殖效益。

1.1.2 奶牛品种的变化

第二次世界大战前,挪威的奶牛大多是地方品种,各地区都有特定的品种,约有 20 个品种,且均为兼用牛。当时人们认为,本地品种总比引入品种好。1935 年,成立了"挪威红牛(NRF)育种协会",目标是尽力提高奶牛产奶和产肉性能。此后,地方品种逐渐减少,1959—1968 年,只剩下 7 个品种,后来合并为 1 个品种,即挪威红牛。此后,所有的地方育种协会都加入该组织,并采用先进技术进行育种,例如,通过高质量的挪威红白花公牛进行级进杂交,将所有品种合并为一个品种,特别是侧重对毛色和体型外貌等统一标准的选择。由于挪威多为小型家庭牧场,群体小,便于通过引进良种进行遗传改良,引进芬兰的爱尔夏牛和美国的荷斯坦牛等品种。经过约 30 年的改良,个体平均产奶量提高近 1 倍。2019 年,奶产量总共为 174.6 万 t,奶牛单产达到 8.12 t,乳脂率 4.34%,乳蛋白率 3.50%,体细胞数 12.7 万个/mL,产犊间隔 397 d(图 1 和表 2)。

挪威红牛是挪威奶牛的主导品种,其次是娟姗牛。挪威红牛在供应牛奶的同时,还提供了全国 80%的牛肉。在奶牛生产发展上,基本实行以农业合作社和家庭牧场为主的饲养模式。

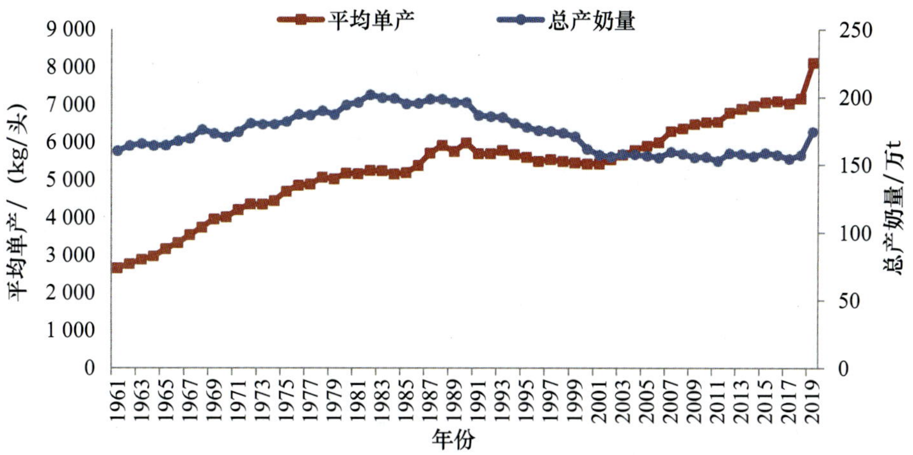

图 1　1961—2019 年挪威总产奶量及平均单产变化趋势

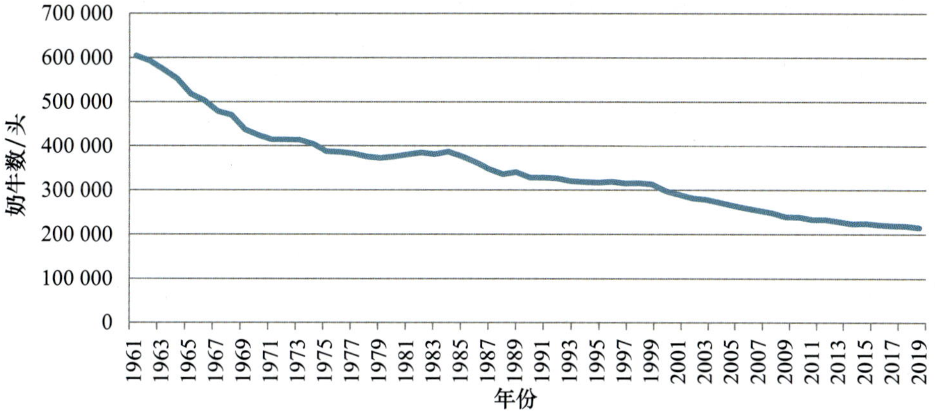

图 2　1961—2019 年挪威奶牛头数变化趋势

1.1.3　奶牛养殖规模及生产水平变化

根据 FAO 数据统计，过去的 60 年里，挪威牛存栏总数逐渐下降，1961 年以后奶牛存栏数呈现同样的趋势，从 60.4 万头下降到 2019 年的 25.7 万头，减少了 57.5%(图 2 及附表 1)。牛只单产水平不断上升，60 年的时间提高了 5 467.8 kg/头；总奶产量在 1982 年达到最高峰，之后逐年下降。根据 ICAR 的报告(https://www.icar.org/index.php/publications-technical-materials/)，近年来奶牛养殖情况和生产水平见表 2、表 3 和表 4。

表 2　2009—2019 年挪威奶生产水平

年份	平均单产/(kg/头)	乳脂率/%	乳蛋白率/ %
2009	7 057	4.22	3.37
2010	7 125	4.24	3.38
2011	7 132	4.18	3.37
2012	7 303	4.19	3.40
2013	7 435	4.26	3.39
2014	7 599	4.24	3.44
2015	7 748	4.29	3.46
2016	7 804	4.33	3.47
2017	7 797	4.27	3.44
2018	7 987	4.29	3.45
2019	8 120	4.34	3.50

数据来源：ICAR。

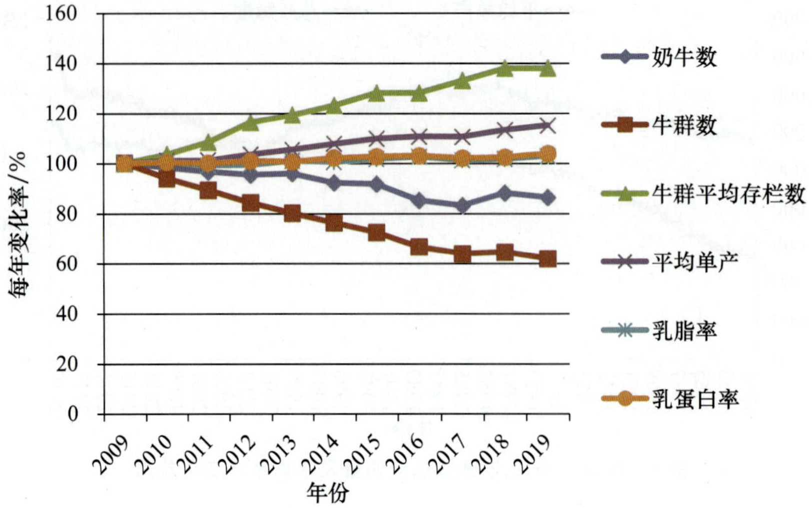

图 3　2009—2019 年挪威奶牛存栏及生产水平每年变化率

由表 2 和图 3 可以看出，挪威的奶牛数和牛群数呈现逐年递减的趋势，但是牛群平均存栏数、平均单产却保持小幅度增长趋势，乳脂率、乳蛋白率的情况基本持平。

挪威在 1898 年就开始进行奶牛生产性能测定（DHI）工作，是世界上最早实施奶牛群体改良计划的国家，几乎所有奶牛均参与 DHI 测定，参测牛头数占 94%以上，具体见表 3。

表 3　2009—2019 年挪威 DHI 测定情况

年份	参测母牛数/头	参测牛头数百分比/%	参测牛群平均存栏头数/（头/场）
2009	206 223	98.0	20.0
2010	205 400	98.0	21.0
2011	197 800	98.0	22.0
2012	200 583	98.5	23.6
2013	192 807	98.0	24.2
2014	174 788	98.3	24.8
2015	174 918	98.6	25.7
2016	221 540	98.0	26.3
2017	222 441	94.0	26.7
2018	219 360	97.8	27.8
2019	215 063	97.5	28.0

数据来源：ICAR。

表 4　2009—2019 年挪威主要奶牛品种生产水平

年份	品种	泌乳牛胎次数	胎次泌乳天数/d	平均 305 d 产奶量/kg	乳脂率/%	乳蛋白率/%	产犊间隔/d
2009	娟姗牛	1 006	305	5 290	5.96	3.92	392
	挪威红牛	144 825	299	6 756	4.17	3.38	382
2010	娟姗牛	966	305	5 376	5.97	3.89	392
	挪威红牛	144 188	299	6 819	4.2	3.37	381
2011	娟姗牛	953	307	5 499	5.94	3.87	395
	挪威红牛	141 765	299	6 864	4.19	3.37	381
2012	荷斯坦牛	1 059	326	8 616	4.06	3.32	393
	娟姗牛	855	310	5 584	5.77	3.87	394
	挪威红牛	140 650	300	6 870	4.15	3.37	380
2013	荷斯坦牛	1 227	326	8 775	4.08	3.32	395
	娟姗牛	862	316	5 761	5.95	3.89	396
	挪威红牛	138 715	301	7 074	4.20	3.38	380

续表 4

年份	品种	泌乳牛胎次数	胎次泌乳天数/d	平均 305 d 产奶量/kg	乳脂率/%	乳蛋白率/%	产犊间隔/d
	荷斯坦牛	1 674	324	8 962	4.11	3.36	395
2014	娟姗牛	1 031	319	5 949	5.96	3.99	403
	挪威红牛	159 854	303	7 206	4.24	3.45	381
	荷斯坦牛	1 852	324	9 225	4.15	3.38	399
2015	娟姗牛	1 069	312	6 032	6.01	4.01	398
	挪威红牛	155 104	303	7 370	4.30	3.47	381
	荷斯坦牛	2 169	305	9 222	4.13	3.36	392
2016	娟姗牛	1 141	305	6 067	5.94	4.01	396
	挪威红牛	153 133	305	7 417	4.30	3.46	380
	荷斯坦牛	2 303	305	9 099	4.09	3.34	397
2017	娟姗牛	1 084	305	6 018	5.99	4.02	394
	挪威红牛	144 676	305	7 472	4.28	3.44	380
	荷斯坦牛	2 311	305	9 051	4.09	3.34	394
2018	娟姗牛	1 121	305	5 937	5.89	3.97	387
	挪威红牛	140 350	305	7 486	4.25	3.42	378
	荷斯坦牛	2 515	305	9 766	4.20	3.42	397
2019	娟姗牛	1 165	305	6 402	6.01	4.04	395
	挪威红牛	139 238	305	8 019	4.32	3.47	379

数据来源:ICAR。

1.2 乳品加工业

挪威每年生产牛奶近 160 万 t,羊奶 2.2 万 t。挪威乳制品约占所有销售食品量的 16%,主要品种约有 200 种。全挪威的乳业,从奶农到乳品厂直到乳制品的国内外市场销售均由挪威奶业协会统筹。

各乳品公司的年度产品计划由挪威奶制品协会制定。乳品公司每隔一天派出冷藏保温奶槽车到各个奶农户收集原料奶,并送到各乳品公司加工。奶协的最主要功能就是每天向全国市场提供鲜奶和各种奶制品,其次是平衡和调节奶制品市场需求和各乳品公司的产出量,帮助奶农提高原料奶的质量和卫生指标,并向每一户会员以租赁的方法提供 0.6~3.0 t 容量不等的制冷式牛奶罐,以保证奶农将牛奶及时贮存在 4 ℃的奶罐中等待乳品公司收购,这种措施确保了牛奶质量的稳定。乳品公司收购时,先从罐中取出样品,标注好奶农的姓名和采样时间等带回乳品公司化验,并将结果输入计算机存储。奶协依据挪威农业部规定的饮食卫生法规和条款,建立了一整套牛奶质量和卫生指标检测系统,可以做到对每户奶农的原料奶及时进行检测化验,并根据检测结果划分等级付款。目前奶协对奶农的原料奶的成分、细菌数、稳定性、体细胞数等进行检测。在这种质量检测系统控制下,全挪威奶农提供的奶的质量有了很大提高。挪威的干酪品种约有 6 种,可分成几大类,即哥达型、柴达型、埃门托拉型、莫扎瑞拉型及挪威特产的乳清干酪。此外,挪威还十分重视对乳及乳品的科技研究,并尽可能采用新技术,不断开发新产品。

挪威有 8 家乳品企业,TINE 公司占有 90%以上的市场份额,为挪威最大的乳品公司(https://www.tine.no/english)。2018 年加工原料奶 145.5 万 t,销售额约 230 亿挪威克朗,利润为 15.4 亿挪威克朗 。TINE 在全国拥有 40 个加工厂。TINE 还是一个合作组织,全国 95%的奶农为其成员。TINE 由 5 个区域 233 个奶农代表选出 14 名董事会成员负责,其中 10 名为奶农代表,4 名为公司管理层职业经理人,董事会决定 5 个区域董事会和所有分公司董事会人选。公司经营目标包括 4 个方面,一是为全体牛奶生产者获得最好的奶价;二是确保公司对员工有吸引力;三是为消费者提供丰富的乳制品;四是为社会提供安全乳品。所有会员牧场的原料奶均由 TINE 专门负责原料奶收购的子公司以全国统一的价格收购,再以通过公平规则计算的统一价格提供给乳品企业。TINE 有 34 个加工单元，2.5 万个销售点（直接客户、商店、超市等）分布在全国。TINE 的产品数量有 1 300 个品种。TINE 公司不仅要始终确保奶农所有原料奶的收购，而且还会培训牧场奶农专业技术。

挪威生产的乳制品主要有脱脂液态奶产品、奶油、奶酪、脱脂奶粉等，1961—1987 年乳制品总产量呈上升趋势，1987 年产量最高达 898 519 t，随后 10 年时间里，乳制品总产量快速下降，主要还是受到脱脂奶的影响（图 4）；1961—2014 年，全脂奶粉和脱脂奶粉产量变化波动不大较为平稳；但 2015 年全脂奶粉和脱脂奶粉产量快速上涨，分别上涨 137.4％和 129.5％，随后趋于稳定。奶酪产量大幅度上升，从 1961 年的 40 556 t 上升到 2018 年的 76 996 t；其次是炼乳，1989 年炼乳产量急剧上升，1998 年下降，之后虽有下降但较为平缓；脱脂奶产量整体呈负增长态势，在 1987—1997 年间降幅最大达到 37％，可能是受乳产品类别消费需求变化的影响；奶油产量从 1961 年的 19 442 t 开始缓慢上升，到 1983 年达到最大为 26 803 t，然后开始缓慢下降，到 2018 年仅为 15 800 t（图 5 和附表 2）。

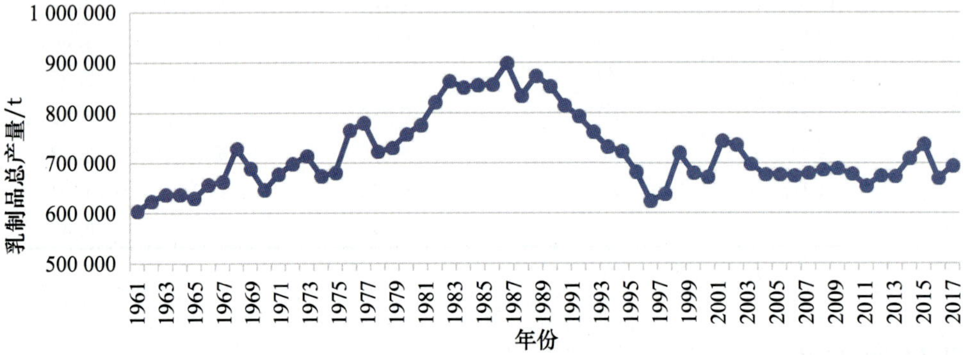

图 4　1961—2018 年乳制品总产量变化趋势

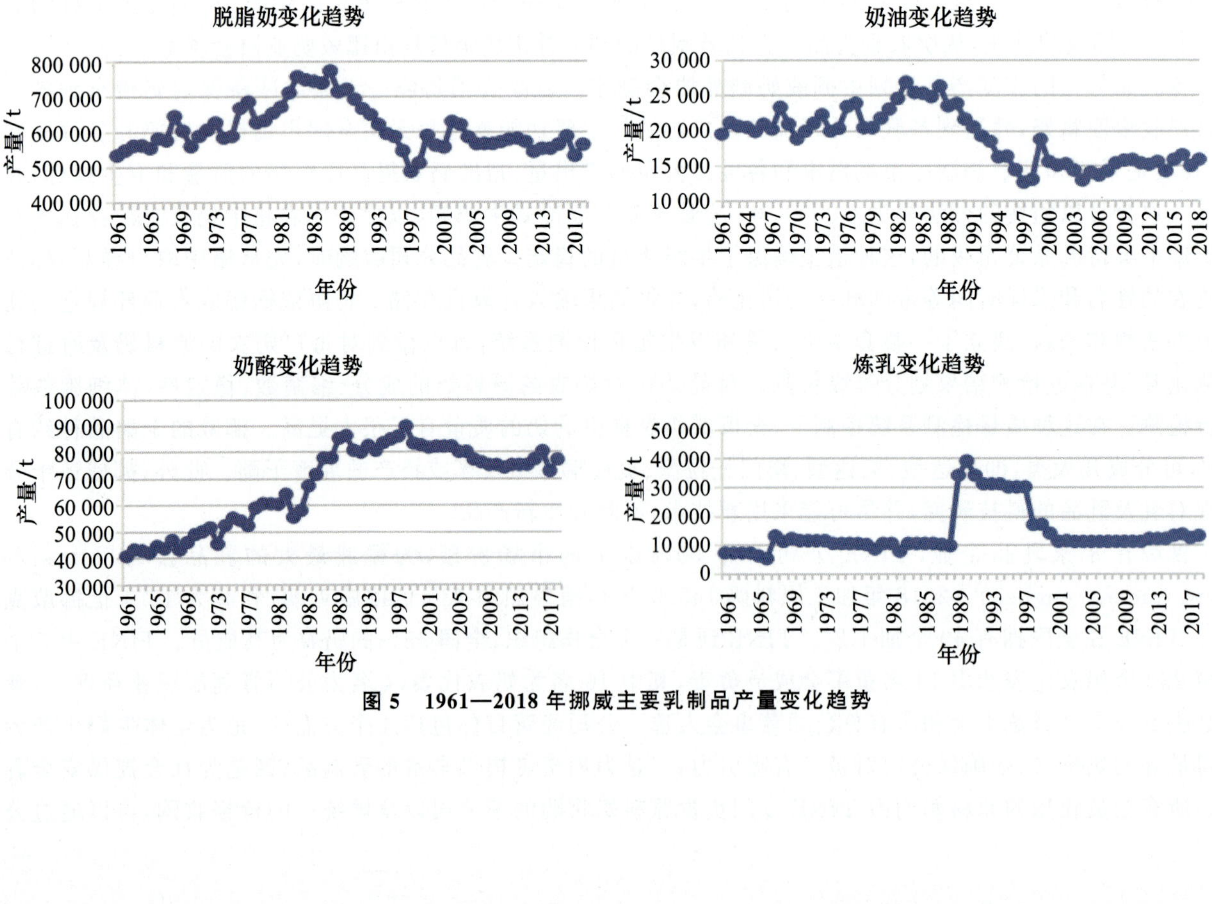

图 5　1961—2018 年挪威主要乳制品产量变化趋势

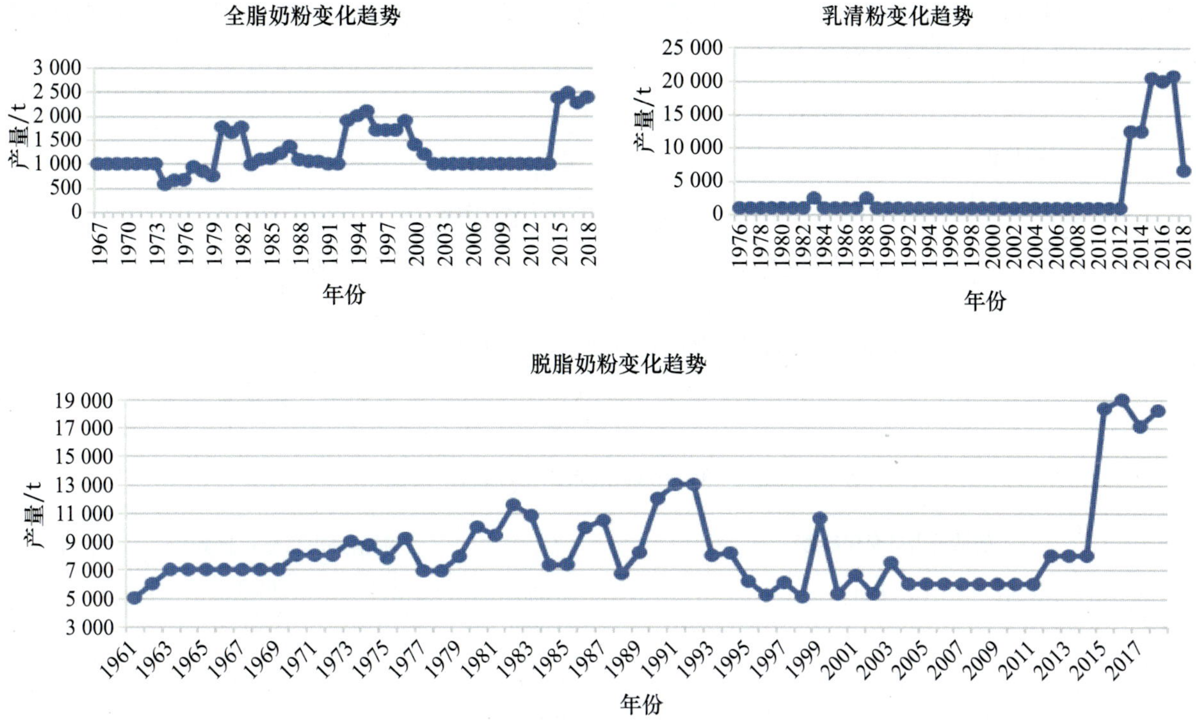

图 5 1961—2018 年挪威主要乳制品产量变化趋势(续)

1.3 乳品消费

消费结构变化明显。挪威市场上奶制品品种多,主要有全脂乳、低脂乳、脱脂乳、酸乳、奶油、酸奶油、牛奶冻及奶酪等。牛奶及各种奶制品在挪威人的日常食品中占有很重要的地位,牛奶每天为人们提供大约25%的蛋白质、8%的钙和 3%的脂肪,也是日常生活中所需维生素的重要来源。总体上,挪威全国奶量的40%用于加工成各种奶酪,人均年消费量 14 kg。

消费总量呈下降趋势。近十余年来挪威牛奶总消费量持续降低,其中脱脂液态奶的消费量降幅最大,这与挪威脱脂液态奶的产量下降存在直接关系;挪威脱脂液态奶产量在近来呈小幅度回升趋势,1998—2018 年间产量由 509 960 t 升至 561 108 t,涨幅 10%。

1.4 乳制品贸易

为了避免供大于求,政府规定使用配额销售,配额可被拍卖。挪威绝大部分牛奶产地集中在高山和峡湾地带,远离人口集聚区,因此新鲜奶通过批发商分拨,奶酪、黄油、奶酪等通过 Klepp(斯塔万格市附近)和 Heimdal(特龙赫姆市附近)两个储藏站来分拨。挪威奶业合作社也就是"TINE",既是挪威奶制品知名品牌,也是市场规则的制定者和执行者,控制了挪威绝大部分牛奶和乳制品市场,涉足初级销售和乳制品加工。

挪威各个农业合作社的市场占有率大多都在 80%以上,有良好的经济效益,强大的市场竞争力,确保了合作社的生存和发展。农业合作社和家庭牧场饲养模式与经营方式的优越性很多,如利益共享,土地资源与养殖配比率高,饲养品种和数量灵活,有利于环境保护和生态平衡等。

从主要乳制品进出口贸易量和贸易额来看(附表 3),挪威是乳制品的出口国,同时也是乳制品进口国。1961—1990 年,乳制品总出口量逐渐增加,1990 年出口量达到最高值, 1990—2019 年呈现出下降趋势;乳制品进口量 2001 年之前较为稳定,2001—2019 年进口量大幅度提升,在 2018 年同乳制品出口量持平(图 6)。奶酪是最重要的出口乳制品,其次是奶油,主要出口欧美国家,享誉国际市场的乳制品是 Jarlsberg 奶酪。近年来，鲜奶出口量迅速增加。2019 年，挪威奶酪、奶油和鲜奶的出口量分别为 10 368、12 和 2 946 t，进口量分别为 14 811、368 和 373t(图 7 和附表 4)。

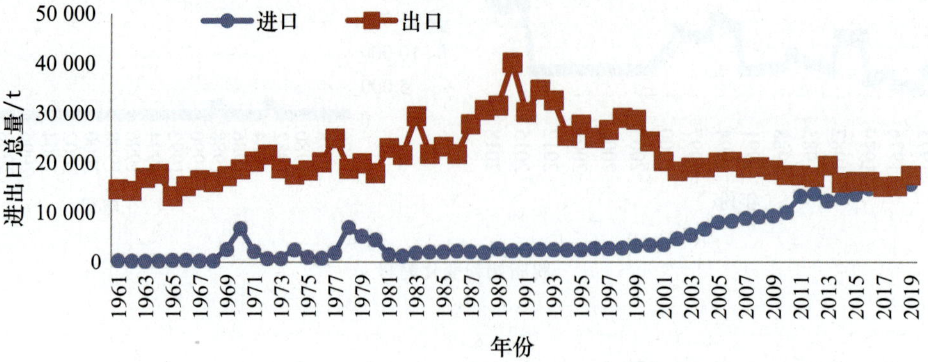

图 6　1961—2019 年乳制品进出口总量变化趋势

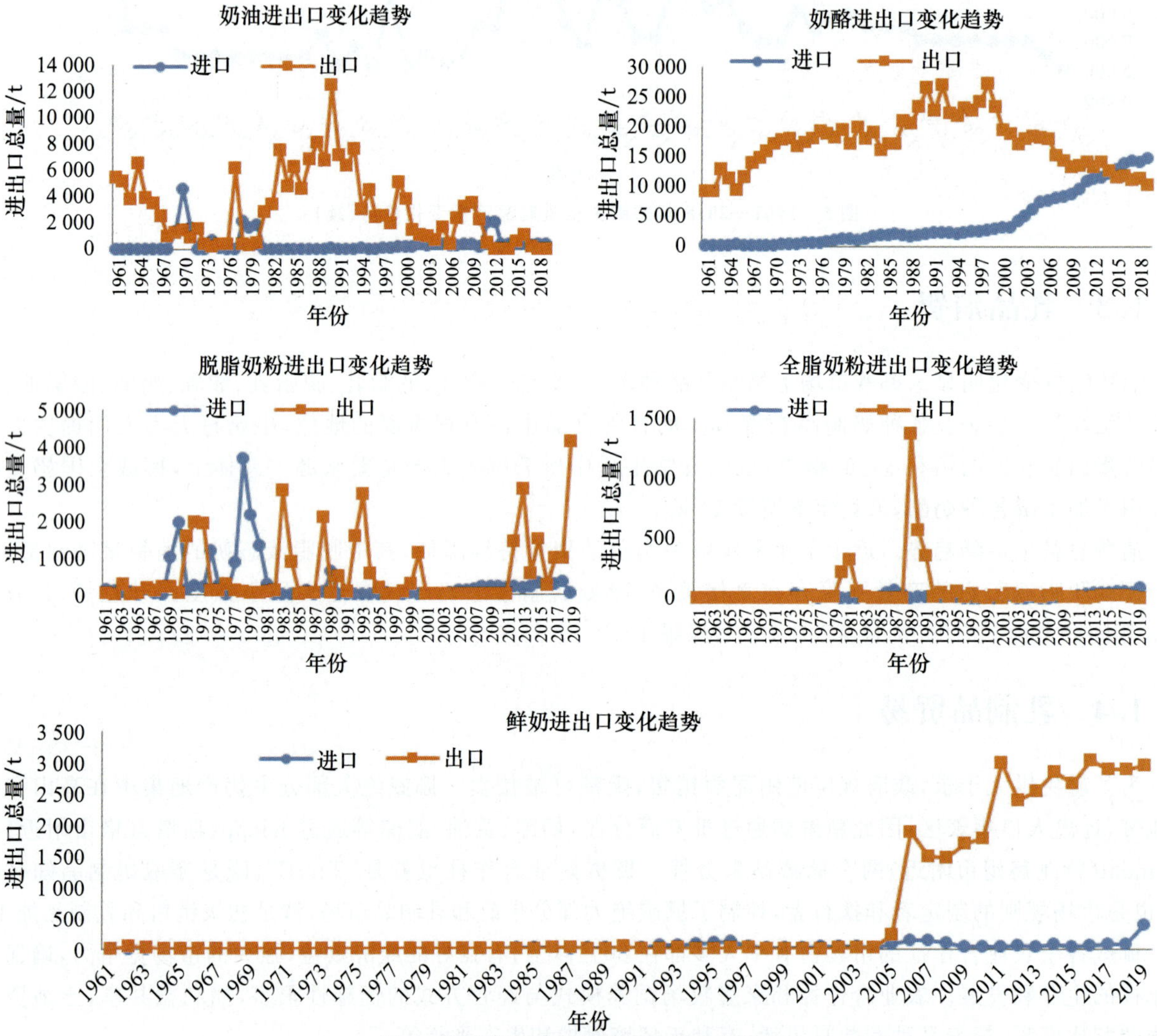

图 7　挪威主要乳制品进出口量变化趋势

2 奶业科技进展概况

2.1 奶牛育种与繁殖技术进展

挪威红牛育种体系可以说是全球独一无二的。首先，挪威红牛育种方法非常独特，在全基因组选择之前利用传统后裔测定体系。近年来，每年通过数据库初选出 10 000 头最佳受体母牛，通过计划选配，得到约 3 700 头小公牛，在此基础上通过基因组选择技术，选出其中 300 头优秀小公牛。再通过对小公牛体型外貌、采精量、精液质量等进行测定，精选出 125 头青年公牛，进入后备公牛舍开始正式采精。其次，挪威红牛公牛后裔测定系统非常严格，全国奶牛参与育种。挪威法律规定每个奶农必须配合奶牛育种工作，牧场必须使用后备公牛冻精，且 40%的冻精必须使用青年公牛的冻精。每头后备公牛后裔女儿数需达到 250 头，即需要经过 4～5 年的后裔测定，最后确定 10～12 头公牛成为验证公牛，进入冻精生产。最后，为了获得挪威红牛的健康和繁殖性状表型数据的完整记录，从 1978 年开始，育种人员必须建立健康性状记录系统，该系统保存有每头牛兽医治疗与防治记录，对奶牛健康性状的遗传评估具有非常重要的价值。

挪威国内的育种公司基诺(GENO)与 AI 协会都是国际知名的育种公司，其基因组选择技术、性别控制技术和精液保存技术都属于世界领先水平。基诺公司(GENO)为全国奶农拥有，其育种方向是根据奶农的需求制定的。基诺公司与 AI 协会成立于 1935 年，负责全国育种工作。目前，全国拥有 1.12 万个成员，存栏种公牛 700 头，全年生产冻精 150 万剂，50%以上供应全球市场。经过 80 多年的选种选育，将 10 个种群融合培育成挪威红牛。挪威红牛 60%为红白花，40%为黑白花，60%为自然无角，40%为有角。所有挪威红牛的生产性能记录均保存在全国统一的数据库中，每头牛拥有固定的健康卡片，为全国性育种工作的实施奠定了良好基础。

在育种工作开展过程中，挪威最初育种指标也比较少且重点关注产量，后也逐步增加了泌乳特性、牛乳成分、体型外貌、健康状况、繁殖性状、适应能力等，育种指标不断完善。但挪威对健康指标的关注时间较早，在综合选择指数中所占比重大，且育种指标涉及面广泛。2018 年，总利润指数 TMI (total merit index) 中包括 13 个性状，如生产指数量(23.54%)，乳房结构(22.56%)，乳房健康(15.66%)等(表 5)。

表 5 总利润指数 TMI 构成

性状(traits)	权重(relative weight)/ %
生产指数(production index)	23.54
乳房结构(udder conformation index)	22.56
乳房健康(udder health index)	15.66
女儿授精力(daugther fertility index)	13.87
肉用指数(公牛)(beef index, males)	7.16
蹄健康指数(claw health index)	4.02
肢蹄结构(foot and leg conformation)	2.18
易产指数(calving ease index)	5.4
死胎指数(stillbirth index)	0.55
挤奶速度(milking speed)	3.76
漏奶(leakage)	0.53
其他抗病指数(other diseases resistance index)	0.35
性情(temperament)	0.42

数据来源：https://www.norwegianred.com/。

挪威红牛繁殖性能优异，自 1985—2005 年的 20 年时间里，奶牛繁殖力逐渐提高并表现相对稳定。1989 年，挪威红牛的数量为 360 289 头，到 2005 年下降至 309 452 头。奶牛单次人工授精后 60d 的不返情率

(NR60)从1985的68.1%提高至2005年的72.7%。1985年,每胎使用冻精数为1.8支,而2005年降至1.6支。夏季与冬季相比,其NR60更高。一般而言,炎热的环境会导致奶牛繁殖力下降,而挪威红牛在热应激条件下,情期受胎率比荷斯坦牛高20%以上,荷斯坦牛在热应激环境下,免疫力差,挪威红牛免疫力却很强,因此,挪威红牛在热带地区可表现出良好的适应性。

AI协会1942年开始推广人工授精技术,1956年开始良种杂交和后裔测定,1965年开始生产冷冻精液,1971年开始使用健康卡片。近年来挪威的科学家研发了新的性控精液技术,提高了性控精液的活力;研发精子保存技术,延长了精子在母牛子宫内的存活时间,挪威红牛冻精在输精后可存活50 h,提高了配种的容易度和有效率。这一科技成果在提高奶牛繁殖力方面具有很高的实用价值。

挪威作为欧洲的奶业强国,在奶牛品种上实行多元化战略。根据本国国情,在繁育方面推广其主导品种挪威红牛的同时,加大研究和推广挪威红牛与荷斯坦牛的杂交奶牛,在产奶量不降低的情况下,提高牛奶质量,增加饲养奶牛的寿命,减少死胎现象,降低乳房炎发病率,进一步增加挪威奶业养殖效益。

挪威红牛产奶潜力较高,繁殖性能较好,对低质粗饲料的利用率较高,抗病力较强,在挪威不同纬度地区都有较好的适应性。挪威红牛既高产又健康的现实证明了一个可持续的育种项目是可以成功地将产量和功能性特征进行平衡的,这一成果得益于有效的记录系统和对功能性状的重视。

此外,挪威的奶牛育种工作还注重新技术的引进。传统的奶牛育种工作是开展公牛后裔测定,使用表型和谱系记录,通过最佳线性无偏预测(BLUP)来估计育种值(EBVs),并在此基础上进行选择,从而实现对奶牛重要经济性状的遗传改良。随着基因组芯片的上市,挪威科学家Meuwissen于2001年最先提出将基因组选择方法应用于奶牛育种,该方法是利用覆盖全基因组的高密度分子遗传标记进行的标记辅助选择,其提出与应用对世界奶牛育种产生巨大的影响。目前奶牛育种已进入"基因组选择时代"。

2.2 奶牛饲料与营养技术进展

第二次世界大战之后,挪威精饲料短缺,精饲料从市场上购买,粗饲料由农场主自己种植,青贮饲料占了极大比例,这是挪威奶业的一大特色。为保证高质量青贮饲料的供给,提高奶牛的产奶量,挪威学者们曾着力于提高粗饲料质量的研究,设立GrassProgram项目①。如从1943年起以后的25年间,甲酸青贮技术对保存饲料营养价值、节约精饲料起到了非常重要的作用。随着机械化的进展,1964年,挪威国家农业机械化研究所在收割机上设计了直接喷洒甲酸的装置,使得甲酸青贮又一次推向了高潮。20世纪70年代后,甲酸自动添加装置在世界各国已经普及。

建立和使用饲料单位的方法来评定饲料能量营养价值。以1 kg大麦喂给奶牛生产牛奶的效果为1饲料单位(feed unit)。例如1 kg豆饼是1.24饲料单位,1 kg干草是0.4饲料单位。北欧地区使用的饲料单位主要有大麦饲料单位,1 kg大麦在试畜体内沉积173.6 g脂肪,即为1个大麦饲料单位。

挪威的劳动力工资水平高,牛场采用先进的饲养技术,自动化程度很高。牛场的饲喂系统均采用全混合日粮(TMR)饲喂技术和青贮自动投料系统,全天自由采食,计算机监测、控制、计量投料,原料添加、日粮运输和投放都不需要人员参与。就挤奶而言,挪威40%的牧场采用了高度智能化和自动机器人,奶牛全天多次自由挤奶,不需要人员干涉。牛床采用橡胶床垫,上面铺垫锯末,自动精饲料补饲装置,可根据奶牛信息系统提供的信息补充精饲料。就管理而言,牧场软件能全程跟踪每头奶牛的采食、活动、挤奶等信息,利用这些信息,牧场可有计划地安排生产、监控管理。另外,牧场在土地耕作、牧草种植方面也高度机械化、信息化和智能化,有专门的耕作机械、收割机械、打包并包裹机械。牧场高度机械化、信息化、智能化解决了人力成本较高的矛盾,也大幅度提高了劳动效率和生产效率。

---

① GrassProgram:提高青粗饲料研究的项目名称。

2.3 奶牛疫病控制技术进展

全球动物健康与疾病在未来面临 4 个方面的挑战，首先是气候变暖，气候变化使疾病发生更具不确定性；其次是全球化加剧，人员和动物流动更加频繁，货物贸易也加大；再次是畜牧产业机构调整，牛群生产区域更集中，牧场规模更大，牧场内实行散栏，奶牛接触更频繁；最后是食品安全关注度提高，消费者更加关注动物安全生产。这些都加大了牛群健康与疾病防控的难度。

挪威奶牛的健康与疾病防控独具优势。挪威岛内环境形成相对独立的动物养殖条件。挪威具有良好的兽医体系和疫病防控政策，做到了农业食品部、国家食品安全局、大学研究所实验室与动物间的产业一体监控，不鼓励转群异地饲养与活畜交易。国家对传染病牛扑杀不给予补贴，全国的奶牛均记录在计算机数据库中，如果牧场的哪头奶牛出现异常，国家兽医研究院将对之进行诊断、鉴定、隔离和扑杀，做到及时发现牛场疾病情况，及时净化。如果牧场不及时报告，将面临全群隔离，同时，停止原料奶和牛只出售，由此产生的损失更加严重，使奶牛场能及时上报。

挪威奶牛几乎没有传染病，挪威奶牛不使用疫苗，传染病主要通过隔离扑杀方式消除。在挪威，牧场无权使用任何抗生素类药物，只有注册兽医才有权通过处方用药治病。虽然挪威奶牛以前有很多疾病如炭疽、口蹄病、布鲁氏菌病、蓝舌病、结核病、BVD 等，但均已扑灭，并多年未发。但是根据国际兽医组织欧盟兽医局和挪威农业食品部畜病目录要求，国家兽医研究院每年都前往全国牧场采取奶样、血样、环境土壤样以及饲料样进行定期采样化验分析，形成报告，并在网上公布。

2.4 奶牛场粪污处理与环境保护技术进展

挪威在奶业发展中十分注重生物能源开发利用，并制定相应优惠鼓励政策。挪威牛奶生产都有配额，以土地配额牛奶，实现养殖规模与土地配套。养殖规模与土地配套不仅解决了饲草料的来源，而且为粪污消纳提供了场地。在奶牛场粪污处理、环境保护上，中小型牛场一般采用化粪池堆积、塑料薄膜掩盖发酵处理，然后用粪罐车运往草地喷洒施肥，这样既解决环境污染问题又肥沃土地。在较大的规模牛场，一般采取沼气发电的方式处理粪污。牧场粪尿处理也高度机械化、信息化和智能化，牛舍内有自动清粪系统，机械刮粪，管道输送，自动固液分离，并配固体肥抛洒车、液态肥抛洒车等机械。特别重要的一点是，挪威鼓励牧场拥有饲料用地，并保持面积的相对稳定，按牧场种植面积进行补贴，补贴标准约为每年每公顷 3 000 元人民币。牛场保有的土地，可有效吸纳处理的粪便、污水等，实现对自然环境的保护，有利于生态平衡。

3 原料奶质量控制与计价体系

3.1 提高原料奶质量的主要技术措施

大部分牧场饲喂系统均采用全混合日粮（TMR）饲喂技术，全天自由采食。牛群采用全天候自由挤奶，先进的奶牛场已使用机器人全自动挤奶。先进的机械设备和计算机控制设备的使用，极大提高了劳动生产率和盈利率，保证了原料奶质量。先进的饲养管理技术、繁育技术、饲料营养技术和 DHI 技术的广泛应用和普及，保证了奶牛饲养过程中泌乳潜力的最大发掘，不仅进一步确保了原料奶质量，而且使奶业生产效益达到最大化。此外，挪威法律规定奶牛每年必须进行 2 个月的放牧方式饲养，强调让牛在愉悦的环境下产奶，产出更加优质的牛奶。

3.2 提高原料奶质量的主要政策措施

挪威牧场总收入的40%来自政府补贴。一是按牧场种植面积进行补贴，鼓励牧场拥有饲料地，并保持面积的稳定，补贴标准为每年每公顷3 000元人民币；二是牛场补贴，挪威牛场基本为家庭牧场，政府按牧场个数每年每个牧场补贴10万元人民币；三是奶牛饲养补贴，政府根据牧场饲养的全群奶牛头数，每头每年补助2 500元人民币。协会每年统计2次，得出奶牛数量，地方政府每年抽样5%的牧场进行检查核实；四是牧场社会福利补贴，考虑到牧场以家庭成员为主，365 d都在牧场工作，政府每年对每个牧场补贴6万元人民币，主要用于雇工休假；五是牧场投资补贴，新建牧场牛舍建设总造价政府补贴30%。

除了对牧场直接补贴，政府设立各种研究项目对牧场进行资金支持，对养殖加工消费等领域的研究项目无论是公司、大学和协会都可以申报。另外，对产业发展提供建设性意见，政府还有专门的支持。

3.3 监控原料奶质量的主要方法及惩罚措施

每个牧场2～3 d交一次奶，每次交奶留样，每个牧场每月抽检4次。奶罐车运到加工厂日常检测项目包括气味、乳脂率、乳蛋白率、体细胞数、细菌数、酸度、冰点等指标。不合格的奶将被拒收，牧场将受到警告，如出现造假行为，将受到严厉处罚。

3.4 原料奶计价体系

挪威从二战时期就实行了“国内奶制品同等基金”项目，1983年对牛奶和山羊奶实行配额管理，1997年挪威首批9个地区进行了牛奶配额买卖，经过连续多年的配额管理，目前挪威奶制品市场供求基本平衡。2001年农产品协议双方同意生产者之间直接进行配额交易，因此政府决定从2003年起使用新的牛奶配额交易方案，即一部分配额可在市场上买卖，但奶农在出售配额时必须整体卖给同一个县郡，而不能分散出售。科学的配额管理，建立了稳定的原料奶计价体系。

以TINE为例，其向奶农支付原料奶价格由两部分组成，首先是磋商奶价，每年由政府、全国奶农协会协商制定，配额内实行全额奶价，配额外牧场需付费交奶；其次红利奶价，年终根据TINE公司盈利情况再分配。此外，全国实行季节差价，冬季低，夏季高。挪威国土窄长，南北跨度为5 000 km，为了确保牧场奶农利益，全国牧场实行同季同质统一奶价，原料奶运费由TINE公司承担。

4 科技推广体系

4.1 主要研究与推广机构

挪威是奶业发达国家，作为欧洲的奶业强国，挪威在奶牛品种上实行多元化战略。根据本国国情，在繁育方面推广其主导品种挪威红牛的同时，加大研究和推广挪威红牛与荷斯坦牛的杂交应用，在不降低产奶量的情况下，提高牛奶质量，延长奶牛寿命，减少死胎率，降低乳房炎发病率，进一步增加挪威奶业养殖效益。

挪威基诺育种与人工授精协会是全国唯一的育种组织，基诺有员工270人，其中博士11人，每年研发投入高达300万美元。基诺培育出的挪威红奶牛是一种高产奶牛，挪威红牛育种项目的选择强度与后裔测定规模堪称世界奶牛之最。在挪威，好的牛场每个产奶期的产量在10 000 kg以上，其中最优秀的母牛产量在16 000 kg以上。生产能力呈上升的趋势，归因于遗传改良。

冻精协会开发了新的性控精液技术，可大幅度提高性控精液的活性，并降低成本，以X－Y方式分离的挪威红牛冻精已开始在欧洲市场销售;由协会牵头开发的精子保存技术,可使精子在母牛体内保存更长时间,从而降低对配种员发情观察准确率的要求;协会及其合作伙伴深入开展奶牛基因组选择,并得到挪威研究委员会的经费支持。协会拥有完整的数据库系统,其开展的平衡育种项目已进行了 30 多年,高产、优质、健康、易繁和长寿是其长期努力的目标。协会定期对犊牛、育成牛、成母牛体高、体长、胸围、腹围等项目进行考核,并针对不同阶段的奶牛实行不同项目的考核,例如对犊牛进行初生重、日增重和断奶体重的考核,对育成牛进行日增重和产犊难易的考核,对成母牛进行胎次产奶量、乳成分和产犊难易的考核。

挪威生命科学大学动科院重点研究动物福利课题,制定奶牛福利标准包括最低营养标准、牛舍空间要求、牛床最小尺寸等。挪威兽医体系良好,实现了农业食品部、国家食品安全局、大学研究所实验室与奶牛间的产业一体监控。

挪威皇家发展协会是一个独立的公民社团,是一个非营利组织。该协会目前承担农民合作的组织功能,通过建立农民协会合作社的方式支持现代农业的发展。此外,挪威农业推广服务机构是一个由农民组成且服务于农民的组织,该组织有 27 000 名成员,都是农民;68 个推广小组,每个推广小组都是由自己的成员所拥有和控制的;250 个顾问,包括来自一些大学的学者。主要任务是在挪威环境研究院、挪威生命科技大学等研究机构的支持下,为成员提供一些最新的服务,包括咨询服务等。

4.2 运作模式

挪威红牛育种及繁育体系,都有严密的组织。农户、企业、政府、地方育种协会、人工授精组织等共同组织起来,建立联合体系,实施繁育工作。挪威基诺公司与人工授精协会是由挪威的奶农共同拥有和管理,全体奶农的需求就是挪威红牛的育种方向。目前该公司拥有 15 000 多名成员,年营业额 2.7 亿元人民币。

挪威在奶牛生产发展上,基本实行以农业合作社和家庭牧场为主的饲养模式。这是保证奶业合作社公司快速发展的基础,同时也加强了农民社员对奶业合作社的认同。挪威 1956 年建立了第一个合作社,奶业合作社运行机制灵活,体现了奶农的根本意愿,实行自主决策,自主经营,产加销一体化,利润共享;多年来,合作社由数量扩张型向集约型转变,实现了产、加、销一体化经营,形成了以奶农为中心的集奶牛养殖、草料生产、技术研究与推广的配套体系。目前,奶农合作社的牛奶产量占全国牛奶产量的 95%。

5 促进奶业发展的主要政策

5.1 促进奶业生产的政策

挪威政府通过资金扶持和项目科技支撑的方式促进奶业生产。对牧场实行财政补贴,提高奶农养殖的积极性,促进奶业生产,补贴内容主要包括牧草种植补贴、牛场补贴、奶牛饲养补贴、牧场社会福利补贴和投资补贴。还在大学、公司、协会等设立相关领域的研究项目对牧场进行科技支撑,提高奶牛养殖业的科技含量。

挪威政府牛奶生产有土地配额,以土地配额牛奶,实现养殖规模与土地配套。养殖规模与土地配套不仅解决了饲草饲料的来源,而且为粪污消纳提供了场地。很多牧场的粪尿经过暗沟输送到沉淀发酵池,通过杀灭病菌,固液分离或不分离,直接通过专用设施洒入草场或农田。

挪威牧场总收入的 40%来自政府补贴。一是按牧场种植面积进行补贴,鼓励牧场拥有饲料地,并保持面积的稳定,补贴标准为每年每公顷 3 000 元人民币;二是牛场补贴,挪威牛场基本为家庭牧场,政府按牧场个数每年每个牧场补贴 10 万元人民币;三是奶牛饲养补贴,政府根据牧场饲养的全群奶牛头数,每头每年补助 2 500 元人民币。协会每年统计 2 次,得出奶牛数量,地方政府每年抽样 5%的牧场进行检查核实;四是牧场社会福利补贴,考虑到牧场以家庭成员为主,365 d 都在牧场工作,政府每年对每个牧场补贴 6 万元人民币,主要用于雇工休假;五是牧场投资补贴,新建牧场牛舍建设总造价政府补贴 30%。

除了对牧场直接补贴，政府设立各种研究项目对牧场进行资金支持，对养殖加工消费等领域的研究项目无论是公司、大学和协会都可以申报。另外，对产业发展提供建设性意见，政府还有专门的支持。

5.2 促进奶业加工的政策

挪威奶业发展的一个显著特色，就是多方面的财政补贴和政策支持，激发奶农的生产热情，保障奶农收入，促进奶业发展。

国家除以直接生产补助和垦荒补助的形式给予支持外，还通过公共贷款和保险体系对各种机器设备的购买进行资助。挪威成立专门的信贷合作社和保险合作社。5.5 万农民中有 1.1 万人是信贷合作社社员。信贷合作社拥有 106 万挪威克朗的资产，信贷量是 975 万挪威克朗，为农民提供了大量的长期贷款，解决农民购买农业器械、加工储藏设施等的资金困难问题。挪威保险合作社有 185 个办事机构，分布在全国各地，保金有 1.6 亿挪威克朗，占农业保金的 76％，占全国保金的 31.2％，成为全国最大的保险公司。

5.3 促进奶业贸易的政策

挪威使用关税保护等贸易政策工具促进奶业贸易发展。由于挪威农产品价格高于欧洲其他国家，牛奶价格也高于周边瑞典、丹麦等国家的 30％，所以政府对乳制品进口采取高关税政策。考虑到乳制品种类繁多，关税税率根据重量计算征收，如奶酪进口关税税率为每千克 27.5 元人民币。

5.4 促进奶业消费的政策

由于挪威人口总量少，国内消费有限，挪威牛奶的总消费量呈下降趋势。其中，液态奶的消费量降幅最大，从 1982 年的 7.71 亿 L 逐渐降为 2002 年的 5.53 亿 L。

挪威政府一直致力于扩大本国的消费需求。具体措施有，一是建立完善的消费促进和保护机制，消费理事会、消费者协会和国家消费研究院是挪威的主要消费促进和保护机构；二是通过利率等货币政策进行调节，将核心通胀率控制在 2.5％左右，价格增长在±1％之间；三是通过税收来调节，挪威的所得税实行级差税率，还征收财产税，达到调节分配作用。

6 值得借鉴的主要经验

6.1 经营模式方面的经验

挪威以农业合作社和家庭牧场为主的饲养模式值得我们学习借鉴。

奶农合作社是挪威奶业发展过程中的产物，是推进奶业实现产、加、销一体化的有效形式。1956 年挪威建立了第一个合作社，近 60 多年来，奶农合作社由数量扩张型向集约型转变，实现了产、加、销一体化经营。经过长期的努力，形成了以奶农为中心的奶业全产业链研发推广体系。奶农合作社的牛奶加工量占市场份额的 95％。奶农合作社不仅提高了农业生产和销售的组织化和产业化程度，而且运行机制灵活，体现了奶农的根本意愿，实行自主决策，自主经营，产加销一体化，利润共享，有利于推进农业结构调整，保护并不断推动奶业的持续健康发展。合作社在促进挪威农村和地区发展，提高农民收入，缩小城乡差别和地区差别等方面发挥了个体农民和国家都不可替代的作用。目前，我国奶农和加工企业的合作关系尚不完善，如何协调好“奶农-加工企业”二者之间的利益关系，是一个任重道远的命题。

6.2 科技创新方面的经验

无论在硬件设备方面的技术创新，还是在选育、繁殖、开发等软件技术方面的创新，与挪威奶牛业已经较成熟的科学技术相比，我国仍然存在差距。在挪威，无论是家庭式的农场，还是在实验基地、试验场及农产品深加工车间，徒手或简单劳动工具式的生产均被高度机械化、自动化及流水线作业式的劳动方式所替代。牛场及土地的管理由 4～5 人即可完成，奶牛场普遍采用世界先进的散栏式饲养方式和 TMR 饲喂。我国目前的奶牛养殖朝着规模化集约化的方向快速发展，挪威奶业许多经验可以借鉴。

第一，挪威奶牛育种经验值得我们学习借鉴。挪威红牛育种及繁育体系，都有严密的组织。农户、企业、政府、地方育种协会、人工授精组织等共同组织起来，建立联合体系，实施繁育工作。挪威基诺育种是挪威全国唯一的育种组织，由全国奶农共同拥有和管理，育种成效切实关系到奶农生产水平和经济收入。这一良好的育种方式，使挪威育成了挪威红牛等优秀奶牛品种，并在全国推广养殖。我国也需要类似的切实关切到养殖场和养殖户利益的育种方案。挪威主要依靠公司进行奶牛育种，在获得良种的同时及时推广，并且经济效益直接决定了育种公司的存亡，所以育种公司只有不断创新和选育，提供最优秀的种公牛才能立于不败之地。

第二，挪威对创新遗传育种手段的及时应用值得我们借鉴学习。挪威奶业的育种一直在利用最新的遗传研究结果，使用先进的育种手段，包括使用全基因组选择等策略，走在世界奶牛育种的前列。2009 年，全基因组选择被应用于挪威红牛的育种。挪威在 30 多年前，就已将繁殖性能、抗病性等功能性状包括在其育种目标之中。这些都值得我国思考借鉴，目前奶牛的繁殖性状、体型性状等功能性状也逐渐被重视并纳入我国奶牛育种规划中。此外，今后我国奶牛育种目标的制定应体现前瞻性和多样性。

第三，挪威在发挥本国奶牛品种优势的前提下实现奶牛品种多元化，值得我们学习借鉴。优良的奶牛品种是奶牛业发展的基础和前提，是衡量现代化奶业发展的重要指标。挪威制定并坚持不懈的执行科学、合理的育种计划，凭借得天独厚的自然条件、饲草饲料条件，培育出世界顶尖的奶牛良种——挪威红牛。其优良特点是乳脂率和乳蛋白率非常高，寿命长，繁殖力高。

作为欧洲的奶业强国，挪威推广其主导品种挪威红牛的同时，还加大对挪威红牛与荷斯坦杂交奶牛的研究和推广，在产奶量不降低的情况下，提高牛奶质量，增加饲养奶牛的寿命，减少死胎率，降低乳房炎发病率，进一步增加挪威奶牛养殖效益。挪威的经验表明，通过引进优秀的挪威红牛等品种，在散养农户和普通饲养小区开展与荷斯坦牛杂交，可以帮助奶农大幅度提高奶牛养殖的综合经济效益。我国可以在有条件的地区进行积极探索，在试点和示范的基础上逐步推广。

第四，挪威注重奶牛日粮中粗饲料的品质与含量，值得我们学习借鉴。在奶牛饲养方面，挪威注意提高青粗饲料的质量，尤其是青贮饲料在日粮组成中占有了较高的比例。我国由于耕地资源稀缺，优质牧草种植少，畜牧饲料供应紧张，因此，大力提倡“全株玉米青贮＋优质干草”的饲料供应模式，提高青贮饲料收割的机械化水平，是我国发展优质、高产、高效奶牛业的必然选择。

第五，挪威建立了完善和实用的奶牛数据平台，值得我们学习借鉴。挪威在全国建立了统一的数据中心，中心设在 TINE 牛奶公司，中心囊括了国家行政主管部门（农业食品部）、科研部门（挪威生命科学大学）、合作组织或合作社（基诺育种与 AI 协会、TINE 牛奶公司、挪威皇家发展协会等）、合作社的广大成员（牧场）以及农业推广服务机构等。所有部门都按相应职责负责相关数据的收集和输入，并享有相应的权限查看和使用这些数据资源。牧场的每头牛都有一张健康卡片，牧场认真、翔实地为每头奶牛填写健康卡片，连同日常的诊断、检验、治疗等信息一起，由国家兽医部门收集并输入数据库，每年健康数据约有 28 万条。在收购牛奶时，TINE 牛奶公司采集牛奶桶中的样品或每头牛的样品检测其牛奶成分，并将数据输入中心数据库。按挪威法律规定，每头牛每年至少检测 5 次，数据可达 100 多万条。目前，多数牧场每头牛每年检测高达 12 次，数据量更多。同样，基诺育种与 AI 协会也会将相应的育种数据，以及每年还有 20 多万条从屠宰场反馈回来的数据，输入中心数据库。总之，只要与奶业相关的数据都会被收集并输入这个中心数据库。利用这个数据库，国家可掌握奶业发展信息，科研部门可明确研究领域和攻关方向，育种部门可实施育种效果评估和制定育种计划，推广服务机构可依靠此数据平台并在营养、疫病、繁殖等专家顾问的指导下开展牧场技术服务和咨询，同样牧场主也可以此为依据改善营养水平，提高管理水平，加强疫病预防和强化治疗效果等。如牧场主可通过授权代码进入数据平台，查阅牧场牛群和个体的信息，当有牛只体细胞数据异常时，可追踪奶牛查看是否患有隐性或临床乳房炎。我国目前在奶牛数据平台建设及数据共享方面与挪威还有较大差距。

6.3 产业政策方面的经验

挪威政府对奶业的直接和间接支持值得我们借鉴。

第一是关税保护。挪威的奶业无论是劳动力成本、原料奶价格，还是乳制品价格都比欧洲其他国家高30%以上，所以政府对乳制品进口采取高关税政策。

第二是财政补贴。挪威牧场主总收入的40%来自政府补贴。按牧场种植面积进行面积补贴，给予家庭牛场补贴，给予奶牛饲养补贴，以及牧场社会福利补贴。

第三是科研支持。对养殖加工消费等领域的研究项目无论是公司、大学和协会都可以向政府申报课题获得支持。对产业发展提出建设性意见，政府有专门的项目支持经费。目前我国对农业的支持力度在不断加大，但是主要集中是在急需科研项目上，对周期长、社会效益大的种业支持不持续。政府对研究项目的支持应该需要集中于建立合理健康的产业体系，形成完整的链条，调研清楚，持续稳定，见到成果。

6.4 其他方面的经验

挪威重视生物能源的开发利用和环境保护值得我们借鉴学习。

挪威在奶业发展中十分注重生物能源开发利用，并制定相应优惠政策。在奶牛场粪污处理、环境保护上，中小型牛场一般采用化粪池堆积、塑料薄膜掩盖发酵处理，然后用粪罐车运往草地喷洒施肥，这样既解决环境污染问题又肥沃土地。我国奶牛养殖者的环境观念和生态观念还在逐渐增强中，如从观念上引导和法律法规上规范，可以起到更好的效果，使环境质量得到根本改善。

参考文献

[1]公维嘉. 爱尔兰，挪威奶业考察报告. 中国奶牛，2007，10(10)：63-63.

[2]谷继承. 瑞典、丹麦、挪威、奶业考察报告. 中国奶牛，2014(22)：38-42.

[3]李兆林，秦学智，索宝. 挪威、荷兰及意大利奶业发展考察报告，2011年9月22日，http://www.hesitan.com/kxyn_gjnncytx/2011-09-22/34804.chtml.

[4] Stræte E P. A system perspective on innovation in the Norwegian dairy industry. Norsk Geografisk Tidsskrift-Norwegian Journal of Geography，2007，61(1)：25-33.

[5]Flaten O，Bakken A K，Randby Å T. The profitability of harvesting grass silages at early maturity stages：an analysis of dairy farming systems in Norway. Agricultural Systems，2015，136：85-95.

[6]Hunt J. How detailed records made Norway's dairy herd world class. Farmers Weekly，2016，165(12).

[7]Lien G D，Flaten O，Ebbesvik M，et al. Comparing risk perceptions and risk management in organic and conventional dairy farming：empirical results from Norway. Livestock Production Science，2003，95(1)：11-25.

[8]Larsgard A G, Posos J, Johansson K, et al. Population structure among progeny-tested bulls of the red dairy breeds in Finland, Norway and Sweden. Acta Agriculturae Scandinavica, 2002, 52(4): 203-212.

[9]Refsdal A O . Reproductive performance of Norwegian cattle from 1985 to 2005: trends and seasonality. Acta Veterinaria Scandinavica, 2007, 49(1):5-5.

[10]Reksen O, Tverdal A, Langree J R , et al. Reproduction management of tethered cows on Norwegian dairy farms. Animal Reproduction Science, 1999, 57(3-4):141-151.

[11]Wright K. Data, breeding and health are the secret to Norway's dairy success. Farmers Weekly, 2015,163(5).

参考资料

[1]https://www.norwegianred.com/

[2]http://www.thecattlesite.com/breeds/dairy/37/norwegian-red/overview

[3]http://www.dairyfarmer.com.cn/xmb_nw/0/0.chtml

[4]http://www.ssb.no/

[5]http://faostat.fao.org/

[6]https://www.icar.org/

[撰稿：山东省农业科学院畜牧兽医研究所　仲跻峰　李建斌]

附　表

附表 1　1961—2019 年挪威奶牛头数、总产奶量和单产水平

时间	奶牛头数/头	总产奶量/万 t	平均单产/(kg/头)
1961	604 400	160.3	2 652.2
1962	592 100	164.1	2 771.5
1963	573 300	165.6	2 888.5
1964	552 199	164.2	2 973.6
1965	517 198	164.3	3 176.7
1966	503 098	167.7	3 333.3
1967	478 114	169.5	3 545.2
1968	469 881	176.0	3 745.6
1969	436 765	173.1	3 963.2
1970	424 257	170.4	4 016.4
1971	414 052	174.4	4 212.0
1972	414 449	180.7	4 360.0
1973	413 423	180.0	4 353.9
1974	404 290	180.0	4 452.2
1975	387 282	182.0	4 699.4
1976	385 669	187.4	4 859.1
1977	382 056	186.8	4 889.3

续附表 1

时间	奶牛头数/头	总产奶量/万 t	平均单产/(kg/头)
1978	375 007	190.2	5 070.8
1979	372 288	187.2	5 028.9
1980	375 400	194.4	5 179.3
1981	379 900	196.3	5 166.9
1982	384 500	201.9	5 251.0
1983	380 600	199.6	5 244.4
1984	386 300	199.3	5 159.2
1985	376 000	195.2	5 191.5
1986	363 100	195.5	5 384.2
1987	347 600	198.6	5 713.5
1988	335 600	198.6	5 916.5
1989	340 454	196.1	5 760.0
1990	328 000	196.3	5 984.8
1991	327 800	186.7	5 696.4
1992	326 200	185.8	5 696.6
1993	320 100	185.3	5 788.0
1994	318 200	180.7	5 678.1
1995	317 200	177.7	5 603.4
1996	318 900	175.3	5 497.7
1997	315 200	174.7	5 544.0
1998	315 700	173.4	5 492.8
1999	312 948	170.8	5 457.8
2000	297 731	161.6	5 429.2
2001	289 617	157.2	5 429.3
2002	281 502	155.8	5 535.8
2003	278 137	157.6	5 665.6
2004	271 970	157.4	5 787.3
2005	265 186	156.6	5 904.2
2006	259 084	155.3	5 995.9
2007	253 364	159.5	6 296.5
2008	248 283	158.1	6 366.3
2009	239 637	155.4	6 486.0
2010	238 442	155.9	6 536.3
2011	233 347	152.8	6 546.2
2012	233 257	158.4	6 792.5
2013	228 895	157.8	6 893.3
2014	223 997	156.2	6 972.7
2015	224 298	158.7	7 073.5
2016	221 485	157.3	7 100.9
2017	219 265	154.4	7 042.0
2018	219 133	157.2	7 173.3
2019	257 076	155.2	6 038.7

数据来源:联合国粮农组织(FAO)。

注:2001—2010 年的奶牛头数、平均单产数据与表 2 不完全一致,表 2 数据来源于 ICAR。

附表 2　1961—2019 年挪威主要乳制品产量

t

年份	脱脂奶	奶油	奶酪	炼乳	全脂奶粉	脱脂奶粉	乳清粉
1961	532 400	19 442	40 556	7 035	—	5 000	—
1962	546 480	21 113	43 019	7 000	—	6 000	—
1963	559 680	20 573	42 702	7 000	—	7 000	—
1964	560 560	20 392	41 816	7 000	—	7 000	—
1965	552 640	19 793	44 355	6 000	—	7 000	—
1966	579 920	20 883	43 475	5 000	—	7 000	—
1967	574 640	20 138	46 638	13 000	1 000	7 000	—
1968	643 280	23 267	42 939	11 105	1 000	7 000	—
1969	601 920	20 889	45 826	12 105	1 000	7 000	—
1970	557 920	18 733	48 770	11 375	1 000	8 000	—
1971	586 960	19 834	49 846	11 350	1 000	8 000	—
1972	604 560	20 993	51 449	11 350	1 000	8 000	—
1973	624 800	22 212	45 177	11 350	1 000	9 000	—
1974	581 680	19 848	52 257	10 350	575	8 716	—
1975	586 080	20 258	55 130	10 350	658	7 806	—
1976	666 160	23 391	54 047	10 350	668	9 195	1 000
1977	684 640	23 845	52 142	10 350	936	6 903	1 000
1978	624 800	20 354	58 900	9 950	845	6 901	1 000
1979	630 960	20 357	60 516	8 350	751	7 916	1 000
1980	652 080	21 700	60 453	10 350	1 768	10 001	1 000
1981	669 680	22 990	60 258	10 350	1 655	9 386	1 000
1982	710 160	24 495	64 000	7 550	1 765	11 564	1 000
1983	755 920	26 803	55 354	10 350	986	10 800	2 500
1984	747 120	25 349	57 914	10 350	1 094	7 315	1 000
1985	742 720	25 230	67 181	10 350	1 113	7 350	1 000
1986	737 440	24 755	71 462	10 350	1 218	9 939	1 000
1987	771 760	26 241	77 694	10 000	1 362	10 462	1 000
1988	712 800	23 440	77 722	9 600	1 087	6 704	2 500
1989	719 840	23 800	85 146	34 000	1 054	8 200	1 000
1990	691 680	21 584	86 144	39 000	1 048	12 000	1 000
1991	664 400	20 457	80 582	34 000	1 000	13 000	1 000
1992	647 680	19 168	79 843	31 000	1 000	13 000	1 000
1993	619 080	18 399	82 372	31 000	1 900	8 000	1 000
1994	593 120	16 167	80 518	31 000	2 000	8 170	1 000
1995	584 320	16 279	83 375	30 000	2 100	6 180	1 000
1996	544 280	14 353	84 792	30 000	1 700	5 200	1 000
1997	486 200	12 600	85 884	30 000	1 700	6 100	1 000
1998	509 960	13 000	89 702	16 910	1 700	5 100	1 000
1999	587 420	18 700	83 200	17 000	1 900	10 600	1 000
2000	559 820	15 500	82 500	13 900	1 400	5 300	1 000
2001	554 300	15 000	81 600	11 100	1 200	6 600	1 000
2002	627 762	15 200	82 000	11 300	1 000	5 322	1 000
2003	618 838	14 300	82 000	11 000	1 000	7 500	1 000
2004	582 774	12 900	82 100	11 000	1 000	6 000	1 000
2005	563 500	14 000	80 000	11 000	1 000	6 000	1 000

续附表 2 t

年份	脱脂奶	奶油	奶酪	炼乳	全脂奶粉	脱脂奶粉	乳清粉
2006	563 960	13 600	80 000	11 000	1 000	6 000	1 000
2007	563 960	14 200	77 000	11 000	1 000	6 000	1 000
2008	569 020	15 300	76 000	11 000	1 000	6 000	1 000
2009	576 380	15 700	75 000	11 000	1 000	6 000	1 000
2010	578 680	15 800	75 000	11 000	1 000	6 000	1 000
2011	569 480	15 300	74 000	11 000	1 000	6 000	1 000
2012	541 200	15 100	75 000	12 000	1 000	8 000	1 000
2013	550 000	15 500	75 000	12 000	1 000	8 000	12 500
2014	550 000	14 200	75 000	12 000	1 000	8 000	12 500
2015	561 753	15 800	77 188	13 090	2 374	18 361	20 500
2016	585 075	16 500	80 166	13 569	2 483	18 988	20 000
2017	529 346	14 900	72 648	12 265	2 271	17 112	20 800
2018	561 108	15 800	76 996	13 029	2 387	18 230	6 687

数据来源：联合国粮农组织(FAO)。

注：—为缺失值，2015 年以后数据目前不能查到。

附表 3 1961—2019 年挪威主要乳制品进出口贸易额 千美元

年度	进口额					出口额				
	奶油	奶酪	鲜奶	脱脂奶粉	全脂奶粉	奶油	奶酪	鲜奶	脱脂奶粉	全脂奶粉
1961	5	217	0	53	0	4 121	4 864	0	46	0
1962	5	242	0	38	0	4 284	4 827	3	1	0
1963	8	199	0	29	0	3 611	6 870	2	99	0
1964	3	274	0	27	0	6 176	6 694	0	6	0
1965	0	398	0	9	0	3 377	5 940	0	11	0
1966	3	341	0	67	0	2 825	7 408	0	80	0
1967	10	332	0	17	0	2 080	8 822	0	65	0
1968	18	359	0	12	0	691	8 440	0	80	0
1969	439	348	0	195	0	818	8 705	0	80	0
1970	1 962	402	0	485	0	950	10 044	0	20	0
1971	1 706	705	0	65	0	968	12 423	0	757	0
1972	10	932	0	126	0	1 839	15 717	0	1 060	0
1973	8	1 211	0	136	0	282	17 920	0	758	0
1974	696	1 533	0	1 058	13	180	23 616	0	119	0
1975	80	1 965	0	231	11	317	29 430	0	112	0
1976	6	2 301	0	6	16	367	36 808	0	158	26
1977	19	2 962	0	338	6	5 185	37 834	0	120	11
1978	2 458	3 834	0	1 708	9	370	42 970	0	88	7
1979	2 143	5 054	0	1 216	14	399	50 574	0	71	9
1980	4 074	5 191	0	1 125	10	710	47 216	0	81	248
1981	3	4 116	0	282	5	6 049	51 449	0	155	396
1982	1	4 206	0	16	4	6 985	47 133	0	179	137
1983	0	6 128	0	16	17	12 736	46 656	0	2 299	16
1984	5	6 594	9	11	3	6 194	42 646	0	613	8
1985	10	7 310	1	54	5	5 591	40 210	0	33	5
1986	21	10 779	1	276	47	3 720	46 366	3	46	3
1987	40	12 544	0	40	144	5 740	53 206	8	57	5

续附表 3　　千美元

年度	进口额					出口额				
	奶油	奶酪	鲜奶	脱脂奶粉	全脂奶粉	奶油	奶酪	鲜奶	脱脂奶粉	全脂奶粉
1988	107	11 033	7	187	80	7 624	55 244	0	2 402	0
1989	108	11 638	4	1 115	3	9 321	64 080	0	146	2 715
1990	147	15 336	10	37	5	19 691	73 567	18	773	844
1991	74	16 061	10	54	8	9 274	66 570	8	151	1 058
1992	97	17 394	27	4	31	8 530	76 147	0	2 399	6
1993	52	16 419	30	43	12	10 025	66 270	9	3 994	61
1994	75	15 992	67	29	7	3 890	64 508	1	749	8
1995	20	18 671	77	62	20	7 985	71 001	0	347	99
1996	10	20 373	95	94	2	4 183	71 713	30	28	7
1997	100	19 209	37	24	1	3 885	69 551	6	75	76
1998	147	19 551	15	21	2	3 494	78 737	0	95	4
1999	360	20 700	3	43	4	6 202	74 926	0	380	0
2000	355	18 678	23	9	0	4 408	70 020	0	1 222	29
2001	339	19 746	29	7	1	1 804	65 104	1	0	0
2002	747	26 461	40	2	21	1 372	71 587	3	37	87
2003	634	35 985	47	29	1	1 364	75 065	17	3	62
2004	882	45 792	32	235	9	1 117	88 343	4	0	161
2005	1 038	51 574	111	424	48	2 839	89 910	121	9	119
2006	884	54 671	109	465	4	636	92 712	1 141	5	71
2007	852	67 500	139	745	15	6 358	94 668	1 003	25	163
2008	1 740	79 592	111	1 253	127	9 341	93 901	1 007	93	240
2009	1 277	74 446	57	1 225	204	6 363	86 681	1 040	36	130
2010	785	81 754	25	1 226	187	7 043	90 668	1 130	38	59
2011	12 991	95 328	41	1 253	337	1 991	98 337	2 304	28	59
2012	10 330	100 068	65	1 465	367	8	92 004	2 190	3 738	0
2013	2 183	105 235	64	1 328	470	15	96 041	3 526	10 030	129
2014	2 192	110 586	112	1 605	498	5	90 000	4 066	1 523	150
2015	1 565	96 096	72	1 475	380	1 468	77 437	3 099	2 538	132
2016	1 624	100 095	98	1 213	396	2 750	75 452	3 026	556	176
2017	1 870	109 119	136	1 421	402	1 058	71 617	3 016	1 662	152
2018	2 501	523	109 080	1 470	298	108	71 067	3 326	1 894	70
2019	2 344	107 882	147	1 439	324	143	61 119	3 552	7 428	13

数据来源：联合国粮农组织(FAO)。

附表 4　1961—2019 年挪威主要乳制品进出口贸易量　　t

年度	进口量					出口量				
	奶油	奶酪	鲜奶	脱脂奶粉	全脂奶粉	奶油	奶酪	鲜奶	脱脂奶粉	全脂奶粉
1961	6	238	0	150	0	5 425	9 214	0	40	0
1962	7	237	0	100	0	5 134	9 241	25	1	0
1963	11	185	0	80	0	3 798	12 910	13	282	0
1964	3	235	0	80	0	6 467	11 297	0	10	0
1965	0	444	0	20	0	3 851	9 356	0	30	0
1966	3	276	0	189	0	3 529	11 579	0	186	0
1967	15	269	0	30	0	2 540	13 857	0	108	0

续附表 4　　t

年度	进口量					出口量				
	奶油	奶酪	鲜奶	脱脂奶粉	全脂奶粉	奶油	奶酪	鲜奶	脱脂奶粉	全脂奶粉
1968	31	273	0	23	0	1 018	14 860	0	203	0
1969	1 343	262	0	1 016	0	1 259	15 849	0	209	0
1970	4 565	276	0	1 967	0	1 427	17 193	0	40	0
1971	1 608	411	0	141	0	886	17 767	0	1 572	0
1972	10	477	0	252	0	1 567	18 046	0	1 966	0
1973	8	530	0	223	0	342	16 583	0	1 923	0
1974	678	609	0	1 178	30	224	17 279	0	124	0
1975	60	670	0	250	8	352	17 969	0	106	0
1976	3	800	0	17	17	423	19 303	0	273	19
1977	12	957	0	882	2	6 071	18 732	0	99	8
1978	2 162	1 119	0	3 694	3	380	18 283	0	66	5
1979	1 687	1 358	0	2 170	6	340	19 413	0	57	6
1980	1 817	1 323	0	1 333	2	470	17 114	0	57	210
1981	1	1 192	0	292	1	2 796	19 782	0	78	322
1982	1	1 262	0	7	1	3 431	17 939	0	109	52
1983	0	1 877	0	3	5	7 479	19 057	0	2 835	6
1984	3	2 035	6	2	2	4 708	16 116	0	886	2
1985	6	1 983	3	35	3	6 169	17 049	0	10	1
1986	13	2 109	3	100	42	4 542	17 134	4	36	1
1987	21	2 068	0	3	57	6 769	20 892	8	44	1
1988	43	1 791	2	74	25	8 020	20 523	0	2 076	0
1989	46	1 994	7	637	1	6 663	23 395	0	45	1 365
1990	53	2 225	17	11	5	12 439	26 555	25	511	567
1991	29	2 378	15	25	7	7 053	22 654	1	84	355
1992	47	2 428	43	5	7	6 281	26 829	0	1 570	4
1993	20	2 428	54	12	6	7 570	22 226	3	2 712	40
1994	49	2 310	67	11	3	2 992	21 858	1	563	4
1995	7	2 378	96	25	9	4 421	23 054	0	185	47
1996	4	2 584	114	40	1	2 419	22 549	11	13	3
1997	55	2 647	37	12	0	2 518	24 062	2	20	34
1998	64	2 775	8	11	1	1 959	27 043	0	65	5
1999	182	3 070	2	32	0	5 071	23 335	0	277	0
2000	210	3 195	10	6	0	3 794	19 394	0	1 119	14
2001	200	3 325	23	7	0	1 482	18 773	0	0	0
2002	417	4 284	33	1	17	1 060	17 204	4	15	30
2003	288	5 146	34	7	0	997	18 040	10	1	9
2004	350	6 258	22	57	2	634	18 360	5	0	17
2005	396	7 432	77	106	12	1 645	18 218	208	6	17
2006	329	7 739	126	110	1	373	17 946	1 872	2	6
2007	281	8 265	145	141	1	2 354	15 154	1 469	3	14
2008	367	8 474	90	206	8	3 228	14 444	1 447	16	32
2009	354	8 717	26	232	12	3 484	13 356	1 681	5	12
2010	146	9 619	26	203	10	2 221	13 542	1 756	12	5
2011	2 082	10 904	37	183	19	457	14 046	2 985	4	6

续附表 4 t

年度	进口量					出口量				
	奶油	奶酪	鲜奶	脱脂奶粉	全脂奶粉	奶油	奶酪	鲜奶	脱脂奶粉	全脂奶粉
2012	2 052	11 394	55	225	27	1	13 268	2 390	1 447	0
2013	408	11 643	35	176	44	2	14 068	2 533	2 847	13
2014	433	12 227	66	228	42	0	12 567	2 836	576	15
2015	360	12 876	42	331	43	535	11 531	2 641	1 489	17
2016	393	13 940	60	285	49	1 090	11 858	3 012	267	22
2017	302	14 444	68	305	51	196	11 121	2 884	973	16
2018	350	14 176	70	371	37	11	11 414	2 866	998	5
2019	368	14 811	373	38	78	12	10 368	2 946	4 128	1

数据来源：联合国粮农组织(FAO)。

爱尔兰奶业发展报告

摘要：本文主要从奶牛养殖、乳制品生产与加工、乳制品消费、乳制品贸易、奶业政策、奶业科技发展及值得借鉴的经验等7个方面展开对爱尔兰近60年奶业发展情况的介绍与分析。

爱尔兰位于欧洲西部爱尔兰岛的中南部，西临大西洋，东靠爱尔兰海，与英国隔海相望。爱尔兰地广人稀，农业用地4.46万km^2，占国土面积的65%，牛总数约656万头。爱尔兰属温带海洋性气候，自然条件优越，充沛的降雨和温暖的地表径流赋予了其强大的牧草生长能力。爱尔兰的养牛业是建立在草地放牧基础上，80%的牧场是采用放牧饲养模式，平均牧场面积为32.4 hm^2，被誉为欧洲的“bread basket”。

据爱尔兰中央统计局数据显示，2019年国民农业产出总值从2018年的81.82亿欧元减少到81.28亿欧元，约占国民生产总值的2.4%；而农业运营盈余从2018年的28.49亿欧元增长到30.45亿欧元，增长了6.9%。虽然农业整体表现良好，但行业分布不均，如牛业行业产值下降了1.044亿欧元(−4.6%)。就奶牛养殖行业而言，这种变化与奶产量提高、生产成本下降和牛奶价格下降有关。2019年成母牛数量预计增加了4.1%(5.67万头)，达142.58万头；全国牛奶总产量较上年增加了约6%，牛奶生产总成本由于饲料价格上涨，精饲料使用量下降及牧草和青贮生产状况良好的原因，每升下降了11%，达到0.23欧元/L。但牛奶年平均奶价下降了4%，平均0.34欧元/L，净利润约0.11欧元/L。

爱尔兰是全球最重要的乳品生产和贸易国家之一，每年生产的超过500万t原料奶中，约90%用于生产乳制品，包括奶粉、奶酪、黄油等。在爱尔兰，乳制品生产行业主要由牧场主控制，不同乳制品的产量与生鲜乳的加工密切相关，同时受到市场、生产、欧盟政策等多方面因素的影响。近20年来，黄油、奶酪和脱脂奶粉的产量增加较明显，而鲜奶油和全脂奶粉的产量有所增加但变动不大。这与当地多年以来的消费习惯紧密相关，欧洲国家奶酪和黄油的消费市场都较大，与此同时所产生的脱脂奶粉产量也随之增加。

在爱尔兰，乳制品是人们生活中不可或缺的部分，其中饮用奶占乳品消费比例最大，黄油的人均供给率最高。爱尔兰是世界上排名前10的乳制品出口国，约85%的乳制品都会出口到世界各地，出口的乳制品主要是黄油、奶酪、脱脂奶粉等。近年来爱尔兰乳制品出口额逐年增加，2010—2018年的增长率约为78%。

科技进步是新时期奶业大发展的关键。在奶牛繁殖育种方面，爱尔兰的牛群遗传评定系统建立在一套完善的奶牛育种数据体系上，涵盖奶牛和肉牛行业。在奶牛饲料与营养方面，爱尔兰对牧草的种植与管理投入了大量研究，包括春季轮牧计划、秋季牧草预算计划、牧草的补播项目等，为畜牧业的发展提供了绝佳机会。在牛奶质量、奶牛疫病控制方面，爱尔兰具有完善的牛奶质量控制以及完善的疫病防疫体系以保障牛奶和奶牛的安全。在粪污处理方面，牧场主要采用种养结合的模式，以满足畜禽的常年放牧和粪污的还田处理的需求。

爱尔兰奶业值得我国奶业借鉴和学习的经验主要有奶业利益连接机制完善、社会化服务体系完善、原料奶质量控制体系健全、大力改造草地以提高草产量、明确数据整合收集工作、注重环境保护与可持续发展等。

关键词：爱尔兰　奶业　乳制品　贸易

1 奶业发展基本概况

1.1 奶牛养殖业

1.1.1 奶牛养殖模式

爱尔兰地广人稀，国土面积 68 655 km^2，446 万 hm^2 的农业用地，人口约 480 万，牛总数约 656 万头；自然条件优越，充沛的降雨和温暖的地表径流赋予了其强大的牧草生长能力，养牛业是建立在草地放牧基础上，80％是采用放牧饲养模式，平均牧场面积为 32.4 hm^2，被誉为欧洲的“bread basket”。其主要奶牛养殖品种为英系荷斯坦牛和娟姗牛。

自 2015 年欧盟取消牛奶配额以来，爱尔兰奶业进入扩张模式阶段，奶牛数量增加了 40％，奶农们通过增加奶牛饲养数量以获取更高的牛奶产量。2019 年，爱尔兰养牛联合会(The Irish Cattle Breeding Federation，ICBF)对全国范围内的奶牛数量进行了统计，并对各县的奶牛数量进行了细分：其中科克县(Cork)有奶牛 380 772 头，居全国首位；蒂珀雷里县(Tipperary)有奶牛 173 905 头，居全国第二；利默里克县(Limerick)有奶牛 119 361 头，居全国第三。在过去的 4 年中，除都柏林、莱特里姆和斯莱戈外，大多数县的母牛数量都有所增加。

爱尔兰的奶牛养殖以一年为一个周期，一般的放牧时间从 2—3 月持续到 10—11 月。2—4 月是产犊季节，奶牛产犊后 2～4 d 便可开始放牧，此时气温较低，草的生长较慢，但新产牛的采食量也比较低。放牧时采用轮牧的模式，农场主会预估草量，并运用一些软件计算每片轮牧区的放牧时间。在夏季，草的生长加快，轮牧的速度也会加快，泌乳牛的采食量和泌乳量也逐渐升高。5—6 月收割草并制作青贮并做好储备。11 月开始，泌乳牛陆续进入干奶期，天气变冷，从放牧形式转变为畜舍饲养的形式，并用青贮和补饲精饲料的方式饲喂奶牛，直到 2 月进入下一个循环。这种模式多为春季产犊，可以使奶牛最大限度地利用草地资源。与春季产犊相反，爱尔兰也有一些牧场选择在秋季产犊；这样的奶牛通常只有干奶期时在草场自由采食和活动，其他时间饲喂全混合日粮以满足其营养需要。爱尔兰会对冬季供奶的牧场给予一定的奖励，因此，一些牧场也会采用秋季产犊或春秋季产犊相结合的模式，牧场可利用冬季全国总产奶量下降、奶价升高的契机以抵消其较高的饲养成本，获取较高利润。此外，由于管理因素的差异，有些本应春季配种、产犊的奶牛若因疾病、体况等因素不宜进行人工授精时，也会顺延到秋季进行产犊。

1.1.2 奶牛养殖规模及奶产量变化

欧盟牛奶配额制在 2015 年 4 月 1 日已取消，这为爱尔兰奶业带来更多的发展机遇。1961—2019 年的奶牛存栏及平均单产数据变化见图 1。2015 年以来，随着农业机械化程度和饲养管理水平的不断提高，爱尔兰奶牛养殖数量、平均单产和总产奶量(图 2)均呈持续增长趋势。2019 年奶牛单产较上年相比约增加 3.79％，从 5 851 kg/头增长至 5 915 kg/头。2020 年奶牛存栏数较上年增加了 3.67％(5.56 万头)，达 157.02 万头；全国牛奶总产量较上年增加了约 6％，达到 853.9 万 t。2017—2019 年爱尔兰饲养牛只数量见表 1。

表 1 2017—2019 年爱尔兰牛只数量统计

项目	牛只数量/万头			2018—2019 年的变化	
	2017 年 12 月	2018 年 12 月	2019 年 12 月	牛只数量/万头	％
奶牛成母牛	134.3	136.9	142.6	5.7	4.2
肉牛成母牛	101.8	98.2	95.7	−2.5	−2.5
公牛[1]	1.3	0.9	0.6	−0.3	−33.3

续表 1

项目	牛只数量/万头			2018—2019 年的变化	
	2017 年 12 月	2018 年 12 月	2019 年 12 月	牛只数量/万头	%
其他成母牛[2]	24.8	25.5	26.1	0.6	2.4
青年牛[3]	96.9	97.6	96.2	−1.4	−1.4
犊牛、育成牛[4]	107.8	105.1	105.6	0.5	0.4
总公牛数	201.7	195.9	189.8	−6.1	−3.1
总母牛数	465.6	463.4	466.1	2.7	0.6
牛只总数	667.4	659.4	656.0	−3.4	−0.5

数据来源：CSO。

[1]此处公牛指繁殖用公牛。

[2]此处其他成母牛指非乳用或肉用的品种。

[3,4]此处的青年牛、犊牛和育成牛包括所有品种。

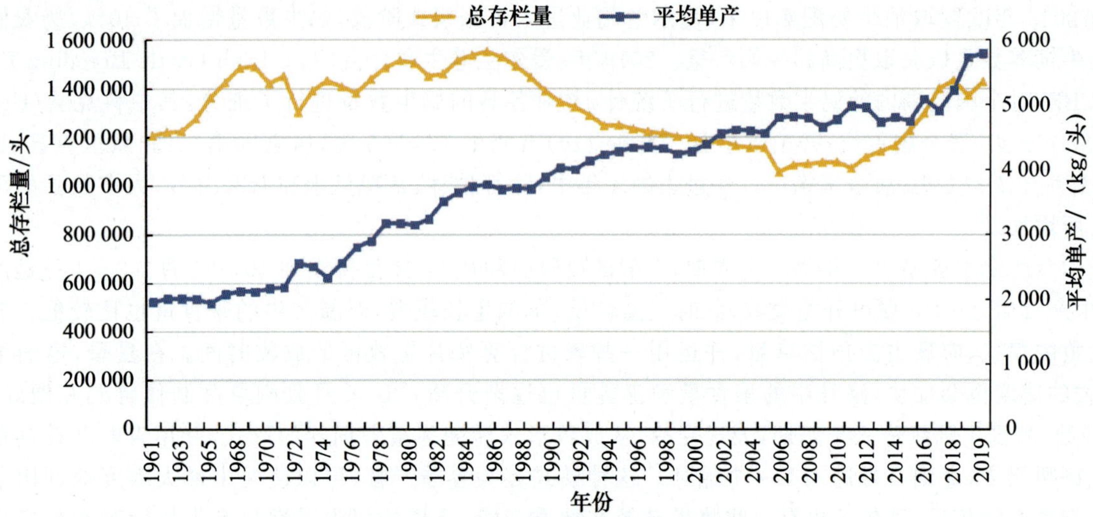

图 1　1961—2019 年爱尔兰奶牛总存栏数及平均单产

（数据来源：FAO）

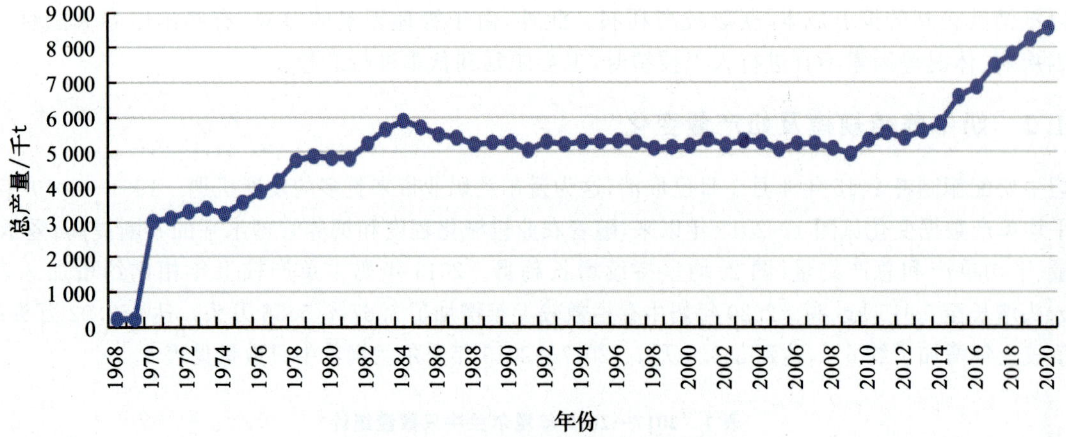

图 2　1968—2020 年爱尔兰牛奶总产量

（数据来源：European Commission’s Agricultural and Rural Development Department）

2016 年爱尔兰不同地区牧场面积的划分情况如图 3 所示，2016 年爱尔兰的 13.75 万个牧场中有 52.7%的牧场位于边境、中部和西部地区。全国牧场的平均规模为 32.4 hm^2，其中有 18.0%的牧场面积在 50 hm^2及以上，有 43.4%的牧场面积不足 20 hm^2。南部和东部的平均牧场面积(38.3 hm^2)比边境、中部和西部地区平均牧场面积(27.1 hm^2)大 41.3%。其中近 70%的 100 hm^2或以上的牧场位于东南地区,而超过60%的 10 hm^2或以下的牧场则位于边境、中部和西部地区。

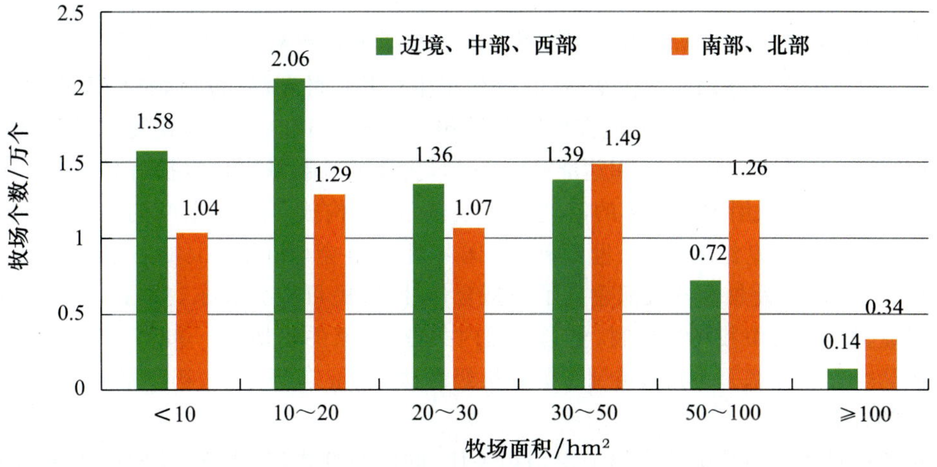

图 3 不同面积及地区的爱尔兰牧场划分

(数据来源:CSO)

爱尔兰的牛群规模逐年增加,截至 2018 年的统计数据显示,爱尔兰牧场成母牛平均规模约为 103.7 头/牧场,最大规模为 2 000 头以上(表 2)。除平均规模外,CSO 也曾针对 2016—2018 年具体牛群规模占比进行过统计(图 4)。牛只存栏量在 60~100 头的牧场占比例为 35%,位居首位,存栏量为 40~60 头的牧场次之,此外,仅有 20%的牧场牛只存栏量小于 40 头。

表 2 爱尔兰平均牛场规模变化

年份	奶牛场数/个	成母牛数/万头	平均成母牛规模/(头/牧场)
2005	26 800	110.1	41.1
2010	18 500	111.7	60.3
2013	15 600	124.0	79.5
2016	13 750	142.6	103.7

数据来源:CSO。

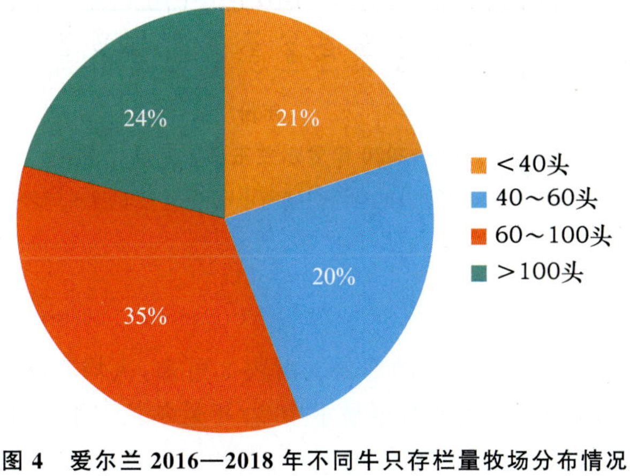

图 4 爱尔兰 2016—2018 年不同牛只存栏量牧场分布情况

(数据来源:CSO)

1.2 乳品加工业

爱尔兰虽然国土面积小、人口少，却是全球最重要的乳品生产和贸易国家之一。每年生产的超过 500 万 t 原料奶中，约 10%用于生产液态奶在国内消费，其余用于生产其他乳制品，包括奶粉、奶酪、黄油等。尽管爱尔兰的奶牛只占全球不到 1%，但其婴儿配方奶粉产量却占全球的 15%以上。在爱尔兰经营的有 3 家主要生产商：辉瑞（Pfizer）、阿伯特（Abbotts）和达能（Danone），主要的乳制品出口包括著名的 Kerrygold 品牌。

在爱尔兰，大部分牧场采用独立经营的家庭牧场模式，奶农构成了奶业生产的主体。爱尔兰的奶业发展有着深厚的合作理念，19 世纪末和 20 世纪初，在国际乳品协会（International Committee of Onomastic Sciences，ICOS）的指导下，爱尔兰各地都建立了小型合作社，农民可成为股东，参与决策的制定。如今爱尔兰乳制品生产行业仍然主要由牧场主控制，全国范围内共有 10 家牛奶加工厂和 17 家牛奶采购合作社。大多数爱尔兰乳制品合作企业都是多用途企业，在原料奶的收购、液态奶生产、奶制品加工与销售、农业贸易和饲料加工方面都有业务。

不同乳制品的产量主要与生鲜乳的加工密切相关比，同时受到市场、生产、欧盟政策等多方面因素的影响。从图 5 的数据可以发现，近 20 年来，黄油、奶酪和脱脂奶粉的产量增加较明显，而鲜奶油的产量有所增加但变动不大。这与当地多年以来的消费习惯紧密相关，欧洲国家奶酪和黄油的消费市场都较大，与此同时所产生的脱脂奶粉产量也随之增加。

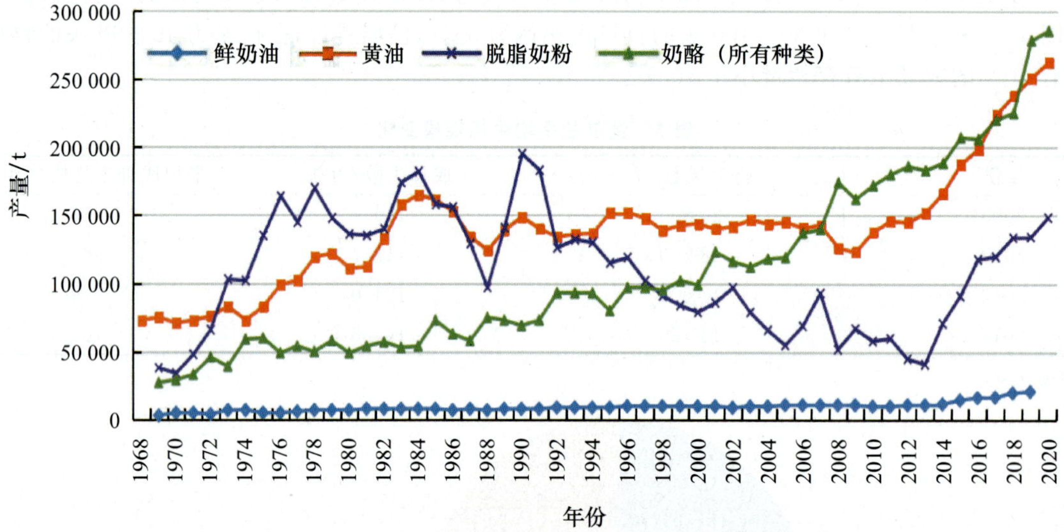

图 5 1968—2020 年爱尔兰主要乳制品产量

（数据来源：European Commission's Agricultural and Rural Development Department，CLAL）

1.3 乳制品消费

在爱尔兰，乳制品是人们生活中不可或缺的部分。由表 3 可知，人均乳品消费量中，饮用奶所占比例最大。就乳制品生产自给率来看（表 4），最新的数据显示 2020 年爱尔兰的平均乳制品自给率为 129.8%，所以爱尔兰是一个典型的乳品出口国。

根据爱尔兰人口饮食结构的调查，男性消费者的乳制品摄入量显著高于女性。乳制品为人们日常摄入的能量、蛋白质、脂肪、钙、磷、维生素 A 中贡献了重要力量，分别为 11%、14%、17%、48%、24%、27%。

表 3　2002—2011 年爱尔兰人均乳制品年消费量

项目	2002	2003	2004	2005	2006	2007	2008	2009	2010	2011
奶酪/kg	6	6	7	8	7	7	6	6	7	7
黄油/kg	3	3	3	3	3	3	3	3	3	3
鲜奶油/m^3	2	2	3	3	3	3	3	2	2	2
饮用奶/m^3	152	152	145	135	142	140	137	134	134	135

数据来源:CSO。

表 4　2016—2020 年爱尔兰乳制品生产自给率[1]

年份	2016 年	2017 年	2018 年	2019 年	2020 年
自给率/%	130.3%	132.8%	133.8%	156.0%	129.8%

[1]:自给率=(生产量/表观消费量)×100%;自给率大于 100%说明该乳制品生产量高于消费量(需求量)。
数据来源:CLAL。

1.4　乳制品贸易

出口贸易是爱尔兰经济的重要组成部分。90%的牛肉及 85%的乳制品都会出口到世界各地。爱尔兰是世界上排名前十的乳制品出口国,排名前五的出口国家为:英国、荷兰、中国、美国和德国。近年来爱尔兰乳制品出口额逐年增加,2010—2018 年的增长率约为 78%,2019 年较 2018 年相比增长了 11%。

尽管爱尔兰乳制品行业水平在稳定增长,其也面临着较大的市场挑战,包括黄油价格大幅度下跌、美国对欧盟乳制品进口征收关税,以及围绕英国退出欧盟的不确定性造成的持续市场压力。鉴于英国在爱尔兰乳制品出口中的核心地位,围绕英国退出欧盟的长期不确定性正在造成一系列物流挑战,如果两国未来的贸易关系不明朗,这些挑战就无法得到有效解决。

2019 年爱尔兰奶酪、黄油和脱脂奶粉的出口量都明显增加(图 6),这与其产量的明显增加相一致。在出口乳制品中最多的为脂肪填充奶粉(脱脂奶粉加植物脂肪),占到了 60%以上(图 7),不过这类产品主要出口至欧洲、非洲和俄罗斯。中国进口较多的为婴幼儿配方奶粉、乳清和脱脂奶粉,占到了进口国家排名的第一、第二和第二,在其他产品的进口量中均未进入前十,但近两年奶酪和黄油进口量增加了 30%左右(由于基数较低)。

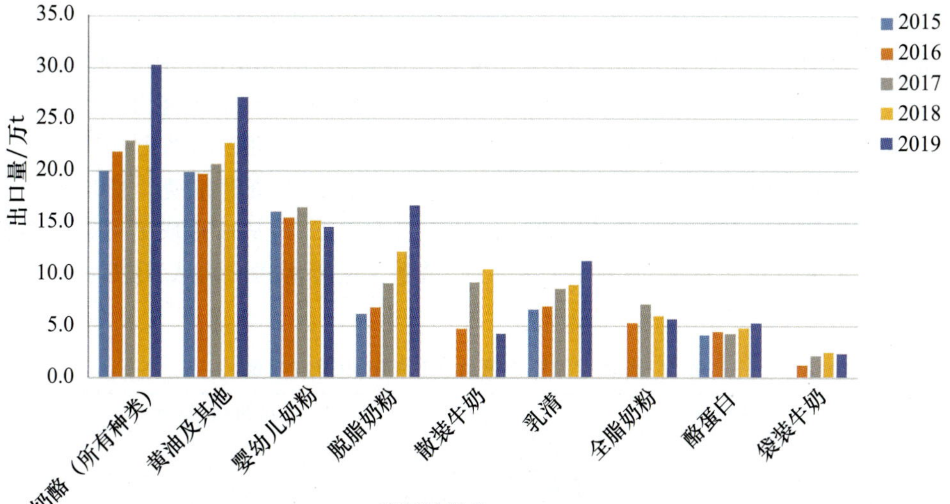

图 6　2015—2019 年爱尔兰乳制品出口量
(数据来源:CLAL)

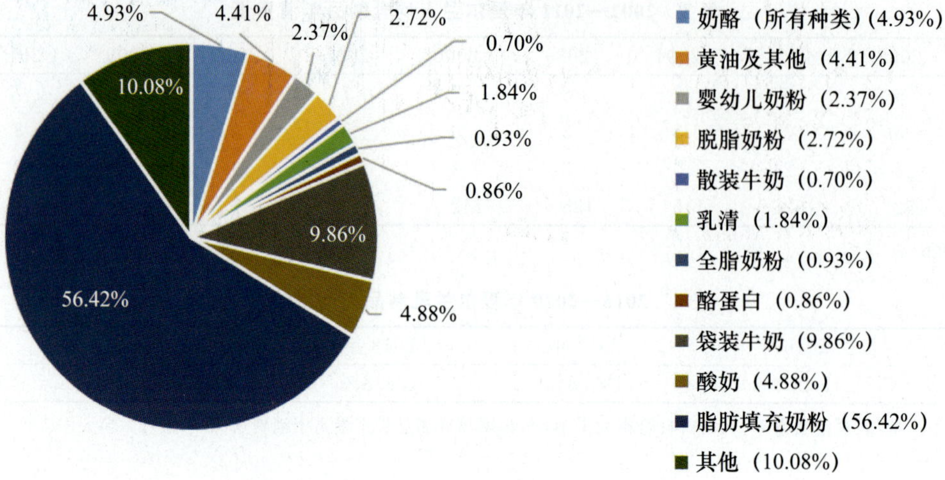

图 7　2019 年爱尔兰各乳制品出口所占比例

（数据来源：CLAL）

2　奶业科技进展

2.1　奶牛育种与繁殖技术进展

爱尔兰的牛群遗传评定系统建立在奶牛育种数据库的基础之上。这套完善的数据体系在 2002 年开始建立，来源于牧场的后裔测定、人工授精记录、牛群信息手册、牛奶数据记录以及屠宰场、兽医、咨询师等各种来源，涵盖奶牛和肉牛行业。爱尔兰牛群育种协会(ICBF)作为服务于奶牛、肉牛育种的非营利性组织，旨在提供这样一个能选择具有优良基因种畜的数据库平台，帮助农民做出更长远的、更具有盈利潜能的决定。

经济育种值(economic breeding index，EBI)是爱尔兰用于评价牛群后代育种价值的利润指数，旨在帮助农民确定最具牛群更新潜力的奶牛。它由 7 个子指标构成，分别为乳用性能、繁殖性能、产犊性能、肉用性能、持续力、挤奶管理和健康，各子指标的经济价值及各性状的相对权重如表 5 所示。由于每头奶牛只能将其一半的基因遗传给后代，所以在实际的 EBI 报告中均采用预测传递力指数(predicted transmitting ability，PTA)的形式呈现，用于表征在基本群体中一种特定性状传递给其后代的能力。

基因组学是研究动物的 DNA(通常是组织、毛发或精液样本)或基因型的一种技术，以此实现对动物谱系的检测和确定。此外，基因组学还是用于研究动物产奶量和胴体质量等生产潜力性状的重要手段。牧场主可参考犊牛的基因检测结果对某些性状优越的个体进行筛选，例如，可以筛选出优质的公牛销售给育种公司，同时也可以及时淘汰遗传品质较差的母牛，防止长期饲养造成的资源浪费。爱尔兰的牛群遗传评定中会将犊牛的基因检测结果及其亲属的其他数据一同纳入表型数据中，从而形成更可靠的育种指标。基因组学的应用大大提高了 EBI 的可信度，有利于牛群品种、谱系及遗传疾病的确认，还有利于实现奶牛信息的可追溯性。

表 5　各性状经济价值及其在 EBI 中所占权重

子指标	总权重	性状	经济价值/欧元	性状权重/%
乳用性能	34%	产奶量	0.09	8.9
		乳脂	2.08	7
		乳蛋白	5.58	17.9
繁殖性能	34%	产犊间隔	−12.59	23.1
		使用寿命	12.43	10.7

续表 5

子指标	总权重	性状	经济价值/欧元	性状权重/%
产犊性能	10%	直接难产	−4.19	3.3
		遗传性难产	−2.31	1.8
		妊娠期长短	−7.93	4.3
		犊牛死亡率	−2.58	1
肉用性能	8%	屠宰体重	0.15	0.7
		胴体重	1.38	4.8
		胴体一致性	10.32	1.7
		胴体脂肪	−11.71	1.1
持续力	6%	屠宰体重	−1.65	6.3
挤奶管理	5%	挤奶时间	−0.31	2.5
		挤奶温度	35.86	2
健康	3%	蹄病	−72.47	0.7
		体细胞数	−43.49	1.8
		乳房炎	−82.65	0.8

数据来源：Teagasc。

在爱尔兰春季集中产犊的模式下，奶牛的繁殖季节主要集中于每年的 2—4 月，爱尔兰广泛应用如图 8 和图 9 所示的“同期发情→发情鉴定→人工授精→公牛自然交配”的繁殖技术。具体操作过程如下：牧场首先会采用同期发情技术并根据牛的生理周期确定其大致发情时间，在发情前 4 周左右起会根据奶牛的行走或爬跨等行为进行发情鉴定，并判断其下一次发情时间，以便进行第一次人工授精（artificial insemination，AI），2 周后再进行第二次人工授精以确保奶牛成功配种，提高受胎率。在为期 6 周的人工授精结束后，对于那些未能正常发情和屡配不孕的奶牛，牧场主会在牧场规模允许的情况下采用尽可能多的公牛与其进行自然交配，来保证牛群整体的配种受胎率，用于自然交配的公牛一般为优质肉牛，这也是爱尔兰牧场用于生产肉牛母犊的重要方式之一。

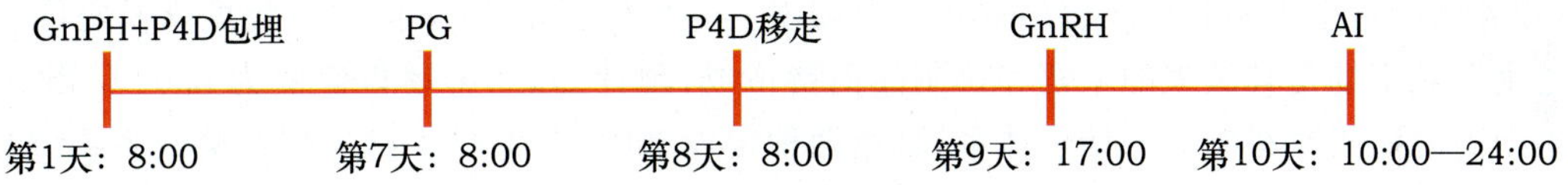

图 8 同期发情技术

（注：图中 GnRH 为促性腺激素释放激素；P4D 为阴道内孕酮释放器；PG 为前列腺素；AI 为人工授精）

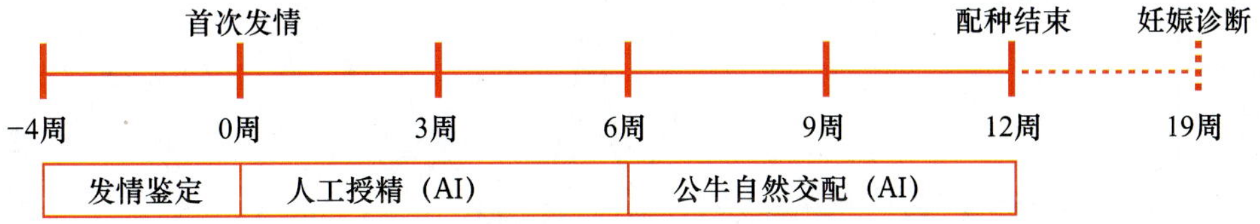

图 9 放牧模式下的奶牛配种策略

2.2 奶牛饲料与营养技术进展

受到土地及气候条件的影响，爱尔兰的牧草种植极为广泛，也为畜牧业的发展提供了绝佳机会。然而，高效的放牧体系需要做到牧草生长与奶牛营养需求之间的平衡。如何能在牧草产量最大化的同时使奶牛生产达到最优化是爱尔兰农业与食品发展协会 Teagasc 研究的重要课题。爱尔兰对牧草的种植与管理投入了大量研究，包括春季轮牧计划、秋季牧草预算计划、牧草的补播项目等。同时，奶牛配合放牧体系的精料饲喂量也是研究的热点问题。

2.3 原料奶质量控制与计价体系

2.3.1 原料奶质量控制体系

(1)动物信息与牧场管理。在爱尔兰,每一头奶牛自出生起就有了身份证,即护照。护照号码与耳标号一致,并且记录在系统中管理。护照上记录了这头牛的出生信息、血统、以及动物疾病信息。奶牛的交易或转移、饲喂的饲料来源、血液或奶样的检测结果等都要记录在护照中,并且做到护照随牛走。同时,会有政府人员定时来牛场进行检查,监督牛场的养殖和管理规范、设备的消毒和卫生条件等。此外,兽药的购买和使用、注射疫苗等各种程序都需要牧场人员做相应记录,以供监管人员抽查。这样便实现了牛奶生产的全程可追溯。

(2)生鲜乳质量控制。爱尔兰法律对于生鲜乳的质量控制有一套严格而详细的标准。从原料奶的收集、贮藏,到挤奶工的操作规范、挤奶厅的卫生和挤奶设备的运行,到最后牛奶的运输及设备的清洗,这些要求是保证牛奶质量的重要前提。此外,在乳品企业收奶时,会对牛奶进行质量检测,根据检测结果判断牛奶是否达到质量标准。检测内容有乳成分、体细胞数、细菌数、抗生素残留等。农场的牛奶未达标会受到惩罚,被禁止再向乳品加工企业提供生鲜乳。

(3)乳品企业的质量控制。对于乳制品的加工过程,爱尔兰法律也对其进行了细致的规定。爱尔兰的乳品加工行业组织自己也制定了一套行业标准,且比欧盟标准更加严苛。该管理体系制定了工厂设计、车间管理、设备和卫生等方面的标准。国家通过实施产品认证和 HACCP 认证体系提供了从农场到产品的全过程质量保障。

2.3.2 原料奶计价体系

爱尔兰的原料奶计价体系由 4 个部分组成:每千克牛奶中的蛋白质含量,每千克牛奶中的脂肪含量;牛奶体积;牛奶质量的奖惩。现在爱尔兰大约有 70%的牛奶是通过 A+B−C 的方式计价(乳蛋白价格×乳蛋白量+乳脂价格×乳脂量−牛奶体积×运输费用,单位:kg),且另外 30%正在逐渐向此计价模式转变。因此,乳蛋白和乳脂产量是影响原料奶价格的最主要因素。若牛奶质量不达标,将大幅度降低奶价。

爱尔兰生鲜乳市场是其最大的牛奶和奶制品消费市场,预计 2020 年零售价值为 5.09 亿欧元。爱尔兰加工商从生产商处购买原料奶时的计价体系,采用两种定价制度,即生产牛奶价格加奖金系统(MMP 系统)和统一价格系统(FLAT 系统)(图 10)。在 MMP 体系下,生鲜乳价格与加工后的价格挂钩,其中包含生鲜

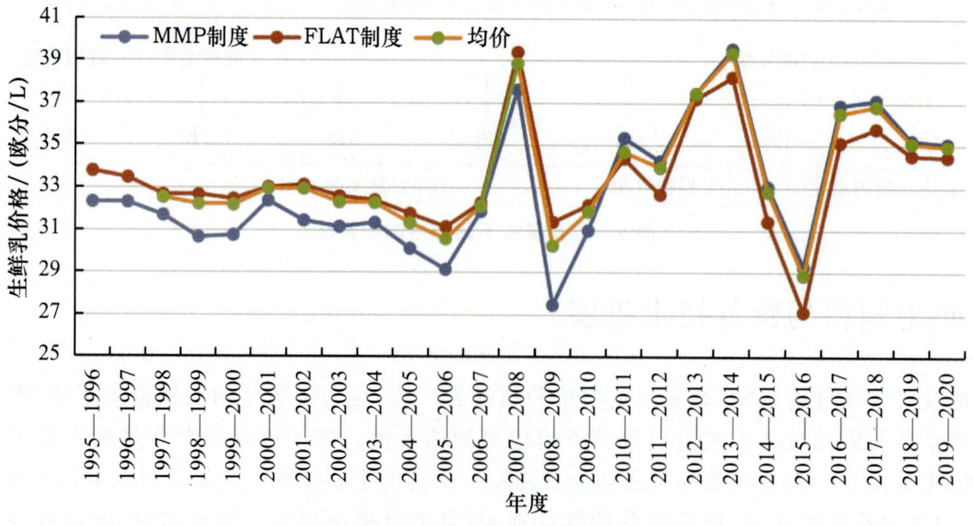

图 10 爱尔兰不同制度下生鲜乳价格

(数据来源:Irish National Milk Agency)

乳成分的差价，特别是在冬季生鲜乳供应较少的时候，有4～6个月还包含固定或可变奖金，部分加工企业在夏季月份也会支付较低奖金。在FLAT系统下，牛奶按每月每升的统一价格支付，没有牛奶成分的价格差异，冬季支付的价格更高。在2019—2020年，爱尔兰全年约有928个合同执行MMP制度，占到总合约的78%；另有267个合约执行FLAT制度，占到总合约的22%。

2.4 奶牛疫病控制技术进展

欧洲各国十分重视动物健康与动物福利。爱尔兰根据其以放牧为主的养殖模式建立了一套完善的奶牛疫病防控体系。

2.4.1 疫病的监控

作为农场主，监控牛群健康状态的最简单方法就是定期观察牛群有无疾病信号，并且对可疑牛只进行早期的兽医诊断。然而，从国家的监管层面来说，这些是远远不够的。爱尔兰目前有一些新型的疾病诊断方法，在牛场中使用经济且高效。

(1)大奶罐牛奶检测。通过从贮存牛奶的奶罐中取样，可以检测泌乳牛群是否健康、牛奶是否安全。可检测项目包括：病毒性腹泻、牛传染性鼻气管炎、细螺旋体病、新孢子虫病、沙门氏菌病、寄生虫病等。

(2)个体牛奶检测。每2周可对泌乳牛进行单独的牛奶取样，检测个体是否存在病毒性腹泻、细螺旋体病、沙门氏菌等疾病。

(3)特定断奶犊牛的血液检测。对某些经济育种估计值较高的断奶犊牛，特别是目标种用的公犊，可对其进行血液检测，检测内容有病毒性腹泻及细螺旋体病。

(4)耳标检测。犊牛出生1周后，在打耳标的同时需要对其耳部组织取样，检测是否存在病毒性腹泻的患病风险。

2.4.2 疫病的防控

疾病防控是牧场管理中的重要环节，爱尔兰有针对不同疾病的防控体系。在犊牛疾病防控方面，牧场最常使用的是黑腿病和肺炎疫苗。其中黑腿病是导致爱尔兰犊牛死亡的重要原因，犊牛在2周龄以后会接种两次多价梭菌疫苗来预防黑腿病，且两次接种需要间隔4～6周，还需要避开肺炎免疫。而对犊牛肺炎的免疫而言，牧场需要进行两次牛传染性鼻气管炎(infectious bovine rhinotracheitis，IBR)疫苗免疫，初次免疫需要在犊牛2周龄的时候进行，随后间隔4周再进行第二次免疫。成母牛会在人工授精前接种用以预防妊娠期的流产疫苗，还会在临产前也会接种防治犊牛腹泻的疫苗，接种疫苗的奶牛所分泌的初乳中含有抵抗犊牛腹泻的抗体，因此可以通过此种方式降低犊牛腹泻的发病率。爱尔兰主要采用以放牧为主的饲养模式，因此寄生虫病的预防和治疗也是当地奶牛疾病防控的重要环节，牧场会通过口服或背部涂抹驱虫药等方式对犊牛、青年牛和成母牛采用不同的药物进行寄生虫病的防控。

牛群所有的免疫和治疗都需要进行详细登记，包括兽医信息、治疗日期、药物名称、治疗用量和休药期长度等。疫苗和药品使用情况的详细记录不仅能严格监控牧场药物使用、防止药物滥用，还能严格控制患病奶牛的休药期、进一步控制牛奶质量。

牧场还应实行封闭的牛群政策，防止疾病的直接传递。爱尔兰是目前欧盟内少有的没有蓝舌病的国家之一。每头新引入牛群的奶牛都要进行肺结核、布鲁氏菌病、病毒性腹泻、传染性鼻气管炎等疾病的检测。牧场内的生物安全措施也十分重要，如隔离、防止疾病传染的围栏及蹄浴等。

2.5 奶牛场粪污处理与环境保护技术进展

爱尔兰牧场主要采用种养结合的管理模式，即在奶牛场周边配以相应量的放牧草地，以满足畜禽的常年放牧和粪污的还田处理的需求。这种模式就地取材，奶牛摄入及排泄都有来源和去处，互为成本，是一种环境友好型的粪污处理模式。对于畜禽养殖废弃物的处理，欧盟出台了一系列政策法规，将与畜禽养殖业相关的每个环节有机地联系在一起，如对畜禽粪便和有机肥的施用量、施用时间、粪便的储存时间等都有严格要求，如要求每公顷土地的氮排放量应≤170 kg。放牧期间的粪污不进行任何处理，直接通过合理的放牧周期和次序的安排实现科学还田。此外，舍饲期间产生的粪污按照国家相关标准进行收集、贮存，最终集中还田处理。

3　科技推广体系

爱尔兰科技管理体系采用的是集中决策与分工实施相结合的管理模式，非常重视政府在科技创新中的引领作用，Teagasc 农业和食品发展局是爱尔兰为农业和食品行业以及农村社区提供综合研究、咨询和培训服务的国家机构，是爱尔兰农业食品知识创新系统(agri-food knowledge innovation system，AKIS)的关键节点(图 11)。除此外，爱尔兰农业与食品发展部、科学技术部、企业署、企业贸易就业部等也在爱尔兰农业技术创新过程中发挥着重要作用。爱尔兰农业与食品发展部包括初级生产(农业、渔业和林业)以及食品、饮料和园艺生产和木材加工。根据农业、食品和海洋部(DAFM)最近提供的年度数据(2018 年)，农业食品部门的就业人数约为 173 000 人，占总就业人数的 7%。

图 11　Teagasc 农业知识创新系统（AKIS）

（资料来源：Teagasc）

爱尔兰的科研机构大多隶属于大学，但是爱尔兰 Teagasc 却是唯一独立的国有公益型研究开发机构。它负责提供农业与食品加工的政策、技术研究、咨询、培训等服务。Teagasc 的咨询服务方案由 12 个咨询区域的顾问提供，这些顾问每年与大约 80 000 名农民和农村居民接触，其中约 45 000 人利用其集约农业咨询服务。其技术推广的形式主要包括讨论小组、个人咨询、农场管理通讯、教育和培训以及大量公共活动。咨询方案是由研究方案内的专题专家提供支助，以确保新信息的有效转让，并侧重于满足多样化农业和农村人口的发展需要。

4　促进奶业发展的主要政策

4.1　促进农业和奶业生产及加工的政策

4.1.1　扩大生产政策

农业丰收 2020(Food Harvest 2020)是爱尔兰农业、食品及海洋事务部出台的一项针对农业及渔业食品的发展策略，以促进爱尔兰出口依赖型经济的复苏。其中要求总奶产量要逐步增加到 50%以上。

4.1.2　农业补贴政策

(1)基础农场补贴(basic payment scheme)。补贴对象为所有实际运营的牧场，补贴数额视申报的符合条件的农场面积而定。单位面积补贴额低于平均值 90%的农民会所得到的补贴会适当增加，而单位面积补贴额高于平均值的农民所得到的补贴会适当减少。

(2)贫困地区计划(disadvantaged area payments)。针对饲草生长地区的条件差异,爱尔兰将其分为重度缺陷区(洼地)、轻度缺陷区(洼地)以及山地放牧区。在这类地区放牧(奶牛、肉牛、绵羊、山羊、马或鹿)的农民会得到额外补贴,所得到的补贴金额由地形级别决定。

(3)奶业设备补贴(dairy equipment scheme)。此项政策是为鼓励奶农增加牛奶产量而制定的,补贴对象大多是年轻或刚接手农场的农民。通过国家提供的补贴,农场运营最初的资金流转问题得以缓解,同时可确保奶农获得最先进的科学技术及相关设备,以应对日益激烈的国际奶业竞争。

4.2 促进奶业贸易的政策

4.2.1 共同农业政策(Common Agricultural Policy,CAP)

该政策始于1962年,是欧盟成员国的共同政策。该政策旨在支持农民生产、提高农业生产率、稳定平价食品供应、保障农民生活质量;通过帮助解决欧洲气候和自然资源可持续利用的问题,保证欧洲的农业发展;通过促进农业、农业食品工业和相关部门的就业,保持农村经济的活力。

4.2.2 食品愿景2025(Food Wishes 2025)

这项政策是爱尔兰农业食品政策委员会在“Food Wishes 2025”的报告中提出的。这项政策的目标是,在实现环境友好型生产和可持续发展的前提下,促进爱尔兰农产品的出口,如农产品贸易出口额在2025年增加85%,即190亿欧元。

4.2.3 哥德堡议程(Gothenburg Agenda)

该政策是欧洲理事会于2001年将环境问题纳入其经济和社会改革支柱后制定的,旨在确保将环境保护系统地纳入所有欧盟政策,即从经济和环境的角度出发,要求牧场必须符合可持续发展的要求:应当限制和适应气候变化、治理空气污染、保护水资源、保护土壤和生物多样性、实现自然资源的可持续利用。

4.2.4 地平线2020研究和创新计划(Horizon 2020)

该政策为爱尔兰农业和农业食品部门的研究人员提供了大量资金,帮助他们开发解决方案,实现未来几代人的农业可持续发展,创造对消费者更加安全的食物生产链条。

4.3 促进奶业科技创新的政策

奶业高效计划(dairy efficiency program)鼓励奶农参加讨论小组学习最先进的牧草管理、育种及财务管理方式,以发展高效率的生产模式。这个项目由爱尔兰农业、食品及海洋事务部管理,讨论小组的协调方需经过爱尔兰农业与食品发展协会Teagasc的培训协助其运行。

5 值得借鉴的主要经验

5.1 经营模式方面的经验

5.1.1 奶业利益连接机制完善

爱尔兰的乳品加工企业大多为合作社形式,奶农通过持股参与董事会决策,从而与乳品企业和政府产生联系。奶农是产业链的源头,生产出的牛奶交付给乳品加工企业,乳品加工企业则是检测牛奶质量的第一关。它们相互合作、监督,利益紧密相连。而在中国,奶源是整个奶业链生产中最为薄弱的环节,奶农是弱势群体,其根本原因在于利益联结机制的不健全。像爱尔兰这样建立生产、加工、营销为一体的合作社可以有效保护奶农,通过合作社规范奶农,统一利润分成,让散户、小规模农户也能享受到大企业、大资本带来的利益。

5.1.2 社会化服务体系完善

爱尔兰有许多与奶业有关的组织、协会或公司,有些是直接受到农业、食品及海洋事务部的管理;有些是民间组织;有些则是奶农们组成的企业。这些组织涵盖了奶牛养殖的所有环节,包括饲养管理、遗传育种、疾病健康、环境保护等。甚至有专门针对农民学习、交流的报刊,如《农民报》,它们为奶农提供了多方面的资源和服务,在此平台上可以进行技术咨询、生产培训、同行之间的业务交流等。这种模式能够促进奶农之间的了解,帮助其互相促进和提高。此外,在爱尔兰,若想成为牧场主必须先经过专业的课程学习和培训,取得相应的从业资格证书后才可以接管牧场,哪怕是从祖辈手中继承牧场的人也不例外,这种严格的"驾照"式准入制度使得每一代农民都能通过爱尔兰先进的培训体系得到最先进、科学和系统的知识和经验。而中国的养殖小区及散户目前存在的突出问题之一是受教育程度低,未接收过系统培训。很多养牛的经验都是从父母、长辈或朋友那里学来的,其科学性和先进性难以得到保障。如果我们能学习这种农民培训体系,就能改变养殖小区和散户因专业技能不足而造成的养殖水平低下的现状。

5.2 产业政策方面的经验

5.2.1 原料奶质量控制体系健全

爱尔兰建立了一套完善的原料奶质量控制体系。原料奶是整个奶业链最上游,也是最重要的一环。其质量直接影响牛奶及后期乳制品的质量。加工产业则位于中游,乳制品的营销为下游。爱尔兰的体系涵盖了原料奶的质量控制、牛奶的加工、各组织间的监管,并且在其完善的信息记录系统下可实现完全可追溯。这对于目前的中国十分具有借鉴意义。食品安全始终是中国奶业的一块心病。消费者对于本土乳制品的怀疑态度源于牛奶质量控制环节的不信任。只有从源头上改善奶源质量,规范原料奶的生产流程,才能提高中国乳制品的竞争力。

5.2.2 大力改造草地,提高草产量

爱尔兰虽有适合牧草生长的气候条件,但由于土壤和地形问题,牧草生长得并不理想。21 世纪初,爱尔兰开始大力推行草地的改造政策。通过 10 余年的坚持,终于将草产量逐步提高到现在的每公顷产干草 15 000 kg。我国幅员辽阔,可根据各地的气候及水资源分布条件,因地制宜,通过草地的科学管理,适当发展草牧业。这样不仅可降低牛奶的生产成本,促进资源高效利用,也可以通过粪污还田的模式缓解粪污处理压力。

5.3 数据整合收集

爱尔兰劳动力资源短缺且劳动力成本高,因此牧场工人的工作效率就显得尤为重要。在实际生产过程中,牧场会把青贮收割制作、乳品质检测、修蹄、人工授精、犊牛基因检测等工作外包给相应的第三方公司,第三方公司完成工作后会对相关数据用简单的形式呈现给牧场,牧场可据此高效地完成牧场剩余工作,并制定科学的生产决策。此外,牧场在日常管理过程中也非常重视数据的收集、整合和分析,对于繁殖育种、草地管理、药物使用、牛奶品质检测及销售等方面,牧场会利用不同的数据管理软件进行数据的详细记录与

管理。此外,爱尔兰农民还非常愿意共享数据,数据的共享更利于他们的科学决策以及相互之间的学习和借鉴。我国地域辽阔,奶牛养殖企业及从业者众多,且管理水平不一,相互之前缺乏有效的沟通。因此,我国可以借鉴爱尔兰的数据管理模式,从市、省入手逐渐完善牧场数据收集与整合,促进牧场数据分享,实现全国范围内牧场的合作共赢、资源共享。

5.4 环境保护与可持续发展

爱尔兰奶业注重环境保护与可持续发展。欧盟及爱尔兰对于粪污的排放及载畜量有明确规定。不得排放超过土地能消纳的粪污量,草场的施肥也有十分严格的要求。随着我国奶业的迅速发展,集约化养殖给环境带来的压力也渐渐凸显。控制粪污排放等类似措施在我国已经开始逐渐推行。我国的基础之上,推行高效可持续的粪污处理技术,将加强监管与推广先进的科学技术相结合,才能逐渐优化奶业结构,实现奶业的可持续发展。

参考文献

[1]BurkeS J, Gibney M J, O'Dwyer N A,et al. The influence of cereal and dairy consumption on the Irish diet: implications for developing food-based dietary guidelines. Public Health Nutrition,2005,8(3).

[2]CLAL. Ireland: Dairy sector. 2020[2020-01-24]. https://www. clal. it/ en/? section=stat_irlanda.

[3]CSO. Quarterly National Accounts. 2019[2020-01-24]. https://www. cso. ie/en/releasesandpublications/er/na/quarterlynationalaccountsquarter42018/.

[4]CSO. Livestock Survey December. 2019[2020-01-24]. https://www. cso. ie/en/releasesandpublications/er/lsd/livestocksurveydecember2019/.

[5]CSO. Farm Structure Survey. 2016[2020-01-24]. https://www. cso. ie/en/releasesandpublications/ep/p-fss/farmstructuresurvey2016/.

[6]CSO. Consumption per person of dairy products by year. 2020[2020-01-24]. https://www. cso. ie/.

[7]O'Brien D. Irish milk prices among lowest in Europe, survey confirms. 2018[2020-01-24]. https://www. independent. ie/business/farming/dairy/milk-prices/irish-milk-prices-among-lowest-in-europe-survey-confirms-37567051. html.

[8]Department of Agriculture. Annual Review and Outlook for Agriculture, Food and the Marine. 2018[2020-01-24]. https://www. agriculture. gov. ie/media/migration/publications/2018/AnnualReviewandOutlook2018310818. pdf.

[9]Department of Agriculture, Food and the Marine. Market Access Annual Report. 2018[2020-01-24]. http://www. marketaccess. agriculture. gov. ie/media/marketaccess/content/Market. pdf.

[10]European Commission's agricultural and rural development department. https://agridata. ec. europaeu/extensions/DashboardDairy/DairyProduction. html.

[11]FAO. http://www. fao. org/faostat/en/#data.

[12]ICBF. Dairy Cow Population by County. 2020[2020-01-24]. https://www. icbfcom/? page_id=16954.

[13]IFA. Factsheet on Irish Dairying-2020. 2020[2020-01-24]. https://www. ifa. ie/sectors/dairy/dairy-fact-sheet/.

[14]Irish Food Board. Export Performance and Prospects for 2018—2019. 2019[2020-01-24]. https://

www. bordbia. ie/industry/manufacturers/insight/publications/MarketReviews/Documents/Export-Performance-Prospects-2018-2019. pdf.

[15]Patton J. Calving Pattern-The Most Important Decision on Your Farm. 2017[2020-01-24]. https://www. teagasc. ie/media/website/publications/2017/Calving-Pattern_Joe-Patton. pdf.

[16]Shalloo L, Geary U. Milk Payment Systems, in Teagasc Dairy Mannual. 2012[2020-01-24]. https://www. teagasc. ie/.

[17]Butle S. Dairy Cow. Reproduction. 2020[2020-01-24]. https://www. teagasc. ie/media/website/animals/dairy/Reproduction. pdf.

[18]Teagasc. Outlook 2020 Economic Prospects for Agriculture. 2019[2020-01-24]https://www. teagasc. ie/media/website/publications/2019/Winter2019_Outlook2020. pdf.

[19]Teagasc. Background Paper Dairy 2014. 2014[2020-01-24]. https://www. teagasc. ie/.

[20]Teagasc. Understanding the Economic Breeding Index (EBI). [2020-01-24]. 2017https://www. icbf. com/wp/wp-content/uploads/2017/07/Understanding-EBI-PTA-BV-Spring-2017. pdf.

[21]李胜利，王锋. 世界奶业发展报告. 北京：中国农业大学出版社，2014：447.

[22]郑宇慧，何雅琴，李胜利. 爱尔兰奶业发展概况与科技进展. 中国畜牧杂志，2020，56(1)：179-184.

[23]张骞. 爱尔兰农业科技创新的成功经验对中国的借鉴与启示[J]. 世界农业，2015(08)：153-156.

[24]Irish National Milk Agency. Annual Report &Accounts 2020. [2021-06-26]. http://nationalmilkagency. ie/.

[撰稿：中国农业大学　彭容　李翠宇　王斐然　曹志军　李胜利]

附　表

附表 1　1961—2019 年爱尔兰奶牛存栏量、单产水平和总产奶量

年份	奶牛存栏量/千头	平均单产/(kg/头)	总产奶量/kt	年份	奶牛存栏量/头	平均单产/(kg/头)	总产奶量/kt
1961	1 206 000	1 953.6	198	1991	1 322 000	3 995.3	5 029
1962	1 220 000	2 008.9	195	1992	1 288 000	4 135.2	5 271
1963	1 223 000	2 012.3	2 993	1993	1 246 200	4 226.8	5 202
1964	1 275 000	1 998.7	3 095	1994	1 248 300	4 275	5 272
1965	1 361 000	1 938.1	3 280	1995	1 233 000	4 336.4	5 288
1966	1 400 000	1 940.4	3 373	1996	1 220 800	4 339	5 297
1967	1 422 000	2 075.5	3 220	1997	1 215 600	4 324	5 256
1968	1 483 000	2 123.2	3 544	1998	1 201 400	4 237.7	5 091
1969	1 488 000	2 113.6	3 848	1999	1 198 800	4 271.9	5 121
1970	1 419 000	2 167.4	4 161	2000	1 177 500	4 382	5 160
1971	1 450 000	2 180.3	4 739	2001	1 182 500	4 551.2	5 338
1972	1 301 000	2 551	4 862	2002	1 164 100	4 611.3	5 182
1973	1 389 000	2 502.2	4 810	2003	1 155 600	4 595.1	5 310
1974	1 431 000	2 334	4 787	2004	1 156 100	4 556.6	5 268
1975	1 406 000	2 555.5	5 220	2005	1 055 100	4 796.9	5 061
1976	1 380 000	2 799.1	5 622	2006	1 084 700	4 816.4	5 225

续附表 1

年份	奶牛存栏量/千头	平均单产/(kg/头)	总产奶量/kt	年份	奶牛存栏量/头	平均单产/(kg/头)	总产奶量/kt
1977	1 436 000	2 895	5 878	2007	1 089 800	4 794.2	5 225
1978	1 484 000	3 165.1	5 682	2008	1 095 200	4 647.5	5 090
1979	1 513 000	3 164.7	5 478	2009	1 096 700	4 767.3	4 928
1980	1 503 000	3 138.7	5 388	2010	1 070 800	4 974.8	5 327
1981	1 449 000	3 231.7	5 196	2011	1 116 900	4 957.2	5 537
1982	1 458 000	3 501.8	5 252	2012	1 140 800	4 722.8	5 380
1983	1 513 000	3 634	5 268	2013	1 163 200	4 800.3	5 584
1984	1 535 000	3 737.1	198	2014	1 226 400	4 742.5	5 816
1985	1 549 300	3 763.2	195	2015	1 295 800	5 081.9	6 585
1986	1 527 700	3 679.4	2 993	2016	1 397 900	4 901.2	6 852
1987	1 490 400	3 709.2	3 095	2017	1 432 687	5 219.7	7 475
1988	1 443 600	3 692.4	3 280	2018	1 369 100	5 720	7 810
1989	1 387 000	3 880.2	3 373	2019	1 425 760	5 782.8	8 227
1990	1 342 000	4 025.6	3 220				

数据来源:FAO。

附表 2　1968—2020 年爱尔兰主要乳制品产量　t

年份	饮用牛奶	鲜奶油	黄油	脱脂奶粉	奶酪(所有种类)
1968	/	/	73 000	/	/
1969	/	3 000	75 000	38 000	27 000
1970	410 000	5 000	71 000	34 000	29 000
1971	423 000	5 000	73 000	48 000	33 000
1972	436 000	4 000	76 000	66 000	46 000
1973	352 000	7 000	83 000	103 000	39 000
1974	365 000	7 000	73 000	102 000	59 000
1975	373 000	5 000	83 000	135 000	60 000
1976	404 000	5 000	99 000	164 000	49 000
1977	420 000	6 000	102 000	145 000	54 000
1978	434 000	7 000	119 000	170 000	50 000
1979	447 000	7 000	122 000	148 000	58 000
1980	465 000	7 000	111 000	136 000	49 000
1981	484 000	8 000	112 000	135 000	54 000
1982	518 000	8 000	133 000	140 000	57 000
1983	524 000	8 000	158 000	174 000	53 000
1984	516 000	8 000	165 000	182 000	54 000
1985	512 000	8 000	161 000	158 000	73 000
1986	500 000	7 000	153 000	156 000	63 000
1987	487 000	8 000	134 000	129 000	58 000
1988	490 000	7 000	124 000	97 000	75 000
1989	513 000	8 000	139 000	141 000	73 000
1990	507 000	8 000	149 000	195 000	69 000
1991	509 000	8 000	140 000	183 000	73 000
1992	532 000	9 000	134 000	126 000	93 000
1993	577 000	9 000	136 000	132 000	93 000
1994	544 000	9 000	137 000	130 000	93 000

续附表 2

t

年份	饮用牛奶	鲜奶油	黄油	脱脂奶粉	奶酪(所有种类)
1995	547 000	9 000	152 000	115 000	80 000
1996	552 000	10 000	152 000	119 000	97 000
1997	549 000	10 000	148 000	102 000	97 000
1998	549 000	10 000	139 000	91 000	95 000
1999	546 000	10 000	143 000	84 000	102 000
2000	546 000	10 000	144 000	79 000	99 000
2001	556 000	10 000	140 000	86 000	123 000
2002	553 000	9 000	142 000	97 000	116 000
2003	546 000	10 000	147 000	79 000	112 000
2004	540 000	10 000	144 000	66 000	118 000
2005	536 000	11 000	145 000	55 000	119 000
2006	539 000	11 000	141 000	69 000	137 000
2007	544 000	11 000	143 000	93 000	140 000
2008	536 000	11 000	126 000	52 000	174 000
2009	510 000	11 000	123 000	67 000	162 000
2010	507 000	10 000	138 000	58 000	172 000
2011	509 000	10 000	146 000	60 000	180 000
2012	502 000	11 000	145 000	45 000	186 000
2013	493 000	11 000	152 000	41 000	183 000
2014	496 610	11 760	166 380	71 000	188 400
2015	523 000	14 660	187 480	91 000	207 100
2016	542 750	16 410	198 700	117 740	206 000
2017	541 200	16 750	223 670	119 760	220 000
2018	552 760	19 940	237 840	133 850	225 000
2019	549 420	20 950	251 070	134 360	278 400
2020			262 500	148 700	285 400

数据来源：European Commission’s Agricultural and Rural Development Department(1968—2013)；CLAL(2014—2020)。

附表 3　1961—2018 年爱尔兰主要乳制品进出口贸易量

t

年份	进口量				出口量			
	黄油	奶酪	脱脂奶粉	全脂奶粉	黄油	奶酪	脱脂奶粉	全脂奶粉
1961	41	140	/	23	15 399	2 370	6 199	4 772
1962	74	168	/	83	16 282	4 397	3 164	6 917
1963	1	183	/	46	19 541	6 904	1 392	12 125
1964	2	185	/	20	18 372	9 776	6 405	10 483
1965	2	199	/	19	20 550	10 032	5 398	10 238
1966	53	206	/	25	23 735	13 720	13 919	8 587
1967	64	231	/	237	28 386	17 639	21 661	7 902
1968	67	176	/	33	37 796	21 342	25 952	8 790
1969	93	356	/	101	42 509	19 666	23 194	12 766
1970	176	179	/	146	45 850	23 957	24 755	12 780
1971	27	321	/	174	32 138	28 176	31 496	10 596
1972	137	420	/	39	37 659	25 890	23 616	11 986
1973	330	683	3 000	209	48 724	39 122	113 293	11 960
1974	987	611	660	887	39 388	46 812	71 790	6 064
1975	909	950	4 472	1 421	57 156	56 933	109 789	9 099

续附表 3 t

年份	进口量				出口量			
	黄油	奶酪	脱脂奶粉	全脂奶粉	黄油	奶酪	脱脂奶粉	全脂奶粉
1976	1 807	1 895	1 621	825	67 296	56 254	141 735	12 521
1977	1 510	2 367	1 873	830	51 008	38 746	161 036	28 514
1978	1 270	2 100	856	804	83 405	42 091	144 651	32 350
1979	1 702	2 205	563	365	118 721	60 577	167 199	28 150
1980	2 970	2 529	90	891	90 454	37 826	130 640	40 378
1981	5 367	3 776	316	691	80 890	44 007	122 652	34 084
1982	1 801	4 468	426	1 224	79 612	44 514	80 246	40 488
1983	3 036	4 735	461	1 212	81 885	49 084	86 695	17 904
1984	1 198	4 431	249	321	118 235	54 329	207 793	29 611
1985	940	7 063	849	234	104 575	59 434	201 270	28 579
1986	496	6 365	555	308	63 976	835 559	130 270	26 591
1987	5 073	6 790	727	601	55 695	1 229 527	118 688	32 746
1988	3 315	6 910	5 577	184	72 980	1 276 936	79 521	34 313
1989	3 507	7 059	782	560	60 834	1 343 245	127 257	23 884
1990	1 904	8 763	775	112	71 654	962 975	86 414	12 735
1991	1 076	12 602	2 076	350	70 474	1 292 763	70 705	26 292
1992	1 670	14 934	775	966	97 831	2 142 325	244 888	34 440
1993	2 147	12 460	787	1 018	75 593	1 476 868	122 117	40 611
1994	2 171	14 946	3 442	2 191	91 238	1 452 785	80 030	45 782
1995	2 097	13 218	1 964	827	76 706	1 897 897	145 892	41 060
1996	3 561	15 720	1 315	967	92 524	1 481 303	58 676	35 649
1997	2 480	18 500	3 444	552	80 132	1 568 583	96 350	39 906
1998	3 967	15 203	2 672	911	84 035	1 403 845	52 611	41 559
1999	4 713	20 394	6 496	1 073	84 303	1 412 484	82 558	46 930
2000	4 472	19 059	5 871	626	77 671	1 416 229	123 117	48 346
2001	4 945	19 069	5 116	641	104 949	1 260 941	43 838	39 973
2002	3 788	19 263	1 376	1 838	101 073	1 136 601	34 082	32 804
2003	3 829	24 861	1 518	5 306	89 967	1 425 318	46 822	44 136
2004	3 069	22 844	5 208	4 656	99 650	1 639 205	40 307	45 482
2005	3 308	25 926	7 002	4 307	108 080	1 650 412	36 627	59 870
2006	7 014	19 793	5 437	7 210	124 852	1 889 477	47 437	80 433
2007	5 482	31 726	8 792	5 517	123 043	2 394 113	68 940	58 659
2008	5 525	35 748	3 933	6 299	154 014	2 544 719	37 658	56 952
2009	7 547	33 842	2 459	3 522	158 877	1 951 391	35 257	45 961
2010	8 116	43 559	2 594	5 021	162 806	2 364 917	51 485	53 249
2011	6 604	55 094	5 252	2 890	166 509	2 940 702	60 852	67 329
2012	4 913	48 068	16 962	4 400	184 001	2 498 471	46 679	39 665
2013	4 928	55 032	23 508	3 277	179 905	2 917 840	42 479	37 531
2014	5 989	47 820	46 019	2 109	176 626	2 946 034	49 887	31 913
2015	5 959	52 128	47 549	2 673	188 256	2 542 180	62 640	33 196
2016	6 723	49 561	36 466	4 086	207 383	2 559 016	68 304	53 118
2017	5 322	56 781	34 061	12 456	215 316	3 417 429	90 621	70 959
2018	8 638	63 989	25 541	21 590	212 982	3 852 461	125 614	59 974

数据来源:FAO。

附表 4　1961—2018 年爱尔兰主要乳制品进出口贸易额　　千美元

年份	进口额				出口额			
	黄油	奶酪	脱脂奶粉	全脂奶粉	黄油	奶酪	脱脂奶粉	全脂奶粉
1961	30	150	/	24	10 652	1 405	1 158	3 175
1962	67	192	/	41	13 027	2 437	588	5 089
1963	1	201	/	41	17 972	4 023	298	7 415
1964	1	212	/	20	18 766	6 594	1 649	6 977
1965	1	224	/	20	19 493	7 011	1 715	6 614
1966	4	222	/	24	21 289	9 587	4 175	5 770
1967	69	250	/	135	25 116	13 200	6 416	5 163
1968	46	186	/	22	23 999	14 719	4 620	5 844
1969	72	312	/	56	22 988	13 467	3 899	7 799
1970	116	211	/	68	29 251	16 025	4 825	6 798
1971	28	309	/	104	35 957	25 010	13 205	6 752
1972	164	598	/	31	45 139	30 854	13 609	8 907
1973	312	966	1 377	177	50 951	43 114	74 220	8 880
1974	1 026	1 090	577	1 012	49 747	69 002	69 010	7 536
1975	1 568	2 019	4 663	1 906	100 297	107 232	111 862	12 716
1976	3 364	3 133	1 560	1 618	124 302	89 014	125 809	17 800
1977	3 364	4 402	1 933	1 779	105 300	66 822	120 364	35 962
1978	3 095	5 100	1 007	2 034	223 173	89 890	110 365	44 000
1979	5 110	6 641	812	1 206	320 104	164 540	127 606	43 156
1980	11 444	8 220	286	3 126	260 228	121 171	130 081	69 554
1981	17 604	11 130	456	1 883	247 451	130 319	151 597	64 049
1982	4 910	11 816	643	3 030	235 742	116 568	96 427	71 480
1983	9 537	11 817	655	2 547	223 105	117 531	106 640	31 511
1984	3 034	10 241	341	888	270 603	120 367	186 857	44 358
1985	2 169	16 470	1 491	607	221 396	136 969	150 830	43 111
1986	1 507	17 111	565	537	136 115	171 325	160 559	47 869
1987	13 045	21 615	1 513	788	437 150	169 809	175 264	60 187
1988	13 436	23 186	7 331	551	424 877	247 399	140 607	68 490
1989	13 511	21 382	1 848	1 697	420 467	210 378	261 643	62 445
1990	7 042	29 173	2 197	177	186 190	284 797	181 069	38 213
1991	4 018	39 652	4 910	639	460 885	255 826	132 621	75 556
1992	5 822	46 786	2 151	2 847	511 114	389 649	552 490	90 603
1993	8 425	39 399	2 512	4 836	406 053	282 919	260 663	105 980
1994	8 853	46 366	9 359	6 818	395 594	336 738	185 168	112 929
1995	9 023	53 651	5 707	2 737	583 285	310 718	382 393	130 399
1996	10 776	71 635	3 994	3 435	437 657	378 369	145 554	102 982
1997	7 489	69 890	8 480	1 565	479 598	307 078	211 740	102 948
1998	11 357	60 453	5 982	2 487	481 444	301 879	106 749	97 699
1999	14 209	76 363	15 540	3 087	385 335	282 307	165 108	98 473
2000	12 089	61 296	11 310	1 427	322 819	229 291	225 007	100 165
2001	11 462	60 931	10 174	1 590	293 852	311 302	94 681	90 761
2002	10 777	66 313	2 928	4 603	285 762	293 261	57 372	69 887
2003	12 300	91 310	3 855	14 644	396 187	301 799	97 041	100 946
2004	11 497	100 829	13 631	13 322	446 127	388 936	100 839	122 851

续附表 4　千美元

年份	进口额				出口额			
	黄油	奶酪	脱脂奶粉	全脂奶粉	黄油	奶酪	脱脂奶粉	全脂奶粉
2005	13 148	87 278	18 414	13 644	403 916	419 502	92 420	149 099
2006	25 760	95 240	14 112	22 861	412 640	475 242	128 310	189 442
2007	18 541	161 195	30 686	19 630	575 099	549 519	277 378	211 203
2008	21 031	201 615	14 393	23 883	523 278	833 915	148 595	241 233
2009	23 176	154 201	7 407	10 561	388 464	624 317	89 263	131 641
2010	26 423	177 854	6 545	17 968	558 211	660 724	152 216	179 687
2011	25 622	190 007	6 495	12 396	807 012	781 749	206 717	268 499
2012	16 750	202 255	34 661	11 725	552 127	822 406	130 944	140 563
2013	18 451	258 863	58 981	12 545	738 908	845 599	138 760	177 978
2014	21 613	249 225	108 280	8 674	666 191	878 777	205 748	139 063
2015	16 603	202 643	77 805	6 386	616 044	675 032	138 242	90 380
2016	19 582	184 321	52 750	8 043	610 324	671 540	135 795	128 215
2017	20 681	229 619	61 032	12 457	1 018 985	823 061	202 275	216 075
2018	40 966	264 159	60 543	17 353	1 298 180	864 856	242 242	184 875

数据来源:FAO。

大 洋 洲

新西兰奶业发展报告

摘要：新西兰位于太平洋西南部，属温带海洋性气候，水草资源丰富，十分适合奶业发展。因此，奶业是新西兰农业的支柱产业。世界上大约3%的牛奶产自新西兰，新西兰是世界第八大乳制品生产国，每年出口95%的牛奶。新西兰奶牛养殖变化趋势是牛场(群)数量稳中有降，但是奶牛存栏量和牛群平均奶牛头数稳中有升。2010—2011年产季，新西兰牛群平均奶牛头数386头，2019—2020年产季增长到了440头，牛群数量显著增长的时代已经结束，奶农更加关注牧场生产效率和效益。2019—2020年产季，新西兰奶牛存栏492.1万头，牛场(群)11 179个，产奶量2 171万t(按照牛奶的密度平均为1.026 53 kg/L，牛奶总产量211.45亿L进行折合计算)，创下历史新高。

新西兰牛奶总产量持续增长，从2003—2004年产季的1 499万t增加到2019—2020年产季的2 171万t，增长145%。但同期奶牛平均单产变化不大，从2003—2004年产季的3 737 L/头增加到2019—2020年产季的4 296 L/头，增长15.0%。头均奶固形物产量从2003—2004年产季的322 kg/头增加到2019—2020年产季的385 kg/头。

新西兰乳品加工企业包括奶牛场参股的合作制加工企业和独立加工企业两种形式。目前合作制加工企业主要包括新西兰乳业公司(Kiwi)和新西兰乳业集团(NZDG)合并成立的恒天然集团(Fonterra)，以及一些小的乳企业(塔图亚和韦斯特兰等公司)，2018—2019年产季以上三家企业原料奶收购量占全国总量90%左右。自2001年新西兰乳品行业重组后，新西兰独立乳品加工者的数量在增加，目前主要有Open country dairy、synlait、NZ dairies、Goodman Fielder New Zealand Limited等大中小型独立乳品加工企业。

新西兰的乳品行业长期以来一直是全球创新领域的领头羊。目前，新西兰乳品行业雇用了46 000名工人，乳制品超过100个品种，包括消毒鲜奶、冰淇淋、黄油、炼乳、乳清、奶粉、奶酪和酸奶等。奶粉是新西兰最主要的乳制品，近年来新西兰全脂奶粉的生产比例增幅较大，而脱脂奶粉的生产比例有所降低。新西兰国内消费的乳品包括液态奶、奶油、奶酪、奶粉(脱脂和全脂)、酸奶、炼乳等，占其总产量5%左右。

新西兰是一个奶产品出口大国。2019—2020年产季，新西兰乳制品的出口收入为201.35亿新西兰元。新西兰鼓励和支持其乳品企业开拓国外市场。1924年制定的《乳品生产出口控制法》，对建立和保证国内和海外乳品市场和乳品价格起到了重要作用。而2009年的《创新的政治策略》对乳制品研发、市场维护与拓展起到了促进作用。新西兰是乳制品净出口国家，每年生产的乳制品93%以上出口到190多个国家和地区，约占世界乳制品贸易量33%。新西兰是我国最大的乳制品进口来源国，其次是美国。2019年我国从新西兰进口的乳制品进口总量为137万t，占净进口总量的46.4%。

2019—2020年产季，新西兰奶协的最新统计数据显示，新西兰奶牛群体由49.1%的荷斯坦-娟姗杂交牛(以下简称Kiwi-cross)，32.7%的荷斯坦奶牛，8.4%的娟姗牛，0.5%的爱尔夏牛，以及9.3%其他品种组成。新西兰奶牛育种目标是在放牧和牛奶固形物计价体系下，培育能够最有效地把饲料转化成利润的奶牛品种。育种主要指标是育种利润指数(BW),即一头种畜所生的后代每年、每单位饲料(5.0 t 干物质)所获得的经济效益。国家遗传评估委员会负责奶牛育种计划的制定,家畜改良公司(LIC)负责执行奶牛育种计划,包括全国奶牛数据库建立和维护生产性能测定(DHI),遗传评估系统模型建立和维护等。LIC 是新西兰最大的育种机构,每年在 400 多个后测牛场测定奶牛种公牛约 300 头。LIC 也是新西兰最大的人工授精机构,每年开展约 300 万头奶牛人工授精,占全国市场 70%以上。新西兰是最早开展奶牛 DHI 的国家之一,2019—2020 产季 DHI 测定母牛超过 368 万头,占泌乳母牛 75%以上。

天然草场和人工草场是新西兰奶牛养殖的基础,其特点是划区轮牧,草畜平衡。新西兰有 190 个草品种,人工草场一般以 70%黑麦草和 30%红三叶草、白三叶草混播。

新西兰十分重视生物安全和奶牛传染病的控制,建立了完善的动物防疫与卫生体系。新西兰从未发生过疯牛病、口蹄疫、牛瘟、水疱性口炎、牛结节性疹和赤羽病等。新西兰高度重视奶牛养殖中传染病如牛结核病(TB)和流行性白血病(EBL)的防治。TB 曾是影响新西兰奶牛最严重的传染病,经过不断努力,TB 感染牛群数迅速下降,2019—2020 年产季,新西兰 11 372 个牛群(场)中仅有 27 个牛群(场)检测到了 TB 感染。

新西兰重视奶牛养殖中粪污处理与环境保护。1991 年政府通过了《资源管理法》,2003 年环境部、农林部、地区议会与恒天然公司达成《乳业与清洁溪流协议》,对水资源等环境的保护起到了重要作用。

新西兰通过采取一定的技术措施如机器挤奶、冷链贮藏和运输(4 ℃)、DHI 测定等保证了原料奶质量。而协调和规范奶牛养殖场和乳品加工企业之间的关系、合理的原料奶价格、公平的第三方检测、健全的质量监管体系、合理到位的惩罚措施等也是保证原料奶质量的重要措施。新西兰原料奶价格以牛奶固形物质量计算,从 2010—2011 年产季到 2019—2020 年产季,价格波动幅度较大,最高为 8.47 新西兰元/kg(2013—2014 年产季),最低为 4.30 新西兰元/kg(2015—2016 产季),2019—2020 年产季原料牛奶价格为 7.20 新西兰元/kg。

新西兰十分重视奶业科学与技术的研究与推广,全国主要研究机构包括 8 个农业类研究所(占新西兰政府研发投资的 26%)、奥克兰大学等 8 所大学(占新西兰研发投资的 37%)等,行业组织与企业也是新西兰奶业科研的重要力量。

我国正处在奶业生产转型期,新西兰奶业发展成功经验值得我们借鉴。

关键词:新西兰　奶业　发展

新西兰是大洋洲岛国,位于太平洋南部,处于南极洲和赤道之间,在南纬 34°~47°之间。新西兰由北岛、南岛、斯图尔特岛及其附近一些小岛组成,面积 26.8 万 km^2,专属经济区 120 万 km^2,人口 511.23 万人(2020 年 12 月),人口密度 18.07 人/km^2。

新西兰每年 12 月至次年 2 月为夏天,6—8 月为冬天。夏季平均气温 25 ℃,冬季平均温度 10 ℃,全年温差一般不超过 15 ℃。各地年平均降雨量为 400~1 200 mm。新西兰境内山地和丘陵占其总面积 75%以上,属温带海洋性气候,四季温差不大,植物生长十分茂盛,森林覆盖率达 29%,生态环境良好,天然牧场或农场占国土面积的 1/2。

新西兰是发达国家,新西兰统计官网最新发布的国内生产总值(GDP)为 3 034 亿美元,人均约 62 165 美元(截至 2019 年 3 月)。奶业在新西兰经济中占有重要地位,2020 年为新西兰直接创收 102 亿新西兰元。

1　奶业发展概况

新西兰畜牧业经济发达,特别是乳业占有特殊位置,据统计,新西兰乳制品、羊肉和粗羊毛的出口量均为世界第一,奶业产值约占农业总产值的 30%以上。新西兰奶牛群主要集中在位于北岛(71.4%)。2019—2020 年产季,新西兰奶牛存栏 492.1 万头,生鲜乳产量 211.45 亿 L,牛群总数 11 179 个,平均饲养规模为 440 头/群,奶牛年均单产为 4 296 L/头。

1.1　奶牛养殖业

1.1.1　奶牛群结构及地域分布

新西兰地广人稀，水、草资源丰富，适合发展畜牧业，尤其是奶牛业。据统计，新西兰 2019—2020 年产季成年母牛存栏 492.1 万头，约占全世界奶牛存栏量的 2%。新西兰草地资源非常丰富，草地面积达 1 400 万 hm^2，占国土面积的 51.8%，其中人工草地为 940 万 hm^2，占 34.8%。每公顷草地可饲养泌乳奶牛头数 2.8 头。人工草地主要是黑麦草、三叶草、高羊茅草混播，牧草产量和质量高，牧草干物质产量达到 12～17 t/hm^2。

2019—2020 年产季，新西兰奶协的最新统计数据显示，新西兰奶牛群体由 49.1%的荷斯坦-娟珊杂交牛，32.7%的荷斯坦牛，8.4%的娟姗牛，0.5%的爱尔夏牛，以及 9.3%其他品种组成(图 1)。

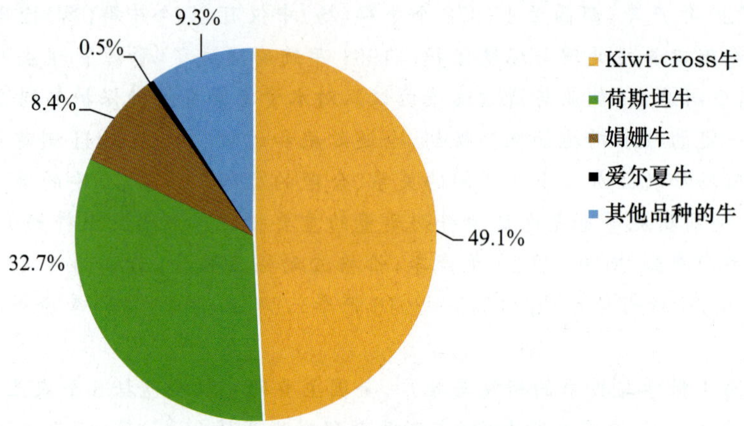

图 1　新西兰 2019—2020 年产季奶牛群结构

(数据来源：新西兰奶农协会，LIC 官网)

新西兰奶牛养殖集中在北岛地区(表 1)，2019—2020 年产季奶牛存栏量占全国存栏总量的 58.1%，主要分布在怀卡托(22.4%)和塔拉纳基(9.5%)地区。南岛地区奶牛饲养量占新西兰奶牛的 28.3%，主要分布在北坎特伯雷(14.6%)和南部地区(12.0%)。但是，尽管南岛奶牛存栏量仅为 28.6%，但是南岛泌乳牛数量在全国的占比却高达 41.9%。近年来，由于奶牛养殖经济效益较高，南岛一些农场从饲养绵羊和肉牛转而饲养奶牛，因而南岛奶牛饲养量近年来增加较快。

表 1　新西兰 2019—2020 年产季各地区泌乳牛统计表

地区	牛群(场)数/个	牛群(场)占比/%	奶牛存栏量/头	奶牛存栏量占比/%
北部地区	793	7.1	258 292	5.2
奥克兰	338	3	95 806	1.9
怀卡托	3 184	28.5	1 104 097	22.4
丰盛湾	524	4.7	185 461	3.8
中部高原	482	4.3	280 462	5.7
西部高地	87	0.8	46 958	1
东海岸	9	0.1	6 022	0.1
霍克斯湾	69	0.6	45 516	0.9
塔拉纳基	1 568	14	467 761	9.5
玛纳瓦图	522	4.7	214 293	4.4
怀拉拉帕	403	3.6	152 420	3.1
北岛	7 979	71.4	2 857 088	58.1
纳尔逊	209	1.9	79 963	1.6
西海岸	363	3.2	150 040	3

续表 1

地区	牛群(场)数/个	牛群(场)占比/%	奶牛存栏量/头	奶牛存栏量占比/%
北坎特伯雷	883	7.9	719 289	14.6
南坎特伯雷	318	2.8	252 197	5.1
奥塔戈	445	4	271 347	5.5
南部地区	982	8.8	591 623	12
南岛	3 200	28.6	2 064 459	41.9
合计	11 179		4 921 548	

数据来源:新西兰奶农协会(Dairy NZ),LIC 官网(www. lic. co. na)。

1.1.2 奶牛养殖规模及产奶量变化

过去 40 多年里,新西兰奶牛存栏呈稳步增长态势。1975—1976 年产季,全国奶牛存栏 209 万头,2010—2011 年产季增加到 452 万头(图 2),而 2018—2019 年产季则达到 495 万头(包括后备牛、犊牛的总存栏为 660 万头),增长了 1.36 倍。1975—2016 年间,新西兰的奶牛存栏增长较快,40 年间增加了 300 余万头,年平均增长率为 2.1%,至 2015 年成母牛存栏首次突破 500 万头。但是,近 3 年新西兰成母牛存栏比较稳定,显著增长的时代已经结束。

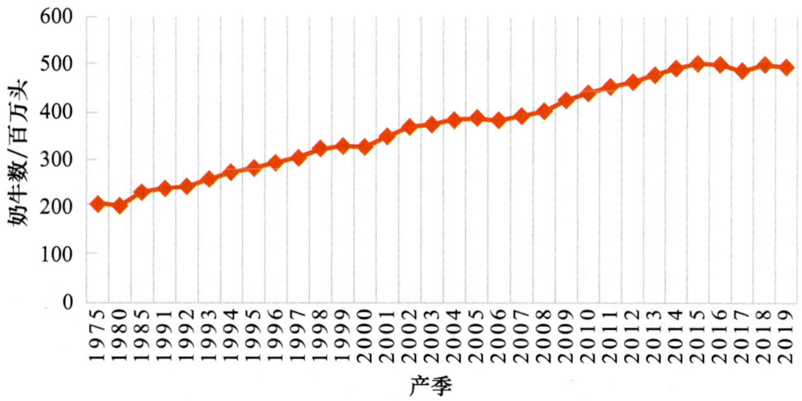

图 2 新西兰 1975—2019 年成年奶牛头数变化趋势

(数据来源:新西兰奶农协会,LIC 官网)

过去 30 年中,新西兰奶牛养殖规模变化的总体趋势是奶牛场(牛群)数量减少,牛群平均头数增加。1997—1998 年产季到 2007—2008 年产季期间,牛群总数以平均每季 300 个左右的速度下降(图 3),然后趋于平稳。2018—2019 年产季的牛群总数减少了 218 个,降至 11 372 个,这是在连续下降的第 4 年。

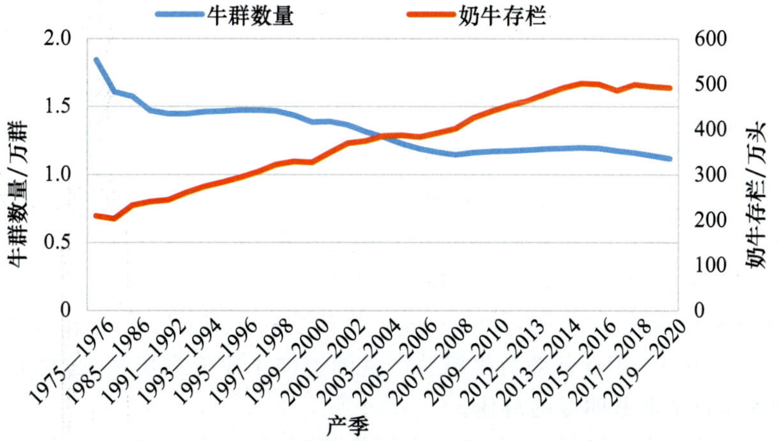

图 3 新西兰 30 个产季奶牛群数和牛群平均规模变化情况

(数据来源:新西兰奶农协会,LIC 官网)

2018—2019 年产季，新西兰牛群平均奶牛头数为 435 头，比上一产季增加 4 头/群。在过去的 30 个季节里，牛群平养殖奶牛头数接近翻了一番，这可能主要归因于新西兰南岛奶牛群的快速扩张。

表 2　新西兰 2018—2019 年产季不同规模牛群数量分布情况

奶牛头数/头	牛群数量/个	比例/%
＜150	781	6.97
150～249	2 619	23.0
250～349	2 233	19.6
350～449	1 597	14.0
450～549	1 166	10.3
550～649	921	8.10
650～749	544	4.78
750～949	777	6.83
＞950	734	6.45
总计	11 372	

数据来源：新西兰奶农协会，LIC 官网。

新西兰奶牛群（场）的主体规模为 150～650 头/群之间，据统计，2018—2019 年产季此类规模奶牛群（场）占总数的 75.1%。存栏 950 头以上的奶牛场仅有 734 个，占总数的 6.45%（表 2）。

2018—2019 年产季，新西兰 DHI 测定的奶牛头数约为 270 万，其中 Kiwi-cross 牛数量最多，约为 152 万头，其次是荷斯坦牛、娟姗牛和爱尔夏牛（表 3）。在放牧条件下，新西兰奶牛利用年限较长。2018—2019 年产季 DHI 测定结果表明，4 岁（含）以上荷斯坦牛、Kiwi-cross 牛、娟姗牛以及爱尔夏牛的成年母牛比例分别为 58%、66%、61%和 66%，6 岁以上成年母牛比例分别为 29%、36%、31%和 38%（表 3）。与荷斯坦牛比较，Kiwi 杂交牛、娟姗牛和爱尔夏牛 6 岁以上的成母牛比例更高。

表 3　2018—2019 年产季 DHI 测定不同年龄奶牛占测定总头数的比例

年龄	荷斯坦牛	Kiwi-cross 牛	娟姗牛	爱尔夏牛
2 岁	21.7%	20.9%	17.8%	17.8%
3 岁	20.0%	18.4%	16.6%	15.9%
4 岁	16.4%	16.6%	15.9%	15.4%
5 岁	12.5%	13.6%	13.5%	13.1%
6 岁	10.2%	10.7%	11.8%	11.3%
7 岁	7.2%	7.7%	8.7%	9.0%
8 岁	4.6%	4.9%	5.7%	6.8%
9 岁	3.2%	3.4%	4.4%	4.4%
10 岁以上	4.2%	3.8%	5.6%	6.4%
总计	100.0%	100.0%	100.0%	100.0%
测定总头数	911 189	1 522 406	255 665	14 370

数据来源：新西兰奶农协会。

在过去的 20 年间，新西兰牛奶总产量持续增长，从 1984—1985 年产季的 70 亿 L 增加到 2018—2019 年产季的 212 亿 L，增长 203%（图 4）。尤其是 20 世纪初增速加快，从 1999—2000 年产季的 116 亿 L 增加到 2018—2019 年产季的 212 亿 L，增长了 96 亿 L，年平均增长率达 3.2%。

但是，同期奶牛平均单产变化不大，从 1999—2000 年产季的 3 601 L/头增加到 2018—2019 年产季的 4 359 L/头，增长 21.0%（图 5）。因此新西兰牛奶总产量的增加主要依靠奶牛头数的增加，与美国、以色列等国家追求奶牛单产水平形成非常明显的对比。

新西兰奶牛养殖以放牧为主，虽然平均单产水平提高幅度不大，但牛奶中固形物含量较高，因此，平均每头牛牛奶固形物总量一直是增加的趋势，头均奶固形物产量从 2003—2004 年产季的 322 kg/头增加到

2018—2019 年产季的 381 kg/头(图 6),2018—2019 年产季,头均奶固形物超过 375 kg/头的牧场比例有所增加,大部分牧场头均奶固形物产量分布区间为 250～450 kg/头(图 7)。

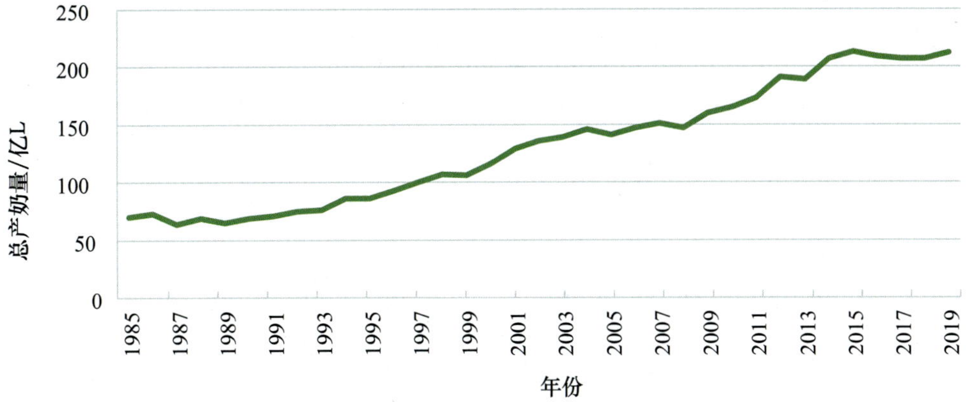

图 4 新西兰 1985—2019 年牛奶总产量变化示意图

(数据来源:新西兰奶农协会)

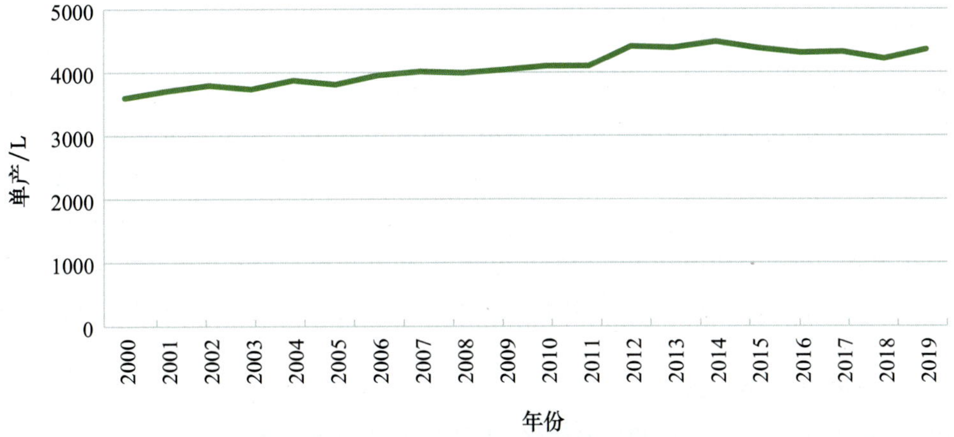

图 5 新西兰 2000—2019 年奶牛平均单产变化

(数据来源:新西兰奶农协会)

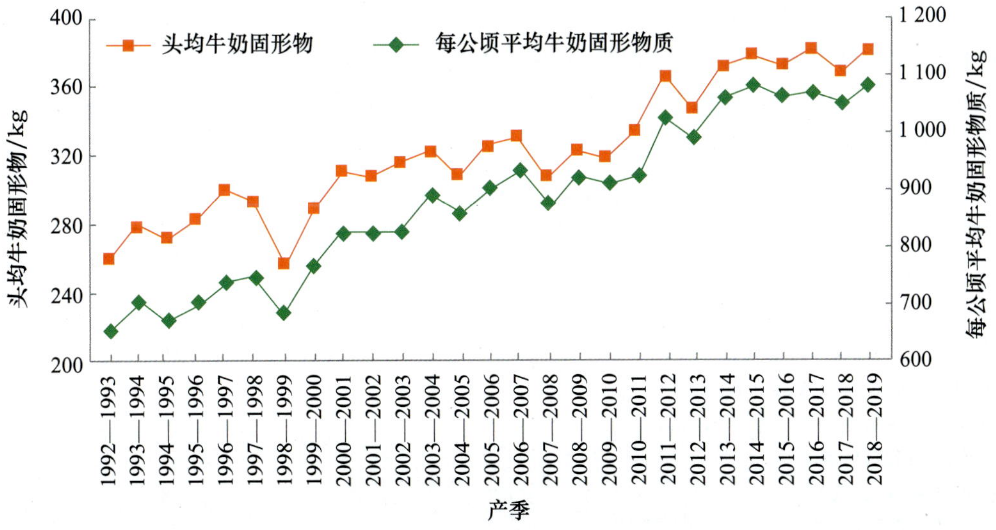

图 6 新西兰不同产季奶牛牛奶固形物产量变化

(数据来源:新西兰奶农协会,LIC 官网)

图 7　新西兰不同牧场头均牛奶固形物的分布情况

（数据来源：新西兰奶农协会，LIC 官网）

1.1.3　奶牛养殖模式变化

自 1840 年最早的奶牛牧场建立以来，放牧条件下，牛奶生产受牧草生长变化的影响较大，表现出很强的季节性。新西兰约 97%奶牛群的生产季节在每年 7 月至次年 5 月之间，即所谓的产季，其中 10 月达到原料奶收购和加工的高峰。5—7 月，大部分奶牛进入干奶期。只有约 3%的牛群常年产奶，以满足非产季国内液态奶消费需求。与舍饲比较，放牧饲养具有投资少、原料奶质量高、劳动力成本低和奶牛生活环境舒适等优点，新西兰的奶牛养殖一直是放牧饲养为主的饲养模式，近年来奶牛群的平均规模有所增长。但是为了增加牛奶产量，根据降雨量、牧草生长季以及饲养方式，在放牧的基础上，按照补充饲料的数量可分为如下 5 个生产系统。

第一种是全部放牧，不补充饲料。

第二种是除放牧外，根据雨水多少和气温变化，补充 4%～14%的饲料。

第三种是在产奶期补充 10%～20%的饲料。

第四种是在产奶后期和干奶期饲喂 20%～30%的饲料。

第五种是全年补饲，补饲量占 25%～40%。

这五个生产系统，因不同地区和季节而异，确保了牛奶干物质含量都很高。

新西兰多采用产季泌乳高峰期日挤奶 2 次、产季末期产量下降后日挤奶 1 次的挤奶制度。表 4 为新西兰 2018—2019 年产季奶业生产水平情况。

表 4　2018—2019 年产季新西兰奶业生产水平一览表

项　目	2018—2019 年产季奶业生产水平
奶牛场(群)数/个	11 372
奶牛存栏量/头	4 946 000
平均奶牛头数/头	435
平均每群奶牛有效土地面积/hm^2	144
每公顷饲养泌乳奶牛头数/(头/hm^2)	2.58
平均产奶量/(L/头)	4 359
脂肪产量/(kg/头)	206
蛋白质产量/(kg/头)	167
固形物产量/(kg/头)	373

数据来源：新西兰奶农协会。

新西兰经营奶牛场主要有两种形式：农场主式(owner)和参股制式(sharemilker)，2017—2018 年产季奶牛场经济统计数据显示，农场主式(owner)和参股制式(sharemilker)分别占比 73%和 27%。第一种形式中农场主拥有奶牛场、奶牛和土地资源，并直接参与奶牛场经营与管理；第二种形式是农场主拥有奶牛场的土地和基础设施，和(或)拥有部分奶牛，但是一般不直接参与奶牛场管理和经营活动，而是雇用其他人员经营管理。受雇用人员负责奶牛场日常经营和管理工作，其在牛场的劳动收入可按照投入牛场的投资(奶牛、资金或者机械)，从而占有牛场一定比例的股份，如 29%或者 50%等，从而逐渐与原农场主(土地和牛场基础设施拥有者)共同拥有奶牛场。

1.2 乳品加工业

1.2.1 乳品加工企业规模、企业数量和规模变化

在 2018—2019 年度，乳制品公司共加工了 212 亿 L 牛奶，其中含有 18.8 亿 kg 乳固体，同比增长 2.4%。平均每头奶牛乳脂增加 3.5%，达到 381 kg。每有效公顷的平均乳固体(1 081 kg)高于前三个产季，为历史第二高。

新西兰乳品加工企业主要包括奶牛场参股的合作制加工企业和独立加工企业两种类型。新西兰早期乳品加工企业主要是私人企业，但是随着奶业发展，私人拥有的乳品加工企业数量逐渐减少，而合作企业数量逐年增加(图 8)，并在 1930 年前后达到 500 家左右。但是随着奶业商业化、规模化和现代化发展，到 2001 年，为应对更加激烈的国际竞争，新西兰政府着手对新西兰乳品制作业进行整合，新西兰乳品加工厂数量急剧减少，而加工厂的加工能力大大提高。2018—2019 年产季新西兰合作制乳品加工企业主要包括恒天然集团(Fonterra Cooperative Group)、威士兰乳业合作公司(Westland Milk Products)和塔杜瓦乳品合作公司(Tatua Co-operative Dairy Company Ltd.)等三家企业，这些公司按照规模化和专业化的模式运作，2018—2019 年产季，恒天然收购了新西兰绝大部分的原料奶。除了这三家主要乳品公司外，其他非合作形式的乳品加工企业还包括 6 个中型独立乳品加工企业和 10 多个小型乳品加工企业。但是，根据《2012 年乳制品行业重组(原料奶)条例》，恒天然每季度必须向独立加工者提供高达 7.95 亿 L 的牛奶，价格可以是约定价格或规定价格。

1. 合作制加工企业

(1)恒天然集团(Fonterra Cooperative Group)。恒天然集团公司是全国性的股份制大型乳制品加工企业，是世界十个最大乳品企业之一，活跃在世界 190 多个国家和地区市场。恒天然集团公司 2001 年由新西兰 Kiwi 乳品合作有限公司和新西兰乳品有限公司合并而成。当时 Fonterra 原料奶由11 000 多个持股的牧场主供应，原料奶收购量占新西兰总产量的 96%以上。近 10 年来，随着独立乳制品加工企业的不断涌现，其原料奶收购量有所下降，最近几年，恒天然的市场份额下降到了 85%左右。

(2)威士兰乳业合作公司(Westland Milk Products)。Westland 是 1937 年成立的合作制乳制品公司，目前有大约 380 个持股牧场主，原料奶收购量占新西兰总产量的 3%左右。Westland 完全属于持有该合作企业票面价值股份的牧场主所共有，持股比例与提供原料奶数量(乳固形物量)相关。Westland 的产品包括奶粉、黄油、蛋白质等。Westland 在南岛西海岸有自己的加工厂，在坎特伯雷有一个烘干设施。Westland 公司的乳产品主要出口，乳产品出口占其总产量的 78%以上。

(3)塔杜瓦乳品合作公司(Tatua Co-operative Dairy Company Ltd.)。Tatua 乳品合作公司成立于 1914 年，目前有 112 个持股牧场主，原料奶收购量占总量 1%左右。Tatua 是个封闭合作企业，目前不接纳新牧场主。Tatua 完全属于持有该合作企业票面价值股份的牧场主所共有，持股比例与提供原料奶数量(乳固形物量)相关。Tatua 有自己的品牌，生产多种消费品、食品和乳产品，以及用于营养补充剂的特殊成分食品和蛋白质。Tatua 是典型的出口型企业，其产品 90%以上供出口。

2. 独立加工企业

独立乳品加工企业是新西兰新兴的加工企业，是指企业独立投资建立加工厂，没有奶牛养殖场参股合

作，原料奶来源主要与奶牛养殖场(企业)签订原料奶供应合同，或者从恒天然集团收购原料奶。近年来，由于牛奶价格的波动，独立乳品加工企业原料奶收购量正在逐步提高，2003—2004 年产季，其原料奶收购份额只占新西兰总量的 3%左右，但是最近两年产季的数据显示，独立乳品加工企业原料奶收购份额已增至 15%左右。而一些新建立的如美可乳业(主要产品为全脂奶粉、脱脂奶粉、无水奶油)、阿拉普尼牛奶(产品为全脂奶粉)、马陶拉山谷乳业(产品为全脂奶粉)、大洋洲乳业(产品为全脂奶粉)、黛瑞兰迪(产品为全脂奶粉、脱脂奶粉、无水奶油)等预计均可投产。

(1)Open Country Dairy。Open Country Dairy(OCD)是新西兰主要独立乳制品加工企业之一，也是全球高档全脂奶粉的第二大出口企业，目前在新西兰有 4 个加工厂，总加工能力约 8 亿 L。OCD 在新西兰有 750 个农场，由独立的奶农供奶，主要生产乳脂肪、奶粉、乳蛋白和奶酪。2018—2019 年，OCD 收购的原料奶量(乳固形物量)占全国总产量的 3%左右。OCD 产品主要是奶酪，同时也生产乳清粉和奶粉。

(2)新莱特公司(Synlait Milk Limited)。Synlait 是新西兰主要独立乳制品加工企业之一，主要从事奶粉生产加工业务，年消耗原料奶 300 多万 L。2000 年，Synlait 收购了第一个农场：罗宾代尔农场，该牧场很快发展成为一个拥有 3 000 头奶牛的农场，至今仍是 Synlait 最大的供应农场。2010 年，光明乳业股份有限公司于以认购新西兰 Synlait Milk Limited 新增股份的形式持有新莱特 51%股份，增持之前 Synlait 股权结构为日本公司三井物产(Mitsui & Co)拥有 22.5%的股权，是单一最大股东，其他三位公司创始人共拥有 34.3%的股权，其余股份由大约 87 名小股东和公司员工持有。目前光明乳业股份有限公司控股 Synlait。2018 年，Synlait 在北怀卡托的波肯诺建立了一个新的营养粉生产设施，同年还有条件购买塔尔伯特森林奶酪公司，这将使 Synlait 在日常乳制品类别中实现多样化。2019 年，Synlait 建成了新西兰首台大型电极锅炉并于 3 月投入使用，是塔尔伯特森林奶酪公司控股的战略投资。

(3)新西兰乳业有限公司。新西兰乳业有限公司(NZ Dairies)加工厂设在南坎特伯雷，2007 年开始生产。NZ 乳业有限公司是俄罗斯 Nutritek 公司全资公司。NZ Dairies 收购原料奶量(乳固形物量)约占全国原料奶总量的 1%。

1.2.2　乳制品结构变化

新西兰乳制品超过 100 个品种，主要包括巴氏奶(巴氏杀菌奶)和超高温灭菌(UHT)奶、冰淇淋、黄油、炼乳、乳清、奶粉(全脂和脱脂)、奶酪和酸奶等。新西兰不同年份主要乳制品结构变化情况见图 8。

从图 8 中可以看出，奶粉，尤其是全脂奶粉，一直是新西兰最主要的乳制品，近年来新西兰全脂奶粉的占比一直较高，尤其是 20 世纪 80 年代后急剧增加，占乳制品比例从 1975 年的 40%左右，增加到 2020 年的 70%。

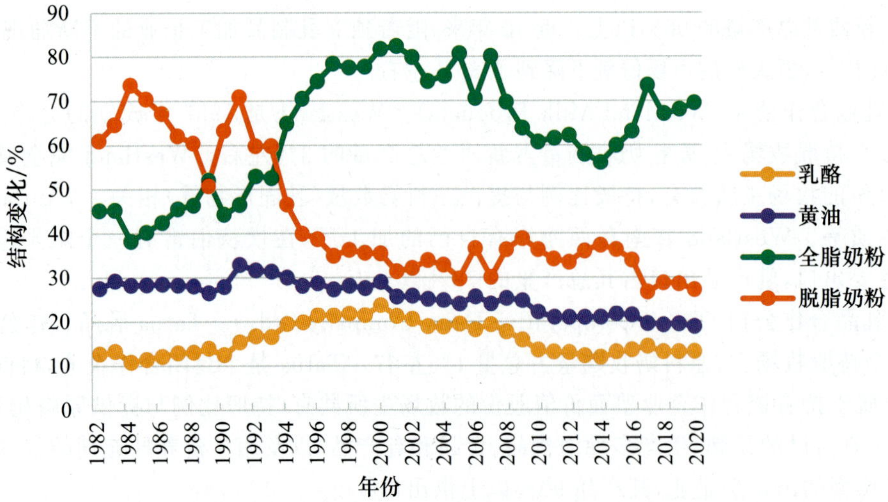

图 8　不同年份新西兰主要乳产品比例变化情况

(数据来源：http://www.indexmundi.com/agriculture/?country=nz&commodity)

脱脂奶粉的下降幅度较大，近年来其占比一直稳步下调，从 1982 年的 45.1%下降到 2020 年的 27.13%，达到历史最低。

黄油所占比例相对比较稳定，1991 年曾达到历史最高的 33%左右，但是黄油比例总体呈现下降趋势，2020 年占 19%。

过去 40 年间，乳酪所占比例变化呈现先上升后下降趋势，整体波动幅度不大，1982—2020 年基本在 10%～25%之间变化。

1.2.3 不同年份主要乳制品产量变化情况

新西兰不同年份主要乳产品产量变化情况见图 9，从图 9 中可见，新西兰主要乳产品奶粉、奶酪、奶油、炼乳等产量随着时间逐渐增加，全脂奶粉增加速度较快，这主要是新西兰奶粉出口量增加的原因，特别是 2008 年中国一新西兰自由贸易区协定签署后，新西兰对我国奶粉出口量大幅度增加。例如，2019 年我国就从新西兰进口奶粉 101.48 万 t。

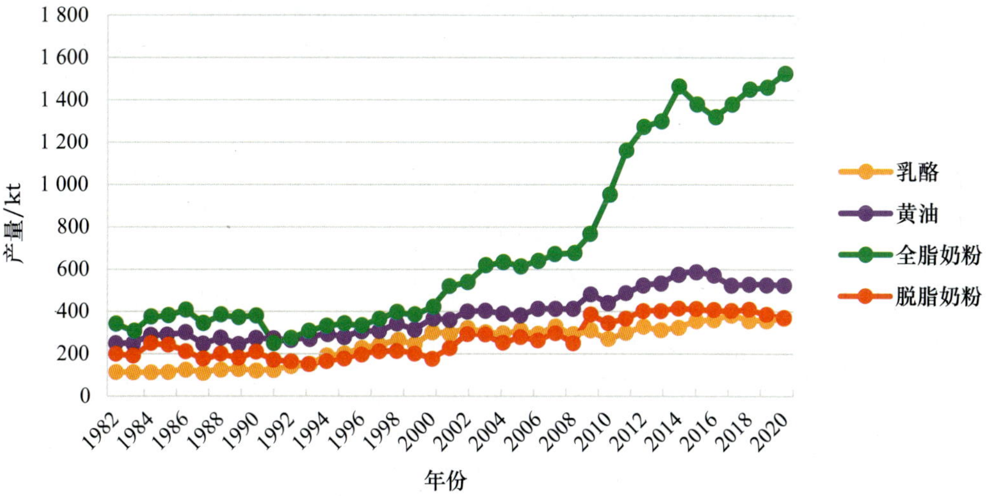

图 9 不同年份新西兰主要乳产品产量变化情况

(数据来源：http://www.indexmundi.com/agriculture/? country=nz&commodity)

1.3 乳品消费

新西兰是奶业生产大国，不同年份牛奶人均占有量变化见图 10。图 10 中数据是当年新西兰牛奶总产量除以当年人口数量得到的。结果表明，2019 年新西兰牛奶人均占量约 4.36 kL。

新西兰奶业是典型的出口型奶业，国内奶产品消费只占其生产量的 5%左右。国内消费的主产包括液态奶、奶油、奶酪、奶粉(脱脂和全脂)、酸奶、炼乳等。新西兰 1983—2019 不同年份不同乳制品人均占有量变化情况见图 11 至图 14。

黄油人均占有量基本在 100 kg 左右，2019 年达到 105 kg。

乳酪人均占有量 2002 年达到最高的 81 kg，随后有所下降，2019 年为 72 kg 左右。

脱脂奶粉人均占有量波动较大，但总体呈上升趋势，2019 年为 77 kg 左右。

全脂奶粉人均占有量上升趋势明显，2014 年达到最高的 320 kg 左右，随后有所下降，2019 年为 291 kg。

图 10　1983—2019 年新西兰全国牛奶人均占有总量(液态)变化

(牛奶产量除以当年人口数量,数据来源:http://www.indexmundi.com/agriculture/? country=nz&commodity)

图 11　1983—2019 年新西兰人均奶酪占有量

(国内乳酪生产量除以当年人口数量,数据来源:http://www.indexmundi.com/agriculture/? country=nz&commodity)

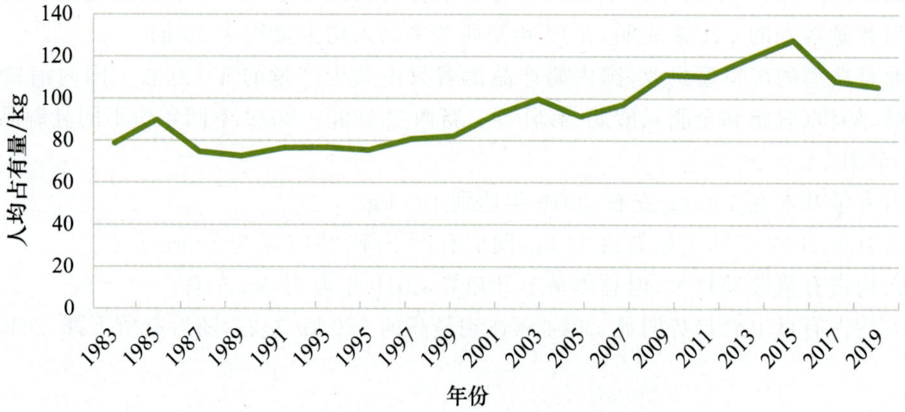

图 12　1983—2019 年新西兰人均黄油占有量

(国内黄油生产量除以当年人口数量,数据来源:http://www.indexmundi.com/agriculture/? country=nz&commodity)

图 13　1983—2019 年新西兰人均全脂奶粉占有量

（国内全脂奶粉生产量除以当年人口数量，数据来源：http://www.indexmundi.com/agriculture/? country）

图 14　1983—2019 年新西兰人均脱脂奶粉占有量

（国内脱脂奶粉生产量除以当年人口数量，数据来源 http://www.indexmundi.com/agriculture/? country=nz&commodity）

1.4　乳制品贸易

新西兰奶业是典型的出口型奶业，是乳制品净出口国家，每年生产的乳制品 93%以上出口世界 190 多个国家和地区，国内消费只占其生产总量的 7%左右。自 1989 年以来，新西兰乳制品出口额持续增长（图 15）。

图 15　1989—2019 年新西兰乳制品出口贸易总额

自1990年以来，乳制品出口价值增长了近8倍。新西兰第一家乳制品加工厂建于1875年左右，第一批出口冷冻黄油于1882年离开了达尼丁。从那时起，该行业就一直走着增长和整合的道路。目前，所有11个DCANZ成员公司都出口乳制品。新西兰乳制品每年出口到140多个不同的市场。2020年，新西兰乳制品出口额约为166.67亿新西兰元(118.7亿美元)。前五大乳制品出口产品是:全脂奶粉(76亿新西兰元)、乳脂类(34亿新西兰元)、奶酪(21亿新西兰元)、婴儿配方奶粉(19亿新西兰元)和脱脂奶粉(18亿新西兰元)。新西兰乳制品出口主要对象是中国、澳大利亚、美国、阿拉伯联合酋长国和日本。虽然新西兰原料奶产量仅为世界总产量的2.5%左右，但是新西兰乳制品出口量却占全世界乳制品出口贸易量33%以上。

新西兰是我国最大的乳制品进口来源国，特别是2008年10月1日《中华人民共和国政府和新西兰政府自由贸易协定》生效后，新西兰出口到我国的乳制品数量持续增加。2019年我国从新西兰进口的乳制品进口总量为124.66万t，占净进口总量的50.8%，其次是美国，占8.2%，荷兰居第三位，占7.8%。不同乳制品进口的比例见表和占我国乳制品进口的比例见表5。

据海关总署最新发布的《关于2020年度自新西兰进口有关农产品触发水平数量的公告》显示，2019年我国以在途方式进口的原产于新西兰的第一类农产品(税则号列04012000、04014000、04015000)和第二类农产品(税则号列04021000、04022100、04022900、04029100)均已超过2020年度进口触发水平数量，第一二类农产品相对应的均为“乳及奶油”。这说明2020年度进口自新西兰的乳及奶油已经不能适用我国与新西兰“协议配额”之内的协定税率。据悉，中国与新西兰签订的协定税率为0，而“配额”之外的进口自新西兰的乳及奶油的税率则均在10%以上。

表5 2019年我国从新西兰进口乳制品情况一览表

乳制品类别	我国进口总量/万t	新西兰进口量/万t	占比/%
包装奶	89.06	28.4	31.9
奶粉	101.5	75.5	74.4
乳酪	11.5	6.69	58.2
奶油	8.6	7.14	83.0
婴幼儿配方奶粉	34.5	6.93	20.1
合计	245.16	124.66	50.8

2 奶业科技进展概况

2.1 奶牛育种与繁殖技术进展

2.1.1 奶牛品种与育种历史

新西兰奶牛主要包括荷斯坦牛、娟姗牛、Kiwi-cross牛以及少量的爱尔夏奶牛、诺曼底奶牛、更赛牛等品种。

新西兰最早的奶牛品种是短角牛，1840年建立了短角牛场(群)。由于奶业快速发展对奶牛的需求和对提高产奶水平的需要，荷斯坦奶牛迅速成为奶业生产的主要奶牛品种。1884年高产荷斯坦奶牛被引进到南岛，1888年引入北岛，1902—1903年从美国大量引进荷斯坦奶牛，并于1914年建立了荷斯坦奶牛品种协会，2010—2011年产季新西兰荷斯坦奶牛约占全国奶牛的40%，而2018—2019年产季新西兰荷斯坦奶牛占全国奶牛的33.1%。

荷斯坦奶牛是新西兰仅次于Kiwi杂交牛的第二大奶牛品种。娟姗牛1862年首次被引进新西兰，由于娟姗奶牛乳脂肪含量高、颜色好和体型较小而受到奶牛饲养者的欢迎。2005—2006年产季娟姗牛头数达到60万头，2018—2019年产季娟姗奶牛占新西兰奶牛数量8.6%左右，约43万头。

为了提高牛奶质量及其固形物含量，新西兰从20世纪末开始利用娟姗奶牛与荷斯坦奶牛杂交培育新的奶牛品种——Kiwi杂交牛(Kiwi-cross)，杂交牛数量不断上升。2011—2012年产季，新西兰有Kiwi杂交牛近200万头，占全国奶牛数量的42%左右，而2014—2015年产季则达到45%左右。2018—2019年产季占总牛群数量48.5%，全国有Kiwi杂交牛约240万头(表6)。

表6 新西兰不同年份主要奶牛品种比例变化情况

年份	荷斯坦牛比例/%	娟姗牛比例/%	Kiwi-cross比例/%
1972—1973	60	38	2
1997—1998	57	16	19
2006—2007	45	14	33
2010—2011	40	14.4	38.9
2011—2012	37	11.7	42.6
2014—2015	34.7	10.4	45.6
2018—2019	33.1	8.6	48.5
2019—2020	32.7	8.4	49.1

数据来源：新西兰奶农协会，LIC官网。

2.1.2 奶牛育种目标

新西兰奶牛育种目标是在放牧条件和牛奶固形物质(干物质)计价体系下，培育能够最有效地把饲料转化成利润的奶牛品种。

新西兰国家遗传评估委员会负责监督和组织奶牛育种计划的制定，奶牛育种指数中所包括的性状和定期修改各性状的经济加权值必须首先获得国家遗传评估委员会的批准。

新西兰家畜改良公司(Livestock Improvement Corporation，LIC)遗传评估中心负责具体执行奶牛育种计划，包括全国奶牛数据库的建立和维护，奶牛DHI测定及其数据分析，遗传评估系统所需的统计模型的建立和维护等。目前新西兰奶牛育种中动物模型正向测定日模型发展，并已用于体细胞的遗传评估。

新西兰奶牛育种的重要指标是育种利润指数(breeding worth，BW)，其单位是新西兰元，BW是通过结合育种值(breeding values，BV)和适当的经济值(economic values，EV)来计算的，不同品种近年来的BW值变化情况见图16。2019年新西兰确定了具有可衡量经济价值的8个性状特征，表7列举了这8个性状特征及其经济权重占比。BW衡量一头种畜所生的后代每年、每单位饲料(5 t干物质)所获得的经济效益。例如一头BW=200新西兰元的公牛所生的后代要比一头BW=0新西兰元的公牛所生的后代每年、每单位饲料多获得200新西兰元纯利润。

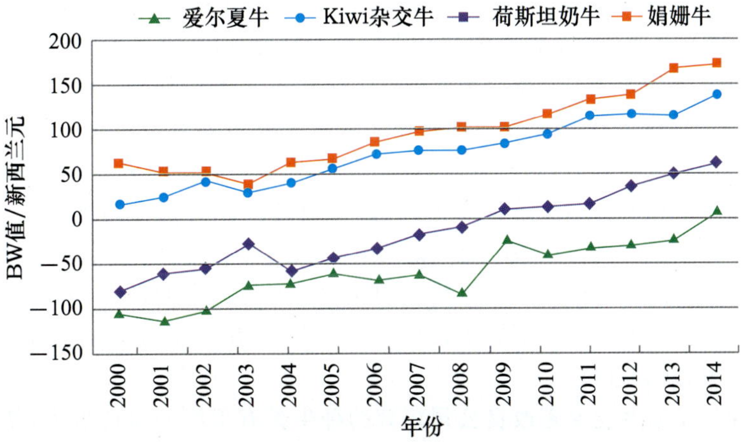

图16 新西兰不同品种牛育种利润指数变化

(数据来源：新西兰奶农协会，LIC官网)

表 7　2019 年新西兰育种利润指数中包括的目标及其经济权重百分比

性状	权重百分比
蛋白质产量/kg	18
脂肪产量/kg	20
奶产量/L	13
体重/kg	11
繁殖率/%	13
生产寿命/d	11
体况评分/分	7
体细胞评分/分	7

数据来源：新西兰奶农协会，LIC 官网。

新西兰的遗传评估系统还评定每头牛的生产利润指数(production worth，PW)，PW 用于衡量每头牛本身的产奶价值，其中考虑了杂交优势和永久环境效应等不能遗传给后代的因素。PW 对牛群的淘汰具有很大的指导意义。除此之外，新西兰的遗传评估系统同时包括所有生产性状和 16 个非生产性状的育种值，农场主可以在育种指数为主的基础上，对个别性状按育种值进行重点选择。

2.1.3　种公牛育种方案

研究表明，奶牛育种中，95%以上的遗传进展都是直接或间接地从种公牛的选育和使用上获得。即使在使用胚胎移植技术的情况下，商品牛群从母本那里获得的遗传进展也不足 5%。因此，科学、有效的种公牛育种方案和选择优秀种公牛是决定牛群遗传改良进展的重要因素。

新西兰家畜改良公司是新西兰奶牛种公牛培育和人工授精主要实施者，以下重点介绍该公司的种公牛育种方案。

新西兰家畜改良公司每年后裔测定奶牛种公牛约 300 头。具体方案是：第一，LIC 的奶牛育种专家根据育种目标的需要，在世界范围内选择最优秀的公牛作为下一代种公牛培育的父本。第二，选择种公牛母本，每年从该公司数据库里中约 300 万头母牛的生产纪录中选择不到 1 000～3 000 头母牛作为下一代种公牛的母本，因此种用母牛选择强度很高，初步选出的母牛必须通过公司育种专家的严格审查后才能最后作为母本使用，其中包括对许多非生产性状的鉴定。同时，LIC 公司也根据育种需要从国外进口部分奶牛种用胚胎。第三，开展后裔测定。相同的环境、众多的女儿和均匀的分布可降低后裔测定的偏差，增加后裔测定的准确性。新西兰家畜改良公司在 400 多个合同农场进行后裔测定，要求参与后裔测定农场必须把 90%以上的牛群用于后裔测定，该公司采用优化的配种方案，使每头公牛至少有 80 个女儿，并均匀分布在 60 个以上的牛群。与分散型的后裔测定方法相比，利用专门的牛群从事后裔测定有利于测定方案的实施和数据的准确性。第四，体型外貌鉴定。新西兰家畜改良公司不但对所有后裔测定公牛的女儿进行生产性能测定，而且公牛后代女儿全部进行严格的体型外貌鉴定，并利用基因组测定来进一步确定亲缘关系。第五，遗传缺陷检测。该公司还特别注意收集有关后代生长发育、畸形和疾病的数据，以确定公牛可能存在的有害基因，并发现了导致发育缺陷基因。

新西兰家畜改良公司高效的公牛育种方案保证了新西兰牛群的遗传进展持续保持每年 1.3%的速度，在世界上名列前茅。这个数据从表面上看似乎不大，但是通过育种所获得的进展是永久的，并且年复一年地累加。世界各国都非常重视对乳蛋白质产量的选育，因此蛋白质产量的遗传进展可以比较客观地反映出各国公牛育种的效率。新西兰从 20 世纪 80 年代末期才注重对蛋白质的选育，因此原来新西兰家畜改良公司的种公牛的蛋白质育种值一开始远远落后于其他国家。但是，在短短的 10 年里，公司种公牛的蛋白质育种值迅速赶超了其他国家，跃居首位。

良好的育种方案保证了新西兰家畜改良公司培育的种牛具有很高的遗传潜力，新西兰家畜改良公司培育的奶牛的高产和高效性能在多个国家(波兰、加拿大、爱尔兰和新西兰)和不同的生产体系(全混合饲料舍饲、半放牧和全放牧)下所做的对比试验中得到了证实。在同样的饲养环境下，新西兰家畜改良公司的荷斯坦牛不但产奶量和欧美国家的牛非常接近；更重要的是，新西兰奶牛具有较高的生产效率、寿命和繁殖率，因此奶牛终生经济效益较高。

2.1.4 奶牛生产性能测定

新西兰是最早开展奶牛生产性能测定(dairy herd improvement，DHI)的国家之一，早在1909年就开展了有组织的DHI测定，1922年制定了DHI测定程序，并成立了奶牛生产性能测定合作组织，1934年在当时农林部乳品局的领导下建立了奶牛生产性能测定协会(群体遗传改良协会)，1989制定了奶牛群体遗传改良计划。

生产性能测定对提高奶牛生产水平具有重要作用，例如在2000—2011年短短11年时间，新西兰每头泌乳母牛一个产季的脂肪产量由169 kg提高到210 kg，提高了24%。表8总结了新西兰2008—2009年到2018—2019年产季参加DHI测定的牛群数量和奶牛头数及其比例变化情况。

表8数据表明，2008—2019年新西兰奶牛参加DHI测定的奶牛总群数稳定，参加测定的牛群数维持在8 000个左右，2018—2019年参测泌乳母牛头数达到3 672 329头，占当年全新西兰奶牛头数的74.2%，除2009—2010年、2013—2014年、2015—2016年、2016—2017年四个年度以外，新西兰每年奶牛参加DHI测定的母牛头数占存栏奶牛总数的70%以上。

表8 不同年度DHI测定奶牛群数和头数变化情况

年度	存栏奶牛总数/头	奶牛总群数/个	参测群数/个	参测泌乳牛头数/头	参测牛群比例/%	参测牛头数比例/%
2008—2009	4 250 000	11 618	8 589	3 040 000	73.9	71.5
2009—2010	4 397 000	11 691	7 870	2 812 000	67.3	64.0
2010—2011	4 528 736	11 735	8 409	3 186 443	71.7	70.4
2011—2012	4 634 226	11 798	8 673	3 362 237	73.5	72.6
2012—2013	4 784 250	11 891	8 585	3 426 211	72.2	71.6
2013—2014	4 922 806	11 927	8 188	3 293 541	68.7	66.9
2014—2015	5 018 333	11 970	8 724	3 654 447	72.9	72.8
2015—2016	4 997 811	11 908	7 316	3 030 157	61.4	60.6
2016—2017	4 861 324	11 748	7 557	3 205 795	64.3	65.9
2017—2018	4 992 914	11 590	8 242	3 614 507	71.1	72.4
2018—2019	4 946 305	11 372	8 280	3 672 329	72.8	74.2

数据来源：新西兰奶农协会，LIC官网。

在DHI之后，再通过人工育种(artificial breeding，AB)培养性能更高、效率更高的奶牛。2018—2019年，有359万头奶牛进行AB，占存栏奶牛总数的72.5%，其中最显著的增长是进行人工育种的小牛数量，增加了11%，达到230 497头，是过去9年中的最高值(表9)。

表9 不同年度不同奶牛进行AB的数量变化

年度	成年奶牛	1岁小牛	牛进行AB的百分比/%
2011—2012	3 442 868	176 965	74.3
2012—2013	3 579 082	198 736	74.8
2013—2014	3 595 978	226 773	73
2014—2015	3 655 426	220 975	72.8
2015—2016	3 552 959	163 864	71.1
2016—2017	3 533 802	177 170	72.7
2017—2018	3 569 783	207 394	71.5
2018—2019	3 585 167	230 497	72.5

数据来源：www.lic.co.nz/about/Dairy-Statistics。

2.1.5 奶牛繁殖技术

1. 人工授精技术

新西兰是世界上最早开始商业应用奶牛人工授精的国家，1949 年在 Waikato 和 Tatanaki 就开始了奶牛人工授精技术的商业应用，1950 年开始应用冷冻精液进行 AI。新西兰奶牛人工授精普及率很高，几乎所有泌乳母牛和后备母牛都利用优质公牛精液进行人工授精。1980—2020 年之间新西兰主要奶牛品种荷斯坦牛、娟姗牛、爱尔夏牛和荷斯坦牛与娟姗牛杂交后代——Kiwi-cross 牛受精率变化情况见图 17，Kiwi-cross 牛的受精率持续上升，而荷斯坦牛的受精率呈下降趋势。

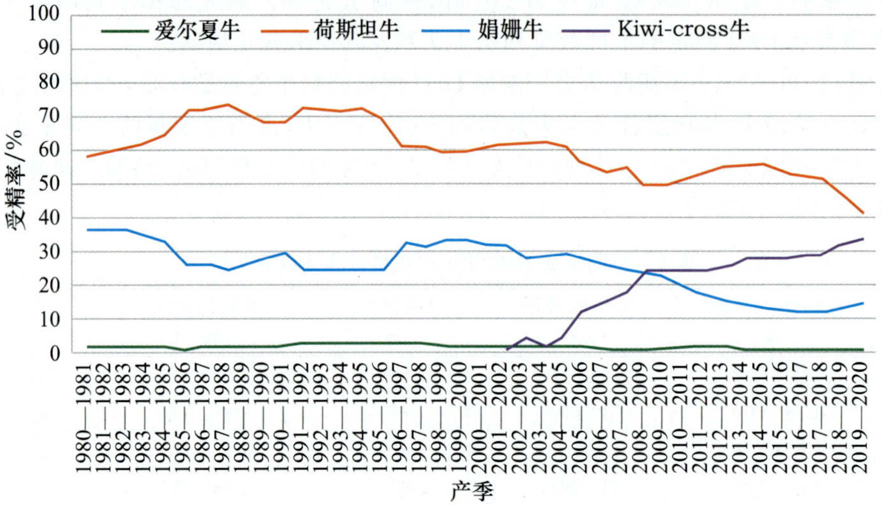

图 17 新西兰不同产季不同奶牛品种受精率变化情况

（数据来源：2019—2020 年产季新西兰乳品统计报告）

新西兰家畜改良公司每年开展约 300 万头奶牛 AI，占全国奶牛总数的 75% 以上（包括泌乳母牛和后备牛）。新西兰奶牛 AI 不仅开展较早，而且奶牛 AI 水平较高，例如 2018—2019 年产季 LIC 公司奶牛平均配种妊娠 AI 次数为 1.38，是近 20 年历史最高（图 18，包括经产牛和青年牛）。

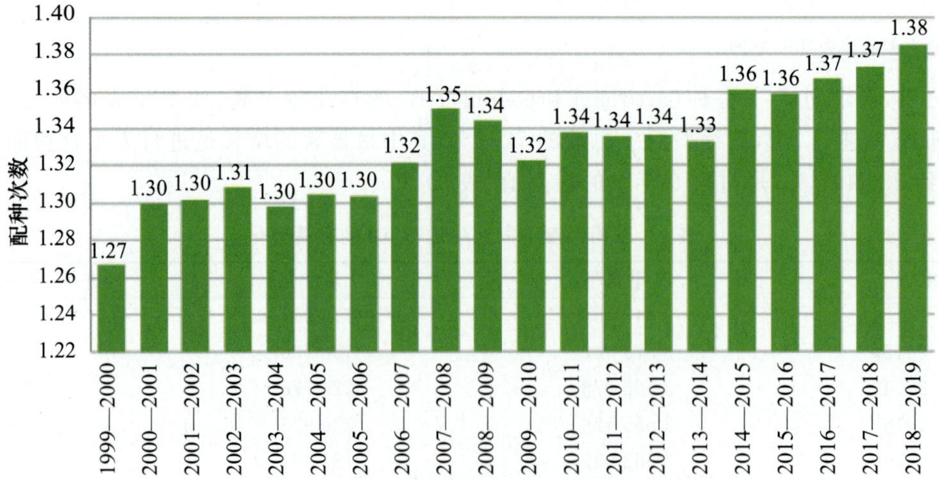

图 18 不同年度新西兰奶牛 AI 次数变化情况

（LIC 统计资料，2019）

2. 生物技术

随着科技的发展，新的胚胎和基因技术在奶牛育种中发挥越来越重要的作用。牛活体采卵技术（ovum pick-up，OPU）是 20 世纪 90 年代发展起来的一项新型的能获得优秀种母牛卵母细胞的技术。该技术与体外胚胎生产技术相结合，可以反复地从性成熟前母犊牛体内采集卵母细胞，结合体外授精（*in vitro* fertilization，IVF）技术生产大量谱系明确的胚胎，使其繁殖后代，克服了超数排卵和屠宰取卵的部分缺点，不仅能加快优良品种的繁育进程，批量生产良种胚胎，还可对具有遗传价值的供体母牛重复取卵，从而获得遗传背景清楚的优质卵母细胞，充分发挥良种牛的繁育潜力。

2003 年新西兰家畜改良公司的科学家们利用先进的活体取卵和体外胚胎技术，在很短的时间内使 30 头顶尖母牛都产出了一头或多头小公牛，从而加大了对公牛母本的选择强度。随着更多产奶基因和标记基因的发现，新西兰家畜改良公司计划利用胚胎技术使每一对父母组合产生多头小公牛，然后通过全基因选择技术进行后裔测定，从而提高种公牛培育效率。

新西兰家畜改良公司在体外胚胎生产、基因挖掘和基因测定等领域处于世界领先地位。近 20 年来，世界范围内牛体外胚胎生产（*in vitro* production，IVP）的数量不断增加，主要是由于南美和北美胚胎数量的增长（图 19），而体内胚胎生产（*in vivo derived*，IVD）数量呈下降趋势。2019 年牛 IVP 全球生产量为 1 031 567枚，占全球牛胚胎生产总数（1 419 336 枚）的 72.7%（图 20）。

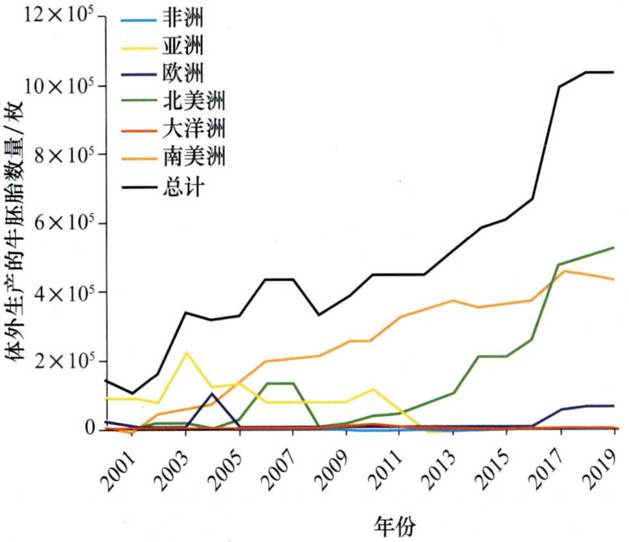

图 19　2000—2019 年体外生产的牛胚胎数量（按大洲计算）

（数据来源：国际胚胎移植学会数据检索委员会）

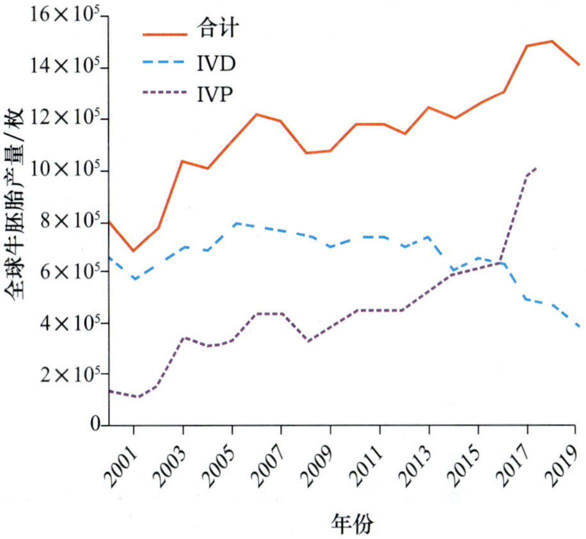

图 20　全球牛胚胎生产统计

（数据来源：国际胚胎移植学会数据检索委员会）

近年来，利用 OPU 与 IVF、胚胎移植（embryo transfer，ET）等技术结合，可反复从有较高遗传价值良种母牛体内采集卵母细胞生产胚胎，胚胎生产成本低、效率高，对供体母牛的生产和繁殖性能无不良影响等特点，为牛胚胎体外生产开辟了新途径，将逐步成为良种胚胎生产的主要发展方向。

2.2　奶牛饲料与营养技术进展

2.2.1　草场管理与草畜平衡技术

新西兰的奶牛养殖是以天然牧场放牧为主，补饲饲料（精饲料）为辅的养殖模式，其突出特点是划区轮牧，草畜平衡。新西兰地处南半球，由南岛、北岛及一些小岛组成，全境山地和丘陵占全国面积的 75%以上，属温带海洋性气候，雨热充沛，适宜草地生长，草地资源非常丰富。据统计，新西兰草地面积达 1 400 万 hm^2，占国土面积的 51.8%，其中人工草地为 940 万 hm^2，约占全国草场总面积的 70%。

天然草场和人工草场是新西兰奶牛养殖的基础，因此如何有效利用草场，维持奶业可持续发展是新西兰奶牛养殖重要课题。20 世纪早期，新西兰曾因过度放牧而产生了严重的水土流失、草地退化等问题，此后新西兰在发展畜牧业时严格遵从“草畜平衡”原则，即有多少草养多少家畜，使草场的产草能力与家畜所需牧草总量保持平衡。新西兰采取了很多措施保护天然草场：一是根据有关数据，对不同地区分别确定应控制的人口密度和牲畜头数，一旦发现有超载过牧或草场退化现象，立即采取补救措施。二是实行科学轮牧，稳定草场的生产能力。三是对天然草场施肥的同时，补播一些耐贫瘠、竞争性强的豆科牧草，以提高产草量。

新西兰的人工草场 21 d 即可轮牧一次，每公顷可养羊 15～20 只，高的可达 25 只以上，奶牛 3～5 头，比植被好的天然草场提高了 5～6 倍。

2.2.2 牧草栽培技术

人工牧草及其栽培技术是支撑新西兰奶业发展的重要饲草饲料基础。新西兰有 190 个草品种，近 50 年来每公顷牧草产量增加不多。19 世纪早期，黑麦草籽就从欧洲被带到新西兰，经过多年的选择性培育，20 世纪 40 年代，培育出能够适应新西兰温暖潮湿气候的黑麦草品种。2006 年，新西兰又从西班牙的西北部引进了适宜冬季种植的黑麦草种子。目前，新西兰的人工草场一般以 70％的黑麦草和 30％的红三叶草、白三叶草混播，这种科学的混播方法能使草场全年产草量比较均衡。新西兰牧草产量和质量都很高，牧草干物质产量达到 17～20 t/hm^2，粗蛋白质含量达到 15％～30％（干物质产量：冬季 6 个月平均每天 15 kg/hm^2，春季平均每天 80～100 kg/hm^2）。

2.2.3 不同饲养模式的生产系统

新西兰奶牛养殖在放牧的基础上，按照补充饲料的多少分为 5 个生产系统：第一种是全部放牧，不补充饲料。第二种是除放牧外，根据雨水多少和气温变化，补充 1％～10％的饲料。第三种是在产奶期补充 10％～20％的饲料，为典型的秋季饲喂方式。第四种是在产奶后期和干奶期饲喂 20％～30％的饲料。第五种是全年补饲，补饲量占 40％～50％。通过补饲饲料弥补了草营养物质的不足，提高了奶牛的产奶量，提升了生产性能。这 5 个生产系统，因区域、季节不同而异，从而都能保证牛奶品质。

2.2.4 饲料资源开发技术

近年来，新西兰为了增加奶牛饲草饲料来源，采取了一些措施，包括：①种植饲料作物或轮作饲料，广开饲料来源。②扩大草场，将山林地改为人工草地，用于放牧及冬春储备干草。在新西兰，作为奶牛养殖区域的牧场有 160 万 hm^2 左右，除了牧场外还有辅助用地用于种植青贮饲料用的谷物以及种植牧草用于生产干草和青贮饲料。牛场辅助用地来源形式多样，如奶牛场租赁土地，种植农户、奶牛养殖农户进行合同放养和种植等。

2.3 奶牛疫病控制技术进展

2.3.1 生物安全控制技术

农牧业是新西兰的支柱产业，因此新西兰十分重视动物生物安全和传染病的控制，1867 年就通过法案禁止未经检疫的动物输入。由于独特的地理位置和严格的法律控制，新西兰奶牛养殖业没有发生如欧洲、亚洲和美洲那样严重的动物疾病如疯牛病和口蹄疫等，而奶牛放牧的饲养模式，又减少了因精饲料喂养可能带来的代谢疾病等。

新西兰农林部生物安全局负责主管全国的生物安全，其主要职责是监督生物安全系统，收集与公布相关信息，为政府部门决策提供建议、战略性指导，开展合作与协商等。

新西兰在不同阶段和层面实施生物安全风险管理，不仅在所有货物和飞机、船舶入境时进行严格的检疫，而且对每种可能的风险进行评估。近年来，新西兰已经采取行动，确定了可能进入新西兰具有损害性的生物，并研究开发了乳业生物安全风险评估系统（D-BRiEF）用于检查动物疾病，有害植物和害虫的生物安全风险。D-BRiEF 可以使新西兰能够更好地了解具有损害性的生物进入的可能性、传播到农场的潜力以及每种生物对受影响农场的潜在影响等。

2.3.2 动物防疫体系

新西兰建立了完善的动物防疫与卫生体系，动物防疫主体包括政府机关、企业、科研单位和公共机构。动物防疫技术标准均符合国际动物卫生组织（Office International Des Epizooties，OIE）的相关规定，动物疫病监测结果信息（包括月报、季报、年报等）及时在网上发布，相关从业人员能够及时了解掌握动物疫病防控情况。

新西兰动物疫病控制的主要特点是：①重视动物卫生与食品安全工作结合；②注重畜牧兽医队伍建设和兽医流行病学知识的传播。

目前，新西兰已形成政府、科研机构、大学和企业有机结合的动物防疫体系，研究和防控动物疾病发生，传播兽医流行病学知识。例如，梅西大学流行病学中心与农林部生物安全局和国家生物安全研究中心等政府部门，以及北帕默斯顿兽医公司等私营企业建立了长期稳定的联系，在相关动物疫病（如牛寄生虫）的监测、预警、诊断和控制方面密切合作，很好地推动了兽医流行病学理论及实用技术的发展。

2.3.3 药品管理

新西兰严格控制奶牛养殖过程中奶牛疾病治疗用药管理，一般不轻易使用抗生素类药品，奶牛生病期间所产的原料奶不能供应给乳品加工厂。提供原料奶的奶牛场实行例行的兽医巡访制度，以确保奶牛健康和科学合理用药，从根本上保证原料奶的质量。

2.3.4 奶牛主要疾病防控技术

新西兰政府、行业协会、企业及奶牛养殖者一直高度重视奶牛生产过程中发生的各种疾病（包括传染性疾病、繁殖和代谢疾病、体内外寄生虫病、中毒等），特别是一些传染病如牛结核病（bovine tuberculosis，TB）和牛地方流行性白血病（enzootic bovine leucosis，EBL）给奶牛业发展带来的威胁。在新西兰，EBL 的控制主要是由新西兰奶农协会（Dairy NZ）和新西兰家畜改良公司（LIC）共同完成，近年来 EBL 得到有效控制，据 2010—2011 年新西兰奶业报告表明，在新西兰已连续 3 年未发生 EBL，其牛群监测数量也在 2011—2012 年减少到 1 500～2 000 头。一些疾病在新西兰已经被扑灭，如传染性胸膜肺炎在 1864 年，羊痒病和炭疽热在 1954 年，牛布鲁氏菌病在 1989 年和棘球蚴病在 2002 年已经分别被扑灭。

奶牛疾病造成新西兰生产损失重大，由鸟分枝杆菌副结核菌（MAP）引起的约翰尼氏病，估计每年给新西兰造成 4 000 万～8 800 万新西兰元的生产损失（资料来源：新西兰奶农协会）。2017 年 7 月，新西兰初级产业部（MPI）表示，新西兰首次在南坎特伯雷（South Canterbury）的奶牛群中发现牛支原体病。自从牛支原体病被发现以来，新西兰已有超过 26 000 头牛被宰杀，新西兰政府已同意在 10 年内宰杀 12.6 万头奶牛，预计将花费超过 8 亿新西兰元（约合 5.6 亿美元）来试图消灭牛支原体病。

1. 奶牛结核病防控技术

在过去很长一段时间里，牛结核病（TB）是影响新西兰奶牛最严重的传染病，每年造成全行业净损失超过 4.35 亿新元，加上交易损失高达 13 亿新元，对奶业生产造成巨大威胁。20 世纪 60 年代末开始，新西兰的奶牛场实施牛 TB 强制检测，TB 得到有效控制，但是由于野生负鼠和白鼬的携带与传播，TB 在新西兰逐渐扩散。1977 年，新西兰牛群大面积暴发牛结核病，当年约有 1 400 个牛群发现感染者，而 1987—1997 年的 10 年里，TB 一直困扰着新西兰奶业养殖，在此期间，政府不断加大投入资金进行 TB 控制，并加强防疫，感染群数迅速下降，2011—2019 年期间 TB 得到了有效的控制，2017—2019 年感染数量连续处于历史最低值。表 10 列出了不同时间新西兰奶牛群感染 TB 情况。

表 10 新西兰不同年度 TB 检测奶牛头数和感染数量

年度	受感染牛群数量/个	奶牛检测数量/头	结核病奶牛数量/头
2011—2012	39	2 903 243	81
2012—2013	58	3 051 877	291
2013—2014	47	2 932 251	100
2014—2015	28	3 194 177	120
2015—2016	26	2 753 102	27
2016—2017	35	2 467 223	112
2017—2018	20	2 269 313	28
2018—2019	27	2 167 868	8
2019—2020	11	2 155 023	20

数据来源：2011—2020 历年新西兰乳品统计报告。

新西兰动物卫生委员会(The Animal Health Board，AHB)负责牛结核病防控，该委员会是一个行业组织，其成员由企业和地方政府有关部门组成。AHB 成员主要包括新西兰奶农协会(Dairy NZ)、奶牛牧场主联盟(Federated Farmers Dairy)、肉和毛皮家畜牧场主联盟(Federated Farmers Meat and Fibre)、新西兰肉类和羊毛局(Meat and Wool NZ)、新西兰鹿业协会(Deer Industry NZ)、新西兰鹿牧场主协会(NZ Deer Farmers Association)和新西兰地方政府(Local Government NZ)等。

AHB 的主要职责是负责执行国家牛结核病疫情管理和战略决策，其任务和目标是消除牛结核病，保护新西兰乳品、牛肉和鹿肉行业免受损失和减小市场风险。AHB 在 TB 流行病学、TB 控制传染（牲畜群测定和负鼠控制)、国家牛和鹿动物标识系统以及其他方面开展相应的技术研究和知识传播。

根据风险程度不同，新西兰 TB 控制区域划分为 3 种类型，风险水平由高到低分别为活动控制区域(movement control area，MCA)、特别检测区域(special testing area，STA)和监督区域(surveillance area，SA)。不同风险区域采取不同的控制措施，MCA 区域内所有 3 月龄以上奶牛每年检测 1 次 TB，STA 区域内所有 6 月龄以上奶牛每 2 年检测 1 次 TB，SA 区域内所有 24 月龄以上奶牛每 3 年检测 1 次 TB。

在新西兰，对于未感染的健康牛群，TB 检测工作包括：①评估牧群 TB 风险等级，并对牧群的类型、状态和位置进行记录；②根据不同风险程度确定 TB 检测频率；③TB 较高风险地区，牛群和鹿群年度和转群前都需要检测 TB；④TB 皮肤检测；⑤如果 TB 皮试呈阳性，则需要进行血液检测。

对于感染 TB 的牛群，TB 检测工作包括：①每年 2 次检测 TB；②3 月龄以上牛都要进行 TB 检测，3 个月内屠宰或牛群在一年内 100%屠宰例外。

野生动物特别是负鼠，是牛 TB 传播的重要原因，消灭感染 TB 负鼠成为防止 TB 传播的重要策略。因此新西兰政府和企业特别重视控制和消灭传染 TB 的负鼠和雪貂等，采取多种方法如灭鼠剂(如氰化物、溴联苯杀鼠萘、维生素 D_3、氟乙酸钠)，捕鼠夹和诱鼠陷阱等消灭负鼠，以减少和阻断 TB 传播途径。

2. 奶牛乳房炎防控技术

乳房炎是奶牛养殖中影响牛奶产量和质量的一个重要疾病，一直困扰所有奶牛养殖企业。但是由于奶牛乳房炎不仅致病因素众多，而且致病菌种类多、变异快，因此，奶牛乳房炎预防和治疗技术是奶牛场十分重要的技术之一。

新西兰特别重视奶牛乳房炎的研究和控制，并根据奶牛乳房炎致病菌的变化而采取不同的控制措施。在新西兰，奶牛乳房炎致病菌的变化经历了 3 个阶段：第一阶段是在 20 世纪 40 年代致病菌以无乳链球菌为主；第二阶段是在 20 世纪 60 年代中期致病菌以金黄色葡萄球菌为主；第三阶段是在 20 世纪 90 年代中期以后致病菌以乳房链球菌和凝固酶阴性葡萄球菌为主。

乳房炎的控制主要采取防、治结合的办法。保持环境和牛体清洁、卫生，科学挤奶，乳头消毒和定期检测是预防奶牛乳房炎的重要措施，科学、合理、对症用药是治疗乳房炎的重要治疗原则。

2.3.5 其他

新西兰在动物疾病控制、动物福利和可追溯技术方面也开展了积极的研究，在1999年制定颁布了《新西兰动物福利法》。2000年新西兰立法规定禁止使用反刍动物性饲料饲喂奶牛，2012年7月1日起新西兰实施国家动物识别和追溯（National Animal Identification and Traceability，NAIT）体系。2016年起，新西兰在动物福利法中加入了有关犊牛的规定，明确规定禁止对犊牛使用钝器将其杀死、宰杀犊牛前的最大进料时间等一系列针对犊牛的条例。

2.4 奶牛场粪污处理与环境保护技术进展

粪污排放是奶牛养殖污染周围环境的重要原因，因此新西兰政府和企业十分重视奶牛养殖过程中的粪污处理，重点研究了奶牛养殖过程中水资源管理、土壤保护、土地利用和分区管理等技术方法，以减轻和预防奶牛饲养产生的粪污排放非点源污染对环境造成的影响。

进入21世纪，新西兰奶牛养殖业进入了新的发展阶段，近20年来，新西兰奶牛场数量下降了约22%，奶牛农场减少超过2 500个，现已减至12 000个以下，但是规模化牛场不断增加，小规模家庭牧场逐渐向大规模牧场过渡，据2004年统计，奶牛养殖每年产生的粪污水大约7 000万 m^3，对环境的压力尤其是水资源的压力逐渐增大，而2019年奶牛养殖产生的粪污水达到8 000万 m^3 左右。新西兰环境保护部门的检测表明，在牧区范围内55个被监测的湖泊的总氮、总磷及藻类的含量，高出其他非牧区范围内的湖泊的2～6倍；位于河流和溪流附近的牧场排出的大量携带细菌的牲畜排泄物，直接进入水体后增加了水体的细菌含量。研究表明，直接排入牧场内溪水的奶牛粪便可使溪水细菌含量高出附近其他溪流近50倍。

为了防止奶牛场粪污污染水源，新西兰政府和行业组织采取一系列措施。20世纪60年代“拯救马纳波里湖运动”引发了全体国民对环境保护的重视并最终影响了政府决策，1991年新西兰政府将60多部不完整、不全面甚至相互抵触的法律法规统一成国家法案《资源管理法》，成为新西兰进行自然资源和环境管理的基本法律依据。2003年5月，新西兰环境部（MFE）、农林部（MAF）、地区议会与新西兰最大的乳品企业——恒天然公司达成《乳业与清洁溪流协议》，该协议包括10 171个牧场，目的是通过使牲畜远离江湖等水体、集中处理牲畜粪便及农场污水、对化肥及其他营养物质的使用进行管理等方法，减少粪污等对牧场周围地表水、地下水及湿地造成的影响，在全国（3个地区除外）牛奶主产区实现清洁健康水源（包括溪流、河流、湖泊、地下水和湿地）。该协议要求2007年50%的奶牛场远离溪流、河流和湖泊，2012年达到90%；乳品加工等污水排放100%符合相关规定。

新西兰根据奶牛养殖方式的不同采取不同的技术处理牛场粪污。以传统围栏放牧为主的牧场对奶牛粪污的处理主要是以堆积发酵后直接返还草场为主；在固定场所集约化饲养奶牛的牧场处理奶牛粪污的方法一般采用粪污固液分离与生物发酵系统，污水经过厌氧塘处理后，作为肥料喷灌回草场。大多牧场的喷灌机站都有专门设施把废水泵到喷灌机站，再喷灌到草场，既避免废水污染水体，又向草场补充了肥料。同时，为避免家畜排泄物影响地下水和地下土壤的质量，新西兰专门建立一个实验室，常年对草场的土壤进行监测，并在各个农场设立报警器。此外，用于清洁、消毒或保养奶牛场的洗涤剂、消毒杀菌剂和其他化学品必须获得新西兰食品安全局批准，列在新西兰食品安全局（NZFSA）网站。

目前，新西兰政府与组织为进行环境保护正在研究并寻找缓解方法，以减少农场温室气体的排放。研究方向：第一，研究产甲烷菌疫苗（形成抗体以攻击甲烷产生微生物），旨在将反刍动物的甲烷排放量减少至少30%；第二，研究降低产甲烷菌活性的产甲烷抑制剂来饲喂反刍动物，并已有实验证明，谷物饲喂系统中的甲烷排放量显著减少了25%；第三，选择性繁殖低甲烷动物，培育此种性状动物不仅使生产率不受影响，且可能会使20年内每年减少3%～8%的甲烷排放量；第四，研究可减少甲烷排放并提高氮利用率的饲料；第五，新西兰正在进行温室气体农场系统的研究。

3　原料奶质量控制与计价体系

3.1　提高原料奶质量的主要技术措施

3.1.1　机器挤奶

新西兰在奶业发展早期也是人工挤奶，虽然人工挤奶设备简单、方便，但是存在很多缺点：一是劳动效率低，二是牛奶不可避免地受到异物（牛尿、粪和牛毛）和细菌的污染。20 世纪 80 年代欧洲发明了奶牛挤奶机器，随着挤奶机械性能和清洗技术的改进，新西兰大部分牛场使用了机器挤奶，特别是并列式挤奶机和转盘式挤奶机。机器人挤奶机械在新西兰得到广泛应用，对保障牛奶质量起到了重要作用。在新西兰，大约 68%奶牛场采用并列式挤奶机，非常适合中小型牛群；大约 32%的奶牛场采用转盘式挤奶机，并且由于挤奶效率高在较大奶牛群中比较流行，全国大约 45%的牛群采用转盘式挤奶机进行挤奶。

3.1.2　牛奶冷却

牛奶冷却速度会影响牛奶质量。从农场收集的牛奶冷却得越快，质量就越好。新西兰初级产业部对奶牛场的设计和操作规范制定了新的牛奶冷却标准。自 2018 年 6 月 1 日起开始在所有农场施行。标准规定原料奶的温度必须满足以下条件：在开始挤奶的 4 个小时内将其冷却至 10 ℃或以下；在开始挤奶的 6 个小时后或者在挤完奶 2 个小时后尽快冷却至 6 ℃或以下；保持在 6 ℃或以下而不结冰直到收集或下次挤奶；在随后的挤奶过程中温度不能超过 10 ℃。目前使用较多的牛奶冷却系统包括板式换热器和牛奶冷藏罐。板式换热器冷却牛奶是最具成本效益的方法。

3.1.3　牛奶冷藏

新西兰奶业生产中要求原料奶在奶牛场和从奶牛场到加工厂运输过程中要求必须是冷链贮藏（4 ℃）。在奶牛场，挤奶机挤出的牛奶直接进入预冷的牛奶贮藏罐（4 ℃），牛奶运输车到牛场后，将牛奶直接泵到运输罐中（4 ℃），在一定时间内运到乳品加工厂进行加工，这对抑制细菌繁殖和保证牛奶质量至关重要。

3.2　提高原料奶质量的主要政策措施

3.2.1　协调原料奶生产与加工企业关系的政策措施

协调和规范奶牛养殖企业和乳品加工企业之间的关系是新西兰提高原料奶质量的重要政策措施。

在奶业生产中原料奶生产企业（奶牛养殖企业）和原料奶收购企业（乳品加工企业）常常是不同的经济体，因此政府积极协调、平衡和构筑奶牛养殖场与乳品加工企业之间和谐关系，保障奶牛养殖者和乳品加工者合理利益分配，对提高原料奶质量，保障奶业健康发展具有重要意义。2012 年新西兰《2012 年乳制品行业重组（原料奶）条例》是新西兰政府通过政策法规协调原料奶生产者与乳品加工企业之间利益关系，以及乳品加工企业之间利益关系而采取的政策措施。

奶业合作社必须向独立的加工商提供原料奶，提供的最大原料奶量为每季度 7.95 亿 L。奶业合作社向每个独立的加工商（古德曼菲尔德有限公司除外）每季度提供最多 5 000 万 L 的原料奶，而向古德曼菲尔德有限公司（新合作除外）每季度提供最多 2.5 亿 L 的原料奶。如果在任何季度，独立加工商对原料奶的需求超过对所有人的总供应量限制，那么初级产业部的首席执行官将对独立加工商的原料奶供应进行定量分配。

3.2.2 公平、合理的原料奶价格政策措施

公平、合理的原料奶价格体系是新西兰提高原料奶质量的又一重要政策措施。

合理的利益分配是一个行业健康、可持续发展的基础。因此，公平、合理的原料奶计价体系对奶牛养殖企业与乳品加工企业之间利益合理分配至关重要，是提高原料奶质量主要政策措施。

新西兰原料奶是以每千克牛奶固形物计价的，同时参考牛奶脂肪和蛋白质含量，原料奶质量越高价格也越高，并根据市场、生产原料和汇率波动等因素调整原料奶最终价格，这种以质论价和依据市场波动的计价体系有利于提高原料奶的质量和保证各方的利益。

3.2.3 公平、合理的第三方检测政策措施

第三方质量检测是新西兰提高原料奶质量的另一项政策措施。只有公平、合理、有效的得到奶牛养殖企业和乳品加工企业双方共同认可的第三方检测结果，才能有效保障双方的经济利益，保障原料奶质量，从而保障整个奶业健康和可持续发展。在新西兰，虽然有些牛奶质量检测实验室是乳品公司出资建立的，但是其检测行为独立于出资企业，并受新西兰食品管理局的监管。

3.3 监控原料奶质量的主要方法及惩罚措施

3.3.1 健全的质量监管体系

新西兰政府特别注重原料奶及其乳制品的质量安全，建立了健全、合理、高效运作的牛奶质量安全监管体系。新西兰食品安全局负责监管原料奶生产企业、乳品加工企业、乳品运输和贮存企业、出口商和乳品质量安全检测机构等涉及奶业生产全过程的企业、机构等，例如在2009—2010年产季，新西兰食品安全局负责监管11 600个奶牛场(牛群)、172家乳品生产商、226家乳品运输和贮藏商、164家乳品出口商、46个乳品实验室和252个乳品风险管理评估机构。

对原料奶进行乳品加工的牧场都必须加入“国家化学污染物计划”(National Chemical Contaminants Programme，NCCP)，该计划一方面监测乳品中化学危险控制的有效性，另一方面对潜在的受污染产品的转移情况进行调查和控制。新西兰初级产业部(Ministry of Primary Industry，MPI)负责NCCP运营，风险管理计划运营者必须确保MPI掌握所有相关牧场的详细信息，MPI会抽取一定的样本牧场，通过调查和统计达到几方面目的：①获取奶业中化学危险发生情况与控制有效性的统计信息；②调查和收集潜在化学危险的信息；③对控制潜在受污染产品转移所需的调查提供支持和信息。

3.3.2 科学、公正的检测体系

每天定期检测各个奶牛场的牛奶是新西兰监控原料奶质量的主要措施，而科学、公平的第三方检测是奶农和加工厂的利益保障。

在新西兰，奶牛场无论大小每天都必须提供2瓶奶样交由第三方检测机构检测。例如南奥克兰独立质检中心(SAITL)是全世界公认的国际领先的牛奶质量检测中心，由恒天然集团、Tatua乳品公司等共同组建，该中心承担新西兰全国97%以上的牛奶样品检测，在产季每天平均检测2.5万个奶样。

下面以SAITL检测牛奶质量为例介绍新西兰原料奶质量监控和检测体系。

恒天然集团、Tatua等乳品加工企业的奶罐车都有GPS定位系统，每天到奶牛场收集牛奶的同时负责采集3个奶样，样本放在奶罐车上专门的冰箱中冷藏。每个样本所用的瓶子底部都有一个射频芯片，在收集奶的同时将记录下农场代码、收奶的日期和时间、收奶量、收奶时的温度、奶罐车编号、该奶罐车收集的农场序号(第几个农场）等信息。三个原料奶样本的作用是不同的：①第一瓶(粉色大瓶）在奶罐车牛奶进入工厂大罐前用于检测抗生素。检测前先培养8 min，然后10 s可以出检测结果。如果指标在0～400之间就要

重新检测。如果确认含有抗生素，工厂将拒收该批牛奶。如果奶罐车中同时装有多个农户的奶，那么交付抗奶的农户需要负担其他农户的损失。②第二瓶(绿色小瓶）用于原料奶成分检测，加工厂将依据原料奶的干物质(新西兰指的是乳脂和乳蛋白）含量确定支付价格。③第三瓶(白色小瓶)主要用于检测牛奶质量。奶样在 2～7 ℃条件下快递(空运)到 SAITL。SAITL 收到奶样后立即开始检测，检测指标包括 3 大类 13 项，分别是乳常规指标，包括乳脂肪、乳蛋白、总固形物、体细胞数、冰点等；质量指标，包括细菌数、违禁添加物、抗生素等；特别指标，如黄曲霉毒素及免疫球蛋白等。每个农户的质量指标 7 d 里随机抽检一次。

SAITL 每天都将检测结果数据进行整理和校正，并通过网络实时将数据传送给乳品加工企业，同时通过网络、手机短信或者邮寄形式将检测结果及时反馈给奶牛养殖企业。

3.3.3 合理、到位的惩罚措施

SAITL 的原料奶检测结果不仅是牛奶定价依据，也是对出现原料奶质量问题时的处罚依据。SAITL 检测结果如发现某个奶牛场的指标异常(如细菌数超标)会立即通知奶牛场，乳品加工企业可据此降低该牛场牛奶收购价格。如果 SAITL 检测发现某个牛场抗生素阳性，则原来 10 d 检测 1 次抗生素指标改为每天检测 1 次，直到其达到质量要求为止，而如果抗生素超标，乳品加工企业便会暂时停止收购该牛场牛奶，直到其达标才重新收购。

为了保证原料奶的质量，一般情况下新西兰乳品加工厂会保存奶农信誉记录。如果奶牛质量检测出现问题，牛场可能受到经济处罚，例如某牛场因为贮奶罐制冷系统故障被检测发现一次牛奶质量问题(坏奶)，被恒天然处以 6 500 新西兰元罚款，而另外一个牛场因奶罐制冷系统故障连续 3 d 被检测出牛奶质量问题，被罚款 30 000 新西兰元。

3.4 原料奶计价体系

新西兰奶业市场商业化机制健全，行政干预较少，原料奶最终价格取决于牛奶质量(固形物含量)以及市场(国内和国际市场)波动和新西兰元汇率波动。

要了解新西兰原料奶计价体系，首先就要了解新西兰乳品加工企业组成情况。传统上，新西兰乳品加工企业是以奶牛饲养者为主的股份制合作企业，奶牛养殖企业(场)与乳品企业是天然的经济利益共同体，因此不存在乳品加工企业压级压价盘剥奶牛养殖企业的问题。例如新西兰最大的乳品加工企业——恒天然集团由 11 000～12 000 个奶牛场组成，其原料奶收购量占新西兰牛奶的 92%以上(2010 年度)。在新西兰，牛奶价格以牛奶固形物(milk solid)(主要是脂肪＋蛋白质)质量计算，而不是按牛奶液体质量计算，这样可以更好地体现牛奶的数量和质量。牛奶固形物价格是指每 1 kg 牛奶固形物的价格，同时，每个产季结束后，乳品加工企业会根据通货膨胀等波动因素调节原料奶的最终价格。

由于恒天然集团在新西兰奶业生产中占据霸主地位，其不仅对其他乳品加工企业尤其是独立加工企业具有重要影响，而且其原料奶价格的制定对新西兰全国原料奶价格产生决定性影响，并成为其他乳品企业收购原料奶基准价格的参考标准。在《2012 年乳制品行业重组(原料奶)条例》中奶业合作社以固定的季度价格向某些独立的加工商(古德曼菲尔德有限公司除外)提供当前整个季节的所有原料奶需求。除非双方同意调整供应价格，否则奶业合作社必须以默认牛奶价格供应原料奶。

给奶农的季节性付款基于“A＋B±C”系统，该系统包括对乳脂(A)和蛋白质(B)进行付款，并基于牛奶量(C)进行调整。冬季牛奶供应的支付系统因公司而异。一些公司冬季牛奶支付系统仅基于牛奶量，而其他公司支付系统类似于季节性供应支付系统，其中包含乳脂、蛋白质和牛奶量的组成部分。表 11 表示的是奶农从季节性供应的牛奶(权重基于为每个乳品合作社供应的畜群数量)中获得的乳制品合作社加权平均总支出(表示为新西兰元/kg 牛奶固形物)。牛奶价格是通过消费者物价指数和通货膨胀调整后的美元。乳品合作社 2018—2019 年度的平均价格为每千克牛奶固体 6.35 新西兰元，低于上一季节(6.68 新西兰元)，与十年的平均牛奶价格 6.38 新西兰元相近。

表 11 总结了新西兰 20 个产季乳品加工厂支付牛场原料奶的开始价格和根据波动因素(主要是膨胀)调整的原料奶最终价格。

表 11 结果表明,原料奶最终价格除 2018—2019 年产季与初始价格相同外,其余产季原料奶最终价格都高于初始价格,如 1999—2000 年产季原料奶最终价格比初始价格高 48.9%。

表 11 新西兰不同产季原料奶价格变化情况

产季	乳品加工企业支付价格/(新西兰元/kg 牛奶固形物)	乳品加工企业实际支付价格(膨胀调节后)/(新西兰元/kg 牛奶固形物)
1999—2000	3.78	5.63
2000—2001	5.01	7.24
2001—2002	5.35	7.52
2002—2003	3.66	5.07
2003—2004	4.25	5.75
2004—2005	4.58	6.03
2005—2006	4.10	5.19
2006—2007	4.46	5.53
2007—2008	7.67	9.16
2008—2009	5.14	6.01
2009—2010	6.37	7.34
2010—2011	7.89	8.63
2011—2012	6.40	6.93
2012—2013	6.18	6.65
2013—2014	8.47	8.97
2014—2015	4.69	4.94
2015—2016	4.30	4.51
2016—2017	6.47	6.68
2017—2018	6.68	6.79
2018—2019	6.35	6.35

4 科技推广体系

新西兰科技推广体系包括公共研究机构和行业组织与企业科技研究推广组织,公共研究机构主要包括农业研究所等 8 个研究所(占新西兰政府研发投资的 26%),奥克兰大学等 8 所大学(占新西兰研发投资的 37%)。行业组织与企业科技研究推广组织包括财团所属的研究机构如 Prevar 和肉类生物制剂联合公司等、私营研究机构如 Fonterra 公司研究中心以及行业协会研究机构如新西兰奶农协会(Dairy NZ)等。每年新西兰大约 1.9 亿新西兰元投资于食品和农业相关研究领域。

先进的科学技术为奶业发展提供了有力的技术支撑。为了保证新技术能够及时在生产中得到应用,新西兰在奶业生产中非常重视科学研究与科技推广,虽然其奶业生产科技推广体系包括大学、科研院所和乳品企业等,但是早期科研主体是乳品加工企业。

除了乳制品公司和奶农合作组织外,新西兰奶业生产中专业公司如 Dairy InSight、Dexcel 和家畜改良公司(LIC)等三个机构在科研和技术推广方面也发挥非常重要的作用。

4.1 主要研究与推广机构

4.1.1 新西兰乳品企业协会

新西兰乳品企业协会(The Dairy Companies Association of New Zealand,DCANZ)是由恒天然集团、Tatua合作乳品公司、Westland乳产品公司、Mainland产品公司和Goodman Fielder等5家公司在2003年7月发起成立的,后来Open Country干酪公司、雅士利新西兰奶业公司、Oceania Dairy、和Synlait等7家公司又加入该组织,而恒天然品牌公司取代了Mainland产品公司。

该协会成立之初的主要目的是共同应对与奶业公司有关的公共政策,在新西兰政府和海外有关奶制品的事务中争取话语权。公共政策包括影响乳产品生产、制造、贸易和市场等,奶制品份额,环境管理和动物福利也是DCANZ特别关注的领域。

在政策方面,DCANZ重点研究:①贸易自由,包括依据自贸协定和WTO贸易谈判为新西兰乳品加工企业创造新的贸易机会,解决威胁当前贸易争端。②国内和国际环境压力,包括水质量和数量,发布贸易时间表和国际气候与政策变化等。③生物安全、动物健康和福利,包括国内动物追溯体系NAIT,外来生物安全与应对措施,国内控制牛结核病药物管理策略,制定行业和政府动物福利计划。④管理和关税协调,包括食品安全、关税和其他管理事务。

DCANZ具有3个优先目标:①维持和增加新西兰乳制品的市场准入机会;②确保新西兰乳制品生产和出口得到食品安全和生物安全适应框架的支持;③增强新西兰乳制品的声誉。

4.1.2 新西兰奶农协会

新西兰奶农协会(Dairy NZ)2007年由Dairy InSight公司和Dexcel公司合并组成 ,Dairy NZ是完全独立的、由奶牛场主控制并对牧场主股东负责的组织,由牧场主选出代表和独立人士组成的"管理委员会"管理Dairy NZ日常事务,管理委员会每6年1次由所有牧场主投票选举产生。

Dairy NZ研究团队由世界级的科学家组成,目前约100人,包括科学家、技术人员和行政人员。主要开展动物科学、动物健康和福利、饲料和牧场生产系统研究,其目的是通过饲草生产和利用、健康动物和有效生产体系为牧场主争取更多的市场回报,减少奶业对环境的影响。

Dairy NZ主要研究经费来源是依据《新西兰奶牛场征税法》收取的资金,同时Dairy NZ也从其他组织争取经费,如农林部农场可持续发展基金(SFF)、科学技术部以及国际合作组织等。Dairy NZ经费资助的研究内容主要包括研究奶牛泌乳、繁殖、营养、动物健康和福利、生产与环境间互作关系、饲草生产和利用技术,以及自动化控制与信息技术等。

Dairy NZ还为学校教师提供免费的在线学习资源,这些资源是由教育专家School Kit专门设计的。这些资源与新西兰学校1～8年级的课程相一致,旨在帮助教师向孩子们传授牛奶的来源、加工和运输方式,以及乳品行业的相关知识。这些资源将乳制品行业的背景作为必修课程的一个模块。

4.1.3 Dairy InSight 和 Dexcel

2001年原新西兰乳品局解散时,为了继续开展相关的业务活动,成立了新西兰Dairy InSight和Dexcel两个与奶业生产有关的行业组织,由奶牛场主组成,完全独立。

Dairy InSight代表17 300个奶农,是个咨询管理机构,管理奶牛场主交纳的会费,其主要作用是向会员提供一定的资金,帮助农场主计算其产出和获利情况,确保资金投资有很好的回报率,其经费来源于1990年《商品征税法》下的奶固形物税。

Dexcel由原来奶业研究公司(DRC)和家畜改良公司(LIC)的咨询服务部组成,负责新西兰奶业生产中的科学研究、发展计划研究和奶农现场培训。起初Dexcel资金来源于新西兰乳品局,包括基本建设经费和运行经费。后来 Dexcel 的经费主要是根据 1990 年《商品征税法》从所有牛奶生产者获得的直接税收，但是经费由 Dairy InSight 管理和支付。

4.1.4 新西兰家畜改良公司

新西兰家畜改良公司(Livestock Improvement Corporation，LIC)20 世纪 90 年代初建立，总部在汉密尔顿，分支机构遍及新西兰全国各地。LIC 不仅是新西兰最大的奶牛育种、人工授精公司，而且也是世界最大的育种公司之一。LIC 拥有世界顶尖育种团队，主要开展生物信息、动物育种、数量遗传、繁殖技术和机械应用等方面的研究，也开展全基因组选择和测序方面的研究。同时，LIC 也培养硕士研究生和博士研究生。

新西兰家畜改良公司开展的主要科研与技术推广工作包括如下。

(1)种公牛培育。新西兰家畜改良公司在新西兰国家遗传评估委员会的监督下具体负责奶牛育种计划的实施，包括遗传评估模型的建立和维护等。LIC 是新西兰最主要的奶牛种公牛培育机构，在新西兰拥有 2 个公牛站，一个在汉密尔顿市郊，一个在马纳瓦图(Manawatu)。

(2)DHI 测定。奶牛生产性能测定(DHI)不仅是奶牛育种的基础，而且是奶牛生产管理的有效技术措施。新西兰早在 1922 年就开始了有计划的奶牛生产性能测定(herd-testing)，2018—2019 年产季 DHI 测定母牛超过 367 万头，占泌乳母牛 74%以上。DHI 是新西兰家畜改良公司重要的服务内容，该公司建设有世界上最大的奶样分析实验室，发明了奶样自动分析系统，建立了全国服务网络，每年分析 1 070 万份奶样，超过 90%农场主接受新西兰家畜改良公司的 DHI 服务。

(3)后裔测定。后裔测定是新西兰家畜改良公司培育优秀奶牛种公牛的重要技术手段(目前该公司也开展全基因组选择技术研究)，其制定有专门的后裔测定方案，每年后裔测定 300 头种公牛，后裔测定在 400 多个合同奶牛场农场采用随机配种，要求有效女儿数平均为 80，最低 70，牛群数 60 以上。

新西兰家畜改良公司建设有新西兰唯一的奶牛信息管理系统和新西兰全国奶牛数据库，负责整个新西兰奶牛数据采集、分析和提供管理报告，目前已经采集 1 000 多万个奶样分析记录，400 多万次的配种记录，370 万个产犊记录，1 万多个基因测定数据，1 万多个农场的信息。图 21 是 LIC 公司奶牛信息管理系统运作流程示意。

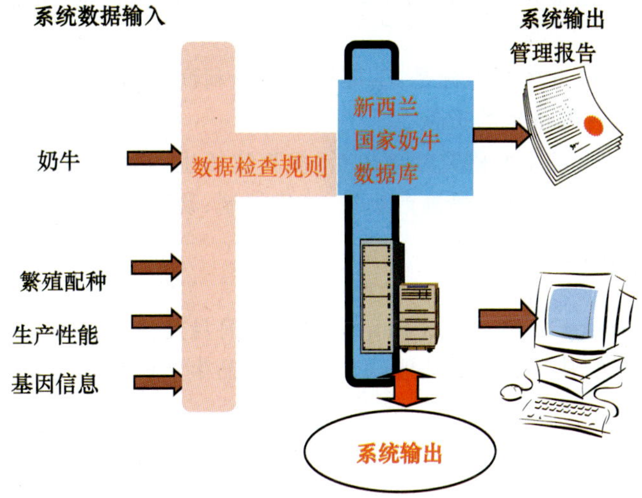

图 21 LIC 奶牛信息管理流程

(资料来源：www.lic.co.nz)

(4)人工授精服务。新西兰家畜改良公司是新西兰最主要的人工授精(AI)服务机构，其占有 70%以上的人工授精市场份额，每年实施 300 多万头奶牛人工授精，同时，新西兰家畜改良公司研究开发了奶牛鲜精保存技术，在常温下可保存 4 d 而不影响受胎率，不仅不需要液氮，降低了生产和运输费用，而且每次人工授精所需的精子数只有冷冻精液的 1/10，提高了优秀种公牛利用效率。公司每年生产鲜精 400 万支，冻精 140 万支，出口国际市场 80 万支。新西兰奶牛 AI 水平较高，据统计，2018—2019 年产季 LIC 公司奶牛平均配种妊娠 AI 次数为 1.38 次，是近 20 年历史最高。

4.1.5 AmBreed 公司

AmBreed 公司是全世界第三大牛育种公司 CRV 在新西兰的分支机构，坐落于新西兰的汉密尔顿，该公司在新西兰主要从事奶牛种公牛培育、常规精液与性控精液生产、人工授精服务，以及奶牛后裔测定等业务，该公司每年约后裔测定公牛 110 头左右，其中公牛育种值估计按照新西兰奶牛育种值估计选择的主要性状指标计算，主要包括：①产量指标，包括乳脂肪、乳蛋白、产奶量等；②体型指标，包括体尺、乳房结构（全乳房、前乳房、后乳房、前后乳头）、体型结构、臀宽和臀角度等；③育种利润指数（breeding worth，BW），其单位是新西兰元，BW 是通过结合育种值（breeding values，BV）和适当的经济值（economic values，EV）来计算的；④其他指标，包括产犊难易程度、适应性、挤奶速度、体细胞数、体况评分、寿命、性情等。

4.1.6 林肯大学奶牛研究中心（场）

林肯大学奶牛研究中心（场）是重要研究单位，占地 186 hm^2，其中 160 hm^2 是奶牛场，其主要研究领域包括：①放牧条件下规模奶牛群营养、健康和福利研究；②牧场和牧草水和氮利用效率和牛奶生产技术；③在高质量放牧条件下通过补饲对提高牛奶产量和减少环境影响研究；④减缓奶业生产对土壤、植物和营养素等环境影响的方法；⑤不同牧草和放牧方式对奶牛放牧、采食和瘤胃功能的影响；⑥新牧草和豆科植物及其搭配提高牛奶固形物产量和减少环境影响的研究；⑦冬季不同饲草和利用对于奶牛营养及体况的影响。

林肯大学奶牛研究中心（场）的战略目标是通过以下方式最大限度地提高整个农场系统的可持续利润：①在不增加农场总环境压力的前提下，优化生产力以获取利润；②在可定义且可接受的动物福利目标范围内运营；③展示奶农先进的养殖方法，与坎特伯雷（Canterbury）奶农保持联系；④在该项目的初始或过渡阶段接受（比许多农民可能接受的）更高水平的风险。

4.1.7 农业研究中心

新西兰农业研究中心（AgResearch）是政府皇家研究所的一个研究机构，重点研究在放牧条件下奶牛养殖科学和技术问题。

在奶业生产方面，AgResearch 主要目标是：①提高奶牛场利润；②提高乳制品国际竞争力，从而提高牛场收入；③提高新西兰奶制品在经济重的贡献。

基于以上目标，AgResearch 的主要研究领域包括：提高牧场生产水平；提高牛群遗传进展；提高牛群健康和牛奶质量；采用牛场管理新技术从而提高产奶量；疾病控制；动物福利和乳产品新产品及其加工新技术。

4.1.8 恒天然研究中心

恒天然研究中心（The Fonterra Research Centre，FRC）前身是新西兰乳品研究所，是恒天然集团重要的研究机构，也是新西兰重要的乳产品研发基地，重点研究乳品生产的科学与技术问题，特别是乳产品开发研究。

4.2 运作模式

政府机构、科研院所和企业（行业协会）科研单位分工协作是新西兰奶业生产中科学研究和技术推广的运作模式，这种模式主要是政府起引导作用，而实施主体是企业和科研院所。新西兰政府主要是制定乳品标准，如黄油、奶酪等标准指导、规范奶业生产。新西兰政府通过科学技术部和农林部针对奶业生产中重大问题设立科研项目，例如新西兰农林部在《农场可持续发展基金》中每年都设立涉及奶业的科研项目。据不完全统计，在 2000—2012 年仅该基金就共支持与奶业生产有关的科研项目 62 项，支持资金约 1 100 万新西兰元，平均每年支持经费约 100 万新西兰元。2017—2019 年该基金就共支持与奶业生产有关的科研项目约 4 项，支持资金约 109 万美元，平均每年支持经费约 55 万美元。

新西兰政府也通过委托企业研究和并建立新西兰奶业生产体系并推广相关科学技术和知识，例如委托新西兰家畜改良公司(LIC)负责建立和管理新西兰奶牛信息管理系统和奶牛数据库，负责全国奶牛 DHI 测定及其数据分析等。

新西兰乳品企业是其科学研究和技术推广的主体，这些企业主要在以下方面开展科学研究和技术推广：①奶牛遗传改良；②奶牛放牧和补饲管理；③疾病控制；④挤奶技术；⑤牛奶加工和运输；⑥牛奶贮存技术；⑦乳产品开发；⑧政策和贸易等。新西兰企业的研究费用一般来源于征税(或会员缴纳费用)收入，如新西兰奶农协会(Dairy NZ)利用收取的牛奶销售税款项每年都拿出一部分经费支持其会员开展与奶业生产和检测有关的科学研究。

5 促进奶业发展的主要政策

5.1 促进奶业生产的政策

新西兰国家层面政策对奶业生产影响最大的是 1984 年经济改革和 2001 的《乳品行业重组法 2001》(The Dairy Industry Restructuring Act 2001，DIRA)及同年制定的《乳品行业重组原料奶管理》(Dairy Industry Restructuring Raw Milk Regulations，DIRRMR)。

1984 年的经济改革重要特征是取消补贴，包括取消出口退税和对农民直接补贴，以及不实行生产配额等，使市场成为决定农业生产资源配置的基本决定因素。虽然当时这些经济改革措施给奶牛养殖者带来了巨大的挑战，但是以市场为导向的政策受到大多数奶农的支持，这也是当前新西兰奶业能在全世界占有一席之地的重要原因。

2001 年乳品加工企业重组成立恒天然集团时制定的新西兰《乳品行业重组法 2001》是对新西兰奶业产生巨大影响的又一政策。经过 2007 年及 2012 年两次修订该政策不仅影响了乳品加工企业格局，而且对奶牛养殖和牛奶价格等产生了深刻影响。

新西兰《乳品行业重组法 2001》规定，恒天然集团在每个产季必须收购所有奶牛场的所有合格牛奶(包括新增牛场和原有牛场增产部分)，允许现有奶牛场自由退出(离开该合作企业或者减少产量)，而且须在 30 个工作日以现金形式支付赎回股份的价值。这种“无争议”自由进入和退出机制不仅使奶牛养殖者的风险降到最小，充分保障了奶牛养殖者的经济利益，而且有利于奶牛养殖扩大生产和健康发展。

《乳品行业重组原料奶管理规定》规定了乳品加工企业收购原料奶时根据市场波动调整奶价和支付时间的原则，这对稳定奶牛生产规模和可持续发展，保障奶农经济利益具有重要意义。随后新西兰初级产业部分别在 2007 年、2008 年和 2010 年对该法规进行了修正，使其更加符合新西兰市场环境，能够合理高效调控和管理原料奶市场。

新西兰政府和行业协会对奶业生产科研和推广的支持也是促进奶业发展的重要因素。例如新西兰奶农协会(Dairy NZ)可以从每千克牛奶固形物中提取 3.6 分的税款用于奶牛品种改良、DHI、新乳品开发和市场开拓、草场改良和奶农培训等。同时，新西兰农林部和科技部也设立针对奶牛养殖、乳品加工和牧场管理等方面的科研项目支持奶业科技进步，从而不断为新西兰奶业健康发展提供科学技术助力。

1997《农业化合物和兽医药品法》(Agricultural Compounds and Veterinary Medicines Act 1997)和 1999 年《动物产品法》(Animal Products Act 1999)对规范新西兰奶业生产方面有着极大的促进作用，为新西兰奶业发展奠定坚实基础。

以上政策对新西兰奶业发展起到了促进和保驾护航的重要作用。

5.2 促进奶业加工的政策

由于牛奶的特殊性，乳品加工企业是奶业维持正常生产和可持续发展的最重要因素。通过制定有效的政策和法规，实行有效宏观调控，使乳品加工企业公平、合理、有序竞争，是一个国家奶业健康发展的重要措施。

新西兰政府在2001年恒天然公司成立时制定的新西兰《乳品行业重组法2001》(DIRA)就是一个非常好的例子。

2001年新西兰Kiwi乳品合作有限公司与新西兰乳品有限公司合并成立恒天然公司时，其原料奶收购量占新西兰原料奶的96%左右，因此，由于恒天然在新西兰奶业生产中的霸主地位，为防止其对其他乳品加工企业尤其是独立加工企业产生不利影响，新西兰农林部制定了《新西兰乳品行业重组法2001》和《乳品行业重组原料奶管理规定》。

DIRA规定恒天然集团必须在新西兰国内提供牛奶储运、加工和乳产品服务；2012年修订后更是将奶农合作社每季度必须向独立乳品加工企业提供原料奶的量由6亿L提升到7.95亿L、同时还需提供相应产品和其他服务，这对保障其他小型乳品加工厂生存和公平竞争，维护原料奶市场稳定起到了重要作用。这些规定的主要原则包括如下。

(1)原料奶收购量原则。在一个季度内，每个独立加工企业最多可收购5 000万L原料奶(除古德曼菲尔德新西兰有限公司(可购买2.5亿L)。

(2)总量原则。在每个产季内，所有独立加工者总计可从恒天然集团购买7.95亿L原料奶。如果独立加工企业的原料奶需求量超过原料奶管理规定的数量，将依据原料奶总量限制原则按比例核减所有独立加工企业原料奶份额。

(3)原料奶调整价格原则。独立加工企业从恒天然集团收购原料奶时需支付调整后的价格，即在恒天然集团从牛场每千克牛奶固形物收购价(gate price)基础上增加10%。原料奶牛场收购价反映了恒天然集团支付给奶农的价格。额外增加的10%用来补偿恒天然集团提供原料奶给独立加工者的费用。

(4)“十月规定”原则。在每个产季的泌乳高峰月份(冬季除外)恒天然集团提供给独立加工企业的原料奶总量规定为10月提供原料奶总量的110%。

(5)预测原则。原料奶管理规定独立乳品加工企业须提前3个月将预订单提交给恒天然集团，并提前7 d确认预定单，此时原料奶数量允许在原来预定数量的基础上增加或减少40%。最后，预定单须在开始收购前1 d再次确认，此时原料奶数量可以在上次预定数量的基础上有20%增加或减少。在以上双方商定的数量的范围之内，独立加工者只需要支付实际购买原料奶费用，而无须支付预定单中未购买原料奶的费用。

(6)支付时间原则。目前，调整的价格主要基于以前发布的定价系统，作为调整价格的主要因素即恒天然集团支付给农民的原料最终奶价格要到每个产季结束后(5月)才能最终确定，因此独立加工企业支付给恒天然集团原料奶的调整价格到8—9月才能最后确定。

同时，在2010年修订版中，明确指出恒天然集团有义务以固定的季度价格向上一季度未进购或少于3 000万L原料奶的独立加工商[不包括古德曼菲尔德新西兰有限公司(Goodman Fielder New Zealand Limited)]提供当前整个季节的所有原料奶需求。

随后2014年《食品法2014》(Food Act 2014)的出台，为乳制品生产加工制定了详细明确的标准，2015年出台的《动物产品(乳制品业的费用，收费和征费)实施细则2015》[Animal Products (Dairy Industry Fees, Charges, and Levies) Regulations 2015]明确详实地规定了乳制品加工、出口等方面缴税细则，极大促进新西兰奶业加工行业的规模化发展。

以上政策对新西兰乳制加工起到了重要作用。

5.3 促进奶业贸易的政策

新西兰奶业一直是出口型产业，国内乳品消费只占5%左右，因而新西兰政府（包括行业组织）始终鼓励和支持其乳品企业和乳制品开拓国外市场。新西兰乳制品的早期海外市场主要是英国，而目前新西兰乳制品遍及世界190多个国家和地区。

新西兰政府早在1924年就建立了新西兰乳制品出口控制局（NZ Dairy Export Control Board），制定了《乳品生产出口控制法》（Dairy Produce Export Control Act），这对建立和保证国内和海外乳品市场和乳品价格等起到了重要作用。为了保护奶农免遭世界经济萧条的打击和贸易壁垒，1935年当时的工党政府制定了稳定牛奶的价格政策。随着英国加入欧洲经济共同体（EEC），由于配额限制，新西兰政府又帮助乳品加工企业拓展其他海外市场如泰国、马来西亚、菲律宾，尤其是中国的乳品市场。

新西兰成熟的国内和国际乳品市场还得益于1984年开始的经济改革，当时取消了出口退税政策，使得新西兰乳品企业不得不提高产品质量和降低成本，建立稳定的市场，因而新西兰乳品加工企业成熟较早。而2009年制定的《创新的政治策略》（Political Aspects of Innovation，PAI）对乳制品研发、市场维护与拓展起到了重要的作用。

在乳制品进出口方面，新西兰与澳大利亚、印度、韩国、文莱、新加坡等国家均已达成自由贸易协定。尤其2008年，《中华人民共和国政府和新西兰政府自由贸易协定》的签订进一步拉动了新西兰的出口贸易。随着我国经济的飞速发展，国民需求消费水平逐年提高，这极大地推动了新西兰乳制品进出口市场得发展。

以上政策对新西兰乳制品国际贸易起到了重要作用。

5.4 促进奶业消费的政策

早期新西兰居民就有消费牛奶的习惯，例如为了满足殖民者对乳制品的需求，1840年短角牛被引进新西兰。开始时是一家一户饲养1～2头奶牛以满足其全家日常生活中对牛奶的需求。目前在新西兰奶牛和乳制品成为居家生活的日常食品，而且新西兰乳制品主要出口，其国内乳制品消费不足牛奶产量的5%。

6 值得借鉴的主要经验

6.1 经营模式方面的经验

6.1.1 乳品加工企业与奶牛养殖企业经济联合体的形式

在新西兰，96%以上的奶牛养殖企业与乳品加工企业之间是股份制的经济联合体，因此乳产品销售后，奶牛养殖企业可以与加工企业共同享受销售收入除去各种成本后的利润分成，这样就不会出现乳品加工企业在收购原料奶时“压级压价、短斤少两”的坑害奶农的现象，也不会出现奶农往原料奶加水和添加违禁物质的现象。

因此，新西兰乳品加工企业与奶牛养殖企业通过股份制形成经济联合体的经营模式非常值得现阶段我国奶业发展借鉴。

6.1.2 原料奶调控与计价体系

虽然新西兰牛奶生产和奶价主要受市场调控，但是新西兰政府还是利用《乳品行业重组法2001》（DIRA）（2012年修订）以及《乳品行业重组原料奶管理规定》对全国奶业市场进行有效的调控，从而防止了行业垄断，对保证原料奶市场健康、有序竞争起到重要作用。

新西兰乳品加工企业收购原料奶时是以牛奶固形物（milk solid）价格和价值回报（持股分红型报酬）两部分计算价格，这样不仅鼓励了提高牛奶质量（固形物含量），而且可杜绝向牛奶中加水现象的发生。同时，在每个产季结束后，乳品公司会根据通货膨胀等波动因素调节原料奶的最终价格。

因此，新西兰原料奶调控措施和计价体系方面的经验值得我国奶业生产借鉴。

6.1.3　奶牛养殖参股制

在奶牛养殖中，由于奶牛、放牧地等投资较大，养殖技术要求高，因而缺少资本的农户或年轻人开始创业时投资奶牛养殖就十分困难。而奶牛养殖参股制（share milker）有助于解决上述问题。2017—2018 年产季奶牛场经济统计数据显示，农场主式（owner）和参股制式（share milker）分别占比 73%和 27%。

奶牛养殖参股制一般是拥有奶牛场土地和基础设施的农场主（也可能拥有部分奶牛）不直接参与奶牛场管理和经营活动，而是雇用其他人员经营管理。受雇用人员负责奶牛场日常经营和管理工作，其在牛场的劳动收入可投入牛场或者将机械设备等作为牛场投资，占有牛场一定比例的股份，如 45%或者 50%等，从而逐渐与原农场主（土地和牛场基础设施拥有者）共同拥有奶牛场。在开始时，新西兰奶牛养殖参股形式一般是家庭成员（如儿子或女儿）或者亲戚在原有的奶牛场打工，其工资收入可以积累入股奶牛场，这样既学习了奶牛养殖经验，又积累了资本，到一定时间后（或一定奶牛头数后）就可以再分出建立新的奶牛场。

6.1.4　新西兰牧场管理体系

新西兰建立了一套创新性的牧场管理体系，体系为新西兰牛场雇主制定了明确和一致的角色期望，也为新西兰奶牛场的员工展示了未来的职业道路，并提供了一个有助于调整行业活动的共同框架。奶牛场职业路径描述了 7 个牛场关键的角色：牛场助理→牛场各部门管理人员→经理助理→牛场经理→牛场运营经理→牛场执行总监→牛场主。

因此，在我国目前奶牛发展阶段，新西兰奶牛养殖参股制以及牛场管理体系对我国奶牛养殖模式探索具有一定的借鉴意义。

6.2　科技创新方面的经验

新西兰奶业历史悠久，十分注重科学技术研究及其奶业发展中的应用，值得我国奶业借鉴的科技创新方面的经验包括如下。

6.2.1　奶牛生产性能测定

新西兰很早就开展了奶牛生产性能测定（DHI 测定），目前新西兰 72%以上的泌乳母牛参加 DHI，这对保证新西兰牛奶品质和提高奶牛生产水平起到了十分重要的作用，而目前我国奶牛 DHI 虽然取得很大进步，测定奶牛头数仍十分有限（2017 年约 122 万头）。因此，新西兰奶牛 DHI 测定技术及其实施体系是我国奶业发展值得借鉴的经验。

6.2.2　种公牛后裔测定

在目前 AI 配种繁殖奶牛体系下，种公牛对奶牛群体遗传进展的影响十分明显，新西兰建立了科学的种公牛育种值估计方法（育种利润指数和遗传评估系统生产利润指数），根据不同性状的重要性设定其育种值，目前新西兰奶牛的种公牛都是后裔测定的公牛。因此，新西兰奶牛种公牛选择和培育技术非常值得我国奶业生产借鉴。

6.2.3 杂交改良

虽然荷斯坦奶牛产奶量高，在全世界得到快速发展，但是培育适应本国气候和饲料、水等资源条件的奶牛品种，是提高奶牛养殖效益和乳品质量的有效途径。新西兰在奶业发展早期荷斯坦奶牛占主导地位，但是由于娟姗奶牛良好的产奶性能，其数量持续增加，而近年来荷斯坦奶牛与娟姗奶牛杂交后代由于生产性能优越，杂交牛数量大幅度增加，2018—2019 年占全新西兰奶牛头数的 48%以上。因此，我国应借鉴新西兰奶牛杂交育种经验，利用娟姗奶牛与中国荷斯坦奶牛杂交，培育适应我国气候和饲料条件的奶牛新品种。

6.2.4 牧场自动化设计和大数据分析

近年来，新西兰牛场自动化水平在不断提高，其自动化体系涵盖奶牛场饲养系统（dairy shed feeding systems）、电子识别系统（electronic identification，EID）、规划系统（drafting systems）、自动挤奶系统（automatic milking system，AMS）、乳腺炎自动检测系统（automated mastitis detection，AMD）系统、热应激自动感应系统（automated heat detection）等 6 个模块。牛场自动化技术的应用大大提高了工作效率，牛场利用最新的自动化监测技术可以提高牛群的长寿性，为牛群提供更高的福利。

6.3 产业政策方面的经验

6.3.1 政府有效干预、指导奶业市场健康发展

新西兰政府在有效指导国内奶业发展方面做出了卓越贡献，这在 2001 年恒天然公司合并重组时，政府干预和引导作用表现的尤其突出。为此政府依据 1986 年的《商业法》，提供免税和其他政策支持，并制定了《乳品行业重组法 2001》（2012 年修订），在支持恒天然合并的同时，政府规定了恒天然集团对奶牛养殖企业、对其他小型和独立乳品加工企业应承担的责任和应尽的义务，包括原料奶定价机制和付款方式等。所有这些规定对新西兰奶业有序竞争和健康发展起到了重要的促进作用。

政府在奶业行业保护奶农利益，预防垄断中的调控作用值得我国借鉴。

6.3.2 政府认真、有效服务，加大科技资金投入

新西兰初级产业部每年都会编辑出版奶业生产监测报告，非常详细地统计和分析新西兰全国和不同地区的奶牛养殖数量、生产水平、投入与收益等影响奶业生产的因素，为奶业发展提供建设性意见。同时新西兰初级产业部与乳制品培训公司合作，自 2002 年以来，为整个行业的乳制品从业人员、农民和农村专业人员提供一系列奶制品培训课程。从正式资格的完整课程到短期课程和讨论小组，培训为每个人提供对应的帮助。

新西兰初级产业部每年设立一定的资金，支持奶牛养殖、饲草饲料种植、繁育等方面的研究。新西兰作为世界上最大的乳制品出口国，为了减少奶业发展对环境可能造成的影响，促进资源合理利用，促进本国奶业的可持续发展，基于牧场盈利、环境管理、开发和研究、动物福利、人才培养、工作环境、生物安全和产品的完整性、当地社区、行业信息系统、国家繁荣等目标，新西兰制定了一系列的环境保护政策，主要包括《乳业与河流清洁法令》《新西兰资源管理法》和《新西兰生物安全法》以及废气征税政策等。以市场为导向，注重奶业技术研发，树立品牌形象。中国也应当结合发展形势，合理利用资源，保护生态环境，促进奶业可持续发展。

因此，政府加大科技投入，认真、切实、有效地服务行业是我国奶业值得借鉴的经验。

6.4 进出口贸易相关政策

中国仍然是新西兰第一大乳制品出口市场，新西兰乳业公司协会（DCANZ）宣布，已就"新西兰－中国自

由贸易协定”(FTA)的升级达成协议,这是新西兰与中国关系加强的积极标志。

参考文献

[1]Livestock Improvement Corporation Limited. Dairy NZ Limited. New Zealand Dairy Statistics 2019-20. [2021-06]. https://www. dairynz. co. nz/media/5793910/nz-dairy-statistics-2019-20-web.pdf,2020.

[2]Livestock Improvement Corporation Limited. Dairy NZ Limited. New Zealand Dairy Statistics 2019-20.[2021-06]. https://www. dairynz. co. nz/media/5792471/nz_dairy_statistics_2018-19_web_v2. pdf.

[3]李竞前，马莹，卫琳. 新西兰奶业发展现状及对我国奶业的启示. 中国奶牛，2018(9):46-48.

[4]王敏，何忠伟，刘芳,等. 新西兰奶业发展现状及经验借鉴. 世界农业，2016(9):136-143.

[5]新西兰:新招应对温室效应奶牛也能低排放.乳业科学与技术,2019,42(4):57-58.

[6]Denis M，Wedlock DN，Lacy-Hulbert SJ，etal . Vaccines against bovine mastitis in the New Zealand context: What is the best way forward? New Zealand Veterinary Journal,2009,57(3):132-140.

[7]Muellner P，Hodges D，Ahlstrom C,etal. Creating a framework for the prioritization of biosecurity risks to the New Zealand dairy industry. Transboundary and Emerging Diseases，2018，65(4):1067-1077.

[8]刘长全,刘玉满,李静,等.新西兰奶业质量管理体系考察及对中国的启示.经济研究参考,2014(51):27-38.

[9]闵江涛,赵学明,杜卫华,等.新西兰原料奶市场管理与定价机制——新西兰《乳品行业重组法》和《乳品行业重组(原料奶)管理》透视.中国畜牧杂志,2012,48(20):42-47.

[10]Mitchell Burns(彭迈奇). 新西兰和中国乳业比较优势测定及合作模式研究. 青岛:青岛大学,2017.

[11]中华人民共和国,中国自由贸易区服务网.中国-新西兰自由贸易区(含升级)[2021-06]. http://fta. mofcom. gov. cn/newzealand/newzealand_special. shtml.

参考资料

[1]Livestock Improvement Corporation Limited：http://www. lic. co. nz

[2]Asurequality 公司：http://www. asurequality. com/

[3]Food and Agriculture Organization of the United Nations:http://www. fao. org/faostat/zh/#data/TCL

[4]International Embryo Technology Society：https://www. iets. org/

[5]Indexmund：https://www. indexmundi. com/AGRICULTURE/

[撰稿:中国农业科学院北京畜牧兽医研究所　朱化彬　赵善江　庞云渭　许慧韬　王欢　王忆]

附 表

附表 1 2003—2019 年新西兰奶牛头数、总产奶量和单产水平

年份	奶牛头数/万头	总产奶量/万 t	单产水平/(kg/头)
2003	385.13	1 498.63	3 836.14
2004	386.77	1 447.72	3 668.82
2005	383.21	1 509.20	3 862.83
2006	391.68	1 553.55	3 891.58
2007	401.29	1 513.62	3 661.63
2008	425.29	1 646.96	3 808.43
2009	439.67	1 692.03	3 738.62
2010	452.87	1 779.90	3 930.58
2011	463.42	1 963.65	4 237.52
2012	478.43	1 938.40	4 051.71
2013	492.28	2 120.50	4 307.32
2014	501.83	2 181.68	4 347.35
2015	499.78	2 146.88	4 296.03
2016	486.13	2 125.12	4 371.99
2017	499.29	2 127.38	4 261.13
2018	494.63	2 177.99	4 403.81
2019	492.15	2 170.60	4 409.97

附表 2 2000—2020 年新西兰主要乳制品产量

年份	鲜奶/万 t	黄油/kt	奶酪/kt	全脂奶粉/kt	脱脂奶粉/kt
2000	1 328.7	367	300	421	180
2001	1 390.397	362	298	520	227
2002	1 489.38	400	320	540	295
2003	1 531.919	405	301	615	291
2004	1 507.817	390	295	635	250
2005	1 516.572	381	307	615	280
2006	1 579.711	415	292	640	264
2007	1 639.554	413	331	672	300
2008	1 604.74	413	288	677	252
2009	1 749.249	482	308	768	385
2010	1 768.819	441	268	947	344
2011	1 953.395	487	300	1 162	366
2012	2 118.401	527	328	1 273	404
2013	2 080.6	535	311	1 300	404
2014	2 254.979	580	325	1 460	415
2015	2 223.461	594	355	1 380	410
2016	2 186.072	570	360	1 320	405
2017	2 217.59	525	386	1 380	402
2018	2 267.751	530	355	1 450	410
2019	2 251.065	530	360	1 460	385
2020	2 260.85	525	365	1 525	370

附表 3　2000—2019 年新西兰主要乳制品进出口贸易额　千美元

年份	进口额					出口额				
	奶油	奶酪	鲜乳	脱脂奶粉	全脂奶粉	奶油	奶酪	鲜乳	脱脂奶粉	全脂奶粉
2000	1 139	0	328	951	1 762	514 696	49 301	19 446	276 753	729 089
2001	496	0	445	732	2 165	436 802	66 790	22 081	465 665	1 019 170
2002	2 409	0	416	822	3 734	488 130	48 958	27 648	445 897	812 409
2003	1 069	0	431	803	2 816	549 786	46 191	23 149	462 365	1 062 140
2004	1 049	0	683	1 216	1 559	637 137	66 094	36 479	473 345	1 248 730
2005	5 166	49	1 281	1 447	2 421	661 388	76 345	35 560	476 828	1 299 370
2006	1 672	0	1 154	1 807	5 610	700 885	78 162	36 781	658 893	1 406 010
2007	6 019	0	911	3 919	3 124	879 664	151 136	48 501	948 154	2 047 040
2008	2 467	0	900	3 482	7 264	1 108 500	126 779	61 509	811 135	2 368 820
2009	3 006	43	733	8 510	2 425	958 541	85 387	52 141	836 398	1 892 840
2010	3 700	0	894	10 333	8 523	1 567 891	117 346	79 917	1 038 142	3 119 058
2011	3 153	21 050	700	7 525	1 788	1 397 339	730 734	61 453	858 869	2 947 404
2012	3 189	30 217	968	19 145	8 364	1 614 763	1 089 259	86 396	1 260 509	4 295 314
2013	4 834	31 165	1 156	10 993	10 775	1 823 641	1 060 891	92 036	1 621 755	5 515 983
2014	5 040	39 481	1 179	16 630	8 825	2 149 781	1 173 163	97 967	1 580 905	6 066 253
2015	4 636	41 872	1 339	14 276	33 319	1 637 827	1 070 811	92 888	955 770	3 507 372
2016	10 983	48 149	1 002	6 367	16 352	1 719 482	1 108 434	118 017	878 759	3 191 061
2017	6 026	57 677	1 466	6 486	9 690	2 366 488	1 261 645	160 217	897 056	4 232 343
2018	5 058	59 755	1 604	9 320	10 174	304 109	1 211 796	199 816	730 622	4 254 828
2019	4 822	67 285	3 335	13 455	33 328	372 147	1 198 584	223 945	905 306	4 741 289

附表 4　2000—2019 年新西兰主要乳制品进出口贸易量　t

年份	进口量					出口量				
	奶油	奶酪	鲜乳	脱脂奶粉	全脂奶粉	奶油	奶酪	鲜乳	脱脂奶粉	全脂奶粉
2000	652	0	854	704	1 507	358 528	31 780	42 434	165 933	425 673
2001	252	0	830	571	1 013	292 345	33 359	45 030	218 182	502 240
2002	1 260	0	540	422	2 122	386 573	51 624	51 852	315 521	528 980
2003	397	0	465	656	1 791	364 340	37 055	39 729	287 265	637 601
2004	308	0	693	1 102	803	329 882	40 494	56 510	249 557	629 130
2005	2 236	29	1 422	610	685	319 715	39 392	51 290	220 939	585 473
2006	524	0	1 050	630	1 653	391 028	40 563	52 531	315 542	644 578
2007	1 989	0	639	1 117	715	363 866	45 835	64 332	280 840	679 695
2008	618	0	603	861	1 116	299 778	33 660	72 285	221 518	547 858
2009	834	36	536	3 986	529	451 179	51 701	69 873	407 993	818 080
2010	803	0	568	3 238	2 027	416 146	40 393	104 839	348 925	964 867
2011	584	2 711	373	2 177	274	280 409	174 383	64 156	246 113	766 902
2012	463	4 105	485	5 486	1 083	463 078	285 283	87 074	389 624	1 261 278
2013	830	4 318	608	2 330	1 332	461 146	255 602	89 880	391 969	1 291 460
2014	877	6 352	780	4 349	1 355	537 176	265 781	97 376	388 872	1 447 851
2015	955	8 318	1 259	5 449	6 990	528 042	315 225	120 774	417 997	1 403 004
2016	2 591	10 102	854	2 776	4 097	530 556	342 408	173 470	451 252	1 365 279
2017	809	10 074	1 366	1 992	1 725	433 978	316 421	193 190	401 002	1 340 267
2018	1 205	10 293	1 819	2 704	1 752	97 038	298 451	222 426	362 310	1 377 830
2019	1 180	11 626	2 958	3 990	3 659	126 685	305 481	245 559	373 503	1 539 211

澳大利亚奶业发展报告

摘要：奶业是澳大利亚第四大农业产业，奶业生产在澳大利亚各州均有很长的历史，牛奶主产地为东南部地区，包括维多利亚州、南澳大利亚州和塔斯马尼亚州。澳大利亚奶业的发展，以低成本、高质量、高需求、高出口量闻名于全世界。本文首先综述了澳大利亚近60多年的奶业发展概况。近60多年来，澳大利亚奶牛养殖规模和产奶量都有很大的变化，一方面，奶牛场数量急剧减少，但牛场饲养的奶牛平均群体数量却有了很大的提高；另一方面，成年奶牛存栏量基本处于下降趋势，但是总产奶量处于增加趋势，这与改良品种、牧场、饲料和改善牛群管理技术是分不开的。澳大利亚的气候和自然资源十分有利于奶业生产，本地奶牛养殖主要是以牧场放牧为主，因此，生产效率高，成本低，牛奶质量优良。在澳大利亚，主要由农民拥有的合作社和股份公司进行奶制品的生产与加工。合作社占据主导地位，75%的原料奶由合作社进行加工。澳大利亚奶业的发展，源于消费需求旺盛的拉动。国内较高的消费需求，带动着澳大利亚奶业持续稳定发展。近些年，奶业消费结构也发生了变化，人们对健康越来越关注，导致了从黄油这种含脂率高的奶制品逐渐向奶粉、奶酪这些含脂率低的奶制品的消费转移。澳大利亚的牛奶生产成本远低于世界上其他主要的牛奶生产国，优良的草场、科学的管理以及最新遗传育种技术的广泛运用，使其奶牛能够以高效率的方式生产出优质的牛奶，其乳制品在国际市场上具有较强的竞争优势。近几十年来，澳大利亚奶制品出口市场有很大的变化。澳大利亚的两个最大的出口市场是亚洲和中东地区。伴随着亚洲各国经济的发展，各国对奶制品的需求不断增长，而当地奶制品生产又不能满足市场需求；再加上澳大利亚与亚洲地理位置接近，又不像欧盟和美国等国家和地区使用奶品贸易保护措施及对奶品出口进行补助，亚洲成了澳大利亚主要的奶制品出口市场。

澳大利亚奶牛育种体系并不是由某个政府机构独立管理的，而是由几方面彼此密切相关的机构合作组成。从其冻精的选择到奶牛的育种都有非常严格的要求。根据不同的草场情况，奶牛场采取不同的放牧和饲料搭配方式。

澳大利亚在发展畜牧业的同时，非常注重对动物及其产品输入的安全问题，生物安全的重点工作是致力于对外来动物的检疫工作。对引进的动物，检疫官必须到原生产地及其周围检查当地的动物疫病情况，引进后还要隔离6个月再次检疫无疫病后方可。政府绝对不允许进口他们认为高疫病风险的动物或从疫病高风险地区进口动物及动物产品，并且对本国的各种疾病都采取了相应的控制措施。在原料奶质量控制方面，采取的措施有控制牛场及牛体卫生、采用先进的挤奶设备、对挤奶设施进行严格的清洗、消毒和杀菌，政策上主要采取定期检验农场牧草灌溉和牛群饮用水、注重奶牛福利、对牛奶饮用前的每一个环节进行详细的规范和指导、保证原料奶降价不降质。并由独立的第三方化验机构或乳品加工企业对原料奶的各项质量指标进行检验分析，根据原料奶的总体质量确定收购价格。而且根据不同的问题和市场实际情况建立了一系列健全的科研和推广体系，其科研转化率几乎达100%。

澳大利亚的乳业在清洁、安全和品质方面拥有世界最高的标准。为了确保牛奶和乳制品的质量和提高牛奶和乳制品的消费，澳大利亚政府及其相关企业制定了一系列的方案和政策。澳大利亚乳品行业是一个完全由市场驱动的行业。在过去的30多年里政府逐步取消了限制。而这个进程的最后一步是2000年7月政府对饮用奶价格管制的取消。因此，现在除了设立最基本的食品安全要求和食品标准规范之外，政府对乳品行业没有任何形式的干预。与牛奶生产一样，牛奶加工业在不断地进行合理化调整，这就是每个工厂的平均收奶量大幅度增加，因为经营规模的增大提高了效率，实现了规模效应。为了增加牛奶和乳制品的消费，澳大利亚制通过WTO贸易改革的步伐，奉行了自由贸易的政策。贸易改革使澳大利亚奶业产业更好地在奶业的生产、加工、和销售方面利用它的全球竞争力，并且通过更好、更稳定的价格来促进奶业的销售市场发展。澳大利亚政府和企业充分发挥其地理和资源优势来发展奶业，在经营、科技、产业等方面有很多成功经验值得我们学习。

关键词：澳大利亚　奶业　奶农　合作社　科技　模式

1　奶业发展概况

澳大利亚地处南半球的大洋洲大陆上，其农牧业用地490万km^2，占国土面积的63.1%。全澳大利亚总人口约2 269万(2020年9月)，其中24%的人口为外来移民，另外，澳大利亚是世界天然草原面积最大的国家，达458万km^2。

澳大利亚大陆形成于2亿年前，具有独特的地理和气候特点，12—2月为夏季，3—5月为秋季，6—8月为冬季，9—11月为春季。澳大利亚跨两个气候带，北部属于热带气候，每年4—11月是雨季，11月到第二年的4月是旱季，由于靠近赤道，1—2月是台风期。澳大利亚南部属于温带气候，四季分明。澳大利亚内陆是荒无人烟的沙漠，干旱少雨，气温高，温差大；相反在沿海地区，雨量充沛，气候湿润，呈明显的海洋性气候，沿海地区年降雨量为500～1 600 mm。澳大利亚是全球最干燥的大陆，饮用水主要是自然降水，并依赖大坝蓄水供水。政府严禁使用地下水，因为地下水资源一旦开采，很难恢复。2006年起，圣婴现象影响扩大，导致降雨大幅度减少，各大城市普遍缺水，政府纷纷颁布多项限制用水的法令，以节水渡过干旱。表1为澳大利亚2020年主要地区全年平均气温(℃)，图1为澳大利亚近121年来的降雨量。

表1　澳大利亚各地区全年平均气温　℃

地区	1月	2月	3月	4月	5月	6月	7月	8月	9月	10月	11月	12月
新南威尔士州/首都领地	28.0	24.8	21.5	17.5	12.7	10.9	10.2	11.1	16.0	18.9	23.8	23.6
北领地	31.7	30.9	28.6	27.7	20.7	19.5	18.5	22.3	26.9	28.1	32.4	29.9
昆士兰州	31.1	29.5	27.0	25.2	19.3	18.4	17.1	19.0	23.7	25.8	29.6	29.8
南澳大利亚州	27.6	26.2	24.3	20.4	14.1	12.2	11.8	14.1	19.0	20.5	26.5	25.0
塔斯马尼亚州	15.5	14.1	12.6	10.9	8.9	7.0	5.9	6.9	8.6	9.9	13.4	12.9
西澳大利亚州	29.1	29.3	27.8	25.7	18.8	17.4	16.5	18.2	22.1	24.3	27.5	27.8
维多利亚州	21.2	20.7	18.2	14.1	10.5	8.7	8.2	9.1	12.3	14.6	19.2	18.2

从表1可以看出，澳大利亚2020年大部分地区1月平均气温为28～31 ℃，8月平均气温为14～21 ℃，2020年的年平均气温为22.95 ℃，气候非常适合畜牧业的发展。从图1澳大利亚近121年来的降雨量来看，澳大利亚全年平均降雨量基本在300～700 mm之间，降雨量多的时候可达760 mm，整体来说，澳大利亚气候比较湿润。

奶牛业是澳大利亚农业中一项重要的支柱产业，2019—2020年度年产值达48亿澳元，位居第4位，仅次于牛肉、小麦和绵羊产业。澳大利亚东南部的气候和自然资源，有利于乳业发展，并使该行业主要以牧场为基础。在澳大利亚东南部，平均每年有60%～65%的牛饲料需求来自放牧。因此，澳大利亚的牛奶生产成本远低于世界上其他主要的牛奶生产国，优良的草场，科学的管理，以及最新遗传育种技术的广泛运用，使澳大利亚的奶牛业能够以高效率的方式生产出优质的牛奶，使其乳制品在国际市场上具有较强的竞争优势。

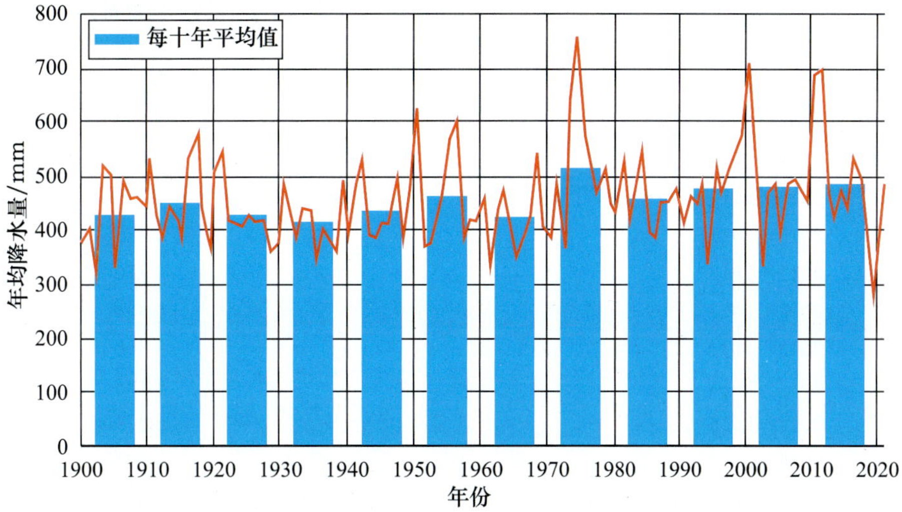

图 1　澳大利亚 1900—2020 年的年平均降雨量

（数据来源：澳大利亚气象局网站）

1.1　奶牛养殖业

奶业生产在澳大利亚各州均有着很长的历史，牛奶主产地为东南部地区，包括维多利亚州、南澳大利亚州和塔斯马尼亚州，其牛奶产量占全国总产量的 77.87%，其中以维多利亚州为最主要的奶牛饲养和牛奶生产区，该州的奶牛饲养数量占全国 63.43%，牛奶产量占全国的 57.48%，其次为新南威尔士和塔斯马尼亚州。

澳大利亚奶业的发展，源于消费需求旺盛的拉动。据澳大利亚奶业数据统计，2019—2020 年度澳大利亚液态奶年人均消费量平均为 97 L，近年来略有下降。但是，与其他发达国家相比，澳大利亚的牛奶消费量仍然很高。这可能归功于澳大利亚"咖啡文化"的扩展以及调味奶制品的增长；奶酪、黄油、酸奶的人均消费量达 27.1 kg，其中人均每年食用酸奶约 9.5 kg，近几年中酸奶人均消费量增长迅猛。国内较高的消费需求带动着澳大利亚奶业持续稳定发展，另外，出口是生产满足国内需求后再增长的重要拉动力。

1.1.1　奶牛养殖规模及产奶量变化

澳大利亚的奶牛饲养大多以家庭农场为主，合伙经营也是一种重要的形式。2019—2020 年度澳大利亚奶牛场总数达 5 055 个，40 年间奶牛场数量减近 3/4（表 2），但牛场饲养的奶牛平均群体数量却有了很大的提高，奶牛场平均规模从 1979—1980 年度的 85 头增加到 2019—2020 年度的 279 头，奶牛场逐渐向规模更大、集约化程度更高的方向发展，奶牛场主要通过改良牧场、饲料和牛群管理技术来提高生产效率。表 2 即为澳大利亚 40 年来的奶牛场数量的详细变化情况。

表 2　澳大利亚 1979—2020 年度奶牛场数量变化

年度	奶牛场数量/个
1979—1980	21 994
1989—1990	15 396
1999—2000	12 896
2000—2001	11 839
2001—2002	11 048
2002—2003	10 654
2003—2004	9 611
2004—2005	9 243

续表 2

年度	奶牛场数量/个
2005—2006	8 844
2006—2007	8 055
2007—2008	7 953
2008—2009	7 924
2009—2010	7 511
2010—2011	6 883
2011—2012	6 770
2012—2013	6 398
2013—2014	6 308
2014—2015	6 128
2015—2016	6 079
2016—2017	5 771
2017—2018	5 699
2018—2019	5 213
2019—2020	5 055

数据来源:乳品制造商和澳大利亚乳业局,1979—1980 年度表述为 1979 年 6 月至 1980 年 5 月(下同)。

根据世界粮农组织数据库(FAOSTAT)的数据可知(附表 1),澳大利亚的成年奶牛存栏量在 1961—2019 年的 58 年内基本处于下降趋势,由 316 万头减少到 144 万头;尽管 1998—2004 年存栏量有所增加,但是至 2004 年存栏量仍只有 200 万头左右,2005 年至今,奶牛存栏量的总体趋势呈现出逐渐递减的态势。相比之下,澳大利亚的总产奶量处于增加趋势,1961 年的总产奶量为 627.7 万 t,到 2019 年总产奶量为 879.5 万 t。奶牛的单产也在逐年增加,1961 年平均每头奶牛产奶 1 985.136 kg,2019 年平均每头奶牛产奶达到 6 107.639 kg,平均乳脂率 4.1%,平均乳蛋白率 3.38%。这与品种改良、牧场管理的改善和科学养殖等因素是分不开的。

澳大利亚饲养的奶牛品种以荷斯坦奶牛为主,占 70%之多;其他重要品种包括娟姗牛(Jersey)、荷斯坦牛与娟姗牛、杂交奶牛(the Holstein/Jersey cross)、瑞士褐牛(Brown Swiss)、爱尔夏牛(Ayrshire)、当地品种、澳大利亚红奶牛(Australian Red)和伊拉瓦拉牛(Illawarra)。奶牛主要分布在全澳大利亚,以维多利亚州最多,占全澳的 65.28%,新南士威尔州和昆士兰州共占 15.97%,塔斯马尼亚州 10.28%,其他州 8.47%。并且其奶牛繁殖是主要依靠人工授精,因此澳大利亚的奶牛场主能够获得世界上最优秀的品种基因。牛群的记录管理也广泛应用于各个农场,约有一半的牛群有定期的记录。近年来奶牛养殖情况分别见图 2 和图 3。

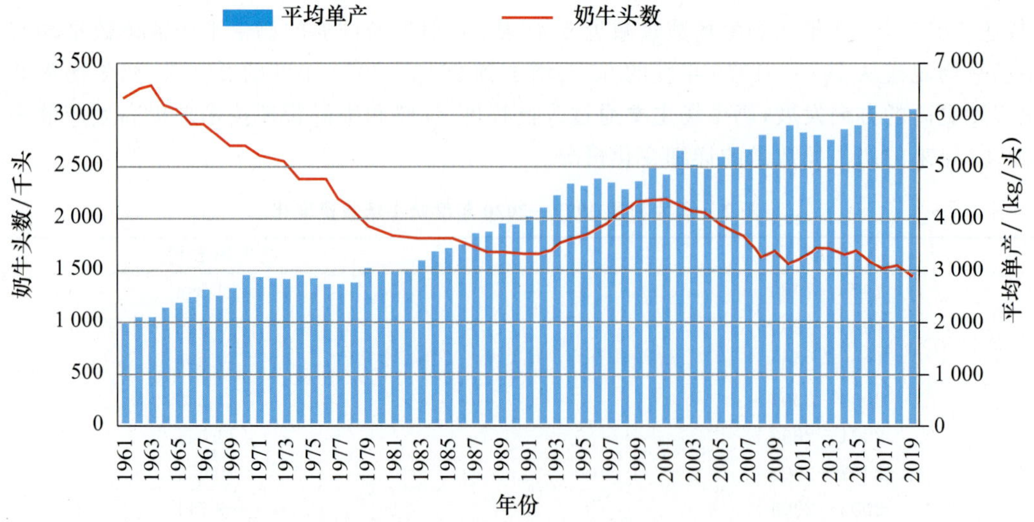

图 2 澳大利亚 1961—2019 年奶牛头数、奶牛平均单产量

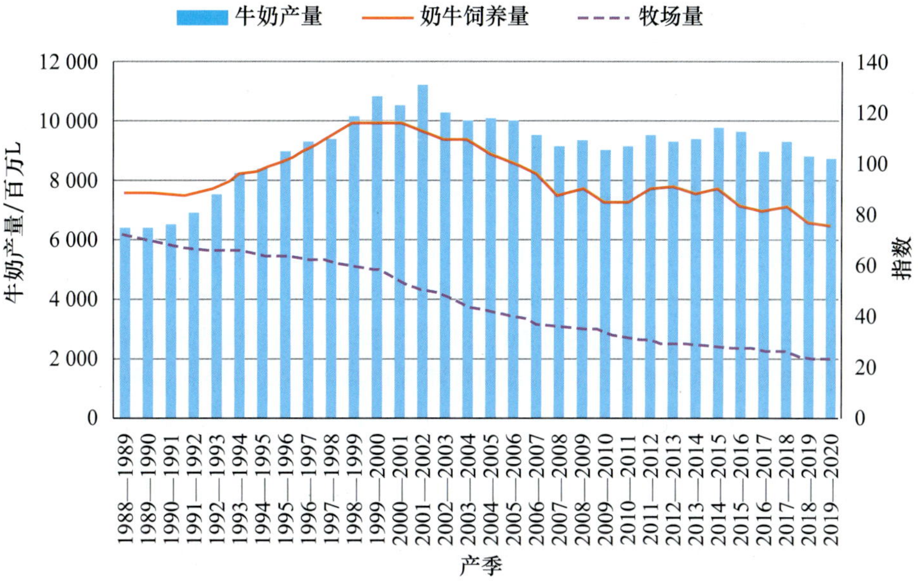

图 3　澳大利亚 1988—2020 年度产奶量、奶牛饲养头数指数及牧场数量指数

（注：图中奶牛头数指数及牧场量指数都是以 1979—1980 年度数据作为基期的，即是以 1979—1980 年度数据作为 100 的，奶牛头数指数＝各年度奶牛头数除以 1979—1980 年度奶牛头数，再乘以 100，牧场量指数也同理可得到）

1.1.2　奶牛饲养方式和特点

澳大利亚家庭牧场从中小型为主逐渐向大中型发展。自 1979—1980 年度至今，澳大利亚奶牛场数量下降了约 3/4，2019—2020 年度仅有 5 055 家奶牛场。虽然澳大利亚各地奶牛场数量逐渐减少，但平均种群规模有所增加，1985 年平均种群数量为 95 头，而 2019—2020 年度已达 279 头，种群数量超过 1 000 头的奶牛场成了新的发展趋势。

澳大利亚所有州都有奶牛场，大部分牛奶生产集中在澳大利亚的东南角。澳大利亚东南部的气候和自然资源通常有利于乳业发展，并使该行业主要以牧场为主。在“正常”季节条件的一年中，60％～65％的牛饲料需求来自放牧。这导致了具有成本效益的高质量牛奶生产。大多数农场都在沿海地区，那里的牧场通常依赖降雨。尽管如此，还是有几个内陆的奶牛场依赖灌溉计划，最显著的是在维多利亚北部和新南威尔士州的里维纳纳。在澳大利亚，依靠饲料养殖奶牛的情况并不多见，但是补充饲料如干草、青贮饲料和谷物的使用近年来越来越普遍。就塔斯马尼亚州，昆士兰州乃至西南澳大利亚西南部而言，就使用的农业系统和要管理的气候而言，澳大利亚拥有世界上最多样化的奶业之一。农场系统根据饲喂系统的强度进行分类：①高原牧场。依靠放牧的草场和其他草料（每年每头母牛的保释量不足 1 t）饲养奶牛的牧场数量只占总牧场数量的 20％，牛奶产量占总产量的 13％，平均饲养规模为 186 头。②中高保释系统。依靠放牧的草场和其他草料（每年每头母牛的保释量超过 1 t）的牧场占总牧场数量的 58％，产奶量占总产奶量的 61％，平均规模为 210 头；在一年中的大部分时间或全年放牧并在饲料垫上混合部分定量饲料的牧场占总牧场数量的 11％，生产的牛奶占 16％，平均饲养规模为 267 头。③混合动力系统。一年不到 9 个月的草场、在饲料垫上混合采食的牧场占 7％，产奶量占 5％，平均规模为 340 头。④总混合定量（TMR）系统。完全依靠饲料舍饲饲养的牧场占 2％，产奶量占 5％，平均规模为 404 头。

澳大利亚畜牧业不仅规模大、科技含量高，而且现代化程度高，最主要特征就是畜牧业各个环节的生产作业都是由机械来完成的。每个家庭牧场都有耕作、播种、锄草、喷药、收获、贮藏和运输等农业机械，有的牧场还有草地播种、牧草收割、打捆、青贮、切碎、饲料加工以及剪毛等牧业机械。

通过围栏，对不同畜种、不同生长发育阶段、不同生产性能的家畜进行分群管理。对不同用途的草地进行科学的划区轮牧，使草地得到充分的利用和永久的保护，使草地生产和动物生产合理配置，实现物质和能量在生态系统中的良性循环。因此，对草地实行围栏管理和科学放牧，是畜牧生产中特别是草食家畜生产中应用的现代技术之一，也是畜牧业生产的明显特征之一。

1.2　乳品加工业

1.2.1　乳品加工量和乳品结构

2019—2020年度，全澳共产牛奶87.76亿L（图4），其中，维多利亚州56.19亿L，占全国总产量的64.02%；新南威尔士州10.44亿L，占比11.90%；塔斯马尼亚州9.5亿L，占比10.82%；南澳大利亚、西澳大利亚和昆士兰州产量不大，在全国的占比分别为5.56%、4.15%和3.54%。澳大利亚各州均有各自的牛奶加工业，面向各州的城镇供应鲜奶。许多州还生产一系列优质乳产品——从奶酪到各种工业、专业用奶粉及系列奶酪等。20世纪八九十年代以来，乳制品加工的发展趋势表现为加工生产奶酪和全脂奶粉的数量增加，而脱脂奶粉和黄油的生产数量在逐步减少。2019—2020年度，澳大利亚用于加工奶制品的牛奶为占产量的72%。其中，生产奶酪（cheese）37.17万t、黄油（butter）6.36万t、乳脂肪（anhydrous milk fat）0.90万t、脱脂奶粉（skim milk powder）14.15万t、全脂奶粉（whole milk powder）4.38万t、乳清粉（whey powder）5.23万t。

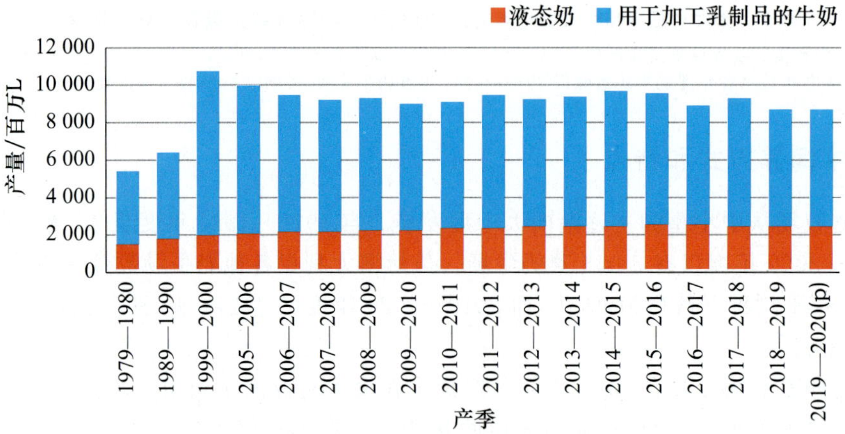

图4　澳大利亚近年来原料奶生产构成

（数据来源：乳品制造商）

澳大利亚生产的乳制品主要有液态奶产品、奶油、奶酪、黄油、全脂奶粉、脱脂奶粉、干乳酪及炼乳。奶酪是产量最高的产品，2019—2020年度，原料奶生产量的39%的原料奶被加工成奶酪，32%的原料奶被加工成液态奶，22%的原料奶被加工成脱脂奶粉或黄油，4%的原料奶被加工成全脂奶粉，其他乳制品则占3%（图5）。从奶制品的产品结构可以看出，澳大利亚的固体奶制品占了68%左右的份额，而液态奶只有32%左右。

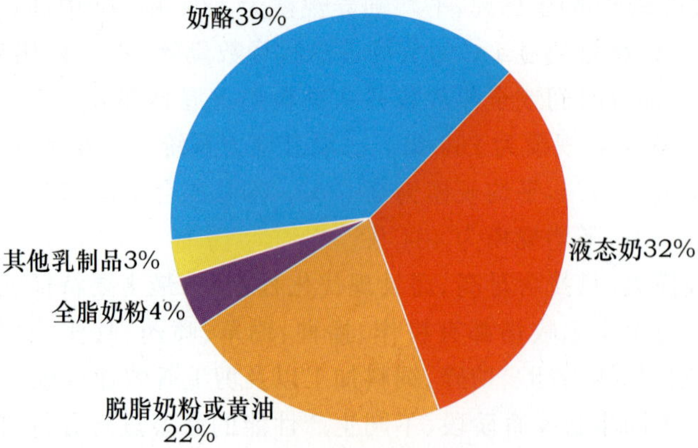

图5　2019—2020年度澳大利亚奶制品生产构成

（资料来源：澳大利亚乳业局）

从图 6 可以看出，1961—2019 年，除了黄油和炼乳产品产量总体呈下降趋势，其他乳制品产量均有一定上升。

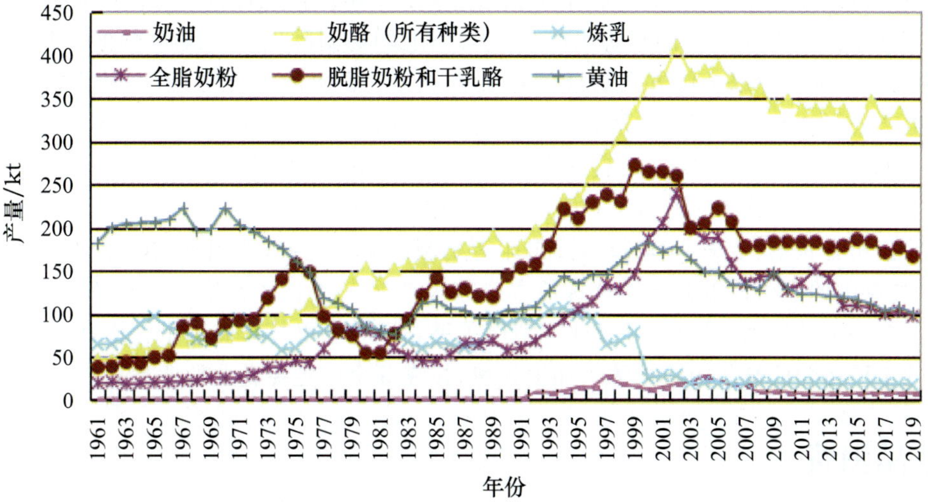

图 6 澳大利亚主要乳制品产量

（数据来源：世界粮农组织数据库，具体数值见附表 2）

近些年来，由于人们对健康食品的关注，人们从大量消费黄油这种含脂率高的奶制品逐渐转向奶酪和酸奶。顺应世界的这种消费趋势，澳大利亚黄油的产量逐渐减少，从 1961 年的 18.21 万 t 减少到 1982 年的 7.64 万 t，又从 1983 年的 8.83 万 t 增加到 2000 年的 18.3 万 t，2000 年以后黄油产量更是直线减少，到 2019 年只有 10.11 万 t，虽然中间波动很大，但是总体上处于减少的趋势，58 年间共减少了约 8 万 t。炼乳产量的变化和黄油相似，1961—2000 年间波动很大，总体上处于降低趋势，从 1961 年的 6.41 万 t 减少到 2000 年的 2.5 万 t，2000 年之后炼乳的产量仍在减少，但是近几年基本稳定在 1.9 万 t 左右。

1987 年以前，澳大利亚没有生产奶油，奶油的加工是从 1988 年开始的，之后基本呈现稳步增长趋势，从 1988 年的 19 t 增加到 2004 年的 26 796 t，增长了 1 409 倍，2005 年，奶油产量开始减少，到 2019 年，奶油产量减少到 7 036 t。

奶酪产量在澳大利亚主要乳制品产量中所占的比重约为 38%，位居第一。1961—2019 年，奶酪产量的增长趋势最为明显，尤其是从 1991 年到 2002 年奶酪产量呈直线上升，从 1991 年的 17.94 万 t 上涨到 2002 年的 41.2 万 t，增长了 23.26 万 t(增幅为 130%)。2002 年之后奶酪产量略有减少，到 2019 年降至 31.66 万 t。全脂奶粉产量变化和奶酪产量变化比较相似，总体上都处于增长趋势。全脂奶粉从 1961 年至 2002 年直线增长，1991 年为 5.97 万 t，2002 年增长至 23.9 万 t，共增加了约 18 万 t，2002 年之后全脂奶粉产量略有减少，到 2019 年降至 9.67 万 t。1961—2019 年，脱脂奶粉与干乳酪的产量变动幅度较大，从 1961 年的 3.754 5 万 t 开始上升，到 1999 年达到最大(27.22 万 t)，然后开始下降，到 2007 年降至 17.8 万 t，降幅为 34.6%，到 2019 年降至 16.71 万 t。

显然，人们对健康越来越关注，导致了从黄油这种含脂率高的奶制品逐渐向奶粉、奶酪这些含脂率低的奶制品的消费转移。

1.2.2 乳品加工企业和运作模式

1999 年，澳大利亚有 100 多家乳品厂，与牧场相辅相成，主要由农民拥有的合作社和股份公司进行奶制品的生产与加工。合作社占据主导地位，75% 的原料奶由合作社进行加工。然而近些年，乳品生产和加工产业部门经历了重大的调整。现阶段，澳大利亚乳制品行业经营主体国有或跨国公司居多，农民所有的合作社不再处于主导澳大利亚奶制品行业的绝对位置。

在全球范围内，今天仍然存在许多大型合作社，但是在过去 10 年中，这一群体逐渐减少了。从战略失误到改善获得资本的机会并减轻赎回风险，有多种原因。在澳大利亚乳业的背景下，合作社加工的牛奶份额在短短几年内从“主流”变为“小众”。在20世纪90年代后期，有8家本地乳制品公司(其中6家是农民所有的合作社)加工并出售了澳大利亚约85%的牛奶供应。双江(MG)合作社、BONLAC食品有限公司和奶农联盟三个最大的合作社控制着60%的鲜奶生产和50%以上的奶制品生产。澳大利亚的牛奶加工企业分为两种形式：一种为奶牛饲养户以合作方式组成的加工企业——农协加工公司；另一种为跨国公司在澳投资成立的乳制品生产公司。其中以第一种形式的公司为主，其奶制品产量约占75%。澳大利亚三个最大的奶业合作社为双江(MG)合作社、BONLAC食品有限公司和奶农联盟，他们控制了澳大利亚70%的乳品加工。最大的乳制品生产企业每年加工400万t牛奶，而中等规模的企业每年加工30万～50万t牛奶。后一种形式较具代表性的公司有雀巢、卡夫、帕玛拉特和雪印等奶制品生产企业，他们都与澳奶业合作社有紧密合作关系，这些世界乳业中的巨头通过新建或收购的方式亦争夺澳大利亚乳制品生产消费市场。20年后，上述的8家公司中只有一个继续独立运作(并且业务范围扩展到了乳业以外)，而这个合作社就不再是合作社了。其他7家公司的工厂运营已被关闭或被纳入如恒天然、拉克等全球主要企业的业务。

1.3 乳品消费

澳大利亚主要消费乳制品是牛奶、奶粉、奶酪、黄油、黄油混合物以及酸奶。随着澳大利亚奶粉的生产和新技术的使用，客户的需求也在不断增加，因而制造规模也在不断扩大。澳大利亚经济的复苏和强有力的市场战略使得1996年奶酪零售量比1995年高出5%。奶酪市场的增加主要是由于食品业，特别是比萨饼和汉堡包的快餐业的食品的增长。20世纪80年代中期以来，平均每年人均牛奶消费量稳定在100 L左右。酸奶是最终的“健康零食”，既方便又健康，所以更受快节奏的消费者的青睐，每年人均消费量基本稳定在7～9 kg。据来自澳大利亚乳业局的数据(表3和图7)，2005—2006年度澳大利亚人均消费牛奶100.2 L，奶酪11.3 kg，黄油/黄油混合物4.1 kg和6.6 kg酸奶；2019—2020年度人均消费牛奶97.0 L，奶酪13.6 kg，黄油4.1 kg和9.4 kg酸奶。由此可见，主要乳制品2019—2020年度的人均消费量与2005—2006年度相差不大，这说明澳大利亚近年来主要乳制品的消费量已基本趋于稳定。

表3 澳大利亚近几年主要乳制品的人均消费量

年度	牛奶/L	奶酪/kg	黄油/kg	酸奶/kg
2005—2006	100.2	11.3	4.1	6.6
2006—2007	103.4	12.0	3.8	7.1
2007—2008	103.0	12.5	4.1	6.9
2008—2009	102.6	12.9	4.0	6.7
2009—2010	103.8	13.3	3.9	7.2
2010—2011	104.5	13.7	3.9	7.3
2011—2012	106.1	13.5	3.9	7.4
2012—2013	107.0	13.5	3.7	7.2
2013—2014	105.7	13.5	4.0	7.4
2014—2015	105.1	13.5	4.3	9.2
2015—2016	104.9	13.6	4.9	9.1
2016—2017	102.8	13.4	4.8	9.1
2017—2018	100.7	13.6	4.7	9.0
2018—2019	98.6	13.5	4.0	9.5
2019—2020	97.0	13.6	4.1	9.4

数据来源：乳品制造商和澳大利亚乳业局。

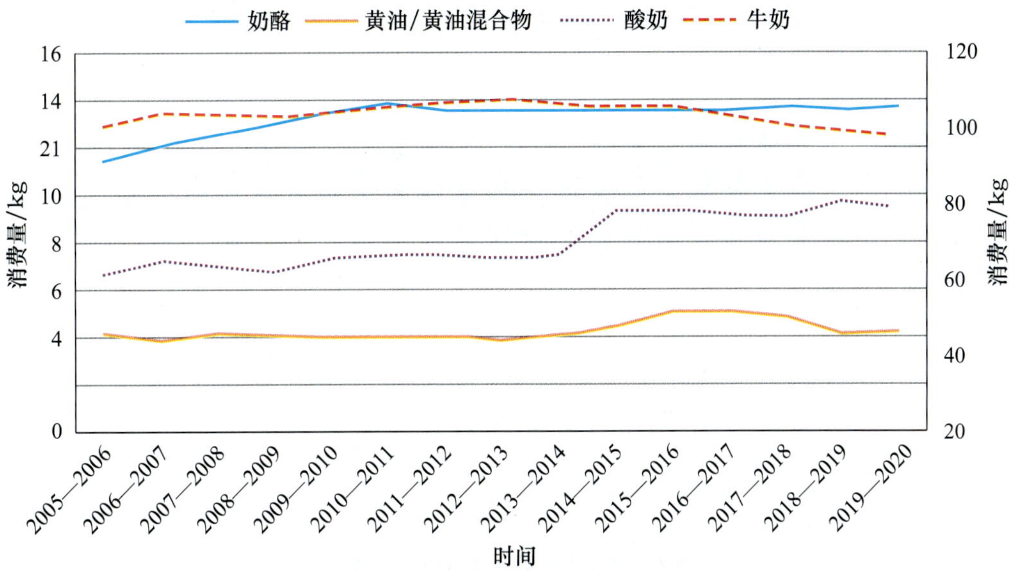

图 7 澳大利亚近年来人均乳制品消费趋势

(数据来源:乳品制造商和澳大利亚乳业局)

个别产品的人均消费在过去这几年的变化趋势比较显著,这些趋势反映在消费者的口味和喜好的变化上,这是围绕乳制品的健康观念以及风味和包装创新所致。酸奶对消费者而言是一种健康的零食,兼具便利性和健康性,人均每年消费 9.4 kg。人均消费酸奶的数量在过去几年中增长强劲。人们对更天然的健康产品有更高的需求,对糖的健康风险的认识也越来越高,因此,消费者已经从甜味和调味酸奶品种转向希腊酸奶和天然酸奶。黄油人均年消费量约为 4.1 kg,黄油的天然特性以及卓越的口味和烹饪功能吸引了众多消费者,但健康和营养科学方面的发现导致消费者对于饱和脂肪酸和黄油相关的健康风险的看法发生了变化,影响了该类别的销量。上述内容均反映出澳大利亚的消费者越来越重视营养的均衡问题了。

1.4 乳制品贸易

1.4.1 出口市场

澳大利亚乳业是一个出口与国内并重的传统产业,澳大利亚的牛奶产量超过了国内消费量,这在传统上已经创造了可用于出口市场的可销售盈余。在图 8 所示的期间内,用于出口的总产量所占份额为 30%~60%。近年来,澳大利亚已出口了 30%~40%的牛奶。由于总体牛奶产量下降以及人口增长而扩大的国内市场,牛奶出口的份额已经收缩,这导致可供出口的牛奶减少。澳大利亚的牛奶产量占全球估计产量的不到 2%,但仍然是乳制品的重要出口国。澳大利亚目前在世界乳制品贸易方面排名第 4,所占份额为 6%,仅次于新西兰、欧盟和美国。

近几十年来,澳大利亚奶制品出口市场有很大的变化。澳大利亚的两个最大的出口市场是亚洲和中东地区。20 世纪早期英国(以及所属殖民地)一直是澳大利亚奶制品的主要出口市场。1970 年英国加入了欧盟后,澳大利亚不得不寻找其他的海外市场。伴随着亚洲各国经济的发展,各国对奶制品的需求不断增长,而当地奶制品生产又不能满足市场需求;再加上澳大利亚与亚洲地理位置接近,又不像欧盟和美国使用奶品贸易保护措施及对奶品出口进行补助,亚洲成了澳大利亚主要的奶制品出口市场。2019—2020 年度,澳大利亚奶制品大部分出口到亚洲,乳品产量的出口额为 34 亿澳元,其主要出口市场是亚洲,其中中国是澳大利亚最大的出口市场。2000—2020 年度,澳大利亚出口份额逐年下降,从 54%下降至 29%。

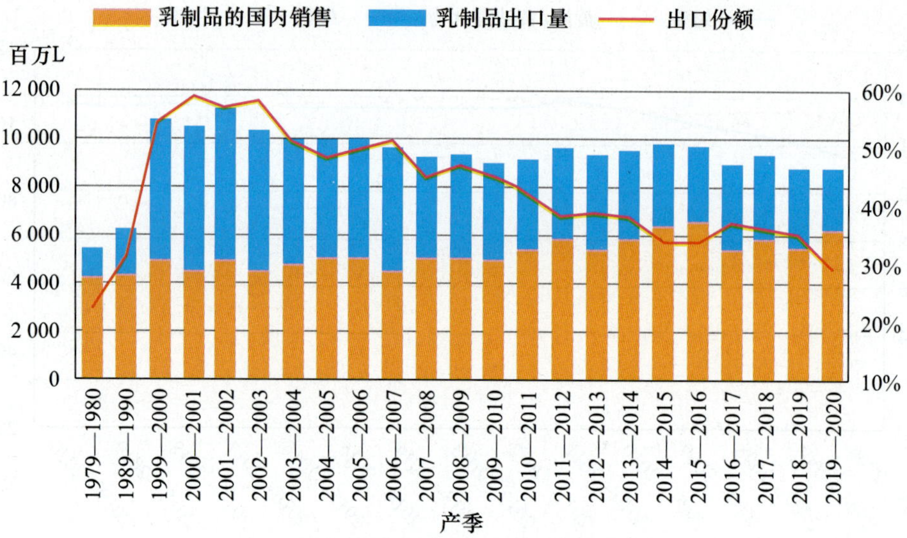

图 8　澳大利亚奶业出口和内销情况

（数据来源：乳品制造商和澳大利亚乳业局）

1.4.2　主要出口产品

奶酪、奶粉和黄油是澳大利亚出口的主要奶制品。2019—2020 年度澳大利亚出口奶酪 15.87 万 t、奶粉 15.43 万 t、黄油 0.8 万 t、液态奶 24.48 万 t，乳清粉 3.42 万 t。澳大利亚的液态奶主要以 UHT 奶（超高温灭菌奶）的形式参与国际贸易，产品主要出口到新加坡、菲律宾和马来西亚以及太平洋沿岸等亚洲国家。澳大利亚的奶粉主要出口亚洲、非洲的国家，出口到亚洲的奶粉量占其奶粉出口总量的 89.97%（2019—2020 年度）。澳大利亚黄油主要出口至亚洲，占到黄油总出口量的 92.53%，其中最多的国家是中国，占总出口量的 32.05%。

1.4.3　乳制品进出口变化

澳大利亚近 60 年来乳制品的出口量大体上处于增长趋势，期间偶尔有波动。根据世界粮农组织数据库（FAOSTAT）的数据（附表 4）可得图 9，从 1988 年奶油出口以来，奶油的出口量增长比较稳定，基本都稳定在 3 万 t 左右。黄油的出口波动很大，从 2000 开始，黄油的出口逐渐减少，到 2019 年减少至 11.75 万 t。鲜乳的出口量近 59 年来稳步增长，从 1961 年的 4 500 t 增加到 2018 年的 22.26 万 t。脱脂奶粉和全脂奶粉出口量的增长趋势比较相似，出口量都是从 1961 年增长到 2002 年，2002 年以后逐渐减少。

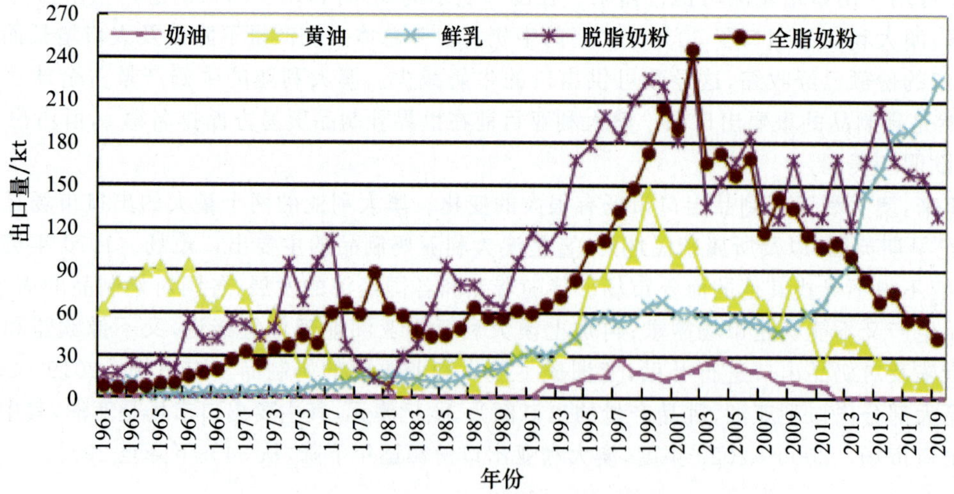

图 9　澳大利亚近 1961—2019 年来主要乳制品出口情况

此外，澳大利亚虽然属于乳制品出口国，但是也有一定规模的乳制品进口，图 10 为澳大利亚近 60 年来的主要乳制品进口情况。各种乳制品进口量的波动都很大，但是总体上都在增加。

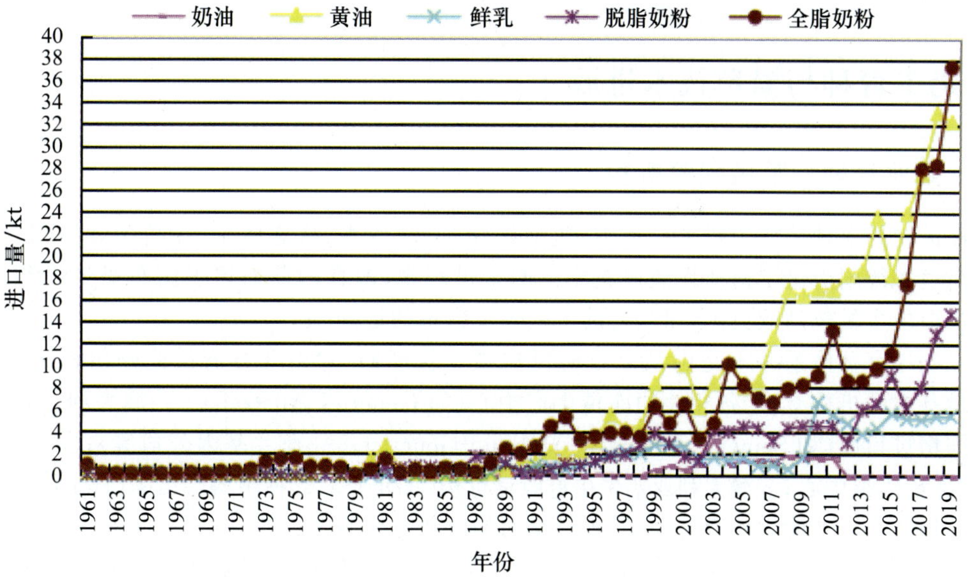

图 10　澳大利亚 1961—2019 年来主要乳制品进口情况

近几年，澳大利亚的乳制品进口主要来自新西兰，如 2019—2020 年度从新西兰进口的奶油为 0.29 万 t，约占总进口量的 96.84%；液态奶为 0.23 万 t，约占总进口量的 90.55%；乳脂肪为 0.70 万 t，约占总进口量的 86.80%，全脂奶粉为 7.31 万 t，约占总进口量的 85.92%；黄油为 2.86 万 t，约占总进口量的 83.44%（表 4）。1961—2018 年澳大利亚的主要乳制品贸易额见附表 3。

表 4　澳大利亚 2018—2019 年度和 2019—2020 年度乳制品进口情况

乳制品	2018—2019 年度			2019—2020 年度		
	新西兰	其他	总计	新西兰	其他	总计
脱脂奶粉/t	8 003	5 098	13 101	11 896	4 395	16 291
酪乳粉/t	1 685	1 677	3 362	294	1 966	2 260
全脂奶粉*/t	54 443	10 678	65 121	73 114	11 982	85 096
乳清粉浓缩物/t	524	12 226	12 750	740	14 552	15 292
炼乳/t	32	3 550	3 582	124	4 483	4 607
液态奶/t	2 045	349	2 394	2 252	235	2 487
奶油/t	3 218	42	3 260	2 852	93	2 945
酸奶/t	447	1 128	1 575	640	1 132	1 772
黄油**/t	28 409	2 553	30 962	28 578	5 671	34 249
乳脂肪/t	5 121	1 448	6 569	6 955	1 058	8 013
奶酪/t	42 734	51 451	94 185	44 131	53 464	97 595
酪蛋白/t	192	296	488	92	484	576
酪蛋白酸/t	1 216	403	1 619	1 159	259	1 418
乳糖/t	860	16 548	17 408	1 736	14 164	15 900
冰淇淋/kL	1 860	21 726	23 586	1 831	20 704	22 535

注：*包括婴儿奶粉，**包括黄油混合物，1 kg 黄油混合物=0.7 kg 黄油。数据来源：澳大利亚乳业局。

2 奶业科技进展概况

2.1 奶牛育种与繁殖技术进展

2.1.1 奶业育种与繁殖相关机构

澳大利亚最初的牛种来源主要来自英国,包括娟姗牛、泽西牛、格恩西牛、短角牛和爱尔夏牛。后来澳大利亚又从荷兰和德国引进了荷斯坦黑白花牛。两个世纪来,改良的荷斯坦黑白花奶牛逐渐增加,取代了牛奶脂肪和蛋白质含量较高的英国牛种,目前占奶牛总数量的近80%。

澳大利亚奶牛育种体系并不是由某个政府机构独立管理的,它由几方面彼此密切相关的机构合作组成。该行业最基本的机构有:①各相关的冻精生产中心(如Genetics Australia——澳大利亚基因公司,ABS公司等);②冻精进口商(如Semex——先马士;Holland Genetics——荷兰基因公司等);③各地的奶牛生产记录中心;④冻精销售中心;⑤澳大利亚奶牛牛群改良机构(ADHIS);⑥种牛协会组织(Holstein Australia——澳大利亚荷斯坦协会);⑦澳大利亚乳业局,提供全面的行业导引服务。

澳大利亚的冻精生产中心或是私营的,或是牧民合作社。它们可以提供多样的服务,有的专门生产后裔测定公牛的冻精,与任何海外公司没有关联;有的既销售海外公司的冻精又生产澳大利亚后裔测定公牛的冻精;有的就专门销售进口冻精。一般说来,进口商会拥有一个国家生产的或一个国家某个机构生产的冻精的独家销售代理权。冻精生产中心生产的冻精通过各地区分销网络销售给奶农。这些分销商有的独立经营,与冻精生产中心没有关系,有的是冻精生产中心的一个分支。冻精卖给奶农,分销商取得回扣。奶农从分销商那里可以买到任何一家冻精生产中心的冻精,因为分销商不会局限于仅销售一家冻精生产中心的冻精。

澳大利亚奶牛牛群改良机构(ADHIS)的部分资金来自奶农所缴的税金。它对澳大利亚奶农协会负责,该协会是由各州(或省)的奶农协会的代表们组成。从1983年起,澳大利亚育种值(ABVs)开始在全国范围内实施。1984年,澳大利亚成为世界上第一个在动物模型基础上计算出澳大利亚育种值的国家。从那时开始,ADHIS估计澳大利亚奶牛牛群的基因改良收益为每年1%,换算成澳元,相当于每年价值约2 000万澳元的经济收益。与世界上大多数使用奶牛牛群改良机制的国家一样,数据分析是通过最佳线性无偏预测(BLUP)动物模型完成的。这是一个高度复杂的数学计算模式,对同一牛群和不同牛群之间的牛只进行比较。它可以根据季节、年龄、品种和最重要的基因变异进行评估。

澳大利亚发展了一套个体牛只挑选指数,来反映奶牛的各种生产性能指标的经济效益。这个指数称为澳大利亚生产效益排名,简称APR。其他国家也有个体牛只挑选指数,美国是TPI,加拿大是LPI,中国是TPPI等。

总而言之,澳大利亚奶牛牛群改良机构(ADHIS)计算出15个生产性能指标和20个体型指标的育种值(ABV)。根据奶农自己的要求,他们可以在35个育种指标中挑选符合自家牛群的育种目标,能产生良好经济效益的选牛标准组合。例如,如果一个奶农只想选育产奶量高的奶牛,那么就可以参考产奶量ABV值。但是为了达到行业的要求,APR依然是被用作单个牛只的综合挑选指数。

澳大利亚的种牛协会,指的是澳大利亚荷斯坦协会,负责维持畜群种牛登记工作的真实性和完整性。荷斯坦奶牛分两类,纯种牛和商品牛。纯种荷斯坦奶牛必须在澳大利亚荷斯坦协会进行种牛登记。另外还有一个附属认证系统,如果在商品牛的谱系中记录的5代父亲都是被认知和记录的纯种公牛,那么这头牛可升级为纯种牛。还有些商品牛群的父系已经可以被认证为纯种牛,但是奶农并没有选择加入协会。奶农没有义务必须成为荷斯坦协会的会员。除了进行种牛登记这一项重要工作外,澳大利亚荷斯坦协会还有一个重要的角色,就是评估和收集奶牛个体体型特征,以用于后裔测定工作中。协会的专业分级员均受过专门培训，他们独立地对奶牛体型特征进行评估，尤其是后裔测定公牛的女儿们。使用的系统与加拿大完全一样，通过体型线性评分对活畜进行评估。

澳大利亚的奶牛场大多是家庭式的，生产的组织一般不复杂。奶牛草料的供应、牛奶的销售、疾病的防治等通常都是按家庭方式与外界沟通。澳大利亚的奶牛场全部加入协会组织——澳大利亚奶业协会。奶牛场主在奶牛饲养、繁育、育种等方面接受奶协指导。奶牛协会是一个非营利性的行业组织，维护奶牛场主的利益，协调奶牛场主与人工授精中心的关系，协调奶牛育种组织与奶牛场的关系。农场在奶协的安排下接受人工授精中心分发的优秀公牛冻精和育成公牛后裔测定冻精。奶牛后裔测定冻精的下发是免费的；人工授精中心对提供后裔测定数据的农场支付费用，每头完整的女儿牛资料农场主可以获得10澳元补助；参与后裔测定的农场可优先使用取得好的后裔测定成绩的公牛冻精。人工授精中心也可以帮助农场自己培育饲养的公牛冷冻精液，供该农场自己使用。在澳大利亚有20%的奶牛场被认定为种公牛后裔测定及培育场。

澳大利亚乳业局是行政性机构，负责澳大利亚乳业的行业指导，奶业规范和行业政策的制定。

2.1.2 奶牛育种与繁殖技术

澳大利亚的人工授精产业系统在过去40多年(20世纪70年代至21世纪初)中发生了很大的转变。过去是由州(或省)政府管理冻精生产中心，政府提供全方面的行业技术服务，从冻精的采集和加工，人工授精服务到育种计划的推广服务。很多时候，这些中心都变成了控制奶牛业传染性繁殖疾病的指挥所，人们被规定只能使用本地冻精，很少冻精能被跨州使用。进入冻精生产中心的优秀公牛也只能在本州(省)内挑选。为了保护本国不受国外疫情的影响，澳大利亚设立了严厉的检疫条款，其他国家的冻精极少能进口到澳大利亚。随着时间的推移，在各种原因影响下，政府停止了州办冻精生产中心的运作，中心转由个人或奶农合作社经营。现在每个冻精生产中心都可以在全澳大利亚或国外销售冻精。

澳大利亚奶牛场大部分都有自己的荷斯坦种公牛和娟姗种公牛，家庭牧场一般都用本交，规模奶场用人工授精。澳大利亚牧民为了减少难产，便于管理，头胎荷斯坦母牛用娟姗公牛本交，所以许多荷斯坦奶牛都有娟姗牛血统。杂交牛外形不好看，但产奶量不一定低。

人工授精，对于育种群体的选配非常细致，有完整的繁殖育种记录，人工授精大多数由农场主自己完成操作，情期受胎率60%；一些奶牛场开展胚胎移植，由专家进行服务，也有部分农场主自己操作，受胎率在60%左右；对于初产母牛也采用与小型品种公牛本交的做法，主要是防止难产，初产犊牛不留群，不论公母犊均育肥肉用屠宰。其最大的有利之处在于可以获得世界上最好的遗传物质。作为遗传育种最为基础的畜群性能纪录非常普遍，约有72%的农户对其饲养的牛群进行定期纪录。牧场管理采取DHI，大量而准确的数据为选种选配打好了基础。澳大利亚养牛人育种意识很强，手段也很先进。他们既对引进的良种培育，也培育自己的混血品种。对这些优良品种，既重视生产性能开发，用良种奶牛生产优质乳制品，同时也把良种作为商品出口到世界各地。

人工授精更多的是用于加速新品种的扩繁。在奶牛养殖过程中，使用人工授精技术可以迅速改良奶牛群的基因库，还能对很多偏远山区的牛群进行改良。而且这项技术使用方便，即使在偏远的地方也能利用。其应用的精液量比较少，将一次公牛射精量可以分成多份对母牛进行人工授精。这种方式还能够减少对公牛的购买和运输等，可以减少养殖场受到外来传染性疾病的影响。也能减少公牛在运输过程中受到的各种应激因素或被其他病原所感染，影响公牛的使用。

在没有此技术前，公牛和母牛结合才能配种，这就需要自己饲养种公牛，或者从养殖场外引进种公牛。这样就需要有相应的饲养成本，还需要投入一定的人力和物力。严重影响到养殖场的经济效益。而通过购买精液，不仅能选择优良品种，还可以避免饲养公牛的投入，给养殖场节省成本。

人工授精有助于预防和控制某些疾病。人工授精技术可以有效避免公母牛之间的接触，还避免了不同养殖场之间公牛和母牛的接触，这样可以减少一些疾病通过直接接触或者是消化道和呼吸道进行传播。最初在防治疾病方面是用于对胎儿三毛滴虫及胎儿弯曲杆菌进行预防，起到良好的效果。

过去由于进口的限制，青年公牛的挑选只能在国内公牛中进行。澳大利亚曾从英国进口了一小部分冻精。Linmac Kriss King 就是其中一头选用的公牛，该头公牛的冻精对澳大利亚牛群产生了很大的影响。它的最大贡献就是造就了一批高指标的母牛。从新西兰也曾进口了一些公牛和冻精。

20 世纪 70 年代，澳大利亚政府允许从美国和加拿大进口青年公牛，随后冻精和胚胎也被允许进口。来自北美的遗传物质对澳大利亚全国的奶牛牛群产生了巨大的影响。在允许进口以前，澳大利亚奶牛被认为是具有中等产奶量，但乳蛋白和乳脂等干物质含量很高。澳大利亚的奶价支付系统和牛奶质量法规对干物质含量的要求相当高。只有乳脂乳蛋白含量达到一定水平，牛奶才能卖上好价钱。现在北美基因大大提高了泌乳产量。如今，澳大利亚奶牛的产奶水平大幅度提高，干物质含量较高。

现今，冻精可以相当自由地从很多国家进口，当然它们必须符合检疫条款的要求。澳大利亚是一个岛国，这使得它可以远离国外的疫病，澳大利亚的检疫条款非常严格，目的是保护本国的生物安全。

澳大利亚拥有自己的青年公牛测定体系，由其国内的各冻精生产中心实施，培育遗传性能优秀的后裔测定公牛。冻精从世界上很多国家进口，主要是加拿大、美国、欧洲。美国、加拿大的遗传物质影响非常大。据澳大利亚奶牛牛群改良机构（ADHIS）估计，澳大利亚青年荷斯坦牛已接近 100％的北美奶牛基因。

澳大利亚政府对选配计划、冻精生产、奶牛登记和测试等繁育工作没有任何指导。选配计划由牧场主或由牧场聘用的有关机构制定，冻精生产工作由种公牛站承担，登记和测试工作由奶农联合会负责。

目前，澳大利亚共有 15 个种公牛站，其中少部分是国有的，大多数是私有的。种公牛站负责生产冻精和胚胎，并开展相关技能培训工作。在所有的种公牛站中，只有澳大利亚遗传公司拥有种公牛，而其他种公牛站并没有公牛，只负责生产冻精并提供相关服务。当需要生产冻精时，牧场主将种公牛运送到种公牛站，经过隔离观察和检疫后生产冻精。期间，牧场主除支付检疫费、饲养费和冻精贮藏费用外，还要根据冻精生产数量向种公牛站支付相应的费用。

牧场人工授精大多由牧场主操作，对一些规模较大的牧场，则聘用专门授精人员操作。政府对人工输精员没有具体要求，只要农场主承认即可。为了做好登记和测试工作，澳大利亚奶牛联合会在各地共设立 16 个牛群改良中心，每月测试 1 次，每头牛每年的测试费用为 20 澳元。目前，50％的奶牛有单独的记录，存栏奶牛中有 1/3 在澳大利亚奶牛联合会注册。经过多年的选育工作，澳大利亚的奶牛质量有了明显的提高。

2.1.3　后裔测定

每个冻精生产中心负责管理自己的后裔测定体系。内容包括：选育青年公牛进入后裔测定队伍，采集精液，通过国内的冻精分销网络将精液卖给奶农。因此，整个测定过程不用政府或行业部门监管。参与后裔测定公牛的牛群规模由当时的经济环境决定。例如，遇到不利的季节条件像干旱或奶价很低时，冻精生产中心不强迫奶农使用参加后裔青年公牛的冻精，但会通过一些奖励机制鼓励奶农使用这些冻精，通常的优惠形式时是购买冻精生产中心最好的公牛的冻精时，可以享受折扣。

参加后裔测定的青年公牛的冻精比验证公牛的冻精便宜，平均价格大概是每支 8 澳元，而国内需求大的验证公牛的冻精价格大约每支 35 澳元。进口冻精更贵。在后裔测定的过程中，使用验证公牛冻精可以加强牛群之间的联系，使得青年公牛的数据更可信。使用参测青年公牛冻精的奶农必须是某个奶牛生产记录中心的成员，并能够向国家数据处理中心——澳大利亚奶牛牛群改良机构（ADHIS）提交生产数据。

许多冻精生产中心的目标是卖出足够多的青年公牛的冻精，能使每一头公牛可以有 80～100 个女儿的首个泌乳期的记录。这样可以确保获取公牛的数据有足够的可靠性，当几年后第二批女儿泌乳数据输入该系统时，公牛的数据也不会跳动得厉害。

通常，公牛在 12 月龄时采精，之后冻精用于给母牛配种，然后母牛正常怀孕，2 年后女儿产犊。再等 12 个月后女儿完成第一个泌乳周期，这时才可以得到第一批后裔测定的数据，这时待测公牛已经接近 6 岁。

有时冻精生产中心会与其他国家的同行机构在开展后裔测定时进行对等互换。青年公牛的冻精会给送到国外，最终这些公牛的后裔测定数据在国外女儿们的生产性能数据基础上产生。这为国家之间的合作提供了很好的链接。

2.1.4 青年公牛的挑选

每个冻精生产中心大都采用和他们的竞争对手相近的方法来挑选青年公牛。可能在选牛标准上有一些细小的区别，如对母亲牛的分级。

为保证后备种公牛的遗传质量，根据育种目标进行有计划的选配育种后备公牛是非常有必要的。在北美选留参加后裔测定的青年公牛中，有2/3以上的公牛是经过有计划的选配产生的，只有不到1/3的青年公牛是育种公司在一些奶牛育种场经过严格谱系审查后直接购买的，有计划地选配培育后备种公牛的重点是种子母牛(公牛母亲)的选择和选配计划的确定。

在北美种子母牛的选择要根据全国奶牛生产性能测定(DHI)数据资料，通常选择遗传评定在全国前1%的母牛作为种子母牛，要求种子母牛谱系资料完全，家系血统优秀，产奶性能突出且稳定，奶牛综合指数高，体型外貌优秀，体质健康无疾病。近年来，随着平衡育种理念的深入，选择种子母牛时，除注重生产性能遗传潜力以外，还要注重乳房、蹄腿、体细胞、长寿能力、分娩能力和泌乳速度方面的遗传潜力，将生产形状、体型性状和功能性状相结合。

青年公牛的父亲都是从世界范围的公牛中选择的，当然前提是这些父亲的冻精在澳大利亚是可以买到的。初选是依据澳大利亚生产效益排名(APR)和体型与泌乳性能的澳大利亚育种值(ABV)。对于国外公牛，根据国际公牛组织的数据转换成的澳大利亚育种值[ABV(i)]就会被用到评估中。根据谱系APR计算的遗传优点越高，一头青年公牛在后裔测定结果出来后得到的澳大利亚生产效益(APR)靠前的概率就越大。依据APR数据而圈定的父亲一旦确定，人们就会对他们的每一项性能指标再做进一步的细选。例如一头父亲的澳大利亚生产效益排名(APR)和另外一头相差不多，但体细胞数太高，则会被淘汰。前面提到，体细胞数对澳大利亚奶农的经济收入有很重要的影响。只要可能，就要尽力找寻不沾亲的父系，以减少在APR顶级排名公牛中的近亲繁殖。

参与后裔测定的后备公牛的母亲在生产性能和体型方面也有严格的要求。通常会从牛群里一贯高产，且产奶指数高的优秀的母牛家族中挑选出来。这些母牛自身也必须在澳大利亚荷斯坦协会的体型测评中获得高分。还有非常重要的一点，母牛的非产奶性状如性情和泌乳速度也要考虑其中。一旦候选公牛确定后，还要再次筛选，以便给奶农们提供一个相对平衡的青年公牛组合。

在一些冻精生产中心，基因组选择被作为最终的挑选方法。这使得挑选可以在该青年公牛的数千个基因标记的基础上进行，它还可以对公牛的APR和体型ABV做出比较准确的评估。为确保这项技术的可靠性，还需要做更多的研究，才能使青年公牛不需要经过后裔测定，就可把冻精投放到市场。希望借此可以避开使用非常昂贵的后裔测定程序，从而降低冻精的生产成本。

育种目标要兼顾将来的市场发展需求和选育方向，以满足不同用途、不同地区的需要。目前，北美奶牛育种中也面临着由于选择强度的不断提高，使用的公牛血缘关系的遗传多样性越来越窄的问题，这在今后的育种工作中必须引起注意。

2.2 奶牛饲料与营养技术进展

2.2.1 草场种植

澳大利亚是世界天然草原面积最大的国家，达4.58亿hm^2，天然草场占国土面积55%。澳大利亚有人工草场2 580万hm^2，经过长年探索，现在人工草场一般以70%的黑麦草籽和30%的红三叶草、白三叶草籽混播。三叶草喜温暖气候，夏季生长量大，起固氮作用，而黑麦草则在冷凉、潮湿的冬、春、秋季都能生长。这种科学的结合能使全年产草量比较均衡。人工草场每半月即可轮牧1次，每公顷可养羊15～20只，高的可达25只，比植被好的天然草场高五六倍。

牧草一年四季常青，奶牛始终生活在草地上。草地就是奶牛的家，极少有牛舍、房屋避暑挡寒。由于澳大利亚农牧场完全实行私有化，农场主既种草又放牧，时刻注意奶牛的饲养量与草产量的平衡，避免过度放牧造成草场退化。农场主根据不同季节、不同品种，定期测算出不同区域、不同地块牧草的产量，再根据食草量，计算出草场宜放牧头数和放牧时间，进行科学轮流放牧，保证了农牧业的可持续发展。在奶业生产上，澳大利亚十分重视草场建设，以牧草营养组合来实现牛群的营养需求，同时兼顾到牧草生长的季节性；同时考虑到枯草季节的补饲，一般牧场拥有专门生产青贮草和干草的田块和设施。

澳大利亚的奶牛场的草场大多为人工改良草场，人工草场每半个月轮牧一次，其中禾本科牧草占 80%，豆科牧草占 20%。大多较干旱地区草场具有喷灌设备，保证草的生长供应能力。相对来说降水丰富地区的奶牛场因投入少效益会更好一些。

澳大利亚羊、牛与经济作物混合经营带地形以平原为主，绵羊与小麦混合经营带地形以平原为主，粗放牧羊带地形以高原和盆地为主。

(1)羊、牛与经济作物混合经营带主要分布在东南狭窄的沿海低平原地区，这里土壤肥沃，农牧场规模比较小。人工草场广布，牧草质量好，产量高，载畜量大。

(2)绵羊与小麦混合经营带主要分布在东南墨累河和西南沿海平原地区，这里农牧场规模居中，人工草场广布，牧草质量较好，产量较高，载畜量较大。

(3)粗放牧羊带主要分布在澳大利亚的西部高原西南部和大自流盆地东部，地形以高原和盆地主。这里牧场规模大，多为天然草场，牧草质量差，产量低，载畜量很低，生产不稳定。

2.2.2 饲料供给

澳大利亚的气候和自然资源十分有利于奶业生产，本地奶业主要是以牧场放牧为主，70%～75%的奶牛是放牧养殖。因此，牛奶生产效率高，成本低，牛奶质量优良。在澳大利亚，奶牛养殖尽量尊重自然规模，奶牛在天然牧场上自由放牧，不允许使用转基因饲料喂养奶牛。

澳大利亚拥有丰富的牧草资源，放牧式饲养是其奶牛养殖业最显著的特点。牧场主根据牧场面积和牧草质量确定饲养的奶牛数量，一般每万公顷牧场饲养奶牛 1 万～2 万头。澳大利亚约有 6 000 个牧场，其中 80%为家庭牧场，20%为股份制牧场，平均每个牧场有 150～400 头奶牛。虽然澳大利亚的 6 个州都有牧场，但大多数牧场集中在降雨丰富和灌溉充足的地区。

在澳大利亚，奶牛所需的全部营养物质中有 70%来自饲草。每年 6 月，澳大利亚开始进入冬季，降雨量逐步增加，7—12 月是牧草生长的最好时期。牧场主根据季节变化安排奶牛配种和产奶时间，使奶牛在每年 9—10 月达到泌乳高峰期。澳大利亚全年降水量较低，绝大多数牧场没有灌溉设施，因此，降水量和牧草质量直接决定了奶牛的饲养数量。

澳大利亚的奶农充分利用牧场资源和廉价谷物饲养奶牛，这使得澳大利亚成为牛奶成本最低的国家之一，并且澳大利亚政府对奶农没有任何补贴。放牧条件下，奶牛产奶期约为 330 d，年平均产奶量为 6.2 t，乳脂率为 3.89%，乳蛋白率为 3.20%。因此，低投入、高产出的奶业发展模式使澳大利亚奶业在国际奶业市场中具有较强的竞争力。

在澳大利亚，依靠饲料养殖奶牛的情况依然是不多见的，但是补充饲料如干草、青贮饲料和谷物的使用越来越普遍。澳大利亚的奶牛场主继续通过改良牧场、饲料和牛群管理技术来提高奶牛场上的生产效率。每个奶牛场均设有饲料塔和低温贮奶罐，饲料由饲料加工厂生产，然后定期送到农场饲料塔内，定期进行贷款结算。

由于澳大利亚的奶牛饲养基本是放牧，所以其饲料的组织供给有以下 3 个特点：①精饲料由饲料加工商生产。因为不同的农场，不同的季节牧草的质量和数量有差别，所以很难生产统一配方的精饲料补充料。通常是由奶农自己提供精料补充料的配方，由饲料加工商组织原料为其生产，并直接配送到相应的农场，原料和饲料产品价格主要由市场调节，一般说来，单位精饲料的价格比单位鲜奶价格略高。②牧草淡季的粗饲料。多数情况下，有专门生产粗饲料的农场，刈割牧草，制作成重约 500 kg 的草捆，出售给奶牛场。单位草捆的价格因全年水草丰欠而不同，一般的价格为 40～60 澳元/捆。如当年水草好，粗饲料生产者的效益就会很好。虽然隔年的草也可以出售,但其价格会很低。另外,有的奶牛场自己也做青贮料,青贮有玉米青贮、高粱和黑麦草青贮等。③轮牧。奶牛场无论大小都实行轮牧制,保证牧草供给。

澳大利亚奶牛养殖中精料、干草、青贮饲喂数量不多,但近年来用量呈增加趋势,用量多少受牛奶价格和粮食成本的影响。在澳大利亚,秸秆可是宝贝,它们大多做了奶牛的饲料。每年春秋时节,农民们把农作物秸秆晒干,卷成秸秆卷,整齐地摆放在田头。在澳大利亚,他们喜欢用农作物的秸秆来喂牲口,而且专门喂奶牛,因为他们认为这种麦秸秆的蛋白质含量很好,纤维素含量很高,对奶牛非常好。如果说用秸秆喂奶牛的话,奶牛的奶会产得比较多。除了澳大利亚奶农自己使用之外,他们会把这些农作物的秸秆用于出口。

2001—2002 年奶农饲喂精料或谷物的比例比 1991—1992 年提高了 7%,在此期间单个农场购买精饲料数量也从 53 t 提高到了 83 t。2001—2002 年饲喂的农副产品量是 1991—1992 年间的 3 倍。与 1991—1992 年相比,2001—2002 年间澳大利亚集约化放牧农场数量超过 87%。2001—2002 年,只有 15%的农场有指定的饲料草场区,且在指定的草场区内不到 25%的农场有遮阳棚。每个农场的总干草储存量和总青贮储存量分别从 1999—2000 年的 114 t 和 30 t 增加到了 2001—2002 年的 152 t 和 172 t,农场中干草和青贮储存量的增加反映了从 1991—1992 年到 2001—2002 年之间陆地占用面积的增加。根据 2011 年全澳奶牛养殖调查数据表明,2010—2011 年度 95%的奶牛养殖场每头牛平均的精饲料饲喂量从上一年的平均 1.6 t 上升到 1.7 t。全国大多数奶牛养殖区域的投饲率(feeding rate)稳步增长。

澳大利亚对牧草资源十分重视,特别在全国建立了种质资源中心,专门从事牧草资源(如生长特性、花期、株高、种子颜色、形状、千粒重、抗病性、种子质量或品质等)的收集、评价、保存和研究。利用计算机数据库信息管理系统对种质资源进行档案管理。目前澳大利亚广泛实施豆科植物和禾本科植物混播或轮作模式,提高地力。

澳大利亚奶牛们平时食用的都是黄金牧场上的天然牧草。牧草是通过 70%的红三叶草、白三叶草籽与 30%的黑麦草籽混播的科学植草方法培养出来的。科学植草配合科学灌溉,加上黄金牧场得天独厚的地理环境,让牧草既能保持品质稳定,又能保持生态平衡。长在这里的牧草蓬勃茂盛,新鲜多汁,更富含天然的营养成分,被称为“绿色金子”。

在澳大利亚牧场,参考黑麦草和三叶草的生长周期,细致的农场主将牧场的牧草划分区域进行轮牧放养。保证奶牛吃到最鲜嫩的牧草茎叶,澳大利亚的鲜乳干物质含量高,品质世界领先。

澳大利亚每一个牧场都拥有人工改良草场,将草场划区后,混播黑麦草和三叶草。在牧草生长旺盛的季节,奶牛所需要的粗饲料完全依靠放牧获取。每年的 12 月是牧草的收割期。将收割后的牧草经过晾晒后打捆或用塑料膜打捆后就地贮存,以供枯草期饲草不足时补饲。成母牛、青年牛和犊牛分群轮牧,除在奶厅挤奶的泌乳牛外,所有的牛群都在牧场上采食或休息。奶牛一般每天挤奶 1～2 次。在挤奶时,大多数泌乳牛都能够自行按指定的路线从牧场到达挤奶厅,只有少数泌乳牛需要使用人工四轮车或牧羊犬驱赶。饲料加工厂紧邻挤奶厅,以便于在挤奶时补饲精饲料。精饲料的主要成分是大麦、大豆、玉米和豌豆等,一般每头牛每年补饲精饲料 1～2 t。

与集约化饲养方式相比,澳大利亚的这种放牧式饲养条件下的奶牛平均单产水平并不高,但是澳大利亚奶牛单位产奶量的生产成本却很低。所以,在衡量奶牛产奶量的同时,还应考虑奶牛的饲养方式和生产效率。另外,澳大利亚奶牛的生产性能测定与遗传评估系统也是世界上最先进的,这确保了奶牛后代的质量。

澳大利亚把草地建设和保护视为畜牧业生存和发展的脊梁,加强了草场的改良和建设,合理载畜,防止荒漠化。对国有贫瘠的草场,政府以较低费用长期(一般为 99 年)租赁给牧业生产者,避免了经营者掠夺式利用草场。通过科学围栏放牧和粮草轮作、禾本科和豆科牧草混播、建立永久草地和一年生草场,提高了草地生产能力和畜牧业生产的经济效益。

2.3 奶牛疫病控制技术进展

2.3.1 奶牛疫病控制技术进展概况

畜牧业是澳大利亚农业经济支柱产业。联邦政府高度重视动物疫病防控工作,由于澳大利亚独特的地理位置,具有与各大洲生物传播相对隔绝的优势,许多动物传染病在澳大利亚是没有的。但一旦发生重大动物疫病,将对畜牧业造成重大打击。因此,澳大利亚对外实行极为严格的动物及动物产品入境检疫规定,对内建立了由联邦政府基础产业部、州(领地)政府基础产业部及当地(相当于县级)政府组成的三级防控体系,全面实施动物疫病的防疫、监控及净化工作。

(1)职责分工。联邦政府基础产业部负责动物疫病防治政策制定及新发病和外来病防控、进出境检疫、国际贸易谈判以及生物安全评估等工作;州(领地)政府基础产业部负责本辖区动物疫病的监测、控制和扑灭等工作;当地政府通过畜禽产业协会聘用的专业兽医组织和私人执业兽医开展日常动物疫病的防疫、监控工作。联邦、州(领地)政府兽医官员、协会专业兽医、私人执业兽医之间联系紧密,信息互通,确保第一时间掌握疫情动态。按照工作需要及服务意愿,政府兽医官员与协会专业兽医、私人执业兽医三者之间可进行身份转变。州设立畜牧兽医专业或私营研究机构及涉农专业院校,负责畜牧兽医技术研究工作。

(2)人员组成。联邦政府基础产业部现有政府兽医约 900 人,州(领地)政府基础产业部依据本地农场和牲畜养殖数量,配备政府兽医。以新南威尔士州为例,该州有农牧场 42 000 个,饲养肉牛 550 万头、奶牛 24.5 万头、绵羊 2 500 万只、母猪 8 万头以及部分家禽,其基础产业部配备政府兽医官员 30 人左右;由各种畜牧产业协会聘用、为协会会员服务的专业兽医 900 人左右,另外还有私人执业兽医 2 500 人。澳大利亚对兽医从业人员的素质要求很高,兽医学院学制 5 年,在校期间学生有一定的实习经历,工作后要经过澳大利亚兽医行业协会考核注册,才能获得执业兽医资格。

(3)经费保障。澳大利亚联邦政府及州(领地)政府基础产业部配备的政府兽医由政府财政供养,工资福利高于一般政府公务人员,如 5 年制兽医专业毕业,工作 10 年左右的政府兽医官,年薪为 10 万澳元,高于政府公务员平均 6 万元左右的年薪;协会聘用的专业兽医人员收入来自辖区内每个养殖场缴纳的服务费;私人职业兽医则通过诊疗服务收取费用,根据每位兽医的服务水平有较大收入差异。

澳大利亚在发展畜牧业的同时,非常注重对动物及其产品输入的安全问题,生物安全的重点工作是致力于对外来动物的检疫工作。政府重要职责之一是检疫工作,而且有严格的控制和检疫措施。对引进的动物,检疫官必须到原生产地及其周围检查当地的动物疫病情况,引进后还要隔离 6 个月再次检疫无疫病后方可。政府绝对不允许进口他们认为高疫病风险的动物或从疫病高风险地区进口动物及动物产品。

2.3.2 奶牛疾病防治措施

澳大利亚一直实行严格的动物疫病防控制度,未见牲畜口蹄疫、高致病性禽流感等重大动物疫病。因此,澳大利亚不实行重大动物疫病疫苗预防免疫制度,对于部分常见疫病的染疫动物则实行销毁、净化工作。为保证疫情态势稳定,澳大利亚着力强化包括牲畜耳标追溯、疫情预测监控、疫病实验室诊断等动物防疫基础设施方面的建设工作。

(1)建立牲畜耳标追溯体系。澳大利亚按照可控、可溯、可隔离的原则,从 2006 年 1 月开始全面启动国家牲畜追踪体系(NHS),规定澳大利亚境内每头牛都必须佩戴全国统一的 12 位数字编码 RFID 电子耳标,电子耳标贯穿生产和流通、加工的全过程,饲养场、交易市场和屠宰企业都通过自动识读器对电子耳标进行扫描登记,上传到国家动物标志资料中心,并通过"全国动物健康信息系统"及时收集动物健康资料,开展全国范围的动物疫病监控工作。羊、猪等中小动物,采用普通耳标,能简单反映出场户名和疫病用药记录。耳标会由产业协会的专业兽医按照地区和场户编号分发给养羊场,确定每个羊场的 10 位编码耳标。部分农场主为了方便、有效,也将 RFID 电子耳标用在种羊上。RFID 电子耳标价值 2.5 澳元/个,普通耳标价值 0.2 澳元/个,耳标购买费用及带标工作均由农场主自行承担。

(2)牲畜流通交易管理。澳大利亚按照牲畜养殖及流通情况，分区域设立交易市场，开展牛、羊等牲畜的交易活动。以新南威尔士州CTLX牲畜交易市场为例，该市场由私人投资，建筑布局为半敞开式钢架结构。主要交易品种为种用、肉用牛羊，用于农场继续饲养或直接屠宰上市的牲畜，年交易量为牛10万头，羊7万只，交易按照周一牛、周二羊交替的方式进行。牛、羊凭申报单(澳政府规定了全国统一的肉牛、肉羊、种牛、种羊4种申报单，农场主按照申报单所列耳标编码、疫病、用药情况等项目填写，经协会专业兽医等签字确认)及耳标入场交易。市场工作人员在交易前需逐头将牛佩戴的RFID电子耳标进行扫描登记，信息上传国家动物标志资料中心。市场交易采取买卖双方喊价的竞拍方式，价高者获得。市场按照交易量收取佣金，一般牛为10澳元/头。进入市场交易的牛羊发生死亡，则由保险公司负责补偿。因澳大利亚无重大动物疫情发生，交易市场一般不实施消毒灭菌工作。

(3)牲畜屠宰加工管理。在澳大利亚Cowra肉品加工厂，屠宰牛、羊及猪，经耳标和申报单查验确认后，进入生产线屠宰加工。按照澳大利亚动物福利法的有关规定，待宰动物采用CO_2麻醉后屠宰。宰后胴体采用器械进行质量分级，在蹄部绑有塑料材质的计算机打印纸，包含耳标号码、质量等级、总量及屠宰场注册码的条形单，胴体上加盖含有牲畜种类、质量等级及屠宰场注册码的滚动印章，以便开展产品追溯。澳大利亚屠宰加工企业设有肉品检验专家，负责屠宰动物的健康检测工作，一旦发现染疫动物，需及时报告政府兽医或产业协会兽医组织。近年来，为满足市场需要，该国屠宰加工企业利用牲畜内脏，分割包装后上市销售或出口，并且对于屠宰发现的病害胴体及内脏一律销毁处理。

(4)疫病报告及处理。澳大利亚对动物疫情报告建立了十分明确的责任体系，联邦及州(领地)政府设立首席兽医官，建立咨询性质的动物疫病紧急委员会，负责50种规定强制申报动物疫病的处理、免疫及相关技术研究等工作。在放牧条件下，奶牛最易发生的疾病是中毒、皮肤病及产后综合征。兽医通常是分片服务制，单个奶牛场没有专设的兽医和兽医诊疗室。重大疫病按政府相关的防疫规程预防，一般疾病，农场主直接与兽医联系，并将病牛的发病原因和主要症状告诉兽医，为兽医的出诊提供第一手资料。由于澳大利亚城乡交通网络十分发达，兽医将会在最短的时间内到现场处治病畜。兽医也指导农场日常的疫病预防以及其他如妊娠检查等工作。日常动物疫病的诊断、治疗及处理由协会专业兽医和私人执业兽医负责，各自责任明确，分工协作。为及时防控动物疫情，澳大利亚规定对农场动物的粪便、血液及其他组织进行抽样调查，由兽医定期或不定期组织抽样，送指定兽医实验室化验。政府还设立动物疫情热线电话，发现动物疫情可直接上报政府，政府兽医官接报后，确认为重大动物疫病者，由政府兽医官牵头组织警察、检疫官、社区人员等，开展扑疫工作，并按市场价格给予一定补偿；确认为一般动物疫病者，则由农场主聘请协会专业兽医和私人执业兽医处理。

(5)违法行为的查处。澳大利亚法律规定发现染疫动物必须及时上报，不得自行处理，违者将追究法律责任。同时，对于未按规定佩戴电子耳标或未持有申报单等行为，一经发现，愿意接受当场处罚者，每次罚款550澳元；不接受当场处罚者，经法院起诉，可罚款1 100澳元；运载无申报单牲畜者，可罚款400澳元/次。另外，澳大利亚制定了动物福利法；对于不按规定饲养动物，存在虐待行为者可给予罚款、做义工乃至拘役等处罚。

布鲁氏菌病(简称布病)，是人和牛、羊、猪等动物共患的传染病，也是国家法定检疫一扑杀被感染家畜的三大疫病之一。该病对奶牛危害极大，怀孕牛感染后主要症状是流产，并且流产后可能发生胎衣滞留和子宫内膜炎，从而继发不孕症。布病的分布较广，遍布世界各地。全世界170多个国家和地区有布病疫情，五大洲无一幸免。

但是少数发达国家和地区如瑞典、丹麦、芬兰、加拿大、澳大利亚等经数年不懈努力，已净化或根除了布病。其主要措施有3个：①检疫隔离或淘汰；②菌苗接种；③检疫隔离和菌苗接种相结合的综合防治措施。

澳大利亚高度重视动物疫病诊断、预防等技术的研究，建立了一批装备先进检验检测设备的专业实验机构，按照职能分工，区域范围内整合资源，优化配置，突出重点。如新南威尔士州伊丽莎白动植物研究所在整合奥兰治农业研究所实验室等部分小型研究室的基础上，建立了包含血清学、细菌学、病毒学、组织学、分子生物学等大型实验室，投资总额达 3 000 万澳元，其中新建 P3 实验室投资达 1 800 万澳元，全澳大利亚排名第 3 位。该研究所为该州乃至全澳大利亚动物疫病诊断及防控工作提供了有效的技术保障。昆士兰大学兽医学院则针对宠物及赛马等动物，分别建立了动物门诊中心和动物疫病诊疗研究所，设备先进，管理科学，较好发挥了技术支撑作用，该国动物疫病实验室技术研究工作按照市场化的竞标方式，由政府、行业协会或企业公开发布招标项目，各研究机构通过投标方式，获得项目研发资格，然后由招标方拨付研究经费，用于科研开发，项目完成后，出资方享受科研成果。

2.4　奶牛场粪污处理与环境保护技术进展

2.4.1　奶牛场粪污处理技术

奶牛场粪污处理的模式主要包括清粪、预处理和综合处理等 3 部分。

规模化奶牛场粪污的产生具有产量高、排量大、处理难度大等特点。奶牛粪便的收集和处理是养牛业中最繁重的一项劳动过程，占整个养牛全部工作量的 50%以上。清粪工艺是整个粪污处理的第一个环节，目前奶牛场清粪工艺主要有水冲式清粪和干清粪两种工艺方式。

1. 水冲式清粪工艺

(1)水冲粪模式是规模化奶牛场粪污综合处理的方法。

①将收集的粪便尿液、冲圈水、洗涤用水等送入粪污收集沟，经格栅拦截、分离、沉淀，上层水再作冲圈(这是一个循环过程)，下层污水经调质匀浆、固液分离、压榨、固体烘干后作为牛舍垫料，余下液体进入暂存池。

②暂存池液体一部分送往厌氧发酵系统处理以满足系统回冲用废水，另一部分经污水储存池进入多级生物净化储存塘并接一个混灌池调节水质到安全农灌水平后适时进行农田灌溉。

③该方法优化了用水方式，使污水的产排、处理、利用进入良性循环；工艺通用性好、对污水的缓冲和净化能力强，可有效改善环境卫生；运行费用低、使用寿命长。

(2)BRU。将收集的粪便尿液、冲圈水、洗涤用水等送入粪污收集沟，经格栅拦截、分离、沉淀，上层水再作冲圈(这是一个循环过程)，下层污水经调质匀浆直接输入 BRU 设备，经 BRU 处理产出的固体的即可用于牛床垫料，既经济又环保。

2. 干清粪工艺

干清粪工艺指动物的粪、尿一经排出便进行分流，干粪由机械或人工收集、清扫、运走，尿液则从地下排尿沟流出，然后再分别单独进行处理。干清粪工艺具有节约用水、污水产量少、污染物浓度低且易于后续处理，同时分离出的干粪养分损失小，肥效高等优点，粪尿一经排出便进行分流处理，可保持畜舍的干净清洁、无臭味，是目前养殖场比较提倡的一种清粪工艺。将干清粪通过运粪车送往堆粪场，作为食用菌培养基质和蚯蚓养殖基质、直接售卖或经堆沤制腐熟肥或有机肥后售卖给种植业。

2.4.2　环境保护

澳大利亚属热带亚热带地区，草原面积 319.46 万 km^2，牧场面积占世界牧场总面积的 9.76%，天然草场占国土面积的 41.58%；其东南沿海地区草地畜牧业较发达，中部和北部干旱半干旱地区自然条件较差，放牧仍是主要的土地利用方式。

澳大利亚把草地建设和保护视为畜牧业生存和发展的脊梁，加强了草场的改良和建设，合理载畜，防止荒漠化。对国有贫瘠的草场，政府以较低费用长期(一般为 99 年)租赁给牧业生产者，避免了经营者掠夺式利用草场。通过科学围栏放牧和粮草轮作、禾本科和豆科牧草混播、建立永久草地和一年生草场，提高了草地生产能力和畜牧业生产的经济效益。

主要措施如下。

(1)实行区域性专业生产。年均降水量 380 mm 以下地区为畜牧区，以养美利奴羊为主，也养一部分牛。

主要利用天然草场实行低密度放养家畜,约 3.3 hm^2 草地养 1 只羊。年均降雨量 380~500 mm 地区为农牧区,小麦种植和养羊(牛)两业并行,家畜放牧的密度较高,大约 0.33 hm^2 草地养 1 只羊。年均降雨量超过 500 mm 的地区,建设人工草场种植高产作物,养畜以奶牛、肉牛、肉羊和猪、禽为主,种植业则有小麦、甘蔗、水稻、棉花、水果、蔬菜等。该地区实行高密度放牧,每亩可养羊 1 只左右。这种因地制宜的放牧制度,既能以草定牧,合理利用草原,保持水土肥力,又能种草养畜,防止过牧退化,稳步提高生产能力。

(2)注意保护天然草场。澳大利亚天然草场面积很大,也存在水土流失和沙化问题。该国采取了一些有力措施保护天然草场:一是根据国家专设的研究机构应用遥感监测和实地调查取得的数据,对不同地区分别确定应控制的人口密度和牲畜头数,一旦发现有超载过牧或草场退化现象,立即采取补救措施;二是进行科学轮牧,天然草场也用围栏划分轮牧区,但面积较大,一个围栏往往上千公顷,有些农场还采用轮牧和休牧相结合的方法,稳定草场的生产能力;三是施肥,澳大利亚的土壤普遍缺乏磷肥,该国用飞机撒施过磷酸钙和磷钾复合肥,在缺乏微量元素的地区,还要加施硼、硫、铜、锌等,以保证家畜营养的需要;四是对耐贫瘠、竞争性强的耐牧性豆科草进行补播,以提高产草量。

(3)因地制宜进行水利建设。澳大利亚不少地区利用自然地势,在较高处修蓄水池,同时向四周围栏内埋设塑料输水管,在部分围栏内设有自动控制饮水槽,供牲畜饮水用。

(4)建立有效的草场建设机制。澳大利亚对不同地区的草场实行不同的所有制形式和投资办法。凡是自然条件比较好的地方,草场均为农牧场主私人所有,投资建设草场由私人负责,草场自由转卖。干旱、半干旱地区的荒漠草场多为国家所有,农牧场主通过合同租用,或者由国家土地开发公司建成可利用的草场后,再卖给农场主。

①澳大利亚草原产权形式和土地用途管理:澳大利亚的草地资源大部分归私人农场所有,政府拥有(联邦政府和州政府)的草地大多比较贫瘠,并以较低租金租给私人农场。政府管理机构的职能主要在于监督和支持私人农场的草地保护。澳大利亚强调土地租赁必须用于农业或放牧,并且土地用途不可随意变更,除非经过牧养委员会批准。牧场租赁通常由政府和牧户签订合同,规定使用年限及放牧的具体区域。司法部门在其中发挥着重要作用。运营牧场企业的租赁者要遵循以下要求:防止土地恶化,在财政允许的条件下努力改善土地状况等。澳大利亚鼓励社区化管理模式,牧民、基层组织及相关技术推广部门共同参与草原管理,强调保护牧民的利益,社区和牧民共同协商草场管理方式,共同承担草场利用后果,提高牧民环保意识,促进当地经济发展,实现草原有效保护。

②草原生态环境管理:澳大利亚高度重视生物多样性的保护。1996 年制定的《为保护澳大利亚生物多样性的国家战略》和《国家杂草治理战略》,强调资源管理与生态系统管理的合作与统一,在国家治理项目计划中有效分配资源,并在生态敏感地区实行自然保护区制度。澳大利亚正致力于建立覆盖整个澳大利亚大陆所有草地类型的保护网络,其环境和能源部已经实现国家生态状况评估的规范化。

③草原利用管理政策:澳大利亚牧场普遍实行围栏放牧和划区轮牧,春、秋季在人工草地上放牧,夏季在天然草地上放牧;实行打草场轮刈制,以最大限度地提高草地产出;牧场主要掌握草场放牧强度,合理安排放牧时间,确定载畜量和配置畜群结构。由于大部分牧场是专业牧场,畜群规模不大,草场基本上可以得到充分的休养和利用;另外,通过建立人工草场和回收储备干草等方式来解决牧草季节性供给不足问题,并结合不同季节的生长状况确定家畜养殖。

④澳大利亚草原保护利用的经济政策:澳大利亚推行可持续放牧战略,实施休牧或者削减载畜率,以提高草地生态状况。生态保护政策会影响牧场主短期经济利益,因此,政府通过推行减税以及经济补贴来激励牧场主执行这项战略。政府对适用先进技术的牧场给予免税补贴,对遭受自然灾害的牧场给予经济补贴,对牲畜买卖实行 5 年的缓税政策。

⑤草原科技管理政策:政府重视草原科技服务。政府管理部门组织科研院所、农业技术推广机构、农业咨询公司等,为草场管理提供技术和咨询服务,具体形式包括以报纸、电视和网络等媒体,宣传相关先进技术及草场病虫害防治知识,帮助农户制定草场保护决议;通过农技人员和推广专家介绍草场耕作方法的使用范围和优缺点,帮助农户选择合理的耕作方法。

3 原料奶质量控制与计价体系

3.1 提高原料奶质量的主要技术措施

随着乳业的发展壮大，乳品市场竞争日益激烈，乳制品的质量安全成为消费者最关注的问题。原料奶作为乳制品产业链的最上游，其质量情况直接影响乳制品品质，因此提高原料奶的质量，从源头上保证原料奶的品质是乳业健康发展的重中之重。但是，从源头上提高原料奶的质量安全并非易事。原料奶的整个生产过程不仅涉及奶牛的遗传育种、饲养管理等方面，而且受到生鲜乳收购环节的影响。

原料奶是奶牛场最主要的产品之一，也是奶牛场经济收入的支柱。以质论价是乳品加工企业收购原料奶的价格依据，因此奶牛品质的好坏决定了其价格的高低，优良的原料奶是提高奶牛场经济收入的物质保证，只有提高原料奶的产品质量，养牛业才能抵御市场经济带来的各种风险，发挥出良好的经济效益。

3.1.1 科学的饲养管理，充足平衡的日粮供给

奶牛从饲料中摄取的各种营养，包括水分、粗蛋白质、粗脂肪、碳水化合物、维生素、矿物质等），有的不经过任何转变而直接扩散到乳中（如维生素、矿物质），有的则作为原料在乳腺内经过一系列复杂的生化反应，合成为乳的成分。由此可见，牛奶和饲料中所含的化学元素是基本相同的。要想获得优质的牛奶，必须利用科学的饲养管理给奶牛提供充足的营养物质。

(1)合理的分群饲养。根据奶牛生理阶段、体况、生产水平等方面的不同进行分群饲养，以便于管理和饲喂。

(2)根据营养需要，供给充足的日粮。根据泌乳期的营养需要、体况和产奶水平的不同合理供给日粮。饲料种类应多样化，以保证优质青干草和青贮饲料的供应及精饲料营养平衡。泌乳初期（0～15 d），给奶牛饲喂营养浓度高、适口性好、易消化的日粮，尽可能提高奶牛的采食量，避免其干物质采食不足，尽快使奶牛恢复健康；泌乳盛期（16～100 d），饲喂高能量、高蛋白质日粮。该阶段泌乳机能旺盛，产奶上升快，采用“引导饲养法”饲喂奶牛，即料领奶走，精饲料逐渐增加，直至产奶量不再上升为止，使泌乳峰值达到最高。同时，多喂优质干草，最好在运动场自由采食，干草进食不足可导致瘤胃酸中毒和乳脂率下降。青贮饲料的水分不要过高，否则应限量饲喂。日粮精粗比可达到 60：40，干物质采食量占体重的 3%～3.5%，日粮应含有 2.4 NND/kg 干物质（NND：奶牛能量单位），CP 16%～18%，CF 16%，Ca 0.8%，P 0.45%；泌乳中后期，产奶量开始下降，根据产奶量和体况的不同，合理调整日粮，料跟奶走，恢复奶牛膘情，达到中等水平。日粮精粗比逐步降到 30：70，每千克干物质含 2～2.2 NND，CP 13%～15%，CF 17%～20%，Ca 0.7%，P 0.45%。

(3)降低各种应激因素。当气候、环境等不良因素作用于奶牛机体时，可能成为牛奶品质下降的诱导因素。如炎热、寒冷、气温突然改变、过度疲劳、挤乳过度、卫生差、通风不良、噪声、突然更换饲料、改变挤奶时间、饲喂发霉饲料等各种应激因素对牛只的刺激，均能引起内分泌及消化机能失去平衡，使乳腺组织分泌异常，易出现酒精阳性乳，从而降低了牛奶的品质。

3.1.2 建立奶牛疾病防治体系，降低发病率

奶牛的健康是生产优质原料奶的基础，防治奶牛疾病的关键是如何有效降低奶牛体内外病原体的数量和毒性，提高奶牛的抵抗力。

①做好卫生清洁工作。定期对牛场周围的环境及道路、牛舍、运动场、牛体、饲喂用具等进行消毒，给奶牛创造良好的生存环境。

②根据当地传染病的种类、发生季节、流行规律制定合理的免疫程序，按时做好疫苗注射工作。

③定期对结核病、布鲁氏菌病等进行检疫，检测呈阳性的牛应及时进行无害化处理。

④加强疾病的检查和监察检测工作，及时正确地治疗疾病。

奶牛疾病应“以防为主、防治结合”，特别是乳房炎的防治工作，应建立一套隐性乳房炎监察检测制度，结合该制度加以综合治疗。泌乳牛每年 3、6、9、11 月进行隐性乳房炎的监察检测，检测出呈阳性的牛应及时采取相应的治疗措施，疾病治疗期间及停药期要将原料奶单独处理。注意病牛的隔离和消毒，以保证牛奶的安全。干奶期和临产前奶牛隐性乳房炎的监察检测和防治工作十分重要，治疗效果和治疗价值明显好于泌乳期，因此应抓住这一时机。

3.1.3 降低原料奶的微生物污染

牛奶是细菌良好的培养基。从生产到挤出，牛奶都可能会被微生物污染，但在了解污染途径、控制污染条件的情况下，又可大大提高原料奶的卫生质量。

(1)做好卫生工作。给奶牛提供一个清洁、舒适的环境是生产优质原料奶的重要措施，也是控制病原体生长、繁殖的主要途径之一，经常刷拭牛体，保持牛舍、挤奶厅空气流通及地面清洁均可大大降低病原微生物对牛奶的污染。

(2)建立良好的挤奶程序，规范挤奶操作。

(3)挤奶前的准备。在挤奶前，双手彻底清洁消毒，挤奶所需全部用具均应清洁备用。

(4)清洗、检查乳房。从上到下冲洗乳房后，用一次性纸巾擦干乳房，充分按摩，使之进入泌乳状态。挤掉各区最初 3 把奶，观察乳质是否正常，判断有无乳房炎的发生，之后集中进行无害化处理，同时检查乳房、乳头有无肿胀等异常现象。患乳房炎的奶牛严禁上机挤奶改为手挤，并将牛奶进行单独处理。

挤奶时应注意：①根据挤奶机型号，正确使用挤奶机；②每头牛挤完奶后，及时卸掉乳杯，严禁空挤；③挤奶结束后，立即用纸巾擦干乳头末端残留的奶，药浴乳头，防止病原体感染；④清洗、消毒挤奶设施。每次挤完奶后，挤奶用具应清洗、消毒后，晾干备用。挤奶机先用 40～45 ℃的水预冲洗，冲洗完后，全部排出系统，再用 80～85 ℃的热水加碱性清洗液(酸碱清洗液的使用间隔为 3 次碱 1 次酸)，循环清洗 10 min 左右，清洗液最终排放温度不低于 40 ℃，最后用清水冲洗，冲掉洗涤剂。挤奶机清洗的关键点为：①适宜的温度；②充足的时间；③合适的浓度；④充足的水量和机械力。

3.1.4 冷却、贮存原料奶

牛奶挤出后，冷却至 4 ℃左右。贮藏时间不宜超过 24 h，否则，易使部分嗜冷菌繁殖，产生酶类，造成常温奶发苦，影响牛奶品质。

提高原料奶的品质是一项综合管理技术，在生产中应结合实际情况，通过科学合理的饲养管理、平衡的营养、控制发病率、降低原料奶微生物污染及加强消毒、卫生、防疫等工作途径来实现，从而增加奶牛场的经济效益。

3.2 提高原料奶质量的主要政策措施

“养殖与加工就像车之两轮，缺一不可，建立稳固的利益联结机制至关重要”。要建机制、促融合、求共赢，密切养殖加工利益联结。培育壮大奶农专业合作组织，增强养殖环节应对市场风险的能力。鼓励乳品企业通过自建、收购、参股、托管等方式加强奶源基地建设，提高自有奶源的比例。指导奶业主产省建立生鲜乳价格协调机制，开展第三方检测试点。农业部门将会同有关部门依法查处不履行生鲜乳购销合同等行为。保障奶农利益为导向加快完善奶业产业利益联结机制。

首先要建立有利于保障养殖户利益和产业发展的原料奶价格形成机制。通过加强奶农组织建设，减少无序竞争、过度竞争对市场波动的放大作用，通过建立集体谈判制度提升奶农整体议价能力，让奶农更多分享产业发展过程中的增值收益。其次，要对原料奶施行按质论价的差别定价，引导和鼓励奶牛养殖户提升原料奶品质。

3.2.1　定期检验农场牧草灌溉和牛群饮用水

澳大利亚地广人稀，大片的荒地可以用作放牧，所以农场面积广阔。农场主根据牧场面积和牧草质量而确定放养奶牛的数量。一直以来澳大利亚人都能做到不违反自然规律，不过度载畜，做到草畜平衡。经过长年探索，现在的人工草场一般以70%的红三叶草、白三叶草籽与30%的黑麦草籽混播。三叶草喜欢温暖的气候，夏季生长量大，起固氮作用，而黑麦草则在冷凉、潮湿的冬、春、秋季都能生长。这种科学的植草法能使草场全年产草量比较均衡。基本上，一年四季农场的草都能够满足牛群的需求。如果因天气不佳或牧草一时短缺，则会格外补给牧草而不用饲料喂养。供牛群食用的牧草，一律禁止用除草剂和杀虫剂，以防有毒化学物质腐蚀土地和进入食物链，对人体健康构成潜在的危害。澳大利亚长期水源不足，常常闹干旱，于是政府资助农场采用先进的“无死角灌溉”系统，使用最小水量低角度喷射，确保全面覆盖，没有灌溉死角。政府有专门的委员会，对农场使用的水源进行检验，确保水质没问题才允许农场用这些水去灌溉草地和喂养牛群。在用水紧张的时期，政府会限制人的用水量，可是对牛群，还是一直提供充足和干净的水源。

3.2.2　奶牛福利

奶牛像人类一样是有生命的动物，虽然不能像人类一样能将喜怒哀乐充分地表现出来，但它们可以感受到不同程度的疼痛和痛苦。因此，它们需要养殖者的关心和爱护。人类饲养奶牛也是为了让其服务于人类，要使奶牛好好地为人类服务，那么饲养者也就应该好好地善待奶牛。人们在奶牛身上获取的同时，给予奶牛充分的福利也是非常重要的。动物福利是指饲养中的动物与其环境协调一致的精神和生理完全健康的状态。

一般认为，动物福利是指保护动物康乐的外部条件，即由人所给予动物的、满足其康乐的条件。国际上，动物福利的观念经过发展，已经被普遍理解为让动物享有免受饥渴的自由、生活舒适的自由、免受痛苦、伤害和疾病的自由、生活无恐惧感和悲伤感的自由以及表达天性的自由。这5个自由又被广泛地归纳为动物福利保护的5个基本原则。

为了实现奶牛福利，在奶牛的繁殖、饲养、挤奶、运输、实验、展示、陪伴、工作、防疫、治疗等过程中，应尽可能地减少其痛苦，避免使其承担不必要的伤害和忧伤，使奶牛在福利环境中健康、愉悦地生活、生产，实现泌乳和繁殖能力在数量和质量上最优化。

欧盟、美国和加拿大等动物福利先进国家和地区已通过立法保障动物福利。国内一些规模奶牛养殖企业越来越关注奶牛福利，借鉴了一些国外成熟的福利措施，在奶牛健康和生产性能改善方面取得了明显效果。

3.2.3　对牛奶饮用前的每一个环节进行了详细的规范和指导

由澳大利亚联邦和地方监督机构、农场主和澳大利亚奶制品组织合作推行的“全国奶制品安全规范准则”，对牛奶饮用前的每一个环节进行了详细的规范和指导。

在牛只进入农场前，农场必须确保牛只健康、牧草和水源干净、喂养和灌溉系统安装完毕，并得到当地食物安全局颁发的运营资格证。牛只在农场时的喂养、挤奶、疾病处理等步骤和技术都有详细的规定。奶牛进行严格的挑选，每头奶牛从孕育开始就会由专业技术人员对其健康状况进行监测，符合产奶要求的健康奶牛会被编号并植入记录芯片作为“电子身份证”，所有牛从出生直到死亡都一直佩戴 NLIS 耳卡，详细记录监控每一头奶牛的身体状况和产仔泌乳情况。

澳大利亚将食品监管的重点放在检测和食品本身食品链受污染环节上，强化鲜乳验收环节的监测。澳大利亚严格的鲜乳验收标准，堪称世界最严。

给牛使用的抗菌药，都要经过药物局和食品安全局严格测试，安全性要达到“人可食用”的标准，并设有药物残留的最高限度，监管部门还会对牛奶定期抽样检查。喂食药物后，一定限期内生产的牛奶必须废弃，不能出售及饮用。假如药物残留超过规定的限度，而又被出售，企业则触犯了法律，会被严惩。

3.2.4 保证原料奶降价不降质

尽管奶业是澳大利亚古老的产业，可是只有不断开发新技术，才能更好地提高牛奶质量。每年政府都会拨款给相关研究机构，联同农场和奶制品公司共同研发新的技术，例如通过杂交和进口不同品种的牛，以提高牛的品种多样性；改进牛的挤奶和质量监控技术；建立牛奶运输网络，降低牛奶运输的路程；采用更环保的包装材质，增加对牛奶成分的检测等。

另外，政府和行业也会举办大大小小的比赛，评选出牛奶品质最好的农场，并颁发奖牌和奖金。对小农场，政府会提供足够的资助，使他们可以产出品质高的有机牛奶，而非恶性竞争。

近年来，澳大利亚的超市不断打牛奶价格战，鲜奶最便宜时，1 澳元 1 L(1 澳元约为 4.8 元人民币)，奶粉甚至可以 5 澳元 1 kg。但消费者不担心牛奶价格下降的同时，品质也会下降。大多数消费者都觉得，牛奶降价是好事，人人都可以喝上牛奶；他们不担心牛奶质量下降，因为澳大利亚的食物监管不会放松，企业也不敢得罪消费者。澳大利亚的农场运营非常透明，人们可以去农场度假、观光，能够亲眼看到农场的运作、牛奶的加工和制作。“对消费者坦诚，更能赢得消费者的欢心。”一位农场主说，“人们愿意为有信誉、有品质的牛奶多付钱。”澳大利亚消费者对信誉的重视，无形中有效监管了牛奶行业。

3.3 监控原料奶质量的主要方法及惩罚措施

澳大利亚乳品业凭其高质量的标准而闻名。澳大利亚乳品加工厂要求质量最好的牛奶，目的是给顾客提供最高质量的乳制品。有了如此高的质量标准，顾客才能获得最佳的终端产品，乳品加工厂才能得到丰厚的经济回报，奶农也能在优质优价机制的鼓励下，因供应优质的牛奶而得到了实惠。

在澳大利亚乳品行业里，乳品加工厂付给奶农的奶价是由两部分组成的：市场基础价，加上对优质奶的奖励部分。基础价是根据每千克牛奶里的乳脂率和蛋白质的含量而确定。另外，乳品加工厂通过一系列的质量检测给牛奶的质量评级。他们奖励提供优等奶的奶农，处罚那些牛奶仅仅合格或不合格的奶农。

乳品加工厂对于那些能够在淡季照样像旺季(冬季)一样都能生产优质牛奶的奶农给予季节性的奖励。

乳品加工厂把牛奶定为 3 级：优等、合格和不合格。

优等奶：奶价由牛奶基础价和奖金部分组成的。

合格奶：每毫升牛奶里体细胞总量 300 000 个以上，价格比优等奶低 3%。

不合格奶：每毫升体细胞总量 600 000 个以上，价格只是合格奶的一半。

乳品加工厂主要在以下几个方面来检测牛奶。

3.3.1 细菌指标

检测牛奶中存活的细菌数量。细菌数高的主要原因有挤奶设备不干净，清洁方式不规范，乳头清洗方式不正确和奶牛患乳房炎。加工厂把细菌数少于 80 000 CFU/mL 的奶定为优等奶；超过 80 000 CFU/mL 但少于 200 000 CFU/mL 的定为合格奶；而超过 200 000 CFU/mL 的定为不合格奶。

3.3.2 体细胞数量

这是检测在牛奶中每毫升牛奶中的体细胞的数量．澳大利亚在 2003—2004 年平均的体细胞数是每毫升 208 000 个。大多数奶品加工厂对体细胞超过 250 000 个的奶农进行处罚；对于低于此标准的奶农给予奖励。造成此问题的一个重要原因就是乳房炎。乳房炎通常是由微生物引起的乳腺发炎。由于细菌侵入乳房，产生了有害于乳腺的毒素。乳房炎在老牛中是比较普遍的，所以奶牛场有效减少牛奶中的体细胞数的最佳方式就是淘汰老牛，保持年轻牛群。

3.3.3　沉淀物的检测

沉淀物的检测就是查验奶农的奶桶是否有污垢和沉积物。牛奶奶桶不干净的奶农要受罚。

3.3.4　抗生素检测

检测牛奶中抗生素的含量，抗生素的最高限量是 0.003 μg/mL。优等奶的抗生素含量为零。

3.3.5　温度检测

记录奶农的奶罐的温度。须低于 16 ℃，若超出此限，奶农受罚。通过这种方法可以防止奶农把牛奶煮沸再卖。

3.3.6　奶样检测的实验室标准

乳品加工企业利用自己的实验室检测奶农的牛奶样品。这些实验室必须是经过政府认证的，而且必须给奶农提供准确无误的牛奶成分分析报告。奶农可以把乳品加工厂的分析报告和独立实验室的分析报告进行比较。

乳制品加工厂通常根据奶农的牛奶供应量先按基础价每月支付奶资。此外，为了鼓励奶农提高牛奶的质和量，在每一财政年度末根据优等牛奶的乳脂和蛋白质总千克数给予一笔奖金。

澳大利亚乳品高质量的标准意味着奶农生产出优等牛奶，就可以从乳品加工厂获得上等的价格，乳品加工厂由于能生产出高质量的终端产品，又获益匪浅。这样一来，顾客就能享受到可靠优质的乳制品。

3.4　原料奶计价体系

所谓原料奶计价体系，就是由独立的中心实验室、第三方化验机构或者乳品加工厂对原料奶进行各项指标的检验分析，根据所提供原料奶的总体质量，确定原料奶的收购价格。计价体系会影响原料奶供应的质量。根据细菌数、体细胞数、冰点降低（掺水）和抗生素残留等质量指标来对奶农进行奖罚，会激励奶农改善原料奶质量。一个国际乳品联合会的研究报告显示，82％的参与研究的国家通过计价体系达到了它们的目标。这表明计价体系直接影响了原料奶供应的质量。波兰采用计价体系后，在 1996 年约 30％的牛奶供应商供应的牛奶细菌数低于 40 万 CFU/mL，而在 1995 年该数值只有 8％。交付牛奶的细菌数高于 300 万 CFU/mL 的供应商由 1995 年的 85％降到 1996 年的 65％。在丹麦，1972 年一级原料奶的细菌数限定值从 40 万 CFU/mL 改为 20 万 CFU/mL，这使得一级牧场主的比例从 80％降到 65％，但 6 个月后 80％的牧场主再次交付一级牛奶。计价体系在促使原料奶的质量方面发挥了重要作用。因此，计价体系影响着奶农（牛场）的行为，而奶农（牛场）对原料奶的质量起着决定性的作用。优质优价，奖励能提高原料奶质量的行为，对于不注意挤奶卫生、生奶中掺水造假、混入乳房炎乳或抗生素乳等降低原料奶质量的行为进行处罚，拒收质量不合格的原料奶。合理的价格体系，可以充分调动奶农的积极性，促进奶农生产出高质量的原料奶。建立以质论价的原料奶计价体系，能够激励奶农不断提高原料奶的质量，更加关注科学饲养技术的应用，从而提高奶牛单产量和原料奶的质量。高质量的原料奶不仅有助于提升最终产品价值，还有利于国民的公共健康。

3.4.1　计价参数的选择

选用计价参数一般要考虑以下几个方面。

（1）所选用的计价参数应尽可能全面公正地反映原料奶的质量。原料奶的质量指标包括很多，主要有成分指标、卫生指标、感官指标、稳定性指标和奶牛健康指标等，其中每个质量指标又包括多种具体的指标，并且反应每种指标的参数都有多种检测和表述方式。虽然对所有的质量指标都进行检测，最能全面公正地反映原料奶的质量，但无论是在技术上还是在经济上这都是不太可能的。我们只能是选取一些最能代表原料奶质量的指标进行测定，这就要求选用尽可能少的质量指标来尽可能全面公正地反映原料奶的质量。

(2)从产品角度考虑，要求原料奶能满足产品的工艺要求，所生产的产品产率最大化。乳品生产厂可以根据自己的产品需要来制定原料奶的计价参数。因为不同产品对原料奶的特性要求也不尽相同，例如，巴氏杀菌奶的原料奶，除对微生物数量、体细胞数有要求外，滋气味还应正常，脂肪、蛋白质含量也应符合产品要求；而超高温灭菌奶则要求原料奶质量非常好，尤其是蛋白质的热稳定性，要求原料奶在用 75%(甚至 80%)的酒精作酒精实验时保持稳定，同时，对微生物指标，如细菌数、嗜冷菌和芽孢菌都有严格限值；发酵乳主要对抗生素、蛋白质、异味指标有较高的要求，奶粉、奶酪、奶油类产品也都有其相应要求。如果产品为稀奶油、黄油和其他高脂产品，那么以含脂率为定价的标准则会促进奶农(牛场)努力提高原料奶的乳脂率，从而提高产品的得率；如果产品为干酪，因为蛋白质中酪蛋白的百分含量决定了干酪的得率，则可以以酪蛋白含量为定价标准，以促进奶农提高酪蛋白的含量，从而提高干酪的得率；同样，如果以细菌数和体细胞数为定价依据，奶农将会努力提高原料奶的卫生质量并避免乳房炎的发生；而奶粉制造商，则应以乳固形物为定价依据，因为这些成分决定了奶粉的产出量。

(3)所选用的计价参数的检测方法应简单、检测速度快、检测费用低。对于计价体系来说，计价参数的检测方法至关重要，因为检测结果是最根本的定价依据。计价参数的检测方法必须是成熟的，经过验证可行的。若检测的结果在准确性和稳定性方面还不成熟，就不可以用其作为检测方法。所选用的检测方法和设备还应尽可能的简单、易操作和易携带，因为乳品检验一线的工作人员工作量很大，有时一些检验操作不是在实验室，而是在牛场，这就要求检测方法和设备易操作和携带。因为尽可能快地确定原料奶的质量，可以为做出收购或拒收处理赢得时间。所以检测结果要尽可能快地出来。检测结果可以让奶农(牛场)及时了解存在的问题并尽快采取改进措施，以免造成更大的损失。最后，检测的费用还要尽可能的低廉，低廉的检测费用可以使加工厂对所有的原料奶进行检测，最大程度地限制不合格原料进入生产。低廉的检测费用也有利于检测方法在一些小型乳品企业的普及。

3.4.2 计价参数

目前，国际上选用的计价参数基本上涵盖了成分指标、卫生指标、感官指标、稳定性指标和奶牛健康指标，此外还有的考虑季节因素和其他因素的。下面简单介绍一下常用的计价参数。

(1)乳成分指标。原料奶的成分指标是最为常见的计价指标，因为它对产品的质量影响最大。选作计价参数的乳成分指标主要有乳脂肪、乳蛋白、乳糖、水和非脂乳固体的含量。正常乳的平均质量分数为：水分 87%、乳脂肪 4.0%、乳蛋白率 3.4%、乳糖 4.8%、总乳固体为 13%。乳脂肪是影响乳制品风味的主要成分，对于一些以乳脂为主要成分的产品来说它也是影响产品得率的主要成分。所以乳脂肪的含量基本上是所有计价体系中都必选的计价参数。乳脂率与乳干物质呈较强的正相关，一般乳脂率越高乳的干物质也就越高。乳脂率与干物质之间有一个回归方程，测得原料奶的乳脂率后就可以根据回归方程计算出乳干物质。此方法快捷，实用，成本低，为国内中小型企业广泛采用。一般乳品企业将 3.1%的脂肪含量作为原料奶定价的基准数值，价格随之上下浮动。1999 年之前，我国多数乳品企业的计价体系中主要参数就是脂肪含量，再辅以乳比重以确定等级，即为牛乳的计价参数，即按脂论价。乳脂中 97%～99%的成分是乳脂肪，还含有 1%的磷脂、游离脂肪酸及脂溶性维生素等。这里所说的乳脂肪是指采用哥特里-罗兹法测得的那一部分乳脂质，其含量可高至 4.5%，若低至 2.6%以下，可能是低成分乳，使用时要慎重。

乳蛋白是乳中最重要的营养组分，也是构成乳干物质的主要组分，对于以乳蛋白为主要组分的产品的得率有很大的影响。一般乳品企业将 2.9%的蛋白质含量作为原料奶定价的基准数值，价格随之上下浮动。1999 年开始，一些乳品企业开始考虑将蛋白质指标纳入原料奶收购的计价体系，并且每个计价单位的价格略高于乳脂肪的计价，乳中蛋白质正常含量为 2.8%～3.8%，若低至 2.5%以下，可能是低成分乳，应慎重使用。检测乳的含水量可以判断原料奶中是否掺水，一般采用检测原料奶的冰点的办法。生鲜牛乳冰点值为 −0.565～−0.525 ℃，平均为 −0.525 ℃。作为溶质的乳糖与盐类是冰点下降的主要因素，但酸败乳(即酸度≥20 °T)冰点会降低;另外,贮藏与杀菌条件对乳的冰点也有影响。牛乳中掺水是冰点升高的主要因素之一。正常牛乳的冰点很稳定,用水稀释后的牛乳,其冰点会升高,加入不同的水量,牛乳的冰点升高的程度也不同。这就是用检测冰点来判断是否掺水原理。正常乳中含有11%～13%的干物质,它说明了乳的营养价值。但实际上国标中对乳制品理化指标的规定,多是针对非脂干物质的,因此其含量又同乳的密度相关。原料奶干物质含量低时,会影响菌体的生长发育和酸奶的凝固性。

(2)卫生指标。原料奶的卫生指标包括微生物指标和非微生物指标。微生物指标主要包括细菌总数、芽孢、结核菌和布鲁氏菌等致病菌。非微生物指标主要是指杂质度。微生物含量也是原料奶收购计价的一个重要的考核指标。实验证明,微生物含量越多抗热力越强,加工过程中,原料奶中微生物数量过大,会导致杀菌不彻底,成品中残留菌量超标,产品容易变质,货架期得不到保证。另外,活的微生物菌体特别是嗜冷菌和耐热菌产生的胞外酶可耐受较高温度,甚至在UHT产品中也会有具有活性的酶残存,严重时导致产品变质、缩短保质期,从而降低产品食用安全性。另外,研究表明,残留于牛乳中的过多的细菌的代谢产物,仍会使人产生一些不良反应,如发热、关节发炎等。而原料奶中的致病菌(主要指口蹄疫、传染性白血病、感染性牛疱疹病毒等)则可能使消费者发生食物中毒或患上传染性疾病,严重影响消费者的健康安全。受检测方法得限制,而致病菌的种类又很多,所以乳品加工企业不可能每次都检测所有的致病菌,而主要采取定期索取牧场奶牛检验检疫证明和对牧场现场考查的方式实施间接监控。因此,乳品加工企业应从严把关,减少原料奶细菌数,防止含有致病菌得原料奶进入生产中。一般乳品企业将4 mg/kg的杂质度作为原料奶验收合格的标准。乳制品生产许可审查细则中明确规定了原料奶中杂质度的检测要求。一般包括盐类(主要指硝酸盐、亚硝酸盐)、兽药(主要指抗生素中的青霉素类、四环素类、大环内酯类、氯霉素类等)、重金属(主要指汞)、农药(主要指六六六、DDT等)、消毒剂、激素类等的残留检测。这些物质的残留一直是食品质量及安全性的一个指标,在验收过程中一定要严格控制。虽然这些指标的控制主要在牧场,但乳品企业也应定期进行监督检测。

(3)奶牛健康指数。奶牛的健康指标主要包括体细胞数和药物残留量。药物残留主要包括抗生素、兽药和抑制剂等。当牛乳中的体细胞数超过50万个/mL时,则意味着奶牛得了乳房疾病。细胞含量通过特殊设计的粒子计数器来检测(考特计数器等)。生奶的体细胞过高,往往是由乳腺的急性或慢性炎症引起的。由于体细胞内含有酶,这些酶就会析出并发生生化效应,使乳成分中的脂肪与蛋白质发生变性,尤其是当乳汁被浓缩时(如蒸发淡炼乳),此问题就显得更为严重。体细胞含量高的乳的发酵特性差,产酸慢并且产生的风味成分少。另外乳中的体细胞对乳中的细菌具有保护作用,如单核细胞性李斯特菌,当它们存在于体细胞内时,巴氏灭菌法不容易将它们完全杀灭。牛乳中体细胞(SCC)主要是血液中的白细胞,多为多形核嗜中性粒细胞(PMN),在乳导管感染期间,大多数体细胞是PMN。很难判定PMN数量达到多少时才开始影响乳制品的质量。有研究认为,体细胞数达到1×10^5个/mL时开始影响,另有学者认为在此限值在5×10^5个/mL。但有一点很明确,PMN对牛乳组分的影响相对于其他种类细胞大得多。有文献证明,体细胞数升高会加速UHT产品凝胶化,缩短巴氏杀菌产品的保质期,延长发酵产品的凝固时间及降低干酪产品的产率并引起质构缺陷。对牛乳体细胞数进行检测,并作为原料奶计价参考依据,将使原料奶的质量评价体系更为科学化。原料奶中残留的抗生素会对消费者的健康造成很大的危害。首先,长期饮用含有抗生素的奶会使人产生耐药性。抗生素在牛奶中的残留,会使人被动的摄取并积累,给肌体带来毒性。细菌对抗生素的耐药性增加,影响了患者临床常规用药,疗效下降甚至无疗效,引起病人的生命危险。其次,抗生素还可能造成人的过敏反应。一些抗生素如青霉素、四环素及某些氨基糖苷类抗生素残留在奶中,长期饮用这类奶,能使部分过敏体质的人发生过敏反应,轻者出现荨麻疹、发热、关节肿胀等;严重时会出现过敏性休克,甚至危及生命。部分敏感人群还会发生变态反应。最后,长期饮用抗生素超标的牛奶,就会抑制和杀灭正常肌体内寄生的大量菌群,耐药菌或条件性致病菌大量繁殖,人体肠道的菌群平衡遭到破坏,使肌体易发生感染性疾病。另外,由于含有抗生素的牛奶无法制成酸奶、奶酪等一些高质量的乳制品,易造成大量原料奶的浪费,给乳品加工企业带来很大的经济损失。所以,对含有抗生素得原料奶一般采取拒收处理。对于畜牧业来说,动物用药后,药物以原形或代谢物的形式随粪便、尿等排泄物排出,残留于环境中,而绝大多数兽药排入环境后，仍然具有活性，会对土壤微生物、水生生物及昆虫等造成影响。

(4)感官指标。感官指标包括状态、色、味等，最主要的是异味。异味主要包括酸味、氧化味、油脂变质(哈喇)味、化学试剂味、饲料味或其他异味。因为一些异味在加工过程中很难除去，并且对最终产品的质量造成严重的损害。所以感官检验是收奶过程中必检的一个项目。正常牛乳颜色为乳白色或微带黄色，不得含有肉眼可见的异物，不得有红色、绿色或其他异色。不能有苦、咸、涩的滋味和饲料、青贮、霉等其他异常气味。正常情况下，乳品企业在原料奶验收过程中发现以上情况时，应请技术人员进行分析，若确定此情况无法经生产工艺予以消除，则应拒收；若确定是由某些外在因素引起的异常气味，经生产过程中的"脱气"等工序后可以消除，且不会对未来产品质量产生影响，就可以考虑降价接收

(5)稳定性指标。牛奶的稳定性指标主要包括酒精稳定性和热稳定性两个方面。这种方法被用来检验乳是否变酸、是否与初乳混合或者受有乳房炎乳的污染。一般情况下稳定性不合格的原料奶应拒收。但低酸度酒精阳性乳具有正常乳汁的营养成分。若采用高温短时间(80～90 ℃，1～4 min)杀菌法，可用其加工生产酸奶。所以可以降价收购。

(6)季节指标。牛乳质量随季节温度变化有较大差异，为鼓励原料奶产量的季节均衡性，多数国家都会根据季节付给不同价格。气温较低的季节(10、11、12、1、2、3 月)牛奶各项指标明显高于气温较高(4、5、6、7、8、9 月)的月份。为避免不同季节不同成分牛奶套用一个计价标准的弊端，可以将一年按气温变化分成两个计价阶段，再参考国颁标准，结合当地实际奶质的情况下，将 10—3 月的最低标准适当提高；而 4—9 月最低标准则适当降低。这样还可以避免加水或掺杂使假现象的发生。由于一年四季一个标准导致冬季因奶质高而加水，夏季因奶质低而掺假，如淡粉等以平衡奶质。

(7)其他指标。除了以上几种重要的参数外，还有一些其他参数。还可以按奶农(牛场)的全年供奶量，给供奶量大的奶农(牛场)提供额外奖励。另外，根据市场行情、原料奶供应情况，对付款系统进行定期或不定期的调整。

3.4.3 计价

原料奶的质量分析结果出来后，就可以给原料奶定价了。很多国家都是给出一个基础价，然后加上由上述参数决定的奖罚金额，有时还需再加上运输费用，计算出总的收购价格。凡在样品检验中发现不符合质量标准需要给予扣款或罚款，将从应支付的奶款中扣除。对于持续不能达到质量控制标准的，将给予额外罚款处理，直至质量达到标准。如果奶农(牛场)在某些方面有严重的不足，处罚手段可能是罚款、降低牛奶的收购价格和暂时停收牛奶。

澳大利亚的原料奶计价的核心是优质优价。乳品加工厂付给奶农的奶价是由两部分组成的：市场基础价和对优质奶的奖励部分。基础价是根据每千克牛奶的乳脂和蛋白质含量而确定。奖励则是通过一系列的质量检测给牛奶的质量评级。不同等级的牛奶奖励或惩罚不同。另外，乳品加工厂对于那些能够在淡季照样像旺季(冬季)一样都能生产优质牛奶的奶农给予季节性的奖励。

牛奶等级划分为优等、合格和不合格。计价方法如下。

(1)优等奶：每毫升牛奶里体细胞总数 300 000 个以下，奶价由牛奶基础价和奖金部分组成的。

(2)合格奶：每毫升牛奶里体细胞总量 300 000 个以上，价格比优等奶低 3%。

(3)不合格奶：每毫升牛奶里体细胞总量 600 000 个以上，价格只是合格奶的一半。

可见不合格奶与合格奶和优等奶相比价格上存在很大的差距，仅为合格奶的 50%。因此，通过这样的计价体系可以影响奶农的行为，激励奶农积极生产优质的牛奶，从而提高奶农的收益。同时，由于原料奶质量的提高，乳品加工企业可以生产出高质量的最终产品并从中获益。

国外多根据乳脂和乳蛋白的具体数量计价，而国内多数乳品厂是根据乳脂和乳蛋白级别定价，这就不能充分体现优质优价。并且，国外对于超过标准的按超过的含量给予奖励，乳脂和乳蛋白的含量越高，得到的报酬也就越高，这样可以促进奶农(牛场)加强奶牛科学饲养管理，从而生产出优质的原料奶。而国内奖罚制度还不完善，奖励制度不完善就不能充分调动奶农(牛场)加强科学饲养，提高牛奶品质的积极性；而惩

罚制度不完善则无法杜绝一些人受利益驱使，向原料奶中掺假使杂，从而造成牛奶品质下降。

细菌总数和体细胞数在国外都进行分级，不同级别奖罚数目不同，国内大部分乳品厂原料奶细菌总数有的只有一个指标，达到即收购，没有奖罚措施。这就不会促使奶户努力改善环境和牛体卫生，从而提高原料奶的卫生质量。国内大部分乳品企业都没有把体细胞作为原料奶收购的指标。体细胞数是反映奶牛身体健康状况的重要数据。乳业发达国家普遍将其列为原料奶安全控制的重要指标。1999 年，北京三元食品在国内率先把体细胞指标列入原料奶收购标准中。三元所有牧场（包括合同牧场）的原料奶体细胞数都达到了欧盟的水平。

4 科技推广体系

澳大利亚的奶业主要实行以牧场主自愿组成的奶牛合作社和各专业协会相结合的行业管理，社会化服务模式，已经形成了内部有机联系的产业组织制度结构，涵盖了奶业的产前、产中和产后三大环节，各类组织设计范围广泛，功能清晰，代表不同组织成员的利益，构成了上下协调的系统组织结构。

4.1 主要研究与推广机构

4.1.1 澳大利亚奶业委员会(ADIC)

澳大利亚奶业委员会是澳大利亚制定奶业政策的最高决策机构，其领导人由政府任命，农场主自愿加入，可以优先优惠享受协会提供的各种信息和服务，它的下属组织机构包括澳大利亚奶农联合会（ADF）和澳大利亚奶制品生产商联合会（ADPF）。

ADIC 的主要任务是指定最高奶业政策，为奶农和奶业公司投共整个生产和供应链的运行机制和行业政策，促使下属机构在奶业的相关问题上达成一致，同时指导澳大利亚乳业公司和奶业研究与发展协会的工作，其中，发展协会负责管理奶业从业者缴付的研发税和政府提供的基金，通过研究和开发项目增加澳大利亚奶业的可持续发展，但其本身不进行研究，而是每年向有关研究机构如某些大学的农学院等投入研究经费 2 000 万澳元，资助的研究领域涉及牛奶生产、加工和销售的所有领域。

4.1.2 澳大利亚乳业局(DA)

目前，澳大利亚乳业最重要的服务组织为“澳大利亚乳业局”（The Dairy Australia）。该组织成立于 2003 年，前身是澳大利亚牛奶公司和奶业研究发展公司，是奶农持有产权的新型组织机构。其核心职能是促进澳大利亚乳品行业的研发和全面推广，负责乳品业研究、开发国内市场、促进国际贸易和开展信息服务等工作。公司的资金主要来源于奶农缴付的奶业调整税和政府资助。DA 作为奶业产业一体化的桥梁，它的任务就是为纳税人提供持续的利润，做单个农户或公司做不好的事情。DA 为 A 组成员和 B 组成员。A 组成员主要由奶农构成，奶农作为公司的会员有直接的话语权；B 组成员属于行业组织，包括澳大利亚奶农联合会（ADF）和澳大利亚奶制品加工商联合会（ADPF），这两类组织承担管理者职责，不具有投票权，在奶业战略制定和执行方面提供建议。DA 每年制定战略和执行计划都必须咨询这两个组织，确保 DA 关注行业需求，为全国奶农和奶业寻求利益最大化。DA 的董事会有一个奶业专家组，由 ADF 任命和由农户直接选举产生。这些专家在 ADF 奶业政策制定上提出建设性的意见。

4.1.3 澳大利亚奶农联合会(ADF)

澳大利亚奶农联合会（Australian Dairy Farmers Federation，ADF）是澳大利亚奶农的最高代表，在澳大利亚奶业发展中起着核心作用，真正保证了澳大利亚奶农的话语权。ADF 是农民自我组织，自我服务的合作社，由澳大利亚 6 个州的奶农基层组织组成，代表全国 14 000 户奶牛饲养者的利益。在 ADF 的管理下，各个州的农户团体组织都设有专门的奶农理事会负责当地奶业的发展。

ADF 下辖各个州的奶农理事会，主要作用是保障和代理奶农的话语权，向联邦和州政府反映奶农心声，确保他们的意见得到充分反映，在包括电价、动物健康和自然资源管理等一系列与奶业相关的政策制定上主张利益，提供奶业最新信息和各类商业服务，并进行技术推广。各州的奶农理事会与当地奶牛养殖户保持密切联系，并定期组织他们进行商讨，关注并致力于解决整个乳品行业面临的自上而下的重大问题以及涉及个别奶农的利益问题，以提高整个州的奶业生产力。ADF 主要有 7 类组织行为：行业自律和利益维护、集体谈判制度、技术审查与推广、奶农培训与教育、行业协调与合作、政策建议与咨询、奶业国际交流与合作。在这些组织行为中，集体谈判制度是一项颇有代表性的制度安排，在提高奶农地位和确保奶农收益方面起着重要作用。集体谈判小组不一定适合每个奶农，但它确实为奶农共同提高市场地位提供了机会。虽然它不是提高牛奶价格的万灵药，但至少是提高奶源市场利润的有效工具，提高了奶农谈判地位，有助于平衡产业链的利益关系。

4.1.4 澳大利亚奶牛牛群改良机构(ADHIS)

在澳大利亚，并没有政府部门对该行业实行监管，也没有对后裔测定进行管理。但在澳大利亚确有一个全国性的机构负责数据的收集和分析，然后计算出各项澳大利亚育种(ABVs)，这个组织被称作澳大利亚奶牛牛群改良机构(ADHIS)。澳大利亚奶牛牛群改良机构(ADHIS)的部分资金来自奶农所缴的税金。它对澳大利亚奶农协会负责，该协会是由各州(或省)的奶农协会的代表们组成。

从 1983 年起，澳大利亚育种值(ABVs)开始在全国范围内实施。1984 年，澳大利亚成为世界上第一个在动物模型基础上计算出澳大利亚育种值的国家。从那时开始，ADHIS 估计澳大利亚奶牛牛群的基因改良收益为每年 1%，换算成澳元，相当于每年价值约 2 000 万澳元的经济收益。与世界上大多数使用奶牛牛群改良机制的国家一样，数据分析是通过最佳线性无偏预测(BLUP)动物模型完成的。这是一个高度复杂的数学计算模式，对同一牛群和不同牛群之间的牛只进行比较。它可以根据季节、年龄、品种和最重要的基因变异进行评估。

澳大利亚发展了一套个体牛只挑选指数，来反映奶牛的各种生产性能指标的经济效益。这个指数称为澳大利亚生产效益排名，简称 APR。其他国家也有个体牛只挑选指数，美国是 TPI，加拿大是 LPI，中国是 TPPI 等。

澳大利亚收益排名(APR)是通过下列公式计算出来的：(3.8×蛋白质 ABV)＋(0.9×脂肪 ABV)－(0.048×产奶量 ABV)＋(3.9×生产寿命指数)＋(1.2 挤奶速度 ABV)＋(2.0 性情 ABV)－(0.34×体细胞 ABV)－(0.26×活重 ABV)。澳大利亚是世界第三大乳品出口国，在全球贸易中占 12%的市场份额。乳品业是澳大利亚农牧业里的第三大产业。原料奶中的干物质，如脂肪、蛋白质的含量是奶价支付标准的重要依据。原料奶中水分含量越高，原料奶在挤奶、冷却和运输环节的成本也越高，因此，这个公式会使干物质含量低的公牛受负面影响。澳大利亚生产效益排名(APR)在计算上反映了本国奶价支付系统的重要性。

生产寿命在澳大利亚奶牛牛群里是非常重要的。生产寿命指数是通过生产寿命 ABV 值(该值能衡量母牛在牛群里的生产寿命)加上重要的有助于生产寿命的体型特征指数，即全面体型、乳房深度和尻部性状。在澳大利亚，研究证明尻高和乳房深度是决定母牛在牛群中的生产寿命的非常重要的参考指标。

澳大利亚大多数的牛群由农场主经营，牛群规模较大。挤奶靠大型的鱼骨式或旋转式挤奶台完成。挤奶速度是一个重要的经济因素，每头牛的全部挤奶时间要在 6 min 之内完成，如果母牛的泌乳速度比这慢，会导致挤奶时间延长，降低挤奶效率，因此挤奶速度也会影响 APR 的。

体细胞数与临床乳腺炎具有很高的相关性，它能降低母牛的产奶量和牛奶质量。澳大利亚奶价支付系统会对超标体细胞数进行处罚。各地的奶牛生产记录中心会对体细胞数进行日常检测。每头公牛的体细胞数 ABV 值都要计算。该指标会包含在澳大利亚生产效益排名(APR)的计算中。

总而言之，澳大利亚奶牛牛群改良机构(ADHIS)计算出 15 个生产性能指标和 20 个体型指标的育种值

(ABV)。根据奶农自己的要求,他们可以在35个育种指标中挑选符合自家牛群的育种目标,能产生良好经济效益的选牛标准组合。例如,如果一个奶农只想选育产奶量高的奶牛,那么就可以参考产奶量ABV值。但是为了达到行业的要求,APR依然是被用作单个牛只的综合挑选指数。

总体体型和泌乳性的育种值(ABV)也是通过由澳大利亚荷斯坦协会收集的数据计算得出的。市场证明,APR排名靠前、具有良好体型和泌乳性能的公牛最受欢迎。ADHIS在澳大利亚荷斯坦协会提供的数据基础上计算出体型ABV值。这个机构与各冻精生产中心一样,是独立运营的,以确保数据没有偏差。澳大利亚荷斯坦协会采用的分级系统与加拿大荷斯坦协会所采用的一样,是线性分级系统。根据动物的每一个不同的身体构造算分。计算结果是最终的数字分数加上一个等级级别,由中等至优秀不等。

澳大利亚奶农对ABV值(澳大利亚育种值)很认可,这反映在他们的购牛决策中。ADHIS估计在澳大利亚出售的冻精,有65%是来自澳大利亚的后裔测定公牛,其余的35%来自进口。因此,对于奶农们来说,能用国内的ABV值做比较,对他们做出购买何种冻精的决定是非常重要的。例如,澳大利亚的APR不能直接与美国的TPI比较,澳大利亚的产奶量ABV也不能直接与美国的产奶量PTA比较。因此一头在澳大利亚没有产奶女儿就没有APR数据的美国公牛的遗传优点如何能与有APR数据的公牛比较?这是ADHIS另一个非常重要的任务,即向国际公牛组织INTERBULL提供数据。

国际公牛组织(INTERBULL)是在瑞典的一个国际组织,它将每个国家的生产与非生产数据转化成国际育种值。方法是,用那些在双方国家里有产奶女儿的公牛与那些在其中一个国家里没有产奶女儿的公牛相比较。这些被证实的数据被转换到成员国的基因价值指数中。在澳大利亚,被证实的国际数据被转换成澳大利亚生产效益排名APR(i),每一个单独的性能指标转换成澳大利亚育种值ABV(i)。一旦一头公牛在澳大利亚的产奶女儿达到足够的数量,依据这些女儿们的生产数据,INTERBULL的数据被转换成实际的澳大利亚育种值(ABV)。INTERBULL数据的可信度相对低一些,但对衡量一头公牛的女儿们在澳大利亚环境下的生产表现,还是具有一定的参考价值的。

4.1.5　联邦政府

联邦政府设置了检疫部,科学院和肉及牲畜公司等几个与乳业有关的部门,主要职责是开展预防检疫工作和帮助农场主出口产品。

4.1.6　州政府

各州政府的第一产业部负责奶牛等畜牧业方面的工作,具体职责是帮助农民研究和应用科学技术、为农场主后代提供职业技能教育、制定动物福利和环境保护等方面的政策。他们开展科研和推广工作所需要的经费有3个来源:一是联邦政府资助,二是从国家收取牲畜屠宰税建立的基金中提取的,三是州政府资助。

4.1.7　教育、科研机构

澳大利亚的农业高等教育和农民专业培训由各个综合大学、职业专科学校、函授教育机构等完成。他们一方面接受政府的委托,从事某一方面农业技术研究和农场管理问题方面的探索;另一方面,也可针对实际情况直接面向农场主进行服务。除了教育机构外,国家还设有各类研究机构,承担技术开发研究、基础研究和技术咨询与推广。他们紧密联系实际,与生产者签订合同,开展合作和研究工作,其成果直接用于实际生产。

4.1.8　其他组织

澳大利亚涉及奶业的行业性服务组织还有食品安全(三级食品安全组织)、澳大利亚奶制品加工商联合会(ADPF)、澳大利亚奶牛种群改良服务机构(ADHIS)、谷物饲料行业协会(LFGUG)、动物健康协会(AHA)、澳大利亚荷斯坦黑白花奶牛协会(HFAA)等。这些形式多样的协会组织,从不同角度为澳大利亚奶业服务,对推动澳大利亚奶业的可持续发展起了重要的保障作用。

4.2 运作模式

澳大利亚奶农自愿组成和加入各种类型的合作社，一个农场主往往在不同的经营环节上同时参加几个不同的合作社，平均每个农场主参加2.6个合作社。在这种情况下，农场主便与合作社形成了一种横向的，扇面型的多层经营体制，其行为贯穿于整个产业链的始终。合作社代表奶农向政府反映意见，帮助政府制定奶业相关政策和行业规范，并负责这些政策的实施。同时，负责协调各个牧场与乳品加工企业的关系，预测市场前景，指导奶农生产经营，参与奶业的研究开发。生产、加工、销售各个环节中的技术培训及服务均由专业化的协会和有关的社会化服务组织按照要求提供有偿服务。在澳大利亚科技推广的实际运作中，各研究与推广机构都发挥着重要作用。它们分工明确且相互配合，以各自的模式为澳大利亚奶业的科技发展做贡献。

ADF作为澳大利亚奶农利益的最高代表，通过其有效的制度安排，真正地保障了奶农在奶业产业链上的整体利益。其中的集体谈判制度在保障奶农话语权，提高奶农的谈判地位方面发挥了极其重要的作用。

澳大利亚的奶业协会及各类合作社涵盖了奶业产前、产中及产后的各个环节。在原料生产环节有各级奶农合作社、协会（ADF等）以及澳大利亚奶业委员会（ADIC）；在加工和销售环节有澳奶制品生产商联合会（ADPF）和牛奶销售商联合会（MMFA）。在产后服务环节有澳大利亚奶业公司（DA）。此外，澳大利亚奶业组织类型十分丰富，涉及奶业研发、奶牛养殖、谷物饲料种植、动物健康、环境保护、食品安全等。凡是与奶业产业链上相关的主体，客体以及与外界发生联系的因素均可以在澳大利亚找到相关的组织机构。

政府机构统管推广工作，主要由各州初级产业部门负责。各州划分为6～7个大区，大区又分为若干小区，小区设立乡村事业发展中心；负责该区域科技推广的机构为州的派出机构，实行垂直管理。研究部门把研究成果编成材料，由咨询站出售或免费发给农民。而农资公司、银行和食品加工企业等私人机构，它们为农民提供技术服务及经营方面的咨询，实行有偿服务。科研和教育机构则负责推广服务的生产试验和推广性的示范工作。推广人员把生产中存在的问题及时反映到科研和教育机构，然后把研究和试验的成果在生产中推广，再把效果反馈给科研和教育机构。农技推广人员必须是大专院校毕业生，具有独立工作和帮助农民解决实际问题的能力，并以职前培训和在职培训两种方式对推广人员进行培训。澳大利亚的农民也参与农技推广工作，他们必须受过专业教育，有能力参与推广工作。

澳大利亚政府为了鼓励农技科研与生产相结合，实行农业各产业部门联合资助研究和推广的计划，产业部门和政府按1∶1的原则出资（即只要生产者拿出1澳元，政府也拿出1澳元），用于本产业的科研与技术推广。每种农产品销售后都有一定比例提成。用于生产该产品的技术研究与推广。例如，每出售1头牛提取0.35澳元，每出售1头猪提取0.2澳元；羊毛生产者要缴纳其羊毛收入的3%作为科研推广税，由各产业的法定机构在价格中扣除。此外，政府时常采取拨专款的方式强化某方面的研究与技术推广。经费的其他来源还有行业协会和公司的赞助，从受益于新技术的农民的收入中提取，以及私人或其他技术推广机构实行有偿服务的收入。

5 促进奶业发展的主要政策

5.1 促进奶业生产的政策

澳大利亚乳品行业是一个完全由市场驱动的行业。在过去的20多年里政府逐步取消了限制。而这个进程的最后一步是2000年7月政府对饮用奶价格的管制的取消。因此，现在除了设立最基本的食品安全要求和食品标准规范（如标签和广告等）之外，政府对乳品行业没有任何形式的干预。

澳大利亚的奶牛业是完全的私有经营，奶牛场的规模不一，抗拒生产风险的能力差别较大。放牧＋补饲+机械挤奶为最普通的生产形式。为了使牛奶能顺利销售，每年农场主都将选择一个牛奶收购加工商(相当于牛奶公司)作为自己奶牛生产的依托。牛奶的包装、零售以及进一步的加工和加工产品开发都由这样的商业公司完成。商业公司间的竞争激烈，为了占领市场，他们非常重视从原料到加工产品质量。商业公司的利益在很大程度上依赖于奶农提供的优质原料。原料奶质量直接影响公司利益。反之，如果奶农提供了不符合要求的奶源，商业奶业公司可能会放弃它，奶农的牛奶将无法出售，更严重的是因信誉问题，这样的奶农将无法再与任何别的公司合作，也许它再也无法在这个行业干下去。澳大利亚有人把这样的生产形式称为合作社。事实上，奶农是它所依托的商业公司的股东。在澳大利亚，主要由农民拥有的合作社和股份公司进行奶制品的生产、加工。合作社控制的加工业加工牛奶产量的75%。澳大利亚奶业生产主要以牧草为主，但精饲料的添加量也在逐渐增加，为了提高牛奶质量，目前澳大利亚奶农在广泛地改善牧草质量，提高奶牛饲养管理等技术。

澳大利亚的奶业生产有两种模式，一种是农民拥有的合作社和股份公司进行奶制品的生产与加工，另一种是奶牛场和独立的乳品企业(包括私营、上市及跨国公司)通过合同收购的方式进行合作。其中奶牛场参股的合作制模式占有重要地位。奶农通过自愿的方式加入合作社，奶农是合作社的股东，合作社则直接创办加工企业。加入合作社后奶农所生产的牛奶必须全部交给合作社乳品加工厂，合作社的乳品加工厂也有义务收购社员生产的牛奶，这样既可以解除奶农销售牛奶的后顾之忧，又可以使奶农有更多的精力做好奶牛养殖，进而提高牛奶的质量和产量，进而合作社的乳品厂可以获得数量稳定和质量较好的原料奶，协调牛奶的生产加工和销售。奶农合作社使奶农和乳品厂之间的整体利益一致，关系易于协调，为促进奶业生产的优质高效，保证乳品质量安全起到了重要作用。

澳大利亚牛奶的产量虽然只占全球总产量的2%，但其乳制品出口量却在全球乳制品贸易中占据重要地位，位于新西兰和欧盟之后居全球第3。只有2 000多万人口的澳大利亚却在执行着堪称全球最高的乳制品清洁、安全和品质标准。在澳大利亚，所有批准成立的奶牛牧场必须拥有成文的食品安全计划(FSP)，各州乳品食品安全管理部门(SDFAS)在奶牛牧场许可证下发前先批准食品安全计划，同时经过批准的审计员对牧场食品安全计划实施定期审计。之所以澳大利亚乳制品清洁、安全和品质方面拥有世界最高的标准，很大程度上归功于他们完善的《食品安全计划》，该计划对包括牧场在内的各类乳制品企业控制污染、挤奶场所、挤奶卫生条件、水源供应和质量、清洁和消毒、可追溯性、员工能力都有相当明确的规定。计划要求全部奶源动物从出生到死亡都要得到具体识别确认，奶农在注册兽医协助下积极监控动物的健康和福利，从外部购买的动物和饲料还必须伴有供应商声明。

从2001年起，澳大利亚每个州都有一个食品安全机构负责每个加工商和奶农的生产符合食品安全标准。在此之前，由国家鲜奶管理机构负责牛奶的质量标准。各州视频安全组织各出一名代表组成澳大利亚奶业标准管理委员会，负责全国奶制品的质量问题，同时也负责鲜奶残留成分研究。

5.2　促进奶业加工的政策

澳大利亚各州政府制定了严格的加工和销售许可制度，即只有获得加工或销售许可的经营者才有权在某一地区或某一市场进行饮用奶加工和经营。在很多州奶业销售商直接与指定的加工商联合，在一个规定的区域内进行经营。

澳大利亚政府对乳品生产进行政策干预的具体做法是州和联邦政府按照牛奶的最终用途对乳品供给和乳品价格进行政策干预。在2000年7月1日以前，饮用奶的价格由联邦和州政府决定，而制造用奶的价格则由市场，尤其是国际市场对乳制品的需求进行决定。由于受政府价格政策的干预，多年来，饮用奶的价格比制造用奶的价格高出2倍，由此而形成“双价格制度”。尽管从1986年以来，联邦政府制造业管理部门针对制造用奶提供小规模的价格支持，同时仍许可其价格随着出口收入而变动，但这种借助于各种计划对制造用奶而实施的价格支持幅度很小，且逐渐地减弱，因而在缩小饮用奶和制造用奶的价格差异方面的作用不大。这种“双价格制度”不仅影响了饮料奶市场真正全国性的发展，使进口乳品在国内更加富有竞争力。2000 年 7 月 1 日以后，政府不再对饮用牛奶的价格进行干预。虽然有些奶牛场与商家就收购饮用奶的价格签订了商业合同，但是大多数奶牛场已经不区分饮用奶和制造用奶了，收奶商都是以一个介于制造用奶和饮用奶之间的混合价格进行收购。通常牛奶价格是由生奶中的乳脂和非乳固形物含量决定的。商家和奶农还根据牛奶质量、数量和季节等因素制定奖惩合约，以便对牛奶收购价进行调整。目前，澳大利亚的奶农是在完全没有政府干预的环境下从事经营活动，国际市场价格是决定奶农所能得到的价格的主要因素。其直接的结果是加快了奶牛场数量的下降。

澳大利亚饮用奶农场出场价以及零售价的制定意味着整个产业链中的其他价格也随之固定，因此饮用奶的加工、运送以及销售利润在一开始就固定了，只有当生产成本以及税收政策等发生变化时，整个产业链的利润才会随着农场出场价的改变而改变。

5.3 促进奶业贸易的政策

澳大利亚各州之间饮用奶的价格各不相同，因此当某两个市场之间的价格差大于运费时，那么跨州之间的贸易就必然发生。而且这种贸易一旦发生，某些地区先前规定的价格一定会遭到冲击，特别是那些农场出场价过高的地区，最后的结果就是造成当地液态奶生产规模减少，因此各州出于对本地生产的保护，建立了地区间贸易的壁垒，通常的办法是征收地区间的关税。

首先是 Kerin 和 Crean 计划。为了使澳大利亚奶业更具有竞争力，在经过 3 年的讨论后，旨在减少补贴和提高竞争力的 Kerin 计划于 1986 年出台。Kerin 计划，后来经过修改成为 Crean 计划，对饮用奶生产的补贴也逐渐减少，使得澳大利亚饮用奶价格从超过世界同期价格的 44.2%降低到 1992 年的 22%，并逐步实现对制造用奶提供小规模的价格支持，使得整个行业逐渐趋于合理化。

其次是国内市场扶植计划(Domestic Market Support Scheme)。DMS 计划是由联邦政府制定，由澳大利亚奶业公司执行的对整个澳大利亚国内消费液态奶以及用于制造加工品的原料奶进行税收征集的计划，其收益大部分用来对加工奶产品进行补贴。

DMC 是由 Kerin 计划和 Crean 计划演变而来，这一计划将饮用奶原先超过世界价格 22%的比例降到 10%，许多州将以往对饮用奶生产的补贴逐渐转向制造用奶生产，进一步缩小了两者之间的价格差距。

结构重组计划(De-Regulation Restructure Package)。澳大利亚政府已经在 2000 年 7 月正式取消了所有的补贴政策，虽然这种措施必然引起国内奶业巨大震动，但并没有招致太多的反对意见，这是因为在此之前政府通过一些过渡措施，缓解了其间的矛盾，结构重组计划便是其中一个。结构重组计划许诺为全国各地的饮用奶生产者提供 8 年数额达 12.5 亿澳元的补偿，以逐渐适应饮用奶市场逐渐放开的政策。例如在维多利亚州平均每个奶农获得了 70 000 美元的补偿，而新南威尔士和昆士兰的农户则得到了约 14 000 美元的补偿，这就在很大程度上缓解了因政策变动而带来的社会问题。

鉴于通过 WTO 贸易改革的步伐，澳大利亚政府奉行自由贸易协定作为额外的附加条件，并且会迅速地建立打破澳大利亚贸易的壁垒的机制。提供贸易双方协定是自由贸易确保继续增加出口概率的一个重要手段。贸易改革将使澳大利亚奶业产业更好地在奶业的生产、加工、和销售方面利用它的全球竞争力，并且通过以更好更稳定的价格来增加奶业的销售市场。

5.4 促进奶业消费的政策

在澳大利亚，各州政府历来负责保证向本地消费者全年提供新鲜的全脂饮用牛奶。有些州政府为达到此目的而对农场的奶源采用垄断或配额方式，控制从农场到消费者的价格与经销渠道。因此，在 2000 年 7 月 1 日以前，饮用奶的价格由联邦和州政府决定，而制造用奶的价格则由市场决定，尤其是国际市场对乳制品的需求决定。

澳大利亚牛奶产量虽然只占全球总产量的 2%，但其乳制品出口量在全球乳制品贸易中却占据重要地位，占比达11%，位于新西兰和欧盟之后居全球第3。澳乳制品出口的目的地主要在亚洲特别是东亚、东南亚，高度集中于亚洲市场的原因，主要是与亚洲距离较近，同时在欧洲等其他主要市场存在较高的准入限制，或者其他一些主要竞争者通过大量的出口补贴抢占了市场。另外，中东和美国也日益变成澳乳制品的重要出口市场。为了促进牛奶和乳制品消费，澳大利亚各企业及其相关组织实行了以下措施。

(1)增加乳品品种的多样化，以促进消费者需求。在澳大利亚，乳品消费的品种繁多，奶酪、黄油、液态奶、酸奶、奶粉以及冰淇淋等构成乳品的6大系列，而在每个系列中，又根据加工方法的不同、脂肪含量的多少和是否添加其他成分而分成许多小的品种，如奶酪就有105个品种，液态奶有10种之多，酸奶也有20多个品种。这种消费品种的多样性，不仅在提高乳品(如酸奶和奶酪)的整体消费量方面功不可没，而且带动了乳品加工业的进一步发展。

(2)根据人们对乳制品的反应来引导消费。长期以来，澳大利亚乳品行业仍坚持不懈地通过形式多样的活动来影响和引导居民对乳品的消费行为。例如，2003年3月3日，Australia Dairy Corporation 发起了一场名为"3 Servers"的活动。该活动倡导每个居民每天消费3个单位的乳品，即"一杯牛奶、一杯酸奶和一小块奶酪"，并把3个单位的乳品所含营养成分以及对人体的益处借助于各种促销活动广为宣传。这些活动对澳大利亚居民的乳品消费行为产生着潜移默化的影响，从而促使其乳品消费的内部结构发生变化。

5.5 对奶业的金融支持政策

澳大利亚奶业金融立法先行，为金融政策的落地起到了很好的规范实施和保障作用；金融机构服务奶业积极性较高，尤其为奶牛养殖业顺畅了融资渠道；政府通过直接或间接的资金救济与金融服务，不断优化奶业产业结构，注重提高奶农自力更生的能力；澳大利亚通过对奶农征收服务税，建立产业基金进行全奶业供应链的项目投资，促进了澳大利亚奶业可持续发展，提升了产业国际竞争力。

5.5.1 金融立法体系

澳大利亚农村金融立法分为联邦政府立法和州政府立法。20世纪初期，澳大利亚为促进"三农"的发展制定了相关的金融支持法案。1992年和1998年联邦政府先后出台了《农户援助法案》《农村调整法》，通过发放财政补贴，营造宽松的金融环境来帮助陷入财务困境但具有发展潜力的农户恢复经营，鼓励面临淘汰的企业退出，不断优化产业结构。《所得税(农场管理存款)条例》允许农户调整盈亏年份的税前利润，避免较高税收，最大程度降低因季节性波动带来的生产不利影响。各州政府也根据自身农业的发展实际制定了《农村贷款担保法》《农村金融法》和《信贷(农村金融)法》等，通过发放生产补贴，提供优惠贷款，设立农村金融公司，规定州政府为农户提供担保，顺畅融资渠道，破解农户融资问题。

除了通行的农业金融立法，澳大利亚奶业专有立法更加有力地保障了奶业发展的金融需求。1986年联邦政府的《乳制品法案》规定，奶农支付产业服务税，建立产业基金，保障奶业项目投资的资金来源。1999年制定《重要产业(消费)税收法案》规定征收乳制品出口消费税，对出口进行间接补贴，刺激出口。2014年《家庭农场支持法案》规定，政府对长期经营不善的农场提供最长3年的收入补贴，让农户有重振经营的机会。

5.5.2 政府的金融支持

澳大利亚联邦及各州政府对乳业的金融支持主要通过直接资金救助和金融管理两个方面来实现。

农场家庭津贴(FHA)是政府为经营不善的家庭农场提供最多3年收入补贴，旨在让农户和其合伙人能够改善财务困境，设置3年的援助过渡期，是为了让农户能够自力更生，避免其过度依赖。

干旱优惠贷款是政府为了帮助长期经历干旱而导致奶牛减产，遭受重大财务损失的奶农提供的优惠贷款。乳制品复苏优惠贷款是帮助牛奶收购价格。下跌而经营亏损惨重的农户重新恢复经营的贷款。这些贷款期限长、利率低，能够为农户降低用资成本，给予足够长的缓冲期恢复生产。税收方面，对于那些经营亏损无法负担起纳税义务的农户，政府允许他们向澳大利亚税务局申请延期付款。澳大利亚奶业非常重视科技研发，政府每年还会在奶业科技研发方面给予资金赞助。

5.5.3 金融管理

澳大利亚政府除了直接在资金上给予支持，还会通过成立一些公共服务机构来为农户提供金融服务。例如，成立农村金融调查小组、设立农村金融咨询服务中心和开设高端金融论坛等，引导并教育农户更好地理解和运用政策，提升金融意识，正确识别风险与机会，增强其自主经营的能力。

移动信息服务中心是一个流动的农村金融调查小组。他们会定期深入澳大利亚农村进行实地访问调研，向农户传达政府的政策信息，帮助农户真正获得应有的资助。目前移动服务中心已在维多利亚州和南澳大利亚州等乳制品主产区进行实地走访，向奶农提供政府的一揽子乳制品援助政策信息，帮助奶农获得援助。

农村金融咨询服务(RFCS)中心为奶农提供免费的金融咨询服务。金融咨询服务机构可以为奶农提供最新的金融援助政策；帮助奶农与银行协商；向奶农引荐会计师审查财务问题，推荐农业顾问和相关教育培训事宜；推荐奶农到公共服务部门并向专业人士咨询关于农场的继任规划等。目前，澳大利亚政府在乳制品价格下跌影响较大的维多利亚等 4 个州增加了 9 个金融咨询机构，为因乳制品价格下跌而生产困难的奶农提供服务。

农业金融论坛是一个高层次交流平台，论坛的参与者是来自农业金融部门、农业政策制定部门、初级生产者和政府涉农部门的代表。各部门代表可以就该行业重大的金融事件或者政策阐述观点，不断推进农村金融事业的发展。通过该论坛，农户可以获得重要的金融政策信号，能更好地把握政策导向，发挥自身优势，获得更多的投资经营机会，提高自身竞争力，从而促进整个行业的可持续发展。

5.5.4 金融机构服务

为澳大利亚奶业提供信贷融资的金融机构主要分为银行和农村金融公司。提供奶业信贷融资银行主要包括澳大利亚新西兰银行(以下简称澳新银行)、澳大利亚国民银行、联邦银行、西太平洋银行和分布在各州和领地的农村银行，它们为奶业融资提供丰富的信贷业务，主要包括短期贷款、收入生产型设备融资、奶牛租赁、长期贷款和巨灾保险。

除此之外，农村金融公司还提供政策性贷款。短期贷款分为信用透支类贷款和商业票据融资。短期贷款主要用于因季节性和临时性生产经营周转困难而借款，例如，农户需要资金购买农药、化肥或进行牲畜保健，或因季节性导致的流动资金周转不畅。设备融资和奶牛租赁是澳大利亚金融服务奶业的特色。设备融资主要是收入型生产设备的贷款，3 类贷款主要区别在于设备所有权的归属问题。奶牛租赁的放贷门槛低，对于租赁的农户没有经营业绩的要求；审核迅速，24 h 内即可完成放贷资格审查；还款期限长，使养殖企业有足够的现金流以维持运转。长期贷款主要是分期贷款，根据农业企业的资金用途、现金流要求及还款能力，银行提供了多种分期还款方式。各州金融公司还会根据政府的金融政策，积极配合开展政策性贷款业务。此外，金融机构还会为农户提供专业细致的理财规划、风险管理及农场存款管理等服务。

5.5.5 产业基金项目投资

澳大利亚产业基金对于乳业的发展贡献巨大。产业基金由澳大利亚乳业局统一管理，在其他行业组织参与配合下投资于整个奶业供应链，不断提升澳大利亚奶业整体竞争力。

(1)产业基金投资战略。澳大利亚乳业局对奶业的发展进行整体谋划，以 3 年为周期，确定战略投资重点。2013—2016 年度，澳大利亚乳业局确立了 3 大投资战略重点：①提升农场营利能力和竞争力。这是增强利益相关者的信心和保持产业长远发展的关键。②保护和产业升级。这有利于维持澳大利亚的乳制品在全球的声誉和可持续发展能力。③培育行业精英。知识渊博的专业人员能够更好地理解商业模式和发现创造财富的机会。

(2)产业基金来源。产业基金由牛奶服务税、政府配套资金和杠杆资金构成。其中，50%以上由奶业服务税构成，税收按照每千克牛奶的干物质含量来收取，由原料奶加工商向奶农收取并上交政府，政府在《法定资金协议（SFA）》的基础上将税收支付给澳大利亚乳业局。根据澳大利亚乳业局数据，2015—2016 年度，每千克牛奶乳脂收税 2.87 澳分，乳蛋白收税 6.99 澳分，按照澳大利亚国家平均乳成分标准来计算，相当于每升牛奶收税 0.352 澳分。杠杆基金包括州政府、学校、科研机构等的外部贡献，澳大利亚乳业公司金融资产利息收入、特许权使用费收入等。

（3）基金项目投向及成效。整体来看，2013—2014 年度共投入产业基金 6 180 万澳元，2015—2016 年度 6 640 万澳元，增长了 7.44%。从对不同战略重点投资来看，产业基金在提升农场营利能力和竞争力方面的投入金额最多，占比约 5 000，说明澳大利亚对奶牛养殖业的资金投入力度大，重视产业链基础环节发展；在保护和产业升级以及培育行业精英方面投入占比分别约占总投资的 1/4。

2015—2016 年度澳大利亚乳业局对于 3 大投资战略重点，细化了投资计划，制订了更具针对性的投资方案。澳大利亚在 2015—2016 年度的奶业项目投资中收获颇丰，提升了奶源品质（270 位澳大利亚奶农获得了“倒数计数牛奶质量奖”），提高了奶牛生产性能（荷斯坦奶牛存栏量增加 4 400，娟姗牛存栏量增加 3 800），改善了环境污染，刺激了奶业的消费（以世界上第一份研究“多喝牛奶有助于减少老年人骨折的风险”刺激消费），稳固了澳大利亚乳制品世界级品质的地位，培养了一批专业人才，增加了奶农的收益，产业竞争力得到进一步提升。

6 值得借鉴的主要经验

6.1 奶牛生产方式由数量型向质量型转变

在过去 40 年间，澳大利亚的奶牛场数量减少了 3/4，从 1980 年的 22 000 家减少到 2019 年的不到 5 055 家。与奶牛场数量减少形成对比的是，澳大利亚牛奶的总产量呈现出整体上升态势，1980 年的总产奶量为 556.5 万 t，到 2019 年总产奶量增长为 879.5 万 t。这是因为奶牛场规模的扩大和奶牛单产水平的提高。1980 年，平均畜群规模是每个奶牛养殖场 85 头奶牛，平均单产为 2 977.528 kg/头，2019 年平均畜群规模增长到 279 头奶牛，平均单产达到 6 107.639 kg/头。澳大利亚具有良好的自然条件，但其奶业发展并未一味追求数量和规模，而是通过提高生产水平，增加单产，选择与其国情相适应的适度规模。我国资源禀赋条件决定了小规模养殖在一定时期内仍是未来奶业发展的主体，因此我国奶业在未来的发展中要通过改善饲料、改良品种和提高管理水平来增加牛奶的单产，从而实现更少的奶牛场、更适度的规模和更高的牛奶生产率。

6.2 利益合理分配的合作社模式保证奶业生产安全高效

澳大利亚奶业生产有两种模式，一种是农民拥有的合作社和股份公司进行奶制品的生产与加工，另一种是奶牛场和独立的乳品企业（包括私营、上市及跨国公司）通过合同收购的方式进行合作。其中奶牛场参股的合作制模式占有重要地位。奶农通过自愿的方式加入合作社，奶农是合作社的股东，合作社则直接创办加工企业。加入合作社后奶农所生产的牛奶必须全部交给合作社乳品加工厂，合作社的乳品加工厂也有义务收购社员生产的牛奶，这样既可以消除奶农销售牛奶的后顾之忧，又可以使奶农有更多的精力做好奶牛养殖，进而提高牛奶的质量和产量，进而合作社的乳品厂可以获得数量稳定和质量较好的原料奶，协调牛奶的生产加工和乳品销售。奶农合作社使奶农和乳品厂之间的整体利益一致，关系易于协调，为促进奶业生产的优质高效，保证乳品质量安全起到了重要作用。我国奶业发展还处在初期阶段，奶农和乳品加工企业还没有建立紧密的利益链接机制，这为生鲜乳质量安全带来隐患，可借鉴国外的经验，有序提高原料奶生产、乳品加工、市场营销环节的依存度，通过建立奶农合作社、奶牛场入股加工企业及自建乳品企业等方式推进一体化经营，推进利益合理分配的同时保证牛奶生产的优质高效。

6.3 种养结合模式推进奶业可持续发展

澳大利亚草原和土地资源丰富，特别是拥有高质量的牧草，适宜的气候和茂盛的牧草使得全年放牧成为可能。以放牧为主或种养结合的生产方式，既保证奶牛饲草饲料、特别是青贮饲料和牧草的供应，发挥奶牛的遗传潜力，又保证合理利用奶牛粪便还田，增加有机肥的施用量，提高作物产量，形成动物、植物、微生物三者平衡的生态农业系统，可谓一举多得。在美国、欧洲等一些奶业发达国家和地区，奶牛生产必须配套饲草饲料地，种养结合的奶牛生产方式十分普遍，即使在土地资源稀缺的荷兰、日本等国家，种草养畜也被十分重视，只不过不同国家根据资源禀赋不同，配套的饲草饲料地比例不同。我国奶业目前进入转型时期，特别是当前，随着标准化规模养殖的迅速推进，奶牛粪污处理和环境保护问题越来越突出。因此，在发展现代奶牛养殖业的过程中必须实行农牧结合。我国幅员辽阔，可以针对不同地区的特点进行规划，如在大城市郊区，土地资源紧缺，可考虑发展集约化规模养殖；在农区和牧区，可利用草地、山地和耕地，发展种养结合的奶牛养殖模式，提高奶牛生产的质量效益。

6.4 健全的社会化服务体系保证奶业生产稳定有序

澳大利亚的奶业主要实行以牧场主自愿组成的奶牛合作社和各专业协会相结合的行业管理、社会化服务模式，涵盖了奶业的产前、产中和产后三大环节。澳大利亚奶农自愿组成和加入各种类型的合作社，一个农场主往往在不同的经营环节上同时参加几个不同的合作社，平均每个农场主参加 2.6 个合作社。在这种情况下，农场主便与合作社形成了一种横向的、扇面型的多层经营体制，其行为贯穿于整个产业链的始终。从澳大利亚奶业发展的经验来看，独立且关联的奶牛协作组织已成为奶业产业化良好的组织载体，成为奶业产业链中连接龙头加工企业与奶牛养殖户的纽带，它把分散经营的奶农，通过交换相联合，形成规模经济，使农户获取规模效益，有效地提升了奶业产业化的整体水平。我国奶业近年来发展很快，但为奶业生产服务的专业化协会(组织)、提升奶农话语权的合作社以及研究行业特点和指导行业发展的机构还非常稀缺，可以说，奶业发展的成熟度还不够，这就需要政府、企业和有关单位的重视和努力，通过不断完善和推进与产业发展相匹配的社会化服务体系，促进我国奶业协调有序发展。

6.5 重视乳制品加工技术与研发

随着我国政府和企业对乳品业经济发展认识的逐渐提高，产业合作的不断深入，国家在产业技术研发上的投入和关注也不断增加，例如：国家奶牛产业技术体系下设的乳品加工研究室、农业农村部奶及奶制品质量监督检验测试中心与部分高校和企业单独及合作组建的乳品加工(重点)实验室等，都在乳品加工及检测技术研发与推广方面发挥着举足轻重的作用。但是，我们也发现科研单位和企业在合作基础方面依然很薄弱，技术研发和其企业需求不匹配仍然是主要制约因素；在成果技术转化和互利共赢方面，双方需要进一步加深面向市场需求的史研发和深层次合作，以期共同可持续发展。

6.6 强化政府监督与引导

优质的奶源、完善的质量安全体系和丰富的管理经验是澳大利亚乳业发展的法宝。政府作为我国乳业质量安全的监督部门，应该加强乳制品质量安全监督与管理工作。通过严把生产经营、加强检验检测和监测评估、建立可追溯制度、加大违法处罚力度等方式方法，保障我国乳制品质量安全。同时，我国乳制品质量安全已经取得较大的成效与提升，但消费者信心有待恢复，因此，政府应积极宣传乳制品质量安全等方面的成效，定期发布抽检监测信息，提升我国广大人民群众对国产乳制品消费的信心。

参考文献

[1]Dairy Australia. Dairy Australia Annual Report 2019/20. (2020-09-11)[2021-3-30]. https://www. dairyaustralia. com. au/about/strategy-and-performance/annual-report#. YTHAYcj5DkI.

[2]Webb D W, Taylor M J. Evaluation of AM-PM adjustment factors for estimating daily fat percentage from a single milking sample for Dairy Herd Improvement (DHI) testing. Journal of Dairy Science, 1980: 63(Suppl. 1).

[3]Dickinson F N, McDaniel B T. Single-milking yields versus 24-hour yields for estimating lactation milk production by the test interval method. Journal of Dairy Science, 1970, 53(2):200-207.

[4]刘华芬,余康霞,余康健,等. 奶牛肢蹄病的发病原因及防治措施. 中国畜牧兽医,2009,36(5):134-135.

[5]金穗华. 进口黑白花奶牛肢蹄病的原因分析. 中国畜牧杂志,1987(3):42.

[6]澳大利亚乳业局. 澳大利亚乳业简介. 国外乳业,2006,1:28-30.

[7]李兴稼. 澳大利亚乳业现状及发展趋势. 国外农业,2003(12):45-46.

[8]杨静,李兴稼. 澳大利亚乳业现状及发展趋势. 世界农业,2003(12):21-24.

[9]霍尚一,顾国达. 澳大利亚的奶业贸易. 中国奶牛(世界奶业),2004(2):53-55.

[10]张宇凌. 澳大利亚奶业概况. 河北畜牧兽医(国外牧业),2002,10(18):41-42.

[11]王伟忠,康涌涛,杨莉萍,等. 澳大利亚奶业给我们的启示. 当代畜牧(国外见闻),2007(7):52-53.

[12]刘学洪. 澳大利亚的奶牛生产模式. 中国奶牛(世界奶业),2004(4):55-56.

[13]Dairy Australia. The Australian Dairy Industry in Focus 2020. (2020-07-09)[2021-3-30]. https://www. dairyaustralia. com. au/industry-statistics/industry-reports/australian-dairy-industry-in-focus#. YTG9D8j5DkI.

[撰稿:内蒙古自治区农牧业科学院 高民 胡红莲;内蒙古农业大学 杜富林 刘波 迟琳]

附 表

附表 1 1961—2019 年澳大利亚奶牛头数、总产奶量和单产水平

年份	奶牛头数/头	总产奶量/万 t	平均单产/(kg/头)
1961	3 162 000	627.7	1 985.136
1962	3 230 000	676.5	2 094.427
1963	3 263 000	687.9	2 108.183
1964	3 078 000	701.4	2 278.752
1965	3 012 000	712.8	2 366.534
1966	2 908 000	727.4	2 501.376
1967	2 881 000	752.1	2 610.552
1968	2 794 000	701.9	2 512.169
1969	2 700 000	718.1	2 659.63
1970	2 673 000	775.6	2 901.609
1971	2 601 000	747.4	2 873.51

续附表 1

年份	奶牛头数/头	总产奶量/万 t	平均单产/(kg/头)
1972	2 565 000	729.8	2 845.224
1973	2 532 000	716.8	2 830.964
1974	2 371 000	692.6	2 921.13
1975	2 355 000	669.8	2 844.161
1976	2 345 000	644.2	2 747.122
1977	2 174 000	595.2	2 737.81
1978	2 056 000	566	2 752.918
1979	1 921 000	582.3	3 031.234
1980	1 869 000	556.5	2 977.528
1981	1 819 000	540.6	2 971.963
1982	1 810 000	543.1	3 000.552
1983	1 792 000	569.5	3 178.013
1984	1 809 000	610.7	3 375.898
1985	1 809 000	622.5	3 441.128
1986	1 770 000	622.5	3 516.949
1987	1 716 000	636.3	3 708.042
1988	1 676 000	631.9	3 770.286
1989	1 663 500	648.4	3 897.806
1990	1 652 540	645.6	3 906.713
1991	1 637 330	660.1	4 031.564
1992	1 652 000	694.1	4 201.574
1993	1 697 000	755.4	4 451.385
1994	1 786 440	832.7	4 661.226
1995	1 820 920	846	4 646.003
1996	1 884 120	898.6	4 769.335
1997	1 977 000	931.6	4 712.19
1998	2 060 000	943.9	4 582.039
1999	2 155 000	1 017.8	4 722.97
2000	2 171 000	1 084.7	4 996.315
2001	2 176 000	1 054.7	4 846.967
2002	2 123 000	1 127.1	5 308.997
2003	2 049 980	1 032.8	5 038.098
2004	2 038 140	1 007.6	4 943.723
2005	1 942 000	1 012.7	5 214.727
2006	1 880 000	1 008.9	5 366.489
2007	1 796 000	958.3	5 335.746
2008	1 640 330	922.3	5 622.649
2009	1 676 210	938.8	5 600.73
2010	1 553 000	902.3	5 810.045
2011	1 610 000	910.1	5 652.795
2012	1 700 000	958.9	5 640.588
2013	1 688 000	933.4	5 529.621
2014	1 647 000	942.1	5 720.098
2015	1 689 000	980.5	5 805.210
2016	1 562 000	968.1	6 197.823
2017	1 520 000	901.6	5 931.579
2018	1 547 000	932.5	6 027.796
2019	1 440 000	879.5	6 107.639

附表 2　1961—2019 年澳大利亚主要乳制品产量　t

年份	奶油	奶酪(所有种类)	炼乳	全脂奶粉	脱脂奶粉和干乳酪	黄油
1961	0	47 700	64 135	18 853	37 545	182 100
1962	0	46 600	64 481	20 560	38 296	200 400
1963	0	59 500	72 185	17 860	43 263	204 500
1964	0	59 200	87 734	19 132	41 789	206 100
1965	0	62 600	96 146	19 808	48 908	206 300
1966	0	59 600	83 308	20 439	50 957	208 800
1967	0	69 800	80 822	21 748	84 779	221 900
1968	0	70 500	69 940	21 442	88 917	196 100
1969	0	74 800	67 633	24 681	71 175	198 200
1970	0	76 300	81 781	24 444	88 735	223 000
1971	0	77 600	93 490	25 634	91 507	203 200
1972	0	80 900	76 026	28 764	92 680	195 400
1973	0	93 400	72 532	37 080	117 576	184 900
1974	0	95 800	57 569	37 369	139 734	175 500
1975	0	98 600	60 088	44 447	157 651	161 300
1976	0	112 600	74 803	41 956	147 963	147 600
1977	0	103 500	79 837	58 634	96 394	118 200
1978	0	115 600	77 289	77 352	81 610	111 700
1979	0	141 800	82 104	77 451	74 626	104 800
1980	0	154 200	83 368	79 853	53 865	84 300
1981	0	136 700	79 007	75 000	54 000	79 400
1982	0	153 300	74 146	59 700	76 500	76 400
1983	0	158 200	67 355	50 000	93 000	88 300
1984	0	161 100	59 607	44 052	121 204	111 300
1985	0	159 600	66 245	44 649	141 014	114 000
1986	0	170 100	64 097	51 917	124 337	105 000
1987	0	177 500	60 377	65 283	128 472	103 900
1988	19	176 300	63 404	63 743	120 010	94 200
1989	0	190 784	94 503	68 038	119 136	95 853
1990	160	175 333	86 914	56 476	143 729	104 158
1991	148	179 433	95 434	59 682	153 653	105 869
1992	8 343	198 032	89 460	67 446	157 421	108 048
1993	6 642	210 917	104 207	79 755	178 873	126 456
1994	9 887	233 625	106 506	92 881	221 136	142 761
1995	14 119	234 400	98 552	104 400	210 400	134 400
1996	14 121	264 000	94 075	113 000	229 200	145 000
1997	27 096	285 000	64 000	133 700	237 600	147 000
1998	17 672	307 931	68 000	128 000	230 100	161 000
1999	14 995	335 447	78 000	144 800	272 200	176 000
2000	11 435	373 000	25 000	186 700	264 500	183 000
2001	13 995	376 000	28 000	205 000	264 700	172 000
2002	17 782	412 000	28 000	239 000	260 000	178 000
2003	20 421	379 000	19 000	198 000	199 800	164 000
2004	26 796	384 000	20 300	187 000	205 000	149 000
2005	20 893	388 000	19 200	189 000	222 500	148 000
2006	17 410	373 000	17 900	158 000	207 000	133 000

续附表 2 t

年份	奶油	奶酪(所有种类)	炼乳	全脂奶粉	脱脂奶粉和干乳酪	黄油
2007	15 650	363 817	19 400	135 000	178 000	133 100
2008	8 570	360 854	19 900	142 000	179 000	127 618
2009	8 800	342 016	19 300	145 000	183 500	148 495
2010	7 000	349 271	19 300	126 000	183 500	128 379
2011	6 500	338 680	19 300	135 000	183 500	122 486
2012	6 200	338 680	19 300	151 300	183 500	122 486
2013	6 600	340 340	18 668	140 400	177 346	119 715
2014	6 800	338 312	18 842	108 800	178 999	118 228
2015	6 800	311 460	19 610	108 800	186 295	116 124
2016	7 745	348 516	19 362	106 491	183 939	111 331
2017	7 213	324 576	18 032	99 176	171 304	103 684
2018	7 460	335 700	18 650	102 575	177 175	107 238
2019	7 036	316 620	17 590	96 745	167 105	101 143

附表 3 1961—2018 年澳大利亚主要乳制品进出口贸易额 千美元

年份	进口额					出口额				
	奶油	黄油	鲜乳	脱脂奶粉	全脂奶粉	奶油	黄油	鲜乳	脱脂奶粉	全脂奶粉
1961	0	0	0	0	851	0	44 017	575	3 053	5 842
1962	0	0	0	0	146	0	52 722	810	2 829	4 813
1963	0	0	0	0	99	0	52 851	1 245	4 349	4 986
1964	0	19	20	0	165	0	61 281	353	3 343	4 795
1965	0	3	60	0	175	0	69 625	150	6 592	6 063
1966	0	0	0	0	63	0	55 988	212	5 973	5 973
1967	0	0	0	0	60	0	61 705	335	16 906	8 854
1968	0	0	0	0	115	0	43 808	416	10 632	10 257
1969	0	0	0	0	74	0	38 914	483	6 862	11 140
1970	0	1	0	0	177	0	49 000	463	9 314	12 422
1971	0	0	0	0	212	0	42 743	622	10 286	15 627
1972	0	0	0	0	300	0	36 534	760	16 308	17 402
1973	0	0	0	0	798	0	62 356	1 011	24 310	29 926
1974	0	0	25	0	869	0	40 118	1 066	57 814	38 630
1975	0	0	0	0	834	0	26 707	1 818	59 593	53 705
1976	0	0	0	0	629	0	53 352	4 845	55 648	46 934
1977	0	426	0	0	704	0	29 937	3 053	41 510	56 948
1978	0	1	0	0	784	0	25 577	4 451	15 641	72 079
1979	0	1	0	136	2	0	29 575	7 206	11 236	71 188
1980	0	1 680	0	646	564	0	29 927	6 790	7 927	107 230
1981	0	3 459	0	690	1 849	0	24 857	8 667	6 933	112 581
1982	0	634	0	764	465	0	15 486	7 651	28 435	114 709
1983	0	22	0	902	524	0	26 478	6 343	32 041	85 576
1984	0	1	0	940	309	0	37 954	5 645	48 650	78 357
1985	0	45	28	590	575	0	28 325	3 937	61 241	59 970
1986	0	9	4	559	491	0	28 716	4 428	54 513	62 552
1987	0	3	157	1 530	290	0	12 074	5 919	59 191	82 827
1988	26	139	298	1 810	1 279	42	26 732	6 949	69 287	91 074

续附表 3 千美元

年份	进口额					出口额				
	奶油	黄油	鲜乳	脱脂奶粉	全脂奶粉	奶油	黄油	鲜乳	脱脂奶粉	全脂奶粉
1989	184	654	1 585	1 625	4 288	147	22 556	9 184	109 879	116 309
1990	41	1 942	565	519	3 670	225	58 376	12 702	155 277	117 741
1991	73	1 895	1 059	314	4 811	112	45 443	16 355	174 876	122 912
1992	0	3 030	915	889	7 218	4 207	30 667	15 556	157 633	124 774
1993	2	2 562	627	1 756	9 088	3 508	46 560	17 485	213 182	146 352
1994	74	2 886	946	1 492	5 429	5 323	57 411	21 526	257 063	147 949
1995	201	4 779	1 514	1 884	6 826	8 762	118 445	28 530	296 691	187 440
1996	72	10 044	2 139	3 069	8 055	9 598	160 703	33 780	403 484	241 780
1997	2	9 700	2 447	3 411	8 241	17 435	182 763	30 503	328 443	273 796
1998	29	10 638	2 326	4 954	7 494	11 330	170 699	27 038	315 009	266 822
1999	739	14 102	2 956	4 912	10 353	11 857	184 704	31 036	298 079	296 724
2000	1 259	16 173	2 457	3 903	7 625	10 900	169 032	32 565	349 958	371 840
2001	930	13 884	2 167	3 283	11 257	12 925	147 930	28 733	360 809	395 102
2002	762	10 502	1 778	2 370	4 452	17 763	143 617	30 999	330 235	425 729
2003	1 333	15 908	2 009	6 681	6 529	24 599	121 248	33 458	206 184	342 518
2004	4 663	20 233	2 429	8 024	15 124	37 908	142 688	35 920	304 847	408 747
2005	6 532	20 180	2 511	9 714	14 491	36 870	161 143	39 785	378 456	411 521
2006	5 329	18 643	1 474	9 017	13 276	29 477	149 419	34 733	397 982	383 236
2007	4 839	33 903	1 888	8 950	21 523	27 264	157 931	39 273	449 113	407 178
2008	5 965	63 334	876	14 146	34 436	26 136	176 652	41 970	437 259	600 542
2009	3 828	39 989	1 735	10 103	21 985	21 153	178 612	44 340	359 145	351 594
2010	3 192	69 071	6 564	15 156	33 715	21 440	226 704	56 960	401 666	408 582
2011	3 332	68 113	8 525	15 780	69 123	19 865	102 935	91 229	361 663	379 903
2012	0	71 878	10 027	12 245	32 827	0	156 569	106 507	533 705	409 197
2013	0	69 856	8 074	22 851	38 101	0	170 299	113 354	478 766	464 688
2014	0	79 779	9 691	29 204	40 470	0	193 105	150 682	668 227	376 031
2015	0	54 408	8 841	36 170	37 390	0	128 007	145 774	478 615	216 228
2016	0	77 965	7 380	24 827	68 303	0	109 310	151 502	343 889	253 952
2017	0	145 397	10 646	22 558	113 071	0	83 202	168 676	373 685	246 680
2018	6 522	156 812	10 836	28 150	86 520	0	127 098	166 969	355 026	313 141

附表 4 1961—2018 年澳大利亚主要乳制品进出口贸易量 t

年份	进口量					出口量				
	奶油	黄油	鲜乳	脱脂奶粉	全脂奶粉	奶油	黄油	鲜乳	脱脂奶粉	全脂奶粉
1961	0	0	0	0	865	0	62 118	4 500	15 300	7 120
1962	0	0	0	0	124	0	79 257	6 500	16 014	5 916
1963	0	0	0	0	84	0	78 655	10 000	24 252	6 470
1964	0	17	46	0	112	0	89 160	1 630	18 374	6 922
1965	0	3	154	0	114	0	91 734	1 266	25 446	8 860
1966	0	0	0	0	95	0	76 033	1 637	19 059	9 526
1967	0	0	0	0	90	0	93 235	2 125	53 650	13 981
1968	0	0	0	0	162	0	67 419	2 477	39 474	16 542
1969	0	0	0	0	93	0	63 895	3 004	40 033	18 693
1970	0	1	0	0	284	0	81 568	2 553	52 957	25 697

续附表 4

t

年份	进口量					出口量				
	奶油	黄油	鲜乳	脱脂奶粉	全脂奶粉	奶油	黄油	鲜乳	脱脂奶粉	全脂奶粉
1971	0	0	0	0	296	0	70 526	3 306	49 780	31 599
1972	0	0	0	0	466	0	35 529	3 479	41 884	23 488
1973	0	0	0	0	1 159	0	57 828	3 493	48 030	33 610
1974	0	0	36	0	1 424	0	37 867	3 099	94 114	35 934
1975	0	0	0	0	1 468	0	18 942	4 480	67 031	42 917
1976	0	0	0	0	720	0	52 493	8 195	94 931	37 415
1977	0	459	0	0	771	0	22 580	7 182	110 428	58 678
1978	0	1	0	0	651	0	17 470	9 585	35 770	65 976
1979	0	1	0	66	1	0	17 800	14 540	21 446	58 114
1980	0	1 332	0	537	444	0	16 467	13 056	12 630	87 363
1981	0	2 530	0	596	1 438	0	10 805	13 675	6 501	61 820
1982	0	336	0	599	137	0	5 045	12 460	27 963	56 742
1983	0	8	0	786	426	0	10 297	11 219	36 582	45 893
1984	0	0	0	733	243	0	22 851	10 313	61 487	42 397
1985	0	18	7	613	628	0	22 165	9 482	92 807	43 309
1986	0	6	5	522	530	0	25 279	12 000	78 587	47 968
1987	0	3	30	1 698	278	0	8 549	17 807	78 692	62 933
1988	20	59	203	1 496	1 048	39	21 197	18 212	67 504	55 690
1989	150	348	1 033	1 077	2 366	87	14 263	19 784	61 916	55 489
1990	11	1 045	353	347	1 967	171	32 797	26 408	95 125	60 779
1991	19	1 066	894	213	2 541	167	29 403	31 420	115 306	58 628
1992	0	1 945	726	515	4 461	8 343	19 137	29 057	104 969	64 879
1993	1	1 827	551	1 016	5 312	6 643	33 300	33 931	118 738	70 611
1994	25	2 025	846	902	3 231	9 912	42 643	41 267	166 800	82 361
1995	70	3 000	1 230	1 260	3 500	14 189	81 914	53 431	177 287	105 465
1996	54	5 475	1 883	1 710	3 822	14 175	83 781	56 410	198 169	110 457
1997	0	4 100	2 150	1 900	3 900	27 096	116 184	52 730	183 498	130 484
1998	0	4 400	2 000	2 700	3 500	17 672	99 761	54 180	209 644	147 189
1999	484	8 323	2 766	3 861	6 262	15 479	145 164	63 844	224 646	172 320
2000	855	10 688	2 692	2 911	4 721	12 290	114 849	67 605	219 267	203 915
2001	529	9 993	2 569	1 736	6 494	14 524	97 411	59 235	180 559	189 846
2002	1 038	6 109	1 537	1 368	3 309	18 820	110 117	59 150	240 588	245 229
2003	3 237	8 357	1 633	4 128	4 744	23 658	80 864	55 730	133 994	165 416
2004	1 030	10 152	1 432	3 996	10 161	27 826	73 617	50 002	151 854	172 115
2005	1 352	7 994	1 624	4 484	8 250	22 245	67 559	56 088	165 699	156 701
2006	1 388	8 537	892	4 316	7 032	18 795	78 355	52 615	184 486	168 655
2007	1 262	12 560	975	3 200	6 659	16 908	65 433	50 894	133 689	116 107
2008	1 836	16 871	614	4 342	7 909	10 405	47 515	45 590	125 582	140 887
2009	1 639	16 361	1 675	4 559	8 245	10 393	83 466	50 964	167 435	133 358
2010	1 574	16 934	6 771	4 530	9 137	8 242	56 732	58 469	132 097	114 585
2011	1 594	16 209	8 485	3 820	18 191	7 869	33 500	70 166	99 952	91 490
2012	0	18 339	4 781	3 023	8 623	0	42 692	82 586	126 697	109 106
2013	0	18 702	3 788	6 058	8 601	0	40 885	94 442	120 974	99 757

续附表 4　t

年份	进口量					出口量				
	奶油	黄油	鲜乳	脱脂奶粉	全脂奶粉	奶油	黄油	鲜乳	脱脂奶粉	全脂奶粉
2014	0	23 551	4 388	6 571	9 743	0	44 803	143 333	165 991	83 426
2015	0	18 271	5 721	9 213	11 115	0	36 214	158 862	204 093	67 431
2016	0	23 901	5 232	6 204	17 422	0	32 708	185 174	166 274	76 352
2017	0	27 474	5 121	8 111	28 029	0	1 067	188 125	157 740	54 746
2018	3 121	29 631	5 235	10 126	21 630	0	16 315	186 350	149 800	69 587

注：鲜乳为 milk fresh 或 milk。

南 美 洲

巴西奶业发展报告

摘要：本文对近 60 年巴西奶业发展概况、奶业科技进展概况、原料奶质量控制与计价体系、科技推广体系和促进奶业发展的主要政策进行综合分析，旨在通过了解巴西奶业的发展情况，结合我国奶业资源、科研等实际情况，借鉴国外发展经验，提高我国奶业发展水平。

巴西拥有世界上最优秀的 Zebu 种牛，奶牛品种主要为荷斯坦牛和 Zebu 牛的杂交牛，奶牛养殖主要集中在东部和南部地区，以放牧为主，个体产奶水平相对较低，巴西奶牛存栏量、产奶量、年出口额和人均乳制品年消费量均有较稳定的发展。

巴西乳品加工业以大集团为主导，市场上的牛奶及奶制品主要为巴氏杀菌奶、超高温灭菌奶(UHT)、多种风味的牛奶和奶粉、奶酪，巴西是拉美最大的奶粉零售市场。

巴西以乳制品进口和贸易逆差为主。进口乳制品种类以黄油、脱脂奶粉和全脂奶粉为主，出口乳制品以全脂炼乳和全脂奶粉为主。

巴西控制原料奶质量的措施包括 4 个方面：一是加强奶牛品种选择和培育，二是重视改良畜种，三是积极推广饲草饲料种植，四是建立利益共同体、实施第三方检测以及优质优价。

纵观巴西奶业的发展，值得借鉴的主要经验如下。

(1)经营模式经验。巴西主要采用合作经营方式组织广大农户进行奶业生产，奶业合作社建设比较完善，运行比较畅通。巴西合作社组织覆盖面广，提供服务全面，有效帮助农户解决了许多生产经营中的困难，所提供的服务在农户所需要的服务中占了相当大的比例。

(2)科技创新方面的经验。良种选育以符合国情和综合效益高为目的。巴西在奶牛品种选择和培育上有自己的特点，96%以上的奶牛都是荷斯坦牛和 Zebu 牛的杂交牛，4%以下的为纯种荷斯坦牛，促进巴西奶业发展。这一成功案例提示在选育和改良奶牛品种时，应综合考虑其产奶性能、养殖效益和适应性等因素。

(3)产业政策方面的经验。一是不设第三方经营的生鲜乳收购站。有两点好处：①质量安全责任明确，收购前质量安全责任归奶牛养殖者，收购后质量安全归乳品加工企业，不会因有第三方而相互推诿；②利益分配相对简单，没有第三方获取利润，同时提高了生产者和加工企业的效益。二是生鲜乳及乳制品实施第三方检测。通过实施第三方检测可以进一步完善对生鲜乳生产及收购环节的监督管理，强化生鲜乳质量安全源头管理；进一步理顺奶农和乳品加工企业的利益关系，保障养殖与加工利益均衡，构建公开、公正、公平交易体系，为奶农和乳品企业提供公正的交易平台，逐步实行生鲜乳收购优质优价；有效解决农企双方有关质量判定方面的矛盾和纠纷，维护双方利益，促使奶农主动提高生鲜乳质量，提升乳品企业自身质量控制水平，保障消费者的健康。

关键词：巴西　奶业　发展

1　奶业发展概况

巴西可耕地面积逾 1.8 亿 hm^2，已耕地 7 670 万 hm^2，牧场 1.723 亿 hm^2。巴西由于水热条件好，四季常青，牧草生长繁盛，草场面积大，成为草食家畜最多的国家之一。按照不同气候条件，巴西全国分为北部、东北部、东南部、南部和中西部 5 个主要畜牧地区，奶牛养殖主要集中在东南部和南部地区，其奶牛主要有荷斯坦奶牛、吉洛兰多牛（吉尔牛与荷斯坦牛的杂交牛）、GIR 瘤牛、娟姗牛、康萨特牛等。1991 年，巴西奶牛存栏 1 996.41 万头，全国牛奶产量 1 554.66 万 t，平均每头牛产奶 778.73 kg。2011 年，巴西奶牛存栏增长到约 2 322.92 万头，年产生鲜乳约 3 209.62 万 t，占全球生鲜乳总产量的 4.8%；人均乳制品年消费量 169 kg。2015 奶牛存栏减少为 2 111 万头，年产生鲜乳约 3 460.9 万 t。2019 年，巴西奶牛存栏为 1 627 万头，产奶总量为 3 589.03 万 t，较上年度增长 2.7%，巴西大约 3/4 的牛奶产量集中在巴西东南部和南部地区，东南部的米纳斯吉拉斯州去年是巴西最大的牛奶生产州，占 2019 年牛奶总产量的 25%。南里奥格朗德和巴拉那分别占牛奶总产量的 13%和 11%。2020 年，乳制品生产商的运营成本不断上升，尤其是饲料和劳动力成本，但到目前为止，牛奶价格的上涨足以使农民利润率保持在正水平。2019 年人均消费液态奶 128.83 kg，奶酪 3.87 kg，奶油 0.43 kg，乳粉 3.12 kg，属乳制品消费水平较高国家行列。作为正在崛起的国际农业强国，奶业正在成为其农业增收的新增长点。

1.1　奶牛养殖业

（1）奶业优势区域。巴西拥有丰富的土地和草场资源，畜牧业发达，是南美洲第一大牛奶生产国，也是世界主要牛奶生产国之一。巴西奶牛养殖主要集中在 6 个州，分别为米纳斯吉拉斯州、南里奥格朗德州、巴拉那州、圣卡塔琳娜州、圣保罗州和戈亚斯州。据巴西地理和统计研究所（IBGE）统计数据，截至 2020 年二季度巴西有1 921个奶牛场，根据 Milkpoint 数据，米纳斯吉拉斯州奶牛场最多，在全国 100 家最大的奶牛场中有 44 家。米纳斯吉拉斯州的奶牛场面积达 100 hm^2。相比之下，巴拉那州只有不到米纳斯吉拉斯州一半的大型农场，有 19 个牧场跻身巴西最大的 100 个农场之列。南里奥格朗德仍然是产量第三大的产奶州，因为有大量的中小型农场，平均面积为 30 hm^2。

（2）饲养模式。巴西大部分牧场采用舍饲的方式，约 14%的牧场采用放牧形式，大约 22%的牧场为舍饲-放牧混合系统，其中牧草的重要性各不相同，但不是主要的饲料来源。在东北部地区，泌乳期的奶牛可以进入草场放牧，而在南部和东南部地区更常见的是采用舍饲形式，全年无放牧。

（3）育种特点。产奶量受季节影响比较大，个体产奶水平相对较低。为提高奶牛生产性能和对热应激的适应能力，巴西注重奶牛品种选育和改良，其中巴西农业部所属的研发公司 EMBRAPA 和巴西种牛公司积极开展奶牛品种选育和改良，选育出一批优秀种公牛并生产大量的冷冻精液。目前，巴西已经成为拉美种牛冷冻精液的出口基地。巴西有荷斯坦牛、吉尔牛和娟姗牛，以及吉尔牛与荷斯坦牛杂交后代吉洛兰多牛（图 1）。吉尔牛适宜在热带或亚热带饲养，乳肉兼用，粗放，长寿，产奶期长，饲养成本低。

巴西的奶牛活牛进口较少，奶牛遗传物质冻精进口较多，进口品种主要有荷斯坦奶牛、娟姗牛、红白花奶牛和瑞士褐牛。主要的进口国家包括美国、加拿大和荷兰（图 2）。

（4）奶牛生产 1961 年至今的 60 年间巴西的奶牛养殖规模总体呈扩大的趋势，1961 年仅有 700 多万头，而到 2011 年饲养数量达到了 2 323 万头左右，在 2019 年奶牛饲养数量减少为 1 627 万头（图 3）。

荷斯坦奶牛仍然是巴西最主要的奶牛品种，该国 100 个最大的奶牛场中有 70 个全部或部分为荷斯坦奶牛。在前 100 名的奶牛场中，有 20 家使用吉罗兰品种。据报道，在 100 家最大的奶牛场中，有 1/4 的奶牛场使用的品种不止一种。随着遗传学的进步和荷斯坦奶牛的使用，生产力日渐提高。排名前十的农场日产量为 20 905 L，2019 年最大的农场日产量超过 75 000 L。

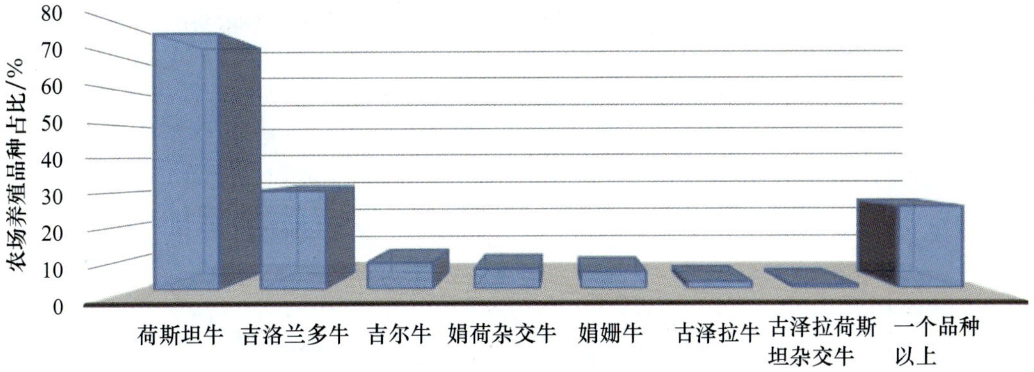

图 1　巴西主要的奶牛品种

（数据来源：MilkPoint，2018）

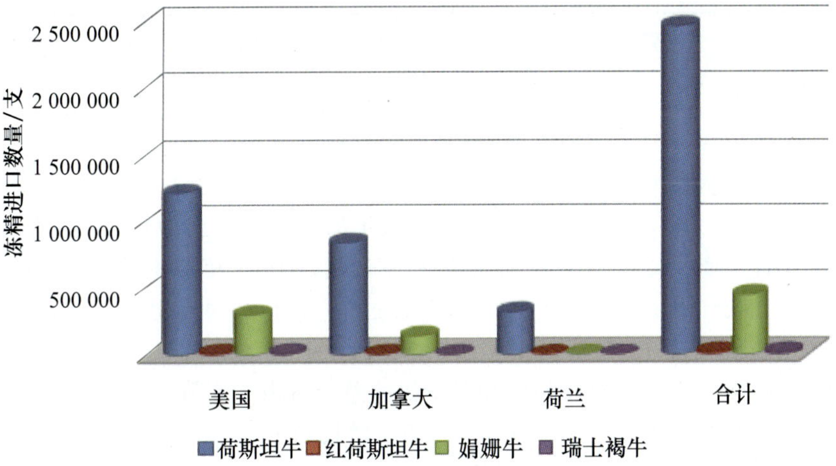

图 2　巴西奶牛遗传物质冻精进口来源国家

（数据来源：Associação Brasileirade Inseminação Artificial）

巴西牛奶产量基本呈现稳定上升的趋势，2000 年达到了 2 000 万 t，2010 年达到了 3 000 万 t 以上，在 2014 年达到峰值，然后略有下降，近年来巴西产奶量相对稳定，2019 年产量为 3 589 万 t。

巴西奶牛个体单产较低，但 60 年来单产也呈现上升的趋势，尤其是 1995 年以后单产上升明显，2003 年 1 191.53 kg，2004 年 1 208.75 kg，2005 年 1 230.69 kg，2006 年 1 250.34 kg，2007 年 1 237.43 kg，2008 年 1 317.59 kg，2009 年 1 296.42 kg，2010 年全年 1 339.83 kg，2019 年达到了 2 205.8 kg，部分草场较好或采取舍饲的奶牛年单产水平较高，可达 5～8 t，表明巴西奶牛的产奶能力在逐步增强（图 3）。

1.2　乳品加工业

巴西市场上的牛奶及奶制品主要为巴氏杀菌奶、超高温灭菌（UHT）牛奶、多种风味的牛奶、奶粉和奶酪。巴氏法杀菌奶在巴西又分成 A、B、C 三种。A 类为奶牛场直接加工、消毒和包装的牛奶。B 类为牛奶加工厂消毒和包装的牛奶。A 类和 B 类牛奶主要在圣保罗州及里约州的部分地区销售。85％的巴氏杀菌奶为 C 类，在巴西各地销售。巴氏杀菌奶的价格往往略高于超高温灭菌牛奶。近几年超高温灭菌牛奶的销售量有超过巴氏杀菌奶的趋势。巴氏杀菌奶的年销售量为 270 亿 L，而 UHT 的年销售量要超过 300 亿 L。

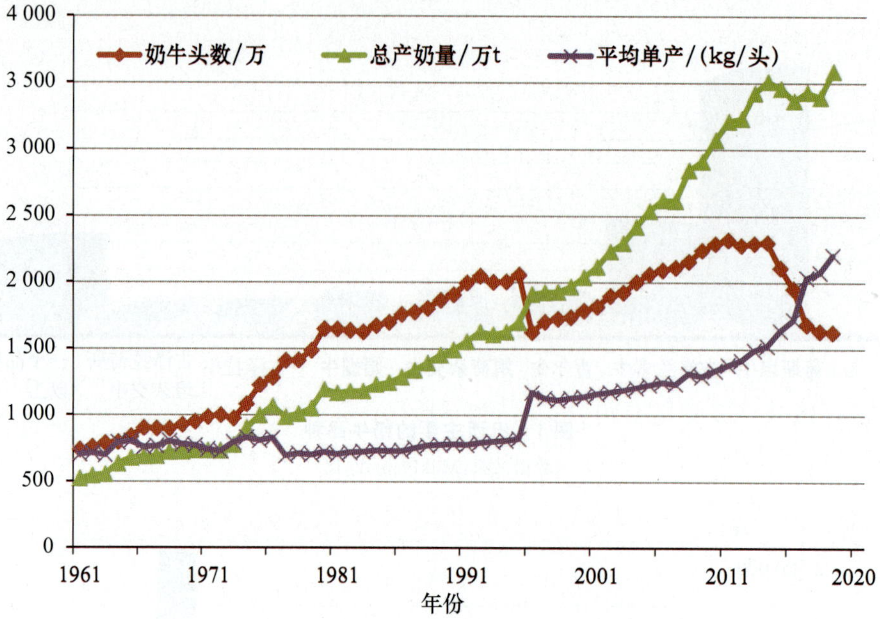

图 3 1961—2018 年巴西奶牛养殖基本情况

(数据来源:FAOSTAT)

巴西乳品加工量总体呈持续增长的趋势,液态奶加工量由 1961 年的 60 万 t 增长到了 1981 年的 216.7 万 t,1982 年下滑到了 159.6 万 t,1982—2000 年,液态奶年加工量维持在 160 万 t 左右;2001 年起,液态奶加工量持续攀升,到 2019 年约为 244.5 万 t。全脂乳粉年产量自 1961 年的 4.6 万 t,经过 15 年于 1974 年达到了 10.8 万 t,经过 20 年于 1995 年达到了 20 万 t,又经过 10 年于 2004 年达到 42 万 t,2019 年全脂乳粉的产量为 59.8 万 t。黄油产量自 1961 年至今 2.6 万 t 增长到 2019 年的 8.6 万 t。奶酪产量由于数据来源略有差异,据 FAO 数据,1961—2009 年全脂奶酪和脱脂奶酪总产量由 3.8 万 t 增长到了 4.4 万 t,变化幅度不大。据 USDA 数据,巴西奶酪产量由 2010 年的 64.8 万 t 增长到了 2019 年 77.5 万 t,详见图 4。

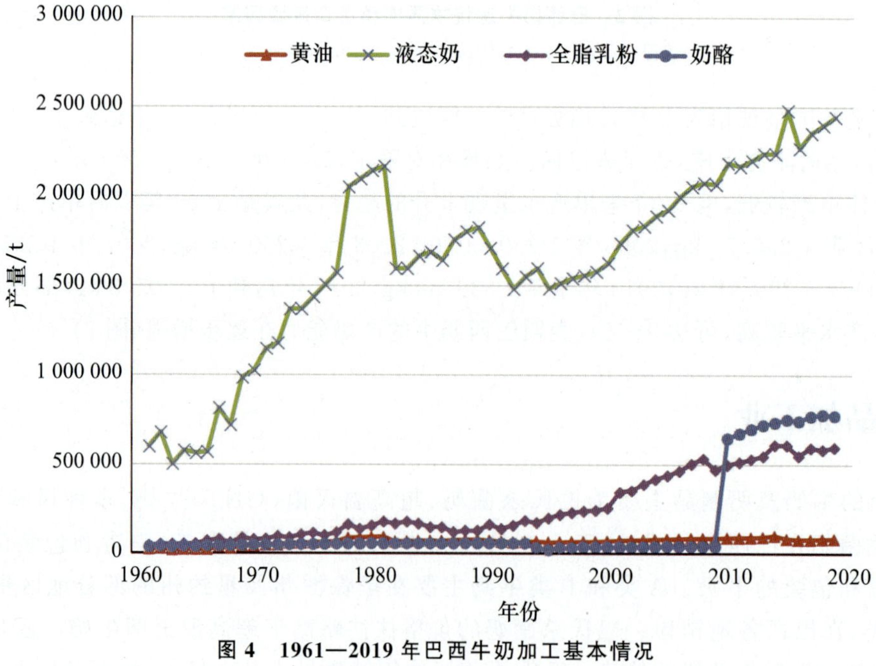

图 4 1961—2019 年巴西牛奶加工基本情况

(数据来源:FAOSTAT,USDA)

近年来,巴西乳制品行业经历了一个整合过程,形成了大集团占主导地位的奶业格局。法国拉克塔利斯公司从 2017 年开始提起诉讼,并于 2019 年宣布,它已经控制了米纳斯吉拉斯州农民中央合作社创建的伊丹贝公司。伊丹贝公司是巴西国内最大的牛奶及牛奶制品加工企业,成立于 1948 年,公司主要生产奶粉、巴氏杀菌奶、超高温灭菌奶、酸奶以及黄油,共有 190 多个产品。通过此次收购,拉克塔利斯的巴西业务预计将实现 21 亿美元的年收入,加工 23 亿 L 牛奶。

巴西牛奶及奶制品业的巨大发展潜力吸引了许多世界级企业到巴西投资。雀巢巴西公司是拉美最大的牛奶及牛奶制品加工企业,年销售额超过 30 亿美元。该公司每年从巴西各地近 5 万个农场收购近 10 亿 L 鲜奶。帕玛拉特巴西公司是拉美最大的超高温灭菌牛奶供应公司,年销售额超过 10 亿美元。雀巢宣布,未来三年将在圣保罗州投资 2.5 亿美元更新现有工厂生产线和技术,并推进数字转型。总体来说,大多数巴西乳制品公司都在投资新工厂和新技术,如在超市很受欢迎的不含乳糖的 UHT 牛奶。此外,一些公司正在投资有机牛奶以满足日益增长的需求。

1.3 乳品消费

在巴西乳品消费中以全脂液态奶为主,近年来含牛乳制品越来越受欢迎,这类产品中液态奶含量通常不超过 50%,另外还含有巧克力、草莓、淀粉、果汁和其他非乳制品成分,这也是一种比传统液态奶更便宜的乳制品。目前巴西的奶酪人均消费量约为 3.87 kg/年,低于联合国粮农组织建议的每人每年 9 kg 的消费量。近年来新鲜奶酪的消费量持续增长(图 5),大部分来自快餐业以及机构和国内其他“特色”奶酪的消费。巴西快餐业的需求主要来自大量的比萨店、小吃店和面包店。

巴西特色奶酪“requeijao”是一种可抹开的、巴氏杀菌的加工奶酪,这种加工过的奶酪有多种用途,包括早餐、晚餐以及零食等。在巴西,其他受欢迎的奶酪有马苏里拉奶酪、普拉托奶酪和米纳斯新鲜奶酪。

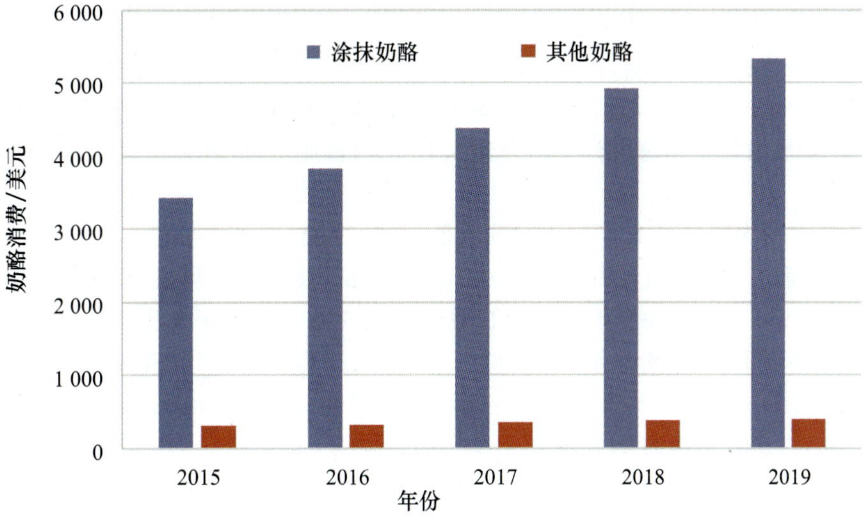

图 5　2015—2019 年巴西奶酪消费情况

(数据来源:Euromonitor,2019)

巴西属于乳制品消费水平较高的国家之一,乳制品消费量基本上逐年增加。1961—2010 年的 49 年间,人均消费乳制品数量翻了一番,年均增长率达到 1.61%。2010 年,巴西人均年消费乳制品数量达到 136.9 kg,2019 年达到了 170.8 kg(图 6)。

巴西是拉美最大的奶粉零售市场,市场规模有 30 万 t。在巴西炼乳主要用于烹制食品。炼乳的年需求为 25 万 t。巴西人均黄油年消费仅为 0.43 kg。

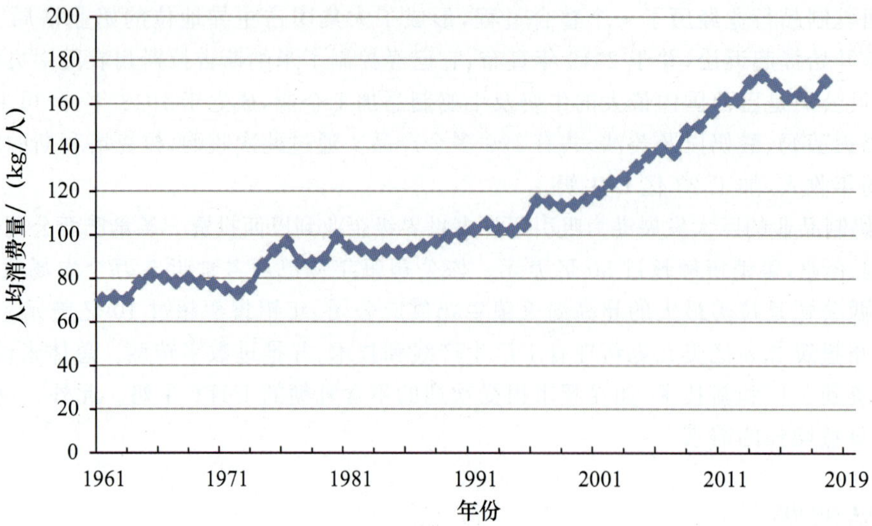

图 6　1961—2019 年巴西人均消费乳制品(不包含黄油)情况

(数据来源:FAOSTAT)

1.4　乳制品贸易

巴西以乳制品进口和贸易逆差为主。1961—2000 年间,乳制品主要靠进口,进口乳制品以黄油、脱脂奶粉和全脂奶粉为主,进口额基本上逐年增加;乳制品出口量基本为零,进口量虽然不太稳定但每年都要进口;1995 年进口乳制品数量达到最高水平为 46 万 t,进口额达到最高历史水平为 633 911 千美元。2000 年后随着巴西国内奶业的发展,进口量逐渐减少,出口种类和数量逐渐增加,出口乳制品种类主要以全脂炼乳和全脂奶粉为主;随着出口全脂炼乳和全脂奶粉数量的增加,至 2005 年和 2006 年进出口基本持平;受中国等国家增加进口全脂奶粉数量的影响,2007—2008 年巴西全脂奶粉出口量急速增长,导致乳制品出口总量远远超过进口总量。2009—2011 年,进口又开始高于出口,进口增多出口减少的原因可能是巴西货币不断升值,2019 年 9 月生鲜乳收购价格每公升平均升到 2.13 巴西雷亚尔,折合人民币 3.69 元,乳制品出口竞争力下降。

巴西在过去 5 年中平均进口了 1.9 万 t 奶酪,价值 8 150 万美元,平均价格为 4 372 美元/t。按数量分,奶酪是自 2015 年以来第二大进口乳制品。2000—2019 年,巴西出口的主要乳制品为炼乳、奶粉和奶酪,平均分别占 45%、20%和 9%。巴西每年乳制品出口总量不到 6 万 t,巴西平均出口炼乳 2.5 万 t,总计 3 950 万美元,平均价格 1 580 美元/t;奶粉每年平均出口 1.69 万 t,平均价格 4 071 美元/t,总收入 6 880 万美元。在奶酪方面,平均每年出口 0.43 万 t,价值 1 566 美元,平均价格 3 622 美元/t。如果按年平均出口额计算,奶粉是主要出口产品,占出口总额的 44%。

2　奶业科技进展概况

2.1　奶牛育种与繁殖技术进展

巴西地处热带、亚热带,乳牛纯种繁殖、产奶性能有不同程度的下降。为了在炎热地区维持乳牛的产奶量,巴西非常注重牛的育种工作,早在 1939 年就成立了巴西 Zebu(吉布瘤牛)牛养殖协会(ABCZ),重点负责改良牛遗传品质,目前拥有会员 1.5 万名,下属几十个专业协会组织,堪称世界范围内最具规模的民间畜牧业组织。70 多年的积累,使巴西拥有世界上最优秀的 Zebu 种牛,每年生产大量的优良种牛冷冻精液,用于改良巴西牛群，并大量出口，已成为拉美种牛冷冻精液的出口基地。巴西在奶牛品种选择和培育上有自己的特点，96%以上的奶牛都是荷斯坦牛和 Zebu 牛的杂交牛，4%以下的为纯种荷斯坦牛。Zebu 牛适应力强，适宜在热带或亚热带饲养，乳肉兼用，粗放，长寿，产奶期长，饲养成本低。目前巴西的牛群有 80%拥有 Zebu 牛的血统。

巴西饲养规模小于 30 头的牧场存栏接近全国的 90%，这些小规模牧场生产水平较低，对于现代的一些新的繁殖技术的应用较少。其中，人工授精是最早应用于牛的生殖技术。从自然育种到人工干涉奶牛繁育，改变了畜群繁殖管理，避免了农场对公牛的绝对需求。这种人工智能繁育依赖于人工授精和胚胎移植技术的发展。近些年，冷冻授精和冷冻胚胎移植技术被广泛应用于现代化奶牛场。

有关奶牛养殖相关技术的研究主要通过农业部下属的巴西农业研究院及下设的 40 个研究及培训中心开展，同时，通过与一些高校、企业合作，对巴西奶牛养殖及乳品加工中涉及的主要技术问题开展一些相关研究和技术推广工作。在巴西，专门开展奶牛育种的公司较少，主要通过引进北美、欧洲的冷冻精液，如美国 SBS(Select Breeder Services)，进行杂交改良。

近年来，农业物联网的兴起和运用，使得通过精确追踪定位养殖场奶牛信息，可有效提高农场生产力、降低饲料和土地成本。为了适应巴西乳品消费者的需求和规定，巴西制定了巴西奶牛福利质量项目(WQ)。根据动物的饮食、健康、个体追踪等，例如，巴西首都 Goiás 的 Fazenda Santa Fé 养牛场通过 Bosch 精准畜牧业系统，可精确追踪奶牛资料，如出生日期、体重、接种疫苗等。

2.2 奶牛饲料与营养技术进展

巴西全境有广阔的草原，水热条件好，牧草生长繁茂，可满足奶牛的放牧和半舍饲养殖。但这些草场长得快，老得也快，直接影响适口性和营养价值，有些潮湿的亚热带草原，每公顷的载畜量为 2～3 头牛，在中部沼泽草原一般 8 hm^2 养 1 头牛，而好的草场每公顷可养 0.6 头牛。为弥补天然牧草的不足，巴西积极推广饲草饲料种植，一般在牛场的周边，都有人工草地和种植饲料作物，其中饲料作物有青饲玉米、青饲高粱、青饲甘蔗等。从南非引进的多年生弯叶画眉草，放牧后再生力极强，可持续利用 12 年。

在巴西，奶牛在放牧饲养时，要补饲矿物质盐以及牧草不足时补饲青贮。20 世纪 70 年代，巴西早期的生产商采用未添加矿物质元素的食盐。后来，一些企业如托尔图加、拜耳、塞拉纳、Manah、普瑞纳等，根据区域和季节的变化，对矿物质盐的配置进行了一系列的变革。矿物质盐的生产主要受磷酸盐的影响，而巴西比较缺乏磷酸盐，磷酸盐市场一度受邦吉(塞拉纳)和嘉吉公司垄断，他们在巴西生产后提供给小公司。巴西的研究机构 Embrapa 和 EPAMIG、大学 ESALQ、UNESP 和 Federal Universities of Viçosa and Lavras 在引进和发展青贮制作技术方面发挥了重要作用，开展了一系列玉米品种的开发以及青贮生产技术的研究。巴西前期的青贮生产机械都引自欧洲，由于在使用中存在严重缺陷，20 世纪 90 年代，一些巴西企业研究开发了适合巴西特点的机械，大大提高了设备的产能。

奶牛主产区的精饲料、副产品供应充足，精粗饲料基本可以做到自给自足。在巴西，大型冷冻浓缩橙汁产业的副产物柑橘果渣已被广泛用于大多数牧场。

饲喂机械如 TMR 搅拌设备主要用在一些规模较大的牧场。对于规模小于 30 头的牧场则机械化程度很低，基本没有配置饲喂机械。

近年来，随着人们对于乳制品的多元化和高质量需求，巴西圣保罗州基罗斯高等农业学院的研究人员开发了含有共轭亚油酸(CLA)的新型饲料，可使奶牛生产低脂肪、高蛋白质的天然牛奶。当今许多国家向集约化肉牛养殖的过渡可能与玉米和豆粕等广泛用于动物饲养的大豆副产品的可获得性有关，集约化养殖工艺和装备设施配套水平也逐年提高。

2.3 奶牛疫病控制技术进展

巴西重视疫病防治，兽医部门和科研机构在中心地区都设有兽医诊断实验室和研究所，隶属于巴西农业部的农牧业技术推广公司在全国范围内向农牧民提供农牧业技术服务和兽医服务。巴西过去发生过口蹄疫、炭疽、牛结核病、布鲁氏菌病等，分别采取疫苗预防注射和宰杀病畜的方法，取得明显效果，对一些寄生虫病也采取防治措施。

巴西最主要的流行传染病如牛传染性鼻气管炎、IBR、牛病毒性腹泻、BVD、外阴阴道炎、滴虫病和新孢子虫病等，无论从表现形式、流行性还是地域性，都对奶牛养殖造成了相当大的经济损失。根据传染病的流行病学情况，巴西在卫生规划中应包括的主要工具之一是疫苗。在控制牛群胚胎死亡率的卫生规划范围内，一些疫苗不应作为额外的紧急措施使用，而应形成"疫苗接种规划"。考虑到奶牛群的动物密度和对奶牛群的集约管理，为了降低病毒(IBR 和 BVD)导致的胚胎死亡率，应该对所有奶牛群中的雌性实行"免疫接种计划"。依据群体个体差异、病毒类别和其流行病特征，制定详细的疫苗接种计划。在非常特殊的情况下，如高产肉牛和奶牛群，除了疫苗预防外，还应规定抗生素的治疗性使用，以减少控制牛群感染的时间(表 1)。根据不同年龄段对患病动物进行分离，并采取消毒措施，科学的处理动物尸体，避免传染性病原体的传播。

表 1　巴西奶业主要技术发展

年份	种类	主要技术进展
1960	饲料	普通食盐、本地品种牧草
	生产系统	放牧无补饲
	遗传育种	未经改良、无专用品种
	兽医	无防治口蹄疫措施
1970	饲料	引入矿物质盐，改良牧草品种
	生产系统	放牧无补饲
	遗传育种	引入欧洲专用品种
	兽医	开始防控口蹄疫
1980	饲料	引入第一个经过改良的牧草品种，利用鸡舍垫料进行补饲，矿物质盐推广应用，开始使用饲料添加剂
	生产系统	放牧，引入机械挤奶系统
	遗传育种	推广欧洲品种
	兽医	严格控制口蹄疫，开始布鲁氏菌病防控
1990	饲料	改进多种牧草品种以适用于开放的牧场以及南方的冬季，冬季采用玉米青贮和干草等，不同区域使用蛋白质、矿物质浓缩料配制日粮
	生产系统	放牧＋冬季补饲，开放式牧场季节性生产
	遗传育种	大范围推广遗传改良、人工授精、胚胎移植
	兽医	使用疫病防控系统，南部的非免疫无口蹄疫区，中西部的免疫无口蹄疫区
2000	饲料	副产品如冷冻果汁副产物、柑橘果渣等的大量使用
	生产系统	放牧＋冬季补饲，半开放式牧场季节性生产，密闭式
	遗传育种	推广遗传改良、选种选育、人工授精、胚胎移植等
	兽医	南里奥格朗德暴发口蹄疫(2000 年)，巴西圣卡塔琳娜州为非免疫无口蹄疫区，免疫无口蹄疫区包括朗多尼亚州、阿克里州、帕拉州中南部、南马托格罗索、巴拉那州、巴伊亚州、托坎廷斯州等区域
2010	饲料	玉米青贮为主要粗饲料来源，豆粕为辅，添加含有浓缩物的营养素；根据不同生长时期调整饲料配比
	生产系统	放牧＋冬季补饲、半开放式牧场季节性生产、集约化模式
	遗传育种	发展人工授精、胚胎移植等
	兽医	诊断试剂盒＋疫苗接种 口蹄疫：根据巴西《2017—2026 年战略计划》和《国家根除和预防口蹄疫计划战略计划》(PNEFA)接种疫苗

续表1

年份	种类	主要技术进展
2019	饲料	作为世界最主要的玉米和大豆生产国之一，建立了完善的饲料应用标准，积极推进饲料工业发展
	生产系统	发展现代化自动化奶牛养殖：饲养舍＋挤奶厅＋集中粪污处理 部分地区仍采用较为原始的放牧式饲养模式
	遗传育种	推广体外胚胎生产技术；探究先进基因编辑技术
	兽医	2019年5月31日发现一头17岁母牛患有"非典型"牛海绵状脑病，及时对尸体进行了焚化处理 依据与各国签订的卫生防疫协议，及时监测健康情况

2.4 奶牛场粪污处理与环境保护技术进展

(1)粪污处理方式。巴西畜禽养殖废弃物主要通过直接还田改善土壤养分、掩埋和焚烧等方式进行处理。巴西以放牧为主的牧场通常采用轮牧制度，分块放牧，休牧期间待奶牛离开草场后粪便在草场堆积自然发酵，作为粪肥可改善草场土质，提高草场牧草品质。另外，奶牛产生的粪便和死畜是人们关注的焦点。在巴西，牛粪日产出量可达4万t，对环境产生了较大压力。在巴西，一般会根据不同规模牧场用于粪污和病死畜处理费用的多少，来评估牧场与外部环境协调的能力，验证单位生产成本。相对而言，规模小的牧场需要付出更多的粪污处理成本，才能达到环保要求。为避免对环境造成影响，巴西政府采取了一系列措施，如根据农场的耕作面积配套粪便处理设备，减少载畜量，选择适当的作物品种，减少无机肥料的使用，合理施肥等，来提供粪污的资源化利用能力，减轻对环境造成的负面影响。巴西政府制定了固体废物政策(第12305/2010号)，以约束农业活动中产生的牛粪等残留物必须以环保的方式利用或处理。因此，作为农用肥料可有效处理粪肥，并实现可持续循环利用养分，形成矿物质的营养和稳定的有机物质。在高湿度环境中好氧堆肥也是一种通过生物转化实现营养循环的有效方法。近些年，养殖粪污处理和资源化利用过程，降低二次污染、减少能源消耗的节能环保型工艺技术逐渐受到关注并应用推广，相应的机械化装备和智能化控制技术也正在发展应用。

(2)环境保护。巴西农民关注的主要环境问题是以本地物种的森林保护的要求以及废弃物、废水的处理，尤其是对屠宰行业。对于个体农民主要是来自森林保护的要求，以圣保罗省为例，73%以上的农民所有者的土地面积在100 hm^2以下，法律要求森林覆盖面积不低于20%。依据巴西农业和养牛业联盟的抽样调查，农民或奶农一方面必须遵守环境保护法律，另一方面也是为了保护自己的财产，被调查的农民中有56%认为由于这个法律导致了收入的降低。

巴西的环境保护立法在世界属于先进行列，然而在实施过程中由于参与到环境保护行列的人员有限，大部分农民缺乏环境保护要求的相关信息而产生了一些问题。

2001年，巴西农业与养牛业联盟的一项调查显示，76%的农民认为环境保护需要利用技术管理、科学知识以及专业的人员才能取得更好的效果，仅有5%的受访者认同政府当前的环境保护政策。

巴西的奶牛养殖业冲洗挤奶机械的废水经过30～45 d的储存后，用于灌溉草场或其他饲料作物，从而解决了废水导致的环境问题。事实上，巴西的奶牛养殖业以放牧为主降低了废水污染环境的风险。

1990—2017年间，巴西奶牛饲养规模增长了442%，仅在2010—2013年间就增长了55%。然而，饲养规模的快速增长对生产或环境产生的影响的相关研究较少。巴西需要更多的研究牧场规模对土地、森林砍伐以及农作物生产的影响。巴西政府在2010—2018年间投入39亿美元，以支持采用提高牧场生产力的技术。2009年，巴西的4个大型肉类包装公司(JBS，Bertin，Marfrig和Minerva)监控其畜牧业供应链，防止亚马孙河森林砍伐。2015年，巴西根据《巴黎气候协议》做出的承诺，严格执行基于"低碳农业"发展畜牧养殖技术。此外，非政府组织和研究机构鼓励牧场主采用节约土地资源的饲养技术，以提高牧场利用率，降低土壤风险。

3 原料奶质量控制与计价体系

3.1 建立利益共同体，控制原料奶质量

在巴西，奶业合作社建设体系比较完善，已经形成了以合作社为纽带的乳品生产链和加工较为完整的产业链，运行比较畅通。通常是几十家或几百家奶牛养殖场组成一个股份合作社，并参股乳品企业，合作社中的养殖会员单位与乳品企业构成了利益共享的联合体，合作社会员承诺将生鲜乳交售给乳品企业，乳品企业除正常支付奶款外，年终还拿出利润的一部分作为股份红利，分发给合作社会员单位。

以乳品企业 Itambe 公司为例，旗下有 8 000 多个小农场为其提供生鲜乳，每个农场每天平均提供牛奶 350 kg，企业通常不直接与农场联系，而是通过 30 多个合作社开展收购工作。合作社负责人组成董事会，每月召开一次董事会议，依据市场情况确定生鲜乳收购指导价，不同农场生鲜乳价格有所差异，主要考虑因素有生鲜乳产量、质量、距离等。乳品企业每月定期发放奶款，年终向合作社分红约占企业总利润的 30%，奶农通过合作社与乳品企业形成了利益共同体。

3.2 不设第三方生鲜乳收购站，控制原料奶质量安全环节少

与我国不同，巴西生鲜乳生产者与加工者之间有效对接，不设第三方经营的生鲜乳收购站。实践证明有两点好处：一是质量安全责任明确，收购前质量安全责任归奶牛养殖者，收购后质量安全归乳品加工企业，不会因有第三方而相互推诿；二是利益分配相对简单，没有第三方获取利润，同时提高了生产者和加工企业的效益。乳品企业收购生鲜乳主要有两种形式：一是乳品企业自己没有收购运输设施，承租运输公司的设备，但运输公司只提供运输，不参与收购和管理；二是乳品企业自己配备运输设施，直接到奶牛场收购运输生鲜乳。

3.3 生鲜乳及乳制品实施第三方检测

巴西普遍实施了第三方检测，承担第三方检测的主体通常是科研单位、高等院校、国家质量检测部门或社会团体等。第三方检测单位通常定期或不定期到养殖场或乳品企业抽样检测，被抽样单位需缴纳一定数额的检测费。检测结果被及时反馈到行业主管部门、养殖场和乳品企业。对生鲜乳来说，第三方检测的指标有：温度、酸度、抗生素、酒精阳性、乳蛋白、乳脂肪、乳糖、干物质、细菌总数、体细胞数等。第三方检测的频率为每个生鲜乳生产点和乳品企业每月至少采样抽检一次。生鲜乳检测的结果是乳品企业收购生鲜乳判定是否合格及以质论价的依据，若对检测结果存在疑义，可申请复检或申请有终检资格的第三方检测单位重检。乳制品加工企业也有相关检测设备，每次收购时抽样检测，以判定生鲜乳质量是否合格，发现不合格时要送样至第三方检测，由第三方做出最终判定。乳品企业的检测指标同第三方基本相似。奶牛场一般也能进行简单的检测，主要是抗生素和酒精阳性检测。在巴西米纳斯吉拉斯州，分布有多家检测能力不等的乳及乳制品检测中心，分别承担就近区域的生鲜乳及乳制品的第三方检测，其中巴西农牧研究院的乳及乳制品检测中心，既负责周边生鲜乳及乳制品的第三方检测，又具有对其他检测中心的终检资格。

3.4 实行原料奶计价体系

原料奶计价体系，就是由独立的中心实验室、第三方化验机构或者乳品加工厂对原料奶进行各项指标的检验分析，根据所提供原料奶的总体质量，确定原料奶的收购价格。计价体系会影响原料奶供应的质量。根据细菌数、体细胞数、冰点降低（掺水）和抗生素残留等质量指标来对奶农进行奖罚，会激励奶农改善原料

奶质量。

计价体系影响着奶农(牛场)的行为,而奶农(牛场)对原料奶的质量起着决定性的作用。优质优价,奖励能提高原料乳质量的行为,对于不注意挤奶卫生、生奶中掺水造假、混入乳房炎乳或抗生素乳等降低原料奶质量的行为进行处罚,拒收质量不合格的原料乳。目前,国际上选用的计价参数基本上涵盖了成分指标、卫生指标、感官指标、稳定性指标和奶牛健康指标,此外还有考虑季节因素和其他因素的。

巴西公共牛奶质量食物等级和标准(G&S)于1950年制定,1970年标准才全面试行。1990年代,在一些市场和公司,私人的牛奶安全标准出现。在过去的50年中,标准在工业发展和市场中发挥了重要作用。牛奶质量公共标准(ABC等级),在1950年代形成,1970年这标准才施行,牛奶生产者和零售商开始使用这个标准。

1990年,外国投资自由化,这一现状导致了外国直接投资和全球著名牛奶公司的进入,如Parmalat、Royal Numico、MD Foods和Nestle。激烈的牛奶价格竞争导致了公司采用一系列的新管理规则。例如,Itambe(巴西最大的牛奶公司和第二大的牛奶生产商)采用了新的私人牛奶质量和安全标准,这些私人的G&S,在牛奶冷藏和微生物方面都有特殊的要求。原料奶质量的提高,减少了加工过程中的损失,保障了公司的大规模的转运和高效的后勤。

为了保护消费者更广泛的利益,巴西政府实行与私人标准一致的公共标准。这意味着安全标准被公司采用,正规的标准在市场施行。巴西政府近来建立了卫生监测机构,主要目的是监测食物和药物安全,新的牛奶安全标准,成为"提高牛奶质量工程"的一部分。

4 科技推广体系

4.1 主要研究与推广机构

巴西的主要研究机构是巴西农业部所属的研发公司Embrapa公司(巴西农业科学院)。该公司成立于1973年,隶属于巴西农业畜牧业和食品供应部(农业部),总部位于首都巴西利亚,负责巴西全国的农业科研工作。巴西农业科学院拥有8 375名员工,其中,研究人员有2 198名,拥有博士学位人员占68%(其中12%具有博士后经历),拥有硕士学位人员占30%,拥有学士学位人员占2%。巴西农业科学院按照农业区域和农产品生产特色,在全国各地设有40个研究中心,其中,有11个国家专业研究中心,14个国家农产品研究中心,15个生态区域或农用林业研究中心,另外,还有3个特别服务中心(表2)。

表2 巴西农业科学院研究中心分布情况

区域	研究中心	类型
北部	阿克里研究中心	区域研究中心
	阿玛帕研究中心	区域研究中心
	西亚马孙研究中心	区域研究中心
	东亚马孙研究中心	区域研究中心
	朗多尼亚研究中心	区域研究中心
	罗赖马研究中心	区域研究中心
东北部	中北部研究中心	区域研究中心
	热带半干旱研究中心	区域研究中心
	沿海台地研究中心	区域研究中心
	山羊研究中心	农产品研究中心
	木薯与热带水果研究中心	农产品研究中心
	棉花研究中心	农产品研究中心
	热带农用工业研究中心	专业研究中心

续表 2

区域	研究中心	类型
中西部	西部区域农业研究中心	区域研究中心
	水稻和食用豆研究中心	农产品研究中心
	咖啡研究中心	农产品研究中心
	稀树草原研究中心	区域研究中心
	肉牛研究中心	农产品研究中心
	蔬菜研究中心	农产品研究中心
	潘塔诺研究中心	区域研究中心
	农业能源研究中心	专业研究中心
	遗传资源与生物技术研究中心	专业研究中心
	技术信息研究中心	专业研究中心
东南部	农业生物学研究中心	专业研究中心
	食品技术研究中心	专业研究中心
	奶牛研究中心	农产品研究中心
	农业信息学研究中心	专业研究中心
	农业设施研究中心	专业研究中心
	环境研究中心	专业研究中心
	玉米与高粱研究中心	农产品研究中心
	遥感研究中心	专业研究中心
	东南部家畜研究中心	区域研究中心
	土壤研究中心	专业研究中心
南部	温带农业研究中心	区域研究中心
	林业研究中心	农产品研究中心
	南部畜牧与绵羊研究中心	区域研究中心
	大豆研究中心	农产品研究中心
	猪与家禽研究中心	农产品研究中心
	小麦研究中心	农产品研究中心
	葡萄与葡萄酒研究中心	农产品研究中心

巴西奶业的主要推广机构是巴西农牧业技术推广公司(Emater),其主要任务是将农牧业新技术、新成果直接传授给农业生产者。其推广的成果和技术主要来源于巴西农牧业研究公司,少数来源于大学。技术推广方式主要通过分布于全国各地的基层农业技术推广组织(相当于我国的农业技术推广站),对农民进行技术指导,举办实用技术培训班,发放技术小册子等。此外,农业技术推广站还负责服务区内的一些社会服务事业,如农村环境改造卫生、教育等事宜。

4.2 运作模式

巴西建立了合作社组织的运作模式,通过形式多样的巴西合作社组织推动农业生产、促进产供销一体化,在农业社会化服务方面发挥了巨大作用。巴西合作社组织有 4 个层次,由高级到低级依次是全国合作社组织、州合作社组织、中心合作社和基层合作社。从合作社类别来看,主要有供销合作社、渔业合作社和农村电气化合作社等。

这些形式多样的合作社,在推动生产实现供销一体化和提供各种服务方面发挥了积极的作用。目前,巴西全国有 4 000 多个合作社,成员 4 000 多万户。合作社主要是为农民供应生产资料,提供农产品的分级包装、仓储、运输、销售和出口等服务,同时,还提供生产技术市场信息经营管理咨询技术培训等服务。奶业合作社将分散的中小农户组织起来,并通过集体和个人两种形式成立经济联合体,不仅促进了奶业生产的发展,也对农村的奶业发展做出了贡献。奶业合作社还提高了小生产者的市场竞争能力,为巴西的农业发展奠定了良好的基础。

5 促进奶业发展的主要政策

巴西农业支持政策的总体目标,是促进农业发展和提高农民收入。巴西农业支持政策大致可分为3个阶段。第一个阶段(1965—1985年)是以农业直接补贴为主的阶段;第二阶段(1985—1995年)是价格支持成为巴西农业支持为主的阶段;第三阶段(1995年以后)是农业市场更加开发的阶段,巴西用产品售空计划和期权合约补贴这两个新的政策措施来逐步取代旧的价格支持政策,导致价格支持大大减少,逐步形成了一套比较完善的农业支持体系。

5.1 促进奶业生产的政策

巴西在制定农牧业扶持政策,引进外资投入稀树草原开发,根据国际市场需求及时调整农牧业生产结构,出口计划以及解决农产品国际贸易争端等方面做出了很大的努力,并取得了一定的成效。

巴西政府针对奶业生产还制定了牧草改良、遗传改良等发展奶牛养殖业的计划,各地州政府为改善小规模农场主的社会、经济状况等也出台了一些扶持政策。如巴西中西部和南部的一些州免除了奶农或合作社销售牛奶的附加税。除了联邦政府和州政府的支持政策外,奶农也可以享受来自大型乳企如雀巢的资金支持,这种支持主要是为了提高牛奶产量和品质。目前,这一支持政策仅对与乳企相关的奶农。

5.1.1 运用巴西开发银行地理系统制定支持计划

巴西政府在认识到农业直接补贴政策和传统的最低价格保障制度存在的缺陷后,开始优先考虑信贷政策。2000年以来,巴西农业信贷增长迅猛。巴西法律规定,国家银行需根据农民上一年度的产值及其种植面积发放贷款,小、中、大型农场可分别得到相当于其生产资金100%、70%、55%的信贷资金,巴西各级银行对商业和小规模家庭农户给予不同的优惠贷款利率。巴西的商业贷款利率是17%,而给小规模农户提供的优惠利率是2%~6%。同时,根据不同的生产环节,银行提供不同的支持项目,主要包括用于购买生产资料的生产信贷、用于添置固定资产的投资信贷和用于销售资金周转的销售信贷。同时巴西政府还注重引导私营企业,使其逐渐成为提供信贷资金的重要来源。

巴西开发银行地理系统(The Geo BNDES System)是利用地理信息系统(geographic information system)来制定和决策有关国土范围内的计划以及执行措施,目标是生成及管理和巴西开发银行直接或者间接资金支持的项目的地理信息、社会经济和人口数据信息,通过卫星图像监测项目的变化。SIG系统由3个重要功能构成。第一是初步地域评估(the preliminary territorial assessment),属于一种项目分析决策支持方法,可以在项目分析决策初期显示项目所涉及的地区地理、人口和社会经济特征以及巴西开发银行在此区域所支持的其他项目的情况。2017年巴西开发银行根据这个方法开展了11份区域研究。第二是特种地图(thematic maps)。采用特种地图的形式辅助该行融资的项目的规划、构架和培育。第三是卫星图像监测项目(the monitoring projects by satellite image)。该功能主要是一个项目监测工具,其中包括详细的卫星图像报告,用于记录和分析项目进展等情况,2017年通过该系统出具监测72个农业、林业、环境修复和基础设施融资项目的报告38份。

5.1.2 保护热带稀树草原,构建可持续发展农业

热带稀树草原是巴西重要的植被类型,约占巴西国土面积的24%,但其土壤天然肥力十分低下,种植作物几乎颗粒无收。为了更好地开发热带稀树草原的农业生产,巴西投入巨资通过向土壤中倾倒大量的工业

石灰(石灰石粉或白垩)以降低酸度。在 20 世纪 90 年代后期,每年撒入土壤的石灰多达 1 400～1 600 万 t,而到了 2014 年,这一数字上升到了 2 500 万 t,相当于每 1 hm^2 土地撒入大约 5 t 石灰。

Embrapa 公司的科研人员还培育了变种根瘤菌,即一种可提高豆科植物固氮效果的细菌,降低了化肥的使用量。

Embrapa 公司鼓励提倡使用新型农业技术并且在该领域一直保持领先位置。在免耕法的实践中,巴西人处于世界的前缘。所谓免耕法就是在播种前,不对农田进行犁地处理。收割时,农作物的切割位置是在农作物茎秆的高端,这样收割后作物的大部分被留在农田里,进而腐化形成有机物质层。再次播种时,直接将种子种在这种富含多种营养成分的土层中。通过几十年的努力,原本被"绿色革命之父"美国植物学家 Norman Borlaug 称为"没人认为能长出东西"的巴西塞拉多草原,已成为巴西最大的"粮仓",巴西全国 70% 的粮食产量来自该地区。

2017 年,巴西政府出台了《低碳排放农业计划》,通过提供长期低息信贷,鼓励农业生产者采用农作物轮作,免耕直播、生物固氮以及农林牧一体化生产等先进生产方式来减少碳排放。巴西政府还同时设立若干资源保护区,禁止开发这些区域内的珍稀资源。政府还大力推行植树造林,鼓励农民种植果树和经济林木,既能保护植被,防止水土流失,又能增加农民收入,促进多种农业经济良性发展。

农业科技部门大力推广先进的农业生产技术,改变以往掠夺式的农业经营方式,促进水土资源的可持续利用。巴西还推出了"森林、农业、畜牧三位一体"的耕作方案:农田在使用上实行农业和畜牧交替进行,农田与农田之间则种上成行的树木,牛群可在这里进行放牧。最终的实践证明,在解决牧场退化问题上,这是最行之有效的手段。

5.1.3 建立农业科技推广服务体系

早在 1973 年,政府就建立了巴西农牧业研究公司和技术推广公司。目前,巴西农业技术推广由两套系统组成,即由州政府和私营机构组成,联邦政府不设农业技术推广网络。巴西农业技术推广对中小农户一般不收取推广和培训费用,对大农庄主则少量收取培训成本费用。美洲乳业合作伙伴(Dairy Partners Americas)(恒天然与雀巢合资)是巴西最大的乳品加工企业,为了与奶农保持良好的关系,开创了 SPL-服务奶农 DPA,作为一个提升、培训奶农的重要途径。

巴西在反对发达国家对生产者实施高额补贴的同时,根据世贸组织农业协议"特殊及区别对待"条款内容,对本国的"家庭农业"也实行补贴,其中最近一次发放的"家庭农业"补贴是在 2016 年,总额为 5.38 亿美元。

5.1.4 强化政府服务意识和服务功能

巴西加强了反对发达国家贸易保护政策的力度,并把反对贸易保护主义,反对发达国家对生产者实施补贴和推动本国农牧业产品出口作为其外贸谈判的重点。2017 年金砖峰会上,巴西总统特梅尔在此间举行的世界经济论坛拉美会议开幕式上表示,巴西反对任何形式的贸易保护主义,将与美国总统特朗普进行进一步协商。

5.1.5 创建农业保险制度

巴西对农业予以金融扶持,开设农业保险。与此同时,为了预防自然灾害,政府还设立了专项农业基金,对受灾农户予以一定的损失补偿。

巴西对外国独资或合资企业实行国民待遇。巴西的农险业务范围大致涵盖 5 个方面,即农作物保险、牲畜保险、农村财产保险(包括担保业务)、农村信用保险和农民人身保险。

2003 年 12 月 19 日巴西国会通过法律,2004 年 6 月 29 日政府颁布政令,开始实施农业保险保费补贴计划(The Rural Insurance Premium Subvention Program),该计划的指导方针是:促进农业保险的广泛运用,充分发挥农业保险的收入稳定机制作用,引导农户使用恰当的农业技术,推动农业企业管理的现代化。该计划于 2005 年 11 月中旬开始运作，主要保障 7 种农业品种。2006 保费补贴范围又扩大到所有的农作物、牲畜、水产和林木。另外，政府还采取一系列与农业保险保费补贴相配套的政策措施。

对于愿意购买农业保险的农户，享受利率优惠的生产资料贷款额度将可以增加 15%。政府承担了部分保费，其余部分可以从贷款中直接扣除，这样在收获季节前期农户就无须自己进行缴费，从而可以提高自身资金的流动性。2007 年 1 月巴西国会通过法案同意将巴西再保险市场向国际再保险公司开放，取消了巴西再保险公司(IRB—Brazil Reinsurance Institute)的专营权，从而有利于促进竞争、推动再保险市场的发展，可以降低费率并通过引进国际先进再保险技术提高保险服务质量。根据巴西农业部门预测，在政策推动下，2008—2009 年收获期巴西农业保险覆盖面有望达到耕种地区的 10%。

为进一步支持保险公司应对巨灾风险，2008 年 5 月，巴西政府当局向国会提交了一项“农业保险保费补贴计划”的补充法案，拟建立“巨灾保障基金”支持保险公司或再保险公司应对巨灾风险，从而推动气候多变地区农业保险的供给。

5.1.6 发挥农业合作社的作用

巴西 1969 年成立全国农业合作总社，目前全国约有 4 000 个合作社，其中农牧业合作社约有 2 000 个。合作社本身不以营利为目的，而是一个向社员提供产、供、销及市场信息一条龙服务的经济联合体。社员的农牧产品可自由出售，也可委托合作社出售。合作社设有一些服务机构，且都有自己的小商品市场，商品有的属社员自产，有的直接从厂家购进，本社社员在此购物一般低于市价 30%左右。合作社的资金积累和自我发展除靠政府的优惠政策和自身经营能力外，主要来自批发价和零售价之间的差价及收取服务费和社员会费(比例很小)。

5.1.7 发挥农业行业协会的作用

巴西设有农业生产者“全国农业联合会”。联合会内分设专业委员会，各州、市也相应设有农业生产者协会，隶属全国农业联合会领导。联合会的主要职能是收集生产者对农产品贸易的意见和建议，供政府有关部门决策参考。在出现农产品贸易问题时，负责向政府有关部门提出解决措施及建议，并协调农业生产者与政府部门之间的立场，向农户传达政府关于农产品贸易的最新政策。联合会已成为生产经营者与政府之间进行有效沟通的纽带和桥梁，也是向政府转达农业生产者意愿的忠实代表。

5.1.8 发展职业教育

巴西人口众多，农业现代化出路必然是走资本密集型道路。需要政府减少劳动力数量，提高农民素质。巴西早在 20 世纪 50 年代，农民受教育水平较低，人口居住分散，且很少离开居住场所，导致农业生产率下降，政府于 1991 年成立国家农业职业教育服务机构，由教育部、农业部、人力资源部、国农民联盟和合作教育组织等多个部门组成的管理委员会统筹管理和调度职业农民教育，目的是促进农村地区的职业农民培训，提高农民接受新技术的能力。巴西整个职业农民培训主要由私人承担，是被法律赋予权力的培训机构，经费来源于雇员税。巴西重视农业科技创新，这也是实现现代化农业的必经之路。巴西创新机构隶属于巴西农业科学院。在全国设有 40 个研究中心，研究人员中博士、硕士、学士学位比例为 34∶15∶1。主要任务是解决农民生产过程中的微观技术问题和农村发展中宏观社会问题，提高农民收入的实际需要，为国家可持续发展战略提供思路。

5.2 促进奶业加工的政策

巴西牛奶农业综合企业系统在 19 世纪 90 年代经历了巨大的制度性的改变，对奶业结构产生了重要的影响。如 JANK(2015)所述的“第一次变革”以市场的开放和南方共同体市场的巩固为契机，增强了奶业与进口产品的竞争力。同时政府的角色发生重要改变，经过 40 年的联邦政府定价制，奶制品价格自 1991 年彻底放开，奶业产业链各个环节的价格和支出出现了新状况。在 19 世纪 90 年代中期，奶业又经历了“第二次变革”，这次变革中大型加工企业强制采用新的原料奶收集和运输系统，包括原料奶在牧场进行冷却。新技术使原料奶在牧场水平更为集中，对小型牧场影响巨大。牛奶加工企业也可以获得国家的利率优惠，政府为中等水平生产者提供远低于市场利率的低息贷款，生产和销售贷款和投资信托支持等。

推进乳企合并重组，增强了其国际竞争力，制定较高的卫生标准，结合较高的关税抑制乳粉进口，促使跨国企业和本国企业在巴西国内投资建厂，设定阿根廷乳粉进口限额，还增加联邦政府和州政府的资金支持力度，通过这一系列政策促进国内乳制品出口，抑制从阿根廷、乌拉圭的进口。

5.3 促进奶业贸易的政策

出于巨大的财政压力，同时考虑 WTO 规则的影响，巴西政府提出了产品售空计划和期权合约补贴两个新的价格支持政策措施，用来逐步取代旧的价格支持政策。新的价格支持政策中的产品售空计划是指政府通过向加工企业或批发商支付“差价”（市场价格与政府制定的参考价格之间的差额）补贴的方式来支持农产品价格，相当于政府提供产地与消费地之间的运费补贴。当中西部的农民把产品提供给南部的加工企业或批发商时，政府将两地之间的价差（主要是运费）补贴给后者，鼓励他们到内陆地区收购农产品，从而为内陆地区提供价格支持。期权合约补贴是指先确定一个一定时期的期权价格，要事先买保险。如果买了保险，当到期实际市场价格高于期权价格时，由农民自己出售；实际市场价格低于期权价格，由政府把市场价格与期权价格之间的差额直接补给农民，仍由农民自己销售。新的价格支持政策有两大作用：一是一定程度上稳定农民收入；二是可以减少政府直接以保护价格收购而形成的储备。

巴西的农业服务支持政策主要包括基础设施建设、保险政策及税收优惠等。从 20 世纪 90 年代开始，巴西政府就开始加大对农村的道路交通、农产品仓储和水利灌溉设施资金投入。1985 年，巴西在国际金融机构支持下投资 43 亿美元制定并实施了“东北部百万公顷灌溉计划”。2007 年，巴西政府又进一步制定了农村基础设施建设增长加速计划，通过政府投资以及吸引私人资本，投入 13 亿美元开展农村水利、供电、生物燃料管道以及与农业生产运输密切相关的公路、铁路等道路网络施工建设。农业保险政策分为备耕、种植、管理和销售等 4 个阶段进行保险，并与农业信贷发放同步进行。保险范围以生产成本为上限，政府和农民各自负担 50%的保险金，从而促进农民通过参加农业保险降低生产风险。在 1994—1997 年期间，工业产品的平均关税从 100%下降到 31%，与此同时，农业关税进一步大幅度削减，水稻、小麦、食用豆类降至 10%，玉米、棉花和大豆降至 8%。

巴西市场上的牛奶及奶制品主要为巴氏杀菌奶、超高温灭菌牛奶、多种风味的牛奶和奶粉、奶酪。由于巴西货币坚挺，国内需求强劲，原料奶价格稳固，巴西奶粉主要内销。巴西每年还需从阿根廷、乌拉圭、美国等进口一定数量的奶制品，阿根廷、乌拉圭是巴西全脂奶粉的主要供应国，占其进口额的 89%；美国的乳清粉和乳糖在巴西市场具有较强的竞争力，占其进口额的 11%。巴西最主要的出口奶制品是炼乳，主要销往委内瑞拉、菲律宾、巴拉圭和美国。

为鼓励出口，巴西财政部宣布，自 2008 年 3 月 1 日起，取消出口结汇限制，出口企业必须将出口外汇留在国内的比例由当时的 70%降至 0，取消 0.38%的出口金融操作税（IOF）；另外，对进入收益固定的基金和国债领域的外资征收 1.5%的金融操作税。

巴西特定农产品补贴率（用特定农产品获得的生产者补贴水平 PSCT 与生产该产品经营收入的比率表示）整体均有大幅度下降。由于农产品出口国家多采取针对某一类农产品进行支持补贴，因此被计入特定产品组的支持补贴中，实现在政策类别的组间调整，并不完全是真实水平的下降。

巴西在 1995—1997 年对牛奶（17.8%）、大米（17%）、棉花（14.2%）、小麦（10.9%）等产品给予支持，目前仅对大米（16.4%）和小麦（9.4%）予以高度支持。

巴西支持水平较高的是大米和小麦，分别为 16.4%和 9.4%，牛奶在 6%以下。

5.4 促进奶业消费的政策

为刺激消费，巴西主要采取了降低乳制品价格、延长产品货架期、开发新产品等措施。

1990—2020年，巴西由于奶牛生产能力提高，市场开放程度加大，以及国外奶产品进入巴西市场，导致乳制品价格下降了47.5%，促进了巴西国内的消费量增长。巴西的乳制品消费量人均还没有达到联合国粮农组织(FAO)推荐的人均年消费量210 L，因而消费需求还有较大的空间。为促进消费，巴西也有意识地延长产品的货架期，UHT奶在巴西液态奶消费中占据相当高的比例。近年来，儿童和年轻人群消费者对便利和营养产品需求的增加，促进了巴西奶制品中风味乳的消费。此外，跨国公司和国内的乳品企业在功能食品领域开发了一些新产品，如活性乳酸菌、钙、大豆组分、Ω-3脂肪酸和低胆固醇甾醇类等，为促进乳品消费又找到了一个新的增长点。

6 值得借鉴的主要经验

6.1 经营模式方面的经验

巴西主要采用合作经营方式组织广大农户的奶业生产，在巴西，奶业合作社建设比较完善，运行比较畅通。通常是几十家或几百家奶牛养殖场组成一个股份合作社，并参股乳品企业，奶农在自愿的基础上组成各种形式的合作社，按合作社的章程实行统一经营、统一核算、利润分成。参加各种奶农联合会，获得财政信贷、奶牛配种、饲养管理、物资供应等各方面的优质服务和产品质量、市场销售等信息。巴西合作社组织覆盖面广，提供服务全面，有效帮助农户解决了许多生产经营中的困难，所提供的服务在农户所需要的服务中占了相当大的比例。这些合作社组织自成体系，有完善的规章制度和运作章程，明确地规定了合作组织的权利与义务。因此，在服务农户方面具有较高的效率。此外，以合作社为基础的农业产业化运作模式，使合作社组织已成为农业生产经营者与市场之间进行有效沟通的纽带和桥梁，也是农业社会化服务体系中的一支重要力量，为促进巴西农业发展起到了积极作用。

6.2 科技创新方面的经验

6.2.1 良种选育以符合国情和综合效益高为目的

良种是奶业发展的物质基础。实践证明，奶牛单产水平增量中有40%来自遗传因素。美国、加拿大、新西兰、澳大利亚等奶业发达国家的奶牛品种都以产奶量较高的荷斯坦牛为主，以地方品种为辅。巴西在奶牛品种选择和培育上有自己的特点，96%以上的奶牛都是荷斯坦牛和Zebu(吉布瘤牛)的杂交牛，4%以下的为纯种荷斯坦牛。究其原因：一是杂交牛含有荷斯坦牛高产基因，可改善Zebu牛低产的缺陷；二是杂交牛含有Zebu牛强适应性基因，有利于适应巴西以放牧为主的粗放管理和亚热带气候高温高湿的特性；三是杂交牛饲养成本低，养殖效益高；四是杂交牛产肉性能比较好，对肉牛养殖及牛肉生产有一定的贡献。这充分表明，良种选育应以符合国情和综合效益高为目的，只要适合本地，就是最好的品种。选育和改良奶牛品种应综合考虑其产奶性能、养殖效益和适应性等因素。

6.2.2 积极开展饲草饲料种植技术研究与推广

奶牛是草食动物，保持其健康、高产，离不开优质、充足的饲草饲料。为弥补天然牧草的不足，给奶牛提供更优质的饲草料，巴西积极开展饲草饲料种植技术研究与推广，大学和科研机构在青贮制作技术方面开展了大量研究工作，开发了一系列玉米品种以及青贮生产技术，使得奶牛主产区的精饲料、副产品供应充足，精粗饲料基本可以做到自给自足。另外，为推广饲草饲料作物种植技术，巴西农牧科学研究机构都专门建立了饲草饲料生产与试验基地，为奶牛场筛选适应不同土壤、不同气候的优质饲草饲料品种和高效种植模式提供条件，深受奶牛养殖者的欢迎。在巴西，牛场周边一般都有人工草地和种植饲料作物，其中饲料作物主要以青饲玉米、青饲高粱、青饲甘蔗为主。

6.3 产业政策方面的经验

6.3.1 不设第三方经营的生鲜乳收购站

巴西生鲜乳收购模式主要有生产者与加工者之间直接交易，以及乳品企业在养殖集中区域建立自己的生鲜乳收购分级站，及时将生产者挤后的生鲜乳收购、冷却和贮藏，这些分级站经营权归乳品企业，没有第三方参与。实践证明该模式有以下两点好处：一是不设第三方经营的生鲜乳收购站，显著降低了生产者与加工者之间的交易成本，进一步缩短了生鲜乳到消费者之间的距离；二是易环节得到简化，质量安全责任主体明确，提高了生产者与加工者的质量安全责任意识。

6.3.2 生鲜乳及乳制品实施第三方检测

巴西生鲜乳及乳制品市场规范化发展，主要依赖科研单位、高等院校、国家质量检测部门或社会团体等第三方检测机构每月以公正、权威的非当事人身份，根据当地法律、标准或合同开展检验检测活动。第三方检测的指标有：温度、酸度、抗生素、酒精阳性、乳蛋白、乳脂肪、乳糖、干物质、细菌总数、体细胞数等。通过实施第三方检测可以进一步完善对生鲜乳生产及收购环节的监督管理，强化生鲜乳质量安全源头管理；有利于理顺奶农和乳品加工企业的利益关系，保障养殖与加工利益均衡，构建公开、公正、公平交易体系，为奶农和乳品企业提供公正的交易平台，逐步实行生鲜乳收购优质优价；有效解决农企双方有关质量判定方面的矛盾和纠纷，维护双方利益，促进奶农主动提高生鲜乳质量，提升乳品企业自身质量控制水平，保障消费者的健康。

6.4 其他方面的经验

6.4.1 广泛开展商贸交流与合作

巴西有丰富的饲草饲料资源，有优良的活体奶牛、胚胎、精液和乳制品，中国饲料添加剂产品丰富，可以实现优势互补，开展商贸交流与合作。一是从巴西引进良种，巴西有优良的 Zebu 牛，抗热应激能力强，适合我国南方养殖，可直接引入母牛用于产奶，也可引进胚胎，借腹怀胎，繁殖优良后代，可进口优良奶牛精液，改良我国现有的奶牛。二是开展乳制品贸易，巴西有优质的奶粉（原粉）、奶酪等乳制品，可开展贸易合作。三是开展饲料资源贸易，巴西有丰富的饲草饲料资源，中国可在进口大豆的基础上进口优质苜蓿产品，缓解我国优质蛋白质饲料紧缺的局面，巴西对中国饲料添加剂有需求，中国可与其开展技术交流和贸易合作。

6.4.2 注重科研与农牧生产相结合

巴西政府高度重视科技在农业生产中的推广与应用。巴西的农牧业科研机构分国家和地方两级，国家设立了农牧科学研究院，地方分别设立了农牧科研所或科研站，由国家和地方农牧行政部门管理。此外，大专院校也设立了专门从事农牧科学研究的机构和实验基地。从分工上，国家农科院主要从事农牧高新技术研究，地方农科所则主要研究农（牧）场的实用技术，大多数基础研究主要在大专院校进行。农（牧）场主或私人公司根据生产、经营中存在的关键性技术难题，与有关科研院所和大专院校签订协议，出资进行研究，其科研成果直接应用于出资者，迅速转化为生产力，从而避免了科研与生产的脱节现象。

6.4.3 构建完善的农牧技术推广体系

巴西的农牧技术推广体系十分完善，技术推广和研究部门不仅要对农牧民、农场主培训适用技术，而且要培训他们如何保护环境，生产绿色产品，如何开发当地资源，如何对农畜产品进一步深加工，如何进入市场，甚至所需小额贷款也由技术人员办理。技术人员与农牧民、农场主的关系十分密切，技术培训、技术推广的效果十分显著，非常值得我们学习。

参考文献

[1]丁芳. 巴西奶业，渴望回归. 中国奶牛，2011 (19)：32.

[2]刘宏. 巴西奶业发展情况. 中国奶业协会第五届会员代表大会论文集，2006：547-548.

[3]谷继承，周振峰，王加启，等. 巴西和阿根廷奶业考察报告. 中国奶牛，2011(19)：33-36.

[4]龚菊芳. 巴西发展农业的成功做法及启示——中国热带作物培训团赴巴西培训考察报告. 中国农垦经济，2001(7)：35-37.

[5]龚菊芳. 巴西发展农业的成功做法及启示——中国热带作物培训团赴巴西培训考察报告(二). 中国农垦经济，2001(8)：38-40.

[6]岳德荣，王曙明，郭中校，等. 巴西农业生产与科研推广体系. 农业科技管理，2008，27(5)：5-7.

[7]张若健. 巴西发展农业的基本做法. 新农村，2005(2)：23.

[8]朱行. 世界农业强国巴西农业概述. 粮食流通技术，2009(3)：33-35，45.

[9]Nyrop R F，Weil T E. Brazil，a country study. U. S. Govt. Print. Off，1983.

［撰稿：中国农业科学院北京畜牧兽医研究所　王加启　张养东；中国农业大学　施正香　韩鲁佳　黄光群　颜志辉；新疆农业大学　余雄　邵伟；东北农业大学　沈维政　戴百生］

附 表

附表 1　1961—2019 年巴西奶牛头数、总产奶量和单产水平

年份	奶牛头数/万头	总产奶量/万 t	平均单产/(kg/头)
1961	739.62	522.74	706.77
1962	761.76	545.96	716.71
1963	790.76	555.03	701.89
1964	798.55	634.02	793.96
1965	841.67	677.49	804.93
1966	905.05	688.92	761.19
1967	899.69	690.46	767.44
1968	898.96	723.52	804.84
1969	927.39	725.27	782.06
1970	951.50	735.31	772.80
1971	988.00	734.60	743.52
1972	1 002.00	732.30	730.84
1973	975.00	776.30	796.21
1974	1 083.85	902.20	832.40

续附表 1

年份	奶牛头数/万头	总产奶量/万 t	平均单产/(kg/头)
1975	1 229.37	997.05	811.03
1976	1 285.20	1 066.67	829.96
1977	1 413.82	986.22	697.56
1978	1 415.02	1 008.54	712.74
1979	1 489.91	1 050.30	704.94
1980	1 651.30	1 195.58	724.02
1981	1 649.17	1 167.50	707.93
1982	1 638.67	1 181.65	721.10
1983	1 627.64	1 181.84	726.11
1984	1 674.29	1 230.28	734.81
1985	1 700.00	1 245.28	732.52
1986	1 760.00	1 287.91	731.77
1987	1 777.41	1 339.94	753.87
1988	1 805.36	1 394.11	772.21
1989	1 867.30	1 453.18	778.23
1990	1 907.29	1 493.34	782.96
1991	1 996.41	1 554.66	778.73
1992	2 047.60	1 627.33	794.75
1993	2 002.31	1 607.42	802.78
1994	2 006.83	1 627.28	810.87
1995	2 057.92	1 698.51	825.35
1996	1 627.37	1 908.94	1 173.02
1997	1 704.82	1 924.47	1 128.84
1998	1 728.06	1 927.34	1 115.32
1999	1 739.57	1 966.12	1 130.23
2000	1 788.50	2 038.00	1 139.50
2001	1 819.40	2 114.58	1 162.24
2002	1 900.52	2 231.47	1 174.14
2003	1 925.56	2 294.37	1 191.53
2004	2 002.27	2 420.24	1 208.75
2005	2 062.59	2 538.41	1 230.69
2006	2 094.28	2 618.56	1 250.34
2007	2 112.23	2 613.73	1 237.43
2008	2 158.53	2 844.05	1 317.59
2009	2 243.53	2 908.55	1 296.42
2010	2 292.49	3 071.55	1 339.83
2011	2 322.92	3 209.62	1 381.70
2012	2 280.35	3 230.44	1 416.64
2013	2 295.45	3 425.52	1 492.31
2014	2 302.80	3 512.44	1 525.29
2015	2 111.09	3 460.96	1 639.42
2016	1 955.91	3 368.04	1 721.98
2017	1 685.18	3 431.15	2 036.1
2018	1 635.26	3 393.42	2 136.3
2019	1 627.07	3 589.03	2 205.8

附表 2　1961—2019 年巴西主要乳制品进口贸易额

千美元

年份	奶牛黄油	酪乳、凝固乳及酸酪乳	重制奶酪	全脂牛乳奶酪	奶油	提炼乳组分	脱脂牛乳	脱脂奶粉	全脂炼乳	全脂奶粉	全脂淡炼乳	全脂鲜牛奶	乳清粉	酸奶	总额
1961	0	0	0	2	0	0	0	2 935	0	0	0	0	0	0	2 937
1962	79	0	0	35	0	0	0	3 528	0	0	0	0	0	0	3 642
1963	2 189	0	0	1 549	0	0	0	5 518	0	0	0	0	0	0	9 256
1964	6 643	0	0	45	0	0	0	5 178	0	0	0	0	0	0	11 866
1965	73	0	0	5	0	0	0	6 802	0	0	0	0	0	0	6 880
1966	9	0	0	69	0	0	0	10 329	0	0	0	0	0	0	10 407
1967	23	0	0	174	0	0	0	12 368	63	0	0	4	0	0	12 632
1968	1 843	0	0	538	0	0	0	8 368	162	0	0	17	0	0	10 928
1969	189	0	0	332	0	0	0	6 674	297	0	0	11	0	0	7 503
1970	48	0	0	489	0	0	0	13 510	282	0	0	15	0	0	14 344
1971	81	0	0	476	0	0	0	8 659	72	2 172	0	12	0	0	11 472
1972	15	0	0	453	0	0	0	8 233	4	0	0	3	0	0	8 708
1973	5 918	0	0	1 350	0	0	0	29 303	76	8 125	0	8	0	0	44 780
1974	1 503	0	0	1 338	0	0	0	18 717	603	6 133	0	1	0	0	28 295
1975	487	0	0	2 331	0	0	0	9 918	654	3 091	0	13	0	0	16 494
1976	1 489	0	0	11 504	0	0	0	4 803	193	6 999	0	2	0	0	24 990
1977	2 040	0	0	15 667	0	0	0	11 057	139	17 138	0	0	0	0	46 041
1978	66	0	0	14 547	0	0	0	4 952	181	6 630	0	0	0	0	26 376
1979	2 001	0	0	1 951	0	0	0	2 152	58	8 697	0	0	0	0	14 859
1980	10 603	0	0	5 783	0	0	0	45 577	190	27 831	0	0	0	0	89 984
1981	56	0	0	443	0	0	0	3 429	110	16 887	0	0	0	0	20 925
1982	1 718	0	0	3 578	0	0	0	4 844	59	12 409	0	0	0	0	22 608
1983	289	0	0	3 405	0	0	0	16 529	11	7 263	0	0	0	0	27 497
1984	1 479	0	0	777	0	0	0	12 025	0	4 799	0	0	0	0	19 080
1985	4 170	0	0	3 628	0	0	0	13 706	0	2 304	0	0	0	0	23 808
1986	35 739	0	0	60 472	0	0	0	125 511	43	58 376	0	0	0	0	280 141
1987	19 843	0	0	8 832	0	0	0	79 393	0	4 556	0	0	0	0	112 624
1988	2 080	0	0	14 142	0	0	0	4 563	0	2 267	0	0	0	0	23 052
1989	32 407	0	0	38 006	0	0	51	85 917	0	133 692	0	0	0	0	290 073
1990	15 612	0	726	46 845	0	0	0	45 384	6	59 814	0	256	63	0	168 706
1991	20 726	149	1 070	45 175	0	212	35	72 812	0	74 746	0	2 758	24	0	217 707

续附表 2

千美元

年份	奶牛黄油	酪乳、凝固乳及酸酪乳	重制奶酪	全脂牛乳奶酪	奶油	提炼乳组分	脱脂牛乳	脱脂奶粉	全脂炼乳	全脂奶粉	全脂淡炼乳	全脂鲜牛奶	乳清粉	酸奶	总额
1992	9 565	599	263	7 866	0	114	0	18 231	434	38 928	0	745	198	0	76 943
1993	15 286	298	0	24 862	943	135	0	50 705	2 794	56 662	0	3 788	496	0	155 969
1994	23 147	74	0	89 969	1 660	221	0	54 452	2 577	90 904	0	4 251	2 835	1	270 091
1995	32 127	76	0	168 759	2 824	2 792	0	101 298	15 048	276 073	126	29 713	5 058	17	633 911
1996	21 232	3 004	0	102 433	3 369	3 221	0	86 320	13 989	218 561	858	46 306	11 244	143	510 680
1997	10 988	2 426	2 878	65 836	1 988	4 941	3 644	81 546	10 039	209 501	651	54 978	7 158	212	456 786
1998	20 231	2 172	3 780	55 533	3 258	6 578	3 529	66 179	3 841	253 506	1 488	53 181	19 153	316	492 745
1999	17 652	597	1 802	35 184	949	5 698	2 477	69 156	481	242 691	540	33 808	16 359	97	427 491
2000	16 445	693	952	30 323	782	9 251	1 757	55 929	142	207 741	235	27 671	22 087	82	374 090
2001	2 486	561	848	19 853	577	9 757	645	23 591	116	86 797	145	9 604	19 866	62	174 908
2002	6 947	8 517	529	16 116	16	4 249	446	28 515	50	147 069	21	5 804	20 655	1	238 935
2003	4 361	3 693	433	10 987	27	1 584	71	12 044	0	59 770	0	410	15 700	0	109 080
2004	1 229	1 457	610	11 701	80	3 207	18	8 315	53	43 582	0	158	14 683	0	85 093
2005	435	983	610	10 230	44	5 371	46	11 574	20	65 016	0	647	25 019	0	119 995
2006	1 615	1 324	624	18 495	160	7 864	468	20 332	251	68 890	0	5 188	29 409	0	154 620
2007	1 411	2 274	674	17 807	95	7 670	360	11 205	0	60 147	0	1 579	45 239	0	148 461
2008	3 961	777	1 324	25 940	138	13 239	301	27 339	0	91 839	0	1 414	43 069	0	209 341
2009	13 778	2 878	1 459	43 751	228	5 616	472	23 416	0	123 764	0	3 759	25 681	0	244 802
2010	5 428	1 019	2 755	72 855	91	3 255	322	46 257	0	129 246	0	2 775	38 271	0	302 274
2011	4 958	938	3 801	123 314	58	8 786	22	118 132	0	217 174	0	9 377	40 119	0	526 679
2012	18 981	4 288	6 568	89 740	4	11 585	105	118 362	0	261 781	0	6 595	46 783	0	564 792
2013	11 907	6 629	11 566	92 844	232	15 819	1 233	101 164	0	226 532	0	11 464	37 485	0	516 875
2014	4 532	673	16 326	68 901	30	30 763	197	104 160	0	133 488	0	2 245	46 686	0	408 001
2015	4 507	669	16 365	53 910	8	12 023	129	96 969	6	161 819	0	323	26 915	45	373 688
2016	15 409	819	11 281	67 121	0	17 953	174	88 748	0	328 567	0	1 218	25 719	54	557 063
2017	19 649	5 049	9 330	67 552	0	12 205	17	85 016	0	247 209	0	613	26 179	10	472 829
2018	22 500	4 000	8 834	64 141	0	23 015	0	67 324	9 851	204 144	0	9 851	18 405		422 302
2019	13 483	1 335	10 670	56 068	0	24 405	12	59 913	20 594	185 129	0	61	22 650		394 320

附表 3　1961—2019 年巴西主要乳制品出口贸易额

千美元

年份	奶牛黄油	酪乳、凝固乳及酸酪乳	重制奶酪	全脂牛乳奶酪	奶油	提炼乳组分	脱脂牛乳	脱脂奶粉	全脂炼乳	全脂奶粉	全脂淡炼乳	全脂鲜牛奶	乳清粉	酸奶	总额
1961	0	0	0	0	0	0	0	0	0	0	0	0	0	0	0
1962	0	0	0	0	0	0	0	0	0	0	0	0	0	0	0
1963	0	0	0	1	0	0	0	0	0	0	0	0	0	0	1
1964	0	0	0	3	0	0	0	0	0	0	0	0	0	0	3
1965	0	0	0	0	0	0	0	0	0	0	0	0	0	0	0
1966	0	0	0	1	0	0	0	0	0	0	0	0	0	0	1
1967	2	0	0	1	0	0	0	3	0	0	0	0	0	0	6
1968	2	0	0	2	0	0	0	226	0	0	0	0	0	0	230
1969	0	0	0	7	0	0	0	7	0	0	0	0	0	0	14
1970	4	0	0	362	0	0	0	25	0	0	0	0	0	0	391
1971	1	0	0	119	0	0	0	30	0	0	0	0	0	0	150
1972	1 589	0	0	229	0	0	0	56	525	0	0	0	0	0	2 399
1973	51	0	0	0	0	0	0	22	301	0	0	0	0	0	374
1974	8	0	0	0	0	0	0	22	143	0	0	0	0	0	173
1975	15	0	0	0	0	0	0	64	0	36	0	0	0	0	115
1976	108	0	0	0	0	0	0	453	80	415	0	0	0	0	1 056
1977	20	0	0	3	0	0	0	4	0	0	0	0	0	0	27
1978	5 366	0	0	0	0	0	0	12	30	11	0	0	0	0	5 419
1979	349	0	0	564	0	0	0	792	6	0	0	0	0	0	1 711
1980	1 410	0	0	851	0	0	0	12	1 479	1 471	0	0	0	0	5 223
1981	10 901	0	0	144	0	0	0	38	121	106	0	0	0	0	11 310
1982	1 040	0	0	21	0	0	0	160	60	44	0	0	0	0	1 325
1983	4 642	0	0	3	0	0	0	5	53	80	0	0	0	0	4 783
1984	714	0	0	7	0	0	0	118	274	217	0	0	0	0	1 330
1985	126	0	0	111	0	0	0	221	149	428	0	7	0	0	1 042
1986	85	0	0	125	0	0	0	36	36	95	0	23	0	0	400
1987	189	0	0	71	0	0	0	112	417	512	0	87	0	0	1 388
1988	140	0	0	94	5	0	0	2 816	99	333	0	46	0	53	3 586
1989	47	179	0	39	19	0	7	0	2	121	4	29	0	1 004	1 451
1990	0	0	0	54	14	0	20	0	43	64	73	252	0	0	520

续附表 3

千美元

年份	奶牛黄油	酪乳、凝固乳及酸酪乳	重制奶酪	全脂牛乳奶酪	奶油	提炼乳组分	脱脂牛乳	脱脂奶粉	全脂炼乳	全脂奶粉	全脂淡炼乳	全脂鲜牛奶	乳清粉	酸奶	总额
1991	72	34	0	709	480	0	7	29	285	97	23	371	0	0	2 107
1992	218	13	0	1 848	3	0	1	2 319	499	5 089	6	28	0	0	10 024
1993	11	25	0	1 224	2	0	0	13 806	601	6 980	11	0	0	2	22 662
1994	1	3	0	871	0	0	3	22	1 134	641	39	1	0	11	2 726
1995	4	1	0	2 998	12	0	0	52	2 165	468	128	11	0	8	5 847
1996	0	10	0	1 821	36	0	0	6	1 797	13 666	19	1	1	1	17 358
1997	3 460	277	0	1 466	41	0	0	99	1 088	2 729	8	37	1	1	9 207
1998	165	345	1 758	1 157	30	0	0	250	1 273	2 434	11	0	1	157	7 581
1999	82	492	1 931	714	120	436	0	323	2 392	218	2	0	18	42	6 770
2000	163	881	5 132	187	418	18	0	18	3 991	588	4	0	19	299	11 718
2001	2 504	4 404	4 873	338	1 746	9	1	808	6 433	1 048	2	0	31	611	22 808
2002	447	5 715	2 872	1 164	3 737	15	4	4 340	18 648	2 093	130	34	14	140	39 353
2003	108	1 519	2 923	2 387	1 462	57	32	5 354	25 509	4 995	0	81	4	143	44 574
2004	134	1 748	4 172	3 816	2 841	6	22	3 204	26 172	44 513	356	25	10	98	87 117
2005	3 041	1 394	5 391	9 299	2 009	67	11	8 717	33 479	51 038	616	173	14	167	115 416
2006	2 085	1 253	7 375	6 092	5 828	29	4	7 769	59 654	36 678	3 486	60	1	1	130 315
2007	9 274	2 840	10 463	6 532	8 541	12	17	15 767	41 361	165 858	1 902	1 825	3	18	264 413
2008	12 605	3 128	14 673	7 579	10 764	7	7	1 857	69 008	377 190	4 576	40	27	1	501 462
2009	5 457	3 861	12 825	6 613	9 463	2	13	2 321	49 065	49 919	6 192	26	2	1	145 760
2010	16 057	3 191	10 186	5 007	18 573	4	8	1	53 663	19 795	887	16	4	457	127 849
2011	4 000	3 108	7 376	4 902	13 969	2	17	0	51 349	5 581	15	40	38	85	90 482
2012	1 752	3 809	4 742	4 267	18 325	634	48	0	54 376	876	5	31	55	71	88 991
2013	1 237	2 672	5 895	4 803	16 316	15	14	0	52 020	6 293	17	11	76	1	89 370
2014	16 104	2 498	3 864	6 409	17 960	22	24	12	64 117	211 613	11	24	122	79	322 859
2015	2 474	1 013	3 692	4 490	12 963	80	33	2 078	41 234	234 732	0	21	45	52	302 907
2016	305	366	6 431	4 591	12 741	71	344	8	46 756	80 657	0	1 175	15	2	153 462
2017	1 027	656	7 183	7 067	16 638	727	43	19	39 965	24 068	0	48	59	275	97 775
2018	690	568	6 524	7 647		1 884	195	7	17 881	1 949	0	200	208	531	38 104
2019	1 864	566	4 345	7 443		614	452	226	16 507	772	0	984	573	552	35 414

附表 4　1961—2019 年巴西主要乳制品进口贸易量

t

年份	奶牛黄油	酪乳、凝固乳及酸酪乳	重制奶酪	全脂牛乳奶酪	奶油	提炼乳组分	脱脂牛乳	脱脂奶粉	全脂炼乳	全脂奶粉	全脂淡炼乳	全脂鲜牛奶	乳清粉	酸奶	乳制品进口量
1961	0	0	0	3	0	0	0	10 610	0	0	0	0	0	0	10 613
1962	117	0	0	44	0	0	0	12 540	0	0	0	0	0	0	12 701
1963	2 902	0	0	2 191	0	0	0	19 030	0	0	0	0	0	0	24 123
1964	7 965	0	0	56	0	0	0	19 880	0	0	0	0	0	0	27 901
1965	89	0	0	6	0	0	0	21 530	0	0	0	0	0	0	21 625
1966	11	0	0	93	0	0	0	24 553	0	0	0	0	0	0	24 657
1967	20	0	0	164	0	0	0	25 640	160	0	0	11	0	0	25 995
1968	4 472	0	0	483	0	0	0	14 870	469	0	0	57	0	0	20 351
1969	323	0	0	365	0	0	0	12 150	795	0	0	36	0	0	13 669
1970	64	0	0	578	0	0	0	22 003	785	0	0	51	0	0	23 481
1971	80	0	0	491	0	0	0	12 581	195	2 300	0	29	0	0	15 676
1972	9	0	0	434	0	0	0	11 832	10	0	0	9	0	0	12 294
1973	6 309	0	0	972	0	0	0	45 400	63	8 586	0	10	0	0	61 340
1974	1 368	0	0	775	0	0	0	19 220	796	4 338	0	1	0	0	26 498
1975	415	0	0	1 285	0	0	0	11 897	881	2 272	0	9	0	0	16 759
1976	1 515	0	0	8 418	0	0	0	11 487	190	7 012	0	5	0	0	28 627
1977	1 756	0	0	8 429	0	0	0	28 083	144	18 348	0	0	0	0	56 760
1978	41	0	0	6 863	0	0	0	8 571	174	3 189	0	0	0	0	18 838
1979	1 063	0	0	1 024	0	0	0	4 095	50	5 787	0	0	0	0	12 019
1980	6 257	0	0	2 057	0	0	0	46 216	107	15 538	0	0	0	0	70 175
1981	14	0	0	178	0	0	0	2 141	65	5 883	0	0	0	0	8 281
1982	603	0	0	1 378	0	0	0	3 083	42	4 438	0	0	0	0	9 544
1983	108	0	0	1 470	0	0	0	15 942	6	2 780	0	0	0	0	20 306
1984	956	0	0	461	0	0	0	27 744	0	2 022	0	0	0	0	31 183
1985	2 680	0	0	1 547	0	0	0	26 391	0	4 616	0	0	0	0	35 234
1986	32 724	0	0	27 605	0	0	0	173 538	278	40 533	0	0	0	0	274 678
1987	29 560	0	0	4 423	0	0	0	98 240	0	2 837	0	0	0	0	135 060
1988	1 465	0	0	6 842	0	0	0	3 726	0	1 051	0	0	0	0	13 084
1989	15 516	0	0	13 512	0	0	30	41 684	0	63 494	0	0	0	0	134 236
1990	12 702	0	291	29 718	0	0	0	27 151	4	30 557	0	442	82	0	100 947

续附表 4

t

年份	奶牛黄油	酪乳、凝固乳及酸酪乳	重制奶酪	全脂牛乳奶酪	奶油	提炼乳组分	脱脂牛乳	脱脂奶粉	全脂炼乳	全脂奶粉	全脂淡炼乳	全脂鲜牛奶	乳清粉	酸奶	乳制品进口量
1991	12 803	131	380	18 238	0	111	16	51 437	0	44 111	0	8 380	20	0	135 627
1992	4 912	546	75	2 435	0	28	0	10 871	349	19 927	0	3 169	202	0	42 514
1993	8 855	234	0	8 047	881	225	0	29 526	2 736	28 835	0	7 415	520	0	87 274
1994	13 735	38	0	34 071	2 147	291	0	31 600	2 366	54 928	0	9 662	5 300	1	154 139
1995	15 893	35	0	89 345	2 584	2 409	0	53 483	11 221	216 913	153	56 565	7 320	16	455 937
1996	10 291	3 372	0	33 866	3 626	3 186	0	68 976	11 224	115 586	353	89 272	18 767	38	358 557
1997	6 186	2 101	673	20 388	1 768	3 667	7 870	37 880	6 596	101 169	456	113 387	9 505	129	311 775
1998	10 396	1 837	1 098	18 379	3 082	4 462	8 651	36 987	2 625	133 742	1 744	126 251	27 078	154	376 486
1999	11 373	407	567	14 913	1 299	4 669	8 126	46 122	514	145 983	726	116 072	25 801	79	376 651
2000	10 372	393	303	10 986	868	10 615	5 785	30 430	155	108 609	91	89 939	32 684	39	301 269
2001	1 786	268	311	6 727	635	8 186	2 410	10 640	118	42 838	54	36 077	29 261	23	139 334
2002	7 545	15 265	163	7 798	23	3 463	2 033	17 602	17	96 206	18	25 504	33 168	1	208 806
2003	3 170	6 788	96	4 498	23	819	258	6 765	0	32 667	0	1 651	25 118	0	81 853
2004	642	833	121	3 895	101	1 210	41	4 060	11	21 099	0	570	22 813	0	55 396
2005	203	678	123	3 084	54	1 832	97	5 181	4	28 968	0	2 164	29 942	0	72 330
2006	778	629	117	4 803	191	2 110	1 252	9 107	110	30 733	0	14 082	28 437	0	92 349
2007	455	1 074	133	3 561	90	1 434	959	3 633	0	19 077	0	4 211	28 007	0	62 634
2008	1 158	160	215	3 881	74	2 195	564	7 111	0	22 962	0	2 504	36 179	0	77 003
2009	6 568	2 537	205	10 634	161	1 883	1 110	10 522	0	57 206	0	8 439	26 725	0	125 990
2010	1 671	344	430	13 845	29	1 244	636	14 144	0	37 958	0	4 785	28 905	0	103 991
2011	922	262	435	20 717	12	2 243	20	31 117	0	54 828	0	14 427	22 774	0	147 757
2012	4 878	1 707	1 133	13 409	5	2 749	189	33 470	0	70 651	0	12 104	24 009	0	164 304
2013	2 449	1 863	2 643	14 823	55	2 840	1 827	24 251	0	54 368	0	18 535	18 173	0	141 827
2014	777	175	4 221	9 705	6	3 966	278	23 433	0	30 275	0	3 190	24 037	5	100 068
2015	898	305	4 289	9 465	2	2 311	168	34 554	2	58 597	0	447	14 639	6	125 683
2016	4 175	325	3 809	15 837	0	3 930	307	35 405	0	126 081	0	2 145	24 466	1	216 481
2017	3 859	1 287	2 974	11 013	0	2 499	27	30 621	0	72 819	0	1 056	21 081	0	147 236
2018	4 051	984	2 722	10 074		2 379		29 038		67 645		145	14 256		145 616
2019	2 629	286	3 456	9 314		4 769	21	25 241		61 347		105	14 526		138 001

附表 5　1961—2019 年巴西主要乳制品出口贸易量

t

年份	奶牛黄油	酪乳、凝固乳及酸酪乳	重制奶酪	全脂牛乳奶酪	奶油	提炼乳组分	脱脂牛乳	脱脂奶粉	全脂炼乳	全脂奶粉	全脂淡炼乳	全脂鲜牛奶	乳清粉	酸奶	出口总量
1961	0	0	0	0	0	0	0	0	0	0	0	0	0	0	0
1962	0	0	0	0	0	0	0	0	0	0	0	0	0	0	0
1963	0	0	0	1	0	0	0	0	0	0	0	0	0	0	1
1964	0	0	0	4	0	0	0	0	0	0	0	0	0	0	4
1965	0	0	0	0	0	0	0	0	0	0	0	0	0	0	0
1966	0	0	0	1	0	0	0	0	0	0	0	0	0	0	1
1967	3	0	0	1	0	0	0	20	0	0	0	0	0	0	24
1968	2	0	0	3	0	0	0	426	0	0	0	0	0	0	431
1969	0	0	0	10	0	0	0	8	0	0	0	0	0	0	18
1970	4	0	0	333	0	0	0	26	0	0	0	0	0	0	363
1971	1	0	0	105	0	0	0	25	0	0	0	0	0	0	131
1972	1 908	0	0	171	0	0	0	44	1 525	0	0	0	0	0	3 648
1973	65	0	0	0	0	0	0	16	745	0	0	0	0	0	826
1974	4	0	0	0	0	0	0	12	353	0	0	0	0	0	369
1975	7	0	0	0	0	0	0	20	0	17	0	0	0	0	44
1976	55	0	0	0	0	0	0	220	62	205	0	0	0	0	542
1977	7	0	0	1	0	0	0	2	0	0	0	0	0	0	10
1978	6 090	0	0	0	0	0	0	5	19	4	0	0	0	0	6 118
1979	367	0	0	129	0	0	0	324	2	0	0	0	0	0	822
1980	515	0	0	206	0	0	0	4	841	819	0	0	0	0	2 385
1981	4 946	0	0	56	0	0	0	8	68	61	0	0	0	0	5 139
1982	430	0	0	3	0	0	0	43	33	26	0	0	0	0	535
1983	3 265	0	0	0	0	0	0	3	43	24	0	0	0	0	3 335
1984	459	0	0	3	0	0	0	40	261	101	0	0	0	0	864
1985	48	0	0	58	0	0	0	134	132	216	0	8	0	0	596
1986	31	0	0	43	0	0	0	17	31	47	0	46	0	0	215
1987	40	0	0	22	0	0	0	45	234	152	0	150	0	0	643
1988	127	0	0	22	2	0	0	3 069	39	89	0	68	0	14	3 430
1989	32	114	0	6	2	0	3	0	1	38	1	22	0	1 772	1 991
1990	0	0	0	9	4	0	13	0	12	12	29	84	0	0	163

续附表 5

t

年份	奶牛黄油	酪乳、凝固乳及酸酪乳	重制奶酪	全脂牛乳奶酪	奶油	提炼乳组分	脱脂牛乳	脱脂奶粉	全脂炼乳	全脂奶粉	全脂淡炼乳	全脂鲜牛奶	乳清粉	酸奶	出口总量
1991	24	25	0	202	126	0	2	5	219	23	4	238	0	0	868
1992	43	3	0	516	0	0	1	1 341	305	1 435	3	48	0	0	3 695
1993	3	26	0	317	1	0	0	9 009	431	4 404	3	0	0	2	14 196
1994	0	4	0	215	0	0	2	7	745	344	13	1	0	7	1 338
1995	3	0	0	954	6	0	0	14	1 229	119	67	15	0	1	2 408
1996	0	12	0	462	15	0	0	1	948	5 340	7	0	1	0	6 786
1997	1 994	245	0	337	14	0	0	28	576	990	2	62	1	1	4 250
1998	84	303	444	284	9	0	0	74	631	974	7	0	0	71	2 881
1999	81	481	613	212	92	146	0	78	2 373	81	1	0	8	29	4 195
2000	99	838	1 909	47	360	13	0	7	4 544	214	2	0	18	423	8 474
2001	2 294	3 743	1 813	118	1 710	8	0	487	7 395	538	2	0	26	235	18 369
2002	370	5 904	1 252	462	4 321	12	2	2 707	23 045	1 376	85	72	14	87	39 709
2003	80	2 110	1 551	972	1 563	27	63	2 802	29 807	2 969	0	177	3	88	42 212
2004	98	2 319	2 099	1 469	2 972	6	42	1 745	31 297	21 923	345	51	7	60	64 433
2005	1 616	1 795	2 499	3 083	1 532	15	22	4 128	32 538	24 512	614	350	8	49	72 761
2006	1 251	1 492	2 996	1 847	4 950	20	5	3 494	49 046	17 448	3 402	71	1	0	86 023
2007	3 365	1 971	3 584	1 567	6 118	7	15	4 360	27 811	41 585	1 660	2 051	1	8	94 103
2008	3 838	1 870	3 749	1 436	5 827	3	11	421	37 798	82 891	2 722	21	5	0	140 592
2009	1 963	2 127	3 782	1 506	5 513	0	17	1 003	30 557	12 923	4 506	12	1	0	63 910
2010	4 502	1 548	2 624	1 049	8 767	4	10	0	28 179	5 071	676	20	2	225	52 677
2011	1 125	1 553	1 707	960	5 572	1	8	0	24 044	1 217	2	30	30	44	36 293
2012	614	1 450	1 169	876	7 344	485	28	0	25 884	153	4	24	49	37	38 117
2013	371	836	1 422	890	6 642	5	11	0	24 392	2 842	16	12	60	0	37 499
2014	4 524	748	864	1 083	6 877	9	10	2	28 260	39 197	1	24	83	71	81 753
2015	926	523	956	921	6 390	42	11	403	21 330	41 350	0	28	38	47	72 965
2016	80	363	1 574	820	6 584	33	241	2	25 936	14 467	0	949	15	0	51 064
2017	182	587	1 700	928	7 129	264	12	4	18 467	5 475	0	66	50	165	35 029
2018	123	533	1 580	1 037		785	215	1	9 536	582		271	241	409	15 313
2019	399	513	1 109	1 055		445	664	121	9 319	335		1 320	500	388	16 168

阿根廷奶业发展报告

摘要：通过对阿根廷奶业60多年的发展概况、科技进展概况、原料奶质量控制与计价体系、科技推广体系和促进奶业发展的主要政策进行汇总分析，了解阿根廷奶业的发展情况，并结合我国奶业资源、科研等实际情况，借鉴国外发展经验，以提高我国奶业发展水平。

阿根廷原料奶生产中以荷斯坦奶牛为最主要品种，奶牛饲养方式主要以放牧为主，舍饲为辅。据2019年数据显示，阿根廷全国有11 500多个奶牛养殖场，平均每场存栏140多头，年平均单产约6 400 kg。奶牛养殖主要分布于科尔多瓦省（占全国37%）、圣菲省（32%）和布宜诺斯艾利斯省（25%），三个省区奶牛存栏占全国的94%。目前，阿根廷有15家规模比较大的牛奶加工厂，其总产量占全国牛奶总产量的60%～65%。阿根廷没有第三方经营的生鲜乳收购站。阿根廷的乳制品主要是奶酪类，加工量约占牛奶总产量的50%；其次是奶粉，占牛奶总产量的24%；再者是液态牛奶，主要是巴氏杀菌牛奶，约占19%；其他占7%。阿根廷乳制品质量较好、成本较低，出口竞争力强，一直是南美洲主要乳制品出口国，出口量约占全国乳制品产量的20%。

在品种选育和改良中，阿根廷综合考虑了产奶性能、养殖效益和适应性等因素，专门构建了针对阿根廷牧场放牧饲养方式下的奶牛牧草采食量的模型，以指导生产。阿根廷的奶牛养殖卫生和保健条件较好，国家和省级卫生部门十分重视疫苗接种工作，大部分养殖场已经杜绝了结核菌的感染，并且注重通过农牧结合来化解养殖业的污染问题。养殖场的动物粪便或通过输送管道或直接干燥固化成有机肥归还农田，这使得奶牛养殖与种植有机结合，既解决了饲草料供应问题，又解决了粪尿及污水的污染问题，还为种植提供了最环保经济的有机肥。

阿根廷的主要科技推广体系有阿根廷牛奶行业中心（CIL），这是一个非营利性质的民间组织，中心的宗旨是加强成员间的合作，促进利于行业发展的相关立法的制定，提高整个行业的科技发展水平，利用各种渠道推动行业生产效率，并促进产品销售。阿根廷食品工业协会（COPAL）合作组织，与阿根廷国家工业技术协会（INTI）合作创办的“牛奶工业技术研究中心”也是阿根廷重要的科技推广机构。近10年以来，阿根廷牛奶加工业进行了大规模的企业结构重组，将先进技术引入生产流程。

阿根廷促进奶业发展的主要政策涵盖以下几个方面：一是促进奶业生产政策。奶农通过合作社与乳品企业形成了利益共同体，遇到自然灾害或其他紧急状况，阿根廷政府会紧急进行财政补贴或援助。二是促进奶业加工政策。阿根廷根据乳制品加工企业的规模，确定其业务范围。乳制品加工业注重生产工艺的更新和管理过程的标准化，通过加大在生产设施、设备的投资，支持新建或改造厂房以及新技术的引进。为确保乳制品质量，建立了严格的乳制品质量管理体系，企业都需通过ISO质量认证，实施HACCP规范。同时，企业也根据ISO、IDF、AOAC所制定的标准对产品进行严格的检验，以确保产品质量满足主要进口国的要求，并利用各种渠道推动行业生产效率，促进产品销售。三是促进奶业贸易政策。在发达国家对其农产品出口大力实行补贴的背景下，近年来阿根廷乳制品出口仍得到长足发展。四是促进奶业消费政策，保持高度内销。为了控制奶制品价格不断上涨，政府部门提案确保国内奶制品价格稳定，同时设定了奶制品出口最高价格，以及对牛奶加工企业提供财政补贴。

纵观阿根廷奶业的发展，值得我们借鉴的主要经验如下：一是经营模式方面的经验。在阿根廷，奶业合作社建设比较完善，运行比较畅通；采用合作经营方式组织广大农户的奶业生产，建立和健全合作经营服务体系，不仅被奶牛集约生产的专业奶农所欢迎，同时也是稳定发展农户分散饲养奶牛的必要条件。二是科技创新方面的经验。良种是奶业发展的物质基础，阿根廷根据自身资源和气候特点，在选育和改良奶牛品种时综合考虑其产奶性能、养殖效益和适应性等因素，目前95%的奶牛都是荷斯坦及荷斯坦品种的改良牛。三是产业政策方面的经验。阿根廷不设第三方经营的生鲜乳收购站，生鲜乳及乳制品实施第三方检测，通过实施第三方检测可以进一步完善对生鲜乳生产及收购环节的监督管理，强化生鲜乳质量安全源头管理；进一步理顺奶农和乳品加工企业的利益关系，保障养殖与加工利益均衡，构建公开、公正、公平交易体系，为奶农和乳品企业提供公正的交易平台，逐步实行生鲜乳收购优质优价；有效解决农企双方有关质量判定方面的矛盾和纠纷，维护双方利益，促进奶农主动提高生鲜乳质量，提升乳品企业自身质量控制水平，保障消费者的健康；积极推广饲草饲料种植，为推广饲草饲料作物种植，阿根廷农牧科学研究机构都专门建立了饲草饲料生产与试验基地，为奶牛场筛选适应不同土壤、不同气候的优质饲草饲料品种和高效种植模式提供条件，深受奶牛养殖者的欢迎；广泛开展商贸交流与合作，阿根廷有丰富的饲草饲料资源，有优良的活体奶牛、胚胎、精液，乳制品和优质蛋白质饲料，中国饲料添加剂产品丰富，可以实现优势互补合作；阿根廷的技术推广体系十分完善，技术人员与农牧民、农场主的关系十分密切，技术培训、技术推广的效果十分显著，值得借鉴学习。

关键词：阿根廷　奶业　发展

1　奶业发展概况

阿根廷位于南美洲东南部，阿根廷耕地面积 2 662 万 hm^2，农牧业发达，是世界粮食和肉类的重要生产国和出口国，素有“世界粮仓肉库”之称。丰富的土地和饲草料资源为阿根廷奶业发展奠定了基础，2019 年全国奶牛存栏 161.5 万头，生鲜乳产量 1 034.0 万 t，是南美洲第二大牛奶生产国。

1.1　奶牛养殖业

1880 年，总统 Julio A. Roca 从荷兰将荷斯坦奶牛带到了阿根廷布宜诺斯艾利斯省的科尔多瓦、圣菲和佩尔加米诺北部，并于 1890 年在阿根廷皇家农业协会组织的第七届全国奶牛展上展出。很长一段时间里，阿根廷奶牛的主要品种都是乳肉兼用型弗里赛。现在，阿根廷也和世界上其他国家一样，以荷斯坦为最主要奶牛品种，并且荷斯坦奶牛因为养殖收益率较好受到广大牧场主的喜爱。阿根廷奶牛饲养方式主要以放牧为主，舍饲为辅，日粮由 60%～70%的粗饲料（放牧、干草或青贮）和 30%～40%的谷物或其他副产物组成，这种饲养方式与遗传改良结合，经过数十年的发展，使得阿根廷荷斯坦奶牛表现出较好的饲料转化效率。

阿根廷全国共有 11 500 多个奶牛养殖场，平均每场存栏 140 多头，年平均单产将近 6.4 t。奶牛养殖主要分布于科尔多瓦省（占全国 37%）、圣菲省（32%）和布宜诺斯艾利斯省（25%），三个省区奶牛存栏量占全国的 94%。过去 10 年中，阿根廷全国牛奶生产先后经历了增长—减少—增长的过程，目前正趋于稳定。据统计，尽管个别年份有些下降，但是从 1961 年开始，阿根廷牛奶产量一直持续增加，1991 年全国生鲜乳产量 628 万 t，增加了 213 万 t，平均每年增幅为 1.72%。1990—1999 年进入快速增加的阶段，达到最高峰 1 037

万 t,平均增幅达到 7.26%。2000 年受经济危机的影响,生鲜乳产量持续下降到 2003 年的 810 万 t,近年来逐步恢复增长,2015 年已接近历史最高水平 1 206 万 t,2019 年为 1 034 万 t。

过去 60 多年中,阿根廷奶牛存栏量经历了先增长后降低的发展模式(图 1)。自 20 世纪 60 年代至 80 年代,奶牛存栏逐年升高,从 1961 年的 229 万头增至 1980 年的 313 万头;随后,奶牛存栏逐年减少,截至 2010 年,阿根廷奶牛全国存栏 234 万头。奶牛平均单产总体呈现先增加后降低,之后逐步增长的趋势,在 1980 年单产最低,仅为 1 698 kg/头,在 2005 年达到 4 719 kg/头,目前平均单产为 6 402 kg/头。从数据可以看出 20 世纪 80 年代初,阿根廷奶牛总数迅速增加,但个体单产较低,总体奶产量并未有显著增加。而 20 世纪 90 年代,奶牛总数有所下降,维持在 210 万～260 万头之间,但单产持续增加。2015 年,奶牛存栏数量达到峰值,为 344.8 万头,此后持续下降,至 2019 年,奶牛存栏量下降至 161.5 万头。

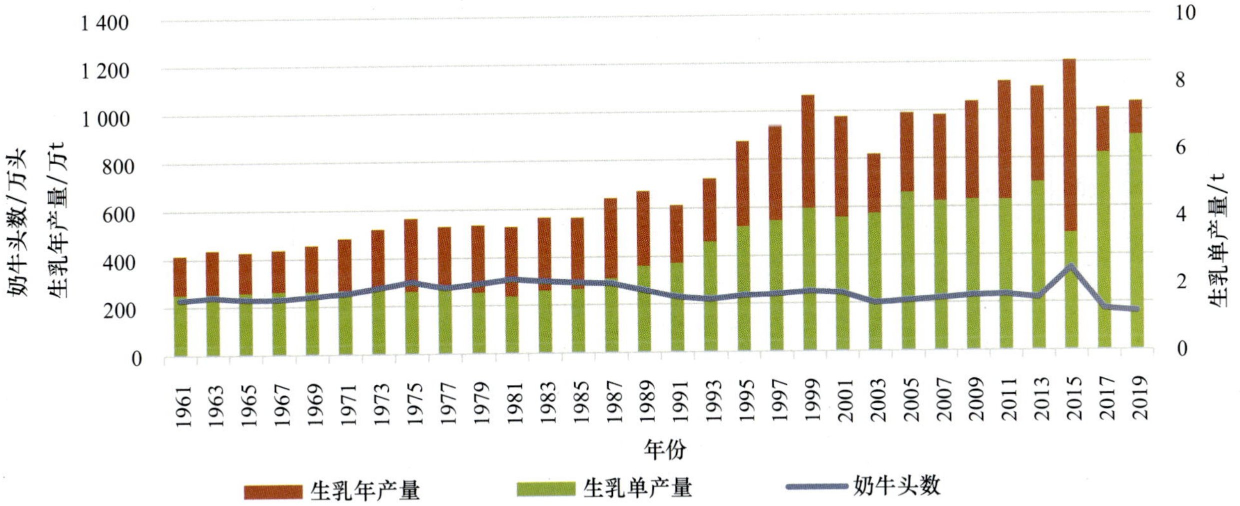

图 1 阿根廷历年奶牛养殖基本情况

(数据来源:FAOSTAT)

阿根廷奶牛饲养以放牧为主,舍饲为辅,放牧与舍饲的主要牧草是苜蓿。除了苜蓿以外,还使用大量储备饲料,主要是干草和青贮饲料,以及一些精饲料补充料。总体而言,由于放牧及饲料加工相对粗放,阿根廷奶牛单产水平整体不高。

阿根廷奶业生产的规模化程度较高,多数为大中型规模的牛场,而且生产效率更高,可以采用更多的技术,强化生产流程。牛场采用良好的生产工艺,广泛应用各种先进技术,生产水平很高。

阿根廷原料奶生产主要集中在科尔多瓦省、圣达菲省和布宜诺斯艾利斯省,其次是恩得莱利奥斯省和拉潘帕省。阿根廷全国共有 11 500 家奶牛养殖场,其中,科尔多瓦省 4 190 家、圣菲省 3 717 家、布宜诺斯艾利斯 2 843 家、恩特雷里奥斯省 699 家、圣地亚哥-德尔埃斯特罗省 191 家、拉潘帕省 126 家,分别占全国奶牛总数的 36.43%、32.32%、23.83%、5.86%、1.60%、1.06%;其他地区有 163 家,占总数的 1.37%。阿根廷是南美 3 个奶业国家中原料奶价格偏低的国家,在 2013 年达到价格高峰 384.7 美元/t 后,现逐步下降。近 3 年牛奶的价格均低于 330 美元/t ,2019 年全年均价为 295.3 美元/t。

1.2 乳品加工业

1.2.1 乳制品产量

阿根廷的乳制品主要是奶酪类,加工量约占牛奶总产量的 50%;其次是奶粉,占牛奶总产量的 24%;再者是液态牛奶,主要是巴氏杀菌牛奶,约占 19%;其他占 7%。

2018 年生产的原料奶约 1 034 万 t,所加工的乳产品中,奶酪 44.41 万 t,占 22.00%;全脂奶粉 19.22 万 t,

占 9.52%，黄油 2.94 万 t，占 1.46%，其他乳制品 43.79 万 t，占 21.69%。加工的液态脱脂奶 91.5 万 t，占 45.33%（图 2，图 3）。

从附表 2 数据可以看出，1961—2018 年期间，阿根廷黄油产量波动明显，但在 20 世纪 80 年代初开始黄油产量开始逐步增加，2011 年达到较高产量（5.37 t），但近几年来产量有所下降，2018 年黄油产量为 2.94 万 t。脱脂乳的生产与奶油生产趋势相同，在 20 世纪 70～80 年代经历了较大幅度下降，但近 10 年来年产量均在 90 万 t 左右。奶酪产量在 1961—2014 年期间基本保持持续增加，仅在 2003—2007 年期间略有下降，2015 年产量为 56.61 万 t，达到历史最高，此后几年产量则呈持续下降趋势，2018 年产量为 44.41 万 t。

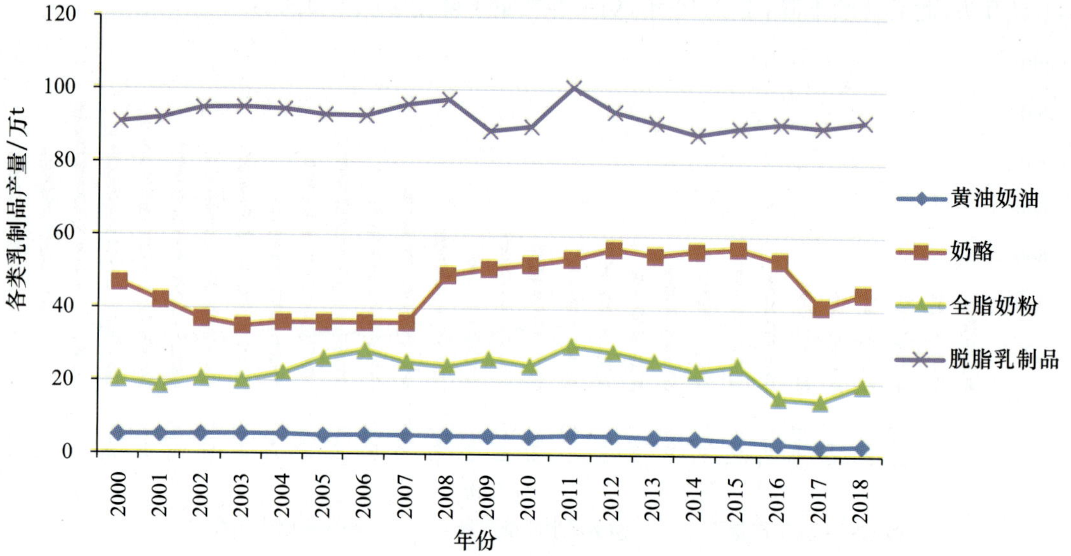

图 2　自 2000 年以来阿根廷乳制品加工量统计

（数据来源：FAOSTAT）

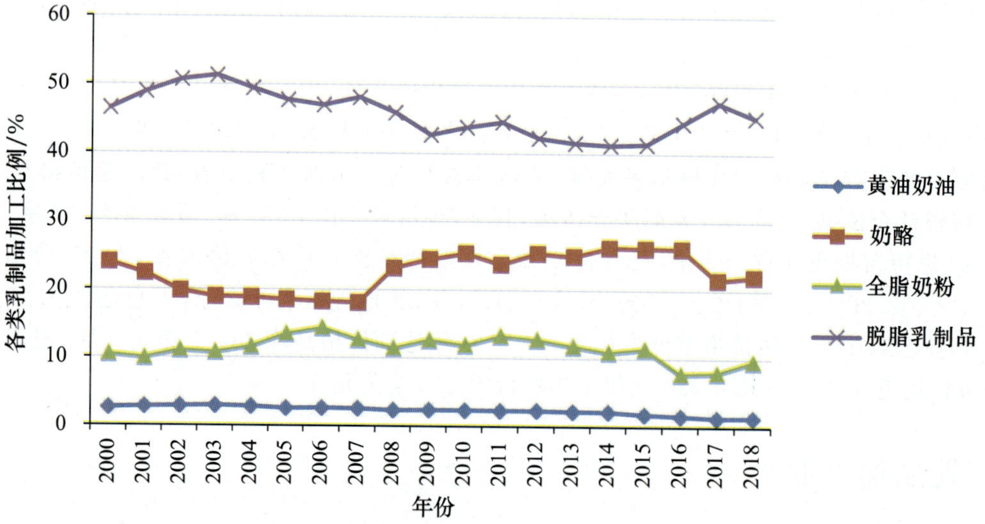

图 3　自 2000 年以来阿根廷乳制品加工比例

（数据来源：FAOSTAT）

1.2.2 乳品加工企业类型

阿根廷全国共有乳品加工厂 890 家，其中科尔多瓦省 342 家、布宜诺斯艾利斯 276 家、圣塔省 197 家、恩特雷里奥斯省 51 家、拉潘帕省 24 家，分别占总数的 38.43%、31.01%、22.13%、5.73%、2.70%。

阿根廷有 15 家规模比较大的牛奶加工厂，占全国牛奶产量的 60%～65%。在阿根廷生鲜乳生产者与加工者之间形成了有效对接，没有第三方经营的生鲜乳收购站。

乳制品加工业由众多加工规模不等的企业组成，大致可以划分成三大类：一是由 10～12 家企业组成，每家日加工生鲜乳平均超过 400 t，总计加工量占全国生鲜乳总产量的 50%～55%。这部分企业产品多样化，具有对外出口资格和业务。二是由 90～100 家企业组成，每家日加工生鲜乳平均 40～400 t，总计加工量占全国生鲜乳总产量的 25%。这部分企业主要经营产品是奶酪，几乎大部分都没有出口业务。三是由 1 000 家以上专门从事奶酪生产的乳制品加工厂组成，每家日加工生鲜乳平均 40 t，总计加工量占全国生鲜乳总产量的 20%～25%，这些企业专门从事特色奶制品加工，如奶酪、奶油、炼乳等。

1.2.3 阿根廷乳品加工业的特点

为确保乳制品质量，阿根廷乳制品生产建立了严格的质量管理体系，很多企业通过 ISO（国际标准化组织）质量认证和实施了 HACCP（危害分析与关键控制点）。各企业也根据 ISO、IDF（国际乳业联盟）、AOAC（国际官方化学分析协会）所制定的标准对产品进行严格的检验，最终确保产品质量满足主要进口国的要求。

乳品工业的特点。第一，采用了在拉美国家中最先进的生产工艺技术，生产的产品为奶粉、奶酪与酸奶等奶制品；第二，加强并改善杀菌系统，生产过程高度自动化，包装与运输技术都很先进（龙头企业均拥有大型自动化物流配送中心）；第三，注重产品创新，阿根廷的产品比大部分拉丁美洲其他国家的产品更具特色；第四，生产中严格执行国际标准，产品符合这些质量标准要求。许多龙头企业都通过了 BMP、ISO 与 HACCP 认证；第五，阿根廷的奶牛所采食的是天然牧草，对有重大动物疫病的牛场，实行扑杀制度；第六，奶酪副产品乳清得到普遍利用。阿根廷的乳制品质量上乘。

1.3 乳品消费

阿根廷全国生产的牛奶约有 80%是在国内市场销售，是全球乳制品消费排名最高的国家之一，据统计，年人均消费量平均达到 220 L 以上。

消费量最高的是各种奶酪产品，主要产品有软质品种（Cuartirolo 夸提洛罗，Cremoso 奶油，PorSalut 波特萨鲁特）、半硬品种（Pategras 派特格司，Gouda 高达，Danbo 丹波，Edam 艾登，Gruyere 格瑞尔以及其他品种）和硬质品种（Reggianito 雷吉亚尼托，Provolone 菠罗伏洛，Sardo 萨尔多）。其次是液态奶产品，主要是巴氏杀菌奶、超高温灭菌奶。2018 年人均奶酪消费量为 12.9 kg，人均液态奶消费量为 35.6 kg。

1.4 乳制品贸易

由于乳制品质量较好、成本较低，出口竞争力强，阿根廷一直是南美洲主要乳制品出口国，出口量约占全国乳制品产量的 20%。乳制品 25%出口到巴西、16%出口到委内瑞拉，其他有关国家的出口比重分别为：阿尔及利亚 11%、智利 5%、中国 4%、日本 3%、俄罗斯 3%、其余 97 个国家 33%。2019 年阿根廷乳制品出口总量达 17.51 万 t，出口额为 5.82 亿美元，其中最主要的出口产品是奶粉，为 9.30 万 t，约占 2014 年出口量的 53%，出口金额为 2.86 亿美元。在开发新的国际市场上，阿根廷特别重视中国大陆市场，早在 2010 年就与中国制定了详细的合作计划。

阿根廷的规模牛场生产成本极低，牛奶生产成本 1.70 元/kg 以下，因此阿根廷乳制品在出口过程中还处于价格优势地位。阿根廷还是继欧盟、新西兰、澳大利亚、美国、乌克兰之后的第六大奶酪出口方。

从附表 3 和附表 4 可知，在过去 60 多年中，阿根廷牛乳奶油的出口量和出口额变化较大，2011 年牛乳奶油出口量和出口额达历史最高，出口量达到 1.93 万 t，出口额达到 8 556.4 万美元；全脂牛乳酪出口量和出口额在过去 60 多年也呈现总体增加趋势；1961—1989 年液态奶出口量和出口额处于较低水平，但 1990—2000 年，液态奶出口量和出口额显著增加，自 2012 年以后，液态奶出口量和出口额逐年减少，但 2017 年有所回升，2018 年降到 1994 年以来最低，为 415.0 t（图 4）。

从附表 3 和附表 4 可知，在过去 60 多年中，阿根廷牛乳奶油的进口量和进口额出现过 3 次波动，分别为 1968 年、1977 年和 1990 年先后，尤其 20 世纪 90 年代波动最明显，1992 年共进口牛乳奶油 1.16 万 t，价值 21 654 万美元；阿根廷全脂牛乳酪的进口量和进口额出现过两次高峰期，分别为 1980 年前后以及 1991—2001 年的高位波动阶段，近 10 年来进口量和进口额有明显降低趋势，自 2012 年以来，进口量均在 1 000 t 以下，但 2018 年进口量增加至 1 051 t；液态奶的进口高峰出现 20 世纪 90 年代，1993 年进口量达到 6.1 万 t。2005 年前后也出现过液态奶进口量和进口额的波动，总体来看，直至 2017 年，液态奶的进出口量和进出口额均处下降趋势。

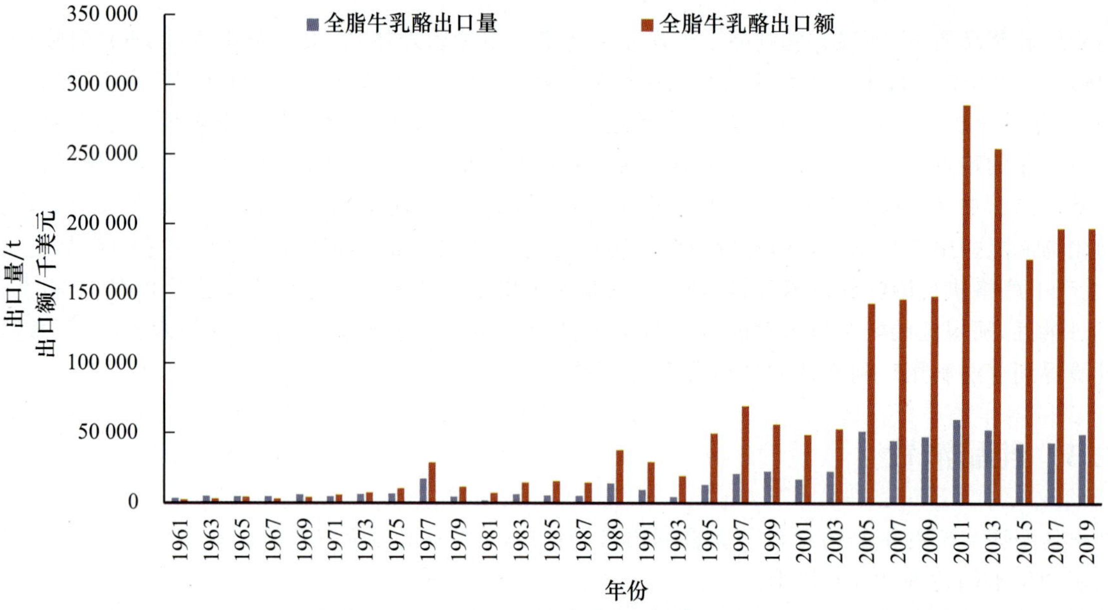

图 4 阿根廷近 60 年全脂牛乳酪出口情况

（数据来源：FAOSTAT）

从图 4、附表 3 和附表 4 可知，在过去 60 多年中，阿根廷全脂牛乳奶酪的出口量和进口额呈总体上升趋势，并在 2011 年达到峰值，但也出现过几次大的波动，分别为 1977 年、1989 年、2005 年和 2013 年先后。阿根廷全脂牛乳酪的出口量和出口额在 2011 年达到了历史高峰。

2 奶业科技进展概况

2.1 奶牛育种与繁殖技术进展

很长一段时间，阿根廷主要品种都是乳肉兼用型弗里赛奶牛。自 1944 年开始由阿根廷荷斯坦奶牛育种协会统筹育种工作，根据自身资源和气候特点，对荷斯坦奶牛进行改良。1981 年，政府授权奶牛育种协会对非纯种荷斯坦奶牛进行逐一登记，制定国家牛群改良计划，官方牛奶控制系统在阿根廷荷斯坦奶牛育种协会指导下实施阿根廷的育种工作，并对具有连续三代生产记录、谱系清晰的奶牛即可计入荷斯坦牛群手册。目前，阿根廷全境95%的奶牛都是荷斯坦牛及荷斯坦品种的改良牛。经过长时间的努力，提高了荷斯坦奶牛的生产性能，并将优良品种出口到其他国家。在选育和改良中，阿根廷综合考虑了产奶性能、养殖效益和适应性等因素，并结合良好的饲料条件，使所形成的改良品种不仅有较好的产奶性能，而且也表现出较好的饲料转化效率，深受广大牧场主的喜爱。

牛群选育和遗传改良在各个牧场都很普及。阿根廷在奶牛养殖方面的科研成果走在世界前端，已有研究结果表明通过克隆技术所获的转基因奶牛，这种奶牛产出的牛奶营养价值更高，可产出含有满足人类所需“特有蛋白质”的牛奶，甚至可为新生儿提供抗菌与抗病毒的保护。阿根廷在奶牛繁殖上主要采用人工授精，据ABIA(2008)统计数据，一半以上的奶牛采用经过选育的公牛的精液，但在人工授精两次失败后则普遍采用种公牛自然交配。此外，为加快奶牛品种改良速度，还经常性地引进北美一些高品质的冻精、胚胎等。阿根廷国内科学研究人员也针对实际生产中繁殖方面出现的一些问题，开展了相关研究，以期更好地提高奶牛繁殖性能，降低饲养成本。在阿根廷，大多数奶牛患子宫内膜炎时都采用前列腺素($PGF_{2\alpha}$)及其类似物治疗，直至痊愈方可进行人工授精。为更好地评估该方法治疗子宫内膜炎对奶牛是否可提高繁殖性能的影响，科研人员在布宜诺斯艾利斯省西部的一个大农场分别就奶牛子宫内膜炎对首配受孕率的影响、药物治疗(Tiaprost，$PGF_{2\alpha}$类似物)后的奶牛繁殖状况以及治疗成本等3个实验进行了为期4年的实验研究，从而为减轻子宫内膜炎对奶牛繁殖性能的影响提供了科学指导意见。在实验1中，奶牛子宫内膜炎采用Tiaprost($PGF_{2\alpha}$类似物)治疗组比未经处理的奶牛晚20 d受孕，90 d产后怀孕率显著低于未处理组。Tiaprost缩短经产奶牛产犊到受孕的间隔，使初产奶牛受孕延迟，受孕率降低。奶牛首配受孕率随着子宫内膜炎严重程度而降低，然而治疗子宫内膜炎并未提高奶牛繁殖性能。总之，标准的子宫内膜炎治疗方法未能改善奶牛繁殖性能，却增加了成本。

Marini还研究了热应激下授精时间间隔与受胎率的关系，以及季节性变化对公牛精液质量的影响。试验统计了追溯755组荷斯坦奶牛发情持续时间、与人工授精之间的持续时间间隔等的数据，在此基础上分为3组：<6 h、6～12 h、12～18 h组。结果表明，相同季节内不同持续时间、不同季节相同持续时间或同一持续时间不同公牛均未对受胎率产生显著影响。Gonzalo Ferreira收集了阿根廷西布宜诺斯艾利斯省23个放牧牛场自2011年5月至2012年3月繁殖性能数据，其受孕率、妊娠率基本在20.1%～44.9%和10.3%～24.5%之间，而受孕率的降低主要与高蛋白质日粮摄入量较高、热应激或两者等有关。对于阿根廷西布宜诺斯艾利斯省夏季热应激缓解而言，采用放牧可有效缓解热应激，最大化保证奶牛受孕率。

2011年7月阿根廷农牧渔业部部长多明戈斯访问中国，并与中国农业部签署了《中华人民共和国农业部与阿根廷共和国农牧渔业部乳业合作谅解备忘录》，双方将在奶牛生产关键技术、奶农和牧场管理人员培训、新产品的开发、生鲜乳质量安全控制等领域开展合作。

2.2 奶牛饲料与营养技术进展

与新西兰基本依赖放牧或其他国家主要舍饲饲养不同，阿根廷潘帕斯草原的自然条件非常适宜奶牛的生长。牛群主要是依靠天然放养，以苜蓿、干草和青贮饲料等青、粗饲料为主，少量补充精饲料。精饲料的使用很普遍，约96%的牧场均采用精饲料，精饲料组成包括47%采购的商品精饲料和28%的玉米(主要为场内种植)以及一些高粱、小麦副产物、棉籽等。由于阿根廷中东部奶牛主要的养殖区域同样是阿根廷的主要粮食产区，奶牛养殖业与粮食作物种植业存在土地上的竞争，一些牧场还采用牧草与农作物轮作制度。由于放牧及饲料加工相对粗放，阿根廷奶牛单产水平不高。为提高奶牛单产水平、牧场载畜量和经济效益，2006年，Baudracco等专门构建了针对阿根廷牧场放牧饲养方式下的奶牛牧草采食量的模型，用于指导生产。通过加强奶牛健康状况、遗传水平、饲养管理水平和日粮配制水平，奶牛生产性能正逐步提高。2016年以来，阿根廷奶牛平均单产稳定在5 500 kg以上，其中2018年单产超过6 500 kg，比2006年单产提高了44.6%。

阿根廷牧场配套设施、机械通常比较完备。图 5 中从不同饲养模式奶牛对放牧草场、玉米青贮、干草和精饲料的依赖程度可以看出，在阿根廷粗放模式和集约模式均采用放牧＋补饲的饲养模式，不同的是粗放式约 60％的日粮来自草场，而集约饲养模式下牧场放牧所占的比例低，约 36％。补饲主要以玉米青贮、干草和精饲料配制全混合日粮为主。适宜的气候和优良的牧场、合理的奶牛养殖方法、设备的不断更新和新技术的应用，使阿根廷牛奶生产在保证国内市场供应的同时，还大量销往国外。但受气候环境的制约，阿根廷牛奶产量每年都会出现一些波动。

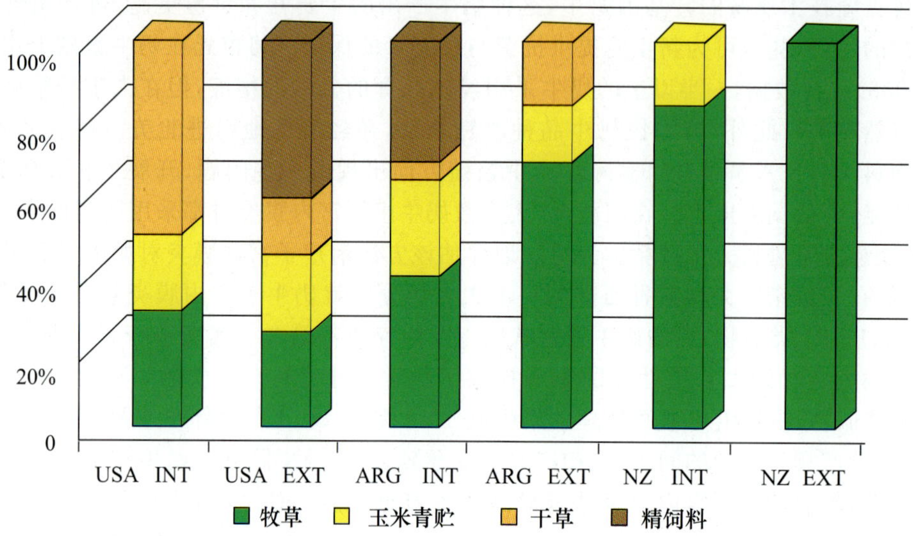

INT：集约；EXT：放牧；USA：美国；ARG：阿根廷；NZ：新西兰

图 5　不同饲养模式奶牛对放牧草场、玉米青贮、干草和精饲料的依赖程度

（引自：Comeron，2008）

阿根廷奶业生产中的机械设备包括牧草收割、打捆、干燥、贮存等机械设备以及 TMR 设备，TMR 设备主要有 24 m^3 和 32 m^3 两种加工容量规格。为保障阿根廷市场销售的机械设备的正常运行和推广应用提供良好的服务，意大利饲料机械企业司达特公司在阿根廷圣菲省的 Sunchales 还设立专门分支机构。规模较大的牧场基本采用了奶牛个体识别技术，从而实现了根据单头奶牛生产性能进行生产的智能化和奶牛精细化饲养管理。

2.3　奶牛疫病控制技术进展

阿根廷的奶牛养殖卫生保健条件较好，国家和省级卫生部门十分重视疫苗接种工作，大部分养殖场已经消灭了结核菌感染。2001 年以来阿根廷未出现新的口蹄疫疫情，阿根廷还被世界动物卫生组织（OIE）宣布为无疯牛病（EEB/BSE）国家。2011 年 10 月，阿根廷农牧渔业部国务秘书劳伦所 · 巴索到访中国质检总局，双方签署了《阿根廷牛精液输华议定书》《阿根廷牛胚胎输华议定书》，在国家层面为双方开展奶业科技合作奠定了政策基础。2012 年 9 月 13 日阿根廷农牧渔业部长一行来访，就全面推进《合作备忘录》的实施进行磋商，2014 年以来，中国-阿根廷奶业工作开始有实质性推进。

阿根廷农牧渔业部下属的国家农产品和食品卫生质量局（SENASA）建立了健全的卫生信息体系，并在全国设有 14 个地区中心，352 个地方办公室，对动物源疾病进行监测、预防、控制与消除。该体系主要包括：①登记造册，内容包括人员、工厂、生产单位、特别登记、（动物运输）许可；②现有动物情况，内容涉及按照动物种类、级别与生产单位进行逐个认证；③卫生登记，内容涉及主动监测、被动监测、接种计划、（检疫）证书，如在进行动物认证时，就包括了国内所有的牛群的认证、每个牧场的登记造册。

2.4 奶牛场粪污处理与环境保护技术进展

阿根廷土地资源丰富，65％牧场用地为牧场主自有，35％为租用。通常，阿根廷每个牧场牛群规模在150头左右，占地约250 hm^2，其中85％的土地用于放牧，15％用于种植饲草料。

阿根廷十分注重通过农牧结合来化解养殖业中污染问题。阿根廷大部分大型农场都是农牧结合型的，从种植制度安排到生产、销售等各个方面都十分重视种植业与养殖业的紧密联系，而且是养殖业规模决定着种植业结构的调整。在牧场周边，除有天然或人工草地外，牧场主多种植苜蓿和禾本科牧草，为奶牛提供丰富、优质的饲草料资源。养殖业与种植业之间在饲草、饲料、肥料3个物质经济体系形成相互促进、相互协调的关系，养殖场的动物粪便或通过输送管道或直接干燥固化成有机肥还田，这种做法促使奶牛养殖与种植业有机结合，既解决了饲草饲料供应问题，又解决了粪尿及污水的污染问题，还为种植业提供了最环保经济的有机肥。

目前，阿根廷每头成母(奶)牛配套的土地面积约1.6 hm^2，1 hm^2土地产出的饲料基本能保证1头奶牛所需。由于奶牛养殖都能配套一定数量的土地，很好地解决了粪尿及污水的就地消纳，确保了种养良性生态循环的实现。阿根廷国家农牧研究院正开展研究，试图通过提高单位土地面积的饲草产量，使每公顷土地奶牛养殖的数量达到1～2头。

3 原料奶质量控制与计价体系

3.1 提高原料奶质量的主要政策措施

阿根廷农业的进步得益于其农业技术创新体系的健全，有关经验值得发展中国家借鉴。以国家农业技术研究院的创新体系为例，阿根廷国家农业技术研究院是一个从属于农牧渔业和食品部、实行自主经营和核算的分权型的公共机构，是国家创新体系的重要组成部分。以实施和扶持农业、牧业、食物及农业产业部门的创新行动计划，通过开展科学研究、技术开发和推广等活动，为提升农业产业链的竞争力、促进环境安全与生产体系的可持续发展、社会公平及国家发展做出贡献为基本使命。在阿根廷奶业农业产业技术发展过程中，国家农业技术研究院发挥了重要作用。

阿根廷生鲜乳生产者与加工者之间有效对接，不设第三方经营的生鲜乳收购站。实践证明有两点好处：一是质量安全责任明确，生鲜乳收购前质量安全责任由奶牛养殖者负责，收购后质量安全由乳品加工企业负责，因而不会因有第三方而出现相互推诿情况；二是利益分配相对简单，没有第三方获取利润，这同时提高了生鲜乳生产者和加工企业的效益。乳品企业收购生鲜乳主要有两种形式：一是乳品企业自己没有收购运输设施，需租用运输公司的设备，但运输公司只提供运输，不参与收购和管理；二是乳品企业自己配备运输设施，可直接到奶牛场收购运输生鲜乳。

在阿根廷，奶业合作社建设比较完善，已经形成了以合作社为纽带的乳品生产和加工的较为完整的产业链，运行比较畅通。在合作社内，会员承诺将牛奶交售给乳品企业，乳品企业按月付给会员奶款，年终按交奶数量等给会员分红，合作社与企业间合作机制运行良好，奶农通过合作社与乳品企业形成了利益共同体。

3.2 监控原料奶质量的主要方法及惩罚措施

阿根廷普遍实施了第三方检测，承担第三方检测的主体通常是科研单位、高等院校、国家质量检测部门或社会团体等。第三方检测单位通常定期或不定期到养殖场或乳品企业抽样检测，检测的频率为每个生鲜乳生产点和乳品企业每月至少采样抽检一次，检测结果被及时反馈到行业主管部门、养殖场和乳品企业。生鲜乳检测的结果是乳品企业判定生鲜乳是否合格及以质论价的依据，若对检测结果存在疑义，可申请复检或申请有终检资格的第三方检测单位重检。乳制品加工企业也有相关检测设备，每次收购时抽样检测，以判定生鲜乳质量是否合格，发现不合格时要送样至第三方检测，由第三方做出最终判定。

3.3 原料奶计价体系

原料奶计价体系由独立的中心实验室、第三方化验机构或者乳品加工厂组成，负责对原料奶进行各项指标的检验分析，根据所提供原料奶的总体质量，确定原料奶的收购价格。计价体系会影响原料奶供应的质量，根据细菌数、体细胞数、冰点（掺水）和抗生素残留等质量指标来对奶农进行奖罚，会激励奶农改善原料奶质量。

计价体系影响着奶农（牛场）的行为，而奶农（牛场）对原料奶的质量起着决定性的作用。优质优价，奖励能提高原料奶质量的行为，对于不注意挤奶卫生、生奶中掺水造假、混入乳腺炎乳或抗生素乳等降低原料奶质量的行为进行处罚，拒收质量不合格的原料奶。目前，阿根廷选用的计价参数基本上涵盖了成分指标、卫生指标、感官指标、稳定性指标和奶牛健康指标，此外还有需要考虑的季节因素和其他因素。

自 2002 以来，阿根廷生鲜乳价格一直上涨，由 2002 年的 94 美元/t 涨到 2013 年的 384.7 美元/t，上涨了 3 倍。此后，价格逐渐波动下降，2019 年生鲜乳价格为 295.3 美元/t，虽处高位，但仍大幅度低于中国生鲜乳生产价格（图 6）。

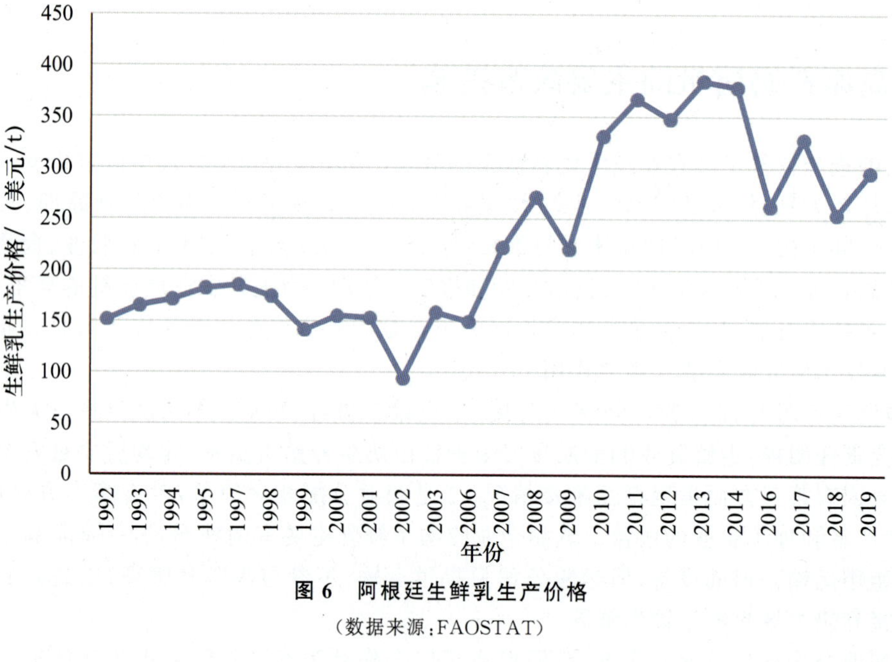

图 6　阿根廷生鲜乳生产价格

（数据来源：FAOSTAT）

4　科技推广体系

4.1 主要研究与推广机构

阿根廷奶业研究与推广机构有阿根廷牛奶行业中心（CIL）、阿根廷食品工业协会（COPAL）和牛奶工业技术研究中心。其中以阿根廷牛奶行业中心为主要的研究与推广机构。阿根廷牛奶行业中心（CIL）成立于

1919 年，是一个非营利性质的民间组织，阿根廷目前 85％的牛奶加工企业都是该中心的会员，其中心的宗旨是：加强成员间的合作，促进利于行业发展的相关立法的制定，提高整个行业的科技发展水平，利用各种渠道推动行业生产效率并促进产品销售。阿根廷牛奶工业技术研究中心是泛美奶业协会（FEPALE）成员组织、阿根廷食品工业协会（COPAL）合作组织与阿根廷国家工业技术协会（INTI）合作创办的，主要工作为引进吸收和研发奶业生产加工新技术。

4.2 运作模式

阿根廷牛奶行业中心为会员负责制，在运作模式中建立了完善的奶业合作机制，乳品企业与养殖会员单位形成了利益共享体。在这种模式下，各方都明确地承担了在这一体系中的责任、义务与权利。以其中最大的会员 SanCor 公司为例，有 1 410 个合作社为其提供奶源，这些合作社分布在 6 个区域，合作社运行的机构是合作社董事会：设董事长 1 人，秘书长 1 人，财务部长 1 人，普通董事 9 人。这 12 人来自 6 个区域，每个区域 2 人，由各自区域合作社会员选举产生，董事会人员任期 3 年，期满后重新选举，最多任期 2 届，董事会除定期召开会议之外，每年至少召开 1 次董事会大会，每个区域选择 5 个参会代表。在合作社内，会员承诺将牛奶交售给乳品企业，乳品企业按月付给会员奶款，年终按交奶数量等给会员分红，合作社与企业间合作机制运行良好。合作社能够按照更加规模化和专业化的模式运作，形成牧场主负责饲养奶牛并提供牛奶、厂家统一收购、专业公司运输、专业化加工和专业国际化销售的网络体系。另外，通过长期的运作，合作社内成员之间的分配比例与关系，已经形成了比较好的“双赢”模式。

5 促进奶业发展的主要政策

5.1 促进奶业生产的政策

阿根廷奶牛养殖业较好的回报促使生产者继续提高管理效率，增加产奶量水平，从而使奶牛养殖业获得了丰厚的利润。近年来阿根廷奶业发展起伏不定，虽养殖规模有所扩大，但养殖技术水平和资本投入没有明显的提高。阿根廷奶牛养殖业近年来发展缓慢的另一个原因是牧场面积有下降的趋势。虽然奶牛养殖的回报高于大豆种植，但由于大豆种植的投入较低、管理简单，因此，在很大程度上形成了与奶牛竞争用地的局面，土地使用成本的提高在一定程度上阻碍了奶牛养殖业的快速扩张。在玉米价格较高的今天，更多的养殖场通过生产更多的青贮，更新牧场牧草，购买新的饲料混合机械，采用更好的冻精来促进单产的提高。

阿根廷建立了完善的奶业合作社，乳品企业每年会拿出一部分利润补助奶农，保证了奶农的基本利益，对稳定奶牛产业起到了很好的作用。

遇到自然灾害或其他紧急状况，阿根廷政府会紧急进行财政补贴或援助。如 2009 年 8 月 20 日，阿根廷参议院批准了一项紧急农业法案，将向受灾农户提供至少 5 亿比索的抗旱援助资金。该法案将向阿根廷火地岛、布宜诺斯艾利斯省、圣菲省、卡塔马卡（Catamarca）省、萨尔塔（Salta）省、内乌肯（Neuquen）省、门多萨（Mendoza）省以及圣地亚哥-德尔埃斯特罗省的农户和牧场主提供抗旱援助资金。

5.2 促进奶业加工的政策

阿根廷根据乳制品加工企业的规模，确定其业务范围。阿根廷乳制品加工业注重生产工艺的更新和管理过程的标准化；通过加大在生产设施、设备的投资，支持新建或改造厂房以及新技术的引进；为确保乳制品质量，建立了严格的乳制品质量管理体系，企业都需通过 ISO 质量认证，实施 HACCP 规范。同时，企业也根据ISO、IDF、AOAC所制定的标准对产品进行严格的检验，以确保产品质量满足主要进口国的要求。

为加强成员间的合作，阿根廷利用各种渠道推动行业生产效率并促进产品销售。

5.3 促进奶业贸易的政策

在发达国家对农产品出口大力实行补贴的背景下，近年来阿根廷乳制品出口仍得到长足发展，但就总体而言，阿根廷乳制品出口量在全球出口量所占份额较低。2019年全国乳制品（牛乳黄油、全脂牛乳酪和液态奶）出口总量5.98万t，总额2.42亿美元。阿根廷最主要的出口产品是全脂奶粉，占全球出口量的3.2%，为全球第五大奶粉出口国。阿根廷一直是巴西、智利、委内瑞拉等南美洲主要乳制品出口国，出口量约占全国乳制品产量的20%。近年来，中国已成为阿根廷重要的目标市场，双方交流日益紧密，2011年7月中阿签署乳业合作谅解备忘录，开启了乳业领域的合作。

5.4 促进奶业消费的政策

阿根廷是全球乳制品消费排名最高的国家的之一，全国生产的牛奶约有80%是在国内市场销售。目前年人均液态奶消费量35.6 kg，黄油消费量0.6 kg，奶酪消费量12.9 kg。

阿根廷政府部门于2007年2月提出了61提案，设定了奶制品出口最高价格，对牛奶加工企业提供财政补贴，从而确保了国内奶制品价格稳定和乳制品的消费市场。2013年4月12日，阿根廷乳品首次登陆中国。

6 值得借鉴的主要经验

6.1 经营模式方面的经验

采用合作经营方式组织广大农户进行奶业生产，是阿根廷采用的一种奶业生产形式。在阿根廷，奶业合作社建设比较完善，运行比较畅通。通常是几十或几百家奶牛养殖场组成一个股份合作社，并参股乳品企业。奶农在自愿的基础上组成各种形式的合作社，按合作社的章程实行统一经营、统一核算、利润分成，而且参加各种奶农联合会，会获得财政信贷、畜牧配种、饲养管理、物资供应等各方面的优质服务和产品质量、市场销售等信息。经验表明，建立和健全合作经营服务体系，不仅为奶牛集约生产的专业奶农所欢迎，同时也是稳定发展农户分散饲养奶牛的必要条件。

6.2 科技创新方面的经验

良种是奶业发展的物质基础。实践证明，奶牛单产水平增量中有40%来自遗传因素。美国、加拿大、新西兰、澳大利亚等奶业发达国家的奶牛品种都以产奶量较高的荷斯坦牛为主，以地方品种为辅。阿根廷注重以符合国情和综合效益高为目的进行良种选育，综合考虑产奶性能、养殖效益和阿根廷自身资源和气候特点等因素。目前，阿根廷95%的奶牛都是荷斯坦牛及荷斯坦品种的改良牛。这充分表明，在奶牛品种方面，只要适合本地，就是最好的品种。

6.3 产业政策方面的经验

6.3.1 不设第三方经营的生鲜乳收购站

与我国不同，阿根廷生鲜乳生产者与加工者之间直接对接，不设第三方经营的生鲜乳收购站。乳品企业收购生鲜乳主要有两种形式：一是乳品企业自己没有收购运输设施，租赁运输公司的设备，但运输公司只提供运输，不参与收购和管理；二是乳品企业自己配备运输设施，直接到奶牛场收购生鲜乳，并进行运输。有些乳品企业也在养殖集中的区域建立乳品企业自己的生鲜乳收购分级站，及时进行生鲜乳收购、冷却和贮藏，但这些站点经营权归乳品企业，仍没有第三方参与。实践证明这样做有两点好处：一是质量安全责任明确，收购前质量安全责任由奶牛养殖者负责，收购后质量安全由乳品加工企业负责；二是利益分配相对简单，没有第三方获取利润，同时提高了生产者和加工企业的效益。我国可考虑模仿该运行模式建立试点，若行之有效则可大力推广。

6.3.2 生鲜乳及乳制品实施第三方检测

阿根廷普遍实施了第三方检测，承担第三方检测的主体通常是科研单位、高等院校、国家质量检测部门或社会团体等。第三方检测单位通常定期或不定期到养殖场或乳品企业抽样检测，被抽样单位需交纳一定数额的检测费，检测结果会被及时反馈到行业主管部门、养殖场和乳品企业。对生鲜乳来说，第三方检测的指标有：温度、酸度、抗生素、酒精阳性、乳蛋白、乳脂肪、乳糖、干物质、细菌总数、体细胞数等，其频率为每个生鲜乳生产点和乳品企业每月至少采样抽检一次。生鲜乳检测的结果是乳品企业判定生鲜乳是否合格及以质论价的依据，若对检测结果存在疑义，可申请复检或申请有终检资格的第三方检测单位重检。乳制品加工企业也有相关检测设备，每次收购时抽样检测，以判定生鲜乳质量是否合格，发现不合格时要送样至第三方检测，由第三方做出最终判定。乳品企业的检测指标同第三方基本相似，奶牛场一般也能进行简单的检测，主要是抗生素、酒精阳性检测。阿根廷玛莉亚市的一所职业高校，设有乳品检测中心，负责全市的生鲜乳及乳制品第三方检测，并为奶牛场和乳品加工企业培养检验员。为确保乳品质量，阿根廷食品管理部门还不定期派人进驻乳品企业监督，所派人员主要负责采样、制度执行情况的监督等，平均每人负责 5～10 个企业。通过实施第三方检测可以进一步完善对生鲜乳生产及收购环节的监督管理，强化生鲜乳质量安全源头管理；进一步理顺奶农和乳品加工企业的利益关系，保障养殖与加工利益均衡，构建公开、公正、公平交易体系，为奶农和乳品企业提供公正的交易平台，逐步实行生鲜乳收购优质优价；有效解决农企双方有关质量判定方面的矛盾和纠纷，维护双方利益，促进奶农主动提高生鲜乳质量，提升乳品企业自身质量控制水平，保障消费者的健康。

6.4 其他方面的经验

6.4.1 积极推广饲草饲料种植

奶牛是草食动物，保持其健康、高产，离不开优质、充足的饲草饲料。阿根廷土地资源丰富，有广阔的牧场和草地，可满足奶牛的放牧和半舍饲养殖。为弥补天然牧草的不足，为奶牛提供更优质的饲草饲料，阿根廷积极推广饲草饲料种植。在牛场的周边通常有人工草地和种植饲料作物，其中饲料作物有青饲玉米、青饲高粱、青饲甘蔗等。为推广饲草饲料作物种植，阿根廷农牧科学研究机构都专门建立了饲草饲料生产与试验基地，为奶牛场筛选适应不同土壤、不同气候的优质饲草饲料品种，提供高效种植模式，深受奶牛养殖者的欢迎。

6.4.2 建立和完善奶业产业技术推广体系

阿根廷奶业产业技术推广体系十分完善，除了对农牧民、农场主培训适用技术，技术推广和研究部门还会培训他们如何保护环境及生产绿色产品、如何开发当地资源、如何对农畜产品进一步深加工、如何进入市场，甚至所需小额贷款也由技术人员办理。技术人员与农牧民、农场主的关系十分密切，技术培训、技术推广的效果十分显著，值得我国借鉴学习。

参考文献

[1]阿根廷农牧渔业部. 阿根廷的乳制品产业链. 阿根廷农牧渔业部文件/DOC/CAP/015-2011(2011 年 6 月). 2011.

[2]陈绍祜，丁芳，杨秀文. 2011 年 9～11 月份国际奶业市场浅析. 中国奶牛，2011(23)：12-17.

[3]丁芳，杨秀文，周振峰，2011 年 5～8 月份国际奶业市场浅析. 中国奶牛，2011 (15)：19-26.

[4]樊静，程红霞，路复员，阿根廷畜牧业调查及思考. 中国畜牧业，2012(24)：54-56.

[5]谷继承，周振峰，王加启，等. 巴西和阿根廷奶业考察报告[J]. 中国奶牛，2011(19)：33-36.

[6]蒋英. 阿根廷的畜牧业. 世界农业，1994(10)：41-44.

[7]林莉，刘永志，巴根那，等. 内蒙古草地管理与牧草种质资源交流考察团赴阿根廷、巴西考察报告. 内蒙古畜牧科学，2003(1)：28-29.

[8]罗俊，陈兵. 阿根廷奶业概况. 中国奶牛，2013 (1)：49-55.

[9]农业农村部奶业管理办公室，中国奶业协会. 中国奶业统计摘要. 2020.

[10]孙学顺. 巴西农业考察报告. 河南农业权威论坛，2007(1)：4-5.

[11]张吉鹍. 阿根廷的养牛业及其遗传物质. 江西畜牧兽医杂志，2011 (6)：3-7.

[12]张桐. 2001 年世界奶类和奶制品形势分析. 中国牧业通讯，2001(9)：19-19.

[13]周振峰，谷继承，王加启，等. 阿根廷奶业发展概况. 中国奶牛，2011 (17)：29-32.

[14]FAO. FAOSTAT. http://www. fao. org/faostat/en/#data/QA.

[15]FerreiraGonzalo F. Reproductive performance of dairy farms in western Buenos Aires province, Argentina. Journal of Dairy Science, 2013, 96(12)：8075-8080.

[16]Marini P R , Galassi I , Di Masso R J. Relationship between the time elapsed from estrus detection to artificial insemination and pregnancy in dairy cows. Invet, 2010, 12(1)：69-73.

[17]Mejía M E, Lacau-Mengido I M,. Endometritis treatment with a PGF2alpha analog does not improve reproductive performance in a large dairy herd in Argentina. Theriogenology, 2005, 63(5)：1266-1276.

[撰稿：中国农业科学院北京畜牧兽医研究所　郑楠　高亚男　苏传友　杨雪　王子微]

附　表

附表 1　1961—2019 年阿根廷奶牛头数、总产奶量和单产水平

年份	奶牛头数/万头	总产奶量/万 t	平均单产/(kg/头)
1961	229	415	1 813
1962	227	414	1 829
1963	239	436	1 827

续附表 1

年份	奶牛头数/万头	总产奶量/万 t	平均单产/(kg/头)
1964	245	453	1 851
1965	230	428	1 859
1966	250	473	1 893
1967	231	437	1 890
1968	246	468	1 904
1969	242	456	1 887
1970	220	419	1 905
1971	253	484	1 911
1972	275	538	1 958
1973	275	522	1 899
1974	280	529	1 890
1975	300	565	1 883
1976	305	580	1 901
1977	275	531	1 930
1978	262	521	1 993
1979	291	535	1 837
1980	313	531	1 698
1981	310	528	1 703
1982	305	540	1 772
1983	300	565	1 885
1984	297	554	1 865
1985	295	564	1 913
1986	294	539	1 832
1987	289	644	2 230
1988	283	617	2 180
1989	260	672	2 585
1990	240	628	2 687
1991	230	612	2 661
1992	210	680	3 236
1993	220	722	3 282
1994	230	802	3 486
1995	235	877	3 732
1996	230	914	3 974
1997	240	937	3 905
1998	250	984	3 937
1999	250	1 065	4 260
2000	245	1 012	4 131
2001	245	977	3 987
2002	215	879	4 090
2003	200	819	4 099
2004	200	810	4 050
2005	210	991	4 719
2006	230	1 049	4 562
2007	220	982	4 465
2008	223	1 032	4 628
2009	230	1 037	4 507

续附表 1

年份	奶牛头数/万头	总产奶量/万 t	平均单产/(kg/头)
2010	234	1 050	4 496
2011	234	1 120	4 497
2012	219	1 134	5 171
2013	219	1 097	5 003
2014	195	1 101	5 646
2015	345	1 206	3 498
2016	177	1 029	5 804
2017	172	1 010	5 870
2018	160	1 053	6 596
2019	162	1 035	6 402

附表 2　1961—2018 年阿根廷主要乳制品产量

万 t

年份	黄油	奶酪	脱脂乳
1961	5.47	13.36	119.88
1962	4.90	14.07	107.23
1963	5.07	13.86	111.04
1964	5.08	15.17	106.76
1965	4.24	15.04	85.28
1966	4.62	17.40	91.33
1967	4.06	15.70	82.08
1968	3.93	17.80	74.31
1969	3.49	17.93	62.90
1970	2.75	16.70	46.12
1971	3.65	18.85	65.68
1972	4.88	19.71	95.50
1973	3.75	20.55	69.75
1974	3.49	21.09	61.46
1975	4.00	22.61	69.80
1976	4.02	24.02	67.12
1977	3.00	23.61	43.15
1978	2.92	24.49	40.65
1979	3.31	24.81	48.55
1980	2.92	25.39	40.83
1981	3.23	23.96	51.62
1982	3.73	23.92	57.66
1983	3.37	24.77	52.08
1984	2.82	24.43	43.71
1985	3.21	24.59	49.85
1986	3.20	25.76	49.63
1987	3.41	27.75	52.64
1988	3.66	24.89	56.66
1989	3.66	24.85	56.79
1990	3.54	24.36	54.91
1991	3.80	28.30	58.87

续附表 2 万 t

年份	黄油	奶酪	脱脂乳
1992	3.70	33.62	57.38
1993	3.60	35.00	55.80
1994	4.35	38.50	67.42
1995	5.13	36.90	85.09
1996	5.20	37.60	85.19
1997	4.90	44.50	83.14
1998	4.70	42.00	81.22
1999	5.18	44.50	90.52
2000	5.27	46.80	90.99
2001	5.34	42.00	92.07
2002	5.46	37.00	94.86
2003	5.53	35.00	95.02
2004	5.50	36.00	94.55
2005	5.10	36.00	93.00
2006	5.30	36.00	92.81
2007	5.20	36.00	95.92
2008	5.08	49.06	97.32
2009	5.06	50.81	88.78
2010	4.96	52.02	90.01
2011	5.37	53.60	100.79
2012	5.33	56.39	94.10
2013	5.01	54.65	91.13
2014	4.81	55.89	87.99
2015	4.12	56.61	89.77
2016	3.42	53.32	91.00
2017	2.68	40.81	90.00
2018	2.94	44.41	91.50

附表 3 1961—2019 年阿根廷主要乳制品进出口贸易额 千美元

年份	进口额			出口额		
	牛乳奶油	全脂牛乳酪	液态奶	牛乳奶油	全脂牛乳酪	液态奶
1961	0.00	5.00	0.00	8 518.00	2 860.00	1.00
1962	0.00	2.00	0.00	7 749.00	2 680.00	0.00
1963	0.00	0.00	0.00	10 837.00	3 470.00	0.00
1964	0.00	0.00	0.00	9 913.00	3 247.00	1.00
1965	0.00	0.00	0.00	6 467.00	4 765.00	0.00
1966	0.00	1.00	0.00	3 890.00	6 358.00	18.00
1967	0.00	2.00	0.00	3 691.00	3 378.00	23.00
1968	602.00	343.00	0.00	924.00	3 238.00	44.00
1969	71.00	29.00	0.00	2 002.00	4 637.00	2.00
1970	3 401.00	775.00	0.00	43.00	1 760.00	0.00
1971	29.00	39.00	290.00	6 485.00	6 231.00	0.00
1972	20.00	2.00	37.00	14 989.00	6 186.00	0.00
1973	0.00	30.00	0.00	4 482.00	7 765.00	0.00

续附表 3　　千美元

年份	进口额			出口额		
	牛乳奶油	全脂牛乳酪	液态奶	牛乳奶油	全脂牛乳酪	液态奶
1974	0.00	0.00	0.00	2 005.00	9 080.00	0.00
1975	0.00	28.00	0.00	3 180.00	10 832.00	0.00
1976	0.00	0.00	0.00	7 716.00	28 107.00	0.00
1977	437.00	104.00	0.00	5 825.00	29 472.00	0.00
1978	3 144.00	494.00	0.00	1 787.00	32 734.00	0.00
1979	5 443.00	9 757.00	117.00	42.00	11 912.00	0.00
1980	2 797.00	14 322.00	254.00	523.00	13 312.00	0.00
1981	6 766.00	15 736.00	105.00	276.00	7 621.00	15.00
1982	1 128.00	923.00	0.00	11 034.00	18 543.00	31.00
1983	382.00	1 501.00	0.00	12 798.00	14 959.00	5.00
1984	639.00	4 236.00	0.00	1 292.00	11 626.00	9.00
1985	1 198.00	1 278.00	0.00	9.00	16 153.00	13.00
1986	736.00	2 852.00	0.00	37.00	20 429.00	6.00
1987	886.00	4 475.00	0.00	0.00	15 031.00	3.00
1988	1 496.00	578.00	0.00	1 162.00	25 793.00	0.00
1989	0.00	146.00	0.00	10 708.00	38 363.00	0.00
1990	220.00	444.00	0.00	8 581.00	50 832.00	68.00
1991	12 321.00	7 347.00	5 966.00	4 154.00	29 796.00	491.00
1992	21 654.00	20 537.00	11 191.00	212.00	12 911.00	53.00
1993	3 357.00	14 654.00	10 840.00	2 521.00	19 795.00	159.00
1994	3 126.00	19 873.00	7 567.00	2 331.00	45 290.00	3 312.00
1995	1 580.00	16 053.00	3 034.00	13 613.00	50 363.00	17 201.00
1996	541.00	20 547.00	6 993.00	10 375.00	40 295.00	19 869.00
1997	1 898.00	19 092.00	4 966.00	7 372.00	69 987.00	21 653.00
1998	3 655.00	20 594.00	1 118.00	3 787.00	60 124.00	10 093.00
1999	65.00	23 620.00	252.00	9 641.00	56 844.00	9 719.00
2000	200.00	22 536.00	174.00	8 822.00	59 414.00	7 339.00
2001	1 798.00	17 322.00	2 141.00	2 992.00	49 396.00	1 980.00
2002	900.00	2 460.00	43.00	3 877.00	54 183.00	2 446.00
2003	2 451.00	3 458.00	6 112.00	878.00	53 589.00	603.00
2004	132.00	3 965.00	6 523.00	7 287.00	87 383.00	2 522.00
2005	12.00	6 609.00	783.00	3 396.00	143 756.00	4 739.00
2006	16.00	6 859.00	66.00	21 284.00	162 881.00	5 729.00
2007	11.00	10 817.00	43.00	27 987.00	146 700.00	5 382.00
2008	5.00	13 045.00	31.00	49 122.00	171 023.00	15 330.00
2009	7.00	10 587.00	0.00	26 184.00	149 050.00	10 898.00
2010	6 611.00	14 573.00	0.00	40 873.00	191 322.00	11 180.00
2011	1 404.00	17 068.00	6.00	85 564.00	286 444.00	9 845.00
2012	10.00	3 313.00	0.00	59 277.00	254 933.00	4 623.00
2013	4 152.00	2 497.00	0.00	54 565.00	254 977.00	3 187.00
2014	1 571.00	3 171.00	2.00	45 306.00	286 354.00	2 837.00
2015	—	2 481.00	4.00	25 941.00	175 478.00	1 831.00
2016	460.00	4 898.00	—	15 243.00	189 551.00	822.00
2017	3 533.00	5 125.00	1.00	16 707.00	197 852.00	945.00
2018	2 246.00	5 887.00	1 944.00	23 440.00	198 417.00	267.00
2019	1 606.00	4 208.00	276.00	43 771.00	198 028.00	293.00

附表 4　1961—2019 年阿根廷主要乳制品进出口贸易量

t

年份	进口量			出口量		
	牛乳奶油	全脂牛乳酪	液态奶	牛乳奶油	全脂牛乳酪	液态奶
1961	0.00	8.00	0.00	14 098.00	3 882.00	2.00
1962	0.00	4.00	0.00	11 096.00	3 924.00	0.00
1963	0.00	0.00	0.00	13 321.00	5 412.00	0.00
1964	0.00	0.00	0.00	11 022.00	4 532.00	1.00
1965	0.00	0.00	0.00	6 974.00	5 120.00	0.00
1966	0.00	1.00	0.00	5 722.00	7 283.00	20.00
1967	0.00	1.00	0.00	5 475.00	5 130.00	25.00
1968	1 470.00	852.00	0.00	1 709.00	3 748.00	55.00
1969	150.00	37.00	0.00	3 837.00	6 405.00	15.00
1970	6 263.00	913.00	0.00	76.00	1 767.00	0.00
1971	71.00	40.00	488.00	6 002.00	5 254.00	0.00
1972	20.00	1.00	68.00	17 104.00	6 186.00	0.00
1973	0.00	21.00	0.00	6 435.00	6 737.00	0.00
1974	0.00	0.00	0.00	1 688.00	5 761.00	0.00
1975	0.00	15.00	0.00	3 675.00	7 247.00	0.00
1976	0.00	0.00	0.00	9 109.00	22 842.00	0.00
1977	304.00	55.00	0.00	5 687.00	17 383.00	0.00
1978	2 282.00	220.00	0.00	1 506.00	16 351.00	0.00
1979	3 319.00	4 600.00	286.00	29.00	4 935.00	0.00
1980	1 313.00	5 970.00	508.00	328.00	4 110.00	0.00
1981	2 573.00	6 326.00	200.00	76.00	2 243.00	27.00
1982	413.00	262.00	0.00	5 412.00	7 196.00	128.00
1983	221.00	853.00	0.00	7 329.00	6 667.00	13.00
1984	370.00	2 243.00	0.00	890.00	4 762.00	16.00
1985	668.00	602.00	0.00	4.00	5 840.00	27.00
1986	449.00	1 526.00	0.00	25.00	8 223.00	18.00
1987	607.00	1 921.00	0.00	0.00	5 682.00	9.00
1988	1 085.00	207.00	0.00	1 017.00	9 978.00	0.00
1989	0.00	55.00	0.00	6 355.00	14 494.00	0.00
1990	140.00	127.00	0.00	6 088.00	20 565.00	180.00
1991	8 193.00	2 444.00	33 809.00	3 168.00	9 960.00	264.00
1992	11 629.00	6 551.00	57 785.00	171.00	3 220.00	60.00
1993	2 024.00	4 484.00	60 995.00	1 273.00	5 076.00	190.00
1994	1 886.00	6 121.00	40 983.00	1 187.00	13 035.00	6 947.00
1995	990.00	4 779.00	14 038.00	6 640.00	13 641.00	34 328.00
1996	257.00	5 670.00	29 350.00	5 157.00	11 035.00	36 340.00
1997	1 038.00	5 243.00	20 696.00	4 218.00	21 609.00	43 245.00
1998	1 713.00	6 051.00	4 470.00	1 900.00	19 056.00	22 280.00
1999	38.00	8 640.00	620.00	6 990.00	23 324.00	37 840.00
2000	106.00	7 952.00	430.00	6 039.00	24 955.00	23 499.00
2001	1 106.00	5 730.00	6 216.00	2 308.00	17 546.00	6 731.00
2002	899.00	963.00	168.00	3 996.00	25 781.00	10 155.00
2003	1 635.00	1 484.00	32 484.00	558.00	23 208.00	1 902.00

续附表 4

t

年份	进口量			出口量		
	牛乳奶油	全脂牛乳酪	液态奶	牛乳奶油	全脂牛乳酪	液态奶
2004	77.00	1 565.00	36 997.00	3 900.00	34 823.00	7 423.00
2005	5.00	2 280.00	3 540.00	1 675.00	52 081.00	12 735.00
2006	6.00	2 172.00	169.00	12 367.00	58 197.00	15 017.00
2007	2.00	2 793.00	69.00	12 744.00	45 372.00	9 212.00
2008	1.00	2 820.00	49.00	14 557.00	36 213.00	22 343.00
2009	1.00	2 742.00	0.00	14 141.00	48 076.00	21 543.00
2010	1 500.00	3 246.00	0.00	10 477.00	45 547.00	17 430.00
2011	315.00	3 374.00	1.00	19 345.00	60 626.00	13 446.00
2012	2.00	505.00	0.00	17 123.00	55 500.00	5 867.00
2013	923.00	348.00	0.00	12 997.00	53 159.00	4 263.00
2014	308.00	462.00	0.00	9 717.00	57 227.00	3 898.00
2015	—	281.00	0.00	7 614.00	43 274.00	2 423.00
2016	122.00	843.00	0.00	4 052.00	52 626.00	1 195.00
2017	699.00	941.00	0.00	3 028.00	44 077.00	1 518.00
2018	409.00	1 051.00	2 847.00	5 090.00	48 785.00	415.00
2019	318.00	700.00	398.00	9 217.00	50 072.00	505.00

乌拉圭奶业发展报告

摘要：乌拉圭是南美畜牧业最发达的国家之一，自然条件得天独厚。全国拥有专业牧场 43 605 个，其中奶牛场 3 423 个，养殖规模平均 190 头，最大规模 500 余头；奶牛品种主要是乌拉圭荷斯坦牛，少量是娟姗牛；奶牛场占地面积，70%以上在 200 hm^2 以内。近年来，该国奶牛饲养量和平均单产量在逐年递增。2019，奶牛存栏 76 万头，存栏牛平均单产 2 942 kg，个别牛场单产可达 8 000 kg。该国是世界奶牛饲养成本最低的国家之一，所有牧场均采用开放式放牧饲养，奶牛所需营养供给主要来源于草场。因此，虽然奶牛平均单产较低，但因为饲养成本极低，所以奶农仍然有利润。随着国际乳产品价格的不断上涨，政府和奶农加大了对奶业的投资，养殖密度不断提高，规模化的大型牧场越来越多，饲养方式也由全放牧转变为放牧加补饲精料，而且机械化程度进一步加强，生产效率有所提高。

乌拉圭总产奶量虽然只占世界总量的 0.3%，但出口份额占世界总量的 2%；出口产品种类繁多，主要是奶粉和奶酪。乌拉圭人对乳制品的消费量居南美第一，主要以液态奶、奶酪和黄油为主，但与欧美国家相比还有一定差距，全国所生产的原料奶 72%用于加工出口。该国的主要出口商是奶业合作社，其中最大的奶业合作社是科拿普乐(CONAPROLE)公司。在 2019 年，该公司加工了该国 70%的原料奶，产品多样，出口到世界 60 多个国家。由于奶业对世界市场的依赖度很高，所以原料奶的收购价与乳产品国际市场价格密切相关。目前，根据合作社出售到国际市场的价格确定原料奶收购价。过去几十年，由于乳制品在国际市场上的知名度愈来愈高，产品出口量愈来愈多。在 2005 年后，其乳制品出口贸易额迅速上升，2013 年达到峰值，随后小幅度回落。近些年，乳制品贸易额相对稳定，呈现小幅度波动，2020 年由于受新冠疫情影响，其贸易额有所下降。

乌拉圭奶业发达的原因：一是天然牧场放养模式为主，生产成本很低，且因畜群无传染性疾病、终端奶产品 100%的可追溯保障，产品知名度享誉海内外。二是得益于科学技术和强有力的奶业发展政策。政府高度重视奶业的发展并付诸行动，制定了一系列促进奶业健康发展的政策，例如直接拨款补助奶农、减免关税、引入外国资本等各项措施，直接或间接支持本国奶业的可持续发展。另外，通过科技创新和应用各种技术方法加强奶牛新品种选育、改善草场质量、改变饲喂方式、提高机械化程度等，以提高劳动生产率，从而获得更大经济效益。三是有健全的奶业社会化服务体系，为奶业健康可持续发展提供了有力的保障。各种奶业组织各尽其责，整个奶业链信息通畅；乳制品加工企业自律性强，有序竞争，充满生机。强大而完善的技术推广服务体系为奶业发展提供一条龙的周到服务，既有效解决奶农的后顾之忧，又为乳制品加工企业的不断发展壮大保驾护航。

从乌拉圭发达的奶业中可学习和借鉴的经验很多，但必须结合我国奶业的实际情况，因地制宜、有的放矢。一方面，必须从提高原料奶产量和质量入手，具体做法可细化为以下 5 个方面：一是从奶业发达国家进口优质奶牛的同时，必须研发和引进各项技术，将我国奶牛育种工作全面有效地开展起来，从根本上解决奶牛品质问题;二是引入世界先进的奶牛经营、管理经验和技术,对有条件的地区实施“奶业合作社”经验模式;三是加大对原料奶生产链的监管和奖惩力度,从源头上确保原料奶的质量;四是做好奶业链下游工作,即乳制品加工和销售工作,政府必须出台相关措施大力支持乳品加工产业的良性发展,在各种奶业组织的参与下,建立一整套促进乳品加工业发展的具体办法,在全行业建立有序的竞争机制,鼓励有条件的乳品企业做大做强,从而增强我国奶产业在世界市场的国际竞争力;五是加强和完善我国奶业社会化服务体系建设,充分发挥农业技术推广部门的优势,为我国奶业链提供全方位、周到的服务,切实解决奶农和乳品加工企业所面临的问题。另一方面,必须有促进奶业发展的产业政策,政府通过直接扶持或间接调控措施,比如对奶业的补贴制度、关税杠杆、可调控的贸易政策、鼓励国民消费乳产品等政策,鼓励和促进我国奶业可持续发展。

关键词:乌拉圭 奶业 发展

1 奶业发展概况

1.1 奶牛养殖业

乌拉圭处于南美温带气候带南部、乌拉圭河与拉普拉塔河东岸,北临巴西,西接阿根廷,南临大西洋,境内大部分地区地势平坦,平均海拔 116 m。南部是起伏的平原,北部和东北有少数低山分布,西南部土地肥沃,东南部多斜坡草地。夏季(1—3 月)气温 17～28 ℃,冬季(7—9 月)气温 6～14 ℃,年均降雨量由南至北从 950 mm 递增到 1 250 mm。行政区划 18 个省,经济规模较小,产业结构单一,农牧业发达,在国民经济中占主要地位;其次是对外贸易,为国民经济的支柱,依赖出口,目前除与本地区国家发展贸易外还积极开拓北美和亚太市场。

1.1.1 养殖区域划分

乌拉圭畜牧业十分发达,全国拥有 1 200 万头牛,其中奶牛 76 万头,人牛比为 1∶4(表 1),被称为“遍地牛羊的国家”。农业用地占国土面积 90%,其中 80%是草场和牧场。2019 年,乌拉圭全国总草场面积达 1 430 万 hm^2,其中天然草场(1 170 万 hm^2)占总草场面积的 81.6%,改良草场(260 万 hm^2)占总草场面积的 18.4%。全国可分为 7 大生态经济养殖区,主要以养殖奶牛、肉牛、羊和马为主。

表 1 乌拉圭 2012—2019 年规模化牛场数量

奶牛场面积/hm^2	2012 年	2013 年	2014 年	2015 年	2016 年	2017 年	2018 年	2019 年
≤50	1 360	1 265	1 226	1 162	1 074	966	966	852
51～199	1 981	1 923	1 885	1 835	1 871	1 795	1 789	1 634
200～499	628	618	607	601	630	608	620	596
≥500	336	330	335	321	298	349	313	341

数据来源:www.gub.uy/ministerio-ganaderia-agricultura-pesca/diea。

乌拉圭拥有专业牧场 43 605 个,占地 1 318 万 hm^2,其中奶牛场 3 423 个,占地 76.15 万 hm^2,70%以上的牛场面积小于 200 hm^2。在过去几年,奶牛场数量呈逐年下降趋势,主要是小面积牧场数量减少所致,而中型和大型面积的牧场数量保持相对稳定。每个奶牛场平均饲养 190 头奶牛,规模较大的在 500 头以上,主要品种是乌拉圭荷斯坦牛。奶牛养殖和乳制品生产加工主要集中在西南地区,尤其是圣何塞(San José)和科洛尼亚(Colonia)两省。

1.1.2 奶牛存栏和牛奶产量

在饲养管理方面,奶牛场多数属于天然草地利用型,仅有少数进行草地改良、制备了青干草或青贮。奶牛场数量在过去十几年有下降趋势(表 2),2003 年奶牛场总数为 4 919 个,而到 2019 年已经锐减为 3 424 个。虽然奶牛场总数减少了许多,但奶牛存栏总量波动不明显。例如,2003 年,奶牛存栏量 72 万头,到了 2019 年已经增加到 75.9 万头。奶牛牛群结果在 2001—2019 年之间也发生小幅度变化,除犊牛和干奶牛群数量基本保持稳定外,其他群体数量均有小幅度增加(图 1)。

表 2 乌拉圭奶牛场数量及奶牛存栏总数(2003—2019 年)

年份	奶牛场数量/个	奶牛存栏总数/头
2003	4 919	721 000
2004	4 600	715 000
2005	4 500	780 000
2006	4 600	795 990
2007	4 600	743 000
2008	4 500	744 000
2009	4 200	710 000
2010	4 519	764 000
2011	4 017	793 000
2012	4 400	755 000
2013	4 300	782 000
2014	4 053	772 000
2015	3 919	783 000
2016	3 873	767 000
2017	3 718	767 000
2018	3 688	766 000
2019	3 424	759 000

数据来源:www. fao. org/faostat/en/#data; www. gub. uy/ministerio-ganaderia-agricultura-pesca/diea。

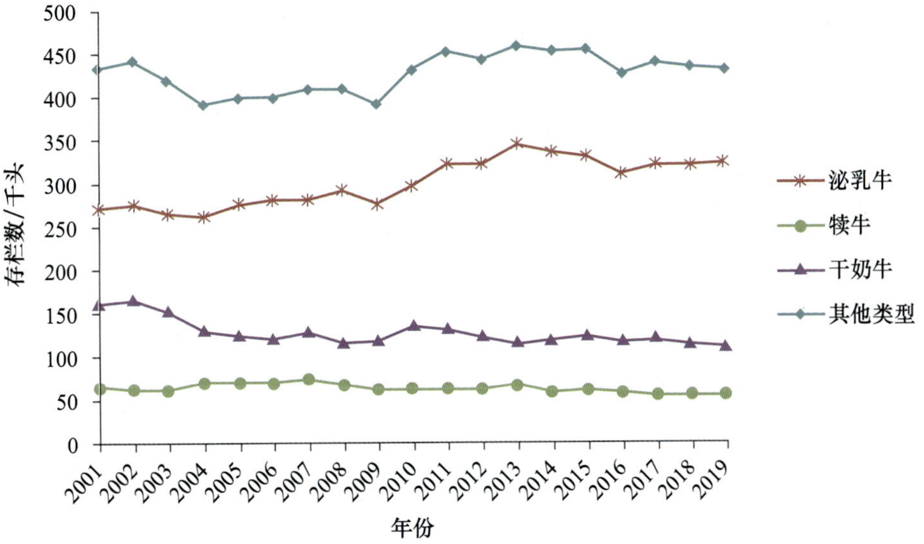

图 1 2001—2019 年乌拉圭奶牛群体结构年度变化

(数据来源:www. gub. uy/ministerio-ganaderia-agricultura-pesca/diea)

自 1961 年以来,乌拉圭奶牛无论在饲养总量、年总产奶量还是年均单产量都在稳步上升(附表 1):奶牛饲养数从 1961 年的 55 万头增加到 2019 年的 75.9 万头(图 2)。在 1961—1965 年期间,奶牛养殖总数基本保持在 55 万头左右,此后两年迅速下降,然后再次升高并在随后 12 年中小幅度波动;但在 1979—1998 年之间，奶牛存栏量以年均3%的速度逐年递增，并在此后维持较高水平，主要因为国际乳制品需求迅速增长，乳制品出口目的地多元化，国际乳制品价格持续走高，极大地促进了乌拉圭国内奶牛养殖业的发展。

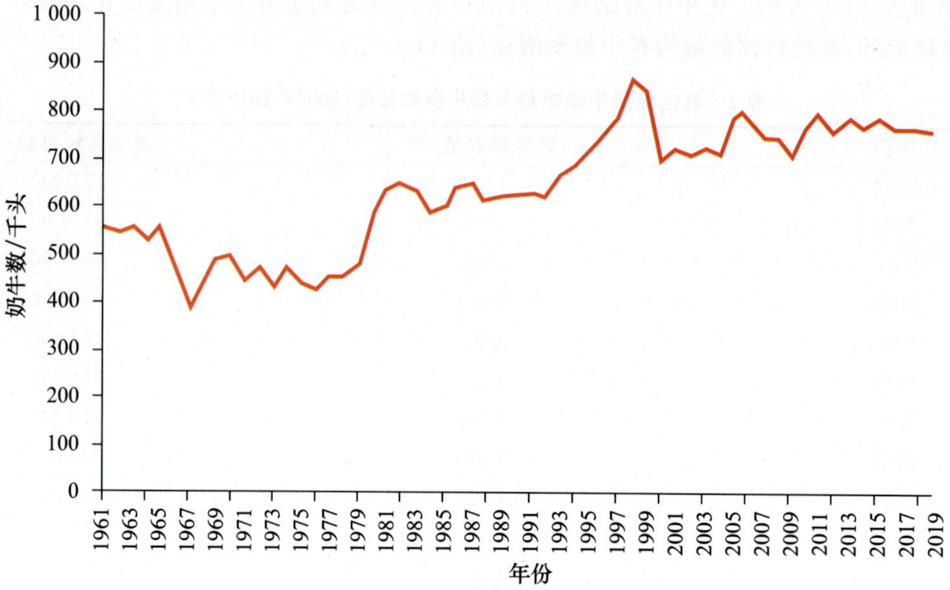

图 2　1961—2019 年乌拉圭奶牛年存栏量

就牛奶总产奶量而言，2019 年产量约为 1961 年的 3 倍，即从 77.325 万 t 增加到 223.3 万 t，尤其是在 1980 年后，总产奶量稳步上升，年均增长 2.6%(图 3)，这与奶牛存栏量及平均单产水平的不断增加有直接关系；存栏牛平均单产在过去几十年内增长了 1 倍多，即从 1961 年的 1 400.8 kg 增加到 2019 年的 2 942 kg。在 1961—1991 年期间，单产维持在较低水平(1 500 kg 左右)，而在 1992—1993 年单产增加了 150 kg，并且在后面几年均保持这种水平；在 2000—2019 年年递增约 300 kg，存栏牛单产年均以约 2%的速度递增(图 4)。从这些变化可以看出奶牛养殖方式的悄然变化。

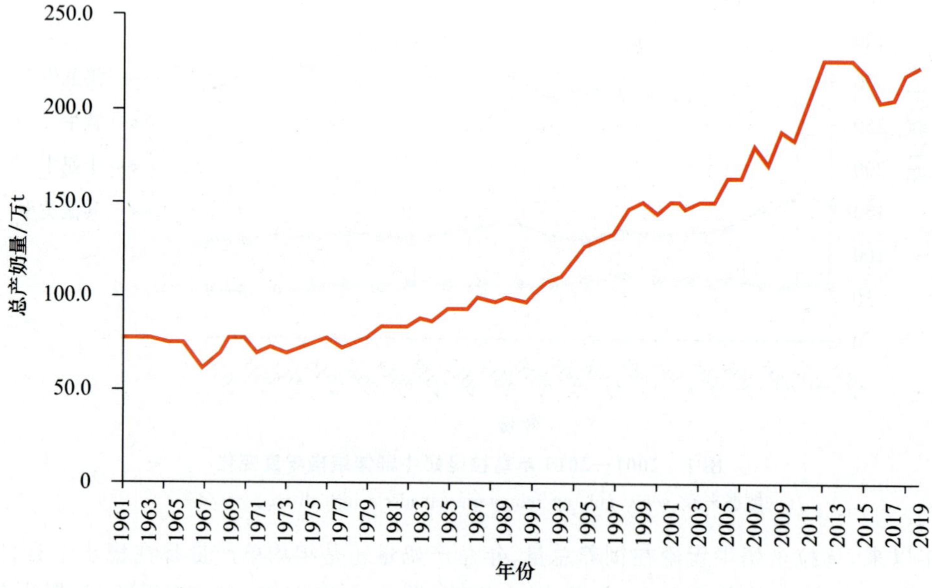

图 3　1961—2019 年乌拉圭奶牛总产奶量

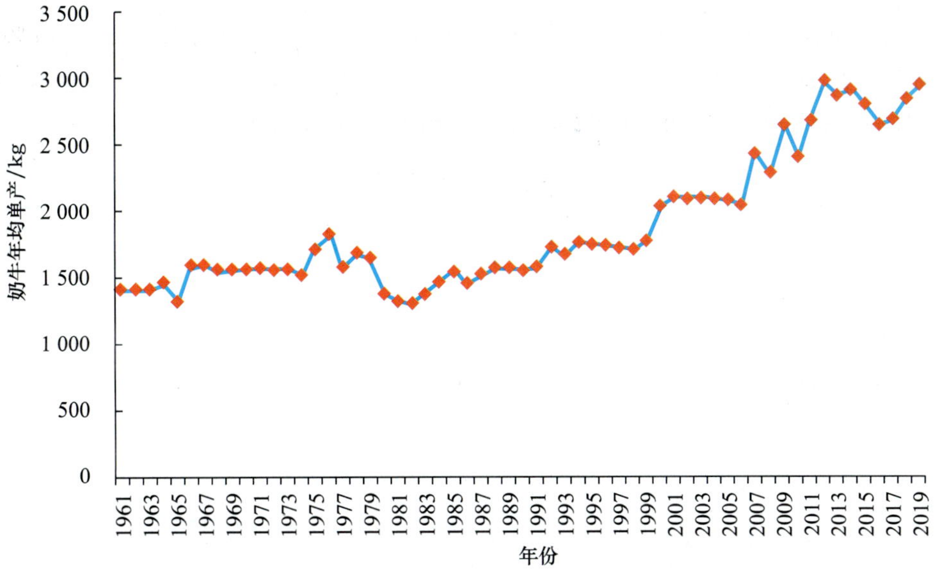

图 4　1961—2019 年乌拉圭奶牛年均单产

1.1.3　饲养方式

在过去的几十年里，奶牛饲养方式发生了一些改变，饲养技术更加科学，从集中养殖到轮换牧场养殖，从单一的天然放牧到辅助放牧(添加优质青贮饲料)。通过耕种豆科类植物并引进大型喷灌设备来改良天然牧场，使牧草产量和质量得到很大提高，更多的牧场成为优质牧场，且近些年改良的牧场比例有所增加(图 5)。同时，跨国大型综合乳业公司的进入，使一些奶牛场饲养方式得到改变，管理水平得到迅速提升，使一些地区的牛场年均单产达到 5 000 kg，特别是新西兰公司经营的牧场，奶牛平均单产往往很高，可达到 8 000 kg。然而，相对于乳业发达国家集约化养殖，全国存栏奶牛的单产水平还是相对较低的。

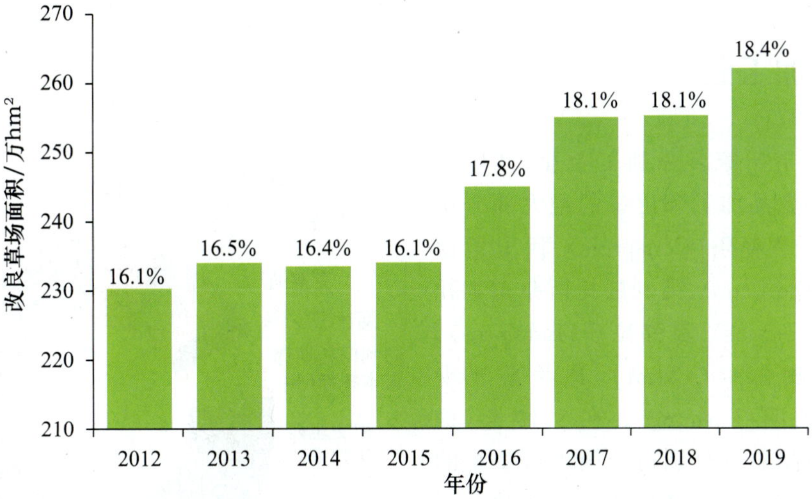

图 5　2012—2019 年乌拉圭改良草场面积及占总草场面积的比例

(数据来源：www. gub. uy/ministerio-ganaderia-agricultura-pesca/diea)

1.1.4　牛奶生产者价格变化

2019 年平均牛奶生产者价格达到 10.6 比索/L，分别比 2017 年和 2018 年增加 8%和 7%，而对应的美元生产者价格却是下降的，2019 年为 0.3 美元/L(表 3)；2019 年月平均牛奶生产者价格始终呈上涨趋势(图 6)。因此，奶牛养殖效益受到一定影响，并且会给奶产品加工等产业链带来一定冲击。

表 3　2017—2019 年乌拉圭每升牛奶生产者价格

年份	生产者价格/比索	生产者价格/美元
2017	9.79	0.34
2018	9.95	0.33
2019	10.6	0.3

数据来源：www. inale. org/tipo_de_informe/situacion-prespectivas/。

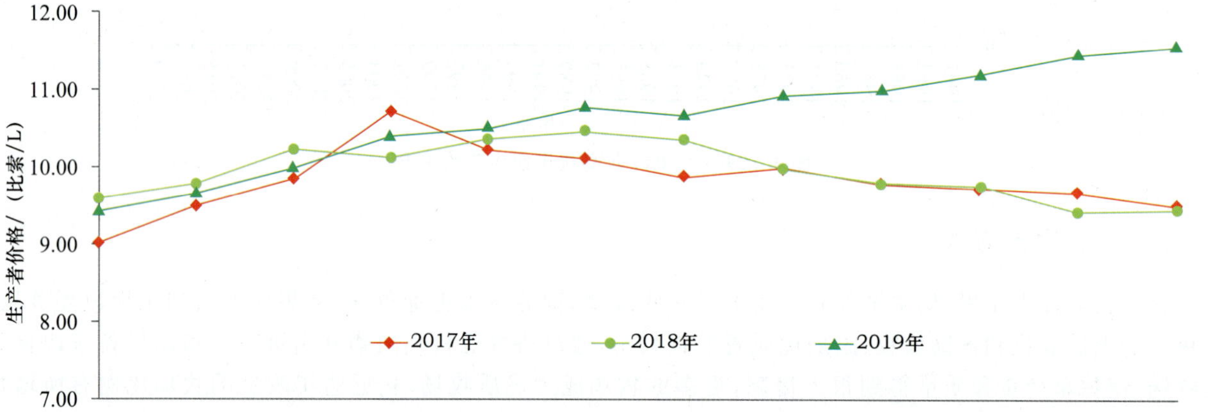

	一月	二月	三月	四月	五月	六月	七月	八月	九月	十月	十一月	十二月
2017年	9.03	9.55	9.87	10.7	10.23	10.13	9.91	9.96	9.79	9.74	9.68	9.53
2018年	9.6	9.78	10.24	10.12	10.37	10.48	10.36	9.98	9.83	9.75	9.43	9.46
2019年	9.43	9.67	10	10.41	10.51	10.79	10.68	10.94	11	11.21	11.47	11.57

图 6　2017—2019 年乌拉圭牛奶生产者价格年度月份走势

(数据来源：www. inale. org/tipo_de_informe/situacion-prespectivas/)

1.2　乳品加工业

乌拉圭全国有上千家乳品加工企业，其中八大乳品公司占据了乳品加工和出口的绝大部分份额。这些公司是科拿普乐(Conaprole)、伊史坦西达拉哥(Estancias Dle Lago)、阿利门托斯弗雷本托斯(Alimentos Fray Bentos)、英都拉莎(Indulacsa)、克莱迪(Claldy)、咖尔卡(Calcar)、葛兰嘉波卡(Granja Pocha)和法明(Farming)。在 2019 年，这些公司出口的乳制品总量分别占全国出口总量的 70%、7%、6%、3%、3%、2%、2%和 1%，其他公司占 6%(图 7)。

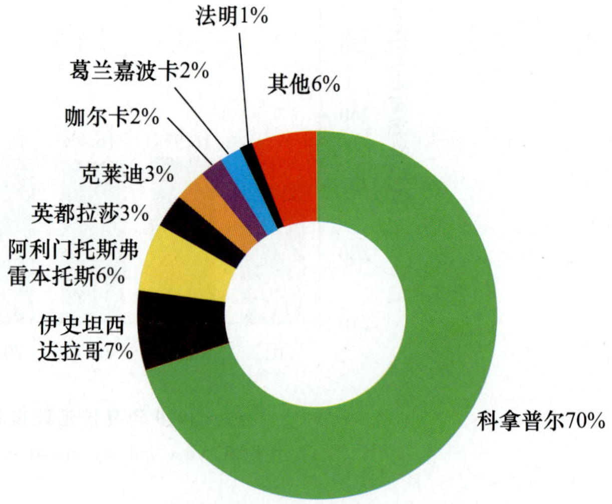

图 7　2019 年乌拉圭主要乳制品加工企业及所占份额

(数据来源：www. inale. org/tipo_de_informe/situacion-prespectivas/)

作为乌拉圭最大的私营企业和最大的乳品生产企业，创建于 1936 年的科拿乳业也是拉丁美洲最大的乳品出口企业。公司有 2 215 位奶农、遍布乌拉圭各地，拥有乌拉圭70%的奶源，每年向公司提供约14亿L的生鲜乳，并在旗下的8家工厂进行生产加工。科拿乳业公司旗下产品种类约300种，包括各类牛奶、酸奶、奶酪、黄油、奶粉、乳饮料、果汁、冰淇淋、牛奶酱等。产品已经出口到超过60个国家和地区，包括中国、日本、韩国、巴西、委内瑞拉、俄罗斯、阿尔及利亚、埃及、新加坡、墨西哥等。在1968—1974年，鲜奶产量没有太大的变化，其产品主要满足本国的需要，加之乳品深加工大型企业较少，所以乳制品出口量很少(附表2)。

在1975年后，原料奶总产量以每年约2.5%的速度稳步增长，乳品加工企业不断增多，新增了一些大型乳品加工企业。随着国际乳制品市场需求的增长和全球消费市场的变化，企业的加工能力出现了大幅度增长，特别是2011年较上年总鲜奶加工量提高了19%，此后略有上浮，并基本稳定在20亿L左右(图8)。另外，生产的乳制品结构发生了显著的变化。在2019年，乌拉圭全国生产的奶粉、奶酪、中长期奶、巴氏杀菌奶、奶油分别占当年鲜奶加工总量57.5%、21.9%、8.4%、7.4%、4.7%。另外，能够出口、创汇的乳制品生产份额明显增加，如奶粉和奶酪等，尤其是奶粉(包括脱脂和全脂奶粉)和奶酪产量变化非常明显。奶粉生产总量在1985年仅为3 184 t，而在2019年急剧上升到15.5万t(增加了约50倍)；奶酪生产总量在2019年达到6.6万t，是1968年的10倍(附表2)。

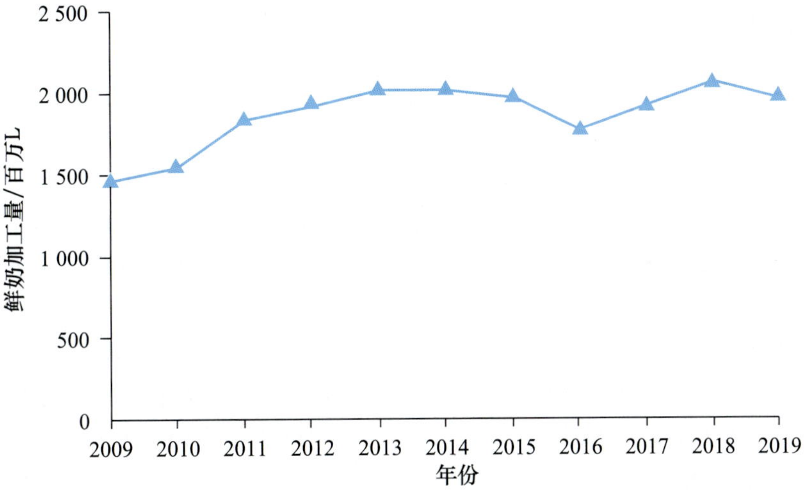

图8　2009—2019年乌拉圭鲜奶年加工量

(数据来源：www.inale.org/tipo_de_informe/situacion-prespectivas/)

1.3　乳品消费

乌拉圭奶产量虽然仅占世界总产量的0.3%，但人均年消费量持续增长，在经历2017年和2018年小幅度下降后，2019年人均消费鲜奶达270 L，增幅超过25%，达到发达国家水平，是世界平均水平的2倍多。虽然国内消费的乳制品种类和数量都在增加，但国内消费市场份额逐步减少，而出口份额稳步上升(表4)。国内消费的主要乳制品种类有鲜奶、乳清粉、奶酪、奶粉和黄油，但仍以鲜奶和奶酪为主。

表4　乌拉圭上市牛奶产品销售份额　　%

年份	国内市场份额	出口份额
2017	33	67
2018	28	72
2019	29	71

数据来源：www.inale.org/tipo_de_informe/situacion-prespectivas/。

乳品年消费总量在1961—1990年变化不大，平均约45万t(附表3)；但在1991—2001年期间，乳品年消费总量呈现稳定的上升趋势，年均增长2%左右。在2002年后，乳品消费呈现明显的下降趋势，主要因为这些年乳品出口量迅速增加。

消费量排在第一的乳品是鲜奶，在 1961 年总量就达到 44 万 t，在 2005—2000 年之间，年度鲜奶消费总量相对比较平稳，但在 2004—2013 年之间消费量到 41 万 t 以下。随后很快上升，以年均 3.6%速度递增，2019 年鲜奶消费量 65 万 t(图 9)。

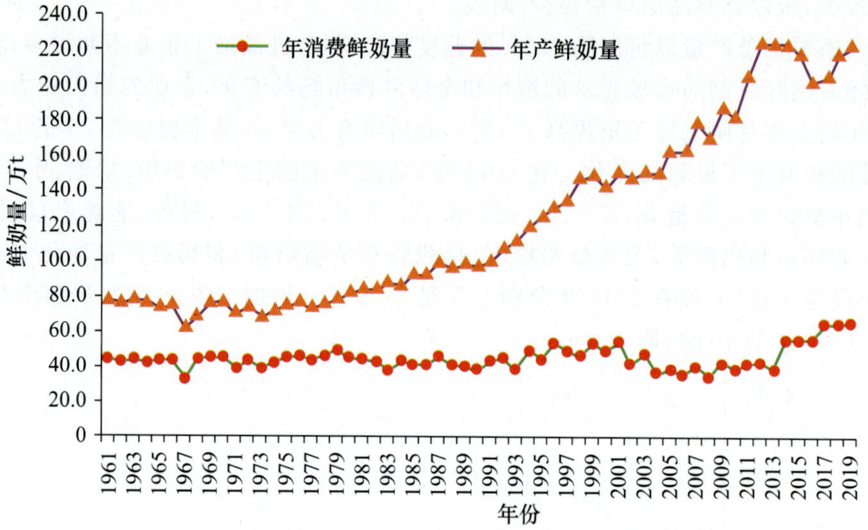

图 9　1961—2019 年乌拉圭鲜奶年产量及年消费量走势

消费量排在第二的乳品是奶酪，人均占有量自 1961 年的 2.2 kg 上升至 2019 年的 15.7 kg。特别是在 2000 年和 2007 年，均发生成倍增长。至于消费总量，在 1961—1967 年期间呈缓慢上升趋势，并在 1967 年奶酪消费量达到 1 万 t，此后下降并在随后 10 年间维持在 7 300 t 左右。1979—1993 年期间，国内奶酪年消费量波动较大，但总体消费量仍然呈缓慢上升趋势。在 1994—2014 年，国内奶酪消费总量呈明显的上升趋势，年均增长 6.8%，到 2014 奶酪总消费量达到 4.2 万 t。此后一年奶酪消费总量陡然上升，在 2015 达到 5.4 t，并每年保持在 5 t 以上的总消费量(图 10)。这主要与奶酪制品的种类不断增加，风味更加多样，进而满足了不同人群的需求密切相关。

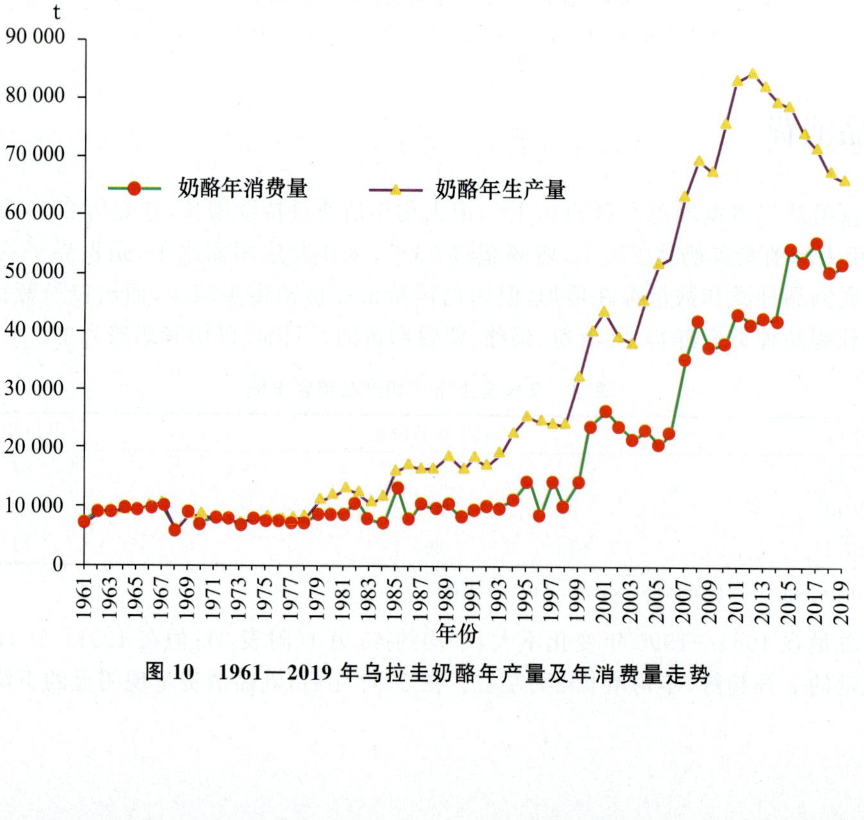

图 10　1961—2019 年乌拉圭奶酪年产量及年消费量走势

奶油的消费量排在第三，最高时人均 2.6 kg(1961 年)，最低时(2012 年)0.7 kg，呈下降趋势。至于消费总量，波动较大。1961—1976 年是 58 年来年均消费量最高的年份，平均约 5 500 t；然而在 1977 年后，奶油总消费量迅速下降到 3 138 t，下降速率达 40%，在随后的 38 年间波动较小，这期间年均消费总量平均仅有 3 792 t。2016 年奶油消费总量以 37.3%的增速迅速达到 5 220 t，并连续四年年度总奶油消费量均在 5 100 t 以上(图 11)。这可能是奶油年产量快速上升，国内消费市场供应增加的结果。

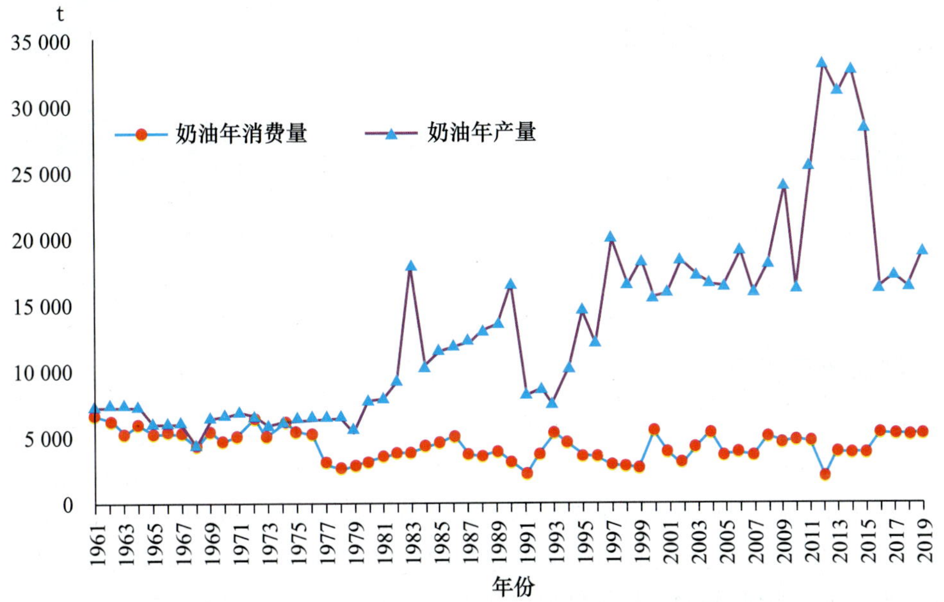

图 11　1961—2019 年乌拉圭奶油年产量及年消费量走势

以上资料表明，乌拉圭国内市场主要乳品消费结构虽然在变化，特别是鲜奶消费所占比例有所下降，主要因为新增了新型、风味独特的乳制品种类，但鲜奶人均实际消费量持续保持上升趋势。大型乳品加工企业的增加，为了拓展周边及海外市场，不断创新、开发出更多类型的乳制品，潜移默化地引导了国内乳制品的消费观念，使人们对乳制品选择更加多样化，从而更加吸引人们对新型乳制品的消费。

1.4　乳制品贸易

1.4.1　乳制品进口概况

乌拉圭乳制品进口量很少，特别是鲜奶和全脂粉，这主要因为鲜奶产量逐年上升，国内产量高、存量大，且鲜奶品质极高，无须大量进口。2009 年后，脱脂奶粉进口量虽然不多，但却以年均 29%增长，到 2019 年脱脂奶粉进口量达 964 t；奶酪从 1991 开始进口量先是稳步增加并在 1997 年达到一个峰值(1 075 t)，然后却又持续下降，一直延续到 2006 年(94 t)，从 2017 开始，奶酪进口量以年均 9.7%速度增长，在 2019 年末达到 2 129 t；奶油进口在 2011 之后也表现强劲，以年均 22.7%速度增加，在 2019 年末达到 954 t(附表 5)。这充分体现出国内消费者对乳品新产品、进口乳品的热度有所上升，可能源于这些产品加工、制作工艺的不同及具有不同的风味和口感。

2019 年，乌拉圭乳制品进口种类呈现多元化，仍以奶酪和酸奶居多，分别为 32%和 20%，紧随其后分别是冰淇淋和婴儿配方奶粉(图 12)。进口乳制品来源地中阿根廷仍然居首，且进口份额有所提高，巴西超过欧盟跃居第二；在这些进口乳制品中，61%来源于阿根廷，18%来源于巴西，17%来自欧盟，2%来自墨西哥，1%来自美国，剩余 1%来自其他国家和地区(图 13)。

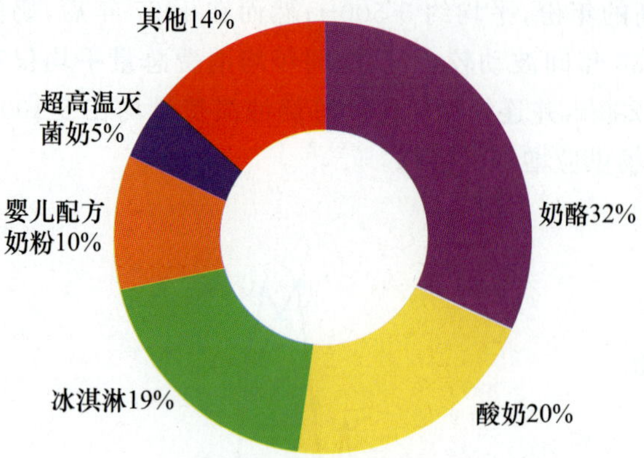

图 12 2019 年乌拉圭主要乳制品进口种类及份额
(数据来源:www. inale. org/tipo_de_informe/situacion-prespectivas/)

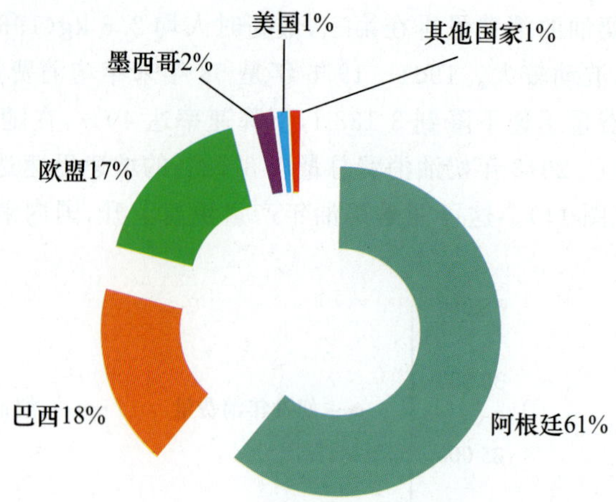

图 13 2019 年乌拉圭主要进口乳制品来源地及所占份额
(数据来源:www. inale. org/tipo_de_informe/situacion-prespectivas/)

1.4.2 乳制品出口概况

与进口贸易相反,乳制品的出口量及出口贸易额较多,出现三个具有一定特色的阶段(附表 4,附表 5)。第一阶段(1961—1978 年)为零出口期,除奶酪外,其他乳制品出口几乎为零。在这时期,由于乳制品总产量不高,加之海外市场开发不够成熟,所以各种乳制品主要是为了满足国内市场需求。第二阶段(1978—1991 年)为开始出口期,所有乳制品出口均呈现缓慢上升趋势,奶油和奶酪出口增长速度明显高于鲜奶和奶粉的出口量。在 1991 年,奶油、奶酪、鲜奶出口量分别达到 4 619、8 389、422 022 t。由于出口量不大,所以乳制品贸易总额相对较低。第三阶段(1992—2019 年)为出口波动增长期,在这期间乳制品出口量有升有降,但整体仍处于高位(附表 5)。

奶油出口量在 1983 后总体呈现持续增长,并在 2012 年达到峰值(30 679 t),随后缓慢下降,到 2019 年末其出口量将至 13 044 t(图 14);在 1992—2012 年期间是奶酪出口量持续增长期,年均增长速度达 9.4%,在 2012 年末出口量达到峰值(43 159 t),此后,其出口量连续下降,到 2019 年末,奶酪出口量为 14 470 t(图 15)。

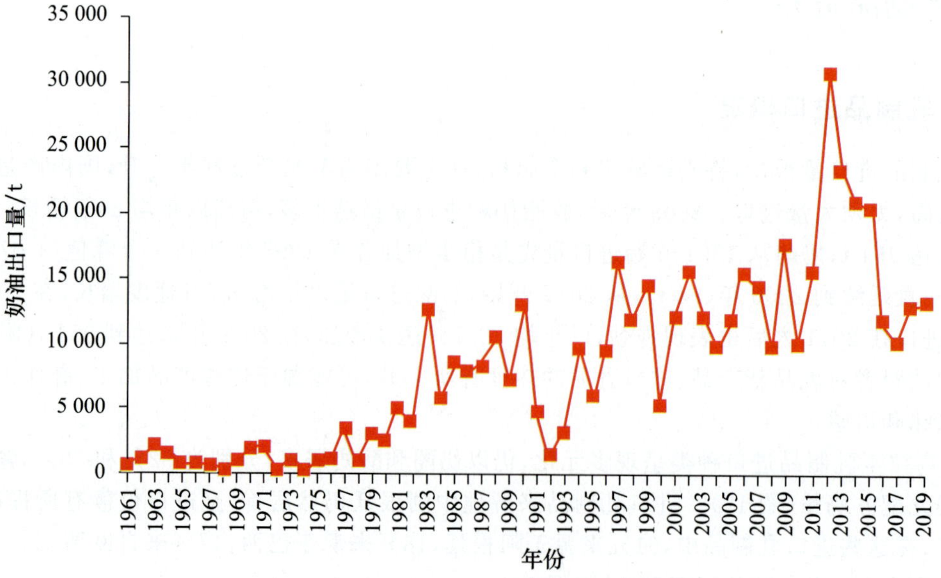

图 14 1961—2019 年乌拉圭奶油出口量

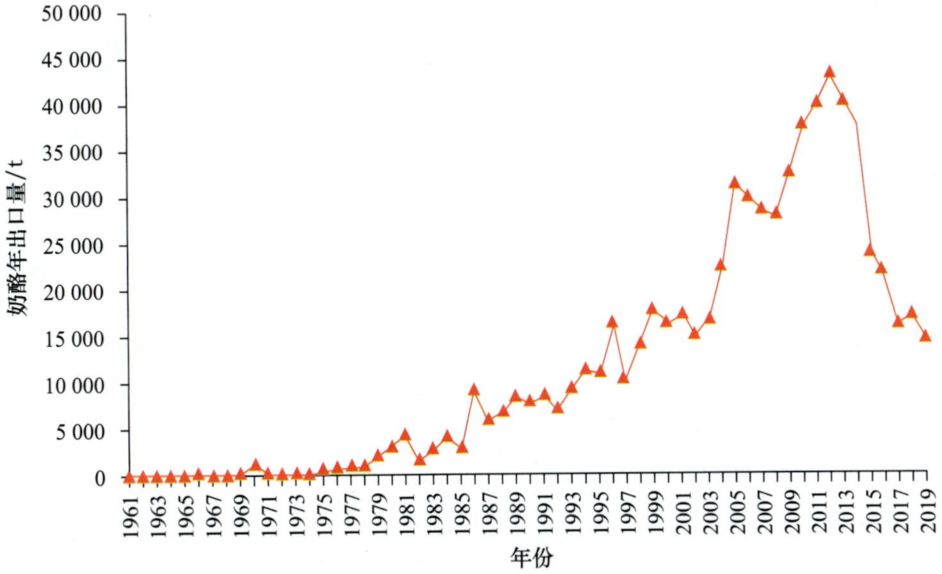

图 15 1961—2019 年乌拉圭奶酪年出口量

鲜奶出口量在第三阶段出现明显两个峰值，在 1992—1998 年以年均 10% 速度递增，并在 1998 年达到峰值(109 316 t)，随后持续下降，到 2010 年末出口量仅为 9 201 t；然后出现鲜奶出口量出现快速反弹后有缓慢下降(图 16)。

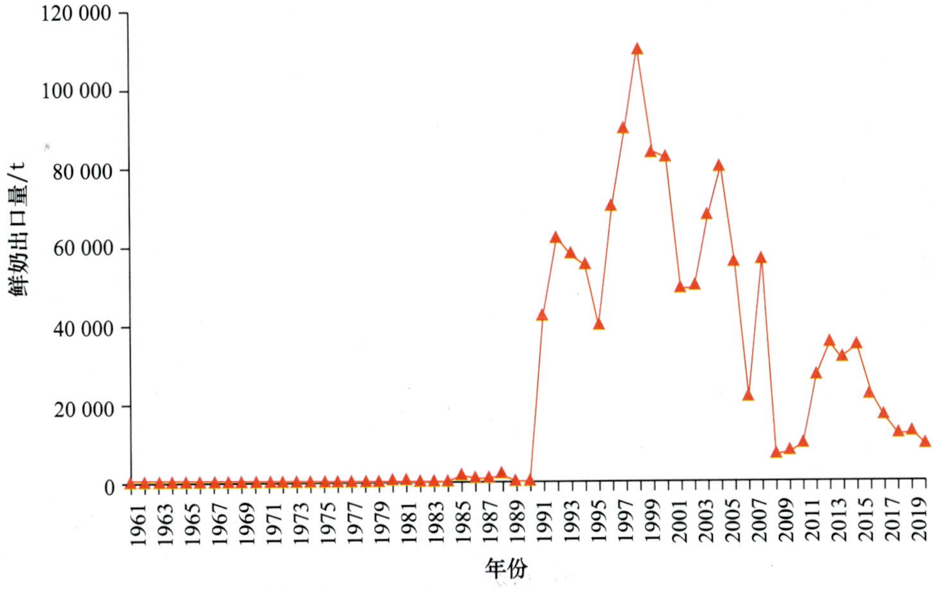

图 16 1961—2019 年乌拉圭鲜奶年出口量

脱脂奶粉在乳制品出口第三阶段整体也呈现上升趋势，并在 2012 年末达到峰值，随后出现持续下降，到 2019 末其出口量又再次上升(图 17)。

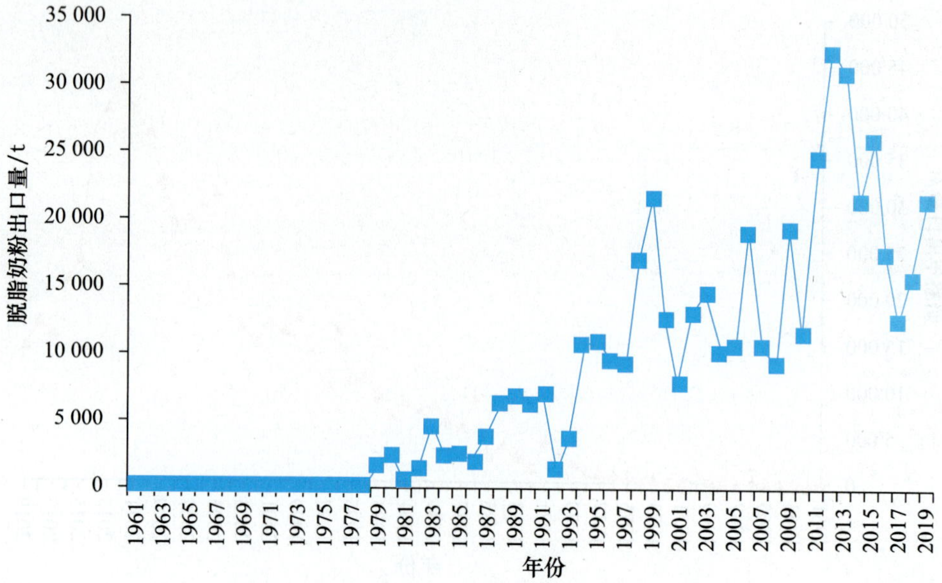

图 17　1961—2019 年乌拉圭脱脂奶粉年出口量

全脂奶粉在出口第三阶段表现突出，一直保持稳定上升趋势，并在 2014 后以年均 17.6%速度高速增长，在 2019 年末达到 131 589 t(图 18)。

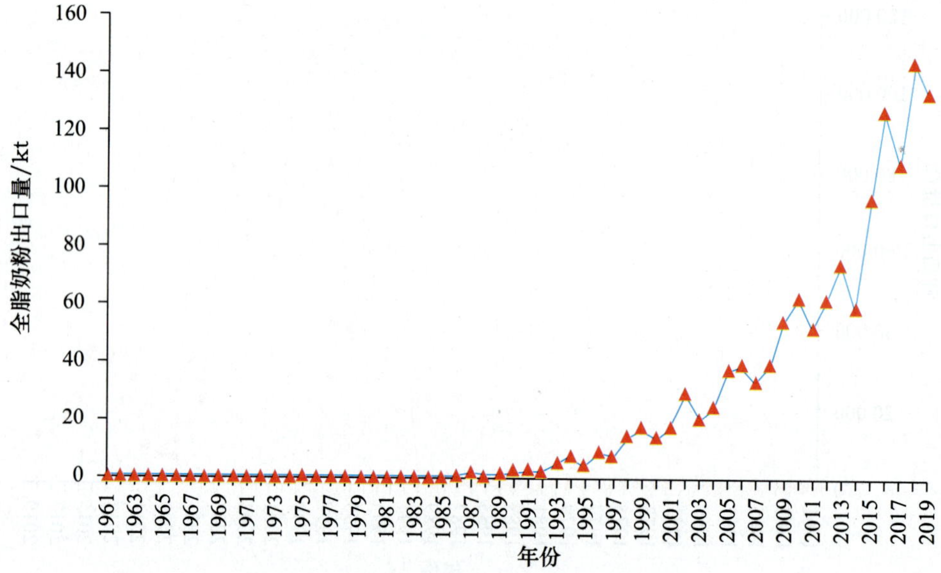

图 18　1961—2019 年乌拉圭全脂奶粉出口量

1.4.3　乌拉圭主要乳制品出口目的地及所占份额

2019 年，乌拉圭乳制品出口种类有全脂奶粉、奶酪、奶油、脱脂奶粉，而全脂奶粉以占总出口量 62%位居榜首(图 19)，这充分反映了国际市场对乌拉圭奶粉品质的认可。

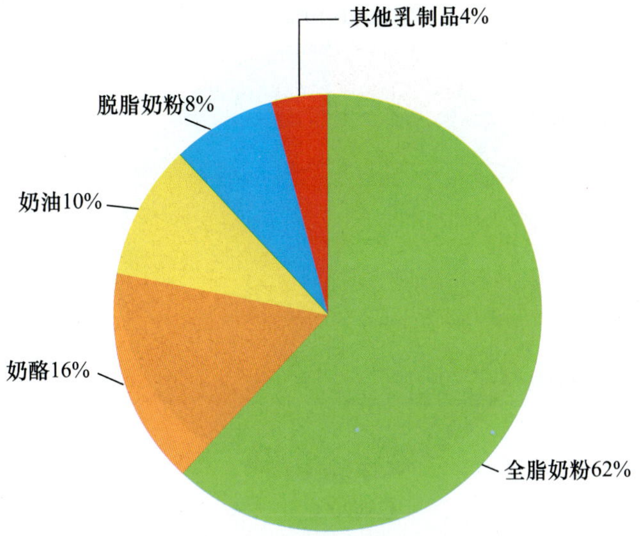

图 19 2019 年乌拉圭主要乳制品出口种类及所占份额

(数据来源：www. inale. org/tipo_de_informe/situacion-prespectivas/)

2019 年，乌拉圭乳制品出口绝大部分销往阿尔及利亚、巴西、俄罗斯、中国、古巴、墨西哥和阿根廷，与 2018 年相比，其中出口阿尔及利亚、墨西哥、阿根廷的乳制品量分别下降 2%、1%、1%，而销往俄罗斯、中国、古巴的乳制品总量分别增长 5%、2%、2%(图 20)。

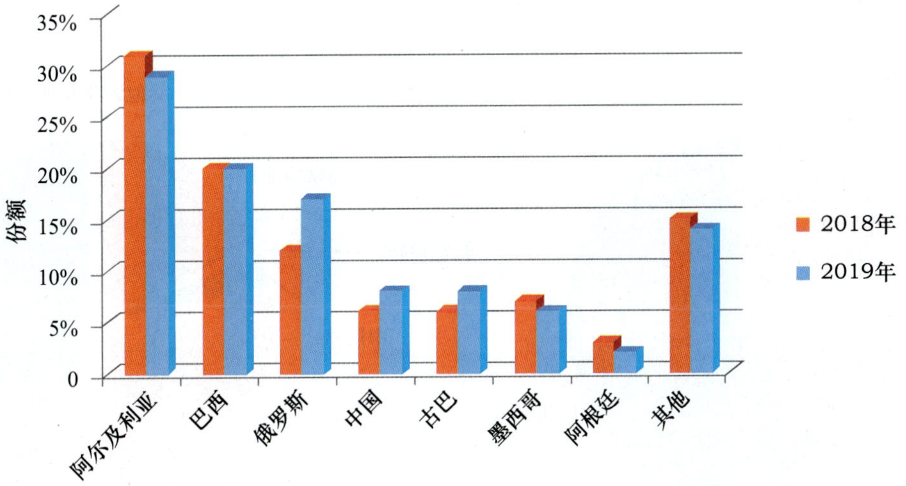

图 20 2018—2019 年乌拉圭乳制品出口目的国及所占份额

(数据来源：www. inale. org/tipo_de_informe/situacion-prespectivas/)

全脂奶粉出口目的地依次是阿尔及利亚、巴西、中国、古巴和俄罗斯等国，分别占出口总量的 43%、20%、11%、8%和 8%，与 2018 年相比，出口到阿尔及利亚的乳制品下降了 6%，而出口到中国的却增长了 3%(图 21)；尽管对中国出口总量还比较少，但是对中国出口增长得非常强劲，尤其在全球疫情大背景下，对中国的出口逆势强劲增长，这一方面归属与乌拉圭对海外新市场的不断拓展，更重要的是中国市场潜力巨大，经济韧劲和增长动力十足，对高品质全脂奶粉需求量巨大。

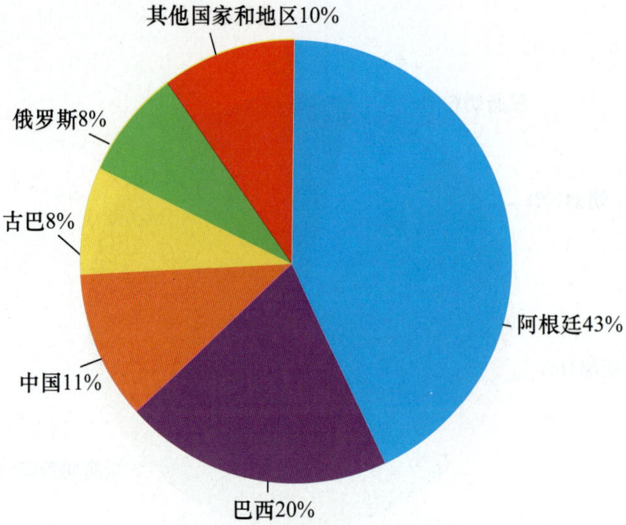

图 21　2019 年乌拉圭全脂奶粉出口主要目的国及所占份额

（数据来源：www.inale.org/tipo_de_informe/situacion-prespectivas/）

2019 年，乌拉圭脱脂奶粉主要销往巴西、阿尔及利亚、中国、新加坡、马来西亚等国，分别占总脱脂奶粉出口份额的 44%、34%、3%、1%、1%；销往巴西脱脂奶粉量尽管稳居首位，但是相比于 2018 年却下降了 16%（图 22）；同时，与 2018 年相比，脱脂奶粉出口目的国发生了明显的变化，阿尔及利亚和中国取代了墨西哥和俄罗斯位居第二和第三位。另外，出口到其他国家和地区的脱脂奶粉也在不断上升，这也表明乌拉圭积极开拓国外市场取得了一定的效果。

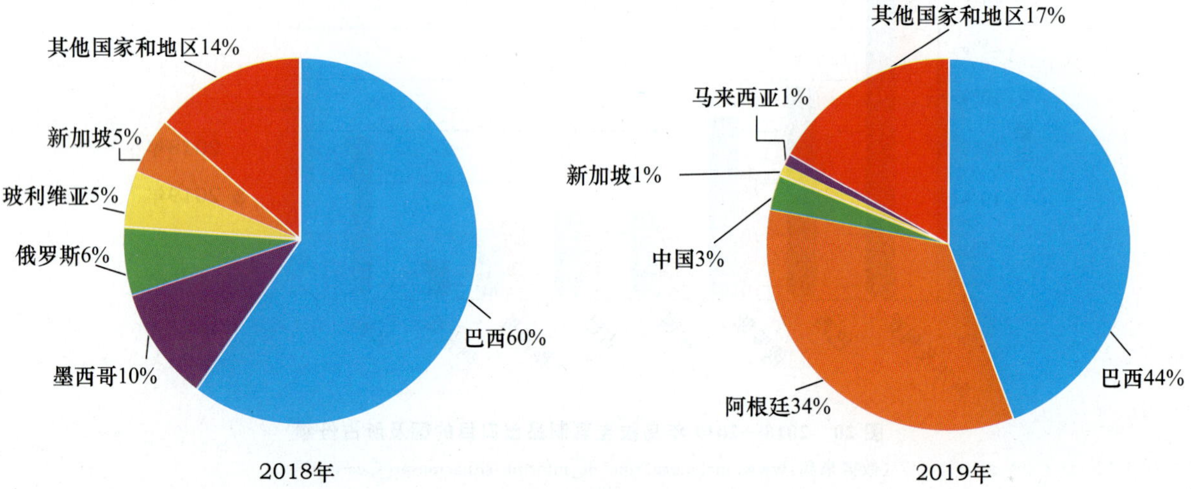

图 22　2018—2019 年乌拉圭脱脂奶粉出口目的国及所占份额

（数据来源：www.inale.org/tipo_de_informe/situacion-prespectivas/）

2019 年乌拉圭奶酪主要出口到墨西哥、巴西、俄罗斯、阿根廷等国家，与 2018 相比，出口目的地基本没有变化，但出口到俄罗斯增长了 10%，出口到阿根廷却下降了 3%；另外一个特点是对美国转向了对智利的出口，出口份额占到了 6%（图 23）。与 2018 相比，2019 年乌拉圭奶油出口目的国发生了很大变化，其一是原有进口奶油的国家数量减少，新拓展的市场数量有所减少，其二是俄罗斯进口量大幅度增加了 35%，占到奶油总出口份额的 85%（图 24）。

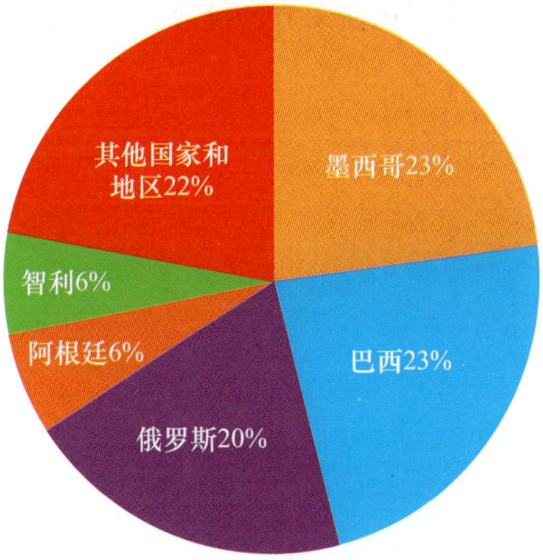

图 23 2019 年乌拉圭奶酪出口目的国及所占份额

（数据来源：www. inale. org/tipo_de_informe/situacion-prespectivas/）

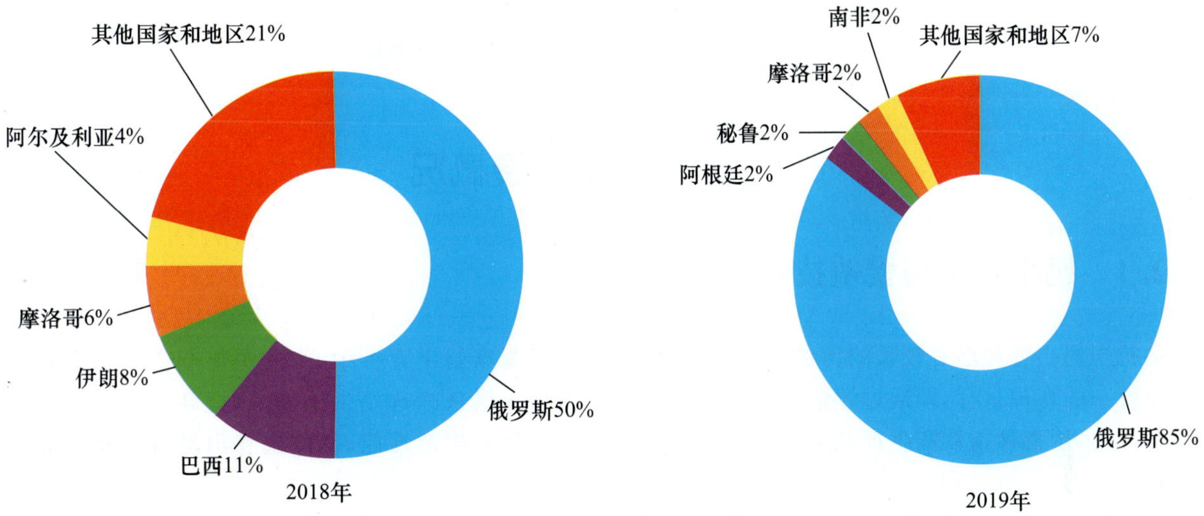

图 24 2018—2019 年乌拉圭奶油出口目的国及所占份额

（数据来源：www. inale. org/tipo_de_informe/situacion-prespectivas/）

1.4.4 乌拉圭乳制品贸易额

乌拉圭乳制品出口贸易总额增长与出口量的增长基本一致（图 25），说明乳制品价格基本稳定。在 1991—2011 年间，乳制品出口贸易额平均每年以 12.7％的速度递增，特别是在 2002—2011 年间，年均增幅达到 19.5％，到 2013 年贸易额达到 8.1 亿美元，此后迅速回落到 5 亿美元。原因有 4 个方面：其一，乌拉圭在海外乳品市场的竞争对手越来越多，而且竞争越来越激烈，尤其是新西兰、欧盟和澳大利亚，拉低了乳品出口价格；其二，由于巴西在拉美经贸协议中降低或取消了对来自拉美以外国家乳品进入巴西市场的关税，因此乳品竞争对手占据了巴西乳品进口市场份额，直接影响乳品出口价格；其三，乌拉圭国内也存在一些不稳定因素，2019 年尽管乳产品产量依旧上升，但加工效率却止步不前，另外 Ecolat 集团关闭了在乌拉圭的部分业务，这些都导致了而牛奶生产量与加工量不相符；其四，委内瑞拉曾经是乌拉圭重要的乳品进口国之一，然而由于委内瑞拉国内经济持续下滑，支付乌拉圭乳品货款严重滞后，甚至出现违约现象，同时与委内瑞拉乳品进口贸易额出现了熔断。此外，2019 年新冠疫情给全球经济带来了巨大影响，也给全球乳业发展和贸易带来了诸多不确定的因素，出现了国家乳品进口数量和价格的双重下降，再加上美元汇率的下浮，这些因素都给乌拉圭乳品贸易持续发展带来了前所未有的挑战。

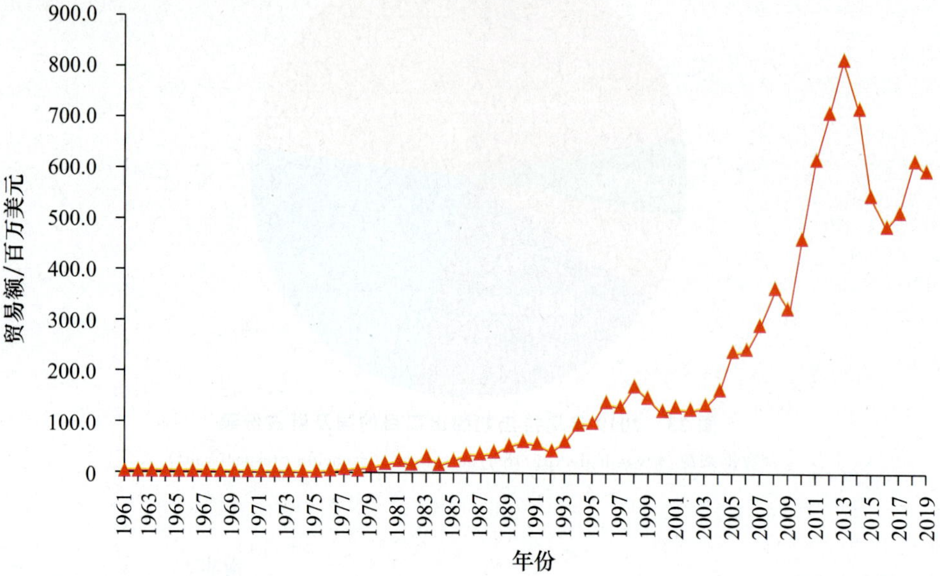

图 25　1961—2019 年乌拉圭乳制品出口贸易额

2　奶业科技进展概况

2.1　奶牛育种与繁殖技术进展

乌拉圭奶牛育种已有较长的历史，在较早时期就成立了国家奶牛育种中心，其主要职责是制定和执行乌拉圭统一的育种目标，即通过评估主要经济性状的经济加权值来筛选奶牛个体，以提高乳脂和乳蛋白含量。另外，采用育种指数和生产利用指数衡量奶牛的繁殖性能和生产性能，从而选育出经济性状更加优秀的奶牛。

人工授精技术在奶牛繁育中的广泛使用，使种公牛培育在牛群改良中的作用显得尤其重要。研究表明，95%以上的遗传进展都是直接或间接地从种公牛的选育和使用上获得，所以乌拉圭非常重视对种公牛的选育，制定了一套严格的选育方案。国家育种中心每年后裔测定几百头种公牛，根据育种目标的需求，在世界范围内选择最优秀的公牛作为下一代种公牛的父本，母本主要来自本土。繁育中心的数据库有母牛的详细生产记录，在所有母牛中选择几百头作为下一代种公牛的母本。初步选出的母牛必须通过育种专家严格审查和体型外貌鉴定，才能最后作为母本使用。另外，2019 年乌拉圭在奶牛育种上运用了新的生物技术，尤其是采用了组学技术，综合奶牛繁殖性状、奶牛长寿性、甲烷排放等因素开展奶牛选育工作，预计在未来将会取得不错的成效。

大量、完整而且准确的生产性能测定(DHI)是奶牛育种的基础。乌拉圭有全国统一的生产性能测定标准，对整个过程，包括仪器的精密度、奶样采集和分析方法以及数据的结构和收集，都做了详细的规定。绝大部分泌乳牛都参加 DHI 测定，在泌乳期间测定 3～4 次，测定间隔约 2 个月，测定指标包括 24 h 产奶量、乳脂率、乳蛋白率和体细胞数，通过 DHI 测定合理淘汰母牛，提高了牛群的遗传品质。另外，牧场统一使用现代化信息管理软件和 RFID 技术相结合，实现了各牧场生产数据采集、整理、分析、预警报告的智慧管理。从牛群实时监控、TMR 日粮配送，到奶牛活动、繁殖育种、奶产量测量、疾病监控，都在系统控制之内。

应用繁殖技术可以提高奶牛生产经济效益和优质奶牛的选育效率。在 20 世纪 90 年代之前，乌拉圭奶牛繁殖主要采用自然交配的方式。2000 年后，规模较大的奶牛场开始用从美国和加拿大进口的冷冻精液进行人工授精。此后，人工授精的比例逐年提高。目前，所有奶牛场都采用本国或进口的鲜精或冷冻精液进行人工授精。同情发情-人工授精技术的应用可以很好地控制产犊时间，配种一般集中在夏季，这样可以有效地保证产犊集中在牧草生长旺盛的春夏之间，有效地提高了犊牛的成活率。另外，2018年后，一些胚胎生物高新技术得到了一定程度的应用，通过基因芯片筛选出优良母畜后，联合运用活体采卵-体外卵母细胞成熟-体外受精-胚胎移植技术和人工授精技术进行良种扩繁，大大提高了优秀个体的繁育效率。同时，利用胚胎克隆、性别控制及基因编辑技术在创新奶牛新品种的运用中进行了大胆尝试，以期在奶牛抗病育种及提高生产性能和繁殖性能方面有所突破。

2.2 奶牛饲料与饲养技术进展

在1980年前，乌拉圭奶牛饲养主要靠放牧，奶牛所需所有营养物质来源于牧草，由于草场面积较大、质量较好，放牧密度较小，基本上能够满足奶牛所需的营养，但奶牛平均单产不高，乳蛋白率和乳脂率相对较低，加上草场的季节轮换，使产奶量和乳品质问题更加突出。因此，在这时期，乌拉圭奶业在国际上的竞争力不强。

近些年，乌拉圭奶业形势发生了显著变化：一是奶牛养殖数量逐步上升；二是饲养规模扩大，500 hm^2 以上的牧场在2019年达到341个；三是市场对乳品质的要求提高；四是新西兰牧场资本及饲养管理模式的引入。由于形势变化，迫使农场主在研究机构的协助下改进饲养模式和改良草场，将以前集中放牧的模式转变为轮牧。此外，积极改良草场，种植产量和品质更高的黑麦草和三叶草，并在人工草地上施以少量化肥。在禾本科草场上混播豆科牧草，既满足牧草对氮肥的需求，又满足奶牛的营养需求。为了稳定整个泌乳期的乳品质，目前的做法是在牧草不茂盛的草场和季节补喂青贮，以补充营养。截至2019年，改良草场的面积占到总草场面积的18.4%。为了进一步提高单产水平和奶品质，一些跨国公司牧场开始大规模使用新鲜青贮进行补饲，而一些更大规模牧场开始采用TMR进行饲喂。因此，在奶牛饲养量上升的同时，提高了奶牛单产和奶品质，进而增强了该国乳品在国际市场的竞争力。

2.3 奶牛疫病控制技术进展

乌拉圭由于奶牛饲养规模和牛群流动较小，所以一些人畜共患的疾病很少流行和暴发。针对口蹄疫、布鲁氏菌病、疯牛病等人畜共患病，乌拉圭农业与渔业部制定了强制监测和控制计划，结合法律手段有效控制这些疫病的传播。2001年前，乌拉圭被OIE确定为无疯牛病和口蹄疫的国家。然而，2018年后，随着养殖规模和数量的不断扩大，以及环境气候等诸多原因，有些传染病像布鲁氏菌病、结核病和口蹄疫等疫病重新抬头。2016年至今，乌拉圭相关部门农业与渔业部制定了控制和消除布鲁氏菌病和结核病计划，主要措施是：一方面提高此类疾病的检出率和淘汰率，在重点地区实施疫苗免疫计划；另一方面严格限制活畜流动，特别是加强对活畜运输到无此类疾病地区的管制。

口蹄疫在某些地区依然流行，但问题并不严重。为了解决口蹄疫流行的问题，乌拉圭政府相关部门积极采取措施，目前的做法是开发针对各种类型口蹄疫的快速检测试剂盒，并用口蹄疫基因单价或多价疫苗对奶牛进行定期免疫接种、定时检测跟踪疫情的变化。同时，2019年，政府相关部门正在开展考虑除了高水平免疫和易感动物移动控制外，应基于风险分析的区域控制，以非国家为单位实施统一防控策略，在边境等低风险区实施疫苗免疫策略，以彻底根除口蹄疫。同时，除了这些常见疾病外，近些年也有IBR和BVDV及牛冠状病毒的报道，在一些受检的奶牛场中，冠状病毒检出阳性率高达7.7%；这些疾病是导致犊牛死亡的重要因素之一。对于这些新出现的传染性疾病，乌拉圭农业与渔业部门联合相关科研机构积极研发快速检测试剂盒，检测疾病传播和暴发情况；另外，针对性研发相关疫苗，以减少对奶业发展造成的损失。

除了流行性传染病外，直接对奶牛养殖造成严重危害的疾病是隐性乳房炎和蹄病。乌拉圭属于亚热带海洋性气候，全年气候湿润，降雨量充沛，加上奶牛养殖规模增大，环境卫生状况不佳，导致这些疾病的发生。2002 年，该国南部地区隐性乳房炎发病率在 30%以上，使产奶量下降 70%，迫使乌拉圭不得不重视奶牛隐性乳房炎的检测和防治：即用加州乳房炎检测法(CMT)检测和 DHI 报告及时掌握乳房炎发病动态，一旦检测呈阳性，则将阳性牛分群饲养、隔离治疗，并用细菌分离检测试剂盒判定感染的优势菌种类，针对病原菌制定相应的治疗方案；另外，加强对牛场的环境卫生、特别是整个挤奶环节的彻底消毒，以杜绝乳房炎的进一步传播。由于人们对抗菌药物治疗乳房炎所产生耐药性的担忧，治疗乳房炎的方法日趋多样化，如用疫苗、益生菌、免疫调节剂及植物来源抑菌物质等。蹄病是直接威胁乌拉圭奶牛养殖的另一种疾病，既严重威胁奶牛健康，又影响奶的产量。为了防治蹄病，主要采取一系列措施促进奶牛蹄部的保健。例如，轮换放牧区，将泌乳牛轮换至距挤奶厅较近的区域，以减少奶牛的运动和蹄病的发生；定期修蹄，在挤奶厅旁建药浴池等。此外，兽医服务部门会定期开展修蹄工作，并对患有严重蹄病的奶牛及时治疗，从而显著降低了蹄病的发生率。

2.4 奶牛场粪污处理与环境保护技术进展

乌拉圭在 1980 年前，奶牛养殖业对环境没有造成明显的影响，这主要源于奶牛存栏量不大，单位面积草场的养殖密度较低(4 头/hm^2)，奶牛排出的粪尿能够被土壤和牧草直接吸收，不会造成对土壤和地下水的污染。此外，由于养殖密度较小，所释放的甲烷对周围环境影响较轻。然而，随着奶牛存栏量和草场放牧密度的增大，奶牛养殖对环境造成的影响在一些高密度养殖地区逐渐显现出来，主要表现为草场退化，奶牛排出的粪尿造成土壤中碳流失，土壤 pH 超标，环境中温室气体富集，大量不能被土壤和牧草直接吸收利用的粪尿进入地表、污染地下水资源、造成水资源的富氧化。针对这些问题，2018 年后，乌拉圭政府采取了相应措施，严格控制养殖密度，对一些大型牧场用法律手段督促对粪污集中处理干湿分离后堆肥发酵熟化，或者采用有益菌菌种接种降低粪污中有害菌的数量，最后形成有机肥还田。2019 年后，政府相关部门尝试了改善饲料添加剂、营养调控结合生物技术选育的方法来降低奶牛消化系统的甲烷排放量。针对牧场土壤碳流失的现象，开发牧场土壤碳、磷元素监测系统，并使用有效的固碳技术减少土壤中出现的严重侵蚀现象。

3 原料奶质量控制与计价体系

3.1 提高原料奶质量的主要技术措施

乌拉圭农业部门已经认识到，要想在竞争激烈的乳品国际市场占有一席之地就必须不断提高原料奶的质量。首先，政府加大了发展奶牛养殖业的投资力度，由政府出资培训农场主，传授先进的奶牛场经营理念和管理技术，从而进一步降低生产成本，提高生产效率和效益；政府部门已经认识到须运用生物高新技术加大高品质奶牛的选育，获得产奶量、乳蛋白、乳脂含量更高的种群，从而从根本上提高原料奶的品质。

其次，由国家农业推广中心和区域推广服务中心组成的农业技术推广服务中心全面及时地服务于各个牧场，给农场主们提供各种技术支持和指导，及时解决所面临的实际问题，帮助农场主进行土壤元素监测、牧草质量检测、乳品质和奶牛健康监测的工作。在 2019 后，政府相关部门及产业服务部门通过大力实施物联网技术和智慧农业技术及时掌握动态信息，精准服务农场主，改善草场质量，提高奶牛健康养殖水平以维持整个泌乳期内奶品质和产量的恒定。

另外，政府通过制定更高的原料奶质量国家标准，不断提高鲜奶的检测技术水平，并形成独立的第三方检测机制，进一步保证原料奶的品质；建立原料奶生产—运输—贮存—加工—销售的可追溯体系，从源头上有效地保障和提升原料奶的质量。

3.2 监控原料奶质量的主要方法及惩罚措施

实行从原料奶收购源头到运输、最后到乳制品加工公司的全程监管，在运奶车上装备自动取样装置，从牧场贮奶罐向运奶车输送原料奶的过程中自动完成取样，用公司开发的 Madcap 软件管理乳样检测数据：每个奶样的样品管上都贴有条形码，检测乳蛋白、乳脂、体细胞数，同时使用一些先进的检测方法和试剂盒对乳中细菌数及抗生素残留进行更为精确和严格的监控。每个牧场每隔 4 d 抽样一次，测定抗生素残留量，若为阳性，则需每天检测，并依据乳汁中体细胞数和细菌数将鲜奶分为 A、B 和 C 三个等级，分别代表优良、合格和拒收三类。凡在样品检验中发现不符合质量标准要求的给予扣款或罚款处理，从所付奶款中扣除。对于持续不能达到质量控制标准要求的，给予额外罚款处理，直至质量达到标准。如果奶农在某些方面有严重的不足，处罚手段则是罚款、降低牛奶收购价格甚至拒收牛奶。

3.3 原料奶计价体系

在早期，原料奶收购价由乳品加工商以“质”论价，主要参考 3 个指标，一是乳成分指标，其中最重要的是乳脂肪和乳蛋白含量；二是卫生指标，主要是细菌总数和杂质度；三是感官指标，主要是乳的状态、颜色和异味。加工商参照以上三类指标将原料乳分级之后定价，分级收购。

为了促进本国奶牛养殖业的发展，保护奶农利益，原料奶收购价逐渐由政府决定。政府制定原料奶收购基准价，同时参考乳品加工企业付给奶农的价格综合评估原料奶价格。而“配额乳”完全由政府制定固定的收购价格。但自 2008 年以来，“配额乳”不再由政府部门定价，而由国际市场决定。因为乌拉圭是乳制品出口大国，特别是在近几年，虽然乳产量只占世界总量的 0.3%，但是出口份额却占到世界总量的 2%，即该国所生产的乳产品中 60%用于出口。因此，原料奶收购价格紧随国际市场价格，而作为主要的出口商——合作社，根据国际市场的产品价格确定原料奶收购价格。

4 科技推广体系

4.1 主要研究与推广机构

(1)国家奶业研究所，简称 INALE(西班牙文缩写)，成立于 2007 年，旨在组织和发展原料乳生产、乳品加工及销售整个产业链，是非国有公共实体，由乳制品生产和加工企业、事业单位和个体经营者自愿组成的非营利性机构。它可以就乳制品政策向政府提供建议，阐明并促进乳制品连锁店与代理商之间的关系，并与相关公共和私人机构协调行动；通过相应机构研究和计划发展奶业生产，以促进乳品产业链整体有序、良性发展。

(2)乌拉圭国立农业研究院，简称 INIA(西班牙文缩写)，创建于 1990 年，是农业信息和技术交流的平台，主要职责是对国家和农业部门的可持续发展提供建议和技术，同时研究国家政策、社会包容、市场和消费者需求，促进乌拉圭科技部门的创新，以提高农业企业的国际竞争力。

(3)乌拉圭畜牧渔业部动物保健局，简称 MGAP(西班牙文缩写)，负责制定和执行卫生政策，开展兽医服务包括奶牛群体健康和疫病检验检疫与防治，同时关注饲料安全、动物福利；并向牛场主提供改善奶牛健康状况和提高生产效率的建议；提供农业信息，管理全国土地变更和登记。

(4)乌拉圭技术实验室，简称 LATU(西班牙文缩写)，创建于 1965 年，属于民间组织，最初命名为“分析与检测实验室”，1975 年 8 月更改为现名。该室的主要职责是促进国家经济的可持续发展，通过创新和转让与分析、计量、管理有关的技术，缩小与国际间的差距。

(5)乌拉圭乳品行业商会，简称 CILU(西班牙文缩写)，属于民间组织，由乳品生产企业联合组成，是泛美乳业联合会的成员。商会的主要职责，是协调乳品生产者和供应者之间关系，促进乳品加工企业之间的信息交流与良性发展，提升国际竞争力，同时出台一些政策，以保护国内小型乳品加工企业的利益。

(6)种牛基因及胚胎中心(REPRO GEN)，是乌拉圭唯一通过国家认证的胚胎繁育机构，并取得了胚胎出口资格。该机构拥有海福特、安格斯肉用种公牛和荷斯坦奶用公牛 25 头。该机构主要开展优秀奶牛的选育，进行种公牛后裔测定，筛选出全国前 20 名的种公牛，同时开展精液冷冻保存、性控精液生产、体外受精、活体采卵及胚胎移植工作，为乌拉圭牧场主提供人工授精技术服务和优质胚胎移植服务。同时，该机构研究人员对性别控制、活体采卵、胚胎冷冻保存等技术研究较为深入，并且技术较为成熟。

4.2 运作模式

乌拉圭在促进农业发展、提高农产品国际市场竞争力方面制定了一系列详细的法律、法规和行业政策，形成了一套比较完善的法律、法规和制度体系。农业生产、销售以及科研、开发等各项活动均有章可循，依靠各种法律制度来约束和规范各类社会活动，而政府的作用就是积极推动制定各类法律规定并努力帮助这些法律、法规的实施。乌拉圭的农业技术推广体系，充分发挥了社会力量对农业技术推广的投入，基本上形成以政府、农业行业组织、农业企业共同投资的技术推广体系。农业科技的推广实行项目制，每一项科技的推广，都要明确项目主体、项目资金；农业科技推广的渠道和形式多样，其中包括政府举办的大型农业展览会以及农业协会或俱乐部组织的交流推广活动；农业科技推广的主体广泛，其中农业行业组织在农业科技创新体系中发挥了重要作用，既是经费投资者、技术提供者，又是技术推广者。通过政府的大力支持和法律、法规的保护，科研机构、各种行业组织和农业科技推广部门通力合作，相互协调沟通，共同促进奶业的快速发展，提高了生产率，提升了农产品的质量，使奶牛养殖与加工企业的国际竞争力和产品知名度不断上升。

5 促进奶业发展的主要政策

5.1 促进奶业生产的政策

2019 年后，尽管公共卫生疫情对其他国家奶牛养殖形成了一定的冲击，养殖成本上升，经济效益下滑，而对乌拉圭几乎无明显影响。乌拉圭奶牛养殖不需要投入较高的饲养和劳动力成本，放牧是主要的饲养方式。因此，低成本是乌拉圭奶牛养殖最显著的特色。同时，政府鼓励并补贴那些购买大型机械设备的牧场，以提高劳动效率。另外，政府采取积极的贸易政策，促进绝大多数奶产品出口，从而使农场主获得更大效益，间接促进了奶牛养殖的快速发展。不仅如此，政府还不断增加价格低廉的土地用于奶牛养殖，进而直接刺激奶牛养殖的快速发展。

在奶牛繁育和科技服务方面，政府给予专项资金扶持良种繁育和推广，优化奶牛群体结构，提高奶品质和单产水平。优化养殖模式，对草场改良给予技术支持和资金补贴；积极扶持奶农合作社、奶牛协会等农民专业合作组织的发展，使其在维护奶农利益、协商原料奶收购价格、提供技术服务等方面充分发挥作用。政府加强对原料奶收购价格的指导，防止奶价过低损害奶农利益。鼓励乳品加工企业通过订单收购、建立风险基金、返还利润、参股入股等多种形式，与奶农结成稳定的产销关系和紧密的利益联结机制，更好地发挥企业的龙头带动作用。另外实施干预性收购和私人储备援助计划，稳定乳品市场，对奶农按生产配额直接支付补贴，以支持奶牛养殖。

此外，在 2002 年和 2007 年乌拉圭政府连续两次发行支持奶业可持续发展的金融基金，为奶业发展提供了强大的资金保障；同时，修订相关基金，2019 年重新修订了 FLOGALE 基金，重新剖析生产者的短期债务，降低中长期利率，以便有效继续保障中小微企业的权利和利益，促进这些企业良性发展。另外，在 2008

年后，政府采取了一些间接干预方法，比如通过制定奶牛场的卫生标准、颁发奶牛场资质证书、建造一些从养殖场到加工厂的公路以及对进口机器和设备关税的减免等措施，促进奶业的健康发展；同时，政府适度引入跨国公司，参与乌拉圭奶业的发展，不仅给乌拉圭奶业带来雄厚的资金支持，还引入了世界先进的牧场管理和乳品加工经验及技术，从而有力地带动了本国企业的发展，促进了整个奶业的发展。

5.2 促进奶业贸易的政策

制定奶业贸易相关制度，提高进口乳制品的关税，提高入关乳制品的检验检疫标准，利用进口关税配额和出口补贴等贸易政策平衡乳制品进出口，保护了本国奶农的利益。另外，效仿欧盟，给出口乳制品实行价格补贴制度，从而促进本国奶业的良性发展。在政府的监督下，行业协会各尽其职，协调奶牛养殖、乳品加工、销售环节；科研机构积极提供各种先进的技术支持和服务，从而提高了本国乳制品在国际市场中的竞争力。为应对欧、美贸易保护主义措施，乌拉圭调整其自由贸易区谈判对策，加快与印度、中国、西亚等国家和地区乳制品潜在市场谈判进程，与欧、美争夺乳品出口市场。2019 年，作为南美共同体市场成员与欧盟达成了协议，在市场准入方面，乌拉圭在欧盟得到了市场准入配额，极大地促进了本国乳制品对欧盟出口量的进一步提高，刺激本国乳业持续发展。

5.3 促进奶业消费的政策

在促进乳及乳制品消费方面，乌拉圭制定了许多有效的政策。例如，对于老人和学生提供政府补贴的奶及乳制品。政府加大对乳制品研发机构和公司的资金支持力度，确保能够开发出种类更多、品质更好尤其能满足年轻人需要的乳制品。政府还通过扩大宣传来引导消费结构的改变，以提高人们生活质量。为了刺激消费，政府鼓励和支持乳及乳制品直销，在城镇或村镇都建有乳制品直销店，经营各种新鲜的乳及乳制品，尽可能方便人们的消费。乳品行业协会坚持不懈地通过形式多样的活动，影响和引导居民对乳品的消费行为，借助于各种促销活动将乳品所含营养成分以及对人体的作用广为宣传。这些活动对乌拉圭居民的乳品消费行为产生着潜移默化的影响。2019 年后由于公共卫生疫情的暴发，奶产业以外行业均不同程度受到影响，然而奶制品出口逆势增长，乌拉圭也同其他国家一样对食用乳制品在疾病预防中的作用进行了积极而广泛的宣传，这也在一定程度上促进了国内乳制品的消费量。

6 值得借鉴的主要经验

6.1 经营模式方面的经验

牧场主与乳品加工企业的股份合作生产模式，构成合理的产业利益链分配格局，为乌拉圭奶业的健康发展奠定了基础。这种“合作社”模式是一种互惠互利、共同壮大和发展的产业链。在这种体系中，各方明确承担了体系中的责任、义务与权利。对于上游奶农来说，既有效地解决了原料奶的销售问题，保护了奶农的利益，又通过各种奶业组织获得先进的牧场经营管理经验，获得能够促进原料奶生产良性发展和提高奶品质的技术和服务。而对于下游乳品加工企业来说，可获得更多、品质更好的原料奶，为乳品企业做大做强解决了后顾之忧，并使企业能够专注于新产品的研发和销售，从而增强了乳品企业在国际市场的竞争力。目前，我国奶牛养殖、管理水平及奶牛品种质量参差不齐，“合作社”模式推广难度较大，但可以考虑在经济相对发达、奶牛饲养规模较大的地区推广这种模式。

其次，由于乌拉圭的奶业主要以“合作社”的模式进行经营，所以乳制品市场较为规范，没有一些无序的、不正当竞争现象的出现，既保证了奶农的利益，又保证了乳品加工企业的利益，使整个产业链能够良性、健康发展。目前我国正处于市场经济的培育发展期，规范的市场竞争秩序还未彻底形成，所以还存在一些无序的从原料奶收购到乳产品销售的不正当竞争，造成奶业市场混乱，消费者对乳制品失去信心，最终损害整个行业的发展。这种情况需要政府行政部门牵头，各奶业组织参与制定相关的规章、条例并强制执行到位，加强行业自律和对乳品市场的进一步规范。

再次，乌拉圭健全的奶业发展社会化服务体系，免除了奶农的后顾之忧；强大的科技推广体系能够彻底解决农场主所遇到的所有问题，所有奶牛场没有专职管理人员和后勤服务人员，奶牛场只有饲喂和挤奶两项主要工作。而我国奶业生产经营的社会化服务体系虽已建立起来但不健全，缺乏有效的技术指导和兽医服务，既不利于技术推广，又是不正当竞争的根源。因此，应不断完善为原料奶生产服务的社会化服务体系，大力开展农业科技推广服务工作，进一步健全和完善良种繁育、疫病防控、饲草生产的技术推广服务工作，将奶农从繁重的工作中解脱出来，能够专注养牛，从而推动整个产业的可持续发展。

6.2 科技创新方面的经验

近几年，乌拉圭奶业能够持续快速发展，除了“低成本”之外，就是科技的创新。积极探索和研究奶牛繁育新技术、新方法（如奶牛的全基因组选育）；在奶牛良种扩繁中不断提高和完善超数排一胚胎移植技术，继续扩大种公牛联合后裔测定和遗传评估工作及奶牛良种登记与DHI测定范围，从而获得具有优秀性状的种公牛；进一步提高冷冻精液及胚胎的质量，开展XY精子分离与性别控制关键技术研究；同时乌拉圭政府集中科研力量联合攻关一些奶牛传染病（口蹄疫、结核病、布鲁氏菌病）的快速检测诊断、新型疫苗研发以及开展常见疾病如蹄病和乳房炎的综合防治工作。我国目前奶牛繁育技术相对落后，一些奶牛Ⅱ类传染病在某些地区时有发生，蹄病、子宫内膜炎、乳房炎仍然是困扰奶牛健康养殖的主要疾病。因此，除了从奶业发达国家引进优秀品种外，更应加强我国奶牛繁育工作，从根本上解决奶牛品种质量低下的问题；应集中科研力量去攻关一些目前在我国仍然存在的传染病；采取新的诊断手段和综合防治技术，控制和减少蹄病、子宫内膜炎和乳房炎对我国奶牛养殖业造成的危害。

乌拉圭乳品加工企业应用了一些高新技术监控和检测原料奶，确保原料奶的品质。在政府和科研院所的支持下，乳品企业不断研发出更多的新型乳制品，以满足国内不同人群和国际消费市场的需要，不断提升本国乳品企业的知名度和国际竞争力。目前，我国对原料奶的监管还存在缺陷，所以出现了“三聚氰胺”一类的乳品质量安全事件。这些事件的发生给正在发展的奶业带来非常沉重的打击；与乌拉圭跨国乳品企业相比，我国的乳产品主要集中在中低端（含乳饮料、超高温灭菌乳、调味乳等），既缺乏国际市场竞争力，又影响国内市场的开发，进而阻碍企业的可持续发展。因此，我们必须在政府的支持和指导下，食品研发机构联合乳产品加工企业研发可出口的乳产品，使乳产品尽可能国际化，从而满足不同消费群体和消费层次的人群，并大力宣传优质产品，培养民众正确的消费理念。

6.3 产业政策方面的经验

（1）提高鲜奶收购价格，形成合理定价机制；加大对奶业生产补贴力度，实施政府干预价格及保护价格，切实和提高乳品生产能力和市场竞争力，同时应该增加用于奶牛养殖的土地供应量，在地价上给予适当补贴。

（2）建立乳制品进口监测与预警保护机制，加强农产品贸易救助，对贸易给我国乳制品企业和其他农业产业带来的影响进行跟踪预警。

（3）规范生产和经营主体，发展规模化养殖（必须有一定规模，但不是规模愈大愈好），发展质量效益型现代奶业；建立奶农及奶企业合作社，建立奶农利益长效保障机制，帮助乳品企业做大做强。同时，加大利益联结机制，企业—合作社—奶农一体化。

（4）制定和实施可调节的贸易政策，促进奶业健康可持续发展。结合我国国情，健全乳品质量标准管理体系，加快奶产业链组织管理，密切原料生产者与加工企业的利益联系。

(5)制定相应政策，改善乳制品生产结构，扩大巴氏杀菌奶生产与消费比例，倡导和宣传乳制品消费的健康理念，继续加大“学生奶”推广力度，试点推出“老年人饮用奶”计划，从而引导全民消费奶及乳制品，最终使奶业走上可持续性发展道路。

(6)制定灵活信贷政策，设立有利于乳业良性发展的基金，为乳业发展提供充足的资金保障。

参考资料

[1]世界粮农组织 http://faostat.fao.org/
[2]国际乳业联盟 www.fil-idf.org/
[3]经济合作与发展组织 http://stats.oecd.org/
[4]乌拉圭奶业研究所 http://www.inale.org/
[5]乌拉圭投资与贸易促进局 www.uruguayxxi.gub.uy
[6]乌拉圭农业与渔业部 www.mgap.gub.uy
[7]乌拉圭农业统计年鉴 2020 www.gub.uy/ministerio-ganaderia-agricultura-pesca/diea
[8]乌拉圭乳业统计分析 www.inale.org/tipo_de_informe/

[撰稿：宁夏大学　淡新刚；华中农业大学　杨利国]

附　表

附表 1　1961—2019 年乌拉圭奶牛头数、总产奶量和单产水平

年份	奶牛头数/头	总产奶量/t	平均单产/(kg/头)
1961	552 000	773 250	1 400.8
1962	546 000	765 002	1 401.1
1963	553 000	781 498	1 413.2
1964	526 000	762 940	1 450.5
1965	556 000	736 134	1 323.9
1966	470 000	742 320	1 579.4
1967	390 000	618 600	1 586.2
1968	440 000	680 460	1 546.5
1969	490 000	762 115	1 555.3
1970	490 000	762 940	1 557.0
1971	450 000	706 235	1 569.4
1972	470 000	726 855	1 546.5
1973	435 000	675 305	1 552.4
1974	470 000	711 400	1 513.6
1975	438 000	745 413	1 701.8
1976	423 000	765 000	1 808.5
1977	461 000	730 000	1 583.5
1978	450 000	752 630	1 672.5
1979	480 000	783 560	1 632.4
1980	594 000	819 645	1 378.8

续附表 1

年份	奶牛头数/头	总产奶量/t	平均单产/(kg/头)
1981	632 000	829 955	1 313.2
1982	650 000	843 358	1 297.5
1983	632 000	866 040	1 370.3
1984	592 000	861 916	1 455.9
1985	603 000	921 714	1 528.5
1986	639 000	928 931	1 453.7
1987	650 000	987 700	1 519.5
1988	611 000	959 861	1 570.9
1989	625 000	981 530	1 570.4
1990	627 000	965 944	1 540.5
1991	630 000	992 028	1 574.6
1992	625 000	1 073 170	1 717.1
1993	671 947	1 114 610	1 658.8
1994	680 000	1 190 290	1 750.4
1995	720 000	1 254 420	1 742.2
1996	752 000	1 302 050	1 731.4
1997	783 000	1 339 680	1 710.9
1998	860 000	1 467 630	1 706.5
1999	840 000	1 479 380	1 761.2
2000	700 000	1 421 750	2 031.1
2001	720 000	1 505 600	2 091.1
2002	710 000	1 475 000	2 077.5
2003	721 000	1 507 000	2 090.2
2004	715 000	1 494 000	2 089.5
2005	780 000	1 619 000	2 075.6
2006	795 990	1 620 000	2 035.2
2007	743 000	1 795 400	2 416.4
2008	744 000	1 701 300	2 286.7
2009	710 000	1 871 600	2 636.1
2010	764 000	1 820 746	2 383.2
2011	793 000	2 057 000	2 674.4
2012	755 000	2 244 480	2 972.8
2013	782 000	2 238 000	2 861.9
2014	772 000	2 231 000	2 889.9
2015	783 000	2 182 000	2 786.7
2016	767 000	2 026 000	2 641.5
2017	767 000	2 049 000	2 671.4
2018	766 000	2 173 000	2 836.8
2019	759 000	2 233 000	2 942.0

数据来源：www. fao. org/faostat/en/＃data/QL。

附表 2　1961—2019 年乌拉圭主要乳制品产量

t

年份	液态奶	奶油	奶酪(所有种类)	炼乳	全脂奶粉	脱脂奶粉
1961	773 250	7 257	7 257	—	—	—
1962	765 002	7 257	9 000	—	—	—
1963	781 498	7 257	9 071	—	—	—

续附表 2

t

年份	液态奶	奶油	奶酪(所有种类)	炼乳	全脂奶粉	脱脂奶粉
1964	762 940	7 257	9 430	—	—	—
1965	736 134	5 897	9 500	—	—	—
1966	742 320	5 930	10 000	—	—	—
1967	618 600	6 000	10 500	—	—	—
1968	680 460	4 500	6 100	—	—	—
1969	762 115	6 450	8 500	—	—	—
1970	762 940	6 570	8 550	—	—	—
1971	706 235	6 800	8 200	—	—	—
1972	726 855	6 500	7 800	—	—	—
1973	675 305	6 000	7 200	—	—	—
1974	711 400	6 200	7 800	—	—	—
1975	745 413	6 300	8 200	—	—	—
1976	760 000	6 400	8 200	—	—	—
1977	730 000	6 400	8 200	—	—	—
1978	752 630	6 400	8 200	—	—	1 500
1979	783 560	5 538	10 941	—	—	840
1980	819 645	7 776	11 527	—	—	2 770
1981	829 955	7 908	12 796	—	—	3 420
1982	843 358	9 217	12 329	—	—	3 090
1983	866 040	17 755	10 393	—	—	4 515
1984	861 916	10 300	10 917	—	—	4 238
1985	921 741	11 535	15 967	—	290	2 894
1986	928 931	11 848	16 756	—	20	3 842
1987	987 700	12 226	16 233	—	2 740	6 936
1988	959 861	12 929	16 366	—	455	10 930
1989	981 530	13 413	18 668	—	4 720	7 100
1990	965 944	16 568	16 480	—	5 300	7 960
1991	992 028	8 368	18 231	—	5 140	7 700
1992	1 073 170	8 519	17 109	—	5 070	7 600
1993	1 114 610	7 489	19 037	5 511	17 181	3 580
1994	1 190 290	10 134	22 630	0	7 865	11 800
1995	1 254 420	14 515	25 358	105.6	9 195	13 800
1996	1 302 050	12 092	24 661	627	8 610	12 920
1997	1 339 680	19 830	24 520	26.4	9 060	15 462
1998	1 467 630	16 442	24 170	1 402.5	15 788	17 535
1999	1 479 380	18 100	32 000	693	20 389	18 635
2000	1 421 750	15 600	40 279	66	18 530	12 353
2001	1 505 600	15 800	43 367	66	21 489	15 207
2002	1 475 000	18 100	39 090	66	29 123	8 358
2003	1 507 000	17 146	38 301	66	24 647	13 833
2004	1 494 000	16 520	45 420	66	29 850	12 443
2005	1 619 000	16 400	51 858	66	37 468	8 515
2006	1 620 000	19 000	52 686	66	36 187	17 587
2007	1 795 400	15 808	63 784	66	35 469	11 169
2008	1 701 300	18 000	69 537	66	44 111	19 412

续附表 2

t

年份	液态奶	奶油	奶酪(所有种类)	炼乳	全脂奶粉	脱脂奶粉
2009	1 871 600	23 878	67 355	132	56 555	10 536
2010	1 820 746	16 262	75 753	132	55 000	18 000
2011	2 057 000	25 389	83 067	149	52 000	28 000
2012	2 244 480	32 984	84 559	149	62 000	30 000
2013	2 238 000	30 984	82 200	149	75 000	35 000
2014	2 231 000	32 667	79 798	149	67 124	30 775
2015	2 182 000	28 310	78 646	—	111 962	13 394
2016	2 026 000	16 325	74 410	—	107 950	14 014
2017	2 049 000	17 150	71 686	—	119 130	13 841
2018	2 173 000	16 371	67 340	—	145 050	14 921
2019	2 233 000	19 060	66 318	—	135 480	19 907

数据来源：www. fao. org/fapstat/en/ # data/QP；www. inale. org/estadisticas/；www. gub. uy/ministerio-ganaderia-agricultura-pesca/datos-y-estadisticas/estadisticas? year=all&month=all&field_target_id=897&field_publico_target_id=All。

附表 3　1961—2019 年乌拉圭各种乳制品年消费总量

t

年份	鲜奶	奶酪	奶油
1961	440 362	7 227	6 647
1962	427 252	9 000	6 257
1963	440 623	9 071	5 345
1964	421 849	9 407	5 858
1965	432 514	9 492	5 274
1966	432 948	9 787	5 431
1967	330 510	10 457	5 534
1968	441 329	5 990	4 290
1969	449 624	8 239	5 528
1970	448 802	7 213	4 745
1971	398 023	7 997	5 000
1972	424 080	7 724	6 400
1973	394 524	7 042	5 128
1974	420 882	7 692	6 064
1975	446 231	7 576	5 500
1976	456 726	7 347	5 316
1977	431 676	7 250	3 138
1978	454 556	7 158	2 618
1979	492 699	8 827	2 744
1980	448 413	8 495	3 238
1981	442 277	8 698	3 536
1982	425 578	10 643	3 850
1983	381 454	7 680	3 840
1984	434 337	6 918	4 286
1985	411 667	13 092	4 533
1986	410 726	7 735	5 055
1987	452 650	10 228	3 678
1988	414 899	9 676	3 643
1989	404 972	10 396	3 801

续附表 3 t

年份	鲜奶	奶酪	奶油
1990	384 036	8 628	3 231
1991	438 688	9 482	2 249
1992	448 041	9 894	3 744
1993	381 365	9 822	5 298
1994	492 945	11 346	4 579
1995	450 473	14 317	3 637
1996	536 383	8 555	3 529
1997	490 924	14 200	2 883
1998	472 385	10 319	2 798
1999	537 703	14 329	2 717
2000	493 876	23 982	5 407
2001	545 988	26 240	3 865
2002	419 521	24 071	3 036
2003	470 910	21 675	4 281
2004	368 569	22 977	5 287
2005	385 516	20 689	3 680
2006	363 980	22 919	3 722
2007	399 561	35 441	3 599
2008	347 001	41 830	4 875
2009	425 404	37 478	4 562
2010	388 443	38 284	4 825
2011	409 813	43 235	4 598
2012	428 244	41 400	2 140
2013	392 643	42 132	3 800
2014	548 101	42 015	3 800
2015	557 200	54 717	3 800
2016	565 260	52 438	5 220
2017	646 450	55 618	5 160
2018	650 620	50 379	5 210
2019	655 010	51 848	5 240

数据来源：www. fao. org/faostat/en/＃data/CL；https：//stat. oecd. org；www. gub. uy/ministerio-ganaderia-agricultura-pesca/datos-y-estadisticas/estadisticas? year＝all&month＝all&field_target_id＝897&field_publico_target_id＝All；www. gub. uy/ministerio-ganaderia-agricultura-pesca/diea。

附表 4　1961—2019 年乌拉圭主要乳制品进出口贸易额 千美元

年份	进口额					出口额				
	奶油	干酪乳	鲜奶	脱脂奶粉	全脂奶粉	奶油	干酪乳	鲜奶	脱脂奶粉	全脂奶粉
1961	0	—	0	0	0	337	0	0	0	0
1962	0	—	0	0	0	600	0	0	0	0
1963	0	—	0	0	0	1 381	0	0	0	0
1964	0	—	0	0	0	782	15	0	0	0
1965	0	—	0	0	0	426	7	0	0	0
1966	0	—	0	0	33	406	164	0	0	0
1967	0	—	0	0	69	300	27	0	0	0
1968	0	0	0	0	130	110	84	0	0	0
1969	0	3	0	0	85	417	188	0	0	0

续附表 4

千美元

年份	进口额					出口额				
	奶油	干酪乳	鲜奶	脱脂奶粉	全脂奶粉	奶油	干酪乳	鲜奶	脱脂奶粉	全脂奶粉
1970	0	9	0	0	65	1 141	1 004	0	0	0
1971	0	9	0	0	236	1 350	182	0	0	0
1972	0	1	0	0	219	133	82	0	0	0
1973	0	4	0	0	113	942	189	0	0	0
1974	0	2	0	0	753	192	181	0	0	0
1975	0	0	0	0	699	1 074	1 100	0	0	0
1976	0	0	0	0	175	1 287	1 443	0	0	0
1977	0	38	0	0	825	3 627	1 719	88	0	0
1978	0	53	0	0	1 252	1 029	2 045	206	0	0
1979	0	92	0	0	662	4 457	4 815	26	1 568	0
1980	0	247	0	0	480	5 071	7 841	565	2 739	0
1981	0	434	0	588	0	11 165	10 653	590	704	0
1982	0	192	68	178	0	9 177	4 703	38	1 804	0
1983	0	52	0	26	0	22 317	5 700	0	4 630	0
1984	0	33	0	28	0	7 482	7 719	99	2 265	0
1985	0	48	0	18	0	11 436	6 534	1 462	2 429	368
1986	0	83	4	21	0	11 356	19 140	1 402	2 295	25
1987	0	107	0	0	0	10 441	14 599	843	4 518	2 451
1988	43	98	0	92	12	12 077	15 564	1 333	8 294	438
1989	0	82	0	0	28	11 793	23 530	0	13 553	2 438
1990	0	105	0	0	0	19 621	22 978	21	12 289	4 627
1991	0	237	0	2	60	7 775	24 030	7 457	12 275	4 880
1992	0	549	0	0	8	2 727	22 319	11 571	2 756	4 104
1993	0	337	0	9	0	5 738	28 469	9 775	7 569	10 171
1994	48	772	0	4	0	16 863	33 336	10 571	20 124	14 540
1995	110	966	0	10	13	12 900	35 925	12 919	25 575	10 449
1996	31	618	92	16	5	20 186	50 188	23 829	21 633	21 006
1997	62	1 682	17	37	46	25 392	34 204	33 142	19 994	16 815
1998	49	1 157	0	280	127	23 286	44 662	43 373	30 533	30 169
1999	43	819	0	78	32	20 150	43 750	25 354	31 364	27 694
2000	53	368	0	66	69	8 294	43 298	24 255	20 884	25 335
2001	0	302	5	47	0	14 977	47 181	14 487	14 924	35 112
2002	21	759	1	45	0	14 104	32 728	14 322	18 859	43 747
2003	0	323	0	18	47	15 881	37 556	17 540	23 862	36 130
2004	0	520	0	14	47	16 657	58 419	20 055	18 740	49 380
2005	0	309	0	22	0	23 930	88 883	18 096	21 982	81 507
2006	0	376	0	24	0	26 937	85 814	7 875	38 083	82 662
2007	0	836	0	20	0	30 664	108 712	24 919	30 542	95 403
2008	1	1 322	0	21	0	34 550	146 684	3 711	30 809	147 824
2009	0	904	0	253	0	38 518	123 833	3 760	37 654	118 990
2010	44	3 059	0	795	58	35 650	184 512	5 604	31 448	201 200
2011	813	3 514	0	1 217	161	69 663	220 793	17 455	93 179	214 110
2012	1 325	4 513	0	1 669	181	101 612	247 468	22 218	107 975	225 866
2013	1 955	5 581	0	2 469	362	100 890	231 107	19 672	123 840	334 907

续附表 4

千美元

年份	进口额					出口额				
	奶油	干酪乳	鲜奶	脱脂奶粉	全脂奶粉	奶油	干酪乳	鲜奶	脱脂奶粉	全脂奶粉
2014	2 359	9 034	0	2 543	100	98 132	212 545	24 839	95 609	286 239
2015	1 452	4 729	1	3 045	842	60 839	115 569	14 159	72 057	285 463
2016	3 593	4 344	124	2 245	174	37 495	77 013	9 043	46 558	316 230
2017	3 448	6 709	168	2 466	409	50 921	74 152	6 788	35 777	343 943
2018	2 994	7 764	394	1 369	247	64 556	79 874	7 256	33 176	425 257
2019	4 337	7 915	599	2 206	109	62 469	69 237	5 236	50 532	403 702

数据来源：www. fao. org/faostat/en/＃data/TP。

附表 5　1961—2019 年乌拉圭主要乳制品进出口贸易量

t

年份	进口量					出口量				
	奶油	干酪乳	鲜奶	脱脂奶粉	全脂奶粉	奶油	干酪乳	鲜奶	脱脂奶粉	全脂奶粉
1961	0	—	0	0	0	610	0	0	0	0
1962	0	—	0	0	0	1 000	0	0	0	0
1963	0	—	0	0	0	1 912	0	0	0	0
1964	0	—	0	0	0	1 399	23	0	0	0
1965	0	—	0	0	0	623	8	0	0	0
1966	0	—	0	0	29	499	213	0	0	0
1967	0	—	0	0	65	466	43	0	0	0
1968	0	0	0	0	161	210	110	0	0	0
1969	0	2	0	0	75	922	261	0	0	0
1970	0	7	0	0	46	1 825	1 337	0	0	0
1971	0	6	0	0	354	1 800	203	0	0	0
1972	0	1	0	0	267	100	76	0	0	0
1973	0	2	0	0	67	872	158	0	0	0
1974	0	1	0	0	584	136	108	0	0	0
1975	0	0	0	0	667	800	624	0	0	0
1976	0	0	0	0	192	1 084	853	0	0	0
1977	0	14	0	0	817	3 262	950	108	0	0
1978	0	16	0	0	1 306	782	1 042	225	0	0
1979	0	84	0	0	877	2 794	2 114	23	1 580	0
1980	0	120	0	0	144	2 538	3 032	592	2 372	0
1981	0	133	0	402	0	4 872	4 098	525	466	0
1982	0	63	303	94	0	3 867	1 686	34	1 329	0
1983	0	18	0	8	0	12 415	2 713	0	4 583	0
1984	0	14	0	33	0	5 514	3 999	122	2 235	0
1985	0	18	0	21	0	8 502	2 875	1 586	2 321	278
1986	0	23	9	15	0	7 793	9 021	1 229	2 075	18
1987	0	23	0	0	0	8 048	6 005	1 054	3 704	1 674
1988	36	23	0	60	15	10 322	6 690	1 666	6 224	280
1989	0	23	0	0	16	7 112	8 272	0	6 788	1 232
1990	0	26	0	0	0	12 837	7 852	44	6 194	2 209
1991	0	110	0	0	31	4 619	8 389	42 202	6 926	2 588
1992	0	265	0	0	2	1 275	7 215	61 435	1 308	2 050
1993	0	98	0	3	0	3 191	9 215	57 555	3 576	5 136

附续表 5

t

年份	进口量					出口量				
	奶油	干酪乳	鲜奶	脱脂奶粉	全脂奶粉	奶油	干酪乳	鲜奶	脱脂奶粉	全脂奶粉
1994	59	322	0	2	0	9 614	11 284	55 006	10 643	7 397
1995	66	395	0	3	5	5 944	11 041	39 389	10 888	4 348
1996	20	256	193	7	1	9 583	16 106	69 881	9 539	8 534
1997	37	1 075	31	14	23	16 172	10 320	89 687	9 315	7 580
1998	29	785	0	125	53	11 673	13 851	109 316	16 928	14 048
1999	27	498	0	34	21	14 410	17 671	83 441	21 602	16 685
2000	34	193	0	29	40	5 226	16 297	81 719	12 501	13 789
2001	0	117	11	22	0	11 935	17 127	48 921	7 766	17 420
2002	12	293	4	31	0	15 578	15 019	49 484	12 995	29 058
2003	0	136	0	8	25	11 868	16 626	67 323	14 329	20 214
2004	0	192	0	6	25	9 736	22 443	79 329	10 239	24 175
2005	0	81	0	8	0	11 721	31 169	55 644	10 635	37 080
2006	0	94	0	6	0	15 296	29 767	21 629	19 013	38 648
2007	0	234	0	5	0	14 226	28 343	56 174	10 447	33 007
2008	0	404	0	4	0	9 647	27 707	6 209	9 215	38 877
2009	0	218	0	78	0	17 564	32 607	7 438	19 349	53 956
2010	10	843	0	241	15	9 877	37 469	9 201	11 400	61 384
2011	186	828	0	368	35	15 530	39 832	26 321	24 502	51 604
2012	385	1 168	0	525	46	30 679	43 159	34 742	32 334	61 412
2013	471	1 365	0	626	72	23 164	40 068	31 069	30 846	73 948
2014	606	2 217	0	659	20	20 767	37 747	33 893	21 293	58 402
2015	422	1 307	1	1 104	297	20 266	23 929	21 697	25 952	95 616
2016	1 115	1 293	147	1 122	62	11 672	21 972	16 607	17 411	126 505
2017	842	1 770	217	1 100	122	9 969	16 068	11 747	12 432	107 925
2018	621	2 039	579	726	78	12 890	16 961	12 027	15 567	142 934
2019	954	2 129	942	964	40	13 044	14 470	8 951	21 326	131 589

数据来源：www. fao. org/faostat/en/＃data/TP。